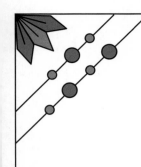

I

행정법
객관식 연습

제 2 판

김연태 · 성봉근 공저

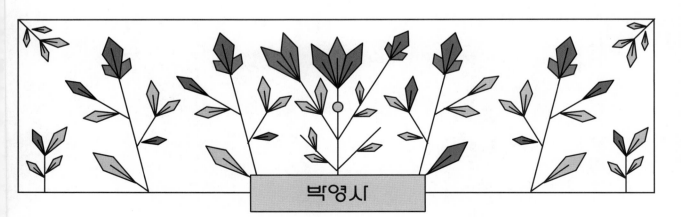

박영사

제 2 판 머리말

　　제2판의 개정 작업에서 중점을 둔 것은 행정법의 이론과 판례의 경향에 대하여 이해하기 쉽도록 풀어쓰고자 한 점이다. 제1판의 초판을 찍은 이래 과분한 사랑을 독자들로부터 받아 완판이 된 뒤, 독자들에게 보답하고 좀 더 다가가기 위해 제2판에서는 행정법을 쉽게 이해하고 공부할 수 있도록 구성에서부터 내용까지 많은 노력을 기울였다.

　　책의 크고 작은 제목부터 기존의 '한자식 명사형'을 과감하게 탈피하고 강의실에서 학생들을 상대로 질문을 던지는 '순한글식 대화형' 스타일로 변화를 시도하였다. 예를 들면 「법치주의와 민주주의 관계」를 「법치주의와 민주주의의 관계를 생각해 보자」고 하였다. 「법치행정의 4요건」이라는 기존의 제목 표기 대신에 「법치행정이 되기 위한 4가지 요건에는 무엇이 있을까」라는 방식으로 제목 표기를 하였다.

　　행정기본법이 제정되어 교과서 이론의 상당한 부분들이 법조문으로 편입되었다. 이에 법조문 박스들을 글머리마다 배치하였다. 개정 지방자치법, 국가배상법, 행정심판법, 행정소송법 등 법률규정들을 보기 좋게 먼저 소개하여 쉽게 이해하게 구성하였다.

　　그와 함께 확대되는 판례 출제에 대비하여 〈중요한 판례 공부를 해 보자〉 코너와 〈주의해야 할 판례를 점검해 두자〉 코너, 〈출제 예상 최신 판례 예제를 연습해 보자〉 코너 등을 넣어 단계별로 판례 실력을 키울 수 있도록 하였다. 판례 평석 코너도 두었다.

　　이론적인 쟁점에 대한 출제에 대비하여 〈기본적인 이해가 필요한 사항을 정리하고 넘어가자〉 코너와 〈쉬운 예를 들어보자〉 코너 및 〈실력을 위해 참고할 점〉 코너 등을 마련하였다. 이는 마찬가지로 행정법을 쉽게 이해하도록 하면서 시험 합격에 실질적인 도움을 주기 위함이다.

　　추가적으로 시험에 출제될 것이 유력한 최신 판례들을 선별하여 업데이트

하였다. 합격선을 안심하고 넘길 수 있기 위해서는 「출제가 예상되는 화제의 판결들을 공부해 두자」 코너를 유념해서 공부하기를 권한다.

제1판과 다르게 제2판에서는 행정법을 내용상으로는 행정법총론, 행정구제법, 행정법각론 등으로 3분하여 구성하였다. 각 구성부분의 이론을 교과서 수준과 수험서 수준을 절충하여 최소한의 노력으로 최대한 빠른 시기에 합격 수준에 도달할 수 있도록 내용 구성에 신경을 썼다. 또한 독자들이 소지하기 쉽게 2권으로 분철하였다.

시험에 잘 출제되지 않는 부분들은 대거 삭제하였다. 객관식 문제 부분들은 별도로 뒤편에 편제를 하여 이론 공부에 대한 확인을 하도록 하였다.

이 행정법 교재는 국가와 지방자치단체 등에서 공무를 담당하고자 하는 목표를 가지고 공무원 시험을 준비하는 수험생은 물론 현직 공무원과 공단 또는 공기업 직원, 그리고 크고 작은 업체를 운영하는 기업 및 각종 민원을 해결하고자 하는 일반 국민까지 그 지식과 이해에 도움을 줄 것이다. 법학전문대학원생들도 이론 부분을 학습하면 쉽고 명확하게 이해하면서 실력을 올릴 수 있다. 일반 대학원생들도 도움이 되도록 중요 논문들을 각주로 표시하기도 하였다.

독자들이 이 책을 통하여 행정법에 대한 이해를 높이고 행정법의 실력을 튼튼히 다질 수 있기를 소망해 본다. 아울러 이 책이 나오기까지 많은 정성과 수고를 아끼지 않았던 장유나 과장님, 오치웅 대리님 등 관계자 분에게도 깊은 감사를 드린다.

2021년 10월 14일
북악산을 바라보며
공 저 자

머 리 말

　공무원 시험, 변호사 시험, 행정사 시험, 공무원 승진 시험, 세무사 시험 등을 준비하는 수험생들에게 행정법은 공부하기 난해한 과목 중의 하나일 것이다. 행정의 개념을 정의하는 것이 쉽지 않을 정도로 행정의 영역은 광범위하고 다양하며, 통일법전이 없고 다수의 개별법령으로 구성되며, 새로운 판례의 등장과 기존 판례의 변경도 빈번하기 때문이다.

　본 교재는 공무원 시험과 변호사 시험, 행정사 시험, 공무원 승진 시험, 세무사 시험 등에서의 선택형, 객관식 문제에 대비하기 위한 목적으로 쓰여졌다. 본 교재의 의도와 내용은 다음과 같다. 본 교재의 의도는 별도의 교과서, 별도의 기출문제집, 별도의 판례집 등을 일일이 구입할 필요 없이 이 책 한 권으로 행정법에 대한 이해를 높이고 수험생들의 약점을 철저히 해부해 주고 보완해 주고자 하는 데 있다.

　기본적인 교재의 내용은 행정법사례연습(김연태 저, 홍문사)과 행정법 Ⅰ, Ⅱ(김남진·김연태 공저, 법문사)를 바탕으로 교과서 이론을 먼저 정리하였다. 시험합격에 필요한 최소한의 내용들로 구성하였다. 이러한 이론정리 부분은 객관식 공부를 위한 기본기를 다지며, 나아가서 사례형과 기록형을 해결하는 데도 큰 힘이 될 수 있을 것이다. 시간이 부족한 수험생들에게 방대한 분량의 교과서를 정리하는 데 도움이 될 것이라고 생각한다. 본 교재의 이론 부분을 잘 연마한다면 행정법에 대한 체계적인 이해가 가능하게 될 것이라고 기대한다.

　다음으로는 이러한 교과서 이론에 대하여 도해를 하여 수험생들이 머릿속에서 행정법 이론에 대한 매핑이 가능하도록 하여 행정법의 체계를 쉽게 습득하고 실제 시험에 도움이 되도록 정리하였다. 마인드 매핑을 PPT로 할 수 있도록 정리해 두었다.

　다음으로 선택형에 대한 연습문제를 통해서 행정법의 핵심이론들과 행정법 공부에 있어서 중요한 의미를 가지는 판례 및 최신 판례들, 그리고 중요 법조문들에 대해 점검할 수 있도록 하였다. 이 과정에서 법학전문대학원 협의회 모의고사 문제와 변호사 시험 기출문제, 국가직 및 지방직 7급과 9급 공무원 시험, 서울시 7급과 9급 등 기출문제들도 반영하였다. 객관식 지문의 표현과 구성에 있어서도 철저하고 완벽한 공부가 될 수 있도록 노력하였다. 특히 수험생들이 행정법을 수년간 공부하면서도 오해하기 쉽고 틀리기 쉬운 지문들을 엄선하여 객관식 문제로 구성하였다. 수험생들은 한두 번 풀고 마는 것이 아니라 왜 틀리게 되었는지를 고민하면서 교재의 내용들을 충분히 숙지할 때까지 반복하기를 바란다.

마지막으로 출제 가능한 최신 판례, 중요 판례들을 최대한 정리하여 삽입하였다. 객관식, 선택형 시험에서 판례의 비중이 점점 커가는 상황에서 판례에 대한 숙지는 시험 대비를 위해 반드시 필요하다. 판례집을 별도로 보지 않더라도 판례의 정리가 가능하도록 구성하였다.

공무원 시험과 변호사 시험의 행정법 과목에 대해 쉽고 체계적으로 공부할 수 있기를 바라는 마음으로 이 교재를 출간한다. 본 교재를 통해 실력을 연마한 수험생들이 행정법 과목에서 높은 점수를 획득하기를 기대하며, 모두 합격의 영광을 누리게 되기를 기원한다.

각별한 애정을 가지고 책 출간을 위해 애써 주시는 조성호 부장님, 마찬옥 편집위원님 등 박영사 관계자 여러분들에게도 감사의 말씀을 드린다.

2014년 4월

공 저 자

권 구분 차례

차   례

제 4 장 행정규제

제 5 장 행정작용1 — 행정행위 또는 처분

제 6 장 행정작용2 — 행정입법

제 7 장 행정작용3 — 행정계획

제12장　행정절차법

제13장　정보에 관한 법률

제14장　행정의 실효성 확보수단

제15장　국가배상법

제 1 장

법치행정의 원칙

제 1 절

'행정의 법률적합성의 원칙'이 행정법의 핵심이다

> 행정기본법 제1조(목적) 이 법은 행정의 원칙과 기본사항을 규정하여 행정의 민주성과 적법성을 확보하고 적정성과 효율성을 향상시킴으로써 국민의 권익 보호에 이바지함을 목적으로 한다.

행정의 법률적합성의 원칙은 행정이 법률에 근거하고 법률에 위반되지 않도록 적법하게 행위를 해야 한다는 것을 의미한다. 행정의 법률적합성의 의미에 대하여 좀 더 상세하게 다음과 같은 점들을 고민해 보자.

1. 법치주의와 민주주의의 관계를 생각해보자

행정법은 헌법을 구체화하고 법치주의를 행정에 구현하는데 실질적인 기여를 한다. 행정법은 헌법의 집행법이므로, '행정법은 구체화된 헌법'(konkretisiertes Verfassungsrecht)'이라는 독일 연방행정법원장 베르너(Werner)의 유명한 말을 기억해두면 좋을 것이다.[1]

👉 행정법의 기초

👉 법치주의와 민주주의 관계

---

1 김남진, 행정법의 기본문제, 법문사, 18－19면.

행정법은 행정[2]이 법치주의를 준수하면서 국민의 기본권과 행정조직의 구성에 영향을 미치도록 한다.

행정이 법치주의를 준수할 때 **국민의, 국민에 의한**, 그리고 **국민을 위한 민주주의**가 작동할 수 있게 되고, 행정조직은 국민의 기본권을 보호하기 위한 목적 아래 질서정연하게 돌아갈 수 있기 때문이다.

📌 빈출

2. 법치행정이 되기 위한 네 가지 요건에는 무엇이 있을까

📌 법치행정 4요건

행정이 '행정의 법률적합성의 원칙'을 준수하기 위해서는 주체, 절차, 형식, 내용 등의 네 가지 요건을 준수하여야 한다.

이들 요건들이 모두 충족될 때 법치행정의 이상이 추구되고 있다고 말할 수 있다.

주체면에서 **권한**이 있어야 한다.

절차면에서도 **적법절차의 원리**가 적용되어야 한다.[3]

형식면에서도 행정행위의 경우는 **문서**로 발급되는 것이 원칙이고 예외적으로만 구두로 발급할 수 있다.

🔍 중요 판례 더 알아보기

📌 시흥소방서장 구두 시정명령 사건

시흥소방서장의 **구두로 행한 시정명령**이 내용상으로는 적법하지만 **형식상**으로 위법한 사안에서 **적법절차의 원리**를 강조하고 **법형식의 중요성**을 강조하여 **무효**라고 이례적으로 판시하고 있다. 법치주의의 성숙도와 관련하여 법원이 엄격한 잣대를 적용한 사례[4]라고 볼 수 있다.

📌 주의할 판례

1. 대법원 2011. 11. 10. 선고 2011도11109 판결[소방시설설치유지및안전관리법위반사건]

행정절차법 제24조는, 행정청이 처분을 하는 때에는 다른 법령 등에 특별한 규정이 있는 경우를 제외하고는 문서로 하여야 하고 전자문서로 하는 경우에는 당사자 등의 동의가 있어야 하며, 다만 신속을 요하거나 사안이 경미한 경우에는 구술 기타 방법

---

2 형식적인 권력분립에 있어서의 행정뿐만 아니라 실질적으로 국가나 지자체에서 이루어지는 다양한 행정을 포괄하는 의미이다.

3 내용적인 면을 먼저 논의한 다음에 절차에 대한 논의를 후술하기로 한다.

4 대법원 2011. 11. 10. 선고 2011도11109 판결【소방시설설치유지및안전관리에관한법률위반】[공2011하, 2614].

으로 할 수 있다고 규정하고 있는데, 이는 행정의 공정성·투명성 및 신뢰성을 확보하고 국민의 권익을 보호하기 위한 것이므로 위 규정을 위반하여 행하여진 행정청의 처분은 하자가 중대하고 명백하여 원칙적으로 무효이다.

행정은 **내용면**에서 **법률의 법규창조력**의 존중, **법률의 우위**의 원칙의 준수, **법률유보의 원칙**의 준수, 그리고 나아가서 행정법의 **일반원칙**을 준수하여야 한다.

 실력 다지기

통상적으로 내용면의 적법성은 법률의 우위, 법률의 유보, 행정법의 일반원칙 등 세 가지를 검토하면 된다. 그렇지만 법적 기준이 되는 법규가 문제 있는 사안에서는 법률의 법규창조력까지 검토하여 위법성을 판단하게 된다. 과연 법률에서 법규로서 효력을 가지도록 허락했는지를 검토하는 것이다.

제 2 절

행정법을 공부하기 위한 기초개념을 공부해 보자

다음과 같은 기초개념을 이해하면 행정법을 쉽게 이해할 수 있다.

행정기본법 제2조(정의) 이 법에서 사용하는 용어의 뜻은 다음과 같다.
1. "법령등"이란 다음 각 목의 것을 말한다.
　가. 법령: 다음의 어느 하나에 해당하는 것
　　1) 법률 및 대통령령·총리령·부령
　　2) 국회규칙·대법원규칙·헌법재판소규칙·중앙선거관리위원회규칙 및 감사원규칙
　　3) 1) 또는 2)의 위임을 받아 중앙행정기관(「정부조직법」 및 그 밖의 법률에 따라 설치된 중앙행정기관을 말한다. 이하 같다)의 장이 정한 훈령·예규 및 고시 등 행정규칙

나. 자치법규: 지방자치단체의 조례 및 규칙
2. "행정청"이란 다음 각 목의 자를 말한다.
   가. 행정에 관한 의사를 결정하여 표시하는 국가 또는 지방자치단체의 기관
   나. 그 밖에 법령등에 따라 행정에 관한 의사를 결정하여 표시하는 권한을 가지고 있거나 그 권한을 위임 또는 위탁받은 공공단체 또는 그 기관이나 사인(私人)
3. "당사자"란 처분의 상대방을 말한다.
4. "처분"이란 행정청이 구체적 사실에 관하여 행하는 법 집행으로서 공권력의 행사 또는 그 거부와 그 밖에 이에 준하는 행정작용을 말한다.
5. "제재처분"이란 법령등에 따른 의무를 위반하거나 이행하지 아니하였음을 이유로 당사자에게 의무를 부과하거나 권익을 제한하는 처분을 말한다. 다만, 제30조제1항 각 호에 따른 행정상 강제는 제외한다.

📌 빈출

📌 행정청과 행정기관,
   행정주체의 구별

1. 개념을 구별해 보자

예를 들면 동작구청장이 철거민에 대하여 철거명령을 내리는 경우 동작구청장을 '**행정청**', 담당 공무원을 '**행정기관**', 국가나 동작구와 같은 지방자치단체 등 법인격을 가진 단체를 '**행정주체**'라 한다.

이때 행정기관은 행정행위를 자신의 명의와 권한으로 발급할 수 없고, 행정청의 명의와 권한으로 하여야 한다. 그렇지 않으면 행정행위는 위법하며 위법성의 정도는 '무효'라고 법원은 판시한다.

> **행정기본법 제3조(국가와 지방자치단체의 책무)** ① 국가와 지방자치단체는 국민의 삶의 질을 향상시키기 위하여 적법절차에 따라 공정하고 합리적인 행정을 수행할 책무를 진다.
> ② 국가와 지방자치단체는 행정의 능률과 실효성을 높이기 위하여 지속적으로 법령등과 제도를 정비·개선할 책무를 진다.

📌 행정법의 핵심

📌 행정작용

2. 행정의 법률관계에서 중심이 되는 것은 행정작용이다

행정청이 대외적으로 행하는 각종 행위를 '**행정작용**'이라고 한다. 행정의 법률관계에서 가장 중요한 요소가 되는 것이 바로 행정작용이다. 문제되는 사건

에서 이 행정작용의 종류와 성질을 제대로 파악하는 것이 가장 중요한 문제의 실마리가 된다.

행정작용의 종류들로는 **행정행위, 행정입법**(이 안에는 **법규명령**과 **행정규칙**이 포함됨), **행정지도, 공법상 계약, 사법상 계약, 확약, 권력적 사실행위, 비권력적 사실행위, 행정계획** 등등이 있다.

이 중에서 가장 많이 사용되는 것은 하명이나 허가 등과 같은 **행정행위**이다. 행정행위의 성질에 대하여는 논란이 있어 상세한 것은 후술하도록 한다. 다만 판례에 의하면 행정행위는 **처분**이라고 불리면서 법조문에서 등장하는 **공권력**과 같은 의미를 가진다고 본다. 행정행위는 행정청이 행하는 **권력적 단독행위**이다. 이처럼 처분과 행정행위 및 공권력을 모두 동일하게 파악하는 입장을 **일원설**이라고 한다. 판례는 일원설의 입장에서 국민의 권리의무를 직접 제한하거나 영향을 주는 행위이면 처분성이 인정된다고 본다. 이러한 판례의 기준에 따라 처분인지 아닌지 법원은 재판하고 있다. 다만 후술하듯이 판례의 입장을 행정행위보다 처분을 더 넓게 본다고 평가하는 **이원설**이 대립하고 있다.

 기초 이해하기

> 행정청은 **행정입법, 행정계획, 행정행위, 공법상 계약, 사법상 계약, 사실행위, 행정지도** 등을 **행정작용**으로 국민에 대하여 행한다.
>
> 그런데, 국민은 행정작용에 대하여 행정심판, 행정소송, 민사소송, 헌법재판 등을 제기하여 자신의 **권리를 구제**받고자 한다. 따라서 행정심판, **행정소송**, 민사소송, 헌법재판 등은 행정작용에 포함되지 않고 권리구제수단에 해당한다.
>
> 그리고 행정작용에 대하여 구체적이고 개별적인 분야에 대한 연구가 행정법각론이다.
>
> 따라서 행정법은 행정작용법, 행정구제법, 행정법각론 등으로 대분류할 수 있다.

3. 행정의 법률관계에서 등장하는 사람들을 알아보자

📎 핵심 이해 포인트

(1) 삼극적 법률관계를 알아두면 이해하기 쉽다

행정의 법률관계에 대하여 사람을 중심으로 이해를 해 보는 것도 흥미롭다. 먼저, 행정청으로부터 행정작용을 받게 되는 사람을 '**행정의 상대방**'이라고 한다.

이때 그 상대방과 다른 이해관계를 가지는 사람을 '**제3자**'라고 한다. 행정의

📎 삼극적 법률관계

법률관계는 '행정청 – 상대방 – 제3자' 등으로 이루어진 법률관계이다.

이를 **'삼극적 법률관계'**(triangle relationship)라고 파악할 수 있는데, 이를 통해 거의 대부분의 행정법 사례들이 쉽게 이해될 수 있다.

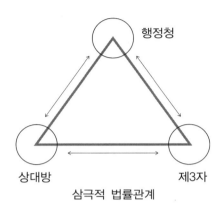

삼극적 법률관계

(2) 공법관계와 사법관계의 구별에 대한 논의를 알아보자

1) 학 설

공법과 사법의 구별에 관한 학설 중에는 ① 누가 행위를 하는가에 따라 구별하는 구주체설, ② 추구하는 이익이 무엇인가에 따라 구별하는 이익설, ③ 법률관계가 수직적인가 수평적인가에 따라 구별하는 성질설, ④ 누가 행위하든 그 행위에 의하여 귀속되는 성질이나 이익의 측면이 무엇인가에 따라 판단하는 귀속성설 내지는 신주체설 등이 대립되어 왔다. 그러나 법률관계가 복잡하거나 애매한 경우에는 판단이 어려운 경우가 많았다. 또한 공사법은 상호영향을 미치고 있으며 서로 엄격하게 단절된 관계가 아닌 경우들이 많다. 따라서 최근에는 ⑤ **신주체설인 귀속성설을 중심으로 종합적으로 검토하는 복수기준설** 또는 종합설이 다수설의 입장으로서 타당하다.

2) 판 례

판례는 「국유재산법」상 국유재산무단사용에 대한 변상금 부과처분은 행정청의 처분으로서 공법관계에 해당한다고 판시한다.

📎 복수기준설이 다수설과 판례

📎 공사법구별 판례가 빈출됨

1. 대법원 2000. 11. 24. 선고 2000다28568 판결[변상금]   📌 빈출

국유재산법 제51조 제1항에 의한 **변상금 부과처분**은 국유재산을 **무단으로 사용**하는 자에 대하여 그 관리청이 부과하는 행정**처분**이고, 구 국유재산법(1999. 12. 31. 법률 제6072호로 개정되기 전의 것) 제51조 제2항, 제25조 제3항 및 현행 국유재산법 제51조 제3항에 의하면, 국유재산의 무단사용자가 국유재산법 제51조에 의한 변상금을 체납한 경우에는 관리청은 관할 세무서장 또는 지방자치단체장에게 위임하여 국세징수법의 **체납처분에 관한 규정**에 의하여 징수할 수 있도록 되어 있으므로, 국유재산법 제51조 제1항에 의한 변상금 부과처분을 근거로 한 변상금의 청구를 **민사소송의 방법에 의할 수는 없다.**

　판례는 국가산업단지의 관리업무를 위탁받은 한국산업단지공단이 그 산업단지 안에 입주하려는 임대사업자와 체결한 입주계약은 단지관리기관으로서의 권한에 터잡아 행사하는 행정행위로서의 성질을 가지므로, 그에 대한 해지통보 역시 법이 인정한 고권적인 지위에서 한 행정처분으로서 항고소송의 대상이 된다고 판시한다.[5]

　공법관계로서 대등한 당사자사이의 법률관계는 당사자소송으로 다투게 된다. 판례는 「도시 및 주거환경정비법」상 관리처분계획안에 대한 조합총회결의의 효력을 다투는 소송의 성질은 당사자소송이라고 한다.

2. 대법원 2009. 10. 15. 선고 2008다93001 판결[관리처분계획안수립결의무효]

도시 및 주거환경정비법에 따른 주택재건축정비사업조합은 관할 행정청의 감독 아래 위 법상의 주택재건축사업을 시행하는 **공법인**(위 법 제18조)으로서, 그 목적 범위 내에서 법령이 정하는 바에 따라 일정한 행정작용을 행하는 **행정주체의 지위**를 갖는다. 따라서 행정주체인 재건축조합을 상대로 관리처분계획안에 대한 조합 총회결의의 효력 등을 다투는 소송은 행정처분에 이르는 절차적 요건의 존부나 효력 유무에 관한 소송으로서 그 소송결과에 따라 행정처분의 위법 여부에 직접 영향을 미치는 **공법상 법률관계**에 관한 것이므로, 이는 행정소송법상의 **당사자소송**에 해당하고, 재건축조합을 상대로 사업시행계획안에 대한 조합 총회결의의 효력 등을 다투는 소송 또한 **행정소송법상의 당사자소송**에 해당한다.

　판례는 「하천구역편입토지보상에관한특별조치법」 제2조 제1항의 규정에 의

---

5 서울행법 2008. 1. 30. 선고 2007구합29680 판결: 항소【입주계약해지등처분취소】.

한 손실보상금의 지급을 구하는 소송의 성질도 공법관계로서 당사자소송으로 다투어야 한다고 판시한다.

---

3. 대법원 2006. 05. 18. 선고 2004다6207 전원합의체 판결[보상청구권확인]

하천법 부칙(1984. 12. 31.) 제2조와 '법률 제3782호 하천법 중 개정법률 부칙 제2조의 규정에 의한 보상청구권의 소멸시효가 만료된 **하천구역 편입토지 보상**에 관한 특별조치법' 제2조, 제6조의 각 규정들을 종합하면, 위 규정들에 의한 **손실보상청구권**은 1984. 12. 31. 전에 토지가 하천구역으로 된 경우에는 당연히 발생되는 것이지, 관리청의 보상금지급결정에 의하여 비로소 발생하는 것은 아니므로, 위 규정들에 의한 손실보상금의 지급을 구하거나 손실보상청구권의 확인을 구하는 소송은 **행정소송**법 제3조 제2호 소정의 **당사자소송에 의하여야 한다.**

☞ 제외지 보상 판례 빈출됨

☞ 오답 주의

　　따라서 공법관계이다. **주의할 것은 이 판례는 하천법상 보상청구권만 공법관계로서 당사자소송으로 판시한 것에 불과**하며, 손실보상에 대한 일반적인 경우는 여전히 사법관계로서 민사소송으로 판시하고 있다는 점을 주의하여야 한다.

☞ 국가배상·부당이득 판례도 빈출됨

　　판례는 **국가배상청**구소송이나 **부당이득**반환청구소송은 사법관계로서 **민사소송**으로 처리하여야 한다는 입장이다.[6] 판례는 개발부담금부과처분의 직권취소를 이유로 한 부당이득반환청구는 사법관계로서 민사소송으로 처리하여야 한다고 한다. 이와 달리 당사자소송으로 처리하여야 한다는 것은 다수설의 입장이다.

---

4. 대법원 1995. 12. 22. 선고 94다51253 판결[부당이득금]

개발부담금 부과처분이 취소된 이상 그 후의 **부당이득**으로서의 **과오납금 반환**에 관한 법률관계는 **단순한 민사 관계**에 불과한 것이고, 행정소송 절차에 따라야 하는 관계로 볼 수 없다.

　　판례는 국유림에 대한 대부료의 납입고지는 부당이득반환청구소송으로서 민사소송의 관할로 처리하고 있다.[7] 또한 판례는 지하철공사의 사장이 그 이사회의 결의를 거쳐 제정된 인사규정에 의거하여 소속직원에 대한 징계처분을 한

---

6 대법원 1972. 10. 10. 선고 69다701 판결.
7 대법원 2000. 5. 26. 선고 99다54066 판결【부당이득금반환】[공 2000. 7. 15.(110), 1512] 등.

경우 이에 대한 불복절차는 민사소송에 의할 것이지 행정소송에 의할 수는 없다
고 한다. 판례는 지하철공사, 건강보험공단, 한국마사회 등은 행정청이 아니므로
내부직원에 대한 징계나 해임 등은 민사관계에 불과하다고 판시하고 있다.

---

5. 대법원 1989. 09. 12. 선고 89누2103 판결[징계처분취소]

서울특별시지하철공사의 임원과 직원의 근무관계의 성질은 지방공기업법의 모든 규정을
살펴보아도 **공법상의 특별권력관계라고는 볼 수 없고 사법관계**에 속할 뿐만 아니라, **위
지하철공사의 사장**이 그 이사회의 결의를 거쳐 제정된 인사규정에 의거하여 소속직원에
대한 징계처분을 한 경우 위 사장은 행정소송법 제13조 제1항 본문과 제2조 제2항 소정
의 **행정청에 해당되지 않으므로 공권력발동주체로서 위 징계처분을 행한 것으로 볼 수
없고**, 따라서 이에 대한 불복절차는 **민사소송**에 의할 것이지 행정소송에 의할 수는 없다.

---

(3) 권력관계와 관리관계 및 국고관계에 대한 논의

공법관계에 속하는 행정청의 행위는 다시 권력관계, 관리관계, 국고관계 등
으로 분류할 수 있다. 권력관계는 행정청이 고권적인 지위에서 복종을 요구하게
된다. 행정청의 어떠한 행위가 고권적인 지위에서 한 것인지 여부는 일률적으로
정하기 어렵고 그 행위의 근거 법령, 목적, 방법, 내용, 분쟁해결에 관한 특별규
정의 존재 여부 등을 종합적으로 검토하여 결정하여야 하는바, 특히 그 행위가
일단 행하여지면 비록 그 행위에 하자가 있다 하더라도 권한 있는 기관(취소권
있는 행정기관 내지 수소법원)에 의해 취소되기 전까지는 일단 유효한 것으로 통용
되고(공정력), 이에 따라 상대방이 행정법상 의무를 이행하지 아니할 경우에 행
정청이 직접 실력(대집행, 이행강제금, 강제징수, 행정벌 등)을 행사하여 행정행위에
따른 의무의 이행을 실현시킬 수 있는 힘(자력집행력)이 인정되는지 여부가 중요
한 표지가 된다.[8]

국·공유 행정재산의 사용·수익에 대한 허가신청의 거부는 행정청의 특허
신청에 대한 거부처분으로서 공법관계 중 권력관계에 속한다.

☞ 기본 출제 포인트

☞ 개괄적 구별설에 의한
3분

---

8 서울행법 2008. 1. 30. 선고 2007구합29680 판결: 항소【입주계약해지등처분취소】.

> ### 6. 대법원 2006. 03. 09. 선고 2004다31074 판결[채무부존재확인]
>
> 국유재산 등의 관리청이 하는 **행정재산의 사용·수익에 대한 허가는** 순전히 **사경제주체로서 행하는 사법상의 행위**가 아니라 관리청이 **공권력을 가진 우월적 지위**에서 행하는 행정**처분**으로서 특정인에게 행정재산을 사용할 수 있는 **권리를 설정**하여 주는 **강학상 특허**에 해당한다.

관리관계는 행정청이 공법적인 관계지만 대등하게 공원이나 도로 등을 관리하는데서 예를 찾아볼 수 있다. 판례는 **공법인 수도법**에 근거하고, **수도공급자도 기업체가 아니라 지자체**이므로 **수도료 부과징수**와 이에 따른 **수도료 납부관계는 공법상 권리의무관계라** 할 것이므로 그에 관한 소송은 **행정소송**절차에 의하여야 하고 **민사소송절차에 의할 수 없다고 한다.**[9] 그러나 전기,[10] 전화,[11] 가스[12] 등의 공급이나 납부관계는 사법관계로서 민사소송절차에 의하는 것으로 보인다. 이러한 판례의 입장은 복수기준설 내지 종합설의 입장을 따르는 것으로 보인다.

그러나 국고관계는 행정청이 행위를 하더라도 국가의 창고에서 물건을 사고팔거나 임대하는 행위 등을 의미하므로 민사관계에 해당하게 된다. 따라서 권력관계와 관리관계는 공법관계이나, 국고관계는 사법관계이다. 권력관계에 대한 행정소송은 항고소송으로 해결하는 경우가 많고, 관리관계는 당사자소송으로 해결할 때가 많다. 그러나 국고관계는 민사소송으로 해결할 때가 많게 된다.

판례는 「국가를 당사자로 하는 계약에 관한 법률」 및 동법시행령상의 낙찰자 결정기준에 관한 규정은 국가의 내부규정에 그친다고 보고 있다. 따라서 낙찰자결정은 국고관계에서의 민사상의 계약체결행위라고 보아야지 행정청의 처분으로 볼 수는 없다.

---

9 대법원 1977. 2. 22. 선고 76다2517 판결.

10 대법원 1992. 12. 24. 선고 92다16669 판결; 인천지법 1985. 10. 17. 선고 85가합311 제3민사부 판결.

11 대법원 2009. 11. 12. 선고 2009다42765 판결[손해배상(기)]; 부산지방법원 2009. 5. 22. 선고 2008나15299 판결[손해배상(기)]; 서울고법 1982. 8. 31. 선고 82나1090 제5민사부판결.

12 대법원 2014. 1. 29. 선고 2013다25927, 25934 판결[부당이득금반환·시설분담금]; 서울고법 1982. 8. 31. 선고 82나1090 제5민사부판결.

7. 대법원 2001. 12. 11. 선고 2001다33604 판결【지위보전가처분】[공2002. 2. 1.(147), 256]

[1] 「국가를당사자로하는계약에관한법률」은 국가가 계약을 체결하는 경우 원칙적으로 경쟁입찰에 의하여야 하고(제7조), 국고의 부담이 되는 경쟁입찰에 있어서 입찰공고 또는 입찰설명서에 명기된 평가기준에 따라 국가에 가장 유리하게 입찰한 자를 낙찰자로 정하도록(제10조 제2항 제2호) 규정하고 있고, 같은법시행령에서 당해 입찰자의 이행실적, 기술능력, 재무상태, 과거 계약이행 성실도, 자재 및 인력조달가격의 적정성, 계약질서의 준수정도, 과거공사의 품질정도 및 입찰가격 등을 종합적으로 고려하여 재정경제부장관이 정하는 심사기준에 따라 세부심사기준을 정하여 결정하도록 규정하고 있으나, **이러한 규정은 국가가 사인과의 사이의 계약관계를 공정하고 합리적·효율적으로 처리할 수 있도록 관계 공무원이 지켜야 할 계약사무처리에 관한 필요한 사항을 규정한 것으로, 국가의 내부규정에 불과하다 할 것이다.**

☞ 기출

[2] 계약담당공무원이 입찰절차에서 국가를당사자로하는계약에관한법률 및 그 시행령이나 그 세부심사기준에 어긋나게 적격심사를 하였다 하더라도 그 사유만으로 당연히 낙찰자 결정이나 그에 기한 계약이 무효가 되는 것은 아니고, 이를 위배한 하자가 입찰절차의 공공성과 공정성이 현저히 침해될 정도로 중대할 뿐 아니라 상대방도 이러한 사정을 알았거나 알 수 있었을 경우 또는 누가 보더라도 낙찰자의 결정 및 계약체결이 선량한 풍속 기타 사회질서에 반하는 행위에 의하여 이루어진 것임이 분명한 경우 등 이를 무효로 하지 않으면 그 절차에 관하여 규정한 국가를당사자로하는계약에관한법률의 취지를 몰각하는 결과가 되는 특별한 사정이 있는 경우에 한하여 무효가 된다고 해석함이 타당하다.

한편 권력관계라도 일반국민에 대한 경우를 일반권력관계라고 부르고, 공무원이나 국공립대학생, 군인·경찰관, 재소자 등 특수한 신분을 가진 자들에 대한 경우를 특별권력관계 또는 특수신분관계라고 부른다. 과거에는 특별권력관계에 대하여는 사법심사가 부정되었지만 지금은 일반국민이든 특수신분자이든 전면적으로 가능하다. 다만 특수신분의 특수한 사정이 고려될 수 있다.

(4) 공법규정이 흠결된 경우 사법규정은 유추적용될 수 있다

☞ 기본 출제

행정기본법 제5조(다른 법률과의 관계) ① 행정에 관하여 다른 법률에 특별한 규정이 있는 경우를 제외하고는 이 법에서 정하는 바에 따른다.
② 행정에 관한 다른 법률을 제정하거나 개정하는 경우에는 이 법의 목적과 원칙, 기준 및 취지에 부합되도록 노력하여야 한다.

공법규정이 흠결된 경우 사법규정을 적용하여 해결될 수 있을 것인가? 공법관계와 사법관계를 엄격하게 구별하는 입장에서는 부정하게 된다. 양자의 구별을 부정하고 사법관계로 모두 파악하는 입장에서는 전면적으로 긍정하게 된다. 그러나 오늘날의 다수설은 성질에 반하지 않는 범위 내에서 공법규정의 흠결을 사법규정으로 해결할 수 있다고 본다. 이러한 입장을 개괄적 구별설이라 부른다.

① 법개념과 같은 법기술적 규정이나 ② 신의성실의 원칙 같은 법원리적 규정은 직접적용될 수 있을 것이다. 그러나 ③ 이해조절적 규정들은 성질에 반하지 않는 범위 내에서 유추적용될 수 있을 것이다.

직접적용될 수 있는 법기술적 규정의 대표적인 예로 소멸시효제도 기간계산 등을 들 수 있다. 그렇지만 행정기본법에서는 기간계산에 대한 약간의 수정을 하고 있기도 하다.

행정기본법 제6조(행정에 관한 기간의 계산) ① 행정에 관한 기간의 계산에 관하여는 이 법 또는 다른 법령등에 특별한 규정이 있는 경우를 제외하고는 「민법」을 준용한다.
② 법령등 또는 처분에서 국민의 권익을 제한하거나 의무를 부과하는 경우 권익이 제한되거나 의무가 지속되는 기간의 계산은 다음 각 호의 기준에 따른다. 다만, 다음 각 호의 기준에 따르는 것이 국민에게 불리한 경우에는 그러하지 아니하다.
1. 기간을 일, 주, 월 또는 연으로 정한 경우에는 기간의 첫날을 산입한다.
2. 기간의 말일이 토요일 또는 공휴일인 경우에도 기간은 그 날로 만료한다.

행정기본법 제7조(법령등 시행일의 기간 계산) 법령등(훈령·예규·고시·지침 등을 포함한다. 이하 이 조에서 같다)의 시행일을 정하거나 계산할 때에는 다음 각 호의 기준에 따른다.
1. 법령등을 공포한 날부터 시행하는 경우에는 공포한 날을 시행일로 한다.
2. 법령등을 공포한 날부터 일정 기간이 경과한 날부터 시행하는 경우 법령등을 공포한 날을 첫날에 산입하지 아니한다.
3. 법령등을 공포한 날부터 일정 기간이 경과한 날부터 시행하는 경우 그 기간의 말일이 토요일 또는 공휴일인 때에는 그 말일로 기간이 만료한다.

---

8. 대법원 2001. 08. 21. 선고 2000다12419 판결[사해행위취소등]

국세기본법 제28조 제1항은 국세징수권의 소멸시효의 중단사유로서 납세고지, 독촉 또는 납부최고, 교부청구 외에 '압류'를 규정하고 있는바, 여기서의 '압류'란 세무공무원이 국세징수법 제24조 이하의 규정에 따라 납세자의 재산에 대한 압류 절차에 착수하는 것을 가리키는 것이므로, 세무공무원이 국세징수법 제26조에 의하여 체납자의 가옥·선박·창고 기타의 장소를 수색하였으나 압류할 목적물을 찾아내지 못하여 압류를 실행하지 못하고 수색조서를 작성하는 데 그친 경우에도 소멸시효 중단의 효력이 있다.

하천법상 제외지 수용에 대한 손실보상 규정이 없는 경우에 대하여 판례는 사법규정에 대한 유추적용설의 입장을 취하여 손실보상이 가능하다고 판시하였다. 동 사안의 판례를 비롯하여 주류적인 판례는 유추적용설의 입장에서 손실보상을 긍정하고 있다. 동 사안에서 판례는 하천법상 제내지 보상규정을 유추적용하여 손실보상이 가능하다고 판시하였다.[13]

> ☞ 하천법상 제외지 보상 판례 빈출

---

9. 대법원 1987. 7. 21. 선고 84누126 판결[하천구역손실보상재결처분취소]

하천법(제2조 제1항 제2호, 제3조에 의하면 제외지는 하천구역에 속하는 토지로서 법률의 규정에 의하여 당연히 그 소유권이 국가에 귀속된다고 할 것인바 한편 동법에서는 위 법의 시행으로 인하여 국유화가 된 제외지의 소유자에 대하여 그 손실을 보상한다는 직접적인 보상규정을 둔 바가 없으나 동법 제74조의 손실보상요건에 관한 규정은 보상사유를 제한적으로 열거한 것이라기 보다는 예시적으로 열거하고 있으므로 국유로 된 제외지의 소유자에 대하여는 위 법조를 유추적용하여 관리청은 그 손실을 보상하여야 한다.

계약담당공무원이 입찰절차에서 「국가를당사자로하는계약에관한법률」 및 그 시행령이나 그 세부심사기준에 어긋나게 적격심사를 하였다면 그 사유만으로 당연히 낙찰자 결정이나 그에 기한 계약이 무효가 되는 것은 아니다.

---

10. 대법원 2001. 12. 11. 선고 2001다33604 판결[지위보전가처분]

계약담당공무원이 입찰절차에서 국가를당사자로하는계약에관한법률 및 그 시행령이나 그 세부심사기준에 어긋나게 적격심사를 하였다 하더라도 그 사유만으로 당연히 낙찰자 결정이나 그에 기한 계약이 무효가 되는 것은 아니고, 이를 위배한 하자가 입찰절차의 공공성과 공정성이 현저히 침해될 정도로 중대할 뿐 아니라 상대방도 이러한 사정을 알았거나 알 수 있었을 경우 또는 누가 보더라도 낙찰자의 결정 및 계약체결이 선량한 풍속 기타 사회질서에 반하는 행위에 의하여 이루어진 것임이 분명한 경우 등 이를 무효로 하지 않으면 그 절차에 관하여 규정한 국가를당사자로하는계약에관한법률의 취지를

---

13 대법원 1987. 7. 21. 선고 84누126 판결.

> 몰각하는 결과가 되는 특별한 사정이 있는 경우에 한하여 무효가 된다고 해석함이 타당
> 하다.

그러나 이해조절적 규정들 중 성질에 반하는 경우에는 유추적용될 수 없다. 판례에 의하면 공무원이 사직의 의사표시를 하여 의원면직된 경우, 그 사직의 의사표시에 민법 제107조가 준용되지 않는다.

☞ 사직의사 표시 판례 빈출

> ### 11. 대법원 1997. 12. 12. 선고 97누13962 판결[의원면직처분취소]
>
> [1] 공무원이 사직의 의사표시를 하여 의원면직처분을 하는 경우 그 사직의 의사표시는 그 법률관계의 특수성에 비추어 외부적·객관적으로 표시된 바를 존중하여야 할 것이므로, 비록 사직원제출자의 내심의 의사가 사직할 뜻이 아니었다고 하더라도 진의 아닌 의사표시에 관한 민법 제107조는 그 성질상 사직의 의사표시와 같은 사인의 공법행위에는 준용되지 아니하므로 그 의사가 외부에 표시된 이상 그 의사는 표시된 대로 효력을 발한다.
>
> [2] 사직서의 제출이 감사기관이나 상급관청 등의 강박에 의한 경우에는 그 정도가 의사결정의 자유를 박탈할 정도에 이른 것이라면 그 의사표시가 무효로 될 것이고 그렇지 않고 의사결정의 자유를 제한하는 정도에 그친 경우라면 그 성질에 반하지 아니하는 한 의사표시에 관한 민법 제110조의 규정을 준용하여 그 효력을 따져보아야 할 것이나, 감사담당 직원이 당해 공무원에 대한 비리를 조사하는 과정에서 사직하지 아니하면 징계파면이 될 것이고 또한 그렇게 되면 퇴직금 지급상의 불이익을 당하게 될 것이라는 등의 강경한 태도를 취하였다고 할지라도 그 취지가 단지 비리에 따른 객관적 상황을 고지하면서 사직을 권고·종용한 것에 지나지 않고 위 공무원이 그 비리로 인하여 징계파면이 될 경우 퇴직금 지급상의 불이익을 당하게 될 것 등 여러 사정을 고려하여 사직서를 제출한 경우라면 그 의사결정이 의원면직처분의 효력에 영향을 미칠 하자가 있었다고는 볼 수 없다.

☞ 핵심 이해 출제

4. 행정의 법률관계 이면에는 이해관계들이 충돌함을 기억하자

> 행정기본법 제4조(행정의 적극적 추진) ① 행정은 공공의 이익을 위하여 적극적으로 추진되어야 한다.
> ② 국가와 지방자치단체는 소속 공무원이 공공의 이익을 위하여 적극적으로 직무를 수행할 수 있도록 제반 여건을 조성하고, 이와 관련된 시책 및 조치를 추진하여야 한다.
> ③ 제1항 및 제2항에 따른 행정의 적극적 추진 및 적극행정 활성화를 위한 시책의 구체적인 사항 등은 대통령령으로 정한다.

(1) 이익의 충돌과 조화를 고민해 보자

　　문제되는 사건들마다 행정의 법률관계 이면에 있는 이해관계의 충돌을 들 ⬛ 이익형량의 법리 이해
여다 볼 수 있어야 한다. 행정의 법률관계는 결국 다양한 이익의 충돌이 있다.

　　국가나 지방자치단체 등이 추구하는 공적인 이익을 **'공익'**(Public Interest;
Öffentliche Interesse)이라고 한다. 공익에는 소극적인 질서유지, 국가안전보장뿐
만 아니라 적극적인 공공복리 등이 있다. 참고로 경찰은 질서유지 등을 위해서
만 발동되고 공공복리를 위해서는 행사할 수 없다. 구청장은 보통 공공복리를
위해 도로나 공원관리 등의 행정작용을 행사하지만, 때때로 식품안전이나 보건
위생 등과 관련하여 질서유지를 위해 행정작용을 행사하기도 한다.

　　이와 달리 국민들 개개인이 추구하는 사적인 이익을 **'사익'**(Private Interest;
Private Interesse)라고 한다. 이에는 헌법에서 보장하는 기본권뿐만 아니라 법률에
서 보호하는 법률상 이익 (이를 공권이라고도 함) 등이 포함된다. 다만 법에서 보
호하지 않는 이익을 반사적 이익이라고 하며, 반사적 이익에 대하여는 소송할
수 있는 원고적격이 부정된다.

　　사익에는 또 다시 행정의 상대방이 누리는 사익과 제3자가 누리는 사익으
로 나눌 수 있다. 종종 상대방의 사익은 영업의 자유나 건축의 자유에서 보듯이
경쟁업체나 이웃주민들과 같은 제3자의 사익과 충돌한다.

　　공익은 행정권 발동의 근거이기도 하고 한계이기도 하다. 공익이 존재해야
할 뿐만 아니라 공익이 사익보다 우월해야 한다.

　실력 다지기

> 이러한 맥락에서 공익판단의 법문제화라는 어려운 문제에 대해서 충돌하는 공익 상호
> 간 또는 공익과 사익 간의 이익형량을 위한 고려가 필요하며, 공익과 사익 등 관계 이
> 익들을 저울질하는 '이익형량'이 중요한 논증방법이라는 입장이 있다.[14]
> 입법자와 행정가 및 법관이나 변호사 등 법률가들은 물론 누구라도 끊임없이 이 점을
> 고민해야 한다. 이러한 고민을 거쳐서 행정작용은 적법성과 정당성을 얻게 되기 때문
> 이다.

---

14 최송화, 공익의 법문제화, 서울대학교 법학, 제47권 제3호, 2006, 17면.

(2) 이익에 대한 공법적 공부를 좀 더 해 보자

공익 중에서 질서유지는 보통 경찰행정의 영역에 속하지만, 보건이나 위생 등을 위해서 일반행정의 영역에서 문제되기도 한다.

사익 중에서도 법으로 보호되는 것과 그렇지 않은 것으로 구별이 된다. 법으로 보호되는 경우에는 소송을 통한 재판청구권을 행사할 수 있다. 법으로 보호되지 않는 이익은 반사적 이익이라고 해서 소송을 제기할 수 없고, 소송을 제기하더라도 재판을 받아 주지 않는다는 '각하'판결을 받게 된다.

법으로 보호되는 경우에도 몇 가지의 다른 차원이 있다. 도덕에 가까운 자연법에서 보호하는 이익을 '인권'이라고 한다. 헌법에서 보호하는 넓은 이익을 '기본권'이라고 한다. 구체적인 개별 법률에서 보호하는 이익을 '법률상 이익' 또는 '공권'이라고 한다. 행정소송이 가능하려면 헌법상의 기본권만으로는 부족하고 개별 법률에서 보호하는 '공권'이 있어야 하는 것이 원칙이다.

☞ 빈출

☞ 중요 개념 출제

🔍 중요 판례 더 알아보기 — 기본권에 대한 판례

> **2. 대법원 2008. 01. 24. 선고 2007두10846 판결[여권발급거부취소사건]**
>
> [1] 거주·이전의 자유란 국민이 자기가 원하는 곳에 주소나 거소를 설정하고 그것을 이전할 자유를 말하며 그 자유에는 국내에서의 거주·이전의 자유 이외에 해외여행 및 해외이주의 자유가 포함되고, 해외여행 및 해외이주의 자유는 대한민국의 통치권이 미치지 않는 곳으로 여행하거나 이주할 수 있는 자유로서 구체적으로 우리나라를 떠날 수 있는 출국의 자유와 외국 체류를 중단하고 다시 우리나라로 돌아올 수 있는 입국의 자유를 포함한다.
>
> [2] 여권의 발급은 헌법이 보장하는 거주·이전의 자유의 내용인 해외여행의 자유를 보장하기 위한 수단적 성격을 갖고 있으며, 해외여행의 자유는 행복을 추구하기 위한 권리이자 이동의 자유로운 보장의 확보를 통하여 의사를 표현할 수 있는 측면에서 인신의 자유 또는 표현의 자유와 밀접한 관련을 가진 기본권이므로 최대한 그 권리가 보장되어야 하고, 따라서 그 권리를 제한하는 것은 최소한에 그쳐야 한다.
>
> [3] **여권발급신청인이 북한 고위직 출신의 탈북 인사로서 신변에 대한 위해 우려가 있다는 이유로 신청인의 미국 방문을 위한 여권발급을 거부한 것은 여권법 제8조 제1항 제5호에 정한 사유에 해당한다고 볼 수 없고 거주·이전의 자유를 과도하게 제한하는 것으로서 위법하다.**

중요 판례 더 알아보기 — 공권과 관련된 법률상 이익에 대한 판례

> **3. 대법원 2018. 6. 15. 선고 2015두50092 판결[임용제청거부처분취소청구의소]**
>
> 항고소송은 처분 등의 취소 또는 무효확인을 구할 **법률상 이익이 있는 자**가 제기할 수 있고(행정소송법 제12조, 제35조), 불이익처분의 상대방은 직접 개인적 이익의 침해를 받은 자로서 원고적격이 인정된다.[15]

📖 공권 판례 빈출

5. 행정작용에 대한 평가를 해 보자

(1) 행정작용에 대한 판단

📖 핵심 이해 출제

결국 법원이나 행정심판위원회 등에서는 행정작용을 평가하게 된다.

행정청의 행정작용이 법질서 안에서 행해진 것으로 판단되면 '**적법**'하다고 하게 된다. 이에는 '**정당**'한 행위와 '**부당**'한 행위로 나누어진다. 법원은 부당한 행위에 대한 평가를 내리지 않으며, 오직 행정심판위원회에서만 부당한 행위에 대한 평가를 하고, 이를 이유로 취소하거나 무효를 확인할 수 있다.

행정청의 행정작용이 법질서 밖에서 이루어진 것으로 판단되면 '**위법**'하다고 한다. 이때 위법성의 정도와 관련하여 중대하고 명백한 경우가 아니라면 대부분은 '**취소**'사유에 해당한다고 한다. 그러나 행위가 중대하고 명백하게 위법한 경우에는 예외적으로 **무효**'라고 평가하게 된다.

주의할 점은 행정심판에서 구제하는 대상은 부당한 행위, 취소사유인 행위, 무효사유인 행위 등이지만, 행정소송에서 구제하는 대상은 취소사유인 행위와 무효사유인 행위 등에 국한된다.

또한 위법한 행위에 대하여 '**원칙적으로는 취소사유이고 예외적으로 무효사유**'가 된다.

> 행정기본법 제15조(처분의 효력) 처분은 권한이 있는 기관이 취소 또는 철회하거나 기간의 경과 등으로 소멸되기 전까지는 유효한 것으로 통용된다. 다만, 무효인 처분은 처음부터 그 효력이 발생하지 아니한다.

---

15 대법원 1995. 8. 22. 선고 94누8129 판결; 대법원 2015. 10. 29. 선고 2013두27517 판결 등 참조.

(2) 행정작용과 구별할 개념

1) 통치행위

 통치행위는 가끔씩 출제되므로 주의

통치행위는 대통령이나 행정부 또는 국회에 의하여 내려지는 고도의 정치적 결단이 수반되는 행위이므로 사법심사가 **불가능**한 것은 아니지만 **제한**된다. 통치행위는 행정부와 국회 등이 정치적 이유로 행할 수 있다. 일반민간인들은 할 수 없다. **사법부도 통치행위를 할 수는 없고**, 통치행위 여부를 재판할 뿐이다.

순수한 통치행위는 재판을 청구하더라도 **각하**판결을 내리게 된다. 그러나 통치행위라도 국민의 **기본권과 관련되면** 사법심사가 **가능**하다는 것이 **헌법재판소**의 결정이다. 예를 들면 헌법재판소는 기본권과 관련되는 범위에서는 대통령의 금융실명에 대한 긴급재정경제명령이라도 사법심사의 대상이 된다고 판시하였다.

즉, **통치행위의 개념을 인정**한다고 하더라도 과도한 사법심사의 자제가 기본권을 보장하고 법치주의 이념을 구현하여야 할 법원의 책무를 태만히 하거나 포기하는 것이 되지 않도록 그 인정을 지극히 신중하게 하여야 하며, 그 **판단**은 오로지 **사법부**만에 의하여 이루어져야 한다.

🔍 **중요 판례 더 알아보기 ― 통치행위에 대한 헌재와 대법원의 판례**

4. 헌재 1996. 2. 29. 93헌마186[금융실명제사건]

대통령의 긴급재정경제명령은 국가긴급권의 일종으로서 고도의 정치적 결단에 의하여 발동되는 행위이고 그 결단을 존중하여야 할 필요성이 있는 행위라는 의미에서 이른바 통치행위에 속한다고 할 수 있으나, 통치행위를 포함하여 모든 국가작용은 국민의 기본권적 가치를 실현하기 위한 수단이라는 한계를 반드시 지켜야 하는 것이고, 헌법재판소는 헌법의 수호와 국민의 기본권 보장을 사명으로 하는 국가기관이므로 비록 고도의 정치적 결단에 의하여 행해지는 국가작용이라고 할지라도 그것이 국민의 기본권 침해와 직접 관련되는 경우에는 당연히 헌법재판소의 심판대상이 된다.

5. 대법원 2004. 3. 26. 선고 2003도7878 판결【외국환거래법위반 · 남북교류협력에관한법률위반 · 특정경제범죄가중처벌등에관한법률위반 등 대북송금사건】

남북정상회담의 개최는 고도의 정치적 성격을 지니고 있는 행위라 할 것이므로 특별

📌 기출

한 사정이 없는 한 그 당부를 심판하는 것은 **사법권의 내재적·본질적 한계**를 넘어서는 것이 되어 적절하지 못하지만, 남북정상회담의 개최과정에서 재정경제부장관에게 **신고**하지 아니하거나 통일부장관의 협력사업 **승인**을 얻지 아니한 채 북한측에 사업권의 **대가 명목으로 송금**한 행위 자체는 헌법상 법치국가의 원리와 법 앞에 평등원칙 등에 비추어 볼 때 **사법심사의 대상이 된다.**

---

6. 대법원 1997. 04. 17. 선고 96도3376 전원합의체 판결[반란수괴·반란모의 참여·내란수괴 등]

대통령의 비상계엄의 선포나 확대 행위는 고도의 정치적·군사적 성격을 지니고 있는 행위라고 할 것이므로, 그것이 누구에게도 일견하여 헌법이나 법률에 위반되는 것으로서 명백하게 인정될 수 있는 경우라면 몰라도, 그러하지 아니한 이상 그 계엄선포의 요건 구비 여부나 선포의 당·부당을 판단할 권한이 사법부에는 없다고 할 것이나, 비상계엄의 선포나 확대가 국헌문란의 목적을 달성하기 위하여 행하여진 경우에는 법원은 그 자체가 범죄행위에 해당하는지의 여부에 관하여 심사할 수 있다.

 주의해야 할 판례 점검

---

7. 헌재 2009. 5. 28. 2007헌마369

1. **한미연합 군사훈련은 사법심사를 자제하여야 하는 통치행위에 해당된다고 보기 어렵다.**

2. **평화적 생존권은 이를 헌법에 열거되지 아니한 기본권으로서 특별히 새롭게 인정할 필요성이 있다거나 그 권리내용이 비교적 명확하여 구체적 권리로서의 실질에 부합한다고 보기 어려워 헌법상 보장된 기본권이라고 할 수 없다.**

---

8. 헌재 2004. 4. 29. 2003헌마814[이라크파병결정사건]

외국에의 국군의 파견결정은 파견군인의 생명과 신체의 안전뿐만 아니라 국제사회에서의 우리 나라의 지위와 역할, 동맹국과의 관계, 국가안보문제 등 궁극적으로 국민 내지 국익에 영향을 미치는 복잡하고도 중요한 문제로서 국내 및 국제정치관계 등 제반상황을 고려하여 미래를 예측하고 목표를 설정하는 등 고도의 정치적 결단이 요구되는 사안이다. 따라서 그와 같은 결정은 그 문제에 대해 정치적 책임을 질 수 있는 국민의 대의기관이 관계분야의 전문가들과 광범위하고 심도 있는 논의를 거쳐 신중히 결정하는 것이 바람직하며 우리 헌법도 그 권한을 국민으로부터 직접 선출되고 국민에게 직접 책임을 지는 대통령에게 부여하고 그 권한행사에 신중을 기하도록 하기 위해 국회로 하여금 파병에 대한 동의여부를 결정할 수 있도록 하고 있는바, 현행 헌법이 채택하고 있는 대의민주제 통치구조 하에서 대의기관인 대통령과 국회의 그와 같은 고도의 정치적 결단은 가급적 존중되어야 한다.

2) 권력분립과 관련된 행위

영국의 정치인이자 역사가인 액턴 경(Lord Acton)은 "절대 권력은 절대 부패한다."는 명언을 남겼다. 이와 관련하여 권력분립의 원칙은 권력의 집중을 방지하고 권력을 분할하여 상호 견제와 균형을 이루도록 하려는 헌법상의 통치원리를 말한다. 이러한 권력분립의 원칙에 따라 우리 헌법도 입법부와 행정부 및 사법부로 권력을 나누고 있다. 따라서 원칙적으로 행정작용은 원래는 행정부의 국민에 대한 행위만을 의미한다. 그러나 국회나 법원의 행위도 순수한 입법행위나 재판행위가 아니고 행정작용으로서의 성질을 가지는 경우들도 존재한다.

6. 행정법의 법원

행정청의 행정작용이 '행정의 법률적합성의 원칙'을 준수하여 적법한지, 아니면 이를 위반하여 위법한지를 판단하는 기준이 되는 원천들인 규범들을 '법원'(法源; Spring of the Law)이라고 한다.

법원은 법규범이라고도 하는데, 이에는 성문법과 불문법이 모두 포함된다.

성문법 안에서도 법규는 국민의 권리·의무를 규율하는 법규와 그렇지 않은 비법규로 나누어진다. 법규는 국민들과 공무원들에게 모두 법적 기준으로 작용한다.

법규로는 국제법과 **헌법**, **법률**, 대통령령(시행령)이나 부령(시행규칙) 및 지방의회의 조례 등과 같은 **법규명령** 등이 포함된다.

행정규칙은 법원에는 해당하지만, 국민의 권리·의무를 직접 규율하는 대외적 구속력이 없으므로 법규에는 해당하지 않는다. 행정규칙은 **비법규**로서 공무원들에게만 내부적으로 기준이 될 뿐이고 외부적으로 국민들에 대하여는 기준이 되지 않는다. 이러한 행정규칙에는 훈령, 예규, 지시, 일일명령, 고시, 지침 등이 있다.

예산 역시 법규로 볼 수 없다.

헌법상의 규정은 입법부와 행정부에 대하여 가능한 한 모든 국민이 인간의 존엄성에 맞는 건강하고 문화적인 생활을 누릴 수 있도록 하여야 한다는 행위규범으로 작용하면서 동시에 입법부나 행정부의 행위의 합헌성을 심사하기 위한 통제규범으로도 작용한다.

불문법으로는 비례의 원칙과 신뢰보호의 원칙, 자기구속의 원칙, 부당결부금지의 원칙 등 행정법의 일반원칙들이 중요하게 역할을 한다.

제 3 절

행정의 법률적합성의 내용상 요건

> **행정기본법 제8조(법치행정의 원칙)** 행정작용은 법률에 위반되어서는 아니 되며, 국민의 권리를 제한하거나 의무를 부과하는 경우와 그 밖에 국민생활에 중요한 영향을 미치는 경우에는 법률에 근거하여야 한다.

행정이 내용상으로도 법률적합성의 요건을 구비하기 위해서는 오토마이어가 제시한 분석의 틀이 검토되어야 한다. 오토마이어가 제시한 **행정의 법률적합성**에 대한 분석의 틀은 법률의 법규창조력, **법률의 우위**와 **법률의 유보** 등으로 이루어져 있다.

1. 법률의 법규창조력의 의미는 무엇인가

헌법 제40조에 의하여 국회입법의 원칙이 존중되어야 한다. 국민의 권리·의무를 규율하는 직접적인 **법적 기준을 의미하는 법규**는 원래 국회가 직접 법률의 형식으로 제정하였었다. 이를 '형식적 권력분립'이라고 한다.

그러나 사회와 국가가 팽창하면서 국회가 국민의 모든 기본권을 규율하기에는 한계에 부딪히게 되었다. 국회는 국민의 기본권에 대한 입법을 행정부나 사법부, 헌법재판소, 중앙선거관리위원회 등 다양한 국가기관들에게 위임하기 시작하였다. 다만, 이러한 국회의 간접적인 법규창조형태는 원칙적으로 **구체적인 범위**를 정한 위임이어야 하며 **포괄적 위임금지**의 원칙이 적용된다.

법규 = 헌법 + 법률 + 법규명령

빈출

구체적 수권이 있을 것

조례는 포괄적 위임 허용

다만, 예외적으로 **조례**의 경우에는 지방자치단체의 자율성과 민주성을 보장하기 위하여 포괄적인 위임이 허용된다. 헌재는 부천시 담배자판기 설치조례안 사건 등에서 이와 같이 판시하고 있다.[16] 그렇지만 이때에도 조례로 주민의 권리를 제한하거나 의무를 부과하려면 법률의 위임, 즉 근거는 있어야 한다.

 실력 다지기

예산이나 행정규칙은 법규가 아님

> **지방자치법 제22조(조례)** 지방자치단체는 법령의 범위 안에서 그 사무에 관하여 조례를 제정할 수 있다. 다만, 주민의 **권리 제한 또는 의무 부과에 관한 사항이나 벌칙을 정할 때에는 법률의 위임이 있어야** 한다.

수권의 취지와 범위 준수

결국, **법규**는 국회가 직접 제정하는 **법률**과 국회가 아닌 다른 국가기관이 국회로부터 수권을 받아 정립하는 **법규명령**으로 나뉜다. 법규에는 헌법, 법률, 법규명령 등이 포함된다. 그러나 행정규칙은 법규로 볼 수 없다. **행정규칙**은 시장 규칙, 도지사 규칙, 대법원 규칙 등과 달리 법규명령에 해당하지 않는다. 그러나 법령보충적 행정규칙은 실질이 법규명령이라고 보는 것이 다수설과 판례이다.

또한 위임입법들은 입법을 위임한 **수권의 취지와 범위**를 준수하여야 한다. 시행령이라고도 불리는 대통령령이나 시행규칙이라고도 불리는 부령 등이 국회에서 제정한 법률에서 입법을 부탁한 취지와 다르게 규정하거나 부탁한 범위를 넘어서는 경우는 법치주의상 효력을 인정할 수 없기 때문이다.

빈출

행정법의 일반원칙에 부합할 것

그밖에도 주의할 것은 법률이나 법류명령들의 내용이 **비례의 원칙이나 신뢰보호의 원칙 등 행정법의 일반원칙**에 위반해서는 안 된다. 행정법의 **일반원칙**들이 **헌법적 차원**의 효력을 가지는 이상 이들을 위반하는 내용을 담고 있어서는 안 된다.[17] 이때에는 법률은 물론 위임입법이 이루어진 법규명령들은 **무효**가 되고, 이에 근거하여 발급된 처분들은 **취소**되게 된다.

2. 법률우위의 원칙은 무슨 뜻인가

행정은 법률보다 우위에 설 수 없고 서서도 안 되므로 국회가 제정한 법률

---

16 헌재 1995. 4. 20. 92헌마264 등, 판례집 7 – 1, 564[기각].
17 성봉근, 홈페이지의 폐쇄명령에 대한 법의 해석과 비례의 원칙, 행정판례연구 XXⅡ – 1, 박영사, 2017, 163면.

에 **위반되어서는 안 된다.** 이러한 '**소극적**'인 관점에서의 법치주의는 오늘날 **헌법이나 법규명령 및 행정법의 일반원칙 등에도** 위반되어서는 안 된다는 의미로 발전하고 있다. ☞ 기출

그런데 행정법은 민법과 달리 비례의 원칙이나 신뢰보호의 원칙 등 행정법의 일반원칙들을 단순히 불문법원리로서 성문법을 보충하는 역할로 치부하지 아니하고, 성문법령들을 **개폐**할 수 있는 **헌법적** 차원의 것으로 인정하고 활용한다.

이와 관련하여 행정법의 일반원칙이 법률이나 법규명령을 개정하거나 폐지할 수 있도록 하는 제도들이 뒷받침을 해 주고 있다. 이에는 **헌법재판소의 위헌법률심판제도, 대법원의 위헌위법명령규칙심사제도, 헌법재판소의 헌법소원 등**이 있다. 이들 제도들은 실질적 법치주의에 이바지한다. ☞ 중요

 실력 다지기

> 따라서 행정법의 일반원칙들에 대한 논의나 검토는 행정법 사례를 분석할 때 별도로 강조되고 부각되어야 한다. 과연 행정이 법치주의를 위반하고 있는지를 판단할 때, 행정법의 일반원칙은 적극적으로 활용하여야 한다.[18]

3. 법률유보의 원칙에 대하여 알아보자

> **헌법 제37조** ②국민의 모든 자유와 권리는 국가안전보장 · 질서유지 또는 공공복리를 위하여 필요한 경우에 한하여 법률로써 제한할 수 있으며, 제한하는 경우에도 자유와 권리의 본질적인 내용을 침해할 수 없다.

> **행정기본법 제8조(법치행정의 원칙)** 행정작용은 법률에 위반되어서는 아니 되며, 국민의 권리를 제한하거나 의무를 부과하는 경우와 그 밖에 국민생활에 중요한 영향을 미치는 경우에는 법률에 근거하여야 한다.

(1) 법률유보의 원칙의 의의는 무엇일까

국가나 지방자치단체 등에 속하는 행정청이 행정을 통하여 국민의 권리를

---

18 그러나 이것이 행정법의 일반원칙으로 모든 법령의 규정들이나 법이론들을 대체할 수 있다는 논리로 오해되어서는 안 될 것이다.

기출

제한하거나 의무를 부과하기 위해서는 법률을 보유하여야 한다는 원칙을 '**법률유보의 원칙**'이라고 부른다.

다시 말해서 법률유보의 원칙이라고 함은 행정이 법률에 근거하여, 또는 법률의 수권에 의하여 행해져야 함을 의미한다. 이는 '**적극적 관점**'에서의 법치행정을 의미한다. 오늘날 국가와 사회가 끊임없이 발전해 나가고 있고 규율영역이

빈출

확대되고 있으므로 법률에서 **법규명령에 위임하는 형태로도** 법률유보의 원칙을 충족하도록 허용하고 있다.

---

12. 헌재 2010. 3. 25. 2008헌가5

끊임없이 변화하고 다양한 식품 관련 영업 영역을 규율대상으로 하는 식품위생법은 다른 법률에 비해 전문적이고 기술적일 뿐 아니라, 영업형태와 고객의 이용형태 등 현실의 변화에 따른 신속하고 탄력적인 입법적 대응이 필요한 분야의 법률이라고 할 것이어서, 그 세부적이고 기술적인 규율을 국회에 맡기기보다는 전체적인 기준 및 개요를 법률에 대강만 정한 뒤 구체적이고 세부적인 사항은 변동상황에 따른 탄력적 혹은 기술적 대응을 위하여 전문적·기술적 능력을 갖춘 행정부에서 상황의 변동에 따라 시의적절하게 탄력적으로 대응할 수 있도록 하위 법령에 위임할 필요성이 인정된다.

기출 판례

기출

그러나, 예산이나 행정규칙은 법규가 아니므로 법률유보의 원칙을 충족하지 못한다.

결국 법치주의 아래에서는 법률이나 법규명령 등의 근거 없이는 국민의 권리를 제한하거나 의무를 부과하는 행정을 할 수 없다는 **적극적인 의미**를 가진다.

기출

쉽게 보는 예시

구청장은 규정에 없다면 민원이나 주민동의를 들어 허가를 거부할 수 없다. 이는 **법률유보의 원칙에 위반**되기 때문이다.

법률유보 학설 암기법
침 + 전 + 급 + 중

(2) 법률유보의 적용영역에 대한 학설을 공부해 보자

1) 학 설

① 침해유보설

이 설은 행정이 개인의 자유나 권리를 침해·제한하거나 새로운 의무를 부과하는 경우에는 반드시 법률의 수권이 있어야 하지만, 그 밖의 영역(수익적 행정

등)에는 법률유보원칙이 적용되지 않는다는 견해이다. 과세처분, 집회시위금지명령 등은 물론 무기사용 같은 즉시강제도 법률유보가 적용되어 규정이 있어야 한다는 것이다. 참고로 무기사용은 경찰관직무집행법 제10조의4에 규정되어 있다.

② 전부유보설

이 설은 직접 시민을 향해 행해진 행정작용 전부에 대하여 법률의 유보를 요구하는 견해로서 민주국가에서는 주권이 국민에게 있고 국민은 그들의 대표기관인 의회에 권력을 위임하고 있으므로 국가의 다른 기관은 의회가 제정한 법률의 수권이 있어야 비로소 활동할 수 있음을 근거로 한다. 전부유보설은 모든 행정작용이 법률에 근거해야 한다는 입장으로, 행정의 자유영역을 부정하는 견해이다.

③ 급부행정유보설

이 학설은 사회유보설로도 불리우는데, 개인의 생활이 상당부분 국가로부터의 급부에 의존하고 있는 현대에 있어서는 국가적 급부의 공정한 확보가 중요한 의미를 가지므로 전통적인 침해행정 이외의 급부행정 영역에도 법률유보원칙이 적용되어야 한다는 견해이다.

④ 중요사항유보설

중요사항유보설은 **본질성설** 또는 **본질사항유보설**로도 불리우며 다수설과 판례의 입장이라고 볼 수 있다. 국민에 대한 일반권력관계든 군인, 경찰관, 공무원, 재소자 등 특수신분을 가진 사람들에 대한 특별권력관계든 불문하고 기본권과 관련된 중요사항은 반드시 법률의 근거를 요하지만, 비중요사항에 대해서는 법률의 근거 없이도 행정권을 발동할 수 있다는 견해이다.

중요사항유보설에 의하면 문제된 활동이 기본권의 실현을 위하여 중요한 것인지가 법률유보사항의 판단기준이 된다. 중요사항유보설은 행정작용에 법률의 근거가 **필요한지 여부**에 그치지 않고 법률의 규율**정도**에 대해서도 설명하는 이론이다.

기출

2) 비 판

① 침해유보설에 대하여는 의회민주주의가 발달하고 급부행정이나 유도행정의 비중이 커지고 있는 현대국가에 있어서는 **낡은 이론**으로 극복되어야 한다는 점, ② 전부유보설에 대하여는 행정권이나 사법권 **역시** 국민에 의해 제정된 권력임을 망각하고 있고, 행정의 탄력성을 상실하며 **경직적**이라는 점, ③ 급부

중요사항유보설이 다수설과 판례

행정유보설에 대하여는 국가의 급부적 기능이 중요하므로 의회가 그에 관해 법률제정의 방법으로 개입할 수 있다는 것과 **아직 법률이 제정되어 있지 않은 경우**에 행정권이 조직법·예산 등에만 근거하여 급부적 활동을 수행하는 것이 반드시 모순되는 것은 아니라는 점, ④ 중요사항유보설에 대하여는 중요성의 판단기준이 모호하고, 특히 투명성이 약한 자금지원행정의 영역 등에서는 중대한 법적 불안정을 가져올 것이라는 점에서 문제가 있다고 본다.

그럼에도 불구하고 사안에서 행정작용이 기본권에 대하여 **본질적이고 중대한 의미를 가지는지 평가를 통하여 판단할 수 있으므로 중요사항유보설**(본질성설)이 타당하다고 할 것이다.[19]

 실력 다지기

> 중요사항유보설 내지 본질성설과 유사하지만 약간 다르게 설명하는 입장으로 의회유보설이 있다. 의회유보설은 의회가 입법하여야 할 본질적은 사항은 위임할 수 없고 의회 스스로 입법하여야 한다. 그러한 사항이 아닌 것은 하위 입법에 위임할 수 있으며 구체적인 기준과 범위를 설정하면 가능하다.

(3) 판례의 입장들은 어떠할까

1) 헌법재판소 결정례

기출

수신료 징수 여부와 기준은 법률유보대상

헌법재판소는 KBS수신료가 법률유보대상인지 문제된 사건, 고급주택·고급오락장에 대한 중과세의 기준이 법률유보대상인지 문제된 사건 등에서 "오늘날 법률유보원칙은 단순히 행정작용이 법률에 근거를 두기만 하면 충분한 것이 아니라, 국가공동체와 그 구성원에게 기본적이고도 중요한 의미를 갖는 영역, 특히 국민의 기본권실현과 관련된 영역에 있어서는 국민의 대표자인 입법자가 그 **본질적 사항**에 대해서 **스스로 결정**하여야 한다는 요구**까지 내포하고 있다**"[20]고 판시하여 **중요사항유보설**을 취하고 있다. 따라서 헌법재판소는 KBS 수신료 금액에 대한 결정을 한국방송공사로 하여금 담당하게 하고 문화관광부장관의 승인으로 족하도록 한 것은 국회의 결정이나 관여를 배제한 것이므로 법률

징수처리방법은 중요사항이 아니므로 법률유보 필요없음

---

19 성봉근, 홈페이지의 폐쇄명령에 대한 법의 해석과 비례의 원칙, 행정판례연구 XXⅡ-1, 박영사, 2017, 146면.
20 헌재 1999. 5. 27. 98헌바70.

유보의 원칙에 위반된다고 보았다.[21]

 실력 다지기

> 헌법재판소의 결정에 따르면 텔레비전 방송수신료의 금액결정과 납부자의 범위, 부과 여부 등은 중요사항이므로 법률의 근거가 필요하다. 그러나 수신료 부과방법은 중요 하지 않은 사항이므로 법률에 근거할 필요가 없다.

▣ 오답 주의

 중요 판례 더 알아보기

---

9. 헌재 1999. 5. 27. 98헌바70, 판례집 11-1, 633[헌법불합치,합헌]

▣ 빈출 판례 지문

오늘날 법률유보원칙은 단순히 행정작용이 **법률에 근거를 두기만 하면 충분한 것이 〈아니라〉,** 국가공동체와 그 구성원에게 **기본적이고도 중요한 의미**를 갖는 영역, 특히 국민의 **기본권실현과 관련된 영역**에 있어서는 국민의 대표자인 **입법자가 그 본질적 사항에 대해서 스스로 결정**하여야 한다는 요구까지 내포하고 있다(☞**의회유보원칙**). 그런데 **텔레비전방송수신료**는 대다수 국민의 재산권 보장의 측면이나 한국방송공사에게 보장된 방송자유의 측면에서 국민의 기본권실현에 관련된 영역에 속하고, **수신료금액의 결정**은 납부의무자의 범위 등과 함께 수신료에 관한 **본질적인 중요한 사항**이므로 **<국회가 스스로>** 행하여야 하는 사항에 속하는 것임에도 불구하고 한국방송공사법 제36조 제1항에서 국회의 결정이나 관여를 배제한 채 한국방송공사로 하여금 수신료금액을 결정해서 문화관광부장관의 승인을 얻도록 한 것은 법률유보 원칙에 위반된다.

---

10. 헌재 2008. 2. 28. 2006헌바70

현행 방송법은 첫째, 수신료의 금액은 한국방송공사의 이사회에서 심의 · 의결한 후 방송위원회를 거쳐 **국회의 승인을 얻도록 규정**하고 있으며(제65조), 둘째, **수신료 납부의무자의 범위**를 '**텔레비전방송을 수신하기 위하여 수상기를 소지한 자**'로 규정하고(제64조 제1항), 셋째, 징수절차와 관련하여 **가산금 상한 및 추징금의 금액, 수신료의 체납 시 국세체납처분의 예**에 의하여 징수할 수 있음을 규정하고 있다(제66조). 따라서 (☞ 위헌결정 이후에는) 수신료의 부과 · 징수에 관한 본질적인 요소들은

▣ 오답 주의

---

21 헌재 1999. 5. 27. 98헌바70, 판례집 11 − 1, 633[헌법불합치,합헌].

방송법에 모두 규정되어 있다고 할 것이다.

한편, **수신료 징수업무를** 한국방송공사가 **직접 수행**할 것인지 **제3자에게 위탁**할 것인지, 위탁한다면 **누구에게 위탁하도록 할 것인지**, 위탁받은 자가 자신의 고유업무와 결합하여 징수업무를 할 수 있는지는 징수업무 처리의 효율성 등을 감안하여 결정할 수 있는 사항으로서 (☞ 징수업무처리방식은) 국민의 기본권제한에 관한 본질적인 사항이 **아니라** 할 것이다. 따라서 방송법 제64조 및 제67조 제2항은 법률유보의 원칙에 위반되지 **아니한다.**

---

11. 헌재 1998. 7. 16. 96헌바52 등

지방세법 제112조 제2항 전단 중 고급주택, 고급오락장이 무엇인지 하는 것은 취득세 중과세요건의 핵심적 내용을 이루는 본질적이고도 중요한 사항임에도 불구하고 그 기준과 범위를 구체적으로 확정하지도 않고 또 그 최저기준을 설정하지도 않고 단순히 "대통령령으로 정하는 고급주택" 또는 "대통령령으로 정하는 고급오락장"이라고 불명확하고 포괄적으로 규정함으로써 실질적으로는 중과세 여부를 온전히 행정부의 재량과 자의에 맡긴 것이나 다름없을 뿐만 아니라, 입법목적, 지방세법의 체계나 다른 규정, 관련법규를 살펴보더라도 **고급주택과 고급오락장의 기준과 범위를** 예측해 내기 어려우므로 이 조항들은 헌법상의 **조세법률주의**(☞ 세금부과에 관한 법률유보의 원칙), **포괄위임입법금지원칙에 위배**된다.

---

2) 대법원 판례

☞ 기출

대법원도 법률유보의 원칙에 대하여 **중요사항유보설** 내지 **본질성설**을 취하고 있다.

예를 들면 법률이 공법적 단체 등의 정관에 자치법적 사항을 위임하는 경우 법률유보의 원칙은 적용되지만, 본질적인 사항이 아니므로 구체적인 규정을 두지 않더라도 법률유보의 원칙에 위반된다고 볼 수는 없는 것이다.

🔍 중요 판례 더 알아보기

12. 대법원 2007. 10. 12. 선고 2006두14476 판결【주택재개발사업시행인가처분취소】

☞ 기출

구 도시 및 주거환경정비법상 사업시행자에게 사업시행계획의 작성권이 있고 행정청은 단지 이에 대한 인가권만을 가지고 있으므로 사업시행자인 조합의 사업시행계획

작성은 자치법적 요소를 가지고 있는 사항이라 할 것이고, 이와 같이 **사업시행계획의 작성이 자치법적 요소를 가지고 있는 이상, 조합의 사업시행인가 신청시의 토지 등 소유자의 동의요건 역시 자치법적 사항이라 할 것**이며, 따라서 도시 및 주거환경정비법 제28조 제4항 본문이 사업시행인가 신청시의 동의요건을 조합의 정관에 포괄적으로 위임하고 있다고 하더라도 헌법 제75조가 정하는 **포괄위임입법금지의 원칙**이 적용되지 아니하므로 이에 위배된다고 할 수 없다. 그리고 조합의 사업시행인가 신청시의 토지 등 소유자의 동의요건이 비록 토지 등 소유자의 재산상 권리·의무에 영향을 미치는 사업시행계획에 관한 것이라고 하더라도, **그 동의요건은 사업시행인가 신청에 대한 토지 등 소유자의 사전 통제를 위한 절차적 요건에 불과하고 토지 등 소유자의 재산상 권리·의무에 관한 기본적이고 본질적인 사항이라고 볼 수 없으므로 법률유보 내지 의회유보의 원칙이 반드시 지켜져야 하는 영역이라고 할 수 없고, 따라서 도시 및 주거환경정비법 제28조 제4항 본문이 법률유보 내지 의회유보의 원칙에 위배된다고 할 수 없다.**

실력 다지기

행정규칙은 법률유보의 원칙 충족하지 않는다. 그러나 법령보충적 행정규칙은 법률유보의 원칙을 충족한다. 왜냐하면 행정규칙은 국회의 입법에 대한 수권이 없고, 법령보충적 행정규칙은 수권이 있기 때문이다. 결국, **법규명령에 근거한 행정행위이든 법령보충적 행정규칙에 근거한 행정행위이든 국회의 구체적인 수권을 받았다면 법률에 직접 근거한 행정행위가 아니라도 법률유보의 원칙을 충족**한다고 할 수 있다.

중요 판례 더 알아보기

판례는 법령보충적 행정규칙도 법규명령으로서 공중목욕탕이 상업중심지역에서 신고수리거부가 되는 법적 근거가 되므로 법률유보를 충족한다는 취지의 판시를 하고 있다.

📄 최다 빈출 판례 지문

13. 대법원 2008. 3. 27. 선고 2006두3742, 3759 판결【목욕장영업신고서처리불가처분취소·영업소폐쇄명령처분취소】

상급행정기관이 하급행정기관에 대하여 업무처리지침이나 법령의 해석적용에 관한 기준을 정하여 발하는 이른바 행정규칙은 일반적으로 행정조직 내부에서만 효력을 가질 뿐 대외적인 구속력을 갖지 않지만, 법령의 규정이 특정 행정기관에게 그 법령 내용의 구체적 사항을 정할 수 있는 권한을 부여하면서 그 권한 행사의 절차나 방법을 특

📄 행정규칙은 법규성 부정

정하고 있지 않아 수임행정기관이 행정규칙의 형식으로 그 법령의 내용이 될 사항을 구체적으로 정하고 있다면, 그와 같은 행정규칙은 위에서 본 행정규칙이 갖는 일반적 효력으로서가 아니라 행정기관에 법령의 구체적 내용을 **보충**할 권한을 부여한 법령 규정의 효력에 의하여 그 내용을 보충하는 기능을 갖게 되고, 따라서 이와 같은 행정규칙은 당해 법령의 위임 한계를 벗어나지 않는 한 그것들과 **결합**하여 **대외적인 구속력**이 있는 **법규명령**으로서의 효력을 가진다.

📝 법령보충적 행정규칙은 법규성 긍정

3) 중요 판례의 동향을 알아보고 출제에 대비해 보자

NEIS에 대한 헌재판례

14. 헌재 2005. 7. 21. 2003헌마282 등, 판례집 17-2, 81[기각,각하] 개인정보 수집 등 위헌확인(2005. 7. 21. 2003헌마282 · 425(병합) 전원재판부)

1. 서울특별시 교육감 등이 졸업생의 성명, 생년월일 및 졸업일자 정보를 교육정보시스템(NEIS)에 보유하는 행위의 〈법률유보원칙〉 위배 여부(소극)

개인정보자기결정권을 제한함에 있어서는 개인정보의 수집 · 보관 · 이용 등의 주체, 목적, 대상 및 범위 등을 법률에 구체적으로 규정함으로써 그 법률적 근거를 보다 명확히 하는 것이 바람직하나, 개인정보의 종류와 성격, 정보처리의 방식과 내용 등에 따라 **수권법률의 명확성 요구의 정도**는 달라진다 할 것인바, 피청구인 서울특별시 교육감과 교육인적자원부장관이 졸업생 관련 제 증명의 발급이라는 소관 민원업무를 효율적으로 수행함에 필요하다고 보아 개인의 인격에 밀접히 연관된 **민감한 정보**라고 보기 **어려운 졸업생의 성명, 생년월일 및 졸업일자만을 교육정보시스템(NEIS)에 보유**하는 행위에 대하여는 그 보유정보의 **성격과 양(量)**, 정보보유 목적의 비침해성 등을 종합할 때 **수권법률의 명확성이 특별히 강하게 요구된다고는 할 수 없으며**, 따라서 "공공기관은 소관업무를 수행하기 위하여 필요한 범위 안에서 개인정보화일을 보유할 수 있다"고 규정하고 있는 공공기관의개인정보보호에관한법률 제5조와 같은 일반적 수권조항에 근거하여 피청구인들의 보유행위가 이루어졌다하더라도 법률유보원칙에 위배된다고 단정하기 어렵다.

2. 위 행위가 그 정보주체의 개인정보자기결정권을 침해하는지 여부(소극) 〈비례의 원칙〉

개인정보의 종류 및 성격, 수집목적, 이용형태, 정보처리방식 등에 따라 개인정보자기결정권의 제한이 인격권 또는 사생활의 자유에 미치는 영향이나 침해의 정도는 달라지므로 개인정보자기결정권의 제한이 정당한지 여부를 판단함에 있어서는 위와 같은 요소들과 추구하는 공익의 중요성을 헤아려야 하는바, **피청구인들이 졸업증명서 발**

급업무에 관한 민원인의 편의 도모, 행정효율성의 제고를 위하여 개인의 존엄과 인격권에 심대한 영향을 미칠 수 있는 민감한 정보라고 보기 어려운 성명, 생년월일, 졸업일자 정보만을 NEIS에 보유하고 있는 것은 목적의 달성에 필요한 최소한의 정보만을 보유하는 것이라 할 수 있고, 공공기관의개인정보보호에관한법률에 규정된 **개인정보 보호를 위한 법규정들의 적용을 받을** 뿐만 아니라 피청구인들이 보유목적을 벗어나 개인정보를 무단 사용하였다는 점을 인정할 만한 자료가 없는 한 NEIS라는 자동화된 전산시스템으로 그 정보를 보유하고 있다는 점만으로 피청구인들의 적법한 보유행위 자체의 정당성마저 부인하기는 어렵다.

 출제 예상 최신 판례 예제를 연습해 보자

헌재는 NEIS 작성 및 보유는 법률유보의 원칙에 위반된다고 판시하였다. (✕)

부정등록시 직권취소규정에 부정영업양수도 포함된다고 판단할 수 있는지 여부

15. 대법원 2012. 2. 9. 선고 2011두23504 판결【건설업등록말소처분취소】[공 2012상, 463]

건설산업기본법 제83조 제1호 '부정한 방법으로 제9조의 규정에 의한 건설업의 등록을 한 때'에 '부정한 방법으로 제17조 규정에 의한 건설업 양도의 신고를 한 때'가 포함되는지 여부(소극 = NO)

건설산업기본법(이하 '법'이라 한다) 제9조 제1항, 제17조에 따르면 건설업을 양수한 자는 건설업자의 지위를 승계하도록 되어 있기 때문에 건설업의 양수인이 부정한 방법으로 건설업 양도·양수신고를 함으로써 건설업을 영위할 수 있게 된 경우에도 건설업 등록을 말소시킬 필요성은 있다. 그러나 건설업 등록취소와 같은 **침익적 행정처분**의 근거가 되는 행정법규는 **엄격**하게 해석·적용하여야 하는 점, 법에서 벌칙을 정한 제96조는 제1호에서 '제9조 제1항의 규정에 의한 부정한 방법으로 등록을 하고 건설업을 영위한 자'를, 제3호에서 '제17조의 규정에 의한 부정한 방법으로 신고를 하고 건설업을 영위한 자'를 규정하고 있는데 이와 같이 법이 제9조에 의한 건설업 등록과 제17조에 의한 건설업의 양도신고를 **구분**하고 있는 점, 행정행위를 한 처분청은 행위에 하자가 있는 경우에는 **별도의 법적 근거가 없더라도** 일정한 제한 내에서 **스스로 이를 취소**(☞ 위법하거나 부당한 처분은 직권취소할 수 있는데 법률의 근거가 별도로 요구되지 않음)할 수 있는 것으로 해석되므로 양도·양수신고 수리처분 자체를 직권취소할 여지가 있는 점 등의 사정을 고려하면, 법 제83조 제1호의 '부정한 방법으로

제9조에 따른 **건설업 등록을 한 경우**'에 '부정한 방법으로 제17조에 의한 **양도 · 양수 신고를 한 경우**'는 포함되지 않는다고 보는 것이 타당하다.

 출제 예상 최신 판례 예제를 연습해 보자

대법원은 건설회사가 **부정등록시** 건설업 **등록 말소**시킬 수 있는 규정이 있으므로 기존 건설회사를 **부정하게 영업양도** 받은 경우도 **별도의 규정이 없더라도** 건설업 **등록을 직권말소할 수** 있다고 판시하였다. (×)

제 4 절

행정의 법률적합성은 절차상 요건도 요구할까

이는 **적법절차의 원리**(Due Process of Law)가 행정에도 적용되게 되기 때문에 절차도 중요한 적법성의 요건이 된다.

행정은 내용이 법률의 법규창조력, 법률의 우위, 법률의 유보, 행정법의 일반원칙 등에 부합하여 위법하지 않다는 것만으로는 법치주의를 완성할 수 없다. 자칫 내용이 적법하면 절차와 과정에 하자가 있더라도 문제되지 않는다는 결과지향주의적인 오류를 범할 수 있다. 따라서 행정의 내용을 도출하는 과정과 절차에서의 적법성이 추가적으로 요구된다. 따라서 적법절차의 원리를 준수하여야 한다.

헌법 제12조에서 도출되는 적법절차의 원리는 형사법에만 국한되는 것이 아니라 행정법 등 모든 분야에도 적용된다는 것이 통설과 판례의 태도이다. 헌법 제12조의 적용범위와 관련하여 형사절차국한설과 **행정절차포함설**의 대립이 있으나, 후자가 다수설과 판례의 태도이다.

행정절차에는 ① **법률의 규정이 없어도 언제나 요구되는 유형**과 ② **법률의 규정이 있어야** 요건이 되는 유형으로 분류할 수 있다.

전자에는 사전통지, 의견제출(= 약식청문이라고도 부름), 이유부기(= 이유제시 = 이유기재) 등이 있다.

후자에는 **청문, 공청회, 환경영향평가** 등이 있다.

적법절차원리는
행정절차포함설

빈출

절차유형 구별 빈출

빈출

행정이 절차를 위반한 경우에는 아무리 내용상으로 적법하다고 하더라도 '**독자적인 위법성**'이 인정된다. 절차하자의 독자성 부정설과 독자성 긍정설의 대립이 있으나, 후자가 다수설과 판례의 태도라고 할 것이다.

☞ 절차위법만으로도 독자적으로 위법성인정

제 5 절

권리구제가 결국 핵심이다

☞ 행정구제법에서 자세히 공부할 예정

결국 권리구제가 최종적으로 행정법의 법률관계에 대한 해결책으로 제시되어야 한다.

사례에서 문제되는 **행정작용의 종류와 성질에 따라** 결국 권리구제수단은 다르게 된다.

다만, 정치적인 성격이 가미된 **통치행위**는 사법심사가 과거에는 부정되다가 최근에는 국민의 기본권과 관련된 행위에 대하여는 사법심사가 가능해지고 있다. 결국 통치행위라도 사법심사가 부정되는 것이 아니라 자제되고 있다고 보는 것이 타당하다.

법률에 대하여는 위헌법률심판, 헌법소원 등에 의한 구제가 가능하다.

☞ 빈출

대통령령, 부령 등 **법규명령**에 대하여는 위헌위법명령규칙심사, 헌법소원 등이 가능하다. **법규명령이 적법**하기 위해서는 **구체적 수권**이 있어야 하고 **수권의 취지와 범위**에 위반해서는 안 되며, 나아가 행정법의 일반원칙에 위반하지 않을 것까지 요구된다. 행정법의 일반원칙은 헌법적 차원의 효력이므로 행정법의 일반원칙에 위반되는 법규명령을 무효로 만들 수 있다.

☞ 빈출

행정행위에 대하여는 처분에 대한 항고소송이 가능하다. 항고소송에는 취소소송, 무효등 확인소송, 부작위위법확인소송 등이 있지만 대부분 취소소송을 통하는 경우가 많다.

☞ 빈출

> **행정기본법 제15조(처분의 효력)** 처분은 권한이 있는 기관이 취소 또는 철회하거나 기간의 경과 등으로 소멸되기 전까지는 유효한 것으로 통용된다. 다만, 무효인 처분은 처음부터 그 효력이 발생하지 아니한다.

권력적 사실행위에 대하여는 처분에 준하여 항고소송이 가능한 경우가 있기는 하지만, 집행이 완료된 경우에는 소의 이익이 없어 항고소송보다는 국가배상청구소송이 유용하다.

행정지도와 같은 비권력적 사실행위, **공법계약** 등에 대하여는 행정소송 중 당사자 소송이 가능하다.

행정소송 중 항고소송과 당사자소송은 이익이 침해당한 자의 권리구제에 주안점을 두는 주관적 쟁송체계를 취하고 있고, 행정소송 중 민중소송과 기관소송은 객관적 소송체계를 취하고 있다. 그중에서 우리는 **항고소송 중심주의**와 **취소소송 중심주의**를 취하고 있다.

손해가 발생한 경우에는 손해전보를 강구할 수도 있다.

행정작용이 위법한 경우에는 국가배상법에 근거하여 **국가배상**이 가능하다. 행정작용이 적법한 경우에는 법률의 규정이 있는 경우에 한하여 **손실보상**이 가능하다. 다만, 다수설은 국가배상청구소송과 손실보상청구소송을 행정소송의 일종인 당사자소송으로 보지만 판례는 **민사소송**으로 보고 있다.

제 2 장

행정법의 일반원칙

제 1 절

행정법의 일반원칙이 무엇인지 공부해 보자

■ 기본 이해

■ 행정법의 일반원칙

행정법의 일반원칙은 행정법 분야에서 무엇이 옳고 그른지 적법성을 판단하는 보편적인 상식을 의미한다. 이를 영미에서는 **보통법**(Common Sense)이라고 하고, 독일이나 프랑스 등 대륙법계에서는 **행정법의 일반원칙**(General Principle)이라 한다. 민법에서는 **조리**(條理)라고도 한다.

차이점은 민법에서는 조리가 성문법을 개정하거나 폐지할 수 없는 것이 원칙이지만, 헌법과 행정법 등 공법에서는 행정법의 일반원칙이 **성문법을 개폐**할 수 있다.

행정법의 일반원칙은 이제 **헌법적 차원의 효력**으로 자리매김한다고 보는 것이 다수설과 대법원 및 헌재의 태도이다. 헌법, 법률, 법규명령 등은 성문법이지만, 행정법의 일반원칙은 **불문법원리**이다.

특히 행정법에서는 비례의 원칙, 신뢰보호의 원칙, 자기구속의 원칙, 부당결부금지의 원칙 등 4대원칙을 중요하게 취급하고 있다.

비례의 원칙★★★

📖 출제빈도 매우 높음
(최다 빈출)

📖 판례 빈출

📖 빈출

1. 비례의 원칙의 의의 및 성질에 대하여 알아보자

> **행정기본법 제10조(비례의 원칙)** 행정작용은 다음 각 호의 원칙에 따라야 한다.
> 1. 행정목적을 달성하는 데 유효하고 적절할 것
> 2. 행정목적을 달성하는 데 필요한 최소한도에 그칠 것
> 3. 행정작용으로 인한 국민의 이익 침해가 그 행정작용이 의도하는 공익보다 크지 아니할 것

비례성의 원칙이란 행정주체가 구체적인 행정목적을 실현함에 있어서 그 **목적**실현과 **수단** 사이에 **합리적인 비례관계**가 유지되어야 한다는 것을 말한다. 이 원칙은 법치국가원리의 파생원칙의 하나이므로, **헌법** 차원의 법원칙으로서의 성질과 효력을 가진다.[1]

헌법재판소는 「식품위생법 시행규칙」[별표17] 규정은 식품접객업자의 '손님을 꾀어서 끌어들이는 행위'를 금지하고, '성(性)·혼인·가족제도에 관한 민감한 표현이 담긴 비디오 등도' '선량한 미풍양속'을 해친다는 이유로 규제하도록 규정한 것은 비례의 원칙에 부합하는 합헌적인 규정이라고 결정하였다.

---

13. 헌재 2006. 11. 30. 2004헌마431 등

주류의 판매·제공·보관 등을 금지하여 노래연습장을 주류가 없는 공간으로 하고, 청소년도 출입할 수 있는 건전한 생활문화공간이 되도록 하는 이 사건 의무조항과 시행령조항의 입법목적은 정당하다. 청구인들은 본래의 노래연습장업을 얼마든지 할 수 있고, 주류를 판매·제공하고자 하는 자는 유흥주점이나 단란주점 영업을 할 수 있는 장소를 선택하여 유흥주점이나 단란주점 영업을 자유롭게 할 수 있다. 노래연습장업자들의 불이익이 청소년에 대한 주류판매 가능성을 차단하고, **건전한 생활공간으로 노래연습장업을**

---

[1] 성봉근, 홈페이지의 폐쇄명령에 대한 법의 해석과 비례의 원칙, 행정판례연구 XXⅡ-1, 박영사, 2017, 163면.

육성하고자 하는 공익에 비하여 현저히 크다고 보기 어려우므로 이 사건 의무조항과
시행령조항이 직업의 자유를 과도하게 침해하는 것이라고 할 수 없다.

합리적 비례관계는 다음과 같은 논리적인 3단계구조를 가진다.

(헌재는 목적의 정당성부터 출발하여 4단계로 보기도 한다)

① 수단의 **적**합성(대법원은 여기서부터 출발),

② 수단의 필요성(= 수단의 최소침해성 = 대체수단의 제공),

③ 수단의 **상**당성(= 협의의 비례의 원칙 = 공익과 사익의 비교형량 = 법익균형성)

비례의 원칙은 **적**합성 → **필**요성 → **상**당성의 논리적 단계구조이나 사안해
결을 위해서는 전체적인 검토를 하는 것이 대부분이다.

비례의 원칙은 침해행정인가 급부행정인가를 가리지 아니하고 행정의 전영
역에 적용된다. 비례의 원칙은 **과잉금지의 원칙으로도 과소보호금지의 원칙으
로도** 작용한다는 것이 다수설과 헌재 판례의 입장이다.

⚐ 비례원칙의 논리적 3단계
  = 1st 적합성
  → 2nd 필요성
  → 3rd 상당성
  ∴ 비례원칙 3단계 구조
  = 적 + 필 + 상

⚐ 기출

 실력 다지기[2]

슈미트–아스만(Schmidt–Aßmann)은 광범위하고 포괄적인 헌법화(die umfassende
Konstitutionalisierung) 작업에 의하여 비례의 원칙(Verhältnismäßigkeitsprinzip), 자
의금지의 원칙(Willkürverbot), 신뢰보호의 원칙(Vertrauensschutz), 위법한 결과제거
의무(Folgenbeseitigungspflicht) 등이 헌법 속에 정착되게 되었다고 한다.[3] 따라서 비
례의 원칙을 비롯한 일반원칙들은 헌법적 가치를 가지기도 한다.[4]

최근 행정법의 일반원칙에 대하여 이러한 내용을 소개하면서, 불문법원리이기는 하지
만 때때로 성문화 되어 반영되기도 하며, 동태적으로 형성되어가기도 한다는 점을 지
적하는 심도 깊은 발표가 이루어지고 있다.[5]

⚐ 빈출: 헌법적 차원 효력

---

2 성봉근, 홈페이지의 폐쇄명령에 대한 법의 해석과 비례의 원칙, 행정판례연구 XXII–1, 박영사,
  2017, 163면 이하에서 인용.

3 Schmidt–Aßmann, Verwaltungsrechtliche Dogmatik – Eine Zwischenbilanz zu entwicklung,
  Reform und Künftigen Aufgaben, Mohl Siebeck, 2013, S. 48.

4 Cabrillac, Introduction Générale au Droit, dalloz, 9e édition, 2011, p. 159.

5 김남진, 행정법의 일반원칙, 학술원통신, 제283호, 2017. 2, 6면.

2. 비례의 원칙의 근거가 어디에 있을까

📌 빈출되는 부분
(규정 출제)

헌법 **제37조 제2항** 소정의 「국민의 모든 자유와 권리는 … **필**요한 경우에 한하여(☞ 비례의 원칙) **법률로써**(☞ 법률유보의 원칙) 제한할 수 있으며 …」라는 규정은 비례성 원칙의 표현이며, **경찰관직무집행법 제1조 제2항**도 이에 해당한다. 또한 행정절차법 제48조 제1항 제1문에서는 행정지도의 원칙으로 비례원칙을 규정하고 있다.

이처럼 비례의 원칙은 **헌법 제37조 제2항**을 비롯해서 **경찰관직무집행법 제1조 제2항 및 제10조의4, 행정소송법 제27조, 행정규제기본법** 등 다양한 개별법에 성문화되어 **있지만**, 규정 유무에 상관없이 **불문법원리 즉 행정법의 일반원칙**으로서 가장 중요한 위치를 차지하고 있다.

3. 비례의 원칙의 내용은 3단계의 단계적 구조이다

비례의 원칙은 **논리적으로 3단계**의 단계적 구조를 이루고 있다. 수단을 사용하는 목적이 정당하고, 수단이 목적에 **적**합하여야 하고, 사용된 수단이 **최소**한도의 침해를 가져오는 것이어야 하며, 수단을 사용하는 공익과 수단사용에 의해 침해되는 사익이 이익형량상 균형을 **상당**하게 이루어야 한다. 비례의 원칙은 **적합성, 필요성, 상당성**의 3단계로 이루어진다. 그런데 **필요성**의 원칙은 **최**소침해의 원칙이라고도 하고, **대체수단의 제공** 등이라고도 부른다. 이와 달리 **상당성**은 **이익형량** 내지는 비교형량에 대한 것이다.

(1) 비례의 원칙의 논리적 단계구조

1) 적합성의 원칙

행정기관이 취한 조치 또는 **수단**이 그가 의도하는바 목적을 달성하는 데 **적합**해야 한다(**적합성의 원칙**).

따라서 법률적으로 위법하거나 사실상 불가능한 수단은 목적에 적합하지 않다.

📌 오답 주의: 필요성과 상당성 개념 혼동 주의

2) 필요성의 원칙

일정한 목적을 달성하기에 적합한 수단이 여러 가지 있는 경우에 행정기관은 그 중에서 관계자에게 **가장 적은** 부담을 주는 수단을 선택해야 한다. 이를 필요성의 원칙 또는 **최**소침해의 원칙이라고도 한다.

3) 상당성의 원칙

어떤 행정조치가 설정된 목적실현을 위하여 필요한 경우라 할지라도 그 행정조치를 취함에 따른 불이익(= 사익)이 그것에 의해 초래되는 이익(= 공익)보다 큰 경우에는 당해 행정조치를 취해서는 안 된다. 이를 상당성의 원칙 또는 협의의 비례성의 원칙이라고도 한다. 즉, 비례의 원칙 중에서 상당성의 원칙은 공익이 사익보다 우월해야 한다는 것으로서 **협의**의 비례의 원칙에 해당한다. 이와 달리 필요성의 원칙은 보다 경미한 수단에 의하여 사익을 침해하여야 한다는 비례의 원칙을 말하므로 양자를 구별하는 것이 중요하다.

(2) 판례의 태도

판례는 **녹용회분 성분의 함량**이 비록 기준치를 0.5%에 불과하게 **초과**하였더라도 **수입녹용 전량**에 대한 **폐기명령**과 **반송명령**은 비례의 원칙에 위반되지 아니한다고 판시하였다.

> **14. 대법원 2006. 04. 14. 선고 2004두3854 판결[수입한약재폐기등지시처분취소] 〉 종합법률정보 판례**
>
> 지방식품의약품안전청장이 **수입 녹용** 중 전지 3대를 절단부위로부터 5cm까지의 부분을 절단하여 측정한 **회분함량이 기준치를 0.5% 초과**하였다는 이유로 수입 녹용 **전부에 대하여 전량 폐기** 또는 반송처리를 지시한 경우, **녹용 수입업자가 입게 될 불이익이 의약품의 안전성과 유효성을 확보함으로써 국민보건의 향상을 기하고 고가의 한약재인 녹용에 대하여 부적합한 수입품의 무분별한 유통을 방지하려는 공익상 필요보다 크다고**는 할 수 없으므로 위 폐기 등 지시처분이 재량권을 일탈·남용한 경우에 해당하지 않는다.

🖝 하자있는 녹용수입사건
🖝 주의할 판례

판례는 **해운대 경찰관**이 교통신호 위반을 눈감아 주는 대가로 **1만 원을 수뢰**한 것에 대하여 직위해제한 것은 평생의 근무태도나 표창경력에 비추어 **비례의 원칙**에 위반되는 **재량의 남용**이 '없다'고 판시하였다. 그러면서 **판례는 재량의 일탈과 남용을 엄격하게 구별하지 않고 있다.**

🖝 기출

> ## 15. 대법원 2006. 12. 21. 선고 2006두16274 판결[해임처분취소]
>
> 경찰공무원이 그 단속의 대상이 되는 신호위반자에게 먼저 적극적으로 돈을 요구하고 다른 사람이 볼 수 없도록 돈을 접어 건네주도록 전달방법을 구체적으로 알려주었으며 동승자에게 신고시 범칙금 처분을 받게 된다는 등 비위신고를 막기 위한 말까지 하고 금품을 수수한 경우, 비록 그 받은 돈이 1만 원에 불과하더라도 위 **금품수수행위를** 징계사유로 하여 당해 **경찰공무원을 해임처분한 것은** 징계재량권의 일탈·남용이 '**아니다**'.
> (왜냐하면) 비록 원고가 받은 돈이 1만 원에 불과하여 큰 금액이 아니라고 하더라도, 위와 같은 경찰공무원의 금품수수행위에 대하여 엄격한 징계를 가하지 아니할 경우 경찰공무원들이 교통법규 위반행위에 대하여 공평하고 엄정한 단속을 할 것을 기대하기 어렵게 되고, 일반 국민 및 함께 근무하는 경찰관들에게 법적용의 공평성과 경찰공무원의 청렴의무에 대한 불신을 배양하게 될 것이다. 그러므로 원심이 인정한 바와 같은 정상에 관한 참작사유들을 고려하더라도 피고가 이 사건 징계사유를 이유로 원고에 대하여 해임처분을 한 것은 원고의 직무의 특성과 비위의 내용 및 성질, 징계양정의 기준, 징계의 목적 등에 비추어 볼 때에 그 징계 내용이 객관적으로 명백히 부당한 것으로서 사회통념상 현저하게 타당성을 잃었다고 할 수는 없을 것이다.

또한 판례는 **청소년 유해매체물**인 줄 **모르고 만화 섹시보이**를 대여한 **귀뚜라미 도서대여점**에게 700만 원의 **과징금**(☞ 불법수익을 박탈하는 금전처분)을 부과한 것은 **비례의 원칙에 위반**되므로 **재량의 남용**이 있다고 판시하였다.

> ## 16. 대법원 2001. 07. 27. 선고 99두9490 판결[과징금부과처분취소]
>
> **청소년유해매체물로 결정·고시된 만화인 사실을 모르고** 있던 도서대여업자가 그 고시일로부터 8일 후에 청소년에게 그 만화를 대여한 것을 사유로 그 도서대여업자에게 **금 700만 원의 과징금**이 부과된 경우, 그 도서대여업자에게 청소년유해매체물인 만화를 청소년에게 대여하여서는 아니된다는 금지의무의 해태를 탓하기는 **가혹하다는 이유**로 그 과징금부과처분은 **재량권을 일탈·남용**한 것으로서 **위법**하다.

판례는 인사재량과 관련하여 고검장이 상사인 검찰총장을 비난하고 근무지를 무단이탈한 사건에 대하여 직권면직을 한 것은 비례의 원칙에 위반한 재량의 남용이라고 판시한 바 있다. 나아가서 사정판결을 내려야 할 사안도 아니라고 판시하였다.

중요 판례, 더 알아보기

---

16. 대법원 2001. 08. 24. 선고 2000두7704 판결[면직처분취소]

검사에 대한 면직처분이, **징계면직된** 검사가 그 징계사유인 비행에 이르게 된 **동기와 경위**, 그 비행의 **내용**과 그로 인한 검찰조직과 국민에게 끼친 **영향**의 정도, 그 검사의 직위와 **그동안의 행적 및 근무성적**, 징계처분으로 인한 **불이익의 정도** 등 **제반 사정에** 비추어, **비례의 원칙에 위반된 재량권 남용으로서 위법**하다.

징계면직된 검사의 복직이 **검찰조직의 안정과 인화**를 저해할 우려가 있다는 등의 사정은 검찰 **내부에서 조정·극복**하여야 할 문제일 뿐이고 준사법기관인 검사에 대한 위법한 면직처분의 취소 필요성을 부정할 만큼 **현저히 공공복리에 반하는 사유라고 볼 수 없다**는 이유로, **사정판결을 할 경우에 해당하지 않는다.**

판례는 「도로교통법」 제148조의2 제1항 제1호의 ''「도로교통법」 제44조 제1항을 2회 이상 위반한' 것에 구 「도로교통법」 제44조 제1항을 위반한 음주운전 전과도 포함된다고 해석하는 것은 비례원칙에 위반되지 않는다고 본다.

---

17. 대법원 2012. 11. 29. 선고 2012도10269 판결[도로교통법위반(음주운전)·
    도로교통법위반(무면허운전)사건]

도로교통법 제148조의2 제1항 제1호는 도로교통법 제44조 제1항을 2회 이상 위반한 사람으로서 다시 같은 조 제1항을 위반하여 술에 취한 상태에서 자동차 등을 운전한 사람에 대해 1년 이상 3년 이하의 징역이나 500만 원 이상 1,000만 원 이하의 벌금에 처하도록 규정하고 있는데, 도로교통법 제148조의2 제1항 제1호에서 정하고 있는 '도로교통법 제44조 제1항을 2회 이상 위반한' 것에 개정된 도로교통법이 시행된 2011. 12. 9. 이전에 구 도로교통법 제44조 제1항을 위반한 음주운전 전과까지 포함되는 것으로 해석하는 것이 형벌불소급의 원칙이나 일사부재리의 원칙 또는 비례의 원칙에 위배된다고 할 수 없다.

---

4. 비례의 원칙을 위반하는 효과는 무엇일까

비례의 원칙을 위반한 행정작용은 <**위법**>할 뿐만 아니라 <**위헌**>이기도 하다.

비례의 원칙을 위반한 법률이나 법규명령은 <**무효**>사유이지만, 처분인

고검장 징계면직사건
(기출 판례)

기출

오답 주의 빈출 포인트

(   ) 넣기 출제 빈출

경우에는 ＜취소＞사유이다.

> **행정기본법 제15조(처분의 효력)** 처분은 권한이 있는 기관이 취소 또는 철회하거나 기간의 경과 등으로 소멸되기 전까지는 유효한 것으로 통용된다. 다만, 무효인 처분은 처음부터 그 효력이 발생하지 아니한다.

① 비례의 원칙을 위반한 법률이나 법규명령은 무효가 된다.

② 비례의 원칙을 위반한 처분은 취소사유가 되는 것이 원칙이고 예외적으로 무효가 된다. 처분이 재량행위인 경우 재량의 일탈·남용으로서 위법하게 된다.

판례는 영업종료 후 귀가 중 혈중알코올농도 0.19% 상태에서 음주운전을 하다가 신호대기 중인 승용차를 추돌하여 물적 피해를 입힌 개인택시운전사에 대하여 한 행정청의 운전면허 취소처분은 재량권의 범위를 일탈한 위법이 없으므로 취소될 수 없다고 판시하였다.

---

18. 대법원 1996. 02. 27. 선고 95누16523 판결[자동차운전면허취소처분취소]

운전면허를 받은 사람이 **음주운전**을 하다가 고의 또는 과실로 교통사고를 일으킨 경우에 **운전면허의 취소 또는 효력정지 여부**는 행정청의 **재량행위**라 할 것인데, **음주운전으로 인한 교통사고를 방지할 공익상의 필요가 크고** 운전면허취소에 있어서는 **일반의 수익적 행정행위의 취소와는 달리** 그로 인한 당사자의 **불이익보다는 교통사고 등을 방지하여야 하는 일반 예방적** 측면이 더욱 강조되어야 하는바, 특히 운전자가 **자동차운전을 생업으로 삼고 있는** 경우에는 더욱 더 그러하다.

영업종료 후 귀가 중 혈중알코올농도 0.19% 상태에서 **음주운전**을 하다가 신호대기 중인 승용차를 추돌하여 물적 피해를 입힌 개인택시운전사에 대하여 한 행정청의 **운전면허 취소처분**은 **재량권의 범위를 일탈한 위법이 없다.**

판례는 불공정거래행위인 사원판매행위에 대하여 부과된 과징금의 액수가 법정 상한비율을 초과하지 않는다고 하더라도 이로 인하여 취득한 이익의 규모를 크게 초과하여 그 매출액에 육박하게 된 경우 과징금 부과처분은 비례의 원칙에 위배된 재량권의 일탈·남용에 해당한다고 판시하였다.

19. 대법원 2001. 02. 09. 선고 2000두6206 판결[시정명령등취소]

구 독점규제및공정거래에관한법률(1999. 2. 5. 법률 제5813호로 개정되기 전의 것)상의 불공정거래행위인 사원판매행위에 대하여 부과된 과징금의 액수가 법정 상한비율을 초과하지 않는다고 하더라도 **그 사원판매행위로 인하여 취득한 이익의 규모를 크게 초과하여 그 매출액에 육박하게 된 경우, 불법적인 경제적 이익의 박탈이라는 과징금 부과의 기본적 성격과 그 사원판매행위의 위법성의 정도에 비추어 볼 때 그 과징금 부과처분은 비례의 원칙에 위배된 재량권의 일탈·남용에 해당한다.**

③ 비례의 원칙을 위반한 행위들로 인하여 손해가 발생한 경우에는 국가배상이 가능하다.

판례는 경찰관이 난동을 부리던 범인을 검거하면서 가스총을 근접 발사하여 가스와 함께 발사된 고무마개가 범인의 눈에 맞아 실명한 경우 무기사용이 비례의 원칙에 위반된다고 하여 국가배상책임을 인정하였다.

☞ 기출

20. 대법원 2003. 03. 14. 선고 2002다57218 판결[손해배상(기)]

경찰관은 범인의 **체포 또는 도주의 방지**, 타인 또는 경찰관의 **생명·신체에 대한 방호, 공무집행에 대한 항거의 억제**를 위하여 **필요**한 때에는 **최소한의 범위** 안에서 **가스총을 사용**할 수 있으나, 가스총은 통상의 용법대로 사용하는 경우 사람의 생명 또는 신체에 위해를 가할 수 있는 이른바 **위해성 장비**로서 그 탄환은 고무마개로 막혀 있어 사람에게 **근접하여 발사**하는 경우에는 고무마개가 가스와 함께 발사되어 인체에 위해를 가할 가능성이 있으므로, 이를 사용하는 경찰관으로서는 인체에 대한 위해를 방지하기 위하여 상대방과 근접한 거리에서 상대방의 얼굴을 향하여 **이를 발사하지 않는 등** 가스총 사용시 요구되는 **최소한의 안전수칙을 준수**함으로써 장비 사용으로 인한 사고 발생을 미리 막아야 할 **주의의무**가 있다.

 실력 다지기

비례의 원칙 중 객관적으로 최소침해를 수반하는 수단일 것을 요구하는 것은 필요성의 원칙이고, 공익과 사익 등 이익형량상 균형을 이루어야 한다는 평가에 대한 것은 상당성의 원칙이다. 이 두 가지를 혼동하지 않도록 이해해두자.

☞ 오답 주의

제 3 절

평등의 원칙★

1. 평등의 원칙의 의의를 알아보자

> 행정기본법 제9조(평등의 원칙) 행정청은 합리적 이유 없이 국민을 차별하여서는 아니 된다.

우리 헌법 제11조 제1항은 "**모든** 국민은 법 앞에 평등하다. 누구든지 **성별·종교** 또는 **사회적** 신분에 의하여 **정치적·경제적·사회적·문화적** 생활의 **모든** 영역에 있어서 차별을 받지 아니한다"라고 규정하여 평등원칙을 선언하고 있는바, 평등의 원칙은 국민의 기본권 보장에 관한 우리 헌법의 최고원리로서 국가가 입법을 하거나 법을 해석 및 집행함에 있어 따라야 할 기준인 동시에, 국가에 대하여 **합리적 이유 없이 불평등한 대우**를 하지 말 것과, 평등한 대우를 요구할 수 있는 **기본권**이다(헌재 1989. 1. 25. 88헌가7).

 실력 다지기

> 공정성은 롤스(J. Rawls)에 의하면 자유와 평등을 조화롭게 추구하려는 사회적 공감대적 가치를 의미한다. 공정성은 평등보다 복합적이고 조화를 지향하는 개념이므로 유사해 보이지만 구별되는 개념이다.[6]

가끔 출제

2. 평등의 원칙 위반에 대한 심사기준에는 어떠한 것이 있을까

이러한 평등권의 침해 여부에 대한 심사는 그 심사기준에 따라 자의금지원칙에 의한 심사와 비례의 원칙에 의한 심사로 크게 나누어 볼 수 있다.

---

6 성봉근, 공정한 사회를 위한 특수활동비 규제 연구 — 청탁금지법을 중심으로 한 법정책적 관점에서 —, 법과 정책연구, 제18집 제4호, 2018.12, 205면.

(1) 완화된 심사기준이 보통 사용된다

　　자의성 심사의 경우에는 차별을 정당화하는 **합리적인 이유**가 있는지 만을 심사하기 때문에 그에 해당하는 비교대상간의 사실상의 차이나 차별목적의 발견·확인에 그친다.

　　헌법재판소는 남자에게만 **병역의무**를 부과하는 것은 합리적 이유가 있으므로 합헌라고 결정하였으며, 완화된 기준인 **합리성 심사**를 하였다.[7]

　　대법원도 합리적인 이유가 있는지 여부에 따라 평등의 원칙 위반을 판단하고 있다.

> **21. 대법원 1999. 8. 20. 선고 99두2611 판결【파면처분취소등】[공1999. 9. 15. (90), 1903]**
>
> 같은 정도의 비위를 저지른 자들 사이에 있어서도 그 직무의 특성 등에 비추어, 개전의 정이 있는지 여부에 따라 징계의 종류의 선택과 양정에 있어서 차별적으로 취급하는 것은, 사안의 성질에 따른 합리적 차별로서 이를 자의적 취급이라고 할 수 없는 것이어서 평등원칙 내지 형평에 반하지 아니한다.
> 따라서 학습지 채택료를 수수하고 담당 경찰관에게 수사무마비를 전달하려고 한 비위를 저지른 사립중학교 교사들 중 잘못을 시인한 교사들은 정직 또는 감봉에, 잘못을 시인하지 아니한 교사들은 파면에 처한 것이 그 직무의 특성 등에 비추어 재량권의 범위를 일탈·남용한 것이 아니다.

(2) 엄격한 심사기준으로 평등위반을 판단할 때도 있다

　　비례심사의 경우에는 단순히 합리적인 이유의 존부문제가 **아니라** 차별을 정당화하는 이유와 차별간의 상관관계에 대한 심사, 즉 비교대상간의 사실상의 차이의 성질과 비중 또는 차별목적의 비중과 차별의 정도에 적정한 **균형관계**가 이루어져 있는가를 심사한다(헌재 2001. 2. 22. 2000헌마25).

　　① 헌법에서 특별히 평등을 요구하고 있는 경우, 즉 헌법이 스스로 차별의 근거로 삼아서는 아니 되는 기준 또는 차별을 **특히 금지하고 있는 영역**(✍성별, **종교, 사회적 신분**)을 제시하고 있는 경우에는 비례의 원칙에 의한 심사를 한다.

　　② 차별적 취급으로 인하여 관련 **기본권**에 대한 중대한 제한을 초래하는 경우에도 **비례의 원칙에 의한 심사**를 하고, 그 외의 경우에는 자의금지원칙에

---

7 헌재 2010. 11. 25. 2006헌마328.

평등의 원칙에 있어서 두 가지 기준 구별 출제

기출

기출

의한 심사를 한다(헌재 1999. 12. 23. 98헌마363).

헌법재판소는 **군제대자 가산점 제도**에 대하여 엄격한 심사기준이 **비례성 심사**를 통하여 큰 폭의 가산점 부과라는 수단이 적합하지만 **필요성이나 상당성에 반**하므로 위헌으로 보고 헌법불합치결정을 하였다(헌재 1999. 12. 23. 98헌마363).

 쉽게 보는 예시

> 대법원은 부산시 영도구청의 당직 근무 대기중 약 25분간 같은 근무조원 3명과 함께 시민 과장실에서 심심풀이로 돈을 걸지 않고 점수따기 화투놀이를 한 사실을 확정한 다음 이것이 국가공무원법 제78조 1, 3호 규정의 징계사유에 해당한다 할지라도 당직 근무시간이 아닌 그 대기중에 불과 약 25분간 심심풀이로 한 것이고 또 돈을 걸지 아니하고 점수따기를 한데 불과하며 원고와 함께 화투놀이를 한 3명(지방공무원)은 부산시 소청심사위원회에서 견책에 처하기로 의결된 사실이 인정되는 점 등 제반 사정을 고려하면 피고가 원고에 대한 징계처분으로 파면을 택한 것은 당직근무 대기자의 실정이나 공평의 원칙상 그 재량의 범위를 벗어난 위법한 것이라고 판시하였다.[8]
>
> 이때 위법하다고 볼 수 있는 근거가 되는 행정법의 일반원칙은 비례의 원칙과 평등의 원칙이라고 할 수 있다. 사안의 경우는 어떠한 징계를 할지 국가공무원법상 선택재량이 주어진 인사재량을 남용한 사안이다. 그런데, 비위의 동기가 대기 중 심심풀이에 불과하고, 비위의 태양이 돈을 걸지 아니하고 점수따기를 한 것이므로 가장 **극단적인 파면**에 처한 것은 과도한 조치로서 필요하지도 않고 이익형량상 상당하지도 않다. 따라서 비례의 원칙에 위반된다.
>
> 그리고 **동일한 사유**를 가진 동료 공무원들은 견책에 처해진 점에 비추어 원고에게만 파면에 처한 것은 **합리적인 이유가 없는 차별**이므로 **평등**의 원칙에 위반된다.
>
> 그러나 파면에 처하지 않겠다는 **약속을 한 바가 없으므로 신뢰보호의 원칙과 무관**하다. 그리고 화투놀이를 하는 공무원을 파면에 처하지 않는 재량준칙과 관행이 인정되는 것도 아니므로 자기구속의 원칙은 해당 사항이 없다. 또한 **파면의 사유인 화투놀이는 실체적인 관련성이 있으므로 부당결부금지의 원칙 위반이 아니다.** 따라서 이 사안에서 정답이 되는 행정법의 일반원칙은 비례의 원칙과 평등의 원칙이 된다. 최근 난이도와 합격률을 조절하는 **새로운 출제경향**으로서 객관식에서까지 사례풀이를 묻는 문제들이 많이 등장하고 있다. 사례를 푸는 사고 훈련이 필요하다.

---

8 대법원 1972. 12. 26. 선고 72누194 판결[행정처분취소, 파면처분취소].

제 4 절

자기구속의 원칙★★

📖 빈출

1. 자기구속의 원칙의 의의를 알아보자

> **행정기본법 제9조(평등의 원칙)** 행정청은 합리적 이유 없이 국민을 차별하여서는 아니된다.

행정청이 **행정청 내부의 행정규칙**(☞ 자기기준)대로 처리하는 <**관행**>이 있는 경우에 <**합리적 이유**> 없이 관행과 달리 **행정규칙에 위반하여 행위할 수 없다**는 행정법의 일반원칙이다.

📖 ( ) 넣기 출제

최근 **대법원**은 **헌재처럼** 근거와 **용어를 명시적으로 판시하고 있다.** 이제는 대법원과 헌법재판소는 평등의 원칙과 신뢰보호의 원칙을 행정의 자기구속의 원칙의 근거로 삼고 있는 점에서 일치한다.[9]

📖 대법원의 변화 출제 (최근 기출)

행정부 스스로가 정한 자기기준으로 행정규칙이 있다. 법률과 같이 타자가 정해주는 기준과는 다르다. 그러나 자기기준이라도 '평등하게 적용'하여 국민들을 대하여야 한다. 이것을 자기구속의 원칙이라고 하는 것이다.

2. 자기구속의 원칙의 요건에는 무엇이 있을까

📖 빈출

자기구속의 원칙을 충족하기 위해서는 다음과 같은 요건들이 필요하다.

📖 자기구속의 원칙요건 암기법
= 법 + 당 + 동 + 관 + 재

① 법적으로 비교가능한 경우이어야 한다.
② 당해 처분청이 행위하여야 한다.
③ 동일한 상황이어야 한다.
④ ★ 관행이 있어야 한다.
⑤ ★ 재량준칙(☞)이 설정되어 있어야 한다.

📖 재량준칙
재량을 행사할 때 준수하여야 하는 행정규칙

---

9 대법원 2009. 12. 24. 선고 2009두7967 판결[아산 영농 DSC 사건 – 신규건조저장시설사업자인정신청반려처분취소사건].

☞ 한계도 빈출
☞ 예기관행
아직 관행은 없지만 앞으로 관행이 예상되고 기대되는 경우

☞ 위법에의 평등
법을 위반한 사람들을 단속하지 않다가 특정 업주나 개인을 단속하는 경우 자기도 평등하게 단속하지 말아달라는 주장을 의미

☞ 자기구속의 원칙한계
  암기법
= 예 + 위 + 이

3. 자기구속의 원칙의 한계(☞= 예외)도 있다

① ★ 예기관행(☞)을 부정하는 것이 다수설과 판례이나, 이를 긍정하는 외국의 판례들과 소수설이 있다.

② ★ 위법에의 평등(☞)은 인정되지 않는다.

자기구속의 원칙과 평등의 원칙은 **위법한 경우에는 적용되지 않는다**는 점에서 신뢰보호의 원칙과 차이가 있다.

③ ★ 이익형량상 관행을 부정할 더 큰 공익이나 사익이 있는 경우에는 위반이 아니다.

관행을 어길 **더 큰 공익**이나 정당한 제3자의 이익이 있으면 자기구속의 원칙에 **위반되지 않는다**. 즉, 자기구속의 원칙은 관행대로 행정규칙을 준수하여야 할 이익보다도 더 큰 공익이나 제3자의 이익이 있으면 부정될 수 있는 상대적인 구속력을 가지는 한계가 있다.

☞ 빈출 지문
☞ 매개로 하여
  = because of의 의미

☞ 행정규칙 자체가 법규로 되는 것은 아님

☞ 자기구속의 원칙 위반 때문에 위법하게 된다는 것임

4. 자기구속의 원칙을 위반하면 효과는 어떻게 될까

행정행위는 자기구속의 원칙이나 평등의 원칙을 **매개로 하여**(☞) 재량의 일탈·남용으로서 위법하게 된다.

행정규칙은 <**대외적**>으로는 국민에 대하여 법규(=법적 규준)가 아니다. 규칙이라는 이름을 가지고는 있지만, 시행규칙이나 대법원 규칙, 시장·도지사 규칙 등과는 성질이 구별된다.

그러나 대내적으로는 공무원들이 평등하게 준수하여야 하므로 **공무원에 대해서는 <대내적>인** 법규의 성질을 가진다.

5. 판례의 입장

☞ 기출

헌법재판소와 대법원은 행정규칙이 되풀이 시행되어 관행이 이루어지게 되면 평등의 원칙이나 신뢰보호의 원칙을 근거로 자기구속의 원칙이 인정된다고 판시하고 있다.

거듭해서 강조할 판례의 중요한 점은 과거와 달리 대법원도 이제는 헌법재판소처럼 자기구속의 원칙에 대한 용어도 사용하고 있고, 근거에 대한 설명도 하고 있어서 변화가 있다는 것이다. 대법원은 헌재와 달리 자기구속의 원칙에

대한 표현이나 근거를 밝히지 않았으나 <u>최근 헌재에 따라 자기구속의 원칙에 대한 표현도 하고 있고 근거로서 평등의 원칙이나 신뢰보호의 원칙도 판시하고 있다.</u>

 중요 판례 더 알아보기

📄 최근 기출

---

17. 대법원 2009. 12. 24. 선고 2009두7967 판결(☞ 아산영농 DSC 사건)

아산농산 영농조합법인이 아산시장을 상대로 **신규건조저장시설**에 대한 사업자인정신청하였으나 **재량준칙대로 허가하는 관행**과 달리 **허가를 거부한** 사건에서 **재량권 행사의 준칙인 행정규칙**이 그 정한 바에 따라 되풀이 시행되어 **행정관행이** 이루어지게 되면 **평등의 원칙**이나 **신뢰보호의 원칙**에 따라 행정기관은 그 상대방에 대한 관계에서 그 **규칙에 따라야** 할 **자기구속을** 받게 되므로, 이러한 경우에는 특별한 사정이 없는 한 그에 위반하는 처분은 **평등의 원칙**이나 **신뢰보호의 원칙**에 위배되어 **재량권을 일탈·남용**한 **위법**한 처분이 된다.

📄 아산영농법인 사건

제 5 절

신뢰보호의 원칙★★★★

📄 최다 빈출 부분

1. 신뢰보호원칙의 의의에 대하여 알아보자

📄 판례 빈출

(1) 신뢰보호원칙의 개념

> **행정기본법 제12조(신뢰보호의 원칙)** ① 행정청은 공익 또는 제3자의 이익을 현저히 해칠 우려가 있는 경우를 제외하고는 행정에 대한 국민의 정당하고 합리적인 신뢰를 보호하여야 한다.
> ② 행정청은 권한 행사의 기회가 있음에도 불구하고 장기간 권한을 행사하지 아니하여 국민이 그 권한이 행사되지 아니할 것으로 믿을 만한 정당한 사유가 있는 경우에는 그 권한을 행사해서는 아니 된다. 다만, 공익 또는 제3자의 이익을 현저히 해칠 우려가 있는 경우는 예외로 한다.

> 행정기본법 제11조(성실의무 및 권한남용금지의 원칙) ① 행정청은 법령등에 따른 의무를 성실히 수행하여야 한다.
> ② 행정청은 행정권한을 남용하거나 그 권한의 범위를 넘어서는 아니 된다.

신뢰보호의 원칙이란 국민이 **행정기관**의 **어떤 결정**(명시적 언동·묵시적 언동을 포함)의 정당성 또는 존속성에 대하여 **신뢰**한 경우 그 신뢰가 **보호받을 가치가 있는** 한, 그 **신뢰를 보호해 주어야 함을** 말한다.

적극적으로 속이는 사위나 중요한 사실을 숨기는 은닉 등이 있으면 귀책사유가 있어서 신뢰를 보호할 가치가 없다는 것이 판례이다.

(2) 신뢰보호원칙의 성질과 지위

변리사법 시행령 부칙 사건 빈출

신뢰보호의 원칙에 대하여 변리사법 시행령 부칙사건에 대한 **대법원 전원합의체 판결**★★★에서 **다수의견**은 〈**헌법적 차원**〉의 **효력**으로 보아 시험직전에 절대평가제에서 상대평가제로 개정한 〈**변리사법 시행령 부칙**〉에 대하여 **신뢰보호의 원칙위반**이므로 <**무효**>이고 이에 근거한 **처분**은 **중대명백설**을 취하여 <**취소**>라고 판시하였다.[10]

빈출 판례

> ### 22. 대법원 2006. 11. 16. 선고 2003두12899 전원합의체 판결
>
> **변리사법 시행령 부칙사건**에서 **전원합의체 다수의견**은 **헌법적 차원**의 효력으로서 **절대평가제에서 상대평가제로 불리하게 개정**하여 즉시 시행하도록 한 것은 **신뢰보호의 원칙에 위반**된다고 판시하였으나, 반대의견은 법률적 차원의 효력이며 신뢰보호의 원칙에 반하지 않는다고 하였다.

주의할 오답 출제 포인트

또한 최근 불합격자들이 제기한 **국가배상청구소송**은 <**고의나 과실**>이 없어 **기각**하였다.[11]

2. 신뢰보호의 근거가 무엇일까

신뢰보호의 이론적 근거에 대하여 **신의성실의 원칙**에서 구하는 견해, **법적**

---

10 대법원 2006. 11. 16. 선고 2003두12899 전원합의체 판결.
11 대법원 2013. 04. 26. 선고 2011다14428 판결.

안정성★에서 구하는 견해, **기본권** 또는 **사회국가원리**에서 찾는 견해 또는 여러 관점을 중첩적으로 적용하여 도출하는 견해 등이 있으나, 법치국가원리, 특히 그의 요소로서 **법적 안정성**의 원칙에서 찾는 견해가 타당하며, 이 설이 현재의 통설이다. 신뢰를 보호하여 법적 안정성을 도모하는 것은 법률적합성 못지않게 중요하고 이 두 가지 상반되는 원리가 조화되는 것이 법치국가원리의 목표이기 때문이다.

한편, 실정법적 근거로서는 **행정절차법 제4조 제2항 및 국세기본법 제18 조 제3항을** 들 수 있다. 나아가서 행정절차법 제4조 제2항은 신뢰보호의 **한계** (☜)도 규정하고 있다.

3. 신뢰보호의 요건에는 무엇이 있으며 어떻게 판단할까

(1) 신뢰보호의 요건에 대한 이론적 검토

신뢰보호원칙에 의하여 보호받기 위하여는 다음과 같은 요건들을 갖추어야 한다.

① ★ <**행정청**>(☞ 또는 그에 속한 행정기관)의 국민들에 대한 ★<**선행조 치**>가 있어야 한다.

판례는 <**공적 견해표명**>으로도 표현한다. 판례는 신뢰보호의 제1요건인 행정청의 선행조치는 **조직법상으로 행정청을 엄격하게 따지지 않고 기능적으 로 완화해서 파악**하고 있다. 신뢰보호의 요건으로서 행정청의 선행조치는 완화 해서 해석하는 것이 국민을 위하여 바람직하므로 행정청에 대하여 조직법상 엄 격하게 파악하는 것이 아니라 기능상 완화하여 파악하는 것이 타당하다는 것이 다수설과 판례의 태도인 것이다.

따라서 전임 행정청이든 후임 행정청이든 상관없이 이 요건을 인정한다. 또 한 담당기관 계통이면 인정한다.

그러나 조치를 담당하는 기관이 아니라 민원실직원들처럼 단지 관련되는 기관에 불과하는 경우에는 요건에 해당하지 않는다고 한다. 판례에 의하면 「개 발이익환수에 관한 법률」에 정한 개발사업을 시행하기 전에, 행정청이 민원예비 심사로서 **관련**부서 의견으로 '저촉사항 없음'이라고 기재한 것은 공적인 견해표 명에 해당하지 않는다. 또한 판례에 의하면 병무청 담당부서의 **담당**공무원에게 공적 견해의 표명을 구하는 정식의 서면질의 등을 하지 아니한 채 총무과 민원

📋 신뢰보호의 한계
이익형량에 의하여 신뢰보호 를 위반할 수도 있는 경우

📋 빈출 부분

📋 신뢰보호의 원칙 요건 암기법
= 행 + 선 + 귀 + 신 + 조 + 손 + 인 + 모

📋 빈출

📋 행정청의 선행조치
= 행정청의 공적 견해 표명

📋 주의할 빈출

📋 빈출
📋 빈출

팀장에 불과한 공무원이 민원봉사차원에서 상담에 응하여 안내한 것을 신뢰한 경우, 신뢰보호의 원칙이 적용되지 않는다.

☛ 빈출 판례

23. 대법원 2006. 6. 9. 선고 2004두46 판결【개발부담금부과처분취소】

개발이익환수에 관한 법률에 정한 개발사업을 시행하기 전에, 행정청이 토지 지상에 예식장 등을 건축하는 것이 관계 법령상 가능한지 여부를 질의하는 **민원예비심사**에 대하여 관련부서 의견으로 개발이익환수에 관한 법률에 '저촉사항 없음'이라고 기재하였다고 하더라도, 이후의 개발부담금부과처분에 관하여 신뢰보호의 원칙을 적용하기 위한 요건인, 개인에 대하여 신뢰의 대상이 되는 **공적인 견해표명을 한 것이라고는 보기 어렵다.**

✍ 담당부서도 아니고 관련부서의견에 불과하므로 신뢰보호의 요건을 충족하지 못한다.

☛ 빈출

24. 대법원 2003. 12. 26. 선고 2003두1875 판결[병역의무부과처분취소]

병무청 담당부서의 담당공무원에게 공적 견해의 표명을 구하는 정식의 서면질의 등을 하지 아니한 채 총무과 민원팀장에 불과한 공무원이 민원봉사차원에서 상담에 응하여 안내한 것을 신뢰한 경우, 신뢰보호원칙이 적용되지 아니한다.

☛ 오답 주의할 빈출 지문

　　　　신뢰보호의 원칙은 위법한 행위에 대한 약속도 적용이 된다. 다만 무효인 행위에 대한 약속은 적용이 제외되기는 한다. **그러나 평등의 원칙과 자기구속의 원칙은 위법한 행위에 대한 것은 주장할 수 없고** 적용되지 않는다.

☛ 빈출

　　　　다만, 판례는 **일반론적인 견해표명은** 행정청의 **공적 견해 표명에 해당하지 않는다고 판시**하였다.

　　　　참고로 헌법재판소의 위헌결정은 개인에 대하여 신뢰의 대상이 되는 공적인 견해를 표명한 것이라고 할 수 없으므로 신뢰보호의 원칙이 적용되지 아니한다.[12]

　　　　또한 판례에 의하면 '비과세관행'과 관련하여 비과세관행이 성립되었다고 하려면 상당한 기간에 걸쳐 과세를 하지 않은 객관적 사실이 존재하는 것만으로는 부족하고 '**의도적인 견해표명**'일 것을 요구하는 경우가 많다. 판례에 의하면 **비과세관행의 성립을 위해서는** 과세관청 스스로 과세할 수 있음을 **알면서도** 어떤 특별한 사정 때문에 **과세하지 않는다는 의사**가 있고, 이와 같은 의사는 **명시**

☛ 빈출

---

12 대법원 2003. 06. 27. 선고 2002두6965 판결[시정명령처분취소].

적 또는 묵시적으로 표시되어야 한다. 과세관청이 비과세대상에 해당하는 것으로 잘못 알고 일단 비과세결정을 하였으나 그 후 과세표준과 세액의 탈루 또는 오류가 있는 것을 발견한 때에는, 이를 조사하여 결정할 수 있다.

　판례에 의하면 행정청의 견해표명은 의도적일 것을 요구하는 경우가 많다. 따라서 현 행정서사법 부칙 제2항은 신·구법상행정서사로 될 수 있는 자격요건이 다르지만 이미 구법에 의하여 적법하게 그 허가를 받은 자는 신법하에서도 그대로 그 자격을 인정하여 준다는 취지에 불과한 것이지 구법상의 무자격자에게 허가를 내준 법률상 하자가 있었더라도 신법에 의한 허가를 받은 것으로 본다는 취지는 아니라고 판시한다.13

 실력 다지기 — 비과세와 관련해 참고할 점

> 따라서 판례는 과세관청이 납세의무자에게 면세사업자등록증을 교부하고 수년간 면세사업자로서 한 부가가치세 예정신고 및 확정신고를 받은 행위가 납세의무자에게 부가가치세를 과세하지 아니함을 시사하는 언동이나 공적인 견해 표명이라고 할 수 없다고 판시한다. 또한 가산세는 불성실한 세금신고에 대한 행정상 제재로서 납세자의 고의·과실이나 법령의 부지 등은 고려되지 아니한다고 한다.
> 또한 판례는 소급과세금지의 원칙을 규정하고 있는 국세기본법 제18조 제3항 소정의 "세법의 해석 또는 국세행정의 관행이 일반적으로 납세자에게 받아들여진 것"이라고 함은 특정한 납세자가 아닌 불특정의 일반납세자에게 그와 같은 해석 또는 관행이 이의 없이 받아들여지고, 납세자가 그 해석 또는 관행을 신뢰하는 것이 무리가 아니라고 인정될 정도에 이른 것을 말한다고 한다.

25. 대법원 2002. 09. 04. 선고 2001두9370 판결[부가가치세등부과처분취소]

[1] 일반적으로 조세 법률관계에서 과세관청의 행위에 대하여 신의성실의 원칙이 적용되기 위하여는 적어도 과세관청이 납세자에게 신뢰의 대상이 되는 공적인 견해를 명시적 또는 묵시적으로 표명하여야 하는바, 부가가치세법상의 사업자등록은 과세관청으로 하여금 부가가치세의 납세의무자를 파악하고 그 과세자료를 확보케 하려는 데 입법 취지가 있는 것으로서, 이는 단순한 사업사실의 신고로서 사업자가 소관 세무서장에게 소정의 사업자등록신청서를 제출함으로써 성립되는 것이고, **사업자등록증의 교부는 이와 같은**

�︎ 주의할 판례

---

13 대법원 1988. 04. 27. 선고 87누915 판결[행정서사허가취소처분취소].

등록사실을 증명하는 증서의 교부행위에 불과한 것으로 과세관청이 납세의무자에게 면세사업자등록증을 교부하고 수년간 면세사업자로서 한 부가가치세 예정신고 및 확정신고를 받은 행위만으로는 과세관청이 납세의무자에게 그가 영위하는 사업에 관하여 부가가치세를 과세하지 아니함을 시사하는 언동이나 공적인 견해를 표명한 것이라 할 수 없다.

[2] 가산세는 과세권의 행사 및 조세채권의 실현을 용이하게 하기 위하여 납세자가 정당한 이유 없이 법에 규정된 신고·납세의무 등을 위반한 경우에 법이 정하는 바에 의하여 부과하는 행정상의 제재로서 납세자의 고의·과실은 고려되지 아니하는 것이며 법령의 부지나 오해는 그 정당한 사유에 해당한다고 볼 수 없는데, 보험조사용역을 주된 사업으로 하는 법인이 보험조사용역이 면세사업에 해당하는 것이라 알고 그에 대한 부가가치세 신고를 하지 아니한 것은 관계 법령을 잘못 해석한 것에 기인한 것이고, 과세관청이 납세의무자에게 면세사업자등록증을 교부하고 수년간 면세사업자로서 한 부가가치세 예정신고 및 확정신고를 받아들였다는 사정만으로는 가산세를 부과할 수 없는 정당한 사유가 있다고 볼 수 없다.

판례는 또한 과세처분을 하면서 장기간 세액산출근거를 부기하지 아니한 경우에 납세자가 자진납부하였더라도 처분의 위법성이 치유되는 것은 아니라고 판시한다.

📧 빈출 판례

26. 대법원 1985. 4. 9. 선고 84누431 판결【법인세등부과처분취소】

세액산출근거가 **기재되지 아니한** 납세고지서에 의한 부과처분은 **강행법규**에 위반하여 **취소대상**이 된다 할 것이므로 이와 같은 하자는 납세의무자가 **전심절차**에서 **이를 주장하지 아니하였거나,** 그 후 부과된 **세금을 자진납부**하였다거나, 또는 **조세채권의 소멸시효기간이 만료되었다** 하여 **치유되는** 것이라고는 할 수 없다.

📧 빈출
📧 보호가치성 또는 귀책
사유

② 신뢰의 *<**보호가치성**>이 있어야 한다. 상대방에게 귀책사유가 없어야 하므로 사위나 은닉이 있는 경우는 신뢰보호의 원칙의 적용을 받을 수 없다. 판례는 <㉦책사유>가 없을 것이라고도 표현한다.

③ 국민들이 선행조치에 대한 **신뢰**를 하여야 한다.

따라서 판례는 수익적 행정처분의 하자가 당사자의 사실은폐나 기타 사위의 방법에 의한 신청행위에 기인한 것이라면, 당사자는 처분에 의한 이익을 위법하게 취득하였음을 알아 취소가능성도 예상하고 있었을 것이므로, 그 자신이 처분에 관한 신뢰이익을 원용할 수 없다고 한다.

27. 대법원 2010. 11. 11. 선고 2009두14934 판결[개인택시운송사업면허취소처분취소]

행정행위를 한 처분청은 그 행위에 흠이 있는 경우 별도의 법적 근거가 없더라도 스스로 이를 취소할 수 있고, 다만 수익적 행정처분을 취소할 때에는 이를 취소하여야 할 공익상의 필요와 그 취소로 인하여 당사자가 입게 될 기득권과 신뢰보호 및 법률생활 안정의 침해 등 불이익을 비교·교량한 후 공익상의 필요가 당사자가 입을 불이익을 정당화할 만큼 강한 경우에 한하여 취소할 수 있으나, 수익적 행정처분의 흠이 당사자의 사실은폐나 기타 사위의 방법에 의한 신청행위에 기인한 것이라면 당사자는 처분에 의한 이익이 위법하게 취득되었음을 알아 취소 가능성도 예상하고 있었다고 할 것이므로, 그 자신이 처분에 관한 신뢰이익을 원용할 수 없음은 물론 행정청이 이를 고려하지 아니하였다고 하여도 재량권의 남용이 되지 않는다.

☞ 기출

판례에 의하면 귀책사유의 유무는 상대방과 그로부터 신청행위를 위임받은 수임인 등 **관계자 모두를** 기준으로 판단하여야 한다.

☞ 기출

28. 대법원 2002. 11. 08. 선고 2001두1512 판결[건축선위반건축물시정지시취소] 〉 종합법률정보 판례

귀책사유라 함은 행정청의 견해표명의 하자가 상대방 등 관계자의 사실은폐나 기타 사위의 방법에 의한 신청행위 등 부정행위에 기인한 것이거나 그러한 부정행위가 없다고 하더라도 하자가 있음을 알았거나 중대한 과실로 알지 못한 경우 등을 의미한다고 해석함이 상당하고, 귀책사유의 유무는 상대방과 그로부터 신청행위를 위임받은 수임인 등 관계자 모두를 기준으로 판단하여야 한다.
건축주와 그로부터 건축설계를 위임받은 건축사가 상세계획지침에 의한 건축한계선의 제한이 있다는 사실을 간과한 채 건축설계를 하고 이를 토대로 건축물의 신축 및 증축허가를 받은 경우, 그 신축 및 증축허가가 정당하다고 신뢰한 데에 귀책사유가 있다.

☞ 기출 판례 지문

④ 선행조치에 <**반하는 ㉲순되는 후행 행정작용**>이 내려져야 한다. 판례는 <**㉲순되는 후행조치**>라고도 한다.

☞ 모순되는 후행조치

⑤ 관계자의 **㈎뢰에 기인한 처리**가 있어야 한다.

☞ 신뢰에 기인한 조치

⑥ 그리고 선행조치와 손해발생 및 후행조치 등 사이에는 **인과관계**가 있어야 하는데, 이때의 인과관계는 **㉝당인과관계**를 의미한다.

☞ 상당인과관계

(2) 신뢰보호요건에 대한 판례의 입장

판례도 신뢰보호의 원칙이 적용되기 위해 대체로 마찬가지의 요건들을 요구하고 있다.

📌 판례 빈출

29. 대법원 1997. 09. 12. 선고 96누18380 판결[토지형질변경행위불허가처분취소]

일반적으로 행정상의 법률관계에 있어서 행정청의 행위에 대하여 신뢰보호의 원칙이 적용되기 위하여는, 첫째 행정청이 개인에 대하여 신뢰의 대상이 되는 공적인 견해표명을 하여야 하고, 둘째 행정청의 견해표명이 정당하다고 신뢰한 데에 대하여 그 개인에게 귀책사유가 없어야 하며, 셋째 그 개인이 그 견해표명을 신뢰하고 이에 어떠한 행위를 하였어야 하고, 넷째 행정청이 위 견해표명에 반하는 처분을 함으로써 그 견해표명을 신뢰한 개인의 이익이 침해되는 결과가 초래되어야 하며, 이러한 요건을 충족할 때에는 행정청의 처분은 신뢰보호의 원칙에 반하는 행위로서 위법하게 된다고 할 것이고, 또한 위 요건의 하나인 행정청의 공적 견해표명이 있었는지의 여부를 판단하는 데 있어 반드시 행정조직상의 형식적인 권한분장에 구애될 것은 아니고 담당자의 조직상의 지위와 임무, 당해 언동을 하게 된 구체적인 경위 및 그에 대한 상대방의 신뢰가능성에 비추어 실질에 의하여 판단하여야 한다.

📌 빈출 판례 지문

① 첫째 ㉫정청이 개인에 대하여 신뢰의 대상이 되는 ㉭적인 견해표명을 하여야 한다.

📌 행정청의 공적 견해표명 판례 빈출

판례는 서주관광개발주식회사가 월드컵유치를 위한 관광 숙박시설 지원 등에 관한 특별법의 유효기간인 2002. 12. 31. 이전까지 사업계획승인 신청을 한 경우에는 유효기간이 경과한 이후에도 특별법을 적용할 수 있다는 내용의 2002. 11. 13.자 회신은 문화관광부장관이 피고에게 한 것이어서 이를 원고에 대한 공적인 견해표명으로 볼 수 없다고 판시하였다. 이 사건에서 판례는 또한 위 회신에 앞서 피고의 담당공무원이 원고에게 위와 같은 내용의 회신이 있을 것으로 예상되니 신청을 다소 늦게 하더라도 무방하다고 말했다고 하더라도 이는 위 회신이 있기 전에 담당공무원 자신의 추측을 이야기한 것에 불과하여 이 또한 피고의 공적인 견해표명으로 보기 어렵다고 판시하였다.

> ### 30. 대법원 2006. 04. 28. 선고 2005두6539 판결[반려처분취소]
>
> 관광 숙박시설 지원 등에 관한 특별법(이하 '특별법'이라고 한다)의 유효기간인 2002. 12. 31. 이전까지 사업계획승인 신청을 한 경우에는 유효기간이 경과한 이후에도 특별법을 적용할 수 있다는 내용의 2002. 11. 13.자 회신은 문화관광부장관이 피고에게 한 것이어서 이를 원고에 대한 **공적인 견해표명으로 보기 어렵고**, 위 회신에 앞서 피고의 담당공무원이 원고에게 위와 같은 내용의 회신이 있을 것으로 **예상되니 신청을 다소 늦게 하더라도 무방하다고 말했다고 하더라도 이는 위 회신이 있기 전에 담당공무원 자신의 추측을 이야기한 것에 불과하여 이 또한 피고의 공적인 견해표명으로 보기 어려우며**, 나아가, 원고가 당초의 예정대로 2002. 11. 4. 사업계획승인신청을 하였다고 하더라도 처리기한 등을 감안할 때 어차피 특별법의 유효기간 내에는 처리가 어려웠을 것으로 보이는 점, 원고가 이 사건 사업추진 과정에서 지출한 비용은 이미 이 사건 사업신청 전에 지출한 것인 점, 원고가 증축부지에 대한 건축특례지역 고시 이후 2년여 동안 별다른 사업추진을 하지 않고 있다가 **특별법의 실효가 임박한 시점에 이르러 뒤늦게 이 사건 승인신청을 하는 등 시간을 지연했던 점 등에 비추어 보면 원고에게 아무런 귀책사유가 없다고 할 수 없어,** 결국 특별법이 실효되었음을 이유로 원고의 사업계획승인신청을 거부한 이 사건 처분이 신뢰보호의 원칙에 위배된다고 볼 수는 없다고 판단하였다.

　판례는 진안군수가 폐기물처리업 사업계획에 대하여 적정통보[14]를 하였더라도 이것은 당해 사업을 위해 필요한 그 사업부지 토지에 대한 국토이용계획변경신청에 대한 승인[15]까지 해 주겠다는 취지의 공적인 견해표명을 한 것으로 볼 수 없다고 한다.[16]

---

14 다단계행정행위 중 예비결정으로서 처분에 해당하며, 재량이자 특허이다. 적정통보는 업체에 대한 1차합격결정으로 이해하면 된다.

15 다단계행정행위 중 종국결정으로서 처분에 해당하며, 재량이자 특허이다. 이는 업체에 대한 2차합격결정으로 이해하면 된다.

16 다만, 대구동구청장의 경우에는 폐기물처리사업을 적극적으로 권유하였고 폐기물처리업특허를 약속하였다고 볼 수 있는 특별한 사정이 있으므로 공적 견해표명을 한 것으로 볼 수 있다고 판시하였다.

> **31. 대법원 2005. 04. 28. 선고 2004두8828 판결[국토이용계획변경승인거부처분취소]**
>
> 폐기물관리법령에 의한 폐기물처리업 사업계획에 대한 적정통보와 국토이용관리법령에 의한 국토이용계획변경은 각기 그 제도적 취지와 결정단계에서 고려해야 할 사항들이 다르므로, 피고가 위와 같이 폐기물처리업 사업계획에 대하여 적정통보를 한 것만으로 그 사업부지 토지에 대한 국토이용계획변경신청을 승인하여 주겠다는 취지의 공적인 견해표명을 한 것으로 볼 수 없고, 그럼에도 불구하고 원고가 그 승인을 받을 것으로 신뢰하였다면 원고에게 귀책사유가 있다 할 것이므로, 이 사건 처분이 신뢰보호의 원칙에 위배된다고 할 수 없다.

　　판례는 경주시장이 한 때 실제의 공원구역과 다르게 경계측량 및 표지를 설치함으로 인하여 원고들이 그 잘못된 경계를 믿고 행정청으로부터 초지조성허가를 받아 초지를 조성하고 축사를 신축하여 그러한 상태가 십수년이 경과하였다면, 그 후 위와 같은 착오를 발견한 경주시장이 사건 토지는 그 공원구역 안에 있는 것으로 지형도를 수정한 조치를 가리켜 신뢰보호의 원칙에 위배되거나 행정의 자기구속의 법리에 반하지 않는다고 판시한다.

> **32. 대법원 1992. 10. 13. 선고 92누2325 판결[국립공원지정처분부존재확인]**
>
> 건설부장관이 행한 위의 화랑공원지정처분은 그 결정 및 첨부된 도면의 공고로써 그 경계가 확정되는 것이고, 위와 같은 경위로 경주시장이 행한 경계측량 및 표지의 설치 등은 공원관리청이 공원구역의 효율적인 보호, 관리를 위하여 이미 확정된 경계를 인식, 파악하는 사실상의 행위로 봄이 상당하며, 위와 같은 사실상의 행위를 가리켜 공권력행사로서의 행정처분의 일부라고 볼 수 없고, 이로 인하여 건설부장관이 행한 공원지정처분이나 그 경계에 변동을 가져온다고 할 수 없다.
>
> 그리고 위와 같이 **경주시장이 한때 실제의 공원구역과 다르게 경계측량 및 표지를 설치함으로 인하여 원고들이 그 잘못된 경계를 믿고 행정청으로부터 초지조성허가를 받아 초지를 조성하고 축사를 신축하여 그러한 상태가 십수년이 경과하였다 하여도, 이 사건 토지가 당초 화랑공원구역 안에 있는 것으로 적법하게 지정, 공고된 이상 여전히 이 사건 토지는 그 공원구역 안에 있는 것이고, 따라서 그 후 위와 같은 착오를 발견한 피고가 이 사건 토지는 그 공원구역 안에 있는 것으로 지형도를 수정한 조치를 가리켜 신뢰보호의 원칙에 위배된다거나 행정의 자기구속의 법리에 반하는 것이라고도 할 수 없다.**

② 둘째 행정청의 견해표명이 정당하다고 **신뢰**한 데 대하여 그 개인에게 **㉡책사유가 없어야** 한다.

귀책사유 판례 빈출

판례는 근로자가 **요양불승인**(☞ 요양신청거부처분)에 대한 **취소소송** 판결 확정시까지 휴업급여를 청구하지 못한 것은 근로자의 **귀책사유**가 있다고 볼 수 없다고 보았다.

> **33. 대법원 2008. 09. 18. 선고 2007두2173 전원합의체 판결[휴업급여부지급처분취소]**
>
> 근로자가 입은 부상이나 질병이 업무상 재해에 해당하는지 여부에 따라 요양급여 신청의 승인, 휴업급여청구권의 발생 여부가 차례로 결정되고, 따라서 **근로복지공단의 요양불승인처분**의 적법 여부는 사실상 근로자의 **휴업급여청구권** 발생의 전제가 된다고 볼 수 있는 점 등에 비추어, **근로자가 요양불승인에 대한 취소소송의 판결확정시까지 근로복지공단에 휴업급여를 청구하지 않았던 것은 이를 행사할 수 없는 사실상의 장애사유가 있었기 때문이라고 보아야 하므로, 근로복지공단의 소멸시효 항변은 신의성실의 원칙에 반하여 허용될 수 없다.**

③ 셋째 그 개인이 그 견해표명을 **신뢰하고 이에 따라 어떠한 행위**를 하였어야 한다.

신뢰에 기인한 조치 판례

판례에 의하면 동사무소 직원이 착오로 국적이탈을 사유로 주민등록을 말소한 것을 신뢰하여 만 18세가 될 때까지 별도로 국적이탈신고를 하지 않았다가 만 18세가 넘은 후 동사무소의 주민등록 직권 재등록 사실을 알고 국적이탈신고를 하자 '병역을 필하였거나 면제받았다는 증명서가 첨부되지 않았다'는 이유로 거부한 것은 신뢰보호의 원칙에 반한다.

> **34. 대법원 2008. 01. 17. 선고 2006두10931 판결[국적이탈신고서반려처분취소]**
>
> 동사무소 직원이 행정상 착오로 국적이탈을 사유로 주민등록을 말소한 것을 신뢰하여 만 18세가 될 때까지 별도로 국적이탈신고를 하지 않았던 사람이, 만 18세가 넘은 후 동사무소의 주민등록 직권 재등록 사실을 알고 국적이탈신고를 하자 '병역을 필하였거나 면제받았다는 증명서가 첨부되지 않았다'는 이유로 이를 반려한 처분은 신뢰보호의 원칙에 반하여 위법하다.

④ 넷째 행정청이 위 견해표명에 **반하는 ㉢순되는 후행처분**을 함으로써

선행조치에 반하는 모순

된 후행조치 판례

그 견해표명을 신뢰한 개인의 이익이 침해되는 결과가 초래되어야 한다고 판시하였다(대법원 1992. 5. 26. 선고 91누10091 판결).

판례는 운전면허 취소사유에 해당하는 음주운전을 적발한 경찰관 소속 경찰서장이 사무착오로 위반자에게 **운전면허정지처분**을 한 상태에서 위반자의 주소지 관할 지방경찰청장이 위반자에게 **운전면허취소처분**을 한 것은 선행처분에 대한 당사자의 신뢰 및 법적 안정성을 저해하는 것으로서 허용될 수 없다고 한다.

> ### 35. 대법원 2000. 02. 25. 선고 99두10520 판결[자동차운전면허취소처분취소]
>
> 여수경찰서장이 운전면허정지기간의 시기와 종기를 정하지는 아니하였지만 정지기간을 100일간으로 기재한 자동차운전면허정지통지서를 원고에게 발송하여 원고가 이를 수령하였다면, 이는 운전면허정지처분으로서의 효력이 발생되었다고 볼 것이고 피고로서는 그 운전면허정지처분의 불가변력으로 인하여 이를 취소, 철회할 수 없다고 설시한 다음, 특별한 사유 없이 동일한 사건에 대하여 단순한 업무상의 착오를 이유로 선행처분에 반하여 한 이 사건 운전면허취소처분은 위법하다.
> 행정청이 일단 행정처분을 한 경우에는 행정처분을 한 행정청이라도 법령에 규정이 있는 때, 행정처분에 하자가 있는 때, 행정처분의 존속이 공익에 위반되는 때, 또는 상대방의 동의가 있는 때 등의 특별한 사유가 있는 경우를 제외하고는 행정처분을 자의로 취소 · 철회할 수 없다고 할 것인바(대법원 1990. 2. 23. 선고 89누7061 판결 참조), 선행처분인 여수경찰서장의 면허정지처분은 비록 그와 같은 처분이 도로교통법시행규칙 제53조 제1항 [별표 16]에서 정한 행정처분기준에 위배하여 이루어진 것이라 하더라도 그와 같은 사실만으로 곧바로 당해 처분이 위법하게 되는 것은 아닐 뿐더러, 원고로서는 그 면허정지처분이 효력을 발생함으로써 그 처분의 존속에 대한 신뢰가 이미 형성되었다 할 것이고 또한 그와 같은 처분의 존속이 현저히 공익에 반한다고는 보이지 아니하므로, 동일한 사유에 관하여 보다 무거운 면허취소처분을 하기 위하여 이미 행하여진 가벼운 면허정지처분을 취소하는 것은 선행처분에 대한 당사자의 신뢰 및 법적 안정성을 크게 저해하는 것이 되어 허용될 수 없다.

기출

판례는 종교단체가 도시계획구역 내 생산녹지로 답인 토지에 대하여 종교회관 건립을 이용목적으로 하는 토지거래계약의 허가를 받으면서 **담당공무원이 관련 법규상 허용된다 하여** 이를 신뢰하고 건축 준비를 하였으나 그 후 토지형질변경허가신청을 불허가 한 것은 **신뢰보호원칙에 반한다**고 하였다. 충주시장이 우량농지를 보전하려는 공익을 들어 종교단체에 대한 토지거래허가를 철회하는 것은 종교단체의 신뢰보호라는 사익이 더 큰 경우이므로 비례의 원칙에도 위반된다고 판시하였다.

36. 대법원 1997. 09. 12. 선고 96누18380 판결[토지형질변경행위불허가처분취소사건]

도시계획구역 내 생산녹지로 **답인 토지**에 대하여 **종교회관 건립을 이용목적으로** 하는 토지거래계약의 허가를 받으면서 **담당공무원이 관련 법규상 허용된다 하여 이를 신뢰하고 건축준**비를 하였으나 그 후 토지형질변경허가신청을 불허가 한 것이 **신뢰보호원칙에 반한다.**

비록 지방자치단체장이 당해 토지형질변경허가를 하였다가 이를 취소·철회하는 것은 아니라 하더라도 지방자치단체장이 토지형질변경이 가능하다는 공적 견해표명을 함으로써 이를 신뢰하게 된 당해 종교법인에 대하여는 그 신뢰를 보호하여야 한다는 점에서 형질변경허가 후 이를 취소·철회하는 경우를 유추·준용하여 그 형질변경허가의 취소·철회에 상당하는 당해 처분으로써 지방자치단체장이 달성하려는 공익 즉, 당해 토지에 대하여 그 형질변경을 불허하고 이를 우량농지로 보전하려는 공익과 위 형질변경이 가능하리라고 믿은 종교법인이 입게 될 불이익을 상호 비교·교량하여 만약 전자가 후자보다 더 큰 것이 아니라면 당해 처분은 비례의 원칙에 위반되는 것으로 재량권을 남용한 위법한 처분이라고 봄이 상당하다.

◉ 기출

◉ 종교단체 예배당 건축허가 거부 사건

실력 다지기

주장책임·입증책임에 대하여 통설·판례의 태도인 법률요건분류설에 의하면, 주요사실에 대한 주장·입증이 받아들여졌을 때 유리하게 되는 자가 주장·입증책임을 져야 한다. 그러므로 신뢰보호요건에 대한 것은 원고에게 주장·입증책임이 있다.

37. 대법원 1992. 03. 31. 선고 91누9824 판결[법인세등부과처분취소]

과세관청이 납세자에게 회사의 합병에 따르는 의제배당소득의 계산에 있어서 "재평가적립금의 자본전입으로 배정받은 무상주의 액면가액이 소멸한 법인의 주식을 취득하기 위하여 소요된 금액에 포함된다"는 공적인 견해를 표명하였다고 볼 수 없을 뿐만 아니라, 그와 같은 세법의 해석이나 국세행정의 관행이 이 사건 합병계약이 체결될 당시는 물론 납세의무가 성립할 당시에 일반적으로 납세자에게 받아들여졌다고도 볼 수 없다.

신의성실의 원칙이나 소급과세금지의 원칙이 적용되기 위한 요건의 하나인 "과세관청이 납세자에게 신뢰의 대상이 되는 공적인 견해를 표명하였다"는 사실은, 납세자가 주장·입증하여야 한다고 보는 것이 상당하다.

4. 신뢰보호의 한계(☞ 예외)도 있다

신뢰보호의 한계로는 이익형량면에서 공익이나 제3자의 사익이 신뢰보호의 사익보다 우월한 경우이다. 이때에는 행정청이 선행조치와 모순되는 후행조치를 하더라도 신뢰보호의 원칙에 위반되지 않는다.

판례도 행정처분이 신뢰보호원칙의 요건을 충족하는 경우라고 하더라도 행정청이 앞서 표명한 공적인 견해에 반하는 행정처분을 함으로써 달성하려는 **공익이** 행정청의 공적인 견해표명을 신뢰한 개인이 그 행정처분으로 인하여 입게 되는 **이익의** 침해를 정당화할 수 있을 정도로 강한 경우에는 신뢰보호의 원칙을 들어 그 행정처분이 위법하다고는 할 수 없다고 본다.

> **행정기본법 제14조(법 적용의 기준)** ① 새로운 법령등은 법령등에 특별한 규정이 있는 경우를 제외하고는 그 법령등의 효력 발생 전에 완성되거나 종결된 사실관계 또는 법률관계에 대해서는 적용되지 아니한다.
>
> ② 당사자의 신청에 따른 처분은 법령등에 특별한 규정이 있거나 처분 당시의 법령등을 적용하기 곤란한 특별한 사정이 있는 경우를 제외하고는 처분 당시의 법령등에 따른다.
>
> ③ 법령등을 위반한 행위의 성립과 이에 대한 제재처분은 법령등에 특별한 규정이 있는 경우를 제외하고는 법령등을 위반한 행위 당시의 법령등에 따른다. 다만, 법령등을 위반한 행위 후 법령등의 변경에 의하여 그 행위가 법령등을 위반한 행위에 해당하지 아니하거나 제재처분 기준이 가벼워진 경우로서 해당 법령등에 특별한 규정이 없는 경우에는 변경된 법령등을 적용한다.

판례는 개정 전 법령의 존속에 대한 국민의 신뢰가 개정 법령의 적용에 관한 공익상의 요구보다 더 보호가치가 있다고 인정되는 경우, 국민의 신뢰를 보호하기 위하여 개정 법령의 적용이 제한될 수 있다고 판시한다.

> **38. 대법원 2007. 11. 16. 선고 2005두8092 판결[건축허가반려처분취소]**
>
> 법령의 개정에 있어서 신뢰보호원칙이 적용되어야 하는 이유는 어떤 법령이 장래에도 그대로 존속할 것이라는 합리적이고 정당한 신뢰를 바탕으로 국민이 그 법령에 상응하는 구체적 행위로 나아가 일정한 법적 지위나 생활관계를 형성하여 왔음에도 국가가 이를

전혀 보호하지 않는다면, 법질서에 대한 국민의 신뢰는 무너지고 현재의 행위에 대한 장래의 법적 효과를 예견할 수 없게 되어 법적 안정성이 크게 저해되기 때문이라 할 것이나, 이러한 신뢰보호는 절대적이거나 어느 생활영역에서나 균일한 것은 아니고 개개의 사안마다 관련된 자유나 권리, 이익 등에 따라 보호의 정도와 방법이 다를 수 있으며, 새로운 법령을 통하여 실현하고자 하는 공익적 목적이 우월한 때에는 이를 고려하여 제한될 수 있다고 할 것이므로 이러한 신뢰보호원칙의 위배 여부를 판단하기 위하여는 한편으로는 침해받은 이익의 보호가치, 침해의 중한 정도, 신뢰가 손상된 정도, 신뢰침해의 방법 등과 다른 한편으로는 새 법령을 통해 실현하고자 하는 공익적 목적을 종합적으로 비교·형량하여야 할 것이다.[17]

◉ 빈출

한편, 건축허가기준에 관한 관계 법령 및 조례(이하 '법령'이라고만 한다)의 규정이 개정된 경우, 새로이 개정된 법령의 경과규정에서 달리 정함이 없는 한 처분 당시에 시행되는 개정 법령에서 정한 기준에 의하여 건축허가 여부를 결정하는 것이 원칙이고, 그러한 개정 법령의 적용과 관련하여서는 개정 전 법령의 존속에 대한 국민의 신뢰가 개정 법령의 적용에 관한 공익상의 요구보다 더 보호가치가 있다고 인정되는 경우에 그러한 국민의 신뢰를 보호하기 위하여 그 적용이 제한될 수 있는 여지가 있을 따름이다.

◉ 빈출 판례

　　신뢰보호의 원칙은 무조건적으로 적용되는 것은 아니고 신뢰보호요건이 충족되는 경우에도 공익상의 필요, 상대방의 신뢰 내지 기득권보호, 법적 안정성의 유지 등 제 이익을 **비교형량**★하여 **결정하여야 한다**.

　　결국, 신뢰보호의 원칙은 법치국가의 원칙으로부터 도출되는 것으로, 그 위반 여부는, 침해받은 이익의 보호가치, 침해의 중한 정도, 신뢰가 손상된 정도, 신뢰침해의 방법, 새로운 입법을 통해 실현하고자 하는 공익적 목적을 종합적으로 비교·형량하여 판단하여야 한다.

---

39. 대법원 1998. 11. 13. 선고 98두7343 판결[한려해상수도공원 토석채취불허가처분취소소송사건]

일반적으로 행정상의 법률관계에 있어서 행정청의 행위에 대하여 신뢰보호의 원칙이 적용되기 위하여는, 첫째 행정청이 개인에 대하여 신뢰의 대상이 되는 공적인 견해표명을 하여야 하고, 둘째 행정청의 견해표명이 정당하다고 신뢰한 데에 대하여 그 개인에게 귀책사유가 없어야 하며, 셋째 그 개인이 그 견해표명을 신뢰하고 이에 어떠한 행위를 하였어야 하고, 넷째 행정청이 위 견해표명에 반하는 처분을 함으로써 그 견해표명을 신뢰한 개인의 이익이 침해되는 결과가 초래되어야 하고, 어떠한 행정처분이 이러한 요건을 충

---

17 대법원 2006. 11. 16. 선고 2003두12899 전원합의체 판결 등 참조.

족할 때에는, 공익 또는 제3자의 정당한 이익을 해할 우려가 있는 경우가 아닌 한, 신뢰보호의 원칙에 반하는 행위로서 위법하게 된다고 할 것이므로, 행정처분이 이러한 요건을 충족하는 경우라고 하더라도 행정청이 앞서 표명한 공적인 견해에 반하는 행정처분을 함으로써 달성하려는 공익이 행정청의 공적 견해표명을 신뢰한 개인이 그 행정처분으로 인하여 입게 되는 이익의 침해를 정당화할 수 있을 정도로 강한 경우에는 신뢰보호의 원칙을 들어 그 행정처분이 위법하다고는 할 수 없다.

그러므로 한려해상국립공원지구 인근의 자연녹지지역에서의 토석채취허가가 법적으로 가능할 것이라는 행정청의 언동을 신뢰한 개인이 많은 비용과 노력을 투자하였다가 불허가처분으로 상당한 불이익을 입게 된 경우, 위 불허가처분에 의하여 행정청이 달성하려는 주변의 환경·풍치·미관 등의 공익이 그로 인하여 개인이 입게 되는 불이익을 정당화할 만큼 강하다는 이유로 불허가처분이 재량권의 남용 또는 신뢰보호의 원칙에 반하여 위법하다고 할 수 없다.

◉ 빈출

◉ 기출

　　　판례는 법규상의 허가나 면허등에 대한 취소·철회권 발동사유가 발생하더라도 수익자에게 실제로 철회권을 발동시키는 데는 철회하여야 할 공익상의 필요와 철회로 인하여 당사자가 입을 불이익(☞ 신뢰이익)을 (☞비교)**형량★하여 철회여부를 결정하여야 한다고** 판시하고 있다(대법원 1990. 6. 26. 선고 89누5713 판결).

　　　헌법재판소도 의료기관 시설의 일부를 변경하여 약국을 개설하는 것을 금지하는 조항을 신설하면서, 이에 해당하는 기존 약국 영업을 개정법 시행일로부터 1년까지만 허용하고 유예기간 경과 후에는 약국을 폐쇄하도록 한 약사법 부칙 조항은, 개정법 시행 이전부터 의료기관 시설의 일부를 변경한 장소에서 약국을 운영해 온 기존 약국개설등록자의 신뢰이익을 침해하는 것이 아니라고 결정하고 있다.[18]

　　　다만 학설은 **이익형량을 신뢰보호의 한계**문제로 검토하는 데 반하여, **판례는 이익형량을 신뢰보호의 요건**으로 보고 있어 미세한 차이가 있다.

◉ 최다 빈출: 축적된 기출 정리

◉ 신뢰보호 원칙 요건 빈출지문 정리

◉ 적정통보

[**신뢰보호의 원칙 중 선행조치 충족 여부에 대한 빈출지문을 정리해 보자**] ★★★

요건 ×	요건 ○
무효	★위법(취소나 부당)

18 2001헌마700 약사법 제69조 제1항 제2호 등 위헌확인, 2003헌바11(병합) 약사법 제16조 제5항 제3호 위헌소원 등.

*일반론적 견해표명－채시라 씨 모델료 사건	구체적·의도적 견해표명
법적으로 문제없으면 가능하다는 ＜조건부 회신＞	회신
관련 행정청(☞ 예: 민원봉사실직원)	담당행정청 －***** 그러나, 조직법상 엄격하게 파악하지 않고 기능적으로 완화해서 담당 행정청을 파악(☞ 실질적으로 담당자이면 족함)(☞전임 공무원이든 후임 공무원이든 무방)
적정통보*(☞)**가 곧바로 폐기물처리업허가**(☞)**를 약속한 것은 아님**	행정계획
	확약*****(☞)
	유리한 구법령(변리사법 시행령 부칙사건)

폐기물처리 특허 1차 합격결정이자 재량행위

폐기물처리업허가
폐기물처리 특허 2차 합격결정이자 재량행위

확약
허가나 특허 등 처분을 확실하게 발급하겠다는 약속.
판례는 확약이 처분이 아니라고 보고, 확약이 선행조치에는 해당한다고 봄

5. 신뢰보호원칙에 위반한 효과

기출
(   ) 넣기 출제

신뢰보호의 원칙을 위반한 행정작용은 ＜**위법**＞할 뿐만 아니라 ＜**위헌**＞이기도 하다.

헌법재판소에 의하면 세무사법상 일정한 경력 이상의 국세 관련 공무원들에 대한 자동적 세무사자격 부여제도는, 그것이 40년 동안 유지되어 왔으며 이에 대한 신뢰는 헌법적으로 보호할 가치가 있는 신뢰에 해당하므로, 신법 시행일 후 1년까지 구법상의 자격요건을 갖추게 되는 경력공무원에게만 구법규정을 적용하여 세무사자격이 부여되도록 한 세무사법 부칙 조항은 그때까지 동 자격요건을 갖추지 못하는 다른 세무공무원들의 신뢰이익을 침해하는 것이라고 결정하였다.

> **40. 헌재 2001. 09. 27. 2000헌마152[세무사법중개정법률 중 제3조 제2호를 삭제한다는 부분 등 위헌확인 사건](2001. 9. 27. 2000헌마152 전원재판부)**
>
> 가. 청구인들의 세무사자격 부여에 대한 신뢰는 보호할 필요성이 있는 합리적이고도 정당한 신뢰라 할 것이고, 개정법 제3조 등의 개정으로 말미암아 청구인들이 입게 된 불이익의 정도, 즉 신뢰이익의 침해정도는 중대하다고 아니할 수 없는 반면, 청구인들의 신뢰이익을 침해함으로써 일반응시자와의 형평을 제고한다는 공익은 위와 같은 신뢰이익 제한을 헌법적으로 정당화할 만한 사유라고 보기 어렵다. 그러므로 기존 국세관련 경력공무원 중 일부에게만 구법 규정을 적용하여 세무사자격이 부여되도록 규정한 위 세무사법 부칙 제3항은 충분한 공익적 목적이 인정되지 아니함에도 청구인들의 기대가치 내지 신

뢰이익을 과도하게 침해한 것으로서 헌법에 위반된다.

나. 또한 2000. 12. 31. 현재 자격부여요건을 충족한 자와 그렇지 못한 청구인들 사이에는 단지 근무기간에 있어서의 양적인 차이만 존재할 뿐, 본질적인 차이는 없고, 세무사자격 부여제도의 폐지와 관련된 조항의 시행일만을 2001. 1. 1.로 늦추어 1년의 유예기간을 두고 있는 것 자체가 합리적 근거 없는 자의적 조치이므로, 위 부칙조항은 합리적인 이유 없이, 자의적으로 설정된 기준을 토대로 위 부칙조항의 적용대상자와 청구인들을 차별취급하는 것으로서 평등의 원칙에도 위반된다.

 오답 주의 기출 　　　신뢰보호의 원칙을 위반한 법률이나 법규명령은 <**무효**>사유이지만, 처분인 경우에는 <**취소**>사유이다.

실력 다지기 — 소급입법

 최근 기출

신뢰보호의 파생원칙 중 소급입법금지의 원칙이 중요한 문제로 대두된다. 법률이나 법규명령의 경우 유리한 구법령을 개정하여 신법령에서 불리하게 소급하여 규정하는 경우가 문제된다.

대법원과 헌재에 의하면 기존에 이미 완성된 권리나 의무를 불리하게 하는 진정소급은 원칙적으로 부정되지만 예외적으로 이익형량상 공익이 더 우월하거나 정당한 헌법적 요청이 있는 경우에는 가능하다.

그러나 진행되는 과정에 있는 사안에서 과거보다 불리하게 되는 부진정소급의 경우는 원칙적으로는 허용되지만 예외적으로 이익형량상 신뢰보호의 사익이 신법적용의 공익보다 우월하므로 부진정소급이 부정된다고 판시한다. 부진정소급효의 입법은 원칙적으로 허용되는 것이지만, 소급효를 요구하는 공익상의 사유와 신뢰보호의 요청 사이의 비교형량 과정에서, 신뢰보호의 관점이 입법자의 형성권에 제한을 가하게 된다.

중요 판례 더 알아보기

18. 대법원 2007. 10. 29. 선고 2005두4649 전원합의체 판결【한약사국가시험 응시원서접수거부처분취소사건】

[1] 법령의 개정에서 신뢰보호원칙이 적용되어야 하는 이유 및 신뢰보호원칙의 위배 여부를 판단하는 방법

법령의 개정에서 신뢰보호원칙이 적용되어야 하는 이유는, 어떤 법령이 장래에도 그대로 존속할 것이라는 합리적이고 정당한 신뢰를 바탕으로 국민이 그 법령에 상응하는 구체적 행위로 나아가 일정한 법적 지위나 생활관계를 형성하여 왔음에도 국가가 이를 전혀 보호하지 않는다면 법질서에 대한 국민의 신뢰는 무너지고 현재의 행위에 대한 장래의 법적 효과를 예견할 수 없게 되어 법적 안정성이 크게 저해되기 때문이고, 이러한 신뢰보호는 절대적이거나 어느 생활영역에서나 균일한 것은 아니고 개개의 사안마다 관련된 자유나 권리, 이익 등에 따라 보호의 정도와 방법이 다를 수 있으며, 새로운 법령을 통하여 실현하고자 하는 공익적 목적이 우월한 때에는 이를 고려하여 제한될 수 있으므로, 이 경우 신뢰보호원칙의 위배 여부를 판단하기 위해서는 한편으로는 침해된 이익의 보호가치, 침해의 중한 정도, 신뢰가 손상된 정도, 신뢰침해의 방법 등과 다른 한편으로는 새 법령을 통해 실현하고자 하는 공익적 목적을 종합적으로 비교·형량하여야 한다.

[2] 사안의 적용

개정 전 약사법(1994. 1. 7. 법률 제4731호로 개정되고 2005. 7. 29. 법률 제7635호로 개정되기 전의 것) 제3조의2 제2항의 위임에 따라 같은 법 시행령 제3조의2에서 한약사 국가시험의 응시자격을 '필수 한약관련 과목과 학점을 이수하고 대학을 졸업한 자'로 규정하던 것을, 개정 시행령 제3조의2에서 '한약학과를 졸업한 자'로 응시자격을 변경하면서, **개정 시행령 부칙이 한약사 국가시험의 응시자격에 관하여 1996학년도 이전에 대학에 입학하여 개정 시행령 시행 당시 대학에 재학중인 자에게는 개정 전의 시행령 제3조의2를 적용하게 하면서도 1997학년도에 대학에 입학하여 개정 시행령 시행 당시 대학에 재학중인 자에게는 개정 시행령 제3조의2를 적용하게 하는 것은 헌법상 신뢰보호의 원칙과 평등의 원칙에 위배되어 허용될 수 없다.**

☞ 기출

　　신뢰보호의 원칙에 대하여 **약사법 시행령 부칙 사건**에서 대법원은 한약자원학과 학생들에 대한 불리한 법의 개정을 즉시 시행하도록 한 부칙은 **신뢰보호의 원칙**에 위반되어 위법하고 무효라고 판시하였다. 이에 근거한 처분은 취소가 된다.

> **41. 대법원 2007. 10. 29. 선고 2005두4649 전원합의체 판결【한약사국가시험응시원서접수거부처분취소】**
>
> 한약사 국가시험의 응시자격에 관하여 **개정 전의 약사법 시행령** 제3조의2에서 '**필수 한약관련 과목과 학점을 이수**하고 대학을 졸업한 자'로 규정하고 있던 것을 '**한약학과를 졸업한 자**'로 응시자격을 변경하면서, 그 **개정 이전에 이미 한약자원학과에 입학하여 대학에 재학 중인 자에게도 개정 시행령이 적용**되게 한 개정 시행령 부칙은 헌법상 신뢰보호의 원칙과 평등의 원칙에 위배되어 허용될 수 없다.

☞ 기출

판례에 의하면 개정된 산업재해보상보험법 시행령의 시행 전에 장해급여 지급청구권을 취득한 근로자의 외모의 흉터로 인한 장해등급을 결정함에 있어 위 개정 시행령을 적용하여야 한다.

---

42. 대법원 2007. 02. 22. 선고 2004두12957 판결[장해등급결정처분취소]

개정된 산업재해보상보험법 시행령의 시행 전에 장해급여 지급청구권을 취득한 근로자의 외모의 흉터로 인한 장해등급을 결정함에 있어, **위 개정이 위헌적 요소를 없애려는 반성적 고려에서 이루어졌고 이를 통하여 근로자의 균등한 복지증진을 도모하고자 하는 데 그 취지가 있으며, 당해 근로자에 대한 장해등급 결정 전에 위 시행령의 시행일이 도래한 점 등에 비추어,** 예외적으로 위 개정 시행령을 적용하여야 한다.

국가는 조세·재정정책을 탄력적·합리적으로 운용할 필요성이 있기 때문에, 납세의무자로서는 구법질서에 의거하여 적극적인 신뢰행위를 하였다든가 하는 사정이 없는 한 원칙적으로 세율 등 현재의 세법이 과세기간 중에 변함없이 유지되리라고 신뢰하고 기대할 수는 없다. 그러나 예외적으로 이익형량상 특별한 사정이 있을 때에는 신뢰보호를 주장할 수 있다.

① 신뢰보호의 원칙을 위반한 법률이나 법규명령은 무효가 된다.

② 신뢰보호의 원칙을 위반한 처분은 취소사유가 되는 것이 원칙이고 예외적으로 무효가 된다.

③ 신뢰보호의 원칙을 위반한 행위들로 인하여 손해가 발생한 경우에는 국가배상이 가능하다.

6. 신뢰보호원칙을 응용한 '실효의 원칙'

행정기본법 제12조(신뢰보호의 원칙) ① 행정청은 공익 또는 제3자의 이익을 현저히 해칠 우려가 있는 경우를 제외하고는 행정에 대한 국민의 정당하고 합리적인 신뢰를 보호하여야 한다.

② 행정청은 권한 행사의 기회가 있음에도 불구하고 장기간 권한을 행사하지 아니하여 국민이 그 권한이 행사되지 아니할 것으로 믿을 만한 정당한 사유가 있는 경우에는 그 권한을 행사해서는 아니 된다. 다만, 공익 또는 제3자의 이익을 현저히 해칠 우려가 있는 경우는 예외로 한다.

'실효의 원칙'은 행정청이 일정기간 동안 아무런 조치를 취하지 아니하여 국민으로 하여금 더 이상의 제재나 조치 등이 없을 것으로 신뢰하게 되고, 이 신뢰가 보호할 가치가 있는 경우에는 국민의 이러한 신뢰는 보호되어야 한다는 것을 의미한다. 실효의 원칙은 신뢰보호의 원칙이 응용되어 적용된 파생원칙이라고 볼 수 있다. 실권법리라고도 한다.

☞ 실권법리 빈출
☞ 주의할 기출

실권 또는 실효의 법리는 법의 일반원리인 신의성실의 원칙에 바탕을 둔 파생원칙이기도 하므로, 공법관계 가운데 권력관계와 관리관계 등 모두에 적용될 수 있다.

> ### 43. 대법원 1988. 04. 27. 선고 87누915 판결[행정서사허가취소처분취소]
>
> 실권 또는 실효의 법리는 법의 일반원리인 신의성실의 원칙에 바탕을 둔 파생원칙인 것이므로 공법관계 가운데 **관리관계는 물론이고 권력관계에도 적용되어야 함**을 배제할 수는 없다 하겠으나 그것은 본래 권리행사의 기회가 있음에도 불구하고 권리자가 장기간에 걸쳐 그의 권리를 행사하지 아니하였기 때문에 의무자인 상대방은 이미 그의 권리를 행사하지 아니할 것으로 믿을만한 정당한 사유가 있게 되거나 행사하지 아니할 것으로 추인케 할 경우에 새삼스럽게 그 권리를 행사하는 것이 신의성실의 원칙에 반하는 결과가 될 때 그 권리행사를 허용하지 않는 것을 의미하는 것이다.

판례를 분석해 보면 판례는 대체로 **2년을 기준**으로 판시하는바, 행정청이 아무런 조치를 취하지 않다가 **1년 10개월** 뒤의 면허취소는 **적법**하다고 본 반면에 **3년**이 지나서 **면허취소한 것은 위법**하다고 판시하였다.

☞ 오답 주의할 기출 포인트

☞ 판례상 2년이 기준

따라서 대법원은 교통사고가 일어난 지 **1년 10개월**이 지난 뒤 그 교통사고를 일으킨 택시에 대하여 운송사업면허를 취소한 경우, 택시운송사업자로서는 「자동차운수사업법」의 내용을 잘 알고 있어 교통사고를 낸 택시에 대하여 운송사업면허가 취소될 가능성을 예상할 수 있었으므로 별다른 행정조치가 없을 것으로 자신이 믿고 있었다 하여도 신뢰의 이익을 주장할 수는 없다고 판시하고 있다.

판례에 의하면 원고가 허가 받은 때로부터 20년이 다 되어 피고가 그 허가를 취소한 것이기는 하나 피고가 취소사유를 알고서도 그렇게 장기간 취소권을 행사하지 않은 것이 아니고 1985. 9.중순에 비로소 취소사유를 알고 그에 관한 법적 처리방안에 관하여 다각도로 연구검토가 행해졌고 상대방인 원고에게 취소권을 행사하지 않을 것이란 신뢰를 심어준 것으로 여겨지지 않는다면 피고의 처분이 실권의 법리에 저촉된 것이라고 아니라고 판시한다.

---

44. 대법원 1988. 04. 27. 선고 87누915 판결[행정서사허가취소처분취소]

허가 등과 같이 상대방에게 이익을 주는 행정행위에 있어서는 취소원인이 존재한다는 이유만으로 취소할 수는 없고 취소하여야 할 공익상의 필요와 취소로 인하여 당사자가 입을 불이익을 비교 교량하여 취소여부를 결정하여야 하나 이 사건에서 **행정서사의 허가를 받을 자격이 없는 원고가 행정청의 착오로 그 허가를 받았다가** 그후 그것이 드러나 허가취소됨으로써 입게 되는 불이익보다는 자격없는 자에게 나간 허가를 취소하여 공정한 법 집행을 함으로써 법 질서를 유지시켜야 할 공익상의 필요가 더 크다.

제6절

중요 판례의 동향을 더 알아보고 출제에 대비해 보자

유치원 보조금 부정수령 사건

45. 대법원 2012. 12. 27. 선고 2011두30182 판결【보육시설장자격정지등처분취소】

영유아보육법 제40조 등에서 정한 보조금 반환명령 등 처분의 요건인 '거짓이나 그 밖의 부정한 방법'의 의미 및 이 경우 반드시 적극적인 부정행위가 있어야 하는지 여부(소극)

영유아보육법 제36조 등에서 정한 **인건비 지원금**은 성질상 넓은 의미의 **보조금**에 속하는 것이므로, 보조금 반환명령, 보육시설 운영정지명령, 보육시설장 자격정지명령 처분의 요건이 되는 **'거짓이나 그 밖의 부정한 방법'**이란 **정상적인 절차에 의하여는 보조금을 지급받을 수 없음에도 위계 기타 사회통념상 부정이라고 인정되는 행위로서 보조금 교부에 관한 의사결정에 영향을 미칠 수 있는 적극적 및 소극적 행위**를 뜻하고, 위 각 처분의 성격이나 인건비 지원금의 재원, 지급 목적, 대상 및 요건 등에 비추어 보면 이는 조세범처벌이나 퇴직연금 반환 등에서 문제되는 **'사기 기타 부정한 행위'**나 **'허위 기타 부정한 방법'**의 경우와 같이 반드시 **적극적인 부정행위가 있어야만 하는 것은 아**니다.

구법에서 정한 인건비 지원금은 그 성질상 넓은 의미의 보조금에 속하는 것이므로, 이 사건 각 처분의 요건이 되는 '거짓이나 그 밖의 부정한 방법'이란 정상적인 절차에 의하여는 보조금을 지급받을 수 없음에도 위계 기타 사회통념상 부정이라고 인정되는 행위로서 보조금 교부에 관한 의사결정에 영향을 미칠 수 있는 적극적 및 소극적 행위를 뜻한다고 할 것이고(대법원 2007. 12. 27. 선고 2006도8870 판결 참조), 이 사건 각 처분의 성격이나 인건비 지원금의 재원, 지급 목적, 대상 및 요건 등에 비추어 보면 이는 조세범처벌이나 퇴직연금 반환 등에서 문제되는 '사기 기타 부정한 행위'나 '허위 기타 부정한 방법'의 경우와 같이 반드시 적극적인 부정행위가 있어야만 하는 것은 아니라고 할 것이다.

이러한 사실을 앞서 본 관련 규정 및 법리에 비추어 보면, 원고는 정원 외 유아 12명을 몰래 위탁받아 보육하면서 기존 보육교사들로 하여금 이들 유아를 나누어 보육하도록 함으로써 결과적으로 해당 보육교사들로 하여금 배치기준을 초과하여 보육하게 하였고, 피고는 배치기준에 따른 적정한 보육이 이루어지는 것을 전제로 위와 같은 보조금을 지급하였다고 할 것이므로, 원고는 정상적인 절차에 의하여는 보조금을 지급받을 수 없음에도 불구하고 앞서 본 바와 같은 적극적 및 소극적 부정행위를 하여 보조금 교부에 관한 피고의 의사결정에 영향을 미쳤다고 봄이 상당하다. **따라서 원고가 '거짓이나 그 밖의 부정한 방법으로 보조금을 교부받은 경우'에 해당함을 전제로 한 이 사건 각 처분은 모두 정당하다.**

원심판결 이유에 의하면, 원심은 구법이 배치기준 위반의 경우 일단 시정명령 등을 거쳐 순차적으로 강도가 높은 행정처분으로 나아가도록 규정하고 있는 점(제44조 제3호, 제45조 제1항 제3호, 제54조 제3항 제7호) 등을 들어 배치기준을 위반한 어린이집에 대하여 곧바로 보조금 부정수급에 따른 강력한 행정처분을 하게 되면 구법의 규정 취지에 반하여 지나치게 가혹한 결과를 초래하게 된다고 보는 듯하나, 구법의 전체적인 조문 체계 및 내용, 이 사건 보조금 지급 취지 등에 비추어 보면 배치기준 위반에 따른 행정처분은 보조금이 지급되지 아니하는 일반적인 상황을 전제로 한 것이고, 원고가 단순히 배치기준을 위반한 것에 그치지 않고 보조금을 부정수급한 이상 그에 따른 보다 강력한 행정처분을 하는 것이 부당하다고 할 수는 없으므로, 원심의 위와 같은 견해는 받아들이기 어렵다.

 출제 예상 최신 판례 예제를 연습해 보자

판례는 유치원장들이 영유아보육법상의 보조금에 대하여 **적극적인 부정행위에 의하여 보조금을 수령한 것은 아니므로** 보조금에 대한 환수명령은 신뢰보호의 원칙에 위반된다고 판시하였다. (×)

질의에 대한 회신

46. 대법원 2008. 6. 12. 선고 2008두1115 판결【취득세등부과처분취소】

취득세 등이 면제되는 구 지방세법(2005. 1. 5. 법률 제7332호로 개정되기 전의 것) 제2 88조 제2항에 정한 **'기술진흥단체'인지 여부에 관한 질의에 대하여 건설교통부장관과 내무부장관이 비과세 의견으로 회신한 경우, 공적인 견해표명(✐＝ 행정청의 선행조치) 에 해당한다.**

✐ 출제포인트: 신뢰보호의 원칙은 위법한 약속에 대하여도 적용됨 vs 평등의 원 칙이나 자기구속의 원칙은 위법한 것에는 적용되지 않음

 출제 예상 최신 판례 예제를 연습해 보자

취득세가 면제되는 기술진흥단체 여부에 대한 **질의에 대하여 국토해양부장관과 안전행정부장관이 비과세 의견으로 회신하였다면 신뢰보호의 원칙의 요건이 공적 견해표명에 해당한다. (○)**

민원예비심사에서 법 저촉사항 없다는 기재가 선행조치인지 여부

47. 대법원 2006. 6. 9. 선고 2004두46 판결【개발부담금부과처분취소】

개발이익환수에 관한 법률에 정한 개발사업을 시행하기 전에, 행정청이 토지 지상에 **예식장 등을 건축하는 것이 관계 법령상 가능한지 여부를 질의하는 민원예비심사에 대 하여 관련부서 의견으로 개발이익환수에 관한 법률에 '저촉사항 없음'이라고 기재**하였 다고 하더라도, 이후의 개발부담금부과처분에 관하여 **신뢰보호의 원칙을 적용하기 위 한 요건인, 개인에 대하여 신뢰의 대상이 되는 공적인 견해표명을 한 것이라고는 보기 어렵다.**

 출제 예상 최신 판례 예제를 연습해 보자

민원예비심사에서 **관련 부서의견으로 법률에 저촉사항이 없다고 기재하였다면 신 뢰보호의 원칙이 적용된다. (×)**

✐ 출제 포인트: 담당부서는 신뢰보호 요건을 충족하나, 관련부서는 신뢰보호요

건을 충족하지 않는다. 민원심사관도 신뢰보호의 요건을 충족하지 않는다. 담당
공무원은 신뢰보호의 요건이 된다. 실제 권한의 직무계통이 정확하게 일치할 필
요는 없으므로 과장이 약속해도 시장이 약속한 것으로 보게 된다. 전직 시장이
약속해도 신임 시장이 약속한 것으로 볼 수 있게 된다.

귀책사유에 대한 판단방법

48. 대법원 2002. 11. 8. 선고 2001두1512 판결【건축선위반건축물시정지시취소】

귀책사유의 유무는 상대방과 그로부터 신청행위를 **위임받은 수임인 등 관계자 모두를
기준**으로 판단하여야 한다.

건축주와 그로부터 건축설계를 위임받은 건축사가 상세계획지침에 의한 건축한계선의
제한이 있다는 사실을 간과한 채 건축설계를 하고 이를 토대로 건축물의 신축 및 증축
허가를 받은 경우, 그 신축 및 증축허가가 정당하다고 신뢰한 데에 귀책사유가 있다.

제 7 절

(실력 UP) 출제가 예상되는 화제의 판결들을 공부해 두자

---

49. 대법원 2015. 4. 23. 선고 2012두26920 판결[독립유공자서훈취소처분의취소]

◉ 강력 출제예상 최신판례

[1] 구 상훈법 제8조는 서훈취소의 요건을 구체적으로 명시하고 있고 절차에 관하여 상
세하게 규정하고 있다. 그리고 서훈취소는 서훈수여의 경우와는 달리 이미 발생된 서훈
대상자 등의 권리 등에 영향을 미치는 행위로서 관련 당사자에게 미치는 불이익의 내용
과 정도 등을 고려하면 사법심사의 필요성이 크다. 따라서 기본권의 보장 및 법치주의의
이념에 비추어 보면, 비록 서훈취소가 대통령이 국가원수로서 행하는 행위라고 하더라도
법원이 사법심사를 자제하여야 할 고도의 정치성을 띤 행위라고 볼 수는 없다.

[2] 대한민국 훈장 및 포장은 서훈의 원칙을 정한 구 상훈법(2011. 8. 4. 법률 제10985호
로 개정되기 전의 것, 이하 같다) 제2조에 따라 대한민국 국민이나 우방국 국민으로서
대한민국에 뚜렷한 공적을 세운 사람에게 수여하는 것으로서, 서훈은 단순히 서훈대상자
본인에 대한 수혜적 행위로서의 성격만을 가지는 것이 아니라 국가에 뚜렷한 공적을 세

운 사람에게 명예를 부여함으로써 국민 일반에 대하여 국가와 민족에 대한 자긍심을 높이고 국가적 가치를 통합·제시하는 행위의 성격도 가지고 있다. 그리고 서훈의 수여 사유인 '대한민국에 대한 뚜렷한 공적'에 관한 판단은 서훈추천권자가 제출한 공적조서에 기재된 개개의 사실뿐만 아니라 일정한 공적기간 동안 서훈대상자의 행적을 전체적으로 평가하여 이루어진다. 한편 구 상훈법 제8조 제1항 제1호는 '서훈공적이 거짓임이 판명된 경우'에는 그 서훈을 취소하도록 정하고 있는데, 이러한 서훈취소 제도는 수여된 서훈을 그대로 유지한다면 서훈의 영예성을 수호할 수 없는 사유가 발생한 경우에 서훈제도의 본질과 기능을 보호하기 위하여 마련된 것으로 보인다.

이와 같은 서훈의 원칙 및 취소에 관한 규정들과 아울러 그 취지와 입법 목적 등을 종합하여 보면, 구 상훈법 제8조 제1항 제1호에서 정한 서훈취소사유인 '서훈공적이 거짓임이 판명된 경우'에는 서훈 수여 당시 조사된 공적사실 자체가 진실에 반하는 경우뿐만 아니라, 서훈 수여 당시 드러나지 않은 사실이 새로 밝혀졌고 만일 그 사실이 서훈 심사 당시 밝혀졌더라면 당초 조사된 공적사실과 새로 밝혀진 사실을 전체적으로 평가하였을 때 서훈대상자의 행적을 서훈에 관한 공적으로 인정할 수 없음이 객관적으로 뚜렷한 경우도 포함된다.

제 8 절

부당결부금지의 원칙★★

📌 빈출

1. 부당결부금지의 원칙의 의의에 대하여 알아두자

> 행정기본법 제13조(부당결부금지의 원칙) 행정청은 행정작용을 할 때 상대방에게 해당 행정작용과 실질적인 관련이 없는 의무를 부과해서는 아니 된다.

📌 개념과 사례이해 출제

　　부당결부금지의 원칙이란 **행정기관**이 **행정활동**을 행함에 있어서 그것과 **실질적인 관련**이 없는 **반대급부**와 **결부**시켜서는 안 된다는 것을 말한다. 이 법원칙은 행정목적을 달성하기 위한 수단이 다양해짐에 따라 그 수단의 선택이나 급부에 일정한 **한계**를 설정하려는 의도에서 구성된 이론이다.[19]

---

19 김남진·김연태, 행정법 Ⅰ, 57면.

　　부당결부금지의 원칙에 대하여 헌법적 차원의 효력설과 법률적 차원의 효력설 중 다수설의 입장은 **헌법적 차원의 효력설**이다. 다수설은 법률적 차원의 효력설이 아니라 헌법적 차원의 효력설을 취하고 있으므로 부당결부금지의 원칙에 위반되는 구 건축법 제69조 제2항은 비록 법률의 규정이 있다고 하더라도 위헌이어서 무효이고, 이에 근거한 공급거부는 취소사유로서 위법하다고 한다.

> **행정기본법 제15조(처분의 효력)** 처분은 권한이 있는 기관이 취소 또는 철회하거나 기간의 경과 등으로 소멸되기 전까지는 유효한 것으로 통용된다. 다만, 무효인 처분은 처음부터 그 효력이 발생하지 아니한다.

쉽게 보는 예시

> **상속세 체납자에 대한 영업허가취소**에 대하여 행정법의 일반원칙 중 관련성이 가장 높은 것을 검토해 본다면 무엇이 될 것인가? **과도**하다고 볼 수 있는 특별한 사정이 없다면 **비례의 원칙**을 의미하는 과잉금지의 원칙은 적절하지 아니하다. 또한 행정청이 체납하더라도 영업허가를 취소하지 아니하겠다고 **약속을 하지도** 않았으므로 **신뢰보호의 원칙**에도 반하지 아니한다. 보충성의 원칙은 최소침해의 원칙으로서 비례의 원칙 중 필요성의 원칙을 의미하는데 **역시 경미한 대체수단이 있는지**에 대하여 판단할 설문이 주어지지 않았다. **신의성실의 원칙은 신뢰보호의 원칙과 동일하게 취급**하므로 역시 해당하지 않는다. 따라서 **실체적인 관련성**이 체납금지의무와 영업허가취소사이에 **없다**고 보아 **부당한 결부**라고 볼 수 있다는 관점을 고려한다면 **부당결부금지의 원칙이 가장 적절**하다.

▷ 사례형 기출

　　판례는 **인천시 계양구청장**이 사업자에게 처분이자 재량행위인 **주택사업승인**을 하면서 주택사업과 무관하게 토지에 대한 **기부채납을 요구하는 부관**을 부가하는 것은 **부당결부금지**의 원칙에 위반하여 **위법**하다고 보면서 **취소사유**라고 판시하였다.[20]

▷ 인천시 계양구청장 기부채납 부관사건 빈출

---

20 대법원 1997. 3. 11. 선고 96다 49650 판결[이른바 인천시 계양구청장 기부채납부 주택사업승인 사건].

50. 대법원 1997. 03. 14. 선고 96누16698 판결[사용검사신청반려처분취소]

주택건설촉진법 제33조에 의한 주택건설사업계획의 승인은 상대방에게 권리나 이익을 부여하는 효과를 수반하는 이른바 수익적 행정처분으로서, 법령에 행정처분의 요건에 관하여 일의적으로 규정되어 있지 아니한 이상 행정청의 재량행위에 속한다.

51. 대법원 1997. 03. 11. 선고 96다49650 판결[소유권이전등기말소]

빈출 판례

지방자치단체장인 인천시 계양구청장이 사업자에게 주택사업계획승인을 하면서 **그 주택사업과는 아무런 관련이 없는 토지를 기부채납하도록 하는 부관을 주택사업계획승인에 붙인 경우, 그 부관은 부당결부금지의 원칙에 위반되어 위법**하지만, 지방자치단체장이 승인한 사업자의 주택사업계획은 상당히 큰 규모의 사업임에 반하여, 사업자가 기부채납한 토지 가액은 **그 100분의 1 상당의 금액에 불과한 데다가**, 사업자가 그동안 그 부관에 대하여 아무런 이의를 제기하지 아니하다가 지방자치단체장이 업무착오로 기부채납한 토지에 대하여 보상협조요청서를 보내자 그때서야 비로소 부관의 하자를 들고 나온 사정에 비추어 볼 때 **부관의 하자가 중대하고 명백하여 당연무효라고는 볼 수 없다.**

2. 부당결부금지의 원칙의 요건은 어떻게 될까

부당결부금지의 원칙 요건 암기법

= 행 + 실 + 반 + 원 + 목

부당결부금지원칙은 수익적 행정행위를 발급하면서 부관이나 공법상 계약을 통해 반대급부를 요구할 때 뿐만 아니라, 의무를 부과하면서 의무불이행에 대한 실효성 확보수단과 같은 침익적 조치 등을 행할 때에 모두 적용된다.

부당결부금지의 원칙은 다음과 같은 요건을 요구한다.

① 주된 ㉱정작용이 있을 것이 필요하다.

② 국민의 반대의무 또는 ㉲대급부와 연결되어야 한다.

따라서 판례에 의하면 건축물에 인접한 도로의 개설을 위한 도시계획사업시행허가 처분은 건축물에 대한 건축허가처분과는 별개의 행정처분이므로 사업시행허가를 함에 있어 조건으로 내세운 기부채납의무를 이행하지 않았음을 이유로 한 건축물에 대한 준공 거부처분은 「건축법」에 의거 없이 이루어진 것으로서 위법하다.

52. 대법원 1992. 11. 27. 선고 92누10364 판결

기출

건축물에 인접한 도로의 개설을 위한 도시계획사업시행허가 처분은 건축물에 대한 건축허가처분과는 별개의 행정처분이므로 사업시행허가를 함에 있어 조건으로 내세운 기부채납의무를 이행하지 않았음을 이유로 한 건축물에 대한 준공 거부처분은 부당결부금지의 원칙에 위반된다는 취지의 판결이다.

③ ㉿질적 관련성이 있어야 하고, 없을 때에는 부당결부금지의 원칙에 위반된다. 그 구체적인 내용으로 특히 실질적 관련성 또는 실체적 관련성은 원인적 관련성과 목적적 관련성을 요구하는데, 어느 하나라도 충족되지 않으면 부당결부금지의 원칙에 위반된다. 원인적 관련성은 행정작용과 반대급부 사이에 직접적 인과관계를 요구한다. 목적적 관련성은 법률규정의 해석상 행정청에게 행정작용과 반대급부를 모두 발급할 수 있는 권한이 있거나, 법률에서 행정작용과 반대급부 요구를 모두 목적으로 추구한다고 해석될 수 있어야 한다.

주된 행정행위와 부관 등에서 요구하는 반대급부 사이에

③-1 ㉿인적 관련성으로서 '㉿접적인 인과관계'가 있어야 하며,

③-2 부관의 내용이 주된 행정행위의 수권목적을 달성하는 것과

직접적인 '㉿적적 관련성'이 있어야 한다.[21] 부당결부금지의 원칙에서 **원인적 관련성**은 **행정작용**과 **반대급부** 사이에 상당인과관계가 아니라 직접인과관계를 요구한다는 것을 의미한다. **일반적인 사례**의 대부분은 사회통념상 원인과 결과의 관계인 상당인과관계를 요구하는 것과 달리 부당결부금지의 원칙과 경찰책임의 원칙에서만큼은 '㉿접'인과관계를 요구하는 특징이 있다.

-☼- 쉽게 보는 예시

> ○ 행정청에게 아무 관련 없는 재산을 기부하는 대가로 허가를 발급하는 경우를 들 수 있다.
> ○ 행정청이 아무 관련 없는 의무 위반을 이유로 강제수단을 사용하는 경우이다. 세금을 잘 못 내는 집에게 전기나 수도 공급을 중단하는 경우를 들 수도 있다.

다만, 판례는 **레이카 크레인과 같은 특수장비자동차음주운전 사건**에서는 음주하지 아니한 차량들의 면허까지 전부 취소하는 것은 부당결부금지의 원칙과 비례의 원칙에 **위반된다**는 취지의 판시를 하였다. 그러나 **스텔라 승용차 음**

---

21 류지태, 부관의 하자, 고시계, 1995. 5, 83면.

오답 주의
행정법에서 대부분 상당인과관계 요구
그러나
① 부당결부금지원칙과
② 경찰책임원칙에서는 직접인과관계 요구

빈출
특수장비차 음주운전 사건과 승용차 음주운전 사건 구별 출제

주운전 사건에서는 전부면허취소하더라도 **위법하지 않다**는 취지의 판시를 하여 대조적인 입장을 보이고 있다. 대법원 역시 부당결부금지의 원칙에 위반되지 않는지에 대하여 판단이 용이하지 않음을 보여준다고 할 것이다.

---

53. 대법원 1998. 3. 24. 선고 98두1031 판결[자동차운전면허취소처분취소]

한 사람이 여러 자동차운전면허를 취득한 경우 이를 취소함에 있어서 서로 별개로 취급하는 것이 원칙이나(대법원 1995. 11. 16. 선고 95누8850 전원합의체 판결 참조), 취소사유가 특정의 면허에 관한 것이 아니고 다른 면허와 공통된 것이거나 운전면허를 받은 사람에 관한 것일 경우에는 여러 면허를 전부 취소할 수도 있다 할 것이다(대법원 1997. 5. 16. 선고 97누1310 판결 참조).

도로교통법 제68조 제6항의 위임에 따라 운전면허를 받은 사람이 운전할 수 있는 자동차 등의 종류를 규정하고 있는 도로교통법시행규칙 제26조 [별표 14]에 의하면 원고가 운전한 12인승 승합자동차는 제1종보통 및 제1종대형자동차운전면허로는 운전이 가능하나 제1종특수자동차운전면허로는 운전할 수 없으므로, 원고는 자신이 소지하고 있는 자동차운전면허 중 제1종보통 및 제1종대형자동차운전면허만으로 운전한 것이 되어, 제1종특수자동차운전면허는 위 승합자동차의 운전과는 아무런 관련이 없고, 또한 위 [별표 14]에 의하면 추레라와 레이카는 제1종특수자동차운전면허를 받은 자만이 운전할 수 있어 제1종보통이나 제1종대형자동차운전면허의 취소에 제1종특수자동차운전면허로 운전할 수 있는 자동차의 운전까지 금지하는 취지가 당연히 포함되어 있는 것은 아니라 할 것이다.

빈출 판례 지문

---

54. 대법원 1994. 11. 25. 선고 94누9672 판결[자동차운전면허취소처분취소]

한 사람이 여러 종류의 자동차운전면허를 취득하는 경우뿐 아니라 이를 취소 또는 정지하는 경우에 있어서도 서로 별개의 것으로 취급하는 것이 원칙이기는 하나, 자동차운전면허는 그 성질이 대인적 면허일뿐만 아니라 도로교통법시행규칙 제26조 별표 14에 의하면, 제1종 대형면허 소지자는 제1종 보통면허로 운전할 수 있는 자동차와 원동기장치자전거를, 제1종 보통면허 소지자는 원동기장치자전거까지 운전할 수 있도록 규정하고 있어서 제1종 보통면허로 운전할 수 있는 차량의 음주운전은 당해 운전면허뿐만 아니라 제1종 대형면허로도 가능하고, 또한 제1종 대형면허나 제1종 보통면허의 취소에는 당연히 원동기장치자전거의 운전까지 금지하는 취지가 포함된 것이어서 이들 세 종류의 운전면허는 서로 관련된 것이라고 할 것이므로 제1종 보통면허로 운전할 수 있는 차량을 음주운전한 경우에 이와 관련된 면허인 제1종 대형면허와 원동기장치자전거면허까지 취소할 수 있는 것으로 보아야 한다.

3. 부당결부금지의 원칙의 성질과 위반의 효과는 어떻게 될까

부당결부금지의 원칙의 법적 성질을 **헌법적 차원의 효력**으로 보는 입장과 법률적 차원의 효력으로 보는 입장이 대립한다.

헌법적 차원의 효력으로 보게 되면 위반시 **위헌·위법**이 되게 된다.

제 9 절

(실력 UP) 출제가 예상되는 화제의 판결들을 공부해 두자

> 55. 대법원 2019. 2. 21. 선고 2014두12697 판결[부당이득금부과처분취소등(쌀소득직불금 부정수령의 경우 추가징수의 기준액)
>
> **【판시사항】**
> 구 쌀소득 등의 보전에 관한 법률 제13조의2 제1항 후문에 따른 2배의 추가징수 기준인 '지급한 금액'이 '거짓이나 그 밖의 부정한 방법으로 수령한 직불금'에 한정되는지 여부 (적극)
>
> **【판결요지】**
> **[다수의견]**
> 구 쌀소득 등의 보전에 관한 법률(2013. 3. 23. 법률 제11690호로 개정되기 전의 것, 이하 '구 쌀소득보전법'이라 한다) 제13조 제1항 각호에 따라 지급이 제한되는 쌀소득 등 보전 직접 지불금(이하 '직불금'이라 한다)을 이미 지급한 경우에는 같은 법 제13조의2 제1항 전문에 따라 이를 반환하도록 하여야 한다. 구 쌀소득보전법 제13조 제1항 제1호 사유가 있는 경우에 지급이 제한되는 직불금은 '등록된 모든 농지에 대한 직불금 전액'이므로, 이 경우 이미 지급된 직불금이 있다면 그 전액이 반환 대상이 된다. 이와 달리 같은 법 제13조의2 제1항 후문에 따른 2배의 추가징수 기준인 '지급한 금액'은 '거짓이나 그 밖의 부정한 방법으로 수령한 직불금'에 한정된다고 새겨야 한다. 그 이유는 다음과 같다. ① 위 조항에 따른 2배의 추가징수 기준인 '지급한 금액'이 해당 농업인 등이 등록된 모든 농지에 관하여 수령한 직불금 전액인지 아니면 거짓이나 그 밖의 부정한 방법으로 수령한 직불금액으로 한정되는 것인지가 위 조항의 문언만으로는 명확하지 않다. 거짓·부정을 이유로 하는 직불금 추가징수는 침익적 행정처분이고, 침익적 행정처분의 근거가 되는 행정법규는 엄격하게 해석·적용하여야 하며, 그 의미가 불명확한 경우 행정처분의 상

▣ 주의
▣ 국세징수법 7조는 세금 체납시 각종 허가취소요구를 할 수 있게 하는데 이는 '부당결부금지원칙'에 위반될 수 있다.

▣ 출제예상판례 update

대방에게 불리한 방향으로 해석·적용하여서는 아니 된다. 따라서 위와 같이 이 사건 조항에서 말하는 '지급한 금액'의 의미가 명확하지 않은 이상, 이것이 '지급한 직불금 전액'을 의미한다고 함부로 단정할 수 없다. ② 추가징수제도를 도입할 당시의 입법 의도에 등록된 복수의 농지 중 일부 농지에 관하여만 거짓·부정이 있는 경우에도 전체 농지에 관하여 지급한 직불금 전액의 2배를 추가징수하겠다는 취지가 포함되었다고 볼 만한 근거는 찾기 어렵다. 따라서 추가징수제도가 도입된 경위나 도입 취지를 고려하더라도 위 조항에 따른 2배의 추가징수 기준인 '지급한 금액'이 지급한 직불금 전액으로 당연히 해석되는 것은 아니다. ③ 등록된 농지 중 일부 농지에 관하여 거짓·부정이 있는 경우에도 등록된 모든 농지에 관한 직불금 전액의 2배를 추가징수하여야 한다고 해석하게 되면, 그 자체로 지나치게 가혹할 뿐 아니라 제재를 함에 있어 위반행위의 경중이 전혀 고려되지 않게 되므로, 비례의 원칙이나 책임의 원칙에 부합하지 않게 된다. 이러한 결론은 추가징수제도 도입 취지나 이에 의하여 달성되는 공익을 고려하더라도 정당화되기 어렵다.

[대법관 김재형, 대법관 박정화의 반대의견]

구 쌀소득보전법 제13조의2 제1항 후문의 '지급한 금액' 앞에 아무런 수식어가 없으므로 이를 부정수령액으로 제한해서 해석할 근거가 없다. 위 조항의 '지급한 금액' 앞에 별다른 수식어가 없는데도, 다수의견과 같이 같은 항 안에서 전문에 따른 회수액은 직불금 전액으로, 후문에 따른 추가징수 기준액은 부정수령액으로 서로 다르게 해석하는 것은 자연스럽지 못하다. 2009. 3. 25. 법률 제9531호로 개정된 구 쌀소득보전법의 개정이유에 비추어 보더라도 위 조항에 따른 2배의 추가징수 기준인 '지급한 금액'을 부정수령액으로 한정하는 등 제한을 두려고 한 것으로는 보이지 않는다. 위 조항의 '지급한 금액'을 부정수령액으로 해석해야만 비례원칙에 어긋나지 않고, 직불금 전액으로 해석하면 비례원칙 위반이 된다고 보기도 어렵다. 위 조항의 문언이나 입법 취지에 비추어 위 조항에 따른 2배의 추가징수 기준인 '지급한 금액'은 등록된 모든 농지에 관하여 지급한 직불금 전액으로 해석하여야 하고, 이와 같이 새기더라도 비례원칙 등에 반한다고 볼 수도 없다.

출제예상

56. 헌재 2019. 4. 11. 2018헌마221[초·중등교육법 시행령 제80조 제1항 등 위헌확인]

가. 초·중등교육법은 고등학교 교육제도와 그 운영에 관하여 기본적인 사항을 이미 규정하고 있고, 다만 고등학교의 입학방법과 절차 등 입학전형에 관한 사항은 각 지역과 시점에 따라 달라지는 고등학교 교육에 대한 수요 및 공급의 상황과, 각종 고등학교별 특성 등을 고려하여야 할 필요성으로 인하여 행정입법에 위임하고 있다(제47조 제2항). 따라서 심판대상조항이 신입생 선발시기와 지원 방법을 대통령령으로 규정한 것 자체가 교육제도 법정주의에 위반된다고 보기는 어렵다.

심판대상조항은 우리나라가 고교평준화 제도를 원칙으로 하면서 이를 보완하기 위하여 여러 형태의 특수한 고등학교들을 인정하고 있음에 따라 학교 유형별 수요자 층이 다름을 고려하여 학교 유형별로 신입생 선발시기를 달리 정하고, 평준화지역 후기학교와 자사고 등의 특성을 고려하여 지원 방법도 달리 정한 것이다. 따라서 심판대상조항은 고등학교 교육에 대한 수요 및 공급의 상황과, 각종 고등학교별 특성 등을 고려하여 규정한 것으로서 수권법률인 초·중등교육법 제47조 제2항의 위임취지에 부합한다.

나. 사립학교도 공교육의 일익을 담당한다는 점에서 국·공립학교와 본질적 차이가 있을 수 없기 때문에, 국가가 일정한 범위 안에서 사립학교의 운영을 감독·통제할 권한과 책임을 지고 있으며, 그 규율의 정도는 그 시대의 사정과 각급 학교의 형편에 따라 다를 수밖에 없다. 이 사건 동시선발 조항이 청구인 학교법인의 사학운영의 자유를 제한하고 있더라도 그 위헌 여부는 헌법 제37조 제2항에 의한 기본권 제한의 한계를 벗어나 자의적으로 그 본질적 내용을 침해하였는지 여부에 따라 판단되어야 한다.

이 사건 동시선발 조항은 동등하고 공정한 입학전형의 운영을 통해 '우수학생 선점 해소 및 고교서열화를 완화'하고 '고등학교 입시경쟁을 완화'하기 위한 것이다. 당초 자사고를 전기학교로 규정한 취지는 자사고가 교육과정을 자율적으로 운영할 수 있도록 하면 일반고와 차별화된 교육을 제공할 것으로 기대되므로, 개별 자사고들의 건학이념 및 교육과정에 적합한 학생들을 후기학교보다 먼저 선발할 수 있도록 한 것인데, 당초 취지와 달리 자사고는 일반고와 교육과정에서 큰 차이가 없이 운영되었고, 전기모집은 학업능력이 우수한 학생을 선점하기 위한 목적으로 이용되었다. 일반고의 입장에서 고교 유형에 따른 부당한 차별이라는 주장도 제기되고 학교 유형간 학력격차도 확대되는 등 현재에 이르러서는 자사고를 전기학교로 규정하는 것이 더 이상 정당성을 찾기 힘든 상황이 되었다.

개별 자사고에 적합한 학생을 선발함에 있어서 핵심적 요소는 선발 방법인바, 자사고와 일반고가 동시선발하더라도 해당 학교의 장이 입학전형 방법을 정할 수 있으므로 해당 자사고의 교육에 적합한 학생을 선발하는 데 지장이 없고, 시행령은 입학전형 실시권자나 학생 모집 단위 등도 그대로 유지하여 자사고의 사학운영의 자유 제한을 최소화하였다. 또한 일반고 경쟁력 강화만으로 고교서열화 및 입시경쟁 완화에 충분하다고 단정할 수 없다. 따라서 이 사건 동시선발 조항은 국가가 학교 제도를 형성할 수 있는 재량 권한의 범위 내에 있다.

다. 자사고는 초·중등교육법 제61조에 따른 학교인데 위 조항은 신입생 선발시기에 관하여 자사고에 특별한 신뢰를 부여하였다고 볼 수 없다. 또한 입학전형에 관한 사항은 고등학교 교육에 대한 수요 및 공급의 상황과 각종 고등학교별 특성 등을 고려하여 정할 필요성이 있고, 전기학교로 규정할 것인지 여부는 특정 분야에 재능이나 소질을 가진 학생을 후기학교보다 먼저 선발할 필요성이 인정되는지에 따라 달라질 수 있는 가변적인 성격을 가지고 있다. 자사고가 당초 도입취지와 달리 운영되고 있음은 앞서 본 바와 같고 자사고가 전기학교로 유지되리라는 기대 내지 신뢰는 자사고의 교육과정을 도입취지에 충실하게 운영할 것을 전제로 한 것이므로 그 전제가 충족되지 않은 이상 청구인 학교법인의 신뢰를 보호하여야 할 가치나 필요성은 그만큼 약하다. 고교서열화 및 입시경쟁 완화라는 공익은 매우 중대하고, 자사고를 전기학교로 유지할 경우 우수학생 선점 문제를 해결하기 곤란하여 고교서열화 현상을 완화시키기 어렵다는 점, 청구인 학교법인의 신뢰의 보호가치가 작다는 점을 고려하면 이 사건 동시선발 조항은 신뢰보호원칙에 위배되지 아니한다.

라. 어떤 학교를 전기학교로 규정할 것인지 여부는 해당 학교의 특성상 특정 분야에 재능이나 소질을 가진 학생을 후기학교보다 먼저 선발할 필요성이 있는지에 따라 결정되어야한다. 과학고는 '과학분야의 인재 양성'이라는 설립 취지나 전문적인 교육과정의 측면에서 과학 분야에 재능이나 소질을 가진 학생을 후기학교보다 먼저 선발할 필요성을 인정할 수 있으나, 자사고의 경우 교육과정 등을 고려할 때 후기학교보다 먼저 특정한 재능이나 소질을 가진 학생을 선발할 필요성은 적다. 따라서 이 사건 동시선발 조항이 자사고를 후기학교로 규정함으로써 과학고와 달리 취급하고, 일반고와 같이 취급하는 데에는 합리적인 이유가 있으므로 청구인 학교법인의 평등권을 침해하지 아니한다.

마. 이 사건 중복지원금지 조항은 고등학교 진학 기회에 있어서의 평등이 문제된다. 비록 고등학교 교육이 의무교육은 아니지만 매우 보편화된 일반교육임을 고려할 때 고등학교 진학 기회의 제한은 당사자에게 미치는 제한의 효과가 커 엄격히 심사하여야 하므로 차별 목적과 차별 정도가 비례원칙을 준수하는지 살펴야 한다. 자사고를 지원하는 학생과 일반고를 지원하는 학생은 모두 전기학교에 지원하지 않았거나, 전기학교에 불합격한 학생들로서 고등학교에 진학하기 위해서는 후기 입학전형 1번의 기회만 남아있다는 점에서 같다.

시·도별로 차이는 있을 수 있으나 대체로 평준화지역 후기학교의 입학전형은 중학교 학교생활기록부를 기준으로 매긴 순위가 평준화지역 후기학교의 총 정원 내에 들면 평준화지역 후기학교 배정이 보장된다.

반면 자사고에 지원하였다가 불합격한 평준화지역 소재 학생들은 이 사건 중복지원금지 조항으로 인하여 원칙적으로 평준화지역 일반고에 지원할 기회가 없고, 지역별 해당 교육감의 재량에 따라 배정·추가배정 여부가 달라진다. 이에 따라 일부 지역의 경우 평준화지역 자사고 불합격자들에 대하여 일반고 배정절차를 마련하지 아니하여 자신의 학교군에서 일반고에 진학할 수 없고, 통학이 힘든 먼 거리의 비평준화지역의 학교에 진학하거나 학교의 장이 입학전형을 실시하는 고등학교에 정원미달이 발생할 경우 추가선발에 지원하여야 하고 그조차 곤란한 경우 고등학교 재수를 하여야 하는 등 고등학교 진학 자체가 불투명하게 되기도 한다. 고등학교 교육의 의미, 현재 우리나라의 고등학교 진학률에 비추어 자사고에 지원하였었다는 이유로 이러한 불이익을 주는 것이 적절한 조치인지 의문이 아닐 수 없다.

자사고와 평준화지역 후기학교의 입학전형 실시권자가 달라 자사고 불합격자에 대한 평준화지역 후기학교 배정에 어려움이 있다면 이를 해결할 다른 제도를 마련하였어야 함에도, 이 사건 중복지원금지 조항은 중복지원금지 원칙만을 규정하고 자사고 불합격자에 대하여 아무런 고등학교 진학 대책을 마련하지 않았다. 결국 이 사건 중복지원금지 조항은 고등학교 진학 기회에 있어서 자사고 지원자들에 대한 차별을 정당화할 수 있을 정도로 차별 목적과 차별 정도 간에 비례성을 갖춘 것이라고 볼 수 없다.

재판관 서기석, 재판관 조용호, 재판관 이선애, 재판관 이종석, 재판관 이영진의 이 사건 동시선발조항에 대한 위헌의견

(1) 이 사건 동시선발 조항이 과잉금지원칙을 위반하여 사학운영의 자유를 침해하였는지 여부

사립학교 교육의 자율성과 독자성을 보장하는 것은 사립학교제도의 본질적 요체이므로 사립학교 교육에 대한 국가의 간섭은 사립학교가 담당하는 공교육, 즉 학력인정에 필요한 교육의 충실을 확보하기 위하여 필요한 한도에 그쳐야 하며, 학교법인이나 사립학교의 자율적 운영을 제한하기 위해서는 헌법 제37조 제2항의 요건을 갖추어야 한다.

자사고에 대한 논쟁은 사학의 자율성과 공공성, 교육의 수월성과 형평성 중 무엇을 강조할 것인가라는 교육철학의 문제로 귀결된다는 점을 고려하면 입법목적 자체는 일단 수긍할 수 있고, 이 사건 동시선발 조항은 그 목적달성에 기여하는 적합한 수단이라 볼 수 있다.

자사고는 국가 및 지방자치단체로부터 재정적으로 독립하는 대신 일반 사립고보다 폭넓은 자율권을 향유하고 학생선발권에 대한 규제도 되도록 받지 않는다고 보아야 한다. 자사고의 고액 등록금 납부와 각 학교마다 건학이념에 따른 특성화 교육, 전국단위모집 자사고의 경우 기숙사를 운영하는 점 등을 고려하면 자사고로서는 일반고 모집에 앞서 학생을 선발할 수밖에 없으므로 전기모집은 자사고 운영에 있어 핵심적 요소이다.

우수학생 선점과 고교서열화 완화를 위해서는 궁극적으로 일반고의 경쟁력을 강화시켜야 할 것인데 이 사건 동시선발 조항은 손쉬운 자사고에 대한 규제를 택하여 전체 고등학교를 하향평준화시킬 수 있고, 자사고 입학전형에서 교과지식 질문이 금지되는 등 특별히 고교입시를 과열시킨다고 볼 수 없는 점 등에 비추어 입법목적 달성에 기여하는 정도는 불확실하다. 나아가 이 사건 동시선발 조항과 이 사건 중복지원금지 조항으로 인하여 자사고 불합격자는 평준화지역 후기학교 배정이 보장되지 못하는 결과 자사고 지원을 기피하게 되고 자사고의 존폐 여부에까지 영향을 미칠 수 있다. 또한 법정 기준에 미달하거나 지정 목적 달성이 불가능한 자사고의 경우 교육감이 지정 취소를 하는 등 개별적인 규제를 통해 덜 제약적인 방식으로 입법목적을 달성할 수 있다. 따라서 이 사건 동시선발 조항은 침해의 최소성 원칙에 위배되고, 달성하려는 공익보다 청구인 학교법인이 침해받

는 사익이 훨씬 커 법익의 균형성도 인정하기 어려우므로 이 사건 동시선발 조항은 과잉 금지원칙을 위반하여 청구인 학교법인의 사학운영의 자유를 침해한다.

(2) 이 사건 동시선발 조항이 신뢰보호원칙에 위반하여 사학운영의 자유를 침해하였는지 여부

청구인 학교법인의 자사고 설립·운영은 단지 학교법인의 사익을 위한 것이 아니라, 국가가 고교 교육의 다양성과 자율성, 수월성과 책임성이라는 또다른 공익을 실현하고자 일정한 방향으로 유인·권장하고, 더 나아가 '대통령령'으로 '전기학교 선발'을 보장함으로써 청구인 학교법인이 이에 호응하여 이루어진 것이고, 청구인 학교법인의 이러한 신뢰는 헌법상 특별히 보호가치가 있는 신뢰이다.

그런데 이 사건 동시선발 조항은 그 입법목적 달성에 기여하는 정도가 미미하거나 불확실한 정도에 그치지만, 청구인 학교법인의 경우 재정보조금을 받지 않고 법인전입금과 학생의 수업료 등으로 운영되기 때문에 학생들의 자사고 기피현상으로 학교 운영에 큰 어려움을 겪게 되고, 더 이상 손실을 감당하기 힘든 수준이 되면 일반고로 전환할 수밖에 없게 된다. 특히 청구인 학교법인은 물적·인적 투자 규모가 커 단순히 일반고로 전환하여 청구인 학교법인의 불이익을 해결할 수 없다. 정부가 자사고의 입학전형 시기를 변경하면서도 사전에 충분한 검토와 의견수렴을 거쳤다는 흔적은 찾아보기 어렵고, 더욱이 2017. 12. 29. 시행령을 전격 개정하면서 아무런 경과조치도 없이 2019학년도부터 바로 시행에 들어갔다. 따라서 이 사건 동시선발 조항은 신뢰보호원칙에 위배하여 청구인 학교법인의 사학운영의 자유를 침해한다.

재판관 조용호의 교육제도 법정주의에 관한 반대의견

고등학교 제도, 종류 및 운영에 관한 기본적인 사항은 국가와 사회질서에 미치는 영향과 파급효과가 매우 크고, 입학전형제도는 학생 및 학부모, 학교, 교육당국 등 이해관계가 다양하게 얽혀 있는바, 이러한 제도의 설계는 국민의 대표기관인 국회가 직접 법률로 결정하여야 하는 것이지 백지식으로 행정입법에 위임하여서는 아니 될 것이다. 그런데 우리 초·중등교육법은 자사고 등 고등학교의 종류 및 입학전형제도를 법률에서 직접 규정하지 않고 시행령에서 비로소 규정하고 있다.

나아가 자사고에 관한 시행령 제76조의3 제4호, 제91조의3은 모두 법률사항을 법률에 근거도 없이 시행령에 규정한 것으로서 교육제도 법정주의에 위반하였고, 위 규정들이 위헌인 이상 이를 전제로 한 심판대상조항들 역시 교육제도 법정주의에 위반된다고 보아야 한다.

재판관 서기석, 재판관 이종석의 교육제도 법정주의에 관한 법정의견에 대한 보충의견

우리는 심판대상조항 자체가 교육제도 법정주의에 반하는 것은 아니라는 점에 동의하면

서도, 향후 국회가 고등학교의 종류 및 그 입학전형제도에 관하여는 법률에서 직접 규정하고 구체적인 입학방법과 절차 등에 관하여는 시행령에 위임하도록 입법하는 것이 교육제도 법정주의에 보다 부합한다는 의견을 밝힌다.

출제예상판례 update

57. 대법원 2019. 11. 21. 선고 2015두49474 전원합의체 판결[제재조치명령의 취소]〈방송심의기준인 방송의 객관성·공정성·균형성 유지의무와 사자 명예 존중 의무를 위반하였는지 문제된 사건〉

[1] 방송법은 방송통신심의위원회에 방송분야 전반에 대하여 공정성과 공공성을 심의하도록 위임하였고, 이에 따라 방송심의에 관한 규정은 방송분야 전반에 대하여 공정성과 객관성을 요구하며 이를 심의기준으로 채택하고 있으므로, 심의대상이 되는 프로그램이 보도에 관한 방송프로그램으로 한정된다고 볼 수 없다.

[2] 방송법 제6조 제1항, 구 방송심의에 관한 규정(2014. 1. 15. 방송통신심의위원회규칙 제100호로 개정되기 전의 것) 제9조 제1항, 제2항, 제14조의 입법 취지, 문언적 의미 등을 종합하면, '객관성'이란 사실을 왜곡하지 않고 증명 가능한 객관적 사실에 기초하여 있는 그대로 가능한 한 정확하게 사실을 다루어야 한다는 것을 의미하고, '공정성'이란 사회적 쟁점이나 이해관계가 첨예하게 대립된 사안에 대해 다양한 관점과 의견을 전달함에 있어 편향적으로 다루지 않는 것을 의미하며, '균형성'이란 각각의 입장에 대하여 시간과 비중을 균등하게 할애해야 한다는 양적 균형이 아니라 관련 당사자나 방송 대상의 사회적 영향력, 사안의 속성, 프로그램의 성격 등을 고려하여 실질적으로 균등한 기회를 제공함으로써 공평하게 다루는 것을 의미한다. 여기에서 '사회적 쟁점이나 이해관계가 첨예하게 대립된 사안'이란, 사회 구성원의 입장이나 해석이 우열을 가릴 수 없을 정도로 나뉘어 사회적으로 크게 부각된 사안이나 다양한 사회적 이해관계가 충돌하는 사안을 의미한다.

[3] [다수의견]

방송이 사회에 미치는 영향력의 구체적인 차이를 고려하지 않은 채 일률적인 기준을 적용하여 객관성·공정성·균형성을 심사한다면, 방송법이 매체와 채널 및 방송분야를 구별하여 각 규율 내용을 달리하고, 각 방송프로그램을 통해 다양한 목적을 추구함으로써 국민생활의 질적 향상을 도모함과 동시에 방송의 다양성을 보장하고자 하는 취지 및 이로써 공정한 여론의 장을 형성하고자 하는 방송의 역할을 과도하게 제한할 우려가 있다. 따라서 방송내용이 공정성과 공공성을 유지하고 있는지 등을 심의할 때에는 매체별, 채널별, 프로그램별 특성을 모두 고려하여야 한다.

이를 구체적으로 보면 다음과 같다.
① 방송통신심의위원회는 방송의 객관성·공정성·균형성을 심사할 때 해당 방송프로그

램을 방영한 방송매체나 채널이 국민의 생활이나 정서 및 여론형성 등에 미치는 영향력의 정도나 범위를 충분히 고려하여, 방송매체나 채널의 자율성, 전문성, 다양성이 침해되지 않도록 주의하여야 한다. 그리고 해당 방송프로그램을 방영한 방송매체나 채널이 국민의 생활이나 정서 및 여론형성 등에 미치는 영향력의 정도나 범위가 크지 않은 한편, 다양한 정보와 견해의 교환을 가능하게 하는 데에 주로 기여하는 것이라면 방송의 객관성·공정성·균형성에 관한 심사기준을 완화함이 타당하다. 여기에서 심사기준을 완화한다는 것은 방송통신심의위원회가 방송내용이 방송심의에 관한 규정(이하 '심의규정'이라한다)상의 객관성·공정성·균형성을 준수하였는지를 심사하는 기준을 완화한다는 것으로서, 이는 결국 방송내용의 심의규정상의 객관성·공정성·균형성 유지의무 위반은 엄격하게 인정해야 한다는 의미이다. 이를 통해 해당 방송프로그램의 자율성, 전문성, 다양성을 최대한 존중함으로써 궁극적으로 방송과 언론의 자유 보장을 강화하는 데 목적이 있다.

② 시청자 제작 방송프로그램은 소수의 이해와 관점을 반영하여 다양한 사회적 의견을 형성하는 방송의 공적 역할을 위하여 도입된 것으로, 시청자가 제작한다는 점에서 기술이나 자본, 접근 가능한 정보의 양에 한계가 있고 그 결과 전문성이나 대중성이 부족할 수밖에 없는데, 이와 같은 한계는 각각의 다른 의견을 가진 시청자가 각자의 관점으로 방송프로그램을 제작하여 방송하는 방법으로 해결할 수 있다는 점에 특성이 있다. 따라서 시청자가 제작한 방송프로그램은 방송내용의 진실성과 신뢰도에 대한 기대의 정도나 사회적 영향력의 측면에서 방송사업자가 직접 제작한 방송프로그램과 다를 수밖에 없다. 그러므로 방송통신심의위원회가 시청자가 제작한 방송프로그램의 객관성·공정성·균형성 심사를 할 때는 방송사업자가 직접 제작한 프로그램에 비하여 심사기준을 완화할 필요가 있다.

③ 뉴스 등 보도에 관한 방송프로그램(이하 '보도 프로그램'이라 한다)은 국민의 개별적 의견 형성과 사회적 여론에 직접적인 영향을 미치므로, 방송법 제6조 제1항에서 규정하고 있는 바와 같이 공정성과 객관성이 더 강하게 요구된다. 그에 반하여 다큐멘터리, 지식·생활·문화 강좌 등 국민의 교양 향상과 교육을 목적으로 하는 교양에 관한 프로그램(이하 '교양 프로그램'이라 한다)이나 드라마, 영화, 스포츠 등 국민정서의 함양과 여가생활의 다양화를 목적으로 하는 오락에 관한 방송프로그램(이하 '오락 프로그램'이라 한다)은 여론을 형성하는 데 보도 프로그램과 같은 정도의 영향을 미친다고 보기 어렵다. 따라서 방송통신심의위원회가 교양 프로그램이나 오락 프로그램이 방송의 객관성·공정성·균형성 유지의무를 위반하였는지 여부를 심사할 때는 그 특성을 고려하여 보도 프로그램과는 차별화된 심사기준을 적용하여야 한다.

[대법관 조희대, 대법관 권순일, 대법관 박상옥, 대법관 이기택, 대법관 안철상, 대법관 이동원의 반대의견]

다수의견이 사용하는 '상대적으로 완화된 심사기준'이라는 용어의 의미가 객관성·공정성·균형성 유지의무 위반을 엄격하게 인정해야 한다는 것이라면, 침익적 행정처분의 근거 법령에 관한 엄격해석의 원칙이라는 확립된 대법원의 법리를 동어반복한 것에 지나지 않는다. 다수의견이 주장하는 '완화된 심사기준'의 실천적인 의미는 결국 처분사유의 존재에 관한 방송통신위원회의 증명책임의 정도를 강화하거나 제재처분의 수위를 결정할 때 재량권 행사에 감안하라는 것일 수밖에 없다. 따라서 굳이 '완화된 심사기준'이라는 개념을 새로이 상정하지 않더라도 취소소송의 확립된 법리 안에서 충분히 그 취지가 반영될 수 있다.

완화된 심사기준의 실체가 없고 독자적인 의미가 없는 이상 다수의견이 제시하는 논리에 따라 방송심의를 할 경우 그 핵심은 어떠한 매체, 채널, 프로그램에 완화된 심사기준이 적용될 것인지가 될 수밖에 없다.

다수의견은 매체의 영향력, 시청자 참여프로그램 여부, 교양·오락 프로그램 여부 등을 완화된 심사기준 적용 여부 판단의 기준으로 제시하고 있다. 그러나 각 방송과 관련된 단편적인 기준만으로 완화된 심사기준의 적용대상이 구체적으로 어떤 것인지 아무런 설명이 되지 못한다.

나아가 이러한 다수의견의 결론을 따른다면 특정 매체, 채널, 프로그램의 영향력에 따라 심의규정 위반 여부가 달라진다는 것이어서 행정청의 자의적 처분을 용인하고 정당화하여 헌법이 요구하는 법치행정 원칙에 반한다.

그뿐만 아니라 각 방송의 특성을 고려하여 심사기준을 어떻게 달리 적용하여야 하는지 알 수 없으므로 상대적으로 완화된 심사기준을 적용할 방법도 없다.

결국 다수의견이 말하는 상대적으로 완화된 심사기준에 따른 심사는 법치행정에 반하므로 받아들일 수 없다.

[4] 방송내용 중 역사적 평가의 대상이 되는 공인에 대하여 명예가 훼손되는 사실이 적시되었더라도 특별한 사정이 없는 한 구 방송심의에 관한 규정(2014. 1. 15. 방송통신심의위원회규칙 제100호로 개정되기 전의 것, 이하 '구 심의규정'이라 한다) 제20조 제2항을 위반하였다고 볼 수 없을 뿐 아니라, 적시된 사실이 공공의 이익에 관한 사항으로서 진실한 것이거나 진실한 사실이라고 믿을 상당한 이유가 있는 경우에는 구 심의규정 제20조 제3항에 의하여 방송법 제100조 제1항에서 정한 제재조치의 대상이 될 수 없다.

여기서 '그 목적이 오로지 공공의 이익을 위한 것일 때'는 적시된 사실이 객관적으로 볼 때 공공의 이익에 관한 것으로서 행위자도 공공의 이익을 위하여 그 사실을 적시한 것을 의미하는데, 행위자의 주요한 목적이나 동기가 공공의 이익을 위한 것이라면 부수적으로 다른 사익적 목적이나 동기가 내포되어 있더라도 무방하고, 여기서 '진실한 사실'은 그 내용 전체의 취지를 살펴볼 때 중요한 부분이 객관적 사실과 합치되는 사실이라는 의미로서 세부에서 진실과 약간 차이가 나거나 다소 과장된 표현이 있더라도 무방하다.

또한 명예훼손과 모욕적 표현은 구분해서 다루어야 한다. 사실의 적시가 없는 모욕적 표현이나 저속한 표현은 "방송은 저속한 표현 등으로 시청자에게 혐오감을 주어서는 아니된다."라고 규정한 구 심의규정 제27조 제2항 위반에 해당할 여지는 있을지언정, 명예훼손 금지를 규정한 구 심의규정 제20조 위반으로 포섭할 수는 없다.

[5] [다수의견]

방송법에서 정한 방송채널사용사업자로서 퍼블릭 액세스(Public Access, 시청자 제작 영상물 방송) 전문 텔레비전 채널을 운영하는 재단법인 갑 방송이 시청자인 을 사단법인이 제작한 다큐멘터리 '(프로그램 명칭 1 생략)' 프로그램과 '(프로그램 명칭 2 생략)' 프로그램을 수십 회에 걸쳐 방송한 사실에 대하여, 방송통신위원회가 위 각 방송이 구 방송심의에 관한 규정(2014. 1. 15. 방송통신심의위원회규칙 제100호로 개정되기 전의 것, 이하 '구 심의규정'이라 한다) 중 객관성과 공정성에 관한 제9조 제1항, 제2항, 제14조 및 사자(사자) 명예존중에 관한 제20조 제2항을 위반하였다는 이유로 방송법 제100조 제1항 제3호, 제4호 및 같은 조 제4항에 따라 해당 방송프로그램의 관계자에 대한 징계 및 경고 등을 명한 사안에서, 위 각 방송은 시청자의 자유로운 접근이 제한된 유료의 비지상파 방송매체 및 퍼블릭 액세스 전문 채널을 통해 방영되었고, 시청자가 제작한 역사 다큐멘터리 프로그램이므로, 방송내용의 객관성·공정성·균형성 심사를 할 때는 무상으로 접근 가능한 지상파방송이나 방송사업자가 직접 제작한 프로그램 또는 보도에 관한 프로그램과 달리 상대적으로 완화된 심사기준을 적용함이 타당하고, 이와 같은 방송의 매체별, 채널별, 프로그램별 특성을 반영하여 그 방송이 시청자에게 주는 전체적인 인상을 기준으로 객관성·공정성·균형성을 심사하면 위 각 방송이 진실을 왜곡하거나 관련 당사자의 의견을 균형 있게 반영하지 아니하여 구 심의규정상 객관성·공정성·균형성 유지의무를 위반하였다고 단정하기 어렵고, 위 각 방송은 역사적 사실과 인물에 대한 논쟁과 재평가를 목적으로 하고 있으므로 오로지 공공의 이익을 위한 것이라고 할 수 있고, 외국 정부의 공식 문서와 신문기사, 관련자 및 전문가와의 인터뷰 등을 기초로 하였다는 점에서 진실과 다소 다른 부분이 있더라도 진실한 사실이라고 믿을 상당한 이유가 있으므로 사자 명예존중을 규정한 구 심의규정 제20조 제2항을 위반하였다고 볼 수 없거나 구 심의규정 제20조 제3항에 의하여 제재조치를 할 수 없다는 이유로, 이와 달리 본 원심판단에 법리를 오해한 잘못이 있다고 한 사례.

[대법관 조희대, 대법관 권순일, 대법관 박상옥, 대법관 이기택, 대법관 안철상, 대법관 이동원의 반대의견]

위 각 제재처분의 처분사유는 위 각 방송이 이승만, 박정희 대통령을 비판하였다는 것이 아니라 그 내용이 객관성·공정성·균형성을 갖추지 못하였고, 사자 명예존중 의무를 위반하였다는 것이다. 그런데 위 각 방송이 근거로 내세운 자료들은 역사적 인물인 이승만, 박정희 대통령에 관한 다양하고 방대한 자료들 중 제작 의도에 부합하도록 선별된 것이었고, 선별된 자료들 중에서도 제작 의도에 부합하지 아니하는 내용은 누락하거나, 부합하는 것처럼 보이는 일부 내용만을 발췌·편집하여 마치 그것만이 유일한 사실인 것처럼 꾸몄을 뿐만 아니라, 사용된 표현 역시 저속하고 모욕적인 것으로 점철되어 있다. 따라서 위 각 방송은 방송에 요구되는 최소한의 객관성·공정성·균형성을 갖추지 못하였고, 사자 명예존중 의무를 준수하지도 못하였으며 사자에 대한 모욕과 조롱이 '오로지 공공의 이익을 위한 것'에 포섭될 수도 없으므로, 위 각 제재처분이 적법하다는 원심판결에는 아무런 잘못이 없다.

58. 헌재 2017. 5. 25. 2016헌가6[구 도로교통법 제93조 제1항 제12호 위헌제청]

심판대상조항은 다른 사람의 자동차등을 훔친 범죄행위에 대한 행정적 제재를 강화하여 자동차등의 운행과정에서 야기될 수 있는 교통상의 위험과 장해를 방지함으로써 안전하고 원활한 교통을 확보하기 위한 것이다. 그러나 자동차등을 훔친 범죄행위에 대한 행정적 제재를 강화하더라도 불법의 정도에 상응하는 제재수단을 선택할 수 있도록 임의적 운전면허 취소 또는 정지사유로 규정하여도 충분히 그 목적을 달성하는 것이 가능함에도, 심판대상조항은 필요적으로 운전면허를 취소하도록 하여 구체적 사안의 개별성과 특수성을 고려할 수 있는 여지를 일절 배제하고 있다. 자동차 절취행위에 이르게 된 경위, 행위의 태양, 당해 범죄의 경중이나 그 위법성의 정도, 운전자의 형사처벌 여부 등 제반 사정을 고려할 여지를 전혀 두지 아니한 채 다른 사람의 자동차등을 훔친 모든 경우에 필요적으로 운전면허를 취소하는 것은, 그것이 달성하려는 공익의 비중에도 불구하고 운전면허 소지자의 직업의 자유 내지 일반적 행동의 자유를 과도하게 제한하는 것이다. 그러므로 심판대상조항은 직업의 자유 내지 일반적 행동의 자유를 침해한다.

[재판관 김창종의 반대의견]

자동차등을 대상으로 절도 범행을 저지르는 경우에는 범죄로 취득한 자동차등의 운행과정에서 교통의 안전과 원활에 장해를 초래하여 인적·물적 피해를 일으킬 우려가 크고, 이를 다시 다른 범죄의 도구나 수단으로 이용함으로써 심각하고 회복이 불가능한 피해를 야기할 수도 있다. 이처럼 다른 사람의 자동차등을 훔친 운전면허 소지자는 법규에 대한 준법정신이나 안전의식이 현저히 결여되어 있어 자동차등을 운행할 기본적인 자격을 갖추지 못하였다고 볼 수 있으므로, 자동차등의 절도 범죄를 저지른 경우에는 그 운전면허를 반드시 취소하여 일정기간 운전을 하지 못하도록 하여 교통의 안전과 원활을 확보할 필요성이 있다. 심판대상조항에 해당하여 운전면허가 취소되더라도, 운전면허가 취소된 날부터 2년이 지나면 다시 운전면허를 받을 수 있다. 자동차등을 훔친 범죄행위로 인하여 개인과 사회 그리고 국가가 입는 피해를 방지하여야 할 공익적 중대성은 아무리 강조하여도 지나치다고 할 수 없다. 그러므로 심판대상조항은 직업의 자유 내지 일반적 행동의 자유를 침해하지 아니한다.

제 3 장

행정법 중요 이론의 변화

행정기본법 제2조(정의) 이 법에서 사용하는 용어의 뜻은 다음과 같다.

1. "법령등"이란 다음 각 목의 것을 말한다.

   가. 법령: 다음의 어느 하나에 해당하는 것

      1) 법률 및 대통령령·총리령·부령

      2) 국회규칙·대법원규칙·헌법재판소규칙·중앙선거관리위원회규칙 및 감사원규칙

      3) 1) 또는 2)의 위임을 받아 중앙행정기관(「정부조직법」 및 그 밖의 법률에 따라 설치된 중앙행정기관을 말한다. 이하 같다)의 장이 정한 훈령·예규 및 고시 등 행정규칙

   나. 자치법규: 지방자치단체의 조례 및 규칙

2. "행정청"이란 다음 각 목의 자를 말한다.

   가. 행정에 관한 의사를 결정하여 표시하는 국가 또는 지방자치단체의 기관

   나. 그 밖에 법령등에 따라 행정에 관한 의사를 결정하여 표시하는 권한을 가지고 있거나 그 권한을 위임 또는 위탁받은 공공단체 또는 그 기관이나 사인(私人)

3. "당사자"란 처분의 상대방을 말한다.

4. "처분"이란 행정청이 구체적 사실에 관하여 행하는 법 집행으로서 공권력의 행사 또는 그 거부와 그 밖에 이에 준하는 행정작용을 말한다.

5. "제재처분"이란 법령등에 따른 의무를 위반하거나 이행하지 아니하였음을 이유로 당사자에게 의무를 부과하거나 권익을 제한하는 처분을 말한다. 다만, 제30조제1항 각 호에 따른 행정상 강제는 제외한다.

 기초 이해하기

📖 행정법을 가장 빨리 정복
하는 요령

✍ 성북구청장이 철거민에 대하여 철거명령을 내리는 경우 성북구청장을 **행정청**, 담당 공무원을 **행정기관**, 권리의무를 가지는 국가나 성북구와 같은 지방자치단체를 **행정주체**라 한다.

✍ ★ **처분 = 공권력 = 행정행위 = 권력적 단독행위 = 국민의 권리·의무에 대하여 직접적으로(권력적으로) 제한(이나 영향)하는 행위**에 대하여 **항고소송(취소소송, 무효확인소송, 부작위위법확인소송)**을 제기할 때는 피고가 **행정청**이 된다.

✍ 행정지도나 공법상 계약 등 **처분이 아닌** 행정작용들에 대하여 **당사자소송**을 제기할 때는 **행정주체**가 피고가 된다.

✍ **국가배상청구소송**을 **민사소송**으로 제기하여야 한다는 것이 판례인데, **행정주체**가 피고가 된다.

제 1 절

행정주체의 변화에 대하여 알아보자

> **행정기본법 제3조(국가와 지방자치단체의 책무)** ① 국가와 지방자치단체는 국민의 삶의 질을 향상시키기 위하여 적법절차에 따라 공정하고 합리적인 행정을 수행할 책무를 진다.
> ② 국가와 지방자치단체는 행정의 능률과 실효성을 높이기 위하여 지속적으로 법령 등과 제도를 정비·개선할 책무를 진다.

1. **국가가 최초의 행정주체로 시작되었다**

시원적인 행정주체로서 **통치권**을 가진다. 국가는 제1의 행정주체라고 할 수 있다.

2. **지방자치단체가 파생된 행정주체로 전래된다**

지방자치단체가 왜 어떻게 해서 국가와 같은 통치권을 가지게 되는지 그 유래에 대하여 국가로부터 전래되었다는 '**전래설**'과 지방자치단체 고유의 통치권이 있다는 '고유권설'의 대립이 있다.

그러나 **헌**법과 **국**가로부터 전래되었다는 입장이 다수설로서 타당하다. 지방자치단체는 제2의 행정주체라고 할 수 있다.

상급 지자체는 특별시·광역시·도가 있고, **하급 지자체**는 시·군·구가 있다. 그런데 **주의할 점**은 지방자치단체가 될 수 있는 구는 상급 지자체인 특별시·광역시·도 내의 구이어야 하고 하급 지차체인 시 안에 있는 구는 해당되지 않고 이름만 구일뿐이다. 서울시 성북구는 지자체에 해당한다. 그러나 수원시 팔달구는 지자체가 아니다. **제주도**는 특별자치도로서 지방자치단체에 해당한다. 그러나 서귀포시나 제주시는 이름만 시일 뿐 지자체가 아니다.

기출

3. 공법상 법인이 등장하기 시작하였다 ★★★

최근 빈출

> **정부조직법 제6조(권한의 위임 또는 위탁)** ③ 행정기관은 법령으로 정하는 바에 따라 그 소관사무 중 조사·검사·검정·관리 업무 등 국민의 권리·의무와 직접 관계되지 아니하는 사무를 지방자치단체가 아닌 법인·단체 또는 그 기관이나 개인에게 위탁할 수 있다.

특히 **주택재개발조합**이나 **주택재건축조합** 등 공법상 법인은 재개발관련 <**법령에 의하여**> 재개발 및 재건축 등에 대한 **특별한 권리와 의무가 설정된 행정주체**이다.

✎ 공법상 법인은 제3의 행정주체이다. 「도시 및 주거환경정비법」에 따른 **주택재개발조합**이나 재건축조합, 「국민건강보험법」에 의하여 설립된 **국민건강보험공단**, 「한국수자원공사법」에 의하여 설립된 **한국수자원공사**등을 예로 들 수 있다.

기출

최근 판례는 일반 민법상 조합에 대한 설립허가를 **인가로** 보는 것과 달리 주택재개발조합이나 주택재건축조합에 대하여는 **특허로** 보는 판시를 하고 있다.

최근 빈출

인가는 보충행위라고도 부르며, **특허는 설권행위**라고도 부른다. 따라서 행정청의 주택재개발사업허가는 보충행위가 아니라 **설권행위**가 된다고 최근 판례는 판시한다.

중요 판례 더 알아보기 ― 주택재개발조합설립인가의 특수성질과 쟁송형태

최다 빈출 판례

19. 대법원 2010. 1. 28. 선고 2009두4845 판결【재개발정비사업조합설립인가처분무효확인】

1. 법적 성질과 쟁송의 형태(항고소송)

설립된 재개발조합은 재개발사업의 사업시행자로서 조합원에 대한 법률관계에서 특수한 존립목적을 부여받은 〈행정주체〉로서의 지위를 가지게 되고, 이러한 행정주체의 지위에서 정비구역 안에 있는 토지 등을 수용하거나(같은 법 제38조), **관리처분계획**(같은 법 제48조), **경비부과처분**(같은 법 제61조) 등과 같은 **행정처분을 할 수 있는 권한을 부여받는다.** 따라서 재개발조합설립인가신청에 대한 행정청의 조합설립인가처분은 **단순히** 사인(사인)들의 조합설립행위에 대한 **보충행위로서의 성질을 가지는 것이 〈아니라〉** 법령상 일정한 요건을 갖추는 경우 **행정주체(공법인)**의 지위를 부여하는 일종의 〈**설권적 처분〉의 성질**을 가진다고 봄이 상당하다.

그러므로 도시정비법상 재개발조합설립인가신청에 대하여 행정청의 조합설립**인가처분이 있은 이후**에는, **조합설립동의에 하자**(☞ 착오, 사기, 강박)가 있음을 이유로 **재개발조합 설립의 효력을 부정**하려면 **항고소송으로 조합설립인가처분의 효력을 다투어야** 한다(대법원 2009. 9. 24.자 2009마168 결정 등 참조).

✍ 판례평석

기출

이는 **판례변경**으로서 통상의 **인가**에 있어서 **기본행위의 하자**는 민사소송으로 다투어야 하지만, **재개발조합설립인가**나 **재건축조합설립인가**는 재개발 법령에 의하여 재개발에 대한 특별한 **권리를 설정**하는 것이므로 **특허**로 보아야 한다.

따라서 재개발조합이나 재건축조합의 하자있는 설립행위에도 불구하고 인가가 난 경우 **특허발급과정의 하자**로 보아 **특허에 대한 항고소송**으로 다투어야 한다고 판시하고 있다.

59. 대법원 2000. 09. 08. 선고 98두19933 판결[개발부담금부과처분취소]

[1] 직장주택조합이 주택건설촉진법 제33조의 규정에 의한 민영공동주택을 건설하기 위하여 아파트부지조성사업을 시행한 경우, 그 개발사업을 통하여 개발이익을 얻는 주체는 사업시행자인 위 주택조합이고, 주택조합이 그 조합원들에게 아파트를 분양하는 가격은 개발이익환수에관한법률 제10조 제2항 소정의 관계 법령에 의하여 처분가격이 제한되는

경우에 해당하지도 않는다.

[2] 당초 개발부담금부과처분이 판결에 의하여 취소된 후에 다시 개발부담금을 부과·고지하면 이는 새로운 부과처분으로 보아야 한다.

[3] 예산회계법 제98조에서 법령의 규정에 의한 납입고지를 시효중단 사유로 규정하고 있는바, 이러한 납입고지에 의한 시효중단의 효력은 그 납입고지에 의한 부과처분이 취소되더라도 상실되지 않는다.

4. 공무수탁사인의 역할도 매우 중요해졌다 ★★★

(1) 공무수탁사인의 의의와 배경에 대하여 알아보자

📖 최근 빈출

> **정부조직법 제6조(권한의 위임 또는 위탁)** ③ 행정기관은 법령으로 정하는 바에 따라 그 소관사무 중 조사·검사·검정·관리 업무 등 국민의 권리·의무와 직접 관계되지 아니하는 사무를 지방자치단체가 아닌 법인·단체 또는 그 기관이나 개인에게 위탁할 수 있다.

> **지방자치법 제117조(사무의 위임 등)** ③ 지방자치단체의 장은 조례나 규칙으로 정하는 바에 따라 그 권한에 속하는 사무 중 조사·검사·검정·관리업무 등 주민의 권리·의무와 직접 관련되지 아니하는 사무를 법인·단체 또는 그 기관이나 개인에게 위탁할 수 있다.

　　<**공법상 위임**>에 의하여 공법상의 **권리와** 의무를 가지는 **행정주체**이다. 법령에 근거해서 직접 인정되는 공법상 법인과는 구별하여야 한다. 공무수탁사인은 제4의 행정주체이다. 공무수탁사인에 대한 공법상 위임은 권한이 이전되므로 **법률의 근거도** 필요하고 나아가서 **위임행위도** 필요하다.

　　공무수탁사인은 큰 정부에서 **작은 정부**로 변화하면서 국가나 지방자치단체가 해야 할 일들을 **민간인이나 민간회사에게 위임**하여 경제적인 효율과 전문적인 성과를 확보하려는 과정에서 대거 등장하게 되었다. 그러나 **세월호사건**에서 보듯이 **민간위임의 폐단도** 만만치 않으므로 이에 대한 적절한 정부의 **제어**(**Steering**)가 필요하다.

실력 다지기

> 이렇듯이 국가나 지자체가 민간에게 위임하더라도 안전하고 성실하게 업무를 수행하
> 는지 모니터링하고 감시하며 위임을 감독하여야 한다. 이러한 국가를 '보장국가'[1]라고
> 한다. 또한 행정을 직접 수행하는 것 못지않게 적절하게 제어하는 것을 중요시하는
> 국가를 '제어국가' 또는 '조종국가'라 한다. 조종국가라는 용어는 자칫 권위적인 느낌
> 을 줄 수 있으므로 시장의 자율을 원칙적으로 존중한다는 면에서 제어국가라는 용어
> 가 보다 적절하다.[2]

공무수탁사인의 법적 지위에 대하여 행정주체설과 행정기관설의 대립이 있
으나 <**공법상 위임**에 의한> 〈**행정주체**〉**로서** 권리·의무를 가진다고 보아야
한다.

공무수탁사인은 민간의 **전문성을 활용**하고 행정**능률**을 도모하기 위한 순기
능을 가지는 반면에 **행정권한의 남용**이라는 역기능이 있어 이에 대한 **조화**가
필요하다. 그러나 순기능이 더 크므로 행정의 **민간위임현상**은 점증할 것으로 보
인다.

정부조직법 제6조 ㉔③항과 **지방자치법 제117조** ㉔③항 및 **개별 법률에 근
거**가 있다.

★★★공무수탁사인은 행정조직법의 **신분상 제4의 행정주체**이지만, 행정작
용을 할 때의 역할은 행정청으로 활동도 한다. 따라서 공무수탁사인은 **행정주체
이자 행정청인 이중적 지위**의 모습으로 나타난다. 공무수탁사인은 행정청처럼
처분도 발급할 수 있고, **항고소송의 피고도** 될 수 있다. 다만, 국가배상법이
<개정>되어 공무수탁사인의 가해행위에 대하여도 **국가배상이 인정**된다.

헌재에 의하면 한국광고자율심의기구는 공무수탁사인으로서 행정소송법 제
2조의 기능적인 행정청으로서 행정행위를 발급할 수도 있고, 항고소송의 피고적
격이 인정될 수도 있다.[3]

◉ 1항이 아니라 3항임을 유의

◉ 이중적 지위(성봉근 교수 견해)

◉ 빈출

---

1 성봉근, 보장국가로 인한 행정법의 구조변화, 지방자치법연구, 제15권 제3호, 2015. 9, 190면.
2 성봉근, 제어국가에서의 규제, 공법연구 제44집 제4호, 2016년 6월, 233면, 237면.
3 헌재 2008. 6. 26. 2005헌마506.

60. 헌재 2008. 6. 26. 2005헌마506[위헌]

한국광고자율심의기구는 행정기관적 성격을 가진 방송위원회로부터 위탁을 받아 이 사건 텔레비전 방송광고 사전심의를 담당하고 있는바, 한국광고자율심의기구는 민간이 주도가 되어 설립된 기구이기는 하나, 그 구성에 행정권이 개입하고 있고, 행정법상 공무수탁사인으로서 그 위탁받은 업무에 관하여 국가의 지휘·감독을 받고 있으며, 방송위원회는 텔레비전 방송광고의 심의 기준이 되는 방송광고 심의규정을 제정, 개정할 권한을 가지고 있고, 자율심의기구의 운영비나 사무실 유지비, 인건비 등을 지급하고 있다.
한국광고자율심의기구가 행하는 방송광고 사전심의는 방송위원회가 위탁이라는 방법에 의해 그 업무의 범위를 확장한 것에 지나지 않는다고 할 것이므로 한국광고자율심의기구가 행하는 이 사건 텔레비전 방송광고 사전심의는 행정기관에 의한 사전검열로서 헌법이 금지하는 사전검열에 해당한다.

행정소송법 제2조 ②
이 법을 적용함에 있어서 행정청에는 법령에 의하여 행정권한의 위임 또는 위탁을 받은 행정기관, 공공단체 및 그 기관 또는 사인이 포함된다.

★ 그러나 **행정의 보조자**(예: 교통할아버지, 교통어머니, 교통정리하는 택시기사 등)는 스스로 권리의무의 주체가 될 수 없어서 **행정주체가 아니다.** 또한 스스로 판 ☞ 오답 주의 빈출
단해서 **처분을 할 수도 없**으므로 **행정청도 아니다.** 다만, 행정의 보조자가 위법하게 공무를 집행하면 **국가배상은 인정**될 수 있다(교통할아버지사건).

 실력 다지기

한편 견인업체가 국가나 지자체로부터 견인업무에 대한 공법상 위임을 받은 경우에는 공무수탁사인으로서 권리와 의무를 가지게 되며, 법률의 규정에 의하여 직접 행정주체로 인정되는 공법상 법인과 구별된다. 그리고 견인업체가 일시적으로 행정청의 지시에 복종하여 견인업무를 보조하는 경우에는 행정의 보조자에 불과하며 법률에 의한 행정주체로 인정되는 경우와 구별된다. 지자체와 계약에 의해 견인업무를 담당하기로 한 견인업체의 경우는 도급계약의 당사자로서 권리와 의무를 가지게 되는 것이므로 역시 법률의 규정에 의하여 행정주체로 인정되는 나머지 공법상 법인들의 경우와 구별된다.

(2) 공무수탁사인의 법률관계는 어떻게 될까

1) 국가와 공무수탁사인

기본

공무수탁사인은 <공법상 위임>으로서 국가나 지방자치단체는 **업무수행권이 없는** 반면에 감시·감독권을 가지고 있고, **위임을 취소하거나 철회**할 수 있다. 공무수탁사인은 **업무수행권**을 가지게 되고 **위임에 따른 각종 의무**를 지게 된다.

2) 공무수탁사인과 국민

빈출: 이중적 지위 이해

공무수탁사인은 **조직법상** 국가나 지자체의 **수임인으로서** **행정주체의 지위**를 가지지만, **기능적으로는** **행정청**이 행하는 모든 행정작용을 위임받은 범위 내에서 할 수 있다.

(3) 공무수탁사인에 대해 국민의 권리구제는 어떻게 이루어질까

공무수탁사인이 **행정행위를** 발급하는 경우에는 **공무수탁사인을 피고로 하여 항고소송**을 제기할 수 있고, **손해가** 발생하면 **국가배상청구소송도** 가능하다.

빈출

공법상 **계약**을 체결하거나 공법상 **사실행위에** 대하여는 **당사자소송으로** 구제가 가능하고, 사법상 **계약을** 체결하는 경우에는 **민사소송으로** 구제가 가능하다.

오답 주의 지문 정리

특히 국가배상법 제2조의 개정으로 **공무수탁사인의 직무상의 위법행위에** 대해서 **국가배상법이 직접 적용**되게 되었으므로 종래의 직접적용설과 유추적용설의 **대립은 극복되었다.** 다만 피고에 대하여는 **여전히 국가나 지자체가 피고라는 입장과 수임인인 공무수탁사인이라는 입장이 대립**하고 있다. 그러나 개정 취지상으로는 국가·지자체설이 타당하다고 생각한다.

(4) 공무수탁사인에 대한 판례와 평석을 알아두자

판례는 **소득세법에서 이미 권리의무가 확정**되어 있으므로 이에 대한 원천징수행위는 **처분성이 없어 각하한** 바 있다. 즉 대법원은 **공무수탁사인의 소득세 원천징수행위**에 대한 무효확인소송에서 원천징수하는 소득세는 **법령이 정하는 바에 따라 그 세액이 자동적으로 확정**되고, 원천징수의무자는 소득세법에 의하여 과세관청에 **납부하여야 할 의무를 부담**하고 있으므로 그의 **원천징수행위**는 법령에서 규정된 징수 및 납부의무를 이행하기 위한 것에 불과한 것이지, **공권력의 행사로서 행정처분을 한 경우에 해당되지 않는다고** 판시하였다.[4]

오답 주의 기출

---

4 대법원 1990. 3. 23. 선고 89누4789 판결.

다만 판례평석을 두고서 원천징수자의 공무수탁사인지위를 부정하였다는 입장과 인정하였지만 처분성을 부정하였다는 입장이 대립한다.

---

61. 대법원 1990. 03. 23. 선고 89누4789 판결[기타소득세등부과처분무효확인]

원천징수하는 소득세에 있어서는 납세의무자의 신고나 과세관청의 부과결정이 없이 법령이 정하는 바에 따라 그 세액이 자동적으로 확정되고, 원천징수의무자는 소득세법 제142조 및 제143조의 규정에 의하여 이와 같이 자동적으로 확정되는 세액을 수급자로부터 징수하여 과세관청에 납부하여야 할 의무를 부담하고 있으므로, 원천징수의무자가 비록 과세관청과 같은 행정청이더라도 그의 원천징수행위는 **법령에서 규정된 징수 및 납부의무를 이행하기 위한 것에 불과한 것이지, 공권력의 행사로서의 행정처분을 한 경우에 해당되지 아니한다.**

☞ 기출

[**공무수탁사인과 행정의 보조자를 비교해 두자**]

공무수탁사인은 행정주체의 지위에 있으면서도, 행정청의 역할도 동시에 수행하여 행정행위를 발급할 수 있다. 공무수탁사인은 항고소송의 피고도 인정되고, 위법행위시 국가배상법의 적용을 받는다.

행정의 보조자는 행정행위를 발급할 수 없고 항고소송의 피고도 될 수 없지만, 위법행위시 국가배상법의 적용을 받는다.

☞ 축적된 최다 빈출 기출 정리

	공무수탁사인	행정의 보조자
행정주체 여부	행정주체[5] ○	×
행정청 여부	행 정 청[6] ○	×[7]
행정행위 발급가부	○	×
항고소송 피고적격	○	×
국가배상법 적용	○[8]	○[9]

---

5 국가나 지방자치단체로부터 일정 업무 범위내에서 **수임자로서 권리·의무를 이전받아** 행정주체가 되기 때문이다.

6 **행정절차법 제2조 제1호**에서 규정하듯이 하는 **역할과 기능은 행정청과 동일**하다. 따라서 공무수탁사인은 조직법상 **행정주체**이지만 기능상 **행정청**의 역할을 한다.

7 행정의 보조자는 독자적인 판단권한이 없으므로 행정청이 될 수 없고, 행정의 보조자에게 지시한 행정청을 피고로 항고소송을 제기하여야 한다.

8 국가배상법 제2조 제1항 본문 전단의 **개정으로 공무수탁사인의 위법행위도 국가배상**이 인정된다.

9 **교통할아버지의 위법한 직무행위에 대하여도 국가배상을 인정**하였던 대법원의 판례에서 보듯이 **공무원을 기능적인 공무원으로까지 확대**하고 완화하여 국가배상이 인정된다.

제 2 절

특별권력관계이론과 사법심사의 변화

1. 행정법의 법률관계에는 어떠한 것들이 있을까

행정법상의 법률관계들은 다음과 같이 개괄적으로 구분할 수 있다.

① **권력관계**로서 일반국민에 대한 일반권력관계와 특수신분자들에 대한 특별권력관계,

② **관리관계**는 하천이나 공원 등 공물 등을 관리하는 것과 같은 대등한 공법관계,

③ **국고관계**는 국가의 창고에서 물건이나 금전을 이용하거나 구매하는 관계 등으로 나뉜다.

이 중에서 권력관계는 수직적인 공법관계, 관리관계는 수평적인 공법관계, 국고관계는 민사관계 등으로 서로 성질이 다르다. 이렇게 구별되는 관계에 따라 소송의 관할과 근거 법률이 달라진다. 수직적인 공법관계에서는 보통 처분을 대상으로 행정소송 중 항고소송으로 사건이 많이 해결된다. 수평적인 공법관계에서는 보통 행정지도나 비권력적 사실관계 또는 공법상 계약을 대상으로 행정소송 중 당사자소송으로 사건이 많이 해결된다. 국고관계는 계약을 대상으로 민사소송으로 사건이 많이 해결된다.

2. 특별권력관계이론이란 무엇이고 문제점이 무엇일까

특별권력관계라 함은 특별한 법률원인에 의해 성립되며 일정한 행정목적에 필요한 범위 내에서 일방이 상대방을 **포괄적으로 지배**하고 상대방은 이에 **복종**함을 내용으로 하는 관계를 말한다. 특별권력관계 내에서도 국공립학생의 퇴학이나 정학은 영조물이용관계이지만, 국공립학교 조교수의 재임용거부는 근무관계이다.

특별권력관계의 반대말은 **일반권력관계**이다. 전자는 교도소 재소자, 경찰공무원, 군인공무원, 일반 행정공무원, 국공립 병원의 구성원, 국공립학생 등 특수한 신분관계를 의미하고 후자는 일반국민에 대한 권력관계를 의미한다.

전통적인 특별권력관계이론에 따르면 특별권력관계 내에서는 **법률유보의 원칙, 기본권적용** 및 **사법심사가 배제**된다고 한다. 이러한 특별권력관계이론을 오늘날에도 인정할 수 있는지, 사법심사의 가능성 및 그 범위는 어떠한지에 대해 견해가 대립한다.

3. 특별권력관계의 인정 여부 및 사법심사 가능성에 대한 다툼이 있었다

(1) 긍정설

일반권력관계와 특별권력관계는 그 성립원인이나 지배권의 성질 등에 있어서 본질적인 차이가 있으므로 특별권력관계에는 **법치주의가 적용되지 않고 사법심사의 대상이 되지 않는다**는 입장이다.

그러나 오늘날에는 **지지자를 찾을 수 없다.**

(2) 제한적 긍정설

일반권력관계와 특별권력관계의 본질적 차이를 부정하면서도, 특별권력관계에서는 특별한 행정목적을 위하여 **필요한 범위 내**에서 **법치주의가 완화**되어 적용될 수 있음을 긍정하는 입장이다.

특별권력관계에서의 행위를 기본관계와 업무수행관계 또는 경영관계로 구분하여 고찰하는 **울레(Ule)**의 견해가 이에 해당한다. 그의 견해에 따르면 **기본관계**는 특별권력관계 자체의 성립·변경·종료 또는 당해 구성원의 법적 지위의 본질적 사항에 관한 법관계로서 법치주의와 **사법심사가 적용되**어야 한다. **업무수행관계 또는 경영관계**는 당해 특별권력관계의 목표를 실현하는 데 필요한 행위를 말하는데, 이는 다시 군복무관계와 폐쇄적 영조물이용관계(예컨대 재소자관계, 전염병환자의 강제격리관계 등), 그리고 일반 공무원관계와 개방적 영조물이용관계(학교·도서관 이용관계 등)로 세분하여, 전자의 경우에는 사법적 권리보호가 인정되어야 하지만, 후자의 경우에는 개인의 법적 지위에 영향을 미치지 않기 때문에 **사법심사의 대상에서 제외된다고 본다.**

(3) 부정설

특별권력관계의 개념을 부정하는 입장에는 모든 공권력의 행사에는 법률의 근거를 요하며, 특별권력관계에서도 법치주의가 전면적으로 적용된다는 **일반적·형식적 부정설**이 있다. 종래 특별권력관계로 보아온 법률관계의 내용을 개별적으로 검토하여 관리관계 내지 일반적인 권력관계로 분해·귀속시키려는 **개별적·실질적 부정설**도 있다. 특별권력관계의 개념을 부정하는 견해에 의하면 특별권력관계에서의 행위에 대하여는 일반권력관계와 마찬가지로 사법심사가 가능하다고 본다.

4. 검토해 보자

결론적으로 재판받을 권리에 대하여 일반 국민과 특수 신분자들을 차별하지 않고 모두 인정하는 전면적 사법심사긍정설이 타당하다.

일반국민과 동일하게 재판청구에 대하여 각하판결내리지 말자는 의미이다. 그러나 본안에서는 부분사회 특수성 반영해서 인용판결이나 기각판결 내릴 수 있다는 의미임을 주의하여야 한다. 따라서 특별권력관계는 일반권력관계와는 달리 그 목적이나 기능에 있어서 **특수성**을 지니며, 그에 따라 일반권력관계와는 다른 특수한 법적 규율을 받는 특별권력관계가 존재함을 부인할 수는 없다.

그러나 그러한 규율도 법치행정의 원리에 적합하여야 하며, 헌법상의 기본권 규정에도 합치되어야 한다. 특별권력관계 또한 법으로부터 자유로운 영역이 될 수 없으므로, 소의 다른 적법요건을 갖추는 한 **사법심사가 긍정**된다고 할 것이다(**전면적 사법심사긍정설**).

물론 특별권력관계에서는 그 목적달성을 위하여 특별권력주체에게 포괄적인 재량의 여지가 인정되는 경우가 많다는 점에서 **일반권력관계와 차이가 있을 수** 있으나, 그것은 재량권이 인정되는 한도 내에서 사법심사가 제한될 수 있다는 측면의 양적인 차이에 불과한 것이다.

특별권력관계 주체에게 넓은 범위의 재량권 내지 판단여지가 인정된다는 것은 **본안의 문제**로서 사법심사의 가능성과는 별개의 문제로 보아야 한다.

5. 특별권력관계에 대한 판례를 알아두자

판례는 특별권력관계라도 소의 적법성에 대해서는 차별하지 않는 전면적 사법심사긍정설을 취한 것으로 평가되며, 처분성이 있어 소가 적법하다고 판시하였다.[10]

판례도 "**특별권력관계에 있어서도** 위법·부당한 특별권력의 발동으로 말미

---

10 대법원 1995. 6. 9. 선고 94누10870 판결.

암아 권리를 침해당한 자는 행정소송법 제1조에 따라 그 **위법·부당한 처분의 취소를 구할 수 있다**"[11]고 판시하는가 하면, "징계의 양정이 **징계권자의 교육적 재량에 맡겨져 있다 할지라도** 법원이 심리한 결과 그 징계처분에 위법사유가 있다고 판단되는 경우에는 이를 취소할 수 있는 것이고, 징계처분이 교육적 재량행위라 하여 **사법심사의 대상에서 제외되는 것은 아니다**"[12]라고 판시하여 **사법심사를 긍정**하고 있다.

제 3 절

행정소송법상 원고적격과 공권의 변화★★★★

☞ 최다 빈출 포인트

1. 행정소송법 제12조 제1문의 법률상 이익에 대한 논의에서 출발한다

> **행정소송법 제12조(원고적격)**
> 제1문(원고적격) – 취소소송은 처분등의 취소를 구할 **법률상 이익**이 있는 자가 제기할 수 있다.

(1) 법률상 이익과 공권이란

1) 법률상 이익에 대한 행정소송법 제12조 제1문

행정소송법 제12조는 「취소소송은 처분 등의 취소를 구할 **법률상 이익**이 있는 자가 제기할 수 있다」고 하여 원고적격으로서 법률상 이익을 요구하고 있는바, 법률상 이익이라는 용어는 그 의미가 명확하지 않아 이에 대한 해석을 요한다. **법률상 이익**은 공권이라고도 하며 행정소송에서 원고의 자격인 원고적격을 가지게 된다. 그러나 **반사적 이익**은 원고적격을 가질 수 없어서 **각하**판결을 받게 된다.

☞ 중요 규정

2) 공권의 요소들은 무엇일까

원래 독일의 뷜러(Bühler)는 공권이 되기 위해서는 ① **강행규정성**, ② **사익**

☞ 최근 기출

---

11 대법원 1982. 7. 27. 선고 80누86 판결.
12 대법원 1991. 11. 22. 선고 91누2114 판결.

보호성, ③ **소구관철력** 등 3요소를 갖춘 이익이어야 한다고 하였다.[13] 강행규정성은 법률의 규정상 행정청에게 국민의 이익을 보호하도록 강행규정으로 규정되어 있어야 한다는 것이다.

강행규정성의 의미는 기속행위에 대하여는 신청대로 처분해야 하므로 특정 행위의무가 행정청에게 주어지지만, 재량행위에 대하여는 신청에 대한 하자 없는 재량행사를 하는 것이다.

사익보호성은 법률의 규정의 취지를 해석할 때 국민의 사적인 이익들도 보호하도록 규정되어 있어야 한다. 소구관철력은 소송을 통해 권리구제를 관철할 수 있는 힘을 말하는 것으로서 법상의 힘이나 의사력 또는 재판을 통한 관철가능성 등으로도 용어를 사용하기도 한다.

그러나 **소구관철력**은 로마시대와 달리 이제는 국민들에게 **재판청구권**으로 모두 인정되므로 더 이상 요구되지 않는다는 것이 **이요소론**이 다수설의 입장이다.[14] 뷜러의 공권의 3요소 중 강행규정성과 사익보호성은 여전히 공권의 필수요소로 보지만, 소구관철력 내지 의사력은 헌법 제27조의 재판청구권에 의하여 모든 국민에게 당연히 보장됨으로써 **별도 필요가 없다고 보는 것이 다수설**의 입장인 것이다. 공권의 성립요건 가운데 '의사력(법상의 힘)의 존재'를 요구하는 것은 오늘날은 과거의 입장이 되었다.

📓 최근 기출

그렇지만, 처분에 대한 의무이행소송의 형태 등 모든 경우에 소구관철력이 인정되고 있는 것은 아니기에 여전히 필요하다는 **신삼요소론도 존재**한다.[15]

📓 기출: 축소화 ✕
    확대화 ○

오늘날 공권은 사익보호성을 넓게 해석하거나 헌법상 기본권 등을 고려하는 식으로 해서 점차 '공권의 **확대화 경향**'을 걷고 있다.

3) 법률상 이익과 공권의 관계

판례는 권리보다 법률상 이익이 더 넓다고 파악하여 양자를 **구별**하는 입장이다. 그러나 **다수설**은 권리를 확대해석하여 법률상 이익과 **같다고 파악**하는 입장이다. 이에 대해 상세한 논의는 다음에서 원고적격에 대한 학설과 판례를 통해 논의해보기로 한다.

---

13 김남진·김연태, 행정법 Ⅰ, 제23판, 107면.
14 김남진·김연태, 행정법 Ⅰ, 제23판, 108면.
15 류지태, 행정법신론, 제12판, 109 – 110면.

실력 다지기

담배소매업은 법률에서 거리제한 규정을 두고 있으면서 기존 업자를 법률로 보호하고 있다. 따라서 공권 또는 법률상 이익이 인정되어 원고적격이 긍정된다.
주의할 점은 빌딩 내부에 있는 구내 담배소매업은 이러한 거리제한이 없어서 기존 업자가 법으로 보호를 받지 못하고 반사적 이익에 불과하여 **각하** 판결을 받게 된다.

(2) 원고적격에 대한 학설을 공부하자[16]

원고적격인 법률상 이익을 두고 다음과 같이 학설과 판례의 대립이 있다.

1) ㉡리구제설

이 학설은 취소소송의 기능을 위법한 처분에 의하여 침해된 **실체법상의 권리**보호에 있다고 보아, 위법한 처분 등으로 인하여 권리를 침해당한 자**만이** 제소할 수 있는 원고적격을 갖는다고 본다.

2) ㉡률상 보호이익설(법이 보호하는 이익구제설)★★★

이 학설은 취소소송을 **고유한(또는 고전적인) 의미의 권리**인 법률에서 직접적 규정이 있는 자의 이익의 보호수단에 국한하지 않는다.

따라서 **관계 법률이 개인을 위하여 보호하고 있는 이익**, 즉 법률의 규정의 취지를 고려할 때 보호될 수 있다고 보여지는 이익을 구제하기 위한 수단으로 본다. 이에 의하면 법률상 이익이란 **법률상 보호된** 이익을 의미하게 된다(다수설·판례). 법률상 보호이익설은 결국 법률의 취지를 해석하는 이론으로 발전하게 된다. 따라서 '보호규범이론'(Protected by the Law Theory)이 등장하게 되고 다수설과 판례가 이를 활용해서 원고의 범위와 자격을 판단하게 된다.

3) ㉡호가치 이익구제설

이 설은 소송을 권리 또는 실체법상의 보호이익을 보장하기 위한 수단으로 **보지 않고**, 법률을 해석·적용하여 구체적인 **분쟁을 해결**하는 절차로 본다. 따라서 법률상 이익의 유무를 반드시 **실정법의 규정에 의하는 것이 아니라**, 위법한 처분 등에 의하여 침해된 이익이 재판상 보호할 가치가 있는지 여부에 의하

📭 원고적격
= 권 + 법 + 보 + 적

📭 다수설, 판례

---

16 이에 대하여는 김남진·김연태, 행정법 Ⅰ, 731−732면.

여 판단하게 된다. 그리하여 침해된 이익이 법률상 보호되는 이익이건 사실상의 이익이건 **실질적으로 보호할 가치 있는 이익이면** 널리 원고적격을 인정하게 된다.

4) ㉘법성 보장설

이 설은 취소소송의 **적법성보장** 내지 **행정통제기능**을 중시한다. 이에 의하면 원고적격을 판정함에 있어서 원고의 주장이익의 성질을 그 기준으로 하지 않고, 당해 처분의 성질상 당해 처분을 **다툴 가장 적합한 이해관계를 가지는 자**에게 원고적격을 인정해야 하는 것이 된다.

(3) 원고적격에 대한 판례의 기본적인 입장은 무엇일까

"행정소송은 행정청의 행정처분이 취소됨으로 인하여 **법률상 직접**적이고 **구체적인 이익**을 가지게 되는 사람**만이** 제기할 이익이 있고 **사실상**이며 **간접적인 관계를 가지는데 지나지 않는 사람은 이를 제기할 이익이 **없다**고 할 것이다"(대법원 1993. 7. 27. 선고 93누138 판결)라고 판시하여 **법률상 보호이익설**을 취하고 있다고 보인다.

판례는 **개별적·직접적·구체적 이익**이면 법률상 이익이 인정되어 원고적격을 인정한다고 본다. 반면에 판례는 **간접적·사실적·경**제적 이익에 불과하면 법률상 이익을 부정하고 반사적 이익으로 보아 원고적격을 부정하여 각하판결을 내린다.

(4) 검토해 보자

적법성 보장설은 취소소송의 기능을 **객관적**으로 봄으로써, 취소소송에 대하여 **주관적 입장**을 견지하고 있는 현행 행정소송법하에서는 타당할 수 없다.

보호할 가치 있는 이익구제설은 우리가 실체법과 쟁송법을 구별하는 법체계를 가지고 있는 이상 **실체법**이 보호하지 않는 이익을 쟁송법으로 보호할 수 없다는 점에서 문제가 있다.

권리구제설은 실체법상 권리가 침해된 경우에만 원고적격을 인정함으로써 원고적격의 인정범위가 **좁다**는 비판이 가해진다. 그러나 **권리의 개념을 넓게** 인정하여, **좁은 의미의 권리** 이외에 **공권개념의 확대**와 **실체법상의 보호이익의 확장**을 통해 **실체법에 의하여 보호되고 있는 이익**도 권리에 포함시키는 경우에는 **권리구제설과 법이 보호하는 이익구제설은 결국 같은** 내용의 학설이라고 할 수 있다.

판례는 권리보다 법률상 이익이 더 넓다고 파악하여 양자를 구별하는 입장이다. 그러나 다수설은 권리를 확대해석하여 법률상 이익과 같다고 파악하는 입장이다.

결론적으로 권리구제설은 원고의 범위가 지나치게 좁고, 보호가치이익설은 법률의 규정을 무시할 수 있게 되고, 적법성보장설은 우리 행정소송법의 주관적 쟁송체계와 맞지 않으므로 취할 수 없어, 법률상 보호이익설이 타당하다.

 실력 다지기

> 행정소송법 제12조 제1문의 법률상 이익에 대하여는 다음의 네 가지 학설이 대립한다. **권리구제설**, **법률상 보호이익설**, **보호가치이익설**, **적법성보장설** 등 네 가지가 대립한다. 다수설과 판례는 법률에서 보호할 **취지**가 담겨있는지로 **해석**하여 판단하므로 **법률상 보호이익설** 내지는 **법률상 보호가치이익설**을 취한다.

2. **보호규범이론**(법률상 이익의 판단 근거규범) 과 '**법률**'의 범위

(1) 보호규범이론이 왜 필요할까

보호규범이론은 법률의 취지가 사익도 보호하는지 규범의 취지를 해석하는 이론을 말한다. 법률의 취지가 사익도 보호하는 취지로 해석되면 공권으로 주장하여 원고가 될 수 있다. 이러한 보호규범이론은 독일연방행정법원에 의하여 정립된 내용이다.[17] **보호규범이론**은 **주관적 쟁송체계**(☜)의 가장 큰 특징으로서 **법률상 보호이익설**을 취할 때 요구되며, 다수설과 판례의 태도인데, 우리 법원은 **보호규범이론**을 잘 운영해 오고 있다는 것이 독일학파의 평가이다. 그러나 소수설인 **프랑스 학파**의 평가는 보호규범이론을 중심으로 한 주관적 쟁송체계를 개정하여 **객관적 쟁송체계로 운영하자고** 한다.

행정소송법 제12조 제1문에서 법률상 이익에 대한 학설 중 법률상 보호이익설을 취하는 다수설과 판례를 따른다면, 사익도 보호하는 법률이 있는지와 관련하여 어디까지 찾아볼 수 있는지 법률의 범위에 관한 논의가 있다.

이때 행정소송법 제12조의 '**법률상 이익**'의 문언해석에 대하여 법이 보호하

◉ 핵심 이해 포인트

◉ 주관적으로 피해를 입은 국민이 권리구제를 받기 위해 제기하는 소송체계

---

17 류지태·박종수, 행정법신론, 제15판, 100면.

는 이익구제설에 따라 이를 법률상 보호되는 이익이라고 볼 경우, 그 판단 근거인 법률의 범위를 어떻게 이해하는가에 의하여 법률상 보호되는 이익의 인정 여부가 달라질 수 있다.

(2) 법률상 이익의 해석기준에 대한 입장들을 알아보자

1) 학 설

기출

법률상 이익의 범위와 관련하여 ① 당해 법률만을 대상으로 하는 **당해 법률설**, ② **관련 법률**까지 고려하는 **관련 법률설**, ③ **기본권까지 고려하는 기본권고려설** 등이 대립한다.

기출

심지어 법률상 이익은 ① 당해 처분의 직접적인 **근거**가 되는 실체법규에 의하여 보호되는 이익, ② 처분의 근거가 되는 내용에 대한 **실체 법규** 및 **절차법규**에 의하여 보호되는 이익, ③ 처분의 근거가 되는 법률의 **전체 취지에** 비추어 보호되는 이익, ④ 처분의 **근거법률 이외에 다른 법률에서 보호하는 이익**, ⑤ **처분의 근거법률과 다른 법률 또는 헌법의** 규정까지 보는 입장, ⑥ 이들 이외에도 관습법 및 조리 등 법체계 전체에 비추어 보호되는 이익 등으로 해석하는 견해들로도 나눌 수 있다.

2) 판 례

주의할 기출 포인트

대법원은 **관련 법률설**을 주로 취하고 있고, 헌법재판소는 **기본권고려설**을 취하고 있다고 볼 수 있다. 이에 대하여 상세하게 검토해보기로 한다.

실력 다지기

오답 정리 포인트

참고로 헌법은 법률에 대하여 **효력이 우위**이지만, 법률은 헌법에 대하여 **적용의 우위**를 가지고 있다. 따라서 공권을 판단하거나 행정행위의 성질 등에 대한 판단시 **법률을 우선 검토**하여야 한다.

(가) 대법원

빈출

대법원은 "당해 처분의 **근거 법**규 및 **관련 법**규에 의하여 **보호되는** 직접적이고 구체적인 이익"을 법률상 이익이라고 보면서, 종전에 비해 **관계 법률의 취지를 목적론적으로 새김으로써 원고적격을 너그럽게 인정**함으로써 **공권의 확대화 경향**을 보이고 있다(대법원 1975. 5. 13. 선고 73누96·97 판결; 대법원 1983. 7.

12. 선고 83누59 판결).

    판례는 처분의 직접적 근거규정이나 당해 법률이 아니더라도 관련 법률의 규정에서 사익보호성이 인정된다면 법률상 이익을 인정하여 원고적격이 긍정될 수 있다고 본다. 따라서 판례는 행정청의 시설설치허가에 대하여 이웃주민들이 다툰 사안에서 **수도법에서 사익보호성이 없더라도 매장 및 묘지에 관한 법률에서 사익보호성이 인정된다면 법률상 이익이 인정**되어 원고적격을 인정받을 수 있다고 판시하고 있다.

☞ 기출

---

62. 대법원 1995. 09. 26. 선고 94누14544 판결[상수원보호구역변경처분등취소]

상수원보호구역 설정의 근거가 되는 수도법 제5조 제1항 및 동 시행령 제7조 제1항이 보호하고자 하는 것은 상수원의 확보와 수질보전일 뿐이고, 그 상수원에서 급수를 받고 있는 지역주민들이 가지는 상수원의 오염을 막아 양질의 급수를 받을 이익은 직접적이고 구체적으로는 보호하고 있지 않음이 명백하여 위 지역주민들이 가지는 이익은 상수원의 확보와 수질보호라는 공공의 이익이 달성됨에 따라 반사적으로 얻게 되는 이익에 불과하므로 지역주민들에 불과한 원고들에게는 위 상수원보호구역변경처분의 취소를 구할 법률상의 이익이 없다. ☞ 기출

그러나 도시계획법 제12조 제3항의 위임에 따라 제정된 도시계획시설기준에관한규칙 제125조 제1항이 화장장의 구조 및 설치에 관하여는 매장및묘지등에관한법률이 정하는 바에 의한다고 규정하고 있어, **도시계획의 내용이 화장장의 설치에 관한 것일 때에는 도시계획법 제12조 뿐만 아니라 매장및묘지등에관한법률 및 같은법시행령 역시 그 근거 법률이 된다고 보아야 할 것이므로**, 같은법시행령 제4조 제2호가 공설화장장은 20호 이상의 인가가 밀집한 지역, 학교 또는 공중이 수시 집합하는 시설 또는 장소로부터 1,000m 이상 떨어진 곳에 설치하도록 제한을 가하고, 같은법시행령 제9조가 국민보건상 위해를 끼칠 우려가 있는 지역, 도시계획법 제17조의 규정에 의한 주거지역, 상업지역, 공업지역 및 녹지지역 안의 풍치지구 등에의 공설화장장 설치를 금지함에 의하여 **보호되는 부근 주민들의 이익은 위 도시계획결정처분의 근거 법률에 의하여 보호되는 법률상 이익이다.** ☞ 기출

☞ 기출

    처분의 **근거 법규에는** ① 처분의 **직접적 근거 법규**(☞ 당해 처분의 근거 법규)는 물론, ② **다른 법규를 인용함**으로 인하여 근거 법규가 된 경우(☞ 인용법규)까지를 **포함하며**, ③ 당해 처분의 행정목적을 달성하기 위한 **일련의 단계적인 관련 처분들의 근거 법규**('관련 법규'(☞ 단계법규))들까지도 법률상 이익의 해석을 위해 **고려하고 있다.**

☞ 빈출

중요 판례 더 알아보기 — 보호규범이론을 적용하는 중요한 판례

당해 처분의 **근거 법규** 및 **관련 법규**에 의하여 보호되는 법률상 이익이라 함은
① 당해 처분의 근거 법규(근거 법규가 다른 법규를 **인용**함으로 인하여 근거 법규가
된 경우까지를 아울러 포함한다)의 명문 규정에 의하여 보호받는 법률상 이익,
② 당해 처분의 근거 법규에 의하여 보호되지는 아니하나 당해 처분의 행정목적을 달
성하기 위한 일련의 **단계**적인 관련 처분들의 근거 법규(이하 '관련 법규'라 한다)에
의하여 명시적으로 보호받는 법률상 이익,
③ 당해 처분의 근거 법규 또는 관련 법규에서 명시적으로 당해 이익을 보호하는 명
문의 **규정이 없더라도 근거 법규 및 관련 법규의 합리적 해석상** 그 법규에서 행정청
을 제약하는 이유가 순수한 공익의 보호만이 아닌 **개별적·직접적·구체적** 이익을 보
호하는 **취지가 포함되어 있다고 해석되는 경우까지를 말한다**.[18]

📌 빈출

📌 오답 주의 기출

다만, 아직까지 주류적인 대법원의 태도는 처분의 **근거 법규** 및 **관련 법규**
이외에 **관습법, 법질서 전체의 취지 및 헌법상 기본권규정**은 **법률상 이익의 해
석을 위해 고려하고 있지 않는 것으로 보인다.**

새만금사건에서 대법원은 원고적격에 관한 중요한 판시사항들을 판시하고
있다. 제3자라도 법률상 이익이 인정되어 원고적격이 인정될 수 있지만, 환경권
만으로는 원고적격을 인정할 수 없다고 판시하였다. 새만금사건에서 대법원은
평가지역⑭의 주민은 **법률상 이익이 사실상 추정**되어 원고적격이 용이하게 인
정된다고 보았다. 그러면서 대법원은 평가지역 ㉘의 주민에 대하여는 원고적격

📌 최근 빈출

을 **부정하던 입장을 변경하여 환경상 이익에 대한 침해 또는 침해우려가 있다는
것을 입증하면 원고적격을 인정받을 수 있다고 판시하였다.** 즉, 판례에 따르면
환경영향평가대상지역 밖의 주민이라 할지라도 수인한도를 넘는 환경피해를 받
거나 받을 우려가 있는 경우에는 환경상 이익에 대한 침해나 우려를 입증함으로
써 공유수면매립면허처분을 다툴 수 있다.

---

18 대법원 2004. 8. 16. 선고 2003두2175 판결.

중요 판례 더 알아보기

---

20. 대법원 2006. 3. 16. 선고 2006두330 전원합의체 판결[새만금간척특허정부 조치계획철회사건]

[1] ① 행정처분의 직접 상대방이 아닌 제3자라 하더라도 당해 행정처분으로 인하여 법률상 보호되는 이익을 침해당한 경우에는 그 처분의 무효확인을 구하는 행정소송을 제기하여 그 당부의 판단을 받을 자격이 있다 할 것이며, ② 여기에서 말하는 법률상 보호되는 이익이라 함은 당해 처분의 근거 법규 및 관련 법규에 의하여 보호되는 개별적·직접적·구체적 이익이 있는 경우를 말하고, ③ 공익보호의 결과로 국민 일반이 공통적으로 가지는 일반적·간접적·추상적 이익이 생기는 경우에는 법률상 보호되는 이익이 있다고 할 수 없다.　　　　　　　　　　　　　　　　　기출

[2] 공유수면매립면허처분과 농지개량사업 시행인가처분의 근거 법규 또는 관련 법규가 되는 구 공유수면매립법, 구 농촌근대화촉진법, 구 환경보전법, 구 환경보전법 시행령, 구 환경정책기본법, 구 환경정책기본법 시행령의 각 관련 규정의 취지는, 공유수면매립과 농지개량사업시행으로 인하여 직접적이고 중대한 환경피해를 입으리라고 예상되는 ④ 환경영향평가 대상지역 ⑪의 주민들이 전과 비교하여 수인한도를 넘는 환경침해를 받지 아니하고 쾌적한 환경에서 생활할 수 있는 개별적 이익까지도 이를 보호하려는 데에 있다고 할 것이므로, 위 주민들이 공유수면매립면허처분 등과 관련하여 갖고 있는 위와 같은 환경상의 이익은 주민 개개인에 대하여 개별적으로 보호되는 직접적·구체적 이익으로서 그들에 대하여는 특단의 사정이 없는 한 환경상의 이익에 대한 침해 또는 침해우려가 있는 것으로 사실상 추정되어 공유수면매립면허처분 등의 무효확인을 구할 원고적격이 인정된다. 한편, ⑤ 환경영향평가 대상지역 ⑭의 주민이라 할지라도 공유수면매립면허처분 등으로 인하여 그 처분 전과 비교하여 수인한도를 넘는 환경피해를 받거나 받을 우려가 있는 경우에는, 공유수면매립면허처분 등으로 인하여 환경상 이익에 대한 침해 또는 침해우려가 있다는 것을 입증함으로써 그 처분 등의 무효확인을 구할 원고적격을 인정받을 수 있다.　　　　　　　最近 빈출

[3] ⑥ 헌법 제35조 제1항에서 정하고 있는 환경권에 관한 규정만으로는 그 권리의 주체·대상·내용·행사방법 등이 구체적으로 정립되어 있다고 볼 수 없고, 환경정책기본법 제6조도 그 규정 내용 등에 비추어 국민에게 구체적인 권리를 부여한 것으로 볼 수 없다는 이유로, 환경영향평가 대상지역 밖에 거주하는 주민에게 헌법상의 환경권 또는 환경정책기본법에 근거하여 공유수면매립면허처분과 농지개량사업 시행인가처분의 무효확인을 구할 원고적격이 없다.　　　　　　　　　　기출

대법원은 제주도 수산동굴을 개발하는 사건에서 비록 환경영향평가지역 내의 주민으로서 법률상 이익이 추정된다고 하더라도 단순히 건물이나 토지를 소유할 뿐인 경우에는 법률상 이익에 대한 추정이 부정되어 원고적격이 인정될 수 없다고 판시하였다.

> **63. 대법원 2009. 9. 24. 선고 2009두2825 판결[제주도수산동굴개발사업시행승인처분취소]**
>
> 환경상 이익에 대한 침해 또는 침해 우려가 있는 것으로 사실상 추정되어 원고적격이 인정되는 사람에는 환경상 침해를 받으리라고 예상되는 영향권 내의 주민들을 비롯하여 그 영향권 내에서 농작물을 경작하는 등 현실적으로 환경상 이익을 향유하는 사람도 포함된다. 그러나 단지 그 영향권 내의 건물·토지를 소유하거나 환경상 이익을 일시적으로 향유하는 데 그치는 사람은 포함되지 않는다.

기출

그러나 **예외적으로** 대법원이라고 하더라도 접견교통권이 침해되는 경우처럼 기본권까지 고려하여 원고적격을 **인정한 경우도 있음**을 주의하여야 한다.[19]

주의할 최근 기출

다만, 최근 대법원은 **관련 법률에 규정이 없더라도 본질이 유사하다면 유추적용을 할 수 있다고** 보아 원고적격의 범위를 넓히는 판시를 최근에 하고 있다. 대법원은 **납골당에** 의한 주변 이익 침해라는 유사성이 있으므로 다른 납골당에 대한 주민보호규정을 **유추적용**하여 종교단체가 설립한 납골당 주변 주민의 원고적격을 인정하였다.

최근 기출

🔍 **중요 판례 더 알아보기 — 자주 출제되는 판례**

> **종교단체 납골당 신고수리의 성질과 원고적격에 대한 보호규범이론의 활용과 발전**
>
> **21. 대법원 2011. 9. 8. 선고 2009두6766 판결【납골당설치신고수리처분이행통지취소】**
>
> **[1] 납골당설치 신고가 '수리를 요하는 신고'인지 여부(적극) 및 수리행위에 신고필증 교부 등 행위가 필요한지 여부(소극)**
>
> 장사 등에 관한 법률과 시행규칙을 종합하면, 납골당설치 신고는 이른바 '수리를 요하는 신고'라 할 것이므로, 납골당설치 신고가 구 장사법 관련 규정의 모든 요건에 맞는

최근 기출

---

19 대법원 1996. 6. 3. 자 96모18 결정; 대법원 2003. 1. 10. 선고 2002다56628 판결.

신고라 하더라도 신고인은 곧바로 납골당을 설치할 수는 없고, 이에 대한 행정청의 **수리처분이 있어야만 신고한 대로 납골당을 설치할 수 있다.** 한편 수리란 신고를 유효한 것으로 판단하고 법령에 의하여 처리할 의사로 이를 수령하는 수동적 행위이므로 **수리행위에 신고필증 교부 등 행위가 꼭 필요한 것은 아니다.**

[2] 관련 법률에 규정이 없는 경우 유추적용을 통한 사익보호성 인정여부(적극)   📩 기출

구 **장사 등에 관한 법률**(2007. 5. 25. 법률 제8489호로 전부 개정되기 전의 것) 제14조 제3항, 구 장사 등에 관한 법률 시행령(2008. 5. 26. 대통령령 제20791호로 전부 개정되기 전의 것) 제13조 제1항 [별표 3]에서 **납골묘, 납골탑, 가족 또는 종중·문중 납골당 등 사설납골시설의 설치장소에 제한을 둔** 것은, 이러한 사설납골시설을 인가가 밀집한 지역 인근에 설치하지 못하게 함으로써 주민들의 쾌적한 주거, 경관, 보건위생 등 생활환경상의 개별적 이익을 직접적·구체적으로 보호하려는 데 취지가 있으므로, 이러한 **납골시설 설치장소에서 500m 내에 20호 이상의 인가가 밀집한 지역에 거주하는 주민들**은 납골당 설치에 대하여 환경상 이익 침해를 받거나 받을 우려가 있는 것으로 **사실상 추정**된다.

다만 사설납골시설 중 **종교단체 및 재단법인이** 설치하는 납골당에 대하여는 그와 같은 설치 장소를 제한하는 규정을 **명시적으로 두고 있지 않지만**, 종교단체나 재단법인이 설치한 납골당이라 하여 납골당으로서 **성질이 가족 또는 종중, 문중 납골당과 다르다고 할 수 없고**, 인근 주민들이 납골당에 대하여 가지는 **쾌적한 주거, 경관, 보건위생 등 생활환경상의 이익에 차이가 난다고 볼 수 없다.** 따라서 납골당 설치장소에서 **500m 내에 20호 이상의 인가가 밀집한 지역에 거주하는 주민들에게는 납골당이 누구에 의하여 설치되는지를 따질 필요 없이** 납골당 설치에 대하여 환경 이익 침해 또는 침해 우려가 있는 것으로 **사실상 추정**되어 원고적격이 **인정된다**고 보는 것이 타당하다.

아주대 총장이 법률의 규정이 없음에도 법률상 이익이 있는지 여부

22. 대법원 2011. 6. 24. 선고 2008두9317 판결【재임용거부처분취소처분취소】

교원지위 향상을 위한 특별법의 내용 및 원래 교원만이 위원회의 결정에 대하여 행정소송을 제기할 수 있도록 한 교원지위 향상을 위한 특별법 제10조 제3항이 **헌법재판소의 위헌결정에 따라 학교법인 및 사립학교 경영자뿐 아니라 소청심사의 피청구인이 된 학교의 장 등도** 행정소송을 제기할 수 있도록 현재와 같이 개정된 경위, 학교의 장은 학교법인의 위임 등을 받아 교원에 대한 징계처분, 인사발령 등 각종 업무를 수행하는 등 독자적 기능을 수행하고 있어 이러한 경우 하나의 활동단위로 특정

> 될 수 있는 점까지 아울러 고려하여 보면, 위원회의 결정에 대하여 행정소송을 제기
> 할 수 있는 자에는 교원지위법 제10조 제3항에서 명시하고 있는 교원, 사립학교법
> 제2조에 의한 **학교법인, 사립학교 경영자뿐 아니라 소청심사의 피청구인이 된 학교
> 의 장도 포함된다**고 봄이 상당하다.

(나) 헌법재판소

　　그러나 헌법재판소는 **병마개제조업자 지정**을 둘러싸고 다툼이 있던 사건
에서 **헌법상의 기본권**을 고려하여 법률상 이익의 유무를 판단하고 있다.

 중요 판례 더 알아보기 ― 헌재 결정

> 23. 헌재 1998. 4. 30. 97헌마141
>
> **행정처분의 직접 상대방이 아닌 제3자라도 당해 처분의 취소를 구할 법률상 이익이
> 있는 경우에는 행정소송을 제기할 수 있다.**
>
> 이 사건에서 보건대, 설사 국세청장의 지정행위의 근거규범인 이 사건 조항들이 단
> 지 공익만을 추구할 뿐 청구인 개인의 이익을 보호하려는 것이 아니라는 이유로 청
> 구인에게 취소소송을 제기할 **법률상 이익을 부정**한다고 하더라도, 청구인의 **기본권
> 인 경쟁의 자유**가 바로 행정청의 지정행위의 취소를 구할 **법률상 이익이 된다 할 것**
> 이다.

　　주의할 것은 다수설과 헌재의 입장인 기본권고려설의 입장에서는 ① 자유
권이나 ② 평등권은 기본권만으로도 원고적격이 인정될 가능성이 있지만, ③ 환
경권이나 ④ 청구권만으로는 원고적격을 인정할 수 없다고 본다. 환경권이나 청
구권은 헌법만으로는 안 되고 기본권을 구체화하는 별도의 법률의 규정이 있어
야 한다.

3) 검토해보자 ― 기본권 고려설

　　대법원이 처분의 근거법률에 직접적 근거규정 이외에 처분을 함에 있어서
적용되는 다른 실체법적 규정과 절차법적 규정을 포함시키는 것은 타당하다. 다
만, 중요한 것은 이러한 규정을 해석함에 있어서 근거가 되는 법률 전체의 목적
및 각 규정의 취지를 고려하고, 관련규정의 체계적 고찰이 필요하다는 점이다.
또한 헌법의 기본권보장의 취지 및 객관적 가치질서를 포함하고 있는 헌법규정

에 합치하도록 해석하여야 할 것이다. 더 나아가 헌법상 기본권규정이 직접 적용될 수 있다는 전제하에 그 헌법상의 기본권규정으로부터 직접 법률상 이익이 도출될 수 있을 것이다.

결론적으로 법률상 이익의 존재 여부는 처분의 근거법률뿐만 아니라 관련 규정, 헌법상 기본권 및 기본원리를 고려하여 판단하여야 할 것이다.[20]

 실력 다지기

> 헌법은 법률에 대하여 **효력이 우위**이지만, 법률은 헌법에 대하여 **적용의 우위**를 가지고 있다. 따라서 공권을 판단하거나 행정행위의 성질 등에 대한 판단시 **법률을 우선 검토**하여야 한다.

[**자주 출제되는 원고적격에 대한 요점들을 비교해서 공부해두자**]   ◉ 축적된 기출 판례 정리

	대법원	헌 재
보호규범이론	**관련법률설 원칙** **예외적으로 기본권고려**[21]	**기본권** **고려설**[22]
최근의 변화	직접 근거 법률뿐만 아니라 **관련 법률**까지 고려하면서, 관련 법률에 규정이 없어서 **유사한 규정이 있으면 유추적용해서 인정**[23]	
기본권만으로 원고적격인정 여부	자유권과 **평등권**은 인정, **환경권**과 **청구권**은 부정 ✎ 자유권과 평등권은 헌법규정만으로도 원고적격인정가능 vs 환경권과 청구권은 헌법규정만으로는 안 되고 별도의 법률의 규정이 있어야 함	
평가지역 **내와 외의 주민**	평가지역 **내의 주민**은 **법률상 이익**이 사실상 **추정됨** vs 평가지역 **외의 주민**은 부정해 오다가 최근 법률상 이익을 **입증하면 원고적격 인정**하는 것으로 변경 ✎ 새만금 사건	

---

20 김남진·김연태, 행정법 I , 법문사, 107면; 류지태, 행정법신론, 제12판, 109면.
21 **김근태 전 의원의 변호사 접견교통권사건**에서만 **기본권**을 고려하였다.
22 **병마개 제조업자 사건**에서 근거 법률에서 사익보호성이 부정되더라도 영업의 자유만으로도 경쟁자의 법률상 이익이 인정될 수 있다고 판시하고 있다.
23 종교단체가 설립한 **납골당**에 대해서는 주민보호규정이 없어도 유사한 납골당의 주민보호규정을 유추적용하고 있고, **아주대 총장**의 조교수 재임용거부에 대하여는 원고적격 규정이 없어도 학교법인이나 경영자의 원고적격 규정을 **유추적용하여 인정**하고 있다.

평가지역 내의 주민이라도 원고적격이 **부정되는 경우**	단순히 **토지나 건물을 소유**하고 있을 뿐 주거의 자유나 영업의 자유를 직접 누리지 않는 경우 ✐ 제주도 수산동굴 사건	
각론적인 내용 –도로에 대해 출제가 잘 되는 내용 정리 –	**도로의 인접주민의 고양된 사용 인정(판례 변경)** ✐ 일반인들이 도로를 자유롭게 걸어다니고 이용하는 것은 **공물의 보통사용**이다. 이는 **공물의 일반사용**이나 **공물의 자유사용**으로도 불리운다. **판례는 소극적인 공권은 인정**된다고 한다. 도로를 자유롭게 평등하게 사용할 권리는 인정된다. 그러나 **적극적으로** 지하철개설, 마을버스길 개통 등은 요구할 권리는 부정된다. ✐ 도로의 인접주민들이 도로에 접속하여 영업이나 주거에 이용하기 위하여 고도로 높은 이용을 하는 곳은 **공물의 고양된 사용**이다. 구청장의 허가나 특허가 필요가 없다. 그러나 **판례는 공권으로 인정하는 판례변경**을 하였다. ✐ 도로위에서 집회·시위 또는 일시적인 사용은 **공물의 허가사용이다. 그리고 기속행위이다.** ✐ 도로위에서 가판점, 백화점, 극장 등을 운영하거나 고정적이고 유형적이며 장기적인 사용은 **공물의 특허사용**이라고 한다. 그리고 **재량**행위이다.	✐도로의 특성은 공물이므로 특허사용과 허가사용 및 고양된 사용이나 보통사용 등이 병존 가능

 실력 다지기

법률상 이익에 대하여 **법률상 보호이익설**을 취하는 것이 다수설과 판례이다. 그런데 다시 범위와 관련하여 법률은 **당해 법률설, 관련 법률설, 기본권 고려설** 등으로 대립한다. **대법원은 관련법률설을 취하면서 유추적용을 통해 원고를 확장한다. 헌재는 기본권고려설을 취해서 가장 넓게 본다. + 다만 대법원이 기본권을 고려한 판결도 예외적으로 내린 적도 있다.**

대법원은 **보호규범이론**에 관한 **관련법률설**을 취하면서도 종교단체가 설립·운영하는 납골당에 대한 주민보호규정이 흠결되어 있다고 하더라도 다른 사설납골당의 주민보호조항을 **유추적용**하여 원고적격을 **긍정**하는 판시를 함으로써 판례의 변화를 보이고 있다. 즉 **대법원은 관련법률설을 취하면서 유추적용을 통해 원고적격의 범위를 넓**

히고자 하고 있다. 그러나 **다수설과 헌재는 기본권고려설을 취하므로** 주거의 자유와
평온, 재산권, 평등권 등으로 사익보호성을 용이하게 **인정하게 된다.** 다만 이때에도
환경권만으로는 원고적격이 인정될 수 없다.

도로 등 공물의 사용관계에서 **일반인의 보통사용**은 반사적 이익이 아니라 **공권이라
는 것이 다수설의 입장이다.** 도로에 대한 일반인의 보통사용은 적극적으로 도로개설
을 요구할 수 없지만 **합리적 이유없는 차별적인 도로사용방해에 대하여는 자유권이
나 평등권을 들어 다툴 수 있으므로** 소극적이지만 **공권으로 보아야** 한다는 것이 다
수설의 입장이다. 최근 판례도 반사적 이익이 아니라 공권이라고 판시한다.
대법원은 종래에는 인접주민의 고양된 사용에 대하여 공권을 부정하고 원고적격을 부
정하다가 2006. 12.판례를 통하여 입장을 바꾸어 다수설의 입장[24]과 마찬가지로 공권
을 긍정하고 있다.
도로는 공물이므로 설사 도로의 특허사용이 있다고 하더라도 도로의 보통사용을 완전
히 배제할 수 없으며 도로의 보통사용이나 다른 사용형태와 양립가능하다고 보는 것
이 다수설과 판례이다.

최근 기출

---

64. 대법원 2006. 12. 22. 선고 2004다68311, 68328 판결【점포명도 · 임대차보
증금반환】

[1] 인접주민의 고양된 사용권의 인정과 범위 및 한계

공물의 인접주민은 다른 일반인보다 인접공물의 일반사용에 있어 특별한 이해관계를
가지는 경우가 있고, 그러한 의미에서 다른 사람에게 인정되지 아니하는 이른바 고양
된 일반사용권이 보장될 수 있으며, 이러한 고양된 일반사용권이 침해된 경우 다른 개인
과의 관계에서 민법상으로도 보호될 수 있다.

최근 기출

3. 침해의 정도와 법률상 이익과 관련된 판례사례의 유형들

대법원은 "행정소송은 행정청의 행정처분이 취소됨으로 인하여 법률상 **직
접적이고 구체적인 이익**을 가지게 되는 사람만이 제기할 이익이 있고 **사실상이
며 간접**적인 관계를 가지는데 지나지 않는 사람은 이를 제기할 이익이 없다고

---

24 김남진 · 김연태, 행정법 Ⅱ, 제23판, 법문사, 423-424면; 이일세, 公物의 使用關係에 관한 研究:
道路의 使用關係를 중심으로, 고려대학교 박사학위논문, 1991, 92면; 조규현, 공물의 인접주민이
공물에 대하여 가지는 고양된 일반사용권, 대법원판례해설 제63호, 2007; 전극수, 도로에 대한
고양된 일반사용, 토지공법연구, 제51집, 2010 등.

할 것이다"(대법원 1993. 7. 27. 선고 93누138 판결)라고 판시하고 있다.

대법원은 침해의 정도와 관련하여 ㉯별적·㉲접적·㉶체적 이익은 원고적격을 인정하지만, ㉵접적·㉰실적·㉺제적 이익에 불과한 경우를 반사적 이익이라 하고 원고적격이 없어 각하판결을 내리고 있다.

행정의 상대방은 직접적 피해자로서 원고적격이 용이하게 인정된다.

(1) ㉓원자소송

제3자 중 경원자는 경쟁적으로 인가나 허가 또는 특허를 원해서 신청을 다투는 수인의 신청자들을 경원자라고 하고, 이들간의 소송을 경원자소송이라고 한다. 경원자는 ㉠청한 ㉢인이 ㉓쟁관계에 있어서 ㉥정인에 대한 특허 및 인가 등이 다른 신청인에게 ㉫이익을 초래하는 관계라고 하겠다. 경원자는 원고적격이 인정되는 제3자라고 판시한다. ★★★

(2) ㉓업자소송

기존업자가 영업을 하고 있는데 행정청이 신규업자에게 특허 등을 발급하는 경우, 이들간의 소송을 경업자소송이라고 한다. 경업자소송에서 특허업에 대한 기존업자는 공권과 법률상 이익을 인정받을 수 있으므로 원고적격을 인정할 수 있다.★★ 그러나 허가업에 대한 기존업자는 반사적 이익에 불과하므로 원고적격이 부정된다.★★

허가는 행정청에 대한 관계에서는 요건을 갖추어 허가를 요구할 수 있는 법률상 이익이 있지만, 경쟁자에 대한 관계에서는 다툴 수 없으므로 반사적 이익에 불과하다. 즉 허가는 법률관계에서 양면성을 가진다. 그러나 특허는 두 관계에서 모두 법률상 이익을 가진다는 점에서 차이가 있다.

 실력 다지기

> ㉓원자소송과 ㉓업자소송 두 가지 유형을 합쳐서 ㉓쟁자소송이라고 이해해 두면 된다.

(3) 이웃소송

제3자 중 이웃 중에서는 법률상 이익이 인정되는 경우도 있고 반사적 이익에 불과한 경우도 있어 구별이 어렵다. 행정청이 상대방에게 공장허가 등을 하면 제3자인 이웃이 불이익을 입게 된다. 공장 바로 옆의 이웃들은 법률상 이익 인정되고 원고적격 인정되지만, 원거리에 사는 이웃들은 반사적 이익에 불과하여 원고적격이 부정되는 경우가 많다.

■ 빈출

판례는 광업권설정허가처분과 그에 따른 광산 개발로 인하여 재산상·환경상 이익의 침해를 받거나 받을 우려가 있거나 예상되는 토지나 건축물의 소유자와 점유자 또는 이해관계인 및 주민들은 원고적격을 인정받을 수 있다고 판시한다.

■ 기출

> **65. 대법원 2008. 09. 11. 선고 2006두7577 판결[광업권설정허가처분취소등]**
>
> 광업권설정허가처분과 그에 따른 광산 개발로 인하여 재산상·환경상 이익의 침해를 받거나 받을 **우려가 있는** 토지나 건축물의 소유자와 점유자 또는 이해관계인 및 주민들은 그 처분 전과 비교하여 수인한도를 넘는 재산상·환경상 이익의 침해를 받거나 받을 우려가 있다는 것을 **증명함으로써 그 처분의 취소를 구할 원고적격을 인정받을 수 있다.**

■ 기출

(4) 반사적 이익

제3자 중 **반사적 이익 유형**은 법에서 보호하지 않는 경우를 말한다. **음식점 등 허가업자간의 다툼과 관련하여 기존 허가업자는 반사적 이익**에 불과하다. 그러나 **기존 특허업자나 인가업자는 법률상 이익**이 인정됨을 주의하여야 한다.

실력 다지기

■ 주의할 기출

> 판례는 법률상 이익으로 개별적·직접적·구체적 이익이 침해되면 원고적격 인정
> 판례는 반사적 이익으로서 간접적·사실적·경제적 이익이 침해되면 원고적격 부정하여 각하판결을 내림

4. 취소소송의 4유형론을 배워두자

이렇게 소송을 네 가지로 유형화하여 검토하는 것은 원고적격과 대상적격의 소송요건 검토와 관련하여 유익한 분류라고 생각된다.[25]

■ 핵심 이해 실력 기출

① 행정의 상대방에 대한 기본권을 침해하는 행정행위가 발급되는 유형은 **소송의 1유형**으로서 **상대방의 방어소송**이라고 한다. 소송의 1유형은 행정청이 **상대방**에게 침익적 행정행위를 발급하는 경우에 상대방이 방어하기 위해 제기하는 소송인 것이다. 첫 번째 유형에서는 **원고적격인정이 용이**한 것이 특징이다. 이를 **행정의 상대방 이론**이라고 한다.

기출

② 상대방의 신청에 대한 **거부나 부작위**를 다투는 유형은 소송의 2유형으로서 **상대방의 요구소송**이라고 한다. 소송의 2유형은 허가 등을 신청한 **상대방**이 거부나 부작위를 당한 것에 대하여 상대방이 제기하는 소송인 것이다. 두 번째 소송유형에서는 **법규상·조리상 신청권**이 인정되어야 재판의 **대상**이 되는 거부나 부작위가 되는 것이 특징이다.

빈출

③ 상대방에 대한 수익적 행정행위가 제3자에게는 침익적이 되어 제3자가 **제3자효 행정행위**를 방어하기 위하여 다투는 유형은 **소송의 3유형**으로서 **제3자의 방어소송**이라고 한다. 소송의 **3유형**은 제3자효 행정행위의 **제3자**가 다투는 소송이다. 소송의 **4유형**은 행정개입을 신청했지만 거부나 부작위당한 **제3자**가 제기하는 소송인 것이다. **제3자효 행정행위**는 행정청이 발급한 행정행위(= 공권력 = 처분)가 **상대방**에게는 수익적이지만 **제3자에게**는 침익적인 효과가 동시에 나타나거나 또는 그 반대로 나타나는 것을 의미한다. 세 번째 유형에서는 **제3자에게 법률상 이익이 있는지 원고적격에 대한 상세한 검토**가 필요하다.

빈출

④ 상대방이 제3자의 기본권을 침해하는 행위를 하는 경우 제3자가 행정청에게 **행정개입을 신청하였지만 거부나 부작위** 당하여 이를 다투는 유형은 **소송의 4유형**으로서 **제3자의 요구소송**이라고 한다. 네 번째 유형에서는 **행정개입을** 청구하기 위하여는 행정개입이 **기속행위**이거나 **재량이 0이나 1로 수축**되어야 한다.

기출

---

25 박정훈, 행정소송의 구조와 기능, 박영사, 2006, 67면 이하.

제 4 절

신종 공권의 등장과 변화

1. 무하자재량행사청구권

(1) 무하자재량행사청구권의 의미와 이론을 공부해 두자

1) 개 념

> **행정기본법 제21조(재량행사의 기준)** 행정청은 재량이 있는 처분을 할 때에는 관련 이익을 정당하게 형량하여야 하며, 그 재량권의 범위를 넘어서는 아니 된다.

> **행정소송법 제27조(재량처분의 취소)** 행정청의 재량에 속하는 처분이라도 재량권의 한계를 넘거나 그 남용이 있는 때에는 법원은 이를 취소할 수 있다.

무하자재량행사청구권은 국민이 행정청에 대하여 **하자없는 재량**을 행사할 것을 요구하는 신종 공권이다.

2) 이론적 검토

무하자재량행사청구권의 개념을 인정할 것인가에 대하여 **부정설**도 있었으나 최근에는 **긍정**하는 입장이 다수설이다.

다만 성질에 대하여 **형식적 공권**으로 보는 입장이 타당하며, **실체적 공권설**을 주장하는 입장도 있기는 하다. 무하자재량행사청구권의 **독자성**에 대하여는 **긍정설**과 **부정설**의 대립이 있다. 종래의 다수설의 입장은 무하자재량행사청구권을 긍정하고 형식적 공권에 불과하지만 이것만으로도 원고적격을 인정할 수 있다고 보는 독자성긍정설의 입장에 있다. 유력설의 입장은 무하자재량행사청구권을 긍정하고 형식적 공권에 불과하다고 보지만 이것만으로는 원고적격을 인정할 수 없으며 재량을 그르쳐 직업의 자유나 공무담임권 등 기본권을 침해해야만 원고적격을 인정할 수 있다고 하여 독자성을 부정한다.[26]

---

26 홍정선, 행정법특강, 제18판, 박영사, 2019, 66면.

3) 판례의 입장★★

🖥 기출 판례

검사임용거부처분사건에 대하여 판례의 입장을 독자성을 긍정하였다는 평석과 독자성을 부정하였다는 평석의 대립이 있다. 판례는 검사임용거부처분사건에서 임용을 신청한 자에 대해서는 임용에 대한 재량을 가진 행정청이라도 응답할 의무가 있다고만 판시하였을 뿐 명시적으로 무하자재량행사청구권이 있다고 판시한 것은 아니다.

판례는 거부가 재판의 대상, 즉 '대상적격'을 갖추기 위해서는 '법규상·조리상 신청권이 있는 자에 대한 거부'이어야 한다고 판시하였다. 판례는 이때 신청권을 원고적격이나 본안의 문제로 보지 않고 대상적격으로 판시하였다. 판례에 의하면 이때의 신청권은 처분을 일단 요구해 볼 수 있는 자격을 의미할 뿐 실질적 신청권이 아니다. 이때의 신청권은 일반적이고 추상적으로 인정되는 신청권이므로 형식적 신청권이라고 하겠다.

(2) 무하자재량행사청구권에도 요건이 있다

1) 강행규정성

강행규정성으로는 행정청에게 하자없는 재량을 행사할 의무가 있어야 한다. 법치국가의 요청상 인정이 용이하다.

2) 사익보호성

하자없는 재량을 통한 사익의 보호가 인정되어야 한다. 역시 법치국가의 요청상 인정이 용이하다.

(3) 무하자재량행사청구권과 관련된 효과와 권리구제는 어떻게 될까

하자있는 재량에 대하여 항고소송이 가능하고, 국가배상으로도 권리구제가 이루어질 수 있다. 효과적으로 무하자재량행사청구권을 행사하기 위해서는 입법론적으로 의무이행소송과 가처분이 도입되어야 한다.

2. 행정개입청구권

(1) 행정개입청구권의 의의에 대하여 알아보자

1) 이론적 검토

행정개입청구권은 자기 또는 제3자에 대해 행정권을 발동할 것을 요구하

는 권리이다. 행정개입청구권의 개념을 긍정하는 것이 다수설이다. 공권의 확대화 경향에 부합하며, 생명과 신체 및 재산 등의 급박한 위험으로부터 국민을 보호할 수 있는 실익이 있기 때문이다.

행정개입청구권의 법리는 기속행위뿐만 아니라 행정청이 공권력 발동에 대해 **재량권**을 가지고 있고 구체적 사안에서 그 재량권이 **0으로 수축**(= 1로의 수축)되는 경우에 행정청은 사인간의 분쟁에 대하여 적극적으로 개입할 의무가 있다는 점(위법성의 측면)에서, 또한 행정청의 개입에 대해 이해관계를 갖는 개인은 행정청의 의무에 대응하여 공권력의 발동 내지 행정규제를 요구할 수 있다는 데 의미가 있다.

📝 기출

따라서 행정개입청구권의 성질은 무하자재량청구권과 달리 형식적 공권에 불과한 것이 아니라 실질적인 공권이 되어 구체적인 재량행사의 방향까지 요구할 수 있게 된다. 무하자재량행사청구권은 형식적 공권으로서 하자없는 재량을 행사할 것만 요구할 수 있을 뿐 구체적인 재량행사의 방향은 요구할 수 없지만, 행정개입청구권은 실질적인 공권으로서 구체적으로 재량행사의 방향을 요구할 수 있으며 사인간의 분쟁에 개입할 것을 요구할 수 있기 때문이다.

재량이 0으로 수축되는 것은 생명·신체·재산에 대한 중대하고 절박한 위험이 발생하는 경우를 의미로서 이때는 처분의 발동을 거부할 수 있는 재량이 없어진다는 의미이다. 행정청이 개입해야만 하는 기속행위이거나 또는 재량행위라도 0이나 1로 수축되면 행정개입청구권이 발생한다.

📝 기출: 재량이라도 가능한 경우 있음 주의

2) 판례의 입장★★

판례는 행정개입청구권에 대하여 직접적인 용어를 사용한 것은 눈에 띄지 않지만, **청주시 연탄공장허가**에 대한 주민들의 이웃소송 사례나 **무장공비**에 대한 경찰출동을 요청하였으나 거부한 사례 등에서 **간접적으로 인정**하고 있다고 볼 수 있다. 대법원은 무장공비 사건에서 경찰권의 불발동은 위법하다고 하여 국가배상을 인정하였다. 다만, 판례는 행정개입청구권이라는 표현을 명시적으로 판시한 적은 없다.

그러나 **삼광화학**과 공동주택 주민들간의 분쟁에 대한 개입신청거부에 대하여는 재량이 0이나 1로 수축됨에도 불구하고 법규상 또는 조리상 **신청권을 부정하여 각하**한 바 있다. 대법원은 분쟁개입여부는 재량행위이고 건축법에 이러한 행위를 요구할 수 있다는 법률의 규정도 없고 조리상의 신청권도 없으므로

거부처분취소소송을 각하하였던 것이다.[27]

(2) 행정개입청구권의 성립요건에는 무엇이 있을까

1) 강행규정성으로서 행정개입의무

개인에게 행정청에 대한 청구권(공권)이 발생하기 위해서는 먼저 행정청에게 행정개입 등 행정권을 발동하는 것에 대한 의무가 발생하지 않으면 안 된다.

행정개입행위가 **기속행위**라면 행정개입의무를 인정하는 데 문제가 없을 것이나, **재량행위라고 보면 재량권이 0으로 수축되는 경우에 비로소 행정개입의무를 인정**할 수 있게 된다.

🔲 기출

그런데, **재량권의 0으로의 수축 여부에 대하여는 중요한 법익에 대한 현저한 위험이 존재**하는 경우, 즉 **생명 또는 건강에 대한 위험, 중요한 물건에 대한 직접적인 위험이 있는 경우에** 개입을 거부할 결정재량은 축소된다.

2) 사익보호성

행정개입청구권이라는 공권이 발생하기 위해서는 **관계법규가 사익에 대한 보호규범의 성질**을 가져야 하는데, 이러한 사익보호성을 도출함에 있어서는 근거법 규정의 객관적인 목적·취지를 밝히고 관련된 규정의 상호연관관계 하에서 **유기적·체계적으로 해석**을 하는 것, 그리고 무엇보다도 헌법의 기본권보장의 취지와 객관적 가치질서를 포함하고 있는 헌법규정에 합치하도록 해석하는 것이 중요하다.

다만, 생명과 신체 및 재산에 대한 절박한 보호가 필요한 상황이라면 관련 법령의 해석은 사익보호성을 긍정하기가 용이해 진다고 할 것이다.

🔲 행정구제법에서 빈출

(3) 행정개입청구권의 효과와 권리구제는 어떻게 될까★

행정개입신청에 대한 거부나 부작위에 대하여는

① **행정심판으로서 의무이행심판, 거부처분취소심판이나 무효확인심판, 임시처분** 등의 구제가 가능하고,

② **항고소소송으로서 거부처분취소소송이나 무효확인소송, 부작위위법확인소송** 등이 모두 가능하다.

③ 또한 행정개입의무가 있는데도 이를 위반하여 손해가 발생한 경우에는

---

27 대법원 1999. 12. 7. 선고 97누17568 판결[건축허가및준공검사취소등에대한거부처분취소].

국가배상청구소송이나 가해 공무원에 대한 **손해배상청구소송도** 가능하다.

④ 현재는 규정에 없지만 입법을 희망하는 것과 관련하여 입법론으로서는 행정개입청구권이 더욱 의미가 있게 하기 위해서는 **의무이행소송과 가처분**을 도입하는 것이 바람직하다.

기출: 현행법상 부정됨

⑤ 생명과 신체 등의 급박한 침해가 있으면 행정개입재량이 0이나 1로 수축되어 행정개입의무가 있으므로 불개입이나 개입거부를 당한 국민은 **국가에 대한 국가배상청구권도** 행사할 수 있고, ㉣의 · ㉳과실 있는 가해 공무원에 대한 **민사상의 손해배상청구권도** 행사할 수 있다.

빈출

실력 다지기

주의할 오답 기출

행정심판법에서는 행정소송법과 달리 거부나 부작위에 대한 의무이행심판을 규정하고 있다. 그러므로 부작위위법확인심판 같은 것은 존재하지 않는다. 다만, 거부는 거부처분취소심판이나 무효확인심판도 가능하고 적극적인 의무이행심판도 가능하다.

그러나 현행법상 의무이행소송은 행정소송법 제3조와 제4조에 규정되어 있지 않으므로 인정될 수 없다고 보는 것이 다수설과 판례의 입장이다. 다만 긍정할 수 있다는 소수설이나 예외적으로 인정하자는 절충설도 존재한다.

제 5 절

중요 판례의 동향을 더 알아보고 출제에 대비해 보자

종교단체 납골당 신고수리의 성질과 원고적격에 대한 보호규범이론의 활용과 발전

66. 대법원 2011. 9. 8. 선고 2009두6766 판결【납골당설치신고수리처분이행통지취소】

[1] 납골당설치 신고가 '수리(= ☞ 등록이라고도 부름)를 요하는 신고'인지 여부(적극= YES) 및 수리행위에 신고필증 교부 등 행위가 필요한지 여부(소극 = NO)

기출

구 장사 등에 관한 법률(2007. 5. 25. 법률 제8489호로 전부 개정되기 전의 것, 이하 '구 장사법'이라 한다) 제14조 제1항, 구 장사 등에 관한 법률 시행규칙 제7조 제1항 [별지

제7호 서식] 을 종합하면, **납골당설치 신고는 이른바 '수리를 요하는 신고'**(=☞ 등록업이라 함) 라 할 것이므로, 납골당설치 신고가 구 장사법 관련 규정의 모든 요건에 맞는 신고라 하더라도 신고인은 곧바로 납골당을 설치할 수는 없고, 이에 대한 행정청의 **수리처분이 있어야만 신고한 대로 납골당을 설치할 수 있다.** 한편 수리란 신고를 유효한 것으로 판단하고 법령에 의하여 처리할 의사로 이를 수령하는 수동적 행위이므로 수리행위에 **신고필증 교부 등 행위가 꼭 필요한 것은 아니다.**

 출제 예상 최신 판례 예제를 연습해 보자

대법원은 **종교단체가 설립한 납골당**에 대하여는 종중이나 문중 등이 설치한 납골당과 달리 **주민보호조항이 없으므로** 인근주민들의 **원고적격을 인정할 수 없다고** 판시하였다. (×)

[2] 관련 법률에 규정이 없는 경우 유추적용을 통한 사익보호성 인정여부 (=☞ 적극 = YES)

구 장사 등에 관한 법률(2007. 5. 25. 법률 제8489호로 전부 개정되기 전의 것) 제14조 제3항, 구 장사 등에 관한 법률 시행령(2008. 5. 26. 대통령령 제20791호로 전부 개정되기 전의 것) 제13조 제1항 [별표 3]에서 납골묘, 납골탑, 가족 또는 종중·문중 납골당 등 사설납골시설의 설치장소에 제한을 둔 것은, 이러한 사설납골시설을 인가가 밀집한 지역 인근에 설치하지 못하게 함으로써 주민들의 쾌적한 주거, 경관, 보건위생 등 생활환경상의 개별적 이익을 직접적·구체적으로 보호하려는 데 취지가 있으므로, 이러한 납골시설 설치장소에서 500m 내에 20호 이상의 인가가 밀집한 지역에 거주하는 주민들은 납골당 설치에 대하여 환경상 이익 침해를 받거나 받을 우려가 있는 것으로 사실상 추정된다.

다만 **사설납골시설 중 종교단체 및 재단법인이 설치하는 납골당**에 대하여는 그와 같은 설치 장소를 제한하는 규정을 **명시적으로 두고 있지 않지만, 종교단체나 재단법인이 설치한 납골당(A')**이라 하여 납골당으로서 성질이 **가족 또는 종중, 문중 납골당(A)과 다르다고 할 수 없고(A ≒ A'),** 인근 주민들이 납골당에 대하여 가지는 쾌적한 **주거, 경관, 보건위생 등 생활환경상의 이익에 차이가 난다고 볼 수 없다.** 따라서 납골당 설치 장소에서 500m 내에 20호 이상의 인가가 밀집한 지역에 거주하는 주민들에게는 납골당이 누구에 의하여 설치되는지를 따질 필요 없이 납골당 설치에 대하여 **환경 이익 침해 또는 침해 우려가 있는 것으로 사실상 추정되어 원고적격이 인정된다고 보는 것이** 타당하다.

출제 예상 최신 판례 예제를 연습해 보자

> 회원제 골프장에 대한 신고는 행정청의 수리를 요하는 신고로서 이때의 수리는 제
> 3자효 행정행위로서 회원들의 원고적격이 인정된다. (○)

예탁금회원제골프장의 회원모집계획서 제출통보의 성격(수리를 요하는 신고= ☞ 등록업)과 기존 회원의 원고적격 (☞ 대중 골프장은 원고적격 부정 vs 회원제 골프장은 원고적격 긍정)

67. 대법원 2009. 2. 26. 선고 2006두16243 판결【골프장회원권모집계획승인처분취소】

[1] 체육시설의 회원을 모집하고자 하는 자의 회원모집계획서 제출 및 이에 대한 시·도지사 등의 검토결과 통보의 법적 성격

구 체육시설의 설치·이용에 관한 법률 제19조 제1항, 구 체육시설의 설치·이용에 관한 법률 시행령 제18조 제2항 제1호 (가)목, 제18조의2 제1항 등의 규정에 의하면, 위 법 제19조의 규정에 의하여 체육시설의 회원을 모집하고자 하는 자는 시·도지사 등으로부터 회원모집계획서에 대한 검토결과 통보를 받은 후에 회원을 모집할 수 있다고 보아야 하고, 따라서 **체육시설의 회원을 모집하고자 하는 자의 시·도지사 등에 대한 회원모집계획서 제출은 수리를 요하는 신고에서의 신고에 해당하며, 시·도지사 등의 검토결과 통보는 수리행위로서 행정처분에 해당한다.**

[2] 이른바 예탁금〈회원제 〉골프장의 기존회원이, 체육시설업자 등이 제출한 회원모집계획서에 대한 시·도지사의 검토결과 통보의 취소를 구할 〈법률상의 이익〉이 있는지 여부(적극 = YES)

한편, 이러한 행정처분으로서의 통보에 대하여는 그 직접 상대방이 아닌 제3자라도 그 취소를 구할 법률상의 이익이 있는 경우에는 원고적격이 〈인정〉된다고 할 것인바, 회사가 정하는 자격기준에 준하는 자로서 입회승인을 받은 회원은 일정한 입회금을 납부하고 회사가 지정한 시설을 이용할 때에는 회사가 정한 요금을 지불하여야 하며 회사는 회원의 입회금을 5년 후에 상환하도록 정해져 있는 이 사건 소외 1 주식회사(이하 '이 사건 골프클럽'이라고 한다)와 같은 이른바 예탁금회원제 골프장에 있어서, 체육시설업자 또는 그 사업계획의 승인을 얻은 자가 회원모집계획서를 제출하면서 허위의 사업시설 설치공정확인서를 첨부하거나 사업계획의 승인을 받을 때 정한 예정인원을 초과하여 회원을 모집하는 내용의 회원모집계획서를 제출하여 그에 대한 시·도지사 등의 검토결과 통보를 받는다면 이는 **기존회원의 골프장에 대한 법률상의 지위에 영향을 미치게 되므로, 이러**

한 경우 기존회원은 위와 같은 회원모집계획서에 대한 시·도지사의 검토결과 통보의 취소를 구할 법률상의 이익이 〈있다〉고 보아야 할 것이다.

원심이 회원제 골프장의 기존 회원은 회원모집계획서에 대한 시·도지사의 검토결과 통보의 취소를 구할 법률상의 이익이 전혀 없는 것처럼 판단한 것은 잘못이다.

 출제 예상 최신 판례 예제를 연습해 보자

전남대학교에 대한 **로스쿨 인가**에 대하여 조선대학교는 **제3자로서 원고적격이 인정**된다. (○)

전남지역에 **1개로 한정**된 로스쿨 인가 심사에 **경쟁자인 전남대학교 소속의 교수들이 참여**한 경우 주체상의 **하자**로서 무효이다. (×)

 실력 다지기

로스쿨 인가에 대한 자문절차에서 이해관계인들이 들어간 경우는 교육부장관의 로스쿨인가결정에 하자가 있다. 그런데, 로스쿨 인가는 교육부장관이 결정권한을 가지고 있고 자문위원회는 어디까지나 자문과 조언을 하는 절차를 밟을 뿐이다. 따라서 절차상의 하자에 해당한다. 절차상의 하자이므로 원칙적으로 취소사유에 불과하다.

 출제 예상 최신 판례 예제를 연습해 보자

전남대에 대한 **로스쿨 인가가 위법**하므로 비록 **로스쿨 학생들이 재학중**이라고 하더라도 함부로 **사정판결**할 수 없다. (×)

 실력 다지기

처분이 취소사유이면 사정판결이 인정되지만, 처분이 무효사유이면 사정판결이 부정된다.
사정판결은 공익을 위한 것이지만 함부로 인정할 수 없다.

로스쿨과 원고적격 및 절차하자 판례들

조선대학교의 전남대학교 로스쿨 인가취소소송

68. 대법원 2009. 12. 10. 선고 2009두8359 판결【예비인가처분취소】

[1] 제3자로서 경원자의 원고적격

비록 경원자에 대하여 이루어진 허가 등 처분의 상대방이 아니라 하더라도 당해 처분의 취소를 구할 원고 적격이 있다.

[2] 전남대 로스쿨 교수들이 로스쿨 인가심사에 관여한 절차의 하자와 위법성의 정도

교수위원들이 위원회 제15차 회의에 관여한 것은 소속대학에 대한 관계에서 법 제13조를 위반한 것이기는 하나, 법 제13조의 적용 범위 등에 관하여 해석상 논의의 여지가 있고, 교수위원이 소속한 전남대학교의 경우 서울외권역 중 2순위의 평가점수를 받아 **소속 교수위원이 배제된 상태에서 심의를 하였더라도 동일한 심의결과가 나왔을 것으로 보이는 점 등에 비추어,** 그러한 위반은 이 사건 인가처분의 무효사유가 아니라 **취소 사유에 해당**한다.

[3] 사정판결

이미 로스쿨학생들이 재학중에 있어 사정판결하여야 하며, 이는 **합헌적인 제도**이다.

☞ 사정판결은 합헌적인 제도이기는 하지만 신중하게 운영하여야 한다는 시각이 법원의 관점이다.

국민대학교 교수들의 로스쿨 인가 헌법소원

69. 헌재 2008. 11. 27. 2008헌마372

청구인들이 주장하는 **법학전문대학원의 교수로서의 지위와 그에 따르는 각종 권리는 법적으로 보장받고 있던 지위나 권리가 아니라** '장차 법학전문대학원의 교수로서 활동할 수 있으리라는 사실상의 기대'가 실현되지 않게 된 것에 불과하다. 학교법인 국민학원이 법학전문대학원 예비인가를 받지 못함에 따른 **반사적 결과로서 사실적·간접적·경제적 불이익에 지나지 않는다.**

 출제 예상 최신 판례 예제를 연습해 보자

국민대학교 교수들도 경쟁 대학들에 대한 로스쿨 인가를 다툴 수 있는 법률상 이익이 인정된다. (×)

담배소매인의 원고적격

70. 대법원 2008. 3. 27. 선고 2007두23811 판결【담배소매인지정처분취소】

담배 일반소매인으로 지정되어 영업을 하고 있는 기존업자의 신규업자에 대한 이익이 '법률상 보호되는 이익'에 해당한다.

 출제 예상 최신 판례 예제를 연습해 보자

신규 **담배 소매업지정**에 대하여 기존 소매업자는 반사적 이익에 불과하므로 취소소송을 제기할 수 없다. (×)

제주도 수산동굴 부근에서 토지나 건물만을 소유하는 자의 환경소송의 원고적격 부정

71. 대법원 2009. 9. 24. 선고 2009두2825 판결【개발사업시행승인처분취소】

환경상 이익에 대한 침해 또는 침해 우려가 있는 것으로 <사실상 추정>되어 원고적격이 인정되는 사람에는 환경상 침해를 받으리라고 예상되는 ① 영향권 내의 주민들을 비롯하여 ② 그 영향권 내에서 **농작물을 경작하는 등 현실적으로 환경상 이익을 향유하는 사람도 포함**된다. 그러나 ③ **단지 그 영향권 내의 건물·토지를 소유하거나 환경상 이익을 일시적으로 향유하는 데 그치는 사람은 포함되지 않는다.**

행정청이 **사전환경성검토협의**를 거쳐야 할 대상사업에 관하여 **법의 해석을 잘못한** 나머지 세부용도지역이 지정되지 않은 개발사업 부지에 대하여 사전환경성검토협의를 할지 여부를 결정하는 **절차를 생략한 채 승인 등의 처분을 한 사안에서, 그 하자가 객관적으로 명백하다고 할 수 없다.** (☞ 취소사유로 봄)

 출제 예상 최신 판례 예제를 연습해 보자

환경영향평가지역 내의 주민이라도 단순히 토지나 건물만을 소유할 뿐인 경우에는 법률상 이익의 추정이 번복된다. (○)

제 6 절

(실력 UP) 출제가 예상되는 화제의 판결들을 공부해 두자

72. 대법원 2019. 8. 30. 선고 2018두47189 판결[신문사업자지위승계신고수리 및신문사업변경등록처분취소]〈신문 등의 진흥에 관한 법률상 등록을 마친 신 문사업자의 지위에 관한 사건〉

[1] 행정처분에 대한 취소소송에서 원고적격은 해당 처분의 상대방인지 여부가 아니라 그 취소를 구할 법률상 이익이 있는지 여부에 따라 결정된다. 여기에서 말하는 법률상 이익이란 해당 처분의 근거 법률로 보호되는 직접적이고 구체적인 이익을 가리키고, 간접적이거나 사실적·경제적 이해관계를 가지는 데 불과한 경우는 포함되지 않는다.

[2] 신문을 발행하려는 자는 신문의 명칭('제호'라는 용어를 사용하기도 한다) 등을 주사무소 소재지를 관할하는 시·도지사(이하 '등록관청'이라 한다)에게 등록하여야 하고, 등록을 하지 않고 신문을 발행한 자에게는 2천만 원 이하의 과태료가 부과된다(신문 등의 진흥에 관한 법률 제9조 제1항, 제39조 제1항 제1호). 따라서 등록관청이 하는 신문의 등록은 신문을 적법하게 발행할 수 있도록 하는 행정처분에 해당한다.

[3] 신문 등의 진흥에 관한 법률(이하 '신문법'이라 한다)상 신문 등록의 법적 성격, 동일 명칭 이중등록 금지의 내용과 취지 등을 종합하면, 신문의 등록은 단순히 명칭 등을 공적 장부에 등재하여 일반에 공시(공시)하는 것에 그치는 것이 아니라 신문사업자에게 등록한 특정 명칭으로 신문을 발행할 수 있도록 하는 것이고, 이처럼 신문법상 등록에 따라 인정되는 신문사업자의 지위는 사법상 권리인 '특정 명칭의 사용권' 자체와는 구별된다.

[4] 이미 등록된 신문의 사업자(이하 '기존사업자'라 한다)가 새로운 신문사업자(이하 '신규사업자'라 한다)와 체결한 '명칭 사용 허락에 관한 약정'의 무효, 취소 또는 해지를 주장하거나 허락기간의 종료를 주장하고 신규사업자가 이를 다툼으로써 기존사업자와 신규사업자 모두 적법하게 등록한 동일한 명칭으로 신문을 발행하려고 하는 상황이 발생할 수 있다. 신문 등의 진흥에 관한 법률(이하 '신문법'이라 한다)은 이처럼 동일한 명칭의 신문이 이중으로 등록되어 두 명 이상의 신문사업자가 신문을 발행하려고 하는 경우 이중등록의 효력 또는 이중으로 등록한 신규사업자에 대한 행정 조치에 관하여 직접적인 규정을 두고 있지 않다.

그러나 위와 같이 기존사업자와 신규사업자 사이에 명칭 사용 허락과 관련하여 민사상 분쟁이 있는 경우에는 이를 이유로 등록관청이 신규사업자의 신문 등록을 직권으로 취소·철회할 수는 없고, 그 다툼에 관한 법원의 판단을 기다려 그에 따라 등록취소 또는 변경등록 등의 행정 조치를 할 수 있을 뿐이며, 법원의 판단이 있기 전까지 신규사업자의 신문법상 지위는 존속한다고 보아야 한다.

[5] 갑 주식회사로부터 '제주일보' 명칭 사용을 허락받아 신문 등의 진흥에 관한 법률(이하 '신문법'이라 한다)에 따라 등록관청인 도지사에게 신문의 명칭 등을 등록하고 제주일보를 발행하고 있던 을 주식회사가, 병 주식회사가 갑 회사의 사업을 양수하였음을 원인으로 하여 사업자 지위승계신고 및 그에 따른 발행인·편집인 등의 등록사항 변경을 신청한 데 대하여 도지사가 이를 수리하고 변경등록을 하자, 사업자 지위승계신고 수리와 신문사업변경등록에 대한 무효확인 또는 취소를 구하는 소를 제기한 사안에서, 신문사업자의 지위는 신문법상 등록에 따라 보호되는 직접적·구체적인 이익으로 사법상 '특정 명칭의 사용권'과 구별되고, 갑 회사와 을 회사 사이에 신문의 명칭 사용 허락과 관련하여 민사상 분쟁이 있더라도 법원의 판단이 있기 전까지 을 회사의 신문법상 지위는 존재하기 때문에, 위 처분은 을 회사가 '제주일보' 명칭으로 신문을 발행할 수 있는 신문법상 지위를 불안정하게 만드는 것이므로, 을 회사에는 무효확인 또는 취소를 구할 법률상 이익이 인정된다는 이유로, 이와 달리 사법상 권리를 상실하면 신문법상 지위도 당연히 소멸한다는 전제에서 을 회사의 원고적격을 부정한 원심판단에 법리를 오해한 잘못이 있다.

73. 대법원 2018. 5. 15. 선고 2014두42506 판결[사증발급거부처분취소]

사증발급의 법적 성질, 출입국관리법의 입법 목적, 사증발급 신청인의 대한민국과의 실질적 관련성, 상호주의원칙 등을 고려하면, 우리 출입국관리법의 해석상 외국인에게는 사증발급 거부처분의 취소를 구할 법률상 이익이 인정되지 않는다.

74. 대법원 2018. 8. 1. 선고 2014두35379 판결[징계처분등]

[1] 국가기관 등 행정기관(이하 '행정기관 등'이라 한다) 사이에 권한의 존부와 범위에 관하여 다툼이 있는 경우에 이는 통상 내부적 분쟁이라는 성격을 띠고 있어 상급관청의 결정에 따라 해결되거나 법령이 정하는 바에 따라 '기관소송'이나 '권한쟁의심판'으로 다루어진다.

그런데 법령이 특정한 행정기관 등으로 하여금 다른 행정기관을 상대로 제재적 조치를 취할 수 있도록 하면서, 그에 따르지 않으면 그 행정기관에 대하여 과태료를 부과하거나 형사처벌을 할 수 있도록 정하는 경우가 있다. 이러한 경우에는 단순히 국가기관이나 행정기관의 내부적 문제라거나 권한 분장에 관한 분쟁으로만 볼 수 없다. 행정기관의 제재적 조치의 내용에 따라 '구체적 사실에 대한 법집행으로서 공권력의 행사'에 해당할 수 있고, 그러한 조치의 상대방인 행정기관이 입게 될 불이익도 명확하다. 그런데도 그러한 제재적 조치를 기관소송이나 권한쟁의심판을 통하여 다툴 수 없다면, 제재적 조치는 그 성격상 단순히 행정기관 등 내부의 권한 행사에 머무는 것이 아니라 상대방에 대한 공권력 행사로서 항고소송을 통한 주관적 구제대상이 될 수 있다고 보아야 한다. 기관소송 법정주의를 취하면서 제한적으로만 이를 인정하고 있는 현행 법령의 체계에 비추어 보면, 이 경우 항고소송을 통한 구제의 길을 열어주는 것이 법치국가 원리에도 부합한다. 따라서 이러한 권리구제나 권리보호의 필요성이 인정된다면 예외적으로 그 제재적 조치의 상대방인 행정기관 등에게 항고소송 원고로서의 당사자능력과 원고적격을 인정할 수 있다.

[2] 국민권익위원회가 소방청장에게 인사와 관련하여 부당한 지시를 한 사실이 인정된다며 이를 취소할 것을 요구하기로 의결하고 그 내용을 통지하자 소방청장이 국민권익위원회 조치요구의 취소를 구하는 소송을 제기한 사안에서, 행정기관인 국민권익위원회가 행정기관의 장에게 일정한 의무를 부과하는 내용의 조치요구를 한 것에 대하여 그 조치요구의 상대방 행정기관의 장이 다투고자 할 경우에 법률에서 행정기관 사이의 기관소송을 허용하는 규정을 두고 있지 않으므로 이러한 조치요구를 이행할 의무를 부담하는 행정기관의 장으로서는 기관소송으로 조치요구를 다툴 수 없고, 위 조치요구에 관하여 정부 조직 내에서 그 처분의 당부에 대한 심사·조정을 할 수 있는 다른 방도도 없으며, 국민권익위원회는 헌법 제111조 제1항 제4호에서 정한 '헌법에 의하여 설치된 국가기관'이라고 할 수 없으므로 그에 관한 권한쟁의심판도 할 수 없고, 별도의 법인격이 인정되는 국가기관이 아닌 소방청장은 질서위반행위규제법에 따른 구제를 받을 수도 없는 점, 부패방지 및 국민권익위원회의 설치와 운영에 관한 법률은 소방청장에게 국민권익위원회의 조치요구에 따라야 할 의무를 부담시키는 외에 별도로 그 의무를 이행하지 않을 경우 과태료나 형사처벌까지 정하고 있으므로 위와 같은 조치요구에 불복하고자 하는 '소속기관 등의 장'에게는 조치요구를 다툴 수 있는 소송상의 지위를 인정할 필요가 있는 점에 비추어, 처분성이 인정되는 국민권익위원회의 조치요구에 불복하고자 하는 소방청장으로서는 조치요구의 취소를 구하는 항고소송을 제기하는 것이 유효·적절한 수단으로 볼 수 있으므로 소방청장은 예외적으로 당사자능력과 원고적격을 가진다.

75. 헌재 2018. 2. 22. 2017헌가29[출입국관리법 제63조 제1항 위헌제청]

가. 출입국관리법상 보호는 국가행정인 출입국관리행정의 일환이며, 주권국가로서의 기능을 수행하는 데 필요한 것이므로 일정부분 입법정책적으로 결정될 수 있다.

심판대상조항은 외국인의 출입국과 체류를 적절하게 통제하고 조정하여 국가의 안전보장·질서유지 및 공공복리를 도모하기 위한 것으로 입법목적이 정당하다. 강제퇴거대상자를 출국 요건이 구비될 때까지 보호시설에 보호하는 것은 강제퇴거명령의 신속하고 효율적인 집행과 외국인의 출입국·체류관리를 위한 효과적인 방법이므로 수단의 적정성도 인정된다.

강제퇴거대상자의 송환이 언제 가능해질 것인지 미리 알 수가 없으므로, 심판대상조항이 보호기간의 상한을 두지 않은 것은 입법목적 달성을 위해 불가피한 측면이 있다. 보호기간의 상한이 규정될 경우, 그 상한을 초과하면 보호는 해제되어야 하는데, 강제퇴거대상자들이 보호해제 된 후 잠적할 경우 강제퇴거명령의 집행이 현저히 어려워질 수 있고, 그들이 범죄에 연루되거나 범죄의 대상이 될 수도 있다. 강제퇴거대상자는 강제퇴거명령을 집행할 수 있을 때까지 일시적·잠정적으로 신체의 자유를 제한받는 것이며, 보호의 일시해제, 이의신청, 행정소송 및 집행정지 등 강제퇴거대상자가 보호에서 해제될 수 있는 다양한 제도가 마련되어 있다. 따라서 심판대상조항은 침해의 최소성 및 법익의 균형성 요건도 충족한다.

그러므로 심판대상조항은 과잉금지원칙에 위배되어 신체의 자유를 침해하지 아니한다.

나. 강제퇴거명령 및 보호에 관한 단속, 조사, 심사, 집행 업무를 동일한 행정기관에서 하게 할 것인지, 또는 서로 다른 행정기관에서 하게 하거나 사법기관을 개입시킬 것인지는 입법정책의 문제이므로, 보호의 개시나 연장 단계에서 사법부의 판단을 받도록 하는 절차가 규정되어 있지 않다고 하여 곧바로 적법절차원칙에 위반된다고 볼 수는 없다. 강제퇴거대상자는 행정소송 등을 통해 사법부로부터 보호의 적법 여부를 판단받을 수 있고, 강제퇴거 심사 전 조사, 이의신청이나 행정소송 과정에서 자신의 의견을 진술하거나 자료를 제출할 수 있다.

따라서 심판대상조항은 헌법상 적법절차원칙에 위반된다고 볼 수 없다.

재판관 이진성, 재판관 김이수, 재판관 강일원, 재판관 이선애, 재판관 유남석의 위헌의견

가. 기간의 상한이 정해져 있지 않은 보호는 피보호자로 하여금 자신이 언제 풀려날지 전혀 예측할 수 없게 하여 심각한 정신적 압박감을 가져온다. 단지 강제퇴거명령의 집행을 용이하게 하기 위하여 기간의 제한 없는 보호를 가능하게 하는 것은 행정의 편의성과 획일성만을 강조한 것으로 그 자체로 피보호자의 신체의 자유에 대한 과도한 제한이다.

보호기간의 상한을 초과하여 석방된 강제퇴거대상자들이 잠적하거나 범죄를 저지르는 것은 아직 현실화되지 않은 잠재적인 가능성에 불과하고, 이를 뒷받침할만한 실증적 근거도 충분하다고 볼 수 없다. 보호기간의 상한을 초과하여 보호를 해제하더라도, 출국 요건이 구비될 때까지 이들의 주거지를 제한하는 방법, 신원보증인을 지정하거나 보증금을 내도록 하는 방법 등을 통하여 도주나 추가적인 범법행위를 상당 부분 방지할 수 있다.

보호일시해제제도는 장기 구금의 문제를 보완할 수 있는 장치로서 기능한다고 보기 어렵고, 이의신청 등 사후적 구제수단 역시 실효성이 있다고 볼 수 없다. 심판대상조항이 달성하고자 하는 공익의 중대성을 감안하더라도, 기간의 상한 없는 보호로 인하여 피보호자의 신체의 자유가 제한되는 정도가 지나치게 크므로, 심판대상조항은 침해의 최소성 및 법익의 균형성 요건을 충족하지 못한다.

따라서 심판대상조항은 과잉금지원칙에 위배되어 피보호자의 신체의 자유를 침해한다.

나. 보호결정을 하는 지방출입국·외국인관서의 장은 출입국관리공무원이 속한 동일한 집행기관 내부의 상급자에 불과하여 기관이 분리되어 있다고 볼 수 없고, 그 밖에 사법부 등 외부기관이 관여할 여지가 전혀 없으므로, 보호명령과 관련하여 객관적·중립적 기관에 의한 절차적 통제가 이루어진다고 보기 어렵다. 법무부장관은 보호명령을 발령·집행하는 행정청의 관리감독청에 불과하므로, 이의신청이나 보호기간 연장에 대한 법무부장관의 심사 및 판단은 보호의 적법성을 담보하기 위한 통제절차로서의 의미를 갖는다고 보기 어렵다. 행정소송 등 일반적·사후적인 구제수단으로는 외국인의 신체의 자유를 보장하기에 미흡하고, 출입국관리법 등 관련 법령에 의할 때 보호명령을 받는 자가 자신에게 유리한 진술을 하거나 의견을 제출할 수 있는 기회가 전혀 없다. 따라서 심판대상조항은 헌법상 적법절차원칙에 위반된다.

76. 대법원 2015. 10. 29. 선고 2013두27517 판결[주유소운영사업자불선정처분취소]

인가·허가 등 수익적 행정처분을 신청한 여러 사람이 서로 경원관계에 있어서 한 사람에 대한 허가 등 처분이 다른 사람에 대한 불허가 등으로 귀결될 수밖에 없을 때 허가 등 처분을 받지 못한 사람은 신청에 대한 거부처분의 직접 상대방으로서 원칙적으로 자신에 대한 거부처분의 취소를 구할 원고적격이 있고, 취소판결이 확정되는 경우 판결의 직접적인 효과로 경원자에 대한 허가 등 처분이 취소되거나 효력이 소멸되는 것은 아니더라도 행정청은 취소판결의 기속력에 따라 판결에서 확인된 위법사유를 배제한 상태에서 취소판결의 원고와 경원자의 각 신청에 관하여 처분요건의 구비 여부와 우열을 다시 심사하여야 할 의무가 있으며, 재심사 결과 경원자에 대한 수익적 처분이 직권취소되고 취소판결의 원고에게 수익적 처분이 이루어질 가능성을 완전히 배제할 수는 없으므로, 특별한 사정이 없는 한 경원관계에서 허가 등 처분을 받지 못한 사람은 자신에 대한 거부처분의 취소를 구할 소의 이익이 있다.

제 4 장

행정규제

과거에는 행정청이 행정작용을 통하여 국민들이나 기업들을 규제하였지만, 오늘날은 다양한 형태의 규제들이 등장하고 있다. 정부의 규제를 공부하고 나면, 행정법이 매우 쉽게 이해될 수 있다.

제 1 절

행정규제의 종류와 사다리에 대하여 생각해 보자

📌 핵심 빈출 이해

(1) 행정규제에 대한 이해와 최근의 논의를 알아보자

정부는 질서유지나 공공복리 등 공익과 국민의 사익을 조화롭게 추구하여야 하므로, 국민들이 원하는 행동의 자유를 누리도록 무조건적으로 방치하지는 않는다. 정부는 국민들이 생활하는 사회나 기업들이 영업을 영위하는 시장에 대하여 규제(Regulation, Regulierung)를 가하여 자유의 정도를 조절한다.

📌 행정법 기출을 체계적으로 이해하고 정리하자

규제에는 정부의 '고권적 규제'(hoheitliche Regulierung; Command-and-ControlRegulation), 사인이나 기업들의 '자율규제'(lex mercatoria, Selbstregulierung, Self-Regulation), 그리고 정부와 민간이 함께 공동으로 규제의 기준을 정하는 '규제된 자기규제'(Regulierte Selbstregulierung, hoheitlich regulierte gesellschaftliche Selbstregulierung) 등이 있다.[1] [2] 건축신고처럼 수리를 요하지 않는 신고와 같은 경우가 자율규제의 예라고 할 수 있다.[3]

이 중 전통적으로 가장 많이 사용되는 것은 정부의 고권적 규제라고 할 것이다. 이러한 고권적 규제에는 규제의 정도가 가장 약한 것에서부터 규제가 가장 강한 것 등으로 유형을 스펙트럼처럼 분류할 수 있다. 행정규제기본법 제2조 제1호의 행정규제는 정부의 고전적 규제를 말한다.

행정규제기본법 제2조 ① 이 법에서 사용하는 용어의 뜻은 다음과 같다.

1. "행정규제"(이하 "규제"라 한다)란 국가나 지방자치단체가 특정한 행정 목적을 실현하기 위하여 국민(국내법을 적용받는 외국인을 포함한다)의 권리를 제한하거나 의무를 부과하는 것으로서 법령등이나 조례·규칙에 규정되는 사항을 말한다.
2. "법령등"이란 법률·대통령령·총리령·부령과 그 위임을 받는 고시(告示) 등을 말한다.
3. "기존규제"란 이 법 시행 당시 다른 법률에 근거하여 규정된 규제와 이 법 시행 후 이 법에서 정한 절차에 따라 규정된 규제를 말한다.
4. "행정기관"이란 법령등 또는 조례·규칙에 따라 행정 권한을 가지는 기관과 그 권한을 위임받거나 위탁받은 법인·단체 또는 그 기관이나 개인을 말한다.
5. "규제영향분석"이란 규제로 인하여 국민의 일상생활과 사회·경제·행정 등에 미치는 여러 가지 영향을 객관적이고 과학적인 방법을 사용하여 미리 예측·분석함으로써 규제의 타당성을 판단하는 기준을 제시하는 것을 말한다.

② 규제의 구체적 범위는 대통령령으로 정한다.

규제가 가장 약한 것은 ① **수리를 요하지 않는 신고**만으로서 족한 것들이다.[4]

② 다음으로 **수리를 요하는 신고**인데, 이를 변형된 허가로 보는 입장과 허

---

1 성봉근, 제어국가에서의 규제, 공법연구 제44집 제4호, 2016년 6월, 233면, 238–239면.

2 한편 수리를 요하지 않는 신고는 '자율규제'로, 수리를 요하는 신고는 중간 형태인 '규제된 자기규제'로, 허가나 특허 및 인가와 예외적 승인 등은 '고권적 규제'로 분류하는 새로운 입장이 있다. 성봉근, 규제에 대한 판결의 새로운 패러다임 — 건축신고 판례의 예를 중심으로 —, 행정판례연구, 行政判例研究 XXI–1, 2016, 31면.

3 성봉근, 규제에 대한 판결의 새로운 패러다임 — 건축신고 판례의 예를 중심으로 —, 행정판례연구 XXI–1, 2016, 35면.

4 수리를 요하지 않는 신고는 자율규제의 예로도 들 수 있지만, 기존의 분류법에 따라 정리해 보기로 한다.

가보다 규제가 완화된 별개의 것으로 보는 입장이 대립한다.

③ 다음으로는 **허가**를 신청하고 허가를 발급하여 자유를 얻게 되는 것이다.

④ 다음으로는 **특허**를 신청하고 특허를 발급하여 독점적인 사업을 하게 되는 것이다.

⑤ 그 다음으로는 **인가**를 신청하고 인가를 발급받아 유효한 사업을 하는 것이다.

⑥ 다음으로 **예외적 승인**을 신청하고 예외적 승인을 발급받아 처벌의 대상이 될 정도로 금지된 영업이나 행동을 하는 것이다.

물론 **절대적으로 금지**되는 행위들은 가장 강력한 규제 수단이다.

이에 대한 구체적이고 실무적인 내용들을 상세하게 정리하면 다음과 같다.

[규제정도에 따른 분류 ; 〈처분〉의 구체적인 종류와 관련한 6단계의 정부규제 사다리를 공부해두자] ★★★★

규제(Regulation; Regulierung)의 사다리를 이해하면 행정법이 쉬워진다. 단계별로 규제가 강화된다.

행정규제기본법 제4조(규제 법정주의) ① 규제는 법률에 근거하여야 하며, 그 내용은 알기 쉬운 용어로 구체적이고 명확하게 규정되어야 한다.

② 규제는 법률에 직접 규정하되, 규제의 세부적인 내용은 법률 또는 상위 법령에서 구체적으로 범위를 정하여 위임한 바에 따라 대통령령·총리령·부령 또는 조례·규칙으로 정할 수 있다. 다만, 법령에서 전문적·기술적 사항이나 경미한 사항으로서 업무의 성질상 위임이 불가피한 사항에 관하여 구체적으로 범위를 정하여 위임한 경우에는 고시 등으로 정할 수 있다.

③ 행정기관은 법률에 근거하지 아니한 규제로 국민의 권리를 제한하거나 의무를 부과할 수 없다.

> ▣ 기출 조문
> ▣ 법률유보의 원칙
>
> ▣ 법령보충적 행정규칙의 근거
>
> ▣ 법률유보의 원칙

참고로 **처분성이 있는 규제는 취소소송 등 항고소송의 대상**이 되어 재판이 가능하지만, **처분성이 없는 규제**는 취소소송 등 항고소송의 대상이 되지 않아 재판을 받지 못하고 **각하판결**을 받게 된다. 따라서 가급적 처분성을 인정해주는 것이 항고소송을 통한 재판청구권을 잘 보장해 주는 것이 된다.

(2) 규제사다리의 첫 번째 단계인 '수리를 요하지 않는 신고'

신고는 사인이 행정청에 대하여 공법적 규제를 완화하기 위해서 행정청에게 **일정한 사실을 알리는 공법상의 행위**이고, 신청은 사인이 행정청에 대하여 공법적 규제를 완화하기 위하여 행정청에게 **허가나 특허 등을 요구**하는 공법상의 행위이다. 수리를 요하지 않는 신고는 민원인들이 **신고만 하고 접수만 시키**면 되는 것이다. **사업자등록**은 수리를 요하지 않는 신고로서 처분성이 없다. **당구장**, 탁구장, 태권도도장업 등도 **수리를 요하지 않는 신고업**에 해당하므로 접수를 거부하더라도 처분성이 없다. 적법한 요건을 구비한 당구장 등의 영업신고는 **수리를 기다리지 아니하고** 신고가 접수되자 마자 영업의 자유가 발생한다.

요건을 갖추지 못한 당구장 등 신고체육시설업의 영업신고는 **무신고영업**으로서 **불법영업**에 해당한다. 신고체육시설업은 **수리를 요하지 않는 신고**로서 그 수리나 거부는 **처분성이 부정**되어 취소소송제기시 **각하**판결을 내리게 된다. 수리를 요하지 않는 신고는 구청에 신고서를 내자마자 당일부터 영업이 가능하다.

일정 높이 이상의 담장이나 대문 설치는 수리를 요하지 않는 신고이고, 일정 높이(2m) 이하의 담장이나 대문설치는 **신고조차 필요하지 아니하다**. 따라서 공동주택관리규칙 소정의 신고대상인 아파트 대문설치를 위한 건축행위를 하고자 할 경우, 적법한 요건을 갖춘 신고 이외에 행정청의 수리처분을 요하지 아니

한다. 따라서 그 **신고를 받은 구청장이 관계 법령상의 사유 이외의 사유인 주민분쟁 등을 들어 수리를 거부할 수 없다.** 신고를 한 아파트 대문은 적법한 건축

물이므로 이에 대한 철거명령은 **무효**이고, 무효인 하자를 승계한 대집행 계고 등도 무효이다.

---

77. 대법원 1999. 04. 27. 선고 97누6780 판결[건축물철거대집행계고처분취소]

[1] 주택건설촉진법 제38조 제2항 단서, 공동주택관리령 제6조 제1항 및 제2항, 공동주택관리규칙 제4조 및 제4조의2의 각 규정들에 의하면, 공동주택 및 부대시설·복리시설의 소유자·입주자·사용자 및 관리주체가 **건설부령이 정하는 경미한 사항으로서 신고대상인 건축물의 건축행위를 하고자 할 경우에는 그 관계 법령에 정해진 적법한 요건을 갖춘 신고만을 하면 그와 같은 건축행위를 할 수 있고, 행정청의 수리처분 등 별단의 조처를 기다릴 필요가 없다**고 할 것이며, 또한 이와 같은 신고를 받은 행정청으로서는 그 신고가 같은 법 및 그 시행령 등 관계 법령에 신고만으로 건축할 수 있는 경우에 해당하는 여부 및 그 구비서류 등이 갖추어져 있는지 여부 등을 심사하여 그것이 법규정에 부합

하는 이상 **이를 수리하여야 하고, 같은 법 규정에 정하지 아니한 사유를 심사하여 이를 이유로 신고수리를 거부할 수는 없다.**

기출

[2] 적법한 건축물에 대한 철거명령은 그 하자가 중대하고 명백하여 당연무효라고 할 것이고, 그 후행행위인 건축물철거 대집행계고처분 역시 당연무효라고 할 것이다.

주의할 기출

78. 대법원 1998. 04. 24. 선고 97도3121 판결[체육시설의설치 · 이용에관한법률 위반]

체육시설의설치 · 이용에관한법률 제10조, 제11조, 제22조, 같은법시행규칙 제8조 및 제25조의 각 규정에 의하면, 체육시설업은 <**등록체육시설업**>과 <**신고체육시설업**>으로 나누어지고, 당구장업과 같은 **신고체육시설업**을 하고자 하는 자는 체육시설업의 종류별로 같은법시행규칙이 정하는 해당 시설을 갖추어 소정의 양식에 따라 **신고서를 제출하는 방식**으로 시 · 도지사에 신고하도록 규정하고 있으므로, 소정의 시설을 갖추지 못한 체육시설업의 신고는 **부적법한 것**으로 그 수리가 거부될 수밖에 없고 그러한 상태에서 신고 체육시설업의 영업행위를 계속하는 것은 **무신고 영업행위**에 해당할 것이지만, 이에 반하여 적법한 요건을 갖춘 신고의 경우에는 행정청의 수리처분 등 별단의 조치를 기다릴 필요 없이 그 접수시에 신고로서의 효력이 발생하는 것이므로 **그 수리가 거부되었다고 하여 무신고 영업이 되는 것은 아니다.**

기출 판례

수리를 요하지 않는 신고가 들어오면 행정청은 형식적 요건만 심사하여 접수하여야 한다. 실질적 요건을 심사해서는 안 되는 것이 원칙이다. 따라서 **전입신고자가 거주의 목적 이외에 다른 이해관계에 관한 의도**를 가지고 있는지 여부, **전입 신고를 수리함으로써 당해 지방자치단체에 미치는 영향** 등과 같은 사유는 주민등록 전입신고의 수리 여부를 심사하는 단계에서는 고려 대상이 될 수 없다.

최근 기출

실력 다지기

주민등록신고나 전입신고의 경우 수리를 요하지 않는 신고로 본 최근 판례도 있고, 수리를 요하는 신고로 본 판례도 있어 양자가 공존하고 있는 상황이다. 수리를 요하지 않는 신고로 판례변경을 하여 거주이전의 자유를 보장하는 것이 필요하다. 판례는 주민등록신고나 전입신고에 대한 접수거부에 대하여 과거에는 처분성을 부정하다가 이제는 처분성을 긍정하는 방향으로 판례를 변경하여 판시하고 있다. 거주이전의 자유가 침해되는 경우 항고소송을 통한 재판청구권이 보장될 수 있도록 처분성을 긍정

최근 기출

하는 판례의 변경은 타당하다. 공무원들이 함부로 국민들의 거주이전의 자유를 침해할 수 없으므로 수리를 요하지 않는 신고로서 접수가 거부되면 처분성을 인정하고 이에 대하여 취소소송으로 다툴 수 있다고 보는 것이 타당하다. 앞으로 판례의 정비가 필요하다.

🔘 혼동하지 않도록 정리해 두어야 할 판례

〈주민등록신고에 대하여 두 가지 판례가 병존하고 있음을 주의하자〉

① 판례는 **주민등록과 관련하여 수리를 요하는 신고로서 거부나 수리는 처분성이 있다고 판시해 왔다.**

24. 대법원 2009. 1. 30. 선고 2006다17850 판결【배당이의】

주민등록의 신고는 행정청에 도달하기만 하면 신고로서의 효력이 발생하는 것이 아니라 행정청이 수리한 경우에 비로소 신고의 효력이 발생한다.

둘 다 맞는 판례로 정리

② 그러나 두 번째 판례의 입장으로서 **최근 판례는 주민등록과 관련하여 전입신고는 수리를 요하지 않는 신고로서 거부나 수리는 처분성이 있다고 판시한다.** 기존의 판례와 공존하고 있어서 주의를 요한다.

25. 대법원 2009. 6. 18. 선고 2008두10997 전원합의체【주민등록전입신고수리거부처분취소】

주민들의 거주지 이동에 따른 주민등록전입신고에 대하여 행정청이 이를 심사하여 그 수리를 거부할 수는 있다고 하더라도, **그러한 행위는 자칫 헌법상 보장된 국민의 거주·이전의 자유를 침해하는 결과를 가져올 수도 있으므로,** 전입신고를 받은 시장·군수 또는 구청장의 심사 대상은 전입신고자가 30일 이상 생활의 근거로 거주할 목적으로 거주지를 옮기는지 여부만으로 제한된다고 보아야 한다. 따라서 **전입신고자가 거주의 목적** 이외에 **다른 이해관계에 관한 의도를 가지고 있는지 여부, 무허가 건축물의 관리, 전입신고를 수리함으로써 당해 지방자치단체에 미치는 영향 등과 같은 사유**는 주민등록법이 아닌 다른 법률에 의하여 규율되어야 하고, 주민등록전입신고의 수리 여부를 심사하는 단계에서는 **고려 대상이 될 수 없다.**

🔘 최근 기출

(3) 규제사다리의 두 번째 단계인 '수리를 요하는 신고'

그러나 수리를 요하는 신고는 행정청이 신고에 대하여 일정기간 요건검토를 한 뒤 수리처분을 하여야 한다. 허가나 특허, 인가와 예외적 승인 등 각종 행정처의 처분들은 민원인들이 신청을 하고, 행정청이 일정기간 동안 요건을 검토한 뒤 허가 등을 발급하게 된다. **등록체육시설업은 수리를 요하는 신고로서 그 수리나 거부는 처분성**이 인정되어 **취소소송이** 가능하다. 예로서는 **골프장, 스키장, 자동차경주장** 등이 있다. 수리를 요하는 신고업은 신고 후 5일 정도 뒤에 보통 수리(등록)가 내려지게 되고, 그때부터 영업가능하다.

기출

수리를 요하는 신고가 들어오면 역시 행정청은 형식적 요건만 심사하여 접수하여야 한다. 실질적 요건을 심사해서는 안 되는 것이 원칙이다. 그러나 예외적으로 실버타운신고수리처럼 실제 노인들이 거주하는 등의 실질적 요건을 심사하여야 하는 경우도 있다.

수리를 요하는 신고에 대하여 **판례는 허가보다 규제가 완화된 독자적 유형**이라고 보지만, 종래의 다수설은 허가의 변형된 형태로서 변태적 허가제로 보고 있다. **판례는** 유력설과 마찬가지로 **실질적 요건을 들어 수리를 거부할 수 없고 형식적 요건만을 심사할 수 있다고 한다.** 다수설은 수리를 요하는 신고가 변태적 허가이므로 허가와 동일하게 실질적 요건을 심사할 수 있다고 한다.

기출

---

79. 대법원 1989. 12. 26. 선고 87누308 전원합의체 판결【사회단체등록신청반려 취소등】전합 보충의견 판시 참고

사회단체등록에관한법률에 의한 등록신청의 법적 성질은 사인의 공법행위로서의 신고이고 등록은 당해 신고를 수리하는 것을 의미하는 준법률행위적 행정행위라 할 것이나 법 제4조 제1항의 형식요건의 불비가 없는데도 불구하고 등록의 거부처분을 당한 신고인은 우선 법 제10조 소정의 행정벌의 제재를 벗어나기 위하여 또한 법의 정당한 적용을 청구하는 의미에서도 위와 같은 거부처분에 대한 취소청구를 할 이익이 있는 것이다.

기출

이렇게 민원인들의 행위와 행정청의 행위로 나누어서 생각하면 이해가 쉽게 될 수 있다.

축적된 빈출 판례 정리

1단계의 규제 — 수리를 요하지 않는 신고 ▶	
처분성 ×	처분성 ○
탁구장, 당구장, 골프연습장, 눈썰매장, 종합체육시설업, 의료법상 병원이나 약국 등의 의원개설신고, 사업자등록	건축신고(2010. 11. 전합) 주민등록신고(판례평석 1설), 건축착공신고(2011. 6) 볼링장

☞ 주의할 빈출 판례

2단계의 규제 — 수리(또는 등록)를 요하는 신고 ▶처분성 ○
주민등록신고(판례평석 2설), 스키장, 골프장, 납골당, 건축신고(2011. 1 인허가의제시)
※ 건축신고와 주민등록신고는 판례가 수리를 요하지 않는 신고로서 처분성이 있다고 한 것과 수리를 요하는 신고로서 처분성이 있다고 한 것이 모두 있으므로 주의할 것 – 그러나 처분성이 없다고 한 판례들은 모두 폐기

(4) 규제사다리의 세 번째 단계인 '허가'

허가는 질서유지를 위해 일반적 금지를 해 둔 것을 요건을 갖추어 신청하는 자들에게 해제하여 자유를 회복하여 주는 처분이다.

☞ 빈출 판례들

3단계의 규제 — 허가(자유회복행위) ▶처분성 ○	
기속행위	재량행위
일반건축허가, 건축물용도변경허가, 운전면허, 단란주점영업허가, 장례식장 건축허가	러브호텔 등 숙박시설이나 위락시설허가, 인허가의제시의 건축허가, 산림훼손위한 토지형질변경허가

(5) 규제사다리의 네 번째 단계인 '특허'

특허는 공공복리 등의 공익을 위해 신청한 자를 선별하여 이익형량하여 특별한 권리를 설정하여 주는 처분이다.

☞ 주의할 빈출 판례들

4단계의 규제 — 특허(특권을 설정하는 설권행위) ▶처분성 ○ (대부분 재량행위이지만 기속특허도 있음)
재개발조합설립인가 · 재건축조합설립인가(판례변경) ▶ 인가(보충행위)로 보지 않고 특허(설권행위)로 봄(판례변경) 공유수면매립면허, 백화점이나 극장 운영 등 유형적이고 고정적인 형태의 도로점용허가, 청사내 매점이나 식당사용허가, 폐기물처리업적정통보(예비결정)와 폐기물처리업허가(종국결정), 마을버스나 시내버스, 시외버스, 개인택시 등 면허

(6) 규제사다리의 다섯 번째 단계인 '인가'

인가는 사인들의 법률행위들에 대하여 행정청이 승인을 하여 줌으로써 효력을 발생하게 하는 보충행위로서 처분의 일종이다.

5단계의 규제 — **인가**(사인들의 법률행위에 대한 보충행위) ▶처분성 ○	
기속행위	**재량**행위
사립학교설립허가, **사단법인이사취임**승인	**투기지역 내 토지**거래허가, 재단**법인이사취임**승인

▣ 기출 정리

(7) 규제사다리의 여섯 번째 단계인 '예외적 승인'

예외적 승인은 유해한 행위이지만 공익을 고려하여 신청한 자에게 이를 할 수 있도록 엄격하게 금지된 것을 해제하여 주는 처분이다.

6단계의 규제 — **예외적 승인**(사회적으로 유해한 행위를 예외적으로 승인) ▶처분성 ○
− 성질은 **대부분 재량**행위임 − 구체적인 예를 들면 　**개발제한구역 내**에서의 **건축허가나 건축물 용도변경허가**, 　로또나 토토 등 복권사업, 경마·경륜·경정·카지노 등 사행사업 허가, 　말기암 환자들에 대한 마약류 사용허가

▣ 최근 기출

 실력 다지기

수리를 요하지 않는 신고 = 신고업 ex> 태권도도장, 탁구장, 당구장, 골프연습장 수리를 요하는 신고 = 등록업 ex> 골프장, 스키장 ※ 주의할 판례 정리> 수리를 요하는 신고로 보는 판례도 있고, 수리를 요하지 않는 신고로 보는 판례도 있는 경우 두 가지가 있다. 건축신고, 주민등록신고들 이 두 가지는 과거 판례는 처분성이 없어서 항고소송의 대상이 아니라고 보았지만, 지금 판례는 처분성이 인정되므로 항고소송의 대상이 된다고 변화하였다. ★★★

▣ 오답 노트 정리

▣ 혼동되는 판례 정리

제 2 절

사인의 신고로 족한 경우가 규제가 제일 약하다★★

(1) 신고의 의의는 무엇일까

'수리를 요하지 않는 신고' 근거규정

> **행정절차법 제40조(신고)** ① 법령등에서 행정청에 일정한 사항을 통지함으로써 의무가 끝나는 신고를 규정하고 있는 경우 신고를 관장하는 행정청은 신고에 필요한 구비서류, 접수기관, 그 밖에 법령등에 따른 신고에 필요한 사항을 게시(인터넷 등을 통한 게시를 포함한다)하거나 이에 대한 편람을 갖추어 두고 누구나 열람할 수 있도록 하여야 한다.
> ② 제1항에 따른 신고가 다음 각 호의 요건을 갖춘 경우에는 신고서가 접수기관에 도달된 때에 신고 의무가 이행된 것으로 본다.
> 1. 신고서의 기재사항에 흠이 없을 것
> 2. 필요한 구비서류가 첨부되어 있을 것
> 3. 그 밖에 법령등에 규정된 형식상의 요건에 적합할 것
> ③ 행정청은 제2항 각 호의 요건을 갖추지 못한 신고서가 제출된 경우에는 지체 없이 상당한 기간을 정하여 신고인에게 보완을 요구하여야 한다.
> ④ 행정청은 신고인이 제3항에 따른 기간 내에 보완을 하지 아니하였을 때에는 그 이유를 구체적으로 밝혀 해당 신고서를 되돌려 보내야 한다.

'수리를 요하는 신고' 근거규정

> **행정기본법 제34조(수리 여부에 따른 신고의 효력)** 법령등으로 정하는 바에 따라 행정청에 일정한 사항을 통지하여야 하는 신고로서 법률에 신고의 수리가 필요하다고 명시되어 있는 경우(행정기관의 내부 업무 처리 절차로서 수리를 규정한 경우는 제외한다)에는 행정청이 수리하여야 효력이 발생한다.

신고는 **사인이** 공법행위의 **규제를 완화하기 위한 목적**으로 행정청에게 **일정한 사실을 알리**는 행위를 말한다.

(2) 신고의 분류법을 공부해 두자 – 효과에 따라 사인의 공법행위의 종류를 구분할 수 있다

형식적 요건을 갖추고 있는 한 행정기관에 접수됨과 더불어 효력을 발생한다.

이에는

① 행정기관에 의한 **수리를 요하지 않는 자기완결적 행위**(☞ 수리를 요하지 않는 신고)와

☞ 핵심 이해 사항

② 사인의 공법행위가 행해지면 행정기관은 일반적으로 그것을 **수리하고** 적절히 처리할 의무를 지고 그 밖에 어떠한 법적 효과를 발생하는가는 상대방으로서의 행정기관의 행위가 어떠한 성질을 가지는가에 따라 달라지는 **행위요건적 행위**(☞ 수리를 요하는 신고)가 있다.[5]

☞ 핵심 이해 사항

자기완결적 행위에 속하는 대표적 행위가 신고이다. 본래적 의미의 신고는 행정기관에 도달함으로써 그의 효과가 발생하는 점에서 수리를 요하는 허가·특허 등과 구별된다.

이와 관련하여 **행정절차법 제40조**는 전형적인 **자기완결적 의미의 신고**에 관하여 규정하고 있다. 즉 동 규정에 의하면 "행정청에 대하여 일정한 사항을 통지함으로써 의무가 끝나는 신고"에 있어서 적법한 요건을 갖춘 신고가 행정기관에 도달되면, 즉 접수가 되면 신고의 의무가 이행된 것으로 본다. 행정청의 **수리행위가 있어야 신고에 따른 효력이 발생하는 것이 아니다.**

☞ 기출

예를 들면 의료법상 병원이나 약국 등의 의원개설신고는 수리를 요하지 않는 신고로서 신고필증은 사실적인 의미밖에 없다.

---

80. 대법원 1985. 4. 23. 선고 84도2953 판결【의료법위반】

가. 의료법 제30조 제3항에 의하면 의원, 치과의원, 한의원 또는 조산소의 개설은 단순한 신고사항으로만 규정하고 있고 또 그 신고의 수리여부를 심사, 결정할 수 있게 하는 별다른 규정도 두고 있지 아니하므로 의원의 개설신고를 받은 행정관청으로서는 별다른 심사, 결정없이 그 신고를 당연히 수리하여야 한다.

나. **의료법시행규칙 제22조 제3항에 의하면 의원개설 신고서를 수리한 행정관청이 소정의 신고필증을 교부하도록 되어있다 하여도 이는 신고사실의 확인행위로서 신고필증을 교부하도록 규정한 것에 불과하고 그와 같은 신고필증의 교부가 없다 하여 개설신고의 효력을 부정할 수 없다 할 것이다.**

☞ 기출

한편, 행정법상 신고에는 전형적인 신고(자기완결적 신고) 이외에 수리를 요

---

5 김남진·김연태, 행정법 Ⅰ, 135-139면.

하는 변형적인 신고가 있음이 일반적으로 인정되고 있다. 수리를 요하는 신고의 경우에는 요건을 갖춘 신고가 있었다 하더라도 수리되지 않으면 신고의 효력이 발생하지 않는 점에서 자기완결적 신고와 다르다.

　　최근 행정기본법에서 수리를 요하는 신고에 대하여 규정하게 되었다.

> **행정기본법 제34조(수리 여부에 따른 신고의 효력)** 법령등으로 정하는 바에 따라 행정청에 일정한 사항을 통지하여야 하는 신고로서 법률에 신고의 수리가 필요하다고 명시되어 있는 경우(행정기관의 내부 업무 처리 절차로서 수리를 규정한 경우는 제외한다)에는 행정청이 수리하여야 효력이 발생한다.

　　예를 들면, 납골당 설치신고는 수리를 요하는 신고이다. 행정청의 **수리처분이 있어야만** 납골당을 설치할 수 있다. 따라서 수리를 하거나 수리를 거부하는 것은 행정청의 처분이다. 즉 「장사 등에 관한 법률」에 의한 사설납골시설(사설봉안시설)의 설치신고가 법이 정한 요건을 모두 갖추고 있는 경우에 행정청은 수리의무가 있다. 예외적으로 보건위생상의 위해방지나 국토의 효율적 이용 등과 같은 중대한 공익상 필요가 있는 경우에는 그 수리를 거부할 수 있다.

📌 최근 빈출 판례

> **81. 대법원 2011. 9. 8. 선고 2009두6766 판결【납골당설치신고수리처분이행통지취소】**
>
> [1] 납골당설치 신고는 '수리를 요하는 신고'이다. 수리행위에 신고필증 교부 등 행위는 필요하지 않다. 장사 등에 관한 법률과 시행규칙을 종합하면, 납골당설치 신고는 이른바 '수리를 요하는 신고'라 할 것이므로, 납골당설치 신고가 구 장사법 관련 규정의 모든 요건에 맞는 신고라 하더라도 신고인은 곧바로 납골당을 설치할 수는 없고, 이에 대한 행정청의 **수리처분이 있어야만 신고한 대로 납골당을 설치할 수 있다.** 한편 수리란 신고를 유효한 것으로 판단하고 법령에 의하여 처리할 의사로 이를 수령하는 수동적 행위이므로 **수리행위에 신고필증 교부 등 행위가 꼭 필요한 것은 아니다.**
>
> [2] 파주시장이 종교단체 납골당설치 신고를 한 교회에, '구 장사 등에 관한 법률에 따라 필요한 시설을 설치하고 유골을 안전하게 보관할 수 있는 설비를 갖추어야 하며 관계 법령에 따른 허가 및 준수 사항을 이행하여야 한다'는 취지의 납골당설치 신고사항 이행통지를 한 사안에서, 파주시장이 교회에 이행통지를 함으로써 납골당설치 신고수리를 하였다고 보는 것이 타당하고, 이를 수리처분과 별도로 항고소송 대상이 되는 다른 처분으로 볼 수 없다.

　　종래의 다수설이었던 이분법에 따르면 수리를 요하지 않는 신고는 처분성이 없고 수리를 요하는 신고는 처분성이 있다고 보았다.

　　그러나 **최근의 삼분법**에 따르면 수리를 요하지 않는 신고를 다시 처분성이 없는 경우와 처분성이 있는 경우로 나누어 후자에 대하여는 취소소송의 대상이 될 수 있다고 보고 있다. 시정명령, 이행강제금, 벌금, 영업허가 등의 권리의무에 대한 직접적인 제한을 구제해주기 위하여 수리를 요하지 않는 신고라도 처분성을 긍정하자는 것이 3분법의 입장으로서 타당하다고 생각한다.6

　　최근 소규모 건물에 대한 건축신고 수리 거부에 대하여 종래의 이분법에 따르면 수리를 요하지 않는 신고로서 처분성이 없다고 보아 취소소송을 부정하는 문제가 발생하여 학계의 논의와 최근의 판례가 이를 해결하기 위하여 **많은 논의를 하고 있다.**

　　한편 행정청은 수리등 행정서비스를 제공하는 과정에서 수수료를 받을 수 있다.

> **행정기본법 제35조(수수료 및 사용료)** ① 행정청은 특정인을 위한 행정서비스를 제공받는 자에게 법령으로 정하는 바에 따라 수수료를 받을 수 있다.
> ② 행정청은 공공시설 및 재산 등의 이용 또는 사용에 대하여 사전에 공개된 금액이나 기준에 따라 사용료를 받을 수 있다.
> ③ 제1항 및 제2항에도 불구하고 지방자치단체의 경우에는 「지방자치법」에 따른다.

(3) 판례의 태도는 어떻게 변화하고 있을까 ★★★

　　과거에는 판례도 다수설이 취하는 이분법의 입장에 따라서 수리를 요하지 않는 신고에 대해서는 행정청이 고의적이거나 과실로 신고를 수리 받지 않은 영업이나 건축물이라고 해서 권리침해를 하더라도 재판청구권을 인정하지 않는다는 단점을 60년간 보여 왔다. 그러나 이러한 판례의 입장이 변경되어 이제는 행정청이 건축신고에 대한 접수거부를 하는 경우에 취소소송의 대상으로 인정하게 되었음을 주의하여야 한다. 대법원은 <u>2010. 11. 18. 선고 2008두167 전원합의체 판결</u>에서 종래의 입장에 대한 **판례를 변경**하여 건축신고는 **수리를 요하지**

　　　　　　　　　　　　　　　　　　　　　　　　📌 최근 최다 빈출 판례들

---

6 성봉근, 규제에 대한 판결의 새로운 패러다임 — 건축신고 판례의 예를 중심으로 —, 행정판례연구 XXI-1, 2016, 34면.

않는 신고지만 **처분성이 있다**는 취지의 판시를 하였다. 한편 대법원은 2011. 1. 에 전원합의체 판결을 통해 건축신고는 **인허가의제가 되는 경우에는 수리를 요하는 신고로 변경**되어 **처분성이 인정된다**고도 판시하였다. 이러한 와중에 2011년 9월 대법원은 건축법 제21조의 건축착공신고가 수리를 요하지 않는 신고이지만 건축신고에 대한 대법원 2010. 11. 18. 선고 2008두167 전원합의체 판결을 기준으로 처분성을 긍정하는 판결을 하였다.

건축신고접수거부에 대한 처분성을 부정하다가 긍정하게 된 이러한 판례의 변화는 타당하다.[7] 다만, 처분성을 인정해서 항고소송을 받아주는 판례의 논리가 이제는 두 가지가 있게 된 것이다.

📌 빈출

① 대법원 2010. 11. 18. 선고 2008두167 전원합의체 판결에서는 건축신고는 수리를 요하지 않는 신고지만 건축법상 이행강제금, 사용금지나 사용중지 및 사용제한, 과태료, 벌금 등의 제재가 따르므로 거부는 처분성이 인정된다고 판시하였다. 이러한 판례의 입장은 3분법을 따른 것으로 볼 수 있다. 건축법상 소규모 건물에 대한 건축신고는 수리를 요하지 않는 신고로 규정되어 있지만, 행정청이 건축신고접수를 거부면 실제로 이러한 권리나 의무에 제한이 발생하게 되는 것이다. 판례는 이러한 점을 주목하여 판례의 입장을 변경하게 된 것이라고 할 수 있다.

📌 빈출

② 그러나 **대법원 2011. 1. 20. 선고 2010두14954 전원합의체 판결에서는 또 다른 논리로 처분성을 인정하게 된다. 즉, 이 판결의 다수의견은 인허가의제되는 경우에는 수리를 요하는 신고로 보아 처분성을 인정**해서 취소소송을 받아줄 수 있다고 판시하였다. 그러나 이 판결의 반대의견은 건축신고는 수리를 요하지 않는 신고이고, 인허가의제의 효과로서 토지에 대한 요건을 들어 건축신고수리를 거부할 수 있는 것과는 구별하여야 한다는 취지의 판시를 하였다.[8]

📌 최근 기출

③ 그 후 **인허가의제 규정이 없는 건축착공신고 수리거부(건축법 제21조)에 대하여는 2010. 11. 18. 전원합의체 판결을 기준으로 처분성이 있다**고 판시하였다(대법원 2011. 6. 10. 선고 2010두7321 판결【착공신고서처리불가처분취소】[공2011

---

7 성봉근, 규제에 대한 판결의 새로운 패러다임 — 건축신고 판례의 예를 중심으로 —, 행정판례연구 XXI-1, 2016, 34면.

8 대법원 2011. 1월의 전원합의체 판결의 반대의견은 건물은 건축법상 수리를 요하지 않는 신고이고 다만 토지나 농지 등의 공익적 요건을 심사하여 건축신고수리를 거부할 수 있는 것은 인허가의제의 효과라고 한다.

하, 1398]).

학계는 인허가의제 규정이 있을 때만 건축신고가 수리를 요하는 신고가 되어 처분성이 있다고 보는 입장과 인허가의제 규정이 없을 때에도 인허가의제의 효과와는 별도로 국민의 권리와 의무를 직접 제한하면 처분성이 있다고 보아야 하는 입장으로 크게 다투어진다.

생각건대, 인허가의제가 없는 건축착공신고도 인허가의제규정이 있는 건축신고와 마찬가지로 2011. 6월의 대법원 판례가 판시하듯이 동일하게 이행강제금, 사용제한, 과태료, 벌금 등의 권리와 의무에 대한 직접 제한 규정을 두고 있으므로 처분성이 인정될 수 있다고 보는 것이 타당하다. 따라서 대법원 2010. 11. 18. 선고 2008두167 전원합의체 판결이 최근 판례변화를 주도하고 있는 Leading Case로서 신고에 대한 3분법에 근거하여 판시한 것으로 종래의 2분법 판례의 입장에 큰 변화를 주었다고 할 것이다.

따라서 건축신고는 수리를 요하지 않는 신고이지만 건축법 제79조와 제80조 및 제111조 등에서 이행강제금, 사용제한 및 사용중지와 사용금지, 과태료, 벌금 등을 부과하여 권리와 의무를 직접적으로 제한하도록 입법되어 있으므로 처분성이 인정될 수 있다고 보는 것이 타당하다. 건축신고에 대한 반려행위는 건축신고가 반려될 경우 건축주 등의 지위가 불안정해진다는 점에서 항고소송의 대상이 되는 처분에 해당한다.

처분성에 대하여는 분류법과 별도로 국민의 권리·의무에 대하여 직접 제한하면 처분성을 인정할 수 있다고 보아야 한다.[9]   📖 핵심 이해 사항

---

82. 자기완결적 신고에 관한 과거의 판례

차고의 증축은 **건축법 제9조 제1항에 규정된 신고**사항에 해당하여 건축주인 참가인이 건축법에 의한 신고를 한 이상 참가인은 피고의 수리 여부에 관계없이 이 사건 토지상에 차고를 증축할 수 있으므로, 피고가 참가인의 증축신고를 수리한 행위가 참가인은 물론 제3자인 원고 등의 구체적인 권리 의무에 직접 **변동을 초래하는 행정처분이라고 할 수 없**다(대법원 1999. 10. 22. 선고 98두18435 판결).

---

9 성봉근, 규제에 대한 판결의 새로운 패러다임 — 건축신고 판례의 예를 중심으로 —, 행정판례연구, 行政判例研究 XXI-1, 2016, 34면.

> ✍ **판례평석**
>
> **소규모 건축에 대하여는 건축신고로 족한데, 건축법에서는 수리를 요하지 않는 신고로 규정되어 있지만, 최근 판례는 건축신고거부가** "**실제로는 권리의무에 대한 직접적 제한을 초래**"**하는 경우가 많아 처분성을 인정하여 취소소송을 통한 재판을 받아주는 것으로 변경되었다.** 실제로는 건축신고가 거부되면 그 건물은 **이행강제금**(＝집행벌), **사용중지, 영업허가거부, 벌금** 등이 부과되어 권리의무를 직접 제한하게 된다. 그래서 법원은 취소소송의 **대상이 된다**고 판례를 변경하였다. 즉, 최근에는 **소규모건축신고**를 거부당한 경우에도 처분성이 인정되어 취소소송의 **대상이 된다**고 판례가 **변경되었다.**

 중요 판례 더 알아보기

26. 건축신고 수리 및 수리거부의 행정행위성에 대한 변경된 판례

구 건축법(2008. 3. 21. 법률 제8974호로 전부 개정되기 전의 것) 관련 규정의 내용 및 취지에 의하면, 행정청은 건축신고로써 건축허가가 의제되는 건축물의 경우에도 그 신고 없이 건축이 개시될 경우 건축주 등에 대하여 **공사 중지·철거·사용금지 등의 시정명령**을 할 수 있고(제69조 제1항), 그 시정명령을 받고 이행하지 않은 건축물에 대하여는 당해 건축물을 사용하여 행할 다른 법령에 의한 **영업 기타 행위의 허가를 하지 않도록** 요청할 수 있으며(제69조 제2항), 그 요청을 받은 자는 특별한 이유가 없는 한 이에 응하여야 하고(제69조 제3항), 나아가 행정청은 그 시정명령의 이행을 하지 아니한 건축주 등에 대하여는 **이행강제금을** 부과할 수 있으며(제69조의2 제1항 제1호), 또한 건축신고를 하지 않은 자는 200만원 이하의 **벌금**에 처해질 수 있다(제80조 제1호, 제9조). **이와 같이 건축주 등은 신고제하에서도 건축신고가 반려될 경우** 당해 건축물의 건축을 개시하면 **시정명령, 이행강제금, 벌금의** 대상이 되거나 당해 건축물을 사용하여 행할 행위의 **허가가 거부될** 우려가 있어 불안정한 지위에 놓이게 된다. 따라서 건축신고 반려행위가 이루어진 단계에서 당사자로 하여금 반려행위의 적법성을 다투어 그 법적 불안을 해소한 다음 건축행위에 나아가도록 함으로써 장차 있을지도 모르는 위험에서 미리 벗어날 수 있도록 길을 열어 주고, 위법한 건축물의 양산과 그 철거를 둘러싼 분쟁을 조기에 근본적으로 해결할 수 있게 하는 것이 법치행정의 원리에 부합한다. 그러므로 **건축신고 반려행위는 항고소송의 대상이 된다고 보는 것이 옳다**(대법원 2010. 11. 18. 선고 2008두167 판결).

27. 인·허가의제 효과를 수반하는 건축신고에 대한 최근 판례

건축법 제14조 제1항의 건축신고 대상 건축물에 관하여는 원칙적으로 건축 또는 대수

선을 하고자 하는 자가 적법한 요건을 갖춘 신고를 하면 행정청의 수리

건축법 제14조 제1항의 건축신고 대상 건축물에 관하여는 원칙적으로 건축 또는 대수선을 하고자 하는 자가 적법한 요건을 갖춘 신고를 하면 행정청의 수리 등 별도의 조처를 기다릴 필요 없이 건축행위를 할 수 있다고 보아야 한다. 그러나 **인·허가의제효과를 수반하는 건축신고**는 일반적인 건축신고와는 달리, 특별한 사정이 없는 한 행정청이 그 실체적 요건에 관한 심사를 한 후 수리하여야 하는 이른바 '**수리를 요하는 신고**'로 **보는 것**이 옳다(대법원 2011. 1. 20. 선고 2010두14954 판결).

✐ **판례평석**

소규모 건축에 대하여는 건축신고의 **처분성을 인정**하는 또 다른 논리를 취하는 판례도 등장하였다. **인허가의제규정(또는 집중효)**이 있으면 건물에 대한 관할과 절차로 요건은 충분하고 토지에 대한 각종 허가나 인가는 받은 것으로 집중시키는데, 다만 **다수설과 판례는 토지에 대한 관할과 절차는 건물에 집중되지만 토지의 내용은 별도로 심사하여 수리나 허가를 거부할 수 있는 재량이 구청장 등에게 인정된다고 한다(이를 절차집중설**이라 함).

따라서 **전체적으로 토지 등에 대한 수리까지 요하는 신고로 보아서 취소소송의 대상이 된다**고 판시하기도 하는 것이다.

☞ 최근 난이도 上 기출

출제가 잘 되는 건축신고 등 건축법상 행위들을 정리해 두자

> **소규모 건물**은 **건축신고**를 하면 건축할 수 있다(건축법 제14조 제1항).
> 그러나 **일정 규모이상** 건물들은 **건축허가**를 구청장으로부터 받아야 건축할 수 있다(건축법 11조 제4항).

〈자주 출제되는 중요한 법조문 공부를 해 보자〉

건축법 제14조(건축신고)
① 제11조에 해당하는 허가 대상 건축물이라 하더라도 다음 각 호의 어느 하나에 해당하는 경우에는 미리 특별자치시장·특별자치도지사 또는 시장·군수·구청장에게 국토교통부령으로 정하는 바에 따라 신고를 하면 건축허가를 받은 것으로 본다.
1. 바닥면적의 합계가 85제곱미터 이내의 증축·개축 또는 재축. 다만, 3층 이상 건축물인 경우에는 증축·개축 또는 재축하려는 부분의 바닥면적의 합계가 건축물 연면적의 10분의 1 이내인 경우로 한정한다.
5. 그 밖에 소규모 건축물로서 대통령령으로 정하는 건축물의 건축

다만 최근에는 인허가의제규정이 있는 경우에는 **건물**을 지으려면 과거와 달리 **구청장**에게만 찾아가서 **신고**하거나 **허가**를 받으면 된다(건축법 제11조 제5항, 건축법 제14조 제2항). 이제는 **토지**에 관련된 **국토부장관, 해양수산부장관, 하천청장** 등등을 찾아가지 않아도 된다. 그래서 **관할과 절차**까지 건물담당 관청에게 **집중**된다. 하지만, 토지에 관련된 **환경, 미관, 그린벨트, 하천오염** 등에 대한 **내용요건**을 이유로 행정청은 건축신고나 건축허가를 **거부**할 수 있는 **재량**이 인정된다.

☞ 난이도 上인 최근 빈출

이를 **인허가의제** 또는 **집중효**라고 한다(구별하는 입장도 있음). 인허가의제의 범위는 **관할과 절차까지 집중**되지만, 토지의 **내용은 집중되지 않는다**고 본다. 다수설과 판례의 이러한 입장을 **절차집중설**이라고 한다.

〈자주 출제되는 중요한 법조문 공부를 해 보자〉

건축법 제11조 제5항 (인허가의제)

⑤ 제1항에 따른 건축허가를 받으면 다음 각 호의 허가 등을 받거나 신고를 한 것으로 보며, 공장건축물의 경우에는 「산업집적활성화 및 공장설립에 관한 법률」 제13조의2와 제14조에 따라 관련 법률의 인·허가등이나 허가등을 받은 것으로 본다.

3. 「국토의 계획 및 이용에 관한 법률」 제56조에 따른 개발행위허가

5. 「산지관리법」 제14조와 제15조에 따른 산지전용허가와 산지전용신고, 같은 법 제15조의2에 따른 산지일시사용허가·신고. 다만, 보전산지인 경우에는 도시지역만 해당된다.

6. 「사도법」 제4조에 따른 사도(私道)개설허가

7. 「농지법」 제34조, 제35조 및 제43조에 따른 농지전용허가·신고 및 협의

9. 「도로법」 제61조에 따른 도로의 점용 허가

10. 「하천법」 제33조에 따른 하천점용 등의 허가

11. 「하수도법」 제27조에 따른 배수설비(配水設備)의 설치신고

23. 「초지법」 제23조에 따른 초지전용의 허가 및 신고

---

10 행정법상 의무를 **장래**에 이행하도록 **심리적으로 압박**을 가하기 위해 부과하는 금전처분을 말한다. 집행벌이라고도 함.

행정기본법 제24조(인허가의제의 기준) ① 이 절에서 "인허가의제"란 하나의 인허가 (이하 "주된 인허가"라 한다)를 받으면 법률로 정하는 바에 따라 그와 관련된 여러 인허가(이하 "관련 인허가"라 한다)를 받은 것으로 보는 것을 말한다.

② 인허가의제를 받으려면 주된 인허가를 신청할 때 관련 인허가에 필요한 서류를 함께 제출하여야 한다. 다만, 불가피한 사유로 함께 제출할 수 없는 경우에는 주된 인허가 행정청이 별도로 정하는 기한까지 제출할 수 있다.

③ 주된 인허가 행정청은 주된 인허가를 하기 전에 관련 인허가에 관하여 미리 관련 인허가 행정청과 협의하여야 한다.

④ 관련 인허가 행정청은 제3항에 따른 협의를 요청받으면 그 요청을 받은 날부터 20일 이내(제5항 단서에 따른 절차에 걸리는 기간은 제외한다)에 의견을 제출하여야 한다. 이 경우 전단에서 정한 기간(민원 처리 관련 법령에 따라 의견을 제출하여야 하는 기간을 연장한 경우에는 그 연장한 기간을 말한다) 내에 협의 여부에 관하여 의견을 제출하지 아니하면 협의가 된 것으로 본다.

⑤ 제3항에 따라 협의를 요청받은 관련 인허가 행정청은 해당 법령을 위반하여 협의에 응해서는 아니 된다. 다만, 관련 인허가에 필요한 심의, 의견 청취 등 절차에 관하여는 법률에 인허가의제 시에도 해당 절차를 거친다는 명시적인 규정이 있는 경우에만 이를 거친다.

행정기본법 제25조(인허가의제의 효과) ① 제24조제3항·제4항에 따라 협의가 된 사항에 대해서는 주된 인허가를 받았을 때 관련 인허가를 받은 것으로 본다.

② 인허가의제의 효과는 주된 인허가의 해당 법률에 규정된 관련 인허가에 한정된다.

행정기본법 제26조(인허가의제의 사후관리 등) ① 인허가의제의 경우 관련 인허가 행정청은 관련 인허가를 직접 한 것으로 보아 관계 법령에 따른 관리·감독 등 필요한 조치를 하여야 한다.

② 주된 인허가가 있은 후 이를 변경하는 경우에는 제24조·제25조 및 이 조 제1항을 준용한다.

③ 이 절에서 규정한 사항 외에 인허가의제의 방법, 그 밖에 필요한 세부 사항은 대통령령으로 정한다.

✍ [**자주 출제되는 건축신고에 대한 판례들을 정리해 두자**] ★★★

☞ 빈출되면서 혼동되기 쉬운 기출 판례들 정리

대법원 판례 세 가지가 병존하고 있다. 이는 모두 맞는 판례의 태도들이다.	건축 신고	처분성 (건축신고에 대한 접수거부가 처분성이 없다는 과거판례만 이제 틀린 지문이 된다)
✍ 2010. 11. 18. 전합	수리를 요하지 않는 신고	– 처분성을 긍정한다. – 건축법상 **이행강제금**,10 사용중지와 사용금지, **영업허가거부, 별금** 등 건축주의 **권리·의무를 직접 제한**하기 때문이다.
✍ 2011. 1. 전합	전합 **다수의견**은 **인허가의제**되는 경우이므로 **수리를 요하는 신고로서 처분성 긍정** ✍ 인허가의제는 **건물**에 대한 신고나 허가가 있으면 **토지**에 대한 각종 여러 허가들이 모두 인가나 허가가 된 것으로 의제하는 제도인데, 구청장 등은 **토지상의 문제**를 들어 건축신고나 건축허가를 거부할 수 있는 **재량**이 있다. 이는 **절차집중설**로서 다수설과 판례의 입장이다.	참고로 이 판결에서 법원의 공식 입장은 아니지만, 전합 반대의견은 건물자체는 수리를 요하지 않는 신고로서 처분성 긍정되나, 토지요건을 심사하여 거부할 수 있는 것은 인허가의제의 효과일 뿐이므로 양자를 구별하여야 한다는 논리도 있음
✍ 2011. 6. 판례	건축착공신고는 수리를 요하지 않는 신고	– 건축착공신고는 수리를 요하지 않는 신고이지만 **처분성 긍정** – 마찬가지로 건축법상 **이행강제금, 사용중지와 사용금지, 영업허가거부, 별금** 등 **건축주의 권리·의무를 직접 제한**하기 때문이며, 기준이 되는 판례를 2011. 1. 전합이 아니라 2010. 11. 전합을 들고 있다.

☞ 기출

☞ 기출

☞ 기출

☞ 최근 난이도 上인 기출

(4) 특수문제; 영업양도의 경우 영업자지위승계신고수리의 법적 문제를 정리해보자

1) 양도인의 권리를 박탈하면서도 양수인의 권리를 설정하는 제3자효 행정행위이다

식품위생법 등 법률에 의한 **영업양도에 따른 지위승계신고를 수리하는** 허가관청의 행위는 단순히 양도·양수인 사이에 이미 발생한 사법상의 사업양도의

법률효과에 의하여 양수인이 그 **영업을 승계하였다는 사실의 신고를 접수하는**
행위에 그치는 것이 아니라, 영업허가자의 변경이라는 법률효과를 발생시키는
행위라고 할 것[11]이다.

따라서 영업지위자승계신고는 행위요건적인 사인의 공법행위로서 **수리를**
요하는 신고에 해당한다.

대법원 판례에 나타난 수리를 요하는 신고는 **지위승계의 신고, 인·허가적 성격 또**
는 등록적 성격의 신고로 유형화할 수 있다.

「등록적 성격의 신고에 관한 판례」: 건축주명의변경신고 수리거부행위는 행정청이 허
가대상건축물 양수인의 건축주명의변경신고라는 구체적인 사실에 관한 법집행으로서
그 신고를 수리하여야 할 법령상의 의무를 지고 있음에도 불구하고 그 신고의 수리를
거부함으로써, 양수인이 건축공사를 계속하기 위하여 또는 건축공사를 완료한 후 자
신의 명의로 소유권보존등기를 하기 위하여 가지는 구체적인 법적 이익을 침해하는
결과가 되었다고 할 것이므로, 비록 건축허가가 **대물적 허가로서 그 허가의 효과가**
허가대상건축물에 대한 권리변동에 수반하여 이전된다고 하더라도, 양수인의 권리
의무에 직접 영향을 미치는 것으로서 취소소송의 대상이 되는 처분이라고 하지 않
을 수 없다(대법원 1992. 3. 31. 선고 91누4911 판결).

☞ 최근 기출

영업지위승계신고는 행위요건적인 사인의 공법행위로서 그 **수리행위는 영**
업허가자의 변경이라는 법률효과를 발생시키는 행위라는 점에서 규율성의 표지
도 충족되므로 행정행위성이 인정된다. 또한 **양도인의 권리·의무를 박탈하는**
침익적 행정행위이자 동시에 **양수인의 권리·의무를 설정하는 수익적 행정행**
위이다. 따라서 **제3자효 행정행위**에 해당한다.

☞ 기출

2) 지위승계신고수리에 대해 양도인 등은 원고가 될 수 있을까

영업양도에 따른 지위승계신고를 수리하는 허가관청의 행위는 영업허가자
의 변경이라는 법률효과를 발생시키는 행위로서 **항고소송의 대상이 될 수 있다.**
또한 판례에 의하면 공매 등의 절차로 영업시설의 전부를 인수함으로써 영업자
의 지위를 승계한 자가 관계 행정청에 이를 신고하여 관계행정청이 그 신고를
수리하는 처분에 대해 **종전 영업자는 제3자로서 그 처분의 취소를 구할 법률상**

☞ 기출

☞ 기출

---

11 대법원 1995. 2. 24. 선고 94누9146 판결.

이익이 인정된다. 판례에 의하면 법령상 채석허가를 받은 자의 명의변경제도를 두고 있는 경우, **명의변경신고를 할 수 있는 양수인은 관할 행정청이 양도인의 허가를 취소하는 처분에 대해 취소를 구할 법률상 이익이 인정된다.**

기출

영업양도에 따른 지위승계신고수리는 법률의 규정과 실무상 지위승계신고 수리에 필요한 **형식적 요건만 구비하면 되는 경우가 많다.** 따라서 신규로 허가 나 특허 등을 발급받는 것은 어려워도 기존에 적법하게 영업하는 업체를 영업양 도하는 경우에는 요건이 쉬워진다. 허가영업을 양수하여 지위승계신고를 수리하 는 경우 비록 법률의 규정에서 지위승계신고수리를 하면 된다고 되어 있더라도 허가제를 회피하지 않도록 영업허가를 받는 것과 동일하게 엄격한 요건을 요구 하여야 한다고 보는 유력설도 있다.

한편 판례에 의하면 **영업양도에 따른 지위승계신고수리시** 양도인에게 사 전통지와 의견제출 등 **행정절차법상의 행정절차를 반드시 실시하여야** 한다고 한다.

기출

최근 기출 판례

83. 대법원 2003. 2. 14. 선고 2001두7015 판결[유흥주점영업자지위승계수리처분취소]

행정절차법 제21조 제1항, 제22조 제3항 및 제2조 제4호의 각 규정에 의하면, 행정청이 당사자에게 의무를 과하거나 권익을 제한하는 처분을 함에 있어서는 당사자 등에게 처분의 **사전통지를 하고 의견제출의 기회**를 주어야 하며, 여기서 **당사자라 함은 행정청의 처분에 대하여 직접 그 상대가 되는 자를 의미한다** 할 것이고, 한편 식품위생법의 각 규정에 의하면, 지방세법에 의한 압류재산 매각절차에 따라 영업시설의 전부를 인수함으로써 그 영업자의 지위를 승계한 자가 관계 행정청에 이를 신고하여 행정청이 이를 수리하는 경우에는 종전의 영업자에 대한 영업허가 등은 그 효력을 잃는다 할 것인데, 위 규정들을 종합하면 위 행정청이 식품위생법 규정에 의하여 영업자지위승계신고를 수리하는 처분은 종전의 영업자의 권익을 제한하는 처분이라 할 것이고 따라서 종전의 영업자는 그 처분에 대하여 직접 그 상대가 되는 자에 해당한다고 봄이 상당하므로, 행정청으로서는 위 신고를 수리하는 처분을 함에 있어서 행정절차법 규정 소정의 당사자에 해당하는 종전의 영업자에 대하여 위 규정 소정의 행정절차를 실시하고 처분을 하여야 한다.

주의할 기출

영업양도를 하였으나 지위승계신고수리가 이루어지기 전에 해당 영업에 대한 허가가 취소되는 경우 양도인뿐만 아니라 **사실상의 양수인도** 직접적 침해를 받는 자로서 **법률상 이익이 있어 원고적격이 인정된다고 판례는 보고 있다.**

84. 대법원 2003. 7. 11. 선고 2001두6289 판결[채석허가취소처분취소]

산림법 제90조의2 제1항, 제118조 제1항, 같은법시행규칙 제95조의2 등 산림법령이 수허가자의 명의변경제도를 두고 있는 취지는, 채석허가가 일반적·상대적 금지를 해제하여 줌으로써 채석행위를 자유롭게 할 수 있는 자유를 회복시켜 주는 것일 뿐 권리를 설정하는 것이 아니어서 관할 행정청과의 관계에서 수허가자의 지위의 승계를 직접 주장할 수는 없다 하더라도, 채석허가가 대물적 허가의 성질을 아울러 가지고 있고 수허가자의 지위가 사실상 양도·양수되는 점을 고려하여 수허가자의 지위를 사실상 양수한 양수인의 이익을 보호하고자 하는 데 있는 것으로 해석되므로, 수허가자의 지위를 양수받아 명의변경신고를 할 수 있는 양수인의 지위는 단순한 반사적 이익이나 사실상의 이익이 아니라 산림법령에 의하여 보호되는 직접적이고 구체적인 이익으로서 법률상 이익이라고 할 것이고, 채석허가가 유효하게 존속하고 있다는 것이 양수인의 명의변경신고의 전제가 된다는 의미에서 관할 행정청이 양도인에 대하여 채석허가를 취소하는 처분을 하였다면 이는 양수인의 지위에 대한 직접적 침해가 된다고 할 것이므로 양수인은 채석허가를 취소하는 처분의 취소를 구할 법률상 이익을 가진다.

최근 기출 판례

3) 양도인의 제재사유로 양수인을 제재할 수 있을까

영업양도의 경우 양도인의 제재사유가 양수인에게 승계되는가에 대한 논의에서 종래의 다수설과 판례는 권리의무의 승계와 제재사유의 승계를 구별하지 못하고 모두 승계된다고 보았었다. 판례의 종전 논리는 대물적 영업양도의 경우, 명시적인 규정이 없는 경우에도 양도 전에 존재하는 영업정지 사유를 이유로 양수인에 대하여도 영업정지처분을 할 수 있다는 것이었다. 따라서 대법원은 주유소 영업을 양도한 양도인이 물탄 휘발유를 판매하여 불법수익을 올렸다면 이는 **대물적인 것이므로 주유소 양수인에 대한 제재는 적법하다고 판시하였다.** 기출
대법원은 명 이용원을 양도한 양도인이 퇴폐영업을 하여 불법수익을 올렸다면 이는 **대물적인 것이므로 이용원 양수인에 대한 제재는 적법하다고 판시하였다.** 기출

85. 대법원 2003. 10. 23. 선고 2003두8005 판결【과징금부과처분취소】

[1] 석유사업법 제9조 제3항 및 그 시행령이 규정하는 석유판매업의 적극적 등록요건과 제9조 제4항, 제5조가 규정하는 소극적 결격사유 및 제9조 제4항, 제7조가 석유판매업자의 영업양도, 사망, 합병의 경우뿐만 아니라 경매 등의 절차에 따라 단순히 석유판매시설만의 인수가 이루어진 경우에도 석유판매업자의 지위승계를 인정하고 있는 점을 종합하여 보면, 석유판매업 등록은 원칙적으로 대물적 허가의 성격을 갖고, 또 석유판매업자가

🔘 기출 판례

같은 법 제26조의 유사석유제품 판매금지를 위반함으로써 같은 법 제13조 제3항 제6호, 제1항 제11호에 따라 받게 되는 사업정지 등의 **제재처분은 사업자 개인의 자격에 대한 제재가 아니라 사업의 전부나 일부에 대한 것으로서 대물적 처분의 성격을 갖고 있으므로,** 위와 같은 지위승계에는 종전 석유판매업자가 유사석유제품을 판매함으로써 받게 되는 사업정지 등 제재처분의 승계가 포함되어 그 지위를 승계한 자에 대하여 사업정지 등의 제재처분을 취할 수 있다고 보아야 하고, 같은 법 제14조 제1항 소정의 과징금은 해당 사업자에게 경제적 부담을 주어 행정상의 제재 및 감독의 효과를 달성함과 동시에 그 사업자와 거래관계에 있는 일반 국민의 불편을 해소시켜 준다는 취지에서 사업정지처분에 갈음하여 부과되는 것일 뿐이므로, 지위승계의 효과에 있어서 과징금부과처분을 사업정지처분과 달리 볼 이유가 없다.

[2] 석유사업법 제26조는 사회적·경제적으로 해악을 끼치는 유사석유제품의 유통을 엄중하게 방지한다는 취지에서 규정된 것으로서 그 위반에 따른 제재의 실효성을 확보할 필요가 있는 점, 지위승계 사유의 하나인 경매는 석유판매시설에 대하여만 이루어질 뿐이고, 경매로 말미암아 석유판매사업자의 지위승계가 강제되는 것은 아닌 점, 석유판매업자의 지위를 승계한 자는 종전의 석유판매업자의 위반행위에 대하여 책임을 추궁할 수도 있는 점, 위 과징금은 사업정지처분에 갈음하여 부과될 뿐인 점 등을 **종합하여 보면, 석유판매사업자의 지위승계 및 과징금부과처분에 관한 위와 같은 해석은 특히 경매에 의한 지위승계에 있어서 영업의 자유나 재산권의 보장 또는 평등의 원칙 등에 위배되는 것이라고 볼 수 없다.**

그러나 최근 유력설은 권리의무의 승계와 제재사유의 승계를 구별하여 각각 대인적인 것은 승계되지 않지만 대물적인 것은 승계된다는 입장이다. 유력설의 입장이 종래의 다수설과 판례의 오류를 시정할 수 있는 타당한 학설이라고도 평가된다. 따라서 대법원은 학자들에 의하여 일신전속적인 의무위반으로서 대인적인 것에 주안점이 있는 경우에는 양도인의 제재사유를 제3자인 양수인에게 승계시키지 말았어야 한다고 비판받는다. 영업양도인의 제재처분사유를 대부분 영업허가의 성질이 대물적인 것이라고 보아 영업양수인에게 함부로 전가시키는 것을 대법원은 너무나 쉽게 용인해 오고 있는 것이다. 그러나 이러한 법원의 태도에 대하여는 권리의무승계와 제재사유승계를 구별하고 다시 각각 대인적인 것은 승계되지 않고 대물적인 것만 승계되어야 한다고 보아야 하므로 판례를 비판하여야 한다는 학설들의 태도가 타당하다.

다만, 판례는 주유소 영업의 양도인이 등유가 섞인 유사휘발유를 판매한 위법사유를 들어 그 양수인에게 대하여 한 6월의 석유판매업영업정지처분을 내린 것은 재량권 일탈로서 위법하다고 판시한 바 있다. 이러한 판례의 입장 역시 종래의 입장처럼 양도인의 잘못을 양수인에게 승계시키면서 지나친 점이 있다는 식의 판결이어서 문제가 있다. 판례는 앞으로 시정되어야 할 것이다.

---

86. 대법원 1992. 02. 25. 선고 91누13106 판결[석유판매업영업정지처분취소]

주유소 영업의 양도인이 등유가 섞인 유사휘발유를 판매한 바를 모르고 이를 양수한 석유판매영업자에게 전 운영자인 양도인의 위법사유를 들어 사업정지기간 중 최장기인 6월의 사업정지에 처한 영업정지처분이 석유사업법에 의하여 실현시키고자 하는 공익목적의 실현보다는 **양수인이 입계 될 손실이 훨씬 커서 재량권을 일탈한 것으로서 위법하다.**

---

4) 지위승계신고수리처분은 어디서 다투어야 할까

판례는 영업양도 행위가 비진의의사표시·착오·사기·강박 등에 하자가 있으면, 영업양도에 대한 **민사소송과 지위승계신고 수리에 대한 항고소송을 모두 허용**한다. 인가나 특허의 경우와 달리 전속관할이 아니라, **선택관할을 인정**하고 있다. **국민의 권리구제와 쟁송형태의 선택권을 보장**하기 위하여 타당한 판시를 하고 있다고 볼 것이다.

판례는 영업양도라는 기본행위가 존재하지 않거나 무효인 경우의 하자가 있다면 **지위승계신고수리가** 되더라도 이를 다툴 수 있는데, **수리에 대한 항고소송으로도 다툴 수 있고, 기본행위에 대한 민사소송으로도 다툴 수 있다고 판시**한다. 양도인의 권리구제를 용이하게 하기 위한 것으로서 타당하다고 생각한다.

☞ 출제 예상 판례

---

87. 대법원 2005. 12. 23. 선고 2005두3554 판결[채석허가수허가자변경신고수리처분취소]

사업양도·양수에 따른 허가관청의 지위승계신고의 수리는 적법한 사업의 양도·양수가 있었음을 전제로 하는 것이므로 그 수리대상인 사업양도·양수가 존재하지 아니하거나 무효인 때에는 수리를 하였다 하더라도 그 수리는 유효한 대상이 없는 것으로서 당연히 무효라 할 것이고, 사업의 양도행위가 무효라고 주장하는 양도자는 민사쟁송으로 양도·양수행위의 무효를 구함이 없이 막바로 허가관청을 상대로 하여 행정소송으로 위 신고수리처분의 무효확인을 구할 법률상 이익이 있다.

☞ 중요 판례

✍ [**가끔씩 출제되지만 영업자 지위승계 신고수리에 대한 판례들을 정리해 두자**]

☞ 기출

☞ 빈출 판례들

☞ 중요 기출 판례들 비교 정리

	영업양도에 따른 지위승계신고수리		
성질	수리를 요하는 신고		
처분성	○		
제3자효 행정행위	**양도인의 권리를 박탈**하고 양수인의 권리를 위한 것이므로 ○		
사전통지와 의견 제출 등 절차준수	양도인에게 이러한 절차를 실시할 **것을 요구** ○		
영업양도 가부	**부정**하는 경우		**긍정**하는 경우
	운전면허, 목욕탕		주유소, **이용원, 다방**, 개인택시면허, 웅진플레이도시 등 **유원시설업**
양도인의 제재사유를 양수인에게 승계시켜서 제재를 가할 수 있는지 여부	**승계를 긍정**하는 판례		승계를 부정하는 판례
	물탄 휘발유를 판매한 주유소 영업양도 사건, 퇴폐영업을 한 **명이용원 사건, 개인택시**기사가 운전면허취소될 정도로 음주운전한 뒤 악의적으로 개인택시면허양도한 사건		개인택시기사가 운전면허취소될 정도로 음주운전해 사망한 뒤 **미망인** 상속인에 대한 **개인택시 면허 취소부정한 사건**
관할	영업양도	인 가	주택재개발조합 설립인가
	영업양도행위의 착오·**사기·강박**이 있는 경우 **민사소송**으로 영업양도를 다투든, **항고소송**으로 지위승계수리를 다투든 **모두 허용** – 즉 **선택관할**	**학교설립허가**처럼 통상적인 인가의 경우– **설립행위의 착오·사기·강박** 등 하자는 **민사소송으로만** 다툴 수 있다(**전속관할**). – 또한 **인가**의 하자는 인가에 대한 **항고소송으로만** 다툴 수 있음	주택재개발조합이나 재건축조합설립의 착오·사기·강박 등 하자는 **민사소송으로 다툴 수 없고**, 특허발급과정의 하자로 보아 **설립인가(특허)에 대한 항고소송만 가능(전속관할)**

제 3 절

(실력 UP) 출제가 예상되는 화제의 판결들을 공부해 두자

88. 대법원 2018. 6. 21. 선고 2015두48655 전원합의체 판결[댄스스포츠학원의
설립·운영등록신청의반려처분취소청구]

**학원의 설립·운영 및 과외교습에 관한 법률 시행령 제3조의3 제1항 [별표 2] '학원의
교습과정' 중 평생직업교육학원의 교습과정에 속하는 댄스에 관하여 '체육시설의 설
치·이용에 관한 법률에 따른 무도학원업 제외'라는 단서 규정과 체육시설의 설치·이
용에 관한 법률 시행령 제6조 [별표 2] 제7호의 '학원의 설립·운영 및 과외교습에 관한
법률에 따른 학원은 제외'라는 단서 규정의 해석과 효력**

[다수의견]

(가) 관계 법령들 사이에 모순·충돌이 있는 것처럼 보일 때 그러한 모순·충돌을 해소하
는 법령해석을 제시하는 것은 법령에 관한 최종적인 해석권한을 부여받은 대법원의 고유
한 임무이다.

만일 학원의 설립·운영 및 과외교습에 관한 법률 시행령(이하 '학원법 시행령'이라 한다)
제3조의3 제1항 [별표 2] '학원의 교습과정' 중 평생직업교육학원의 교습과정에 속하는
댄스에 관하여 '체육시설의 설치·이용에 관한 법률에 따른 무도학원업 제외'라는 단서
규정(이하 '학원법 시행령 댄스학원의 범위 단서 규정'이라 한다)의 의미를 국제표준무도
를 교습하는 댄스학원을 체육시설의 설치·이용에 관한 법률(이하 '체육시설법'이라 한
다)상 무도학원업으로 신고할 수 있는 경우에는 학원의 설립·운영 및 과외교습에 관한
법률(이하 '학원법'이라 한다)의 적용을 배제하는 규정이라고 해석하게 되면, 체육시설법
시행령 제6조 [별표 2] 제7호의 '학원의 설립·운영 및 과외교습에 관한 법률에 따른 학
원은 제외'라는 단서 규정(이하 '체육시설법 시행령 무도학원업의 범위 단서 규정'이라 한
다)의 의미도 국제표준무도를 교습하는 댄스학원을 학원법상 평생직업교육학원으로 등
록할 수 있는 경우에는 체육시설법의 적용을 배제하는 규정이라고 해석하여야 하고, 이
렇게 해석할 경우 국제표준무도를 교습하는 댄스학원을 두 법령 중 어느 하나에 따라 등
록하거나 신고하는 것이 모두 불가능해지는 결과에 도달하게 된다. 이러한 결과는 댄스
학원을 개설·운영하려는 사람의 직업의 자유나 영업의 자유 등 기본권을 부당하게 제한
하거나 침해하는 것이므로 허용될 수 없다. 특히 신고 없이 체육시설법상 체육시설을 설
치·운영하는 행위(체육시설법 제38조 제2항 제1호)와 등록 없이 학원법상 학원을 설
립·운영하는 행위(학원법 제22조 제1항 제1호)가 형사처벌대상으로 규정되어 있는 점을

고려하면 더욱 그러하다. 따라서 이러한 해석은 헌법상 직업의 자유나 법률의 위임 취지에 배치되므로 채택할 수 없다.

국가의 법체계는 그 자체로 통일체를 이루고 있으므로 상·하규범 사이의 충돌은 최대한 배제하여야 하고, 또한 규범이 무효라고 선언될 경우에 생길 수 있는 법적 혼란과 불안정 및 새로운 규범이 제정될 때까지의 법적 공백 등으로 인한 폐해를 피하여야 할 필요성에 비추어 보면, 하위법령의 규정이 상위법령의 규정에 저촉되는지 여부가 명백하지 아니한 경우에, 관련 법령의 내용과 입법 취지 및 연혁 등을 종합적으로 살펴 하위법령의 의미를 상위법령에 합치되는 것으로 해석하는 것이 가능한 경우라면, 하위법령이 상위법령에 위반된다는 이유로 쉽게 무효를 선언할 것은 아니다. 마찬가지 이유에서, 어느 하나가 적용 우위에 있지 않은 서로 다른 영역의 규범들 사이에서 일견 모순·충돌이 발생하는 것처럼 보이는 경우에도 상호 조화롭게 해석하는 것이 가능하다면 양자의 모순·충돌을 이유로 쉽게 어느 일방 또는 쌍방의 무효를 선언할 것은 아니다.

앞서 본 바와 같은 부당한 해석 결과를 방지하는 한편, 두 시행령 단서 규정의 형식과 연혁 등을 고려하여 그 의미를 상호 조화롭게 이해하려면, '체육시설법 시행령 무도학원업의 범위 단서 규정'은 성인을 대상으로 국제표준무도를 교습하는 학원이 학원법상 학원의 요건을 갖추어 등록을 마친 경우에는 체육시설법이 별도로 적용되지 않는다는 점을 확인적으로 규정한 것이고, 나아가 '학원법 시행령 댄스학원의 범위 단서 규정'도 성인을 대상으로 국제표준무도를 교습하는 학원이 체육시설법상 무도학원업의 요건을 갖추어 신고를 마친 경우에는 학원법이 별도로 적용되지 않는다는 점을 확인적으로 규정한 것으로 해석함이 타당하다.

(나) 따라서 국제표준무도를 교습하는 학원을 설립·운영하려는 자가 체육시설법상 무도학원업으로 신고하거나 또는 학원법상 평생직업교육학원으로 등록하려고 할 때에, 관할 행정청은 그 학원이 소관 법령에 따른 신고 또는 등록의 요건을 갖춘 이상 신고 또는 등록의 수리를 거부할 수 없다고 보아야 한다.

[대법관 조희대의 별개의견]

(가) 학원법 제2조의2 제2항은 "학원의 종류별 교습과정의 분류"를 대통령령으로 정하도록 위임하고 있을 뿐인데, 학원법 시행령 제3조의3 제1항 [별표 2] '학원의 교습과정'에서는 단순히 학원의 종류별 교습과정을 분류하는 데 그치지 않고, 평생직업교육학원의 교습과정의 하나로 '댄스(체육시설법에 따른 무도학원업 제외)'라고 규정하여 댄스학원의 범위를 제한하는 단서 규정을 두었다.

이러한 단서 규정은 체육시설법상 무도학원업에 해당하는 경우 학원법상 평생직업교육학원으로 등록하고 운영할 수 없도록 하려는 취지로서, 모법의 위임 내용을 벗어나는 것으로 보일 뿐만 아니라, 국제표준무도를 교습하는 댄스학원을 학원법상 평생직업교육학원으로 등록하고 운영하려는 댄스학원 설립·운영자의 직업의 자유를 제한하고 있다. 학원법의 위임 취지와 기본권 제한의 법률유보 원칙(헌법 제37조 제2항)을 고려할 때, 모법의 분명한 위임 없이 시행령에서 직업의 자유를 제한하는 규정을 두는 것은 허용되지 않는다고 봄이 타당하다.

학원법과 체육시설법은 입법 목적과 규제의 평면이 다르고, 국제표준무도가 1999. 3. 31. 체육시설법의 개정으로 '체육활동'의 하나로 편입되었다고 하더라도 예능으로서의 속성을 그대로 지니고 있으므로, 국제표준무도를 교습하는 학원이 학원법상 학원의 요건을 충족하면 체육시설법이 아니라 학원법이 적용된다고 보아야 한다.

학원법의 위임 내용과 취지를 학원법의 입법 목적과 규정 내용, 체계는 물론이고 체육시설법령과의 관계 등과 종합하여 고려하면, '학원법 시행령 댄스학원의 범위 단서 규정'은 모법의 위임범위를 벗어나 위임 없이 제정된 것이어서 무효라고 보아야 한다.

(나) '학원법 시행령 댄스학원의 범위 단서 규정'이 무효이므로, 국제표준무도를 교습하는 학원이 학원법 제2조 제1호에서 정한 학원의 요건을 충족하는 한 학원법이 적용된다. 따라서 국제표준무도를 교습하는 학원을 설립·운영하려는 자가 학원법상 평생직업교육학원으로 등록하려고 할 때에, 관할 행정청은 그 학원이 학원법상 평생직업교육학원의 등록 요건을 갖춘 이상 등록의 수리를 거부할 수 없다고 보아야 한다.

[대법관 박상옥, 대법관 김재형의 별개의견]

(가) 국민의 기본권 제한에 관한 둘 이상의 법령 규정이 정면으로 서로 모순되어 법관에 의한 조화로운 해석이 불가능하고 그 규정들이 상위법과 하위법, 구법과 신법, 일반법과 특별법의 관계에 있지도 않아 어느 하나가 적용된다는 결론을 도출하는 것도 불가능한 경우가 있다. 이러한 경우에는 그 규정들 모두 법치국가원리에서 파생되는 법질서의 통일성 또는 모순금지 원칙에 반한다고 볼 수 있다. 그 결과 국민의 기본권이 부당하게 제한된다면 서로 모순·충돌하는 범위에서 그 규정들의 효력을 부정해야 한다.

요컨대 두 규정이 모순·충돌하는 경우에 조화로운 해석으로 해결할 수도 없고 어느 한쪽이 우위에 있다고 볼 수도 없다면 두 규정 모두 효력이 없다고 보아야 한다. 이는 법률뿐만 아니라 시행령에 대해서도 마찬가지이다.

'체육시설법 시행령 무도학원업의 범위 단서 규정'은 학원법상 댄스학원의 개념요건을 충족한 무도학원이 학원법의 적용을 받을 것이라는 전제에서 체육시설법의 적용대상에서 배제하였다. '학원법 시행령 댄스학원의 범위 단서 규정' 역시 체육시설법상 무도학원의 개념요건을 충족한 댄스학원이 체육시설법의 적용을 받을 것이라는 전제에서 학원법의 적용대상에서 배제한 것으로 볼 수 있다. 이에 따라 두 시행령 규정이 서로 그 책임을 미루어 규제 또는 규율의 공백이 발생하였고 두 규정이 예정한 각 전제 요건이 충족되지 않는다.

따라서 '체육시설법 시행령 무도학원업의 범위 단서 규정'과 '학원법 시행령 댄스학원의 범위 단서 규정'은 어느 하나의 효력이 우선하지 않으면서 서로 모순·충돌하는 관계로서, 법치국가원리에서 파생되는 법질서의 통일성이나 모순금지 원칙에 반하고 국민의 기본권을 부당하게 제한하므로, 그 모순·충돌하는 범위에서 두 규정은 모두 효력이 없다고 보아야 한다.

(나) 그러므로 국제표준무도를 교습하는 학원을 설립·운영하려는 자는 영업 목적에 따라 체육시설법상 무도학원과 학원법상 평생직업교육학원 중에서 어느 하나를 선택하여 체육시설업 신고 또는 학원 등록을 마친 후 영업을 할 수 있다고 봄이 타당하다.

89. 대법원 2017. 5. 30. 선고 2017두34087 판결[숙박업영업신고증교부의무부작위위법확인]

숙박업은 손님이 잠을 자고 머물 수 있도록 시설과 설비 등의 서비스를 제공하는 것이다. 공중위생관리법 제2조 제1항 제2호, 제3조 제1항, 제4조 제1항, 제7조, 공중위생관리법 시행규칙 제2조 [별표 1], 제3조의2 제1항 제3호, 제7조 [별표 4]의 문언, 체계와 목적에 비추어 보면, 숙박업을 하고자 하는 자는 위 법령에 정해진 소독이나 조명기준 등이 정해진 객실·접객대·로비시설 등을 다른 용도의 시설 등과 분리되도록 갖춤으로써 그곳에 숙박하고자 하는 손님이나 위생관리 등을 감독하는 행정청으로 하여금 해당 시설의 영업 주체를 분명히 인식할 수 있도록 해야 한다.

숙박업을 하고자 하는 자가 법령이 정하는 시설과 설비를 갖추고 행정청에 신고를 하면, 행정청은 공중위생관리법령의 위 규정에 따라 원칙적으로 이를 수리하여야 한다. 행정청이 법령이 정한 요건 이외의 사유를 들어 수리를 거부하는 것은 위 법령의 목적에 비추어 이를 거부해야 할 중대한 공익상의 필요가 있다는 등 특별한 사정이 있는 경우에 한한다.

이러한 법리는 이미 다른 사람 명의로 숙박업 신고가 되어 있는 시설 등의 전부 또는 일부에서 새로 숙박업을 하고자 하는 자가 신고를 한 경우에도 마찬가지이다. 기존에 다른 사람이 숙박업 신고를 한 적이 있더라도 새로 숙박업을 하려는 자가 그 시설 등의 소유권 등 정당한 사용권한을 취득하여 법령에서 정한 요건을 갖추어 신고하였다면, 행정청으로서는 특별한 사정이 없는 한 이를 수리하여야 하고, 단지 해당 시설 등에 관한 기존의 숙박업 신고가 외관상 남아있다는 이유만으로 이를 거부할 수 없다.

90. 대법원 2017. 6. 15. 선고 2013두2945 판결[주민등록번호변경신청거부처분취소]

[1] 국민의 적극적 신청행위에 대하여 행정청이 그 신청에 따른 행위를 하지 않겠다고

거부한 행위가 항고소송의 대상이 되는 행정처분에 해당하기 위해서는, 신청한 행위가 공권력의 행사 또는 이에 준하는 행정작용이어야 하고, 거부행위가 신청인의 법률관계에 어떤 변동을 일으키는 것이어야 하며, 국민에게 행위발동을 요구할 법규상 또는 조리상의 신청권이 있어야 한다.

[2] 甲 등이 인터넷 포털사이트 등의 개인정보 유출사고로 자신들의 주민등록번호 등 개인정보가 불법 유출되자 이를 이유로 관할 구청장에게 주민등록번호를 변경해 줄 것을 신청하였으나 구청장이 '주민등록번호가 불법 유출된 경우 주민등록법상 변경이 허용되지 않는다'는 이유로 주민등록번호 변경을 거부하는 취지의 통지를 한 사안에서, 피해자의 의사와 무관하게 주민등록번호가 불법 유출된 경우 개인의 사생활뿐만 아니라 생명·신체에 대한 위해나 재산에 대한 피해를 입을 우려가 있고, 실제 유출된 주민등록번호가 다른 개인정보와 연계되어 각종 광고 마케팅에 이용되거나 사기, 보이스피싱 등의 범죄에 악용되는 등 사회적으로 많은 피해가 발생하고 있는 것이 현실인 점, 반면 주민등록번호가 유출된 경우 그로 인하여 이미 발생하였거나 발생할 수 있는 피해 등을 최소화할 수 있는 충분한 권리구제방법을 찾기 어려운데도 구 주민등록법에서는 주민등록번호 변경에 관한 아무런 규정을 두고 있지 않은 점, 주민등록법령상 주민등록번호 변경에 관한 규정이 없다거나 주민등록번호 변경에 따른 사회적 혼란 등을 이유로 위와 같은 불이익을 피해자가 부득이한 것으로 받아들여야 한다고 보는 것은 피해자의 개인정보자기결정권 등 국민의 기본권 보장의 측면에서 타당하지 않은 점, 주민등록번호를 관리하는 국가로서는 주민등록번호가 유출된 경우 그로 인한 피해가 최소화되도록 제도를 정비하고 보완해야 할 의무가 있으며, 일률적으로 주민등록번호를 변경할 수 없도록 할 것이 아니라 만약 주민등록번호 변경이 필요한 경우가 있다면 그 변경에 관한 규정을 두어서 이를 허용해야 하는 점 등을 종합하면, 피해자의 의사와 무관하게 주민등록번호가 유출된 경우에는 조리상 주민등록번호의 변경을 요구할 신청권을 인정함이 타당하고, 구청장의 주민등록번호 변경신청 거부행위는 항고소송의 대상이 되는 행정처분에 해당한다.

제 4 절

행정청의 처분으로 규제하거나 규제를 완화하는 경우가 많다. 이러한 처분의 종류들에는 무엇이 있을까

판례는 행정청이 발급하는 행정행위를 처분이라고 한다. 처분의 종류에 대한 분류를 상세하게 배워두기로 한다.

> **행정절차법 제2조(정의)** 이 법에서 사용하는 용어의 뜻은 다음과 같다.
>
> 1. "행정청"이란 다음 각 목의 자를 말한다.
>
>   가. 행정에 관한 의사를 결정하여 표시하는 국가 또는 지방자치단체의 기관
>
>   나. 그 밖에 법령 또는 자치법규(이하 "법령등"이라 한다)에 따라 행정권한을 가지고 있거나 위임 또는 위탁받은 공공단체 또는 그 기관이나 사인(私人)
>
> 2. "처분"이란 행정청이 행하는 구체적 사실에 관한 법 집행으로서의 공권력의 행사 또는 그 거부와 그 밖에 이에 준하는 행정작용(行政作用)을 말한다.
>
> 3. "행정지도"란 행정기관이 그 소관 사무의 범위에서 일정한 행정목적을 실현하기 위하여 특정인에게 일정한 행위를 하거나 하지 아니하도록 지도, 권고, 조언 등을 하는 행정작용을 말한다.
>
> 4. "당사자등"이란 다음 각 목의 자를 말한다.
>
>   가. 행정청의 처분에 대하여 직접 그 상대가 되는 당사자
>
>   나. 행정청이 직권으로 또는 신청에 따라 행정절차에 참여하게 한 이해관계인
>
> 5. "청문"이란 행정청이 어떠한 처분을 하기 전에 당사자등의 의견을 직접 듣고 증거를 조사하는 절차를 말한다.
>
> 6. "공청회"란 행정청이 공개적인 토론을 통하여 어떠한 행정작용에 대하여 당사자등, 전문지식과 경험을 가진 사람, 그 밖의 일반인으로부터 의견을 널리 수렴하는 절차를 말한다.
>
> 7. "의견제출"이란 행정청이 어떠한 행정작용을 하기 전에 당사자등이 의견을 제시하는 절차로서 청문이나 공청회에 해당하지 아니하는 절차를 말한다.
>
> 8. "전자문서"란 컴퓨터 등 정보처리능력을 가진 장치에 의하여 전자적인 형태로 작성되어 송신·수신 또는 저장된 정보를 말한다.
>
> 9. "정보통신망"이란 전기통신설비를 활용하거나 전기통신설비와 컴퓨터 및 컴퓨터 이용기술을 활용하여 정보를 수집·가공·저장·검색·송신 또는 수신하는 정보통신체제를 말한다.

1. 법류행위적 행정행위와 준법률행위적 행정행위

행정행위는 ① 행정청의 의사표시대로 효과가 발생하는 <**법률행위적**> 행정행위와 ② 법률의 규정대로 효과가 발생하는 <**준법률행위적**> 행정행위로 분류될 수 있다.

2. 명령적 행정행위와 형성적 행정행위

법률행위적 행정행위는 ① 의무와 관련되는 <**명령적**> 행정행위와 ② 권리와 관련되는 <**형성적**> 행정행위로 분류될 수 있다.

<**명령적**> 행정행위는 ① 다시 각종 의무를 부과하는 (**하**)**명**, ② 부작위의무(＝금지의무)를 해제하여 자유를 회복시켜 주는 (**허**)**가** (☞허가를 상대적 자유회복행위라고도 부른다), ③ 작위의무·급부의무·수인의무를 해제하는 (**면**)**제** 등으로 나뉜다.

<**형성적**> 행정행위는 ① 다시 독점적 권리를 설정하는 (**특**)**허**(☞특허를 설권행위라고도 한다), ② 사인들의 법률행위의 효력을 보충하고 효력을 발생시키는 (**인**)**가**(☞인가를 보충행위라고도 한다), ③ 행위의 수행과 효과의 귀속이 분리되는 (**대**)**리** 등으로 나뉜다.

> 🖘 분류법 빈출
> 암기법: 하＋허＋면

> 특＋인＋대

3. 허가·특허·인가 등에 대하여 좀 더 이해를 해 보자

(1) 허가에 대한 이야기

> **식품위생법 제37조(영업허가 등)** ① 제36조제1항 각 호에 따른 영업 중 대통령령으로 정하는 영업을 하려는 자는 대통령령으로 정하는 바에 따라 영업 종류별 또는 영업소별로 식품의약품안전처장 또는 특별자치시장·특별자치도지사·시장·군수·구청장의 허가를 받아야 한다. 허가받은 사항 중 대통령령으로 정하는 중요한 사항을 변경할 때에도 또한 같다.

허가는 ① 전통적으로 **명령적 행위로 분류**하는 견해가 지배적이었으나, 이제는 허가를 독일에서의 한 견해처럼 ② **형성적 행위로 분류하는 견해**와 ③ **명령적 행위 및 형성적 행위의 성질이 모두 있다는 양면설 등도 주장된다**(다수설).

허가는 질서유지를 위해 일반적으로 금지된 자유를 요건을 갖춘 자들에 대하여 상대적으로 해제하여 주는 자유회복행위이다. 특허는 공공복리를 위하여 독점적 권리를 설정해 주는 행위이다. 인가는 사인의 법률행위에 대하여 행정청이 승인하여 효력을 발생시켜주는 행위이다.

예를 들면 **집회시위허가, 음식점영업허가, 주류제조면허, 운전면허** 등은 일반적 금지의 해제로서 자유의 회복이므로 강학상 허가일 뿐 새로운 권리의 설

> 🖘 최근 기출
> 🖘 개념 빈출

> 🖘 사례 빈출

정은 아니다. 그러나 집회시위허가, 음식점영업허가, 주류제조면허, 운전면허 등에 대한 **신청이 거부되는 경우** 보호되는 이익은 단순한 반사적 이익이 아니라 **법률상 이익**이다. 영업허가 거부에 의하여 영업의 자유를 직접적으로 제한받으므로 취소소송을 다툴 수 있다. 또한 영업허가를 요구할 법규상 신청권이 모든 국민에게 인정되고, 신청의 내용이 영업허가라는 행정소송법 제2조의 공권력이므로 재판의 대상이 되는 거부의 요건을 갖추고 있다.

📭 오답 빈출

　　주의할 것은 허가를 신청하는 자에 대하여 **행정청에 대한 관계에서는 법률상 이익을 인정**하지만, **기존 허가업자에 대하여는** 사익을 보호하는 취지가 규정되어 있지 않으므로 신규허가에 대하여 다툴 수 있는 **법률상 이익이 인정되지 않아 원고적격이 없다.**

　　또한 **주류제조면허에** 의하여 보호되는 이익 등은 경우에 따라 재산적 가치가 인정될 수도 있다. 하지만 **기존 허가업자는** 신규허가에 대하여 다툴 수 있는 법률상 이익이 없고 **반사적 이익에 불과**하다.

📭 기출

> **91. 대법원 1989. 12. 22. 선고 89누46 판결[법인세등부과처분취소]**
>
> **주류제조면허는 국가의 수입확보를 위하여 설정된 재정허가의 일종**이지만 일단 이 면허를 얻은 자의 이득은 단순한 사실상의 **반사적 이득에만 그치는 것이 아니라 주세법의 규정에 따라 보호되는 이득이고**, 주세법상 주류제조면허의 양도가 인정되지 않고 있으나, 국세청훈령으로 보충면허제도를 두어 기존면허업자가 그 면허를 자진취소함과 동시에 그에 대체하여 동일제조장에 동일면허종목을 신청하는 경우에는 그 면허를 부여함으로써 당사자간의 면허의 양도를 간접적으로 허용하고 있으며, 주류제조의 신규면허는 주세당국의 억제책으로 사실상 그 취득이 거의 불가능하여 위와 같은 보충면허를 받는 방법으로 면허권의 양도가 이루어지고 있는 이상, 위 면허권이 가지는 **재산적 가치는 현실적으로 부인할 수 없을 것이므로 주류제조회사의 순자산가액을 평가함에 있어서 주류제조면허를 포함시키지 아니한 것은 잘못이다.**

(2) 특허에 대한 이야기

> **여객자동차 운수사업법 제4조(면허 등)** ① 여객자동차운송사업을 경영하려는 자는 사업계획을 작성하여 국토교통부령으로 정하는 바에 따라 국토교통부장관의 면허를 받아야 한다. 다만, 대통령령으로 정하는 여객자동차운송사업을 경영하려는 자는 사업계획을 작성하여 국토교통부령으로 정하는 바에 따라 특별시장·광역시장·특별자치

시장·도지사·특별자치도지사(이하 "시·도지사"라 한다)의 면허를 받거나 시·도지사에게 등록하여야 한다.

② 제1항에 따른 면허나 등록을 하는 경우에는 제3조에 따른 여객자동차운송사업의 종류별로 노선이나 사업구역을 정하여야 한다.

개인택시면허, 마을버스사업면허, 시내버스나 시외버스 사업면허 등은 공공복리를 위하여 **독점적 권리를 설정**해 주는 것이므로 **특허**이다. 특허에 대하여는 재산적 권리로 인정된다. 특허에 대하여는 **기존업자는** 신규특허처분에 대하여 다툴 수 있는 **법률상 이익이 인정**되어 취소소송에 대한 **원고적격이 인정**된다.

☞ 빈출

☞ 빈출

> **92. 대법원 2007. 3. 15. 선고 2006두15783 판결【개인택시운송사업면허신청반려처분취소】**
>
> 여객자동차 운수사업법에 의한 개인택시운송사업면허는 특정인에게 권리나 이익을 부여하는 이른바 수익적 행정행위로서 법령에 특별한 규정이 없는 한 재량행위이다.

☞ 기출 판례

공유수면허가의 성질에 대하여는 점용·사용형태에 따라 허가사용이고 기속행위로 보는 경우도 있고, **특허사용이고 재량행위라고** 보아야 하는 경우도 있다. 공물은 사용형태와 정도를 종합하여 허가사용인지 특허사용인지를 판단하여야 한다.

☞ 기출

> **93. 대법원 2002. 10. 11. 선고 2001두151 판결[채광계획불인가처분취소]**
>
> 채광계획이 중대한 공익에 배치된다고 할 때에는 인가를 거부할 수 있고, 채광계획을 불인가 하는 경우에는 정당한 사유가 제시되어야 하며 자의적으로 불인가를 하여서는 아니될 것이므로 채광계획인가는 기속재량행위에 속하는 것으로 보아야 할 것이나, 광업법 제47조의2 제5호에 의하여 채광계획인가를 받으면 공유수면 점용허가를 받은 것으로 의제되고, 이 공유수면 점용허가는 공유수면 관리청이 공공 위해의 예방 경감과 공공 복리의 증진에 기여함에 적당하다고 인정하는 경우에 그 자유재량에 의하여 허가의 여부를 결정하여야 할 것이므로, 공유수면 점용허가를 필요로 하는 채광계획 인가신청에 대하여도, 공유수면 관리청이 재량적 판단에 의하여 공유수면 점용을 허가 여부를 결정할 수 있고, 그 결과 공유수면 점용을 허용하지 않기로 결정하였다면, 채광계획 인가관청은 이를 사유로 하여 채광계획을 인가하지 아니할 수 있는 것이다.

☞ 최근 기출

주의할 것은 재개발조합설립인가신청에 대한 행정청의 조합설립인가처분은 법령상 일정한 요건을 갖추는 경우, 행정주체인 공법인의 지위를 부여하는 일종의 **설권적 처분의 성질**을 가진다. 주택재개발조합의 법적 지위를 **종래 인가설에서 특허설로 판례를 변경하였**다.

최다 빈출

---

94. 대법원 2010. 1. 28. 선고 2009두4845 판결【재개발정비사업조합설립인가처분무효확인】

(1) 설립된 재개발조합은 재개발사업의 사업시행자로서 조합원에 대한 법률관계에서 특수한 존립목적을 부여받은 **행정주체로서의 지위**를 가지게 되고, 이러한 행정주체의 지위에서 정비구역 안에 있는 토지 등을 수용하거나(같은 법 제38조), 관리처분계획(같은 법 제48조), 경비부과처분(같은 법 제61조) 등과 같은 **행정처분을 할 수 있는 권한을 부여받는다.** 따라서 재개발조합설립인가신청에 대한 행정청의 조합설립인가처분은 **단순히 사인(사인)들의 조합설립행위에 대한 보충행위로서의 성질을 가지는 것이 아니라** 법령상 일정한 요건을 갖추는 경우 행정주체(공법인)의 지위를 부여하는 **일종의 설권적 처분의 성질을 가진다고 봄이 상당하다.**

최다 빈출 판례

(2) 그러므로 도시정비법상 재개발조합설립인가신청에 대하여 행정청의 조합설립**인가처분이 있은 이후에는, 조합설립동의에 하자가 있음을 이유로 재개발조합 설립의 효력을 부정하려면 항고소송으로 조합설립인가처분의 효력을 다투어야** 한다(대법원 2009. 9. 24.자 2009마168 결정 등 참조).

최다 빈출

 실력 다지기

빈출

이는 판례변경이며 통상의 인가에 있어서는 기본행위의 하자는 민사소송으로 다투어야 하지만, 동 사안의 재개발조합이나 재건축조합설립인가는 특허설로 판례를 변경하면서 착오, 사기, 강박 같은 설립행위의 하자에도 불구하고 인가가 난 경우 사인의 공법행위의 하자에도 불구하고 특허가 발급되는 과정에 대한 하자로 검토하고 있다. 따라서 관할은 민사소송이 아니라 특허에 대한 항고소송으로 판시하고 있다. 또한 사인의 공법행위의 하자에도 불구하고 처분이 발급된 경우 처분의 효력에 대하여는 취소원칙설과 무효원칙설이 있는데, 공적 거래의 안전을 고려하여 취소원칙설이 타당하다. 따라서 원칙적으로 취소소송으로 다투어야 한다. 다만 도저히 조합설립신청행위가 없다고 할 만큼 하자가 중대명백한 경우에는 예외적으로 무효가 되므로 무효확인소송으로도 다툴 수 있다.

(3) 인가에 대한 이야기

> **사립학교법 제10조(설립허가)** ① 학교법인을 설립하려는 자는 일정한 재산을 출연하고, 다음 각 호의 사항을 적은 정관을 작성하여 대통령령으로 정하는 바에 따라 교육부장관의 허가를 받아야 한다. 이 경우 기술대학을 설치·경영하는 학교법인을 설립할 때에는 대통령령으로 정하는 바에 따라 미리 산업체가 일정한 재산을 출연하여야 한다.

　사립학교설립허가는 명칭에도 불구하고 사인의 법률행위에 대하여 행정청이 효력을 발생시키는 행위이므로 **강학상 인가**이다. 토지거래허가나 재단법인 이사취임승인 또는 사단법인이사취임승인 등도 강학상 인가이다. 예컨대, 행정청의 **사립학교법인 임원취임승인행위**는 학교법인의 임원선임행위의 법률상 효력을 완성하게 하는 보충적 법률행위로서 **강학상 인가**에 해당한다.

> **95. 대법원 2007. 12. 27. 선고 2005두9651 판결【임원취임승인취소처분등취소】**
>
> 사립학교법 제20조 제1항, 제2항은 학교법인의 이사장·이사·감사 등의 임원은 이사회의 선임을 거쳐 관할청의 승인을 받아 취임하도록 규정하고 있는바, 관할청의 임원취임승인행위는 학교법인의 임원선임행위의 법률상 효력을 완성케 하는 보충적 법률행위라 할 것이다.

☞ 인가 기출

　토지거래허가는 토지거래허가구역 내의 토지거래를 전면적으로 금지시키고 특정한 경우에 예외적으로 토지거래계약을 체결할 수 있는 자격을 부여하는 점에서 학문상 인가이고 **재량행위**이다. **헌법재판소는** 토지거래계약허가제는 토지의 **투기적 거래를 억제하기 위한** 제도로서 사유재산제도를 부정하는 것이 아니며, 따라서 재산권의 본질적 내용을 침해한다고 볼 수는 없다고 한다. 허가를 받을 것을 전제로 한 토지거래계약이라고 하여도 허가를 받지 않은 경우라면 그것은 **유동적 무효이고 사후에 허가를 받음으로써 소급하여 유효한 계약이 된다.**

☞ 투기지역내 토지거래허가

☞ 합헌

☞ 인가+재량(최근 기출)

☞ 기출

> **96. 헌재 2013. 2. 28. 2012헌바94, 공보 제197호, 395[합헌]**
>
> 이 사건 법률조항은 부동산 투기거래를 방지함으로써 부동산거래의 정상화와 부동산가격의 안정을 도모하고자 도입된 토지거래허가제도의 실효성을 확보하기 위한 것으로서,

그 입법목적은 정당하고, 이 사건 법률조항이 토지거래허가를 받은 자에게 토지이용의무를 부과한 후 그 의무를 이행하지 않는 경우 이행강제금의 제재를 가하는 것은 투기수요자들의 거래를 억제하는 등의 효과가 있으므로 수단의 적절성도 인정된다. 한편, 토지거래계약 허가를 받은 자에게 책임지울 수 없는 사유나 그 의무이행을 기대할 수 없는 사유가 있는 경우 국토계획법 시행령 제124조 제1항에 따라 폭넓은 토지이용의무 부과의 예외를 인정하고 있는 점, 이행강제금을 현실적으로 부과하기 이전에 상당한 기간을 정하여 이행명령을 발하여 이에 따를 기회를 부여하고, 그 기간 내에 이행명령을 이행할 경우에는 이행강제금을 부과하지 않는 점, 토지이용의무를 이행하지 않는 토지소유자는 이 사건 법률조항에 따라 이행강제금을 부과받는 불이익을 입게 되지만, 부동산거래허가제도의 사후적 관리를 강화함으로써 투기소유자들이 토지거래허가구역 내에서 허위의 토지 이용목적을 내세워 거래허가를 받아 토지거래허가제도의 효력을 약화시키는 것을 막을 수 있는 점 등을 종합하여 볼 때 침해의 최소성 원칙에 반하지 아니하고, 법익균형성의 요건도 충족한다 할 것이다. 따라서 이 사건 법률조항이 과잉금지원칙에 위배하여 재산권을 침해한다고 볼 수 없다.

◉ 합헌

◉ 기출

대법원 판례는 규제지역 내의 토지거래허가를 인가이면서 재량행위라고 판시하고 있다.

97. 대법원 1991. 12. 24. 선고 90다12243 전원합의체 판결【토지소유권이전등기】

토지거래허가가 규제지역 내의 모든 국민에게 전반적으로 토지거래의 자유를 금지하고 일정한 요건을 갖춘 경우에만 금지를 해제하여 계약체결의 자유를 회복시켜 주는 성질의 것이라고 보는 것은 위 법의 입법취지를 넘어선 지나친 해석이라고 할 것이고, **규제지역 내에서도 토지거래의 자유가 인정되나 다만 위 허가를 허가 전의 유동적 무효 상태에 있는 법률행위의 효력을 완성시켜 주는 인가적 성질을 띤 것이라고 보는 것이 타당하다.**

◉ 기출

 실력 다지기

◉ 난이도 높은 기출

허가에 기한이 부가된 경우 허가 자체의 존속기간이라고 볼 것이다. 그러나 허가된 사업의 성질상 부당하게 짧은 기한을 정한 경우 그 기한은 그 허가의 조건의 존속기간, 즉 갱신기간을 정한 것이라고 보면 된다.
허가의 조건의 존속기간이 종료되기 전에 연장신청이 없이 허가기간이 만료된 경우 허가의 효력이 상실된다.

> **98. 대법원 2007. 10. 11. 선고 2005두12404 판결【보전임지전용허가취소처분무효확인】**
>
> 일반적으로 행정처분에 효력기간이 정하여져 있는 경우에는 그 기간의 경과로 그 행정처분의 효력은 상실되고, 다만 허가에 붙은 기한이 그 허가된 사업의 성질상 부당하게 짧은 경우에는 이를 그 **허가 자체의 존속기간**이 아니라 그 **허가조건의 존속기간**으로 보아 그 기한이 도래함으로써 그 조건의 개정을 고려한다는 뜻으로 해석할 수는 있지만, 그와 같은 경우라 하더라도 그 허가기간이 연장되기 위하여는 그 종기가 도래하기 전에 그 허가기간의 연장에 관한 신청이 있어야 하며, **만일 그러한 연장신청이 없는 상태에서 허가기간이 만료하였다면 그 허가의 효력은 상실된다.**

📌 난이도 높은 최근 기출

　　종전의 허가가 **기한의 도래로 실효된 경우**에 종전 허가의 유효기간이 지나서 기간연장을 신청하였다면 그 신청은 종전 허가의 유효기간을 연장하여 주는 행정처분을 구한 것이 아니라, **종전 허가와는 별개로 새로운 허가를 내용으로 하는 행정처분을 구한 것으로 보아야** 한다.

📌 난이도 높은 최근 기출

> **99. 대법원 1995. 11. 10. 선고 94누11866 판결【옥외광고물등표시허가연장거부처분취소】**
>
> 종전의 허가가 **기한의 도래로 실효한 이상** 원고가 종전 허가의 유효기간이 지나서 신청한 이 사건 기간연장신청은 그에 대한 종전의 허가처분을 전제로 하여 단순히 그 유효기간을 연장하여 주는 행정처분을 구하는 것이라기보다는 종전의 허가처분과는 **별도의 새로운 허가를 내용으로 하는 행정처분을 구하는 것**이라고 보아야 할 것이어서, 이러한 경우 허가권자는 이를 새로운 허가신청으로 보아 법의 관계 규정에 의하여 허가요건의 적합 여부를 새로이 판단하여 그 허가 여부를 결정하여야 할 것이다.

📌 기출 판례

4. 법률행위적 행정행위에서 주의할 특징 ★

　　처분의 구체적 분류와 관련하여 중요하게 이해하거나 기억해두어야 할 점들로는 다음과 같은 것들이 있다.

(1) 하명이나 허가, 인가 등에 위반한 행위에 대한 판례 비교 정리해두자

　　① **하명이나 허가를 위반해도** 사인의 법률행위가 무효가 되는 것은 아니고 위법한 행위로서 행정제재를 받게 된다. 따라서 영업허가를 받지 못한 포장마차

📌 오답 주의 기출

에서 음식을 구매해도 **사법상 유효한 거래행위가 되고** 다만 구청장 등 행정청으로부터 **과태료 등의 제재나 대집행 등 강제집행을 당하게** 되는 사유가 된다.

■ 기출

② 그러나 **인가가 없는** 사인의 법률행위는 아예 **효력이 무효**이다.

(2) 인가(보충행위)에 대해 정리하자

1) 인가의 의의와 종류

인가는 원칙적으로 **사인의 법률행위**(기본행위)가 적법·유효하고, **행정청의 인가**도 적법·유효하여야 법적으로 완전하게 효력이 발생한다.

민법상 재단법인의 정관변경 허가는 그 성질에 있어 법률행위의 **효력을 보충**해 주는 것이지 일반적 금지를 해제하는 것이 아니므로, 그 법적 성격은 인가라고 보아야 한다.

■ 기출 판례

> ### 100. 대법원 1996. 05. 16. 선고 95누4810 전원합의체 판결[법인정관변경허가처분무효확인]
>
> 민법 제45조와 제46조에서 말하는 재단법인의 정관변경 "허가"는 법률상의 표현이 허가로 되어 있기는 하나, 그 성질에 있어 법률행위의 효력을 보충해 주는 것이지 일반적 금지를 해제하는 것이 아니므로, 그 법적 성격은 인가라고 보아야 한다.

■ 기출

「도시 및 주거환경정비법」 등 관리처분계획에 대한 행정청의 인가는 관리처분계획의 법률상 효력을 완성시키는 **보충행위**로서의 성질을 갖는다.

■ 기출 판례

> ### 101. 대법원 2010. 12. 09. 선고 2010두1248 판결[사업시행인가처분취소]
>
> 구 「도시 및 주거환경정비법」(2007. 12. 21. 법률 제8785호로 개정되기 전의 것, 이하 '도정법'이라 한다)에 기초하여 도시환경정비사업조합이 수립한 사업시행계획은 그것이 인가·고시를 통해 확정되면 이해관계인에 대한 구속적 행정계획으로서 독립된 행정처분에 해당하므로,[12] 사업시행계획을 인가하는 행정청의 행위는 도시환경정비사업조합의 사업시행계획에 대한 법률상의 효력을 완성시키는 보충행위에 해당한다.

관할관청이 **개인택시 운송사업의 양도·양수에 대한 인가**를 하였을 경우 거기에는 양도인과 양수인 간의 양도행위를 보충하여 그 법률효과를 완성시키

---

12 대법원 2009. 11. 2.자 2009마596 결정 참조.

는 의미에서의 **인가처분뿐만 아니라 양수인에 대해 양도인이 가지고 있던 면 허와 동일한 내용의 면허를 부여하는 처분이 포함**되어 있다.

☞ 최근 기출

> ### 102. 대법원 2010. 11. 11. 선고 2009두14934 판결[개인택시운송사업면허취소 처분취소]
>
> 관할 관청이 개인택시운송사업의 양도·양수에 대한 인가를 하였을 경우 거기에는 양도 인과 양수인 간의 양도행위를 보충하여 그 법률효과를 완성시키는 의미에서의 인가처분 뿐만 아니라 양수인에 대해 양도인이 가지고 있던 면허와 동일한 내용의 면허를 부여하 는 처분이 포함되어 있다.13 또한 구 여객자동차 운수사업법 제14조 제4항에 의하면 개인 택시운송사업을 양수한 사람은 양도인의 운송사업자로서의 지위를 승계하므로, 관할 관 청은 개인택시 운송사업의 양도·양수에 대한 인가를 한 후에도 그 양도·양수 이전에 있었던 양도인에 대한 운송사업면허 취소사유를 들어 양수인의 사업면허를 취소할 수 있다.

☞ 최근 기출 판례

2) 인가에 대해 다투는 방법을 알아두자

사인의 법률행위에 대한 인가가 있는 경우 **기본행위인 법률행위의 하자가 있다면 기본행위에 대한 민사소송으로만** 다툴 수 있고 인가에 대한 항고소송으 로는 다툴 수 없다는 것이 판례의 입장이다.

☞ 기출

인가에 하자가 있다면 인가에 대한 항고소송으로만 다툴 수 있고, 기본행위 에 하자가 있다면 기본행위에 대한 민사소송으로만 다툴 수 있다는 것이 판례의 입장이다.

☞ 기출

> ### 103. 대법원 2004. 10. 28. 선고 2002두10766 판결[정관변경인가처분취소]
>
> 행정청의 사립학교 정관변경에 대한 인가는 기본행위인 사립학교의 정관변경에 대한 법 률상의 효력을 완성시키는 보충행위로서 그 기본행위인 정관변경에 하자가 있을 때에는 그에 대한 인가가 있다 하더라도 정관변경이 유효한 것으로 될 수 없으므로 기본행위인 정관변경이 적법·유효하고 보충행위인 인가처분 자체에만 하자가 있다면 그 인가처분의 취소를 주장할 수 있지만, 인가처분에 하자가 없다면 기본행위에 하자가 있다 하더라도 따로 그 기본행위의 하자를 다투는 것은 별론으로 하고 기본행위의 하자를 내세워 바로 그에 대한 행정청의 인가처분의 취소를 구할 수는 없다.

☞ 기출

---

13 대법원 1994. 8. 23. 선고 94누4882 판결 참조.

 기초 이해하기

> case1) 사인의 법률행위(A)도 적법·유효하고, 행정청의 인가(B)도 적법·유효한 경우에는 완전하게 법적 효력이 발생한다.
>
>   A O + B O = O
>
> case2) 사인의 법률행위(A)에 착오·사기·강박 등의 하자가 있고, 행정청의 인가(B) 적법·유효한 경우에는 아예 법적 효력발생이 발생할 수 없다. 그리고 이에 대한 다툼은 민사소송으로만 다툴 수 있다.
>
>   A X + B O = X ⇒ 민사소송으로만 다툴 수 있음
>
> case3) 사인의 법률행위(A)는 적법·유효하지만 행정청의 인가(B)에 하자가 있는 경우에는 하자있는 행정행위로서 취소사유(원칙) 또는 무효사유(예외)가 된다. 그리고 이에 대한 다툼은 항고소송으로서만 다툴 수 있다.
>
>   A O + B X = 취소(원칙) 또는 무효(예외) ⇒ 항고소송으로만 다툴 수 있다.

(3) 주택재개발조합과 주택재건축조합설립에 대한 판례의 변화를 주목하자★

> **도시및주거환경정비법 제35조(조합설립인가 등)** ① 시장·군수등, 토지주택공사등 또는 지정개발자가 아닌 자가 정비사업을 시행하려는 경우에는 토지등소유자로 구성된 조합을 설립하여야 한다. 다만, 제25조제1항제2호에 따라 토지등소유자가 재개발사업을 시행하려는 경우에는 그러하지 아니하다.
>
> ② 재개발사업의 추진위원회(제31조제4항에 따라 추진위원회를 구성하지 아니하는 경우에는 토지등소유자를 말한다)가 조합을 설립하려면 토지등소유자의 4분의 3 이상 및 토지면적의 2분의 1 이상의 토지소유자의 동의를 받아 다음 각 호의 사항을 첨부하여 시장·군수등의 인가를 받아야 한다.
>
> 1. 정관
> 2. 정비사업비와 관련된 자료 등 국토교통부령으로 정하는 서류
> 3. 그 밖에 시·도조례로 정하는 서류
>
> ③ 재건축사업의 추진위원회(제31조제4항에 따라 추진위원회를 구성하지 아니하는 경우에는 토지등소유자를 말한다)가 조합을 설립하려는 때에는 주택단지의 공동주택의 각 동(복리시설의 경우에는 주택단지의 복리시설 전체를 하나의 동으로 본다)별 구분소유자의 과반수 동의(공동주택의 각 동별 구분소유자가 5 이하인 경우는 제외한다)와 주택단지의 전체 구분소유자의 4분의 3 이상 및 토지면적의 4분의 3 이상의

토지소유자의 동의를 받아 제2항 각 호의 사항을 첨부하여 시장·군수등의 인가를 받아야 한다.

④ 제3항에도 불구하고 주택단지가 아닌 지역이 정비구역에 포함된 때에는 주택단지가 아닌 지역의 토지 또는 건축물 소유자의 4분의 3 이상 및 토지면적의 3분의 2 이상의 토지소유자의 동의를 받아야 한다.

⑤ 제2항 및 제3항에 따라 설립된 조합이 인가받은 사항을 변경하고자 하는 때에는 총회에서 조합원의 3분의 2 이상의 찬성으로 의결하고, 제2항 각 호의 사항을 첨부하여 시장·군수등의 인가를 받아야 한다. 다만, 대통령령으로 정하는 경미한 사항을 변경하려는 때에는 총회의 의결 없이 시장·군수등에게 신고하고 변경할 수 있다.

「도시 및 주거환경정비법」 등 관련 법령에 근거하여 행하는 '주택재건축사업조합 설립인가처분'은 사인들의 조합설립행위에 대한 보충행위로서의 성질을 갖는 것에 그치는 것이 아니라, 행정주체로서의 지위를 부여하는 설권적 처분의 성격을 가진다. 최근 판례의 변화에 의하면 **주택재개발정비사업조합의 설립인가신청에 대한 행정청의 인가처분**은 단순히 사인들의 조합설립행위에 대한 보충행위로서의 성질을 갖는 것이 아니라 법령상 일정한 요건을 갖출 경우 행정주체, 즉 공법인의 지위를 부여하는 일종의 **설권적 처분의 성격**을 갖는다.

即, 최근 판례는 **주택재개발조합**이나 **주택재건축조합설립인가를 종래의 인가설**(☞보충행위)에서 **특허설로 변경**(☞설권행위)하면서, **주택재개발조합이나 주택재건축조합설립과정의 하자인 착오·사기·강박** 등은 **특허발급과정의 하자로 보아 항고소송으로만** 다툴 수 있다고 판시하고 있다. 즉, 특허신청에 하자가 있는 경우에는 특허발급과정의 하자로 보아 항고소송으로만 다툴 수 있다고 **판례가 변경**되었다. 따라서 주택재개발조합설립에 대한 인가[14]가 있는 경우 주택재개발조합설립이라는 기본행위에 하자가 있다면 조합설립인가에 대한 항고소송으로만 다툴 수 있다는 것이 판례의 입장이 되는 것이다. 특별한 사정이 없는 한 이와는 별도로 민사소송으로 조합설립결의에 대하여 무효확인을 구할 확인의 이익은 없다.

📩 최근 최다 빈출

📩 주의할 최다 빈출

📩 오답 주의 기출

---

14 주택재개발조합설립인가는 인가라는 표현에도 불구하고 설권행위인 특허인 것이다.

중요 판례 더 알아보기

28. 대법원 2010. 2. 25. 선고 2007다73598 판결【창립총회결의무효확인】

(1) 주택재건축조합이나 주택재개발조합의 ㉮위(판례변경에 해당15)
행정청이 도시정비법 등 관련 법령에 근거하여 행하는 **조합설립 인가처분**은 단순히 사인들의 조합설립행위에 대한 보충행위로서의 성질을 갖는 것에 <u>그치는 것이 아니라</u>, 재건축조합에 대하여 도시정비법상 주택재건축사업을 시행할 수 있는 권한을 갖는 행정주체(공법인)로서의 지위를 부여하는 일종의 **설권적 처분**의 성격을 갖는다고 <u>보아야 한다.</u>

(2) 주택재건축조합 설립인가 ㉯전
행정주체인 재건축조합을 상대로 사업시행계획 또는 관리처분계획(이하 '관리처분 계획 등'이라 한다)에 관한 조합 총회결의의 효력 등을 다투는 소송은 행정처분에 이르는 절차적 요건의 존부나 효력 유무에 관한 소송으로서 그 소송결과에 따라 행정 처분의 위법 여부에 직접 영향을 미치는 **공법상 법률관계에 관한 것이므로, 이는 행정소송법상의 당사자소송에 해당한다.**16

(3) 주택재건축조합 설립인가 ㉰후
나아가, **관리처분계획 등에 관한 관할 행정청의 인가·고시까지 있게 되면 이제는 관리처분계획 등이 행정처분으로서의 효력을 갖게 되므로, 관리처분계획 등에 관한 조합 총회결의의 하자를 이유로 그 효력을 다투려면 재건축조합을 상대로 항고소송의 방법으로 관리처분계획 등의 취소 또는 무효확인을 구하여야 하고,** 이와는 별도로 행정처분에 이르는 절차적 요건 중 하나에 불과한 총회결의 부분만을 따로 떼어내 그 효력을 다투는 확인의 소를 제기하는 것은 허용되지 않는다.17

행정주체인 주택재건축정비사업조합을 상대로 **관리처분계획㉮**에 대한 조합총회결의의 효력을 다투는 소송은 「**행정소송법**」상 ㉯사자소송에 해당한다.
다만, **재개발조합과 조합장 또는 조합㉰원 사이의 선임·해임 등을 둘러싼 법률관계는 사법상의 법률관계로서 그 조합장 또는 조합임원의 지위를 다**

---

15 동지: 홍정선 교수
16 대법원 2009. 9. 17. 선고 2007다2428 전원합의체 판결 참조.
17 대법원 2009. 9. 17. 선고 2007다2428 전원합의체 판결; 대법원 2009. 10. 15. 선고 2008다93001 판결 등 참조.

투는 소송은 ㉤사소송에 의하여야 할 것이다.

---

104. 대법원 2009. 9. 24. 자 2009마168, 169 결정[가처분이의·직무집행정지가
처분]

[1] 구 도시 및 주거환경정비법상 재개발조합설립 인가신청에 대하여 행정청의 조합설립
인가처분이 있은 이후에 조합설립결의에 하자가 있음을 이유로 재개발조합 설립의 효력
을 부정하기 위해서는 항고소송으로 조합설립인가처분의 효력을 다투어야 하고, 특별한
사정이 없는 한 이와는 별도로 민사소송으로 행정청으로부터 조합설립인가처분을 하는
데 필요한 요건 중의 하나에 불과한 조합설립결의에 대하여 무효확인을 구할 확인의 이
익은 없다고 보아야 한다.   ☞ 최다 빈출

[2] 구 도시 및 주거환경정비법상 재개발조합이 공법인이라는 사정만으로 재개발조합과
조합장 또는 조합임원 사이의 선임·해임 등을 둘러싼 법률관계가 공법상의 법률관계에
해당한다거나 그 조합장 또는 조합임원의 지위를 다투는 소송이 당연히 공법상 당사자소
송에 해당한다고 볼 수는 없고, 구 도시 및 주거환경정비법의 규정들이 재개발조합과 조
합장 및 조합임원과의 관계를 특별히 공법상의 근무관계로 설정하고 있다고 볼 수도 없
으므로, 재개발조합과 조합장 또는 조합**임원** 사이의 선임·해임 등을 둘러싼 법률관계는
사법상의 법률관계로서 그 조합장 또는 조합임원의 지위를 다투는 소송은 **민사소송**에 의   ☞ 오답 주의
하여야 할 것이다.

---

5. 준법률행위적 행정행위

(1) 준법률행위적 행정행위의 종류

　　준법률행위적 행정행위에는 다음과 같은 것들이 있다.

　　① 사실관계나 법률관계에 대해 **공적 증명력을 부여**하는 <㉨증>,   ☞ 암기법
공+통+수+확
　　② **단순히 공적 확인만 하는** <㉵인>,

　　③ 사인의 신고에 대한 <㉦리>,

　　④ 법적인 의미가 있는 일정 사실에 대한 <㉧지>

　　판례는 준공검사의 법적 성질에 대하여 준법률행위적 행정행위 중 확인으
로 보고 있다.

105. 대법원 1992. 4. 10. 선고 91누5358 판결【준공신청서반려처분취소】

준법률행위적 행정행위중 확인

기출

준공검사처분은 건축허가를 받아 건축한 건물이 건축허가사항대로 건축행정목적에 적합한가의 여부를 확인하고, 준공검사필증을 교부하여 줌으로써 허가받은 자로 하여금 건축한 건물을 사용, 수익할 수 있게 하는 법률효과를 발생시키는 것이다.

허가관청은 **특단의 사정이 없는 한 건축허가내용대로 완공된 건축물의 준공을 거부할 수 없다**고 하겠으나, 만약 건축허가 자체가 건축관계 법령에 위반되는 하자가 있는 경우에는 비록 건축허가내용대로 완공된 건축물이라 하더라도 위법한 건축물이 되는 것으로서 그 하자의 정도에 따라 건축허가를 취소할 수 있음은 물론 그 준공도 거부할 수 있다고 하여야 할 것이다. **그러나 건축허가를 받게 되면** 그 허가를 기초로 하여 일정한 사실관계와 법률관계를 형성하게 되므로 그 허가를 취소함에 있어서는 수허가자가 입게 될 불이익과 건축행정상의 공익 및 제3자의 이익과 허가조건 위반의 정도를 **비교 교량**하여 개인적 이익을 희생시켜도 부득이하다고 인정되는 경우가 아니면 함부로 그 허가를 취소할 수 없다.

(2) 공증에 대한 판례의 유형별 정리★★

난이도 높은 빈출

판례는 공증의 경우 **두 가지 유형**으로 나누어 판시한다.

기출

판례는 ① <**각종 증명서발급 유형**>(☞ 인감증명서, 영수증, 졸업장, 여권 등)은 처분성을 긍정한다.

실력 다지기

대법원은 인감증명행위를 사실행위로 보아 처분성 부정해 왔다. 그러나 최근 하급심 판례는 인감증명신청거부처분취소소송에서 처분성을 긍정한 바 있다. 인감증명을 거부당하면 각종 부동산 거래행위 등이 제한되어 국민의 권리 · 의무에 대한 직접적인 제한을 받게 되므로, 앞으로는 처분성을 긍정하는 방향으로 판례를 변경하는 것이 타당할 것이다.

최근 최다 빈출

토+지+건+건+토+토 = 처분성 ○

② 판례는 <**각종 공적장부기재 유형**>은 **처분성을 원칙적으로 부정**하면서도 최근 (토)지분할신청거부, (지)목변경신청거부, (건)축대장기재거부, (건)물용도변경거부, (토)지대장기재나 거부, (토)지대장기재변경이나 그 거부 등의 **처분성을**

긍정한다. **판례가 변경되어 이제는 건축대장기재나 거부, 건물용도변경 거부** 등을 단순한 행정자료에 대한 것으로 보지 않고 **처분성을 인정하여 취소소송의 대상이 된다고 판시하고 있는 것이다.** 국민의 권리의무에 대한 직접적인 영향 을 미치기 때문에 이러한 판례의 변화는 타당하다.

건축물대장 작성 신청거부의 처분성 긍정하는 판례의 태도

106. 대법원 2009. 2. 12. 선고 2007두17359 판결【건축물대장기재신청서반려처 분취소】

행정청이 건축물대장의 작성신청을 거부한 행위가 항고소송의 대상이 되는 행정처 분에 해당하는지 여부(적극)

구 건축법 제29조 제2항, 구 건축물대장의 기재 및 관리 등에 관한 규칙 제1조, 제5조 제1항, 제2항, 제3항의 각 규정에 의하면, 구 건축법 제18조의 규정에 의한 사용승인(다 른 법령에 의하여 사용승인으로 의제되는 준공검사·준공인가 등을 포함한다)을 신청하 는 자 또는 구 건축법 제18조의 규정에 의한 사용승인을 얻어야 하는 자 외의 자는 **건축 물대장의 작성 신청권**을 가지고 있고, 한편 건축물대장은 건축물에 대한 공법상의 규제, 지방세의 과세대상, 손실보상가액의 산정 등 건축행정의 기초자료로서 **공법상의 법률관 계에 영향을 미칠 뿐만 아니라,** 건축물에 관한 **소유권보존등기 또는 소유권이전등기**를 신청하려면 이를 **등기소에 제출하여야 하는** 점 등을 종합해 보면, 건축물대장의 작성은 건축물의 소유권을 제대로 행사하기 위한 전제요건으로서 건축물 소유자의 실체적 **권 리관계에 밀접하게 관련되어 있으므로 건축물대장 소관청의 작성신청 반려행위는 국 민의 권리관계에 영향을 미치는 것으로서** 항고소송의 **대상이 되는 행정처분에 해당** 한다.

⬦ 최근 기출

그러나 판례는 ㉣기부 기재나 그 거부, ㉤허가건축대장의 처분성은 부정한 다. 왜냐하면 등기부에 잘못 기재되더라도 소유권변동을 초래하지 않기 때문이 다. 또한 무허가건축대장에 기재되는지 여부에 상관없이 무허가건축물인 것은 변하지 않기 때문이다.

⬦ 오답 주의 기출
⬦ 등+무
= 처분성 ×

(3) 통지에 대한 판례의 유형별 정리★

통지의 경우 **정년퇴임통지**나, **당연퇴직통보**의 **처분성**은 **부정**하면서도, 대 학조교수의 **재임용거부처분**을 의미하는 **기간만료통지**의 처분성은 **긍정**하고 있다.

⬦ 기출

체납이 되고 있다는 의미의 **독촉**, 무허가건물로서 철거하여야 한다는 **계고**
나 **통지** 등도 처분성을 긍정한다.

〈중요하고 어려운 내용을 정리하고 넘어가자〉

☞ 법률행위적 행정행위(의사표시) = 명령적 행위(의무관련) + 형성적 행위(권리
   관련) = 명령적 행위(하명 + 허가 + 면제) + 형성적 행위(특허, 인가, 대리)
   = (**하** + **허** + **면**) + (**특** + **인** + **대**)

☞ 준법률행위적 행정행위(법률규정) = 공증 + 통지 + 수리 + 확인 = **공 통 수 확**

6. 처분의 적법성 판단시

허가, 특허, 인가 등은 **사인이 행정청에게 이들을 신청하는 요구행위**를 하
면 **행정청**이 형식적 요건과 실질적 요건을 **검토한 뒤 발급여부를 결정**하게 된
다. 허가의 실질적 요건은 **질서유지**에 비중이 있고, 특허는 **공공복리**에 비중이
있으며, 인가는 경우에 따라 양자의 비중이 달라진다.

행정청은 사인이 허가 등을 발급할 당시의 법령과 사정에 따라 허가 등에
대한 발급여부를 판단하여야 한다. 따라서 **허가 등 처분의 적법성 판단시는 '처
분시'이다.** 이러한 입장을 **처분시설**이라고 한다.

행정소송에서 행정처분의 **위법 여부는 원칙적으로 행정처분이 행하여졌을
때의 법령과 사실상태를 기준**으로 하여 판단하여야 하고, **처분 후** 법령의 개폐
나 사실상태의 변동에 의하여 **영향을 받지는 않는 것이 원칙이다.**

🔍 중요 판례 더 알아보기

29. 대법원 2012. 12. 13. 선고 2011두21218 판결[조합설립무효확인등]

항고소송에 있어서 행정처분의 적법 여부는 특별한 사정이 없는 한 그 행정처분 당시
를 기준으로 하여 판단하여야 할 것이나, 여기서 행정처분의 위법 여부를 판단하는
기준 시점에 대하여 판결 시가 아니라 **처분 시**라고 하는 의미는 행정처분이 있을 때
의 법령과 사실상태를 기준으로 하여 위법 여부를 판단할 것이며 처분 후 법령의 개
폐나 사실상태의 변동에 영향을 받지 않는다는 뜻이지 처분 당시 존재하였던 자료나
행정청에 제출되었던 자료만으로 위법 여부를 판단한다는 의미는 아니므로, **처분 당
시의 사실상태 등에 대한 입증은 사실심 변론종결 당시까지 할 수 있고, 법원은 행정

처분 당시 행정청이 알고 있었던 자료뿐만 아니라 사실심 변론종결 당시까지 제출된 모든 자료를 종합하여 처분 당시 존재하였던 객관적 사실을 확정하고 그 사실에 기초하여 처분의 위법 여부를 판단할 수 있다.

다만, 이익형량상 예외적으로 신청시가 적법성 판단시점이 될 때가 있다. 판례는 **정당한 이유 없이 처리를 지연하는 경우에는 신청시를 기준으로 하여야 하므로 처분시의 법령을 기준으로 허가를 거부하는 것은 위법**하다고 판시하였다.

 기출

🔍 중요 판례 더 알아보기

30. 대법원 2006. 08. 25. 선고 2004두2974 판결[주택건설사업계획승인신청반려처분취소]

허가 등의 행정처분은 원칙적으로 처분시의 법령과 허가기준에 의하여 처리되어야 하고 허가신청 당시의 기준에 따라야 하는 것은 아니며, 비록 허가신청 후 허가기준이 변경되었다 하더라도 그 허가관청이 허가신청을 수리하고도 정당한 이유 없이 그 처리를 늦추어 그 사이에 허가기준이 변경된 것이 아닌 이상 변경된 허가기준에 따라서 처분을 하여야 한다.

그러나 행정청이 **처벌을 하거나 제재를 가하는 경우**에는 법령이 변경되었더라도 **변경 전의 구 법령이 적용**되어야 하는 것이 원칙이다. 다만, 신법령이 유리하게 개정된 경우에는 신 법령을 적용하여야 한다.

📧 기출

107. 대법원 2002. 12. 10. 선고 2001두3228 판결[과징금부과처분취소]

[1] 법령이 변경된 경우 신 법령이 피적용자에게 유리하여 이를 적용하도록 하는 경과규정을 두는 등의 특별한 규정이 없는 한 헌법 제13조 등의 규정에 비추어 볼 때 그 변경 전에 발생한 사항에 대하여는 변경 후의 신 법령이 아니라 변경 전의 구 법령이 적용되어야 한다.

[2] 구 건설업법 시행 당시에 건설업자가 도급받은 건설공사 중 전문공사를 그 전문공사를 시공할 자격 없는 자에게 하도급한 행위에 대하여 건설산업기본법 시행 이후에 과징금 부과처분을 하는 경우, 과징금의 부과상한은 건설산업기본법 부칙 제5조 제1항에 의하여 피적용자에게 유리하게 개정된 건설산업기본법 제82조 제2항에 따르되, 구체적인

> 부과기준에 대하여는 처분시의 시행령이 행위시의 시행령보다 불리하게 개정되었고 어느 시행령을 적용할 것인지에 대하여 특별한 규정이 없으므로, 행위시의 시행령을 적용하여야 한다.

☞ 기출

　　　참고로 **조세법령의 폐지 또는 개정 전에 종결된 과세요건 사실**에 대하여 폐지 또는 개정 전의 조세법령을 적용하는 것이 조세법률주의의 원칙에 위배된다고 할 수 없다.

> **108. 대법원 1993. 05. 11. 선고 92누18399 판결[양도소득세등부과처분취소]**
>
> 조세법률주의의 원칙상 조세의무는 각 세법에 정한 과세요건이 완성된 때에 성립된다고 할 것이나, 조세법령이 일단 효력을 발생하였다가 폐지 또는 개정된 경우 조세법령이 정한 과세요건 사실이 폐지 또는 개정된 당시까지 완료된 때에는 다른 경과규정이 없는 한 그 과세요건 사실에 대하여는 종전의 조세법령이 계속 효력을 가지며, 조세법령의 폐지 또는 개정 후에 발생된 행위사실에 대하여만 효력을 잃는 것이라고 보아야 할 것이므로, 조세법령의 폐지 또는 개정 전에 종결된 과세요건 사실에 대하여 폐지 또는 개정 전의 조세법령을 적용하는 것이 조세법률주의의 원칙에 위배된다고 할 수 없다.

제 5 절

중요 판례의 동향을 알아보고 출제에 대비해 보자

> **영업양도에 따른 지위승계신고수리의 성질과 대상적격 및 사전통지 요구 여부**
>
> **109. 대법원 2012. 12. 13. 선고 2011두29144 판결【유원시설업허가처분등취소】— 이른바 웅진플레이도시사건**
>
> **[1] 구 관광진흥법 제8조 제4항에 의한 지위승계신고를 수리하는 허가관청의 행위 및 구 체육시설의 설치·이용에 관한 법률 제20조, 제27조에 의한 영업양수신고나 문화체육관광부령으로 정하는 체육시설업의 시설 기준에 따른 필수시설인수신고를 수리하는 관계 행정청의 행위가 항고소송의 대상인지 여부(적극)**
>
> 구 **관광진흥법**(2010. 3. 31. 법률 제10219호로 개정되기 전의 것) 제8조 제4항에 의한 지

위승계신고를 수리하는 허가관청의 행위는 단순히 양도·양수인 사이에 이미 발생한 사법상 사업양도의 법률효과에 의하여 양수인이 그 영업을 승계하였다는 사실의 신고를 접수하는 행위에 그치는 것이 아니라, **영업허가자의 변경이라는 법률효과를 발생시키는 행위**이다.

 실력 다지기

영업양도지위승계신고수리는 양도자에게 침익적이고 양수인에게는 수익적이므로 제3자효 행정행위이다. 참고로 처분은 공권력이나 행정행위와 동일하며 권력적 단독행위로 이해하는 판례의 입장을 다시 한 번 기억해 두자. 행정행위이므로 항고소송(취소소송)의 대상이 된다.

그리고 구 체육시설의 설치·이용에 관한 법률(2010. 3. 31. 법률 제10219호로 개정되기 전의 것) 제20조, 제27조의 각 규정 등에 의하면 체육시설업자로부터 영업을 양수하거나 문화체육관광부령으로 정하는 체육시설업의 시설 기준에 따른 필수시설을 **인수한 자가 관계 행정청에 이를 신고하여 행정청이 수리하는 경우에는 종전 체육시설업자는 적법한 신고를 마친 체육시설업자의 지위를 부인당할 불안정한 상태에 놓이게 되므로, 그로 하여금 이러한 수리행위의 적법성을 다투어 법적 불안을 해소할 수 있도록** 하는 것이 법치행정의 원리에 맞는다.

[2] 행정청이 구 관광진흥법 또는 구 체육시설의 설치·이용에 관한 법률의 규정에 의하여 유원시설업자 또는 체육시설업자 지위승계신고를 수리하는 처분을 하는 경우, 종전 유원시설업자 또는 체육시설업자에 대하여 행정절차법 제21조 제1항 등에서 정한 처분의 사전통지 등 절차를 거쳐야 하는지 여부(적극)

행정절차법 제21조 제1항, 제22조 제3항 및 제2조 제4호의 각 규정에 의하면, 행정청이 당사자에게 의무를 과하거나 권익을 제한하는 처분을 할 때에는 당사자 등에게 처분의 사전통지를 하고 의견제출의 기회를 주어야 하며, 여기서 당사자란 행정청의 처분에 대하여 직접 그 상대가 되는 자를 의미한다.

 실력 다지기

실제 판례는 절차보장을 받는 당사자는 직접 처분의 상대방이 되는 자라고 하면서도 제3자도 포함한다고 판시한다.

한편 구 관광진흥법(2010. 3. 31. 법률 제10219호로 개정되기 전의 것, 이하 같다) 제8조 제2항, 제4항, 구 체육시설의 설치·이용에 관한 법률 제27조 제2항, 제20조의 각 규정에 의하면, 공매 등의 절차에 따라 문화체육관광부령으로 정하는 주요한 유원시설업 시설의 전부 또는 체육시설업의 시설 기준에 따른 필수시설을 **인수함으로써 유원시설업자 또는 체육시설업자의 지위를 승계한 자가 관계 행정청에 이를 신고하여 행정청이 수리하는 경우에는 종전 유원시설업자에 대한 허가는 효력을 잃고, 종전 체육시설업자는 적법한 신고를 마친 체육시설업자의 지위를 부인당할 불안정한 상태에 놓이게 된다.** 따라서 행정청이 구 관광진흥법 또는 구 체육시설법의 규정에 의하여 유원시설업자 또는 체육시설업자 지위승계신고를 수리하는 처분은 종전 유원시설업자 또는 체육시설업자의 권익을 제한하는 처분이고, **종전 유원시설업자 또는 체육시설업자는 그 처분에 대하여 직접 그 상대가 되는 자에 해당한다고 보는 것이 타당하므로, 행정청이 그 신고를 수리하는 처분을 할 때에는** 행정절차법 규정에서 정한 당사자에 해당하는 종전 유원시설업자 또는 체육시설업자에 대하여 위 규정에서 정한 **행정절차를 실시하고 처분을 하여야 한다.**

공권과 공의무의 승계

110. 대법원 2005. 8. 19. 선고 2003두9817, 9824 판결【형질변경지복구명령취소 · 형질변경지복구명령취소】

산림을 무단형질변경한 자가 사망한 경우 당해 토지의 소유권 또는 점유권을 승계한 상속인은 그 **복구의무를 부담**한다고 봄이 상당하고, 따라서 관할 행정청은 그 상속인에 대하여 복구명령을 할 수 있다.

 실력 다지기

대체적 작위의무는 상속이나 이전이 가능하다. 그러나 비대체적 작위의무는 일신전속적 의무로서 상속이나 이전이 되지 않는다. 판례에 의하면 산림복구의무는 대체적 **작위의무이므로 상속이나 이전이 될 수 있는 것이다.**

개인택시면허의 성질과 상속여부

111. 대법원 2008. 5. 15. 선고 2007두26001 판결【개인택시운송사업면허취소처
분등】[공2008상, 856]

**[1] 운전면허 취소사유가 있으나 그에 따른 운전면허 취소처분이 이루어지지는 않
은 경우, 관할관청이 개인택시운송사업면허를 취소할 수 있는지 여부(소극)**

구 여객자동차운수사업법(2007. 7. 13. 법률 제8511호로 개정되기 전의 것, 이하 '법'이라
고 한다) 제76조 제1항 제15호, 법 시행령 제29조에는 관할관청은 개인택시운송사업자의
운전면허가 취소된 때에 그의 개인택시운송사업면허를 취소할 수 있도록 규정되어 있을
뿐 그에게 운전면허 취소사유가 있다는 사유만으로 개인택시운송사업면허를 취소할 수
있도록 하는 규정이 없으므로, 관할관청으로서는 **비록 개인택시운송사업자에게 운전면
허 취소사유가 있다 하더라도 그로 인하여 운전면허 취소처분이 이루어지지 않은 이상
개인택시운송사업면허를 취소할 수는 없다 할 것이다.**

[2] 사안의 적용

개인택시운송사업자가 음주운전을 하다가 사망한 경우 망인의 운전면허를 취소하는 것
은 불가능하고, 음주운전 그 자체는 개인택시운송사업면허의 취소사유가 될 수는 없으므
로, 음주운전을 이유로 한 개인택시운송사업면허의 취소처분은 위법하다.

[3] 개인택시면허의 상속여부와 지위승계에 따른 제재사유의 승계여부의 구별

개인택시운송사업자가 음주운전을 하다가 사망한 후 상속인이 그 지위를 승계하기 위하
여 상속 신고를 한 사안에서, 관할관청이 망인의 음주운전을 이유로 상속 신고의 수리를
거부한 것은 위법하다.

 실력 다지기

※ **출제포인트: 건축신고와 주민등록신고는 판례가 수리를 요하지 않는 신고로서 처
분성이 있다고 한 것과 수리를 요하는 신고로서 처분성이 있다고 한 것이 모두 있으
므로 주의할 것— 그러나 처분성이 없다고 한 판례들은 모두 폐기되었다.**

112. 《〈변경 전〉》 대법원 판례의 입장 — 대법원 1967. 9. 19. 선고 67누71 판결
【건축신고수리취소처분취소】

☞ **다음의 판례지문들은 이제는 틀린 지문으로 처리하여야 한다.**

건축법 제5조 단서 계기의 건축을 하고자 하는 자에게 신고의무를 부과한 것은 신고를 받은 행정청이 그 신고를 심사하여 수리 여부를 결정할 수 있는 규정을 찾아볼 수 없는 점에 비추어 행정청으로 하여금 건축에 관한 행정상의 **참고자료를 얻도록 하기 위한 취지**에서이고, 따라서 그와 같은 건축을 하고자 하는 자는 적법한 요건을 갖춘 신고만 하면, 피고의 수리처분이라는 별단의 조처를 기다리거나, 또는 피고의 허가처분을 받음이 없이 **당연히 건축을 할 수 있는 것**이고, 또 건축법 제5조 단서에 의한 건축신고를 함에 있어서는, 건축을 하고자 하는 자에게 그 건축물의 부지에 대한 실제법상의 사용권이 있어야 한다는 규정이 건축법령상 없으므로, 본건 건축물의 부지에 관한소유권이 피고 주장과 같이 원고와 피고 보조참가인을 포함한 여러 사람의 공유로 등기가 되어 있는데 원고가 타 공유자의 승인을 받지 아니하였다고 하여서, 또는 본 건 대지가 환지예정지로 지정된 토지라고 하여서, 원고의 본건 신고가 신고의 요건을 갖추지 아니하였다고는 할 수 없을 것이므로, 원고의 위 신고는 적법유효하다고 할 것이고, 따라서 피고가 **원고의 본건 신고를 일단 수리하였다가 원고가 본건 담장을 축조 완료한 후에 그 신고수리를 취소한들 원고가 한 신고자체에는 아무런 영향을 미칠 수 없음**이 분명하므로 원고로서는 이미 축조한 담장을 철거하라는 피고의 계고 처분이 있다면 그 처분을 다툴 수는 있을지언정, 피고의 본건 **수리 취소를 다툴 소송상의 이익이 있다고는 할 수 없을 것이다.**

113. 변경된 대법원 판례의 입장 — 대법원 2010. 11. 18. 선고 2008두167 전원합의체 판결【건축신고불허(또는 반려)처분취소】— "청주시 상당구청장 건축신고거부사건" — 건축신고판례1

(1) 항고소송의 대상적격으로서의 처분성에 대한 판례의 판단기준

행정청의 어떤 행위가 **항고소송의 대상**이 될 수 있는지의 문제는 추상적·일반적으로 결정할 수 없고, 구체적인 경우 행정처분은 행정청이 공권력의 주체로서 행하는 구체적 사실에 관한 법집행으로서 **국민의 권리의무에 직접적으로 영향을 미치는 행위**(☞ 처분 = 공권력 = 행정행위 = 권력적 단독행위)라는 점을 염두에 두고, **관련 법령의 내용과 취지, 그 행위의 주체·내용·형식·절차, 그 행위와 상대방 등 이해관계인이 입는 불이익과의 실질적 견련성, 그리고 법치행정의 원리와 당해 행위에 관련한 행정청 및 이해관계인의 태도 등을 참작하여 개별적으로 결정하여야 한다**(대법원 1992. 1. 17. 선고 91누1714 판결; 대법원 2007. 6. 14. 선고 2005두4397 판결 등 참조).

(2) 건축신고수리거부처분의 처분성 여부에 대한 판례의 변경

그런데 구 건축법 관련 규정의 내용 및 취지에 의하면, 행정청은 건축신고로써 건축허가가 의제되는 건축물의 경우에도 그 신고 없이 건축이 개시될 경우 건축주 등에 대하여 공사 중지·철거·사용금지 등의 시정명령을 할 수 있고(제69조 제1항), 그 시정명령을 받고 이행하지 아니한 건축물에 대하여는 당해 건축물을 사용하여 행할 다른 법령에 의한 영업 기타 행위의 허가를 하지 아니하도록 요청할 수 있으며(제69조 제2항), 그 요청을 받은 자는 특별한 이유가 없는 한 이에 응하여야 하고(제69조 제3항), 나아가 행정청은 그 시정명령의 이행을 하지 아니한 건축주 등에 대하여는 이행강제금을 부과할 수 있으며(제69조의2 제1항 제1호), 또한 건축신고를 하지 아니한 자는 200만 원 이하의 벌금에 처해질 수 있다(제80조 제1호, 제9조).

이와 같이 건축주 등으로서는 **신고제하에서도 건축신고가 반려**(=거부)될 경우 당해 건축물의 건축을 개시하면 **시정명령, 이행강제금, 벌금의 대상**이 되거나 당해 건축물을 사용하여 행할 행위의 **허가가 거부**될 우려가 있어 **불안정한 지위**에 놓이게 된다. 따라서 건축신고 반려행위가 이루어진 단계에서 당사자로 하여금 반려행위의 적법성을 다투어 그 법적 불안을 해소한 다음 건축행위에 나아가도록 함으로써 **장차 있을지도 모르는 위험에서 미리 벗어날 수 있도록 길을 열어 주고, 위법한 건축물의 양산과 그 철거를 둘러싼 분쟁을 조기에 근본적으로 해결할 수 있게 하는 것**이 법치행정의 원리에 부합한다. 그러므로 이 사건 **건축신고 반려행위(=건축신고거부)는 항고소송의 대상이 된다고 보는 것이 옳다.**

이와 달리, 건축신고의 반려행위 또는 수리거부행위가 항고소송의 대상이 아니어서 그 취소를 구하는 소는 부적법하다는 취지로 판시한 대법원 1967. 9. 19. 선고 67누71 판결; 대법원 1995. 3. 14. 선고 94누9962 판결; 대법원 1997. 4. 25. 선고 97누3187 판결; 대법원 1998. 9. 22. 선고 98두10189 판결; 대법원 1999. 10. 22. 선고 98두18435 판결; 대법원 2000. 9. 5. 선고 99두8800 판결 등을 비롯한 같은 취지의 판결들은 **이 판결의 견해와 저촉되는 범위에서 이를 모두 변경하기로 한다.**

114. 수정된 대법원 2011. 1. 20. 선고 2010두14954 전원합의체 판결【건축(신축)신고불가취소】(흔들리는 판례모습) — 건축신고 판례2

(1) 건축법 제14조 제2항에 의한 인·허가의제 효과를 수반하는 건축신고가, 행정청이 그 실체적 요건에 관한 심사를 한 후 수리하여야 하는 이른바 '수리를 요하는 신고'인지 여부(적극)

1) 다수의견

건축법에서 인·허가의제 제도를 둔 취지는, 인·허가의제사항과 관련하여 건축허가 또는 건축신고의 관할 행정청으로 그 창구를 단일화하고 절차를 간소화하며 비용과 시간을 절감함으로써 국민의 권익을 보호하려는 것이지, 인·허가의제사항 관련 법률에 따른 각각의 인·허가 요건에 관한 일체의 심사를 배제하려는 것으로 보기는 어렵다. 왜냐하면, 건축법과 인·허가의제사항 관련 법률은 각기 고유한 목적이 있고, 건축신고와 인·허가의제사항도 각각 별개의 제도적 취지가 있으며 그 요건 또한 달리하기 때문이다. 나아가 인·허가의제사항 관련 법률에 규정된 요건 중 상당수는 공익에 관한 것으로서 행정청의 전문적이고 종합적인 심사가 요구되는데, 만약 건축신고만으로 인·허가의제사항에 관한 일체의 요건 심사가 배제된다고 한다면, 중대한 공익상의 침해나 이해관계인의 피해를 야기하고 관련 법률에서 인·허가 제도를 통하여 사인의 행위를 사전에 감독하고자 하는 규율체계 전반을 무너뜨릴 우려가 있다. 또한 무엇보다도 건축신고를 하려는 자는 인·허가의제사항 관련 법령에서 제출하도록 의무화하고 있는 신청서와 구비서류를 제출하여야 하는데, 이는 건축신고를 수리하는 행정청으로 하여금 인·허가의제사항 관련 법률에 규정된 요건에 관하여도 심사를 하도록 하기 위한 것으로 볼 수밖에 없다. **따라서 인·허가의제 효과를 수반하는 건축신고는 일반적인 건축신고와는 달리, 특별한 사정이 없는 한 행정청이 그 실체적 요건에 관한 심사를 한 후 수리하여야 하는 이른바 '수리를 요하는 신고'로 보는 것이 옳다.**

2) 반대의견

그런데 [대법관 박시환, 대법관 이홍훈의 **반대의견**] 다수의견과 같은 해석론을 택할 경우 헌법상 기본권 중 하나인 국민의 자유권 보장에 문제는 없는지, 구체적으로 어떠한 경우에 수리가 있어야만 적법한 신고가 되는지 여부에 관한 예측 가능성 등이 충분히 담보될 수 있는지, 형사처벌의 대상이 불필요하게 확대됨에 따른 죄형법정주의 등의 훼손 가능성은 없는지, 국민의 자유와 권리를 제한하거나 의무를 부과하려고 하는 때에는 법률에 의하여야 한다는 법치행정의 원칙에 비추어 그 원칙이 손상되는 문제는 없는지, 신고제의 본질과 취지에 어긋나는 해석론을 통하여 여러 개별법에 산재한 각종 신고 제도에 관한 행정법 이론 구성에 난맥상을 초래할 우려는 없는지의 측면 등에서 심도 있는 검토가 필요한 문제로 보인다. 그런데 다수의견의 입장을 따르기에는 그와 관련하여 해소하기 어려운 여러 근본적인 의문이 제기된다. 여러 기본적인 법원칙의 근간 및 신고제의 본질과 취지를 훼손하지 아니하는 한도 내에서 건축법 제14조 제2항에 의하여 인·허가가 의제되는 건축신고의 범위 등을 합리적인 내용으로 개정하는 입법적 해결책을 통하여 현행 건축법에 규정된 건축신고 제도의 문제점 및 부작용을 해소하는 것은 별론으로 하더라도, '건축법상 신고사항에 관하여 건축을 하고자 하는 자가 적법한 요건을 갖춘 신고만하면 건축을 할 수 있고, 행정청의 수리 등 **별단의 조처를 기다릴 필요는 없다**'는 대법원의 종래 견해(대법원 1968. 4. 30. 선고 68누12 판결; 대법원 1990. 6. 12. 선고 90누2468 판결; 대법원 1999. 4. 27. 선고 97누6780 판결; 대법원 2004. 9. 3. 선고 2004도3908 판결 등 참조)를 **인·허가가 의제되는 건축신고의 경우에도 그대로 유지하는 편이** 보다 합리적인 선택이라고 여겨진다.

[2] 국토의 계획 및 이용에 관한 법률상의 개발행위허가로 의제되는 건축신고가 개발행위허가의 기준을 갖추지 못한 경우, 행정청이 수리를 거부할 수 있는지 여부(적극)

1) 다수의견

일정한 건축물에 관한 건축신고는 건축법 제14조 제2항, 제11조 제5항 제3호에 의하여 국토의 계획 및 이용에 관한 법률 제56조에 따른 개발행위허가를 받은 것으로 의제되는 데, 국토의 계획 및 이용에 관한 법률 제58조 제1항 제4호에서는 개발행위허가의 기준으로 주변 지역의 토지이용실태 또는 토지이용계획, 건축물의 높이, 토지의 경사도, 수목의 상태, 물의 배수, 하천·호소·습지의 배수 등 주변 환경이나 경관과 조화를 이룰 것을 규정하고 있으므로, **국토의 계획 및 이용에 관한 법률상의 개발행위허가로 의제되는 건축신고가 위와 같은 기준을 갖추지 못한 경우 행정청으로서는 이를 이유로 그 수리를 거부할 수 있다고 보아야 한다.**

2) 반대의견

[대법관 박시환, 대법관 이홍훈의 반대의견]

수리란 타인의 행위를 유효한 행위로 받아들이는 수동적 의사행위를 말하는 것이고, 이는 허가와 명확히 구별되는 것이다. 그런데 다수의견에 의하면, 행정청이 인·허가의제조항에 따른 국토의 계획 및 이용에 관한 법률상 개발행위허가 요건 등을 갖추었는지 여부에 관하여 심사를 한 다음, 그 허가 요건을 갖추지 못하였음을 이유로 들어 형식상으로만 수리거부를 하는 것이 되고, 사실상으로는 허가와 아무런 차이가 없게 된다는 비판을 피할 수 없다. 이러한 결과에 따르면 **인·허가의제조항을 특별히 규정하고 있는 입법 취지가 몰각됨은 물론, 신고와 허가의 본질에 기초하여 건축신고와 건축허가 제도를 따로 규정하고 있는 제도적 의미 및 신고제와 허가제 전반에 관한 이론적 틀이 형해화 될 가능성이 있다.**

115. 다시 자리를 잡아가는 대법원 2011. 6. 10. 선고 2010두7321 판결【건축착공신고서처리불가처분취소】

(1) 행정청의 행위가 항고소송 대상이 되는지를 판단하는 기준

행정청의 어떤 행위가 **항고소송의 대상이 될 수 있는지**의 문제는 추상적·일반적으로 결정할 수 없고, 구체적인 경우 행정처분은 행정청이 공권력의 주체로서 행하는 구체적 사실에 관한 법집행으로서 **국민의 권리의무에 직접적으로 영향을 미치는 행위**라는 점을 염두에 두고, 관련 법령 내용과 취지, 행위 주체·내용·형식·절차, 행위와 상대방 등 이해관계인이 입는 불이익의 실질적 견련성, 그리고 법치행정의 원리와 당해 행위에 관련된 행정청 및 이해관계인의 태도 등을 참작하여 개별적으로 결정하여야 한다.

(2) 행정청의 착공신고 반려행위가 항고소송의 대상이 되는지 여부(적극)

구 건축법의 관련 규정에 따르면, 행정청은 착공신고의 경우에도 신고 없이 착공이 개시될 경우 건축주 등에 대하여 공사중지·철거·사용금지 등의 **시정명령**을 할 수 있고(제6

9조 제1항), 시정명령을 받고 이행하지 아니한 건축물에 대하여는 당해 건축물을 사용하여 행할 다른 법령에 의한 영업 기타 행위의 허가를 하지 않도록 요청할 수 있으며(제69조 제2항), 요청을 받은 자는 특별한 이유가 없는 한 이에 응하여야 하고(제69조 제3항), 나아가 행정청은 시정명령의 이행을 하지 아니한 건축주 등에 대하여는 **이행강제금을 부과**할 수 있으며(제69조의2 제1항 제1호), 또한 착공신고를 하지 아니한 자는 200만 원 이하의 **벌금**에 처해질 수 있다(제80조 제1호, 제9조). 이와 같이 건축주 등으로서는 착공신고가 반려될 경우, 당해 건축물의 착공을 개시하면 **시정명령, 이행강제금, 벌금의 대상**이 되거나 당해 건축물을 사용하여 행할 **행위의 허가가 거부될 우려**가 있어 불안정한 지위에 놓이게 된다. 따라서 **착공신고 반려행위**가 이루어진 단계에서 당사자로 하여금 반려행위의 적법성을 **다투어 법적 불안을 해소한** 다음 건축행위에 나아가도록 함으로써 장차 있을지도 모르는 위험에서 미리 벗어날 수 있도록 길을 열어 주고, 위법한 건축물의 양산과 철거를 둘러싼 분쟁을 조기에 근본적으로 해결할 수 있게 하는 것이 법치행정의 원리에 부합한다. 그러므로 행정청의 착공신고 반려행위는 **항고소송의 대상이 된다**고 보는 것이 옳다.

【참조판례】
[1] 대법원 1992. 1. 17. 선고 91누1714 판결(공1992, 916), ☆☆ **대법원 2010. 11. 18. 선고 2008두167 전원합의체 판결(공2010하, 2279)**, 대법원 2011. 3. 10. 선고 2009두23617, 23624 판결(공2011상, 760)

 실력 다지기

※주민등록신고 ⇒ 수리를 요하지 않는 신고로서 처분성이 있다는 판례와 수리를 요하는 신고로서 처분성이 있다는 판례들이 **둘 다 존재**(다만, **처분성이 없어서 취소소송 대상이 되지 않는다고 한 판례는 폐기되고 변경된 것으로 보아야 함**)

---

116. 대법원 2009. 1. 30. 선고 2006다17850 판결【배당이의】— 주민등록신고 판례1

주민등록의 신고는 행정청에 도달하기만 하면 신고로서의 효력이 발생하는 것이 아니라 행정청이 **수리한 경우에 비로소 신고의 효력이 발생**한다.

117. 대법원 2009. 6. 18. 선고 2008두10997 전원합의체 판결【주민등록전입신고수리거부처분취소】— 주민등록신고판례2 — 이른바 서초구 양재동 주민등록거부사건

주민들의 거주지 이동에 따른 주민등록전입신고에 대하여 **행정청이 이를 심사하여 그 수리를 거부할 수는 있다고 하더라도,** 그러한 행위는 **자칫 헌법상 보장된 국민의 거주·이전의 자유를 침해하는 결과를 가져올 수도 있으므로,** 전입신고를 받은 시장·군수 또는 구청장의 심사 대상은 전입신고자가 30일 이상 생활의 근거로 **거주할 목적으로 거주지를 옮기는지 여부만으로 제한**된다고 보아야 한다. 따라서 전입신고자가 거주의 목적 이외에 **다른 이해관계에** 관한 의도를 가지고 있는지 여부, 무허가 건축물의 관리, 전입신고를 수리함으로써 당해 지방자치단체에 미치는 영향 등과 같은 사유는 주민등록법이 아닌 다른 법률에 의하여 규율되어야 하고, 주민등록전입신고의 수리 여부를 심사하는 단계에서는 **고려 대상이 될 수 없다.**

주택재개발조합과 수분양권에 대한 전원합의체 판결

118. 대법원 1996. 2. 15. 선고 94다31235 전원합의체 판결【수분양권존재확인등】

[1] 구 도시재개발법에 의한 재개발조합에 대하여 조합원 자격 확인을 구하는 소송의 성질 및 조합의 분양거부처분 등에 대한 수분양권확인 소송의 가부

(1) 재개발조합의 지위 ⇒ 신분상 행정주체이고 기능상 행정청의 2중적 지위

구 도시재개발법(1995. 12. 29. **법률** 제5116호로 전문 개정되기 전의 것)**에 의한** 재개발조합은 조합원에 대한 법률관계에서 적어도 **특수한 존립목적을 부여받은 특수한 행정주체로서** 국가의 감독하에 그 존립 목적인 특정한 공공사무를 행하고 있다고 볼 수 있는 범위 내에서는 **공법상의 권리의무관계에 서 있다.**

(2) 당사자소송

따라서 조합을 상대로 한 쟁송에 있어서 **강제가입제를 특색으로 한 조합원의 자격 인정 여부에 관하여 다툼이 있는 경우에는** 그 단계에서는 아직 조합의 어떠한 처분 등이 개입될 여지는 없으므로 **공법상의 당사자소송에 의하여 그 조합원 자격의 확인을 구할 수 있다.**

(3) 항고소송

한편 분양신청 후에 정하여진 관리처분계획의 내용에 관하여 다툼이 있는 경우에는 그 관리처분계획은 토지 등의 소유자에게 구체적이고 결정적인 영향을 미치는 것으로서 조합이 행한 처분에 해당하므로 항고소송에 의하여 관리처분계획 또는 그 내용인 분양

거부처분 등의 취소를 구할 수 있다.

(4) 사안의 적용

그러므로 설령 조합원의 자격이 인정된다 하더라도 **분양신청을 하지 아니하거나 분양을 희망하지 아니할 때에는 금전으로 청산하게 되므로**(같은 법 제44조), 대지 또는 건축시설에 대한 수분양권의 취득을 희망하는 토지 등의 소유자가 한 분양신청에 대하여 조합이 분양대상자가 아니라고 하여 관리처분계획에 의하여 이를 **제외**시키거나 원하는 내용의 **분양대상자로 결정하지 아니한 경우,** 토지 등의 소유자에게 원하는 내용의 **구체적인 수분양권이 직접 발생한 것이라고는 볼 수 없어서 곧바로 조합을 상대로 하여 민사소송이나 공법상 당사자소송으로 수분양권의 확인을 구하는 것은 허용될 수 없다.**

 출제 예상 최신 판례 예제를 연습해 보자

> 예제: 주택재개발조합은 행정주체가 아니다. (×)
>
> 예제: 조합원 자격인정 거부에 대하여는 항고소송으로 다툴 수 있다. (×)
>
> 예제: 기간 내에 분양신청을 하지 아니한 경우에는 수분양권 확인을 당사자소송으로 다툴 수 없다. (○)

인천공항버스업체 〈경업자 소송〉사례

119. 대법원 2010. 2. 25. 선고 2008두18168 판결【여객자동차운송사업계획변경인가처분취소】[미간행]

이 사건 처분에 따라 새로이 운행하게 된 전주~대야~인천국제공항 노선의 운행요금이 16,900원으로 원고 운행의 버스 요금 25,000원보다 저렴한 사정이 있기는 하나, 그러한 점이 참가인들에게 위 노선에 대한 중복운행을 허용할 만한 사정이 된다고 보기는 어렵고, 달리 그와 같은 사정이 있음을 인정할 증거가 없으며, 오히려 공항버스를 이용하는 승객이 점진적으로 증가하고 있으나 최고 성수기였던 2007년 8월에도 원고 운행의 28인승 버스 1대당 평균 승객이 14명에 불과하여 여전히 **원고의 수송능력만으로도 증가된 수송수요를 충족할 수 있는** 것으로 판단되는 점, 원고가 책정한 운행요금이 참가인들의 그것보다 더 비싼 이유는 각 운행하는 버스의 차이에 기인하는 것으로 그 차별에 합리적인 이유가 있고, 원고가 책정한 25,000원의 운행요금이 운행버스, 운행거리 등에 비하여 **과다한 것으로 보이지는 않는 점,** 원고가 운행시간의 단축을 통한 교통편의 제공을 위하여 이 사건 처분 전 피고에게 전주~인천국제공항 직통 노선을 1일 7회 증회하겠다는 내용의 사업계획변경인가신청을 하였으나, 이에 대하여 피고는 합리적인 이유 없이 단지 원고가 피고와 법적 분쟁 중이라는 사유만을 들어 불인가한 후, 원고가 증회를 신청한 직통 노선보다 운행거리도 더 긴 전주~대야~인천국제공항 노선을 신설하겠다는 내용의 참가인들의 **사업계획변경신청을 인가**하는 이 사건 처분을 한 점 등의 제반 사정을 고려해 보면, 결국 피고가 일반 노선버스운송사업인 참가인들에게 위 노선의 중복운행을 허용할 만한 특단의 사정이 없고 원고 운행의 직통 노선을 증회함으로써 이용객들의 교통편의를 증진시킬 수 있음에도, 참가인들에게 위 노선에 대한 중복운행을 인가하는 **이 사건 처분을 한 것은 피고가 원고에게 한정면허를 부여한 취지 및 원고의 신뢰이익 등에 반하여 위법하다.**

2. 사업계획변경인가에 관한 주장

구 여객자동차 운수사업법(2008. 2. 29. 법률 제8852호로 개정되기 전의 것, 이하 '법'이라고 한다) 제5조 제2항에는 여객자동차운송사업의 **면허**를 함에 있어서는 법 제3조의 규정에 의한 여객자동차운송사업의 종류별로 노선을 정하도록 규정되어 있으나, 법 제11조 제1항에는 여객자동차운송사업의 면허를 받은 자는 건설교통부장관 또는 시·도지사의 **인가를 받아 사업계획을 변경할 수 있고,** 여객자동차 운수사업법 시행규칙(2007. 12. 13. 건설교통부령 제594호로 개정되기 전의 것, 이하 '시행규칙'이라고 한다) 제31조 제2항 제1호에는 노선 및 운행계통의 신설도 사업계획변경의 한 내용으로 규정되어 있으므로, **이미 여객자동차운송사업의 면허를 받은 자가 같은 종류의 운송사업에 관하여 노선 및 운행계통을 신설할 경우 사업계획변경의 인가를 받으면 족하고 운송사업면허를 받을 필요는 없다고 할 것이다**(대법원 2006. 12. 21. 선고 2004두13752 판결 참조).

3. 사정판결에 관한 주장 등에 대하여

이 사건 처분의 취소로 인하여 보다 저렴한 요금의 공항버스를 이용할 수 있는 승객들의 선택권이 사라지고, 그에 따른 불편함 역시 예상되는 바이지만, 원고 운행의 공항버스만으로도 여전히 수송수요를 충족할 수 있고, 승객들이 겪게 되는 불편은 피고의 여러 가지 대응 조치에 의하여 빠른 시일 내에 해소될 수 있을 것으로 예상되는 점에 비추어, 원고의 이 사건 **청구를 인용하는 것이 현저히 공공복리에 적합하지 않은 경우에 해당한다고 보기는 어렵다.**

 실력 다지기

– 기존업자와 신규업자 간의 다툼을 경업자소송이라고 한다. 그런데 기존업자는 신규 허가에 대하여는 원고적격이 없고, 신규 특허나 인가에 대하여는 원고적격이 있음을 주의하여야 한다. 왜냐하면 법에서 보호하는 이익인지 여부에 대하여 허가에 의하여 보호되는 기존업자의 이익은 반사적 이익에 불과하고, 특허에 의해 보호되는 기존업자의 이익은 법률상 이익이기 때문이다.

– 법원은 사정판결을 인정하고 합헌적인 제도로 보지만, 법치주의를 위하여 사정판결은 엄격하게 적용한다. 대한관광리무진사건과 러브호텔사건은 사정판결을 부정하였고, 전남대로스쿨인가사건은 사정판결을 긍정하였다.

실버타운의 신고의 성질과 실질적 사유심사가부

120. 대법원 2007. 1. 11. 선고 2006두14537 판결【노인주거복지시설설치신고반려처분취소】

유료노인복지주택의 설치신고를 받은 행정관청으로서는 그 유료노인복지주택의 시설 및 운영기준이 위 법령에 부합하는지와 아울러 그 유료노인복지주택이 **적법한 입소대상자에게 분양되었는지와 설치신고 당시 부적격자들이 입소하고 있지는 않은지 여부까지 심사하여 그 신고의 수리 여부를 결정**할 수 있다.

 실력 다지기

유료노인복지주택의 설치신고를 수리를 요하는 신고로 보고, 예외적으로 실질적 사유까지 심사할 수 있다고 판시하고 있다. 판례는 '수리를 요하는 신고'를 원칙적으로 허가와 구별되는 〈독자적 유형〉으로서 형식적 요건만 심사하여야 한다고 보고 있음을 유의하여야 한다. 판례의 원칙과 예외 모두 있음을 주의하여야 한다.

 출제 예상 최신 판례 예제를 연습해 보자

판례는 원칙적으로 신고는 형식적 요건만을 심사하여야 한다고 하나, 실버타운에 대한 신고는 예외적으로 실질적 요건까지 심사하여 수리를 거부할 수 있다고 판시하고 있다. (○)

제 5 장

행정작용1 — 행정행위 또는 처분

제 1 절

행정청의 처분에 대한 이론적 검토를 해 보자

행정소송법 조문의 규정을 먼저 살펴보자.

> **행정소송법 제2조(정의)** ① 이 법에서 사용하는 용어의 정의는 다음과 같다.
> 1. "처분등"이라 함은 **행정청**이 행하는 구체적 사실에 관한 법집행으로서의 **공권력**의 행사 또는 그 **거부**와 그 **밖에 이에 준하는 행정작용**(이하 "處分"이라 한다) 및 행정심판에 대한 재결을 말한다.

📖 빈출 조문

> **행정절차법 제2조(정의)** 이 법에서 사용하는 용어의 뜻은 다음과 같다.
> 2. "처분"이란 행정청이 행하는 구체적 사실에 관한 법 집행으로서의 공권력의 행사 또는 그 거부와 그 밖에 이에 준하는 행정작용(行政作用)을 말한다.

> **행정기본법 제2조(정의)** 이 법에서 사용하는 용어의 뜻은 다음과 같다.
> 4. "처분"이란 행정청이 구체적 사실에 관하여 행하는 법 집행으로서 공권력의 행사 또는 그 거부와 그 밖에 이에 준하는 행정작용을 말한다.

> **행정심판법 제2조(정의)** 이 법에서 사용하는 용어의 뜻은 다음과 같다.
> 1. "처분"이란 행정청이 행하는 구체적 사실에 관한 법집행으로서의 공권력의 행사 또는 그 거부, 그 밖에 이에 준하는 행정작용을 말한다.

이처럼 행정소송법 등에서의 법 조문에서는 **처분**이라고 되어 있지만, 법이론에서는 처분 대신에 **행정행위**라고 보통 논의한다.

그리고 행정청의 처분인지 아닌지에 따라 **권리구제수단**이 다르게 된다. 행정청의 **처분**이면 행정소송 중 **항고소송**으로 다투어야 한다.

📌 빈출 조문

> **행정소송법 제19조(취소소송의 대상)** 취소소송은 **처분등**을 **대상**으로 한다. 다만, 재결 취소소송의 경우에는 재결 자체에 고유한 위법이 있음을 이유로 하는 경우에 한한다.

📌 빈출: 기각이 아니라 각하

항고소송 중 **취소소송**이 가장 많이 활용된다. 행정청의 처분이 아닌 경우에는 항고소송을 청구해도 **각하**판결을 받게 된다. 이때에는 행정소송 중 당사자소송으로 가거나, 아니면 민사소송 등 다른 방법을 취해야 한다. 항고소송의 대상이 될 수 있는 자격은 처분이어야 하는 것이다. 그런데, 취소소송 등 항고소송과 관련하여 특히 이해해 두어야 할 것이 있다. 행정행위의 법적 성질에 대하여 **소의 적법성**에서는 **처분성**을 판단하고 **소의 이유유무**에서는 **재량행위**인지 여부나 **허가**인지 여부 등을 판단한다. 취소소송에 대한 재판을 할 때 처분에 대한 판단이 이렇게나 중요하다.

📌 핵심 이해

그런데 **법이론**에서는 처분이라는 용어대신 **행정행위**라고 주로 사용한다. 행정소송법 등 법조문이나 법원의 판결에서는 처분이라는 용어를 주로 사용한다. 양자가 같은 것인지에 대하여 다음과 같은 이론적인 논의가 깊이 있게 다루어지고 있다. 아마도 행정법이론 중에서 가장 심오하고 깊이 있는 내용이 아닐까 한다. 독자들이 이 부분을 잘 공부해 두면 행정법을 실력 있게 이해할 수 있게 될 것이다.

 기초 이해하기 ─ 판례의 입장 정리

법조문이나 이론서 및 판례에서는 용어들을 다양하게 사용하고 있어서 그 개념을 이해하는데 종종 혼동을 초래하기도 한다. 학설상의 논란이 있지만 처음 이론을 배우는 사람들은 일단 판례의 입장에 따라서 개념을 정리해 두는 것이 좋을 것이다. 행정법은 용어상의 표현이 달라도 동일한 의미를 가지고 있는 것들이 많으며, 반면에 용어가 동일해도 다른 의미를 가지고 있는 것들도 많아서 주의를 요구한다.

법조문이나 이론서 및 판례에서 처분이라고 하는 것들은 다양하게 사용되고 있다. 그런데, 행정법을 처음 배우는 사람들은 판례처럼 일단 **처분 = 공권력 = 행정행위 = 권력적 단독행위 = 행정청이 국민의 권리·의무를 직접 제한하거나 영향을 주는 행위**라고 생각하면 될 것이다. 이렇게 모두 동일하게 파악하는 입장을 **일원설**이라고 한다.

결국 판례는 처분과 행정행위 등을 동의어로 파악한다. 즉 성질이 동일하다고 본다는 점을 염두에 두자. 그리고 판례에 따라 처분이 되려면 행정청이 발급하는 행위로서 국민의 권리·의무에 직접적인 영향을 가할 수 있는 권력적인 단독행위의 성질을 가져야 한다.

(1) 처분개념의 분석과 일원설 및 이원설 등이 대립한다

행정소송법은 **항고소송의 대상**인 '**처분등**'을 **행정청**이 행하는 **구체적 사실에 관한 법집행**으로서의 **공권력**의 행사 또는 **그 (the) 거부**와 **그 밖에 이 (this)에 준하는 행정작용** 및 **행정심판에 대한 재결**(for example)이라고 정의내리고 있다(제2조 제1항 제1호).[1]

☞ 빈출 조문

① 구청장 등 원행정청의 처분의 모습은 공권력, 그 거부, 그밖에 이에 준하는 작용 중의 하나에 해당한다. 철거명령이나 영업정지 같은 경우가 **공권력**의 예로 발급된 것이다.

② 그리고 국민이 허가를 신청했지만 행정청이 허가를 거부하는 경우가 그 **거부**의 예이다.

③ 무기를 사용해서 시위대를 해산시키거나 강제철거를 통해서 노점상이나 철거민들의 건물을 부수거나 하는 행위는 권력적 사실행위이지만 **처분에 준하는 작용**으로 볼 수 있다.

이를 통틀어서 원행정청의 **원처분**이라고 정식으로 부르기도 하지만, 간단하게 처분이라고 부른다. 이에 대하여 행정심판위원회로 가서 행정심판을 청구하여 재결을 받은 경우는 행정심판위원회가 원처분이 위법하거나 부당한지 판

---

1 행정소송법 제2조 제1항 제1호는 '처분등'에서 행정심판의 재결을 제외한 것이 처분이라고 하는 바, 아래의 논의에서도 행정심판의 재결은 제외하기로 한다.

단을 내리는 처분을 발급한다. 행정심판위원회는 법원이 아니므로 재결이라고 부른다.

주의할 것은 행정심판위원회의 재결 역시 처분의 한 종류에 불과하다는 것이다. 행정심판위원회가 이렇게 내리는 결정을 **재결처분**이라 한다.

실력 다지기

기출

> 원행정청의 원처분과 행정심판위원회의 재결처분이 모두 있는 경우 원칙적으로 원처분을 취소소송의 대상으로 한다. 이러한 행정소송방식에 대한 입법주의를 **원처분주의**라고 한다. 이는 행정소송법 제19조 단서에서 규정되어 있다.

핵심 이해

행정소송법상의 처분개념을 학문상의 행정행위의 개념과 동일한 것으로 볼 것인지에 대하여 양자를 같은 것으로 보는 **일원설**(판례와 김연태 교수 등 유력설)과 다른 것으로 보아 더 넓은 것으로 보는 **이원설**(다수설)이 주장된다. 이원설 중에서도 ① 법적 작용들만 처분개념에 들어갈 수 있다고 보는 **다수설적인 이원설**과 ② 행정지도와 같은 비권력적 사실행위들도 모두 들어갈 수 있다고 보는 **소수설적인 이원설**로 나누어진다.

행정소송법 제2조의 규정에서 '행정청이 행하는 구체적 사실에 관한 법집행으로서의 공권력의 행사 또는 그 거부와 그 밖에 이에 준하는 행정작용'이라는 처분의 개념표지와 '행정청이 행하는 직접적 외부효를 갖는 개별사안의 고권적 규율'이라는 행정행위의 개념표지를 면밀히 비교분석해 보면, '행정청이 행하는'은 '행정청'에, '구체적 사실에 관한'은 '개별사안'에, '법집행으로서의 공권력의 행사 또는 그 거부'는 '고권성'(여기서 '법집행'은 공법집행을 의미할 것인 바, '고권성'은 공법규정의 집행으로 공권력의 행사 또는 거부가 행해진 경우를 의미한다)에 각각 대응됨을 알 수 있다.

결국 행정행위와 처분의 일치성 여부에 대한 논쟁은 **'규율성'**과 **'직접적 외부효'**라는 행정행위의 개념표지가 처분을 개념정의하고 있는 행정소송법 제2조 제1항 제1호에는 규정되어 있지 않고, 아울러 처분에는 '그 밖에 이에 준하는 행정작용'이 추가적으로 규정되어 있기 때문에 발생하는 것임을 간파할 수 있다.

그런데 처분의 개념표지에 대한 문언을 살펴보면 이는 다시 크게 두 가지의 행정작용으로 나눠질 수 있다. 즉 '행정청이 행하는 구체적 사실에 관한 법집행으로서의 공권력의 행사 또는 그 거부'와 '그 밖에 이에 준하는 행정작용'이다.

따라서 행정행위와 처분의 일치성 여부에 대한 문제는 전자의 경우에는 '규율성'과 '직접적 외부효'가 포함되는 것인지 여부로, 후자의 경우에는 강학상의 행정행위와 어떤 개념적 외연의 차이가 존재하는 것인지 여부로 귀결된다.

따라서 처분개념 **일원설이 타당**하며, 이에 의하여 행정소송법 제2조의 처분 등을 판단하면 다음과 같이 설명될 수 있다.

1) 행정소송법 제2조 제1항 제1호 전단 소정의 행정작용의 의미

위에서 살펴본 바와 같이 '행정청이 행하는 구체적 사실에 관한 법집행으로서의 **공권력**의 행사 또는 그 (the) **거부**'(= 행정행위의 거부)의 각 개념표지는 강학상의 **행정행위**의 각 개념표지에 대응되므로, 결국 행정소송법 제2조 제1호 전단의 행정작용은 강학상의 **행정행위**에 해당한다.

개념 핵심 이해

행정소송법 제2조의 공권력은 철거명령 등과 같은 행정행위를 의미한다. 행정소송법 제2조의 그 거부는 행정행위를 거부하는 것이다. 이때 판례는 그 거부가 취소소송의 대상적격으로 인정되기 위해서는 **법규상·조리상 신청권**(신청자격)이 있는 자의 허가 등 신청에 대한 거부일 것을 요구한다고 판시한다. 이때의 신청권은 **일반적**(여러 사람들)·**추상적**(반복적 여러 사건)**으로 결정되는 것이지, 실제 권리를 의미하는 것이 아니다.** 그러므로 처분을 요구할 자격은 대부분의 국민에게 인정된다.

2) 행정소송법 제2조 제1항 제1호 후단 소정의 행정작용의 의미

위에서 살펴본 바와 같이 '행정청이 행하는 구체적 사실에 관한 법집행으로서의 공권력 또는 그 거부=행정행위'로 보면 '**그 밖에 이**(this)**에 준하는 행정작용**'은 결국 '그 밖에 **행정행위에 준**하는 행정작용'으로 해석할 수 있을 것이므로 이는 행정행위보다는 개념의 외연이 넓다고 할 수 있다.

난이도 높은 핵심 이해

'그 밖에 이에 준하는 행정작용'의 구체적인 의미와 관련하여서는 특히 '법집행으로서의 공권력의 행사'(고권성)라는 요소가 '그 밖에 이에 준하는 행정작용'에서도 개념적 구성요소로 포함되는 것인지 여부가 문제된다.

생각건대, 행정소송은 항고소송과 당사자소송으로 대별되는 바, 항고소송 중 취소소송은 권력적 성질을 갖는 행위의 효력을 배제하기 위한 소송으로 이해하고, 비권력적 성질을 갖는 행정작용에 대한 다툼은 당사자소송으로 해결하고자 하는 것이 입법자의 의도라고 해석된다. 이렇게 볼 때 '그 밖에 이에 준하는 행정작용'에는 '법집행으로서의 공권력의 행사'의 요소가 포함되는 것으로 해석하여야 할 것이다.

이러한 해석론에 따르면 '그 밖에 이에 준하는 행정작용'으로서는 '법집행으로의 공권력의 행사'로서의 성질은 갖지만 **전형적인 행정행위에는 해당하지 않는 행정작용들을 말한다. 즉 처분의 문서형식으로는 발급되는 것은 아니지만** 처분과 동일한 효력을 가지면서 국민의 권리·의무에 대하여 직접적인 영향을 주는 것을 의미한다.

◉ 빈출

그밖에 이에 준하는 작용은 행정행위에 준하는 행위들로서 **예컨대** ① **권력적 사실행위**(무기사용, 강제철거), ② **처분적 법령**, ③ **부담**(일정한 의무를 부과하는 부관) 등 행정행위와 다를 바 없는 효과를 가지는 각종 작용들이 그에 해당하게 된다. 그러나 **행정지도**는 이에 해당하지 않게 된다.

◉ 빈출

권력적 사실행위의 예들을 찾아보면, **무기사용, 강제철거, 강제격리, 강제수거, 세무조사**(강제조사) 등을 들 수 있다. 이들의 성질은 순수사실행위와 수인하명의 **합성행위**로 분석할 수 있다. 그러므로 문서로 내려진 처분과 다를 바 없이 강제적인 행위의 성질을 지닌다.

◉ 빈출

그러나 **비권력적 사실행위**의 예들을 찾아보면 **행정지도, 호구조사**(임의조사) 등을 들 수 있다. 이들의 성질은 강제성이 없고 임의성만 있으므로 처분과 성질이 다르다. 따라서 처분성이 있는 것들과는 구별되어야 한다.

 기초 이해하기

① 일원설(독일학파)에서는 행정행위는 행정소송법 제2조의 공권력으로 보고, 권력적 사실행위는 그밖에 행정행위에 준하는 작용으로 보아 취소소송의 대상으로 인정한다. 그러나 행정지도와 같은 비권력적 사실행위는 행정소송법 제2조에 해당하지 않으므로 취소소송의 대상이 되지 않는다고 한다.

② 다수설적인 이원설(독일학파)에서는 행정소송법 제2조의 공권력 안에 행정행위와 권력적 사실행위 등 법적인 작용이 포함된다고 본다. 다수설은 행정행위보다 처분 등이 더 크다는 이원설의 입장인 것이다. 그러나 행정지도와 같은 비권력적 사실행위는 행정소송법 제2조에 해당하지 않으므로 취소소송의 대상이 되지 않는다고 한다.

③ 소수설적인 이원설(프랑스학파)에서는 행정소송법 제2조에는 행정행위와 권력적 사실행위는 물론 비권력적 사실행위들도 모두 포함되므로 취소소송의 대상으로 모두

인정할 수 있다고 한다.

결론적으로 일원설과 다수설적인 이원설에서는 행정행위나 권력적 사실행위 등 법적 작용만 취소소송의 대상이 되는 처분이라고 본다. 그러나 소수설적인 이원설에서는 비권력적 사실행위도 취소소송의 대상이 되는 처분이라고 본다. 판례는 일원설의 태도이다.

판례는 1원설에 입각해서 **공권력**과 **행정행위**를 동일하다고 보고 있고, 그 거부는 **행정행위의** 거부로 보고, 그 밖에 **이에** 준하는 작용으로서는 **행정행위**와 동일하게 볼 수 있는 **권력적 사실행위**나 **처분적 법령** 등을 인정하고 있다.

☞ 최근 기출

판례에 따른 이해를 정리하면 다음과 같다

처분 = 공권력 = 행정행위 = 권력적 단독행위 = 국민의 권리의무에 직접(권력적) 영향을 미치는 행위 = 판례의 입장 (1원설)

(2) 처분의 개념표지에 '**규율성**'과 '**직접적 외부효**'의 포함 여부와 형식적 행정행위의 인정여부에 대하여 알아보자

법률행위가 처분으로 인정받기 위해서는 ① **규율성**(= 권리 · 의무에 대한 의사표시) ② **외부성**(= 국민에 대한 의사표시) ③ **직접성**(= 권리 · 의무에 대하여 권력적이고 강제적으로 영향을 미치는 성질) 등 세 가지를 요구한다.[2]

☞ 핵심 이해

처분의 개념표지에 '**규율성**'과 '**직접**적 **외부효**'를 포함시킬 수 있을 것인지 여부가 매우 중요하다. 이는 취소소송체계의 내부원소에 대한 해명을 통해 해결되어야 할 문제라고 본다. 왜냐하면 일정한 체계는 자기준거적 재생산활동을 통해 그 기능을 유지하려 하는 것이므로 체계 안의 다른 원소들이 지향하는 의미를 알 수 있다면 문제가 되는 원소 역시 그 재생산의 내부순환 구조 속에서 동일한 의미를 지향하도록 함으로써 복잡성 감축전략이 성공적으로 이루어질 수 있기 때문이다.

따라서 **행정지도**처럼 **행정행위처럼 보이지만** 실질적으로 **처분개념의 당연한 요소인 규율성과 직접적 외부효를 가지지 못**하는 '**형식적 행정행위**'의 개념은 처분개념으로서는 부정하는 것이 타당하다.

☞ 기출

---

2 성봉근, 공공갈등해소를 위한 취소소송의 역할과 판례의 방향 — 행정기본법의 제정방향과 처분성 요건의 완화가능성 —, 토지공법연구 제87집, 2019. 8, 488면 이하.

> **행정절차법 제2조(정의)** 이 법에서 사용하는 용어의 뜻은 다음과 같다.
> 3. "행정지도"란 행정기관이 그 소관 사무의 범위에서 일정한 행정목적을 실현하기 위하여 특정인에게 일정한 행위를 하거나 하지 아니하도록 지도, 권고, 조언 등을 하는 행정작용을 말한다.

빈출

   처분이나 **권력적 사실행위** 등은 처분으로서의 성질을 가지므로 권리구제는 **행정소송** 중 **항고소송**에 의하여 이루어진다. 항고소송에는 다시 취소소송, 무효확인소송, 부작위위법확인소송 등이 있다. 우리는 취소소송 중심주의로 법률의 규정과 재판실무가 운영되고 있다. **행정지도는 형식적 행정행위**이자 **비권**

기출

력적 사실행위에 속한다. 행정지도는 처분도 아니고, 그밖에 이에 준하는 작용도 아니다. 행정지도는 행정행위와 성질이 정반대된다.

   행정행위와 행정지도 양자의 차이는 권리구제의 형태가 다르게 나타나게 한다. **처분** 등은 **항**고소송(취소소송, 무효 등 확인소송, 부작위위법확인소송)으로 다

기출

투지만, 행정지도 등은 **당**사자소송으로 다투어야 한다.

   행정지도는 처분으로서의 성질을 가지지 못하므로 권리구제는 **행정소송 중 당사자소송**에 의하여 이루어진다. 그러나 실제로 당사자소송은 별로 잘 활용되지 못하고 있다.

   국고(국가의 창고)**관계**에서 **물건을 사고팔거나 임대**하는 행위는 **공법관계가 아니면서 처분성도 없으므로** 권리구제는 **민사소송**에 의하여 이루어지게 된다.

(3) 취소소송의 성격과 기능에 대해 **형성소송설**[*]과 확인소송설이 대립한다

   취소소송의 성격과 기능에 대하여 형성소송설과 확인소송설이 대립하고 있지만, 다수설과 판례의 입장은 형성소송으로 본다.

   그 이유를 분석해 보기로 한다.

> **행정기본법 제15조(처분의 효력)** 처분은 권한이 있는 기관이 취소 또는 철회하거나 기간의 경과 등으로 소멸되기 전까지는 유효한 것으로 통용된다. 다만, 무효인 처분은 처음부터 그 효력이 발생하지 아니한다.

   첫째, 행정소송법체계의 내부원소들이 지향하는 의미를 탐색해 보면 첫째, 행정소송법은 **취소소송의 경우에는 사정판결을 허용**하고 있는 데 반해(제28조),

무효확인소송의 경우에는 사정판결을 허용하고 있지 않다(제38조 제1항에서 제 ☞ 기출
28조를 준용하고 있지 않음). 이는 위법성이 취소사유인 경우에는 일단 처분이 유
효하나 취소판결을 받으면 효력이 부인되고 사정판결을 받으면 효력은 부인되
지 않지만 처분의 위법성만을 확인하는 것이며, 위법성이 무효사유인 경우에는
처음부터 처분의 효력이 없기 때문에 사정판결이라는 관념을 생각할 수 없어 무
효확인소송의 경우에는 사정판결제도를 두지 않은 것으로 해석할 수 있기 때문
이다.

　둘째, 형성의 소에 대한 청구기각판결은 단지 형성소권의 부존재를 확정하
는 확인판결에 그치나 청구인용의 판결, 즉 형성판결은 그것이 형식적으로 확정
되면 형성소권의 존재에 대해 기판력이 발생하는 동시에 법률관계를 발생·변
경·소멸시키는 형성력이 생기는바,[3] 제29조 제1항 소정의 대세효는 이러한 형
성의 소의 일반적 성질에 부합하는 것이다. 이러한 논의를 종합해 보면 취소소
송은 형성소송으로 판단된다. 이에 따라 **취소판결은 일정한 행정작용의 법적**
효력을 소급해서 부인하는 성질을 갖는 **형성판결**로 이해되므로, 그 대상인 처 ☞ 기출
분 역시 국민에 대하여 권리제한 또는 의무부과라는 법적 효과를 갖는, 다시 말
해 **직접적 외부효와 규율성**을 갖는 행정작용이라는 결론에 이르게 된다.

(4) 판례의 추가 요건은 국민의 권리 · 의무에 직접적인 제한(영향)을 가하는 것이다

1) 판례의 입장

판례는 국민의 권리 · 의무에 직접적인 영향을 가하는지 여부로 판단하고 있다.
판례는 항고소송의 대상적격으로서 처분성의 요건에 대하여 '국민의 권리의무를 ☞ 빈출
직접 제한하는지 여부'라는 요건을 별도로 추가하여 사용하고 있는 것이다. 따라
서 **항고소송의 대상**이 되는 **행정처분**이라 함은 원칙적으로 행정청의 **공법상 행**
위로써 특정 사항에 대하여 법규에 의한 **권리의 설정 또는 의무의 부담**을 명하거
나 기타 법률상 효과를 발생하게 하는 등으로 일반 국민의 **권리의무에 직접** 영향
을 미치는 행위를 가리킨다.

　이에 대하여 형식적 행정행위까지 인정하는 이원설에서는 판례를 근본적으
로 비판하게 된다. 그러나 일원설이나 다수설적인 이원설에서는 이러한 **판례의**

---

3 이시윤, 신민사소송법, 189－190면; 회사관계소송에서의 형성의 소의 경우에도 청구인용판결만이
대세효가 있다(상법 제190조, 제328조, 제376조, 제380조(논란있음), 제381조, 제430조, 제446조).

요건 설정에 결론적으로 찬성하게 된다.

다만 행정소송법 제2조에 규정되어 있지 않는 이러한 요건을 판례가 설정하는 것은 권력분립의 원칙에 반한다는 비판도 있으나, **판례의 요건은 처분개념의 당연한 요소인 규율성과 직접적 외부효를 판시한 것이므로 타당하다고 할 것이다.**

판례에 따르면 처분인지 여부는 법률이나 법규명령 또는 행정규칙 등에 규정되어 있는지와 상관없이 국민의 권리·의무에 대하여 여부에 따라 판단한다. 대법원은 비록 **불문경고**가 행정규칙에 규정되어 있지만 공무원에게는 내부법으로서 법규성이 있으므로 공무원에게는 권리의무를 직접적으로 제한하는 것에 해당하여 처분성이 인정된다는 취지의 판시를 하고 있다.

> **121. 대법원 2002. 7. 26. 선고 2001두3532 판결[견책처분취소]**
>
> [1] 항고소송의 대상이 되는 행정처분이라 함은 원칙적으로 행정청의 공법상 행위로서 특정 사항에 대하여 법규에 의한 권리의 설정 또는 의무의 부담을 명하거나 기타 법률상 효과를 발생하게 하는 등으로 일반 국민의 권리 의무에 직접 영향을 미치는 행위를 가리키는 것이지만, 어떠한 처분의 근거나 법적인 효과가 행정규칙에 규정되어 있다고 하더라도, 그 처분이 행정규칙의 내부적 구속력에 의하여 상대방에게 권리의 설정 또는 의무의 부담을 명하거나 기타 법적인 효과를 발생하게 하는 등으로 그 상대방의 권리 의무에 직접 영향을 미치는 행위라면, 이 경우에도 항고소송의 대상이 되는 행정처분에 해당한다.
>
> [2] 행정규칙에 의한 '불문경고조치'가 비록 법률상의 징계처분은 아니지만 위 처분을 받지 아니하였다면 차후 다른 징계처분이나 경고를 받게 될 경우 징계감경사유로 사용될 수 있었던 표창공적의 사용가능성을 소멸시키는 효과와 1년 동안 인사기록카드에 등재됨으로써 그 동안은 장관표창이나 도지사표창 대상자에서 제외시키는 효과 등이 있다는 이유로 항고소송의 대상이 되는 행정처분에 해당한다.

영업정지와 같은 대인적 처분은 국민의 권리·의무에 대하여 직접적인 제한을 초래하므로 처분성이 인정된다는 것이 쉽게 이해될 수 있다. 그러나 **교통신호등 설치, 주차금지**나 **횡단보도설치, 일방통행표지** 등 사물에 대한 규율이 사람의 권리·의무를 규율하는 모습으로 나타나는 경우를 물적 행정행위라고 하는데, 역시 처분성을 인정하는 것이 다수설과 판례의 태도이다. 독일에서 오랜 논쟁 끝에 **'일반처분'**의 내용으로서 **'물적 행정행위'**가 포함되도록 독일 행정절차법에서 최종 규정되어 입법적으로 행정행위의 하나로 인정되도록 되었다.

'**물적 행정행위**'[4]의 경우를 보더라도 사물의 법적 상태에 대한 직접적인 영향을 통해 결국 국민의 권리의무에 직접적인 영향을 준다고 넓게 이해할 수 있다.[5]

영업정지처럼 특정인에 대한 개별 행정행위가 처분이라는 것도 쉽게 이해될 수 있다. 하지만 **집회시위허가**나 **집회시위허가금지**처럼 다수인에 대한 일반처분도 행정행위로서 처분성이 인정된다. 판례에 의하면 청소년보호법에 따른 **청소년유해매체물 결정·고시**의 법적 성격은 일반처분이다. 청소년보호법에 따른 청소년유해매체물 결정·고시의 법적 효력은 정보통신윤리위원회가 특정 인터넷 웹사이트를 청소년유해매체물로 결정하고 청소년보호위원회가 효력발생시기를 명시하여 고시함으로써 그 명시된 시점에 다수의 국민들에게 효력이 발생한다.

> **122. 대법원 2007. 06. 14. 선고 2004두619 판결[청소년유해매체물결정및고시처분무효확인]**
>
> 청소년보호법에 따른 **청소년유해매체물 결정 및 고시처분은** 당해 유해매체물의 소유자 등 특정인만을 대상으로 한 행정처분이 아니라 일반 불특정 다수인을 상대방으로 하여 일률적으로 표시의무, 포장의무, 청소년에 대한 판매·대여 등의 금지의무 등 각종 의무를 발생시키는 **행정처분**으로서, 정보통신윤리위원회가 특정 인터넷 웹사이트를 청소년유해매체물로 결정하고 청소년보호위원회가 효력발생시기를 명시하여 고시함으로써 그 명시된 시점에 효력이 발생하였다고 봄이 상당하고, 정보통신윤리위원회와 청소년보호위원회가 위 처분이 있었음을 위 웹사이트 운영자에게 제대로 통지하지 아니하였다고 하여 그 효력 자체가 발생하지 아니한 것으로 볼 수는 없다.

🖝 기출

눈이 쌓일 때마다 눈을 제거하라는 명령은 반복적 처분으로서 역시 처분이자 행정행위로 인정된다.

---

4 김남진·김연태, 행정법 Ⅰ, 법문사, 제23판, 2019, 207면에서는 이를 소개하고 있다. 동지의 취지로서 류지태·박종수, 행정법신론, 제15판, 박영사, 2011, 166면; 박균성, 행정법강의, 제15판, 박영사, 2019, 201면; 다만 이원설 중에서도 쟁송법상 처분개념을 넓게 보는 것이 옳지만 형식적 행정행위는 제한적으로 인정하여야 한다는 절충적인 입장도 있다. 박균성, 행정법강의, 제15판, 박영사, 2019, 708-709면.

5 성봉근, 공공갈등해소를 위한 취소소송의 역할과 판례의 방향 ― 행정기본법의 제정방향과 처분성 요건의 완화가능성 ―, 토지공법연구 제87집, 2019. 8, 491면.

2) 판례에 대한 평가 및 요건완화론의 제시

이러한 판례의 태도는 행정행위의 성질을 가지는지 여부에 따라 처분을 판단하려는 것으로서 타당하다. 그렇지만, 이러한 행정행위의 성질을 가지는 작용들이 현대에는 새롭게 많이 등장하고 있다. 이러한 유형들은 전형적인 처분의 이름을 가지고 있지 않을 뿐이다. 따라서 처분개념의 요소인 규율성, 직접성, 외부성 등의 요건을 충족한다면 완화하여 행정행위의 성질을 가지고 있다고 보는 것이 타당하다. 이를 통하여 우리 행정소송실무에서 잘 발전해 온 취소소송제도를 활용하여 국민의 권리구제와 공공갈등 해소 등에 크게 기여할 수 있다.

행정행위의 요건을 충족하지 못하는 사실행위 등에 대하여도 처분개념으로 확대하여 취소소송의 대상적격의 범위를 넓히려는 입장[6]과는 논리의 구조가 다르다. 처분의 요건을 요구하되, 현대 행정법에서 국민의 권리의무에 직접적인 영향을 줄 수 있는 다양하고 애매한 행위들에 대하여 규율성과 직접적 외부효 등 처분의 요건을 다소 완화하여 취소소소의 대상적격으로 포섭하고자 하는 논리이기 때문이다. 법원의 태도에 대한 근본적인 변화를 가져오기 보다는 기존의 입장에 대하여 탄력성과 변화가능성을 요구하기 위한 논리인 것이다.[7]

 실력 다지기 [8]

> 행정행위의 변화가능성에 대하여 짚어보아야 할 점이 있다. 이와 관련하여 슈미트–아스만(Schmidt–Aßmann)은 행정행위는 행정작용의 '안정성을 제공하는 기능' (Stabilisierungsleistung des verwaltungsakt)을 여전히 부담하고 있지만, 그렇다고 하여 행정행위의 안정성이 행정행위의 '변화가능성'(Veränderung)이나 '탄력성'(Flexibilität)을 박탈하는 것은 아니라고 지적하고 있다.[9]

---

6 박정훈, 행정소송의 구조와 기능, 박영사, 2007, 173면.

7 성봉근, 공공갈등해소를 위한 취소소송의 역할과 판례의 방향 — 행정기본법의 제정방향과 처분성 요건의 완화가능성 —, 토지공법연구 제87집, 2019. 8, 492–493면 이하.

8 이상의 논의에 대하여 상세한 것은 성봉근, 공공갈등해소를 위한 취소소송의 역할과 판례의 방향 — 행정기본법의 제정방향과 처분성 요건의 완화가능성 —, 토지공법연구 제87집, 2019. 8, 489–493면.

9 Schmidt–Aßmann, Verwaltungsrechtliche Dogmatik – Eine Zwischenbilanz zu entwicklung, Reform und Künftigen Aufgaben, Mohl Siebeck, 2013, S. 70; 성봉근, 공공갈등해소를 위한 취소소송의 역할과 판례의 방향 — 행정기본법의 제정방향과 처분성 요건의 완화가능성 —, 토지공법연구 제87집, 2019. 8, 490면에서 재인용.

이는 행정행위의 개별적 요소들에 대하여 자세히 분석해 보면 명확하게 드러난다. 행정청의 행위라고 하는 것도 이제는 고유한 의미의 행정청뿐만 아니라 공무수탁사인이나 공법상 법인 등 원래는 행정청이 아닌 경우에도 행정청의 행위로 파악되기도 한다. 개별적 규율성이라는 요소도 일반처분[10]이나 반복적 처분 등에서 보듯이 고전적인 의미로 국한되지 않는다.

그렇다면 판례에서 처분성에 대하여 갈등하고 가장 고민하게 되는 규율성이나 직접적 외부성 역시 마찬가지로 '완화해서' 해석하는 것이 얼마든지 가능하다. 분쟁조정결정이나 매립지귀속결정, 환지처분 등 다양한 행정작용들이 법원에 의하여 처분성을 부정당하여 왔지만, 실질적으로는 국민의 권리의무에 대하여 매우 직접적이고 밀접한 영향을 주는 속성을 가지고 있다. '물적 행정행위'[11]의 경우를 보더라도 사물의 법적 상태에 대한 직접적인 영향을 통해 결국 국민의 권리의무에 직접적인 영향을 준다고 넓게 이해할 수 있다.

마우러(Maurer)와 발트호프(Waldhoff)가 지적하듯이 이 규율성은 '이중적인 의미'(doppeldeutig)를 가지고 있다. 우리 법원이 처분성에 대하여 지나치게 좁게 파악하는 것은 이러한 이중적인 의미를 충분하게 고려하지 못하고 있으며, 고전적인 형태의 개념에 집착하고 있기 때문이라고 할 것이다.

마우러와 발트호프는 '규율성'은 한편으로는 행정행위의 발급에서 보듯이 '행위'(die Tätigkeit) 자체에 대한 것이고, 다른 한편으로는 '행위의 효과 내지는 결과'(das Produkt dieser Tätigkeit)를 의미한다고 지적한다.[12]

참고로 독일 행정절차법에서는 제35조 제2문에서 행정행위의 개념을 규정하면서 물건에 대한 공법상의 특성과 관련되는 것도 일반처분(Allgemineverfügung)의 일종으로 규정하여 처분에 해당함을 법문으로 명확하게 규정하고 있다.[13]

---

10 김남진·김연태, 행정법 Ⅰ, 법문사, 제23판, 2019, 207면에서는 독일은 행정절차법에서 처분의 일종으로 명문의 규정을 두어 처분의 한 종류로 인정함을 소개하고 있다. 동지로서 류지태·박종수, 행정법신론, 제15판, 박영사, 2011, 165면; 정하중, 행정법개론, 법문사, 제13판, 2019, 159면.

11 김남진·김연태, 행정법 Ⅰ, 법문사, 제23판, 2019, 207면에서는 독일에서 오랜 논쟁 끝에 일반처분의 내용으로서 물적 행정행위가 포함되도록 독일 행정절차법에서 최종 규정되어 입법적으로 행정행위의 하나로 인정되도록 되었음을 소개하고 있다. 동지의 취지로서 류지태·박종수, 행정법신론, 제15판, 박영사, 2011, 166면; 박균성, 행정법강의, 제15판, 박영사, 2019, 201면; 다만 이원설 중에서도 쟁송법상 처분개념을 넓게 보는 것이 옳지만 형식적 행정행위는 제한적으로 인정하여야 한다는 절충적인 입장도 있다. 박균성, 행정법강의, 제15판, 박영사, 2019, 708-709면.

12 Maurer/Waldhoff, Allgemeines Verwaltungsrecht, 19. Aufl., Verlag C.H. Beck, 2017, S. 208.

13 Jiekow, Verwaltungsverfahrensgesetz, Kommentare, 3., überarbeitete Auflage, Kohlhammer, 2013, S.234; Bauer/Heckmann/Ruge/Schallbruch/Schulz, Verwaltungsverfahrensgesetz und

우리 판례는 처분의 개념 요소 중 규율성과 외부효 등의 기준들이 이렇게 탄력성과 변화가능성, 유연성 등을 가지고 있음을 종종 간과할 위험에 빠질 수 있음을 주의하여야 한다. 공공갈등해소를 위하여 공공갈등을 조정하는 행위들에 대하여 물적 행정행위이자 일반처분이 될 수 있는 가능성을 열어두고 취소소송 법정으로 안내할 수 있도록 노력해야 한다.14

대법원 2015. 9. 24. 선고 2014추613 판결의 판시에 의하면 **분쟁조정결정**의 처분성을 아예 **부정**하여 취소소송의 대상으로 될 수 없다고 단정적으로 판시하였다. 대상 판례는 공공갈등의 해소를 위한 분쟁조정결정에 대하여 항고소송을 통한 해결의 가능성을 아예 원천적으로 차단하고 있는 단점이 있다.

123. 대법원 2015. 9. 24. 선고 2014추613 판결

지방자치법 규정의 내용과 체계, 분쟁조정결정의 법적 성격 및 분쟁조정결정과 이행명령 사이의 관계 등에 비추어 보면, 행정자치부장관 등의 **분쟁조정결정**에 대하여는 그 후속의 이행명령을 기다려 대법원에 이행명령을 다투는 소를 제기한 후 그 사건에서 이행의무의 존부와 관련하여 분쟁조정결정의 위법까지 함께 다투는 것이 가능할 뿐, 별도로 분쟁조정결정 자체의 취소를 구하는 소송을 대법원에 제기하는 것은 지방자치법상 허용되지 아니한다고 보아야 한다. 나아가 분쟁조정결정은 그 상대방이나 내용 등에 비추어 행정소송법상 항고소송의 대상이 되는 처분에 해당한다고 보기 어려우므로, 통상의 항고소송을 통한 불복의 여지도 없다.

비교대상이 되고 있는 대법원 2013. 11. 14. 선고 2010추73 판결에 의하면 처분에 준하는 작용으로 보려고 하여 긍정적인 모습을 가지면서도 항고소송이 아니라 **기관소송**으로 해결하려고 하였다. 그러나 행정소송법 제45조의 기관소송법정주의 때문에 소송을 통한 분쟁해결의 가능성이 매우 협소하고 대법원 단심으로밖에는 소송의 길이 마련되어 있지 않다.

E−Goverment, Kommentar, 2.Auflage, Kommunal und schul verlag, 2014, S. 387

14 이상의 논의에 대하여 상세한 것은 성봉근, 공공갈등해소를 위한 취소소송의 역할과 판례의 방향 ─ 행정기본법의 제정방향과 처분성 요건의 완화가능성 ─, 토지공법연구 제87집, 2019. 8, 489−493면.

124. 대법원 2013. 11. 14. 선고 2010추73 판결

지방자치단체의 구역에 관하여 지방자치법은, 「공유수면 관리 및 매립에 관한 법률」(이하 '공유수면관리법'이라 한다)에 따른 매립지가 속할 지방자치단체는 안전행정부장관이 결정한다고 규정하면서(제4조 제3항), 관계 지방자치단체의 장은 그 결정에 이의가 있으면 결과를 통보받은 날로부터 15일 이내에 **대법원**에 소송을 제기할 수 있다고 규정하고 있다(제4조 제8항).

다만 매립지가 속할 지방자치단체를 정하는 결정에 대하여 **대법원**에 소송을 제기할 수 있는 주체는 관계 **지방자치단체의 장**일 뿐 지방자치단체가 아니다.

☞ **판례평석**

법원은 소의 적법성에 대해서는 처분에 대한 구체적인 언급을 하고 있지 않다. 그러나 본안에서는 다음과 같이 처분에 준하는 것으로 보아 처분의 위법성에 대한 법리를 활용하여 판결하고 있다. 법원이 보다 처분에 대한 구체적인 법리를 소의 적법성 단계에서부터 고민하고 판시하였어야 할 것이다. 앞으로 법원의 판례의 변화를 기대한다.[15]

판례에 의하면 서울특별시의 **"철거민에 대한 시영아파트 특별분양개선지침"**은 행정규칙에 불과하고 시영아파트에 대한 분양불허 의사표시가 행정처분이 **아니다.**

125. 대법원 1993. 05. 11. 선고 93누2247 판결[아파트분양권리부여불가처분취소]

서울특별시의 **"철거민에 대한 시영아파트 특별분양개선지침"**은 서울특별시 내부에 있어서의 행정지침에 불과하고 지침 소정의 사람에게 공법상의 분양신청권이 부여되는 것이 아니라 할 것이므로 서울특별시의 시영아파트에 대한 분양불허의 의사표시는 항고소송의 대상이 되는 **행정처분으로 볼 수 없다.**

(5) 행정소송법 개정 논의가 있다

프랑스학파에서는 처분 등의 개념에 **법규명령**과 **행정행위** 및 **사실행위**까지 모두 포함하자는 주장을 하기도 하는 바 이를 **처분개념 확장론**이라 할 수 있다.

반면에 **독일학파**에서는 현행 행정소송법처럼 **행정행위의 성질을 가진 것**

---

15 성봉근, 공공갈등해소를 위한 취소소송의 역할과 판례의 방향 — 행정기본법의 제정방향과 처분성 요건의 완화가능성 —, 토지공법연구 제87집, 2019. 8, 481면.

만 행정소송법 제2조의 처분 등으로 인정하여 **항고소송으로 해결**하자고 하며 **행정행위의 성질을 가지지 않는 것은 다양한 쟁송형태로 해결**한다. 이러한 입장은 다수설의 입장을 차지하고 있는데, **다양한 쟁송형태론**으로 부르기도 하고 **처분개념 축소론**이라고 부르기도 한다. 처분개념 축소론은 행정행위만으로 처분개념이 축소되도록 유지되어야 한다는 이론으로서, 법규명령이나 행정규칙, 비권력적 사실행위 등까지 처분개념을 확장할 수 없다는 입장이다.

이러한 다수설의 입장을 잘 이해해 둘 필요가 있다.

생각건대, **행정행위는 항고소송으로, 법규명령은 구체적 규범통제와 헌법소원으로, 사실행위는 당사자소송이나 민사소송으로** 다양하게 해결할 수 있으므로 행정소송법 **제2조의 처분 등의 개념은 행정행위**를 중심으로 파악하는 것이 앞으로도 행정소송법 개정과 관련하여 바람직하다. 즉, **처분개념축소론과 다양한 쟁송형태론으로 입법의 태도를 유지하는 것이 타당하다.** 다만, 최근의 개정안에서는 이에 대한 **판단을 유보**하고 있다.

 기초 이해하기

> 대상적격 축소론이 행정행위로 취소소송의 대상을 유지하자는 입장으로서 다수설의 입장이고, 이는 다양한 쟁송형태론으로 연결된다. 대상적격 확대론은 소수설인 프랑스 학파의 주장이다.

(6) 관련문제 — 권력적 사실행위의 경우 **합성행위로서의 분석**

📌 기출

권력적 사실행위는 법적 규율로서의 수인의무를 부과하는 요소(**수인하명**)와 **물리적 집행행위가 결합된** 것으로서 전형적인 행정행위에는 해당하지 않으나 **이에 준하는 행정작용**인 것이다.

참고로 이 경우 전자가 취소소송의 대상이 될 수 있으며 이것이 취소되었음에도 여전히 위법한 사실행위가 계속되고 있는 경우에는 그 사실행위의 제거를 청구하는 공법상 당사자소송으로서의 이행소송의 제기가 가능할 것인 바, 취소소송과 당사자소송을 병합하여 제기하는(행정소송법 제10조 제2항 후단, 제1항 제1호) 것이 심리의 중복·재판의 저촉을 피할 수 있고, 나아가 국민의 권리구제를 위하여 분쟁을 신속히 처리할 수 있다.

(7) 처분에 해당하는 것과 처분이 아닌 것들을 구별해 두자

국유잡종재산 대부행위의 법적 성질은 사법상 계약이며 그 대부료 납부고지의 법적 성질사법상 이행청구이지 처분이라고 볼 수 없다.

---

126. 대법원 2000. 02. 11. 선고 99다61675 판결[부당이득금]

국유재산법 제31조, 제32조 제3항, 산림법 제75조 제1항의 규정 등에 의하여 국유잡종재산에 관한 관리 처분의 권한을 위임받은 기관이 국유잡종재산을 대부하는 행위는 국가가 사경제 주체로서 상대방과 대등한 위치에서 행하는 사법상의 계약이고, 행정청이 공권력의 주체로서 상대방의 의사 여하에 불구하고 일방적으로 행하는 행정처분이라고 볼 수 없으며, **국유잡종재산에 관한 대부료의 납부고지** 역시 사법상의 이행청구에 해당하고, 이를 **행정처분이라고 할 수 없다.**

☞ 기출

〈기출문제 및 예상문제를 정리해 두자〉

[**처분성 유무**] ★★★★★

※ 결국 처분이면 항고소송(취소소송, 무효등확인소송, 부작위위법확인소송)

처분이 아니라 행정지도나 공법상 계약이면 당사자소송으로 **권리구제의 방법**이 달라지므로 처분인지 여부에 대한 구별은 매우 중요하다.

① 집회시위금지와 같은 **일반처분**은 다수인들의 **권리와 의무를 직접적으로 제한**하는 것이므로 행정행위에 해당한다.

☞ 기출

② 교통신호 등, 주차금지표지 등 물적 행정행위도 행정행위에 해당한다.

판례는 횡단보도 설치에 의하여 **다수**의 보행자들과 다수의 운전자들의 권리·의무를 직접적으로 제한하게 되므로 **처분성 있다고 보았다.**

☞ 빈출

③ 특정인에 대하여 반복적인 조치를 취하도록 하는 처분도 행정행위에 해당한다.

④ 그러나 일반적·추상적인 규범은 입법행위이므로 처분이 아니다.

[병역법상 신체 등급 판정의 처분성 유무]

병역법상 신체 등급 판정은 행정청이라고 볼 수 없는 **군의관**이 하도록 되어 있으며, 그 자체만으로 권리의무가 정하여지는 것이 아니라 그에 따라 **지방병무청장**이 **병역처분**을 함으로써 비로소 병역의무의 종류가 정하여지는 것이므로 항고소송의 대상이 되는 **행정처분이라 보기 어렵다.**

☞ 빈출

127. 대법원 1993. 08. 27. 선고 93누3356 판결[신체등위1급판정취소]

병역법상 신체등위판정은 행정청이라고 볼 수 없는 군의관이 하도록 되어 있으며, 그 자체만으로 바로 병역법상의 권리의무가 정하여지는 것이 아니라 그에 따라 **지방병무청장**이 **병역처분**을 함으로써 비로소 병역의무의 종류가 정하여지는 것이므로 **항고소송**의 대상이 되는 **행정처분**이라 보기 어렵다.

 실력 다지기

원자력법상 부지사전승인은 원자력발전소 건설허가에 앞서서 내리는 **예비결정**이자 부분에 대한 **부분승인**으로서 **처분성**을 인정하였다.
대법원 판결에 의하면 영광 **원자력 발전소에 대한 부지사전승인 취소소송**에서 **제3자인 이웃주민들의 원고적격이 인정**되고, **부지사전승인의 처분성도 긍정**되지만, **종국결정**인 원자력발전소 건설허가 이후에는 예비결정인 부지사전승인에 대한 취소소송은 소의 이익이 없어 **각하**된다.[16]

 중요 판례 더 알아보기

31. 대법원 1998. 9. 4. 선고 97누19588 판결[부지사전승인처분취소]

[1] 원자로 및 관계 시설의 **부지사전승인처분**은 원자로 등의 건설허가 전에 그 원자로 등 건설예정지로 계획중인 부지가 원자력법의 관계 규정에 비추어 적법성을 구비한 것인지 여부를 심사하여 행하는 <u>사전적 부분 건설허가처분의 성격</u>을 가지고 있는 것이므로, 원자력법 제12조 제2호, 제3호로 규정한 원자로 및 관계 시설의 허가기준에 관한 사항은 건설허가처분의 기준이 됨은 물론 부지사전승인처분의 기준으로도 된다.

[2] 원자력법 제12조 제2호의 취지는 원자로 등 건설사업이 방사성물질 및 그에 의하여 오염된 물질에 의한 인체·물체·공공의 재해를 발생시키지 아니하는 방법으로 시행되도록 함으로써 방사성물질 등에 의한 생명·건강상의 위해를 받지 아니할 이익을 일반적 공익으로서 보호하려는 데 그치는 것이 아니라 방사성물질에 의하여 보다 직접적이고 중대한 피해를 입으리라고 예상되는 지역 내의 주민들의 위와 같은 이익을 직접적·구체적 이익으로서도 보호하려는 데에 있다 할 것이므로, 위와 같은 지역 내의 주민들에게는 방사성물질 등에 의한 생명·신체의 안전침해를 이유로 부지사전승

16 저자가 판례의 요지를 편집하여 정리하였음.

빈출

원전건설허가 = **처분**, 재량행위, 특허, 종국결정

원전 부지사전승인 = **처분**, 재량행위, 예비결정

기출 판례

인처분의 취소를 구할 원고적격이 있다.

[3] 원자로 및 관계 시설의 부지사전승인처분은 그 자체로서 건설부지를 확정하고 사전공사를 허용하는 법률효과를 지닌 독립한 행정처분이기는 하지만, 건설허가 전에 신청자의 편의를 위하여 미리 그 건설허가의 일부 요건을 심사하여 행하는 사전적 부분 건설허가처분의 성격을 갖고 있는 것이어서 나중에 건설허가처분이 있게 되면 그 건설허가처분에 흡수되어 독립된 존재가치를 상실함으로써 그 건설허가처분만이 쟁송의 대상이 되는 것이므로, 부지사전승인처분의 취소를 구하는 소는 소의 이익을 잃게 되고, 따라서 부지사전승인처분의 위법성은 나중에 내려진 건설허가처분의 취소를 구하는 소송에서 이를 다투면 된다.

판례평석

이 판례에 대하여는 **다단계 행정행위의 구속력을 부정하는 것이어서 판례를 비판하**는 다수학자들이 많으며, 이에 의하면 종국결정이 나더라도 예비결정을 다툴 소의 이익이 있다고 할 것이다. 따라서 다단계 행정행위의 **예비결정이나 종국결정이 만일 위법하다거나 하는 특별한 사정이 있으면 종국결정을 발급해서는 안 되고, 만일 종국결정을 하였다면 이를 취소하여야 한다.**

 실력 다지기

📌 오답 주의 빈출
📌 **어업우선순위결정**은 **확약**이고 **처분성**이 없으며 **신뢰보호원칙**의 선행조치에는 해당한다.
📌 **어업권면허**는 **처분**이고 **재량행위**이며 **특허**에 해당

도시기본계획은 **내부적인 행정계획에 불과**하여 도시계획결정과 달리 **처분성이 없고**, 어업우선순위결정은 단순한 **확약에 불과**하여 **처분성이 역시 없고**, 금융감독위원회의 파산신청도 법원이 이에 구속되는 것이 아니므로 **처분성이 없다고** 판시하고 있다.

 실력 다지기

「금융산업의구조개선에관한법률」 및 구 「상호저축은행법」상 금융감독위원회의 파산신청 자체는 처분성이 없다.

128. 대법원 2006. 7. 28. 선고 2004두13219 판결【영업인가취소등처분취소】

구 금융산업의 구조개선에 관한 법률 제16조 제1항 및 구 상호저축은행법 제24조의13에 의하여 **금융감독위원회**는 부실금융기관에 대하여 **파산을 신청할 수 있는 권한을 보유하**

고 있는바, 위 파산신청은 그 성격이 법원에 대한 재판상 청구로서 그 자체가 국민의 권리·의무에 어떤 영향을 미치는 것이 아닐 뿐만 아니라, 위 파산신청으로 인하여 당해 부실금융기관이 파산절차 내에서 여러 가지 법률상 불이익을 입는다 할지라도 **파산법원이 관할하는 파산절차** 내에서 그 신청의 적법 여부 등을 다투어야 할 것이므로, 위와 같은 **금융감독위원회의 파산신청**은 행정소송법상 **취소소송의 대상이 되는 행정처분이라 할 수 없다.**

 실력 다지기 ─ 가행정행위

가행정행위는 **잠정적인 처분**이라는 특징을 가지고 있다. 공무원에 대한 투서가 들어왔지만 사실이 확정되기 전에 **잠정적으로 직무를 수행**하지 못하게 **직위해제**를 하는 것은 가행정행위의 예이다.

 실력 다지기 ─ 다단계행정행위와 확약의 구별

 주요 개념

방산물자지정취소의 처분성 등은 **다단계행정행위**이다. 절반 정도의 요건을 검토한 뒤 방산물자지정처분이라는 **예비결정**을 내린다. 예비결정을 받은 업체 중에서 나머지 요건을 검토하여 방산업체지정처분이라는 **종국결정**을 내리게 된다.

이와 같은 **다단계행정행위**는 폐기물처리업체에 대한 적정통보를 **예비결정**으로 한 뒤, 최종적인 단계에서 예비결정받은 업체들 중에서 폐기물처리업허가(특허, 재량)처분을 **종국결정**으로 내리는 경우에서도 볼 수 있다.

또 다른 **다단계행정행위**의 경우로는 원자력발전소 부지사전승인처분을 **예비결정**으로 발급한 뒤, 최종 단계에서 원자력발전소건설허가라는 **종국결정**을 발급하는 예를 들 수 있다.

그러나 어업우선순위결정, 내허가, 내특허 등 확약은 처분이 아니다.

 실력 다지기

예비결정이나 가행정행위와 달리 확약의 처분성을 부정하는 것이 판례이고, 확약의 처분성도 긍정하는 것이 다수설의 입장이다.

그리고 행정기본법 제20조에 의하여 자동적 처분등도 처분으로 인정되게 되었다.

> **행정기본법 제20조(자동적 처분)** 행정청은 법률로 정하는 바에 따라 완전히 자동화된
> 시스템(인공지능 기술을 적용한 시스템을 포함한다)으로 처분을 할 수 있다. 다만,
> 처분에 재량이 있는 경우는 그러하지 아니하다.

〈기출문제 및 예상문제를 도표로 정리해 두자〉

☞ 최다 빈출들

처분성 ×	처분성 ○
행정지도	횡단보도설치, ☞일방통행표지, 속도제한표지, 교통신호등 = 물적 행정행위 = 일반처분 ∴ 처분성 인정
확약 — 예: 어업우선순위결정	개별공시지가, 표준공시지가결정
법령	처분적 법령 — 두밀분교조례(무효확인소송), 한미약품약가인하고시(취소소송)
	과거사정리위원회의 동아일보에 대한 진실 규명결정
	세무(재)조사결정
민원사무처리법상 이의신청결과통보	세무조사(∵권력적 사실행위)
임용결격으로 인한 당연퇴직통보	무기사용(∵권력적 사실행위)
	강제철거(∵권력적 사실행위)
☞ 정년퇴임통보도 처분성이 없음	☞ 대학조교수 기간만료통지 = 재임용거부처분 이므로 처분성 인정
공법상 계약(무용단원, 합창단원, 연구소 연구원, 공중보건의 등에 대한 해임통보) ☞ 당사자소송으로 구제	☞ 임용직 공무원에 대한 해임통보는 처분성 인 정 ☞항고소송으로 구제
☞ 민주화보상심의위원회의 보상결정이나 거부 는 처분성이 없음	**광주**민주화보상심의위원회의 보상결정이나 보상거부
한국마사회의 조교사와 기수 해임	건축신고수리거부(∵이행강제금, 사용중지와 사용금지, 영업허가거부, 벌금 등 국민의 권 리·의무 직접 제한)
국민건강보험공단의 직원해임	건축허가거부
4대강 유역사업 마스터 플랜	건축착공신고수리거부(∵비록 인허가의제규 정이 없지만, 이행강제금, 사용중지와 사용금 지, 영업허가거부, 벌금 등 국민의 권리·의 무 직접 제한)

무허가건축대장 기재나 거부(∵ 여전히 무허가건물임)	주민등록신고수리거부
원주시 혁신도시 입지선정	폐기물처리업 적정통보
	원자력발전소 부지사전승인
	토지대장 직권말소[17]
	건축대장기재나 변경기재 거부
	여권발급거부

제 2 절

행정청의 처분에 대한 판단여지

(1) 판단여지의 의의에 대하여 알아보자

행정행위의 **요건**에 **불확정개념**이 사용될 때, 어떤 사실이 그 **요건에 해당하는가** 여부는 일의적으로 **판단**하기 어려우므로, 일정한 범위에서 **행정청**의 **전문적·가치평가적·정책적 판단**이 종국적인 것으로 **존중**된다.

행정행위의 다양한 유형 중 하나로서 판단여지가 인정되는 행정행위와 판단여지가 아예 없는 행정행위로 분류할 수 있다. 판단여지는 행정청이 행정행위를 발급할 수 있는 〈요건〉에 대하여 다양하게 생각하고 판단할 수 있는 여지 내지 자유가 있는 것을 말한다. 행정청이 어떤 사안이 법조문의 구성요건에 해당성이 있는지에 대하여 판단할 자유가 있는 것을 말하는 것이다.

---

17 대법원 2013. 10. 24. 선고 2011두13286 판결[토지대장말소처분취소]
   토지대장은 토지에 대한 공법상의 규제, 개발부담금의 부과대상, 지방세의 과세대상, 공시지가의 산정, 손실보상가액의 산정 등 토지행정의 기초자료로서 **공법상의 법률관계에 영향을** 미칠 뿐만 아니라, **토지에 관한 소유권보존등기** 또는 소유권이전등기를 신청하려면 이를 등기소에 제출해야 하는 점 등을 종합해 보면, 토지대장은 토지의 소유권을 제대로 행사하기 위한 전제요건으로서 토지 소유자의 **실체적 권리관계에 밀접하게** 관련되어 있으므로, 이러한 **토지대장을 직권으로 말소한 행위는** 국민의 권리관계에 영향을 미치는 것으로서 **항고소송의 대상이 되는 행정처분에 해당한다.**

☀️ 쉽게 보는 예시

법조문에 공익을 저해하는 건물이면 철거가 가능하다고 규정되어 있는 것들이 있다. 이때 동작구청장이 노량진 구 수산시장에 대하여 철거명령의 구성요건 해당성이 있는지 판단할 자유가 인정된다. 따라서 전임 구청장은 낡은 수산시장이 냄새가 나더라도 공익을 저해하지 않는다고 판단하였고, 신임 구청장은 공익을 저해한다고 판단하였던 것이다. 그리고 전임 구청장과 신임 구청장 모두에게 이렇게 조문상의 공익요건에 해당하는지 여부에 대하여 판단할 자유가 있는 것이다. 이를 판단여지라고 한다. 결국 판단여지는 구성요건해당성 판단의 자유를 의미하는 것이다.

따라서 행정청에게 판단여지가 인정되는 경우 그 범위 내에서는 **사법심사가 제한**된다고 봄이 일반적이다. 그러나 사법심사가 제한될 뿐이고 불가능한 것은 아님을 주의하여야 한다.

그렇다면 이러한 영역에 속하는 사항에 대한 소송이 부적법한 것이 아닌가 하는 의문이 제기될 수 있다. 다만, 먼저 이러한 경우 행정청에게 재량이 있다고 할 것인가, 아니면 판단여지가 존재한다고 할 것인가에 대한 논의가 있는바 살피기로 한다.

(2) 판단여지이론의 인정 여부에 대하여 학자들 사이에 다툼이 있다

1) 학 설

① 긍정설

판단여지는 구성요건의 인식 측면이나 재량은 행위의 결과 측면이라는 점, 전자는 법원에 의해 인정되는 것이나 후자는 입법자에 의해 주어지는 점 등에서 **판단여지와 재량을 구별**하는 견해이다. 법령의 요건에 불확정개념이 사용된 경우 이에 대한 행정청의 판단의 자유는 판단여지라고 한다.

② 부정설

판단여지와 재량은 모두 사법심사의 범위에 있어 실질적인 차이가 없다는 점에서 구별을 부인하는 견해이다. 법령의 요건에 불확정개념이 사용된 경우 이에 대한 행정청의 판단의 자유도 재량행위라고 본다.

2) 판 례

판례는 공무원 임용을 위한 면접전형에 있어서 임용신청자의 **능력이나 적**

격성 등에 관한 판단은 **면접위원**의 고도의 교양과 학식·경험에 기초한 자율적 판단에 의존하는 것으로서 오로지 **면접위원의 자유재량**에 속한다(대법원 1997. 11. 28. 선고 97누11911 판결)고 판시하여 비록 ① **재량이라는 표현**을 사용하고 있기는 하나 ② **판단여지의 취지**를 받아들이고 있는 것으로 판단된다.

3) 검 토

양 견해는 사법적 심사에 일정한 한계가 있다는 점에서 결론적으로는 큰 차이가 없으나, 불확정법개념이 사용된 경우에 행정청은 '복수의 행위 사이에 선택의 자유'가 있는 것이 아니라 불확정개념을 통해 '기속'되어 있으므로 개념상 판단여지와 재량을 구분해야 할 것이다.

(3) 판단여지가 인정되는 영역에는 무엇이 있을까

판단여지가 인정되는 영역으로는 첫째, **비대체적 결정**으로서 ① 시험성적의 평가(예: 면접시험에서의 전문지식의 유무, 적격성의 판단), ② 학교교육분야에서의 시험과 유사한 평가결정, ③ 공무원관계에서의 공무원에 대한 근무평정, 둘째, **구속적 가치평가**로서 전문적인 독립위원회의 가치평가적 결정,[18] 셋째, 새만금 간척면허가 환경과 경제적 이익에 미칠 **예측적 결정**, 넷째, 공무원수급계획 같은 **형성적 결정** 등이 있다.

 기출문제 및 예상문제를 정리해 두자

> 비대체적 결정은 각종 평가나 인사고과, 시험 출제와 채점 등에서 나타난다. 이와 달리 위원회의 결정은 판단여지 중 구속적 가치평가의 경우에 해당한다.

(4) 판단여지의 한계와 통제(사법심사 가능성)는 주의해서 알아두자

행정청에 의한 불확정개념의 **해석·적용**은 원칙적으로 법원에 의하여 전면적인 사후심사를 받을 수 있고 받아야 한다. 그러나 예외적으로 특별한 결정상황 또는 특별한 사안과 관련되어 사후심사가 사실상 불가능한 경우에는 불확정개념의 '적용'에 대한 법원의 심사가 **제한된다.** 판단여지에 대하여 법원은 행정청의 판단을 존중하여야 하지만, 판단여지에 대한 사법심사는 긍정된다.

다만, 판단여지가 인정되는 경우에도 그의 판단에 있어 **자의가 개입**되어

---

18 이러한 경우에 사법기능상의 한계, 즉 판단여지를 인정하는 데에는 의문이 제기된다.

있다든가, **경험법칙에 위배**되는 경우에는 판단여지의 한계를 넘어 위법이 되는 것이므로, 법원은 판단여지의 **한계**를 벗어났는지 여부를 **심사해야 한다.**

 기출

결국 법원이 판단여지를 존중하여 사법심사를 자제하지만, 그러나 판단여지의 한계 위반과 관련하여 사법심사하여야 하므로 주의하여야 한다.

중요 판례 더 알아보기

① **판단여지가 인정되는 경우에도 그의 판단에 있어 자의가 개입되어 있다든가, 경험법칙에 위배**되는 경우에는 판단여지의 한계를 넘어 위법이 되는 것이므로, 법원은 판단여지의 **한계를 벗어났는지 여부를 심사해야 한다**(대법원 1992. 4. 24. 선고 91누6634 판결).

② **법원이 그 검정에 관한 처분의 위법 여부를 심사함**에 있어서는 피고와 동일한 입장에 서서 어떠한 처분을 하여야 할 것인가를 판단하고 그것과 피고의 처분과를 비교하여 **그 당부를 논하는 것은 불가**하고, 피고가 관계**법령과 심사기준에 따라서 처분을 한 것이면 그 처분은 유효한 것이고,** 그 처분이 현저히 부당하거나 재량권의 남용에 해당한다고 볼 수밖에 없는 **특별한 사정이 있는 때가 아니면 피고의 처분을 취소할 수 없다고 보아야 할 것이다**(대법원 1988. 11. 8. 선고 86누618 판결).

 기출 판례

기출문제 및 예상문제를 정리해 두자

판례는 면접시험이나 각종 시험 등과 관련된 결정이나 독립위원회의 결정 등에 대하여 판단여지라는 용어를 사용하지 않고 있다. 판례는 판단여지의 취지를 인정하는 판시를 하지만, 표현은 여전히 재량으로 판시하고 있어 문제이다.

제3절

행정청의 처분에 대한 재량행위와 기속행위 ☆☆★

행정소송법 제27조(재량처분의 취소) 행정청의 재량에 속하는 처분이라도 재량권의 한계를 넘거나 그 남용이 있는 때에는 법원은 이를 취소할 수 있다.

> **행정기본법 제21조(재량행사의 기준)** 행정청은 재량이 있는 처분을 할 때에는 관련 이익을 정당하게 형량하여야 하며, 그 재량권의 범위를 넘어서는 아니 된다.

1. 처분은 기속행위와 재량행위로 구분될 수 있다

처분의 종류를 다시 기속행위와 재량행위로 구분할 수 있다.

핵심 개념

기속행위(MUST)는 처분 중에서도 요건을 갖추면 그대로 허가 등을 하여야 하고, 요건을 못 갖추면 **그대로** 허가거부 등을 하여야 한다.

재량행위(CAN)는 처분 중에서도 요건을 갖추었더라도 처분을 할지 여부에 대하여 결정할 자유를 가지거나(**결정재량**), 어떠한 종류의 처분을 내릴지 선택할 자유를 가진다(**선택재량**).

기출

결정재량과 선택재량 **모두 있는 경우도** 있다. 그러나 **결정재량은 없고 선택재량만 있는 경우도 있다. 개인택시면허발급**과 같은 것이 그 사례이다.

판례에 의하면 **국유재산의 무단점유 등**에 대하여 변상금을 징수할 것인가 여부는 처분청의 재량을 허용하지 않는 **기속행위**이다.

기출

> **129. 대법원 2000. 01. 28. 선고 97누4098 판결[변상금부과처분취소]**
>
> **국유재산의 무단점유 등에 대한 변상금징수의 요건은** 국유재산법 제51조 제1항에 명백히 규정되어 있으므로 변상금을 징수할 것인가는 처분청의 재량을 허용하지 않는 **기속행위**이다.

기출

식품위생법상 **일반음식점영업허가**도 기속행위이다. 기속행위이므로 행정청은 영업주의 신청에 대하여 관계 법령에서 정하는 제한사유 외에 공공복리 등의 사유를 들어 거부할 수 없다. 기속행위에 대한 일반음식점 영업허가의 법리는 일반음식점 허가사항의 변경허가의 경우에도 마찬가지이다. 판례의 입장에 의하

기출

면 **음식점 영업허가의 변경**은 일반적·상대적 금지를 요건을 갖춘 경우에 해제하는 기속행위이므로, 지하도로 대기오염의 심화를 방지한다는 공익을 이유로 지하도로가 설치된 **지하상가 내 점포의 일반음식점허가사항 변경허가신청을 거부할 수 없다.**

130. 대법원 2000. 03. 24. 선고 97누12532 판결[일반음식점허가사항변경허가
신청반려처분취소]

식품위생법상 일반음식점영업허가는 성질상 일반적 금지의 해제에 불과하므로 허가권자
는 허가신청이 법에서 정한 요건을 구비한 때에는 허가하여야 하고 관계 법령에서 정하
는 제한사유 외에 공공복리 등의 사유를 들어 허가신청을 거부할 수는 없고, **이러한 법리
는 일반음식점 허가사항의 변경허가에 관하여도 마찬가지이다.** 지하도로시설기준에관
한규칙 제6조 제3호는 지하도로에는 숯불·가스불 등 불꽃이 직접 피어나도록 연료를 연
소시켜 조리하는 일반음식점은 설치할 수 없다고 규정하고 있으나, 기록에 의하면 61호
점포에 대한 일반음식점 영업허가에 이미 숯불·가스불 등을 사용하지 못하도록 조건이
붙어 있고 이 사건 변경허가신청은 영업장소를 확장하되 주방을 새로 설치하지 않고 62
호 점포를 객석으로만 사용하겠다는 것이므로 위 규칙의 제한사유에 해당하지도 않는다.

또한 식품위생법 제24조 제1항 제4호는 공익상 허가를 제한할 필요가 있다고 인정되어
보건사회부(지금의 보건복지부)장관이 지정하는 영업 또는 품목에 해당하는 때에는 그
허가를 할 수 없도록 규정하고 있으나 보건사회부장관이 위 허가제한대상으로서 일반음
식점영업을 지정하고 있지는 아니하며 달리 관계 법령의 규정에 의하여 위 변경허가를
제한할 근거가 없는 이상, 지하도로 대기오염의 심화를 방지하자는 공익을 감안한다 하
더라도 이 사건 거부처분은 위 관계 법령의 규정 취지에 반하여 위법하다고 하지 않을
수 없다.

🔖 기출

2. 재량행위와 기속행위의 구별기준에 대한 학설과 판례를 알아두자

① ㉔건재량설, ② ㉗과재량설, ③ ㉙단여지설, ④ ㉛합설, ⑤ ㉞본권까
지 고려하는 종합설 등의 대립이 있었다.

🔖 중요 학설 암기법
= 요+효+판+종+기

요건재량설은 법률의 요건규정에 행정청의 자유가 규정되어 있는지 여부에
따라 기속행위와 재량행위로 나누려고 한다. 그러나 요건이 일의적이라도 재량
행위인 경우들도 있다. 효과재량설은 법률의 효과규정에 행정청의 자유가 규정
되어 있는지 여부로 주로 구별하려고 한다. 그러나 법률의 문언만으로 명확하지
않은 경우도 많다. 판단여지설은 법률의 규정에 판단여지가 있으면 재량행위라
고 보는 입장이다. 그러나 판단여지설은 판단여지와 재량의 개념을 제대로 구별
하지 못하고 혼동하고 있다. 종합설은 법률의 규정과 행정행위의 성질과 분야를
종합적으로 보려는 입장이다. 그러나 역시 이러한 것만으로는 명확하지 않은 경
우들도 종종 발견된다. 따라서 현재는 이러한 학설의 대립을 지양하고 먼저 관

계법 규정의 해석을 통하여 밝혀져야 하지만 당해 **법률의 규정**이 당해 처분에 대하여 재량권을 부여하고 있는지 여부는 명확하지 않은 경우에는 당해 **행**위의 당사자와의 관계, 특히 헌법상의 **기본권과의 관련성**과 **공**익관련성 사이의 비중까지 고려하여 재량행위와 기속행위를 구별하는 입장(**기본권까지 고려하는 종합설**)을 취하고 있다.[19]

📖 기출

판례 역시 어느 행정행위가 기속행위인지 재량행위인지 나아가 재량행위라고 할지라도 기속재량행위인지 또는 자유재량에 속하는 것인지의 여부는 이를 일률적으로 규정지을 수는 없는 것이고, **당해 처분의 근거가 된 규정의 형식이나 체재 또는 문언에 따라 개별적으로 판단하여야 한다고 판시한다.**[20]

📖 빈출 판례
기본권 고려 종합설
(판례) 암기법
= 법+행+기+공

결국, 다수설과 판례의 입장은 기본권까지 고려하는 종합설의 입장이라고 할 수 있다. 따라서 ① **법**률규정의 문언과 취지, ② 당해 **행**정행위의 성질과 분야, ③ **기**본권관련성의 비중과 ④ **공**익관련성의 비중 등을 종합적으로 고려하여 판단한다.

실력 다지기

> 기속재량과 자유재량의 구분을 여전히 판례가 하고 있지만, 다수설은 이에 대한 구별의 필요성이나 타당성을 부정한다. 판례는 여전히 일본식 분류인 기속재량과 자유재량을 구분하여 판시하고 있지만, 법에 기속되지 않는 재량은 없고 자유로운 면이 없는 재량도 없으므로 이 구분은 무의미하다고 다수설은 비판한다. 다수설에 따라 기속행위와 재량행위로 구분하면 충분하다.

3. 재량행위와 기속행위 구별에 대해 주의할 예를 들어보자 ★★★

📖 빈출

예컨대, **단란주점영업허가**의 경우는 **기본권관련성에 비중이 보다 크게 입법**되어 있으므로 **기속행위**이고, **개인택시면허**의 경우는 **공익관련성에 비중이 보다 크므로 재량행위**이다.

영업허가는 기본권관련성에 비중이 커서 기속행위가 많지만, 영업정지나

---

19 김남진 · 김연태, 행정법Ⅰ, 212–213면; 김동희, 행정법Ⅰ, 265–270면; 류지태 · 박종수, 행정법신론, 78–80면.
20 대법원 1997. 12. 26. 선고 97누15418 판결 참조.

영업소폐쇄명령 등은 행정행위에 해당하면서도 공익관련성에 비중이 보다 크므로 행정청의 재량행위인 경우가 많다.

> 131. 대법원 2000. 3. 24. 선고 97누12532 판결【일반음식점허가사항변경허가신청반려처분취소】
>
> 식품위생법상 일반음식점영업허가는 성질상 일반적 금지의 해제에 불과하므로 허가권자는 허가신청이 법에서 정한 요건을 구비한 때에는 허가하여야 하고 관계 법령에서 정하는 제한사유 외에 공공복리 등의 사유를 들어 허가신청을 거부할 수는 없고,[21] 이러한 법리는 일반음식점 허가사항의 변경허가에 관하여도 마찬가지라 할 것이다.

경찰공무원의 채용시험 또는 경찰간부후보생공개경쟁선발시험에서 **부정행위를 한 응시자에 대하여는 당해 시험을 정지 또는 무효**로 하여야 하는바, 이는 기속행위이다.

> 132. 대법원 2008. 5. 29. 선고 2007두18321 판결[합격결정취소및응시자격제한처분]
>
> 경찰공무원임용령 제46조 제1항의 수권형식과 내용에 비추어 이는 행정청 내부의 사무처리기준을 규정한 재량준칙이 아니라 일반 국민이나 법원을 구속하는 법규명령에 해당하고 따라서 위 규정에 의한 처분은 재량행위가 아닌 기속행위라 할 것이므로, 위 규정이 재량준칙임을 전제로 한 원고의 이 사건 응시자격제한처분의 재량권 일탈·남용 주장을 배척한 원심의 판단은 옳은 것으로 수긍이 가고 거기에 재량권 일탈·남용에 대한 법리오해의 위법이 없다. 피고 해양경찰청장이 원고가 응시자격제한기간 내 치러진 이 사건 시험에 응시하여 얻은 합격결정을 취소한 이 사건 합격취소처분은 적법하다고 할 것이다.

☞ 기출

판례에 의하면 택지개발사업의 원활화를 위하여 택지개발사업에 협조한 주택건설업자에게 택지개발촉진법령에 근거하여 수의계약에 의한 택지공급신청권이 인정된다. **택지개발촉진법 시행령에 의한 택지공급은** 택지개발사업 시행자의 **재량행위**이다.

☞ 기출

---

21 대법원 1993. 5. 27. 선고 93누2216 판결 참조.

133. 대법원 2007. 12. 13. 선고 2006두19068 판결[택지공급신청거부처분취소]

[1] 택지개발촉진법 시행령 제13조의2 제5항 제5호는 당해 택지개발사업의 원활화를 기하기 위하여 당해 택지개발사업에 협조한 주택건설업자에게 당해 택지를 공급할 때에 수의계약에 의한 공급의 기회를 부여하는 것으로서, 그 취지는 단순히 택지개발사업의 시행자로 하여금 그러한 대상자들에게 수의계약에 의한 택지공급을 할 수 있는 권능을 부여하는 데 그치는 것이 아니라 그와 같은 요건을 갖추기 위하여 공공사업에 협력한 자에게 수의계약에 의한 택지공급의 기회를 요구할 수 있는 법적인 이익을 부여하고 있는 것이라고 보아야 하므로, 그들에게는 위와 같은 법령에 근거하여 **수의계약에 의한 택지공급신청권(택지공급을 받을 권리와는 다른 개념)이 인정된다고 해석하여야 한다.**

[2] 택지개발사업 시행자의 택지공급은 상대방에게 권리나 이익을 부여하는 효과를 수반하는 이른바 수익적 행위인 점, 구 택지개발촉진법 시행령(2005. 3. 8. 대통령령 제18734호로 개정되기 전의 것)의 관련 조항들을 종합하여 볼 때 택지개발사업의 시행자는 택지를 공급함에 있어 공급대상 토지의 위치 및 면적, 공급의 대상자 또는 대상자 선정방법, 공급의 시기·방법 및 조건, 공급가격 결정방법 등을 스스로 정할 수 있고, 자신의 필요나 정책적 판단에 의하여 택지공급 대상자의 자격을 제한하거나 택지공급가격을 달리 정하거나 수의계약에 의한 택지공급 여부를 결정할 수 있는 점 등을 고려하면, **구 택지개발촉진법 시행령 제13조의2 제5항 제5호에 의한 택지공급은 택지개발사업 시행자의 재량행위에 해당한다고 보아야** 한다.

☞ 기출 판례

주의해야 할 경우들은 이미 **'규제의 사다리'** 부분에서 상세하게 밝혀두었다. 다시 한 번 더 정리해 두기로 한다.

☞ 빈출

3단계의 규제 — 허가(자유회복행위) ▶	
기속행위	재량행위
일반건축허가, 건축물용도변경허가, 운전면허, 단란주점영업허가, 장례식장 건축허가	러브호텔 등 숙박시설이나 **위락시설허가**, 인허가의제시의 **건축허가**, 산림훼손위한 **토지형질변경허가**

4단계의 규제 ― 특허(특권을 설정하는 설권행위) ▶

대부분 **재량행위**이지만 **기속특허**도 있음,
재개발조합설립인가 · 재건축조합설립인가(판례**변경**) ▶ 인가(보충행위)로 보지 않고 특허(설권행위)로 봄(판례변경)
공유수면매립면허, 백화점이나 **극장** 운영 등 **유형**적이고 **고정적인** 형태의 도로점용허가,
청사내 매점이나 **식당사용허가,**
폐기물처리업적정통보(예비결정)와 **폐기물처리업허가**(종국결정),
마을버스나 시내버스, 시외버스, 개인택시 등 면허

▶ 빈출

5단계의 규제 ― 인가(사인들의 법률행위에 대한 보충행위) ▶

기속행위	재량행위
사립학교설립허가, 사단법인이사취임승인	**투기지역 내 토지거래허가, 재단법인이사취임**승인

▶ 빈출

6단계의 규제 ― 예외적 승인(사회적으로 유해한 행위를 예외적으로 승인)

─ 성질은 **대부분 재량**행위임
─ 구체적인 예를 들면
  개발제한구역 내에서의 **건축허가**나 **건축물 용도변경허가,**
  로또나 토토 등 복권사업, 경마 · 경륜 · 경정 · 카지노 등 사행사업 허가,
  말기암 환자들에 대한 마약류 사용허가

▶ 빈출

제 4 절

특수문제 ― 건축허가의 법적 성질에 대한 논의★★★

〈자주 출제되는 중요한 법조문 공부를 해 보자〉

건축법 제11조(건축허가) (구 건축법 제8조를 개정한 것임)
① 건축물을 건축하거나 대수선하려는 자는 특별자치시장 · 특별자치도지사 또는 시장 · 군수 · 구청장의 허가를 받아야 한다. 다만, 21층 이상의 건축물 등 대통령령으로 정하는 용도 및 규모의 건축물을 특별시나 광역시에 건축하려면 특별시장이나 광역시장의 허가를 받아야 한다.
④ 허가권자는 제1항에 따른 건축허가를 하고자 하는 때에 「건축기본법」 제25조에 따른

▶ 빈출

한국건축규정의 준수 여부를 확인하여야 한다. 다만, 다음 각 호의 어느 하나에 해당하는 경우에는 이 법이나 다른 법률에도 불구하고 건축위원회의 심의를 거쳐 건축허가를 하지 아니할 수 있다.

1. 위락시설이나 숙박시설에 해당하는 건축물의 건축을 허가하는 경우 해당 대지에 건축하려는 건축물의 용도·규모 또는 형태가 주거환경이나 교육환경 등 주변 환경을 고려할 때 부적합하다고 인정되는 경우

2. 「국토의 계획 및 이용에 관한 법률」 제37조제1항제4호에 따른 방재지구 및 「자연재해대책법」 제12조제1항에 따른 자연재해위험개선지구 등 상습적으로 침수되거나 침수가 우려되는 지역에 건축하려는 건축물에 대하여 지하층 등 일부 공간을 주거용으로 사용하거나 거실을 설치하는 것이 부적합하다고 인정되는 경우

⑤ 제1항에 따른 건축허가를 받으면 다음 각 호의 허가 등을 받거나 신고를 한 것으로 보며, 공장건축물의 경우에는 「산업집적활성화 및 공장설립에 관한 법률」 제13조의2와 제14조에 따라 관련 법률의 인·허가등이나 허가등을 받은 것으로 본다.

3. 「국토의 계획 및 이용에 관한 법률」 제56조에 따른 개발행위허가

5. 「산지관리법」 제14조와 제15조에 따른 산지전용허가와 산지전용신고, 같은 법 제15조의2에 따른 산지일시사용허가·신고. 다만, 보전산지인 경우에는 도시지역만 해당된다.

6. 「사도법」 제4조에 따른 사도(私道)개설허가

7. 「농지법」 제34조, 제35조 및 제43조에 따른 농지전용허가·신고 및 협의

9. 「도로법」 제61조에 따른 도로의 점용 허가

10. 「하천법」 제33조에 따른 하천점용 등의 허가

11. 「하수도법」 제27조에 따른 배수설비(配水設備)의 설치신고

23. 「초지법」 제23조에 따른 초지전용의 허가 및 신고

⑥ 허가권자는 제5항 각 호의 어느 하나에 해당하는 사항이 다른 행정기관의 권한에 속하면 그 행정기관의 장과 미리 협의하여야 하며, 협의 요청을 받은 관계 행정기관의 장은 요청을 받은 날부터 15일 이내에 의견을 제출하여야 한다. 이 경우 관계 행정기관의 장은 제8항에 따른 처리기준이 아닌 사유를 이유로 협의를 거부할 수 없고, 협의 요청을 받은 날부터 15일 이내에 의견을 제출하지 아니하면 협의가 이루어진 것으로 본다. <개정 2017. 1. 17.>

(1) 특별한 규정이 없는 경우에 건축허가는 ☆

건축허가는 원칙적으로 기속행위이다. 일반적인 규모 이상의 건축물을 건축하고자 하는 경우 **건축법 제11조 제1항**은 시장·군수·구청장의 **허가를 받아야 한다**고 규정하고 있을 뿐 요건을 충족하는 경우의 재량권 부여 여부는 명확하지 않다. 이 경우에는 당해 행위의 당사자와의 관계, 특히 헌법상의 **기본권**

기출

관련성 정도에 따라 판단해야 할 것인바, 일반적으로 건축허가는 국민의 **재산권 행사**와 밀접한 관련을 맺고 있는 만큼 **기속행위**로 보아야 할 것이다.

(2) 숙박시설이나 위락시설 등에 대한 공익규정이 있는 경우에는 ☆☆

건축허가시 **숙박시설**이나 **위락시설** 등에 대하여 교육환경이나 주거환경 등 공익을 고려하여 **허가를 거부할 수** 있도록 규정하고 있는 경우(건축법 **제11조 제4항**) 숙박시설이나 위락시설에 대한 건축허가는 '**재량행위**'로 볼 수 있다.

빈출

건축법 제11조 제4항이 신설되게 된 배경이 되는 판례로는 **러브호텔사건**을 들 수 있다. 이 사건에서 대법원전원합의체 판결의 공식입장인 **법정의견**으로 된 **다수의견**은 **허가와 재량**의 결합가능성 '인정'하므로 허가거부는 '적법'하다고 판시하였다. 그러나 대법원의 공식입장이 되지 못했던 **반대의견**(소수의견)은 허가와 **기속행위**만 결합가능하므로 허가거부는 위법하되, **사정판결**을 제안하였다.

 중요 판례 더 알아보기

> **32. 대법원 1999. 8. 19. 선고 98두1857 전원합의체 판결[건축허가신청서반려처분취소]**
>
> **[다수의견]**
> 구 건축법 제8조 제1항, 제3항, 구 국토이용관리법 제15조 제1항 제4호, 같은법시행령 제14조 제1항의 각 규정 등 관계 법령의 규정을 종합하여 보면, 지방자치단체의 조례의 의하여 준농림지역 내의 건축제한지역이라는 구체적인 취지의 지정·고시가 행하여지지 아니하였다 하더라도, 조례에서 정하는 기준에 맞는 지역에 해당하는 경우에는 숙박시설의 건축을 제한할 수 있다고 할 것이고, 그러한 기준에 해당함에도 불구하고 무조건 숙박시설 등의 건축허가를 하여야 하는 것은 아니라고 할 것이며, 조례에서 정한 요건에 저촉되지 아니하는 경우에 비로소 건축허가를 할 수 있는 것으로 보아야 할 것이다. 부연하면, 그러한 구체적인 지역의 지정·고시 여부는 숙박시설 등 건축허가 여부를 결정하는 요건이 된다고 볼 수 없다고 할 것이다.
>
> **[반대의견]**
> 건축법 소정의 건축허가권자는 건축허가신청이 국토이용관리법 등의 관계 법규에서 정한 제한에 배치되지 않는 이상 당연히 건축허가를 하여야 하는바, 조례의 규정에 따라 구체적인 제한지역과 제한대상시설의 범위가 정하여지지 않는 한 조례에 규정한

이른바 러브호텔사건 (대법원 다수의견) 러브호텔 = 허가＋재량

제한지역 지정·고시에 관한 일반적인 기준만을 들어 건축법상의 건축허가를 거부할 수는 없다고 할 것이다. 그러나 사실에 비추어 건축허가거부처분이 위법하다고 하여 이를 취소하는 것은 현저히 공공복리에 적합하지 아니하다고 보이므로 행정소송법 제28조 제1항에 의하여 <u>사정판결을 할 사유가 있다고 인정된다.</u>

📝 기출

다만 대법원은 **장례식장**의 경우 건축법 제11조 제4항의 숙박시설과 위락시설을 **문리해석**하여 이에 **해당하지 않으므로** 건축법 제11조 **제1항에 따라 기속허가**로 판시하였다.

📝 기출

> **134. 대법원 2004. 6. 24. 선고 2002두3263 판결[건축허가신청반려처분취소]**
>
> 구 건축법 제8조에 의한 건축허가권자는 건축허가신청이 건축법, 도시계획법 등 관계 법규에서 정하는 어떠한 제한에 배치되지 않는 이상 당연히 같은 법조항에서 정하는 건축허가를 하여야 하고, 위 관계 법규에서 정하는 제한사유 이외의 사유를 들어 거부할 수는 없다. 장례예식장을 혐오시설 내지 기피시설로 볼 수도 없는 점 등을 고려할 때, <u>장례식장에 대한 부정적인 정서와 그로 인한 공공시설의 이용 기피</u> 등과 같은 막연한 우려나 가능성만으로 이 사건 건물의 신축이 현저히 공공복리에 반한다고 볼 수도 없다는 이유로 이 사건 건축허가신청을 반려한 이 사건 처분은 위법하다고 판단하였다.

그러나 건축법 제11조 제4항을 목적론적으로 확장해석한다면 각종 혐오시설에 대하여는 허가를 거부할 수 있다고 보게 되면 장례식장도 재량허가로 보아 공익을 이유로 허가를 거부할 수 있고, 나아가서 재량의 남용을 검토할 수도 있다.

(3) 특수문제-인허가의제규정이 있는 경우에는 어떻게 되는지 꼭 알아두자 ☆☆★

1) 인허가의제의 의의

📝 최근 빈출

인·허가의제제도는 하나의 인·허가를 받으면 다른 허가, 인가, 특허, 신고 또는 등록 등을 **받은 것으로 보는 제도**를 말한다. 인·허가의제제도는 **복합민원**의 일종으로 민원인에게 **편의를** 제공하는 **원스톱 서비스**의 기능을 수행하게 된다. 인·허가의제가 인정되는 경우 민원인은 하나의 인·허가 신청과 더불어 의제를 원하는 인·허가 신청을 각각의 해당기관에 제출할 필요 없이, 담당부서가 하나로 통합되므로 주된 행정행위를 담당하는 기관에 제출하면 된다.

일반규모 이상의 건물에 대한 **건축법 제11조 제5항**이나 소규모 건물에 대한 **제14조 제2항**에서 보듯이 **집중효**(Konzentrationswirkung)[22]나 **인허가의제** 제도를 규정하고 있다. 일반적으로 허가와 관련되어 인허가의제를 논의하는데, 행정계획에서는 집중효라는 이름으로 많이 논의된다. 인허가의제의 성질과 집중효의 성질이 동일한지 여부에는 논란이 있다.

따라서 인허가의제나 집중효규정이 있는 경우 건축허가나 건축신고를 받으면 토지 등과 관련된 각종 여러 가지의 인가나 허가를 모두 받은 것으로 의제하여 취급한다. 이러한 인허가의제 제도는 건축을 하거나 개발을 하려는 민원인이 신속하게 이를 추진하도록 각종 규제를 완화한 것으로 취지를 이해할 수 있다.

2) 인허가의제의 요건생략의 범위에 대한 논란

민원인은 일일이 각종 허가를 받을 때보다도 생략되는 것들이 많아 편리하다. 다만 생략되는 각종 허가요건들의 범위에 대하여 논란이 있다. ① 이때 건물을 관할하는 행정청에게 권한만 집중된다는 입장(관할집중설), ② 권한과 절차까지 집중된다는 입장(**절차집중설**), ③ 권한과 절차 및 내용까지 모두 집중된다는 입장(실체집중설) 등이 대립한다. 다수설과 판례는 **절차집중설**의 입장을 취하고 있다.

☞ 기출

인허가의제의 취지인 행정능률의 고려와 내용요건 들에 대한 고려 등을 조화롭게 하고, 이익형량을 충실하게 할 수 있기 위해서는 절차집중설이 타당하다. 따라서 인허가의제나 집중효에 대한 규정이 있는 경우 실제 허가나 행정계획을 발급하는 처분(A) 관청이 그 처분의 절차만 밟아서 인허가를 발급하지만, 인허가의제되거나 집중되는 처분(B)의 내용요건은 생략할 수 없고 반드시 검토하여야만 한다.

☞ 절차집중설 취지 이해 기출

인·허가의제제도는 주된 행정기관에게 권한이 집중되고 의제되는 처분을 담당하던 행정기관의 권한을 박탈하게 된다. 따라서 인허가의제제도는 **행정기관의 권한에 변경**을 가져오는 것이므로 **법률의 명시적인 근거**가 있어야 한다. 그렇지만 인·허가의제제도의 경우 보다 전문적이고 협력적인 행정이 이루어지도록 하기 위해서 다른 관계인이나 허가기관의 인·허가를 받지 않는 대신 **다른 관계인이나 인·허가 기관의 협의**를 거치도록 하는 경우가 많다.

☞ 기출

---

22 이에 대하여는 김남진·김연태, 행정법 Ⅰ, 237 – 238면.

3) 인허가의제되는 경우 재량행위 여부

의제되는 토지 등에 대한 인·허가가 재량행위인 경우에는 다수설과 판례가 **관할과 절차만 집중**되고 토지에 대한 법률들의 **내용상 요건은 별도로 심사**하여 거부할 수 있다고 보므로 전체적으로 **재량행위**가 될 수 있다. 건축법 11조 5항이나 14조 2항의 인허가규정은 특별법이므로 일반법인 건축법 11조 1항을 배제하여 **전체적으로 재량행위**가 되는 것이다.

인허가의제 및 집중효의 경우 절차집중설을 취한 판례와 대상적격

[1] 인허가의제나 집중효에 있어 절차집중설을 취한 판례

135. 대법원 2002. 10. 11. 선고 2001두151 판결【채광계획불인가처분취소】

채광계획이 중대한 공익에 배치된다고 할 때에는 인가를 거부할 수 있고(☞ 재량행위), 채광계획을 불인가하는 경우에는 정당한 사유가 제시되어야 하며 자의적으로 불인가를 하여서는 아니 될 것이므로 채광계획인가는 기속재량행위[23]에 속하는 것으로 보아야 할 것이다.

구 광업법 제47조의2 제5호에 의하여 채광계획인가를 받으면 공유수면 점용허가를 받은 것으로 의제되고, 이 공유수면 점용허가는 공유수면 관리청이 공공 위해의 예방 경감과 공공 복리의 증진에 기여함에 적당하다고 인정하는 경우에 그 자유재량에 의하여 허가의 여부를 결정하여야 할 것이므로, 공유수면 점용허가(☞ 특허, 재량)를 필요로 하는 채광계획 인가신청에 대하여도, 공유수면 관리청이 재량적 판단에 의하여 공유수면 점용을 허가 여부를 결정할 수 있고, 그 결과 공유수면 점용을 허용하지 않기로 결정하였다면, 채광계획 인가관청은 이를 사유로 하여 채광계획을 인가하지 아니할 수 있는 것이다.

즉 판례는 인허가의제시 전체적으로 재량행위로 판시하고 있다.

4) 인허가의제되는 경우 권리구제의 대상과 사유

인허가의제되거나 집중효가 있는 경우 항고소송의 **대상**은 **실제 발급된 처분**(A)만이 된다. 그러나 항고소송의 **사유**는 실제 발급된 처분(A)의 사유와 인허가의제되거나 집중되는 처분(B)의 사유들이 **모두** 포함된다.

---

23 기속행위의 일본식 표현으로서 판례표현의 순화가 필요하다.

인허가의제시 항고소송의 대상적격(실제 발급된 처분)

136. 대법원 2001. 1. 16. 선고 99두10988 판결【건축허가신청서반려처분취소】

구 건축법 제8조 제1항, 제3항, 제5항에 의하면, 건축허가를 받은 경우에는 구 도시계획법 제4조에 의한 토지의 형질변경허가나 농지법 제36조에 의한 농지전용허가 등을 받은 것으로 보며(☞ 인허가의제 또는 집중효), 한편 건축허가권자가 건축허가를 하고자 하는 경우 당해 용도·규모 또는 형태의 건축물을 그 건축하고자 하는 대지에 건축하는 것이 건축법 관련 규정이나 같은 도시계획법 제4조, 농지법 제36조 등 관계 법령의 규정에 적합한지의 여부를 검토하여야 하는 것일 뿐, **건축불허가처분을 하면서 그 처분사유로 건축불허가 사유뿐만 아니라 형질변경불허가 사유나 농지전용불허가 사유를 들고 있다고 하여 그 건축불허가처분 외에 별개로 형질변경불허가처분이나 농지전용불허가처분이 존재하는 것이 아니므로, 그 건축불허가처분을 받은 사람은 그 건축불허가처분에 관한 쟁송에서 건축법상의 건축불허가 사유뿐만 아니라 같은 도시계획법상의 형질변경불허가 사유나 농지법상의 농지전용불허가 사유에 관하여도 다툴 수 있는 것이지, 그 건축불허가처분에 관한 쟁송과는 별개로 형질변경불허가처분이나 농지전용불허가처분에 관한 쟁송을 제기하여 이를 다투어야 하는 것은 아니며, 그러한 쟁송을 제기하지 아니하였어도 형질변경불허가 사유나 농지전용불허가 사유에 관하여 불가쟁력이 생기지 아니한다.**

☞ 기출

제 5 절

재량의 일탈 · 남용

> **행정소송법 제27조(재량처분의 취소)** 행정청의 재량에 속하는 처분이라도 재량권의 한계를 넘거나 그 남용이 있는 때에는 법원은 이를 취소할 수 있다.

행정청이 재량을 잘못 행사하여 하자가 있게 되는 경우를 '**재량의 하자**'라고 한다. '**재량의 일탈**'은 법령에서 주어진 재량의 범위를 넘어서 행사하는 것을 말한다. '**재량의 남용**'은 법령에서 주어진 재량의 범위 내에서 재량을 행사하기는 하지만 비례의 원칙이나 신뢰보호의 원칙 등 행정법의 일반원칙 등에 위반하여 재량을 잘못 행사하는 것을 말한다. '**재량의 불행사**'는 재량을 행사할 의무가

최근 기출

있는데도 재량을 제대로 행사하지 않는 것을 말한다. 그런데 우리 판례는 재량의 일탈과 남용을 엄격하게 구별하고 있지 못하고, **재량의 일탈·남용**이라고 **혼용하여 사용**하고 있다.

기출

대법원은 서울대 총장이 서울대 외교관 자녀를 우대하는 특별전형을 실시하여 실제 취득점수에 20%의 가산점을 부여하여 합격 사정을 한 재량의 행사는 실제 취득 점수에 의하면 충분히 합격할 수 있는 원고들에 대하여 불합격처분을 한 것으로서 위법하다고 판시하였다.[24]

빈출 판례 지문

판례에 의하면 처분이 재량권의 한계를 벗어났는지를 판단함에 있어서는 위 법조에 의하여 달성하려고 하는 공익의 목적과 면허취소처분으로 인하여 상대방이 입게 될 불이익을 비교교량하여 그 처분으로 인하여 공익상의 필요보다 상대방이 받게 될 불이익 등이 막대한 경우에는 재량권의 한계를 일탈하였다고 보아야 한다.

따라서 판례는 대리운전금지조건 위배로 1회 운행정지처분을 받은 사실을 알지 못한 채 **개인택시운송사업면허를 양수**한 자가 지병인 만성신부전증 등으로 몸이 아파 쉬면서 생계유지를 위하여 일시 대리운전을 하게 하고, 전날 과음한 탓으로 쉬면서 대리운전을 하게 하여 2회 적발되었으며, 개인택시영업에 의한 수입만으로 가족의 생계를 유지하고 있는 사정 등이 있는데도 자동차운송사업면허취소처분을 한 것은 **재량권을 일탈한 위법한 처분이라고 판시**하고 있다.

기출 판례

> ### 137. 대법원 1991. 11. 08. 선고 91누4973 판결[개인택시운송사업면허취소처분취소]
>
> 자동차운수사업법 제31조에 의한 자동차운송사업면허의 취소처분이 재량권의 한계를 벗어났는지를 판단함에 있어서는 위 법조에 의하여 달성하려고 하는 공익의 목적과 면허취소처분으로 인하여 상대방이 입게 될 불이익을 비교교량하여 그 처분으로 인하여 공익상의 필요보다 상대방이 받게 될 불이익 등이 막대한 경우에는 재량권의 한계를 일탈하였다고 보아야 한다.
>
> 대리운전금지조건 위배로 1회 운행정지처분을 받은 사실을 알지 못한 채 개인택시운송사업면허를 양수한 원고가 지병인 만성신부전증 등으로 몸이 아파 쉬면서 생계유지를 위하여 일시 대리운전을 하게 하고, 또 전날 과음한 탓으로 쉬면서 대리운전을 하게 하여 2회

---

24 대법원 1990. 8. 28. 선고 89누8255 판결.

적발되었는데, 원고는 그의 개인택시영업에 의한 수입만으로 가족의 생계를 유지하고 있
는 사정 등을 참작하면 원고에 대한 자동차운송사업면허취소의 처분이 재량권을 일탈한
위법한 처분이다.

행정청이 재량을 일탈·남용한 경우에는 처분은 위법하다. 위법성의 정도는
중대명백하지 않은 경우가 많으므로 원칙적으로 **취소사유**이고, 예외적으로 **중대
명백**한 경우에만 **무효사유**이다.

> **행정기본법 제15조(처분의 효력)** 처분은 권한이 있는 기관이 취소 또는 철회하거나 기
> 간의 경과 등으로 소멸되기 전까지는 유효한 것으로 통용된다. 다만, 무효인 처분은
> 처음부터 그 효력이 발생하지 아니한다.

제 6 절

중요 판례의 동향을 더 알아보고 출제에 대비해 보자

138. 대법원 2009. 12. 24. 선고 2009두12853 판결【방산물자지정취소처분취
소】― 방산물자 지정취소가 항고소송의 대상이 되는 행정처분에 해당하는지
여부(적극)

방위사업법 제35조 제1항에서 **방산업체로 지정**(☞ 2차합격결정, **종국결정**, 처분, 특허,
재량)되기 위해서는 방산물자를 생산하고자 하는 자이어야 한다고 규정하고 있고, 같은
법 시행령 제42조에서 **방산업체의 시설기준**에 관하여 방산물자의 생산에 필요한 일반시
설 및 특수시설, 품질검사시설, 기술인력 등의 인적, 물적 시설을 갖출 것을 요건으로 하
고 있는 점에 비추어, **방산물자 지정**(☞1차합격결정, **예비결정**, 처분, 특허, 재량)이 취
소되는 경우 당해 물자에 대한 방산업체 지정도 취소될 수밖에 없다고 보아야 한다. 그
렇게 되면 방위사업법에서 규정하는 **방산물자 등에 대한 수출지원**(제44조)을 받을 수
없을 뿐 아니라 방산업체로서 **방위사업법에 따라 누릴 수 있는 각종 지원과 혜택을 상**
실하게 되고, 국가를 당사자로 하는 계약에 관한 법률 시행령 제26조 제1항 제6호 (다)목
에서 규정한 '방위사업법에 의한 방산물자를 방위산업체로부터 제조·구매하는 경우' 수
의계약에 의할 수 있는 지위도 상실하게 되므로, 결국 **방산물자 지정취소**는 당해 방산

📖 방산물자지정처분 또는

그 취소처분과 방산업체지정 처분 또는 그 취소처분 모두 항고소송 대상 ○

물자에 대하여 **방산업체**로 지정되어 이를 생산하는 자의 **권리의무에 직접 영향을 미치는 행위**로서 항고소송의 대상이 되는 **행정처분에 해당**한다.

비정년트랙(non tenure track)교원을 차별해서 절차배제하는 경주대학칙에 따른 재임용거부사례

139. 대법원 2012. 4. 12. 선고 2011두22686 판결【재임용거부처분취소결정취소】

[1] 기간제로 임용되어 정상적으로 임용기간이 만료하는 사립대학교육기관의 교원이 임면권자에게 사립학교법이 정하는 절차에 따른 재임용 심사를 요구할 법률상 신청권을 갖는지 여부(적극)

사립학교법 제53조의2 제4항 내지 제8항은 사립대학교육기관의 교원에 관한 임면권자의 재임용심의 신청 여부의 사전 통지의무 및 당해 교원의 재임용심의 신청권, 임면권자의 재임용거부사실 및 거부사유의 사전 통지의무, 객관적 기준에 의한 재임용심의와 당해 교원의 재임용심의절차에서의 의견진술 및 제출권, 재임용거부 시 이에 대한 불복방법 등을 명문으로 규정하고 있는바, 위 규정들에 비추어 보면, 기간제로 임용되어 정상적으로 임용기간이 만료하는 사립대학교육기관의 교원은 임면권자에게 학생교육, 학문연구, 학생지도에 관한 사항에 대한 평가 등 객관적인 사유로서 학칙이 정하는 사유에 근거하여 사립학교법이 정하는 절차에 따라 **재임용 여부에 관하여 합리적이고 공정한 심사를 해 달라고 요구할 법률상의 신청권을 가진다**고 보아야 한다.

[2] 사립대학교육기관의 교원에 대하여 재임용심사신청권을 보장한 사립학교법 제53조의2 제4항 내지 제8항이 강행규정인지 여부(적극)

사립학교법이 제53조의2로 사립대학교육기관 교원의 임면에 관하여 규정하면서 이와는 별도로 제54조의4로 일정한 사유의 경우에만 1년 이내의 기간을 정하여 임용하되 기간이 만료하면 당연히 퇴직하는 기간제교원을 둘 수 있다고 규정하고 있는 점, 당사자의 합의에 의하여 재임용심사신청권을 배제할 수 있도록 한다면 사립학교법 제53조의2 제4항 내지 제8항의 규정 취지를 잠탈할 우려가 큰 점 등을 고려하면, 사립대학교육기관의 교원에 대하여 재임용심사신청권을 보장한 사립학교법 제53조의2 제4항 내지 제8항은 **강행규정으로 보는 것이 타당하다.**

[3] 사안의 적용

학교법인 경주대이 자신이 설립·운영하는 을 사립대학교 소속 **전임강사**로서 비정년트랙(non tenure track) 교원에 해당하는 병 등에 대하여 **별도의 재임용심사절차를 거치지 않은 채 교원인사위원회를 개최하여 병 등을 기간만료로 면직할 것을 의결한 후 계약기간 만료를 통지**한 사안에서, 재임용심사절차를 배제하거나 포기하기로 하는 내용의 임용계약과 을 대학교 비정년트랙 교원 **임용규정은 무효**라는 이유로, 경주대학 법인이

전임강사로 비정년트랙 교원에 해당하는 병 등에 대하여 사립학교법 제53조의2 제4항 내지 제7항에서 정한 재임용심사절차를 이행하지 않은 채 면직처분을 한 것은 사실상 재임용거부처분에 해당하는 것으로서 위법하다.

공정거래위원회의 감면불인정통지의 처분성과 소의 이익

140. 대법원 2012. 9. 27. 선고 2010두3541 판결【감면불인정처분등취소】[공 2012하, 1746]

[1] ★★ 행정규칙에 근거한 처분이라도 상대방의 권리의무에 직접 영향을 미치는 경우 항고소송의 대상이 되는 행정처분에 해당하는지 여부(적극) 및 행정청의 어떤 행위가 항고소송의 대상이 될 수 있는지 판단하는 기준

항고소송의 대상이 되는 행정처분이란 원칙적으로 행정청의 공법상 행위로서 특정 사항에 대하여 법규에 의한 권리 설정 또는 의무 부담을 명하거나 기타 법률상 효과를 발생하게 하는 등으로 일반 국민의 권리의무에 직접 영향을 미치는 행위를 가리키는 것이지만, 어떠한 처분의 근거가 **행정규칙에 규정되어 있다고 하더라도**, 그 처분이 상대방에게 권리 설정 또는 의무 부담을 명하거나 기타 법적인 효과를 발생하게 하는 등으로 **상대방의 권리의무에 직접 영향을 미치는 행위라면**, 이 경우에도 **항고소송의 대상이 되는 행정처분에 해당**한다고 보아야 한다. 한편 행정청의 어떤 행위가 항고소송의 대상이 될 수 있는지는 추상적·일반적으로 결정할 수 없고, 구체적인 경우 행정처분은 행정청이 공권력 주체로서 행하는 구체적 사실에 관한 법집행으로서 국민의 권리의무에 직접적으로 영향을 미치는 행위라는 점을 염두에 두고, 관련 법령의 내용과 취지, 행위의 주체·내용·형식·절차, 그 행위와 상대방 등 이해관계인이 입는 불이익과의 실질적 견련성, 그리고 법치행정 원리와 당해 행위에 관련한 행정청 및 이해관계인의 태도 등을 참작하여 개별적으로 결정해야 한다.

[2] 구 부당한 공동행위 자진신고자 등에 대한 시정조치 등 감면제도 운영고시 제14조 제1항에 따른 시정조치 등 감면신청에 대한 감면불인정 통지가 항고소송의 대상이 되는 행정처분에 해당하는지 여부(적극)

독점규제 및 공정거래에 관한 법률 제22조의2 제1항, 구 독점규제 및 공정거래에 관한 법률 시행령(2009. 5. 13. 대통령령 제21492호로 개정되기 전의 것) 제35조 제1항, 구 부당한 공동행위 자진신고자 등에 대한 시정조치 등 감면제도 운영고시(2009. 5. 19. 공정거래위원회 고시 제2009-9호로 개정되기 전의 것, 이하 '고시'라 한다) 등 관련 법령의 내용, 형식, 체제 및 취지를 종합하면, **부당한 공동행위 자진신고자 등에 대한 시정조치 또는 과징금 감면 신청인이 고시 제11조 제1항에 따라 자진신고자 등 지위확인을 받는 경우에는 시정조치 및 과징금 감경 또는 면제, 형사고발 면제 등의 법률상 이익을 누리게 되지만, 그 지위확인을 받지 못하고 고시 제14조 제1항에 따라 감면불인정 통지를 받는 경우에는 위와 같은 법률상 이익을 누릴 수 없게 되므로, 감면불인정 통지가 이루**

어진 단계에서 신청인에게 그 적법성을 다투어 법적 불안을 해소한 다음 조사협조행위에 나아가도록 함으로써 장차 있을지도 모르는 위험에서 벗어날 수 있도록 하는 것이 법치행정의 원리에도 부합한다. 따라서 **부당한 공동행위 자진신고자 등의 시정조치 또는 과징금 감면신청에 대한 감면불인정 통지는 항고소송의 대상이 되는 행정처분에 해당한다고 보아야 한다.**

[3] 사안의 적용

갑 주식회사와 을 주식회사가 공동으로 건축용 판유리 제품 가격을 인상한 후 갑 회사가 1순위로 구 독점규제 및 공정거래에 관한 법률 시행령(2009. 5. 13. 대통령령 제21492호로 개정되기 전의 것) 제35조 등에 따라 부당한 공동행위 자진신고자 등에 대한 시정조치 등 감면신청을 하고 을 회사가 2순위로 감면신청을 하였으나 공정거래위원회가 갑 회사는 감면요건을 충족하지 못했다는 이유로 감면불인정 통지를 하고 을 회사에 1순위 조사협조자 지위확인을 해준 사안에서, **을 회사에 대한 1순위 조사협조자 지위확인이 취소되더라도 갑 회사가 을 회사의 지위를 승계하는 것이 아니고**, 갑 회사에 대한 감면불인정의 위법 여부를 다투어 감면불인정이 번복되는 경우 1순위 조사협조자의 지위를 인정받을 수 있다는 이유로, 갑 회사는 공정거래위원회의 을 회사에 대한 1순위 조사협조자 지위확인의 취소를 구할 소의 이익이 없다.

다단계행정행위에 대한 종래 판례의 변화

★★★ 비교판례> **영광원자력발전소에 대한 예비결정**(부지사전승인) 취소소송에서 ① 제3자인 이웃주민의 **원고적격** 인정, ② 부지사전승인의 **대상적격** 인정, 그러나 ③ 예비결정취소소송 도중 **종국결정이 발급되면 예비결정은 종국결정에 흡수**되므로 소의 **이익이 없다**고 판시 → 각하판결

 빈출

141. 대법원 1998. 9. 4. 선고 97누19588 판결[부지사전승인처분취소]

[1] 원자로 및 관계 시설의 부지사전승인처분은 원자로 등의 건설허가 전에 그 원자로 등 건설예정지로 계획중인 부지가 원자력법의 관계 규정에 비추어 적법성을 구비한 것인지 여부를 심사하여 행하는 사전적 부분 건설허가처분의 성격을 가지고 있는 것이므로, 원자력법 제12조 제2호, 제3호로 규정한 원자로 및 관계 시설의 허가기준에 관한 사항은 건설허가처분의 기준이 됨은 물론 부지사전승인처분의 기준으로도 된다.

[2] 원자력법 제12조 제2호의 취지는 원자로 등 건설사업이 방사성물질 및 그에 의하여 오염된 물질에 의한 인체·물체·공공의 재해를 발생시키지 아니하는 방법으로 시행되도록 함으로써 방사성물질 등에 의한 생명·건강상의 위해를 받지 아니할 이익을 일반적 공익으로서 보호하려는 데 그치는 것이 아니라 방사성물질에 의하여 보다 직접적이고 중

대한 피해를 입으리라고 예상되는 지역 내의 주민들의 위와 같은 이익을 직접적·구체적 이익으로서도 보호하려는 데에 있다 할 것이므로, 위와 같은 지역 내의 주민들에게는 방사성물질 등에 의한 생명·신체의 안전침해를 이유로 부지사전승인처분의 취소를 구할 원고적격이 있다.

[3] 원자로 및 관계 시설의 부지사전승인처분은 그 자체로서 건설부지를 확정하고 사전 공사를 허용하는 법률효과를 지닌 독립한 행정처분이기는 하지만, 건설허가 전에 신청자의 편의를 위하여 미리 그 건설허가의 일부 요건을 심사하여 행하는 사전적 부분 건설허가처분의 성격을 갖고 있는 것이어서 나중에 건설허가처분이 있게 되면 그 건설허가처분에 흡수되어 독립된 존재가치를 상실함으로써 그 건설허가처분만이 쟁송의 대상이 되는 것이므로, 부지사전승인처분의 취소를 구하는 소는 소의 이익을 잃게 되고, 따라서 부지사전승인처분의 위법성은 나중에 내려진 건설허가처분의 취소를 구하는 소송에서 이를 다투면 된다.

---

142. 대법원 2012. 12. 13. 선고 2010두20782, 20799 판결【집단에너지사업허가처분취소·집단에너지사업허가처분취소】

[1] 선행처분의 내용을 변경하는 후행처분이 있는 경우, 선행처분의 효력 존속 여부

선행처분의 주요 부분을 **실질적으로 변경**하는 내용으로 후행처분을 한 경우에 선행처분은 특별한 사정이 없는 한 그 **효력을 상실하지만**, 후행처분이 있었다고 하여 일률적으로 선행처분이 존재하지 않게 되는 것은 아니고 선행처분의 **내용 중 〈일부만을 소폭 변경〉**하는 정도에 불과한 경우에는 **선행처분이 소멸한다고 볼 수 없다.**

[2] 선행처분이 후행처분에 의하여 변경되지 아니한 범위 내에서 존속하고 후행처분은 선행처분의 내용 중 일부를 변경하는 범위 내에서 효력을 가지는 경우에 있어서 선행처분의 취소를 구하는 소를 제기한 후 후행처분의 취소를 구하는 청구를 추가하여 청구를 변경하는 경우, 후행처분에 관한 제소기간 준수 여부의 판단 기준 시기

선행처분이 후행처분에 의하여 변경되지 아니한 범위 내에서 존속하고 후행처분은 선행처분의 내용 중 일부를 변경하는 범위 내에서 효력을 가지는 경우에, 선행처분의 취소를 구하는 소를 제기한 후 후행처분의 취소를 구하는 청구를 추가하여 청구를 변경하였다면 후행처분에 관한 제소기간 준수 여부는 청구변경 당시를 기준으로 판단하여야 하나, 선행처분에만 존재하는 취소사유를 이유로 후행처분의 취소를 청구할 수는 없다.

개발제한구역내의 건축물용도변경허가의 성질

143. 대법원 2001. 2. 9. 선고 98두17593 판결【건축물용도변경신청거부처분취소】

구 도시계획법(2000. 1. 18. 법률 제6243호로 전문 개정되기 전의 것) 제21조와 같은법시행령(1998. 5. 19. 대통령령 제15799호로 개정되기 전의 것) 제20조 제1, 2항 및 같은법시행규칙(1998. 5. 19. 건설교통부령 제133호로 개정되기 전의 것) 제7조 제1항 제6호 (다)목 등의 규정을 살펴보면, **도시의 무질서한 확산을 방지하고 도시주변의 자연환경을 보전하여 도시민의 건전한 생활환경을 확보하기 위하여 지정되는 개발제한구역 내**에서는 구역 지정의 목적상 건축물의 건축이나 그 용도변경은 원칙적으로 금지되고, 다만 구체적인 경우에 위와 같은 구역 지정의 목적에 위배되지 아니할 경우 **예외적으로** 허가에 의하여 그러한 행위를 할 수 있게 되어 있음이 위와 같은 관련 규정의 **체재와 문언**상 분명한 한편, 이러한 건축물의 용도변경에 대한 예외적인 허가는 그 상대방에게 **수익적**인 것에 틀림이 없으므로, 이는 그 법률적 성질이 재량행위 내지 자유재량행위에 속하는 것이라고 할 것이고, 따라서 그 위법 여부에 대한 심사는 **재량권** 일탈·남용의 유무를 그 대상으로 한다. → 기본권까지 고려하는 종합설

주택건설사업승인의 법적 성질과 처분사유의 추가, 변경

144. 대법원 2005. 4. 15. 선고 2004두10883 판결【주택건설사업계획승인신청반려처분취소】

[1] 처분사유의 추가변경의 객관적 요건(주제가 동일 = 소송물이 동일 = 기사동)과 시적 요건(처분당시)

행정처분의 취소를 구하는 항고소송에 있어서 그 **처분의 위법 여부**는 ****<처분 당시를 기준>** 으로 판단하여야 하는 것이고, 처분청은 당초 처분의 근거로 삼은 사유와 ****<기본적 사실관계에 있어서 동일성>** 이 있다고 인정되지 않는 별개의 사실을 들어 처분사유로 주장함은 허용되지 아니한다. 이 사건 토지를 포함한 46필지 토지는 삼보주택단지라고 불리는 직사각형 모양의 단독주택단지 중 이 사건 토지는 전체 46필지 중 남동쪽 귀퉁이에 위치한 7필지로서 원고는 그 지상에 12층 규모의 아파트를 건축하려고 이 사건 신청을 하였으나, **주민들의 반대와 단독 건축시 주변환경상의 부적절성**을 들어 당초 주택사업승인을 거부하였다. 그런데 소송도중에 피고인 대구시 수성구청장은 이 사건 **토지가 제1종 일반주거지역으로 지정된 것**을 추가하였으나 **이 사건 처분 이후에 새로이 발생한 사정으로 당초 처분사유와 기본적 사실관계의 동일성이 있다고 보기 어려워**, 피고가 이를 이 사건 처분의 적법 여부를 판단하는 근거로 주장하는 것은 단지 당초 처분사유를 보완하는 간접사실을 부가하여 주장하는 데 불과하다고 할 수는 없고 **새로운 처분**

사유의 주장에 해당하여 허용될 수 없다고 할 것이므로, 원심이 이 사건 토지가 제1종 일반주거지역으로 지정된 사실까지 이 사건 처분의 적법 여부를 판단함에 있어서 처분사유를 보완하는 사정으로 고려한 것은 일단 잘못이다.

[2] 주택건설사업승인의 성질

그러나 주택건설촉진법 제33조에 의한 **주택건설사업계획의 승인**은 상대방에게 권리나 이익을 부여하는 효과를 수반하는 이른바 수익적 행정처분으로서 법령에 행정처분의 요건에 관하여 일의적으로 규정되어 있지 아니한 이상 행정청의 재량행위에 속한다 할 것이고, 이러한 승인을 받으려는 주택건설사업계획이 관계 법령이 정하는 제한에 배치되는 경우는 물론이고 **그러한 제한사유가 없는 경우에도 공익상 필요가 있으면 처분권자는 그 승인신청에 대하여 불허가 결정을 할 수 있다**고 할 것인바(대법원 2003. 6. 10. 선고 2002두11318 판결 참조), 이 사건 토지가 제1종 일반주거지역으로 지정되었다는 사정을 제외하고 원심이 인정한 이 사건 토지의 위치와 형상, 주위의 상황 및 이 사건 신청의 내용과 규모 등 기록에 나타난 이 사건 처분 당시의 제반 사정만을 종합하더라도, 앞에서 본 법리에 비추어 볼 때 **이 사건 처분은 지역주민의 쾌적한 생활권을 보호하고 지역의 효율적이고 균형 있는 발전을 위한 공익상의 목적을 위하여 필요한 범위 내에서 행하여진 것으로서 재량권을 일탈·남용하였다고 할 수 없다.**

주택재개발조합설립인가의 특수성질(특허, 재량)과 쟁송형태(처분이므로 항고소송)

145. 대법원 2010. 1. 28. 선고 2009두4845 판결【재개발정비사업조합설립인가 처분무효확인】

1. 법적 성질과 쟁송의 형태(항고소송)

(1) 설립된 재개발조합은 재개발사업의 사업시행자로서 조합원에 대한 법률관계에서 특수한 존립목적을 부여받은 **행정주체로서의 지위**를 가지게 되고, 이러한 행정주체의 지위에서 정비구역 안에 있는 토지 등을 수용하거나(같은 법 제38조), 관리처분계획(같은 법 제48조), 경비부과처분(같은 법 제61조) 등과 같은 **행정처분을 할 수 있는 권한을 부여받는다.** 따라서 재개발조합설립인가신청에 대한 행정청의 조합설립인가처분은 **단순히** 사인(사인)들의 조합설립행위에 대한 **보충행위로서의 성질을 가지는 것이 아니라** 법령 상 일정한 요건을 갖추는 경우 행정주체(공법인)의 지위를 부여하는 **일종의 설권적 처분의 성질을 가진다고 봄이 상당하다.**

(2) 그러므로 도시정비법상 재개발조합설립인가신청에 대하여 행정청의 조합설립인가처분이 있은 이후에는, **조합설립동의에 하자가 있음을 이유로 재개발조합 설립의 효력을 부정하려면 항고소송으로 조합설립인가처분의 효력을 다투어야** 한다(대법원 2009. 9. 24.자 2009마168 결정 등 참조).

이는 판례변경이며 통상의 인가에 있어서는 기본행위의 하자는 민사소송으로 다투어야 하지만, 동 사안의 재개발조합이나 재건축조합설립인가는 특허설로 판례를 변경하면서 착오, 사기, 강박 같은 설립행위의 하자에도 불구하고 인가가 난 경우 사인의 공법행위의 하자에도 불구하고 특허가 발급되는 과정에 대한 하자로 검토하고 있다. 따라서 관할은 민사소송이 아니라 특허에 대한 항고소송으로 판시하고 있다. 또한 사인의 공법행위의 하자에도 불구하고 처분이 발급된 경우 처분의 효력에 대하여는 취소원칙설과 무효원칙설이 있는데, 공적 거래의 안전을 고려하여 취소원칙설이 타당하다. 따라서 원칙적으로 취소소송으로 다투어야 한다. 다만 도저히 조합설립신청행위가 없다고 할 만큼 하자가 중대명백한 경우에는 예외적으로 무효가 되므로 무효확인소송으로도 다툴 수 있다.

주택재건축조합설립변경인가 사례

146. 대법원 2012. 10. 25. 선고 2010두25107 판결【조합설립인가처분무효확인】

[1] 행정청이 주택재건축사업조합 설립인가처분을 한 후 구 도시 및 주거환경정비법 시행령 제27조 각 호에서 정하는 경미한 사항의 변경에 대하여 조합설립 변경인가 형식으로 처분을 한 경우, 당초 조합설립인가처분을 다툴 소의 이익이 소멸하는지 여부(소극)

재건축조합설립인가신청에 대한 행정청의 **조합설립인가처분은** 법령상 일정한 요건을 갖출 경우 주택재건축사업의 추진위원회에게 행정주체로서의 지위를 부여하는 일종의 **설권적 처분의** 성격을 가지고 있고, 구 도시 및 주거환경정비법 제16조 제2항은 조합설립인가처분의 내용을 변경하는 변경인가처분을 할 때에는 조합설립인가처분과 동일한 요건과 절차를 거칠 것을 요구하고 있다. 그런데 조합설립인가처분과 동일한 요건과 절차가 요구되지 않는 구 도시 및 주거환경정비법 시행령 제27조 각 호에서 정하는 **경미한 사항의 변경에** 대하여 행정청이 조합설립의 변경인가라는 형식으로 처분을 하였다고 하더라도, 그 성질은 당초의 조합설립인가처분과는 별개로 위 조항에서 정한 경미한 사항의 변경에 대한 신고를 수리하는 의미에 불과한 것으로 보아야 하므로, 경미한 사항의 변경에 대한 신고를 수리하는 의미에 불과한 변경인가처분이 있다고 하더라도 설권적 처분인 조합설립인가처분을 **다툴 소의 이익이 소멸된다고 볼 수는 없다.**

[2] 주택재건축사업조합이 새로 조합설립인가처분을 받는 것과 동일한 요건과 절차를 거쳐 조합설립변경인가처분을 받는 경우, 당초 조합설립인가처분의 무효확인을 구할 소의 이익이 소멸하는지 여부(원칙적 소극)

주택재건축사업조합이 새로 조합설립인가처분을 받는 것과 동일한 요건과 절차를 거쳐

조합설립변경인가처분을 받는 경우 당초 조합설립인가처분의 유효를 전제로 당해 주택
재건축사업조합이 매도청구권 행사, 시공자 선정에 관한 총회 결의, 사업시행계획의 수
립, 관리처분계획의 수립 등과 같은 **후속 행위**를 하였다면 당초 조합설립인가처분이 무
효로 확인되거나 취소될 경우 그것이 유효하게 존재하는 것을 전제로 이루어진 위와 같
은 후속 행위 역시 소급하여 효력을 상실하게 되므로, 특별한 사정이 없으면 위와 같은
형태의 조합설립변경인가가 있다고 하여 당초 조합설립인가처분의 무효확인을 구할 소
의 이익이 소멸된다고 볼 수는 없다.

[3] 구 도시 및 주거환경정비법 제16조 제3항에서 정한 '토지 또는 건축물 소유자' 의 의미

구 도시 및 주거환경정비법(2007. 12. 21. 법률 제8785호로 개정되기 전의 것, 이하 '개정
전 도시정비법'이라고 한다)은 제2조 제9호 (나)목에서, 주택재건축사업의 '토지등소유자'
는 '정비구역 안에 소재한 건축물 및 그 부속토지의 소유자, 정비구역이 아닌 구역 안에
소재한 대통령령이 정하는 주택 및 부속토지의 소유자와 부대·복리시설 및 그 부속토지
의 소유자'를 의미한다고 규정함으로써 토지와 건축물을 모두 소유하는 '토지등소유자'를
'토지 또는 건축물의 소유자'와 구별하고 있는데 제16조 제3항은 명시적으로 '토지 또는
건축물 소유자의 5분의 4 이상'이라고 규정하고 있는 점, 토지만을 소유한 자 또는 건축
물만을 소유한 자는 비록 주택재건축사업에서 조합원이 될 수 없다고 하더라도[개정 전
도시정비법 제2조 제9호 (나)목, 제19조 제1항] 그 소유의 토지 또는 건축물은 매도청구
의 대상이 될 수 있으므로(개정 전 도시정비법 제39조) 재건축조합의 설립에 중대한 이
해관계가 있는 점 등 여러 사정을 종합하면, 개정 전 도시정비법 제16조 제3항에서 정한
'토지 또는 건축물 소유자'는 정비구역 안의 토지 및 건축물의 소유자뿐만 아니라 토지만
을 소유한 자, 건축물만을 소유한 자 모두를 포함하는 의미라고 해석하는 것이 옳다.

[4] 관할 행정청이 구 도시 및 주거환경정비법 제16조 제3항에서 정한 동의요건 중 '토지 또는 건축물 소유자의 5분의 4 이상'의 의미를 잘못 해석하여 요건을 충족하지 못한 주택재건축사업 추진위원회의 조합설립인가신청에 대하여 조합설립인가처분을 한 사안에서, 위 처분은 하자가 중대하지만 객관적으로 명백하다고 할 수 없어 당연무효라고 볼 수는 없다는 이유로, 이와 달리 본 원심판결에 법리오해의 위법이 있다고 한 사례

관할 행정청이 구 도시 및 주거환경정비법(2007. 12. 21. 법률 제8785호로 개정되기 전의
것, 이하 '개정 전 도시정비법'이라고 한다) 제16조 제3항에서 정한 동의요건 중 '토지 또
는 건축물 소유자의 5분의 4 이상'을 '토지 소유자의 5분의 4 이상' 또는 '건축물 소유자의
5분의 4 이상' 중 어느 하나의 요건만 충족하면 된다고 잘못 해석하여 요건을 충족하지
못한 주택재건축사업 추진위원회의 조합설립인가신청에 대하여 조합설립인가처분을 한
사안에서, 위 처분은 개정 전 도시정비법 제16조 제3항에서 정한 동의요건을 충족하지
못하여 위법할 뿐만 아니라 하자가 중대하다고 볼 수 있으나, '토지 또는 건축물 소유자

의 5분의 4 이상'의 문언적 의미가 명확한 것은 아니고 다의적으로 해석될 여지가 충분히 있는 점 등을 종합하면, 조합설립인가처분 당시 주택단지가 전혀 포함되어 있지 않은 정비구역에 대한 재건축사업조합의 설립인가처분을 하기 위해서는 '토지 및 건축물 소유자, 토지 소유자, 건축물 소유자' 모두의 5분의 4 이상의 동의를 얻어야 한다는 점이 객관적으로 명백하였다고 할 수 없어 위 조합설립인가처분이 당연무효라고 볼 수는 없다는 이유로, 이와 달리 본 원심판결에 법리오해의 위법이 있다.

산림형질변경허가거부

147. 대법원 2000. 7. 7. 선고 99두66 판결【산림형질변경허가기간연장신청반려
    처분취소】

[1] 개정된 법이 시행되기 전에 채광계획의 인가를 받은 경우, 채광의 시행을 위하여 산림형질변경이 필요할 때에는 별도로 산림형질변경허가 요부(적극)

1982. 12. 31. 법률 제3640호로 개정된 광업법 제47조의2와 그 부칙 제2항에 의하면 채광계획의 인가에 의한 산림형질변경허가(단 산림법이 1994. 12. 22. 법률 제4816호로 개정되기 전에는 산림훼손허가)의 의제는 그 개정 광업법이 시행된 후에 받은 채광계획의 인가에 대하여만 적용되므로, 그 개정 광업법이 시행되기 전에 채광계획의 인가를 받은 때에는 채광의 시행을 위하여 산림형질변경이 필요할 경우 별도로 산림형질변경허가를 받아야 한다(대법원 1993. 8. 24. 선고 93누6928 판결; 1997. 11. 25. 선고 97누14255 판결 등 참조).

[2] 허가임에도 불구하고 법령에 규정이 없는 공익을 들어 허가거부가부

산림형질변경허가와 그 허가기간의 연장신청 대상 지역이 **법령상의 금지 또는 제한지역에 해당하지 않더라도 국토 및 자연의 유지와 상수원 수질과 같은 환경의 보전 등을 위한 중대한 공익상의 필요가 있을 경우, 그 허가를 거부할 수 있다.**

[3] 사안의 적용

천연기념물로 지정된 천호동굴에 인접한 토지에 대한 산림형질변경 허가기간 연장신청에 대하여 그 주변 지역의 자연경관 보호 등을 고려하여 이를 거부한 행정처분이 재량권 남용에 해당하지 않는다.

죽향초등학교 앞 충전소 승인거부 사건

148. 대법원 2010. 3. 11. 선고 2009두17643 판결【금지시설해제불가처분취소】

[1] 학교보건법 제6조 제1항 단서에 따라 시·도교육위원회 교육감 또는 교육감이 지정하는 사람이 학교환경위생정화구역 안에서의 금지행위 및 시설을 해제하거나 계속하여 금지(해제거부)하는 조치의 법적 성질(=재량행위) 및 그것이 재량권을 일탈·남용하여 위법한 것인지 여부의 판단 기준

학교보건법 제6조 제1항 단서의 규정에 의하여 시·도교육위원회 교육감 또는 교육감이 지정하는 자가 학교환경위생정화구역 안에서의 금지행위 및 시설의 해제신청에 대하여 그 행위 및 시설이 학습과 학교보건에 나쁜 영향을 주지 않는 것인지의 여부를 결정하여 그 금지행위 및 시설을 해제하거나 계속하여 금지(해제거부)하는 조치는 시·도교육위원회 교육감 또는 교육감이 지정하는 자의 재량행위에 속하는 것으로서, 그것이 재량권을 일탈·남용하여 위법하다고 하기 위하여는 그 행위 및 시설의 종류나 규모, 학교에서의 거리와 위치는 물론이고, 학교의 종류와 학생 수, 학교주변의 환경, 그리고 위 행위 및 시설이 주변의 다른 행위나 시설 등과 합하여 학습과 학교보건위생 등에 미칠 영향 등의 사정과 그 행위나 시설이 금지됨으로 인하여 상대방이 입게 될 재산권 침해를 비롯한 불이익 등의 사정 등 여러 가지 사항들을 합리적으로 **비교·교량**하여 신중하게 판단하여야 한다.

[2] 사안의 적용

옥천 죽향초등학교로부터 약 100여 m 떨어진 곳에 저장용량 20t 규모의 액화석유가스(LPG) 충전소를 운영하기 위한 학교환경위생정화구역 내 금지시설해제신청을 교육청 교육장이 거부한 사안에서, 폭발 등의 사고가 발생할 경우 그 영향이 초등학교까지 미칠 것으로 보이는 점, 근처에 다른 가스충전소가 있어 이를 필요로 하는 주민들의 이익이 크게 침해받을 것으로 보이지 않는 점 등에 비추어, 위 충청북도옥천교육청교육장의 처분이 재량권의 범위를 일탈하였거나 남용한 것으로 보기 어렵다.

보조금결정의 취소·철회권 행사 제한 — 일부취소 및 철회

149. 대법원 2005. 1. 28. 선고 2002두11165 판결【보조금교부결정취소처분등】

보조금의예산및관리에관한법률 제30조 제1항은 중앙관서의 장은 보조사업자가 보조금을 다른 용도에 사용하거나 법령의 규정, 보조금의 교부결정의 내용 또는 법령에 의한 중앙관서의 장의 처분에 위반한 때 및 허위의 신청이나 기타 부정한 방법으로 보조금의 교부를 받은 때에는 보조금의 교부결정의 전부 또는 일부를 취소할 수 있다고 규정하고 있는 바, **보조사업자가 허위의 신청이나 기타 부정한 방법으로 보조금의 교부를 받았음을**

이유로 보조금의 교부결정을 취소함에 있어서 전부를 취소할 것인지 일부를 취소할 것인지 여부와 일부를 취소하는 경우 그 범위는 보조사업의 **목적과 내용**, 보조금을 교부받음에 있어서 부정한 방법을 취하게 된 **동기**, 보조금의 전체액수 중 부정한 방법으로 교부받은 보조금의 **비율**과 교부받은 보조금을 그 조건과 내용에 따라 사용한 비율 등을 **종합하여 개별적으로 결정**하여야 한다.

문화체육관광부 별정직 직원에 대한 인사재량 남용

150. 대법원 2010. 6. 24. 선고 2010두3770 판결【면직처분무효확인】

[1] 임용권자가 국가공무원 중 별정직공무원을 직권면직할 때 객관적이고도 합리적인 근거를 갖추었는지 여부의 판단 기준

임용권자가 국가공무원 중 별정직공무원을 직권면직하는 경우 자의는 허용되지 않고 객관적이고도 합리적인 근거를 갖추어야 하지만, 별정직공무원은 특정한 업무를 담당하기 위하여 별도의 자격 기준에 따라 임용되는 공무원으로서 법령에서 별정직으로 지정하는 공무원인 점, 국가공무원법상 보수, 복무 등에 관한 일부 규정만 적용될 뿐 제70조(직권면직)의 규정이 적용되지 않는 점 등에 비추어 보면, 별정직공무원을 직권면직할 때 **객관적이고도 합리적인 근거를 갖추었는지의 여부는 당해 직무를 별정직공무원에게 담당하게 한 제도의 취지, 직무의 내용과 성격, 당해 별정직공무원을 임용하게 된 임용조건과 임용과정, 직권면직에 이르게 된 사정 등을 종합적으로 고려해서 판단**하여야 한다.

[2] 사안의 적용

문화체육관광부 소속 홍보자료제작과장직으로 재직하던 별정직공무원을 조직개편에 따라 직권면직한 사안에서, 임용하게 된 조건과 과정, 조직개편과 홍보체제 정비로 담당업무가 달라지고 이로 인하여 직권면직에 이르게 된 사정 등을 종합하여 볼 때, 임용권자가 행정관련 업무의 비중이 높은 홍보자료제작과장에 별정직공무원으로서 **주로 간행물 제작 업무만을 담당해 온 사람보다는 행정능력을 갖춘 일반직공무원이 적합하다고 판단**한 후, 문화체육관광부와 그 소속기관 직제 시행규칙을 개정하여 위 공무원을 **면직시켰던 것으로 보이므로, 위 면직처분은 객관적이고도 합리적인 근거에 의하여 이루어진 것으로서 재량권을 일탈하였거나 남용하지 않았다.**

151. 대법원 2013. 12. 12. 선고 2011두3388 판결[유가보조금전액환수및지급정지처분취소]

[1] 어느 행정행위가 기속행위인지 또는 재량행위인지 판단하는 기준 및 침익적 행정행위의 근거가 되는 행정법규의 해석 방법(기본권까지 고려하는 종합설)

어느 행정행위가 기속행위인지 재량행위인지는 이를 일률적으로 규정지을 수는 없는 것이고, 당해 처분의 근거가 된 규정의 형식이나 체재 또는 문언에 따라 개별적으로 판단해야 한다. 또한 침익적 행정행위의 근거가 되는 행정법규는 엄격하게 해석·적용하여야 하고 그 행정행위의 상대방에게 불리한 방향으로 지나치게 확장해석하거나 유추해석해서는 안 되며, 그 입법 취지와 목적 등을 고려한 목적론적 해석이 전적으로 배제되는 것은 아니라고 하더라도 그 해석이 문언의 통상적인 의미를 벗어나서는 안 된다.

[2] 유가보조금전액환수처분의 법적 성질

마을버스 운수업자 갑이 유류사용량을 실제보다 부풀려 유가보조금을 과다 지급받은 데 대하여 관할 시장이 갑에게 부정수급기간 동안 지급된 유가보조금 전액을 회수하는 내용의 처분을 한 사안에서, 구 여객자동차 운수사업법 제51조 제3항에 따라 국토해양부장관 또는 시·도지사는 여객자동차 운수사업자가 **'거짓이나 부정한 방법으로 지급받은 보조금'에 대하여 반환할 것을 명하여야 하고**, 위 규정을 '정상적으로 지급받은 보조금'까지 반환하도록 명할 수 있는 것으로 해석하는 것은 문언의 범위를 넘어서는 것이며, 규정의 형식이나 체재 등에 비추어 보면, 위 환수처분은 국토해양부장관 또는 시·도지사가 지급받은 보조금을 반환할 것을 명하여야 하는 **기속행위**이다.

152. 대법원 2013. 11. 14. 선고 2011두28783 판결[과징금감경결정취소청구]

[1] 구 '부당한 공동행위 자진신고자 등에 대한 시정조치 등 감면제도 운영고시'의 법적 성질(=재량준칙) 및 이를 위반한 행정처분이 위법하게 되는 경우

구 '부당한 공동행위 자진신고자 등에 대한 시정조치 등 감면제도 운영고시' 제16조 제1항, 제2항은 그 형식 및 내용에 비추어 재량권 행사의 기준으로 마련된 행정청 내부의 사무처리준칙 즉 재량준칙이라 할 것이고, 구 '독점규제 및 공정거래에 관한 법률 시행령' 제35조 제1항 제4호에 의한 추가감면 신청 시 그에 필요한 기준을 정하는 것은 행정청의 재량에 속하므로 그 기준이 객관적으로 보아 합리적이 아니라든가 타당하지 아니하여 재량권을 남용한 것이라고 인정되지 않는 이상 행정청의 의사는 가능한 한 존중되어야 한다. 이러한 재량준칙은 일반적으로 행정조직 내부에서만 효력을 가질 뿐 대외적인 구속력을 갖는 것은 아니므로 행정처분이 이를 위반하였다고 하여 그러한 사정만으로 곧바로 위법하게 되는 것은 아니고, 다만 그 재량준칙이 정한 바에 따라 되풀이 시행되어 행정관행이 이루어지게 되면 평등의 원칙이나 신뢰보호의 원칙에 따라 행정기관은 상대방에 대한 관계에서 그 규칙에 따라야 할 자기구속을 받게 되므로, 이러한 경우에는 특별한 사정이 없는 한 그에 반하는 처분은 평등의 원칙이나 신뢰보호의 원칙에 어긋나 재량권을 일탈·남용한 위법한 처분이 된다.

[2] 독점규제 및 공정거래에 관한 법률 시행령 제35조 제1항 제4호를 근거로 한 추가감면 신청에서 당해 공동행위와 다른 공동행위가 모두 여럿인 경우, 공정거래위원회가 과징금 부과처분을 하면서 적용한 기준이 위법한지 판단하는 기준

구 독점규제 및 공정거래에 관한 법률 시행령 제35조 제1항 제4호를 근거로 한 추가감면 신청에서 당해 공동행위와 다른 공동행위가 모두 여럿인 경우 감경률 등을 어떻게 정할 것인지에 관하여 구체적인 규정이 없는 상태에서 공정거래위원회가 과징금 부과처분을 하면서 적용한 기준이 과징금제도와 추가감면제도의 입법 취지에 반하지 않고 불합리하거나 자의적이지 않으며, 나아가 그러한 기준을 적용한 과징금 부과처분에 과징금 부과의 기초가 되는 사실을 오인하였거나 비례·평등의 원칙에 위배되는 등의 사유가 없다면, 그 과징금 부과처분에 재량권을 일탈·남용한 위법이 있다고 보기 어렵다.

---

153. 대법원 2013. 10. 24. 선고 2011두13286 판결[토지대장말소처분취소]

【판시사항】

지적공부 소관청이 토지대장을 직권으로 말소한 행위의 처분성(적극)

토지대장은 토지에 대한 공법상의 규제, 개발부담금의 부과대상, 지방세의 과세대상, 공시지가의 산정, 손실보상가액의 산정 등 토지행정의 기초자료로서 공법상의 법률관계에 영향을 미칠 뿐만 아니라, 토지에 관한 소유권보존등기 또는 소유권이전등기를 신청하려면 이를 등기소에 제출해야 하는 점 등을 종합해 보면, 토지대장은 토지의 소유권을 제대로 행사하기 위한 전제요건으로서 토지 소유자의 **실체적 권리관계**에 밀접하게 관련되어 있으므로, 이러한 **토지대장을 직권으로 말소한 행위**는 국민의 **권리관계**에 영향을 미치는 것으로서 **항고소송의 대상이 되는 행정**처분에 해당한다.

---

154. 대법원 2013. 06. 13. 선고 2011두19994 판결[관리처분계획취소]

[1] 구 도시 및 주거환경정비법 제8조 제3항, 제28조 제1항에 의하면, 토지 등 소유자들이 그 사업을 위한 조합을 따로 설립하지 아니하고 직접 도시환경정비사업을 시행하고자 하는 경우에는 사업시행계획서에 정관 등과 그 밖에 국토해양부령이 정하는 서류를 첨부하여 시장·군수에게 제출하고 사업시행인가를 받아야 하고, 이러한 절차를 거쳐 사업시행인가를 받은 토지 등 소유자들은 관할 행정청의 감독 아래 정비구역 안에서 구 도시정비법상의 도시환경정비사업을 시행하는 목적 범위 내에서 법령이 정하는 바에 따라 일정

한 행정작용을 행하는 행정주체로서의 지위를 가진다. 그렇다면 토지 등 소유자들이 직접 시행하는 도시환경정비사업에서 토지 등 소유자에 대한 사업시행인가처분은 단순히 사업시행계획에 대한 보충행위로서의 성질을 가지는 것이 아니라 구 도시정비법상 정비사업을 시행할 수 있는 권한을 가지는 행정주체로서의 지위를 부여하는 일종의 설권적 처분의 성격25을 가진다.

[2] 도시환경정비사업을 직접 시행하려는 토지 등 소유자들은 시장·군수로부터 **사업시행인가를 받기 전에는** 행정주체로서의 지위를 가지지 못한다. 따라서 그가 작성한 사업시행계획은 인가처분의 요건 중 하나에 불과하고 항고소송의 대상이 되는 독립된 행정처분에 해당하지 아니한다고 할 것이다.

155. 대법원 2013. 05. 09. 선고 2012두22799 판결[대기배출시설설치불허가처분등취소]

[1] 구 수도권 대기환경개선에 관한 특별법 제14조 제1항에서 정한 대기오염물질 총량관리사업장 설치의 허가 또는 변경허가 처분의 여부 및 내용의 결정이 행정청의 재량에 속하는지 여부(적극)

구 수도권 대기환경개선에 관한 특별법 제2조 제2호, 제8조 제2항 제8호, 제14조 제1항, 제15조, 제16조, 제19조 제1항, 같은 법 시행령 제2조, 제17조, [별표 1], [별표 2], 같은 법 시행규칙 제8조 등 대기오염물질 총량관리사업장 설치의 허가 또는 변경허가에 관한 규정들의 문언 및 그 체제·형식과 함께 구 수도권대기환경특별법의 입법 목적, 규율 대상, 허가의 방법, 허가 후 조치권한 등을 종합적으로 고려할 때, 구 수도권대기환경특별법 제14조 제1항에서 정한 **대기오염물질 총량관리사업장 설치의 허가 또는 변경허가**는 특정인에게 인구가 밀집되고 대기오염이 심각하다고 인정되는 수도권 대기관리권역에서 총량관리대상 오염물질을 일정량을 초과하여 배출할 수 있는 **특정한 권리를 설정하여 주는 행위로서 그 처분의 여부 및 내용의 결정은 행정청의 재량에 속한다.**26

[2] 배출시설 설치허가 신청이 구 대기환경보전법 제23조 제5항에서 정한 허가기준에 부합하고 구 대기환경보전법 제23조 제6항, 같은 법 시행령 제12조에서 정한 허가제한사유에 해당하지 않는 경우, 환경부장관은 이를 허가하여야 하는지 여부(원칙적 적극) 및 환경부장관이 허가를 거부할 수 있는 경우

구 대기환경보전법 제2조 제9호, 제23조 제1항, 제5항, 제6항, 같은 법 시행령 제11조 제1항 제1호, 제12조, 같은 법 시행규칙 제4조, [별표 2]와 같은 배출시설 설치허가와 설치

---

25 종래의 인가설에서 특허설로의 변경을 의미한다. 동지: 홍정선 교수
26 대기오염물질 총량관리사업장 설치의 허가 또는 변경허가를 특허이자 재량으로 파악하고 있다.

제한에 관한 규정들의 문언과 그 체제·형식에 따르면 환경부장관은 배출시설 설치허가
신청이 구 대기환경보전법 제23조 제5항에서 정한 허가 기준에 부합하고 구 대기환경보
전법 제23조 제6항, 같은 법 시행령 제12조에서 정한 허가제한사유에 해당하지 아니하는
한 원칙적으로 허가를 하여야 한다. 다만 배출시설의 설치는 국민건강이나 환경의 보전
에 직접적으로 영향을 미치는 행위라는 점과 대기오염으로 인한 국민건강이나 환경에 관
한 위해를 예방하고 대기환경을 적정하고 지속가능하게 관리·보전하여 모든 국민이 건
강하고 쾌적한 환경에서 생활할 수 있게 하려는 구 대기환경보전법의 목적(제1조) 등을
고려하면, 환경부장관은 같은 법 시행령 제12조 각 호에서 정한 사유에 준하는 사유로서
환경 기준의 유지가 곤란하거나 주민의 건강·재산, 동식물의 생육에 심각한 위해를 끼칠
우려가 있다고 인정되는 등 중대한 공익상의 필요가 있을 때에는 허가를 거부할 수 있다
고 보는 것이 타당하다.

156. 대법원 2013. 01. 10. 선고 2011두7854 판결[시정명령등처분취소청구]

[1] 구 독점규제 및 공정거래에 관한 법률 시행령 제36조 제1항 [별표 1] 제6호 (라)목이
규정하는 불이익제공행위에서 거래상 지위를 부당하게 이용하여 상대방에게 불이익을
준 행위인지는 당해 행위의 의도와 목적, 효과와 영향 등과 같은 구체적 태양과 상품의
특성, 거래의 상황, 해당 사업자의 시장에서의 우월적 지위의 정도 및 상대방이 받게 되
는 불이익의 내용과 정도 등에 비추어 볼 때 정상적인 거래 관행을 벗어난 것으로서 공정
한 거래를 저해할 우려가 있는지를 판단하여 결정해야 한다.

[2] 서울대학교 병원이 의료법 등 관계 법령에 따른 선택진료신청서 양식과 다른 양식을
통하여 환자 등으로 하여금 주진료과 의사에게 진료지원과 의사를 지정할 수 있게 포괄
적으로 위임하도록 하는 방식으로 선택진료제도를 운용한 행위가 독점규제 및 공정거래
에 관한 법률 제23조 제1항 제4호 등에 해당한다는 이유로 공정거래위원회가 시정명령과
함께 과징금 납부명령을 한 사안에서, 갑 병원의 행위는 환자 등의 의사선택권을 의료현
실에 맞게 보장함과 아울러 더 좋은 의료서비스를 받을 수 있는 법적 지위를 보장하기
위한 것으로 보는 것이 타당하고, 선택진료 포괄위임의 의도와 목적, 효과와 영향, 의료
서비스의 특성 및 거래상황, 갑 병원의 우월적 지위의 정도 및 환자 등이 받게 되는 불이
익의 내용과 정도 등까지 더하여 보면, 위 포괄위임 행위가 정상적인 거래 관행을 벗어난
것으로서 공정한 거래를 저해할 우려가 있다고 보기 어렵다.

157. 대법원 2013. 10. 24. 선고 2012두12853 판결[조합설립변경인가처분취소]

[1] 조합설립변경인가 후에 다시 변경인가를 받은 경우 당초 조합설립변경인가의 취소를 구할 소의 이익이 있는지 여부

주택재개발사업조합이 당초 조합설립변경인가 이후 적법한 절차를 거쳐 당초 변경인가를 받은 내용을 모두 포함하여 이를 변경하는 취지의 조합설립변경인가를 받은 경우, 당초 조합설립변경인가는 취소·철회되고 변경된 조합설립변경인가가 새로운 조합설립변경인가가 된다. 이 경우 당초 조합설립변경인가는 더 이상 존재하지 않는 처분이거나 과거의 법률관계가 되므로 특별한 사정이 없는 한 그 취소를 구할 소의 이익이 없다. 다만 당해 주택재개발사업조합이 당초 조합설립변경인가에 기초하여 사업시행계획의 수립 등의 **후속 행위**를 하였다면 당초 조합설립변경인가가 무효로 확인되거나 취소될 경우 그 유효를 전제로 이루어진 후속 행위 역시 소급하여 효력을 상실하게 되므로, 위와 같은 형태의 변경된 조합설립변경인가가 있다고 하여 당초 조합설립변경인가의 취소를 구할 소의 이익이 소멸된다고 볼 수는 없다.

[2] 조합설립인가의 변경에서 행정청이 신고사항을 변경하면서 변경인가 형식으로 처분을 한 경우, 그 처분의 성질 및 적법 여부의 판단 방법

구 도시 및 주거환경정비법 제16조 제1항은 조합설립인가의 내용을 변경할 때 구 도시 및 주거환경정비법 시행령 제27조 각 호에서 정하는 사항의 변경은 신고절차, 그 외 사항의 변경은 변경인가절차를 거치도록 함으로써 '조합설립인가의 변경에 있어서 신고사항'과 '변경인가사항'을 구분하고 있다. 행정청이 위 신고사항을 변경하면서 신고절차가 아닌 변경인가 형식으로 처분을 한 경우, 그 성질은 위 신고사항을 변경하는 내용의 신고를 수리하는 의미에 불과한 것으로 보아야 하므로, 그 적법 여부 역시 변경인가의 절차 및 요건의 구비 여부가 아니라 신고 수리에 필요한 절차 및 요건을 구비하였는지 여부에 따라 판단해야 한다.

[3] 조합설립인가의 변경에서 신고사항을 변경하면서 변경인가 형식으로 처분을 한 경우, 변경인가 절차에 따른 조합원 4분의 3 이상의 동의서를 받은 것으로써 총회 의결에 의한 동의에 갈음할 수 있는지 여부(소극)

구 도시 및 주거환경정비법령이 조합설립인가와 조합설립변경인가는 동의서에 동의를 받도록 하고, 정관의 확정·변경, 사업시행계획서의 수립·변경, 관리처분계획의 수립·변경 등은 총회 의결에 따라 동의를 받도록 하여 동의서 방식과 총회 의결 방식을 준별하고 있고, 총회 의결의 경우 조합원의 100분의 10 이상이 직접 출석하도록 하여[구 도시 및 주거환경정비법 제24조 제5항] 총회 의결의 실질화를 꾀하고 있으므로, '조합설립인가의 변경에서 신고사항'을 변경하면서 변경인가 형식으로 처분을 한 경우 변경인가 절차에 따른 조합원 4분의 3 이상의 동의서를 받았다고 하더라도 이로써 총회 의결에 의한 동의에 갈음할 수는 없다.

[4] 재개발조합 정관의 '조합의 비용부담'에 관한 사항이 재개발조합 설립인가 당시와 비교하여 조합원들의 이해관계에 중대한 영향을 미칠 정도로 실질적으로 변경된 경우, 그 동의에 필요한 의결정족수(=조합원 3분의 2 이상) 및 의결정족수에 못 미치는 동의로 가결될 수 있도록 정한 정관 규정의 효력(=무효)

재개발조합 정관의 필요적 기재사항이자 엄격한 정관변경절차를 거쳐야 하는 '조합의 비용부담'에 관한 사항이 당초 재개발조합 설립인가 당시와 비교하여 볼 때 조합원들의 이해관계에 중대한 영향을 미칠 정도로 실질적으로 변경된 경우에는 비록 그것이 정관변경에 대한 절차가 아니라 하더라도 특별다수의 동의요건을 규정하여 조합원들의 이익을 보호하려는 구 도시 및 주거환경정비법 제20조 제3항, 제1항 제8호의 규정을 유추적용하여 조합원의 3분의 2 이상의 동의를 필요로 한다고 보는 것이 타당하다. 이와 달리 재개발조합의 정관 규정이 조합원들의 이해관계에 중대한 영향을 미치는 '조합의 비용부담'에 관하여 그것이 당초의 재개발조합 설립인가의 내용을 실질적으로 변경하는 것임에도 조합원의 3분의 2 이상의 의결정족수에 못 미치는 동의로도 가결될 수 있도록 규정하고 있는 경우에는 구 도시정비법 제16조 제1항에서 정한 엄격한 동의요건을 거쳐 성립한 재개발조합 설립인가의 내용이 손쉽게 변경되어 재개발조합 설립인가의 기초가 흔들릴 수 있을 뿐만 아니라, 일단 변경된 내용도 다시 이해관계를 달리하는 일부 조합원들의 이합집산에 의하여 재차 변경될 수 있어 권리관계의 안정을 심히 해하고 재개발사업의 원활한 진행에 상당한 장애를 가져올 수 있다. 따라서 그러한 정관의 가결정족수 규정은 사회통념상 현저히 타당성을 잃은 것으로서 효력을 인정하기 어렵다.

---

158. 대법원 2013. 06. 27. 선고 2011도797 판결[직무유기]

[1] 교육기관 등의 장이 수사기관의 장 등으로부터 소속 교육공무원의 징계사유를 증명할 수 있는 관계 자료를 통보받고 1월 이내에 징계의결을 요구하지 아니한 것이 재량권의 한계를 벗어난 것으로서 위법한 경우 및 징계사유에 해당함이 객관적으로 명백한지와 징계의결을 요구하지 아니할 상당한 이유가 있는지 판단하는 방법

교육공무원 징계령 제6조 제3항, 제4항은 교육공무원에게 징계사유가 있음을 알게 된 수사기관의 장 등으로 하여금 해당 교육공무원에 대한 징계의결요구권을 가지고 있는 교육기관 등의 장에게 징계사유를 증명할 수 있는 관계 자료를 통보함으로써 징계절차의 원활한 진행이 가능하도록 하는 한편, 징계의결요구권자에 의한 자의적인 징계운영을 견제하려는 데에 그 취지가 있다. 그러므로 이 경우에도 징계의결요구권을 갖는 교육기관 등의 장은 통보받은 자료 등을 토대로 소속 교육공무원의 구체적인 행위가 과연 징계사유에 해당하는지에 관하여 판단할 재량을 갖는다고 할 것이지만, 통보받은 자료 등을 통해 징계사유에 해당함이 객관적으로 명백하다고 확인되는 때에는 상당한 이유가 없는 한 1

월 이내에 징계의결을 요구할 의무가 있다고 보아야 한다. 따라서 통보받은 자료 등을 통해 징계사유에 해당함이 객관적으로 명백하고, 달리 징계의결을 요구하지 아니할 상당한 이유가 없는데도 1월 이내에 관할 징계위원회에 징계의결을 요구하지 아니하면, 이는 재량권의 한계를 벗어난 것으로서 위법할 뿐만 아니라 법령에서 부여된 구체적인 작위의무를 수행하지 아니한 경우에 해당할 수 있다. 이때 징계사유에 해당함이 객관적으로 명백한지 및 상당한 이유가 있는지는 징계사유에 해당한다고 통보받은 구체적인 사실관계의 내용과 그에 대한 법적 평가, 증거 자료의 구비 정도, 징계의 필요성이나 적절성, 징계의결요구를 유보하는 데에 합당한 이유가 있었는지 등을 관계 자료가 통보된 때로부터 1월이 경과하는 시점을 기준으로 객관적이고 합리적인 방법으로 판단하여야 한다.

[2] 지방자치단체의 교육기관 등의 장이 수사기관 등으로부터 교육공무원의 징계사유를 통보받고도 징계요구를 하지 아니하여 주무부장관으로부터 징계요구를 하라는 직무이행명령을 받았으나 그에 대한 이의의 소를 제기한 경우, 징계사유를 통보받은 날로부터 1개월 내에 징계요구를 하지 않았다는 사정만으로 직무를 유기한 것에 해당하는지 여부(원칙적 소극)

지방자치법은 지방자치단체의 장이 법령의 규정에 따라 그 의무에 속하는 국가위임사무 등의 관리와 집행을 명백히 게을리하고 있다고 인정되면 주무부장관이 그 직무의 이행을 명령할 수 있고, 지방자치단체의 장은 그 이행명령에 이의가 있으면 15일 이내에 대법원에 소를 제기할 수 있다고 규정하고 있는데(제170조 제1항, 제3항), 이 규정은 '지방교육자치에 관한 법률' 제3조에 의하여 지방자치단체의 교육과 학예에 관한 사무에도 준용된다. 따라서 지방자치단체의 교육기관 등의 장이 국가위임사무인 교육공무원에 대한 징계사무를 처리함에 있어 주무부장관의 직무이행명령을 받은 경우에도 이의가 있으면 대법원에 소를 제기할 수 있다 할 것이므로, 수사기관 등으로부터 징계사유를 통보받고도 징계요구를 하지 아니하여 주무부장관으로부터 징계요구를 하라는 직무이행명령을 받았다 하더라도 그에 대한 이의의 소를 제기한 경우에는, 수사기관 등으로부터 통보받은 자료 등으로 보아 징계사유에 해당함이 객관적으로 명백한 경우 등 특별한 사정이 없는 한 징계사유를 통보받은 날로부터 1개월 내에 징계요구를 하지 않았다는 것만으로 곧바로 직무를 유기한 것에 해당한다고 볼 수는 없다.

159. 대법원 2013. 02. 15. 선고 2011두21485 판결[수정명령취소]

[1] 구 초·중등교육법 제29조가 교과용도서에 관한 검정제도를 채택하고, 구 '교과용도서에 관한 규정'이 교과용도서의 적합성 여부 심사를 위해 교과용도서심의회 심의를 거친 후 심사 결과에 따라 교육과학기술부장관이 검정 합격 여부를 결정하도록 규정한 목적이나 입법 취지

구 초·중등교육법 제29조가 교과용도서에 관한 검정제도를 채택하고, 그 위임을 받은 구 교과용도서에 관한 규정이 교과용도서로서의 적합성 여부를 심사하기 위하여 교원이나 학부모를 비롯한 이해관계 있는 자나 관련 전문가 등으로 구성되는 교과용도서심의회의 심의를 거치도록 한 후 그 심사 결과에 따라 교육과학기술부장관이 검정 합격 여부를 결정하도록 규정한 목적이나 입법 취지는 헌법 제31조와 교육기본법 제3조, 제5조, 제6조에서 규정한 국민의 교육을 받을 권리를 실질적으로 보장하고 교육의 자주성·전문성·정치적 중립성을 구현하고자 하는 데에 있다.

[2] 구 교과용도서에 관한 규정 제26조 제1항에서 규정하고 있는 검정도서에 대한 수정명령의 요건과 절차의 해석 방법

교과용도서의 수정과 개편에 관한 구 교과용도서에 관한 규정의 규정 내용과 태도, 교과용도서의 검정제도에 관한 관계 법령 규정들의 내용과 입법 취지 및 검정도서에 대한 수정은 교과용도서로서의 적합성 여부에 관한 교과용도서심의회의 심의를 거쳐 이미 검정의 합격결정을 받은 교과용도서에 대하여 이루어지는 것인 점, 교과용도서의 수정에 관한 교육과학기술부장관의 권한은 교과용도서의 검정에 관한 권한에서 유래된 것으로서 검정에 관한 권한 행사의 일종으로 볼 수 있는 점 등에 비추어 보면, 구 교과용도서에 관한 규정 제26조 제1항에서 규정하고 있는 '검정도서에 대한 수정명령'의 요건과 절차는, 교육의 자주성·전문성·정치적 중립성을 보장하고 있는 헌법과 교육기본법의 기본 정신이나 교과용도서에 관하여 검정제도를 채택한 구 초·중등교육법의 목적과 입법 취지 및 구 교과용도서에 관한 규정에 의하여 교원이나 학부모를 비롯한 이해관계 있는 자나 관련 전문가 등의 절차적 관여가 보장된 검정제도의 본질이 훼손되지 아니하도록 이를 합리적으로 해석하는 것이 타당하다.

[3] 구 교과용도서에 관한 규정 제26조 제1항의 의미 및 검정도서에 대한 수정명령의 대상이나 범위

구 교과용도서에 관한 규정 제26조 제1항은 '교육과학기술부장관은 교육과정의 부분개정이나 그 밖의 사유로 인하여 개편의 범위에 이르지 아니할 정도로 검정도서의 문구·문장·통계·삽화 등을 교정·증감·변경하는 등 그 내용을 수정할 필요가 있다고 인정할 때 검정도서의 수정을 명할 수 있다'는 의미이고, 이러한 수정명령의 대상이나 범위에는 문구·문장 등의 기재내용 자체 또는 전후 문맥에 비추어 명백한 표현상의 잘못이나 제본 등 기술적 사항뿐만 아니라 객관적 오류 등을 바로잡는 것도 포함된다.

[4] 구 교과용도서에 관한 규정 제26조 제1항에 따른 검정도서에 대한 수정명령의 내용이 이미 검정을 거친 내용을 실질적으로 변경하는 결과를 가져오는 경우 거쳐야 할 절차

구 교과용도서에 관한 규정 제26조 제1항에 따른 검정도서에 대한 수정명령의 절차와 관련하여 구 교과용도서에 관한 규정에 수정명령을 할 때 교과용도서의 검정절차를 거쳐야 한다거나 이를 준용하는 명시적인 규정이 없으므로 교과용도서심의회의 심의 자체를 다시 거쳐야 한다고 보기는 어렵지만, 헌법 등에 근거를 둔 교육의 자주성·전문성·정치적 중립성 및 교과용도서에 관한 검정제도의 취지에 비추어 보면, 수정명령의 내용이 표현상의 잘못이나 기술적 사항 또는 객관적 오류를 바로잡는 정도를 넘어서서 이미 검정을 거친 내용을 실질적으로 변경하는 결과를 가져오는 경우에는 새로운 검정절차를 취하는 것과 마찬가지라 할 수 있으므로 검정절차상의 교과용도서심의회의 심의에 준하는 절차를 거쳐야 한다. 그렇지 않으면 행정청이 수정명령을 통하여 검정제도의 취지를 훼손하거나 잠탈할 수 있고, 교과용도서심의회의 심의 등 적법한 검정절차를 거쳐 검정의 합격결정을 받은 자의 법률상 이익이 쉽게 침해될 수 있기 때문이다.

제 7 절

(실력 UP) 출제가 예상되는 화제의 판결들을 공부해 두자

160. 대법원 2019. 1. 10. 선고 2017두43319 판결[사업대상자선정처분취소]

도시공원 및 녹지 등에 관한 법률(이하 '공원녹지법'이라 한다) 제16조 제3항, 제4항, 제21조 제1항, 제21조의2 제1항, 제8항, 제12항의 내용과 취지, 공원녹지법령이 공원조성계획 입안 제안에 대한 심사기준 등에 대하여 특별한 규정을 두고 있지 않은 점, 쾌적한 도시환경을 조성하여 건전하고 문화적인 도시생활을 확보하고 공공의 복리를 증진시키는 데 이바지하기 위한 공원녹지법의 목적 등을 종합하여 볼 때, 행정청이 복수의 민간공원추진자로부터 자기의 비용과 책임으로 공원을 조성하는 내용의 공원조성계획 입안 제안을 받은 후 도시·군계획시설사업 시행자지정 및 협약체결 등을 위하여 순위를 정하여 그 제안을 받아들이거나 거부하는 행위 또는 특정 제안자를 우선협상자로 지정하는 행위는 재량행위로 보아야 한다. 그리고 공원조성계획 입안 제안을 받은 행정청이 제안의 수용 여부를 결정하는 데 필요한 심사기준 등을 정하고 그에 따라 우선협상자를 지정하는 것은 원칙적으로 도시공원의 설치·관리권자인 시장 등의 자율적인 정책 판단에 맡겨진 폭넓은 재량에 속하는 사항이므로, 그 설정된 기준이 객관적으로 합리적이지 않다거나 타당하지 않다고 볼 만한 특별한 사정이 없는 이상 행정청의 의사는 가능한 한 존중되어야 하고, 심사기준을 마련한 행정청의 심사기준에 대한 해석 역시 문언의 한계를 벗어나거나, 객관적 합리성을 결여하였다는 등의 특별한 사정이 없는 한 존중되어야 한다. 따라서 법원은 해당 심사기준의 해석에 관한 독자적인 결론을 도출하지 않은 채로 그 기준에 대한 행정청의 해석이 객관적인 합리성을 결여하여 재량권을 일탈·남용하였는지 여부만을 심사하여야 하고, 행정청의 심사기준에 대한 법원의 독자적인 해석을 근거로 그에 관한 행정청의 판단이 위법하다고 섣사리 단정하여서는 아니 된다. 한편 이러한 재량권 일탈·남용에 관하여는 그 행정행위의 효력을 다투는 사람이 주장·증명책임을 부담한다.

161. 대법원 2019. 1. 17. 선고 2016두56721, 56738 판결[도로점용료부과처분취소·도로점용료부과처분취소]

[1] 구 도로법 제61조 제1항에 의한 도로점용허가는 일반사용과 별도로 도로의 특정 부분에 대하여 특별사용권을 설정하는 설권행위이다. 도로관리청은 신청인의 적격성, 점용목적, 특별사용의 필요성 및 공익상의 영향 등을 참작하여 점용허가 여부 및 점용허가의 내용인 점용장소, 점용면적, 점용기간을 정할 수 있는 재량권을 갖는다.

[2] 도로점용허가는 도로의 일부에 대한 특정사용을 허가하는 것으로서 도로의 일반사용을 저해할 가능성이 있으므로 그 범위는 점용목적 달성에 필요한 한도로 제한되어야 한다. 도로관리청이 도로점용허가를 하면서 특별사용의 필요가 없는 부분을 점용장소 및 점용면적에 포함하는 것은 그 재량권 행사의 기초가 되는 사실인정에 잘못이 있는 경우에 해당하므로 그 도로점용허가 중 특별사용의 필요가 없는 부분은 위법하다. 이러한 경우 도로점용허가를 한 도로관리청은 위와 같은 흠이 있다는 이유로 유효하게 성립한 도로점용허가 중 특별사용의 필요가 없는 부분을 직권취소할 수 있음이 원칙이다. 다만 이경우 행정청이 소급적 직권취소를 하려면 이를 취소하여야 할 공익상 필요와 그 취소로 당사자가 입을 기득권 및 신뢰보호와 법률생활 안정의 침해 등 불이익을 비교 교량한 후 공익상 필요가 당사자의 기득권 침해 등 불이익을 정당화할 수 있을 만큼 강한 경우여야 한다. 이에 따라 도로관리청이 도로점용허가 중 특별사용의 필요가 없는 부분을 소급적으로 직권취소하였다면, 도로관리청은 이미 징수한 점용료 중 취소된 부분의 점용면적에 해당하는 점용료를 반환하여야 한다.

[3] 행정청은 행정소송이 계속되고 있는 때에도 직권으로 그 처분을 변경할 수 있고, 행정소송법 제22조 제1항은 이를 전제로 처분변경으로 인한 소의 변경에 관하여 규정하고 있다. 점용료 부과처분에 취소사유에 해당하는 흠이 있는 경우 도로관리청으로서는 당초 처분 자체를 취소하고 흠을 보완하여 새로운 부과처분을 하거나, 흠 있는 부분에 해당하는 점용료를 감액하는 처분을 할 수 있다. 한편 흠 있는 행정행위의 치유는 원칙적으로 허용되지 않을 뿐 아니라, 흠의 치유는 성립 당시에 적법한 요건을 갖추지 못한 흠 있는 행정행위를 그대로 존속시키면서 사후에 그 흠의 원인이 된 적법 요건을 보완하는 경우를 말한다. 그런데 앞서 본 바와 같은 흠 있는 부분에 해당하는 점용료를 감액하는 처분은 당초 처분 자체를 일부 취소하는 변경처분에 해당하고, 그 실질은 종래의 위법한 부분을 제거하는 것으로서 흠의 치유와는 차이가 있다. 그러므로 이러한 변경처분은 흠의 치유와는 성격을 달리하는 것으로서, 변경처분 자체가 신뢰보호 원칙에 반한다는 등의 특

별한 사정이 없는 한 점용료 부과처분에 대한 취소소송이 제기된 이후에도 허용될 수 있다. 이에 따라 특별사용의 필요가 없는 부분을 도로점용허가의 점용장소 및 점용면적으로 포함한 흠이 있고 그로 인하여 점용료 부과처분에도 흠이 있게 된 경우, 도로관리청으로서는 도로점용허가 중 특별사용의 필요가 없는 부분을 직권취소하면서 특별사용의 필요가 없는 점용장소 및 점용면적을 제외한 상태로 점용료를 재산정한 후 당초 처분을 취소하고 재산정한 점용료를 새롭게 부과하거나, 당초 처분을 취소하지 않고 당초 처분으로 부과된 점용료와 재산정된 점용료의 차액을 감액할 수도 있다.

162. 대법원 2019. 6. 27. 선고 2018두49130 판결[인적사항공개처분취소청구]

[1] 병무청장이 병역법 제81조의2 제1항에 따라 병역의무 기피자의 인적사항 등을 인터넷 홈페이지에 게시하는 등의 방법으로 공개한 경우 병무청장의 공개결정을 항고소송의 대상이 되는 행정처분으로 보아야 한다. 그 구체적인 이유는 다음과 같다. ① 병무청장이 하는 병역의무 기피자의 인적사항 등 공개는, 특정인을 병역의무 기피자로 판단하여 그 사실을 일반 대중에게 공표함으로써 그의 명예를 훼손하고 그에게 수치심을 느끼게 하여 병역의무 이행을 간접적으로 강제하려는 조치로서 병역법에 근거하여 이루어지는 공권력의 행사에 해당한다. ② 병무청장이 하는 병역의무 기피자의 인적사항 등 공개조치에는 특정인을 병역의무 기피자로 판단하여 그에게 불이익을 가한다는 행정결정이 전제되어 있고, 공개라는 사실행위는 행정결정의 집행행위라고 보아야 한다. 병무청장이 그러한 행정결정을 공개 대상자에게 미리 통보하지 않은 것이 적절한지는 본안에서 해당 처분이 적법한가를 판단하는 단계에서 고려할 요소이며, 병무청장이 그러한 행정결정을 공개 대상자에게 미리 통보하지 않았다거나 처분서를 작성·교부하지 않았다는 점만으로 항고소송의 대상적격을 부정하여서는 아니 된다. ③ 병무청 인터넷 홈페이지에 공개 대상자의 인적사항 등이 게시되는 경우 그의 명예가 훼손되므로, 공개 대상자는 자신에 대한 공개결정이 병역법령에서 정한 요건과 절차를 준수한 것인지를 다툴 법률상 이익이 있다. 병무청장이 인터넷 홈페이지 등에 게시하는 사실행위를 함으로써 공개 대상자의 인적사항 등이 이미 공개되었더라도, 재판에서 병무청장의 공개결정이 위법함이 확인되어 취소판결이 선고되는 경우, 병무청장은 취소판결의 기속력에 따라 위법한 결과를 제거하는 조치를 할 의무가 있으므로 공개 대상자의 실효적 권리구제를 위해 병무청장의 공개결정을 행정처분으로 인정할 필요성이 있다. 만약 병무청장의 공개결정을 항고소송의 대상이 되는 처분으로 보지 않는다면 국가배상청구 외에는 침해된 권리 또는 법률상 이익을 구제받을 적절한 방법이 없다. ④ 관할 지방병무청장의 공개 대상자 결정의 경우 상대방에게 통보하는 등 외부에 표시하는 절차가 관계 법령에 규정되어 있지 않아, 행정실무상으로도 상대방에게 통보되지 않는 경우가 많다. 또한 관할 지방병무청장이 위원회의 심의를 거쳐 공개 대상자를 1차로 결정하기는 하지만, 병무청장에게 최종적으로 공개 여부를 결정할 권한이 있으므로, 관할 지방병무청장의 공개 대상자 결정은 병무청장의 최종적인

결정에 앞서 이루어지는 행정기관 내부의 중간적 결정에 불과하다. 가까운 시일 내에 최종적인 결정과 외부적인 표시가 예정된 상황에서, 외부에 표시되지 않은 행정기관 내부의 결정을 항고소송의 대상인 처분으로 보아야 할 필요성은 크지 않다. 관할 지방병무청장이 1차로 공개 대상자 결정을 하고, 그에 따라 병무청장이 같은 내용으로 최종적 공개 결정을 하였다면, 공개 대상자는 병무청장의 최종적 공개결정만을 다투는 것으로 충분하고, 관할 지방병무청장의 공개 대상자 결정을 별도로 다툴 소의 이익은 없어진다.

[2] 행정처분의 무효확인 또는 취소를 구하는 소가 제소 당시에는 소의 이익이 있어 적법하였더라도, 소송 계속 중 처분청이 다툼의 대상이 되는 행정처분을 직권으로 취소하면 그 처분은 효력을 상실하여 더 이상 존재하지 않는 것이므로, 존재하지 않는 그 처분을 대상으로 한 항고소송은 원칙적으로 소의 이익이 소멸하여 부적법하다. 다만 처분청의 직권취소에도 불구하고 완전한 원상회복이 이루어지지 않아 무효확인 또는 취소로써 회복할 수 있는 다른 권리나 이익이 남아 있거나 또는 동일한 소송 당사자 사이에서 그 행정처분과 동일한 사유로 위법한 처분이 반복될 위험성이 있어 행정처분의 위법성 확인 내지 불분명한 법률문제에 대한 해명이 필요한 경우 행정의 적법성 확보와 그에 대한 사법통제, 국민의 권리구제의 확대 등의 측면에서 예외적으로 그 처분의 취소를 구할 소의 이익을 인정할 수 있을 뿐이다.

---

163. 대법원 2019. 7. 11. 선고 2017두38874 판결[사증발급거부처분취소(재외동포에 대한 입국금지결정이 있는 경우에 행정청이 그에 구속되어 아무런 재량을 행사하지 않고 사증발급 거부처분을 한 것이 적법한지가 문제된 사건)]

[1] 일반적으로 처분이 주체·내용·절차와 형식의 요건을 모두 갖추고 외부에 표시된 경우에는 처분의 존재가 인정된다. 행정의사가 외부에 표시되어 행정청이 자유롭게 취소·철회할 수 없는 구속을 받게 되는 시점에 처분이 성립하고, 그 성립 여부는 행정청이 행정의사를 공식적인 방법으로 외부에 표시하였는지를 기준으로 판단해야 한다.

[2] 병무청장이 법무부장관에게 '가수 甲이 공연을 위하여 국외여행허가를 받고 출국한 후 미국 시민권을 취득함으로써 사실상 병역의무를 면탈하였으므로 재외동포 자격으로 재입국하고자 하는 경우 국내에서 취업, 가수활동 등 영리활동을 할 수 없도록 하고, 불가능할 경우 입국 자체를 금지해 달라'고 요청함에 따라 법무부장관이 甲의 입국을 금지하는 결정을 하고, 그 정보를 내부전산망인 '출입국관리정보시스템'에 입력하였으나, 甲에게는 통보하지 않은 사안에서, 행정청이 행정의사를 외부에 표시하여 행정청이 자유롭게 취소·철회할 수 없는 구속을 받기 전에는 '처분'이 성립하지 않으므로 법무부장관이 출입국관리법 제11조 제1항 제3호 또는 제4호, 출입국관리법 시행령 제14조 제1항, 제2항에 따라 위 입국금지결정을 했다고 해서 '처분'이 성립한다고 볼 수는 없고, 위 입국금지결정은 법무부장관의 의사가 공식적인 방법으로 외부에 표시된 것이 아니라 단지 그

정보를 내부전산망인 '출입국관리정보시스템'에 입력하여 관리한 것에 지나지 않으므로, 위 입국금지결정은 항고소송의 대상이 될 수 있는 '처분'에 해당하지 않는데도, 위 입국금지결정이 처분에 해당하여 공정력과 불가쟁력이 있다고 본 원심판단에 법리를 오해한 잘못이 있다고 한 사례.

[3] 상급행정기관이 소속 공무원이나 하급행정기관에 대하여 업무처리지침이나 법령의 해석·적용 기준을 정해 주는 '행정규칙'은 일반적으로 행정조직 내부에서만 효력을 가질 뿐 대외적으로 국민이나 법원을 구속하는 효력이 없다. 처분이 행정규칙을 위반하였다고 해서 그러한 사정만으로 곧바로 위법하게 되는 것은 아니고, 처분이 행정규칙을 따른 것이라고 해서 적법성이 보장되는 것도 아니다. 처분이 적법한지는 행정규칙에 적합한지 여부가 아니라 상위법령의 규정과 입법 목적 등에 적합한지 여부에 따라 판단해야 한다. 상급행정기관이 소속 공무원이나 하급행정기관에 하는 개별·구체적인 지시도 마찬가지이다. 상급행정기관의 지시는 일반적으로 행정조직 내부에서만 효력을 가질 뿐 대외적으로 국민이나 법원을 구속하는 효력이 없다. 대외적으로 처분 권한이 있는 처분청이 상급행정기관의 지시를 위반하는 처분을 하였다고 해서 그러한 사정만으로 처분이 곧바로 위법하게 되는 것은 아니고, 처분이 상급행정기관의 지시를 따른 것이라고 해서 적법성이 보장되는 것도 아니다. 처분이 적법한지는 상급행정기관의 지시를 따른 것인지 여부가 아니라, 헌법과 법률, 대외적으로 구속력 있는 법령의 규정과 입법 목적, 비례·평등원칙과 같은 법의 일반원칙에 적합한지 여부에 따라 판단해야 한다.

[4] 행정절차에 관한 일반법인 행정절차법은 제24조 제1항에서 "행정청이 처분을 할 때에는 다른 법령 등에 특별한 규정이 있는 경우를 제외하고는 문서로 하여야 하며, 전자문서로 하는 경우에는 당사자 등의 동의가 있어야 한다. 다만 신속히 처리할 필요가 있거나 사안이 경미한 경우에는 말 또는 그 밖의 방법으로 할 수 있다."라고 정하고 있다. 이 규정은 처분내용의 명확성을 확보하고 처분의 존부에 관한 다툼을 방지하여 처분상대방의 권익을 보호하기 위한 것이므로, 이를 위반한 처분은 하자가 중대·명백하여 무효이다.

[5] 행정절차법 제3조 제2항 제9호, 행정절차법 시행령 제2조 제2호 등 관련 규정들의 내용을 행정의 공정성, 투명성, 신뢰성을 확보하고 처분상대방의 권익보호를 목적으로 하는 행정절차법의 입법 목적에 비추어 보면, 행정절차법의 적용이 제외되는 '외국인의 출입국에 관한 사항'이란 해당 행정작용의 성질상 행정절차를 거치기 곤란하거나 거칠 필요가 없다고 인정되는 사항이나 행정절차에 준하는 절차를 거친 사항으로서 행정절차법 시행령으로 정하는 사항만을 가리킨다. '외국인의 출입국에 관한 사항'이라고 하여 행정절차를 거칠 필요가 당연히 부정되는 것은 아니다. 외국인의 사증발급 신청에 대한 거부처분은 당사자에게 의무를 부과하거나 적극적으로 권익을 제한하는 처분이 아니므로, 행정절차법 제21조 제1항에서 정한 '처분의 사전통지'와 제22조 제3항에서 정한 '의견제출 기회 부여'의 대상은 아니다. 그러나 사증발급 신청에 대한 거부처분이 성질상 행정절차법 제24조에서 정한 '처분서 작성·교부'를 할 필요가 없거나 곤란하다고 일률적으로 단정하

기 어렵다. 또한 출입국관리법령에 사증발급 거부처분서 작성에 관한 규정을 따로 두고 있지 않으므로, 외국인의 사증발급 신청에 대한 거부처분을 하면서 행정절차법 제24조에 정한 절차를 따르지 않고 '행정절차에 준하는 절차'로 대체할 수도 없다.

[6] 출입국관리법 제7조 제1항, 제8조 제2항, 제3항, 제10조, 제10조의2, 제11조 제1항 제3호, 제4호, 출입국관리법 시행규칙 제9조의2 제2호, 재외동포의 출입국과 법적 지위에 관한 법률(이하 '재외동포법'이라 한다) 제5조 제1항, 제2항과 체계, 입법 연혁과 목적을 종합하면 다음과 같은 결론을 도출할 수 있다. 재외동포에 대한 사증발급은 행정청의 재량행위에 속하는 것으로서, 재외동포가 사증발급을 신청한 경우에 출입국관리법 시행령 [별표 1의2]에서 정한 재외동포체류자격의 요건을 갖추었다고 해서 무조건 사증을 발급해야 하는 것은 아니다. 재외동포에게 출입국관리법 제11조 제1항 각호에서 정한 입국금지사유 또는 재외동포법 제5조 제2항에서 정한 재외동포체류자격 부여 제외사유(예컨대 '대한민국 남자가 병역을 기피할 목적으로 외국국적을 취득하고 대한민국 국적을 상실하여 외국인이 된 경우')가 있어 그의 국내 체류를 허용하지 않음으로써 달성하고자 하는 공익이 그로 말미암아 발생하는 불이익보다 큰 경우에는 행정청이 재외동포체류자격의 사증을 발급하지 않을 재량을 가진다.

[7] 처분의 근거 법령이 행정청에 처분의 요건과 효과 판단에 일정한 재량을 부여하였는데도, 행정청이 자신에게 재량권이 없다고 오인한 나머지 처분으로 달성하려는 공익과 그로써 처분상대방이 입게 되는 불이익의 내용과 정도를 전혀 비교형량 하지 않은 채 처분을 하였다면, 이는 재량권 불행사로서 그 자체로 재량권 일탈·남용으로 해당 처분을 취소하여야 할 위법사유가 된다.

[8] 비례의 원칙은 법치국가 원리에서 당연히 파생되는 헌법상의 기본원리로서, 모든 국가작용에 적용된다. 행정목적을 달성하기 위한 수단은 목적달성에 유효·적절하고, 가능한 한 최소침해를 가져오는 것이어야 하며, 아울러 그 수단의 도입에 따른 침해가 의도하는 공익을 능가하여서는 안 된다.

[9] 처분상대방의 의무위반을 이유로 한 제재처분의 경우 의무위반 내용과 제재처분의 양정(量定) 사이에 엄밀하게는 아니더라도 어느 정도는 비례 관계가 있어야 한다. 제재처분이 의무위반의 내용에 비하여 과중하여 사회통념상 현저하게 타당성을 잃은 경우에는 재량권 일탈·남용에 해당하여 위법하다고 보아야 한다.

[10] 병무청장이 법무부장관에게 '가수 甲이 공연을 위하여 국외여행허가를 받고 출국한 후 미국 시민권을 취득함으로써 사실상 병역의무를 면탈하였다'는 이유로 입국 금지를 요청함에 따라 법무부장관이 甲의 입국금지결정을 하였는데, 甲이 재외공관의 장에게 재외동포(F-4) 체류자격의 사증발급을 신청하자 재외공관장이 처분이유를 기재한 사증발급 거부처분서를 작성해 주지 않은 채 甲의 아버지에게 전화로 사증발급이 불허되었다고 통보한 사안에서, 甲의 재외동포(F-4) 체류자격 사증발급 신청에 대하여 재외공관장이

6일 만에 한 사증발급 거부처분이 문서에 의한 처분 방식의 예외로 행정절차법 제24조 제1항 단서에서 정한 '신속히 처리할 필요가 있거나 사안이 경미한 경우'에 해당한다고 볼 수도 없으므로 사증발급 거부처분에는 행정절차법 제24조 제1항을 위반한 하자가 있음에도, 외국인의 사증발급 신청에 대한 거부처분이 성질상 행정절차를 거치기 곤란하거나 불필요하다고 인정되는 처분에 해당하여 행정절차법의 적용이 배제된다고 판단하고, 재외공관장이 자신에게 주어진 재량권을 전혀 행사하지 않고 오로지 13년 7개월 전에 입국금지결정이 있었다는 이유만으로 그에 구속되어 사증발급 거부처분을 한 것이 비례의 원칙에 반하는 것인지 판단했어야 함에도, 입국금지결정에 따라 사증발급 거부처분을 한 것이 적법하다고 본 원심판단에 법리를 오해한 잘못이 있다.

164. 대법원 2018. 3. 27. 선고 2015두47492 판결[교장임용거부처분무효확인의소]

[1] 항고소송은 처분 등의 취소 또는 무효확인을 구할 법률상 이익이 있는 자가 제기할 수 있고(행정소송법 제12조, 제35조), 불이익처분의 상대방은 직접 개인적 이익의 침해를 받은 자로서 원고적격이 인정된다.

[2] 교육공무원법 제29조의2 제1항, 제13조, 제14조 제1항, 제2항, 교육공무원 승진규정 제1조, 제2조 제1항 제1호, 제40조 제1항, 교육공무원임용령 제14조 제1항, 제16조 제1항에 따르면 임용권자는 3배수의 범위 안에 들어간 후보자들을 대상으로 승진임용 여부를 심사하여야 하고, 이에 따라 승진후보자 명부에 포함된 후보자는 임용권자로부터 정당한 심사를 받게 될 것에 관한 절차적 기대를 하게 된다. 그런데 임용권자 등이 자의적인 이유로 승진후보자 명부에 포함된 후보자를 승진임용에서 제외하는 처분을 한 경우에, 이러한 승진임용제외처분을 항고소송의 대상이 되는 처분으로 보지 않는다면, 달리 이에 대하여는 불복하여 침해된 권리 또는 법률상 이익을 구제받을 방법이 없다. 따라서 교육공무원법상 승진후보자 명부에 의한 승진심사 방식으로 행해지는 승진임용에서 승진후보자 명부에 포함되어 있던 후보자를 승진임용인사발령에서 제외하는 행위는 불이익처분으로서 항고소송의 대상인 처분에 해당한다고 보아야 한다.

다만 교육부장관은 승진후보자 명부에 포함된 후보자들에 대하여 일정한 심사를 진행하여 임용제청 여부를 결정할 수 있고 승진후보자 명부에 포함된 특정 후보자를 반드시 임용제청을 하여야 하는 것은 아니며, 또한 교육부장관이 임용제청을 한 후보자라고 하더라도 임용권자인 대통령이 반드시 승진임용을 하여야 하는 것도 아니다. 이처럼 공무원 승진임용에 관해서는 임용권자에게 일반 국민에 대한 행정처분이나 공무원에 대한 징계처분에서와는 비교할 수 없을 정도의 광범위한 재량이 부여되어 있다. 따라서 승진후보자 명부에 포함된 후보자를 승진임용에서 제외하는 결정이 공무원의 자격을 정한 관련 법령 규정에 위반되지 아니하고 사회통념상 합리성을 갖춘 사유에 따른 것이라는 주장·증명이 있다면 쉽사리 위법하다고 판단하여서는 아니 된다.

165. 대법원 2018. 6. 15. 선고 2016두57564 판결[임용제청거부처분취소등]

[1] 대학의 장 임용에 관하여 교육부장관의 임용제청권을 인정한 취지는 대학의 자율성과 대통령의 실질적인 임용권 행사를 조화시키기 위하여 대통령의 최종적인 임용권 행사에 앞서 대학의 추천을 받은 총장 후보자들의 적격성을 일차적으로 심사하여 대통령의 임용권 행사가 적정하게 이루어질 수 있도록 하기 위한 것이다.

대학의 추천을 받은 총장 후보자는 교육부장관으로부터 정당한 심사를 받을 것이라는 기대를 하게 된다. 만일 교육부장관이 자의적으로 대학에서 추천한 복수의 총장 후보자들 전부 또는 일부를 임용제청하지 않는다면 대통령으로부터 임용을 받을 기회를 박탈하는 효과가 있다. 이를 항고소송의 대상이 되는 처분으로 보지 않는다면, 침해된 권리 또는 법률상 이익을 구제받을 방법이 없다. 따라서 교육부장관이 대학에서 추천한 복수의 총장 후보자들 전부 또는 일부를 임용제청에서 제외하는 행위는 제외된 후보자들에 대한 불이익처분으로서 항고소송의 대상이 되는 처분에 해당한다고 보아야 한다. 다만 교육부장관이 특정 후보자를 임용제청에서 제외하고 다른 후보자를 임용제청함으로써 대통령이 임용제청된 다른 후보자를 총장으로 임용한 경우에는, 임용제청에서 제외된 후보자는 대통령이 자신에 대하여 총장 임용 제외처분을 한 것으로 보아 이를 다투어야 한다 (대통령의 처분의 경우 소속 장관이 행정소송의 피고가 된다. 국가공무원법 제16조 제2항). 이러한 경우에는 교육부장관의 임용제청 제외처분을 별도로 다툴 소의 이익이 없어진다.

[2] 교육공무원법령은 대학이 대학의 장 후보자를 복수로 추천하도록 정하고 있을 뿐이고, 교육부장관이나 대통령이 대학이 정한 순위에 구속된다고 볼 만한 규정을 두고 있지 않다. 대학이 복수의 후보자에 대하여 순위를 정하여 추천한 경우 교육부장관이 후순위 후보자를 임용제청하더라도 단순히 그것만으로 헌법과 법률이 보장하는 대학의 자율성이 제한된다고 볼 수는 없다. 대학 총장 임용에 관해서는 임용권자에게 일반 국민에 대한 행정처분이나 공무원에 대한 징계처분에 비하여 광범위한 재량이 주어져 있다고 볼 수 있다. 따라서 대학에서 추천한 후보자를 총장 임용제청이나 총장 임용에서 제외하는 결정이 대학의 장에 관한 자격을 정한 관련 법령 규정에 어긋나지 않고 사회통념에 비추어 불합리하다고 볼 수 없다면 쉽사리 위법하다고 판단해서는 안 된다.

[3] 교육부장관이 어떤 후보자를 총장 임용에 부적격하다고 판단하여 배제하고 다른 후보자를 임용제청하는 경우라면 배제한 후보자에게 연구윤리 위반, 선거부정, 그 밖의 비위행위 등과 같은 부적격사유가 있다는 점을 구체적으로 제시할 의무가 있다. 그러나 부적격사유가 없는 후보자들 사이에서 어떤 후보자를 상대적으로 더욱 적합하다고 판단하여 임용제청하는 경우라면, 이는 후보자의 경력, 인격, 능력, 대학운영계획 등 여러 요소를 종합적으로 고려하여 총장 임용의 적격성을 정성적으로 평가하는 것으로 그 판단 결과를 수치화하거나 이유제시를 하기 어려울 수 있다. 이 경우에는 교육부장관이 어떤 후

보자를 총장으로 임용제청하는 행위 자체에 그가 총장으로 더욱 적합하다는 정성적 평가 결과가 당연히 포함되어 있는 것으로, 이로써 행정절차법상 이유제시의무를 다한 것이라고 보아야 한다. 여기에서 나아가 교육부장관에게 개별 심사항목이나 고려요소에 대한 평가 결과를 더 자세히 밝힐 의무까지는 없다.

[4] 행정청의 전문적인 정성적 평가 결과는 그 판단의 기초가 된 사실인정에 중대한 오류가 있거나 그 판단이 사회통념상 현저하게 타당성을 잃어 객관적으로 불합리하다는 등의 특별한 사정이 없는 한 법원이 그 당부를 심사하기에는 적절하지 않으므로 가급적 존중되어야 한다. 여기에 재량권을 일탈·남용한 특별한 사정이 있다는 점은 증명책임분배의 일반원칙에 따라 이를 주장하는 자가 증명하여야 한다.

이러한 법리는 임용제청에서 제외된 후보자가 교육부장관의 임용제청 제외처분 또는 대통령의 임용 제외처분에 불복하여 제기한 소송에서도 마찬가지이다. 교육부장관이 총장 후보자에게 총장 임용 부적격사유가 있다고 밝혔다면, 그 후보자는 그러한 판단에 사실오인 등의 잘못이 있음을 주장·증명함과 아울러, 임용제청되었거나 임용된 다른 후보자에게 총장 임용 부적격사유가 있다는 등의 특별한 사정까지 주장·증명하여야 한다. 이러한 주장·증명이 있을 때 비로소 그에 대한 임용제청 제외처분 또는 임용 제외처분이 위법하다고 볼 수 있다. 이러한 이유로 해당 처분을 취소하는 판결이 확정된 경우에는 교육부장관 또는 대통령에게 취소판결의 취지에 따라 두 후보자의 총장 임용 적격성을 다시 심사하여 임용제청 또는 임용을 할 의무가 발생한다(행정소송법 제30조 제1항).

166. 대법원 2018. 7. 12. 선고 2017두48734 판결[사업계획승인취소처분취소등]

[1] 구 중소기업창업 지원법 제35조 제1항, 제33조 제4항, 중소기업창업 지원법 시행령 제24조 제1항, 중소기업청장이 고시한 '창업사업계획의 승인에 관한 통합업무처리지침' (이하 '업무처리지침'이라 한다)의 내용, 체계 및 취지 등에 비추어 보면 다음과 같은 이유로 중소기업창업법에 따른 사업계획승인의 경우 의제된 인허가만 취소 내지 철회함으로써 사업계획에 대한 승인의 효력은 유지하면서 해당 의제된 인허가의 효력만을 소멸시킬 수 있다.

① 중소기업창업법 제35조 제1항의 인허가의제 조항은 창업자가 신속하게 공장을 설립하여 사업을 개시할 수 있도록 창구를 단일화하여 의제되는 인허가를 일괄 처리하는 데 입법 취지가 있다. 위 규정에 의하면 사업계획승인권자가 관계 행정기관의 장과 미리 협의한 사항에 한하여 승인 시에 그 인허가가 의제될 뿐이고, 해당 사업과 관련된 모든 인허가의제 사항에 관하여 일괄하여 사전 협의를 거쳐야 하는 것은 아니다. 업무처리지침 제15조 제1항은 협의가 이루어지지 않은 인허가사항을 제외하고 일부만을 승인할 수 있다고 규정함으로써 이러한 취지를 명확히 하고 있다.

② 그리고 사업계획을 승인할 때 의제되는 인허가 사항에 관한 제출서류, 절차 및 기준, 승인조건 부과에 관하여 해당 인허가 근거 법령을 적용하도록 하고 있으므로(업무처리지침 제5조 제1항, 제8조 제5항, 제16조), 인허가의제의 취지가 의제된 인허가 사항에 관한 개별법령상의 절차나 요건 심사를 배제하는 데 있다고 볼 것은 아니다.

③ 사업계획승인으로 의제된 인허가는 통상적인 인허가와 동일한 효력을 가지므로, 그 효력을 제거하기 위한 법적 수단으로 의제된 인허가의 취소나 철회가 허용될 필요가 있다. 특히 업무처리지침 제18조에서는 사업계획승인으로 의제된 인허가 사항의 변경 절차를 두고 있는데, 사업계획승인 후 의제된 인허가 사항을 변경할 수 있다면 의제된 인허가 사항과 관련하여 취소 또는 철회 사유가 발생한 경우 해당 의제된 인허가의 효력만을 소멸시키는 취소 또는 철회도 할 수 있다고 보아야 한다.

④ 이와 같이 사업계획승인으로 의제된 인허가 중 일부를 취소 또는 철회하면, 취소 또는 철회된 인허가를 제외한 나머지 인허가만 의제된 상태가 된다. 이 경우 당초 사업계획승인을 하면서 사업 관련 인허가 사항 중 일부에 대하여만 인허가가 의제되었다가 의제되지 않은 사항에 대한 인허가가 불가한 경우 사업계획승인을 취소할 수 있는 것처럼(업무처리지침 제15조 제2항), 취소 또는 철회된 인허가 사항에 대한 재인허가가 불가한 경우 사업계획승인 자체를 취소할 수 있다.

[2] 군수가 甲 주식회사에 구 중소기업창업 지원법 제35조에 따라 산지전용허가 등이 의제되는 사업계획을 승인하면서 산지전용허가와 관련하여 재해방지 등 명령을 이행하지 아니한 경우 산지전용허가를 취소할 수 있다는 조건을 첨부하였는데, 甲 회사가 재해방지 조치를 이행하지 않았다는 이유로 산지전용허가 취소를 통보하고, 이어 토지의 형질변경 허가 등이 취소되어 공장설립 등이 불가능하게 되었다는 이유로 甲 회사에 사업계획승인을 취소한 사안에서, 산지전용허가 취소는 군수가 의제된 산지전용허가의 효력을 소멸시킴으로써 甲 회사의 구체적인 권리·의무에 직접적인 변동을 초래하는 행위로 보이는 점 등을 종합하면 의제된 산지전용허가 취소가 항고소송의 대상이 되는 처분에 해당하고, 산지전용허가 취소에 따라 사업계획승인은 산지전용허가를 제외한 나머지 인허가 사항만 의제하는 것이 되므로 사업계획승인 취소는 산지전용허가를 제외한 나머지 인허가 사항만 의제된 사업계획승인을 취소하는 것이어서 산지전용허가 취소와 사업계획승인 취소가 대상과 범위를 달리하는 이상, 甲 회사로서는 사업계획승인 취소와 별도로 산지전용허가 취소를 다툴 필요가 있는데도, 이와 달리 본 원심판단에 법리를 오해한 위법이 있다.

167. 대법원 2018. 10. 25. 선고 2016두33537 판결[입찰참가자격제한처분취소 청구]

[1] 공기업·준정부기관이 법령 또는 계약에 근거하여 선택적으로 입찰참가자격 제한 조치를 할 수 있는 경우, 계약상대방에 대한 입찰참가자격 제한 조치가 법령에 근거한 행정처분인지 아니면 계약에 근거한 권리행사인지는 원칙적으로 의사표시의 해석 문제이다. 이때에는 공기업·준정부기관이 계약상대방에게 통지한 문서의 내용과 해당 조치에 이르기까지의 과정을 객관적·종합적으로 고찰하여 판단하여야 한다. 그럼에도 불구하고 공기업·준정부기관이 법령에 근거를 둔 행정처분으로서의 입찰참가자격 제한 조치를 한 것인지 아니면 계약에 근거한 권리행사로서의 입찰참가자격 제한 조치를 한 것인지가 여전히 불분명한 경우에는, 그에 대한 불복방법 선택에 중대한 이해관계를 가지는 그 조치 상대방의 인식가능성 내지 예측가능성을 중요하게 고려하여 규범적으로 이를 확정함이 타당하다.

[2] 공공기관의 운영에 관한 법률 제39조 제2항은, 공기업·준정부기관이 공정한 경쟁이나 계약의 적정한 이행을 해칠 것이 명백하다고 판단되는 행위를 한 부정당업자를 향후 일정 기간 입찰에서 배제하는 조항으로서, 공적 계약의 보호라는 일반예방적 목적을 달성함과 아울러 해당 부정당업자를 제재하기 위한 규정이다. 따라서 위 조항이 적용되는 부정당행위는 공기업·준정부기관을 상대로 하는 행위에 한정되는 것으로 해석함이 타당하다.

168. 대법원 2017. 5. 17. 선고 2016수19 판결[국회의원선거무효]

[1] 공직선거법 제224조에서 규정하고 있는 선거무효의 사유가 되는 '선거에 관한 규정에 위반된 사실'은 선거관리의 주체인 선거관리위원회에 책임을 돌릴 만한 선거사무 관리집행상의 하자가 없더라도, 후보자 등 제3자에 의한 선거과정상의 위법행위로 인하여 선거인들이 자유로운 판단에 의하여 투표를 할 수 없게 됨으로써 선거의 자유와 공정이 현저히 저해되었다고 인정되는 경우를 포함한다.

[2] 정당은 국민의 정치적 의사를 형성하고 결집·전달하는 등의 기능을 수행하고, 각종 선거의 입후보자 추천과 선거활동에서 주도적인 역할을 한다. 정당이 이러한 기능을 충실하게 수행할 수 있도록 하기 위해서는, 헌법과 민주적 기본질서에 어긋나지 않는 범위 내에서 자유로운 활동이 최대한 보장되어야 한다. 특히 정당의 내부질서에 대한 지나친 관여는 정당 활동의 자유를 침해할 위험성이 있으므로 필요최소한의 범위에 그쳐야 한다. 그중에서도 정당의 정치적 의사의 결정 및 활동, 내부 조직의 구성과 운영에 관한 사항은 정당의 정치적 활동의 자율성에 직결되는 부분이므로 그에 대한 관여는 더욱 신중하게 이루어져야 한다.

[3] 甲 당 공직후보자추천관리위원회가 제20대 국회의원 선거에서 지역 선거구 후보자로 심사·추천한 乙에 대하여 甲 당 최고위원회가 아무런 의결을 하지 않고 당적변경시한이 지나 해당 선거구에 후보자를 추천하지 않기로 한 것이 제3자에 의한 선거과정상 위법행위로 선거의 결과에 영향을 미쳤다며 乙 등이 선거무효소송을 제기한 사안에서, 당내 최고의결집행기관으로서 당무운영에 관한 주요사항을 처리하는 최고위원회의가 정무적 판단에 따라 특정 국회의원 선거구에 후보자를 추천하지 아니하였다고 하여 甲 당의 당헌·당규에 위반한 것이라고 볼 수 없고, 甲 당이 해당 선거구에 후보자를 추천할 것인지 여부는 정당의 정치적 의사 결정 및 활동에 관한 것으로서 자율성이 최대한 보장되어야 하므로, 甲 당 최고위원회의가 당적변경시한이 지나 해당 선거구에 후보자를 추천하지 않기로 한 것이 공직후보 추천에 관한 재량권을 일탈·남용한 것이라고 할 수도 없으며, 그 밖의 법률 위반행위가 있다고 볼 사정도 찾아볼 수 없으므로, 위 후보자 추천 과정에 선거과정상 제3자의 위법행위가 있었다고 볼 수 없다.

169. 대법원 2017. 6. 15. 선고 2014두46843 판결[입주변경계약취소처분등취소]

[1] 구 산업집적활성화 및 공장설립에 관한 법률 제13조 제1항, 제2항 제2호, 제30조 제1항 제2호, 제2항 제3호, 제38조 제1항, 제2항, 제40조, 제40조의2, 제42조 제1항 제4호, 제5호, 제2항, 제5항, 제43조, 제43조의3, 제52조 제2항 제5호, 제6호, 제53조 제4호, 제55조 제1항 제4호, 제2항 제9호 규정들에서 알 수 있는 산업단지관리공단의 지위, 입주계약 및 변경계약의 효과, 입주계약 및 변경계약 체결 의무와 그 의무를 불이행한 경우의 형사적 내지 행정적 제재, 입주계약해지의 절차, 해지통보에 수반되는 법적 의무 및 그 의무를 불이행한 경우의 형사적 내지 행정적 제재 등을 종합적으로 고려하면, 입주변경계약 취소는 행정청인 관리권자로부터 관리업무를 위탁받은 산업단지관리공단이 우월적 지위에서 입주기업체들에게 일정한 법률상 효과를 발생하게 하는 것으로서 항고소송의 대상이 되는 행정처분에 해당한다.

[2] 일정한 행정처분으로 국민이 일정한 이익과 권리를 취득하였을 경우에 종전 행정처분에 하자가 있음을 전제로 직권으로 이를 취소하는 행정처분은 이미 취득한 국민의 기존 이익과 권리를 박탈하는 별개의 행정처분으로, 취소될 행정처분에 하자가 있어야 하고, 나아가 행정처분에 하자가 있다고 하더라도 취소해야 할 공익상 필요와 취소로 당사자가 입게 될 기득권과 신뢰보호 및 법률생활 안정의 침해 등 불이익을 비교·교량한 후 공익상 필요가 당사자가 입을 불이익을 정당화할 만큼 강한 경우에 한하여 취소할 수 있는 것이며, 하자나 취소해야 할 필요성에 관한 증명책임은 기존 이익과 권리를 침해하는 처분을 한 행정청에 있다. 이러한 신뢰보호와 이익형량의 취지는 구 산업집적활성화 및 공장설립에 관한 법률(2013. 3. 23. 법률 제11690호로 개정되기 전의 것)에 따른 입주계약 또는 변경계약을 취소하는 경우에도 마찬가지로 적용될 수 있다.

170. 대법원 2017. 10. 12. 선고 2017두48956 판결[건축허가신청불허가처분취소]

국토의 계획 및 이용에 관한 법률(이하 '국토계획법'이라고 한다) 제56조에 따른 개발행위허가와 농지법 제34조에 따른 농지전용허가·협의는 금지요건·허가기준 등이 불확정개념으로 규정된 부분이 많아 그 요건·기준에 부합하는지의 판단에 관하여 행정청에 재량권이 부여되어 있으므로, 그 요건에 해당하는지 여부는 행정청의 재량판단의 영역에 속한다. 나아가 국토계획법이 정한 용도지역 안에서 토지의 형질변경행위·농지전용행위를 수반하는 건축허가는 건축법 제11조 제1항에 의한 건축허가와 위와 같은 개발행위허가 및 농지전용허가의 성질을 아울러 갖게 되므로 이 역시 재량행위에 해당하고, 그에 대한 사법심사는 행정청의 공익판단에 관한 재량의 여지를 감안하여 원칙적으로 재량권의 일탈이나 남용이 있는지 여부만을 대상으로 하는데, 판단 기준은 사실오인과 비례·평등의 원칙 위반 여부 등이 된다. 이러한 재량권 일탈·남용에 관하여는 행정행위의 효력을 다투는 사람이 주장·증명책임을 부담한다.

171. 대법원 2017. 3. 15. 선고 2016두55490 판결[건축허가신청반려처분취소]

[1] 건축법 제11조 제1항, 제5항 제3호, 국토의 계획 및 이용에 관한 법률(이하 '국토계획법'이라 한다) 제56조 제1항 제1호, 제2호, 제58조 제1항 제4호, 제3항, 국토의 계획 및 이용에 관한 법률 시행령 제56조 제1항 [별표 1의2] '개발행위허가기준' 제1호 (라)목 (2)를 종합하면, 국토계획법이 정한 용도지역 안에서의 건축허가는 건축법 제11조 제1항에 의한 건축허가와 국토계획법 제56조 제1항의 개발행위허가의 성질을 아울러 갖는데, 개발행위허가는 허가기준 및 금지요건이 불확정개념으로 규정된 부분이 많아 그 요건에 해당하는지 여부는 행정청의 재량판단의 영역에 속한다. 그러므로 그에 대한 사법심사는 행정청의 공익판단에 관한 재량의 여지를 감안하여 원칙적으로 재량권의 일탈이나 남용이 있는지 여부만을 대상으로 하고, 사실오인과 비례·평등의 원칙 위반 여부 등이 그 판단 기준이 된다.

[2] 환경의 훼손이나 오염을 발생시킬 우려가 있는 개발행위에 대한 행정청의 허가와 관련하여 재량권의 일탈·남용 여부를 심사할 때에는, 해당지역 주민들의 토지이용실태와 생활환경 등 구체적 지역 상황과 상반되는 이익을 가진 이해관계자들 사이의 권익 균형 및 환경권의 보호에 관한 각종 규정의 입법 취지 등을 종합하여 신중하게 판단하여야 한다. 그러므로 그 심사 및 판단에는, 우리 헌법이 "모든 국민은 건강하고 쾌적한 환경에서 생활할 권리를 가지며, 국가와 국민은 환경보전을 위하여 노력하여야 한다."라고 규정하여(제35조 제1항) 환경권을 헌법상 기본권으로 명시함과 동시에 국가와 국민에게 환경보전을 위하여 노력할 의무를 부과하고 있는 점, 환경정책기본법은 환경권에 관한 헌법이념에 근거하여, 환경보전을 위하여 노력하여야 할 국민의 권리·의무와 국가 및 지방자치

단체, 사업자의 책무를 구체적으로 정하는 한편(제1조, 제4조, 제5조, 제6조), 국가·지방
자치단체·사업자 및 국민은 환경을 이용하는 모든 행위를 할 때에는 환경보전을 우선적
으로 고려하여야 한다고 규정하고 있는 점(제2조), '환경오염 발생 우려'와 같이 장래에
발생할 불확실한 상황과 파급효과에 대한 예측이 필요한 요건에 관한 행정청의 재량적
판단은 내용이 현저히 합리성을 결여하였다거나 상반되는 이익이나 가치를 대비해 볼 때
형평이나 비례의 원칙에 뚜렷하게 배치되는 등의 사정이 없는 한 폭넓게 존중될 필요가
있는 점 등을 함께 고려하여야 한다. 이 경우 행정청의 당초 예측이나 평가와 일부 다른
내용의 감정의견이 제시되었다는 등의 사정만으로 쉽게 행정청의 판단이 위법하다고 단
정할 것은 아니다.

172. 대법원 2016. 8. 29. 선고 2014두45956 판결[영업정지에 대한 재량의 일탈·남용 등]

[1] 행정청이 건설산업기본법 및 구 건설산업기본법 시행령(이하 '시행령'이라 한다) 규정
에 따라 건설업자에 대하여 영업정지 처분을 할 때 건설업자에게 영업정지 기간의 감경에
관한 참작 사유가 존재하는 경우, 행정청이 그 사유까지 고려하고도 영업정지 기간을 감
경하지 아니한 채 시행령 제80조 제1항 [별표 6] '2. 개별기준'이 정한 영업정지 기간대로
영업정지 처분을 한 때에는 이를 위법하다고 단정할 수 없으나, 위와 같은 사유가 있음에
도 이를 전혀 고려하지 않거나 그 사유에 해당하지 않는다고 오인한 나머지 영업정지 기
간을 감경하지 아니하였다면 영업정지 처분은 재량권을 일탈·남용한 위법한 처분이다.

[2] 구 건설산업기본법 시행령(2016. 2. 11. 대통령령 제26979호로 개정되기 전의 것, 이
하 '시행령'이라 한다) 제80조 제1항 은 [별표 6]으로 '위반행위의 종별과 정도에 따른 영
업정지의 기간'을 정하도록 하고 있으나, [별표 6]은 단순히 개별 위반행위에 대한 영업정
지 기간만을 정하고 있지 아니하고 '감경·가중의 사유와 기준'도 아울러 정하고 있으므로,
[별표 6]의 감경·가중 규정이 시행령 제80조 제1항 의 영업정지 기간의 산정 방법을 규정
한 것인지 아니면 같은 조 제2항 의 감경·가중 기준을 구체화한 것인지가 문제 된다.

그런데 시행령 제80조 제1항 [별표 6]이 "위반행위의 정도, 동기 및 그 결과 등 다음 사유
를 고려하여 제2호의 개별기준에 따른 영업정지 및 과징금의 2분의 1 범위에서 그 기간
이나 금액을 가중하거나 감경할 수 있다."라고 하면서 열거하고 있는 개별적인 감경·가
중 사유들은 같은 조 제2항 이 감경·가중 기준으로 제시하고 있는 '위반행위의 동기·내
용 및 횟수' 등을 반영한 것이고, 시행령 제80조 의 취지가 [별표 6]에 따라 '위반행위의
정도·동기·결과' 등을 고려하여 감경을 한 후 이와 다르다고 보기 어려운 '위반행위의
동기·내용·횟수' 등의 사유로 다시 감경하도록 한 것이라고 해석되지 아니한다. 그리고
시행령 제80조 의 연혁을 보더라도, 종전 구 건설산업기본법 시행령(2012. 11. 27. 대통령
령 제24204호로 개정되기 전의 것) 제80조 제1항 [별표 6]은 감경·가중 사유를 규정하

지 아니한 채 위반행위의 내용에 따른 영업정지의 기간만을 정하고, 국토교통부 예규인 건설업관리규정이 시행령 제80조 제2항 의 감경·가중의 기준을 구체화하여 감경 사유와 가중 사유를 세부적으로 규정하고 있었는데, 시행령이 2012. 11. 27. 대통령령 제24204호로 개정되면서 건설업관리규정에 있던 감경·가중 사유 부분이 일부 수정되어 제80조 제1항 [별표 6]에 규정되면서 위 별표의 감경·가중과 같은 조 제2항 의 감경·가중이 형식적으로 별개의 감경·가중 제도처럼 보이게 된 것에 불과하다.

이러한 사정들을 종합해 보면, 시행령 제80조 제1항 [별표 6]은 제2항 의 감경 기준인 '위반행위의 동기·내용 및 횟수'를 구체화하여 이에 해당하는 개별적인 감경 사유를 규정한 것이므로, [별표 6]에 따라 '위반행위의 동기·내용 및 횟수' 등이 고려되어 감경이 이루어진 이상 이에 해당하는 사정들에 대하여 같은 조 제2항 에 따른 감경이 고려되지 않았다고 볼 수는 없다. 따라서 행정청이 '위반행위의 동기·내용 및 횟수'에 관한 참작 사유에 대하여 [별표 6]에 따른 감경만을 검토하여 영업정지의 기간을 정하였더라도 그 처분이 '감경 사유가 있음에도 이를 전혀 고려하지 않거나 감경 사유에 해당하지 않는다고 오인한 경우'로서 재량권을 일탈·남용한 경우에 해당한다고 볼 수 없다.

173. 대법원 2015. 11. 19. 선고 2015두295 전원합의체 판결[영업시간제한등처분취소]

[1] 기존의 행정처분을 변경하는 내용의 행정처분이 뒤따르는 경우, 후속처분이 종전처분을 완전히 대체하는 것이거나 주요 부분을 실질적으로 변경하는 내용인 경우에는 특별한 사정이 없는 한 종전처분은 효력을 상실하고 후속처분만이 항고소송의 대상이 되지만, 후속처분의 내용이 종전처분의 유효를 전제로 내용 중 일부만을 추가·철회·변경하는 것이고 추가·철회·변경된 부분이 내용과 성질상 나머지 부분과 불가분적인 것이 아닌 경우에는, 후속처분에도 불구하고 종전처분이 여전히 항고소송의 대상이 된다.

따라서 종전처분을 변경하는 내용의 후속처분이 있는 경우 법원으로서는, 후속처분의 내용이 종전처분 전체를 대체하거나 주요 부분을 실질적으로 변경하는 것인지, 후속처분에서 추가·철회·변경된 부분의 내용과 성질상 나머지 부분과 가분적인지 등을 살펴 항고소송의 대상이 되는 행정처분을 확정하여야 한다.

[2] [다수의견]

구 유통산업발전법 제2조 제3호, 제3의2호, 제8조 제1항, 제12조의2 제1항, 제2항, 제3항, 구 유통산업발전법 시행령 제3조 제1항 [별표 1], 제7조의2의 내용과 체계, 구 유통산업발전법의 입법 목적 등과 아울러, 구 유통산업발전법 제12조의2 제1항, 제2항, 제3항은 기존의 대규모점포의 등록된 유형 구분을 전제로 '대형마트로 등록된 대규모점포'를 일체로서 규제 대상으로 삼고자 하는 데 취지가 있는 점, 대규모점포의 개설 등록은 이른바

'수리를 요하는 신고'로서 행정처분에 해당하고 등록은 구체적 유형 구분에 따라 이루어 지므로, 등록의 효력은 대규모점포가 구체적으로 어떠한 유형에 속하는지에 관하여도 미 치는 점, 따라서 대규모점포가 대형마트로 개설 등록되었다면 점포의 유형을 포함한 등 록내용이 대규모점포를 개설하고자 하는 자의 신청 등에 따라 변경등록되지 않는 이상 대규모점포를 개설하고자 하는 자 등에 대한 구속력을 가지는 점 등에 비추어 보면, 구 유통산업발전법 제12조의2 제1항, 제2항, 제3항에 따라 영업시간 제한 등 규제 대상이 되는 대형마트에 해당하는지는, 일단 대형마트로 개설 등록되었다면 특별한 사정이 없는 한, 개설 등록된 형식에 따라 대규모점포를 일체로서 판단하여야 하고, 대규모점포를 구 성하는 개별 점포의 실질이 대형마트의 요건에 부합하는지를 다시 살필 것은 아니다.

[대법관 김용덕, 대법관 김소영의 반대의견]

구 유통산업발전법 제2조 제2호, 제3호, 제12조의2 제1항, 제2항, 제3항, 구 유통산업발 전법 시행령 제2조, 제3조 및 [별표 1]의 내용, 대형마트 매장의 구성 및 상품판매 장소와 용역제공 장소의 구분, 대형마트에 대한 영업시간 제한 등 규제의 목적, 영업의 자유에 대한 규제를 최소화할 필요성 등의 여러 사정들을 종합하면, 구 유통산업발전법 제12조 의2 제1항, 제2항, 제3항에 따른 영업시간 제한 등 규제의 대상은 '대형마트로 등록된 대 규모점포'의 매장 중 상품판매 장소이고, 용역제공 장소에 대하여는 실질이 상품판매 장 소에 해당하는 경우 등과 같이 상품판매 장소와 마찬가지로 규제하여야 할 정당한 이유 가 있는 경우가 아니라면, 원칙적으로 규제의 대상에 포함되지 아니한다.

[3] 구 유통산업발전법 제8조 제1항, 제9조 제1항, 제12조 제1항의 내용 및 체계, 구 유통 산업발전법 제12조의2 제1항, 제2항, 제3항에 따른 영업시간 제한 등 처분의 법적 성격, 구 유통산업발전법상 대규모점포 개설자에게 점포 일체를 유지·관리할 일반적인 권한을 부여한 취지 등에 비추어 보면, 영업시간 제한 등 처분의 대상인 대규모점포 중 개설자의 직영매장 이외에 개설자에게서 임차하여 운영하는 임대매장이 병존하는 경우에도, 전체 매장에 대하여 법령상 대규모점포 등의 유지·관리 책임을 지는 개설자만이 처분상대방 이 되고, 임대매장의 임차인이 별도로 처분상대방이 되는 것은 아니다.

[4] 헌법 제119조 제1항과 제2항의 상호관계, 구 유통산업발전법 제12조의2 제1항, 제2 항, 제3항에 따른 규제에 관련된 이익상황의 특수성 등에 비추어 보면, 구 유통산업발전 법 제12조의2 제1항, 제2항, 제3항에 따른 행정청의 영업시간 제한 및 의무휴업일 지정 처분에 비례원칙 위반 등 재량권 일탈·남용의 위법이 있는지를 판단할 때에는, 행정청이 다양한 공익과 사익의 요소들을 고려하였는지, 나아가 행정청의 규제 여부 결정 및 규제 수단 선택에 있어서 규제를 통해 달성하려는 공익 증진의 실현 가능성과 규제에 따라 수 반될 상대방 등의 불이익이 정당하고 객관적으로 비교·형량되었는지 등을 종합적으로 고려하여야 한다.

또한 시장의 지배와 경제력 남용의 방지 등을 위한 경제규제 행정 영역에서는, 규제 대상인 경쟁시장이 갖는 복잡다양성과 유동성으로 인해 사전에 경제분석 등을 거쳤다고 하여 장래의 규제 효과가 확실히 담보되기는 어렵고, 만약 규제의 시기가 늦춰져 시장구조가 일단 왜곡되면 원상회복이 어려울 뿐 아니라 그 과정에서 중소사업자들이 중대한 피해를 입을 우려가 있으므로, 장래의 불확실한 규제 효과에 대한 예측판단을 기초로 한 규제 입법 및 그에 따른 규제 행정이 이루어질 수밖에 없게 된다. 구 유통산업발전법 제12조의 2 제1항, 제2항, 제3항도 영업시간 제한 및 의무휴업일 지정의 규제가 일반적·통상적 시장상황 아래에서는 공익 목적 달성에 유효적절한 수단이 될 수 있다는 정책적 판단에 따라 이루어진 규제 입법에 해당하고, 구 유통산업발전법 제12조의2 제1항, 제2항, 제3항은 행정청에게 사실상 매우 제한된 범위 내에서 규제 수단의 선택재량을 부여하고 있다. 따라서 행정청은 규제가 이루어지는 지역 시장상황의 특수성으로 인하여 구 유통산업발전법 제12조의2 제1항, 제2항, 제3항에 따른 규제가 전혀 실효성이 없다거나 불필요하다는 등의 특별한 사정이 없는 한, 대체로 유사한 내용의 규제에 이를 수밖에 없다. 이러한 여러 사정을 종합적으로 고려할 때, 행정청이 구 유통산업발전법 제12조의2 제1항, 제2항, 제3항에 따라 선택한 규제 수단의 실효성 등을 이유로 재량권 일탈·남용의 위법을 인정할 때에는 신중을 기하여야 한다.

174. 대법원 2015. 8. 27. 선고 2015두41449 판결[정보화지원사업참여제한처분 무효확인]

[1] 행정청이 자신과 상대방 사이의 법률관계를 일방적인 의사표시로 종료시켰다고 하더라도 곧바로 의사표시가 행정청으로서 공권력을 행사하여 행하는 행정처분이라고 단정할 수는 없고, 관계 법령이 상대방의 법률관계에 관하여 구체적으로 어떻게 규정하고 있는지에 따라 의사표시가 항고소송의 대상이 되는 행정처분에 해당하는지 아니면 공법상 계약관계의 일방 당사자로서 대등한 지위에서 행하는 의사표시인지를 개별적으로 판단하여야 한다.

[2] 중소기업기술정보진흥원장이 甲 주식회사와 중소기업 정보화지원사업 지원대상인 사업의 지원에 관한 협약을 체결하였는데, 협약이 甲 회사에 책임이 있는 사업실패로 해지되었다는 이유로 협약에서 정한 대로 지급받은 정부지원금을 반환할 것을 통보한 사안에서, 중소기업 정보화지원사업에 따른 지원금 출연을 위하여 중소기업청장이 체결하는 협약은 공법상 대등한 당사자 사이의 의사표시의 합치로 성립하는 공법상 계약에 해당하는 점, 구 중소기업 기술혁신 촉진법(2010. 3. 31. 법률 제10220호로 개정되기 전의 것) 제32조 제1항은 제10조가 정한 기술혁신사업과 제11조가 정한 산학협력 지원사업에 관하여 출연한 사업비의 환수에 적용될 수 있을 뿐 이와 근거 규정을 달리하는 중소기업 정보화지원사업에 관하여 출연한 지원금에 대하여는 적용될 수 없고 달리 지원금 환수에 관한 구체적인 법령상 근거가 없는 점 등을 종합하면, 협약의 해지 및 그에 따른 환수통보는 공법상 계약에 따라 행정청이 대등한 당사자의 지위에서 하는 의사표시로 보아야 하고,

이를 행정청이 우월한 지위에서 행하는 공권력의 행사로서 행정처분에 해당한다고 볼 수는 없다.

---

175. 대법원 2015. 12. 24. 선고 2015두264 판결[환경기술개발사업중단처분취소]

구「국가연구개발사업의 관리 등에 관한 규정 이하 '국가연구개발사업규정'이라 한다) 제9조 제1항에 의하면, 중앙행정기관의 장은 주관연구기관의 장과 연구개발결과의 평가에 관한 사항(제8호), 협약의 변경 및 해약에 관한 사항(제10호), 협약의 위반에 관한 조치(제11호) 등을 포함하여 연구개발에 필요한 사항을 정한 협약을 체결해야 하고, 다만 같은 조 제2항에 따라 전문기관의 연구개발사업계획을 승인하여 국가연구개발사업을 추진하는 경우에는 전문기관의 장으로 하여금 직접 주관연구기관과 위와 같은 내용의 협약을 체결하도록 할 수 있다.

국가연구개발사업규정 제17조 제1항 제2호, 제11조 제2항에 따른 연구개발 중단 조치와 연구비의 집행중지 조치는 행정청이 최종적으로 협약의 해약 여부를 결정하기 전까지 일단 주관연구기관의 연구개발과 연구비 사용을 중지시킴으로써 연구비환수 등 해약에 따른 후속 조치의 실효성을 확보하기 위한 잠정적·임시적인 조치이므로 이러한 조치를 할 수 있는 권한은 협약을 체결한 행정청에게 부여되는 것이 그 성질에 부합한다. 따라서 국가연구개발사업규정 제9조 제2항에 따라 전문기관의 장인 피고가 환경부장관의 승인을 얻어 직접 주관연구기관과 협약을 체결한 국가연구개발과제에 관하여, 환경부훈령인 「환경기술개발사업운영규정」(이하 '개발사업훈령'이라 한다) 제33조 제1항 제1호, 제24조 제2항, 제1항 제5호, 제29조 제6항(이하 '이 사건 훈령조항'이라 한다)에서 피고에게 연구개발 중단 조치와 연구비 집행중지 조치(이하 '이 사건 각 조치'라 한다)를 할 수 있는 권한을 부여한 것은 국가연구개발사업규정의 해석상 가능한 것을 명시하거나 위임받은 범위 내에서 그 세부적인 내용을 정한 것으로 볼 수 있고, 이와 달리 이 사건 훈령조항이 국가연구개발사업규정 제34조에 반하여 그 규정에 저촉되는 내용을 규정하였다고 볼 것은 아니다.

그리고 앞서 본 국가연구개발사업규정 제11조 제1항 제5호, 제2항, 제17조 제1항 제2호 등의 각 규정 내용을 위 법리에 따라 살펴보면, 이 사건 각 조치는 원고들에게 연구개발을 중단하고 기 지급된 연구비를 더 이상 사용하지 말아야 할 공법상 의무를 부과하는 것이고, 연구개발 중단 조치는 협약의 해약 요건에도 해당하며, 이러한 조치가 있은 후에는 주관연구기관이 연구개발을 계속 하더라도 그에 사용된 연구비는 환수 또는 반환 대상이 되므로, 이 사건 각 조치는 원고들의 권리·의무에 직접적인 영향을 미치는 행위로서 항고소송의 대상이 되는 행정처분에 해당한다.

제 6 장

행정작용2 ─ 행정입법

제 1 절

행정입법의 의의와 종류

행정기본법 제38조(행정의 입법활동) ① 국가나 지방자치단체가 법령등을 제정·개정·폐지하고자 하거나 그와 관련된 활동(법률안의 국회 제출과 조례안의 지방의회 제출을 포함하며, 이하 이 장에서 "행정의 입법활동"이라 한다)을 할 때에는 헌법과 상위 법령을 위반해서는 아니 되며, 헌법과 법령등에서 정한 절차를 준수하여야 한다.

② 행정의 입법활동은 다음 각 호의 기준에 따라야 한다.

1. 일반 국민 및 이해관계자로부터 의견을 수렴하고 관계 기관과 충분한 협의를 거쳐 책임 있게 추진되어야 한다.

2. 법령등의 내용과 규정은 다른 법령등과 조화를 이루어야 하고, 법령등 상호 간에 중복되거나 상충되지 아니하여야 한다.

3. 법령등은 일반 국민이 그 내용을 쉽고 명확하게 이해할 수 있도록 알기 쉽게 만들어져야 한다.

③ 정부는 매년 해당 연도에 추진할 법령안 입법계획(이하 "정부입법계획"이라 한다)을 수립하여야 한다.

④ 행정의 입법활동의 절차 및 정부입법계획의 수립에 관하여 필요한 사항은 정부의 법제업무에 관한 사항을 규율하는 대통령령으로 정한다.

1. 행정입법의 의의는 무엇일까

(1) 현대형 권력분립에서 필요하다

오늘날은 국회만이 입법을 하지 않고, 행정부도 입법을 하고 있다. 이것을 **실질적** 권력분립이라고 한다. 국회가 제정하는 법률이 원칙적으로 입법의 모습이기는 한데, 이것을 **형식적** 의미의 법률이라고 한다. 그러나 오늘날은 **헌법, 법률, 법규명령** 등과 같이 **실질적**인 의미의 법들이 입법의 모습으로 나타난다.

예를 들면 건강보조식품을 의약품으로 오인하도록 하는 과대광고에 대한 규제를 식품위생법뿐만 아니라 식품위생법 시행규칙(부령)으로도 규제하고 있는 것이다.

---

176. 대법원 2002. 11. 26. 선고 2002도2998 판결[식품위생법위반]

일반식품이 질병의 치료에 효능이 있는 것이 사실이라 할지라도, 그 제품을 식품위생법에 의하여 식품으로 공인받았을 뿐 의약품으로 공인받지 아니한 이상, 식품위생법의 규제대상인 식품에는 그 제2조 제1호에 의하여 처음부터 의약품은 제외되어 있으므로, 그 식품을 표시하거나 광고함에 있어서 의약품과 혼동할 우려가 있는 표현을 사용한다면 그것은 식품에 관한 표시나 광고로서의 범위를 벗어나 그 자체로 식품의 품질에 관한 허위표시나 과대광고로서 소비자의 위생에 위해를 가할 우려가 있다고 할 것이어서, 식품으로 인한 위생상의 위해를 방지한다는 관점에서 식품에 관한 표시와 광고를 규제하는 식품위생법 제11조, 같은법시행규칙 제6조 제1항 제2호에 위반되고 과대광고에 해당한다.

---

(2) 행정입법에서 법규명령과 행정규칙의 의의는 무엇일까

행정입법(A)은 행정부가 입법을 한다는 의미이지만, 법규(☞ 법적 규준)로 볼 수 있는 입법(B)과 법규로 볼 수 없는 입법(C) 두 가지를 모두 행한다. 전자는 **법규명령(B)**이라고 하고, 후자는 **행정규칙(C)**이라고 한다.

법규명령은 행정권이 정립하는 기준으로서 다수인에게 적용되는 일반적인 성질을 가지면서도 여러 경우에 대하여 반복적으로 적용되는 추상적인 성질을 가진 규정이며 **법규의 성질**을 가진 것을 말한다.[1]

행정규칙은 상급 행정기관이 하급 행정기관에 대하여 법률의 수권 없이 행

---

1 김남진·김연태, 행정법 Ⅰ, 법문사, 제23판, 2019, 137면 참고.

정부 내부에서 발급하는 일반적이고 추상적인 기준이 되는 것으로서 법규의 성질을 갖지 못하는 것을 말한다.[2]

행정입법의 개념을 기호로 표시한다면 다음과 같이 이해할 수 있다. 이렇게 언어를 부호로 표시하는 이유는 행정입법의 개념을 정확하게 이해하기가 쉽지 않기 때문이다.

$$A = B + C$$

(3) 수권성과 법규성 유무로 법규명령과 행정규칙은 구별된다

법규명령의 요소로서 ① **수권성**과 ② **법규성**이 모두 필요하다는 것이 종래의 다수설이다. **수권성**은 하위 법령으로 입법을 제정하도록 수권하는 것을 의미한다. **법규성**은 국민의 권리·의무를 규율하는 기준으로서의 성질을 의미한다. 다수설은 위임명령의 설명에 충실하다. 따라서 최근의 유력설은 집행명령도 법규명령의 일종이므로 수권성은 반드시 필요하지만 법규성은 필수요소가 아니라고 한다. 종래의 다수설의 입장은 위임명령은 잘 설명할 수 있지만 집행명령은 잘 설명할 수 없다는 약점을 가지고 있다. 수권성만 가지고 있는 것이 집행명령이고 수권성과 법규성을 모두 가지고 있는 것이 위임명령이기 때문이다.

다수의 판례를 종합하여 보면 **위임의 근거가 없는 법규명령이라도 사후에 수권에 대한 근거 법률이 제정되거나 개정되면 그때부터는 유효**한 법규명령이 된다고 한다.

☞ 최근 빈출

위임의 근거가 없어지게 되는 이상 법규명령은 **그때부터** 무효가 된다. 수권의 근거가 소멸되게 되었더라도 소급하여 법규명령이 무효가 되는 것은 아님을 주의하여야 한다. 다수의 판례를 종합하여 보면 구법의 위임에 의한 법규명령이 법 개정에 따라 위임의 근거가 없어지게 되는 경우 **장래에 대하여** 법규명령이 무효가 된다고 본다. 즉 **기존에 유효하였던 것을 부정하지 않는다.**

☞ 기출

따라서 판례에 의하면 위임명령에 대한 **수권규정이 사후적으로 개정되거나 폐지되면 법규명령은 효력을 상실하여 무효**가 된다. 수권이 없어서 무효인 법규명령이었더라도 국회가 법개정으로 **수권을 하게 되면 법규명령은 유효**하게 된다. 입법권은 원래 국회에게 있기 때문에 **수권성**이 법규명령의 **입법적 정**

☞ 기출

---

2 김남진·김연태, 행정법 Ⅰ, 법문사, 제23판, 2019, 177면 참고.

당성을 가지게 하는 것이기 때문이다.

> **177. 대법원 1995. 6. 30. 선고 93추83 판결[경상북도의회에서의증언·감정등에 관한조례(안)무효확인청구의소]**
>
> 일반적으로 법률의 위임에 의하여 효력을 갖는 법규명령의 경우, 구법에 위임의 근거가 없어 무효였더라도 사후에 법개정으로 **위임의 근거**가 부여되면 그 때부터는 **유효한 법규명령**이 되나, 반대로 구법의 위임에 의한 유효한 법규명령이 법개정으로 **위임의 근거**가 없어지게 되면 그 때부터 **무효**인 법규명령이 되므로, 어떤 법령의 위임 근거 유무에 따른 유효 여부를 심사하려면 법개정의 전·후에 걸쳐 모두 심사하여야만 그 법규명령의 시기에 따른 유효·무효를 판단할 수 있다.

기출

위임명령에 대한 수권성은 상위 법령으로부터 구체적인 범위를 정하여 위임을 하는 방식을 취한다. 그런데, **집행명령**은 위임명령과 달리 헌법 제75조와 제95조 등에 의하여 직접 수권을 받고 있고 개별법률에 의한 수권은 필요하지 않다는 것이 차이점이다. 위임명령과 집행명령은 수권성은 모두 요구되지만, 이렇게 수권의 방식에는 **차이**가 있다.

기출

행정규칙은 수권성도 없고 법규성도 없다. 행정규칙은 행정부 내부에서 적용할 일반적·추상적 업무처리기준 등에 불과하다.

 실력 다지기

최근 기출

> 상위 법령의 위임 없이 규정된 법규명령의 효력에 대하여 **판례는 무효로 보는 경우가 많다.** 그러나 법규명령으로서는 효력이 없지만 **행정규칙에 불과하다고 보는 판례도 있다.**

(4) 법규명령과 행정규칙의 성질과 효력에 대해 주의하자

기출

법규명령(B)은 **내부적**으로 공무원에게 법규이고 또한 **외부적**으로 국민에게도 법규이다. 법규명령(B)을 어기면 **위법**하다. 법규명령도 법률과 마찬가지로 문언을 기속행위이든 재량행위이든 모두 규정할 수 있다. 그러므로 법률이든 법규명령이든 행정청의 처분이 이에 위반하면 언제나 곧바로 위법이 되는 것은 아니다. 처분에 대하여 법규명령에서 재량행위로 규정된 경우에는 행정법의 일반원칙에 비추어 재량의 일탈·남용을 판단할 수 있다. 반면에 처분에 대하여 법규명령에서 기속행위로 규정한 경우에는 곧바로 위법이 되는 경우가 많다.

행정규칙(C)은 **내부적**으로 공무원에게 법규이지만 **외부적으로** 국민에게는 법규가 아니다. 법규명령과 달리 내부적으로만 직접적 구속효를 가지고 외부적으로는 간접적인 구속효만 가지는 것이다. 행정규칙은 평등의 원칙과 자기구속의 원칙을 매개로 하여 외부적으로는 간접적이지만 구속효를 가진다.

☞ 빈출

행정규칙(C)을 준수하더라도 반드시 적법한 것은 아니며, 행정규칙을 어기더라도 **곧바로 위법은 아니다**. 다만 **평등의 원칙이나 자기구속의 원칙 등을 매개로** (이유로) 위법할 수 있다. 참고로 공무원들은 행정규칙을 위반해도 **복종의 무위반**이 된다.

☞ 빈출

> **178. 대법원 1991. 11. 08. 선고 91누4973 판결[개인택시운송사업면허취소처분 취소]**
>
> 행정청 내의 사무처리준칙을 규정한 것에 불과하여 행정조직 내부에 있어서의 행정명령의 성질을 가지는 것이어서 행정조직 내부에서 관계 행정기관이나 직원을 구속함에 그치고 대외적으로 국민이나 법원을 구속하는 것은 아니므로, 처분이 이 규칙에서 정한 기준에 따른 것이라 하여 당연히 적법한 처분이 된다 할 수 없고, 그 처분의 적법 여부는 법의 규정 및 그 취지에 적합한 것인가의 여부에 따라서 판단하여야 한다.

☞ 빈출 판례

2. 행정입법(A)의 종류에는 무엇이 있을까

(1) **법규명령(B)**의 종류는 다음과 같이 구별해 두자

1) **중앙정부의 법규명령(B)**

제정주체에 따라 **시행령**(=**대통령령**), **총리령**, **시행규칙**(=**부령**) 등이 행정부가 제정하는 법규명령이다. 대통령령은 시행령, 부령은 시행규칙이라고도 한다. 법무부장관, 행정안전부장관, 기획재정부장관, 교육부장관, 환경부장관, 과학기술정보통신부장관, 산업통상부장관 등은 부령을 발하여 법규명령을 제정한다.

☞ 기출

다만, 법제처장관, 인사혁신처장관, 국민안전처장관, 식품의약품안전처장관, 국가보훈처장관 등은 국무총리 직속기관이므로 부령을 발할 수 없고 총리령을 발하여 법규명령을 제정하여야 한다.

최근에는 다른 국가기관들도 법규명령을 제정할 수 있다. **대법원규칙, 헌재**

기출

규칙, 중선관위규칙, 감사원규칙(다수설) 등등도 법규명령(B)에 해당한다. 감사원 규칙에 대하여 법규명령설과 행정규칙설이 대립하지만, 감사원 규칙은 헌법에 근거 규정이 없고 감사원법에 규정이 있으며, 따라서 예시규정으로 보면 법규명령설의 논거가 되고 한정적인 규정으로 보면 행정규칙설의 논거가 된다. 다수설은 헌법에 규정이 없더라도 헌법에 규정이 있는 대법원규칙, 헌법재판소규칙, 중앙선거관리위원회규칙 등과 다를 바 없으므로 예시적으로 보아 법규명령으로 보고 있다.

2) 지방정부의 법규명령(B)

오답 주의할 기출

지방의회가 제정하는 **조례**, 지자체장이 제정하는 도지사 규칙, 시장 규칙 등 **규칙**이 이에 해당한다.

법규명령은 **구체적인 범위**를 정한 위임이어야 하며 **포괄적 위임금지**의 원칙이 적용된다. 다만, **예외적**으로 **조례**의 경우에는 지방자치단체의 **자율성**과 민

빈출

주성을 보장하기 위하여 포괄적인 위임이 **허용**된다. 헌재는 부천시 담배자판기 설치조례안 사건 등에서 이와 같이 판시하고 있다.[3] 그렇지만 이때에도 조례로 주민의 권리를 제한하거나 의무를 부과하려면 법률의 위임, 즉 근거는 있어야 한다.

 실력 다지기

기출

> 지방자치법 제22조(조례) 지방자치단체는 법령의 범위 안에서 그 사무에 관하여 조례를 제정할 수 있다. 다만, 주민의 **권리 제한 또는 의무 부과에 관한 사항이나 벌칙을 정할 때에는 법률의 위임이 있어야** 한다.

대법원도 법률이 공법적 단체의 정관에 자치법적 사항을 위임하는 경우 헌법 제75조에서 정한 포괄적인 위임입법의 금지는 원칙적으로 적용되지 않는다고 판시하고 있다.

---

3 헌재 1995. 4. 20. 92헌마264 등, 판례집 7−1, 564[기각].

179. 대법원 2007. 10. 12. 선고 2006두14476 판결【주택재개발사업시행인가처분취소】

법률이 공법적 단체 등의 정관에 자치법적 사항을 위임한 경우에는 헌법 제75조가 정하는 포괄적인 위임입법의 금지는 원칙적으로 적용되지 않는다고 봄이 상당하고, 그렇다 하더라도 그 사항이 국민의 권리·의무에 관련되는 것일 경우에는 적어도 국민의 권리·의무에 관한 기본적이고 본질적인 사항은 국회가 정하여야 한다.

☞ 기출

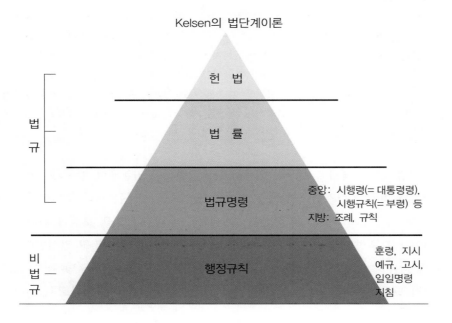

Kelsen의 법단계이론

☞ 켈젠의 법단계
= 법규범
= 법원

3) 위임명령과 집행명령의 구별

법규명령(B)을 위임명령과 집행명령으로도 분류하기도 한다.

① 위임명령

위임명령은 법률이나 상위 법규명령으로부터 입법에 대한 부탁(= 위임 = 수권)을 받아 제정하는 법규명령을 말한다.

위임명령은 법률로부터 입법에 대한 수권을 받으면 그 때부터 유효한 법규명령이 된다. 따라서 수권을 받기 이전에는 무효이지만 그 이후에라도 수권을 받으면 유효하다. 구법에 **위임의 근거가 없이** 발령된 위임명령도 **사후에 법의 개정으로 위임의 근거가 마련되면 그때부터 유효하게 되는 것이다.**

☞ 기출

상위 법령으로부터 하위 법령에 위임을 할 때에는 포괄적 위임을 해서는 안 되고 구체적인 범위를 정하여 명확하게 입법에 대한 수권을 하도록 하여야 한다. 특히 국민의 기본권을 제한하거나 침해할 소지가 있는 사항에 관한 입법위임에 있어서는 위와 같은 구체성 내지 명확성이 보다 **엄격**하게 요구된다.

🖝 기출

---

180. 대법원 2000. 10. 19. 선고 98두6265 전원합의체 판결[농지전용불허처분취소]

헌법 제75조의 규정상 대통령령으로 정할 사항에 관한 법률의 위임은 구체적으로 범위를 정하여 이루어져야 하고, 이때 구체적으로 범위를 정한다고 함은 위임의 목적·내용·범위와 그 위임에 따른 행정입법에서 준수하여야 할 목표·기준 등의 요소가 미리 규정되어 있는 것을 가리키고, 이러한 위임이 있는지 여부를 판단함에 있어서는 직접적인 위임규정의 형식과 내용 외에 당해 법률의 전반적인 체계와 취지·목적 등도 아울러 고려하여야 하고, 규율 대상의 종류와 성격에 따라서는 요구되는 구체성의 정도 또한 달라질 수 있으나, 국민의 기본권을 제한하거나 침해할 소지가 있는 사항에 관한 위임에 있어서는 위와 같은 구체성 내지 명확성이 보다 **엄격**하게 요구된다.

헌법재판소 역시도 포괄적 위임금지와 관련하여 **기본권에 강하게 관련**되면 될수록 그리고 본질적인 사항에 관련되면 될수록 입법자는 보다 구체성과 명확성의 요구는 강화되지만, 처벌법규나 조세법규의 경우 위임의 요건과 범위가 일반적인 급부행정의 영역에서보다 더 **엄격**하게 제한되는 것이라고 판시한다.[4] 다만, 헌재는 관련조항과 종합하여 **유기적·체계적으로 보아** 위임범위의 대강을 객관적으로 **예측**할 수 있으면 포괄위임에 해당한다고 할 수 **없다**고 판시한다.

🖝 기출

---

181. 헌재 2002. 8. 29. 2000헌바50 등

법률조항의 포괄위임 여부는 당해 조항 및 관련규정과 종합하여 유기적·체계적으로 판단하여야 할 것이므로, 어느 법률조항이 외형적으로는 아무런 위임의 한계가 없는 것으로 보이는 경우라고 하더라도 관련조항과 종합하여 유기적·체계적으로 보아 위임범위의 대강을 객관적으로 예측할 수 있으면 포괄위임에 해당한다고 할 수 없다.

🖝 기출

---

4 헌재 2002. 8. 29. 2000헌바50; 2002헌바56; 헌재 2003. 7. 24. 2002헌바8.

> **182. 헌재 2010. 3. 25. 2008헌가5, 판례집 22-1상, 389[합헌]식품위생법 제77
> 조 제5호 위헌제청**
>
> 관련 조항들을 유기적·체계적으로 종합하여 해석하여 보면, 구 식품위생법 제31조 제1
> 항과 관련하여 보건가족복지부령에는 영업의 위생적 관리 및 질서유지와 국민보건위생
> 의 증진을 위하여 식품접객영업자 등이 준수하여야 할 구체적 내용을 규정하거나 그 범
> 주에서 벗어나지 아니한 사항에 관한 일반적 기준의 정립에 한정될 것임을 예측할 수 있
> 어 위임하고자 하는 내용의 대강을 파악하는 것이 결코 어렵지 아니하다고 할 것이므로
> 헌법상 **포괄위임입법금지원칙이나 죄형법정주의의 명확성원칙에 위배되지 아니한다.**

대법원도 헌재와 **마찬가지로** 판시하고 있다.

> **183. 대법원 2007. 10. 26. 선고 2007두9884 판결【광역교통시설부담금부과처분
> 취소】**
>
> 위임입법의 경우 그 한계는 예측가능성인바, 이는 법률에 이미 대통령령으로 규정될 내
> 용 및 범위의 기본사항이 구체적으로 규정되어 있어서 누구라도 당해 법률로부터 대통령
> 령 등에 규정될 내용의 대강을 예측할 수 있어야 함을 의미하고, 이러한 예측가능성의
> 유무는 당해 특정조항 하나만을 가지고 판단할 것은 아니고 관련 법조항 전체를 유기적·
> 체계적으로 종합 판단하여야 하며 각 대상법률의 성질에 따라 구체적·개별적으로 검토
> 하여 법률조항과 법률의 입법 취지를 종합적으로 고찰할 때 합리적으로 그 대강이 예측
> 될 수 있는 것이라면 위임의 한계를 일탈하지 아니한 것이다.

☞ 기출

그러면서도 헌법재판소는 위임된 입법권의 **전면적인 재위임 금지**의 원칙
에 따라 **대강의 사항을 정하고, 그 중 특정사항의 범위를 정하여 하위의 법규
명령에 위임한 것을 합헌으로 보고 있다. 헌법재판소는 기본적이고 중요한 사** ☞ 기출
**항이 아니라 범위를 정하여 구체적이고 세부적인 사항을 하위 법규명령에 위
임하는 것은 합헌이라고 본다.**

대법원 판례에 의하더라도 마찬가지로 판시하고 있다. 대법원은 형벌의 경
우 죄형법정주의가 적용되기는 하지만, 구성요건의 구체적인 기준을 설정하고
그 범위 내에서 세부적인 사항을 정하도록 하는 것은 가능하며, 형벌도 그 종류
와 상한을 정하고 그 범위 내에서 구체적인 것을 명령으로 정하게 하는 것은 허
용된다.

> **184. 대법원 2000. 10. 27. 선고 2000도1007 판결[식품위생법위반]**
>
> 사회현상의 복잡다기화와 국회의 전문적·기술적 능력의 한계 및 시간적 적응능력의 한계로 인하여 형사처벌에 관련된 모든 법규를 예외 없이 형식적 의미의 법률에 의하여 규정한다는 것은 사실상 불가능할 뿐만 아니라 실제에 적합하지도 아니하기 때문에, 특히 긴급한 필요가 있거나 미리 법률로써 자세히 정할 수 없는 부득이한 사정이 있는 경우에 한하여 수권법률(위임법률)이 구성요건의 점에서는 처벌대상인 행위가 어떠한 것인지 이를 예측할 수 있을 정도로 구체적으로 정하고, 형벌의 점에서는 형벌의 종류 및 그 상한과 폭을 명확히 규정하는 것을 전제로 위임입법이 허용된다.

🖰 기출

② 집행명령

집행명령은 법률을 잘 집행하는 것이 가능하도록 제정하는 법규명령을 의미한다. 예를 들면 **사법시험령**의 법적 성질은 **집행명령**이다.

> **185. 대법원 2007. 01. 11. 선고 2004두10432 판결[사법시험제2차시험불합격처**
> **분취소]**
>
> 변호사의 자격과 판사, 검사 등의 임용의 전제가 되는 '사법시험의 합격'이라는 직업선택의 자유와 공무담임권의 기본적인 제한요건은 국회에서 제정한 법률인 변호사법, 법원조직법, 검찰청법 등에서 규정되어 있는 것이고, 사법시험령은 단지 위 법률들이 규정한 사법시험의 시행과 절차 등에 관한 세부사항을 구체화하고 국가공무원법상 사법연수생이라는 별정직 공무원의 임용절차를 집행하기 위한 집행명령의 일종이라고 할 것이다.
> 사법시험령 제15조 제2항은 사법시험의 제2차시험의 합격결정에 있어서는 매과목 4할이상 득점한 자 중에서 합격자를 결정한다는 취지의 과락제도를 규정하고 있는바, 이는 그 규정내용에서 알 수 있다시피 사법시험 제2차시험의 합격자를 결정하는 방법을 규정하고 있을 뿐이어서 사법시험의 실시를 집행하기 위한 시행과 절차에 관한 것이지, 새로운 법률사항을 정한 것이라고 보기 어렵다.

🖰 기출

집행명령은 위임명령과 달리 국민의 권리의무를 규율하지 않으므로 법규성은 없지만, 위임명령과 마찬가지로 수권성이 필요하다. 그러나 근거법령인 상위법령이 개정되는 경우에 불과하고, 근거법령에서 수권성을 배제한다는 특별한 규정이 없는 경우에는 집행명령은 효력을 유지한다. 근거법령인 **상위법령이 개정되더라도 그 집행명령이 당연히 실효하는 것은 아니다.**

🖰 기출

실력 다지기

참고로 사법시험법 시행령에서 사법시험 응시횟수 4회 제한을 하는 것은 집행명령의 내용이 비례의 원칙과 평등의 원칙에 반하여 직업의 자유를 침해하는 것이므로 위법하고 무효이다. 사법시험법 시행령은 '집행명령'이므로 직업의 자유를 제한하는 내용을 제정해서는 안 되므로 위법하고 무효이기도 하며, 나아가서 비례의 원칙과 평등의 원칙에 위반되어 위법하고 무효이기도 하다.

4) 특수한 형태의 법규명령(B)

① 다수설과 판례는 **법령보충적 행정규칙**에 대하여는 법규명령(B)으로 본다.

② 법규명령(B) 형식의 행정규칙(C)에 대하여 판례는 **시행령(대통령령) 형식의 제재기준(단속기준)은 "법규명령"(B)**으로 판시하고, **시행규칙(부령) 형식의 제재기준(단속기준)은 "행정규칙"(C)**으로 판시한다. 이들 특수한 형태의 법규명령에 대한 학설과 판례 등에 대한 상세한 논의는 제2절에서 검토하기로 한다.

☞ 최다 빈출

5) 일반·추상적인 법규명령과 처분적 법규명령

일반인들에 대한 일반적이면서 여러 경우에 반복적으로 적용되는 추상적인 규율을 하는 경우는 전형적인 법규명령이다. 예를 들면, **법무사법 시행규칙**은 복수인에게 즉 일반적으로, 그리고 반복적으로 즉 추상적으로 직업의 자유를 직접 제한하고 있으므로 처분적 법령이 **아니다**. 법령의 내용이 기본권을 직접적으로 제한하고 있을 뿐이다.

처분적 법령은 **특정인**에 대한 규율이거나 **특정사건**에 대한 규율이어야 한다. 법규명령의 **형식**이지만 **내용**은 처분인 경우는 처분적 법령에 해당한다. 처분적 법령은 행정소송법 **제2조의 '그 밖에 이에 준하는 행정작용'**에 속하게 되고 처분의 성질을 가진다.

판례는 **두밀분교조례를 처분적 법령으로 보아 무효확인소송**을 인정하였다. 대법원은, 조례가 집행행위의 개입 없이도 그 자체로서 직접 국민의 구체적인 권리의무나 법적 이익에 영향을 미치는 등의 법률상 효과를 발생하는 경우 그 조례는 **항고소송의 대상이 되는 행정처분에 해당**한다고 보았던 것이다.

☞ 기출

판례는 **한미약품약가인하고시 역시 처분적 법령으로 보아 취소소송**을 인

📑 기출

정하였다. 한미약품 약가인하고시가 취소소송으로 다투어진 사건에서 보듯이 처분적 법령이라고 해서 무효확인소송으로만 제기하여야 하는 것은 아니다.

처분적 법규명령에 대하여 항고소송이 가능하더라도 헌법소원이 가능한지에 대하여 긍정설과 부정설로 다툼이 있다. 법원이 법령에 대한 항고소송으로 받아주는 경우가 오히려 많지 않았으므로 국민의 권리구제의 길을 넓게 확장하기 위하여 항고소송도 가능하지만 항고소송을 받아주지 않는 경우에는 헌법소원도 제기할 수 있게 하자고 하는 논리이다.

(2) 행정규칙의 종류에는 무엇이 있을까

📑 기출: 암기법
＝ 훈＋지＋예＋일＋고＋지

1) 종류1 ― 훈령, 지시, 예규, 일일명령

행정규칙의 종류를 분류하면 **훈령**, **지시**, **예규**, **일일명령** 등으로 나눌 수 있다. ① **훈령**은 상급 관청이 하급관청에게 여러 사람들에게 일반적으로, 그리고 반복해서 처리할 수 있도록 추상적으로 내부적인 업무처리에 대한 기준을 발급하는 것을 말한다. ② **지시**는 훈령의 일종으로 볼 수도 있는데, 다만 지시는 훈령과 달리 상급관청이 하급관청에게 개별적이고 구체적인 사안에 대한 내부적인 처리기준을 내려 보내는 것이다. ③ **예규**는 행정부 내부의 공무원들이 반복적으로 업무를 잘 처리할 수 있도록 각종 양식들을 정하는 것이다. ④ **일일명령**은 공무원들에게 연장근무, 야근, 출장 등에 대한 것을 정하는 것이다.

이들은 모두 공무원들에 대하여 직접 적용되는 것이고, 국민에 대하여 발급되는 것이 아니므로 법규의 성질을 가지지 못한다.

2) 종류2 ― 고시, 지침

행정규칙을 다시 고시와 지침으로 분류할 수도 있다. **고시**는 행정규칙의 내용을 일반 국민에게 널리 알리는 형태이다. **지침**은 행정규칙의 내용을 행정부 내부에서 정하여 운영하는 형태이다.

 실력 다지기

📑 기출

① **시행령**은 **국무회의** **심의**와 법제처 심사를 거치고,
② 시행규칙은 법제처심사만 거치며,
③ 행정규칙은 둘 다 거치지 않는다.

3) 종류3 — 재량준칙

재량준칙은 행정청이 재량처분을 할 때 준수하여야 하는 행정규칙을 말한다. 재량준칙은 행정의 **자기구속의 법리**에 의거하여 **간접적으로 대외적 구속력**을 갖는다. 즉, **다수설과 판례는 자기구속의 원칙과 평등의 원칙을 매개**(이유)로 하여 **재량준칙이 간접적인 대외적 구속력을 가진다고 보고** 있다.

☞ 빈출

4) 행정규칙의 효력

① 행정규칙은 **내부적으로는** 공무원들에게는 법규적 **효력이 있다.** 행정규칙이라고 하더라도 관할 행정청이나 담당 공무원은 복종의무와 준수의무가 있다.

☞ 빈출

② 반면에 **외부적으로는** 국민들에게는 **평등의 원칙**이나 **자기구속의 원칙**에 의하여 **간접적인 구속력**을 가지게 된다.

☞ 빈출

③ 따라서 행정규칙을 준수하더라도 곧바로 적법이라고 판단되는 것도 아니고, 행정규칙을 위반하더라도 **곧바로 위법이라고 판단되는 것도 아니다.**

④ **공무원은 행정규칙이라도 법령준수의무의 적용을 받게 된다.** 즉 행정규칙은 국민에 대한 외부적인 관계에서는 법규성이 없지만, **공무원에 대한 내부적인 관계에서는 법규성이 있다.**

☞ 기출

다만 공무원의 법령준수의무와 복종의무의 한계와 관련하여 다수설과 판례는 형식적 심사권만 있고 **실질적인 심사권이 없다고 보고 있다.** 따라서 중대명백한 위법이 있어 무효인 경우가 아니라면 공무원은 위법하거나 부당하더라도 **복종의무가 있으므로,** 이를 위반하게 되면 **징계책임이 있다.**

☞ 기출

제 2 절

특수한 형태의 행정입법들은 형식과 실질이 불일치한다

☞ 난이도 높지만 최다 빈출 주제

제재처분의 기준을 법률의 형식으로 규정할 때에는 문제가 없다. 그러나 특수한 입법형태의 경우에는 논란이 심하다.

> **행정기본법 제22조(제재처분의 기준)** ① 제재처분의 근거가 되는 법률에는 제재처분의
> 주체, 사유, 유형 및 상한을 명확하게 규정하여야 한다. 이 경우 제재처분의 유형 및

상한을 정할 때에는 해당 위반행위의 특수성 및 유사한 위반행위와의 형평성 등을 종합적으로 고려하여야 한다.

② 행정청은 재량이 있는 제재처분을 할 때에는 다음 각 호의 사항을 고려하여야 한다.

1. 위반행위의 동기, 목적 및 방법

2. 위반행위의 결과

3. 위반행위의 횟수

4. 그 밖에 제1호부터 제3호까지에 준하는 사항으로서 대통령령으로 정하는 사항

행정기본법 제23조(제재처분의 제척기간) ① 행정청은 법령등의 위반행위가 종료된 날부터 5년이 지나면 해당 위반행위에 대하여 제재처분(인허가의 정지·취소·철회, 등록 말소, 영업소 폐쇄와 정지를 갈음하는 과징금 부과를 말한다. 이하 이 조에서 같다)을 할 수 없다.

② 다음 각 호의 어느 하나에 해당하는 경우에는 제1항을 적용하지 아니한다.

1. 거짓이나 그 밖의 부정한 방법으로 인허가를 받거나 신고를 한 경우

2. 당사자가 인허가나 신고의 위법성을 알고 있었거나 중대한 과실로 알지 못한 경우

3. 정당한 사유 없이 행정청의 조사·출입·검사를 기피·방해·거부하여 제척기간이 지난 경우

4. 제재처분을 하지 아니하면 국민의 안전·생명 또는 환경을 심각하게 해치거나 해칠 우려가 있는 경우

③ 행정청은 제1항에도 불구하고 행정심판의 재결이나 법원의 판결에 따라 제재처분이 취소·철회된 경우에는 재결이나 판결이 확정된 날부터 1년(합의제행정기관은 2년)이 지나기 전까지는 그 취지에 따른 새로운 제재처분을 할 수 있다.

④ 다른 법률에서 제1항 및 제3항의 기간보다 짧거나 긴 기간을 규정하고 있으면 그 법률에서 정하는 바에 따른다.

1. 법규명령(B) 형식의 행정규칙(C)이 종종 활용된다

「법규명령형식의 행정규칙」은 형식은 법규명령이지만 실질적 내용은 제재적 기준이어서 행정규칙사항을 담고 있는 경우를 말한다.

도로교통법 시행규칙에서 승차거부에 대한 제재적 기준을 규정하고 있는 것은 「법규명령형식의 행정규칙」의 예라고 할 수 있다.

법규명령설은 형식을 강조하여 법규명령으로 파악하고 행정규칙설은 내용

을 강조하여 행정규칙으로 파악한다. 다음에서 상세히 논의해 보기로 한다.

(1) 법규명령 형식의 행정규칙에 대해서는 학설이 서로 다툰다

1) ㉭정규칙설[5]

내용을 중시하여 법규성을 부정하는 견해이다. 즉, 문제된 행정입법의 실질 내용이 명백히 **행정사무의 처리준칙**으로서 **행정기관 내부에서만 효력**을 갖는 것인 때에는, 당해 행정입법의 형식을 법규명령으로 하고 있더라도 행정규칙으로서의 **성질**은 변하지 않는다고 보고 있다. **구체적 타당성**을 중요시한다.

■ 암기법
= 법+행+수

2) ㉡규명령설[6] ★★

내용에 불구하고 법규명령의 형식으로 제정된 때에는 국민이나 법원을 기속한다는 견해로서 현재의 다수설이다. 그 논거로 ① 행정규칙으로 정할 **고유한 사항은 없다**는 점, ② 재량처분의 기준이 법규명령의 형식으로 규정되어 있는 경우 관계 공무원은 **법령준수의무**에 따라 그 기준에 따른 처분을 할 것인데, 쟁송단계에서는 그 법규명령의 법적인 의미가 부인되는 것은 실제적으로 바람직하지 못하다는 점 등을 들고 있다. **법적 안정성**을 중요시한다. **최근 가중감경 입법**이나 **최고한도로 탄력적 해석을 하는 판례**를 통해 **경직성을 보완**할 수 있다고도 한다.[7]

■ 다·판

3) ㉡권여부기준설[8]

상위법령의 수권 여부를 구별하여, **위임의 근거가 있는 경우**에는 **법규명령**으로서의 성질을 인정하고, **위임의 근거가 없는 경우**에는 **행정규칙**으로서의 성질을 인정하여야 한다는 견해이다. **대부분 수권**이 있으므로 **법규명령**으로 보는 경우가 많다. 즉, 수권여부기준설은 입법에 대한 수권이 있으면 법규명령으로 보는데, 대부분의 경우 가중적 제재에 대한 수권이 있으므로 결국 법규명령설과 유사하게 사례를 풀게 된다.

(2) 판례의 태도는 일관되지 못해 어렵다★★★

■ 빈출

판례는 여객자동차 운수사업법 시행규칙에서 시외버스사업의 사업계획변경

---

5 류지태·박종수, 행정법신론, 323 – 324면.
6 김남진·김연태, 행정법 Ⅰ, 175 – 177면.
7 김동희, 행정법연습, 59 – 60면.
8 홍정선, 행정법원론(상), 247 – 248면.

인가의 요건과 절차 및 기준 등 「일반적인 행정처분의 기준」을 정한 경우에는 **법규명령**으로 보고 있다.

그러나 판례는 '시행규칙에서 「제재적 처분기준」을 정하는 경우'에는 「**행정규칙**」에 불과하다고 보고 있다.

대법원은 일관되지 못하게 '시행령에서 **제재적 처분기준**을 정하는 경우'에는 「**법규명령**」으로 보고 있다. 판례의 태도는 일관되지 못해서 이해가 쉽지 않다. 판례는 「**시행규칙**」으로 제재적 기준을 정하는 경우에 대하여는 행정규칙설의 입장을 취하고 있지만, 「**시행령**」으로 제재적 기준을 정하는 경우에 대하여는 법규명령이라고 판시하고 **있어 일관되지 못한 모습**을 보이고 있는 것이다. 따라서 학계의 판례에 대한 가장 큰 비판은 불합리한 **비일관성**이라고 할 수 있다.

그 배경과 관련하여 가중적 제재기준을 시행령이나 시행규칙으로 정하는 경우 이에 대한 학설의 대립이 치열하다.

① 판례는 **부령(시행규칙) 형식(B)**으로(☞ 제재) **처분기준(C)**을 정한 사안에서, "규정형식상 부령인 시행규칙 또는 지방자치단체의 규칙으로 정한 행정처분의 기준은 행정처분 등에 관한 **사무처리기준과 처분절차 등 행정청 내의 사무처리준칙을 규정한 것에 불과**하므로 **행정조직 내부에 있어서의 행정명령**(☞＝행정규칙)의 성격을 지닐 뿐 **대외적으로 국민이나 법원을 구속하는 힘이 없고, 그 처분이 위 규칙에 위배되는 것이라 하더라도 위법의 문제는 생기지 아니하고,** 또 위 규칙에서 정한 기준에 **적합**하다 하여 바로 그 처분이 **적법한 것이라고도 할 수 없으며,** 그 처분의 적법 여부는 위 (☞ 행정)규칙에 적합한지의 여부**에 따라 판단할 것이 아니고 관계 법령**의 규정 및 그 취지에 적합한 것인지 여부에 따라 **개별적·구체적으로 판단하여**야 한다"라고 판시하는 등 일관하여 **법규성을 부정**하고 있다.[9]

판례는 교통사고를 일으킨 후 8시간 만에 자수한 자에 대한 제재사건에서 도로교통법 시행규칙 별표는 **부령의 형식이므로 단순한 행정부 내부의 사무처리 준칙**을 규정한 것에 지나지 않는다고 판시하였다.

9 대법원 1995. 10. 17. 선고 94누14148 판결; 대법원 1995. 12. 12. 선고 94누12320 판결 등.

최다 빈출 판례

빈출

186. 대법원 1997. 5. 30. 선고 96누5773 판결[자동차운전면허취소처분취소]

도로교통법시행규칙 제53조 제1항이 정한 [별표 16]의 운전면허행정처분기준은 부령의 형식으로 되어 있으나, 그 규정의 성질과 내용이 운전면허의 취소처분 등에 관한 사무처리기준과 처분절차 등 행정청 내부의 사무처리준칙을 규정한 것에 지나지 아니하므로 대외적으로 국민이나 법원을 기속하는 효력이 없으므로, 자동차운전면허취소처분의 적법여부는 그 운전면허행정처분기준만에 의하여 판단할 것이 아니라 도로교통법의 규정 내용과 취지에 따라 판단되어야 한다. 인적·물적 피해가 발생한 교통사고를 일으켰음에도 구호조치를 취하지 아니하고 차를 사고장소에 둔 채 도주하였다가 8시간 정도 지난 후에야 개인택시조합 사고담당자를 통하여 경찰관서에 자진신고한 개인택시 운전사에 대하여 행정청이 한 운전면허취소처분은 정당하다.

▷ 기출

판례는 「자동차운수사업법」의 규정에 따라 제정된 「자동차운수사업법제31조등의 규정에의한사업면허의취소등의처분에관한규칙」은 형식은 부령으로 되어 있으나 그 규정의 성질과 내용은 자동차운수사업면허의 취소처분 등에 관한 사무처리기준과 처분절차 등 행정청 내의 사무처리준칙을 규정하고 있다면 그 성질은 행정규칙에 불과하다고 판시한다.

▷ 기출

187. 대법원 1991. 11. 08. 선고 91누4973 판결[개인택시운송사업면허취소처분취소]

자동차운수사업법 제31조 제2항의 규정에 따라 제정된 자동차운수사업법제31조등의 규정에의한사업면허의취소등의처분에관한규칙은 형식은 부령으로 되어 있으나 그 규정의 성질과 내용은 자동차운수사업면허의 취소처분 등에 관한 사무처리기준과 처분절차 등 행정청 내의 사무처리준칙을 규정한 것에 불과하여 행정조직 내부에 있어서의 행정명령의 성질을 가지는 것이어서 행정조직 내부에서 관계 행정기관이나 직원을 구속함에 그치고 대외적으로 국민이나 법원을 구속하는 것은 아니므로, 자동차운송사업면허취소 등의 처분이 이 규칙에서 정한 기준에 따른 것이라 하여 당연히 적법한 처분이 된다 할 수 없고, 그 처분의 적법 여부는 자동차운수사업법의 규정 및 그 취지에 적합한 것인가의 여부에 따라서 판단하여야 한다.

▷ 기출

② 그러나 **대통령령(시행령) 형식인 경우**에는 이와 달리 **법규명령으로 보**고 있어 주목을 끌고 있다. "당해 처분의 기준이 된 **주택건설촉진법 시행령** 제10조의3 제1항 **[별표 1]**은 주택건설촉진법 제7조 제2항의 위임규정에 터 잡은

빈출

규정형식상 대통령령이므로 그 성질이 부령인 시행규칙이나 지방자치단체의 규칙과 같이 통상적으로 행정조직 내부에 있어서의 행정명령에 지나지 않는 것이 아니라 대외적으로 국민이나 법원을 구속하는 힘이 있는 법규명령에 해당한다"고 판시하였다.[10] 판례는 서울시 노원구청장이 금융종합건설주식회사에게 주택건설촉진법 시행령 별표에 따라 하자보수에 대한 시정명령을 이행하지 않은 것에 대하여 제재를 가한 것은 시행령은 규정 형식상 대통령령이므로 그 성질이 부령인 시행규칙이나 또는 지방자치단체의 규칙과 같이 통상적으로 행정조직 내부에 있어서의 행정명령에 지나지 않는 것이 아니라 대외적인 국민이나 법원을 구속하는 힘이 있는 법규명령이므로 비록 시멘트상들의 매점매석으로 하자보수를 하지 못하였다고 하더라도 규정대로 제재를 가한 것은 적법하다고 판시하였던 것이다. 시행령이라고 해서 구체적인 사정을 고려하지 못한다고 판시한 것은 문제가 있다.

오답 주의 빈출 판례

③ ★★★ 더 나아가 최근에 대법원은 대통령령 형식으로 정한 과징금(☞ 불법수익을 박탈하는 금전처분) 처분기준의 법적 성질을 「법규명령」으로 보면서도 과징금 금액을 정액이 아니라 최고한도액으로 봄으로써, 과징금 처분기준의 대외적 구속력을 인정함과 동시에 구체적 사정에 적응할 수 있는 재량이 행정청에게 있음을 인정하고 있다.[11]

실력 다지기

법규명령 형식의 행정규칙에 대한 법규명령설은 과거에는 탄력적이거나 구체적 타당성을 도모할 방법이 없었지만 최근에는 입법적인 방법으로는 가중감경 규정을 두는 방안이 강구되고 있고, 해석에 의한 방법으로는 대법원이 시도한 것이기는 하지만 청소년보호법 시행령 별표 사건에서는 제재의 최고한도로 보아 그 범위 내에서 재량이 가능하도록 해석하고 있다. 그러나 청소년보호법 시행령 별표 사건에서 대법원이 취한 후자의 방법은 권력분립에 반하는 것이므로 바람직하지 않은 측면이 있다.

빈출

대법원은 미성년자를 고용하여 영업에 종사하게 한 유흥주점 안개하우스 과징금 부과사건에서 법규명령으로 보더라도 사안에 따라 적정한 과징금의 액

---

10 대법원 1997. 12. 26. 선고 97누15418 판결.
11 대법원 2001. 3. 9. 선고 99두5207 판결.

수를 정할 수 있는 **최고한도액**이므로 그 이하에서 재량으로 제재를 가할 수 있다는 취지의 판결을 하였던 것이다.

---

188. 대법원 2001. 3. 9. 선고 99두5207 판결[과징금부과처분취소]

구 청소년보호법 제49조 제1항, 제2항에 따른 같은법시행령(제40조 [별표 6]의 위반행위의종별에따른과징금처분기준은 법규명령이기는 하나 모법의 위임규정의 내용과 취지 및 헌법상의 과잉금지의 원칙과 평등의 원칙 등에 비추어 같은 유형의 위반행위라 하더라도 그 규모나 기간·사회적 비난 정도·위반행위로 인하여 다른 법률에 의하여 처벌받은 다른 사정·행위자의 개인적 사정 및 위반행위로 얻은 불법이익의 규모 등 여러 요소를 종합적으로 고려하여 사안에 따라 적정한 과징금의 액수를 정하여야 할 것이므로 그 수액은 정액이 아니라 최고한도액이다.

> 최다 빈출

---

(3) 검토해 보자

법규명령설이 타당하다고 생각된다. 법규명령은 **법제처의 심사** 혹은 **국무회의의 심의**(대통령령), **입법예고, 공포** 등 절차적 정당성이 부여된다는 점, 국민에게 예측가능성을 부여하게 된다는 점, 애초부터 법규명령으로 제정되어야 할 고유한 사항이란 있을 수 없다는 점 등에서 그러하다.

> 논거도 가끔씩 출제

아울러 법규명령설은 과거에는 탄력적이거나 구체적 타당성을 도모할 방법이 없었지만 최근에는 입법적인 방법으로는 가중감경 규정을 두는 방안이 강구되고 있고, 해석에 의한 방법으로는 대법원이 시도한 것이기는 하지만 제재의 최고한도로 보아 그 범위 내에서 재량이 가능하도록 해석하는 것이다. 법규명령설을 취하더라도 개별 기준을 참고하여 일반 기준에 의하여 가중감경할 수 있도록 되어있다면 재량행위라고 해석하여야 한다.

한편, **판례는 부령**(시행규칙)과 **대통령령**(시행령)을 **구분하여** 후자의 경우만 법규명령이라고 보는바, 부령과 대통령령은 다 같이 법규명령이라는 점에서 본질적으로 차이가 없으므로 이러한 태도는 타당치 않다.

> 빈출

법규명령 형식의 행정규칙은 법규명령으로 보아야 한다. 다만 법규명령형식의 행정규칙 역시 위임입법의 법리인 구체적 수권성, 수권의 취지와 범위, 행정법의 일반원칙 등에 위반해서는 안 된다.

판례에 의하면 자원의 절약과 재활용촉진에 관한 법률 시행령 별표에서 플라스틱제품의 '수입업자'가 부담하는 폐기물부담금의 산출기준을 '제조업자'와 달리 그 수입가만을 기준으로 정한 것은 평등의 원칙에 위반되어 무효이다.

---

189. 대법원 2008. 11. 20. 선고 2007두8287 전원합의체 판결[폐기물부담금부과처분취소]

자원의 절약과 재활용촉진에 관한 법률 시행령 제11조 [별표 2] 제7호에서 플라스틱제품의 수입업자가 부담하는 폐기물부담금의 산출기준을 아무런 제한 없이 그 수입가만을 기준으로 한 것은, 합성수지 투입량을 기준으로 한 제조업자에 비하여 과도하게 차등을 둔 것으로서 합리적 이유 없는 차별에 해당하므로, 위 조항 중 '수입의 경우 수입가의 0.7%' 부분은 헌법상 평등원칙을 위반한 입법으로서 무효이다.

그러나 판례는 대형약국 약사가 처방전 없이 함부로 의약품인 마그밀 위장약을 개봉하여 낱개로 판매하는 행위에 대하여 약사법 및 같은 법 시행규칙(보건복지부령) [별표 6] '행정처분의 기준'에 따라 업무정지 15일의 처분을 사전통지하였다가, 그 후 같은 법 제71조의3 제1항, 제2항, 같은 법 시행령 제29조 [별표 1의2] '과징금 산정기준'에 따라 업무정지 15일에 갈음하는 855만 원의 과징금 부과처분을 한 것은 재량권을 남용한 것이 아니라고 판시하였다.

---

190. 대법원 2007. 09. 20. 선고 2007두6946 판결[과징금부과처분취소]

원고가 개봉판매한 '마그밀'은 위염 및 변비 치료에 사용되는 수산화마그네슘 제제로서 오·남용의 우려가 적고 인체에 미치는 부작용이 비교적 적은 일반의약품이기는 하지만, 신기능장애 또는 설사 환자에게는 투여하지 말아야 하고 심기능장애 환자나 고마그네슘혈증 환자에게도 신중히 투여하여야 하며, 또 장기적으로 대량 투여하는 경우에는 부작용으로 고마그네슘혈증이 나타날 수 있고, 다량의 우유, 칼슘제제와 함께 사용하는 경우에는 우유알칼리증후군(고칼슘혈증, 고질소혈증, 알칼리증 등)이 나타날 수도 있으므로, 이와 같은 사용상의 주의사항 및 부작용에 대하여 구입자에게 충분한 설명이 필요한 것으로 보이는 점, 원고가 개설·운영하는 약국은 이 사건 처분 전년도 총매출금액이 2억 8,500만 원을 넘는 대형약국인바(과징금 산정기준을 정하고 있는 구 약사법 시행령 [별표 1의2]에서는 이와 같은 규모의 약국에 대하여 업무정지 1일에 해당하는 과징금 액수를 최고액인 57만 원으로 정하고 있다), 약국의 규모에 비해 이 사건 개봉**판매로 얻을 수 있는 경제적 이익이 크지 않다고 하여 그 위반행위의 위법성이 가볍다고 할 수는 없으며 오히려 대형약국일수록 관련 법령을 더욱 엄격하게 준수하여야 할 것인 점**, 구 약사법 제69조는 약국개설자의 구 약사법 위반행위에 대한 행정처분으로 약국개설등록의 취소 또는 기간을 정한 업무의 전부·일부 정지 등을 규정하고 있는데, 피고는 구 약사법 시행규칙 [별표 6] '행정처분의 기준'에 정해진 대로 원고에게 위반행위 횟수가 1회인 경우에 해당하는 업무정지 15일의 처분을 하겠다는 취지를 사전에 통지하였으나, 원고의 의견을 청취한 후 이 사건 위반행위의 내용과 정도 등을 참작하여 업무정지 15일에 갈음하는 과징금을 부과하기로 하고 구 약사법 시행령 [별표 1의2]가 정하는 '과징금 산정기준'에 따라 산정한 이 사건 과징금 부과처분을 하기에 이른 점 등을 **종합해 보면, 피고가 원고의 이 사건 의약품 개봉판매 행위에 대하여 구 약사법 및 같은 법 시행령, 시행규칙에 따라 업무정지 15일에 갈음하는 과징금 부과처분을 한 것이 피고에게 주어진 재량권의 범위를 일탈하거나 피고가 그 재량권을 남용한 것에 해당한다고 보기는 어렵다.**

기초 이해하기

시행규칙 형식의 제재처분 기준에 대하여는 법규명령형식의 행정규칙으로서 성질에 대한 논의가 있게 된다. 법규명령설과 행정규칙설, 수권여부 기준설 등의 대립이 있다. 대법원은 시행규칙의 형식인 경우에는 단순한 행정규칙에 불과하므로 내부적인 기준에 불과하다고 보나. 시행령의 경우에는 법규명령으로서 대외적인 구속력을 가진다고 본다.

2. **법령보충적 행정규칙도 많이 사용되고 있다**

「법령보충적 행정규칙」은 형식은 행정규칙이지만 실질은 상위 법령에서 법규에 대한 입법을 행정규칙으로 정하도록 위임하고 있는 경우를 말한다. 노인복지법에서 장관에게 노령수당금액과 지급시기에 대하여 정하도록 하여 노인복지지침이 발령된 경우는 「법령보충적 행정규칙」의 예에 해당한다.

(1) 법령보충적 행정규칙의 의의

원칙적으로 행정규칙은 행정부 내부의 업무처리기준이므로 법령의 수권이 필요 없다. 그러나 국민의 권리를 제한하거나 의무를 부과하기 위해서는 반드시 **법령의 수권**이 필요한데, 이때의 행정규칙은 **법령보충적 행정규칙**이라고 부르며 다음의 논의에서 보듯이 다수설과 판례에 의하면 **법규명령**이라고 본다.

법령보충적 행정규칙은「**행정규제기본법」 제4조 제2항 단서**에 근거규정을 두고 있다.

📌 기출 규정

> **행정규제기본법 제4조(규제 법정주의)** ② 규제는 법률에 직접 규정하되, 규제의 세부적인 내용은 법률 또는 상위 법령에서 구체적으로 범위를 정하여 위임한 바에 따라 대통령령·총리령·부령 또는 조례·규칙으로 정할 수 있다. 다만, 법령에서 전문적·기술적 사항이나 경미한 사항으로서 업무의 성질상 위임이 불가피한 사항에 관하여 구체적으로 범위를 정하여 위임한 경우에는 고시 등으로 정할 수 있다.

오늘날은 국회가 모든 것을 일일이 입법할 수 없을 정도로 행정의 양과 질이 증가하고 있으므로 법령보충적 행정규칙도 법률유보의 원칙을 충족시키는 형태가 된다.

(2) 법령보충적 행정규칙의 법적 성질에 대한 학설상의 논의를 알아보자

📌 암기법
= 법＋행＋규＋위

1) (법)규명령설 ★★

📌 법규명령설: 다·판

이러한 행정규칙은 법령의 구체적·개별적 **위임**에 따라 법규를 **보충**하는 기능을 가지며 **대외적 효력**을 가지므로 법규명령으로 보아야 한다는 견해이다. **다수설**의 입장이다.

2) (행)정규칙설

행정입법은 국회입법원칙에 대한 예외이므로 그러한 예외적인 입법형식은 **헌법에 근거**가 있어야 한다는 이유로 행정규칙으로 보는 견해이다.

3) (규)범구체화행정규칙설

이러한 행정규칙은 원칙적으로 위헌·무효로 보아야 할 것이나, **판례의 입장을 수용**할 경우 이를 통상적인 행정규칙과는 달리 그 자체로서 국민에 대한 법적 구속력이 인정되는 **규범구체화행정규칙**으로 보고자 하는 견해이다.

4) (위)헌무효설

헌법에 규정이 없는 형태이므로 **아예 효력을 부정**하자는 입장이다.

(3) 법령보충적 행정규칙에 대한 **판례입장**을 알아보자 ★★★

📌 빈출

판례도 법령보충적 행정규칙의 성질에 대하여는 **법규명령설**의 입장에 있다. 고시 등 행정규칙이 법령의 **수권**에 의하여 당해 **법령의 내용을 보충**하는 경우 수권법령과 **결합**하여 **대외적 구속력을 갖게 된다**는 것이 대법원 판례의 입장이다.

대법원은 "행정규칙이 갖는 일반적 효력으로서가 **아니라**, 행정기관에 법령의 내용을 **보충**할 권한을 부여한 법령규정의 효력에 의하여 그 내용을 **보충**하는 **기능**을 갖게 된다 할 것이므로 이와 같은 행정규칙은 당해 **법령의 위임한계를 벗어나지 아니하는 한** 그것들과 **결합**하여 **대외적인 구속력**이 있는 **법규명령**으로서의 효력을 갖게 된다"고 판시[12]하여 **대외적 구속력을 인정**하고 있다.

📌 빈출

판례에 의하면 노인복지법에서는 노령수당의 지급금액과 지급시기에 대하여만 수권하였는데, 노인복지지침에서 노령수당 지급연령까지 상향조정하여 입법하였으므로 수권의 취지와 범위에 위반되어 위법하고 무효라는 취지의 판시를 하였다.

---

191. 대법원 1996. 4. 12. 선고 95누7727 판결[노령수당지급대상자선정제외처분취소]

법령보충적인 행정규칙, 규정은 당해 법령의 위임한계를 벗어나지 아니하는 범위 내에서만 그것들과 결합하여 법규적 효력을 가지고, 노인복지법 제13조 제2항의 규정에 따른 노인복지법시행령 제17조, 제20조 제1항은 노령수당의 지급대상자의 연령범위에 관하여 위 법 조항과 동일하게 '65세 이상의 자'로 반복하여 규정한 다음 소득수준 등을 참작한 일정소득 이하의 자라고 하는 지급대상자의 선정기준과 그 지급대상자에 대한 구체적인 지급수준(지급액) 등의 결정을 보건사회부장관에게 위임하고 있으므로, 보건사회부장관이 노령수당의 지급대상자에 관하여 정할 수 있는 것은 65세 이상의 노령자 중에서 그 선정기준이 될 소득수준 등을 참작한 일정소득 이하의 자인 지급대상자의 범위와 그 지급대상자에 대하여 매년 예산확보상황 등을 고려한 구체적인 지급수준과 지급시기, 지급방법 등일 뿐이지, 나아가 지급대상자의 최저연령을 법령상의 규정보다 높게 정하는 등 노령수당의 지급대상자의 범위를 법령의 규정보다 축소·조정하여 정할 수는 없다고 할 것임에도, 보건사회부장관이 정한 1994년도 노인복지사업지침은 노령수당의 지급대상자를 '70세 이상'의 생활보호대상자로 규정함으로써 당초 법령이 예정한 노령수당의 지급대상자를 부당하게 축소·조정하였고, 따라서 위 지침 가운데 노령수당의 지급대상자를 '70세 이상'으로 규정한 부분은 법령의 위임한계를 벗어난 것이어서 그 효력이 없다.

📌 기출

판례는 보건사회부장관의 고시인 식품제조영업허가기준의 성질이 법령보충적 행정규칙이므로 법규명령이라고 판시하고 있다.

---

12 대법원 1987. 9. 29. 선고 86누484 판결. 동지판례: 대법원 1994. 4. 26. 선고 93누21668 판결; 대법원 1996. 4. 12. 선고 95누7727 판결; 대법원 2002. 9. 27. 선고 2000두7933 판결 등.

기출

> **192. 대법원 1994. 03. 08. 선고 92누1728 판결[과징금부과처분취소]**
>
> 식품제조영업허가기준이라는 고시는 공익상의 이유로 허가를 할 수 없는 영업의 종류를 지정할 권한을 부여한 구 식품위생법 제23조의3 제4호에 따라 보건사회부장관이 발한 것으로서, 실질적으로 법의 규정내용을 보충하는 기능을 지니면서 그것과 결합하여 대외적으로 구속력이 있는 법규명령의 성질을 가진 것이다.

법령보충적 행정규칙이 법령의 위임한계를 벗어나면 위법하고 무효이다. 그런데 위임의 한계를 벗어났는지 여부와 관련하여 법원은 **노인복지지침은 수권의 취지와 범위에 반하여 무효**라고 판시하였다. **택지개**발업무처리지침에서 상업중심지역에 SAUNA가 들어설 수 없는 기준을 정한 것은 수권의 취지에 부합하므로 허가거부의 **법률유보를 충족한다고 판시하였다.**

최근 기출

> **193. 대법원 2008. 03. 27. 선고 2006두3742 판결[목욕장영업신고서처리불가처분취소 · 영업소폐쇄명령처분취소]**
>
> 상급행정기관이 하급행정기관에 대하여 업무처리지침이나 법령의 해석적용에 관한 기준을 정하여 발하는 이른바 행정규칙은 일반적으로 행정조직 내부에서만 효력을 가질 뿐 대외적인 구속력을 갖지 않지만, 법령의 규정이 특정 행정기관에게 그 법령 내용의 구체적 사항을 정할 수 있는 권한을 부여하면서 그 권한 행사의 절차나 방법을 특정하고 있지 않아 수임행정기관이 행정규칙의 형식으로 그 법령의 내용이 될 사항을 구체적으로 정하고 있다면, 그와 같은 행정규칙은 위에서 본 행정규칙이 갖는 일반적 효력으로서가 아니라 행정기관에 법령의 구체적 내용을 보충할 권한을 부여한 법령 규정의 효력에 의하여 그 내용을 보충하는 기능을 갖게 되고, 따라서 이와 같은 행정규칙은 당해 법령의 위임 한계를 벗어나지 않는 한 그것들과 결합하여 대외적인 구속력이 있는 법규명령으로서의 효력을 가진다.

기출 판례

공장입지기준고시는 환경침해가 크지 않은 **콘크리트공장**에 대해서는, 지나친 주택가와의 이격거리는 수권의 취지와 비례 및 평등원칙에 위반되어 무효라고 판시하였다. 그러나 니켈, 카드뮴 등 전파 가능성이 높은 중금속을 사용하는 **2차전지공장**은 이격거리가 멀더라도 수권의 취지에 부합하고, 비례의 원칙과 평등의 원칙에 부합한다고 판시하였다.

194. 대법원 2011. 9. 8. 선고 2009두23822 판결【공장신설불승인처분취소】

[1] '산업입지의 개발에 관한 통합지침'이 법규명령의 효력을 가지는지 여부(적극)

산업입지 및 개발에 관한 법률, 산업입지 및 개발에 관한 법률 시행령의 위임에 따라 제정된 '산업입지의 개발에 관한 통합지침'의 내용, 형식 및 취지 등을 종합하면, '산업입지의 개발에 관한 통합지침'은 위 법령이 위임한 것에 따라 법령의 내용이 될 사항을 구체적으로 정한 것으로서 법령의 위임 한계를 벗어나지 않으므로, 그와 결합하여 대외적으로 구속력이 있는 법규명령의 효력을 가진다.

[2] 사안의 적용

2차 전지를 생산하는 주식회사가 한 공장설립승인신청에 대하여, 천안시장이 공장부지가 천안 상수원보호구역으로부터 상류 800m 지점에 있어서 '산업입지의 개발에 관한 통합지침' 제36조 제1항 제6호에 따라 공장설립이 불허된다는 이유로 불승인처분을 한 사안에서, 통합지침 제36조 제1항 제6호는 법규명령의 효력이 있는 것으로서 공장설립승인 여부를 결정하는 기준을 정한 구 산업집적활성화 및 공장설립에 관한 법률 시행령 제19조 제2항에서 정한 '관계 법령'에 해당하므로, 천안시장이 통합지침에 따라 공장설립승인 신청을 불승인한 처분이 적법하다.

　　대법원은 국세청장의 **훈령**형식으로 되어 있는 「재산제세사무처리규정」은 「소득세법시행령」의 위임에 따라 「소득세법시행령」의 내용을 **보충**하는 기능을 가지므로 「소득세**법시행령**」과 **결합하여 대외적 효력을 갖는다고 판시하였다.** 그러면서도 이 사건에서 대법원은 **재산제세 사무처리규정**은 수권의 취지와 달리 투기거래가 아닌 경우도 중과세요건으로 입법하였으므로 무효라고 판시하였다. 판례는 소득세법과 동 시행령의 수권의 취지는 **투기거래의 유형을 설정**하여 중과세의 기준을 입법하도록 한 것인데, **투기거래가 아닌 단기매매까지도** 규정한 것은 수권의 취지와 범위에 위반되므로 위법하여 **무효**이고 이에 근거한 중과세처분은 **취소**되어야 한다는 취지의 판시를 하였던 것이다.

👉 빈출 판례

195. 대법원 1991. 1. 15. 선고 90누7234 판결[양도소득세등부과처분취소]

투기거래의 구체적 유형을 규정하고 있는 재산제세조사사무처리규정 제72조 제3항 중 국세청훈령 제946호 제72조 제3항 제5호의 규정은 비록 투기거래의 판단주체를 과세관청으로 정해놓기는 하였지만 그 판단기준은 과세관청의 자의적 판단에 맡긴 것은 아니고 동조항 제1호 내지 제4호에 준하는 거래만을 투기거래로 할 수 있도록 객관적 기준을 명백히 한 것으로서 조세법률주의에 위배된 것도 아니고 법령의 위임에 의한 보충권한을

> 벗어난 것이라고도 할 수 없는 유효한 규정으로서 소득세법이나 동법시행령의 규정과 결합하여 법규명령으로서의 효력을 갖는 것이나, 그 조항이 그 투기거래의 객관적인 식별기준을 명시하지 아니하고 과세관청의 자의적인 재량을 허용하고 있으므로 조세법률주의에 위배되는 규정이어서 무효이다.

기출

헌법재판소는 "국회입법에 의한 수권이 입법기관이 아닌 행정기관에게 법률 등으로 구체적인 범위를 정하여 위임한 사항에 관하여는 당해 행정기관에게 법 정립의 권한을 갖게 되고, 입법자가 규율의 형식도 선택할 수도 있다 할 것이므로, 헌법이 인정하고 있는 위임입법의 형식은 '**예시적인 것**'으로 보아야 할 것이고, 그것은 법률이 행정규칙에 위임하더라도 그 행정규칙은 위임된 사항만을 규율할 수 있으므로, '**국회입법의 원칙과 상치되지도 않는다.**' 다만, 형식의 선택에 있어서 규율의 밀도와 규율영역의 특성이 개별적으로 고찰되어야 할 것이고, 그에 따라 입법자에게 상세한 규율이 불가능한 것으로 보이는 영역이라면 행정부에게 필요한 보충을 할 책임이 인정되고 극히 전문적인 식견에 좌우되는 영역에서는 행정기관에 의한 구체화의 우위가 불가피하게 있을 수 있다. 그러한 영역에서 행정규칙에 대한 위임입법이 **제한적으로 인정될 수 있다**"고 판시하여 **법률이 입법사항을 부령이 아닌 고시와 같은 행정규칙의 형식으로 위임하는 것에 대해 제한적으로 합헌성을 인정**하였다.[13]

결국 대법원과 헌재 모두 법령보충적 행정규칙을 인정하고 있고 법규명령으로 기능적으로 파악하고 있다.

(4) 검토해 보자

생각건대, 행정입법은 헌법상의 국회입법의 원칙에 대한 예외이므로 그 예외 역시 헌법 스스로 명문으로 인정한 경우에 한정되어야 한다는 점, 국민생활

---

13 헌재 2004. 10. 28. 99헌바91; 다만 이 결정의 반대의견은 "우리 헌법은 제40조에서 국회입법의 원칙을 천명하면서 예외적으로 법규명령으로 대통령령, 총리령과 부령, 대법원규칙, 헌법재판소규칙, 중앙선거관리위원회규칙을 한정적으로 열거하고 있는 한편 우리 헌법은 그것에 저촉되는 법률을 포함한 일체의 국가의사가 유효하게 존립될 수 없는 경성헌법이므로, 법률 또는 그 이하의 입법형식으로써 헌법상 원칙에 대한 예외를 인정하여 고시와 같은 행정규칙에 입법사항을 위임할 수는 없다. 우리 헌법을 이렇게 해석한다면 위임에 따른 행정규칙은 법률의 위임 없이도 제정될 수 있는 집행명령(헌법 제75조 후단)에 의하여 규정할 수 있는 사항 또는 법률의 의미를 구체화하는 내용만을 규정할 수 있다고 보아야 하는 것이고 새로운 입법사항을 규정하거나 국민의 새로운 권리·의무를 규정할 수는 없다"고 하여 법규적 사항을 행정규칙에 위임하는 법률조항은 위헌이라고 판단하였다.

을 고권적·일방적으로 규율하는 실질적 의미의 법규명령을 행정규칙의 형식으로 발하는 것은 법률유보의 원칙에 반한다는 점에서 법령보충적 행정규칙을 법규명령으로 보아 대외적 구속력을 인정하는 것은 타당하지 않다. 이러한 견지에서 행정규칙설에 찬성한다.

한편 법령보충적 행정규칙과 규범구체화행정규칙을 동일하게 파악하는 입장은 소수설의 입장이다. 규범구체화행정규칙은 기술적이고 전문적인 분야에 국한시켜서 파악되어야 한다고 보는 것이 다수설과 판례의 태도라도 평가할 수 있다.

그렇지만, 다수설과 판례는 법규명령으로 보고 있음을 유의하여야 한다. 다만 법령보충적 행정규칙 역시 위임입법의 법리인 구체적 수권성, 수권의 취지와 범위, 행정법의 일반원칙 등에 위반해서는 안 된다. 법률유보의 범위에 속하는 사항을 상위법의 위임없이 고시등에 규정하는 것은 위헌이므로 그러한 규정은 국민에 대하여 구속력을 가질 수 없다. 국회로부터 입법에 대한 수권을 받지 않는 이상 법령보충적 행정규칙은 그 자체로서 법규성을 가질 수 없고 무효가 되거나 단순한 행정규칙에 불과하게 된다. '고시 등'이 비록 법령에 근거를 둔 것이라고 하더라도 그 규정 내용이 법령의 위임범위를 벗어난 경우에는 대외적 구속력이 없다.

(5) 법령보충적 행정규칙도 지켜야만 할 것들이 있다

따라서 법령보충적 행정규칙은 **구체적 수권**이 있어야 하고, **수권의 취지와 범위**를 준수하여야 하며, **행정법의 일반원칙**에 위반되어서도 안 된다.

판례도 개인택시운송사업면허는 특정인에게 권리나 이익을 부여하는 행정행위로서 법령에 특별한 규정이 없는 한 재량행위이고 그 면허에 필요한 기준을 정하는 것 역시 법령에 규정이 없는 한 행정청의 재량에 속한다 할 것이나, 이 경우에도 이는 객관적으로 타당하여야 하며 그 설정된 **우선순위 결정방법이나 기준**이 객관적으로 합리성을 잃은 것이라면 이에 따라 면허 여부를 결정하는 것은 재량권의 한계를 일탈한 것이 되어 위법하다고 판시한다.[14]

예를 들어서 행정청에게 지역택시의 면허요건에 대한 기준을 정하도록 수

---

14 대법원 2007. 2. 8. 선고 2006두13886 판결; 대법원 1991. 11. 12. 선고 91누704 판결; 대법원 2005. 4. 28. 선고 2004두8910 판결 등.

권한 **지역택시특례제들**은 법령보충적 행정규칙들인데, 판례는 사안에 따라 위법성을 다음과 같이 판시하고 있다.

청주시 지역택시특례제에서 청주시에서 실제 청주시 소속 택시업체에서 일정기간 근무하도록 경력을 요구한 것(이른바 지역봉사요건)은 개인택시면허제도의 성격, 운송사업의 공익성, 지역에서의 장기간 근속을 장려할 필요성, 기준의 명확성 등의 제반사정에 비추어 합리적인 제한이다.

---

196. 대법원 2005. 4. 28. 선고 2004두8910 판결[개인택시운송사업면허신청반려처분취소]

청주시장인 행정청이 개인택시운송사업면허업무규정 제5조(거주요건) 제1항을 개인택시운송사업면허신청 공고일로부터 청주시에서 과거 2년간 계속하여 실제로 거주한 자로 주민등록이 되어 있어야 하고, 같은 기간 중 2년간 청주시 소재 업체에서 운전한 경력이 있는 자만 개인택시 신규면허신청 자격을 인정하는 내용으로 개정한 것은 간담회 등 이해관계인의 의견진술기회를 보장하고 의견조정을 거쳐 이루어진 것으로 그 개정절차가 특별히 위법·부당하다고 보이지 아니하고, 소속 운전자들의 이익단체인 각 관련 단체에 의견진술기회를 보장한 이상 그 소속 운전자 또는 지역 외 개인택시운송사업면허 신청자에 대하여 개별적으로 그 개정절차를 통지해 주지 아니하였다 하여 달리 볼 것도 아니며, 행정청이 개정된 업무규정에서 운전경력에 관한 요건을 강화한 것은 개인택시운송사업의 특성상 사업구역의 지리에 밝고 피고의 관할구역 내에서 장기간 거주하면서 그 지역에 소재한 업체에서 근무하여 온 운전자들을 보호하고, 피고의 관할구역과는 아무런 관련이 없는 타 지역의 장기근속자들이 주민등록상의 주소만 등재하고 우선순위 요건만을 만족시키는 경우를 방지하기 위한 것으로서 지역사정 등을 충분히 고려하였다고 보이므로 그 목적의 정당성을 인정할 수 있고, 개정된 업무규정이 지역택시업체에게 특혜를 제공하여 관할구역 소재 업체에서 10년 이상 장기간 근속한 자를 우대함으로써 결과적으로 원고와 같은 타 지역 업체 소속 신청자에게 불리한 결과를 초래하였다고 하더라도, 매년 상황에 따라 적절히 면허 숫자를 조절하여야 할 필요성이 있는 개인택시 면허제도의 성격, 택시운송사업 및 시내버스운송사업의 공익성, 지역실정에 따라 근로자의 이동을 억제하고 지역에서의 장기간 근속을 장려함으로써 안정적인 여객운송서비스를 제공할 필요성, 기준의 명확성 요청 등의 제반 사정에 비추어 이는 합리적인 제한이라고 보아야 할 것이므로, 수단·방법이 적절하지 아니하여 비례의 원칙 내지 과잉금지의 원칙에 위배되거나 헌법 제37조 제2항에 반한다고 볼 수 없으며, 개인택시면허발급 여부는 해당 지방자치단체가 처한 교통수급상황 등 지역적 여건을 고려하여 정하지 않을 수 없는 이상 필연적으로 다른 지역과 차이가 있을 수밖에 없으므로 원고가 다른 지역에 거주하였다면 이 사건 면허신청 자격이 있었을 것이라는 사유만으로 이를 형평성에 반한다고 볼 수도 없다고 판단하였는바, 위 법리에 비추어 기록을 살펴보면, 이러한 원심의 사실인정과 판단은 옳고, 거기에 상고이유에서 주장하는 바와 같은 재량권의 일탈·남용에 관한 법리오해, 비례 또는 과잉금지의 원칙, 평등의 원칙에 관한 법리오해 등의 위법이 있다고 할 수 없으며, 개정된 업무규정이 헌법 제37조 제2항에 위반된다고 볼 근거도 없다.

동해시 지역택시특례제에서 동일 경력자 중 택시운전자에 대하여 우대하는 기준을 둠으로써 동종 업계에서 종사해 온 트럭운전사나 버스운전자에 대하여 차별하는 것은 합리적인 제한이라고 보는 것이 판례이다.

197. 대법원 2009. 7. 9. 선고 2008두11099 판결[개인택시운송사업면허제외처분취소]

동해시가 관내 개인택시 면허발급의 우선순위를 정함에 있어 1차적으로 버스나 다른 사업용 자동차의 운전경력보다 택시 운전경력을 우대하는 것에 더하여, 동일 순위 내 경합이 있으면 다시 택시운전경력자를 우선하도록 하는 내용의 이 사건 규정을 둔 취지는, 그 면허의 대상이 개인택시운송사업이어서 거기에 종사하게 될 자를 정함에 있어서는 버스나 다른 사업용 자동차의 운전경력에 비해 업무의 유사성이 높은 택시운전경력이 더욱 유용하다는 판단과 아울러, 동해시의 지역 실정상 택시기사 부족사태의 해결 및 균형적인 여객운송사업의 발전을 도모하기 위해서는 관내 안정적인 영업 기반을 갖춘 택시회사의 영업활동에 대한 지원이 필요하다는 판단이 주로 고려된 것으로 보이고, 여기에다가 이 사건 규정을 신뢰하고 장기간 근무하고 있는 관내 택시회사 운전자들의 신뢰이익을 보호할 필요가 있으며, 그로 말미암아 원고와 같은 택시 이외의 운전경력자가 입는 불이익은 정당한 행정목적 달성을 위한 수익적 행정행위에 따르는 반사적인 것에 불과하다는 점까지 보태어 보면, 이 사건 규정은 합목적적인 행정의 수단 내지 기준으로서 나름대로 합리적이고 타당한 것이라 할 것이고, 위 규정 및 이 사건 면허계획공고에 정한 우선순위에 따라 면허발급대상인원보다 후순위인 원고에 대한 이 사건 제외처분 역시 마찬가지로 적법하다고 보아야 할 것이다.

경기도 고양시 지역택시특례제에서 경기도 고양시에 소재하는 특정회사에서 4년간 근무하도록 경력을 요구하는 것은 개인택시면허제도의 성격, 운송사업의 공익성, 지역에서의 장기간 근속을 장려할 필요성, 기준의 명확성 등의 제반 사정에 비추어 합리적인 제한이라고 볼 수 없다.

> ### 198. 대법원 2007. 2. 8. 선고 2006두13886 판결[개인택시운송사업면허취소처분취소]
>
> 고양시 개인택시운송사업면허 사무처리규정(고양시훈령) 중 [별표] 제1순위 1호 및 제2순위 1호, 4호는 그 우선순위의 요건으로서 '동일회사에서 택시나 버스를 일정한 기간 무사고로 운전한 자로서 성실의무를 이행한 자'라고 규정하고 있다. 그런데 이 사건 사무처리규정이 위와 같이 성실의무 이행을 개인택시운송사업면허의 우선순위 요건으로 정하고 있는 것은 여객자동차 운수사업법이나 도로교통법 등 관계 법규를 준수하고 무사고 운전을 하는 등 일정기간 성실하게 운전하여 온 자를 우대하여 개인택시운송사업에 관한 질서를 확립하고 여객의 원활한 운송과 개인택시운송사업의 종합적인 발달을 도모하려는 데 그 목적이 있을 것이므로, 면허신청 공고일부터 역산하여 일정기간의 성실의무 이행을 요구하는 외에 이를 반드시 동일회사에서 이행하도록 요구함으로써 성실의무를 하나의 회사에서 이행하였는지 또는 둘 이상의 회사에서 이행하였는지에 따라 차등을 두는 것은 위 규정의 목적에 비추어 보더라도 합리적 근거 없이 차별대우를 하는 것으로서 평등의 원칙에 반하고 직장선택의 자유를 침해하는 결과를 초래하므로 객관적인 타당성이나 합리성이 있다고 보기 어렵다.

　　대법원은 **생수판매금지고시**에 대하여 자신이 마시고 싶은 음료수를 자유롭게 선택할 수 있는 것이 행복추구권에 포함되며, 보존음료수의 국내판매 금지로 인하여 행복추구권이 제한되는 손실이 수돗물에 대한 불안감의 방지라는 공공의 목적보다 더 크므로 **위헌무효**라고 판시하고 있다.

기출

> ### 199. 대법원 1994. 03. 08. 선고 92누1728 판결[과징금부과처분취소]
>
> 인간이 자신이 먹고 싶은 음식이나 마시고 싶은 음료수를 자유롭게 선택할 수 있다고 하는 것은 인간으로서의 행복을 추구하기 위한 가장 기본적인 수단의 하나로서 행복추구권의 중요한 내용을 이루고 있는바, 수돗물에 대한 국민의 불안감을 방지한다는 공공의 목적과 보존음료수의 국내판매를 금지함으로 인하여 국민의 행복추구권이 제한되는 결과를 비교하여 본다면, 행복추구권이 제한되거나 침해됨으로 말미암아 국민이 입게 되는 손실이 더 크다고 할 것이므로, 이 점에서도 보존음료수의 국내판매를 금지하는 것은 허용될 수 없다.

제 3 절

법규명령에 대한 권리구제는 어떻게 이루어질까

난이도 높은 기출

법규명령에 대한 권리구제가 중요하다. 법규명령형식의 행정규칙이나 법령보충적 행정규칙을 법규명령으로 보는 경우에도 동일하게 적용된다.

법규명령이나 행정규칙은 처분이 아니므로 처분에 대한 항고소송으로는 권리구제를 받을 수 없다. 예를 들면 추상적인 법령의 제정은 부작위위법확인소송의 대상이 될 수 없다.

> **200. 대법원 1992. 05. 08. 선고 91누11261 판결[행정입법부작위처분위법확인]**
>
> 행정소송은 구체적 사건에 대한 법률상 분쟁을 법에 의하여 해결함으로써 법적 안정을 기하자는 것이므로 부작위위법확인소송의 대상이 될 수 있는 것은 구체적 권리의무에 관한 분쟁이어야 하고 추상적인 법령에 관하여 제정의 여부 등은 그 자체로서 국민의 구체적인 권리의무에 직접적 변동을 초래하는 것이 아니어서 그 소송의 대상이 될 수 없다.

항고소송에는 취소소송, 무효확인소송, 부작위위법확인소송 등이 있지만, 이들은 모두 **처분**이어야만 소송의 대상으로 할 수 있다.

따라서 **법규명령**에 대하여는 **위헌위법명령규칙심사제도**와 같은 **구체적 규범통제, 헌법소원 등**의 권리구제를 구하는 것이 원칙이다. 다만, 처분적 법령과 같이 형식은 법률이나 법규명령이라도 실질적으로 내용이 처분인 경우에는 항고소송의 대상으로 되는 것도 가능하기는 하다.

빈출

1. 구체적 규범통제(헌법 제107조 제2항) — 위헌위법명령규칙심사제도를 알아두자

(1) 재판의 전제성이 필요하다

명령·규칙이 **헌법**이나 **법률**에 위반되는지 여부가 **재판의 전제**가 된 경우에는 **대법원**이 이를 최종적으로 심사할 권한을 갖는다(헌법 제107조 제2항). 재판의 전제성이란 법규명령을 무효로 판단하는 경우에 판결의 **주문**이 달라지거나 **주요한 판결이유**가 달라질 가능성이 있는 경우를 의미한다.

기출

(2) 구체적 규범통제의 대상에는

명령·규칙이 헌법이나 법률에 위반되는지 여부가 법원의 재판의 전제가 되는 경우에는 본안심리에 부수하는 구체적 규범통제의 형식으로 심사하며, 이때의 심사기준에는 형식적 의미의 헌법과 법률뿐만 아니라 국회의 동의를 받은 조약이나 대통령의 긴급명령도 포함된다.

◉ 오답 주의 기출

주의하여야 할 것은 구체적 규범통제의 대상이 되는 것은 대외적 효력을 갖는 **법규명령과 규칙에 한한다.** 그러나 **행정규칙은 대상이 되지 아니한다.**

(3) 법규명령의 위헌·위법 여부는 어떤 것들이 기준이 될까

① 포괄적 위임은 금지되므로 **구체적 수권**이 있어야 한다. 대통령령, 부령 등 법규명령은 구체적 수권이 있어야 한다는 **포괄적 위임금지의 원칙**을 준수하여야 한다. 그러나 **조례**에 대하여는 지역적 자율성을 존중하고 지방의회의 민주적 정당성을 존중하여 **포괄적 위임이 허용**된다는 것이 다수설과 판례의 입장이다. 헌재는 부천시 담배자판기 설치제한 조례사건에서 조례에 대한 법률의 위임은 포괄적인 위임이어도 허용된다고 판시하였다.

◉ 빈출

◉ 주의할 기출

> **201. 헌재 1995. 4. 20. 92헌마264 등**
>
> 조례의 제정권자인 지방의회는 선거를 통해서 그 지역적인 민주적 정당성을 지니고 있는 주민의 대표기관이고 헌법이 지방자치단체에 포괄적 자치권을 보장하고 있는 취지로 볼 때, 조례에 대한 법률의 위임은 법규명령에 대한 법률의 위임과 같이 반드시 구체적으로 범위를 정하여 할 필요가 없으며 포괄적인 것으로 족하다.

◉ 기출

② 모법의 위임범위를 일탈하지 아니하여야 하므로 **수권의 취지와 범위**를 위반하여서는 아니 된다. 법규명령 자체는 국민의 권리와 의무를 스스로 규율할 수 없고 상위 법률로부터 수권 받은 취지대로 입법하여야 하고 나아가서 수권의 범위를 위반해서도 안 된다.

③ 그리고 물론 **행정법의 일반원칙**에도 반하지 않아야 한다. 행정법의 일반원칙은 비록 불문법원리이지만 성문법을 개폐하는 헌법적 차원의 효력을 인정하는 것이 다수설과 판례의 입장이다. 그러므로 법규명령의 내용이 행정법의 일반원칙에 위반되어서는 아니 된다.

◉ 기출

판례에 의하면 집행명령인 사법시험령 제15조 제2항이 사법시험 제2차시험에 과락제도를 적용하여 규정한 것은 비례의 원칙, 과잉금지의 원칙 및 평등의 원칙 등을 위반하였다고 볼 수 없다고 판시하였다.

---

202. 대법원 2007. 01. 11. 선고 2004두10432 판결[사법시험제2차시험불합격처분취소]

국가 등이 시험을 시행함에 있어 과락제도 등 합격자의 선정에 대한 방법의 채택은 그것이 헌법이나 법률에 위반되지 않고 지나치게 합리성이 결여되지 않는 이상 시험시행자의 고유한 정책판단에 맡겨진 것으로서 폭넓은 재량의 영역에 속하는 사항이라 할 것이다. 그런데 사법시험은 여러 가지 법률분야 중 한가지 분야를 중점적으로 전공·연구하는 학자나 교수를 배출하기 위한 시험이 아니라 다방면의 법률분야에 고른 학식과 소양을 필요로 하는 판사·검사·변호사가 될 자격을 검증하기 위한 시험으로서 시험제도의 특성상 일정한 득점기준의 설정이 필요하므로, 사법시험령 제15조 제2항에서 과락제도를 규정한 것은 사법시험의 제도적 취지를 달성하는 데 있어 필요하고도 적합한 수단이 될 것이다. 그리고 공무원의 공개경쟁채용시험 등의 제2차시험, 법무사시험의 제2차시험, 변리사시험의 제2차시험, 공인회계사시험의 제2차시험 등 국가에서 주관하는 각종시험의 제2차시험의 과락점수와 비교할 때 특별히 비합리적으로 높다고 보이지 아니하는 점, 법조인의 공익적 역할과 업무의 중요성 및 사회에 미치는 영향 등을 고려하면, 사법시험령 제15조 제2항이 사법시험의 제2차시험에서 '매과목 4할 이상'으로 과락 결정의 기준을 정한 것을 두고 과락점수를 비합리적으로 높게 설정하여 지나치게 엄격한 기준에 해당한다고 볼 정도는 아니므로, 비례의 원칙 내지 과잉금지에 위반하였다고 볼 수 없다.

또한 사법시험 제2차시험의 과락점수 기준을 '매과목 4할 이상'으로 정한 구 사법시험령 제15조 제2항이 명확성의 원칙을 위반하지 않았다고 보았다.

---

203. 대법원 2007. 01. 11. 선고 2004두10432 판결[사법시험제2차시험불합격처분취소]

건전한 상식과 통상적인 법감정을 가진 사람이라면 누구나 사법시험령 제15조 제2항에서 규정하고 있는 제2차시험에 있어서 '매과목 4할'이라는 의미를 과목별 총점의 4할 즉, 각 문항의 점수를 합산한 100점의 4할에 상응하는 40점을 의미하는 것이라고 해석할 수 있을 것이므로, '매과목 4할'이라는 문구가 다의적으로 해석이 가능하고 그 기준이 모호하다 할 수 없어, 명확성의 원칙이나 행정규제기본법 제4조 제1항을 위반하였다고 볼 수 없다.

나아가 판례는 사법시험령 제15조 제8항이 행정자치부장관에게 제2차시험 성적을 포함하는 종합성적의 세부산출방법 기타 최종합격에 필요한 사항을 정하도록 위임하더라도 행정자치부장관에게 그런 규정을 제정할 작위의무가 있는 것도 아니라고 보았다.

---

204. 대법원 2007. 01. 11. 선고 2004두10432 판결[사법시험제2차시험불합격처분취소]

행정입법의 부작위가 위헌·위법이라고 하기 위하여는 행정청에게 행정입법을 하여야 할 작위의무를 전제로 하는 것이고, 그 작위의무가 인정되기 위하여는 행정입법의 제정이 법률의 집행에 필수불가결한 것이어야 하는바, **만일 하위 행정입법의 제정 없이 상위 법령의 규정만으로도 집행이 이루어질 수 있는 경우라면 하위 행정입법을 제정하여야 할 작위의무는 인정되지 아니한다고 할 것이다**(헌법재판소 2005. 12. 22. 선고 2004헌마 66 결정 등 참조).

행정자치부장관이 별도의 규정을 제정하지 아니하더라도 사법시험령은 그 시험의 성적을 산출하여 합격자를 결정하는 데 지장이 없을 정도로 충분한 규정을 두고 있고 또한 실제로 그간 제2차시험 성적의 세부산출방법 등에 관한 하위규정 없이도 사법시험이 차질 없이 실시되어 왔다. 따라서 사법시험령 제15조 제8항이 행정자치부장관에게 제2차시험 성적을 포함하는 종합성적의 세부산출방법 기타 최종합격에 필요한 사항을 정하는 것을 위임하고 있을지라도 행정자치부장관에게 그와 같은 규정을 제정할 작위의무가 있다고 보기 어렵다 할 것이므로, **행정자치부장관이 이를 정하지 아니하고 원고에게 불합격 처분을 하였다 하더라도, 그 처분이 행정입법부작위로 인하여 위헌 또는 위법하다고 할 수 없다.**

---

(4) 구체적 규범통제의 효력에 대해 알아보자

법규명령이 구체적 수권에 위반하거나, 수권의 취지나 범위를 준수하지 않거나 행정법의 일반원칙에 위반되면 '무효'라고 보는 것이 다수설과 판례이다.

그러나 법규명령이 무효라고 하는 것이 당해 사건에 국한하는 것인지, 다른 사건에도 확대되는 것인지 다툼이 있다.

구체적 규범통제를 통하여 위헌(위법)으로 판정된 명령의 효력에 대하여 ① 당해 사건 외에는 폐지되기 전까지는 유효하다는 견해(**일시적 적용중지설**),[15] ②

📝 기출

---

15 류지태·박종수, 행정법신론, 296면; 김동희, 행정법 Ⅰ, 150면; 정하중, 행정법총론, 149면.

개별적 사건에 있어서의 적용거부만을 그 내용으로 해야 하지만, 현재 대법원은 법규명령의 무효를 일반적으로 선언하고 있다는 견해,[16] ③ 일반적으로 무효가 된다는 견해(일반적 무효선언설)[17] 등이 대립하고 있다.

생각건대, 구체적 규범통제에 있어서 법원의 임무는 구체적 사건의 심판이지 명령·규칙의 효력 자체를 심사하는 것은 아니고, 대법원 역시 법규명령이 위헌(위법)이므로 무효라는 것을 판결이유에서 설시함을 별론으로 하고 주문에서 일반적으로 무효를 선언하고 있지 않으므로, ①설이 타당하다 할 것이다.[18] 즉, 대법원 판결은 당해 사건에서 위헌(위법)으로 판단되기 때문에 당해 사건에 그 명령·규칙을 적용하지 아니하는 '적용 배제'에 그치는 것이므로 위헌(위법)으로 판정된 명령도 일반적으로는 여전히 효력을 가지게 됨이 원칙이다. 즉, 행정소송에서 대법원이 명령·규칙이 위헌 또는 위법이라는 이유로 무효로 선언하고 이 판결이 관보에 게재되었다 하더라도 그 명령·규칙이 일반적으로 무효로 되는 것은 아니다.

행정소송법 제6조는 위헌·위법 판결이 확정되면 안전행정부장관에게 통보하고, 안전행정부장관은 이를 관보에 게재하도록 하고 있다. 이에 대하여 현행 구체적 규범통제가 실제상 추상적 규범통제에 접근하고 있다고 보는 견해가 있으나,[19] 이는 문제의 명령·규칙의 개정을 검토할 기회를 행정부에게 부여하거나 그러한 명령이나 규칙의 집행이나 적용에 신중을 기하여 동종 사안의 재발을 방지하고자 하는 것 이상의 제도적 의의는 없는 것이라고 본다.

🔳 기출

(5) 무효인 법령에 근거한 처분의 위법성의 정도는 취소일까 무효일까

> **행정기본법 제15조(처분의 효력)** 처분은 권한이 있는 기관이 취소 또는 철회하거나 기간의 경과 등으로 소멸되기 전까지는 유효한 것으로 통용된다. 다만, 무효인 처분은 처음부터 그 효력이 발생하지 아니한다.

---

16 홍정선, 행정법원론(상), 227면.

17 박균성, 행정입법에 대한 사법적 통제, 고시계, 1996. 12, 81-82면.

18 김남진·김연태, 행정법 Ⅰ, 165-166면.

19 홍정선, 행정법원론(상), 227면.

1) 학설 대립이 치열하다

① 중대설

중대한 하자가 있으면 그것이 명백하지 않더라도 행정행위는 무효가 된다는 견해이다. 또한 법규를 ㉠ 능력규정과 명령규정, ㉡ 강행규정과 비강행규정으로 나누어, 전자에 위반하는 행위는 무효, 후자에 위반하는 행위는 취소할 수 있는 것이라고 보는 견해를 중대설이라고 부르기도 한다.[20]

② 중대·명백설 ★★★

하자가 **중대하고 명백한 경우**에는 무효인 행정행위로 보며, 그 밖의 경우(그 중 어느 한 요소 또는 둘 전부를 결여한 경우)에는 취소할 수 있는 행정행위로 보는 견해이다. 여기서 하자의 중대성을 판단함에 있어서는 위반된 법규의 성질·기능뿐만 아니라, 그 위반의 정도도 고려하여야 하며, 하자의 명백성은 당사자나 법률전문가의 관점에서가 아니라 통상적인 인식능력을 가진 일반인의 관점에서 객관적으로 판단되어야 한다고 한다.

③ 명백성보충요건설

행정행위의 무효를 논함에 있어 하자의 중대성은 필수적 요건으로 보고, 명백성의 요건은 행정의 법적 안정, 국민의 신뢰보호의 요청이 있는 경우에만 가중적으로 요구되는 요건이라고 보는 견해이다.

④ 기 타

그 밖에 조사의무위반설, 구체적 가치형량설 등이 있다.

2) 대법원 판례의 태도는 어떠할까

판례는 다수설과 마찬가지로 판시하고 있다. 따라서 법규명령의 하자는 무효일 뿐이다. 이와 달리 행정행위는 원칙적으로 취소사유이나 예외적으로 중대명백한 경우에는 무효이다.

---

20 김동희, 행정법 Ⅰ, 332면.

중요 판례 더 알아보기

---

33. 대법원 1995. 7. 11. 선고 94누4615 전원합의체 판결[난지도공사하던 덕명 건설영업정지사건]

[다수의견]- 중대명백설

"하자 있는 행정처분이 당연**무효**가 되기 위하여는 그 하자가 법규의 중요한 부분을 위반한 **중대**한 것으로서 **객관적으로 명백**한 것이어야 하며, 하자가 중대하고 명백한 것인지 여부를 판별함에 있어서는 그 **법규의 목적, 의미, 기능 등을 목적론적으로 고찰함과 동시에 구체적 사안 자체의 특수성에 관하여도 합리적으로 고찰함을 요한다**"고 판시하여 **중대·명백설**을 취하고 있다.

📭 최다 빈출

[참고]   위 판례의 〈반대의견〉은 **명백성보충요건설**을 취하고 있다.

행정행위의 무효사유를 판단하는 기준으로서의 **명백성은** 행정처분의 법적 안정성 확보를 통하여 행정의 원활한 수행을 도모하는 한편 그 행정처분을 유효한 것으로 믿은 **제3자나 공공의 신뢰**를 보호하여야 할 필요가 있는 경우에 **보충적으로 요구**되는 것으로서, 그와 같은 필요가 없거나 하자가 워낙 중대하여 그와 같은 필요에 비하여 처분 상대방의 권익을 구제하고 위법한 결과를 시정할 필요가 훨씬 더 큰 경우라면 그 하자가 명백하지 않더라도 그와 같이 중대한 하자를 가진 행정처분은 당연무효라고 보아야 한다.

✍ 주의점> 이 문구는 대법원의 공식입장인 다수의견이 아님을 유의하여야 한다.

판례는 이와 같이 **중대·명백설**의 기준에 입각하여 위법한 법규명령에 근거한 처분의 위법성의 정도를 판단하는바, 이를 **예외적으로 무효사유**로 본 경우[21]와 **원칙적으로 취소사유**[22]로 본 경우가 있다.

📭 기출

판례에 의하면 시행령의 무효를 선언한 대법원판결이 없는 상태에서 그에 근거하여 이루어진 처분을 당연무효라 할 수 없다.

---

21 대법원 1972. 1. 31. 선고 71다2516 판결.
22 대법원 1984. 8. 21. 선고 84다카354 판결.

> **205. 대법원 2007. 06. 14. 선고 2004두619 판결[청소년유해매체물결정및고시 처분무효확인]**
>
> 하자 있는 행정처분이 당연무효로 되려면 그 하자가 법규의 중요한 부분을 위반한 중대한 것이어야 할 뿐 아니라 객관적으로 명백한 것이어야 하고, 행정청이 위헌이거나 위법하여 무효인 시행령을 적용하여 한 행정처분이 당연무효로 되려면 그 규정이 행정처분의 중요한 부분에 관한 것이어서 결과적으로 그에 따른 행정처분의 중요한 부분에 하자가 있는 것으로 귀착되고, 또한 그 규정의 위헌성 또는 위법성이 객관적으로 명백하여 그에 따른 행정처분의 하자가 객관적으로 명백한 것으로 귀착되어야 하는바, 일반적으로 시행령이 헌법이나 법률에 위반된다는 사정은 그 시행령의 규정을 위헌 또는 위법하여 무효라고 선언한 대법원의 판결이 선고되지 아니한 상태에서는 그 시행령 규정의 위헌 내지 위법 여부가 해석상 다툼의 여지가 없을 정도로 명백하였다고 인정되지 아니하는 이상 객관적으로 명백한 것이라 할 수 없으므로, 이러한 시행령에 근거한 행정처분의 하자는 취소사유에 해당할 뿐 무효사유가 되지 아니한다.

3) 헌법재판소 결정례도 비슷하지만 약간 차이가 있다

📌 주의할 빈출

헌법재판소는 위헌법률에 근거한 행정처분의 효력과 관련하여, 원칙적으로 **중대·명백설**에 따라 처분의 근거법규가 위헌이었다는 하자는 중대하기는 하나 명백한 것이라고는 할 수 없다는 의미에서 그 행정처분은 당연무효가 되지 않는다고 하면서, **다만 그 행정처분을 무효로 하더라도 법적 안정성을 크게 해치지 않는 반면에 그 하자가 중대하여 그 구제가 필요한 경우에 대하여서는 그 예외를 인정하여 이를 당연무효사유로 보아야 할 것이라는 입장을 취하고 있다.**[23]

즉 법적 안정성의 요구에 비하여 권리구제의 필요성이 큰 경우에는 중대·명백설의 예외를 인정하고 있다.

4) 검토해 보자

생각건대, 무효·취소의 구별기준에 관한 논의는 궁극적으로 법적 안정성, 제3자의 신뢰보호, 행정의 원활한 수행 및 권리구제의 요청을 조화시키려는 것이다.

하자가 중대하고 객관적으로 명백한 경우에만 처음부터 아무런 효력을 발생하지 않는 무효인 행정행위로 보고, 그 이외의 경우에는 권한 있는 기관에 의하여 취소되어야만 비로소 처분의 효력을 상실하게 할 수 있는 취소사유로 보는

---

23 헌재 1994. 6. 30. 92헌바23.

중대·명백설은 이러한 요청을 적절히 조화시키는 이론이라 할 것이다.

다만, 법적 안정성 및 제3자의 신뢰보호에 비하여 처분의 침해로부터 상대방을 보호할 필요가 강하게 요구되는 경우에는 예외적으로 하자가 중대하기만 하면 무효로 보는 것이 권리보호의 요청에 부합하고 불합리한 결과를 피하는 방법이 될 것이다.

결국 행정행위의 근거가 된 법규명령에 위법해서 무효라는 것은 중대한 위법이 있지만 일반 국민들은 쉽게 인식하지 못하므로 명백하지 못하여 취소사유에 해당한다는 다수설과 판례가 타당하다. 헌법재판소도 마찬가지의 맥락이라고 할 것이다.

이러한 결론은 최근 행정기본법 제15조(처분의 효력)에서 규정하기에 이르렀다.

2. 헌법소원도 알아두어야 한다

(1) 권리구제형 헌법소원(헌법재판소법 제68조 제1항)이 활용될 수 있다

1) 헌법소원의 적법요건을 알아보자

헌법재판소법 제68조 제1항 소정의 헌법소원은 ① **청구인능력**, ② **공권력**의 행사 또는 불행사의 존재, ③ 자신의 **기본권**의, **현재** 그리고 **직접**적 침해가능성(기본권 침해가능성, 침해의 **자기관련성·현재성·직접성**), ④ **보충성**, ⑤ **청구기간**, ⑥ **권리보호이익** 등을 적법요건으로 한다.

특히 헌법재판소법 제68조 제1항의 헌법소원을 **권리구제형 헌법소원**이라고 한다. 권리구제형 헌법소원의 대상인 헌법재판소법 제68조 제1항의 공권력에는 **법규명령 등을 포함하여 국민의 기본권을 직접 침해하는 각종 공권력이 해당**된다. 그러나 **법원의 재판이나 행정행위는 제외된다**는 점을 유의하여야 한다. 헌법재판소는, 행정처분의 취소를 구하는 행정소송을 제기하였으나 그 기각의 판결이 확정된 경우 당해 행정처분 자체의 위헌성을 주장하면서 그 취소를 구하는 헌법소원심판청구는 당해 법원의 재판이 예외적으로 헌법소원심판의 대상이 되어 그 재판 자체가 취소되는 경우를 제외하고는 허용되지 아니한다고 판시하였다.

그러나 예외적으로 헌재의 기속력을 무시하는 경우에는 재판소원이나 원행정소원이 허용되는 것을 주의하여야 한다. 헌법재판소법 제68조 제1항은 법

📖 가끔씩 출제되지만 오답 주의할 기출

원의 재판을 헌법소원의 대상에서 제외하고 있으나, 법원이 헌법재판소가 위헌으로 결정하여 그 효력을 전부 또는 일부 상실한 법률을 적용함으로써 국민의 기본권을 침해한 재판의 경우에도 헌법소원이 허용되지 않는 것이라고 동 조항을 해석한다면 그러한 한도 내에서 헌법에 위반되기 때문이다.

권리구제형 헌법소원의 대상에 법규명령이 포함되는가에 대하여 다툼이 있다. 그러나 헌법재판소는, 헌법 제107조 제2항에 따른 대법원의 명령·규칙에 대한 최종심사권은 구체적인 소송 사건에서 명령·규칙의 위헌 여부가 재판의 전제가 되었을 경우 대법원이 최종적으로 심사할 수 있다는 것을 의미하고, 명령·규칙 그 자체에 의하여 직접 기본권이 침해된 경우에는 헌법재판소법 제68조 제1항에 의한 헌법소원심판을 청구하는 것이 허용된다고 판시하였다. 헌법재판소는 **법무사법 시행규칙 등**은 대법원 규칙이지만 헌법상 보장된 기본권을 직접 침해하는 내용을 담고 있으므로 위헌여부를 직접 심사할 수 있다고 판시하고 있다.

🔘 기출

---

206. 헌재 1990. 10. 15. 89헌마178[위헌]

헌법 제107조 제2항이 규정한 명령·규칙에 대한 대법원의 최종심사권이란 구체적인 소송사건에서 명령·규칙의 위헌여부가 재판의 전제가 되었을 경우 법률의 경우와는 달리 헌법재판소에 제청할 것 없이 대법원이 최종적으로 심사할 수 있다는 의미이며, 명령·규칙 그 자체에 의하여 직접 기본권이 침해되었음을 이유로 하여 헌법소원심판을 청구하는 것은 위 헌법규정과는 아무런 상관이 없는 문제이다. 따라서 입법부·행정부·사법부에서 제정한 규칙이 별도의 집행행위를 기다리지 않고 직접 기본권을 침해하는 것일 때에는 모두 헌법소원심판의 대상이 **될 수 있는** 것이다.

🔘 기출

---

2) 헌법소원 요건에 대한 견해의 대립이 있다

법규명령에 처분이 별도로 존재하는 경우에는 기본권침해의 직접성이나 권리구제의 보충성이 충족되는지에 대하여 **엄격적용설**은 부정하지만 **완화적용설**은 이를 긍정하고 있다. 최근의 다수설과 헌법재판소는 완화적용설의 입장에서 기본권침해의 직접성이나 권리구제의 보충성을 판시하고 있다. 헌법재판소는 법령의 내용 자체가 기본권을 직접 침해하는 경우도 기본권침해의 직접성을 인정하고 있으며, 구체적 규범통제와 헌법소원은 권리구제의 방식이 다르므로 중복제소가 아니며 구체적 규범통제가 가능하다고 하더라도 권리구제의 보충성을 인정하고 있다.

즉, 헌법재판소는 법규범이 집행행위를 예정하고 있더라도 법규범의 내용이 집행행위 이전에 이미 국민의 권리관계를 직접 변동시키거나 국민의 법적 지위를 결정적으로 정하는 것이어서 국민의 권리관계가 집행행위의 유무나 내용에 의하여 좌우될 수 없을 정도로 확정된 상태라면 그 법규범의 권리침해의 직접성이 인정된다는 입장을 취하고 있다(헌재 1997. 7. 16. 97헌마38).

그리하여 행정법 과목의 제1문과 제2문의 답안지를 바꾸어 기재하여, 사법시험 제2차 시험에 있어서 해당 문제번호의 답안지에 답안을 작성하지 아니한 경우 해당 과목을 영점처리하도록 규정하고 있는 **사법시험법 시행규칙**에 따라 행정법 과목이 영점처리되어 불합격처분을 받은 자가 당해 시행규칙에 대하여 헌법소원을 제기한 사건에서, 헌법재판소는 사법시험 합격결정이라는 집행행위가 예정되어 있다 하더라도 사법시험 제2차 시험에 있어서 해당 문제번호의 답안지에 답안을 작성하지 아니한 자는 당해 시행규칙에 따라 영점처리될 수밖에 없어 당해 시행규칙은 재량의 여지가 없는 기속적 규정이므로, 당해 시행규칙에 따라 영점처리된 자의 권리관계는 합격결정이라는 구체적 집행행위 이전에 이미 당해 시행규칙에 의하여 일의적이고 명백하게 확정된 상태가 되었으므로, 당해 시행규칙으로 인한 권리침해의 **직접성이 인정된다**고 하였다(헌재 2008. 10. 30. 2007헌마1281). 🖙 기출

3) 검토해 보자

헌재 2007헌마1281 결정에서의 반대의견이 적절히 지적하고 있는 바와 같이, 법령의 내용이 일의적이고 집행행위에 재량의 여지가 없다고 하여 항상 직접성 요건의 예외를 인정할 경우, 당사자가 집행행위를 다투지 않고 집행행위의 전제가 되는 근거규범만을 다툼으로써 집행행위에 통상 불가쟁력이 발생하게 되고 이와 같이 불가쟁력이 발생한 집행행위에 대하여는 위헌결정의 효력이 미치지 않고 행정청이 집행행위를 직권으로 취소할 의무가 있는 것도 아니므로, 헌법재판소가 근거규범에 대하여 위헌결정을 한다고 하더라도 당사자는 불이익한 집행행위 자체를 취소할 방법이 없어 직접적인 권리구제를 받지 못하게 되는 불합리한 결과가 발생한다. 따라서 법령의 내용이 일의적이라도 그것을 적용하는 집행행위가 매개되어 있는 이상 되도록 법원을 통한 권리구제를 일차적으로 선택하여 이에 집중할 수 있도록 국민을 유도하는 것이 국민이 기본권에 대한

실효적 보장을 위하여 더 바람직하다고 본다.

 실력 다지기

> 헌법소원의 요건을 엄격하게 보는 입장과 달리 완화해서 보는 입장에서는 법령의 내용이 기본권을 직접 침해하는 것도 기본권 침해의 직접성으로 보아야 하고, 구체적 규범통제는 법령을 일시적으로만 적용을 중지시킬 뿐이고 법령 자체를 근본적으로 부정하지 못하므로 권리구제의 보충성도 충족된다고 보아야 하므로 이때도 헌법소원이 가능하다고 한다.
>
> 최근 헌법재판소는 **과거의 입장을 변경**하여 기본권침해의 직접성과 권리구제의 보충성을 **완화해서** 파악한다. 따라서 처분이 있다고 하더라도 법령의 내용이 기본권을 직접 침해하는 경우에는 기본권침해의 직접성을 인정하고 있으며, 나아가 구체적 규범통제와 헌법소원은 다른 구제 수단이므로 권리구제의 보충성도 인정한다.

헌법재판소도 이러한 **완화적용설의 시각에서 구체적 규범통제와 헌법소원은 중복제소가 아니라고 보고 있다.**[24] 사법시험법 시행규칙처럼 법령의 내용이 기본권을 직접 침해하는 경우에 대하여 비록 이에 근거한 처분이 발급된 경우이어서 법원에 의한 구체적 규범통제가 가능하더라도 **헌법소원이 가능**하다고 보고 있는 것이다.

> **207. 헌재 2008. 10. 30. 2007헌마1281 전원재판부[사법시험법 시행규칙 제7조 제3항 제7호 위헌확인]**
>
> **1. 기본권침해의 직접성**
> **(1) 헌법소원 요건 완화적용설(다수의견) — 헌재의 공식입장**
> 합격까지는 사법시험법 제11조 및 같은 법 시행령 제5조에 따른 사법시험 합격결정이라는 집행행위가 예정되어 있다. 그러나 사법시험 제2차 시험에 있어서 해당 문제번호의 답안지에 답안을 작성하지 아니한 자는 이 사건 규칙에 따라 영점처리를 받을 수밖에 없고, 이는 집행행위자에게 재량의 여지가 없는 기속적 규정이다. 한편 어느 과목이든 4할 이상을 득점하지 못하면 사법시험에 합격될 수 없으므로(같은 법 시행령 제5조 제2항), 이 사건 규칙에 따라 영점처리된 청구인은 사후 집행행위의 유무나 내용에 상관없이 불

---

24 헌재 2008. 10. 30. 2007헌마1281.

합격처분을 면할 수 없다. 결국 청구인의 권리관계는 합격결정이라는 구체적 집행행위 이전에 이미 이 사건 규칙에 의하여 일의적이고 명백하게 확정된 상태가 되었으므로, 이 사건 규칙으로 인한 권리침해의 직접성이 인정된다.

☞ 기출

(2) 헌법소원 요건 엄격적용설(반대의견) — 소수의견

이 사건 규칙은 사법시험 답안지의 점수 산정에 관한 기준을 정한 데 불과하여 위 기준에 따른 채점위원의 채점과 그 채점결과에 따른 법무부장관의 불합격처분이라는 구체적인 집행행위가 매개되지 않는 이상 이 사건 규칙 자체만으로는 청구인이 주장하는 기본권 침해의 결과가 발생한다고 볼 수 없다. 또한 위 집행행위에 대하여는 행정심판이나 행정 소송이라는 전형적인 불복방법이 존재하고 위와 같은 절차를 통하여도 그 근거규범의 위 헌 위법 여부에 따른 권리구제가 충분히 가능하므로 직접성 요건의 예외를 인정할 여지 도 없다.

2. 권리보호의 이익

동종의 침해행위가 앞으로도 반복될 위험이 있거나 헌법질서의 수호·유지를 위하여 긴 요한 사항이어서 그 해명이 중대한 의미를 지니고 있는 때에는 예외적으로 권리보호의 이익이 인정되는 것인바, 사법시험은 매년 반복하여 시행되어 이 사건 규칙에 의한 기본 권 침해가 반복될 가능성이 있으므로, 이 사건 심판청구에는 권리보호이익이 인정된다.

판례는 법규명령의 **위임의 근거가 되는 법률에 대하여 위헌결정이 선고**되면 그 위임에 근거하여 제정된 **법규명령도 원칙적으로 효력을 상실**한다고 보았다. 다수의 판례를 종합하여 보면 **위헌결정이 선고되면 법률은 원칙적으로 장래에 대하여 효력이 무효가** 되고 **예외적으로만 위헌제청의 계기가 되었거나 동일한 사유로 계류중인 당해 사건이나 일반사건 등에 대해서만 소급적으로 무효가** 된다고 본다. 그리고 이러한 **법률에 근거하여 제정된 법규명령도 효력을 상실**한다고 본다. 그러나 이러한 법률이나 법규명령에 근거한 **처분에 대하여는 원칙적으로 취소사유**라고 본다.

☞ 기출

(2) **위헌소원(헌법재판소법 제68조 제2항)은 법규명령에 대한 구제수단으로는 곤란하다**

☞ 오답 주의 기출

이는 **법원이 법률에 대하여 위헌법률심판청구사건을 헌법재판소에 송부**하지 아니하고 **각하하거나 기각**하는 경우에 **헌법재판소가 헌법소원**을 행하는 것으로서 **위헌법률심판의 실질**을 가지는 것이므로, **법규명령에 대한 권리구제가 될 수 없다.**

3. 국가배상청구소송이나 가해 공무원에 대한 손해배상청구소송도 꼭 챙기자

입법행위에 대하여는 입법을 의도적으로 잘못했다는 등의 고의·과실을 인정받기가 용이하지 않다. 더구나 법규명령을 '그대로 준수'하는 경우에는 공무원의 고의·과실 요건을 충족할 수 없어 기각될 것이다. 법규명령을 '위반하는 경우'에는 고의·과실도 인정받을 수 있고 위법성을 인정받는 것도 용이해서 국가배상이 가능하다.

그렇지만 판례는 법률에서 군법무관의 보수의 구체적 내용을 시행령에 위임했음에도 불구하고 행정부가 정당한 이유 없이 시행령을 제정하지 않는다고 하더라도 불법행위에 해당한다고 판시한다. 따라서 국가배상법의 위법성이나 고의·과실 등을 밝힐 수 있는 특별한 사정이 있을 때에는 국가배상도 가능하다.

> **208. 대법원 2007. 11. 29. 선고 2006다3561 판결[임금]**
>
> 입법부가 법률로써 행정부에게 특정한 사항을 위임했음에도 불구하고 행정부가 정당한 이유 없이 이를 이행하지 않는다면 **권력분립의 원칙과 법치국가 내지 법치행정의 원칙에 위배되는 것으로서 위법함과 동시에 위헌적인 것이 되는바,** 구 군법무관임용법 제5조 제3항과 군법무관임용 등에 관한 법률 제6조가 군법무관의 보수를 법관 및 검사의 예에 준하도록 규정하면서 그 구체적 내용을 시행령에 위임하고 있는 이상, 위 법률의 규정들은 군법무관의 보수의 내용을 법률로써 일차적으로 형성한 것이고, 위 법률들에 의해 상당한 수준의 보수청구권이 인정되는 것이므로, 위 보수청구권은 단순한 기대이익을 넘어서는 것으로서 법률의 규정에 의해 인정된 재산권의 한 내용이 되는 것으로 봄이 상당하고, 따라서 **행정부가 정당한 이유 없이 시행령을 제정하지 않은 것은 위 보수청구권을 침해하는 불법행위에 해당한다.**

4. 중앙행정심판위원회의 시정권고권을 활용하는 것도 좋다

행정심판법 제59조에 의거해서 중앙행정심판위원회가 행정심판을 하는 과정에서 처분의 근거가 되는 법규명령에 대한 시정을 권고하면 정당한 사유가 없는 한 이에 따르도록 되어 있으므로 권리구제로서 의미가 있다. 따라서 행정심판법 제59조의 중앙행정심판위원회의 시정권고권은 의미있는 행정부 내부의 행정입법에 대한 통제수단이 될 수 있다.

* 행정심판법 제59조(불합리한 법령 등의 개선) ① 중앙행정심판위원회는 심판청구를 심리·재결할 때에 처분 또는 부작위의 근거가 되는 명령 등(대통령령·총리령·부령·훈령·예규·고시·조례·규칙 등을 말한다. 이하 같다)이 법령에 근거가 없거나 상위 법령에 위배되거나 국민에게 과도한 부담을 주는 등 크게 불합리하면 관계 행정기관에 그 명령 등의 개정·폐지 등 적절한 시정조치를 요청할 수 있다.
② 제1항에 따른 요청을 받은 관계 행정기관은 정당한 사유가 없으면 이에 따라야 한다.

5. 국회의 통보제도

국회법 제98조의 2의 「통보제도」에 의하여 법규명령이나 행정규칙에 대하여 국회가 일정한 통제권을 가지고 있지만, 우리는 의원내각제가 아니며 국회통보제도 역시 의원내각제처럼 비토권을 가지고 있지는 않다는 한계를 가지고 있음을 주의하여야 한다.

☞ 기출

국회법 제98조의2(대통령령등의 제출등) ① 중앙행정기관의 장은 법률에서 위임한 사항이나 법률을 집행하기 위하여 필요한 사항을 규정한 대통령령·총리령·부령·훈령·예규·고시 등이 제정·개정 또는 폐지되었을 때에는 10일 이내에 이를 국회 소관 상임위원회에 제출하여야 한다. 다만, 대통령령의 경우에는 입법예고를 할 때(입법예고를 생략하는 경우에는 법제처장에게 심사를 요청할 때를 말한다)에도 그 입법예고안을 10일 이내에 제출하여야 한다.
④ 상임위원회는 제3항에 따른 검토 결과 대통령령 또는 총리령이 법률의 취지 또는 내용에 합치되지 아니한다고 판단되는 경우에는 검토의 경과와 처리 의견 등을 기재한 검토결과보고서를 의장에게 제출하여야 한다. <신설 2020. 2. 18.>
⑤ 의장은 제4항에 따라 제출된 검토결과보고서를 본회의에 보고하고, 국회는 본회의 의결로 이를 처리하고 정부에 송부한다. <신설 2020. 2. 18.>
⑥ 정부는 제5항에 따라 송부받은 검토결과에 대한 처리 여부를 검토하고 그 처리결과(송부받은 검토결과에 따르지 못하는 경우 그 사유를 포함한다)를 국회에 제출하여야 한다. <신설 2020. 2. 18.>
⑦ 상임위원회는 제3항에 따른 검토 결과 부령이 법률의 취지 또는 내용에 합치되지 아니한다고 판단되는 경우에는 소관 중앙행정기관의 장에게 그 내용을 통보할 수 있다. <신설 2020. 2. 18.>

☞ 주의할 기출

⑧ 제7항에 따라 검토내용을 통보받은 중앙행정기관의 장은 통보받은 내용에 대한 처리 계획과 그 결과를 지체 없이 소관 상임위원회에 <u>보고하여야 한다</u>. <신설 2020. 2. 18.>

6. 행정기본법 제39조에 의한 행정법제 개선의무

행정기본법 제39조(행정법제의 개선) ① 정부는 권한 있는 기관에 의하여 위헌으로 결정되어 법령이 헌법에 위반되거나 법률에 위반되는 것이 명백한 경우 등 대통령령으로 정하는 경우에는 해당 법령을 개선하여야 한다.
② 정부는 행정 분야의 법제도 개선 및 일관된 법 적용 기준 마련 등을 위하여 필요한 경우 대통령령으로 정하는 바에 따라 관계 기관 협의 및 관계 전문가 의견 수렴을 거쳐 개선조치를 할 수 있으며, 이를 위하여 현행 법령에 관한 분석을 실시할 수 있다.

7. 행정기본법 제40조에 따른 법령해석요청

행정기본법 제40조(법령해석) ① 누구든지 법령등의 내용에 의문이 있으면 법령을 소관하는 중앙행정기관의 장(이하 "법령소관기관"이라 한다)과 자치법규를 소관하는 지방자치단체의 장에게 법령해석을 요청할 수 있다.
② 법령소관기관과 자치법규를 소관하는 지방자치단체의 장은 각각 소관 법령등을 헌법과 해당 법령등의 취지에 부합되게 해석·집행할 책임을 진다.
③ 법령소관기관이나 법령소관기관의 해석에 이의가 있는 자는 대통령령으로 정하는 바에 따라 법령해석업무를 전문으로 하는 기관에 법령해석을 요청할 수 있다.
④ 법령해석의 절차에 관하여 필요한 사항은 대통령령으로 정한다.

제 4 절

행정규칙에 대한 권리구제를 알아보자

법규명령형식의 행정규칙이나 법령보충적 행정규칙을 행정규칙으로 보는 경우에도 동일하게 적용된다.

(1) 행정규칙은 헌법소원 대상성이 예외적으로 될 수도 있다

헌법재판소는 행정규칙은 **원칙적으로** 헌법재판소법 제68조 제1항 소정의   ☞ 오답 주의 기출
헌법소원의 대상이 되는 '공권력의 행사'에 **해당하지 않는다. 그러나 예외적으**
로 해당될 수 있음을 주의하여야 한다.

헌법재판소도 경기도교육청의 「학교장 · 교사 초빙제 실시」는 학교장 · 교사
초빙제의 실시에 따른 구체적 시행을 위해 제정한 사무처리지침으로서 행정조
직 내부에서만 효력을 가지는 행정상의 운영지침을 정한 것이어서, 국민이나 법
원을 구속하는 효력이 없는 행정규칙에 해당되므로 헌법소원의 대상이 되지 않
는다고 하였다.

> **209. 헌재 2001. 5. 31. 99헌마413**
>
> 경기도교육청의 「학교장 · 교사 초빙제 실시」는 학교장 · 교사 초빙제의 실시에 따른 구체   ☞ 기출
> 적 시행을 위해 제정한 사무처리지침으로서 행정조직 내부에서만 효력을 가지는 행정상
> 의 운영지침을 정한 것이어서, 국민이나 법원을 구속하는 효력이 없는 행정규칙에 해당
> 하므로 헌법소원의 대상이 되지 않는다.

그러나 **외국인산업연수생을 차별하는 노동부예규**처럼 **행정규칙이라도 재**
량권행사의 준칙으로서 그 정한 바에 따라 되풀이 시행되어 행정관행을 이루   ☞ 기출
게 되면, 행정기관은 **평등의 원칙**이나 **신뢰보호의 원칙**에 따라 상대방에 대한
관계에서 그 규칙에 따라야 할 **자기구속을 당**하게 되는바, 이 경우에는 **대외적**
구속력을 가진 공권력의 행사가 **된다는 입장**을 취하고 있다.[25]

즉, 노동부예규인 '외국인 산업기술연수생의 보호 및 관리에 대한 지침'은
행정규칙이지만 지방노동관서의 장들은 평등의 원칙과 자기구속의 원칙상 이러
한 외국인 연수생에 대한 차별적인 행정관행을 반복할 수밖에 없으므로 **헌법소**   ☞ 기출
원의 대상이 될 수 있다고 헌재는 판시하였던 것이다.

결국 헌법재판소에 의하면 법령보충적 행정규칙뿐만 아니라 재량권 행사의
준칙인 행정규칙이 행정의 자기구속원리에 따라 대외적 구속력을 가지는 경우

---

25 헌재 1990. 9. 3. 90헌마13. 동지결정: 헌재 2007. 8. 30. 2004헌마670.

에는 헌법소원의 대상이 될 수 있다.

> **210. 헌재 2001. 5. 31. 99헌마413**
>
> 행정규칙은 일반적으로 행정조직 내부에서만 효력을 가지는 것이나, 행정규칙이 법령의 규정에 의하여 행정관청에 법령의 구체적 내용을 보충할 권한을 부여한 경우나 재량권행사의 준칙인 규칙이 그 정한 바에 따라 되풀이 시행되어 행정관행이 이룩되게 되면, 평등의 원칙이나 신뢰보호의 원칙에 따라 행정기관은 그 상대방에 대한 관계에서 그 규칙에 따라야 할 자기구속을 당하게 되는 경우에는 대외적인 구속력을 가지게 되는바, 이러한 경우에는 헌법소원의 대상이 될 수도 있다.

☞ 기출

(2) 검토해 보자

행정규칙 중에는 행정조직 내부에서만 구속력을 가지는 것이 아니고 과징금 처분기준과 같이 행정영역 밖의 자에게도 지대한 효과를 미치는 경우가 있다. 이러한 행정규칙의 외부적 효과에 대하여는 이를 법적 효력으로 볼 것인지 아니면 사실적 효력에 지나지 볼 것인지가 문제된다. 법적 효력으로 보게 되면 행정규칙의 공권력 행사성이 인정되어 헌법소원의 대상이 될 수 있는 것이다.

이에 대하여는 고유한 집행부법이 존재할 수 있음을 이유로 특정 행정규칙의 직접적·대외적 구속력을 인정하는 견해가 있다. 그리고 앞에서 살펴본 바와 같이 헌법재판소는 행정규칙이 반복적용될 경우 자기구속의 법리에 따라 행정규칙의 대외적 구속력이 인정된다는 입장을 취하고 있다. 그러나 이러한 견해나 헌법재판소의 입장은 행정청이 행정규칙의 형식으로 국민의 자유와 권리를 쉽게 제한할 수 있는 결과를 초래하게 되어 법치주의의 기초를 크게 흔들어 놓을 위험이 있다. 행정규칙이 외부적 효력을 발생하는 경우 그것은 행정규칙의 직접적 수범자인 행정기관을 매개로 한 것이며, 법적 효력 역시 평등의 원칙이나 신뢰보호의 원칙 등을 매개로 한 사실적·간접적인 것으로 보아야 할 것이다.

(3) 기타 권리구제수단에는 무엇이 가능할까

행정규칙은 법규명령이 **아니므로 위헌위법명령규칙심사의 대상이 되지 못하므로 구체적 규범통제로는** 권리구제의 수단이 될 수 **없다.** 또한 **행정규칙은 그 자체가 처분성을 가지지 못하므로 항고소송의 대상이 될 수도 없다.** 따라서 **행정규칙이 위법하여 무효인** 경우 이에 근거한 재량행위에 대하여 재량의 남용이라고 주장하여 **행정행위에 대한 취소소송**을 통해 구제받는 것은 가능하다. **행정규칙을 그대로 준수하는 경우에는 공무원의 고의·과실 요건을 충족할 수 없어 국가배상청구는 기각될 것이다.** 행정규칙을 위반하는 경우에는 가능하다.

📌 주의할 기출

　행정심판법 제59조에 의거해서 **중앙행정심판위원회가** 행정심판을 하는 과정에서 처분의 근거가 되는 행정규칙에 대한 **시정을 권고**하면 정당한 사유가 없는 한 이에 따르도록 되어 있으므로 권리구제로서 의미가 있다.

📌 기출

제5절

중요 판례의 동향을 알아보고 출제에 대비해 보자

---

211. 헌재 2008. 10. 30. 2007헌마1281

사법시험법 시행규칙 제7조 제3항 제7호 위헌확인(2008. 10. 30. 2007헌마1281 전원재판부)

1. 사법시험 제2차 시험에서 해당 문제번호의 답안지에 답안을 작성하지 아니한 자에 대하여 그 과목을 영점처리하도록 규정하고 있는 '사법시험법 시행규칙'(2001. 12. 4. 법무부령 510호로 제정된 것) 제7조 제3항 제7호(이하 '이 사건 규칙'이라 한다)에 대한 심판청구가 기본권침해의 직접성 요건을 충족하여 적법한지 여부(적극)

(1) ***헌법소원 요건 완화적용설(다수의견 — 공식입장인 법정의견)

이 사건에서 청구인이 행정법 과목의 제1문과 제2문의 답안지를 바꾸어 기재하였더라도 사법시험 불합격까지는 사법시험법 제11조 및 같은 법 시행령 제5조에 따른 사법시험 합격결정이라는 집행행위가 예정되어 있다. 그러나 사법시험 제2차 시험에 있어서 해당 문제번호의 답안지에 답안을 작성하지 아니한 자는 **이 사건 규칙에 따라 영점처리를 받을 수밖에 없고,** 이는 집행행위자에게 재량의 여지가 없는 기속적 규정이다. 한편 어느 과목이든 4할 이상을 득점하지 못하면 사법시험에 합격될 수 없으므로(같은 법 시행령 제5조 제2항), 이 사건 규칙에 따라 영점처리된 청구인은 사후 집행행위의 유무나 내용에 상관없이 불합격처분을 면할 수 없다. 결국 청구인의 권리관계는 합격결정이라는 구체적 집행행위 이전에 이미 이 사건 규칙에 의하여 일의적이고 명백하게 확정된 상태가 되었으므로, 이 사건 규칙으로 인한 **권리침해의 직접성이 인정된다.**

(2) 헌법소원 요건 엄격적용설(반대의견 — 소수의견)

이 사건 규칙은 사법시험 답안지의 점수 산정에 관한 기준을 정한 데 불과하여 위 기준에 따른 채점위원의 채점과 그 채점결과에 따른 법무부장관의 불합격처분이라는 구체적인 집행행위가 매개되지 않는 이상 이 사건 규칙 자체만으로는 청구인이 주장하는 기본권 침해의 결과가 발생한다고 볼 수 없다. 또한 위 집행행위에 대하여는 행정심판이나 행정소송이라는 전형적인 불복방법이 존재하고 위와 같은 절차를 통하여도 그 근거규범의 위헌 위법 여부에 따른 권리구제가 충분히 가능하므로 직접성 요건의 예외를 인정할 여지도 없다.

법령의 내용이 일의적이고 집행행위에 재량의 여지가 없다고 하여 항상 직접성 요건의 예외를 인정할 경우 당사자가 집행행위를 다투지 않고 집행행위의 전제되는 근거규범만을 다툼으로써 집행행위에 불가쟁력이 발생할 수 있고, 이와 같이 불가쟁력이 발생한 집행행위에 대하여는 위헌결정의 효력이 미치지 않아 헌법재판소가 근거규범에 대하여 위헌결정을 한다고 하더라도 당사자는 불이익한 집행행위 자체를 취소할 방법이 없어 직접적인 권리구제를 받지 못하게 되는 결과가 발생하므로, 집행행위가 매개되어 있는 이상 되도록 법원을 통한 권리구제를 일차적으로 선택하여 이에 집중할 수 있도록 국민을 유도하는 것이 국민의 기본권에 대한 실효적 보장을 위하여 더 바람직하다. 따라서 이 사건 규칙을 심판대상으로 하는 이 사건 헌법소원심판청구는 직접성 요건을 갖추지 못하여 부적법하다고 할 것이다.

2. 사법시험 제2차 시험 일정이 종료된 후 이 사건 헌법소원심판이 청구된 경우 예외적으로 권리보호의 이익이 인정되는지 여부: 실효된 처분에 대한 소의 이익관련 논점 (적극)

동종의 침해행위가 앞으로도 **반복될 위험**이 있거나 **헌법질서의 수호·유지**를 위하여 긴요한 사항이어서 그 해명이 중대한 의미를 지니고 있는 때에는 **예외적으로 권리보호의 이익이 인정**되는 것인바, 사법시험은 매년 반복하여 시행되어 이 사건 규칙에 의한 기본권 침해가 반복될 가능성이 있으므로, 이 사건 심판청구에는 권리보호이익이 **인정된다.**

 실력 다지기

처분이 발급되어 있지만 **법령**에서 **기본권**을 직접 **침해**하는 내용이 규정된 경우 **헌법소원가부**
⇒ 구체적 규범통제(예: 위헌법률심판 by 헌재, 위헌위법명령규칙심사 by 대법원)도 가능하고 헌법소원도 모두 가능하도록 판례가 바뀌었음

출제 예상 최신 판례 예제를 연습해 보자

***예제: 헌재는 법령에 근거한 처분이 발급되어 있는 경우 구체적 규범통제가 법원에 의하여 제기가 가능하므로 아예 헌법소원을 제기할 수 없다고 판시하였다. (×)

212. 화물자동차운수사업법 시행령 별표의 수권 범위위반과 이에 근거한 운행정 지처분의 위법성〈전합〉

대법원 2012. 12. 20. 선고 2011두30878 전원합의체 판결【화물자동차운행정지처분취소】

[1] 법률이 특정 사안과 관련하여 시행령에 위임을 한 경우 시행령이 위임의 한계를 준수하고 있는지 판단하는 기준

★★법률이 특정 사안과 관련하여 시행령에 위임을 한 경우 시행령이 위임의 한계를 준수하고 있는지를 판단할 때는 당해 법률 규정의 입법 목적과 규정 내용, 규정의 체계, 다른 규정과의 관계 등을 종합적으로 살펴야 한다.

★★법률의 위임 규정 자체가 그 의미 내용을 정확하게 알 수 있는 용어를 사용하여 위임의 한계를 분명히 하고 있는데도 시행령이 그 문언적 의미의 한계를 벗어났다든지, 위임 규정에서 사용하고 있는 용어의 의미를 넘어 그 범위를 확장하거나 축소함으로써 위임 내용을 구체화하는 단계를 벗어나 새로운 입법을 한 것으로 평가할 수 있다면, 이는 위임의 한계를 일탈한 것으로서 허용되지 않는다.

[2] 구 화물자동차 운수사업법 시행령 제6조 제1항 [별표 1] 제12호 (가)목에 규정된 '2인 이하가 중상을 입은 때' 중 '1인이 중상을 입은 때' 부분이 모법인 구 화물자동차 운수사업법 제19조 제1항 및 제2항의 위임범위를 벗어나 무효인지 여부 (적극)

구 화물자동차 운수사업법(2011. 6. 15. 법률 제10804호로 개정되기 전의 것, 이하 '구 화물자동차법'이라고 한다)과 구 화물자동차 운수사업법 시행령(2010. 11. 24. 대통령령 제22502호로 개정되기 전의 것, 이하 '구 화물자동차법 시행령'이라고 한다)의 규정 형식과 내용 등에 의하면 구 화물자동차법 제19조 제1항 제11호에 규정된 "**중대한 교통사고 또**는 빈번한 교통사고로 **많은 사상자를 발생하게 한 경우**"는 빈번한 교통사고뿐 아니라 중대한 교통사고에도 '많은 사상자'의 발생을 요건으로 하고 있다고 보아야 한다. 그리고 여기에 규정된 '많은'은 문언상 복수(복수), 즉 적어도 2인 **이상을 의미**하므로 1인은 **포함되지 않는다**고 해석하는 것이 타당하다. 나아가 위와 같이 1인의 중상자가 발생한 경우를 구 화물자동차법상 제재 대상에서 제외하더라도 화물자동차의 교통사고로 인한 인명의 사상(사상)을 억제함으로써 화물자동차 운수사업을 효율적으로 관리하고 건전하게 육성하여 공공복리의 증진에 기여하려는 구 화물자동차법의 목적에 반한다고 보기는 어렵다. 그럼에도 구 화물자동차법 시행령 제6조 제1항 [별표 1] 제12호 (가)목은 '1건의 교통사고로 인하여 2인 이하가 중상을 입은 때'를 위반차량 운행정지처분의 대상으로 규정함으로써 **결과적으로 1인의 중상자가 발생한 경우도 구 화물자동차법상 제재 대상으로 삼고 있다.** 앞서 본 '많은'의 문언적 의미를 비롯하여 구 화물자동차법의 입법 목적, 규정 내용, 규정 체계 등을 종합하면, 구 화물자동차법 시행령 제6조 제1항 [별표 1] 제12호 (가)목에 규정된 **'2인 이하가 중상을 입은 때' 중 '1인이 중상을 입은 때' 부분은 모법인 구 화물자동차법 제19조 제1항 및 제2항의 위임범위를 벗어난 것으로서 무효**이다.

 출제 예상 최신 판례 예제를 연습해 보자

★★ 예제: 화물자동차 운수사업법에서 **다수인이 중상을 입은 경우에 영업정지를** 할 수 있도록 하고 그 범위를 수권한 경우 **시행령 별표에서 2인 이하가 중상을 입**은 경우에도 영업정지가 가능하도록 규정한 것은 **수권의 취지에** 위반된다. (○)

택지개발업무처리지침의 성질로서 법령보충적 행정규칙

213. 대법원 2008. 3. 27. 선고 2006두3742, 3759 판결【목욕장영업신고서처리불가처분취소 · 영업소폐쇄명령처분취소】

'택지개발업무처리지침' 제11조가 비록 건설교통부장관의 지침 형식으로 되어 있다 하더라도, 이에 의한 토지이용에 관한 계획은 택지개발촉진법령의 〈위임〉에 따라 그 규정의 내용을 〈보충〉하면서 그와 〈결합〉하여 〈대외적인 구속력〉이 있는 〈법규명령으로서의 효력〉을 가진다. (빈출- 다수설과 판례의 태도인 법규명령설)

이미 고시된 실시계획에 포함된 상세계획으로 관리되는 토지 위의 건물의 용도를 상세계획 승인권자의 변경승인 없이 임의로 판매시설에서 상세계획에 반하는 일반목욕장으로 변경한 사안에서, 그 영업신고를 수리하지 않고 영업소를 폐쇄한 처분은 적법하다.

출제 예상 최신 판례 예제를 연습해 보자

★★★ 예제: 택지개발업무처리지침에 근거하여 상업중심지역 내에서 사우나 영업허가를 더 이상 할 수 없도록 거부처분을 발급하더라도 법률유보의 원칙을 충족한다. (○)

위임입법의 한계 위반 여부 판단기준

214. 대법원 2010. 4. 29. 선고 2009두17797 판결【기반시설부담금부과처분취소】

[1] 특정 사안과 관련하여 법률에서 하위 법령에 위임을 한 경우 하위 법령이 위임의 한계를 준수하고 있는지 여부의 판단 기준

특정 사안과 관련하여 법률에서 하위 법령에 위임을 한 경우 하위 법령이 위임의 한계를 준수하고 있는지 여부를 판단할 때는 당해 법률 규정의 입법 목적과 규정 내용, 규정의 체계, 다른 규정과의 관계 등을 종합적으로 살펴야 하는바, 위임 규정 자체에서 그 의미 내용을 정확하게 알 수 있는 용어를 사용하여 위임의 한계를 분명히 하고 있는데도 그 문언적 의미의 한계를 벗어났는지 여부나, 수권 규정에서 사용하고 있는 용어의 의미를 넘어 그 범위를 확장하거나 축소하여서 위임 내용을 구체화하는 단계를 벗어나 새로운 입법을 하였는지 여부 등도 고려되어야 한다.

[2] 사안의 적용

그런데 위에서 본 바와 같이 이 사건 위임 규정인 법 제6조 제3항은 **기반시설부담금의 면제 대상이 되는 요건**으로 철거되는 **기존 건축물**과 신축되는 **신축 건축물**이 건축법 제2조 제2항에서 정하고 있는 **동일용도의 범위 내일 것을 요구**하면서 동일용도의 범위에 대해서는 대통령령에 위임하고 있으므로 시행령에서는 동일용도라는 한계 내에서 그 내용을 정하여야 하는바, 이 사건 시행령 규정에서 동일용도의 범위를 건축법 제2조 제2항 각 호에 따른 용도가 같은 경우로 하되, 건축법 제2조 제2항 제1호의 **단독주택**과 제2호의 **공동주택을 동일용도의 건축물로 보는 입법을 한 것은 위와 같은 위임의 한계 내인 것으로 보이고**, 나아가 동일용도의 범위를 정함에 있어 **건축물별로 기반시설 유발 정도를 고려하지 않았다고 하여 그와 같은 사정만으로 그것이 위임의 한계를 일탈한 입법이라고 보기는 어렵다.**

그런데도 원심은 이와 다른 견해에 서서, 이 사건 시행령 규정이 동일용도의 범위를 단순히 건축법 제2조 제2항의 규정에 따른 용도가 같은 경우로 한정하여 각 용도별 건축물의 기반시설 유발계수를 고려하지 않은 것은 그 위임의 범위를 벗어나 모법에 위반되어 무효이고, 따라서 그 규정에 따라 행한 피고의 이 사건 기반시설부담금 부과처분은 위법하다고 판단하였는바, 이러한 원심판결에는 위임입법의 한계에 관한 법리를 오해하여 판결에 영향을 미친 위법이 있고, 이 점을 지적하는 상고이유는 이유 있다.

 출제 예상 최신 판례 예제를 연습해 보자

> 예제: 시행령 규정에서 동일용도의 범위를 건축법 제2조 제2항 각 호에 따른 용도가 같은 경우로 하되, 건축법 제2조 제2항 제1호의 단독주택과 제2호의 공동주택을 동일용도의 건축물로 보는 입법을 한 것은 위와 같은 위임의 한계 밖이다. (×)

---

215. 대법원 2013. 09. 12. 선고 2011두10584 판결[부정당업자제재처분취소]

[1] 법령에서 행정처분의 요건 중 일부 사항을 부령으로 정할 것을 위임한 데 따라 시행규칙 등 부령에서 이를 정한 경우에 그 부령의 규정은 국민에 대해서도 구속력이 있는 법규명령에 해당한다고 할 것이지만, **법령의 위임이 없음에도 법령에 규정된 처분 요건에 해당하는 사항을 부령에서 변경하여 규정한 경우**에는 그 부령의 규정은 행정청 내부의 사무처리 기준 등을 정한 것으로서 행정조직 내에서 적용되는 **행정명령의 성격을 지닐 뿐** 국민에 대한 **대외적 구속력은 없다**고 보아야 한다. 따라서 어떤 행정처분이 그와 같이 법규성이 없는 시행규칙 등의 규정에 위배된다고 하더라도 그 이유만으로 처분이 위법하게 되는 것은 아니라 할 것이고, 또 그 규칙 등에서 정한 요건에 부합한다고 하여 반드시 그 처분이 적법한 것이라고 할 수도 없다. 이 경우 처분의 적법 여부는 그러한 규칙 등에서 정한 요건에 합치하는지 여부가 아니라 일반 국민에 대하여 구속력을 가지는 법률 등 법규성이 있는 관계 법령의 규정을 기준으로 판단하여야 한다.

[2] 공공기관의 운영에 관한 법률 제39조 제2항, 제3항 및 그 위임에 따라 기획재정부령으로 제정된 '공기업·준정부기관 계약사무규칙' 제15조 제1항의 내용을 대비해 보면, 입찰참가자격 제한의 요건을 공공기관법에서는 '공정한 경쟁이나 계약의 적정한 이행을 해칠 것이 명백할 것'을 규정하고 있는 반면, 이 사건 규칙 조항에서는 '경쟁의 공정한 집행이나 계약의 적정한 이행을 해칠 우려가 있거나 입찰에 참가시키는 것이 부적합하다고 인정되는 자'라고 규정함으로써, 이 사건 규칙 조항이 법률에 규정된 것보다 한층 완화된 처분요건을 규정하여 그 처분대상을 확대하고 있다. 그러나 공공기관법 제39조 제3항에서 부령에 위임한 것은 '입찰참가자격의 제한기준 등에 관하여 필요한 사항'일 뿐이고, 이는 그 규정의 문언상 입찰참가자격을 제한하면서 그 **기간의 정도와 가중·감경 등에 관한 사항을 의미하는 것이지 처분의 요건까지를 위임한 것이라고 볼 수는 없다.** 따라서 이 사건 규칙 조항에서 위와 같이 **처분의 요건을 완화하여 정한 것은 상위법령의 위임 없이 규정한 것이므로 이는 행정기관 내부의 사무처리준칙을 정한 것에 지나지 않는다.**

출제 예상 최신 판례 예제를 연습해 보자

> **★★★예제: 법령의 위임이 없음에도** 법령에 규정된 처분 요건에 해당하는 사항을 부령에서 변경하여 규정한 경우에는 국민에 대한 **대외적 구속력은 없다.** (○)

---

216. 대법원 2013. 05. 23. 선고 2013두3207 판결[유가보조금환수처분취소]

국토해양부고시 구 '버스·택시 유류구매 카드제 시행지침(서울시 등의 기름값 보조지침)'의 법적 성격 및 노사 합의 없이 운송사업자가 운수종사자에게 자신이 지정한 주유소 또는 충전소에서만 주유 받도록 강요하는 행위를 금지하는 위 시행지침을 위반하였다고 하여 바로 구 여객자동차 운수사업법 제51조 제3항이 정한 거짓이나 부정한 방법으로 보조금을 받은 경우에 해당하는지 여부

구 여객자동차 운수사업법 제50조 제1항, 구 여객자동차 운수사업법 시행규칙 제94조 제4호에 따른 보조금 지급절차를 간소화·투명화하기 위한 카드제 도입과 관련하여 국토해양부장관이 제정한 구 버스·택시 유류구매 카드제 시행지침은 운송사업자가 운수종사자에게 자신이 지정한 주유소 또는 충전소에서만 주유 받도록 강요하는 행위를 금지하면서, 이를 위반한 사실이 적발될 경우 지급된 유가보조금 전액을 환수조치하도록 규정하고 있다. 그런데 위 시행지침은 상위법령의 **위임이 없을** 뿐만 아니라 그 목적과 내용이 유류구매 카드의 사용 및 발급 절차 등을 규정하기 위한 것인 점 등에 비추어 볼 때, 유류구매 카드제의 시행에 관한 행정청 내부의 사무처리준칙을 정한 것에 불과하고 **대내적으로 행정청을 기속함은 별론으로 하되 대외적으로 법원이나 일반 국민을 기속하는 효력은 없다.** 따라서 운수사업자가 위 금지 규정을 **위반하였다고 하여 바로** 구 운수사업법 제51조 제3항이 정한 거짓이나 부정한 방법으로 보조금을 받은 경우에 해당하는 것은 아니고, 그에 해당하는지는 구 운수사업법 등 관계 법령의 규정 내용과 취지 등에 따라 별도로 판단되어야 한다.

 출제 예상 최신 판례 예제를 연습해 보자

> 예제: '버스·택시 유류구매 카드제 시행지침'의 법적 성격은 상위법령의 위임이 없을 뿐만 아니라 그 목적과 내용이 유류구매 카드의 사용 및 발급 절차 등을 규정하기 위한 것인 점 등에 비추어 볼 때, 유류구매 카드제의 시행에 관한 행정청 내부의 사무처리준칙을 정한 것에 불과하므로, 이에 위반하였다고 하여 곧바로 위법하다고 볼 수 없다. (○)

실력 다지기

상위 법령의 위임 없이 규정된 법규명령의 효력에 대하여 **판례는 무효로 보는 경우가 많다.** 그러나 법규명령으로서는 효력이 없지만 **행정규칙에 불과하다고 보는 판례도 있다.**

제 6 절

(실력 UP) 출제가 예상되는 화제의 판결들을 공부해 두자

217. 대법원 2019. 6. 13. 선고 2017두33985 판결[급수공사비등부과처분취소청구의소]

[1] 수도법 제70조, 제38조 제1항 단서, 울산광역시 수도급수 조례 제13조 제1항, 제12조 제1항, 제3항의 내용·취지와 함께 다음과 같은 사정을 고려하면, 수도시설 중 급수설비에 관한 공사의 비용(이하 '급수공사비'라 한다) 부담에 관하여 위 조례가 정액제를 도입한 것 자체가 법령의 취지에 반하거나 위임 범위를 벗어난 것이라고 볼 수는 없다. 따라서 수도사업자가 실제 공사비용이 아니라 합리적인 기준에 따라 고시가 정하는 정액공사비를 부과하는 것 역시 허용된다고 보아야 한다. ① 정액제를 채택할 경우 매번 급수공사를 할 때마다 공사비를 산정할 필요가 없고, 수요가(需要家)별로 별개의 수도관을 부설함으로써 시설을 중복하여 비효율적으로 설치하는 문제를 해결할 수 있는 등 행정의 효율성을 제고할 수 있다. ② 급수공사비를 정액으로 함으로써 일반주택과 공동주택 사이 및 농어촌 지역과 도시 지역 사이의 급수공사비 부담에 관한 형평을 도모할 수 있고, 나아가 과다한 급수공사비 때문에 농어촌 지역 거주자 등이 급수공사 신청 자체를 할 수 없는 상황도 어느 정도 피할 수 있다. 이는 국가, 지방자치단체와 수도사업자가 모든 국민에 대한 수돗물의 보편적 공급에 기여해야 한다는 수도법 제2조 제6항의 취지에 부합한다. ③ 실공사비는 급수설비를 설치하고자 하는 지역이 기존의 배수관으로부터 얼마나 떨어져 있는지에 따라 큰 영향을 받는다. 급수공사비를 실비로 정할 경우 주택의 규모, 세대수 등이 비슷해도 위와 같은 우연한 사정에 따라 신청인이 부담할 공사비가 크게 달라지는 결과가 나올 수 있는데, 정액제를 채택하면 이러한 결과를 방지할 수 있다.

[2] 수도시설 중 급수설비에 관한 공사의 비용(이하 '급수공사비'라 한다) 부담에 관하여

정액제를 채택하는 경우 그에 따라 산정한 급수공사비가 실제 공사비와 편차가 발생하는
것은 불가피하다. 지방자치단체의 조례로 정액제를 도입하면 주민들은 그러한 편차를 원
칙적으로 받아들여야 한다. 다만 정액 급수공사비 제도에서도 비용부담의 원칙에 부합하
도록 가급적 관계 법령에서 정하고 있는 산정요소를 정확하게 반영하여 편차가 지나치게
크지 않도록 해야 한다. 따라서 시장이 정한 정액 급수공사비 고시가 개별 산정요소를
제대로 반영하지 않은 채 일률적으로 급수공사비를 정하여 비용부담의 원칙을 중대하게
침해하는 결과를 야기하는 경우 그러한 고시는 조례의 위임 취지에 반할 뿐 아니라 비례
의 원칙에도 반하여 위법하다.

[3] 법원이 법률 하위의 법규명령, 규칙, 조례, 행정규칙 등(이하 '규정'이라 한다)이 위
헌·위법인지를 심사하려면 그것이 '재판의 전제'가 되어야 한다. 여기에서 '재판의 전제'
란 구체적 사건이 법원에 계속 중이어야 하고, 위헌·위법인지가 문제 된 경우에는 규정
의 특정 조항이 해당 소송사건의 재판에 적용되는 것이어야 하며, 그 조항이 위헌·위법
인지에 따라 그 사건을 담당하는 법원이 다른 판단을 하게 되는 경우를 말한다. 따라서
법원이 구체적 규범통제를 통해 위헌·위법으로 선언할 심판대상은, 해당 규정의 전부가
불가분적으로 결합되어 있어 일부를 무효로 하는 경우 나머지 부분이 유지될 수 없는 결
과를 가져오는 특별한 사정이 없는 한, 원칙적으로 해당 규정 중 재판의 전제성이 인정되
는 조항에 한정된다.

218. 대법원 2019. 10. 31. 선고 2016두50907 판결[반려처분취소청구의소]

[1] 헌법 제34조 제1항, 제5항, 장애인복지법 제1조, 제2조 제1항, 제2항, 장애인복지법
시행령 제2조 제1항 [별표 1]의 체계, 장애인복지법의 취지와 장애인등록으로 받게 되는
이익, 위임규정과 시행령 규정의 형식과 내용 등을 종합하면, 장애인복지법 제2조 제1항
은 장애인의 정의를 규정하고, 제2조 제2항은 장애인복지법의 적용을 받는 신체적 장애
와 정신적 장애의 종류 및 기준을 정함으로써 그에 따라 제정될 시행령의 내용에 관한
예측가능성을 부여하는 한편 행정입법에 관한 재량의 한계를 부여한 규정이라고 보아야
한다. 입법기술상 모법이 정한 장애의 종류 및 기준에 부합하는 모든 장애를 빠짐없이
시행령에 규정할 수는 없다. 그러므로 장애인복지법 시행령 제2조 제1항 [별표 1]은 위임
조항의 취지에 따라 모법의 장애인에 관한 정의규정에 최대한 부합하도록 가능한 범위
내에서 15가지 종류의 장애인을 규정한 것으로 볼 수 있을 뿐이다. 따라서 장애인복지법
시행령 제2조 제1항 [별표 1]을 오로지 그 조항에 규정된 장애에 한하여 법적 보호를 부
여하겠다는 취지로 보아 그 보호의 대상인 장애인을 한정적으로 열거한 것으로 새길 수
는 없다.

[2] 어느 특정한 장애가 장애인복지법 시행령 제2조 제1항 [별표 1]에 명시적으로 규정되
어 있지 않다고 하더라도, 그 장애를 가진 사람이 장애인복지법 제2조에서 정한 장애인에

해당함이 분명할 뿐 아니라, 모법과 위 시행령 조항의 내용과 체계에 비추어 볼 때 위 시행령 조항이 그 장애를 장애인복지법 적용대상에서 배제하려는 전제에 서 있다고 새길 수 없고 단순한 행정입법의 미비가 있을 뿐이라고 보이는 경우에는, 행정청은 그 장애가 시행령에 규정되어 있지 않다는 이유만으로 장애인등록신청을 거부할 수 없다. 이 경우 행정청으로서는 위 시행령 조항 중 해당 장애와 가장 유사한 장애의 유형에 관한 규정을 찾아 유추 적용함으로써 위 시행령 조항을 최대한 모법의 취지와 평등원칙에 부합하도록 운용하여야 한다.

[3] 초등학교 때 운동 틱과 음성 틱 증상이 모두 나타나는 '뚜렛증후군(Tourette's Disorder)' 진단을 받고 10년 넘게 치료를 받아왔으나 증상이 나아지지 않아 오랫동안 일상 및 사회생활에서 상당한 제약을 받던 갑이 장애인복지법 제32조에 따른 장애인등록신청을 하였으나, 갑이 가진 장애가 장애인복지법 시행령 제2조 제1항 [별표 1]에 규정되지 않았다는 이유로 관할 군수가 갑의 장애인등록신청을 거부하는 처분을 한 사안에서, 갑이 뚜렛증후군이라는 내부기관의 장애 또는 정신 질환으로 발생하는 장애로 오랫동안 일상생활이나 사회생활에서 상당한 제약을 받는 사람에 해당함이 분명하므로 장애인복지법 제2조 제2항에 따라 장애인복지법을 적용받는 장애인에 해당하는 점, 위 시행령 조항이 갑이 가진 장애를 장애인복지법의 적용대상에서 배제하려는 취지라고 볼 수도 없는 점을 종합하면, 행정청은 갑의 장애가 위 시행령 조항에 규정되어 있지 않다는 이유만을 들어 갑의 장애인등록신청을 거부할 수는 없으므로 관할 군수의 위 처분은 위법하고, 관할 군수로서는 위 시행령 조항 중 갑이 가진 장애와 가장 유사한 종류의 장애 유형에 관한 규정을 유추 적용하여 갑의 장애등급을 판정함으로써 갑에게 장애등급을 부여하는 등의 조치를 취하여야 한다.

219. 대법원 2019. 10. 31. 선고 2017두74320 판결[건축신고반려처분취소]

[1] 개정 법률이 전부 개정인 경우에는 기존 법률을 폐지하고 새로운 법률을 제정하는 것과 마찬가지여서 원칙적으로 종전 법률의 본문 규정은 물론 부칙 규정도 모두 효력이 소멸되는 것으로 보아야 하므로 종전 법률 부칙의 경과규정도 실효되지만, 특별한 사정이 있는 경우에는 효력이 상실되지 않는다. 여기에서 말하는 '특별한 사정'은 전부 개정된 법률에서 종전 법률 부칙의 경과규정에 관하여 계속 적용한다는 별도의 규정을 둔 경우뿐만 아니라, 그러한 규정을 두지 않았다고 하더라도 종전의 경과규정이 실효되지 않고 계속 적용된다고 보아야 할 만한 예외적인 사정이 있는 경우도 포함한다. 이 경우 예외적인 '특별한 사정'이 있는지는 종전 경과규정의 입법 경위·취지, 전부 개정된 법령의 입법 취지 및 전반적 체계, 종전 경과규정이 실효된다고 볼 경우 법률상 공백상태가 발생하는지 여부, 기타 제반 사정 등을 종합적으로 고려하여 개별적·구체적으로 판단하여야 한다.

[2] 건축법이 1991. 5. 31. 법률 제4381호로 전부 개정되면서 구 건축법 부칙(1975. 12. 31.) 제2항과 같은 경과규정을 두지 않은 것은 당시 대부분의 도로가 시장·군수 등의 도로지정을 받게 됨으로써 종전 부칙 제2항과 같은 경과규정을 존치시킬 필요성이 줄어든 상황을 반영한 것일 뿐, 이미 건축법상의 도로가 된 사실상의 도로를 다시 건축법상의 도로가 아닌 것으로 변경하려고 한 취지는 아닌 점, 종전 부칙 제2항이 효력을 상실한다고 보면 같은 규정에 의하여 이미 확정적으로 건축법상의 도로가 된 사실상의 도로들에 관하여 법률상 공백 상태가 발생하게 되고 그 도로의 이해관계인들, 특히 그 도로를 통행로로 이용하는 인근 토지 및 건축물 소유자의 신뢰보호 및 법적 안정성 측면에도 문제가 생기는 점 등의 제반 사정을 종합해 볼 때, 종전 부칙 제2항은 1991. 5. 31. 법률 제4381호로 전부 개정된 건축법의 시행에도, 여전히 실효되지 않았다고 볼 '특별한 사정'이 있다.

[3] 건축허가권자는 건축신고가 건축법, 국토의 계획 및 이용에 관한 법률 등 관계 법령에서 정하는 명시적인 제한에 배치되지 않는 경우에도 건축을 허용하지 않아야 할 중대한 공익상 필요가 있는 경우에는 건축신고의 수리를 거부할 수 있다.

[4] 갑이 '사실상의 도로'로서 인근 주민들의 통행로로 이용되고 있는 토지를 매수한 다음 2층 규모의 주택을 신축하겠다는 내용의 건축신고서를 제출하였으나, 구청장이 '위 토지가 건축법상 도로에 해당하여 건축을 허용할 수 없다'는 사유로 건축신고수리 거부처분을 하자 갑이 처분에 대한 취소를 구하는 소송을 제기하였는데, 1심법원이 위 토지가 건축법상 도로에 해당하지 않는다는 이유로 갑의 청구를 인용하는 판결을 선고하자 구청장이 항소하여 '위 토지가 인근 주민들의 통행에 제공된 사실상의 도로인데, 주택을 건축하여 주민들의 통행을 막는 것은 사회공동체와 인근 주민들의 이익에 반하므로 갑의 주택 건축을 허용할 수 없다'는 주장을 추가한 사안에서, 당초 처분사유와 구청장이 원심에서 추가로 주장한 처분사유는 위 토지상의 사실상 도로의 법적 성질에 관한 평가를 다소 달리하는 것일 뿐, 모두 토지의 이용현황이 '도로'이므로 거기에 주택을 신축하는 것은 허용될 수 없다는 것이므로 기본적 사실관계의 동일성이 인정되고, 위 토지에 건물이 신축됨으로써 인근 주민들의 통행을 막지 않도록 하여야 할 중대한 공익상 필요가 인정되고 이러한 공익적 요청이 갑의 재산권 행사보다 훨씬 중요하므로, 구청장이 원심에서 추가한 처분사유는 정당하여 결과적으로 위 처분이 적법한 것으로 볼 여지가 있음에도 이와 달리 본 원심판단에 법리를 오해한 잘못이 있다.

220. 대법원 2019. 6. 27. 선고 2016두841 판결[법인세부과처분취소]

국세기본법 제14조 제1항은 실질과세 원칙을 정하고 있는데, 소득이나 수익, 재산, 거래 등 과세대상에 관하여 그 귀속명의와 달리 실질적으로 귀속되는 사람이 따로 있는 경우에는 형식이나 외관에 따라 귀속명의자를 납세의무자로 삼지 않고 실질적으로 귀속되는 사람을 납세의무자로 삼겠다는 것이다. 재산 귀속명의자는 이를 지배·관리할 능력이 없고 명의자에 대한 지배권 등을 통하여 실질적으로 이를 지배·관리하는 사람이 따로 있으며 그와 같은 명의와 실질의 괴리가 조세 회피 목적에서 비롯된 경우에는, 그 재산에 관한 소득은 재산을 실질적으로 지배·관리하는 사람에게 귀속된 것으로 보아 그를 납세의무자로 보아 과세하여야 한다. 이러한 원칙은 법률과 같은 효력을 가지는 조세조약의 해석과 적용에서도 이를 배제하는 특별한 규정이 없는 한 그대로 적용된다.

221. 헌재 2019. 7. 25. 2017헌마1329[변호사시험법 제18조 제1항 본문 등 위헌확인]

가. 성적공개조항은 변호사시험법이 개정된 2017. 12. 12. 이후에 실시하는 변호사시험에 응시한 사람에게 적용되고, 특례조항은 그 이전에 실시된 변호사시험에 합격한 사람에게 적용된다. 청구인은 2015년 실시된 제4회 변호사시험에 합격하였으므로, 성적공개조항의 수범자가 아닌 제3자에 불과하다. 따라서 성적공개조항에 대한 심판청구는 기본권 침해의 자기관련성을 인정할 수 없어 부적법하다.

나. 특례조항은 변호사시험 성적에 관한 정보 유출 사고의 위험을 낮추고 성적 정보 등의 관리에 관한 국가의 업무 부담을 줄이려는 목적을 가지는바, 이러한 입법목적은 정당하다. 성적 공개 청구기간을 일정한 기간으로 제한하는 것은 입법목적 달성을 위한 적합한 수단이다.

변호사시험 성적은 변호사시험 합격자의 우수성의 징표로 작용할 수 있고, 법조직역의 진출과정에서 객관적 지표로서 기능할 수 있다. 변호사 채용 과정에서 변호사시험 성적 제출을 요구하는 경우도 적지 않으며, 구직자 스스로 채용에 유리하다고 판단하여 성적을 제출하는 경우도 있다. 이처럼 변호사시험 합격자는 변호사시험 성적에 관하여 특별한 이해관계를 맺는다.

정보 유출 사고는 내부적으로는 정보에 대한 접근 권한을 엄격하게 통제하고, 외부적으로는 기술적인 보안 대책을 수립하는 방법 등을 통하여 충분히 예방할 수 있다. 변호사시험 성적을 상당한 기간 공개함으로써 직접적으로 늘어나는 국가의 업무 부담은 성적 정보 보관에 관한 것이고, 설령 답안 자료 보관에 대한 업무 부담이 늘어난다고 하더라도 정보기술을 이용하여 상당 부분 해결할 수 있다.

변호사의 취업난이 가중되고 있다는 점, 이직을 위해서도 변호사시험 성적이 필요할 수 있다는 점 등을 고려하면, 변호사시험 합격자에게 취업 및 이직에 필요한 상당한 기간 동안 자신의 성적을 활용할 기회를 부여할 필요가 있다. 특례조항에서 정하고 있는 '이 법 시행일부터 6개월 내'라는 기간은 변호사시험 합격자가 취업시장에서 성적 정보에 접근하고 이를 활용하기에 지나치게 짧다.

변호사시험 합격자는 성적 공개 청구기간 내에 열람한 성적 정보를 인쇄하는 등의 방법을 통해 개별적으로 자신의 성적 정보를 보관할 수 있으나, 성적 공개 청구기간이 지나치게 짧아 정보에 대한 접근을 과도하게 제한하는 이상, 이러한 점을 들어 기본권 제한이 충분히 완화되어 있다고 보기도 어렵다.

이상을 종합하면, 특례조항은 과잉금지원칙에 위배되어 청구인의 정보공개청구권을 침해한다.

재판관 이은애, 재판관 이종석, 재판관 이미선의 특례조항에 관한 반대의견

변호사시험은 변호사로서의 최소한의 자격을 검정하기 위한 것이지, 합격 점수를 상회하는 응시자들 사이에서 우열을 가리기 위한 것이 아니다. 변호사시험 성적을 합격자 우수성 판단의 핵심적인 정보로 이해할 경우, 시험의 성격에 대해 그릇된 인상을 줄 뿐만 아니라 법학전문대학원과 변호사시험제도를 도입한 취지가 퇴색될 우려가 있다.

성적 정보는 성적 공개 청구기간 중에 외부 인터넷과 연결된 상태에 놓이는데, 성적 공개 청구기간이 길어질수록 정보 유출 사고의 발생 위험이 증가하고, 그 피해 규모도 커진다. 성적에 관한 법적 분쟁에 대비하여 법무부는 성적 공개 청구기간에는 답안 원본 자료를 보관하고 있는데, 변호사시험 성적을 청구기간 제한 없이 공개한다면 답안 원본 자료 보관에 관한 국가의 업무 부담이 증가한다.

변호사시험 성적에 관한 정보 유출 사고의 발생 위험을 낮추고 성적 정보 등의 관리에 관한 국가의 업무 부담을 줄이기 위해서는 성적 공개 청구기간을 제한할 필요가 있고, 청구기간을 어느 정도로 설정할 것인지는 기본적으로 입법자의 입법 형성 영역에 속한다.

성적 공개 청구기간이 지나치게 짧게 설정되어 정보에 대한 접근을 본질적으로 침해하는 정도에 이른 경우가 아니라면 정보공개청구권의 침해라고 단정하기 어렵다. 정보공개청구권은 정부나 공공기관이 보유하고 있는 정보에 대하여 정당한 이해관계가 있는 자가 그 공개를 요구할 수 있는 권리로서, 그 핵심은 이해관계 있는 정보에 대한 접근 가능성이고, 정보공개청구권의 내용으로부터, 이해관계인이 상당한 기간 정보에 접근할 수 있음을 넘어서 그 정보를 활용하려는 기간 내내 그 정보에 접근할 수 있어야 한다는 결론이 반드시 도출된다고 보기도 어렵기 때문이다.

특례조항의 성적 공개 청구기간은, 그 수범자 대다수가 이미 법조인으로서 경력을 시작하였다는 점, 법무부가 헌재 2015. 6. 25. 2011헌마769등 결정의 취지를 존중하여 실무상 2015. 7. 9.부터 변호사시험 성적을 공개해왔으므로 수범자 중 가장 나중에 합격한 제6회 변호사시험 합격자도 1년 이상 성적 공개 청구가 가능하였다는 점 등을 고려한 것이다. 따라서 특례조항이 정한 개정법 시행일로부터 6개월이라는 기간은 정보에 대한 접근을 본질적으로 침해하는 정도로 짧다고 보기 어렵다.

변호사시험 합격자는 성적 공개 청구기간 내에 법무부 변호사시험 홈페이지를 통해 횟수 제한 없이 무료로 성적을 열람할 수 있다. 변호사시험 합격자는 열람한 성적을 인쇄하거나 열람 화면을 사진 파일로 저장하는 방법을 통해 자신의 성적에 관한 정보를 보관하고 이를 계속 활용할 수 있다. 제4회 변호사시험에 합격한 청구인은 약 3년 가까이 변호사시험 성적공개를 청구할 수 있었다.

이상을 종합하면, 특례조항이 과잉금지원칙을 위반하여 청구인의 정보공개청구권을 침해한다고 할 수 없다.

222. 헌재 2019. 12. 27. 2012헌마939[대한민국과 일본국 간의 재산 및 청구권에 관한 문제의 해결과 경제협력에 관한 협정 제3조의 분쟁해결 부작위 위헌확인]

조직적이고 지속적인 불법행위에 의하여 인간의 존엄과 가치를 심각하게 훼손당한 자국민들이 청구권을 실현하도록 협력하고 보호하여야 할 헌법적 요청에 의한 것으로서, 그 의무의 이행이 없으면 청구인들의 기본권이 중대하게 침해될 가능성이 있으므로, 피청구인의 작위의무는 헌법에서 유래하는 작위의무로서 그것이 법령에 구체적으로 규정되어 있는 경우라고 할 것이다.

특히, 우리 정부가 직접 청구인들의 기본권을 침해하는 행위를 한 것은 아니지만, 일본에 대한 청구권의 실현 및 인간으로서의 존엄과 가치의 회복에 대한 장애상태가 초래된 것은 우리 정부가 청구권의 내용을 명확히 하지 않고 '모든 청구권'이라는 포괄적인 개념을 사용하여 이 사건 협정을 체결한 것에도 책임이 있다는 점에 주목한다면, 그 장애상태를 제거하는 행위로 나아가야 할 구체적 의무가 있음을 부인하기 어렵다.

나. 우리 정부는 2013. 6. 3. 구술서로 일본국에 대하여 사할린 한인의 대일청구권 문제에 대한 한·일 양국 간의 입장이 충돌하고 있으므로 이 사건 협정 제3조에 따른 한·일 외교당국 간 협의를 개최할 것을 제안한다는 취지를 밝힌 바 있고, 그 후 수차례에 걸쳐 협의 요청에 대한 대응을 촉구해 왔으며, 현재에도 그와 같은 기조가 철회된 바는 없다.

피청구인이 청구인들이 원하는 수준의 적극적인 노력을 펼치지 않았다 해도, 이 사건 협정 제3조상 분쟁해결절차를 언제, 어떻게 이행할 것인가에 관해서는, 국가마다 가치와 법률을 서로 달리하는 국제환경에서 국가와 국가 간의 관계를 다루는 외교행위의 특성과 이 사건 협정 제3조 제1항, 제2항이 모두 외교행위를 필요로 한다는 점을 고려할 때, 피청구인에게 상당한 재량이 인정된다. 이러한 사실을 종합하면, 설사 그에 따른 가시적인 성과가 충분하지 않다고 하더라도 피청구인이 자신에게 부여된 작위의무를 이행하지 않고 있다고 볼 수는 없다.

재판관 이종석의 별개의견

헌법 제10조, 제2조 제2항의 규정이나 헌법전문으로부터 우리 정부가 청구인들에 대하여 부담하는 작위의무가 도출된다고 볼 수 없다. 또한 이 사건 협정으로부터도 청구인들을 위하여 협정상 분쟁해결절차로 나아가야 할 작위의무가 도출되지 않는다. 나아가 그러한 작위의무가 인정된다고 하더라도 이는 일반적·추상적 의무를 의미할 뿐, 구체적인 작위의무라고 볼 수 없다.

223. 헌재 2019. 12. 27. 2016헌마253[일본군 위안부 문제 합의 발표 위헌확인]

가. 조약과 비구속적 합의를 구분함에 있어서는 합의의 명칭, 합의가 서면으로 이루어졌는지 여부, 국내법상 요구되는 절차를 거쳤는지 여부와 같은 형식적 측면 외에도 합의의 과정과 내용·표현에 비추어 법적 구속력을 부여하려는 당사자의 의도가 인정되는지 여부, 법적 효과를 부여할 수 있는 구체적인 권리·의무를 창설하는지 여부 등 실체적 측면을 종합적으로 고려하여야 한다. 비구속적 합의의 경우, 그로 인하여 국민의 법적 지위가 영향을 받지 않는다고 할 것이므로, 이를 대상으로 한 헌법소원 심판청구는 허용되지 않는다.

나. 이 사건 합의는 양국 외교장관의 공동발표와 정상의 추인을 거친 공식적인 약속이지만, 서면으로 이루어지지 않았고, 통상적으로 조약에 부여되는 명칭이나 주로 쓰이는 조문 형식을 사용하지 않았으며, 헌법이 규정한 조약체결 절차를 거치지 않았다. 또한 합의 내용상 합의의 효력에 관한 양 당사자의 의사가 표시되어 있지 않을 뿐만 아니라, 구체적인 법적 권리·의무를 창설하는 내용을 포함하고 있지도 않다. 이 사건 합의를 통해 일본군 '위안부' 피해자들의 권리가 처분되었다거나 대한민국 정부의 외교적 보호권한이 소멸하였다고 볼 수 없는 이상 이 사건 합의가 일본군 '위안부' 피해자들의 법적 지위에 영향을 미친다고 볼 수 없으므로 위 피해자들의 배상청구권 등 기본권을 침해할 가능성이 있다고 보기 어렵고, 따라서 이 사건 합의를 대상으로 한 헌법소원심판청구는 허용되지 않는다.

224. 헌재 2019. 12. 27. 2017헌마1366[고용노동부 고시 제2017-42호 위헌확인 등]

산정한 것으로 최저임금위원회 및 피청구인의 행정해석 내지 행정지침에 불과할 뿐 국민이나 법원을 구속하는 법규적 효력을 가진 것으로 볼 수 없다. 따라서 이 사건 각 고시의 각 월 환산액 부분은 국민의 권리·의무에 직접 영향을 미치는 것이 아니므로 헌법소원의 대상이 되는 '공권력의 행사'에 해당하지 아니한다.

나. 각 최저임금 고시 부분은 최저임금제도의 입법목적을 달성하기 위하여 모든 산업에

적용될 최저임금의 시간당 액수를 정한 것으로 이는 임금의 최저수준 보장을 위한 유효하고도 적합한 수단이다.

최저임금위원회의 각 연도별 최저임금액 의결과정에 비추어 보면, 각 최저임금의 심의 및 의결 과정에서 근로자측과 사용자측의 의견이 반영되고 최저임금액의 결정을 위한 구체적인 논의가 있었음을 알 수 있다.

또한 최저임금위원회의 2018년 및 2019년 최저임금 심의 당시 주요 노동·경제 지표에 대하여 조사와 검토가 이루어졌다. 전체 비혼 단신근로자의 월평균 실태생계비, 시간당 노동생산성, 경제성장률 등 주요 노동·경제 지표의 추이와 통상임금 평균값 대비 최저임금 시간급의 상대적 수준 등에 비추어보더라도 각 최저임금 고시 부분에 따른 2018년 및 2019년 최저임금액이 현저히 합리성을 결여하여 입법형성의 자유를 벗어나는 것이라고 하기 어렵다.

한편 최저임금위원회는 2018년 적용 최저임금에 관한 심의 당시 최저임금의 업종별 구분적용과 지역별 구분적용 여부에 관하여도 논의하여 그 구분적용에 반대하는 의결을 하였고, 2019년 적용 최저임금에 관하여 심의를 하면서도 최저임금의 사업별 구분적용안에 대해 논의하여 사업별 구분적용에 반대하는 의결을 하였다. 최저임금위원회의 논의 과정 및 정책결정 근거 등을 종합적으로 고려할 때 위와 같은 판단은 존중될 필요가 있으며, 각 최저임금 고시 부분이 2018년 및 2019년 최저임금을 사업의 종류별, 지역별 구분 없이 전국 전 사업장에 동일하게 적용하게 하였더라도 이 역시 명백히 불합리하다고 할 수는 없다.

각 최저임금 고시 부분으로 달성하려는 공익은 열악한 근로조건 아래 놓여 있는 저임금 근로자들의 임금에 일부나마 안정성을 부여하는 것으로서 근로자들의 인간다운 생활을 보장하고 나아가 이를 통해 노동력의 질적 향상을 꾀하기 위한 것으로서 제한되는 사익에 비하여 그 중대성이 덜하다고 볼 수는 없다.

따라서 각 최저임금 고시 부분이 과잉금지원칙을 위반하여 청구인들의 계약의 자유와 기업의 자유를 침해하였다고 할 수 없다.

다. 헌법상 보장된 재산권은 원래 사적 유용성 및 그에 대한 원칙적인 처분권을 내포하는 재산가치 있는 구체적인 권리이므로 구체적 권리가 아닌 영리획득의 단순한 기회나 기업활동의 사실적·법적 여건은 기업에게는 중요한 의미를 갖는다고 하더라도 재산권 보장의 대상이 아니다. 각 최저임금 고시 부분은 사용자가 최저임금의 적용을 받는 근로자에게 지급하여야 할 임금의 최저액을 정한 것으로 청구인들이 이로 인하여 계약의 자유와 기업의 자유를 제한 받는 결과 근로자에게 지급하여야 할 임금이 늘어나거나 생산성 저하, 이윤 감소 등 불이익을 겪을 우려가 있거나, 그 밖에 사업상 어려움이 발생할 수 있다고 하더라도 이는 기업활동의 사실적·법적 여건에 관한 것으로 재산권 침해는 문제되지 않는다.

라. 헌법 제119조 제1항은 대한민국의 경제질서에 관하여, 제123조 제3항은 국가의 중소기업 보호·육성 의무에 관하여 규정한 조항이고, 제126조는 사영기업의 국·공유화에 대한 제한을 규정한 조항으로서 경제질서에 관한 헌법상의 원리나 제도를 규정한 조항들이다. 헌법재판소법 제68조 제1항에 의한 헌법소원에 있어서 헌법상의 원리나 헌법상 보장된 제도의 내용이 침해되었다는 사정만으로 바로 청구인들의 기본권이 직접 현실적으로 침해된 것이라고 할 수 없다.

재판관 이선애, 재판관 이종석, 재판관 이영진의 법정의견에 대한 보충의견

최저임금액 결정에 있어서 주요 경제지표와 현실에 대한 객관적 분석을 한 기초 위에서 투명하고 공개적인 논의가 절차적으로 보장되어야 하고, 이를 통해 기업의 예측가능성이 담보됨과 동시에 기업과 근로자의 이해관계가 세밀하게 조정되는 과정을 거치는 것이 필요하다.

최저임금위원회의 구성에 있어서 소상공인·자영업자 등은 고용구조에서 차지하는 비중에 비추어볼 때 의미 있는 참여를 보장받지 못하고 과소대표될 가능성이 있으므로 이에 대한 배려가 필요하다. 또한 공익위원은 경제현실에 대한 분석과 장기적 전망 등에 전문성을 갖추고 최저임금제도의 목적과 취지에 부합하는 결정을 할 수 있는 중립적인 위원의 위촉이 요청된다.

최저임금의 결정과정과 최저임금 결정의 근거와 이유가 명확하게 공개되고 제시될 수 있도록 관련제도를 보완할 필요도 있다. 프랑스의 근로자 구매력 상승률을 반영하는 방식, 캐나다의 최저임금률을 소비자 물가지수로 측정되는 물가상승률과 연동되도록 하는 방식 등 일정한 객관적 경제지표를 바탕으로 최저임금을 결정하는 방안도 참조할 수 있을 것이다.

또한 최저임금액 결정을 함에 있어 각종 경제지표를 심의과정에 현출하였다는 사정만으로는 부족하고, 최저임금액 결정의 구체적인 근거와 이유로서 어떠한 경제지표를 어떻게 얼마나 반영하였는지 여부와 신뢰할 수 있는 관련 통계가 작성 및 제출되어 분석 및 활용되었는지 여부 등이 합리적으로 검증될 수 있어야 할 것이다.

업종이나 지역, 근로자의 숙련도 등을 전혀 고려하지 않고 일률적으로 최저임금액을 정한 것은 현저히 불합리한 것은 아니라고 할지라도 가장 적절한 방식을 채택하고 있다고도 보기 어렵다. 외국의 경우, 영국이 연령별로, 일본이 지역별·산업별로, 호주가 연령별·업종별·숙련도별로 최저임금의 차등적용이 가능하게 하고 있다. 우리나라도 향후 다양한 방식의 이해관계 조정을 검토할 필요가 있다.

최저임금의 급격한 인상이 고용이나 경제상황에 미칠 수 있는 긍정적·부정적 영향은 주의 깊게, 또한 균형 있게 검토되어야 한다. 최저임금제도의 목적을 어느 정도 달성할 수 있는가는 최저임금액의 결정이 얼마나 합리적으로 이루어지는가에 달려 있으며, 경제상황에 맞게 기업자의 근로자의 상반되는 이해관계를 조화롭게 조정하는 지혜로운 시행이 필요하다.

재판관 이은애, 재판관 문형배, 재판관 이미선의 각 최저임금 고시 부분에 대한 반대의견

고시의 법적 성질은 일률적으로 판단될 것이 아니라 고시에 담겨진 내용에 따라 구체적인 경우마다 달리 결정된다. 즉, 고시가 일반적·추상적 성격을 가질 때에는 법규명령 또는 행정규칙에 해당하지만, 고시가 구체적인 규율의 성격을 갖는다면 행정처분에 해당한다.

최저임금법을 비롯한 관련 규정을 살펴보아도 각 최저임금 고시 부분에 따라 근로자를 고용한 사업장의 사용자를 개별적·구체적으로 규율하기 위하여 매개가 예정된 집행행위를 찾기 어렵다. 한편 최저임금법은 제6조 제1항에서 사용자는 최저임금법의 적용을 받는 근로자에게 최저임금액 이상의 임금을 지급하여야 한다고 규정하면서, 제3항에서 최저임금의 적용을 받는 근로자와 사용자 사이의 근로계약 중 최저임금액에 미치지 못하는 금액을 임금으로 정한 부분은 무효로 하며, 이 경우 무효로 된 부분은 이 법으로 정한 최저임금액과 동일한 임금을 지급하기로 한 것으로 본다고 규정하고 있다. 제28조 제1항에서는 제6조 제1항 또는 제2항을 위반하여 최저임금액보다 적은 임금을 지급하거나 최저임금을 이유로 종전의 임금을 낮춘 자는 3년 이하의 징역 또는 2천만 원 이하의 벌금에 처한다고 규정하고 있다. 위와 같은 각 최저임금 고시 부분의 내용 및 최저임금법에 따른 효력, 그 위반 시 따르는 형사처벌 등을 고려할 때, 각 최저임금 고시 부분은 다른 집행행위의 매개 없이 그 자체로서 직접 사용자와 근로자 사이의 임금지급에 관한 구체적인 권리·의무나 법률관계를 규율한다고 봄이 상당하다.

청구인들은 이 사건 각 최저임금 고시 부분에 대하여 법원에 무효확인 등의 소송을 제기하여 구제절차를 밟을 수 있음에도 이를 거치지 않고 이 사건 심판청구를 하였으므로, 이 사건 각 최저임금 고시 부분에 대한 심판청구는 헌법소원의 보충성 요건을 충족하지 못하여 부적법하다.

225. 헌재 2018. 5. 31. 2015헌마853[지방자치단체를 당사자로 하는 계약에 관한 법률 시행령 제30조 제5항 등 위헌확인]

가. 이 사건 시행령조항은 행정자치부장관에게 하위규범을 제정·시행할 권한을 부여하고 있을 뿐 청구인에 대하여 법적 효과를 발생시키는 내용을 직접 규정하고 있지 아니하므로 기본권 침해의 직접성이 인정되지 아니한다.

나. 이 사건 예규조항은 상위법령의 위임에 따라 '지방자치단체를 당사자로 하는 계약에

관한 법률'(이하 '지방계약법'이라 한다)상 수의계약의 계약상대자 선정 기준을 구체화한 것이고, 국가가 일방적으로 정한 기준에 따라 지방자치단체와 수의계약을 체결할 자격을 박탈하는 것은 상대방의 법적 지위에 영향을 미치므로, 이 사건 예규조항은 헌법소원의 대상이 되는 공권력의 행사에 해당한다.

다. 지방계약법 제9조 제3항의 위임에 따라 이 사건 시행령조항이 행정자치부장관이 정하도록 이 사건 예규조항에 위임하고 있는 '계약이행능력'에는 계약질서의 준수 정도, 성실도 등이 포함된다고 볼 수 있으므로, 이 사건 예규조항이 계약의 체결·이행 등과 관련한 금품 제공 등으로 부정당업자 제재 처분을 받은 자를 일정 기간 수의계약상대자에서 배제한 것이 모법의 위임한계를 일탈하여 법률유보원칙에 위배된다고 볼 수 없다.

라. 이 사건 예규조항은 지방계약법상 수의계약 체결의 공정성과 충실한 이행을 확보하기 위한 것으로 입법목적의 정당성이 인정되고, 계약의 체결·이행 등과 관련한 금품 제공 등으로 제재 처분을 받은 자를 일정 기간 계약상대자에서 배제하는 것은 입법목적 달성을 위한 효과적인 수단에 해당한다.

계약의 체결·이행 등과 관련한 금품 제공 등은 계약업무의 공정성 및 신뢰성을 중대하게 침해하는 것이고, 이 사건 예규조항은 새로운 수의계약을 체결할 자격만 일시적으로 제한하며, 지방계약법상 수의계약의 체결·이행과정에서의 공정성과 적정성의 확보는 중대한 공익이므로, 이 사건 예규조항은 침해의 최소성 및 법익의 균형성에도 위반되지 아니한다.

따라서 이 사건 예규조항은 청구인의 직업수행의 자유를 침해하지 아니한다.

재판관 김창종, 재판관 강일원, 재판관 서기석, 재판관 유남석의 이 사건 시행령조항에 대한 별개의견 및 이 사건 예규조항에 대한 반대의견

이 사건 시행령조항 및 이 사건 예규조항은 지방자치단체가 사인과의 사법상 계약관계를 공정하고 합리적·효율적으로 처리할 수 있도록 관계 공무원이 지켜야 할 계약사무 처리에 관한 필요한 사항을 정한 지방자치단체의 내부규정에 불과하고, 계약의 상대방이나 상대방이 되고자 하는 사인의 권리·의무를 규율하는 것이 아니다. 그러므로 이 사건 시행령조항에 대한 심판청구는 기본권침해 가능성이 없다는 이유로 각하하여야 하고, 대외적 구속력을 가지는 행정규칙에 해당하지 않는 이 사건 예규조항에 대한 심판청구는 헌법소원 대상성이 없어 부적법하므로 각하하여야 한다.

재판관 김이수, 재판관 조용호, 재판관 이선애의 이 사건 예규조항에 대한 법정의견에 대한 보충의견

'행정규칙의 헌법소원 대상성 여부'와 '행정규칙의 법규성 여부'는 헌법소원과 행정소송의 고유한 목적·구조·기능에 따라 독자적인 기준에 의하여 판단되어야 한다.

국가작용은 그 형식을 불문하고 헌법상 원리 또는 기본권에 구속되어야 하는 점과 국가나 지방자치단체가 체결하는 입찰·수의계약의 공공성을 고려하면, 이러한 입찰·수의계약에 대한 법적 규율을 일반적인 사경제주체의 내부적 기준과 전적으로 동일한 것으로 볼 수는 없다. 이 사건 예규조항은 지방자치단체가 일방적으로 일정한 자들에게 일정 기간 수의계약을 체결하지 못하는 불이익을 가하는 행정권의 입법 작용으로서 헌법소원의 대상이 되는 공권력의 행사에 해당한다.

재판관 안창호의 이 사건 예규조항에 대한 법정의견에 대한 별개의 보충의견

헌법재판소는 행정규칙은 원칙적으로 대외적 구속력이 인정되지 않는다는 이유로 헌법소원의 대상인 '공권력의 행사'가 아니라고 하여 왔다. 그러나 행정규칙은 비록 법률·대법원규칙·법규명령 등과 그 형성주체, 절차, 형식, 방법 등이 다르기는 하나, 일반적·추상적 성격을 가지는 고권적 작용임을 부인할 수 없다. 또한, 행정규칙이 단순히 내부적인 효력만 가지는 경우라고 하더라도 그 소속 공무원의 기본권을 제한할 수도 있으므로 이에 대한 통제가 필요하고, 나아가 행정규칙이 외관상 대외적 구속력이 인정되지 않는 경우에도 실질적으로는 국민의 기본권을 제한하는 경우도 있다. 이러한 사정 등을 종합하면, 행정규칙은 대외적 구속력이 있는지 여부를 불문하고 행정권의 고권적 작용으로서 헌법소원의 대상이 된다고 하는 것이 타당하다. 이와 같이 행정규칙에 대한 헌법소원 대상성을 확대하더라도, 그에 대한 헌법소원도 헌법재판소법 제68조 제1항이 정한 요건을 충족하여야 하므로, 헌법소원심판의 범위가 지나치게 넓어지는 문제는 발생하지 않는다.

이 사건과 같이 행정규칙을 근거로 한 구체적인 행정작용이 공권력의 행사에 해당하지 아니하거나, 다른 구제절차로써 다툴 수 없는 경우에는 행정규칙을 직접 대상으로 한 헌법소원심판 청구는 직접성 요건을 충족한 것으로 봄이 타당하다.

재판관 강일원의 이 사건 예규조항에 대한 반대의견에 대한 보충의견

지방계약법 제9조 제3항 및 이 사건 시행령조항은 포괄적이고 일반적인 위임 규정에 불과하여 이 사건 예규조항과 같이 실질적으로 제재 처분의 효력을 연장하는 행정규칙의 근거 규정이 될 수 없다.

따라서 이 사건 예규조항을 수의계약 체결과 관련한 지방자치단체 내부의 업무처리지침에 불과하고 공권력의 행사가 아니라고 보아야만 이를 상위 법령과 모순되지 않게 이해할 수 있고, 법정의견과 같이 이 사건 예규조항이 공권력의 행사라고 본다면, 이는 법률에 근거 없이 국민의 권리·의무를 제한하는 규정으로 법률유보원칙 또는 포괄위임금지원칙에 위반된다고 보는 것이 합리적이다.

226. 대법원 2017. 6. 15. 선고 2016두52378 판결[입찰참가자격제한처분취소청구의소]

공공기관의 운영에 관한 법률(이하 '공공기관운영법'이라 한다) 제39조 제2항은 입찰참가자격 제한 대상을 '공정한 경쟁이나 계약의 적정한 이행을 해칠 것이 명백하다고 판단되는 사람·법인 또는 단체 등'으로 규정하여 입찰참가자격 제한 처분 대상을 해당 부정당행위에 관여한 자로 한정하고 있다. 반면, 구 공기업·준정부기관 계약사무규칙(2016. 9. 12. 기획재정부령 제571호로 개정되기 전의 것, 이하 '계약사무규칙'이라 한다) 제15조 제4항(이하 '위 규칙 조항'이라 한다)은 '입찰참가자격을 제한받은 자가 법인이나 단체인 경우에는 그 대표자'에 대하여도 입찰참가자격 제한을 할 수 있도록 규정하여, 부정당행위에 관여하였는지 여부와 무관하게 법인 등의 대표자 지위에 있다는 이유만으로 입찰참가자격 제한 처분의 대상이 될 수 있도록 함으로써, 법률에 규정된 것보다 처분대상을 확대하고 있다.

그러나 공공기관운영법 제39조 제3항에서 부령에 위임한 것은 '입찰참가자격의 제한기준 등에 관하여 필요한 사항'일 뿐이고, 이는 규정의 문언상 입찰참가자격을 제한하면서 그 기간의 정도와 가중·감경 등에 관한 사항을 의미하는 것이지 처분대상까지 위임한 것이라고 볼 수는 없다. 따라서 위 규칙 조항에서 위와 같이 처분대상을 확대하여 정한 것은 상위법령의 위임 없이 규정한 것이므로 이는 위임입법의 한계를 벗어난 것으로서 대외적 효력을 인정할 수 없다. 이러한 법리는 계약사무규칙 제2조 제5항이 '공기업·준정부기관의 계약에 관하여 계약사무규칙에 규정되지 아니한 사항에 관하여는 국가를 당사자로 한 계약에 관한 법령을 준용한다.'고 규정하고 있다고 하여 달리 볼 수 없다.

227. 대법원 2017. 1. 12. 선고 2016두35199 판결[과징금납부명령및감면신청기각처분취소]

[1] 독점규제 및 공정거래에 관한 법률(이하 '공정거래법'이라 한다)은 제21조와 제22조에서 부당한 공동행위에 대한 시정명령 및 과징금 부과처분(이하 통칭하여 '과징금 등 처분'이라 한다)의 근거 규정을 두고 이와 별도로 제22조의2에서 자진신고 등에 따른 감면신청과 관련한 처분의 근거 규정을 두고 있다. 자진신고 감면을 인정할 것인지는 부당공동행위의 성립을 전제로 공정거래법과 독점규제 및 공정거래에 관한 법률 시행령(이하 '공정거래법 시행령'이라 한다)이 정한 시정조치의 내용과 과징금 산정 기준에 따른 과징금액이 결정된 다음, 자진신고에 관한 별도의 요건을 충족하는지를 판단하는 단계에서 결정된다. 따라서 과징금 등 부과와 자진신고 감면은 요건과 절차에서도 명확히 구분된다. 공정거래위원회는 자진신고가 있는 사건의 심결 절차에서 과징금 등 부과의 요건과 자진신고 감면 요건을 모두 심리·의결하여야 한다. 공정거래법 시행령은 자진신고자 등

의 신청에 따라 자진신고 감면신청 사건을 분리 심리하거나 분리 의결할 수 있도록 하고 있고, 세부적인 운영절차를 정한 구 부당한 공동행위 자진신고자 등에 대한 시정조치 등 감면제도 운영고시(2015. 1. 2. 공정거래위원회 고시 제2014―19호로 개정되기 전의 것) 가 마련되어 있다. 뿐만 아니라 감면기각처분은 자진신고 사업자의 감면신청에 대한 거부처분의 성격을 갖는 것으로 법적 성격도 과징금 등 처분과는 구별된다.

과징금 등 처분과 감면기각처분은 근거 규정, 요건과 절차가 구별되는 독립적인 별개의 처분으로서 두 처분에 고유한 위법사유가 구별되고 법적 성격도 다르므로, 사업자로서는 두 처분의 취소를 모두 구할 실익이 인정된다.

따라서 공정거래위원회가 시정명령 및 과징금 부과와 감면 여부를 분리 심리하여 별개로 의결한 다음 과징금 등 처분과 별도의 처분서로 감면기각처분을 하였다면, 원칙적으로 2개의 처분, 즉 과징금 등 처분과 감면기각처분이 각각 성립한 것이고, 처분의 상대방으로서는 각각의 처분에 대하여 함께 또는 별도로 불복할 수 있다. 그러므로 사업자인 원고가 과징금 등 처분과 감면기각처분의 취소를 구하는 소를 함께 제기한 경우에도, 특별한 사정이 없는 한 감면기각처분의 취소를 구할 소의 이익이 인정된다.

[2] 독점규제 및 공정거래에 관한 법률(이하 '공정거래법'이라 한다) 제22조의2의 입법취지, 규정 형식과 내용 등을 유기적·체계적으로 종합해 보면, '부당한 공동행위에 대한 시정명령 및 과징금(이하 '과징금 등'이라 한다) 감면을 받을 수 있는 자진신고자 또는 조사협조자(이하 '자진신고자 등'이라 한다)의 범위'는 자진신고자 등에 대하여 단순히 과징금 등을 부과하기보다 감면 혜택을 부여하는 것이 부당한 공동행위에 대한 중지 또는 예방효과가 큰 경우를 중심으로 시행령에 정해질 것이라고 실질적 기준의 대강을 예측할 수 있고, 시행령으로 정하는 사항에는 부당한 공동행위의 유형과 개별 사정에 따라 감면 혜택을 받을 수 있는 자진신고자 등의 범위를 제한하는 내용이 마련될 수 있다는 것도 예상할 수 있다. 따라서 공정거래법 제22조의2 제3항이 과징금 등의 감면 혜택을 받는 자진신고자 등의 범위를 직접 정하지 않은 채 이를 대통령령에 위임한 것이 포괄위임금지의 원칙에 위반된다고 볼 수 없다.

[3] 독점규제 및 공정거래에 관한 법률 시행령 제35조 제1항 제6호(이하 '시행령 규정'이라 한다)는 '2개 사업자만이 담합에 참여한 경우'와 '1순위 자진신고자 또는 조사협조자(이하 '자진신고자 등'이라 한다)가 자진신고 등을 한 날부터 2년 이상이 지난 경우'에는 2순위 자진신고자 등에 대한 감경을 배제하고 있다. 이는 감면 혜택을 받을 수 없는 소극적 자격에 관한 것으로서 독점규제 및 공정거래에 관한 법률(이하 '공정거래법'이라한다) 제22조의2 제3항에서 명시적으로 대통령령에 위임한 '감경 또는 면제되는 자의 범위와 감경 또는 면제의 기준·정도에 관한 세부사항'에 해당한다. 또한 시행령 규정의 내용이 자의적이라고 할 수 없고 오히려 모법인 공정거래법 제22조의2 제3항의 취지에 부합하며 합리적이다. 따라서 시행령 규정은 모법의 위임 범위를 일탈한 것으로 볼 수

없다.

[4] 공정거래위원회가 부당한 공동행위를 한 甲 주식회사에 과징금을 부과하면서 비등기 임원에 대하여 '위반사업자의 이사 또는 그 이상에 해당하는 고위 임원(등기부 등재 여부를 불문한다)이 위반행위에 직접 관여한 경우'에는 100분의 10 이내 범위에서 과징금을 가중할 수 있다고 정한 구 과징금부과 세부기준 등에 관한 고시(2012. 3. 28. 공정거래위원회 고시 제2012－6호로 개정되기 전의 것) IV. 3. 나(5)항(이하 '고시조항'이라 한다)에 따라 과징금을 가중한 사안에서, 공정거래위원회가 법령에 반하지 않는 범위 내에서 과징금의 가중·감면 사유 등에 관하여 재량준칙의 내용을 정할 재량에 기초하여 고시조항의 적용 대상을 상법상 이사로 법인등기부에 등기된 자 외에도 비등기 임원 등으로까지 확장하기 위하여 고시조항에 '등기부 등재 여부를 불문한다'는 부분을 추가한 점, 거래현실상 의사결정이나 업무집행 권한의 범위 등에서 일반 직원과는 차이가 있는 비등기 임원이 위반행위를 주도·계획하거나 이에 유사한 정도로 위반행위에 직접 관여하였다면, 이는 독점규제 및 공정거래에 관한 법령이 정한 과징금 산정의 참작사유 즉, '위반행위의 내용과 정도'에 영향을 미치는 '위반사업자의 고의, 위반행위의 성격과 사정'에 대한 평가를 달리 할 수 있는 사정에 해당하는 점 등을 고려하면, 공정거래위원회가 비등기 임원이 위반행위에 직접 관여한 경우도 고시조항의 적용대상이라고 보아 과징금을 가중하였더라도 재량권을 일탈·남용한 위법이 없다.

228. 대법원 2017. 3. 9. 선고 2015다233982 판결[부당이득반환]

[1] 헌법재판소의 위헌결정의 효력은 위헌제청을 한 '당해사건', 위헌결정이 있기 전에 이와 동종의 위헌 여부에 관하여 헌법재판소에 위헌여부심판제청을 하였거나 법원에 위헌여부심판제청신청을 한 '동종사건'과 따로 위헌제청신청은 아니하였지만 당해 법률 또는 법률 조항이 재판의 전제가 되어 법원에 계속 중인 '병행사건'뿐만 아니라, 위헌결정 이후 같은 이유로 제소된 '일반사건'에도 미친다. 하지만 위헌결정의 효력이 미치는 범위가 무한정일 수는 없고, 다른 법리에 의하여 그 소급효를 제한하는 것까지 부정되는 것은 아니며, 법적 안정성의 유지나 당사자의 신뢰보호를 위하여 불가피한 경우에 위헌결정의 소급효를 제한하는 것은 오히려 법치주의의 원칙상 요청된다.

[2] 사립학교교직원 연금법 제42조 제1항에 따라 사립학교 교직원에 준용되는 '재직 중의 사유로 금고 이상의 형을 받은 경우' 퇴직급여 등의 지급을 제한하는 구 공무원연금법(2009. 12. 31. 법률 제9905호로 개정되기 전의 것, 이하 같다) 제64조 제1항 제1호에 대하여 2008. 12. 31.을 시한으로 입법자가 개정할 때까지 효력을 지속한다는 취지의 헌법불합치결정이 내려졌으나 위 시한까지 개정되지 않은 상황에서 사립학교 교원 甲이 재직 중 고의범으로 집행유예의 형을 받고 퇴직하자, 사립학교 교직원연금공단(이하 '공단'이라 한다)이 甲에게 퇴직수당과 퇴직일시금을 지급하였고, 2009. 12. 31. 위 조항이 '직무와 관

련이 없는 과실로 인한 경우' 등에는 퇴직급여 등의 지급 제한에서 제외한다는 내용으로 개정되면서 부칙 제1조 단서로 '제64조의 개정 규정은 2009. 1. 1.부터 적용한다'고 규정하자, 공단이 甲에 대하여 이미 지급한 돈의 일부를 환수하였는데, 그 후 위 부칙 제1조 단서 중 제64조의 개정 규정에 관한 부분이 소급입법 금지의 원칙에 반한다는 이유로 위헌결정을 받자, 甲이 공단을 상대로 환수금 상당의 부당이득반환을 구한 사안에서, 헌법재판소는 구 공무원연금법 제64조 제1항 제1호에 대하여 지급제한 자체가 위헌이라고 판단한 것이 아니라 '공무원의 신분이나 직무상 의무와 관련이 없는 범죄, 특히 과실범의 경우에도 퇴직급여 등을 제한하는 것은 공무원범죄를 예방하고 공무원이 재직 중 성실히 근무하도록 유도하는 입법 목적을 달성하는 데 적합한 수단이라고 볼 수 없다'는 이유로 헌법불합치결정을 하면서 2008. 12. 31.까지는 효력이 유지된다고 하였던 점, 구 공무원연금법의 효력이 지속될 때까지는 공무원 등이 재직 중의 사유로 금고 이상의 형을 받은 때 퇴직급여 등의 일부를 감액하여 지급하는 것이 일반적으로 받아들여졌던 점, 헌법불합치결정의 취지를 반영한 개정 공무원연금법에서도 직무와 관련이 없는 과실로 인한 경우 및 소속 상관의 정당한 직무상의 명령에 따르다가 과실로 인한 경우를 제외하고는 재직 중의 사유로 금고 이상의 형을 받은 경우 여전히 퇴직급여 등의 지급을 제한하고 있는데, 甲은 재직 중 고의범으로 유죄판결이 확정된 점 등을 종합하면, 일반사건에 대해서까지 위헌결정의 소급효를 인정함으로써 보호되는 甲의 권리구제라는 구체적 타당성 등의 요청이 이미 형성된 법률관계에 관한 법적 안정성의 유지와 당사자의 신뢰보호의 요청보다 현저히 우월하다고 단정하기 어렵다.

229. 대법원 2017. 10. 12. 선고 2015두60105 판결[폐기물처리시설설치비용부담금처분취소]

[1] 조세나 부담금의 부과요건과 징수절차를 법률로 규정하였다고 하더라도 규정 내용이 지나치게 추상적이고 불명확하면 부과관청의 자의적인 해석과 집행을 초래할 염려가 있으므로 법률 또는 그 위임에 따른 명령·규칙의 규정은 일의적이고 명확해야 한다. 그러나 법률규정은 일반성, 추상성을 가지는 것이어서 법관의 법 보충작용으로서의 해석을 통하여 의미가 구체화되고 명확해질 수 있으므로, 조세나 부담금에 관한 규정이 관련 법령의 입법 취지와 전체적 체계 및 내용 등에 비추어 그 의미가 분명해질 수 있다면 이러한 경우에도 명확성을 결여하였다고 하여 위헌이라고 할 수는 없다.

[2] 구 폐기물처리시설 설치촉진 및 주변지역지원 등에 관한 법률(2013. 8. 13. 법률 제12077호로 개정되기 전의 것, 이하 '폐기물시설촉진법'이라 한다), 구 폐기물처리시설 설치촉진 및 주변지역지원 등에 관한 법률 시행령과 서울특별시 강남구 폐기물처리시설 설치비용 징수와 기금설치 및 운용에 관한 조례는 폐기물처리시설 설치비용에 해당하는 금액(이하 '설치비용 해당금액'이라 한다) 산정기준에 관하여 상세한 규정을 두면서도 시설부지 매입비용 산정기준이 되는 택지개발사업지구 조성원가(이하 '택지조성원가'라고 한다)

의 기준시점에 관하여는 아무런 규정을 두지 않는 한편, 조성면적 30만㎡ 이상인 공동주택단지 또는 택지를 개발하려는 자(이하 '사업시행자'라 한다)에게 착공 전 납부계획서를 제출할 의무를 부과하고, 구청장 등은 제출된 납부계획서의 적정 여부를 확인한 후 납부금액 등을 정하도록 규정하고 있다. 이에 의하면, 관계 법령은 납부계획서 제출 시의 기초자료를 근거로 하여 설치비용 해당금액을 산정하는 것이 당연히 허용됨을 전제하고 있다고 볼 수 있다. 나아가 구 택지개발촉진법 제18조의2 제1항은 택지조성원가는 택지를 공급하는 사업시행자가 공시하도록 규정하고 있다.

따라서 구청장 등이 사업시행자의 의견을 존중하여 납부계획서에 기재되어 있는 택지조성원가를 적용하여 시설부지 매입비용을 산정하였다면, 부담금 부과처분 당시 택지조성원가의 급격한 변동이 발생하여 이러한 사정을 반영하지 아니한 조치가 현저히 불합리하다는 등의 특별한 사정이 없는 이상, 이러한 시설부지 매입비용 산정이 위법하다고 볼 수는 없다.

또한 위 조례 제6조 제2항 제3호가 택지조성원가의 기준시점에 대하여 명시하고 있지는 아니하나, 위 조항은 택지조성원가의 기준시점을 일응 납부계획서 제출 시로 보되, 합리적인 시설부지 매입비용 산정을 위하여 관할 행정청이 구체적인 경우에 따라 기준시점을 탄력적으로 선택할 수 있도록 한 취지라고 해석할 수 있고, 택지조성원가는 시설부지 매입비용을 추정·평가하기 위한 기초자료 중 하나에 불과하며, 폐기물시설촉진법령 및 위 조례가 시설부지 매입비용의 산정 방법에 관하여 상세히 규정하고 있으므로, 위 조례 조항이 부과관청에게 자의적 해석과 집행의 여지를 주거나 수범자의 예견가능성을 해할 정도로 불명확하여 명확성 원칙에 위배된다고 볼 수도 없다.

[3] 구 폐기물처리시설 설치촉진 및 주변지역지원 등에 관한 법률(이하 '폐기물시설촉진법'이라 한다) 제6조 제1항의 위임에 따른 구 폐기물처리시설 설치촉진 및 주변지역지원 등에 관한 법률 시행령 제4조 제3항은, 시설설치비용에 관하여 첫째 소각시설의 경우 '1일 처리능력 200t 규모의 소각시설을 설치하는 데 드는 비용의 톤당 단가', 둘째 음식물류폐기물처리시설의 경우 '1일 처리능력 30t 규모의 퇴비화·사료화 시설을 설치하는 데 드는 비용의 톤당 단가'를 기준으로 산정하도록 하고 있다. 나아가 '서울특별시 강남구 폐기물처리시설 설치비용 징수와 기금설치 및 운용에 관한 조례'(2011. 3. 4. 조례 제1016호로 개정된 것) 제7조 제2항은 '톤당 설치비용'의 구체적 산정 방법에 대해 당해 연도에 완공 또는 완공 예정인 수도권 지역 시설의 톤당 평균 설치비용을 기준으로 하되, 당해 연도에 완공 또는 완공예정 시설이 없을 경우 최근 5년 이내 설치된 시설 중 최근 연도에 완공된 2개 시설의 평균 톤당 설치비용을 적용한다고 규정하고 있다.

이러한 관련 규정의 내용·체계에 '당해 연도에 완공 예정인 수도권 지역 시설의 톤당 평균 설치비용'은 시설설치비용을 추정·평가하기 위한 기초자료 중 하나일 뿐이라는 점까지 보태어 보면, 구청장 등이 납부계획서를 제출받은 시점에 완공된 수도권 지역 시설의 톤당 평균 설치비용을 기준으로 시설설치비용을 산정하였더라도, 기초자료에 급격한 변동이 발생하여 이러한 사정을 반영하지 아니한 조치가 현저히 불합리하다는 등의 특별한 사정이 없는 한, 시설설치비용 산정이 위법하다고 볼 수는 없다. 나아가 위 조례 제7조 제2항에서 규정한 '당해 연도'와 관련하여 통상의 해석 방법에 의하여 이러한 해석이 가능하므로 위 조례 조항이 명확성의 원칙에 위배된다고 볼 수도 없다.

230. 헌재 2017. 5. 25. 2014헌마844[이동통신단말장치 유통구조 개선에 관한 법률 제4조 제1항 등 위헌확인]

가. 이동통신사업자, 대리점 및 판매점(이하 '이동통신사업자 등'이라 한다) 뿐만 아니라 이용자들 역시 지원금 상한 조항의 실질적인 규율대상에 포함되고, 지원금 상한 조항은 지원금 상한액의 기준과 한도를 제한함으로써 이용자들이 이동통신단말장치를 구입하는 가격에 직접 영향을 미치므로, 이동통신사업자 등으로부터 이동통신단말장치를 구입하여 이동통신서비스를 이용하고자 하는 청구인들은 지원금 상한 조항에 대해 헌법소원심판을 청구할 자기관련성이 인정된다.

나. 지원금 상한액의 기준 및 한도는 전문성을 갖춘 방송통신위원회로 하여금 시장의 변화 등에 대응하여 탄력적으로 적시에 규율하도록 할 필요가 있는 사항이다. 또한, 지원금 상한 조항은 지원금 상한액의 기준 및 한도를 정할 때 기준이 되는 본질적인 사항들을 직접 규정하면서 다만 상한액의 구체적인 기준 및 한도만을 방송통신위원회가 정하도록 위임하고 있으며, 이동통신사업자 등과 이용자들은 단말기유통법의 관련 규정, 이동통신단말장치 구매 지원금 상한제의 도입취지 등을 토대로 방송통신위원회가 정하여 고시할 내용의 대강을 충분히 예측할 수 있다. 따라서 지원금 상한 조항은 포괄위임금지원칙에 위배되지 아니한다.

다. 지원금 상한 조항은 이동통신단말장치의 공정하고 투명한 유통질서를 확립하여 이동통신 산업의 건전한 발전과 이용자의 권익을 보호하기 위한 것으로 이러한 입법목적에는 정당성이 인정되며, 이동통신단말장치 구매 지원금 상한제는 이러한 목적을 달성하기 위한 적절한 수단이다. 지원금 상한 조항은 이동통신사업자 등이 자율적인 판단에 따라 이용자에게 지원금을 지급할 것인지 여부를 정할 수 있도록 하면서 다만 지원금 상한액의 기준 및 한도만을 제한하고 있을 뿐이고, 단말기유통법은 지원금 상한 조항의 시행으로 인한 기본권 제한을 최소화하기 위한 제도적 장치들을 충분히 마련하고 있으며, 단말기유통법이 정하고 있는 다른 수단들만으로는 이동통신서비스 시장에서 발생하고 있는 과도한 지원금 지급 경쟁을 막는 데 한계가 있으므로 지원금 상한 조항은 침해의 최소성을 갖추었다. 지원금 상한 조항으로 인하여 일부 이용자들이 종전보다 적은 액수의 지원금을 지급받게 될 가능성이 있다고 할지라도, 이러한 불이익에 비해 이동통신 산업의 건전한 발전과 이용자의 권익을 보호한다는 공익이 매우 중대하다고 할 것이므로, 지원금 상한 조항은 법익의 균형성도 갖추었다. 따라서 지원금 상한 조항은 청구인들의 계약의 자유를 침해하지 아니한다.

231. 대법원 2016. 10. 19. 선고 2016다208389 전원합의체 판결[위임입법의 한계]

[1] 학교안전사고를 예방하고, 학생·교직원 및 교육활동참여자가 학교안전사고로 인하여 입은 피해를 신속·적정하게 보상하기 위한 학교안전사고보상공제 사업의 실시에 관하여 필요한 사항을 규정함을 목적으로 하는 학교안전사고 예방 및 보상에 관한 법률(이하 '학교안전법'이라고 한다)은 교육감, 학교장 등에게 학교안전사고의 예방에 관한 책무를 부과하고, 학교안전사고가 발생한 경우 교육감, 학교장 등이 그 사고 발생에 책임이 있는지를 묻지 않고 피해를 입은 학생·교직원 등의 피공제자에 대하여 공제급여를 지급함으로써 학교안전사고로부터 학생·교직원 등의 생명과 신체를 보호하며, 부득이 피해를 입은 경우 피해를 신속하고 적정하게 보상하여 실질적인 학교 안전망을 구축하는 것을 입법 취지로 한다. 학교안전법에 의한 공제제도는, 종래 시·도 교육청별로 민법상 비영리 사단법인의 형태로 설립·운영되던 상호부조 조직인 학교안전공제회가 학교안전법의 시행으로 해산되고, 그 권리·의무를 학교안전법상의 공제회가 포괄승계하도록 함과 아울러 국가 및 지방자치단체의 지원을 받을 수 있도록 함으로써 기본 구조가 갖추어지게 되었다. 이와 같은 제도의 입법 취지와 연혁 등에 비추어, 학교안전법에 의한 공제제도는 상호부조 및 사회보장적 차원에서 학교안전사고로 피공제자가 입은 피해를 직접 전보하기 위하여 특별법으로 창설한 것으로서 일반불법행위로 인한 손해배상 제도와는 취지나 목적이 다르다. 따라서 법률에 특별한 규정이 없는 한 학교안전법에 의한 공제급여의 지급책임에는 과실책임의 원칙이나 과실상계의 이론이 당연히 적용된다고 할 수 없고, 또한 민사상 손해배상 사건에서 기왕증이 손해의 확대 등에 기여한 경우에 공평의 견지에서 과실상계의 법리를 유추적용하여 손해배상책임의 범위를 제한하는 법리도 법률에 특별한 규정이 없는 이상 학교안전법에 따른 공제급여에는 적용되지 않는다.

[2] [다수의견]

학교안전사고 예방 및 보상에 관한 법률(이하 '학교안전법'이라고 한다)및 학교안전사고 예방 및 보상에 관한 법률 시행령(이하 '학교안전법 시행령'이라고 한다)의 규정 형식과 내용, 체계 및 학교안전법의 입법 취지와 기본 이념, 그에 따른 공제급여의 성격 등을 종합하면, 학교안전법 제36조 내지 제40조가 각각의 급여 유형별로 공제급여의 지급기준 등에 관하여 필요한 사항을 대통령령으로 정하도록 위임한 것은, 법률에 공제급여의 지급금액 산정 방식이나 지급방식 등을 일일이 규정하는 것이 입법기술적으로 쉽지 않은 점을 고려하고, 사회경제적 환경의 변화 등에 맞추어 적절하게 대처할 수 있도록 함으로써 공제급여 제도의 탄력적인 운용이 가능하도록 하기 위한 것으로서, 그 위임은 공제급여를 지급할 세부적인 기준과 급여액 계산방식을 시행령에 규정할 수 있도록 한 것일 뿐이고, 거기에서 나아가 학교안전법 제43조에 규정된 지급제한 사유 이외의 다른 사유로 공제급여를 제한할 수 있도록 하는 것까지 위임한 취지는 아니다. 학교안전법 시행령 제19조의2 제1항, 제2항, 제3항(이하 이를 통틀어 '시행령 조항'이라고 한다)에 의하면, 학교안전사고에 의한 공제급여의 피공제자에게 질병, 부상 또는 신체장애에 의한 기왕증이 있었던 경우에는 그 치료에 필요한 비용은 각 공제급여의 지급금액을 결정할 때 제외할 수 있고, 학교안전사고에 가공한 피공제자의 과실은 다섯 가지 종류의 공제급여 중 요양급여와 장의비를 제외한 나머지, 즉 장해급여, 간병급여 및 유족급여를 산정할 때에는 과실상계에 의하여 지급금액을 제한할 수 있게 된다. 그러나 학교안전법의 입법 취지와 공제급여의 성격 및 학교안전법 제36조 내지 제40조의 위임의 취지, 그리고 모법인 학교안전법에서 공제급여의 지급제한 사유를 제43조에서 한정적으로 열거하여 규정한 점 등에 비추어 볼 때, 만약 기왕증과 과실상계에 의한 지급제한 사유를 규정한 시행령 조항이 학교안전법 제36조 내지 제40조에 의하여 위임된 사항을 규정한 것이라면 이는 위임의 범위를 넘는 것이고, 그 밖에 달리 학교안전법 시행령에서 지급제한 사유를 추가하여 정할 수 있도록 모법에서 위임한 규정을 찾아볼 수 없으므로, 결국 시행령 조항은 법률의 위임 없이 피공제자의 권리를 제한하는 것으로서 무효이다.

[대법관 조희대의 반대의견]

학교안전법 시행령 제19조의2 제1항에서 규정하는 "피공제자에게 이미 존재하던 질병, 부상 또는 신체장애 등의 이른바 '기왕증'이 학교안전사고로 인하여 악화된 경우에 그 기왕증의 치료에 필요한 비용"은 학교안전사고가 발생하기 전부터 이미 존재하고 있던 증상에 관한 것이므로 피공제자가 학교안전사고로 인하여 입은 피해에 포함되지 않는다. 학교안전법 시행령 제19조의2 제1항은 학교안전사고로 인하여 입은 피해로 인정되지 않는 부분은 제외하고 공제급여를 지급할 수 있다는 당연한 법리를 규정하고 있는 것이어서, 별도로 모법의 근거규정이나 위임이 있어야 한다고 보기 어렵다. 뿐만 아니라 요양급여, 간병급여, 유족급여, 장의비의 '지급기준 등'에 관하여 필요한 사항은 대통령령으로 정한다고 규정하고 있는 학교안전법 제36조 제5항, 제38조 제2항, 제39조 제2항, 제40조 제2항의 각 규정이나, 장해급여와 관련하여 '장해 정도의 판정기준·장해급여액의 산정 및 지급방법 등'에 관하여 필요한 사항은 대통령령으로 정한다고 규정하고 있는 학교안전법 제37조 제2항은 적어도 기왕증에 의한 지급사유 제한에 관한 모법의 근거 규정 또는 위임 규정으로 볼 수 있다. 따라서 학교안전법 시행령 제19조의2 제1항은 학교안전법 제36조부터 제40조까지에서 예정하고 있는 공제급여의 제한에 관하여 필요한 내용을 구체화한 것으로서 위임입법의 한계를 벗어난 무효의 규정이라고 볼 수 없다.

[대법관 이기택, 대법관 김재형의 반대의견]

공제급여의 피공제자에게 기왕증이 있는 경우에 그 치료비를 공제급여의 지급금액에서 공제할 수 있는지(학교안전법 시행령 제19조의2제1항)와 공제급여 중 장해급여, 간병급여 및 유족급여를 산정할 때 피공제자의 과실을 참작하여야 하는지(학교안전법 시행령 제19조의2 제2항)는 '지급기준 등에 관하여 필요한 사항'과 '장해급여액의 산정 및 지급 방법 등에 관하여 필요한 사항'에 포함될 수 있다는 것이 법률문언에 관한 일반적인 해석 이다. 민사상 손해배상에서 '손해배상의 범위 또는 손해액의 산정·계산'의 단계와 '손해 배상의 제한'의 단계를 엄격히 구분하고 과실상계와 기왕증의 참작은 손해배상의 제한에 관한 것으로서 손해배상의 범위 또는 손해액의 산정·계산과는 무관하다고 볼 수 없는 것과 마찬가지로, 학교안전법상 '공제급여 지급액의 산정·계산'과 '지급의 제한'을 엄격 히 구분하고 과실상계와 기왕증의 참작은 지급액 산정·계산의 영역이 아니라 오직 지급 제한의 영역에만 해당한다고 보는 것은 타당하지 않다. 따라서 학교안전법 제36조 제5항, 제38조 제2항, 제39조 제2항, 제40조 제2항의 각 '지급기준 등', 학교안전법 제37조 제2항 의 '장해급여액의 산정 및 지급방법 등'이 공제급여의 지급액 및 지급범위에 관한 사항을 위임하는 모법의 수권조항이 된다고 보면서도, 과실상계 및 기왕증 참작은 학교안전법 규정들의 위임범위에서 벗어난다고 보아야 하는 것은 아니다. 공제급여의 산정에 피공제 자의 기왕증을 참작하고 과실상계를 할 수 있도록 규정한 시행령 조항은 학교안전법 제3 6조 내지 제40조가 예정하고 있는 공제급여의 액수 및 범위를 정함에 관하여 필요한 내 용을 구체화한 것으로서 위임입법의 한계를 벗어났다고 볼 수 없다.

232. 헌재 2016. 4. 28. 2013헌바196[출입국관리법 위헌 여부]

강제퇴거명령을 받은 사람을 즉시 대한민국 밖으로 송환할 수 없으면 송환할 수 있을 때까지 보호시설에 보호할 수 있도록 규정한 구 출입국관리법(2010. 5. 14. 법률 제10282호로 개정되고, 2014. 3. 18. 법률 제12421호로 개정되기 전의 것) 제63조 제1항 에 대해 재판의 전제성을 인정하지 않은 사례

청구인이 이 사건 심판청구를 제기한 후 청구인이 제기한 난민불인정처분 취소소송에서 취소판결이 확정되어 청구인에 대한 보호가 해제되었으므로, 보호명령의 취소를 구하는 당해사건은 소의 이익이 없어 부적법하게 되었다. 따라서 이미 확정된 당해사건에 대한 재심이 개시된다고 하더라도 심판대상조항의 위헌 여부에 따라 재판의 주문이나 재판의 내용과 효력에 관한 법률적 의미가 달라지지 아니하므로, 이 사건 심판청구는 재판의 전 제성 요건을 갖추지 못하여 부적법하다.

[재판관 김창종, 재판관 안창호의 다수의견에 대한 보충의견]

[1] 강제퇴거대상자가 난민신청을 하였다는 이유로 보호 대상에서 배제하게 되면, 난민 신청 남용사례가 대폭 증가할 수 있고 이들에 의한 범죄 발생 시 국내 치안 질서 유지에 도 부정적으로 작용할 우려가 있다. 또한 피보호자의 송환이 언제 가능해질 것인지 미리 알 수가 없으므로, 보호기간을 한정하지 않고 '송환할 수 있을 때까지' 보호할 수 있도록 한 것은 심판대상조항의 입법목적 달성을 위하여 불가피한 측면이 있다. 따라서 심판대

상조항은 청구인의 신체의 자유를 침해하지 아니한다.

[2] 출입국관리에 대한 공권력 행사와 관련하여 그 단속, 조사, 판정, 집행 업무를 동일한 행정기관에서 하게 할 것인지 사법기관을 개입시킬 것인지는 입법정책적인 문제이며, 반드시 객관적·중립적 기관에 의한 통제절차가 요구되는 것은 아니다. 따라서 보호의 개시나 연장 단계에서 사법부의 판단을 받도록 하는 절차가 규정되어 있지 않다고 하여 곧바로 적법절차원칙에 위배된다고 볼 수는 없다.

[3] 다만 외국인에 대한 부당한 장기 구금의 사례가 발생하지 않게 하기 위해서는 보호기간의 상한을 설정하고 그 기간 안에 관련 절차가 신속하게 진행될 수 있도록 제도를 정비하는 한편, 보호기간 연장에 대한 판단을 사법부가 심사하여 결정하도록 하는 입법정책을 택하는 것이 바람직할 것이다.

[재판관 이정미, 재판관 김이수, 재판관 이진성, 재판관 강일원의 반대의견]

[1] 심판대상조항의 위헌 여부에 대한 판단은 외국인의 신체의 자유와 직결되는 매우 중요한 헌법문제이며, 아직 헌법재판소의 해명이 이루어진 바 없다. 심판대상조항에 의한 보호명령은 재차 이루어질 수 있고, 현재도 일부 난민신청자들이 장기 보호되고 있어 기본권 침해 논란이 계속되고 있으므로, 심판의 이익이 인정된다.

[2] 심판대상조항은 보호기간의 상한을 설정하지 않아 강제퇴거명령을 받은 자에 대한 무기한 보호를 가능하게 하는바, 최소한 그 상한을 법에서 명시함으로써 피보호자로 하여금 자신이 보호될 수 있는 최대기간을 예측할 수 있게 할 필요가 있다. 또한 심판대상조항은 강제 송환되지 아니할 권리를 핵심으로 하는 난민신청자를 강제퇴거명령의 집행 확보를 위해 구금하는 모순적인 결과를 발생시키므로, 적어도 난민신청자들은 강제퇴거 집행을 지연시키거나 난민신청절차를 남용할 목적이 확실하지 않는 한 보호대상에서 제외할 필요가 있다. 따라서 심판대상조항은 과잉금지원칙에 위배되어 청구인의 신체의 자유를 침해한다.

[3] 출입국관리법상의 외국인 보호는 형사절차상 '체포 또는 구속'에 준하여 외국인의 신체의 자유를 박탈하는 것이므로, 객관적·중립적 지위에 있는 자가 그 인신구속의 타당성을 심사할 수 있는 장치가 있어야 한다. 그런데 현재 출입국관리법상 보호제도는 보호의 개시, 연장 단계에서 제3의 독립된 중립적 기관이나 사법기관이 전혀 관여하고 있지 않다. 피보호자는 법무부장관에게 이의신청을 할 수 있고 보호기간이 3개월을 초과하는 경우 법무부장관의 승인이 있어야 연장 가능하나, 법무부장관은 보호명령을 발부·집행하는 행정청의 관리감독청에 불과하여 보호의 적법성을 담보하기 위한 실질적인 통제절차로서의 의미를 갖는다고 보기 어렵다. 그러므로 심판대상조항은 적법절차원칙에 위배된다.

제 7 장

행정작용3 — 행정계획

제 1 절

행정계획이란 무엇인가

(1) 개 념

> 행정계획은 행정기본법과 행정절차법에서 아직 규정이 없어서 문제이다. 입법은 앞으로 하여야 할 것이다. 이 점을 유의하여야 한다.

행정계획은 **행정목적을** 달성하기 위하여 **다양한 수단**을 동원하여 설정하는 **계획작용** 내지는 **기준**들이다. 행정계획은 장래의 질서 있는 행정활동을 위한 **공익목표를 설정**하고, 설정된 목표를 달성하기 위하여 **다양한 행정수단을 종합하고 조정**하는 행정청의 행위들을 의미하는 것이다. ☞ 기본 개념 숙지

행정계획에는 단기적인 계획, 중기적인 계획, 장기적인 계획들로 나누어진다. 또한 개별 영역을 대상으로 하는 것도 있고, 복합적이고 종합적인 영역을 대상으로 하는 것들도 있다.

오늘날 행정계획은 장기성·종합성을 요하는 사회국가적 복리행정 영역에서 공익목적을 효과적이고 경제적으로 달성할 수 있도록 하기에 중요한 의미를 가지고 있다.

또한 행정계획은 구체화의 정도에 따라 **기본계획**과 **실시계획**으로 나눌 수

있는바, 실시계획은 기본계획의 내용을 구체화한다.

행정계획은 단순한 청사진을 제시하는 것에서 비롯해서 법률이나 법규명령 또는 행정규칙을 제정하기도 하고, 행정행위를 통해 처분을 내리거나 행정지도를 할 수도 있고, 공법상 계약을 체결하기도 한다. 또한 행정계획은 도로를 건설하거나 하천공사를 하는 비권력적 사실행위로 나타나기도 하고, 강제철거와 같은 권력적 사실행위로 나타나기도 한다.

이밖에도 행정계획은 다양하게 분류할 수 있다.

(2) 종 류

행정계획의 종류로는 ① **정보나 자료제공적 계획**, ② **영향적 계획**, ③ **구속적 계획**(규범적 계획) 등이 있다.

정보나 자료제공적 계획은 단순한 사실행위에 지나지 않는다.

또한 영향적 계획은 일정한 행정목표로 유도하기 위한 것으로서 강제적인 구속력은 없으므로 비권력적 사실행위에 해당하는 것이 원칙이다.

🖙 기출

그러나 **그린벨트결정**과 같은 **개발제한구역지정**은 구속적 행정계획에 해당한다. 국토의 계획 및 이용에 관한 법률에서 **개발제한구역지정**이 있으면 건물의 **증축이나 개축이 제한**되고 **토지형질변경허가도 제한**되기 때문이다.

제 2 절

행정계획의 법적 성질은 취소소송의 대상이 되는가와 관련하여 논란이 많다

(1) 학 설

🖙 암기법
= 입+행+혼+독+복

1) 입법행위설(법규명령설)

행정계획은 행정의 기본이 되는 일반적·추상적인 성질의 것이고 행정계획 자체만으로는 특정 개인에게 어떤 구체적인 권리침해를 가져오는 것이 아니므로, 행정계획은 처분이 아니며 입법행위의 성질을 가진다는 견해이다.

2) ㉭정행위설

이 견해는 행정계획 결정은 그것이 공고나 고시되면 법률규정과 결합하여 각종 권리제한의 효과를 가져 오므로, 이러한 점에서 특정 개인의 권리 내지 법률상의 이익을 개별적이고 구체적으로 규제하는 효과를 가져 오게 하는 행정청의 행정행위로 본다.

3) ㉮합행위설

입법행위와 행정행위가 혼합된 행위로 파악하는 입장이다.

4) ㉮자성설

도시관리계획은 법규범도 아니고 행정행위도 아니지만, 구속력을 가진다는 점에서 행정행위에 준하는 것으로 취급하여 처분성을 인정하는 견해이다.

5) ㉮수성질설

복수성질설은 복수기준설이라고도 하는데, 행정계획 가운데에는 **법규명령**적인 것도 있고, **행정행위**적인 것도 있을 수 있으며, 단순한 지침인 것도 있고, 물리적인 사실행위인 것도 있는 등 행정계획의 모습들은 다양하다고 파악한다.

다·判

예를 들면 모든 도시관리계획을 **획일적으로 행정행위로 단정할 수 없다**고 본다. 즉 도시관리계획에는 지역, 지구, 구역의 지정 또는 변경에 관한 계획, 도로 등 공공시설의 설치, 정비, 개량에 관한 계획, 토지구획정리사업과 같은 도시계획사업에 관한 계획 등 **성질을 달리하는 여러 종류의 계획이 있음**에 유의할 필요가 있고, 이들 **각자가 그 성질을 달리**한다는 것이다.

따라서 **기본계획은 처분성이 없어서 항고소송의 대상이 되지 않는다. 그러나 구체적인 실시계획은 처분성이 있어서 항고소송의 대상이 될 수 있다.**

(2) 판 례

판례도 행정계획은 다양한 수단을 동원하여 행정목적을 달성하는 것이므로 **복수기준설**에 따라 판시하고 있다. **도시기본계획**이나 **4대강유역사업 마스터 플랜의 처분성을 부정**한 반면에 **개발제한구역에 대한 도시계획결정**은 처분성을 긍정하고 있다.

빈출

대법원은 "도시계획법(국토의 계획 및 이용에 관한 법률 부칙 제2조에 의해 폐지

기출

됨) 제12조 소정의 **도시계획결정**(현행법상의 **도시관리계획결정**, 이하 마찬가지임)이 고시되면 도시계획 구역 안의 토지나 건물소유자의 **토지형질변경, 건축물의 신축, 개축 또는 증축 등 권리행사가 일정한 제한을 받게 되는** 바, 이런 점에서 볼 때 고시된 도시계획결정은 특정 개인의 **권리 내지 법률상의 이익을 개별적이고 구체적으로 규제하는 효과를 가져오게 하는 행정청의 처분**이라 할 것이고, 이는 행정소송의 대상이 되는 것이라 할 것이다"[1]라고 판시하여, **도시관리계획**의 처분성을 인정하였다.

기출

대법원은 대법원 2011. 4. 21.자 2010무111 **전원합의체** 결정을 통하여 **사대강 유역살리기 마스터 플랜의 처분성을 부정**하였다. 동 판결에서 대법원은 국토해양부, 환경부, 문화체육관광부, 농림수산부, 식품부가 합동으로 2009. 6. 8. 발표한 '**4대강 살리기 마스터플랜**' 등은 4대강 정비사업과 주변 지역의 관련 사업을 체계적으로 추진하기 위하여 수립한 종합계획이자 '4대강 살리기 사업'의 **기본**방향을 제시하는 계획으로서, 행정기관 내부에서 사업의 기본방향을 제시하는 것일 뿐, **국민의 권리·의무에 직접 영향을 미치는 것이 아니어서** 행정처분에 해당하지 않는다고 판시하였다.

기출 판례

> * **4대강 유역사업 마스터 플랜에 대한 취소소송과 집행정지 가부 사건**
>
> **233. 대법원 2011. 4. 21.자 2010무111 전원합의체 결정【집행정지】**
>
> **[1] 항고소송 대상이 되는 처분의 의미**
>
> **항고소송 대상이 되는** 행정청의 **처분**이란 원칙적으로 행정청의 공법상 행위로서 특정사항에 대하여 법규에 의한 **권리의 설정 또는 의무의 부담**을 명하거나 **기타 법률상 효과를 직접 발생하게 하는 등 국민의 권리의무에 직접 관계가 있는 행위**를 말하므로, 행정청의 **내부적인 의사결정** 등과 같이 상대방 또는 관계자들의 법률상 지위에 직접 법률적 변동을 일으키지 않는 행위는 그에 해당하지 **아니한다.**
>
> **[2] 기본계획의 처분성**
>
> 국토해양부, 환경부, 문화체육관광부, 농림수산부, 식품부가 합동으로 2009. 6. 8. 발표한 '**4대강 살리기 마스터플랜**' 등은 4대강 정비사업과 주변 지역의 관련 사업을 체계적으로 추진하기 위하여 수립한 종합계획이자 '4대강 살리기 사업'의 기본방향을 제시하는 계획으로서, 행정기관 내부에서 사업의 **기본방향을 제시하는 것일 뿐, 국민의 권**

---

1 대법원 1982. 3. 9. 선고 80누105 판결.

리·의무에 직접 영향을 미치는 것이 아니어서 행정처분에 해당하지 않는다.

[3] 집행정지의 요건(📣)

행정소송법 제23조 제2항에서 정하고 있는 **효력정지 요건인 '회복하기 어려운 손해'란**, 특별한 사정이 없는 한 **금전으로 보상할 수 없는 손해로서** 금전보상이 불가능한 경우 내지는 금전보상으로는 사회관념상 행정처분을 받은 **당사자가 참고 견딜 수 없거나 참고 견디기가 현저히 곤란한 경우의 유형, 무형의 손해를 일컫는다**. 그리고 '처분 등이나 그 집행 또는 절차의 속행으로 인하여 생길 회복하기 어려운 손해를 예방하기 위하여 **긴급한 필요**'가 있는지는 처분의 성질과 태양 및 내용, 처분상대방이 입는 손해의 성질·내용 및 정도, 원상회복·금전배상의 방법 및 난이 등은 물론 본안청구의 승소가능성 정도 등을 종합적으로 고려하여 구체적·개별적으로 판단하여야 한다.

[4] 사안의 적용

국토해양부 등에서 발표한 '4대강 살리기 마스터플랜'에 따른 '한강 살리기 사업' 구간 인근에 거주하는 주민들이 각 공구별 사업실시계획승인처분에 대한 효력정지를 신청한 사안에서, 위 **사업구간에 편입되는 팔당지역 농지** 대부분이 국가 소유의 하천부지이고, 유기농업에 종사하는 주민들 대부분은 국가로부터 하천점용허가를 받아 경작을 해온 점, 위 점용허가의 부관에 따라 허가를 한 행정청은 공익상 또는 법령이 정하는 것에 따르거나 하천정비사업을 시행하는 경우 허가변경·취소 등을 할 수 있는 점 등에 비추어, 주민들 중 환경영향평가대상지역 및 근접 지역에 거주하거나 소유권 기타 권리를 가지고 있는 사람들이 위 사업으로 인하여 토지 소유권 기타 권리를 수용당하고 이로 인하여 정착지를 떠나 타지로 이주를 해야 하며 더 이상 농사를 지을 수 없게 되고 팔당지역의 유기농업이 사실상 해체될 위기에 처하게 된다고 하더라도, 그러한 손해는 행정소송법 제23조 제2항에서 정하고 있는 효력정지 요건인 **금전으로 보상할 수 없거나 사회관념상 금전보상으로는 참고 견디기 어렵거나 현저히 곤란한 경우의 유·무형손해에 해당하지 않는다.**

[5] 본안판결을 이유로 한 집행정지결정가부(부정)

[다수의견]

행정처분의 효력정지나 집행정지를 구하는 신청사건에서는 행정처분 자체의 적법 여부를 판단할 것이 아니고 행정처분의 효력이나 집행 등을 정지시킬 필요가 있는지 여부, 즉 행정소송법 제23조 제2항에서 정한 요건의 존부만이 판단대상이 된다. 나아가 '처분 등이나 그 집행 또는 절차의 속행으로 인한 손해발생의 우려' 등 **적극적 요건**에 관한 주장·소명 책임은 원칙적으로 신청인 측에 있으며, 이러한 요건을 결여하였다는 이유로 효력정지 신청을 기각한 결정에 대하여 행정처분 자체의 적법 여부를 가지고 불복사유로 삼을 수 없다.

📌 **집행정지의 요건**
우리는 독일과 달리 취소소송을 제기해도 처분에 대한 집행이 정지되지 않는 것이 원칙이고, 예외적으로만 정지됨

> **[대법관 박시환, 대법관 김지형, 대법관 이홍훈, 대법관 전수안의 반대의견]**
>
> 행정소송법 제8조 제2항에 따라 행정소송에도 준용되는 민사소송법 제442조는 "항고법원·고등법원 또는 항소법원의 결정 및 명령에 대하여는 재판에 영향에 미친 헌법·법률·명령 또는 규칙의 위반을 이유로 드는 때에만 재항고할 수 있다"고 규정하고 있다. 재항고인들이 효력정지 요건의 해석에 관한 원심결정의 법리오해 위법을 반복하여 지적하면서, 특히 여러 가지 측면에서 **특수성을 띠고 있는 환경문제가 포함된 이 사건의 규모와 성격, 직·간접적 파급효과 등을 고려할 때 효력정지 요건 충족 여부와 관련하여 '회복하기 어려운 손해' 및 '긴급한 필요'의 의미를 종전과 다르게 해석하여야 한다거나 그렇지 않다고 하더라도 소명책임과 관련된 소명의 정도를 완화하여야 한다는 취지의 주장을 하고 있는데, 이는 법리오해 주장으로서 적법한 재항고 이유이다. 그렇다면 대**법원으로서는 재항고 이유의 당부에 관하여 나아가 판단함이 마땅하다.

판례에 의하면 주택재건축정비사업조합이 법에 기초하여 수립한 사업시행계획이 인가·고시를 통해 확정되면 그 사업시행계획은 이해관계인에 대한 구속적 행정계획으로서 독립된 행정처분에 해당한다.

> **234. 대법원 2010. 2. 25. 선고 2007다73598 판결【창립총회결의무효확인】**
>
> 행정청이 도시정비법 등 관련 법령에 근거하여 행하는 조합설립 인가처분은 단순히 사인들의 조합설립행위에 대한 보충행위로서의 성질을 갖는 것에 그치는 것이 아니라, 재건축조합에 대하여 도시정비법상 주택재건축사업을 시행할 수 있는 권한을 갖는 행정주체(공법인)로서의 지위를 부여하는 일종의 설권적 처분의 성격을 갖는다고 보아야 한다.
>
> 그리고 이와 같이 보는 이상, 일단 조합설립 인가처분이 행하여진 경우 조합설립결의는 위 인가처분이라는 행정처분을 하는 데 필요한 요건 중 하나에 불과한 것이어서, 조합설립 인가처분이 행하여진 후에는 조합설립결의의 하자를 이유로 조합설립의 무효를 주장하려면 행정청을 상대로 조합설립 인가처분의 취소 또는 무효확인을 구하는 항고소송의 방법에 의하여야 하고, 이와는 별도로 재건축조합을 상대로 조합설립결의의 효력을 다투는 확인의 소를 제기하는 것은 확인의 이익이 없어 허용되지 아니한다.

(3) 검 토

도시관리계획결정이 있으면 지정된 용도지역, 용도지구 및 용도구역 안에서 그 용도설정 목적에 위배되는 각종 행위가 제한된다(국토의 계획 및 이용에 관한 법률 제6장 참조). 이런 점에서 볼 때 **광역도시계획** 및 **도시기본계획**을 제외한

협의의 도시계획은 특정 개인의 권리 내지 법률상의 이익을 개별적이고 구체적으로 규율하는 효과가 있는 행정청의 행정행위라고 봄이 타당하다. 따라서 **복수기준설이 타당하다**.

기초 이해하기

행정계획의 법적 성질에 대한 학설로는 **입법행위설**, **행정행위설**, **혼합행위설**, **독자성설**, **복수성질설(복수기준설)**이 있는데, **복수기준설이 다수설과 판례**의 입장으로 최근에는 정리되고 있다. 대법원 2002. 10. 11. 선고 2000두8226 판결은 도시**기본계획**의 **처분성을 부정**하였고, 대법원 1982. 3. 9. 선고 80누105 판결은 **도시계획결정**의 **처분성을 인정**하였다. 개발제한구역으로의 편입조치는 국민의 권리와 의무에 직접적인 영향을 미치므로 처분성이 인정되어 법원에 의한 취소소송이 가능하고, 대신에 헌법소원의 보충성 요건을 충족하지 못한다.

제 3 절

행정계획의 계획재량은 취소소송의 이유유무를 심사할 때 매우 중요하다

계획수립의 권한을 가지고 있는 행정기관은 계획수립과 관련하여 **광범위한 계획형성 재량권**을 가지는데 이를 **계획재량**이라 한다.

1. 계획재량과 일반재량이 구별되는가

일반재량과 계획재량의 구별여부에 대하여 질적으로 다르다는 **질적 차이구별긍정설**과 양적인 차이에 불과하다는 **질적 차이구별부정설**의 대립이 있다. 일반재량은 **근거 법규의 구조가 조건프로그램**(☞ IF- THEN 절)이지만 **계획재량**은 **목적-수단 프로그램**(☞ SO- THAT 절)으로서 다르고, **형량명령**(☞ 행정계획시 다양한 관계 이익들을 잘 저울질하라는 명령)이라는 특수한 법리를 검토하게 되므로 질적으로 다르다고 보는 것이 타당하다.

기출

계획재량에서는 행정계획과 관계되는 제반 이익을 비교형량하도록 행정청에게 명령하는 형량명령이 특징적이다. 질적 차이구별 긍정설에서는 이를 계획재량과 일반행정재량 사이의 중대한 차이점으로 파악한다.[2] 그러나 계획재량과 일반재량의 구별여부에 관하여 질적 차이를 부정하고 양적 차이에 불과하다고 보는 입장에서는 형량명령은 비례의 원칙이 구현된 것에 불과하며 별개의 것이 아니라고 한다.[3] 참고로 질적 차이 구별긍정설이나 부정설이나 모두 계획재량이 문제된 경우 형량명령만 검토하면 족하고 별도로 비례의 원칙을 검토할 필요는 없다고 본다.[4]

2. 내용상 형량명령 준수 여부가 심사된다

(1) 형량명령이론의 의의

계획법규범이 대개 행정목적을 달성하기 위한 수단 및 계획의 내용에 대하여 별다른 규정을 두고 있지 않은 결과 **계획**행정기관에는 **넓은 범위의 재량 내지 형성의 자유(계획재량)**가 인정되고 있기는 하나, 계획재량의 행사 역시 법령, 행정상의 법원칙을 위반할 수 없으며, 무엇보다 관계자의 이익, 즉 공익과 사익 상호간, 공익 상호간 및 사익 상호간에 정당한 형량이 행해질 것이 요구된다.

(2) 형량의 하자

🔘 기출

형량명령이론에 의하면 ① **형량을 전혀 행하지 않는 경우**(형량의 결여, 탈락, **해태**), ② 형량의 대상에 마땅히 포함시켜야 할 사항을 **빠뜨리고** 형량을 행하는 경우(형량의 결함 또는 **흠결**), ③ 관계 제 이익의 형량을 행하기는 하였으나 그 형량이 **객관성, 비례성을 결**하여 잘못 평가하거나 잘못 비교하는 경우(**오형량** — 이는 객관성 결여를 의미하는 **평가과오**와 비례성 결여를 의미하는 **형량불비례**로 다시 나눌 수 있다)에는 **형량의 하자**로 보아 당해 행정계획은 위법한 것으로 보게 된다. 이와 같은 **법리는 대법원 판례에서 받아들여지고 있다**(대법원 2006. 9. 8. 선고 2003두5426 판결 등).

🔘 기출

그리고 **과거와 달리 대법원은 형량의 하자라는 표현을 이제 사용**한다는 점을 주의하여야 한다. 판례는 과거에는 행정계획에 대한 계획재량을 잘못 하는

---

2 김남진·김연태, 행정법 I, 제24판, 396면.

3 류지태, 행정법신론, 제12판, 293면.

4 류지태, 행정법신론, 제12판, 293면.

경우 형량명령의 취지는 인정하면서도 재량의 일탈·남용이라고만 판시하다가 최근에는 **형량명령의 법리**를 검토하면서 **형량의 하자라는 용어도 사용**하고 있다.

 중요 판례 더 알아보기

> **34. 대법원 2006. 9. 8. 선고 2003두5426 판결 등 ― 형량의 하자 판시한 판례**
>
> 구 도시계획법 등 관계 법령에는 추상적인 행정목표와 절차만이 규정되어 있을 뿐 행정계획의 내용에 대하여는 별다른 규정을 두고 있지 아니하므로 행정주체는 구체적인 행정계획을 입안·결정함에 있어서 **비교적 광범위한 형성의 자유를 가진다고** 할 것이지만, 행정주체가 가지는 이와 같은 **형성의 자유는 무제한적인 것이 아니라** 그 행정계획에 관련되는 자들의 이익을 **공익과 사익** 사이에서는 물론이고 **공익 상호간과 사익 상호간**에도 정당하게 **비교교량**하여야 한다는 제한이 있는 것이고(대법원 1996. 11. 29. 선고 96누8567 판결 참조), 따라서 행정주체가 행정계획을 입안·결정함에 있어서 이익형량을 전혀 행하지 아니하거나(☞ **형량의 해태**) 이익형량의 고려 대상에 **마땅히 포함시켜야 할 사항을 누락한 경우**(☞ **형량의 흠결**) 또는 이익형량을 하였으나 정당성과 객관성이 결여된 경우(☞ **오형량**)에는 그 행정계획결정은 "**형량에 하자**"가 있어 위법하다.[5]

 실력 다지기

> 행정계획시 이익을 **누락**하면 형량의 **흠결**, 이익을 비교하는 형량을 하지 않으면 형량의 **해태**, 이익을 잘못 비교하거나 저울질 하면 **오형량**이라 함. 이처럼 행정계획시 관련 이익을 제대로 저울질해야 하는 것을 **형량명령**이라 한다.

3. 계획재량의 절차는 중요한 논점을 가지고 있다

행정계획은 사후적으로는 공익이 점점 커지는 OUTPUT 지향적인 행정작용이므로 사정판결에 의하여 취소되지 못할 가능성이 다른 행정작용보다 크다. 그러므로 공청회나 사전통지 등 행정절차를 통한 사전적인 구제가 의미를 크게 가진다.

---

5 대법원 2006. 9. 8. 선고 2003두5426 판결; 대법원 2007. 1. 25. 선고 2004두12063 판결; 대법원 2007. 4. 12. 선고 2005두1893 판결 등.

(1) 판 례

판례는 ① **기본적이고 중요한 사항**은 고시 또는 공고를 통하여 널리 알려 주어야 하고, ② **부수적인 사항**은 관청에 비치해 두는 **공람**으로 족하다고 하여 두 가지 경우를 구별하여 판결하고 있다.

대법원은 "도시계획안의 내용을 일간신문에 **공고**함에 있어서는 도시계획의 **기본적인** 것만을 내용으로 하고, **공람**절차에서 이를 보충하여 **구체적인** 것을 공람토록 한 것으로 보아야 할 것이다"[6]고 판시하여, 공고를 함에 있어서 **기본적인 내용이 반영**되었는지 여부에 따라 **절차상 하자의 존재 여부**를 판단한다. 이에 따라 대법원은 입안된 계획도로가 **직선도로가 아니라 U자형의 우회도로**인 사항은 도시계획의 기본적인 내용으로 보지 **않는** 반면,[7] 개별 도로의 **신설·변경 여부**나 **그 위치·면적** 등과 같은 사항은 도시계획의 **기본적인 내용**으로 보고 있다.[8]

판례에 따르면 군산시장이 **원고소유의 토지를 관통하여 도로를 설치**하는 것 등을 내용으로 하는 도시계획안을 입안하면서 이러한 **중요하고 기본적인** 내용에 대하여 공고나 고시가 아닌 공람절차를 거쳤다면 도시계획결정은 위법하다고 판시하고 있다.[9]

주민들의 의견수렴절차 없이 행한 개발제한구역지정은 행정절차법상의 계획확정절차를 위반하여 위법하며, 중대명백설에 의할 때 원칙적으로 '취소사유'이다.

(2) 검 토

도시관리계획의 입안에 있어 해당 도시관리계획안의 내용을 공고 및 공람하게 한 것은 다수 이해관계자의 이익을 합리적으로 조정하여 국민의 자유와 권리에 대한 부당한 침해를 방지하고 행정의 민주화와 신뢰를 확보하기 위하여 국민의 의사를 그 과정에 반영시키는 데 있다.[10] 따라서 공고 및 공람절차가 결여되었는지 여부는 공고 및 공람절차의 하자로 인해 이해관계자의 자유·권리가 부당하게 침해되는지, 행정의 민주화와 신뢰가 훼손되는지 여부에 따라 판단되

---

6 대법원 1990. 4. 13. 선고 88누11247 판결.
7 대법원 1996. 11. 29. 선고 96누8567 판결.
8 대법원 2000. 3. 23. 선고 98두2768 판결.
9 대법원 1985. 12. 10. 선고 85누186 판결.
10 대법원 2000. 3. 23. 선고 98두2768 판결.

어야 할 것이다.

(3) 기타 절차

국토의 계획 및 이용에 관한 법률상 **국토계획입안제안권**을 행사하게 하여야 하고, **공청회**를 실시하여야 한다. 또한 행정계획과 관련된 제반 이해관계에 대하여 **철저한 기초조사**가 필요하다.

 기출

 실력 다지기

① 국토계획입안권은 시장 등 행정청에게 있다.
그러나 ② 국토계획입안제안권은 일반 시민에게 있다.
③ 국토의 계획 및 이용에 관한 법률 제14조에서 공청회를 필수 절차로 규정하고 있으므로 흠결시 절차의 하자로서 위법하다.

 실력 다지기

도시계획결정과 그 일환으로 행해지는 개발제한구역지정은 행정계획인데, 소의 적법성에서는 복수기준설에 따라 성질을 판단하면 국민의 권리와 의무에 직접적인 영향을 미치는 처분이 동원된 것이므로 처분성이 긍정된다.
소의 이유유무에서는 계획재량에 이르는 절차의 하자를 다툴 수도 있다.
소의 이유유무에서 계획재량에 대한 형량명령의 하자를 형량의 해태, 형량의 흠결, 오형량을 들어 행정계획의 내용을 다툴 수도 있다.

제 4 절

행정계획의 효력을 알아보자

1. 구속효가 발생한다

행정청이 행정계획을 국민들에게 결정하여 발표하면 신뢰보호의무의 대상이 되므로 행정계획을 이행하여야 하는 구속효가 발생한다. 그러나 행정계획의 구속효는 신뢰보호에 대한 사익과 정당한 공익 및 제3자의 이익형량을 통해 구

 기출

속효가 깨어질 수도 있으므로 한계가 있다.

2. 집중효가 인정되는 경우도 있다

(1) 집중효 또는 인허가의제의 의의

행정계획에 대하여 법률이나 법규명령에서 행정계획을 능률적이고 신속하게 달성할 수 있도록 하기 위하여 행정계획을 받으면 계획의 목적과 관련이 있는 다수의 허가나 인가 등을 받은 것으로 규정하고 있는 경우들이 있다. 이러한 경우에 발생하는 효과를 **집중효**라고 한다. 행정계획의 집중효는 통상적인 허가의 경우에 인정되는 **인허가의제**와 본질이 매우 유사하다.

집중효나 인허가의제는 신속하고 능률적인 행정계획의 목적 달성을 위한 것이지만 행정조직법정주의상 법률의 규정이 반드시 필요하다.

> **행정기본법 제24조(인허가의제의 기준)** ① 이 절에서 "인허가의제"란 하나의 인허가 (이하 "주된 인허가"라 한다)를 받으면 법률로 정하는 바에 따라 그와 관련된 여러 인허가(이하 "관련 인허가"라 한다)를 받은 것으로 보는 것을 말한다.
> ② 인허가의제를 받으려면 주된 인허가를 신청할 때 관련 인허가에 필요한 서류를 함께 제출하여야 한다. 다만, 불가피한 사유로 함께 제출할 수 없는 경우에는 주된 인허가 행정청이 별도로 정하는 기한까지 제출할 수 있다.
> ③ 주된 인허가 행정청은 주된 인허가를 하기 전에 관련 인허가에 관하여 미리 관련 인허가 행정청과 협의하여야 한다.
> ④ 관련 인허가 행정청은 제3항에 따른 협의를 요청받으면 그 요청을 받은 날부터 20일 이내(제5항 단서에 따른 절차에 걸리는 기간은 제외한다)에 의견을 제출하여야 한다. 이 경우 전단에서 정한 기간(민원 처리 관련 법령에 따라 의견을 제출하여야 하는 기간을 연장한 경우에는 그 연장한 기간을 말한다) 내에 협의 여부에 관하여 의견을 제출하지 아니하면 협의가 된 것으로 본다.
> ⑤ 제3항에 따라 협의를 요청받은 관련 인허가 행정청은 해당 법령을 위반하여 협의에 응해서는 아니 된다. 다만, 관련 인허가에 필요한 심의, 의견 청취 등 절차에 관하여는 법률에 인허가의제 시에도 해당 절차를 거친다는 명시적인 규정이 있는 경우에만 이를 거친다.

인허가의제와 집중효에 대하여 통상적인 허가에 인정되는가 아니면 행정계획영역에서 인정되는가에 따라 구별하는 구별긍정설이 있다. 그러나 두 가지 모두 행정능률을 위하여 법률에서 특별히 인정하는 것이므로 본질적으로 유사하므로 실질적으로 구별할 필요가 없다는 구별부정설이 대립한다. 따라서 집중효와 인허가의제의 구별을 반드시 긍정하여야 한다는 단정적인 표현은 타당하지 아니하다.

(2) 집중효 또는 인허가의제의 범위와 효과

집중되거나 인허가의제되는 범위에 대하여는 다음과 같은 학설의 대립이 있다.

① 이때 행정계획을 관할하는 행정청에게 권한만 집중된다는 입장(관할집중설), ② 행정계획관청에게 권한과 절차까지 집중된다는 입장(**절차집중설**), ③ 행정계획관청에게 권한과 절차 및 내용까지 모두 집중된다는 입장(실체집중설) 등이 대립한다. 다수설과 판례는 **절차집중설**의 입장을 취하고 있다. ☞ 기출

행정계획과 관련하여 의제되는 토지 등에 대한 인·허가가 재량행위인 경우에는 다수설과 판례가 **관할과 절차만** 집중되고 토지에 대한 법률들의 **내용상 요건은 별도로 심사**하여 거부할 수 있다고 보므로 전체적으로 **재량행위**가 될 수 있다. ☞ 최근 오답 주의 기출

> **행정기본법 제25조(인허가의제의 효과)** ① 제24조제3항·제4항에 따라 협의가 된 사항에 대해서는 주된 인허가를 받았을 때 관련 인허가를 받은 것으로 본다.
> ② 인허가의제의 효과는 주된 인허가의 해당 법률에 규정된 관련 인허가에 한정된다.

인허가의제나 집중효에 대한 규정이 있는 경우 실제 허가나 행정계획을 발급하는 처분(A) 관청이 그 처분의 절차만 밟아서 인허가를 발급하지만, 인허가의제되거나 집중되는 처분(B)의 내용요건은 생략할 수 없고 반드시 검토하여야만 한다.

> **행정기본법 제26조(인허가의제의 사후관리등)** ① 인허가의제의 경우 관련 인허가 행정청은 관련 인허가를 직접 한 것으로 보아 관계 법령에 따른 관리·감독 등 필요한 조치를 하여야 한다.
> ② 주된 인허가가 있은 후 이를 변경하는 경우에는 제24조·제25조 및 이 조 제1항을 준용한다.
> ③ 이 절에서 규정한 사항 외에 인허가의제의 방법, 그 밖에 필요한 세부 사항은 대통령령으로 정한다.

인허가의제되거나 집중효가 있는 경우 항고소송의 대상은 실제 발급된 처분(A)만이 된다. 그러나 항고소송의 사유는 실제발급된 처분(A)의 사유와 인허가의제되거나 집중되는 처분(B)의 사유들이 모두 포함된다.

─────

제 5 절

행정계획에 대한 권리구제는 어떻게 하는가

1. 어떤 형태로 행정계획이 내려졌는가에 따라 권리구제는 달라진다

국민들이 행정청의 행정계획에 대하여 권리구제를 받으려면 행정계획의 성질에 따라 다르게 구제를 강구하여야 한다. 행정계획은 **복수기준설** 내지 **복수성질설**에 따를 때 행정목적을 달성하기 위하여 다양한 수단들이 동원되기 때문이다.

2. 행정계획에 대한 행정소송이 가능한 경우들을 알아보자

행정계획으로서 단순한 기본계획이나 청사진이 발표되었을 단계에서는 직접적인 권리침해가 없으므로 **권리구제가 어렵다.**

행정계획으로서 법률이 하자있게 제정되면 위헌법률심판(헌법 제107조 제1항)을 통해 **구체적 규범통제**를 거치거나 **헌법소원**을 청구하면 된다.

행정계획으로서 법규명령이 위법하게 제정되면 **위헌위법명령규칙심사**(헌법 제107조 제2항)를 통해 **구체적 규범통제**를 거치거나 **헌법소원**을 청구하면 된다. 이때 **권리구제형 헌법소원**(헌법재판소법 제68조 제1항)만 제기할 수 있고, **위헌소원**(헌법재판소법 제68조 제2항)은 **제기할 수 없다.** 위헌소원은 법률에 대해서만 가능하기 때문이다.

행정계획으로서 행정행위 또는 처분이 내려지는 경우에는 행정소송 중 항고소송을 통해 **처분에 대한 취소소송** 등을 제기하면서 **집행정지**를 신청하면 된다. 정보제공적 행정계획이나 비구속적 행정계획은 처분성이 없으므로 항고소송을 **제기할 수 없다.** 영향적 계획은 국민의 권리·의무를 직접적으로 제한하는지 여부에 따라 처분성이 결정될 것이나 원칙적으로는 처분성이 없어서 취소소송의 대상이 되지 못한다. 그러나 개발제한구역지정과 같은 구속적 행정계획은 처분성이 있어서 취소소송과 같은 항고소송의 대상이 된다.

또한 행정계획신청에 대한 거부가 있으면 **거부처분취소소송**을 제기할 수도 있다. 거부처분취소소송이 인정되려면 법규상 또는 조리상 신청권이 있어야 한다는 것이 판례의 태도이다. 그러나 거부에 대하여는 집행정지를 부정하는 것이 판례의 태도이다.

행정계획에 대한 신청권과 관련하여 계획보장청구권에 대한 광의설의 입장에 의하면 계획보장청구권에는 계획청구권, 계획존속청구권, 계획준수청구권, 계획변경청구권, 경과조치청구권, 손실보실보상청구권 등이 인정된다. 그러나 협의설은 손실보상청구권만을 계획보장청구권으로 보고 나머지는 별도로 검토한다.

판례는 **국토이용계획변경신청권**은 원칙적으로 부정되지만 **예외적으로** 이익형량상 인정될 수 있다고 한다.[11] 판례에 의하면 문화재보호구역 내에 있는 토지소유자는 문화재보호구역의 지정해제를 요구할 수 있는 법규상 또는 조리상 신청권이 있다. 국민들에게는 원칙적으로 국토계획변경신청권이 없지만, 예외적으로 이익형량상 인정될 수 있다는 것이 대법원의 입장이다.

☞ 기출

---

235. 대법원 2004. 4. 27. 선고 2003두8821 판결【문화재보호구역지정해제거부처분취소】

문화재보호구역 내에 있는 토지소유자 등으로서는 위 보호구역의 지정해제를 요구할 수 있는 법규상 또는 조리상의 신청권이 있다고 할 것이고, 이러한 신청에 대한 거부행위는 항고소송의 대상이 되는 행정처분에 해당한다.

☞ 기출

행정계획으로서 **공법상 계약**이나 **행정지도**가 행해지는 경우에는 행정소송 중 **당사자소송**과 **가처분**을 통해 행정지도의 제거를 청구하면 된다.

3. 행정계획으로 인한 손해를 전보하는 청구도 가능하다

공무원의 고의나 과실로 위법한 행정계획으로 인하여 손해가 발생한 경우에는 **국가배상**을 청구할 수 있다(국가배상법 제2조).

---

11 대법원 2003. 9. 23. 선고 2001두10936 판결.

행정청의 적법한 행정계획으로 인하여 손실이 발생한 경우에는 법령에 근거가 있다면 **손실보상**을 청구할 수도 있다. 토지수용의 경우에는 특별희생에 해당하므로 보상이 용이하다. 그러나 개발제한구역지정과 같은 행정계획으로 인하여 재산권행사에 사회적으로 수인할 정도의 제약이 발생한 경우에는 손실보상이 이루어지지 않는다. 손실보상이 되려면 재산권침해가 특별한 희생이 발생할 정도이거나 비례의 원칙에 위반할 정도가 되어야 한다. 그러나 헌법재판소에 의하면 도시계획시설의 지정으로 말미암아 당해 토지의 이용가능성이 배제되거나 또는 토지소유자가 토지를 종래 허용된 용도대로도 사용할 수 없기 때문에 이로 인하여 현저한 재산적 손실이 발생하는 경우에는 원칙적으로 이에 대한 보상을 해야 한다.

📠 빈출 판례

> **236. 헌재 1998. 12. 24. 89헌마214 등[헌법불합치]**
>
> 개발제한구역 지정으로 인하여 토지를 종래의 목적으로도 사용할 수 없거나 또는 더 이상 법적으로 허용된 토지이용의 방법이 없기 때문에 실질적으로 토지의 사용·수익의 길이 없는 경우에는 토지소유자가 수인해야 하는 사회적 제약의 한계를 넘는 것으로 보아야 한다.

다만 헌재는 손실보상의 방법으로 헌법불합치결정과 입법촉구를 하여 경계이론이 아니라 분리이론의 입장에서 판시하고 있다. 경계이론은 금전보상을 보상방법으로 취하고 분리이론은 위헌성을 제거하는 보상방식을 취한다.

행정계획으로 인한 재산권침해가 특별희생에 해당하지만 손실보상규정이 없다면 헌법과 공법규정의 유추적용을 통하여 긍정될 수도 있다. 수용유사침해이론 등에 의하여 보상이 긍정될 수도 있다.

4. 잘못된 행정계획은 헌법소송도 가능하다

행정계획이나 행정규칙 등의 작용들이라도 헌법재판소는 기본권을 직접적으로 침해한다면 헌재법 제68조 제1항의 헌법소원의 대상이 된다고 보고 있다. 헌법재판소에 의하면 **비구속적인 행정계획**도 국민의 기본권을 직접 침해하는 내용을 담고 있는 경우에는 헌법소원의 대상이 **될 수 있다.**

📠 기출

237. 헌재 2000. 6. 1. 99헌마538【개발제한구역제도개선방안확정발표위헌확인】

비구속적인 행정계획도 예외적으로 기본권을 직접 침해하는 경우에는 헌법소원의 대상   기출
이 될 수 있다고 판시한다.

실력 다지기

비구속적 행정계획은 처분이 아니므로 법원의 항고소송(취소소송, 무효등확인소송,
부작위위법확인소송)의 대상이 될 수 없다. 그러나 기본권을 침해하는 경우에는 헌법
소원의 대상은 될 수 있다.

제 6 절

중요 판례의 동향을 더 알아보고 출제에 대비해 보자

부산·진해경제자유구역지정사건

238. 대법원 2011. 2. 24. 선고 2010두21464 판결【부산·진해경제자유구역명지
     지구개발사업실시계획승인취소】

**[1] 사립학교법 제28조 제2항의 규정 취지 및 공용수용으로 인한 소유권 변동이
사립학교법 제28조 제2항, 같은 법 시행령 제12조 제1항에서 금지하는 처분행위
에 포함되는지 여부(소극)**

위 규정들의 주된 취지는 위 시행령 제12조 제1항 각 호에서 규정한 '학교교육에 직접
사용되는 학교법인의 재산'을 학교법인이 매도하거나 담보에 제공함으로써 위 재산이 산
일(散逸)되는 것을 방지하는 데에 있다. 따라서 국가 또는 지방자치단체 등이 공공사업
의 시행을 위하여 관계 법령에 따라 사인의 재산권을 강제로 취득하고 그에 대하여 손
실보상을 하는 공용수용으로 인한 소유권 변동은 학교법인의 처분행위에 의한 것이 아
님이 명백하므로, 공용수용으로 인한 소유권 변동은 위 법 제28조 제2항, 위 시행령
제12조 제1항에서 금지하는 처분행위에 포함되지 않는다고 해석함이 타당하다.

부산·진해경제자유구역지정사건

[3] 행정계획의 의미 및 행정주체가 구체적인 행정계획을 입안·결정할 때 가지는 형성의 자유의 한계 → 빈출 문단 — 판례변화출제

행정주체가 갖는 이와 같은 **형성의 자유는 무제한적인 것이 아니라** 그 행정계획에 관련되는 자들의 이익을 **공익과 사익** 사이에서는 물론이고 **공익 상호간과 사익 상호간에도 정당하게 비교·교량**하여야 한다는 〈제한이 있으므로〉(형량명령), 행정주체가 행정계획을 입안·결정함에 있어서 **이익형량을 전혀 행하지 아니하거나** (형량의 해태) 이익형량의 고려 대상에 마땅히 포함시켜야 할 **사항을 누락한 경우**(형량의 흠결) 또는 **이익형량을 하였으나 정당성과 객관성이 결여**된 경우(오형량), 그 행정계획결정은 〈**형량에 하자**〉가 있어 **위법**하게 된다.

4대강 유역 마스터플랜 취소소송과 집행정지가부

239. 대법원 2011. 4. 21.자 2010무111 전원합의체 결정【사대강유역사업집행정지】

[1] '4대강 살리기 마스터플랜'의 처분성 여부

국토해양부, 환경부, 문화체육관광부, 농림수산부, 식품부가 합동으로 2009. 6. 8. 발표한 '4대강 살리기 마스터플랜' 등은 4대강 정비사업과 주변 지역의 관련 사업을 체계적으로 추진하기 위하여 수립한 종합계획이자 '4대강 살리기 사업'의 기본방향을 제시하는 계획으로서, 행정기관 내부에서 사업의 기본**방향을 제시**하는 것일 뿐, **국민의 권리·의무에 직접 영향**을 미치는 것이 아니어서 행정처분에 **해당하지 않는다.**

[2] 행정소송법 제23조 제2항의 효력정지 요건인 '**회복하기 어려운 손해**'의 의미 및 '처분 등이나 그 집행 또는 절차의 속행으로 인하여 생길 회복하기 어려운 손해를 예방하기 위하여 긴급한 필요'가 있는지의 판단 기준

행정소송법 제23조 제2항에서 정하고 있는 효력정지 요건인 '회복하기 어려운 손해'란, 특별한 사정이 없는 한 금전으로 보상할 수 없는 손해로서 **금전보상이 불가능한 경우** 내지는 금전보상으로는 사회관념상 행정처분을 받은 당사자가 **참고 견딜 수 없거나 참고 견디기가 현저히 곤란한 경우의 유형, 무형의 손해**를 일컫는다. 그리고 '처분 등이나 그 집행 또는 절차의 속행으로 인하여 생길 회복하기 어려운 손해를 예방하기 위하여 긴급한 필요'가 있는지는 처분의 성질과 태양 및 내용, 처분상대방이 입는 손해의 성질·내용 및 정도, 원상회복·금전배상의 방법 및 난이 등은 물론 본안청구의 승소가능성 정도 등을 종합적으로 고려하여 구체적·개별적으로 판단하여야 한다.

[3] '4대강 살리기 마스터플랜'에 따른 '한강 살리기 사업' 구간 인근에 거주하는 주민들이 각 공구별 사업실시계획승인처분에 대한 효력정지를 신청한 사안의 적용 ☞ 집행정지를 받아주지 않음

국토해양부 등에서 발표한 '4대강 살리기 마스터플랜'에 따른 '한강 살리기 사업' 구간 인근에 거주하는 주민들이 각 공구별 사업실시계획승인처분에 대한 효력정지를 신청한 사안에서, 위 사업구간에 편입되는 팔당지역 농지 대부분이 국가 소유의 하천부지이고, 유기농업에 종사하는 주민들 대부분은 국가로부터 하천점용허가를 받아 경작을 해온 점, 위 점용허가의 부관에 따라 허가를 한 행정청은 공익상 또는 법령이 정하는 것에 따르거나 하천정비사업을 시행하는 경우 허가변경·취소 등을 할 수 있는 점 등에 비추어, **주민들 중 환경영향평가대상지역 및 근접 지역에 거주하거나 소유권 기타 권리를 가지고 있는 사람들이** 위 사업으로 인하여 토지 소유권 기타 권리를 **수용당하고** 이로 인하여 정착지를 떠나 **타지로 이주를** 해야 하며 더 **이상 농사를 지을 수 없게 되고 팔당지역의 유기농업이 사실상 해체**될 위기에 처하게 된다고 하더라도, 그러한 손해는 행정소송법 제23조 제2항에서 정하고 있는 효력정지 요건인 **금전으로 보상**할 수 없거나 사회관념상 금전보상으로는 **참고 견디기 어렵거나 현저히 곤란한** 경우의 유·무형 손해에 **해당하지 않는다**고 본 원심판단을 수긍한 사례.

[5] 행정소송법 제23조 제2항에서 정한 요건을 결여하였다는 이유로 효력정지 신청을 기각한 결정에 대하여, 행정처분 자체의 적법 여부를 가지고 불복사유로 삼을 수 있는지 여부(소극)

[다수의견]

행정처분의 효력정지나 **집행정지**를 구하는 신청사건에서는 행정처분 자체의 적법 여부를 판단할 것이 아니고 행정처분의 효력이나 집행 등을 정지시킬 필요가 있는지 여부, 즉 행정소송법 제23조 제2항에서 정한 요건의 존부만이 판단대상이 된다. 나아가 '처분 등이나 그 집행 또는 절차의 속행으로 인한 손해발생의 우려' 등 적극적 요건에 관한 주장·소명 책임은 원칙적으로 신청인 측에 있으며, 이러한 요건을 결여하였다는 이유로 효력정지 신청을 기각한 결정에 대하여 **행정처분 자체의 적법 여부를 가지고 불복사유로 삼을 수 없다.**

[대법관 박시환, 대법관 김지형, 대법관 이홍훈, 대법관 전수안의 반대의견]

행정소송법 제8조 제2항에 따라 행정소송에도 준용되는 민사소송법 제442조는 "항고법원·고등법원 또는 항소법원의 결정 및 명령에 대하여는 재판에 영향에 미친 헌법·법률·명령 또는 규칙의 위반을 이유로 드는 때에만 재항고할 수 있다"고 규정하고 있다. 재항고인들이 효력정지 요건의 해석에 관한 원심결정의 법리오해 위법을 반복하여 지적하면서, 특히 여러 가지 측면에서 특수성을 띠고 있는 환경문제가 포함된 이 사건의 규모와 성격, 직·간접적 파급효과 등을 고려할 때 효력정지 요건 충족 여부와 관련하여 '회복하기 어려운 손해' 및 '긴급한 필요'의 의미를 종전과 다르게 해석하여야 한다거나 그렇지 않다고 하더라도 소명책임과 관련된 소명의 정도를 완화하여야 한다는 취지의 주장을 하고 있는데, 이는 법리오해 주장으로서 적법한 재항고 이유이다. 그렇다면 대법원으로서는 재항고 이유의 당부에 관하여 나아가 판단함이 마땅하다.

인허가의제 및 집중효의 경우 절차집중설을 취한 판례와 대상적격

[1] 인허가의제나 집중효에 있어 절차집중설을 취한 판례

240. 대법원 2002. 10. 11. 선고 2001두151 판결【채광계획불인가처분취소】

채광계획이 중대한 공익에 배치된다고 할 때에는 인가를 거부할 수 있고(☞ **재량행위**), 채광계획을 불인가하는 경우에는 정당한 사유가 제시되어야 하며 자의적으로 불인가를 하여서는 아니 될 것이므로 채광계획인가는 기속재량행위(= **기속행위의 일본식 표현**)에 속하는 것으로 보아야 할 것이다.

구 광업법 제47조의2 제5호에 의하여 채광계획인가를 받으면 공유수면 점용허가를 받은 것으로 의제되고, 이 공유수면 점용허가는 공유수면 관리청이 공공 위해의 예방 경감과 공공 복리의 증진에 기여함에 적당하다고 인정하는 경우에 그 자유재량에 의하여 허가의 여부를 결정하여야 할 것이므로, 공유수면 점용허가(☞ 특허, 재량)를 필요로 하는 채광계획 인가신청에 대하여도, 공유수면 관리청이 재량적 판단에 의하여 공유수면 점용을 허가 여부를 결정할 수 있고, 그 결과 공유수면 점용을 허용하지 않기로 결정하였다면, 채광계획 인가관청은 이를 사유로 하여 채광계획을 인가하지 아니할 수 있는 것이다. (☞ 인허가의제시 전체적으로 재량행위로 판시)

[2] 인허가의제시 항고소송의 대상적격(실제 발급된 처분)

241. 대법원 2001. 1. 16. 선고 99두10988 판결【건축허가신청서반려처분취소】

구 건축법 제8조 제1항, 제3항, 제5항에 의하면, 건축허가를 받은 경우에는 구 도시계획법 제4조에 의한 토지의 형질변경허가나 농지법 제36조에 의한 농지전용허가 등을 받은 것으로 보며(☞ 인허가의제 또는 집중효), 한편 건축허가권자가 건축허가를 하고자 하는 경우 당해 용도·규모 또는 형태의 건축물을 그 건축하고자 하는 대지에 건축하는 것이 건축법 관련 규정이나 같은 도시계획법 제4조, 농지법 제36조 등 관계 법령의 규정에 적합한지의 여부를 검토하여야 하는 것일 뿐, **건축불허가처분을 하면서 그 처분사유로 건축불허가 사유뿐만 아니라 형질변경불허가 사유나 농지전용불허가 사유를 들고 있다고 하여 그 건축불허가처분 외에 별개로 형질변경불허가처분이나 농지전용불허가처분**

이 존재하는 것이 아니므로, 그 건축불허가처분을 받은 사람은 그 건축불허가처분에 관한 쟁송에서 건축법상의 건축불허가 사유뿐만 아니라 같은 도시계획법상의 형질변경불허가 사유나 농지법상의 농지전용불허가 사유에 관하여도 다툴 수 있는 것이지, 그 건축불허가처분에 관한 쟁송과는 별개로 형질변경불허가처분이나 농지전용불허가처분에 관한 쟁송을 제기하여 이를 다투어야 하는 것은 아니며, 그러한 쟁송을 제기하지 아니하였어도 형질변경불허가 사유나 농지전용불허가 사유에 관하여 불가쟁력이 생기지 아니한다.

이화여대 연구시설등을 위한 파주시장의 사업인정과 인허가의제의 범위 및 효과

242. 대법원 2012. 2. 9. 선고 2009두16305판결【사업시행승인처분취소】

1. 관련 인허가의제 사항에 관한 협의를 거치지 않은 사업시행승인 처분의 위법성에 관한 법리오해의 점 등에 관하여 — 구 주한미군 공여구역주변지역 등 지원 특별법 제11조에 의한 사업시행승인을 하는 경우, 같은 법 제29조 제1항에서 정한 사업 관련 모든 인허가의제 사항에 관하여 관계 행정기관의 장과 일괄하여 사전 협의를 거칠 것을 요건으로 하는지 여부(소극)

구 주한미군 공여구역주변지역 등 지원 특별법(2008. 3. 28. 법률 제9000호로 개정되기 전의 것, 이하 '구 지원특별법'이라 한다) 제29조의 인허가의제 조항은 목적사업의 원활한 수행을 위해 행정절차를 간소화하고자 하는 데 입법 취지가 있는데, 만일 사업시행승인 전에 반드시 사업 관련 모든 인허가의제 사항에 관하여 관계 행정기관의 장과 협의를 거쳐야 한다고 해석하면 일부의 인허가의제 효력만을 먼저 얻고자 하는 사업시행승인 신청인의 의사와 맞지 않을 뿐만 아니라 사업시행승인 신청을 하기까지 상당한 시간이 소요되어 그 취지에 반하는 점, 주한미군 공여구역주변지역 등 지원 특별법이 2009. 12. 29. 법률 제9843호로 개정되면서 제29조 제1항에서 인허가의제 사항 중 일부만에 대하여도 관계 행정기관의 장과 협의를 거치면 인허가의제 효력이 발생할 수 있음을 명확히 하고 있는 점 등 구 지원특별법 제11조 제1항 본문, 제29조 제1항, 제2항의 내용, 형식 및 취지 등에 비추어 보면, 구 지원특별법 제11조에 의한 사업시행승인을 하는 경우 같은 법 제29조 제1항에 규정된 사업 관련 모든 인허가의제 사항에 관하여 관계 행정기관의 장과 일괄하여 사전 협의를 거칠 것을 요건으로 하는 것은 아니고, 사업시행승인 후 인허가의제 사항에 관하여 관계 행정기관의 장과 협의를 거치면 그때 해당 인허가가 의제된다고 보는 것이 타당하다.

원지동 추모공원 사례

243. 대법원 2007. 4. 12. 선고 2005두2544 판결【개발제한구역해제결정취소】
〈원지동 추모공원 사건〉과 대법원 2007. 4. 12. 선고 2005두1893 판결【도
시계획시설결정취소】〈원지동 추모공원 사건〉

가. 계획결정상의 재량의 한계

행정계획이라 함은 행정에 관한 전문적·기술적 판단을 기초로 하여 도시의 건설·정비·
개량 등과 같은 특정한 행정목표를 달성하기 위하여 서로 관련되는 행정수단을 종합·조
정함으로써 장래의 일정한 시점에 있어서 일정한 질서를 실현하기 위한 활동기준으로 설
정된 것으로서, 관계 법령에는 추상적인 행정목표와 절차만이 규정되어 있을 뿐 행정계
획의 내용에 관하여는 별다른 규정을 두고 있지 아니하므로 행정주체는 구체적인 행정계
획을 입안·결정함에 있어서 비교적 광범위한 형성의 자유를 가지는 것이지만, 행정주체
가 가지는 이와 같은 형성의 자유는 무제한적인 것이 아니라 그 행정계획에 관련되는 자
들의 이익을 공익과 사익 사이에서는 물론이고 공익 상호간과 사익 상호간에도 정당하게
비교교량하여야 한다는 제한이 있으므로, **행정주체가 행정계획을 입안·결정함에 있어
서 이익형량을 전혀 행하지 아니하거나**(☞ 형량의 해태) **이익형량의 고려 대상에 마땅
히 포함시켜야 할 사항을 누락한 경우**(☞ 형량의 흠결) **또는 이익형량을 하였으나 정당
성과 객관성이 결여된 경우에는**(☞ 오형량) 그 행정계획결정은 형량에 하자가 있어 위
법하게 된다.

나. 절차상의 위법 여부

(ⅰ) 광역교통실장의 참가의 문제

중앙도시계획위원회 운영세칙 제3조에 의하면 위원회의 대리출석은 인정되지 아니하나
위원장이 회의 운영상 필요하다고 인정하여 회의출석을 허용한 자는 위원회의 회의에
참석할 수 있다고 규정되어 있으므로, 국토해양부의 광역교통실장이 비록 중앙도시계획
위원회의 위원은 아니지만 위원장의 지시에 따라 2002. 3. 22. 개최된 중앙도시계획위
원회에 참가하여 위원들에게 이 사건 추모공원사업을 설명하는 등의 행위를 하였다고
하여 2002. 3. 22. 개최된 중앙도시계획위원회에 절차상의 잘못이 있다고 할 수 없다.

2002. 3. 22. 개최된 중앙도시계획위원회의 표결과정에 있어 광역교통실장을 포함한 회의
참석인원 21명 전원이 표결에 참가하였고, 당시 회의에 참석하지 아니한 국토해양부 차
관이 회의에 참석한 것으로 참석자 명단이 작성된 것으로 보아 표결에 참가할 수 없는
광역교통실장이 국토해양부 차관을 대신하여 표결한 것으로 볼 수밖에 없으나, 국토해
양부 차관의 찬성표를 제외하더라도 참석위원 20명 중 찬성 17표, 반대 3표로 이 사건
부지에 대한 개발제한구역 해제안이 가결되는 데에는 아무런 영향이 없는 점, 「개발제
한구역의 지정 및 관리에 관한 특별조치법」 제7조 제3항에 의하면 피고가 개발제한구역

의 지정 및 해제에 관한 도시계획을 결정하고자 할 때 중앙도시계획위원회의 심의를 거치도록 한 취지는 **국토해양부장관이 도시계획을 결정함에 있어서 도시계획에 관한 학식과 경험이 풍부한 자들로 구성된 위원회의 집합적 의견을 들어 이를 '참고'하라는 것일 뿐 중앙도시계획위원회의 심의결과에 기속되어 도시계획을 결정하여야 한다는 것은 아닌 점** 등을 종합하면, 중앙도시계획위원회의 **심의에 위와 같은 잘못이 있다고 하여 이 사건 처분까지 위법하다고 할 수 없다.**

(ii) 추모공원건립추진협의회가 개최한 공청회의 적법절차 여부

묘지공원과 화장장의 후보지를 선정하는 과정에서 서울특별시, 비영리법인, 일반 기업 등이 공동발족한 협의체인 **추모공원건립추진협의회가 후보지 주민들의 의견을 청취하기 위하여 그 명의로 개최한 공청회는 행정청이 도시계획시설결정을 하면서 개최한 공청회가 아니므로,** 위 공청회의 개최에 관하여 행정절차법에서 정한 절차를 준수하여야 하는 것은 아니다.

제 7 절

(실력 UP) 출제가 예상되는 화제의 판결들을 공부해 두자

244. 대법원 2017. 7. 11. 선고 2016두35120 판결[사업시행계획인가처분취소]

[1] 사업시행자 지정에 관한 구 국토의 계획 및 이용에 관한 법률(2013. 3. 23. 법률 제11690호로 개정되기 전의 것, 이하 '국토계획법'이라 한다) 제86조 제5항, 제6항, 구 국토의 계획 및 이용에 관한 법률 시행규칙(2013. 3. 23. 국토교통부령 제1호로 개정되기 전의 것) 제14조의 체계와 내용 등에 비추어 보면, 국토계획법상 도시계획시설사업에서 사업시행자 지정은 특정인에게 도시계획시설사업을 시행할 수 있는 권한을 부여하는 처분이고, 사업시행자 지정 내용의 고시는 사업시행자 지정처분을 전제로 하여 그 내용을 불특정 다수인에게 알리는 행위이다. 위 사업시행자 지정과 그 고시는 명확하게 구분되는 것으로, 사업시행자 지정 처분이 '고시'의 방법으로 행하여질 수 있음은 별론으로 하고 그 처분이 반드시 '고시'의 방법으로만 성립하거나 효력이 생긴다고 볼 수 없다.

[2] 일반적으로 행정처분이 주체·내용·절차와 형식이라는 내부적 성립요건과 외부에 대한 표시라는 외부적 성립요건을 모두 갖춘 경우에는 행정처분이 존재한다고 할 수 있다. 행정처분의 외부적 성립은 행정의사가 외부에 표시되어 행정청이 자유롭게 취소·철회할 수 없는 구속을 받게 되는 시점을 확정하는 의미를 가지므로, 어떠한 처분의 외부적 성립 여부는 행정청에 의해 행정의사가 공식적인 방법으로 외부에 표시되었는지를 기준

으로 판단하여야 한다.

[3] 도시·군계획시설사업은 도시 형성이나 주민 생활에 필수적인 기반시설 중 도시관리계획으로 체계적인 배치가 결정된 시설을 설치하는 사업으로서 공공복리의 실현과 밀접한 관련이 있다. 구 국토의 계획 및 이용에 관한 법률(2013. 3. 23. 법률 제11690호로 개정되기 전의 것, 이하 '국토계획법'이라 한다)이 도시·군계획시설사업을 토지 등을 수용할 수 있는 사업으로 규정한 것도 그 사업으로 설치되는 기반시설의 기능에 공공성이 인정되기 때문이다. 그런데 사인(私人)이 도시·군계획시설사업을 시행하는 때에는 그 도시·군계획시설이 국토계획법이 정한 '공공시설'에 해당하는 등 특별한 사정이 없는 한, 설치된 도시·군계획시설의 소유·관리·처분권은 사업시행자인 사인에게 귀속되고, 국토계획법은 그 권리의 행사에 관하여 별다른 규율을 하고 있지 않다. 따라서 도시·군계획시설사업을 사인이 시행하는 때에는 행정청이나 공공단체가 시행하는 때와 비교하여 시설의 공공적 기능 유지라는 측면이나 시설의 운영·처분 과정에서 발생하는 이익의 공적 귀속이라는 측면에서 상대적으로 공공성이 약하다고 볼 수 있다. 나아가 해당 시설이 민간의 이윤 동기에 맡겨도 공급에 문제가 없을 정도로 영리성이 강한 시설이라면 도시·군계획시설사업이 공익사업을 가장한 사인을 위한 영리사업으로 변질될 우려도 있다.

결국 국토계획법이 사인을 도시·군계획시설사업의 시행자로 지정하기 위한 요건으로 소유 요건과 동의 요건을 둔 취지는 사인이 시행하는 도시·군계획시설사업의 공공성을 보완하고 사인에 의한 일방적인 수용을 제어하기 위한 것이다. 그러므로 만일 국토계획법령이 정한 도시계획시설사업의 대상 토지의 소유와 동의 요건을 갖추지 못하였는데도 사업시행자로 지정하였다면, 이는 국토계획법령이 정한 법규의 중요한 부분을 위반한 것으로서 특별한 사정이 없는 한 그 하자가 중대하다고 보아야 한다.

[4] 선행처분과 후행처분이 서로 독립하여 별개의 법률효과를 목적으로 하는 때에도 선행처분이 당연무효이면 선행처분의 하자를 이유로 후행처분의 효력을 다툴 수 있다. 도시계획시설사업의 시행자가 작성한 실시계획을 인가하는 처분은 도시계획시설사업 시행자에게 도시계획시설사업의 공사를 허가하고 수용권을 부여하는 처분으로서 선행처분인 도시계획시설사업 시행자 지정 처분이 처분 요건을 충족하지 못하여 당연무효인 경우에는 사업시행자 지정 처분이 유효함을 전제로 이루어진 후행처분인 실시계획 인가처분도 무효라고 보아야 한다.

[5] 구 국토의 계획 및 이용에 관한 법률(2013. 3. 23. 법률 제11690호로 개정되기 전의 것, 이하 '국토계획법'이라 한다) 제86조 제5항, 제98조 제1항, 제101조, 제133조 제1항 제14호의 규정 내용에 따르면, 사업시행자인 사인(私人)은 그 책임으로 도시·군계획시설사업의 공사를 마쳐야 하고, 사업시행자 지정을 받지 않은 사인은 도시·군계획시설사업을 시행할 수 없다. 사업시행기간 중에 사업 대상인 토지를 제3자에게 매각하고 제3자에게 도시·군계획시설을 설치하도록 한다면 그와 같은 내용의 도시·군계획시설사업은

사실상 토지를 개발·분양하는 사업으로 변질될 수 있는 데다가 개발이익이 배제된 가격으로 수용한 토지를 처분상대방이나 처분조건 등에 관한 아무런 제한도 받지 않고 매각하여 차익을 얻을 수 있게 됨으로써 도시·군계획시설사업의 공공성을 현저히 훼손한다. 또한 산업입지 및 개발에 관한 법률 등에서 일정한 요건과 절차에 따라 공익사업의 대행을 허용하고 있는 것과 달리, 국토계획법은 도시·군계획시설사업의 대행을 허용하는 명시적 규정을 두고 있지 않다. 따라서 사인인 사업시행자가 도시·군계획시설사업의 대상인 토지를 사업시행기간 중에 제3자에게 매각하고 제3자로 하여금 해당 시설을 설치하도록 하는 내용이 포함된 실시계획은 국토계획법상 도시·군계획시설사업의 기본원칙에 반하여 허용되지 않고, 특별한 사정이 없는 한 그와 같은 실시계획을 인가하는 처분은 그 하자가 중대하다고 보아야 한다.

245. 대법원 2018. 7. 24. 선고 2016두48416 판결[수용재결취소등]

[1] 국토의 계획 및 이용에 관한 법률이 민간사업자가 도시·군계획시설(이하 '도시계획시설'이라고 한다)사업의 시행자로 지정받기 위한 동의 요건을 둔 취지는 민간사업자가 시행하는 도시계획시설사업의 공공성을 보완하고 민간사업자에 의한 일방적인 수용을 제어하기 위한 것이다. 이러한 입법 취지에 비추어 보면, 사업시행자 지정에 관한 토지소유자의 동의가 유효하기 위해서는 동의를 받기 전에, 그 동의가 사업시행자 지정을 위한 것이라는 동의 목적, 그 동의에 따라 지정될 사업시행자, 그 동의에 따라 시행될 동의 대상 사업 등이 특정되고 그 정보가 토지소유자에게 제공되어야 한다.

[2] 도시·군계획시설(이하 '도시계획시설'이라 한다)사업 사업시행자 지정을 위한 동의를 받기 위하여 토지소유자에게 제공되어야 할 동의 대상 사업에 관한 정보는, 해당 도시계획시설의 종류·명칭·위치·규모 등이고, 이러한 정보는 일반적으로 도시계획시설결정 및 그 고시를 통해 제공되므로 토지소유자의 동의는 도시계획시설결정 이후에 받는 것이 원칙이라고 할 수 있다.

그런데 국토의 계획 및 이용에 관한 법령은 동의 요건에 관하여 동의 비율만을 규정하고 있을 뿐, 동의 시기 등에 관하여는 명문의 규정을 두고 있지 않다. 또한 재정상황을 고려하여 지방자치단체 등이 민간사업자 참여에 대한 토지소유자의 동의 여부를 미리 확인한 뒤 동의 여부에 따라 사업 진행 여부를 결정하는 것이 불합리하다고 볼 수도 없다. 이러한 점을 고려하면, 도시계획시설결정 이전에 받은 동의라고 하더라도, 동의를 받을 당시 앞으로 설치될 도시계획시설의 종류·명칭·위치·규모 등에 관한 정보가 토지소유자에게 제공되었고, 이후의 도시계획시설결정 내용이 사전에 제공된 정보와 중요한 부분에서 동일성을 상실하였다고 볼 정도로 달라진 경우가 아닌 이상, 도시계획시설결정 이전에 받은 사업시행자 지정에 관한 동의라고 하여 무효라고 볼 수는 없다.

[3] 국토의 계획 및 이용에 관한 법률(이하 '국토계획법'이라 한다)상 기반시설은 도시 공동생활을 위해 기본적으로 공급되어야 하지만 공공성이나 외부경제성이 크기 때문에 시설의 입지 결정, 설치 및 관리 등에 공공의 개입이 필요한 시설을 의미한다.

기반시설을 조성하는 행정계획 영역에서 행정주체가 가지는 광범위한 재량, 현대 도시생활의 복잡·다양성과 질적 수준 향상의 정도 등을 고려하면, 어떤 시설이 국토계획법령이 정하고 있는 기반시설에 형식적으로 해당할 뿐 아니라, 그 시설이 다수 일반 시민들이 행복한 삶을 추구하는 데 보탬이 되는 기반시설로서의 가치가 있고 그 시설에 대한 일반 시민의 자유로운 접근 및 이용이 보장되는 등 공공필요성의 요청이 충족되는 이상, 그 시설이 영리 목적으로 운영된다는 이유만으로 기반시설에 해당되지 않는다고 볼 것은 아니다.

다만 행정주체가 기반시설을 조성하기 위하여 도시·군계획시설결정을 하거나 실시계획인가처분을 할 때 행사하는 재량권에는 한계가 있음이 분명하므로, 이는 재량통제의 대상이 된다.

[4] 도시·군계획시설(이하 '도시계획시설'이라 한다)사업에 관한 실시계획인가처분은 해당 사업을 구체화하여 현실적으로 실현하기 위한 형성행위로서 이에 따라 토지수용권 등이 구체적으로 발생하게 된다. 따라서 행정청이 실시계획인가처분을 하기 위해서는 그 실시계획이 법령이 정한 도시계획시설의 결정·구조 및 설치기준에 적합하여야 함은 물론이고 사업의 내용과 방법에 대하여 인가처분에 관련된 자들의 이익을 공익과 사익 간에서는 물론, 공익 상호 간 및 사익 상호 간에도 정당하게 비교·교량하여야 하며, 그 비교·교량은 비례의 원칙에 적합하도록 하여야 한다.

246. 대법원 2015. 12. 10. 선고 2011두32515 판결[하천공사시행계획취소청구]

국가재정법상 예비타당성조사를 실시하지 아니한 것이 하천공사시행계획 등의 절차상 하자가 되는지 여부(소극)

구 하천법(2012. 1. 17. 법률 제11194호로 개정되기 전의 것, 이하 같다) 제27조에 따르면, 하천관리청이 하천공사를 시행하려는 때에는 대통령령으로 정하는 바에 따라 하천공사의 시행에 관한 계획(이하 '하천공사시행계획'이라 한다)을 수립하여야 하고(제1항), 하천관리청은 하천공사시행계획을 수립하거나 변경한 때에는 대통령령으로 정하는 바에 따라 이를 고시하여야 한다(제3항). 한편 구 국가재정법(2010. 5. 17. 법률 제10288호로 개정되기 전의 것) 제38조 및 구 국가재정법 시행령(2011. 12. 30. 대통령령 제23433호로 개정되기 전의 것) 제13조에 따르면, 기획재정부장관은 총사업비가 500억 원 이상이고 국가의 재정지원 규모가 300억 원 이상인 신규 사업으로서 건설공사가 포함된 사업 등에 해당하거나, 국회가 그 의결로 요구하는 사업에 대하여 예비타당성조사를 실시하여야 한다.

이와 같은 관계 법령의 규정 내용과 형식, 입법취지와 아울러, ① 예산은 1회계연도에 대한 국가의 향후 재원 마련 및 지출 예정 내역에 관하여 정한 계획으로 매년 국회의 심의·의결을 거쳐 확정되는 것으로서, 이 사건 각 처분과 비교할 때 그 수립절차, 효과, 목적이 서로 다르고, ② 이 사건 각 처분의 집행을 위한 예산이 책정되어 있지 않더라도 피고들은 그와 무관하게 이 사건 각 처분을 할 수 있는 한편, 정부는 이 사건 각 처분이 없더라도 이 사건 각 처분 내용의 집행을 위한 예산을 책정할 수 있는 등 예산과 이 사건 각 처분은 단계적인 일련의 관계가 아닌 독립적인 관계에 있으며, ③ 예산은 관련 국가 행정기관만을 구속할 뿐 국민에 대한 직접적인 구속력을 발생한다고 보기 어려운 사정 등을 종합하여 보면, 국가재정법령에 규정된 예비타당성조사는 이 사건 각 처분과 형식 상 전혀 별개의 행정계획인 예산의 편성을 위한 절차일 뿐 이 사건 각 처분에 앞서 거쳐 야 하거나 그 근거법규 자체에서 규정한 절차가 아니므로, 예비타당성조사를 실시하지 아니한 하자는 원칙적으로 예산 자체의 하자일 뿐, 그로써 곧바로 이 사건 각 처분의 하자가 된다고 할 수 없다.

따라서 예산이 이 사건 각 처분 등으로써 이루어지는 이 사건 사업을 위한 재정지출을 그 내용으로 하고 있고, 그 예산의 편성에 절차상 하자가 있다 하더라도, 이러한 사정만으로 곧바로 이 사건 각 처분에 취소사유에 이를 정도의 하자가 존재한다고 보기는 어렵다. 다만 위와 같은 예산편성 절차상 하자로 말미암아 피고들이 이 사건 각 처분을 하면서 구 하천법에서 요구하는 타당성이나 사업성 등에 관한 이익형량을 전혀 하지 아니하거나 그에 관한 이익형량의 고려 대상에 마땅히 포함시켜야 할 사항을 누락한 경우 또는 그에 관한 이익형량을 하였으나 정당성과 객관성이 결여된 경우에 해당한다고 볼 수 있는 구체적 사정이 있고, 그로 인하여 이 사건 사업에 이익형량의 하자가 있다고 인정될 수 있는 때에는, 이 사건 각 처분이 재량권을 일탈·남용하여 위법하다고 평가할 수 있을 것이다.

분석> 결국, 4대강 살리기 사업 중 한강 부분에 관한 하천공사시행계획 등을 수립하면서 국가재정법상 예비타당성조사를 실시하지 아니하였다고 하더라고 곧바로 하천공사시행계획 등의 절차상 하자가 되지는 않는다.

제 8 장

행정작용4 — 확약, 행정지도,
공법상 계약 등 기타 행정작용

제 1 절

확   약★

(1) 확약이란 무엇인가

확약(Zusicherung)은 행정청이 자기구속을 할 의도로써 **장래**에 향하여 **행정행위**의 발급 또는 불발급을 **약속**하는 의사표시이다. 이러한 확약은 약속의 대상을 **행정행위에 한정**하지 않는 확언(Zusage)의 일종이다. 확약은 확언의 특수한 경우라고 할 것이다. 이러한 확약은 내허가, 내특허, 내인가로 불리우는데, 판례는 후술하듯이 처분성을 부정한다.

(2) 확약의 법적 성질을 알아보자

확약의 처분성을 긍정하는 입장에서는 확약은 약속한 행정행위의 내용에 따라 행정기관 스스로 장래의 일정한 행위의 이행 또는 불이행을 의무지우는 효과가 인정되는 이상, 행정행위의 특징인 규율성이 인정된다고 한다.[1] 그러나 법적 이유에서든 사실적 이유에서든 어떤 문제에 대해서 즉시로 규율할 수 없는 사정이 있을 때 행정청이 확약을 하게 된다는 점, 그리하여 행정청이 어떤 행정행위에 대한 확약을 한 경우 그에 관한 종국적인 규율은 약속된 행정행위를 통

---

1 류지태, 행정법신론, 196-197면.

해서 행해지는 것이지 확약 그 자체에 의해서 행해지는 것이 아니라는 점 등을 감안하면, 확약은 '확약에 의하여 그 기능이 보증된 본행정행위'와는 별개의 것이라고 하겠으며, 따라서 확약의 독자적 행위성을 인정함이 좋을 것으로 생각된다.

빈출

　　다만, **판례는 확약의 독자적인 처분성을 부정한다**는 점을 유의하여야 한다. 예비결정이나 가행정행위와 달리 확약의 처분성을 부정하는 것이 판례이고, 확약의 처분성도 긍정하는 것이 다수설의 입장이다.

(3) 관련문제 – **우선순위결정**이 확약인지 여부와 성질이 판례상 다루어졌다

　　수산업법 관련 규정에 의하면 시·도지사는 **우선순위결정**에서 1순위로 결정된 자가 필요한 서류를 첨부하여 어업권 면허를 신청한 때에는 **어업권 면허**를 하여야 한다. 즉 면허청이 우선순위결정을 하게 되면, 일단 그것으로써 종국적 효과가 발생되는 것이다. 그리고 그 우선순위의 결정은 면허청이 장차 어업면허를 하고자 하는 경우의 사전절차로서 행해지는 것이므로 그것은 추후에 면허를 부여하겠다는 약속으로서의 **확약**이 아니라 법이 정한 면허의 예비결정 또는 사전결정(Vorbescheid)으로서의 성질을 가진다.[2] 이러한 예비결정은 다단계행정과정(행정절차)의 부분을 이루는 것으로서 행정행위의 성질을 가진다.[3]

🔍 중요 판례 더 알아보기

> **35. 대법원 1998. 4. 28. 선고 97누1086 판결**
>
> 기출
>
> **폐기물관리법** 관계 법령의 규정에 의하면 폐기물처리업의 허가를 받기 위하여는 먼저 사업계획서를 제출하여 허가권자로부터 사업계획에 대한 **적정통보**를 받아야 하고, 그 적정통보를 받은 자만이 일정기간 내에 시설, 장비, 기술능력, 자본금을 갖추어 **허가신청**을 할 수 있으므로, 결국 부적정통보는 허가신청 자체를 제한하는 등 개인의 권리 내지 법률상의 이익을 개별적이고 구체적으로 규제하고 있어 **행정처분에 해당한다.**
>
> 폐기물관리법 제26조 제1항, 제2항 및 같은 법 시행규칙 제17조 제1항 내지 제5항의 규정에 비추어 보면 폐기물처리업의 허가에 앞서 사업계획서에 대한 **적정·부적정 통**

---

2 김남진, 어업면허의 우선순위결정의 법적성질 등, 법률신문, 1995. 6.
3 예비결정에 대하여는 김남진·김연태, 행정법 Ⅰ, 766면.

보제도를 두고 있는 것은 폐기물처리업을 하고자 하는 자가 스스로 시설 등을 설치하여 허가신청을 하였다가 허가단계에서 그 사업계획이 부적정하다고 판명되어 불허가되면 허가신청인이 막대한 경제적·시간적 손실을 입게 되므로, 이를 방지하는 동시에 허가관청으로 하여금 미리 사업계획서를 심사하여 그 적정·부적정 통보처분을 하도록 하고, 나중에 허가단계에서는 **나머지 허가요건만을 심사**하여 신속하게 허가업무를 처리하는 데 그 취지가 있다.

다만, 대법원과 같이 **우선순위결정**을 **확약**으로 보는 경우에는 당해 결정의 **처분성이 인정되지 않는다.**[4]   ☞ 기출

제 2 절

행정지도

(1) 행정지도의 의의에 대하여 알아보자

1) 행정지도의 의의

행정지도는 **행정행위와 정반대**의 성질을 가지는 행정작용이다. 행정청에 의하여 발급되기는 하지만 국민들이 반드시 이에 따라야 할 권력적인 성질이 없기 때문에 이에 따를지 여부는 국민들의 선택사항에 속한다. 따라서 행정지도는 **처분도 아니고, 공권력에도 해당되지 않는다.**   ☞ 기출

행정지도에 대한 정의 내지 설명은 학자에 따라 약간의 차이가 있으나, 일반적으로 행정기관이 일정한 행정목적의 달성을 위하여 상대방의 임의적 협력을 기대하여 행하는 비권력적 사실행위라고 정의되고 있다.

행정절차법은 「행정기관이 그 소관사무의 범위 안에서 일정한 행정목적을 실현하기 위하여 특정인에게 일정한 행위를 하거나 하지 아니하도록 **지도·권고·조언** 등을 하는 행장작용」이라고 정의내리고 있다(제2조 제3호).

2) 형식적 행정행위의 인정여부

실질적으로 행정행위가 되기 위해서는 행정청이 발급한 행위가 국민의 권

---

4 대법원 1995. 1. 20. 선고 94누6529 판결.

리의무를 직접 제한하거나 영향을 줄 수 있어야 한다. 따라서 이러한 행정지도와 같은 비권력적 사실행위를 형식적 행정행위로서 처분의 일종으로 볼 것인지에 대하여 **일원설과 다수설적인 이원설에서는 부정**한다. 그러나 이와 달리 소수설적인 이원설에서 이를 긍정하는 경우도 있다. 그러나 취소소송의 법적 성격과 기능이 형성소송이며, 법적 작용만을 취소소송의 대상으로 인정하고 있으므로 형식적 행정행위 개념을 부정하는 것이 타당하다. 또한 처분개념일원설에 의할 때 형식적 행정행위는 처분개념의 요소인 규율성과 직접적 외부효를 충족하지 못하므로 처분개념의 순수성에 부합하지 아니한다.

(2) 행정지도의 위법성 사유에는 무엇이 있는가

1) 행정지도의 법적 한계

행정기관은 조직법상 주어진 권한의 범위 내에서만 행정지도를 할 수 있고, 개별법규에 형식, 절차, 내용 등에 관한 규정이 있으면 그에 따르고 그러한 규정이 없으면 **행정절차법** 소정의 **규정**(제49조, 제50조)을 따라야 하며, 행정법의 **일반원칙**을 준수하여야 한다. 행정절차법도 **행정지도는 그 목적 달성에 필요한 최소한도에 그쳐야** 한다(비례의 원칙)고 규정하고 있다(제48조 제1항 제1문). 따라서 행정지도도 **비례의 원칙이나 평등의 원칙**을 준수하여야 한다.

2) 행정절차법 제48조 제1항 제2문의 임의성의 원칙

행정지도에 대하여는 **사전에 강요하지 못하도록** 규정함으로써 **임의성의** 원칙을 준수할 것을 요구하고 있다. 이를 <u>사전강요금지의 원칙</u>이라고도 한다.

3) 행정절차법 제48조 제2항의 불이익조치금지의 원칙

행정지도는 상대방의 임의적 협력에 의하여 행정목적을 달성하려는 비구속적, 비권력적 작용이고 보면 상대방이 **그에 따르지 아니하였다고** 하여 **사후적**으로 **불리한 조치**를 할 수 없는 것임은 물론이다. 이를 불이익조치금지의 원칙이라고 한다.

그러나 실제로는 이러한 부당한 사례도 없지 아니하다는 점을 고려하여 행정절차법은 자명한 원리를 명문으로 규정한 것이다.

(3) 행정지도에 대한 권리구제는 어떻게 이루어지는가

1) 당사자소송과 가처분

행정지도의 처분성을 부정하는 다수설과 판례에 의하면 취소소송을 형성소송으로 보게 되므로 **취소소송에 의한 권리구제는 부정**되고, 공법상 **당사자소송과 가처분**으로 구제를 받을 수 있다. 반면에 처분성을 긍정하는 소수설에 의하면 취소소송을 확인소송으로 보면서 이에 의하여 구제될 수 있다고 보게 된다.

● 빈출

2) 헌법소원

헌법재판소법 **제68조 제1항**에 따라 행정지도라도 **기본권을 직접 침해하는 경우에는 권리구제형 헌법소원이 가능하다고 헌법재판소도 판시**하고 있다.

● 주의할 기출

권리구제형 헌법소원은 기본권을 침해하는 공권력을 깨뜨리는 이른바 절대반지의 역할을 한다. 그러나 헌법재판소법 규정에 따라 우리나라는 행정청의 처분과 법원의 판결은 제외하고 있어서 비판을 받고 있다.

3) 국가배상청구소송과 가해 공무원에 대한 민사상 손해배상청구소송

국제그룹해체사건에서 보듯이 **행정지도라는 미명하에서 불법행위가 이루어지면 국가배상청구소송(고의, 과실)이나 가해 공무원에 대한 민사상 손해배상청구소송(고의나 중과실 요구)도 가능하다.**

● 빈출

---

247. 대법원 1994. 12. 13. 선고 93다49482 판결【주식인도】[국제그룹해체사건]

주주가 주식매각의 종용을 거부한다는 의사를 명백하게 표시하였음에도 불구하고, 집요하게 위협적인 언동을 함으로써 그 매각을 강요하였다면 이는 위법한 강박행위에 해당한다고 하지 않을 수 없다 하여, 정부의 재무부 이재국장 등이 국제그룹 정리방안에 따라 신한투자금융주식회사의 주식을 주식회사 제일은행에게 매각하도록 종용한 행위가 **행정지도에 해당되어 위법성이 조각된다는 주장을 받아들일 수 없다.**

● 기출

제 3 절

공법상 계약

1. 공법상 계약의 의의에 대해 알아두자

> 행정기본법 제27조(공법상 계약의 체결) ① 행정청은 법령등을 위반하지 아니하는 범위에서 행정목적을 달성하기 위하여 필요한 경우에는 공법상 법률관계에 관한 계약(이하 "공법상 계약"이라 한다)을 체결할 수 있다. 이 경우 계약의 목적 및 내용을 명확하게 적은 계약서를 작성하여야 한다.
> ② 행정청은 공법상 계약의 상대방을 선정하고 계약 내용을 정할 때 공법상 계약의 공공성과 제3자의 이해관계를 고려하여야 한다.

국가와 사회의 변화된 모습이 배경이 되고 있다. 과거와 달리 이제 국가는 국민에게 일방적으로 명령하고 허가하는 처분만 하는 것이 아니다. 국가는 국민이나 기업과 대등하게 계약을 종종 체결하는 모습도 보이고 있다.

공법상 계약은 국가나 지자체 등 **행정주체**와 **국민 사이**에 공법적인 영역에서 **대등한 의사의 합치**에 의하여 권리·의무를 발생시키는 행정작용이다.

이러한 **공법상 계약의 가능성**에 대하여 과거 부정하는 입장도 있었지만, **지금은 긍정**하는 입장이 다수설이다. 다만 공법상 계약이라도 **무한정 자유로운 것은 아니고 법치주의의 한계**를 준수하여야 하는 **자유성의 한계가 있다.**

기출

2. 공법상 계약의 위법성은 어떻게 따지는가

공법상 계약은 **주체면에서 권한**이 있어야 하나, **형식이나 절차에서 특별한 제한이 없다.** 공법상 계약은 행정절차법의 적용을 받지 않는다. 이와 달리 처분은 문서로 하여야 하고, 행정절차법의 적용을 받는다.

기출

> 248. 대법원 2002. 11. 26. 선고 2002두5948 판결[국방일보발행인전임계약해지무효확인사건]
>
> [1] 계약직공무원에 관한 현행 법령의 규정에 비추어 볼 때, 계약직공무원 채용계약해지

의 의사표시는 일반공무원에 대한 징계처분과는 달라서 항고소송의 대상이 되는 처분 등의 성격을 가진 것으로 인정되지 아니하고, 일정한 사유가 있을 때에 국가 또는 지방자치단체가 채용계약 관계의 한쪽 당사자로서 대등한 지위에서 행하는 의사표시로 취급되는 것으로 이해되므로, 이를 징계해고 등에서와 같이 그 징계사유에 한하여 효력 유무를 판단하여야 하거나, 행정처분과 같이 행정절차법에 의하여 근거와 이유를 제시하여야 하는 것은 아니다.

[2] 계속적 계약은 당사자 상호간의 신뢰관계를 그 기초로 하는 것이므로, 당해 계약의 존속 중에 당사자의 일방이 그 계약상의 의무를 위반함으로써 그로 인하여 계약의 기초가 되는 신뢰관계가 파괴되어 계약관계를 그대로 유지하기 어려운 정도에 이르게 된 경우에는 상대방은 그 계약관계를 막바로 해지함으로써 그 효력을 장래에 향하여 소멸시킬 수 있다고 봄이 타당하다.

[3] 국방일보의 발행책임자인 국방홍보원장으로 채용된 자가 부하직원에 대한 지휘·감독을 소홀히 함으로써 북한의 혁명가극인 '피바다'에 관한 기사가 국방일보에 게재되어 사회적 물의를 야기한 경우, 그 채용계약의 기초가 되는 신뢰관계가 파괴되어 채용계약을 그대로 유지하기 어려운 정도에 이르렀다.

 실력 다지기

국방일보발행인사건에서 보듯이 판례에 의하면 이유나 절차 없이 계약직 공무원 해고 가능하다. 계약직 공무원은 행정절차법의 적용대상이 되지 않는다. 그러나 임용직 공무원은 처분에 의하여 임명하므로 행정절차법이 적용되어 해고를 하려면 사전에 통지하고 이유를 제시하여야만 한다.

공법상 계약의 내용면에서 상위 법률이나 법규명령을 위반해서는 안 되므로 **법률의 우위는 적용**되지만, 계약을 체결할 자유가 있으므로 이에 대한 **법률유보의 원칙은 적용되지 않는다.**

그리고 공법상 계약이 일방적으로 국민에게 불리한 경우 행정법의 일반원칙인 **비례**의 원칙이나 **신뢰보호**의 원칙, **평등**의 원칙에 의하여 **무효**가 될 수 있다. 공법상 계약이 위법하면 행정행위와 달리 **언제나 무효사유**가 된다.

그리고 무효인 공법상 계약에 **근거한 행정행위**가 발급되면 중대명백설에 의할 때 **취소사유**가 된다.

3. 공법상 계약에 대한 권리구제를 알아보자

공법상 계약에 대하여 **당사자소송과 가처분**으로 권리구제를 받을 수 있다. 판례는 **서울시립무용단원**이나 **광주시립합창단원**에 대한 재위촉거부, 서울시 **대공전술연구소 연구원**해임, **공중보건의 해임** 등에 대하여는 행정소송 중 '**당사자소송**'으로 구제를 받아야 한다고 판시한 바 있다.

🔍 **중요 판례 더 알아보기**

36. 대법원 2001. 12. 11. 선고 2001두7794 판결[합창단재위촉거부사건]

[1] 단원의 위촉기간이 정하여져 있고 재위촉이 보장되지 아니하며, 단원에 대하여는 지방공무원의 보수에 관한 규정을 준용하는 이외에는 지방공무원법 기타 관계 법령상의 지방공무원의 자격, 임용, 복무, 신분보장, 권익의 보장, 징계 기타 불이익처분에 대한 행정심판 등의 불복절차에 관한 규정이 준용되지도 아니하는 점 등을 종합하여 보면, 광주광역시문화예술회관장의 단원 위촉은 광주광역시문화예술회관장이 행정청으로서 공권력을 행사하여 행하는 행정처분이 아니라 공법상의 근무관계의 설정을 목적으로 하여 광주광역시와 단원이 되고자 하는 자 사이에 대등한 지위에서 의사가 합치되어 성립하는 공법상 근로계약에 해당한다고 보아야 할 것이므로, 광주광역시립합창단원으로서 위촉기간이 만료되는 자들의 재위촉 신청에 대하여 광주광역시문화예술회관장이 실기와 근무성적에 대한 평정을 실시하여 재위촉을 하지 아니한 것을 항고소송의 대상이 되는 불합격처분이라고 할 수는 없다.

[2] 공법상의 법률관계를 다투는 당사자소송은 행정소송법 제3조 제2호, 제39조에 의하여 그 법률관계의 한쪽 당사자인 국가·공공단체 그 밖의 권리주체가 피고적격을 가진다.

249. 대법원 1995. 12. 22. 선고 95누4636 판결[무용단원해촉처분취소등]

[1] 지방자치법 제9조 제2항 제5호 (라)목 및 (마)목 등의 규정에 의하면, 서울특별시립무용단원의 공연 등 활동은 지방문화 및 예술을 진흥시키고자 하는 서울특별시의 공공적 업무수행의 일환으로 이루어진다고 해석될 뿐 아니라, 단원으로 위촉되기 위하여는 일정한 능력요건과 자격요건을 요하고, 계속적인 재위촉이 사실상 보장되며, 공무원연금법에 따른 연금을 지급받고, 단원의 복무규율이 정해져 있으며, 정년제가 인정되고, 일정한 해촉사유가 있는 경우에만 해촉되는 등 서울특별시립무용단원이 가지는 지위가 공무원

과 유사한 것이라면, 서울특별시립무용단 단원의 위촉은 공법상의 계약이라고 할 것이고, 따라서 그 단원의 해촉에 대하여는 공법상의 당사자소송으로 그 무효확인을 청구할 수 있다.

◉ 기출

[2] 급량비가 나올 때마다 바로 지급하지 않고 이를 모아 두었다가 일정액에 달하였을 때에 지급하여 온 것이 관례화되어 있었을 뿐더러 원고가 급량비를 유용한 것은 개인적인 목적을 위한 것이 아니고 시립무용단장의 지시에 따라 시립무용단의 다른 용도에 일시 전용한 것이라는 점, 유용한 금액이 비교적 소액이고 그 후에 모두 단원들에게 지급된 점 등 이 사건 변론에 나타난 여러 사정 등을 종합하여 보면, 원고를 징계하기 위하여 한 이 사건 해촉은 너무 가혹하여 징계권을 남용한 것이어서 무효이다.

제 4 절

(실력 UP) 출제가 예상되는 화제의 판결들을 공부해 두자

250. 대법원 2018. 2. 13. 선고 2014두11328 판결[생활폐기물수집운반및가로청소대행용역비반납처분취소]

[1] 지방자치단체가 일방 당사자가 되는 이른바 '공공계약'이 사경제의 주체로서 상대방과 대등한 위치에서 체결하는 사법상 계약에 해당하는 경우 그에 관한 법령에 특별한 정함이 있는 경우를 제외하고는 사적 자치와 계약자유의 원칙 등 사법의 원리가 그대로 적용된다.

[2] 행정사건의 심리절차는 행정소송의 특수성을 감안하여 행정소송법이 정하고 있는 특칙이 적용될 수 있는 점을 제외하면 심리절차 면에서 민사소송 절차와 큰 차이가 없으므로, 특별한 사정이 없는 한 민사사건을 행정소송 절차로 진행한 것 자체가 위법하다고 볼 수 없다.

[3] 지방자치단체가 계약의 적정한 이행을 위하여 계약상대방과의 계약에 근거하여 계약당사자 사이에 효력이 있는 계약특수조건 등을 부가하는 것이 금지되거나 제한된다고 할 이유는 없고, 사적 자치와 계약자유의 원칙상 관련 법령에 이를 금지하거나 제한하는 내용이 없는데도 그러한 계약내용이나 조치의 효력을 함부로 부인할 것은 아니다.

다만 구 지방자치단체를 당사자로 하는 계약에 관한 법률(2013. 8. 6. 법률 제12000호로 개정되기 전의 것) 제6조 제1항에 따라 공공계약에서 계약상대방의 계약상 이익을 부당하게 제한하는 특약은 효력이 없으나, 이에 해당하기 위해서는 그 특약이 계약상대방에게 다소 불이익하다는 점만으로는 부족하고 지방자치단체 등이 계약상대방의 정당한 이익과 합리적인 기대에 반하여 형평에 어긋나는 특약을 정함으로써 계약상대방에게 부당하게 불이익을 주었다는 점이 인정되어야 한다. 계약상대방의 계약상 이익을 부당하게 제한하는 특약인지는 그 특약에 의하여 계약상대방에게 생길 수 있는 불이익의 내용과 정도, 불이익 발생의 가능성, 전체 계약에 미치는 영향, 당사자들 사이의 계약체결과정, 관계 법령의 규정 등 모든 사정을 종합하여 판단하여야 한다.

제 9 장

행정작용5 — 행정행위의 효력·위법성·하자 등 처분에 대한 심층분석★★★

제 1 절

행정행위는 어떤 효력들을 가질까

행정행위이기 때문에 특별히 인정되는 효력들이 있다. 이에는 **공정력, 구성요건적 효력, 불가쟁력, 불가변력, 강제력** 등이 있다. 이들 효력은 행정지도나 공법상 계약, 민사나 상사상의 법률행위들에는 인정되지 않는다. 따라서 공정력 등이 인정되는가 여부가 처분인지를 판단하는 중요한 잣대가 되기도 한다.

1. 행정행위는 **공정력을 가진다** ★★

(1) 공정력의 의의를 알아보자

1) 개 념

> **행정기본법 제15조(처분의 효력)** 처분은 권한이 있는 기관이 취소 또는 철회하거나 기간의 경과 등으로 소멸되기 전까지는 유효한 것으로 통용된다. 다만, 무효인 처분은 처음부터 그 효력이 발생하지 아니한다.

공정력은 행정행위가 발급되면 **위법**하여 **취소사유**가 있거나 또는 **부당**하더라도 '국민에게' 일단 잠정적으로 〈복종의무〉를 발생시키는 행정행위의 효력이다. 그러나 공정력은 처분이 **무효인 경우에는 발생하지 않는다.** 취소사유이거

🔖 기출

나 부당한 사유가 있더라도 처분에 복종하여야 한다.

2) 개념 범위

광의설은 국민에 대한 효력인 협의의 공정력과 다른 국가기관(특히 민, 형사법원)에 대한 효력을 모두 포함한다고 보았다. 그러나 **협의설**은 국민에 대한 효력에 국한해서 공정력이라고 하고, 다른 국가기관에 대한 효력은 구성요건적 효력으로서 구별된다고 한다. 효력의 상대방과 근거가 다르므로 양자를 구별하는 협의설이 타당하다.

☞ 개념 기출

(2) 공정력의 근거는 어떻게 설명될까

과거에는 공정력에 대하여 <**적법성이 추정**>된다고 보았지만, 지금은 **취소소송제도에 의하여 취소되기까지** <잠정적인 통용력>만 인정된다고 보고 있다.

☞ 기출

적법성 추정설 안에는 다시 ㉢기확인설, ㉢가권위설, ㉢선적 특권설 등이 있다. ① 자기확인설은 행정청 스스로가 위법성을 확인하면서 처분하기 때문에 국민은 복종하여야 한다고 본다. ② 국가권위설은 국가가 권위를 부여하였기 때문에 복종하여야 한다고 한다. ③ 예선적 특권설은 행정청의 처분은 판결이전에도 적법하게 추정되는 특권이 있기 때문에 복종하여야 한다고 본다.

☞ 암기법
= 자+국+예+반+정

잠정적 통용력설 안에는 다시 취소소송의 배타적 관할의 ㉢사효설, 법㉢책설(또는 법적 안정설) 등이 있다. ④ 취소소송의 배타적 관할의 반사효설은 처분에 대해서는 취소소송을 통해 다툴 수 있는 길이 열려있으므로 반사적으로 일단 복종을 요구할 수 있게 된다고 설명한다. ⑤ 법정책설은 공정력은 **법정책적**으로 <**법적 안정성**>을 위하여 실정법상 인정되는 것으로 현행법이 행정처분에 대한 **취소쟁송제도** 등을 규정하고 있는 것을 근거로 한다. 법정책설의 입장은 **법적 안정성설**로도 불리우며 다수설과 판례의 입장이다.

☞ 기출

(3) 공정력과 관련된 입증책임에 대한 문제를 공부해 두자

처분이 위법하게 잘못 내려진 것에 대하여 증거를 제출할 책임을 **입증책임**이라 한다.

적법성추정설(자기확인설, 국가권위설, 예선적 특권설)에서는 행정청이 적법하게 처분했을 것이라고 추정하므로 국민인 **원고에게 입증책임**이 있다고 본다.

그러나 **잠정적 통용력설**(취소소송의 배타적 관할의 **반사효설**, 법적 안정설)은 법

조문상의 요건에 대한 주장이 받아들여졌을 때 **유리하게 되는 자가 입증해야** 🔘 기출
한다고 보는 **법률요건분류설**을 취한다. 독자적 분배설도 있지만 법률요건분류
설과 동일한 결론을 취한다. 참고로 피고책임설도 있지만 행정의 능률을 고려하
지 않고 극단적으로 행정청에게 모든 입증책임을 지도록 하는 입장이므로 타당
하지 않다.

　　다수설과 판례는 행정행위의 공정력과 **입증책임**을 **무관**하다고 보아 **법률요**
건분류설에 따라 국민과 행정청을 공평하게 취급한다. 🔘 기출

(4) 행정행위의 공정력과 판결의 형성력의 충돌시 어떻게 처리될까

　　행정행위의 **공정력 우선설**과 판결의 **형성력 우선설**이 대립한다. 그러나 사
실을 오인한 운전면허취소가 발급된 경우 행정행위의 **공정력에 위반**하여 행동 🔘 기출
하더라도 **취소판결**이 나면 행정행위의 **공정력**보다 **취소판결의 형성력이 우선**
되므로 **무면허운전죄로 처벌할 수 없다**는 것이 판례의 입장이다. 행정행위가
위법하여 취소한다는 인용판결이 나오면 법적 소급효가 인정되므로 형성력 우
선설이 타당하다.

2. 행정행위는 **구성요건적 효력**이 있다 ★★★

(1) 구성요건적 효력의 의의와 인정근거에 대하여 알아보자

　　구성요건적 효력은 행정청의 ＜행정행위＞가 발급되면 **취소소송법원을 제** 🔘 개념 기출
외한 ＜**나머지 법원**＞(☞ 특히 민형사법원)이나 **다른 국가기관**이 ＜**자신의 판단**
내지는 판결＞을 내리기 위해서는 ＜**먼저**＞ 그 행정청의 ＜**행정행위에 대한 판**
단＞을 **우선**하여야 하도록 요구받는 행정행위의 효력을 의미한다.

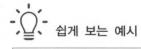 쉽게 보는 예시

이를 도식화해보면 다음과 같다.

(IF 행정행위가 위법 또는 적법) ⟶ (THEN 민사소송이나 형사소송 등에서
　　　　　　　　　　　　　　　　　　　 승소 또는 패소)

OR (IF 행정행위가 유효 또는 무효) ⟶ (THEN 민사소송이나 형사소송 등
　　　　　　　　　　　　　　　　　　　 에서 승소 또는 패소)

이처럼 행정행위에 대한 판단이 요건이 되고, 민형사 법원 등의 판결이 효과가 되는 구조를 취하도록 요구하는 효력을 의미한다. 쉽게 설명하면 행정행위에 대한 판단을 거쳐서 민형사법원의 판결을 도출하도록 요구하는 효력이라고 이해하면 된다. **처분이 위법한지를 먼저 판단**하고 그 다음으로 민사에서 배상판결이나 형사에서 유무죄판결을 내리게 된다. 따라서 처분의 위법성 판단이 민형사법원에서는 **선결문제**이다. 이처럼 민형사법원의 판결에서 요건으로 구성하게 되는 이러한 효력을 **구성요건적 효력**이라 한다.

핵심 개념 이해

> **행정소송법 제11조(선결문제)** ① 처분등의 효력 유무 또는 존재 여부가 민사소송의 선결문제로 되어 당해 민사소송의 수소법원이 이를 심리·판단하는 경우에는 제17조, 제25조, 제26조 및 제33조의 규정을 준용한다.
> ② 제1항의 경우 당해 수소법원은 그 처분등을 행한 행정청에게 그 선결문제로 된 사실을 통지하여야 한다.

구성요건적 효력은 국가기관은 각기 권한과 관할을 달리하므로 **권력분립**과 서로 다른 기관의 **권한행사를 존중**해야 한다는 것에 근거하고 있다. 이와 같이 행정행위의 직접 **상대방(또는 이해관계인)**에 대한 구속력**인 공정력**과 **제3의 국가기관**(처분청 이외의 행정기관및 처분의 취소소송 수소법원 이외의 법원)에 대한 구속력인 **구성요건적 효력**은 그의 **근거와 내용을 달리**하므로, 양자는 **구별되어야 한다**(협의설). 따라서 이를 **구별하지 않고** 모두 공정력으로 접근하는 것(광의설)은 타당하지 않다. 협의설이 최근의 다수설로서 타당하다. 따라서 **선결문제**에 대하여 공정력으로 설명하는 입장보다 최근에는 **구성요건적 효력**으로 접근하는 입장이 타당하다.

(2) 선결문제는 논의의 전제(= 논의하기 위한 요건= 논의할 필요)가 있다

① **행정행위나 권력적 사실행**위 등이 행해져야 하고, ② **취소소송 이외의 민사법원, 형사법원, 당사자소송법원**[1] 등이 관할하는 경우이어야 하며, 행정행위나 권력적 사실행위가 ③ **위법**하여 **취소사유**이어야 한다. **당연무효**인 경우에

---

1 당사자소송도 행정소송이지만 행정소송법 제3조 제1호와 제2호를 보면 항고소송은 행정행위에 대한 관할을 배분하고, 당사자소송은 법률관계에 대한 관할을 배분하므로 당사자소송 법원도 민사소송을 심리하는 법원처럼 선결문제의 논의가 적용된다.

는 행정소송법 **제11조**의 규정에 의하여 **언제나 심리가 가능하다.**

선결문제는 **행정소송법** 제11조에서 행정행위가 **무효**인 경우와 **부존재**인 경우는 **민사법원**에서 심리할 수 **있다고 규정**하고 있지만 **취소사유인 단순위법**에 대하여는 **규정이 없어서 학설과 판례가 대립한다.** 처분이 무효나 부존재라면 당연히 심리할 수 있다고 11조에 규정되어 있으므로 논의할 필요가 없음을 이해하여야 한다. 따라서 이를 **논의의 전제성이 없다고** 한다. 즉 **취소사유**만 선결문제의 **논의의 전제(필요)가** 있다. ☞ 최근 기출

(3) 선결문제의 유형을 구별하여 정리해 두자

1) 위법성만으로 판결이 가능한 유형이 있다★★★

입법취지를 고려하면 <국가배상청구소송>, <시정명령위반죄>나 <공무집행방해죄>, <직무유기죄> 등에 대한 민·형사소송 등이 이에 해당한다. ☞ 빈출

위법한 직무이면 국가배상인용, 위법한 시정명령이면 위반해도 무죄, 위법한 공무이면 폭행이나 협박이 있어도 무죄, 위법한 직무이면 직무유기죄는 무죄가 되게 되는 것이다.

㉠ 학 설

i) 긍정설★

ⓐ 행정행위의 위법성 내지 적법성을 확인하는 것은 행정행위의 효력을 부인하는 것이 아니므로 공정력(또는 구성요건적 효력)에 **반하지 않는다**는 견해이다. ⓑ 행정상 손해배상에 있어서 위법성은 행정쟁송의 위법성보다 **넓은 관념으로 파악되며(상대적 위법성 이론),** ⓒ 행정소송법 **제11조** 제1항의 규정은 예시규정에 불과한 것으로 보아 그 행정행위의 **위법성 여부에 대한 심사를 할 수 있다**는 입장이다.

ii) 부정설

공정력은 권한 있는 기관에 의해 취소되기 전까지는 행위의 **적법성을 추정**하는 힘을 가진다는 전제에서 민·형사법원이 행정행위의 위법성을 인정함은 공정력에 반하며, 현행 행정소송법 제11조는 '처분 등의 **효력의 유무** 또는 **존재 여부**'에 대해서만 선결문제를 심사할 수 있다고 규정하고 있음을 이유로 **위법성의 심리가능성을 부정**하는 견해이다.

iii) 제3설[2]

형사사건과 민사사건을 구분하여 형사사건에 있어서는 행정행위의 공정력 또는 구성요건적 효력에 의하여 해결할 것이 아니라 법원의 **관할권 분배의** 문제로 파악하는 견해이다. 이에 의하면 형사법원은 피고인의 **무죄판결을 위해서라면** 취소의 사유가 되는 단순하자를 포함한 행정행위의 적법성 **전반에 관하여** 유무죄 판단의 전제로서 심사할 수 있다고 한다.

ⓛ 판 례

위법한 처분에 대하여 **국가배상소송**이 제기되면 민사법원은 **인용**판결이 가능하다. 따라서 대법원은 행정처분이 위법임을 이유로 배상을 청구하는 경우에는 **미리 그 행정처분의 취소 판결이 있어야만** 그 행정처분의 위법임을 이유로 **배상을 청구할 수 있는 것은 아니라고** 판시하여(대법원 1972. 4. 28. 선고 72다337 판결), **국가배상사건에서** 수소법원이 선결문제로서 **행정행위의 위법성 여부에 대한 심사를 할 수 있다는** 입장이다.

위법한 **시정명령(철거명령)**에 불복종하더라도 형사법원은 **무죄**판결이 가능하다. 따라서 대법원은 **토지소유자가 아닌 임차인**이 토지소유자의 동의도 없이 임의로 **토지형질변경**을 하였는데도 구청장이 토지소유자에게 원상복구의 **시정명령을** 하여 토지소유자가 이를 불이행함으로써 토지소유자가 기소된 사안에서, 구청장의 원상복구의 시정명령은 토지의 형질을 변경한 자도 아닌 자에 대하여 한 것으로서 **위법하다고 판단**하고 토지소유자에 대하여 **무죄판결을** 선고하여(대법원 1992. 8. 12. 선고 90도1709 판결), **긍정설을 취하고 있다.** 이처럼 판례는 **시정명령위반죄**의 경우 위법한 시정명령에 대하여는 **위법하므로 의무위반을 벌할 수 없어 무죄로** 판시하였다. 시정명령위반죄는 범죄구성요건을 행정법에게 개방한 개방적 구성요건인데, 입법취지가 적법한 시정명령이어야만 형사처벌할 수 있고 위법한 시정명령에 대하여는 유죄로 처벌할 수 없도록 되어 있어, 효력부인유형이 아니라 **위법성 판단유형**이다.

ⓒ 검 토

행정행위의 **선결문제**와 관련하여 **위법성판단**만으로 가능한 판결유형에 대하여 **민형사법원이 심리할 수 있다는 긍정설이 다수설과 판례**의 입장이다. 긍정설은 구성요건적 효력이나 공정력은 **적법성 추정이 아니며**, 행정소송법 **제11조는 예시적 규정**에 불과하며, **민형사 법원 등에게도 행정행위의 위법성을 심**

---

2 박균성, 행정행위의 공정력과 구성요건적 효력, 행정법연구 3, 1998년 하반기, 92면 이하 참조.

사할 수 있는 관할이 인정된다고 한다.

손해배상청구에 있어 위법성에 대한 판단은 행정행위의 효력을 부정하는 정도에 이르는 것은 아니며, 이는 배상사건에서는 '행정행위의 위법성 여부'가, 부당이득반환청구사건에 있어서는 '행정행위의 존재 여부'가 선결문제가 된다는 점을 인식하고, 그 둘에 있어 차이가 있다는 사실을 인정한다면 **긍정하는 견해 가 타당하다.**

또한 **형사소송에서** 행정행위의 위법 여부가 선결문제로 되는 경우 수소법 원은 당해 행정행위의 효력을 스스로 부인하지 않고서도 행정행위의 위법성을 심리할 수 있고 이것이 공정력 또는 구성요건적 효력에 반한다고 볼 수 없다. 이 경우 행정소송법 **제11조의 규정은 예시적인** 규정으로 볼 수 있을 것이다.

2) 효력부인까지 모두 요구하는 유형이 있다 ★★

행정행위의 효력을 부인하여야 판결이 가능한 경우는 <**부당이득반환청구 소송**>, <**과오납금반환청구소송**>, 국가나 지자체의 과세처분 등에 의하여 발 생한 채권에 기하여 이전된 <**등기 이전청구소송이나 말소청구소송**>, <**무면 허운전죄**>나 <**무면허수입죄**> 등에 대한 형사소송 등이 이에 해당한다.

☞ 빈출

그런데 민형사법원은 취소소송법원이 아니므로 처분을 취소시켜서 효력을 부정하는 판결을 할 수 없다. 그래서 처분을 취소시켜서 효력이 없어야만 되는 **부당이득반환판결**은 민사법원이 내릴 수 없고(기각판결) 형사법원은 **무면허운전 죄**로 유죄판결을 내릴 수 없다(**무죄판결**).

☞ 오답 주의 빈출

금전처분이 있으면 부당이득이 아니게 되고, 금전처분이 없으면 부당이득 이 있게 된다. 금전처분이 무효이면 부당이득인용판결이 가능하다. 금전처분을 취소소송법원에 가서 취소판결받아 오면 부당이득인용판결가능하다. 그러나 금 전처분이 있는 상태에서는 위법하고 취소사유가 있어도 민사법원에서는 금전처 분을 취소시킬 수 없으므로 부당이득 기각판결을 받게 됨을 이해하여야 한다.

따라서 판례는 신고납부방식의 조세에 있어서 납세의무자의 신고행위가 당 연무효로 되지 않는 한, 납세의무자가 납세의무가 있는 것으로 오인하고 신고 후 조세납부행위를 하였다 하더라도 그것이 곧 **부당이득에 해당한다고 할 수 없다고** 판시한다. 판례에 의하면 과세처분이 위법하다고 하더라도 민사법원의 과세처분의 효력을 부인할 수 없다고 보아 **부당이득반환청구소송에서 기각판** 결을 내리고 있다.

☞ 주의할 기출

> **251. 대법원 2009. 4. 23. 선고 2009다5001 판결[취득세반환]**
>
> 취득세는 신고납세 방식의 조세로서 이러한 유형의 조세에 있어서는 원칙적으로 납세의무자가 스스로 과세표준과 세액을 정하여 신고하는 행위에 의하여 납세의무가 구체적으로 확정되고, 그 납부행위는 신고에 의하여 확정된 구체적 납세의무의 이행으로 하는 것이며 국가나 지방자치단체는 그와 같이 확정된 조세채권에 기하여 납부된 세액을 보유하므로, 납세의무자의 신고행위가 중대하고 명백한 하자로 인하여 당연무효로 되지 아니하는 한 그것이 바로 부당이득에 해당한다고 할 수 없고, 여기에서 신고행위의 하자가 중대하고 명백하여 당연무효에 해당하는지의 여부에 대하여는 신고행위의 근거가 되는 법규의 목적, 의미, 기능 및 하자 있는 신고행위에 대한 법적 구제수단 등을 목적론적으로 고찰함과 동시에 신고행위에 이르게 된 구체적 사정을 개별적으로 파악하여 합리적으로 판단하여야 한다고 판시한 바 있다.[3]

또한 면허가 잘못 발급되어도 형사법원에서는 면허를 취소시킬 수 없으므로 면허는 존재하게 되어서 결국 **무면허죄에 대하여 무죄판결을** 내리게 된다.

🖙 기출

민사소송이나 형사소송 등에서 행정행위의 효력을 부인하는 것이 선결문제인 경우, 즉 형사법원이 행정행위의 하자를 심사하여 행정행위의 효력을 부인하는 경우에는 공정력 또는 구성요건적 효력에 반하므로 **인정될 수 없다**고 보는 것이 일반적 견해이다.[4]

다만, 전술한 바와 같이 형사법원에게는 피고인에게 유리하게 **피고인의 무죄판결을 위해서 필요한 경우에는 행정행위의 효력을 부인할 수 있다고 보는 입장이** 있다.

3. 행정행위는 **불가쟁력**이 있다

(1) 처분이 있음을 안 날로부터 90일, 처분이 있은 날로부터 1년이 지나면 더 이상 다툴 수 없도록 하는 효력을 의미한다. 처분이 위법하더라도 언제나 다툴 수 있는 것은 아니다. 일정한 기간이 지나면 더 이상 다툴 수 없게 된다. 이

---

3 마찬가지로 대법원 2001. 4. 27. 선고 99다11618 판결, 대법원 2006. 1. 13. 선고 2004다64340 판결 등 참조.

4 예를 들어 연령을 속여 발급받은 운전면허라고 하더라도 이는 도로교통법 규정을 위반한 행위로서 취소의 대상이 될 뿐이고 취소된 때에만 무면허로서 처벌 가능하므로, 형사법원이 운전면허 발급행위의 위법을 이유로 하여 무면허운전자로서 형사상 처벌할 수는 없게 된다(대법원 1982. 6. 8. 선고 80도2646 판결).

때 처분에 대한 취소소송은 처분이 있음을 안 날로부터 90일 또는 처분이 있은 날로부터 1년이 지나면 더 이상 다툴 수 없게 된다. 처분에 대한 행정심판은 처분이 있음을 안 날로부터 90일 또는 처분이 있은 날로부터 180일이 지나면 더 이상 다툴 수 없다. 주의할 점은 90일과 1년 중 어느 하나라도 도과되면 불가쟁력이 발생하게 된다는 것이다. 처분에 대해 다툴 수 있는 **제소기간이 도과**되거나, **판결이 확정**되는 경우에는 **국민에게 더 이상** 행정행위의 효력을 다툴 수 없는 불가쟁력이 발생한다.

☞ 기출

(2) 예외: 처분에 대한 재심사

> **행정기본법 제37조(처분의 재심사)** ① 당사자는 처분(제재처분 및 행정상 강제는 제외한다. 이하 이 조에서 같다)이 행정심판, 행정소송 및 그 밖의 쟁송을 통하여 다툴 수 없게 된 경우(법원의 확정판결이 있는 경우는 제외한다)라도 다음 각 호의 어느 하나에 해당하는 경우에는 해당 처분을 한 행정청에 처분을 취소·철회하거나 변경하여 줄 것을 신청할 수 있다.
> 1. 처분의 근거가 된 사실관계 또는 법률관계가 추후에 당사자에게 유리하게 바뀐 경우
> 2. 당사자에게 유리한 결정을 가져다주었을 새로운 증거가 있는 경우
> 3. 「민사소송법」 제451조에 따른 재심사유에 준하는 사유가 발생한 경우 등 대통령령으로 정하는 경우

4. 행정행위는 **불가변력**도 가진다

(1) 불가변력은 처분 중에서 행정심판재결 같은 특수한 처분에 대해서는 함부로 변경하지 못하는 효력을 의미한다. 행정심판위원회의 재결은 함부로 위법하다거나 부당하다는 판단을 쉽게 뒤집지 못하게 되어 있다. **행정심판위원회**는 행정심판을 심리·의결하여 **재결**을 내리면, **함부로 이를 변경**하지 못한다. 그러나 행정심판위원회의 재결도 취소소송으로 구제받을 수는 길은 열려있다.

☞ 기출

(2) 불가쟁력과 불가변력의 관계

 실력 다지기

> 그러나 불가쟁력과 불가변력은 서로 **무관계**하다. 불가쟁력은 국민에게 향하는 효력 vs 불가변력은 행정심판위원회 등에게 향하는 효력이다. **불가쟁력이 발생하여도 행정**

> 청은 스스로 직권취소할 수 있다. 불가변력이 발생하더라도 국민은 재결소송이 가능하다.

(3) 예외: 처분의 재심사

> **행정기본법 제37조(처분의 재심사)** ① 당사자는 처분(제재처분 및 행정상 강제는 제외한다. 이하 이 조에서 같다)이 행정심판, 행정소송 및 그 밖의 쟁송을 통하여 다툴 수 없게 된 경우(법원의 확정판결이 있는 경우는 제외한다)라도 다음 각 호의 어느 하나에 해당하는 경우에는 해당 처분을 한 행정청에 처분을 취소·철회하거나 변경하여 줄 것을 신청할 수 있다.
> 1. 처분의 근거가 된 사실관계 또는 법률관계가 추후에 당사자에게 유리하게 바뀐 경우
> 2. 당사자에게 유리한 결정을 가져다주었을 새로운 증거가 있는 경우
> 3. 「민사소송법」 제451조에 따른 재심사유에 준하는 사유가 발생한 경우 등 대통령령으로 정하는 경우

5. 행정행위는 강제력까지 가진다

 기출

　　　민법상 법률행위와 달리 **법원의 판결이 없더라도** 행정청은 **장래에** 의무가 이행되는 상태로 **강제집행할 수도 있고**, **과거의** 의무위반에 대하여 **제재력을** 가할 수도 있다.

　　실력 다지기

📌 행정의 실효성 확보 수단에서 자세히 검토

> 행정청의 행정행위의 효력으로서 강제력은 협의의 강제력(**장래** 의무이행)과 제재력(**과거** 의무위반)을 모두 포함한다. 이는 행정행위가 권력적 단독행위이자 처분이며 공권력으로서 가지는 특유한 효력들이다.
> 장래에 대한 **강제력**으로는 ① 대집행, ② 직접강제, ③ 이행강제금(＝집행벌로도 번역) 등이 있다.
> 과거에 대한 **제재력**으로는 ① 과태료(행정질서벌)와 ② 행정형벌(벌금, 징역) 등이 있다. 행정형벌은 전과기록이 남는다. 따라서 최근에는 행정형벌에서 행정질서벌로 변화되는 경향에 있다. 이러한 내용에 대해서는 행정의 실효성 확보수단에서 상세히 배우기로 한다.

제 2 절

행정행위의 위법성의 정도★★★

1. 위법성의 정도를 논의하는 배경을 알아보자

> **행정기본법 제15조(처분의 효력)** 처분은 권한이 있는 기관이 취소 또는 철회하거나 기간의 경과 등으로 소멸되기 전까지는 유효한 것으로 통용된다. 다만, 무효인 처분은 처음부터 그 효력이 발생하지 아니한다.

하자 있는 행정행위는 통설·판례에 의하면 **무효**인 행위와 **취소할 수 있는** 행위로 나누어지고 있다. 처분의 위법성의 정도는 통상적으로 잘못한 정도(Grade1)를 '취소사유'라고 하고 매우 잘못된 극단적인 정도(Grade2)를 '무효사유'라고 한다고 볼 수 있다. 처분이 위법하면 **취소가 원칙이고 무효가 예외**이다. 이와 달리 **무효사유는 처음부터** 처분의 효력이 없으므로 아예 아무런 권리·의무가 발생하지 않는 것을 의미한다.   ☞ 기출

취소사유는 일단 권리의무가 처분대로 발생하여 유효하여 국민들은 이에 복종하여야 한다. 다만, 취소하면 '소급해서' 처음부터 효력이 없게 된다.   ☞ 기출

영업정지 같은 침익적 행정행위의 예를 들어 생각해 보면 행정의 **실효성 확보** 내지 **법적 안정성**의 요청을 강조하게 되면 〈무효〉사유를 〈엄격〉하게 볼 것이고, 당사자의 **권리구제의 요청**을 강조하게 되면 〈무효〉사유를 〈완화〉하게 된다.   ☞ 최근 기출 포인트

그런데 이 양자의 요청 중 어느 것도 경시할 수 없으므로 무효와 취소의 구별기준에 관한 논의는 이 양자의 요청을 어떻게 합리적으로 조정할 것인가로 귀결된다.

2. 취소인 정도와 무효인 정도로 나누는 기준에 대한 학설을 아는 것은 중요하다

위법성 정도를 나누는 학설들로는 ㉾대설, ㉾대·명백설, ㉾백성보충요건설, ㉾사의무위반설, ㉾체적 가치형량설 등이 있다.   ☞ 암기법
= 중+중+명+조+구

(1) 중대설

중대한 하자가 있으면 그것이 명백하지 않더라도 행정행위는 무효가 된다는 견해이다. 또한 법규를 ① 능력규정과 명령규정, ② 강행규정과 비강행규정으로 나누어, 전자에 위반하는 행위는 무효, 후자에 위반하는 행위는 취소할 수 있는 것이라고 보는 견해를 중대설이라고 부르기도 한다.[5]

(2) 중대·명백설★

🔖 빈출

하자가 **중대하고 명백한 경우**에는 무효인 행정행위로 보며, **그 밖의 경우**(그 중 어느 한 요소 또는 둘 전부를 결여한 경우)에는 **취소할 수 있는 행정행위**로 보는 견해이다. 여기서 **하자의 중대성을 판단함에 있어서는 위반된 법규의 성질·기능뿐만 아니라, 그 위반의 정도도 고려하여야 하며, 하자의 명백성은 당사자나 법률전문가의 관점에서가 〈아니라〉 통상적인 인식능력을 가진 일반인의 관점에서 객관적으로 판단되어야 한다고 한다.**

💡 쉽게 보는 예시

중대명백설을 논리적으로 도식화하면 다음과 같다.

중대명백설 = 중대성 ∩ 명백성

(3) 명백성보충요건설

행정행위의 무효를 논함에 있어 하자의 중대성은 필수적 요건(☞ 주된 기준)으로 보고, 명백성의 요건은 행정의 법적 안정, 국민의 신뢰보호의 요청이 있는 경우에만 가중적으로 요구되는 보충적인 요건(☞ 보조적인 기준)이라고 보는 견해이다.

(4) 조사의무위반설

명백성의 요건을 완화하여 담당공무원들이 조사하면 위법성을 인식할 정도면 무효를 인정할 수 있다고 본다.

(5) 구체적 가치형량설

개별적인 경우에 공익과 사익을 비교형량해서 결정하고자 한다.

---

5 김동희, 행정법Ⅰ, 332면.

3. 취소인 정도와 무효인 정도로 나누는 기준에 대한 판례도 매우 중요하다

(1) 대법원 판례는 어떻게 입장을 정하게 되었을까 *

위법성의 정도에 대하여 전원합의체 판결의 다수의견은 **중대명백설**의 입장을 취한다. 대법원 전원합의체 판결의 다수의견은 "하자 있는 행정처분이 당연무효가 되기 위하여는 그 하자가 법규의 중요한 부분을 위반한 **중대한 것으로서 객관적으로 명백한 것이어야** 하며, 하자가 중대하고 명백한 것인지 여부를 판별함에 있어서는 **그 법규의 목적, 의미, 기능 등을 목적론적으로 고찰함과 동시에 구체적 사안 자체의 특수성에 관하여도 합리적으로 고찰함**을 요한다"   ☞ 빈출 문구
(대법원 1995. 7. 11. 선고 94누4615 판결)고 판시하여 **중대·명백**설을 취하고 있다.

 중요 판례 더 알아보기

> 37. 대법원 1995. 7. 11. 선고 94누4615 전원합의체 판결[난지도공사하던 덕명건설영업정지사건]
>
> **[다수의견] — 중대명백설**
> "하자 있는 행정처분이 당연**무효**가 되기 위하여는 그 하자가 법규의 중요한 부분을 위반한 **중대**한 것으로서 **객관적으로 명백**한 것이어야 하며, 하자가 중대하고 명백한 것인지 여부를 판별함에 있어서는 그 법규의 목적, 의미, 기능 등을 목적론적으로 고찰함과 동시에 **구체적 사안 자체의 특수성에 관하여도 합리적으로 고찰함을 요한다**"고 판시하여 **중대·명백설**을 취하고 있다.

☞ 빈출 판례 지문

이와 달리 전원합의체 **반대의견**은 **명백성보충요건설**을 취하고 있다.

[참고] 위 판례의 〈반대의견〉은 명백성보충요건설을 취하고 있다.

> 행정행위의 무효사유를 판단하는 기준으로서의 **명백성은** 행정처분의 법적 안정성 확보를 통하여 행정의 원활한 수행을 도모하는 한편 그 행정처분을 유효한 것으로 믿은 **제3자나 공공의 신뢰**를 보호하여야 할 필요가 있는 경우에 **보충적으로 요구되는 것**으로서, 그와 같은 필요가 없거나 하자가 워낙 중대하여 그와 같은 필요에 비하여 처분 상대방의 권익을 구제하고 위법한 결과를 시정할 필요가 훨씬 더 큰 경우라면 그 하자가 명백하지 않더라도 그와 같이 중대한 하자를 가진 행정처분은 당연무효라고 보아야 한다.

✍ 주의점> 이 문구는 대법원의 공식입장인 다수의견이 아님을 유의하여야 한다.

판례는 행정청의 처분에 하자가 있는 경우에 원칙은 취소사유이고 예외적으로 무효사유라고 판시한다. 또한 판례는 민원인의 의사표시에 하자있는 신고이지만 행정청의 **수리가 발급되**었다면 진의와 표시가 불일치하더라도 역시 취소사유로 보는 것이 원칙이고 예외적으로 무효사유라고 본다. 즉, 행정청의 수리나 허가가 발급되었다면 법적 안정성을 위하여 유동적 유효로 취급하는 취소원칙설이 다수설과 판례의 태도이다. 그러나 예외적으로 신고나 신청의사가 도저히 없다고 보아야 하는 경우에는 무효라고 본다.

(2) **헌법재판소 결정례는 어떠한 입장일까** ★

헌재는 원칙적으로는 중대명백설을 취하지만, 예외적으로 법적 안정성 보다 권리구제의 필요성이 현저하면 무효라고 보므로 이러한 경우 제소기간이 지나도 다툴 수도 있고, **후속 조치들**인 경매 등을 취하는 것은 금지된다고 한다.

헌법재판소는 위헌법률에 근거한 행정처분의 효력과 관련하여, **원칙적으로 중대·명백설**에 따라 처분의 근거법규가 위헌이었다는 하자는 중대하기는 하나 명백한 것이라고는 할 수 없다는 의미에서 그 행정처분은 당연무효가 되지 않는다고 하면서, **다만 그 행정처분을 무효로 하더라도 법적 안정성을 크게 해치지 않는 반면에 그 하자가 중대하여 그 구제가 필요한 경우에 대하여서는 그 예외를 인정하여 이를 당연무효사유로** 보아야 할 것이라는 입장을 취하고 있다.[6] **즉 법적 안정성의 요구에 비하여 권리구제의 필요성이 큰 경우에는 중대·명백설의 예외를 인정**하고 있다.

이러한 경우에는 위헌무효인 법률에 근거한 처분 등에 대한 후속조치(경매의 진행)를 취하여서는 안 된다. 이것이 최근 헌재와 대법원의 입장이다. 헌재와 대법원은 특히 후속조치(경매)가 있을 때에는 위헌법률에 근거한 처분도 무효로 판시한다.

📱 빈출

---

6 헌재 1994. 6. 30. 92헌바23.

실력 다지기

> ✍ 빈출 참고> 헌재가 법률에 대하여 위헌판결 내리기 **전**에 공무원이 그 법률에 근거
> 한 처분을 하였다면 이는 중대명백하지 않으므로 **취소사유**이다.
>
> ✍ 빈출 참고> 헌재가 법률이 위헌이라고 결정했음에도 불구하고 그 **이후**에 공무원
> 이 그 법률에 근거한 처분을 하는 경우는 중대명백하므로 **무효**사유이다.

☞ 오답 주의할 빈출

 실력 다지기

> 원칙적으로 헌법재판소가 법률에 대하여 위헌결정을 내리게 되는 경우, 법률이 효력
> 을 상실하게 되는 것은 헌재법 제47조 제2항 때문에 **장래효**이지만, **예외적으로 소급**
> **효**를 인정하고 있다. 위헌판결이 난 경우 예외적인 소급효의 범위와 관련하여 **위헌제**
> **청된 당해 사건, 동일 이유로 헌재에 계류중인 당해 사건, 일반법원에 계류중인 일반**
> **사건**들은 소급해서 법률이 무효이지만, **위헌판결 이후에 제소된 일반사건**은 이익형량
> 상 소급효에 대한 제한이 가능하다.

☞ 오답 주의할 기출

(3) 검토해보자

중대명백설에 의하면 침익적 행정행위가 무효로 되기가 어려우므로 법적
안정성에 대한 비중을 많이 고려한다. 침익적 행정행위를 용이하게 무효로 만들
수 있다는 점에서는 오히려 명백성 보충요건설이나 조사의무설, 중대설 등이 구
체적 타당성이나 권리구제에 보다 유리하다.

그러나 생각건대, 무효 · 취소의 구별기준에 관한 논의는 궁극적으로 법적
안정성, 제3자의 신뢰보호, 행정의 원활한 수행 및 권리구제의 요청을 조화시키
려는 것이다.

하자가 중대하고 객관적으로 명백한 경우에만 처음부터 아무런 효력을 발
생하지 않는 무효인 행정행위로 보고, 그 이외의 경우에는 권한 있는 기관에 의
하여 취소되어야만 비로소 처분의 효력을 상실하게 할 수 있는 취소사유로 보는
중대 · 명백설은 이러한 요청을 적절히 조화시키는 이론이라 할 것이다.

다만, 법적 안정성 및 제3자의 신뢰보호에 비하여 처분의 침해로부터 상대
방을 보호할 필요가 강하게 요구되는 경우에는 예외적으로 하자가 중대하기만

하면 무효로 보는 것이 권리보호의 요청에 부합하고 불합리한 결과를 피하는 방법이 될 것이다.

따라서 처분이 위법한 경우에는 원칙적으로 취소사유이고, 예외적으로 무효사유라고 보아야 할 것이다.

최근에는 행정기본법 제15조에서 이러한 입장을 입법하기에 이르렀다.

판례는 행정자치부의 지방조직 개편지침의 일환으로 청원경찰의 인원감축을 위한 면직처분대상자를 선정함에 있어서 초등학교 졸업 이하 학력소지자 집단과 중학교 중퇴 이상 학력소지자 집단으로 나누어 각 집단별로 같은 감원비율 상당의 인원을 선정한 것은 합리성과 공정성을 결여하고, 평등의 원칙에 위배되더라도 그 하자가 중대명백하다고 볼 수 없다고 보아 **취소**사유라 판시한다.

> ### 252. 대법원 2002. 02. 08. 선고 2000두4057 판결[직권면직무효확인]
>
> 행정자치부의 지방조직 개편지침의 일환으로 청원경찰의 인원감축을 위한 면직처분대상자를 선정함에 있어서 초등학교 졸업 이하 학력소지자 집단과 중학교 중퇴 이상 학력소지자 집단으로 나누어 각 집단별로 같은 감원비율 상당의 인원을 선정한 것은 합리성과 공정성을 결여하고, 평등의 원칙에 위배하여 그 하자가 중대하다 할 것이나, 그렇게 한 **이유가 시험문제 출제 수준이 중학교 학력 수준이어서 초등학교 졸업 이하 학력소지자에게 상대적으로 불리할 것이라는 판단 아래 이를 보완하기 위한 것이었으므로 그 하자가 객관적으로 명백하다고 보기는 어렵다.**

📖 기출

판례에 의하면 건설업자인 원고가 1973. 12. 31. 소외인에게 면허수첩을 대여한 것이 그 당시 시행된 건설업법 제38조 제1항 제8호 소정의 건설업면허 취소사유에 해당된다면 그 후 개정되어 건설업면허 취소사유에 해당하지 아니하게 되었다 하더라도 국토해양부장관은 동 면허수첩 대여행위 당시 시행된 건설업법을 적용하여 건설업면허를 '**취소**'하여야 할 것이라고 보고 있다.

> ### 253. 대법원 1982. 12. 28. 선고 82누1 판결[건설업면허취소처분취소]
>
> 법령이 변경된 경우, 명문의 다른 규정이나 특별한 사정이 없는 한 그 변경 전에 발생한 사항에 대하여는 변경 후의 신 법령이 아니라 변경 전의 구 법령이 적용된다고 하는 것이 당원의 판례이다(당원 1962. 7. 26. 선고 62누35 판결 참조).
>
> 따라서 본건에 있어서 건설업자인 원고가 1973. 12. 31. 소외인에게 그가 도급금액 금

3,800,000원의 목포시 발주의 국민주택단지 진입로 가로 축조공사를 도급받음에 있어 면허수첩을 대여한 것이 그 당시에 시행된 건설업법 제38조 제1항 제8호 소정의 건설업면허 취소사유에 해당된다면, 가사 원심판시와 같이 그 후 건설업법시행령 제3조 제1항이 개정되어 원고의 이와 같은 면허수첩 대여행위가 건설업법 제38조 제1항 제8호 소정의 건설업면허 취소사유에 해당하지 아니하게 되었다 하더라도, 건설부장관은 위 면허수첩 대여행위 당시 시행된 건설업법 제38조 제1항 제8호를 적용하여 원고의 건설업 면허를 **취소**하여야 할 것이다.

기출

실력 다지기

위원회가 의사결정권한을 가지고 있으면 위원회 **구성**이나 논의과정의 하자는 행정청의 처분에 있어서 **주체상**의 하자가 되고 **무효사유**가 될 수 있다. 그러나, 위원회가 자문이나 **조언**을 하는 것에 불과하면 행정청의 처분에 있어서 **절차상의 하자**가 되고 **취소사유**가 된다.

오답 주의할 기출

제 3 절

행정행위의 하자승계 ★★★

1. 행정행위의 하자승계논의의 의의와 필요성은 무엇일까

행정행위가 단계적으로 연속하여 행하여지고 있는 경우, **선행행위의 위법성을 이유로 후행 행정행위를 다툴 수 있는가**의 문제가 즉 하자승계의 논의이다. 이러한 하자승계논의는 선행 행정행위가 제소기간을 도과하였거나, 후행 행정행위의 위법성이 소송물이 되어 민사소송이나 당사자소송이 제기된 경우에 논의의 실익이 크다.

주요 개념 이해

2. 하자승계론은 **논의의 전제가** 있다

하자승계논의를 검토하기 위해서는 ① 선행행위와 후행행위가 모두 항고소송의 대상인 **행정처분**일 것, ② **선행**행위에 <**취소**>사유인 하자가 존재할 것, ③ **후행**행위에 고유한 하자가 없을 것, ④ **선행**행위에 **불가쟁력**이 발생하였을

빈출

것 등이 전제조건으로서 요구된다.

주의할 점은 선행행위가 무효사유이면 당연히 승계되므로 논의할 필요가 없다는 것이다.

3. 하자승계논의의 접근방식은 두 가지 다른 입장이 있다

(1) **전통적 하자승계론**의 관점에 대하여 알아보자

선행행위와 후행행위가 **결합하여 하나의 효과**를 완성하는 것인 경우에는 선행행위의 하자가 후행행위에 **승계**되는 데 대하여, 선행행위와 후행행위가 **서로 독립**하여 별개의 효과를 발생하는 것인 경우에는 선행행위가 **당연무효가 되지 않는 한** 그 하자가 후행행위에 승계되지 **않**는다고 보는 견해이다. 실질적으로 대부분의 행정행위의 목적이 다르므로 하자승계의 범위가 **지나치게 좁게** 된다고 비판받을 수 있다.

(2) 선행행위의 후행행위에 대한 **구속력이론**의 관점을 알아보자

동일한 법적 효과를 추구하는 행정작용이 여러 단계를 거쳐서 행해지는 경우에 **선행행위**는 후행행위에 대해 일정범위 안에서 **구속력을** 가지며, 그러한 구속력이 미치는 범위 내에서는 후행행위에 있어서 선행행위의 효과와 다른 **주장을 할 수 없게** 된다는 견해이다. 즉 선행행위의 위법성을 이유로 후행행위의 취소를 청구할 수 없게 된다고 한다.

다만, 그 구속력이 미치기 위하여는 ① **사물적** 한계로서 연속되는 여러 행위들이 동일한 목적을 추구할 것, ② **대인**적 한계로 수범자가 일치할 것, ③ **시간**적 한계로서 선행행위의 사실 및 법적 상태가 동일성을 유지할 것 등이 요구되며, 이러한 한계 내에서 구속력이 인정되더라도 ④ 추가적 요건으로서 예측가능성과 **수인가능성**이 충족되어야 한다. 즉 수범자가 선행행위의 구속력을 미리 예측할 수 있고, 수인할 수 있는 경우일 것을 필요로 한다고 본다.

주의할 점은 결국 구속력이 깨어지면 하자승계가 되어서 다툴 수 있다는 의미이다.

4. **판례의 변화**는 중요한 **출제포인트**이다

판례는 전통적 하자승계론의 관점을 기본적 입장으로 하여 **철거명령과 대집행 사이, 과세처분과 강제징수, 직위해제와 직권면직** 사이는 하자승계를 **부**

최근 빈출(철저히 암기

정하고, 다만 대집행을 목적으로 하는 **계고, 통지, 실행, 비용징수** 사이나, 강제 징수를 목적으로 하는 **독촉, 압류, 매각, 청산** 사이만 하자승계를 긍정한다. 그러나 최근 대법원은 쟁송기간이 도과한 **개별공시지가 결정**의 위법을 이유로 하여 그에 기초하여 부과된 **양도소득세 부과처분**의 취소를 구한 사건에서, 개별공시지가 결정과 과세처분은 서로 독립하여 **별개**의 법률효과를 목적으로 하는 것이나, 개별공시지가 결정의 불가쟁력이나 구속력이 관계인에게 수인한도를 넘는 가혹함을 가져오며, 그 결과가 예측가능한 것이 아닌 경우에는 관계인은 과세처분의 취소를 구하는 행정소송에서 선행처분인 개별공시지가 결정의 위법을 독립한 위법사유로 **주장할 수 있다**고 판시하여 구체적 타당성 있는 해결을 모색하고 있다(대법원 1994. 1. 25. 선고 93누8542 판결).

및 숙지)

 최근 판례 태도 주의

 자주 출제되는 중요한 판례 공부를 해 보자

> **대법원 1998. 3. 13. 선고 96누6059 판결**
>
> 대법원은 개별공시지가 결정에 대하여 한 재조사청구에 따른 조정결정을 **통지받고서도** 더 이상 다투지 아니한 경우에는 선행처분인 개별공시지가 결정의 불가쟁력이나 구속력이 **수인한도를 넘는 가혹한 것이거나 예측불가능하다고 볼 수 없어**, 개별공시지가 결정의 위법을 이를 기초로 한 과세처분의 위법사유로 주장할 수 없다고 판시하고 있다.

 빈출

 자주 출제되는 중요한 판례 공부를 해 보자

> **대법원 2008. 8. 21. 선고 2007두13845 판결**
>
> 대법원은 **표준지공시지가**의 경우 조세소송에서 그 공시지가결정의 위법성을 다툴 수 없다고 하였으나(대법원 1997. 9. 26. 선고 96누7649 판결), 최근에는 **개별공시지가의 경우와 마찬가지로** 예측가능성과 **수인가능성을 고려하여 수용보상금의 증액을 구하는 소송에서** 선행처분으로서 그 수용대상 토지 가격 산정의 기초가 된 표준지공시지가결정의 위법을 독립된 **사유로 주장할 수 있다**고 하였다.

빈출

5. 검토해 보자

하자승계론은 그 기준의 모호성과 이를 일관할 경우 **구체적 타당성이 없는**

결과를 초래할 수 있다는 점, **구속력이론**(규준력이론)은 **판결과** 행정행위의 구조적 차이점을 무시하고 있다는 점에서 **비판**을 받고 있다. 생각건대, 하자승계의 논의는 하자승계를 인정하여 후행행위를 다툴 수 있게 함으로써 침해되는 법적 안정성과 이를 허용하지 않음으로써 관계인이 입게 되는 재판청구권의 갈등관계를 적절히 조화하기 위한 것인 만큼 양자의 요청을 적절히 **조화**시키려는 판례의 입장에 찬성한다.

판례는 종전의 입장에 따른 고찰이 구체적 사안에 있어서 타당하지 못한 결과를 발생하기 때문에 이를 해결하기 위하여 보충적인 논거로서 예측가능성과 수인가능성을 적용하고 있는 것으로 평가할 수 있다.

제 4 절

행정행위의 하자치유★★★

1. 하자치유의 의의에 대하여 알아보자

📮 개념 출제

행정행위의 하자치유라 함은 **성립 당시에 하자 있는** 행정행위가 하자의 원인이 되었던 법적 **요건을 사후에 보완**하였거나 또는 그 하자가 취소원인이 될 만한 가치를 상실한 경우에, 그 성립 당시의 하자에도 불구하고 **행위의 효력을 유지**시키는 것을 의미한다.

2. 하자치유의 사유로 무엇이 논의될까

📮 암기법
= 요+장+공

종래 하자치유의 사유에 해당하는 경우로서 ① 흠결된 **ⓨ건의 사후보완**(허가나 등록요건의 사후충족, 불특정목적물의 사후특정, 요식행위의 사후보완), ② **ⓙ기간 방치**로 인한 법률관계의 확정, ③ 취소를 불허하는 **ⓖ익상의 요구**의 발생 등을 예시함이 보통이었다.

그러나 ②와 ③은 행정행위의 '취소의 제한사유'로 봄이 타당하다. 따라서 ①만이 엄밀한 의미의 치유의 사유에 해당한다고 보아야 할 것이다.

3. 절차상의 하자는 행정행위의 효력에 어떠한 영향을 미칠까

(1) 문제점

처분에 실체적 하자가 없다면 '**절차상 하자만을 이유로**' 이를 취소하거나 무효확인하더라도 행정청으로서는 적법한 절차를 거쳐 동일한 처분을 행할 수 있다는 점에서, 절차상의 하자를 독자적 위법사유로 인정하여 당해 처분을 취소하거나 무효확인하는 것이 행정경제에 반하는 것은 아닌지가 문제된다.

(2) 절차상 하자는 **독자적인 위법사유**가 될 수 있을까

1) 학 설

① 소극설 ─ 절차하자의 독자성 부정설

절차규정이란 적정한 행정행위를 확보하기 위한 **수단에 불과**하다는 점, 절차상의 하자가 있더라도 실체법상으로 적법하면 당해 행정처분이 취소되더라도 행정청은 다시 적법한 절차를 거쳐서 동일한 내용의 처분을 발할 것이기 때문에 절차적 하자를 독자적 위법사유로 인정하면 **행정경제에 반한다는 점** 등을 이유로 절차상의 하자만으로는 당해 행정행위를 무효로 보거나 취소할 수 없다고 보는 견해이다.

② 적극설 ─ 절차하자의 독자성 긍정설 ★

행정의 법률적합성원칙에 따라 행정행위는 **내용상으로 뿐만 아니라 절차 상으로도 적법**해야 한다는 점, 당해 처분을 취소한 후 행정청이 재처분을 하는 경우에 **반드시 전과 동일한 처분을 한다고 단정할 수 없다**는 점, 소극설에 따르면 **절차적 규제의 담보 수단**이 없어지게 된다는 점 등을 근거로 절차상 하자가 독자적 위법사유로 된다는 견해이다. 행정소송법 **제30조 제3항**에서 절차중시의 사고가 반영되어 입법되어 있다는 논거도 제시되고 있다.

☞ 기출

2) 판 례

① 대법원은 과세의 이유도 기재하지 않고 과세처분을 한 사건에서 "**과세표준과 세율, 세액, 세액산출근거 등의 필요한 사항**을 납세자에게 서면으로 통지하도록 한 세법상의 제 규정들은 … **강행규정**으로서 납세고지서에 그 기재가 **누락**되면 그 과세처분 자체가 **위법**한 처분이 되어 **취소**의 대상이 된다"고 판시한다.[7]

☞ 빈출(무효 ×, 취소 ○)

---

7 대법원 1984. 5. 9. 선고 84누116 판결.

② 또한 대법원은 청문을 흠결하고 내린 음식점 영업정지처분사건에서 "**식품위생법** 제64조, 같은 법 시행령 제37조 제1항 소정의 **청문절차를 전혀 거치지 아니하거나** 거쳤다 하더라도 그 절차적 요건을 **제대로 준수하지** 아니한 경우에는 **가사 영업정지 사유가 인정**된다 할지라도 그 처분은 **위법**하여 **취소를** 면할 수 없다"[8]고 판시한다.

 빈출(무효 ×, 취소 ○)

🖋 실력 다지기

🔘 기출

> 대법원은 과세처분과 같은 **기속행위**이든, 영업정지와 같은 **재량행위**인지를 불문하고 절차하자만으로 처분 전체가 위법하게 된다는 **적극적인** 입장을 취하고 있다.

3) 검 토

행정소송법 제30조 제3항이 취소판결의 기속력과 관련하여 「신청에 따른 처분이 절차의 위법을 이유로 취소되는 경우」를 규정하고 있는 점을 고려할 때 적극설이 타당하다. 또한 불충분한 행정절차를 거쳤음에도 당해 행정행위의 취소 내지 무효확인을 부인한다면 이는 행정절차를 의무화한 취지를 몰각시키는 것이라고 할 것이다. 따라서 행정절차를 결한 행정행위는 **실체적 하자 유무와 관계없이 그 자체 위법**하다고 본다.

(3) **절차하자의 경우 위법성의 정도는 어떻게 될까**

🔘 기출

중대명백설에 의하여 판단하건대, **특별한 사정이 없는 한 취소**사유가 될 것이다. 그러나 명문규정으로 무효라고 규정하거나 특별한 사정이 있으면 무효 사유가 될 수 있다.

(4) 하자치유는 언제까지 가능한지 시기도 알아두자

쟁송제기이전시설과 쟁송종결시설의 대립이 있다.

독일 행정절차법은 행정소송절차 종결시까지 흠결된 행정절차의 추완을 인정하는 명문규정을 두고 있음에 반해 **우리의 경우에는 이에 관한 명문규정이 없으므로** 이 문제는 해석론에 의하여 해결할 수밖에 없다. 그런데 아직 이에 대해서는 확립된 학설이나 판례가 없는 상태이다. 다만 그 하자의 치유는 **행정쟁**

---

8 대법원 1991. 7. 9. 선고 91누971 판결.

송(행정심판, 행정소송) **제기 이전까지**만 가능하다는 것이 유력설이며 판례의 경
향인 것으로 보인다.

 중요 판례 더 알아보기

> **38. 대법원 1983. 7. 26. 선고 82누420 판결; 대법원 1984. 4. 10. 선고 83누393
> 판결**
>
> 행정행위의 법치주의의 관점에서 볼 때 과세처분시 세액의 산출근거 등이 누락된 경우
> 와 같은 **하자있는 행정행위의 치유는 원칙적으로 허용될 수 없**는 것일 뿐만 아니라,
> 이를 허용하는 경우에는, 늦어도 **과세처분에 대한 불복여부의 결정 및 불복신청에 편
> 의를 줄 수 있는 상당한 기간 내**에 보정행위를 하여야 그 하자가 치유된다 할 것이다.

상당한 기간 내
= 제소 이전

검토하건대, 하자치유시기를 쟁송 이후 단계까지 연장한다면 처분의 상대
방의 입장에서는 쟁송제기시에 심판대상 내지 소송물을 충분히 확정할 수 없게
된다는 점에서 행정경제와 처분 상대방의 권리보호요청을 시기적으로 양립시킬
수 있는 **조화점은 쟁송 이전 단계**시까지인 것으로 보인다.

빈출

결국 판례는 하자치유의 시기에 대하여 **쟁송제기이전시설**을 취한다. 따라
서 **소송 도중**에는 처분의 하자를 치유할 수 **없다**.

(5) 관련문제로서 — 판결의 기속력과의 표리관계를 알아두자

취소소송을 심리하는 법원이 절차의 하자를 이유로 인용판결을 내리게 되
면, **행정청은 절차를 보완**하여 재차 거부하거나 재차 침해하는 행정행위를 발급
하더라도 판결의 기속력에 위반되지 않는다. 행정소송법 제30조 제3항에서 별
도로 절차에 대한 재처분의무를 규정한 것은 **입법자가 절차중시의 사고를 표
현**한 것으로 볼 수 있다.

난이도 높은 기출

4. 내용상 하자치유도 가능할까

내용상 하자치유에 대하여는 긍정하는 입장과 부정하는 입장의 대립이 있
으나, 처분당시 처분의 내용이 위법한 이상 판결시에 **내용상 동일한 결론이 내
려지게 되는 사정이 있다**고 하더라도 **하자치유를 인정할 수 없**을 것이다.

오답 주의 최근 기출

판례도 **과세처분의 금액이 동일**하다거나, **노선연장인가를 정당화할 사정
이 나중에 발생**하더라도 마찬가지로 **위법**하다고 판시하고 있다.

5. 입법론으로서 어떠한 아쉬움이 있을까

기출

　　행정절차의 치유와 전환은 아직 행정절차법에 규정이 없다. 따라서 처분의 하자치유와 전환에 대하여 행정절차법에 입법하는 것이 요청된다.

제 5 절

행정행위의 하자전환★★

1. 행정행위의 하자전환의 의의가 무엇일까

개념 출제

　　행정행위의 하자전환이란 **하자있는 행정행위가** 발급되었지만 유효로 볼 수 있는 부분이 있는 경우에는 **새로운 행정행위**를 발급하지 않고 하자있는 행정행위를 유효한 행정행위로 전환되었다고 **보는 것**을 의미한다. 행정행위의 **하자치유**는 이와 달리 요건을 구비하지 못한 것을 **사후에 요건을 보완**함으로써 처음부터 적법한 행정행위로 발급되었던 것으로 취급하는 것을 의미한다.

쉽게 보는 예시

기출 판례

> 판례상의 예로서 사망한 남편에 대한 <건축허가>가 난 경우 이는 무효이지만 미망인에 대한 <건축허가>로 <전환시켜서> 유효하게 취급할 수 있다고 판시한 바가 있다.

2. 행정행위의 하자전환의 요건으로 요구되는 것들을 공식처럼 알아두자

요건 기출

　　① **무효인 행정행위**가 있을 것, ② **유효로 할 수 있는 부분**이 있을 것, ③ 양자의 관계는 **포함관계**일 것, ④ 전환청의 전환의사에 근거한 **전환행위**가 명시적이든 **묵시적이든** 있을 것이 요구된다. 이때의 전환행위는 **제3자효 행정행위**로서 **재량행위**라고 볼 수 있다.

3. 행정행위의 **하자전환**과 사실상의 **공무원이론**은 행정법 총·각론 결합 테마로서 알아두자

(1) 공무원 **임용행위**[9]의 법적 성질은 무엇일까

이에 관하여는 ① **쌍방적 행정행위**로 보는 견해와 ② 공법상 계약으로 보 ☞ 기출
는 견해로 나누어져 있다. 생각건대, 계약직공무원에 있어서와 같이 계약(공법상
계약)에 의하여 임용되는 공무원도 있지만, 대부분의 공무원은 행정행위를 통하
여 임용된다고 보아야 할 것이다. 통상적인 임용행위에 있어서는 행정주체와 당
사자가 그 내용을 구체적으로 합의하여 결정하기보다는 행정주체가 **일방적으로
미리 결정**하고 **사인이 이를 포괄적으로 수락함**으로써 성립하는 것이므로 공법
상의 계약과는 다른 특성이 인정되어야 할 것이다. 이와 같이 임용행위에는 상
대방의 동의가 필요한 것이므로 쌍방적 행정행위로 보는 견해가 타당하다. 다만,
용어표현상 쌍방적 행정행위보다는 **동의에 의한 행정행위**가 낫다고 생각한다.

따라서 임용행위는 행정행위로서 행정소송법 소정의 처분에 해당하므로 그
효력과 관련하여서는 임용행위의 하자의 정도에 대한 검토가 필요하다.

(2) **임용결격사유를 간과한 임용행위의 효력**에 대하여 입장이 대립한다

행정기본법 제16조(결격사유) ① 자격이나 신분 등을 취득 또는 부여할 수 없거나 인
가, 허가, 지정, 승인, 영업등록, 신고 수리 등(이하 "인허가"라 한다)을 필요로 하는
영업 또는 사업 등을 할 수 없는 사유(이하 이 조에서 "결격사유"라 한다)는 법률로
정한다.
② 결격사유를 규정할 때에는 다음 각 호의 기준에 따른다.
1. 규정의 필요성이 분명할 것
2. 필요한 항목만 최소한으로 규정할 것
3. 대상이 되는 자격, 신분, 영업 또는 사업 등과 실질적인 관련이 있을 것
4. 유사한 다른 제도와 균형을 이룰 것

---

9 임용은 공무원관계를 발생, 변경, 소멸하게 하는 일체의 행위로서 이 개념은 신규채용, 전직, 휴
 직, 정직, 해임 및 파면 등을 포함하는 넓은 개념이나, 임용을 좁은 의미로 사용할 때에는 임명을
 의미하는 것으로 해석된다(류지태·박종수, 행정법신론, 780면).

1) 무효사유설 — 판례★

기출

판례는 국가가 공무원임용결격사유가 있는 자에 대하여 결격사유가 있는 것을 알지 못하고 공무원으로 임용하였다가 **사후에 결격사유가 있는 자임을 발견하고 공무원임용행위를 취소하는 것**은 당사자에게 원래의 임용행위가 **당초부터 당연무효**이었음을 통지하여 **확인**시켜 주는 행위에 지나지 아니하는 것이라고 판시하여,[10] **결격사유 있는 자를 임용하는** 행위를 **당연무효사유**로 보고 있다.

2) 취소사유설 — 사견

헌법 제7조 제2항에 의해 **공무원의 신분은 보장**되고 이를 구체화하는 것이 국가공무원법 제8장 이하의 규정이며, 같은 장의 제69조는 공무원으로 임용된 후 결격사유에 해당하는 경우만을 규정하고 있어 임용당시에 결격사유가 있는 자에 대한 임용에 대해서는 그 하자정도에 대한 입법적 판단이 내려지지 않고 있어, 그 하자의 정도는 해석론에 의해 해결할 수밖에 없다고 본다.

중대·명백설에 따라 판단해 보건대 중대성이란 법규 위반의 정도의 문제인 바, 임용권자조차 간과할 정도라면 중대하다거나 일반국민의 인식으로서는 법규 위반이 공무원 임용을 무효로 만들 만큼 명백하다고 볼 수 없다. 따라서 **취소사유에 불과**하다.

(3) 임용결격 공무원에 대한 **당연퇴직통보**의 성질은 무엇일까

기출

무효사유설을 취하는 다수설과 판례는 **처분성을 부정**한다. 그러나 **취소설**의 입장에서는 **처분성을 긍정**하게 된다.

(4) **임용결격 공무원에 대한 당연퇴직 통보의 효과**를 나누어서 검토해보자

1) 외부적인 효과

① 무효사유설에 의하는 경우 — 사실상 공무원이론

공무원임명에 있어서 요구되는 **능력요건**이나 **성적요건** 등을 결한 경우에는 당해 공무원임명행위는 **무효**이거나 **취소**할 수 있는 행위가 된다.

기출

공무원임명이 무효 또는 취소되더라도 **국민의 신뢰를 보호**하고 **법적 안정성 등을 이유**로 당사자가 행한 행위의 효력을 **유효한 것으로 인정해야 할 필요**

---

10 대법원 1987. 4. 14. 선고 86누459 판결.

성이 있다. **이때의 공무원 개념을 사실상의 공무원이라고 한다.**

따라서 **법적인 공무원이 행한 것은 아니지만 사실상 공무원이 발급한 행정행위 등으로 보아** 행정작용이 적법한 것으로 **전환하여 취급**한다.

사실상 공무원이론에 대하여는 이를 **하자치유의 한 경우로 보는 견해**[11]**가 있으나**, 위에서 살펴본 바와 같이 결격사유 있는 자의 공무원임용행위가 당연무효라고 판단될 수 있는데, 당연무효인 행정행위의 경우 하자의 치유가 인정될 수 없다는 견지에서 이를 하자치유의 한 경우로 보는 견해는 문제가 있다고 본다. 도리어 이는 신뢰보호의 견지에서 **예외적 법적 효과로서 논의될 성질의 문제**라고 보아야 할 것이다.[12]

② **취소사유설에 의하는 경우**

장기간 **퇴직시키지 않았으므로 신뢰보호의** 원칙과 **실권법리, 하자치유 등을 인정하여** 외부적으로도 완전한 공무원의 **신분을 취득**하였으므로 그 공무원이 발급한 행정행위는 **적법하고 주체상의 하자는 없게 된다.**

2) 내부적인 효과

① **무효사유설에 의하는 경우**

판례는 "공무원연금법이나 근로기준법에 의한 퇴직금은 **적법한 공무원으로서의** 신분취득 또는 근로고용관계가 성립되어 근무하다가 퇴직하는 경우에 **지급되는 것이고,** 당연무효인 임용결격자에 대한 임용행위에 의하여서는 공무원의 신분을 취득하거나 근로고용관계가 성립될 수 없는 것이므로 **임용결격자가 공무원으로 임명되어 사실상 근무하여 왔다고 하더라도** 그러한 피임용자는 위 법률 소정의 **퇴직금청구를 할 수 없다**"(대법원 1987. 4. 14. 선고 86누459 판결. 동지 판례: 대법원 1995. 10. 12. 선고 95누5905 판결; 대법원 1995. 9. 15. 선고 95누6496 판결)고 하여 **퇴직급여청구권을 부정하고** 있다.

👈 기출

판례와 같이 임용결격자에 대한 **임용행위를 당연무효로 보는 경우에 공무원 근무관계나 근로고용관계가 성립되지 않으므로** 대한민국을 상대로 **공무원연금법이나 근로기준법 소정의 퇴직금을 청구할 수 없다.**

👈 기출

퇴직급여청구권을 전혀 인정하지 않는다고 하더라도 결격공무원은 아무런 법률상 원인이 없이 대한민국에 근로를 제공함으로써 **자신이 제공한 근로의 금**

11 김동희, 행정법 I, 342면.
12 홍준형, 행정법총론, 324면.

전적 가치 상당액의 손해를 입었고 이로써 대한민국은 같은 금액 상당의 이득을 얻었으므로, 대한민국에 대하여 자신이 제공한 총근로의 금전적 가치 상당의 금액을 **부당이득으로 반환청구**할 수 있다.

최근 기출

　　하급심판례도 **교육공무원**으로서 **임용될 당시에 결격사유가 있었던 경우**에 공무원연금법상의 **퇴직급여**나 근로기준법상의 **퇴직금**을 청구할 수는 **없으나** 임용결격자와 국가 사이에는 **부당이득관계가 성립되므로** 일정한 금액을 **부당이득으로 국가는 반환해야 한다**고 판시한 바 있다(서울고법 1999. 2. 9. 선고 98나36193 판결).

　　국가가 부당이득으로 봉급반환청구소송을 제기하면, 결격공무원은 자신의 근로의 대가에 대하여 **상계의 반소나 항변**을 할 수 있게 되고, **상계되고** 남은 **본인의 기여금**과 근로기준법상의 **강제 퇴직금 상당액**을 합한 금액에 한하여 **인용될 것으로 보인다**(일부 인용).

　　② **취소사유설에 의하는 경우**

　　장기간 퇴직시키지 않았으므로 신뢰보호의 원칙과 실권법리, 하자치유 등을 인정하여 외부적으로도 **완전한 공무원**의 신분을 취득하였으므로 그 공무원은 **퇴직금과 연금 등을 모두 수령**할 수 있다.

4. 입법론으로서 아쉬운 점은 무엇이 있을까

기출

　　행정절차의 **치유**와 **전환**에 대하여 현행 행정절차법에 규정이 없으므로 **행정절차법에 입법**하는 것이 요청된다.

제 6 절

(실력 UP) 출제가 예상되는 화제의 판결들을 공부해 두자

---

254. 대법원 2019. 4. 23. 선고 2018다287287 판결[부당이득금]

[1] 과세처분이 당연무효라고 하기 위하여는 그 처분에 위법사유가 있다는 것만으로는 부족하고 그 하자가 법규의 중요한 부분을 위반한 중대한 것으로서 객관적으로 명백한 것이어야 하며, 하자가 중대하고 명백한지를 판별할 때에는 과세처분의 근거가 되는 법

규의 목적·의미·기능 등을 목적론적으로 고찰함과 동시에 구체적 사안 자체의 특수성에 관하여도 합리적으로 고찰하여야 한다. 그리고 어느 법률관계나 사실관계에 대하여 어느 법령의 규정을 적용하여 과세처분을 한 경우에 그 법률관계나 사실관계에 대하여는 그 법령의 규정을 적용할 수 없다는 법리가 명백히 밝혀져서 해석에 다툼의 여지가 없음에도 과세관청이 그 법령의 규정을 적용하여 과세처분을 하였다면 그 하자는 중대하고도 명백하다고 할 것이나, 그 법률관계나 사실관계에 대하여 그 법령의 규정을 적용할 수 없다는 법리가 명백히 밝혀지지 아니하여 해석에 다툼의 여지가 있는 때에는 과세관청이 이를 잘못 해석하여 과세처분을 하였더라도 이는 과세요건사실을 오인한 것에 불과하여 그 하자가 명백하다고 할 수 없다.

[2] 과세관청이 법령 규정의 문언상 과세처분 요건의 의미가 분명함에도 합리적인 근거 없이 그 의미를 잘못 해석한 결과, 과세처분 요건이 충족되지 아니한 상태에서 해당 처분을 한 경우에는 법리가 명백히 밝혀지지 아니하여 그 해석에 다툼의 여지가 있다고 볼 수 없다.

[3] 갑 공사 소유의 토지는 재산세 과세기준일 현재 구 국토의 계획 및 이용에 관한 법률 제2조 제13호, 같은 법 시행령 제4조 제1호에서 정한 공공시설인 항만, 녹지, 도로 등을 위한 토지로서 같은 법 제30조 및 제32조에 따라 도시관리계획의 결정 및 도시계획에 관한 지형도면의 고시가 된 토지에 해당하는데, 과세관청인 지방자치단체가 위 토지에 대하여 이미 사업이 완료된 토지라는 이유로 구 지방세특례제한법) 제84조 제2항(이하 '감경조항'이라 한다)에 따른 경감을 하지 않고 재산세 등을 부과하자, 갑 공사가 재산세 등을 납부한 후 과세처분의 당연무효를 주장하면서 재산세 등 납부액 중 경감받지 못한 부분에 관한 부당이득반환을 구한 사안에서, 감경조항에 따라 '구 국토계획법 제2조 제13호에 따른 공공시설을 위한 토지일 것', '그 토지가 구 국토계획법 제30조 및 제32조에 따라 도시관리계획의 결정 및 도시관리계획에 관한 지형도면의 고시가 된 토지일 것'이라는 요건을 모두 갖추면 '재산세의 100분의 50'을 경감받을 수 있고 그 밖에 다른 부가적인 요건은 규정되어 있지 않은 점, 구 국토계획법 제32조에 따르면 도시관리계획에 관한 지형도면의 고시는 같은 법 제30조에 따라 도시관리계획이 결정·고시되면 이루어지는 것으로서 도시계획사업 자체가 폐지되지 않는 이상 추후 집행이 완료되더라도 실효되지 아니하므로 감경조항에서 정한 '지형도면의 고시가 된 토지'에는 지형도면의 고시 후 도시계획사업의 집행이 이루어지지 않은 토지는 물론 집행이 이루어진 토지도 모두 포함됨이 분명한 점 등을 종합하면 감경조항은 법문상 의미가 명확하여 해석에 다툼의 여지가 없으므로, 감경조항에서 정한 감경요건을 모두 갖추고 있는 갑 공사 소유의 토지에 대하여 감경조항을 적용하지 않은 재산세 등 부과처분은 그 하자가 중대하고 명백한데도, 감경조항의 해석에 다툼의 여지가 있음을 전제로 위 재산세 등 부과처분이 당연무효가 아니라고 본 원심판단에는 과세처분의 당연무효에 관한 법리오해의 잘못이 있다.

255. 대법원 2019. 5. 16. 선고 2018두34848 판결[종합소득세부과처분의무효확인]〈무신고가산세 및 납부불성실가산세 부과처분의 당연무효 여부가 문제된 사건〉

[1] 과세처분이 당연무효라고 하기 위하여는 처분에 위법사유가 있다는 것만으로는 부족하고 하자가 법규의 중요한 부분을 위반한 중대한 것으로서 객관적으로 명백한 것이어야 하며, 하자가 중대하고 명백한지를 판별할 때에는 과세처분의 근거가 되는 법규의 목적·의미·기능 등을 목적론적으로 고찰함과 동시에 구체적 사안 자체의 특수성에 관하여도 합리적으로 고찰하여야 한다. 그리고 어느 법률관계나 사실관계에 대하여 어느 법령의 규정을 적용하여 과세처분을 한 경우에 그 법률관계나 사실관계에 대하여는 그 법령의 규정을 적용할 수 없다는 법리가 명백히 밝혀져서 해석에 다툼의 여지가 없음에도 과세관청이 그 법령의 규정을 적용하여 과세처분을 하였다면 하자는 중대하고도 명백하다고 할 것이나, 그 법률관계나 사실관계에 대하여 그 법령의 규정을 적용할 수 없다는 법리가 명백히 밝혀지지 아니하여 해석에 다툼의 여지가 있는 때에는 과세관청이 이를 잘못 해석하여 과세처분을 하였더라도 이는 과세요건사실을 오인한 것에 불과하여 하자가 명백하다고 할 수 없다.

[2] 구 소득세법(2012. 1. 1. 법률 제11146호로 개정되기 전의 것) 제4조 제1항은 거주자의 소득을 종합소득, 퇴직소득, 양도소득으로 구분하면서, 그중 종합소득을 '이자소득·배당소득·사업소득·근로소득·연금소득·기타소득을 합산한 소득'(제1호)으로 규정하고 있다. 당해 연도의 종합소득금액이 있는 거주자는 종합소득 과세표준을 다음 연도 5. 1.부터 5. 31.까지 소정의 방식에 따라 납세지 관할 세무서장에게 신고하여야 한다(구 소득세법 제70조 제1항).

한편 구 국세기본법(2011. 12. 31. 법률 제11124호로 개정되기 전의 것) 제47조의2 제1항은 납세자가 법정신고기한 내에 세법에 따른 과세표준신고서를 제출하지 않은 경우 무신고가산세를 부과하도록 규정하고 있다.

이와 같은 관련 규정의 체계 및 문언 내용에 비추어 보면, 종합소득금액이 있는 거주자가 법정신고기한 내에 종합소득 과세표준을 관할 세무서장에게 신고한 경우에는 설령 종합소득의 구분과 금액을 잘못 신고하였다고 하더라도 이를 무신고로 볼 수는 없으므로, 그러한 거주자에 대하여 종합소득 과세표준에 대한 신고가 없었음을 전제로 하는 무신고가산세를 부과할 수는 없다고 봄이 타당하다.

[3] 갑이 병원의 실질적 소유자인 을과의 약정에 따라 병원장으로서 대가를 받고 근로를 제공한 근로자인데도 자신의 이름으로 병원의 사업자등록을 마친 후 사업소득에 대한 종합소득세 명목으로 과세관청에 종합소득세를 신고·납부하였는데, 과세관청이 근로소득에 대한 종합소득세 명목으로 갑에게 무신고가산세와 납부불성실가산세를 포함한 종합

소득세를 경정 · 고지하는 처분을 한 사안에서, 갑이 병원에서 근로자로 근무하면서 근로소득을 얻었음에도 자신이 직접 병원을 운영하여 사업소득을 얻은 것처럼 법정신고기한 내에 종합소득 과세표준확정신고 및 납부계산서를 제출하였더라도, 이는 자신이 얻은 근로소득을 사업소득에 포함하여 종합소득 과세표준을 신고한 것으로 볼 수 있으므로, 갑이 종합소득 과세표준을 무신고하였음을 전제로 한 무신고가산세 부과처분은 위법하고, 또한 이러한 하자는 과세처분의 근거가 되는 법규의 목적 · 의미 · 기능 등을 목적론적으로 고찰해 볼 때 중대하고 객관적으로도 명백하므로, 무신고가산세 부과처분은 당연무효이고, 갑의 기납부세액 납부의 법률효과는 갑에게 귀속되고 실제사업자인 을이 갑 명의로 직접 납부행위를 하였다고 하여 달리 볼 수 없으며, 갑의 기납부세액이 갑의 체납세액을 초과하는 이상, 갑이 납부의무를 해태함으로써 얻은 금융이익이 있다고 볼 수 없다는 등의 사정에 비추어, 과세관청이 갑에게 갑의 체납세액에 대한 납부불성실가산세를 부과한 것은 납부의무 없는 자에 대한 처분으로 하자가 중대하고 객관적으로 명백하여 당연무효이다.

제 10 장

행정작용6 — 행정행위의 소멸

제 1 절

취소와 철회 및 부존재

> **행정기본법 제18조(위법 또는 부당한 처분의 취소)** ① 행정청은 위법 또는 부당한 처분의 전부나 일부를 소급하여 취소할 수 있다. 다만, 당사자의 신뢰를 보호할 가치가 있는 등 정당한 사유가 있는 경우에는 장래를 향하여 취소할 수 있다.
> ② 행정청은 제1항에 따라 당사자에게 권리나 이익을 부여하는 처분을 취소하려는 경우에는 취소로 인하여 당사자가 입게 될 불이익을 취소로 달성되는 공익과 비교·형량(衡量)하여야 한다. 다만, 다음 각 호의 어느 하나에 해당하는 경우에는 그러하지 아니하다.
> 1. 거짓이나 그 밖의 부정한 방법으로 처분을 받은 경우
> 2. 당사자가 처분의 위법성을 알고 있었거나 중대한 과실로 알지 못한 경우

1. 행정행위의 취소

행정행위가 '**위법하거나 부당하여 하자가 있었는데도 발급된 경우**'에 행정청은 잘못을 시정하기 위하여 해당 행정행위를 취소하여 '**처음부터 효력이 없는 것**'으로 만들 수 있다. 이를 직권취소라고 한다. 행정청이 행하는 취소를 **직권취소**라고 한다. **직권취소**는 잘못을 바로 잡기 위한 것이기 때문에 당해 행정청도

📝 개념 구별 출제

감독청도 모두 가능하다. 잘못을 바로 잡는 것은 감독청의 권한범위 내이기도 하기 때문이다. 한편, 이러한 취소를 행정청이 스스로 하지 않는 경우에 행정심판이나 행정소송을 제기하여 취소하는 것도 가능하다. 행정심판위원회가 행하는 취소를 **취소**재결이라고 한다. 법원이 행하는 취소를 **취소판결**이라고 한다.

☞ 감독청도 직권 취소 ○
(기출)

그렇지만 행정행위가 위법하여 취소사유가 있는지는 불분명하고 명백하지 않은 경우들이 많다. 따라서 처분1에 **취소**사유가 있더라도 일단 권리의무가 처분대로 발생하여 유효하며 국민들은 이에 복종하여야 한다. 즉 처분이 위법하고 취소사유가 있더라도 공정력이 발생하는 것이다. 다만, 행정청이나 감독청, 행정심판위원회 또는 법원이 잘못 발급되었던 처분을 취소하면 '**소급해서**' 처음부터 효력이 없게 된다.

☞ 소급효 기출

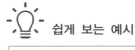 쉽게 보는 예시

> 운전실력이 없는 데도 뇌물을 주고 운전면허발급받은 것이 적발되어 면허취소되는 것은 행정청에 의한 직권취소의 사례이다. 취소되면 운전면허처분은 처음부터 소급해서 효력이 부정되게 된다.

2. 행정행위의 철회

> **행정기본법 제19조(적법한 처분의 철회)** ① 행정청은 적법한 처분이 다음 각 호의 어느 하나에 해당하는 경우에는 그 처분의 전부 또는 일부를 장래를 향하여 철회할 수 있다.
> 1. 법률에서 정한 철회 사유에 해당하게 된 경우
> 2. 법령등의 변경이나 사정변경으로 처분을 더 이상 존속시킬 필요가 없게 된 경우
> 3. 중대한 공익을 위하여 필요한 경우
> ② 행정청은 제1항에 따라 처분을 철회하려는 경우에는 철회로 인하여 당사자가 입게 될 불이익을 철회로 달성되는 공익과 비교·형량하여야 한다.

☞ 개념과 장래효 기출

행정행위의 **철회**는 효력이 발생한 처분에 대하여 '**사정변경이나 중대한 공**

---

1 이하 처분과 행정행위를 동일하게 파악하는 판례의 입장에 따라 용어를 혼용하여 사용하기로 한다.

익상의 요청이 있는 경우'에 '**장래에 대하여**' 효력을 박탈하거나 소멸시키는 처분을 의미한다. 철회의 사유와 효력은 이렇게 취소와는 구별됨을 유의하여야 한다. **철회는** 당해 행정청의 고유한 판단에 속하므로 **당해 행정청만** 가능하고 **감독청은** 가능하지 않다.

☞ 감독청은 철회 ×
(기출)

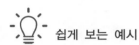 **쉽게 보는 예시**

음주운전으로 인한 면허취소는 그 동안 운전한 것은 유효하고 앞으로는 운전을 더 이상 못한다는 것을 의미한다. 따라서 음주운전면허취소는 글자가 취소라고 되어 있어도 실제의 성질은 철회라는 점을 유의하여야 한다.

☞ 기출 사례

3. 행정행위의 무효

행정행위의 무효는 행정행위의 위법성이 중대하고 명백한 경우에 아예 효력을 인정하지 않는 것이다. **무효사유는 처음부터** 처분의 효력이 없으므로 아예 아무런 권리·의무가 발생하지 않는 것을 의미한다는 점에서 처분의 효력이 존재하다가 소멸되는 취소나 철회 등과 구별하여야 한다.

☞ 개념 기출

4. 행정행위의 부존재

행정행위의 **부존재**는 처분이 성립하기 이전이거나 소멸하여 더 이상 처분이 존재하지 않는 경우를 의미한다.

 실력 다지기

우리 행정소송법은 무효확인소송과 부존재확인소송을 별도로 규정하다가 효력이 없다는 점에서 동일한 면이 있어 양자를 통합하여 하나의 규정으로 입법하고 있다.

행정소송법 제4조(항고소송) 항고소송은 다음과 같이 구분한다.
1. 취소소송: 행정청의 위법한 처분등을 취소 또는 변경하는 소송
2. **무효등 확인소송: 행정청의 처분등의 효력 유무**(☞**무효확인소송**) **또는 존재여부**(☞**부존재확인소송**)**를 확인하는 소송**
3. 부작위위법확인소송: 행정청의 부작위가 위법하다는 것을 확인하는 소송

5. 행정행위의 실효

행정행위의 실효는 처분에 부가된 기한이 도래하거나, 처분의 대상인 사람의 사망 또는 물건의 소멸 등에 의하여 자동적으로 처분의 효력이 없어지는 것을 말한다.

제 2 절

수익적 행정행위의 **철회제한**

1. 처분을 철회하기 위해서 **법적 근거가 필요할까**

(1) 학 설

1) 근거필요설(적극설)[2]

수익적 행정행위의 철회는 상대방에 대하여 **부담적 행정행위**가 되기 때문에 법률유보의 원칙이 적용되어야 한다는 견해이다.

2) 근거불요설(소극설)[3]

행정행위에 대한 수권규정 이외의 별도의 법적 근거를 요하지 않는다고 보는 견해이다. 행정행위의 철회는 그를 존속시키기 어려운 (처분 후의) **새로운 사정**과의 관련 하에 고려되는 것이므로, 행정의 법률적합성이나 공익적합성, 새로운 사정에 대한 적응요청 등을 고려할 때, 철회에도 반드시 법적 근거가 있어야 한다는 견해는 타당하지 않다고 한다.

(2) 판 례

판례는 "행정행위를 한 처분청은 비록 그 처분 당시에 별다른 하자가 없었고, 또 그 처분 후에 이를 **철회할 별도의 법적 근거가 없다 하더라도** 원래의 처분을 존속시킬 필요가 없게 된 사정변경이 생겼거나 또는 중대한 공익상의 필요가 발

---

2 김남진·김연태, 행정법Ⅰ, 333면; 홍준형, 행정법총론, 343면; 홍정선, 행정법원론(상), 431-432면.

3 김동희, 행정법Ⅰ, 356면; 박윤흔·정형근, 최신 행정법강의(상), 399-400면.

생한 경우에는 그 효력을 상실케 하는 별개의 행정행위로 이를 **철회할 수 있다"** 📖 기출
고 판시하여(대법원 2004. 7. 22. 선고 2003두7606 판결), **근거불요설**을 취하고 있다.

(3) 검 토

생각건대, 단순히 공익상의 필요만을 이유로 법령의 근거 없이 부담적 행정
행위를 할 수 없는 것과 마찬가지로 법치주의 원칙 및 기본권보장의 측면에서
새로운 행정행위인 수익적 행정행위의 철회 역시 **법령의 근거가 있어야 함이**
원칙이다. 다만, 독일의 행정절차법에서처럼 철회의 가능성 및 한계에 대하여
일반적으로 규율한 법규정이 존재하지 않는 한(이것이 가장 바람직한 해결방안이지
만), 각각의 개별법에서 철회의 법적 근거를 빠짐없이 규율한다는 것은 기대하
기 어렵다고 하겠다. 개별법에 철회의 법적 근거가 없음을 이유로 모든 철회를
위법시하는 것은 법의 형평성, 구체적 타당성 및 행정목적의 달성이라는 관점에
서 문제가 있다. 따라서 독일에서와 같이 일반적 규정이 없는 우리의 현실에서
는 관련 규정의 유추적용을 통하여 해결하거나, 또는 판례와 학설을 통한 철회
의 허용성 및 한계에 대한 이론이 정립되어 판례법 또는 법의 일반원칙으로서
행정행위의 철회가 규율되고 있다고 보아야 할 것이다.

2. 철회의 주체에 대하여 알아보자

철회는 처분을 발급한 당해 행정청만 가능하고, **감독청은 철회하지 못한** 📖 빈출
다. 사정변경이나 공익상의 요청 등을 고려하여 철회할지 여부는 당해 행정청의
고유한 재량사항이기 때문이다.

그러나 취소는 당해 행정청도 감독청도 모두 가능하다. 잘못 발급된 처분의
하자를 바로 잡는 것은 당해 행정청과 감독청의 공통된 권한이기 때문이다.

3. 철회의 사유로서 면허를 빼앗을 수 있는 명분이 있어야 한다

📖 기출

> **행정기본법 제19조(적법한 처분의 철회)** ① 행정청은 적법한 처분이 다음 각 호의 어느
> 하나에 해당하는 경우에는 그 처분의 전부 또는 일부를 장래를 향하여 철회할 수 있다.
> 1. 법률에서 정한 철회 사유에 해당하게 된 경우
> 2. 법령등의 변경이나 사정변경으로 처분을 더 이상 존속시킬 필요가 없게 된 경우
> 3. 중대한 공익을 위하여 필요한 경우

> ② 행정청은 제1항에 따라 처분을 철회하려는 경우에는 철회로 인하여 당사자가 입게 될 불이익을 철회로 달성되는 공익과 비교·형량하여야 한다.

행정청은 국민들의 신뢰와 정당한 사익을 고려하여 함부로 수익적 행정행위를 철회하려 들어서는 안 된다. 철회할 수 있는 주된 사유에는 다음과 같은 것이 있다. 즉 ① 법령에 의한 명시적 수권, ② 철회권의 ㉤보, ③ ㉫담의 불이행, ④ ㉪실관계의 변경(사정변경), ⑤ 근거㉫령의 변경 및 ⑥ 중대한 ㉩익상의 필요 등이다.

암기법
= 유+부+사+법+공

4. 철회권을 행사할 때도 제한될 수 있다

기출

행정청은 철회사유가 있다고 하더라도 마지막까지 철회권을 행사할지 여부에 대하여는 신중하게 접근해야 한다.

암기법
= 경+실+일

따라서 수익적 행정행위의 철회보다 ① ㉩미한 수단이 있는지 검토하여야 한다. 또한 일정 기간이 경과하면 철회를 통해 추구할 공익보다 사익이 더 크므로 ② ㉪권법리가 적용된다. 판례도 음주운전 후 **1년 10개월**이 경과된 경우에는 운전면허취소가 **적법**하지만 **3년**이 경과된 경우에는 **위법**하다고 판시한 바 있다. 또한 **분리가능**한 경우에는 ③ ㉥부철회도 고려하여야 한다.

제 3 절

취소의 취소

행정청이 원래 발급한 처분에 대하여 하자가 있다고 생각하여 잘못 취소한 경우에 취소처분을 취소시켜서 원래의 처분을 소생시킬 수 있는가? 아니면 새로운 처분을 발급하여야 하는가? 이에 대하여 학설과 판례상의 논의가 대립한다.

(1) 처분을 취소한 뒤 다시 취소할 수 있는지 학설이 대립한다

1) 소극설

법령에 명문의 규정이 없는 한 취소에 의하여 **이미 소멸**된 행정행위의 효력을 다시 소생시킬 수는 없으므로 원행정행위를 소생시키려면 **원행정행위와 같은 내용의 행정행위를 다시** 행할 수밖에 없다는 견해이다.[4]

소극설의 논리를 도식화하면 다음과 같다.

$$(VA1 - VA2) = 0$$

2) 적극설[5]

직권취소처분 역시 **성질상 행정행위**의 일종이므로 **그에 하자가 있으면** 행정행위의 취소에 대한 일반원칙에 따라 취소할 수 있다는 견해이다.

적극설의 논리를 도식화하면 다음과 같다.

$$VA2 - VA3 = VA1 \text{ 소생, 부활}$$

3) 절충설 케이스 바이 케이스

이익형량에 따라 사안에 따라 다르게 결정하여야 한다는 입장이다.[6] 전체적으로 공익과 사익 및 제3자의 이익을 모두 종합하여 고려할 수 있다.

(2) 판례는 모두 있지만 전체적으로는 절충설로 볼 수 있다

1) 부정적 판례들도 있다.

주로 원래의 처분이 과세처분인 경우들이다.

① 행정행위(과세처분)의 취소처분의 위법이 중대하고 명백하여 당연무효이 거나, 그 취소처분에 대하여 소원 또는 행정소송으로 다툴 수 있는 명문규정이 있는 경우는 별론, 행정행위의 취소처분의 취소에 의하여 **이미 효력을 상실한 행정행위를 소생시킬 수 없고,** 그러기 위하여는 원 행정행위와 동일내용의 **행정행위를 다시 행할 수밖에 없다.**[7]   🔊 기출

② 국세기본법 제26조 제1호는 **부과**의 취소를 국세납부의무 소멸사유의 하나로 들고 있으나, 그 부과의 취소에 하자가 있는 경우의 부과의 취소의 취소에 대하여는 법률이 명문으로 그 취소요건이나 그에 대한 불복절차에 대하여 따로 규정을 둔 바도 없으므로, 설사 부과의 취소에 위법사유가 있다고 하더라도 당

---

4 김성수 교수.
5 류지태 교수, 홍정선 교수.
6 김연태 교수.
7 대법원 1987. 4. 14. 선고 86누459 판결.

연무효가 아닌 한 일단 유효하게 성립하여 부과처분을 확정적으로 상실시키는 것이므로, 과세관청은 부과의 취소를 다시 취소함으로써 원부과처분을 **소생시킬 수는 없고** 납세의무자에게 종전의 과세대상에 대한 납부의무를 지우려면 **다시 법률에서 정한 부과절차에 좇아 동일한 내용의 새로운 처분을 하는 수밖에 없다.**[8]

2) 긍정적인 판례도 있다

☞ 기출

이른바 대구시한미병원이사장취임승인취소사건에서 다음과 같이 판시한 바 있다. **행정처분이 취소되면 그 소급효에 의하여 처음부터 그 처분이 없었던 것과 같은 효과**를 발생하게 되는 바, 행정청이 **의료법인**의 이사에 대한 **이사취임승인**(원래의 처분)의 **취소처분**(제1취소처분)을 **직권으로 취소**(제2취소처분)한 경우에는 그로 인하여 이사가 **소급하여 이사로서의 지위**를 회복하게 되고, 그 결과 제1처분과 제2처분 **사이**에 법원에 의하여 **선임결정된 임시이사들**의 지위는 법원의 해임결정이 없더라도 **당연히 소멸된다**(대법원 1997. 1. 21. 선고 96누3401 판결).

3) 절충적인 입장을 취한 판례도 있다

☞ 기출

이른바 광업권허가취소사건에서 판례는 **광업권 허가**에 대한 **취소처분**을 한 후에 새로운 이해관계인이 생기기 전에 취소처분을 취소하여 그 **광업권의 회복을 시켰다면 모르되**, 취소처분을 한 후에 **제3자가 선출원을 적법히 함으로써 이해관계인이 생긴 이후**에 취소처분을 취소하여 **광업권을 복구시키는 조처**는, 제3자의 선출원 권리를 침해하는 **위법한 처분이라고 하지 않을 수 없다**[9]고 판시하였다.

(3) 검토하면 판례는 결국 절충설로 평가할 수 있고 타당하다

1) 문제해결의 방법적 기초

하자있는 취소의 취소가능성 여부는 일률적으로 판단할 것이 아니라 구체적인 사례에서 이익형량을 통하여 판단하여야 할 것이다. 그 경우에 특히 원처분이 수익적인지 또는 부담적인지 여부, 상대방의 기득권 내지 신뢰보호, 이해관계 있는 제3자의 권리보호, 법적 안정성, 법적 명확성, 합법성의 원칙, 행정경제 등이 고려되어야 할 것이다.

---

8 대법원 1995. 3. 10. 선고 94누7027 판결.
9 대법원 1967. 10. 23. 선고 67누126 판결.

2) 방법적 기초에 입각한 일반적 기준정립

① 행정처분이 수익적이냐 부담적이냐는 항상 명확하게 구별되는 것은 아니지만, 원처분과 취소처분을 비교해 볼 때 원처분이 상대방에게 수익적이라면 상대방의 권리보호를 위하여 적극설의 입장을 택하는 것이 타당하다. 다만 원래의 수익적 처분이 회복되는지 여부에 대하여 이해관계 있는 제3자가 생긴 이후에는 상대방의 기득권과 이해관계 있는 제3자의 권리보호 사이에 이익형량이 행해져야 할 것이다.

② 원처분이 취소처분에 비하여 부담적인 경우라고 하더라도 행정경제의 관점에서 절차를 다시 진행하는 것이 불합리하거나 무의미할 경우에는 취소처분을 취소하여 원처분을 소생시킬 수 있다고 보아야 할 것이다.

③ 조세부과처분의 경우에는 행정경제의 요구보다는 세법의 엄격해석의 원칙, 납세자의 신뢰보호, 법적 명확성 등이 중요하게 고려되어야 하므로 소극설이 타당하다.

3) 결 론

관계되는 이익들을 모두 비교형량하여 결정할 수 있으므로 절충설이 타당하다. 절충설을 논리적으로 도해하면 다음과 같다.

$$(VA1 - VA2) + (VA2 - VA3) = VA1 \text{ Case by Case}$$

원처분의 부활 여부는 선의의 제3자 등장 이전에는 O 등장이후에는 X

$$(Before\ O\ After\ X)$$

제 4 절

(실력 UP) 출제가 예상되는 화제의 판결들을 공부해 두자

256. 대법원 2017. 3. 15. 선고 2014두41190 판결[건축허가철회신청거부처분취소의소]

[1] 건축허가는 대물적 성질을 갖는 것이어서 행정청으로서는 허가를 할 때에 건축주 또

는 토지 소유자가 누구인지 등 인적 요소에 관하여는 형식적 심사만 한다. 건축주가 토지 소유자로부터 토지사용승낙서를 받아 그 토지 위에 건축물을 건축하는 대물적(對物的) 성질의 건축허가를 받았다가 착공에 앞서 건축주의 귀책사유로 해당 토지를 사용할 권리를 상실한 경우, 건축허가의 존재로 말미암아 토지에 대한 소유권 행사에 지장을 받을 수 있는 토지 소유자로서는 건축허가의 철회를 신청할 수 있다고 보아야 한다. 따라서 토지 소유자의 위와 같은 신청을 거부한 행위는 항고소송의 대상이 된다.

[2] 행정행위를 한 처분청은 비록 처분 당시에 별다른 하자가 없었고, 처분 후에 이를 철회할 별도의 법적 근거가 없더라도 원래의 처분을 존속시킬 필요가 없게 된 사정변경이 생겼거나 중대한 공익상 필요가 발생한 경우에는 그 효력을 상실케 하는 별개의 행정행위로 이를 철회할 수 있다. 다만 수익적 행정행위를 취소 또는 철회하거나 중지시키는 경우에는 이미 부여된 국민의 기득권을 침해하는 것이 되므로, 비록 취소 등의 사유가 있다고 하더라도 그 취소권 등의 행사는 기득권의 침해를 정당화할 만한 중대한 공익상의 필요 또는 제3자의 이익을 보호할 필요가 있고, 이를 상대방이 받는 불이익과 비교·교량하여 볼 때 공익상의 필요 등이 상대방이 입을 불이익을 정당화할 만큼 강한 경우에 한하여 허용될 수 있다.

제 11 장

행정작용7 — 부 관

제 1 절

부관의 의의를 알아두자

> **행정기본법 제17조(부관)** ① 행정청은 처분에 재량이 있는 경우에는 부관(조건, 기한, 부담, 철회권의 유보 등을 말한다. 이하 이 조에서 같다)을 붙일 수 있다.
>
> ② 행정청은 처분에 재량이 없는 경우에는 법률에 근거가 있는 경우에 부관을 붙일 수 있다.
>
> ③ 행정청은 부관을 붙일 수 있는 처분이 다음 각 호의 어느 하나에 해당하는 경우에는 그 처분을 한 후에도 부관을 새로 붙이거나 종전의 부관을 변경할 수 있다.
>
> 1. 법률에 근거가 있는 경우
>
> 2. 당사자의 동의가 있는 경우
>
> 3. 사정이 변경되어 부관을 새로 붙이거나 종전의 부관을 변경하지 아니하면 해당 처분의 목적을 달성할 수 없다고 인정되는 경우
>
> ④ 부관은 다음 각 호의 요건에 적합하여야 한다.
>
> 1. 해당 처분의 목적에 위배되지 아니할 것
>
> 2. 해당 처분과 실질적인 관련이 있을 것
>
> 3. 해당 처분의 목적을 달성하기 위하여 필요한 최소한의 범위일 것

    행정행위의 부관이란 **행정행위**의 효과를 **제한** 또는 **보충**하기 위하여 행정   🔲 중요 개념 출제

기관에 의하여 주된 행위에 부가된 **종된 규율** 또는 대적 규율을 말한다.

이에 대하여는 **효과제한적 요소만**을 부관의 개념요소로 삼는 견해가 있으나, **요건충족적 부관도** 부관에 포함시켜야 한다는 점에서 이러한 견해는 옳지 않다. **요건충족적 부관**은 요건을 갖추지 못했지만 차후에 요건을 구비할 것으로 조건으로 일단 허가를 내주는 처분의 부수적 관련조건을 말한다.

☞ 기출

다만, 판례는 요건충족적 부관을 부정하고 있어 문제이다. 요건충족적 부관을 **부정**하는 것이 다수설과 **판례**의 태도이고 이를 긍정하는 것은 유력설의 입장인데, 긍정하는 것이 국민이나 행정청에게 모두 이익이 되고 탄력적인 행정이 되므로 타당하다.

🔅 쉽게 보는 예시

> 부관은 행정청이 행정행위에 부가(add)하는 각종 관련 조건들을 말한다. 공무원들이 공익과 사익을 조절하기 위하여 국민들이나 기업들에게 사용하는 협상의 기술로서 매우 중요하다. 행정청이 허가나 특허 등을 할 때 붙이는 각종 협상조건들(Nego)을 의미한다고 부관을 실질적으로 이해해두는 것이 좋다. 일정한 기한동안만 특허를 누리라고 하거나, 어느 면적의 도로를 내 놓으면 주택사업을 승인한다거나 하는 등의 협상을 하고 이를 통하여 공익과 사익을 조절하는 것이다.

제2절

부관의 종류와 유형에는 무엇이 있을까

1. 전통적 부관

☞ 부관 종류 암기법
= (조+기+부)
　+(철+부)
　+(법+수)

　　전통적 부관으로서 ① 행정행위의 효력의 발생 또는 소멸을 장래의 불확실한 사실에 의존시키는 부관인 ㉡건, ② 행정행위의 효력의 발생·종료 또는 계속을 시간적으로 정한 부관인 ㉠한, ③ 행정행위의 주된 내용에 부가하여 그 행정행위의 상대방에게 작위·부작위·급부 등의 의무를 부과하는 부관을 의미하는 ㉠담(이는 주로 허가·특허 등과 같은 수익적 행정행위에 붙여진다) 등이 있다.

실력 다지기

① 부담은 부관의 일종이지만 **처분성이 인정**된다. 행정소송법 제2조의 그밖에 이에 준하는 작용으로 분류될 수 있다. 따라서 부담은 그 밖의 부관들과 달리 **독립해서 취소소송의 대상이** 될 수 있다.

🖢 빈출

② 부담을 불이행해도 허가 등 처분은 유효하나 철회사유가 될 뿐이고 허가나 특허 등 주된 **행정행위가 소멸되지 않는다.** 다만, 부담상의 의무가 강제집행 대상이 되게 된다.

🖢 오답 주의 빈출

③ 이와 달리 조건은 충족되는 즉시 본래의 처분의 효력이 소멸된다. 따라서 부담은 조건보다 국민에게 **유리하다.** 따라서 행정청이 조건을 부가한다는 특별한 사정이 없는 한 의심스러운 때에는 조건이 아니라 **부담으로 해석**하여야 한다.

🖢 빈출

2. 유보유형

유보유형으로 ① 행정청이 일정한 경우에 행정행위를 철회하여 그의 효력을 소멸시킬 수 있음을 정한 부관인 ㉤회권의 유보, ② 장래에 부담만을 별도로 부가할 수 있는 조건을 설정하는 ㉮담유보 등이 있다.

🖢 개념 기출

 실력 다지기

철회권유보나 부담유보는 유보된 조건이 충족되더라도 곧바로 처분의 효력이 철회되어 소멸하거나 부담이 발생하는 것은 **아니다.** 유보유형은 미래에 대비하기 위한 것일 뿐이므로 유보된 조건이 충족되더라도 행정청이 철회하거나 부담을 붙일 수 있는지 여부는 재량에 맡겨져 있다고 할 것이다.

🖢 오답 주의 기출

3. 부진정부관

부진정부관으로서 ① 법률이 행정행위에 부여하는 효과의 일부를 배제하는 내용의 부관인 ㉫률효과의 일부배제, ② **신청**한 내용을 **거부**하고 **새로운 허가를 발급**하는 ㉪정부담 등이 있다.

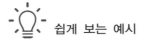 쉽게 보는 예시

행정청이 간척특허를 하면서 일정 비율 이상은 국가나 지방자치단체에 귀속한다는 부관을 붙인다면 이는 **법률효과의 일부배제**의 경우에 해당한다.

수입업자가 미국산 쇠고기 수입허가를 신청해 오는 경우 행정청이 미국산 쇠고기 수입허가를 거부하면서 호주산 쇠고기 수입허가를 발급하는 경우는 **수정부담**의 예에 해당한다.

제 3 절

부관소송의 적법성

1. 부관만에 대한 독립쟁송가능성이 있을까

(1) 학 설

1) 부담과 그밖의 부관 구별설

다수설과 판례의 입장으로서 **부담**에 한하여 독립쟁송가능성을 인정하는 견해이다. 부관 중 **부담**은 그 자체로서 특정한 의무를 명하는 행정**처분으로서의 성질을 가**지므로 부담만을 독립적으로 다툴 수 있으나, **그 밖의 부관**(조건, 기한, 철회권의 유보)은 그 자체로서 독자적인 처분성을 갖지 **못하고** 주된 행정행위의 한 부분으로서의 성격을 갖는 부관이므로 **전체**로서의 부관부 행정행위를 다투어야 한다는 입장이다.

2) 전부관가능설

모든 **부관**에 대해 독립쟁송가능성을 인정하는 견해이다. 이 견해는 부관에 위법성이 존재하는 한 그 종류를 불문하여 **소의 이익**이 있다면 모든 부관에 대하여 독립하여 행정쟁송을 제기할 수 있다고 보면서, 그 논거로서 부관의 본체인 행정행위와의 불가분성은 쟁송을 이유 있게 하는 것과 관계되는 것이지 쟁송의 허용성과 관계되는 것은 아니라는 점을 들고 있다.

3) 독자성설

분리가능성이 있는 부관만의 독립쟁송가능성을 인정하는 견해이다.

부관의 독립쟁송가능성 여부의 문제는 법원에 의한 부관의 독자적인 취소가능성 문제의 전제조건으로서의 성격을 갖는다고 볼 수 있으므로, 부관만의 독립취소가 법원에 의하여 인정될 정도의 **독자성**(즉 주된 행정행위와의 **분리가능성**)을 갖고 있는가에 달려 있다고 한다. 따라서 분리가능성이 **없는** 부관의 경우에는 독립쟁송가능성은 **부인**된다고 한다.

(2) 판 례

"행정행위의 부관 중에서도 …'**부담의 경우**'에는 '**다른 부관과는 달리**' 행정행위의 **불가분적인 요소가 아니고** 그 존속이 본체인 **행정행위**의 존재를 **전제**로 하는 것일 뿐이므로, 부담 그 자체로서 **행정쟁송의 대상이 될 수 있다**"[1]고 판시하여, **부담에 한하여** 독립하여 행정쟁송의 대상이 될 수 있다는 입장을 취하고 있다.

기초 이해하기

> 판례에 의하면 **부담은 처분성**이 있어서 **취소소송의 대상**이 되지만, **그 밖의 부관**은 독립해서 취소소송의 대상이 되지 **않음**

(3) 검 토

부관의 독립쟁송가능성은 당사자가 부관을 주된 행정행위와는 독립하여 취소소송으로 다툴 수 있는가의 문제로서, 이것은 부관이 독립적으로 취소소송의 대상이 되는가의 문제이다. 따라서 처분성이 긍정되는 **부담의 경우 부담만의 취소를 구하는 소송을 제기**할 수 있으며, 처분성이 인정되지 **않는 부관의** 경우에는 **전체 행정행위를 대상으로 소송으로 제기하여야** 할 것이다.

분리가능성 여부로 판단하는 견해에 대해서는 주된 행정행위와의 분리가능성의 문제는 부관의 독립취소가능성의 문제로 보아야 한다는 점에서 비판이 가능하다. 즉 분리가능성 여부는 쟁송을 이유 있게 하는 것, 즉 부관의 독립취소가

---

1 대법원 1992. 2. 21. 선고 91누1264 판결.

능성과 관련된 것이지 쟁송의 허용성(독립쟁송가능성)의 문제와 관계되는 것은 아니다.

2. 부관소송의 형태는 어떻게 될까

(1) 문제점

부관의 하자를 독자적으로 다툴 수 있는 가능성이 개별적인 경우에 비추어 허용된다고 하더라도 이를 쟁송제기에 있어서 어떠한 모습으로 관철시킬 수 있는가 하는 것은 별개의 문제이다. 이에 대해 처분성이 있어 독립쟁송가능성이 있는 부담인 경우에는 당해 부담만을 취소소송의 직접적인 대상으로 하여 소송을 제기하는 **진정일부취소소송**을 인정하는 데 이견이 없다. 그러나 부담 이외의 부관에 대하여 **부진정일부취소소송**을 인정할 것인지는 견해가 대립한다.

(2) 학　설

학설은 대체로 부담 이외의 부관에 대하여는 처분성이 인정되지 않고 행정소송법 제4조 제1호의 '변경'은 의무이행소송이 인정되고 있지 않는 이상, 적극적인 처분의 변경의 아니라 처분의 일부취소를 구하는 것을 의미한다고 보는 견지에서 부관부 행정행위 전체를 소송대상으로 하여 그중에서 부관 부분만의 취소를 구하는 **부진정일부취소소송 형식을 취해야 한다**고 한다.

(3) 판　례

어업면허처분 중 그 면허유효기간 부분의 취소를 구하는 청구를 인용한 원심판결에 대하여 대법원은 "어업면허처분을 함에 있어 그 면허의 유효기간을 1년으로 정한 경우 … 위 어업면허처분 중 그 **면허유효기간만의** 취소를 구하는 청구는 **허용될 수 없다**"[2]고 판시하여 **부담을 제외한 나머지 부관**에 대해서는 **부관만의 취소는 구할 수 없고**, 부관이 붙은 행정행위 **전체의 취소를 통해서만** 부관을 다툴 수 있다는 태도를 취하고 있다.

이에 따라 대법원은 "**도로점용허가의 점용기간은** 행정행위의 **본질적인 요소에 해당**한다고 볼 것이어서 부관인 점용기간을 정함에 있어서 위법사유가 있다면 이로써 도로점용허가처분 전부가 위법하게 된다 할 것이다"[3]고 판시하여

빈출

---

2 대법원 1986. 8. 19. 선고 86누202 판결.
3 대법원 1985. 7. 9. 선고 84누604 판결.

위법부관이 **중요부분이면 전부**취소의 판결을, 그렇지 않으면 전부취소청구기각 판결을 내림으로써 **부담 이외의 위법부관에** 대하여는 **일부취소를 인정하지 않**

 빈출

는다. 즉 대법원은 **그 밖의 부관에** 대해서는 부관부행정행위 **전부에 대한 취소 소송을 제기하든지 수인할 수밖에 없다고 본다.**

결론적으로 대법원의 입장에 의하면 원고가 전체 행정행위를 대상으로 취소소송을 제기한 경우 부관이 위법하고 중요부분으로 판명되면 법원은 당해 행정행위 전체를 취소하게 되고, 이에 따라 취소판결의 **기속력 중 재처분의무에** 의해 **판결주문의 전제가 된 판결이유, 즉 부관의 위법성을 시정하여 하자 없는 부관부 행정행위를 발령하게 함으로써 결과적으로 부관의 취소를 구하는 효과를 가져오게 된다.** 한편, 부관이 위법하나 중요부분이 아닌 경우에는 결국 원고는 행정청에 부관 없는 또는 부관의 내용을 변경하여 달라고 신청한 후 그것이 **거부**되면 당해 **거부처분에 대한 취소소송을** 제기하여 취소판결을 받음으

 기출

로써 행정청으로부터 당해 판결의 기속력에 따라 부관 없는 또는 변경된 부관이 부가된 행정행위를 발령받게 될 것이다.

(4) 검 토

① 행정소송법 제4조 제1호의 '변경'은 의무이행소송이 인정되고 있지 않는 이상, 적극적인 처분의 변경을 구할 수 없고 그 처분의 일부취소를 구하는 것을 의미한다는 점, ② 부진정일부취소소송을 인정하지 않아 행정청에 부관 없는 또는 부관의 내용을 변경하여 달라고 신청한 후 그것이 거부된 경우에 그 거부처분 취소소송을 제기하여야 한다고 한다면 권리구제가 우회적이라는 점 등에 비추어 부진정일부취소소송을 인정함이 타당하다.

제 4 절

부관소송의 **이유유무**에는 무엇이 있을까

행정행위에 부가된 부관 어디가 잘못 되었는지, 잘못된 부관만 뗄 수 있는지 논의해보자.

1. 「부관을 붙일 수 있는 **가능성**」에 문제가 없는지 붙일 수 없는 부관이 아닌지

(1) **재량**행위의 경우

일반적으로 **법률에 명문의 근거가 없더라도** 허가 · 특허 등 수익적 행정행위에 부관을 붙일 수 **있다고 본다. 판례도 수익적 행정행위에 있어서는 법령에 특별한 근거가 없더라도** 그 부관으로서 **부담을 붙일 수 있다**고 보고 있다. 다만, **귀화특허**를 하면서 종교의 자유를 포기하라고 하는 것처럼 **성질상** 인간의 존엄에 반하거나 하는 부관은 붙일 수 **없다.**

> **257. 대법원 1997. 03. 14. 선고 96누16698 판결[사용검사신청반려처분취소]**
>
> 재량행위에 있어서는 **법령상의 근거가 없다고 하더라도** 부관을 붙일 수 있는데, 그 부관의 내용은 적법하고 이행가능하여야 하며 비례의 원칙 및 평등의 원칙에 적합하고 행정처분의 본질적 효력을 해하지 아니하는 한도의 것이어야 한다.

(2) **기속행위**에 대해 요건충족적 부관을 붙일 수 있을까

1) 학 설

① **종래의 견해(부정설)**

기속행위의 경우 행정청은 법규에 엄격히 기속되어 그것을 기계적으로 집행하는 데 그치므로, 행정청이 법규가 정한 효과를 임의로 제한할 수 없으므로 **기속행위에는 부관을 붙일 수 없다는 견해이다.**

② **새로운 견해**

종래의 통설과 판례가 기속행위(또는 기속재량행위)에는 절대로 부관을 붙일 수 없다고 하는 것은 행정행위의 효과를 제한하는 것만이 부관의 기능인 것으로 오해한 데서 비롯된 것이라고 비판하면서 부관은 행정행위의 효과를 제한하는 것만이 아니라 장래에 있어서의 법률요건을 충족할 필요가 있다고 판단되는 때에도 부관을 붙일 수 있는바(법률요건 충족적 부관), 기속행위의 경우에도 법률효과 제한적 부관은 붙일 수 없으나 **법률요건 충족적 부관**은 붙일 수 있고 또한 **법령**에 부관을 붙이는 것이 허용되는 경우에도 부가가 **가능하다고** 본다.

2) 판 례

"기속행위에 대해서는 법령상의 특별한 근거가 없는 한 부관을 붙일 수 없고 가사 부관을 붙였다 하더라도 **무효라** 할 것이다"[4]라고 판시하여 **기속행위에 대한 부관의 부가가능성을** 부정하고 있다.

기출

3) 검 토

기속행위·기속재량행위에는 절대로 부관을 붙일 수 없고, 가령 붙였다 하더라도 무효인 것으로 보는 판례 및 그에 동조하는 견해는 부관의 다양한 기능 내지 현상을 전혀 고려하지 않고 있다는 점에서 새로운 견해가 옳다고 본다.

(3) 사후부관도 가능한가

사후에 부관만을 부가할 수 있는지 여부에 대하여는 부관의 종속성을 이유로 하는 **부정설**, 부담은 독립성이 강하다는 것을 이유로 하는 **부담긍정설**, 예외적으로 허용될 수 있다는 **절충설** 등이 있다.

판례는 절충설을 취하면서 ① ㉤률의 규정이 있거나 ② 부담을 ㉤보하거나 ③ ㉤의가 있거나 ④ ㉤정변경이 있는 경우에 인정한다.

최근 빈출: 암기법 = 법+유+동+사

2. 「부관자체의 위법성」은 어떻게 판단하는가 부관 내용에 문제는 없는가

부관은 법령에 위배되지 않는 한도에서 붙일 수 있다. 즉 여기에도 **법률우위**의 원칙이 지배한다. **판례도 부관의 내용은 적법하여야 한다고 판시**한 바 있다.[5]

부관은 법률의 근거가 없더라도 부가할 수 있으므로 **법률유보의 원칙은 적용되지 않지만, 법률효과의 일부배제**만은 주된 행정행위에 의하여 발생하는 수익적 효과의 본질적인 부분을 침해하므로 **필요하다**. 법률효과의 일부배제는 법률이 행정행위에 부여하는 효과의 일부를 배제하는 내용의 부관이다. 이러한 법률효과의 일부배제는 법률이 같은 종류의 행정행위에 일반적으로 부여하게 되어 있는 효과의 일부를 배제하는 것이므로 법률의 근거가 있는 경우에 한하여 붙일 수 있다.

빈출

판례도 부관은 "**비례**의 원칙, **부당**결부금지의 원칙에 위반되지 않아야만

기출

---

4 대법원 1993. 7. 27. 선고 92누13998 판결.
5 대법원 1985. 2. 6. 선고 83누625 판결.

적법하다고 할 것이다"라고 판시하고 있다.[6]

---

258. 대법원 1997. 03. 14. 선고 96누16698 판결[사용검사신청반려처분취소]

65세대의 공동주택을 건설하려는 사업주체(지역주택조합)에게 주택건설촉진법 제33조에 의한 주택건설사업계획의 승인처분을 함에 있어 그 주택단지의 진입도로 부지의 소유권을 확보하여 **진입도로 등 간선시설을 설치**하고 **그 부지 소유권 등을 기부채납**하며 그 주택건설사업 시행에 따라 폐쇄되는 인근 주민들의 기존 통행로를 **대체하는 통행로를 설치하고 그 부지 일부를 기부채납하도록 조건을 붙인 경우**, 주택건설촉진법과 같은법 시행령 및 주택건설기준등에관한규정 등 관련 법령의 관계 규정에 의하면 그와 같은 조건을 붙였다 하여도 다른 특별한 사정이 없는 한 **필요한 범위를 넘어 과중한 부담을 지우는 것으로서 형평의 원칙 등에 위배되는 위법한 부관이라 할 수 없다.**

☞ 위법한 부관만을 떼낼 수 있는지

3. 「부관만의 **독립취소가능성**」도 있다고 볼 수 있는가

(1) 문제의 소재

부관에 대한 취소소송(진정일부취소소송·부진정일부취소소송)이 허용되는 경우 본안에서 당해 부관만을 본체인 행정행위와는 독립적으로 취소할 수 있는가가 최종적으로 문제된다. 이것이 문제되는 이유는 부관만을 취소하고 본체인 행정행위를 존속시키는 것은 행정청이 부관 없이는 하지 않았을 것으로 보이는 행위를 행정청에게 강제로 부과하는 결과로 되는 경우가 생길 수 있기 때문이다.

(2) 학 설

1) 기속행위 재량행위 구별설

이 학설은 **기속행위와 재량행위로 나누는 견해**이다. 주된 행정행위가 **기속행위**(재량권이 영으로 수축된 경우 포함)인 경우에는 그에 부과된 부관은 모두 **독립적으로 취소**될 수 있는 데 반하여, **재량행위**의 경우에는 부관만을 취소하는 것이 부관 없이는 하지 아니하였을 것으로 보이는 행위를 행정청에게 강제하는 결과로 될 수 있으므로 부관(부담이건 그 밖의 부관이건 모두 포함)만의 독립적 취소는 원칙적으로 **인정되지 않는다**는 견해이다.

---

6 대법원 1997. 3. 11. 선고 96다49650 판결.

2) 분리가능성설

이 학설은 **분리가능성의 여부로 나누는 견해**이다. 진정일부취소소송의 형태든 부진정일부취소소송의 형태든 부관만의 취소를 다투는 경우에 **부관이 주된 행정행위와 분리될 수 있는 경우에 한해서 부관의 취소판결**을 내릴 수 있다는 견해이다. 본안 심리의 결과 부관의 독립취소가능성이 **인정되지 않는 경우에는 기각판결**이 내려지게 된다.

판례 태도 기출

3) 검토불요설

이 학설은 **모든 부관**에 대한 독립취소가능성을 인정하는 견해이다. 모든 부관은 주된 행정행위에 부가된 규율에 해당하기 때문에 주된 행정행위로부터 분리가능하다고 보아, **부관만의 취소가 허용된다는 견해이다.**

(3) 검 토

기속행위와 재량행위로 나누는 견해는 재량행위에 있어서 법원이 부관을 취소하는 경우 행정청의 재량결정권을 침해하여 부관 없이는 하지 않을 것으로 보이는 행위를 행정청에게 강제로 부과하는 결과를 발생시킨다고 하나, 모든 재량행위에 그러한 비판이 타당한 것은 아니고 주된 행정행위와 부관이 일체적 재량결정을 이루는 경우에 한하여 타당하다고 본다.

따라서 분리가능성 여부에 따라 그 독립취소가능성 여부를 판단하는 견해가 타당하다고 본다. 이에 대해서 분리가능성이라는 것이 매우 불확실한 요소이며, 그 의미가 쉽게 파악되기 어렵다는 점이 지적되고 있으나, ① **행정청이 부관 없이는 주된 행정행위를 발하지 않았을 것이라고 인정되는 경우,** ② 부관의 취소에 의하여 주된 행정행위까지 위법하게 만드는 정도로 부관이 중요요소인 경우, ③ 주된 행정행위와 부관이 일체적 재량결정을 이루는 경우에는 **분리가능성이 없다고 보아야 할 것이다.**

기출

제 5 절

관련문제

1. 무효나 취소사유인 부관이 **전체 행정행위에 어떤 영향을 미칠까**

(1) 학 설

이에 대해서는 ① **부관만이** 무효나 취소가 될 뿐 본체인 행정행위에 대하여는 아무런 영향을 미치지 않는다는 견해, ② 부관이 붙은 행정행위 **전체가** 무효나 취소로 된다는 견해, ③ 무효나 취소사유인 부관이 본체인 행정행위의 **중요요소를** 이루는 경우(부관이 없게 되면, 주된 행위를 하지 않았을 것이라고 판단되는 경우)에 한하여 **본체인 행정행위를 무효나 취소로 만든다고 보는 견해 등이** 제시되고 있다.

(2) 검 토

부관과 본체인 행정행위의 관계는 일률적으로 규정될 수 없고, 사안에 따라 부관이 본체인 행정행위의 중요요소를 이루는 경우도 있고, 그렇지 않은 경우도 있다는 점에서, 이러한 개별적 판단을 가능하게 하는 이론적 구성이 적절할 것으로 판단된다. 따라서 **③설에 찬성**한다.

🖙 기출

2. 수소법원은 어떻게 판결해야 할까

당해 부관이 무효나 취소사유인 이상 수소법원으로서는 **당해 부관에 대해 무효나 취소판결을** 선고해야 할 것이다. 이 경우 수소법원이 주된 행위의 무효나 취소까지 판단할 수 있는지 여부가 문제되는 바, 이는 원고가 **주된 행위를 소송의 대상으로서 삼지 않았다는 점에서 수소법원이** 주된 행위에 대하여까지 심리하여 판결을 내린다면 **처분권주의**(행정소송법 제8조 제2항, 민사소송법 제203조)에 위반되므로 허가나 수리행위 무효나 취소판결까지 선고할 수는 없다. 다만, 본체인 행위의 **중요요소를** 이루는 당해 조건이 수소법원의 판결에 의해 무효나 취소로 확인되면 **본체인 행정행위도 무효나 취소로 될 것이다.**

실력 다지기

부관소송에 대해 시험에 잘 출제되는 요점들을 정리해두고 넘어가기로 한다.

✍ 행정청이 처분을 하면서 부가하는 각종 협상의 조건들을 **부관**이라 한다.

✍ 부관은 처분의 효과를 **제한**하는 기능만 있는 것이 아니라 **보충**하는 기능도 있다.

✍ 행정청이 부가하는 부관들 중 전통적인 유형으로서는 **조건, 기한, 부담** 등이 있다.

✍ 행정청이 부가하는 부관은 의심스러울 때에는 국민에게 유리하도록 '**부담**'으로 판단한다.

✍ **부담**은 불이행하더라도 허가 등 처분의 효력이 소멸되지 **않고**, 다만 그 **이행을 강제**하게 되거나 또는 허가 등을 **철회할 사유에 불과**하다.

✍ 그렇지만 행정청이 특별히 조건으로 부가하겠다는 **의지가 있는 경우**는 부담이 아니라 **조건**으로 보아야 한다.

✍ 행정청이 부가하는 부관들 중 유보유형(미래형)은 **철회권유보, 부담유보** 등이 있다.

✍ 행정청이 부가하는 부관들 중 부진정부관으로는 **법률효과일부배제, 수정부담** 등이 있다.

✍ 부관은 법률의 규정이 **필요없**지만, **법률효과일부배제부관만큼은 법률이 필요**하다.

✍ **부담**은 **처분성**이 있어서 **취소소송의 대상**이 되지만, 그 밖의 부관은 독립해서 취소소송의 대상이 되지 **않**는다.

☞ 주의할 부관 기출 지문 정리

제 6 절

중요 판례의 동향을 더 알아보고 출제에 대비해 보자

부담과 부당결부금지의 원칙

259. 대법원 2009. 2. 12. 선고 2005다65500 판결[약정금판결]

출제포인트1> **수익적 행정처분**에 있어서는 **법령에 특별한 근거규정이 없다**고 하더라도 그 **부관으로서 부담을 붙일 수 있고**,

출제포인트2> 그와 같은 **부담**은 행정청이 행정처분을 하면서 **일방적으로 부가할 수도 있지만** 부담을 부가하기 **이전에** 상대방과 협의하여 **부담의 내용을 협약의 형식으로 미리 정한 다음** 행정처분을 하면서 **이를 부가할 수도 있다.**

행정청이 수익적 행정처분을 하면서 부가한 부담의 위법 여부는 처분 당시 법령을 기준으로 판단하여야 하고, 부담이 처분 당시 법령을 기준으로 적법하다면 처분 후 부담의 전제가 된 주된 행정처분의 근거 법령이 개정됨으로써 행정청이 더 이상 부관을 붙일 수 없게 되었다 하더라도 곧바로 위법하게 되거나 그 효력이 소멸하게 되는 것은 아니다.

출제포인트3> 따라서 행정처분의 상대방이 수익적 행정처분을 얻기 위하여 행정청과 사이에 행정처분에 부가할 부담에 관한 협약을 체결하고 행정청이 수익적 행정처분을 하면서 협약상의 의무를 부담으로 부가하였으나 **부담의 전제가 된 주된 행정처분의 근거 법령이 개정됨으로써 행정청이 더 이상 부관을 붙일 수 없게 된 경우에도 곧바로 협약의 효력이 소멸하는 것은 아니다.**

고속국도 관리청이 고속도로 부지와 접도구역에 송유관 매설을 허가하면서 상대방과 체결한 협약에 따라 송유관 시설을 이전하게 될 경우 그 비용을 상대방에게 부담하도록 하였고, 그 후 도로법 시행규칙이 개정되어 접도구역에는 관리청의 허가 없이도 송유관을 매설할 수 있게 된 사안에서, 위 협약이 효력을 상실하지 않을 뿐만 아니라 위 협약에 포함된 부관이 부당결부금지의 원칙에도 반하지 않는다.

 출제 예상 최신 판례 예제를 연습해 보자

부담은 일방적으로만 부가할 수 있고 **협약**을 통해 부가할 수는 없다. (×)
송유관 매설을 위한 도로점용을 허가하면서 부담을 부가하였으나, 법령이 개정되어 도로점용허가가 필요 없게 된 경우 부담은 부당결부금지원칙에 위반된다. (×)

공익법인의 기본재산처분인가에 부가된 부관이 조건인 경우

260. 대법원 2005. 9. 28. 선고 2004다50044 판결【소유권말소등기】[공2005. 11. 1.(237), 1673]

주무관청이 공익법인의 기본재산 처분에 대하여 허가의 유효조건으로서 매매대금의 액수, 지급방법, 지급기한 등을 명시한 경우, 이를 단순한 주의적 규정이 아닌 조건적 성격의 부관으로 보아, 그에 따른 이행이 없는 이상 위 처분허가는 효력을 상실한다.

 출제 예상 최신 판례 예제를 연습해 보자

주무관청이 공익법인 **기본재산** 처분허가에 대하여 유효조건으로서 매매대금 액수, 지급방법, 지급 기한 등을 명시한 경우 이는 부담에 해당하므로 이를 불이행하더라도 기본재산 처분허가는 효력을 상실하지 아니한다. (×)

제 12 장

행정절차법

제 1 절

행정절차의 의의는 무엇인가

　　행정절차법은 행정절차에 관한 사항을 규정하여 국민의 행정 참여를 도모함으로써 행정의 **공정성·투명성** 및 **신뢰성**을 확보하고 국민의 **권**익을 보호함을 목적으로 제정되었다. 이러한 행정절차는 **헌법 제12조**의 적법절차의 원리를 구체화한 것으로 볼 수 있다. 물론 헌법 제12조의 적법절차의 원리에 대하여 형사절차국한설과 **행정절차포함설**의 대립이 있지만, 후자가 타당하다.

제 2 절

행정절차의 종류를 유형별로 구별해서 배워두자

1. 법률규정이 없어도 언제나 요구되는 유형이 있다

(1) 사전통지(☜)

1) 요 건 ☑빈출

　　행정절차법 **제21조**에 의하면 행정청은 **당사자**에게 **의무를 부과**하거나 **권**

☞ 암기법
＝사전통지＋약식청문
　（의견제출）＋이유부기
＝사＋약＋이유
☞ 최근에 강조되는 중요절차

📖 기출

📖 오답 주의 판례 기출

📖 빈출 암기법
= 긴 + 법 + 성

익을 **제한**하는 처분을 하는 경우에는 방어에 필요한 일정한 사항들을 당사자등에게 통지하여야 한다. 그러나 **판례는 인천대학교수재임용 신청거부사건** 등에서 **신청에 대한 거부는 사전통지가 불필요하다**고 판시하여 행정절차법 제21조를 축소해석하고 있다.

2) 생략사유 ☑빈출

행정절차법 제21조 제3항에 의하면 **긴**급한 경우나, 재판으로 증명된 경우이거나 **성**질상 사유가 있으면 생략이 가능하다.

*** 1호 공공의 안전 또는 복리를 위하여 ㉮급히 처분을 할 필요가 있는 경우

2호 ㉯령등에서 요구된 자격이 없거나 없어지게 되면 반드시 일정한 처분을 하여야 하는 경우에 그 자격이 없거나 없어지게 된 사실이 법원의 재판 등에 의하여 객관적으로 증명된 경우

3호 해당 처분의 ㉰질상 의견청취가 현저히 곤란하거나 명백히 불필요하다고 인정될 만한 상당한 이유가 있는 경우

(2) 의견제출

📖 = 약식청문 ⇒ 변명의
기회 부여
cf〉 의견청취(Hearing)
= △∫(청문 + 공청회 +
의견제출)

1) 요 건

행정절차법 제22조 제2항에 의하면 행정청이 당사자에게 **의무를 부과하거나 권익을 제한**하는 처분을 할 때 **청문이나 공청회에 대한 규정이 없는 경우** 당사자등에게 **의견제출의 기회를 주어야 한다.** = 의견제출은 청문이나 공청회 규정이 없는 경우라도 부여하여야 하는 최소한의 절차보장을 의미한다.

2) 생략사유

📖 = 긴 법 성 포
(의견청취 세 가지의 생략
사유)

사전통지와 마찬가지로 **긴**급한 경우나, **법**령상의 사유가 재판으로 증명된 경우이거나 **성**질상 사유, 임의적이고 자유로운 **포**기가 있으면 생략이 가능하다.

(3) 이유부기

📖 = 이유제시 = 이유기재
📖 법적 근거는 법률과 법규
명령까지 적시해야 함. 행정
규칙은 제시할 필요 X

행정청은 처분을 할 때에는 당사자에게 **법적 근거와 이유를 구체적으로 제시**하여야 한다.

1) 요 건

이유부기는 **구체적으로** 상대방이 **알 수 있을 정도**로 하지 않으면 안 된다. 이에 대하여 판례는 **남양주 세무서장이 미금상사**에 대하여 **주세법을 위반하였**

으므로 주류도매면허를 취소한다고 기재하는 것은 상대방이 이에 대한 **구체적인 사유를 알 수 없으므로** 이유부기 기재의 하자가 있다고 판시하고 있다. 이러한 이유부기는 **문서로** 하여야 한다. 또한 이유부기는 **처분 당시에 행정처분 문서에 기재하여야** 한다.

2) 생략사유

행정절차법 제23조에 의하여 신청 내용을 그대로 ㉑정하거나, ㉠순㉣복적 처분 또는 ㉓미한 처분이거나 ㉓급한 경우에는 이유부기를 생략할 수 있다.

> **행정절차법제23조(처분의 이유 제시)**
> ① 행정청은 처분을 할 때에는 다음 각 호의 어느 하나에 해당하는 경우를 제외하고는 당사자에게 그 근거와 이유를 제시하여야 한다.
> 1. 신청 내용을 모두 그대로 ㉑정하는 처분인 경우
> 2. ㉠순·㉣복적인 처분 또는 ㉓미한 처분으로서 당사자가 그 이유를 명백히 알 수 있는 경우
> 3. ㉓급히 처분을 할 필요가 있는 경우
> ② 행정청은 제1항 ㉒2호 및 ㉓3호 의 경우에 처분 후 당사자가 요청하는 경우에는 그 근거와 이유를 제시하여야 한다.

2. 법령의 **규정이 있어야만** 절차요건이 되는 유형이 있다

(1) 청 문

1) 요 건

행정청이 처분을 할 때 다른 ㉣령등에서 **청문을 하도록 규정하고 있는 경우**이거나 ㉣정청이 **필요하다고 인정**하는 경우에는 상대방과 이해관계인들에 대하여 청문을 한다.

그러나 국민이 **신청하는 경우는 청문의 요건이 아니다.** 따라서 이 경우에도 청문을 할 수 있도록 입법하는 것이 바람직하다는 **입법론이 대두**되고 있다.

2) 생략사유

행정절차법 제21조 제3항을 준용하는 제22조 제4항에 의하여 ㉓급한 경우나, ㉣령상 생략사유가 **재판**으로 증명된 경우이거나 ㉓질상 사유가 있으면 생략이 가능하고, 추가적으로 **임의적이고 자유로운** ㉥기도 가능하다. 다만, 참고

(우측 여백 주석)

📖 빈출

📖 처분의 적법성시점 = 처분시설(다, 판)

📖 = 인 + 단 + 반 + 경 + 긴

📖 빈출 규정

📖 오답 주의 기출

📖 = 청문 + 공청회 + 환경영향평가 = 청공환

📖 오답 주의할 기출

📖 법령 = 법률 + 법규명령일 것 ⇒ 행정규칙에서 청문을 규정하는 경우 = 적법요건이 아니라고 판시, 다만 예외가 1개 있음(훈령상의 청문임에도 적법요건으로 판시한 적이 1번 있음)

📖 **개정 포인트〉** 그래서 제22조 제1항 제3호가 입법되어 **신청에 의한 청문이 일부 도입됨 ① 인허가 취소 ② 신분·자격 박탈 ③ 법인·조합 설립허가 취소**

📖 의견청취 생략 사유 = 긴 + 법 + 성 + 포

빈출

빈출

판례가 성질상 청문 생략 사유가 아니라고 보는 것
= 반 공 불 포

로 **청문(포)기각서**에 대하여 판례는 국민은 행정청에 대하여 임의적이고 자유로운 포기를 하였다고 보기 어려우므로 **생략사유가 아니라고** 판시하고 있다. 또한 종로구청장이 유기장업자에 대하여 **영업허가를 철회**하면서 주소지불명으로 인하여 **(반)송**되거나, **(공)시송달**을 하였거나, 청문일에 **(불출석)**하였다는 등의 사유는 **청문생략사유로 볼 수 없다**고 판시하고 있다. 판례에 대하여는 지나치게 생략사유를 엄격하게 보고 있다는 비판이 가능하다.[1]

빈출 판례

> **261. 대법원 2001. 4. 13. 선고 2000두3337 판결【영업허가취소처분취소】**
>
> **행정절차법 제21조 제4항 제3호**는 침해적 행정처분을 할 경우 청문을 실시하지 않을 수 있는 사유로서 "당해 처분의 성질상 의견청취가 현저히 곤란하거나 명백히 불필요하다고 인정될 만한 상당한 이유가 있는 경우"를 규정하고 있으나, 여기에서 말하는 '의견청취가 현저히 곤란하거나 명백히 불필요하다고 인정될 만한 상당한 이유가 있는지 여부'는 당해 행정처분의 성질에 비추어 판단하여야 하는 것이지, 청문통지서의 반송 여부, 청문통지의 방법 등에 의하여 판단할 것은 아니며, 또한 행정처분의 상대방이 통지된 청문일시에 불출석하였다는 이유만으로 행정청이 관계 법령상 그 실시가 요구되는 청문을 실시하지 아니한 채 침해적 행정처분을 할 수는 없을 것이므로, **행정처분의 상대방에 대한 청문통지서가 반송되었다거나, 행정처분의 상대방이 청문일시에 불출석하였다는 이유로 청문을 실시하지 아니하고 한 침해적 행정처분은 위법하다.**

청문은 이해관계인만. 공청회는 이해관계인을 불문

(2) 공청회

1) 요 건

행정청이 처분을 할 때 다른 **법령등에서 공청회를 개최하도록 규정**하고 있는 경우이거나 **행정청이 필요하다고 인정하는 경우**에는 **이해관계인인지 여부를 불문**하고 공청회를 개최할 수 있다. 그러나 **국민이 신청하는 경우는 공청회의 요건이 아니다.** 따라서 이 경우에도 공청회를 할 수 있도록 입법하는 것이 바람직하다는 **입법론**이 대두되고 있다.

기출

= 긴 법 성 포

2) 생략사유

공청회도 청문과 생략사유에 대하여는 동일한 논의가 적용된다. 즉 행정절차법 제21조 제3항을 준용하는 제22조 제4항에 의하여 **(긴)급**한 경우나, **(재)판**으

---

1 김남진 교수.

로 증명된 경우이거나 ㉛질상 사유가 있으면 생략이 가능하고, 추가적으로 **임의
적이고 자유로운 ㉠기도 가능**하다.

(3) 환경영향평가

환경영향평가도 환경영향평가법이나 개별 법령에서 규정을 두고 있는 경우
만 적법요건이 된다.

1) 흠결유형

다수설과 판례 모두 환경영향평가를 **아예 거치지 않은 경우에는 위법**하다
고 보고 있다.

☞ 기출

2) 부실유형

그러나 **환경영향평가를 부실하게 거친 경우에는 판례는 위법하지 않다**고
판시하고 있다. 이에 대하여 판례를 비판하면서 중대한 부실의 경우는 절차의
하자를 긍정하고, 경미한 하자의 경우에는 부당의 문제로서 위법하지 않다고 보
아 양자를 구별하자는 입장이 설득력있게 제시되고 있다.

☞ 주의할 기출

(4) 기타 절차에 대하여도 알아두자 ☑빈출

1) 대집행의 계고, 통지

행정대집행법에서 대집행 상대방인 국민에 대하여 계고하고 통지를 하도록
규정하고 있다. 따라서 원칙적으로 **계고(Warning)나 통지(Information) 없이 곧바
로 대집행을 실행(execution)하면** 절차하자를 구성한다. 다만, **긴급한 경우에는**
행정대집행법에서 **즉시강제로서 계고나 통지의 생략을 허용**하고 있다.

☞ 빈출

☞ 대집행 = 계고 + 통지 + 실행 + 비용징수 = 계통실비

2) 강제징수의 독촉

과세처분에 대한 체납시 **독촉은 강제경매의 사전절차로서 요구**된다. 특히
최근 대법원은 판례의 입장을 변경하여 **체납자에 대한 강제경매통지는 체납자
가 경매당일이라도** 경매대금을 체납자의 **신분을 벗고 경락받을 수 있는 기회
를 부여**하기 위하여 **종래와 달리 적법절차가 된다**고 판시하고 있다. 반면에 **저
당권자나 유치권자 등 다른 권리자에 대한 경매통지는 적법요건이 아니라고**
판시하고 있다.

☞ 최근 기출

☞ 오답 주의

3) 공무원징계시 의견진술의 기회부여

국가공무원법이나 지방공무원법에서 **공무원에게 불이익한 조치를 취할 때**

☞ 주의할 기출

에는 **의견진술의 기회**를 부여하도록 하고 있으며, 이를 흠결하면 특별히 (무효)라고 규정하고 있다.

4) 행정계획의 기초조사

국토의 계획 및 이용에 관한 법률상 요구되는 행정계획과 관련된 **이해관계들에 대한 기초조사를 흠결하면 절차하자**가 되며, 동시에 이는 행정계획과 관련된 이익들을 잘 **비교형량**하지 못할 것이므로 내용상으로도 **형량명령의 하자를 수반**하게 될 것이다.

제 3 절

행정절차를 흠결한 행정행위의 효력은 어떻게 될까

절차하자 빈출
= 독+취+하+기

(1) 문제점이 무엇일까

처분에 실체적 하자가 없다면 절차상 하자만을 이유로 이를 취소하거나 무효확인하더라도 행정청으로서는 적법한 절차를 거쳐 동일한 처분을 행할 수 있다는 점에서, 절차상의 하자를 독자적 위법사유로 인정하여 당해 처분을 취소하거나 무효확인하는 것이 행정경제에 반하는 것은 아닌지가 문제된다.

(2) 절차상 하자는 **독자적으로 위법사유성**이 인정될까

1) 학설에서는 이렇게 다른 생각을 가지고 다툰다

① 소극설 — 절차하자의 독자성 부정설

절차규정이란 적정한 행정행위를 확보하기 위한 **수단**에 불과하다는 점, 절차상의 하자가 있더라도 실체법상으로 적법하면 당해 행정처분이 취소되더라도 행정청은 다시 적법한 절차를 거쳐서 **동일**한 내용의 처분을 발할 것이기 때문에 절차적 하자를 독자적 위법사유로 인정하면 행정**경제**에 반한다는 점 등을 이유로 절차상의 하자만으로는 당해 행정행위를 무효로 보거나 취소할 수 없다고 보는 견해이다.

다. 판

② 적극설 — 절차하자의 독자성 긍정설

행정의 법률적합성원칙에 따라 행정행위는 **내용상으로 뿐만 아니라 절차**

상으로도 **적법해야 한다는 점**, 당해 처분을 취소한 후 행정청이 재처분을 하는 경우에 **반드시 전과 동일한 처분을 한다고 단정할 수 없다는 점**, 소극설에 따르면 절차적 규제의 **담보 수단이 없어지게** 된다는 점 등을 근거로 절차상 하자가 독자적 위법사유로 된다는 견해이다. 행정소송법 **제30조 제3항**에서 절차중시의 사고가 반영되어 입법되어 있다는 논거도 제시되고 있다.

2) 판례에 대하여 알아보자

"**과세표준과 세율, 세액, 세액산출근거 등의 필요한 사항**을 납세자에게 서면으로 통지하도록 한 세법상의 제 규정들은 … **강행규정**으로서 납세고지서에 그 기재가 **누락되**면 그 과세처분 자체가 **위법한 처분이 되어 취소**의 대상이 된다"(대법원 1984. 5. 9. 선고 84누116 판결)고 판시하였다. ☞ 빈출

또한 "**식품위생법** 제64조, 같은 법 시행령 제37조 제1항 소정의 **청문절차를 전혀 거치지 아니하거나** 거쳤다 하더라도 그 **절차적 요건을 제대로 준수하지 아니한 경우**에는 가사 영업정지 사유가 인정된다 **할지라도** 그 처분은 **위법**하여 **취소를 면할 수 없다**"(대법원 1991. 7. 9. 선고 91누971 판결)고 판시하여, **기속행위인지 재량행위인지를 불문하고 적극적인 입장을 취하고 있다.** ☞ 빈출

3) 검토해 보자

행정소송법 제30조 제3항이 취소판결의 기속력과 관련하여 「신청에 따른 처분이 절차의 위법을 이유로 취소되는 경우」를 규정하고 있는 점을 고려할 때 적극설이 타당하다. 또한 불충분한 의견청취절차를 거쳤음에도 당해 행정행위의 취소 내지 무효확인을 부인한다면 이는 의견청취절차를 의무화한 취지를 몰각시키는 것이라고 할 것이다. 따라서 의견청취절차를 결한 행정행위는 실체적 하자 유무와 관계없이 그 자체 위법하다고 본다.

(3) 절차하자가 있는 처분의 위법성의 정도는 어떠할까

중대명백설에 의하여 판단하건대, 특별한 사정이 없는 한 **취소사유가** 될 것이다. 그러나 명문**규정으로 무효라고 규정**하거나 특별한 사정이 있으면 무효사유가 될 수 있다. ☞ 빈출

(4) 하자치유의 시기에 대해서는 다툼이 있다

쟁송제기이전시설과 쟁송종결시설의 대립이 있다.

독일 행정절차법은 행정소송절차 종결시까지 흠결된 행정절차의 추완을 인

정하는 명문규정을 두고 있음에 반해 우리의 경우에는 이에 관한 **명문규정이 없으므로** 이 문제는 해석론에 의하여 해결할 수밖에 없다. 그런데 아직 이에 대해서는 확립된 학설이나 판례가 없는 상태이다. 다만 그 하자의 치유는 **행정쟁송(행정심판, 행정소송) 제기 이전까지만 가능하다**는 것이 유력설이며 판례의 경향인 것으로 보인다.

 참고 판례

> 행정행위의 법치주의의 관점에서 볼 때 하자있는 행정행위(과세처분시 세액의 산출근거 등이 누락된 경우)의 **치유는 원칙적으로 허용될 수 없는 것**일 뿐만 아니라, 이를 허용하는 경우에는, **늦어도 과세처분에 대한 불복여부의 결정 및 불복신청에 편의를 줄 수 있는 상당한 기간 내에 보정행위를 하여야** 그 하자가 치유된다 할 것이다(대법원 1983. 7. 26. 선고 82누420 판결; 대법원 1984. 4. 10. 선고 83누393 판결).

검토하건대, 하자치유시기를 쟁송 이후 단계까지 연장한다면 처분의 상대방의 입장에서는 쟁송제기시에 심판대상 내지 소송물을 충분히 확정할 수 없게 된다는 점에서 행정경제와 처분 상대방의 권리보호요청을 시기적으로 양립시킬 수 있는 조화점은 쟁송 이전 단계시까지인 것으로 보인다(**쟁송 이전 가능설**).

(5) 관련문제로서 – 판결의 기속력과 연결해서 알아두자(☞)

취소소송을 심리하는 법원이 **절차의 하자를 이유로 인용**판결을 내리게 되면, 행정청은 **절차를 보완**하여 **재차 거부**하거나 **재차 침해**하는 행정행위를 발급하더라도 판결의 **기속력**에 위반되지 **않는다**. 행정소송법 제30조 제3항에서 별도로 절차에 대한 재처분의무를 규정한 것은 입법자가 절차중시의 사고를 표현한 것으로 볼 수 있다.

제 4 절

중요 판례의 동향을 더 알아보고 출제에 대비해 보자

부적정통보의 이유부기의 하자

262. 대법원 2004. 5. 28. 선고 2004두961 판결【폐기물처리사업계획서신청서류
반려처분취소】[공2004. 7. 1.(205), 1086]

폐기물처리업 허가와 관련된 법령들의 체제 또는 문언을 살펴보면 사업계획 적정 여부에
대하여는 재량의 여지를 남겨 두고 있다 할 것이나 그 설정된 기준이 객관적으로 합리적
이 아니라거나 타당하지 않다고 보이는 경우 또는 **그러한 기준을 설정하지 않은 채 구체
적이고 합리적인 이유의 제시 없이 사업계획의 부적정 통보를 하거나 사업계획서를 반
려하는 경우**에까지 단지 행정청의 재량에 속하는 사항이라는 이유만으로 그 행정청의 의
사를 존중하여야 하는 것은 아니고, 이러한 경우의 처분은 **재량권을 남용하거나 그 범위
를 일탈한 조치로서 위법**하다.

☞ 판례는 재량의 일탈과 재량의 남용을 엄격하게 구별하여 사용하지 않는다.

가산금 부과시 이유부기 여부와 방법

263. 대법원 2012. 10. 18. 선고 2010두12347 전원합의체 판결【증여세부과처분
취소】〈가산세 부실 납세고지 사건〉[공2012하, 1945]

**[1] 납세고지서에 해당 본세의 과세표준과 세액의 산출근거 등이 제대로 기재되지
않은 경우 과세처분의 적법 여부(원칙적 소극) 및 하나의 납세고지서에 의하여 복
수의 과세처분을 하는 경우 납세고지서 기재의 방식**

구 국세징수법(2011. 4. 4. 법률 제10527호로 개정되기 전의 것, 이하 '국세징수법'이라 한
다)과 개별 세법의 **납세고지에 관한 규정**들은 헌법상 적법절차의 원칙과 행정절차법의
기본 원리를 과세처분의 영역에도 그대로 받아들여, 과세관청으로 하여금 자의를 배제한
신중하고도 합리적인 과세처분을 하게 함으로써 조세행정의 공정을 기함과 아울러 납세
의무자에게 과세처분의 내용을 자세히 알려주어 이에 대한 **불복 여부의 결정과 불복신
청의 편의를 주려는 데 그 근본취지가 있으므로, 이 규정들은 강행규정으로 보아야 한
다. 따라서 납세고지서에 해당 본세의 과세표준과 세액의 산출근거 등이 제대로 기재
되지 않았다면 특별한 사정이 없는 한 그 과세처분은 위법하다는 것이 판례의 확립된**

견해이다. 판례는 여기에서 한발 더 나아가 **설령 부가가치세법과 같이 개별 세법에서 납세고지에 관한 별도의 규정을 두지 않은 경우라** 하더라도 해당 본세의 납세고지서에 **국세징수법 제9조 제1항이 규정한 것과 같은 세액의 산출근거 등이 기재되어 있지 않다면 그 과세처분은 적법하지 않다**고 한다. 말하자면 개별 세법에 납세고지에 관한 별도의 규정이 없더라도 국세징수법이 정한 것과 같은 납세고지의 요건을 갖추지 않으면 안 된다는 것이고, 이는 적법절차의 원칙이 과세처분에도 적용됨에 따른 당연한 귀결이다. 같은 맥락에서, **하나의 납세고지서에 의하여 복수의 과세처분을 함께 하는 경우에는 과세처분별로 그 세액과 산출근거 등을 구분하여 기재함**으로써 납세의무자가 각 과세처분의 내용을 알 수 있도록 해야 하는 것 역시 당연하다고 할 것이다.

[2] 납세고지에 관한 구 국세징수법 제9조 제1항의 규정이나 개별 세법의 규정 취지가 가산세의 납세고지에도 적용되는지 여부(적극) 및 하나의 납세고지서로 본세와 가산세를 함께 부과하거나 여러 종류의 가산세를 함께 부과하는 경우 납세고지서 기재의 방식

가산세 부과처분에 관해서는 국세기본법이나 개별 세법 어디에도 그 납세고지의 방식 등에 관하여 따로 정한 규정이 없다. 그러나 가산세는 비록 본세의 세목으로 부과되기는 하지만(국세기본법 제47조 제2항 본문), 그 본질은 과세권의 행사와 조세채권의 실현을 용이하게 하기 위하여 세법에 규정된 의무를 정당한 이유 없이 위반한 납세의무자 등에게 부과하는 일종의 행정상 제재라는 점에서 적법절차의 원칙은 더 강하게 관철되어야 한다. 더욱이 가산세는 본세의 세목별로 그 종류가 매우 다양할 뿐 아니라 부과기준 및 산출근거도 제각각이다. 이 사건에서 문제가 된 증여세의 경우에도 신고불성실가산세[구 상속세 및 증여세법(2006. 12. 30. 법률 제8139호로 개정되기 전의 것) 제78조 제1항], 납부불성실가산세(제2항), 보고서 미제출 가산세(제3항), 주식 등의 보유기준 초과 가산세(제4항) 등 여러 종류의 가산세가 있고, 소득세법이나 법인세법 등에 규정된 가산세는 그보다 훨씬 복잡하고 종류도 많다. 따라서 납세고지서에 가산세의 산출근거 등이 기재되어 있지 않으면 납세의무자로서는 무슨 가산세가 어떤 근거로 부과되었는지 파악하기가 쉽지 않은 것이 보통일 것이다. 이와 같은 점에 비추어 보면, 납세고지에 관한 구 국세징수법(2011. 4. 4. 법률 제10527호로 개정되기 전의 것) 제9조 제1항의 규정이나 구 상속세 및 증여세법(2010. 1. 1. 법률 제9916호로 개정되기 전의 것) 제77조 등 개별 세법의 규정 취지는 가산세의 납세고지에도 그대로 관철되어야 마땅하다. 한편 본세의 부과처분과 가산세의 부과처분은 각 별개의 과세처분인 것처럼, 같은 세목에 관하여 여러 종류의 가산세가 부과되면 그 각 가산세 부과처분도 종류별로 각각 별개의 과세처분이라고 보아야 한다. 따라서 **하나의 납세고지서에 의하여 본세와 가산세를 함께 부과할 때에는 납세고지서에 본세와 가산세 각각의 세액과 산출근거 등을 구분하여 기재해야 하는 것**이고, 또 여러 종류의 가산세를 함께 부과하는 경우에는 그 가산세 상호 간에도 종류별로 세액과 산출근거 등을 **구분하여 기재함으로써 납세의무자가 납세고지서 자체로 각 과세처분의 내용을 알 수 있도록 하는 것**이 당연한 원칙이다.

☞ cf〉 법률이나 법규명령에 근거가 있어야만 적법요건이 되는 절차 ⇒ 청문, 공청회, 환경영향평가

cf〉 법률이나 법규명령에 아무런 근거가 없어도 적법요건이 되는 절차 ⇒ 사전통지, 약식청문(의견제출), 이유부기 (= 이유제시 = 이유기재)

도로구역변경결정의 사전통지 대상 여부

264. 대법원 2008. 6. 12. 선고 2007두1767 판결【도로구역변경고시취소】[미간행]

☞ 김국현 재판연구관, 도로구역변경결정을 하면서 토지소유자 등에 대하여 사전통지나 의견 청취 등의 사전절차를 거쳐야 하는지 여부, 대법원판례해설 75호

미시령 도로구역변경결정의 절차상의 하자 여부

가. 도로법 제49조의2는 도로공사의 시행을 위하여 필요하다고 인정할 때 공익사업을 위한 토지 등의 취득 및 보상에 관한 법률을 준용하여 도로구역 안에 있는 토지 등을 수용 또는 사용할 수 있다고 규정하고 있을 뿐, 사업인정 및 사업인정고시로 간주되는 도로구역의 결정 또는 변경과 도로구역의 결정 또는 변경고시를 할 때 공익사업법을 준용하도록 규정하고 있는 것은 아니다.

나. **행정절차법 제2조 제4호가 행정절차법의 당사자를 행정청의 처분에 대하여 직접 그 상대가 되는 당사자로 규정하고, 도로법 제25조 제3항이 도로구역을 결정하거나 변경할 경우 이를 고시에 의하도록 하면서, 그 도면을 일반인이 열람할 수 있도록 한 점 등을 종합하여 보면, 도로구역을 변경한 이 사건 처분은 행정절차법 제21조 제1항의 사전통지나 제22조 제3항의 의견청취의 대상이 되는 처분은 아니라고 할 것이다.**

인천전문대학 교수 및 조교수 임용거부처분사건

265. 대법원 2003. 11. 28. 선고 2003두674 판결【임용거부처분취소】[공2004. 1. 1.(193), 57]

[1] 인천전문대 교수임용거부처분의 내용상의 하자 여부

인천전문대학 논문편집위원회가 1998. 1. 임용심사에서 원고 등의 연구실적물에 대하여 **평균 '우' 이상의 평정을 한 것은 임용 여부를 결정하기 위한 행정청 내부의 의사결정에 불과할 뿐 그것이 외부적으로 원고 등에게 통보된 바 없어 행정처분으로서의 외형을 갖추었다고 볼 수 없으므로** 그것만으로는 신뢰보호의 원칙의 적용요건인 행정청이 개인에 대하여 신뢰의 대상이 되는 **공적인 견해표명을 한 것이라고 할 수 없고,** 더구나 선정자 16의 **논문은 위조된 것이고, 선정자 17의 논문은 표절된 것이어서 행정청의 견해표명이 정당하다고 신뢰한 데 대하여 그 개인에게 귀책사유가 있다**고 할 것이므로 그 신뢰가 보호가치가 있는 것이라고 할 수도 없어 신뢰보호의 원칙을 적용할 수 없다.

[2] 인천전문대 교수임용거부처분의 절차상의 하자 여부 ☑빈출

행정절차법 제21조 제1항은 행정청은 당사자에게 의무를 과하거나 권익을 제한하는 처분을 하는 경우에는 미리 처분의 제목, 당사자의 성명 또는 명칭과 주소, 처분하고자 하

는 원인이 되는 사실과 처분의 내용 및 법적 근거, 그에 대하여 의견을 제출할 수 있다는 뜻과 의견을 제출하지 아니하는 경우의 처리방법, 의견제출기관의 명칭과 주소, 의견제출 기한 등을 당사자 등에게 통지하도록 하고 있는바, 신청에 따른 처분이 이루어지지 아니한 경우에는 아직 당사자에게 권익이 부과되지 아니하였으므로 특별한 사정이 없는 한 **신청에 대한 거부처분**이라고 하더라도 직접 당사자의 권익을 제한하는 것은 아니어서 신청에 대한 거부처분을 여기에서 말하는 **'당사자의 권익을 제한하는 처분'에 해당한다고 할 수 없는 것이어서 처분의 사전통지대상이 된다고 할 수 없다고 할 것이다.**

☞ ** 판례는 사전통지나 의견제출(약식청문)에 대하여 기존의 권리를 제한할 때는 필요하지만, 신청거부에 대하여는 필요하지 않다고 판시

피의자신문조서에 대한 정보공개거부사유로서 개인식별정보에 국한하는지 사생활 침해우려 정보까지 포함하는지 쟁점이 된 〈전합〉 사건

266. 대법원 2012. 6. 18. 선고 2011두2361 전원합의체 판결【정보공개청구거부 처분취소】[공2012하, 1329]

[1] 공공기관의 정보공개에 관한 법률 제9조 제1항 제6호 본문에서 정한 '당해 정보에 포함되어 있는 이름·주민등록번호 등 개인에 관한 사항으로서 공개될 경우 개인의 사생활의 비밀 또는 자유를 침해할 우려가 있다고 인정되는 정보'의 의미와 범위

【다수의견】- 프라이버시 침해위험정보포함

구 공공기관의 정보공개에 관한 법률(2004. 1. 29. 법률 제7127호로 전부 개정되기 전의 것, 이하 '구 정보공개법'이라 한다) 제7조 제1항 제6호 본문은 비공개대상정보의 하나로 '당해 정보에 포함되어 있는 이름·주민등록번호 등에 의하여 특정인을 식별할 수 있는 개인에 관한 정보'를 규정하고 있었으나, 2004. 1. 29. 법률 제7127호로 전부 개정된 공공기관의 정보공개에 관한 법률(이하 '정보공개법'이라 한다) 제9조 제1항 제6호 본문은 위 비공개대상정보를 '당해 정보에 포함되어 있는 이름·주민등록번호 등 개인에 관한 사항으로서 공개될 경우 개인의 사생활의 비밀 또는 자유를 침해할 우려가 있다고 인정되는 정보'로 개정하였다.

일반적으로 사생활의 비밀은 국가 또는 제3자가 개인의 사생활영역을 들여다보거나 공개하는 것에 대한 보호를 제공하는 기본권이며, 사생활의 자유는 국가 또는 제3자가 개인의 사생활의 자유로운 형성을 방해하거나 금지하는 것에 대한 보호를 의미한다(헌법재판소 2003. 10. 30. 선고 2002헌마518 결정 등 참조).

공공기관의 정보공개에 관한 법률(이하 '정보공개법'이라 한다)의 개정 연혁, 내용 및 취지 등에 헌법상 보장되는 사생활의 비밀 및 자유의 내용을 보태어 보면, 정보공개법 제9조 제1항 제6호 본문의 규정에 따라 비공개대상이 되는 정보에는 구 공공기관의 정보공개에 관한 법률(2004. 1. 29. 법률 제7127호로 전부 개정되기 전의 것, 이하 같다)의 이름·주민등록번호 등 정보 형식이나 유형을 기준으로 비공개대상정보에 해당하는지를 판단하는 '개인식별정보'뿐만 아니라 그 외에 정보의 내용을 구체적으로 살펴 '개인에 관한 사항의 공개로 개인의 내밀한 내용의 비밀 등이 알려지게 되고, 그 결과 인격적·정신적 내면생활에 지장을 초래하거나 자유로운 사생활을 영위할 수 없게 될 위험성이 있는 정보'도 포함된다고 새겨야 한다. 따라서 불기소처분 기록 중 피의자신문조서 등에 기재된 피의자 등의 인적사항 이외의 진술내용 역시 개인의 사생활의 비밀 또는 자유를 침해할 우려가 인정되는 경우 정보공개법 제9조 제1항 제6호 본문 소정의 비공개대상에 해당한다.

[2] 사안의 적용

고소인이, 자신이 고소하였다가 불기소처분된 사건기록의 피의자신문조서, 진술조서 중 피의자 등 개인의 인적사항을 제외한 부분의 정보공개를 청구하였으나 해당 검찰청 검사장이 공공기관의 정보공개에 관한 법률 제9조 제1항 제6호에 해당한다는 이유로 비공개결정을 한 사안에서, 비공개결정한 정보 중 관련자들의 이름을 제외한 주민등록번호, 직업, 주소(주거 또는 직장주소), 본적, 전과 및 검찰 처분, 상훈·연금, 병역, 교육, 경력, 가족, 재산 및 월수입, 종교, 정당·사회단체가입, 건강상태, 연락처 등 개인에 관한 정보는 개인에 관한 사항으로서 공개되면 개인의 내밀한 비밀 등이 알려지게 되고 그 결과 인격적·정신적 내면생활에 지장을 초래하거나 자유로운 사생활을 영위할 수 없게 될 위험성이 있는 정보에 해당한다고 보아 이를 비공개대상정보에 해당한다.

한편 정보공개법 제9조 제1항 제6호 단서 (다)목은 '공공기관이 작성하거나 취득한 정보로서 공개하는 것이 공익 또는 개인의 권리구제를 위하여 필요하다고 인정되는 정보'를 비공개대상정보에서 제외한다고 규정하고 있는데, 여기에서 '공개하는 것이 개인의 권리구제를 위하여 필요하다고 인정되는 정보'에 해당하는지 여부는 비공개에 의하여 보호되는 개인의 사생활의 비밀 등의 이익과 공개에 의하여 보호되는 개인의 권리구제 등의 이익을 비교·교량하여 구체적 사안에 따라 신중히 판단하여야 한다(대법원 2003. 12. 26. 선고 2002두1342 판결; 대법원 2009. 10. 29. 선고 2009두14224 판결 등 참조).

원심이 제1심판결을 인용하여, 피고가 비공개결정한 정보 중 관련자들의 이름을 제외한 주민등록번호, 직업, 주소(주거 또는 직장주소), 본적, 전과 및 검찰 처분, 상훈·연금, 병역, 교육, 경력, 가족, 재산 및 월수입, 종교, 정당·사회단체가입, 건강상태, 연락처, 전화 등의 개인에 관한 정보는 개인에 관한 사항으로서 그 공개로 인하여 개인의 내밀한 내용의 비밀 등이 알려지게 되고 그 결과 인격적·정신적 내면생활에 지장을 초래하거나 자유로운 사생활을 영위할 수 없게 될 위험성이 있는 정보에 해당한다고 보아 이를 비공개 대상정보로, 위 각 정보를 제외한 나머지 개인에 관한 정보는 비공개대상정보에 해당하지 않는다고 판단한 것은 그 표현에 다소 적절하지 않은 점이 있으나, 앞서 본 법리에 따른 것으로서 정당하다고 수긍할 수 있다.

외환은행 론스타 사건 정보공개

267. 대법원 2011. 11. 24. 선고 2009두19021 판결【정보공개거부처분취소】[공 2012상, 49]

[1] 공공기관의 정보공개에 관한 법률 제9조 제1항 제4호에서 비공개대상정보로 정하고 있는 '진행 중인 재판에 관련된 정보'의 범위

공공기관의 정보공개에 관한 법률(이하 '정보공개법'이라 한다)의 입법 목적, 정보공개의 원칙, 비공개대상정보의 규정 형식과 취지 등을 고려하면, 법원 이외의 공공기관이 정보공개법 제9조 제1항 제4호에서 정한 '진행 중인 재판에 관련된 정보'에 해당한다는 사유로 정보공개를 거부하기 위하여는 반드시 그 정보가 진행 중인 재판의 소송기록 자체에 포함된 내용일 필요는 없다. 그러나 재판에 관련된 일체의 정보가 그에 해당하는 것은 아니고 **진행 중인 재판의 심리 또는 재판결과에 구체적으로 영향을 미칠 위험이 있는 정보에 "한정"**된다고 보는 것이 타당하다.

[2] 항고소송에서 행정청이 처분의 근거 사유를 추가하거나 변경하기 위한 요건인 '기본적 사실관계의 동일성' 유무의 판단 방법★★ ☞ 빈출지문

행정처분의 취소를 구하는 항고소송에서 처분청은 당초 처분의 근거로 삼은 사유와 〈기본적 사실관계가 동일성이 있다고 인정되는 한도〉 내에서만 다른 사유를 추가 또는 변경할 수 있고, 이러한 기본적 사실관계의 동일성 유무는 처분사유를 **법률적으로 평가하기 이전의 구체적 사실에 착안하여 그 〈기초인 사회적 사실관계가 기본적인 점에서 동일한지〉에 따라 결정되므로**, 추가 또는 변경된 사유가 처분 당시에 이미 존재하고 있었다거나 당사자가 **그 사실을 알고 있었다고 하여 당초의 처분사유와 동일성이 있다고 할 수 없다.**

[3] 처분사유의 추가·변경과 기본적 사실관계의 동일성 및 처분 당시의 사유

경제개혁연대와 소속 연구원이 금융위원회위원장 등에게 금융위원회의 론스타에 대한 외환은행 발행주식의 동일인 주식보유한도 초과보유 승인과 론스타의 외환은행 발행주식 초과보유에 대한 반기별 적격성 심사와 관련된 정보 등의 공개를 청구하였으나, 금융위원회위원장 등이 현재 대법원에 재판 진행 중인 사안이 포함되어 있다는 이유로 공공기관의 정보공개에 관한 법률 제9조 제1항 제4호에 따라 공개를 거부한 사안에서, 금융위원회위원장 등이 위 정보가 **대법원 재판과 별개 사건인 서울중앙지방법원에 진행 중**

인 재판에 관련된 정보에도 해당한다며 처분사유를 추가로 주장하는 것은 당초의 처분사유와 기본적 사실관계가 동일하다고 할 수 없는 사유를 추가하는 것이어서 허용될 수 없다고 본 원심판단을 정당하다.

[4] 공공기관의 정보공개에 관한 법률 제9조 제1항 제5호에서 비공개대상정보로 정하고 있는 '공개될 경우 업무의 공정한 수행에 현저한 지장을 초래한다고 인정할 만한 상당한 이유가 있는 정보'의 의미 및 그에 해당하는 정보인지 판단하는 방법

★★ ☞ 빈출지문

공공기관의 정보공개에 관한 법률(이하 '정보공개법'이라 한다) 제9조 제1항 **제5호**(감사, 연구, 시험출제, 회의 등 정보)에서 비공개대상정보로 규정하고 있는 '공개될 경우 업무의 공정한 수행에 현저한 지장을 초래한다고 인정할 만한 **상당한 이유가 있는 정보**'란 정보공개법 제1조의 정보공개제도의 목적 및 정보공개법 제9조 제1항 제5호에 따른 비공개대상정보의 입법 취지에 비추어 볼 때 공개될 경우 업무의 공정한 수행이 객관적으로 **현저하게 지장을 받을 것이라는 고도의 개연성이 존재하는 경우**를 말하고, 이러한 경우에 해당하는지는 **비공개함으로써 보호되는 업무수행의 공정성 등 이익과 공개로 보호되는 국민의 알권리 보장과 국정에 대한 국민의 참여 및 국정운영의 투명성 확보 등 이익을 비교·교량**하여 **구체적인 사안에 따라 신중하게 판단**되어야 한다.

[5] 공공기관의 정보공개에 관한 법률 제9조 제1항 제7호에서 비공개대상정보로 정하고 있는 '법인 등의 경영·영업상 비밀'의 의미 및 그에 해당하는 정보인지 판단하는 방법

공공기관의 정보공개에 관한 법률(이하 '정보공개법'이라 한다) 제9조 제1항 **제7호**에서 정한 '법인 등의 경영·영업상 비밀'은 **'타인에게 알려지지 아니함이 유리한 사업활동에 관한 일체의 정보'** 또는 **'사업활동에 관한 일체의 비밀사항'**을 의미하는 것이고 공개 여부는 공개를 거부할 만한 **정당한 이익이 있는지**에 따라 결정되어야 하는데, **그러한 정당한 이익이 있는지는 정보공개법의 입법 취지에 비추어 엄격하게 판단해야 한다.**

광주교도소의 정보공개신청거부사건

268. 대법원 2009. 12. 10. 선고 2009두12785 판결【정보공개거부처분취소】[공2010상, 141]

[1] 공공기관이 국민으로부터 보유·관리하는 정보에 대한 공개를 요구받은 경우 취해야 할 조치 ★★

국민의 '알권리', 즉 정보에의 접근·수집·처리의 자유는 자유권적 성질과 청구권적 성질을 공유하는 것으로서 헌법 제21조에 의하여 직접 보장되는 권리이고, 그 구체적 실현을

위하여 제정된 공공기관의 정보공개에 관한 법률도 제3조에서 공공기관이 보유·관리하는 정보를 원칙적으로 공개하도록 하여 정보공개의 원칙을 천명하고 있고, 위 법 제9조가 예외적인 비공개사유를 열거하고 있는 점에 비추어 보면, 국민으로부터 보유·관리하는 정보에 대한 공개를 요구받은 공공기관으로서는 **위 법 제9조 제1항 각 호에서 정하고 있는 비공개사유에 해당하지 않는 한 이를 공개하여야 하고,** 이를 거부하는 경우라 할지라도 대상이 된 정보의 내용을 구체적으로 확인·검토하여 어느 부분이 **어떠한 법익 또는 기본권과 충돌되어 위 각 호의 어디에 해당하는지를 주장·증명하여야만 하며,** 여기에 해당하는지 여부는 비공개에 의하여 보호되는 업무수행의 공정성 등의 이익과 공개에 의하여 보호되는 **국민의 알권리의 보장과 국정에 대한 국민의 참여 및 국정운영의 투명성 확보 등의 이익을 비교·교량하여 구체적인 사안에 따라 개별적으로 판단하여야 한다.**

[2] 공공기관의 정보공개에 관한 법률 제9조 제1항 제4호에서 비공개대상으로 규정한 '형의 집행, 교정에 관한 사항으로서 공개될 경우 그 직무수행을 현저히 곤란하게 하는 정보'의 의미

★ 공공기관의 정보공개에 관한 법률 <u>제9조 제1항 제4호</u>에(수사, 공소, 재판, 교정 정보)서 비공개대상으로 규정한 '형의 집행, 교정에 관한 사항으로서 공개될 경우 그 직무수행을 〈현저히〉 곤란하게 하는 정보'란 당해 정보가 공개될 경우 재소자들의 관리 및 질서유지, 수용시설의 안전, 재소자들에 대한 적정한 처우 및 교정·교화에 관한 직무의 공정하고 효율적인 수행에 **직접적이고 구체적으로 장애를 줄 〈고도의〉 개연성이 있고, 그 정도가 현저한 경우**를 의미한다.

[3] 법원이 행정기관의 정보공개거부처분의 위법 여부를 심리한 결과 공개를 거부한 정보에 비공개사유에 해당하는 부분과 그렇지 않은 부분이 혼합되어 있고, 공개청구의 취지에 어긋나지 않는 범위 안에서 두 부분을 분리할 수 있는 경우, 공개가 가능한 정보에 한하여 일부취소를 명할 수 있는지 여부(적극) 및 정보의 부분 공개가 허용되는 경우의 의미

법원이 행정기관의 정보공개거부처분의 위법 여부를 심리한 결과 공개를 거부한 정보에 비공개사유에 해당하는 부분과 그렇지 않은 부분이 **혼합되어 있고,** 공개청구의 취지에 어긋나지 않는 범위 안에서 두 부분을 **분리할 수 있음을 인정할 수 있을 때**에는 공개가 가능한 정보에 국한하여 일부취소를 명할 수 있다. 이러한 정보의 부분 공개가 허용되는 경우란 그 정보의 공개방법 및 절차에 비추어 당해 정보에서 비공개대상정보에 관련된 기술 등을 제외 혹은 삭제하고 나머지 정보만을 공개하는 것이 가능하고 **나머지 부분의 정보만으로도 공개의 가치가 있는 경우**를 의미한다.

cf〉 판례는 별도의 신청이 없더라도 분리가능성 등 요건을 갖추면 부분공개판결 가능하다고 판시

[4] 사안의 적용

교도소에 수용 중이던 재소자가 담당 교도관들을 상대로 가혹행위를 이유로 형사고소 및 민사소송을 제기하면서 그 증명자료 확보를 위해 '근무보고서'와 '징벌위원회 회의록' 등의 정보공개를 요청하였으나 교도소장이 이를 거부한 사안에서, ① **근무보고서**는 공공기관의 정보공개에 관한 법률 제9조 제1항 제4호에 정한 비공개대상정보에 해당한다고 볼 수 없고, ② **징벌위원회 회의록 중 비공개 심사 · 의결 부분**은 위 법 제9조 제1항 제5호의 비공개사유에 해당하지만 **재소자의 진술, 위원장 및 위원들과 재소자 사이의 문답 등 징벌절차 진행 부분**은 비공개사유에 해당하지 않는다고 보아 분리 공개가 허용된다.

충북참여연대의 정보공개신청거부사건★★

269. 대법원 2004. 8. 20. 선고 2003두8302 판결【사본공개거부처분취소】[미간행]

[1] 정보공개거부처분취소소송이 언제나 적법한 이유★★

공공기관의정보공개에관한법률(이하 '법'이라 한다) **제5조 제1항**은 '**모든 국민**은 정보의 공개를 청구할 권리를 가진다'고 규정하고 있는데, 여기에서 말하는 국민에는 **자연인은 물론 법인, 권리능력 없는 사단 · 재단도 포함**되고, 한편 **정보공개청구권은 법률상 보호되는 구체적인 권리이므로 청구인이 공공기관에 대하여 정보공개를 청구하였다가 거부처분을 받은 것 자체가 법률상 이익의 침해에 해당**한다(대법원 2003. 3. 11. 선고 2001두6425 판결 참조).

[2] 공개방법을 선택하여 정보공개청구를 한 경우, 공공기관에게 그 공개방법을 선택할 재량권이 있는지 여부(소극)

법 제2조 제2항, 제3조, 제5조, 제8조 제1항, 법시행령 제14조, 법시행규칙 제2조 [별지 제1호 서식] 등의 각 규정을 종합하면, 정보공개를 청구하는 자가 공공기관에 대해 정보의 사본 또는 출력물의 교부의 방법으로 공개방법을 선택하여 정보공개청구를 한 경우에 공개청구를 받은 공공기관으로서는 법 제8조 제2항에서 규정한 정보의 사본 또는 복제물의 **교부를 제한할 수 있는 사유에 해당하지 않는 한 정보공개청구자가 선택한 공개방법에 따라 정보를 공개하여야 하므로 그 공개방법을 선택할 재량권이 없다고 해석함이 상당**하다(대법원 2003. 3. 11. 선고 2002두2918 판결 참조).

원고가 피고들에게 그 판시의 정보(이하 '이 사건 정보'라 한다)를 사본 또는 출력물의 교부의 방법에 의하여 공개하여 줄 것을 청구한 이상, 피고들로서는 이 사건 정보에 법 제8조 제2항에 규정된 사유가 있음을 입증하지 못하는 한 원고가 선택한 공개방법에 따라 이 사건 정보를 공개하여야 한다고 한 다음, 이 사건 정보가 '이미 널리 알려진 사항'이 아님은 명백하고, 나아가 '청구량이 과다하여 정상적인 업무수행에 현저한 지장을 초래할 우려가 있는 경우'에 해당한다고 볼 자료도 없다는 이유로 이 사건 사본 또는 출력물의 교부의 방법에 의한 공개청구에 대하여, 공공기관에게 열람의 방법에 의한 공개를 선택할 재량권이 있다는 피고들의 주장은 타당하지 아니하다.

[3] 공공기관의정보공개에관한법률 제7조 제1항 제6호 단서 (다)목에서 정한 '공개하는 것이 공익을 위하여 필요하다고 인정되는 정보'에 해당하는지 여부에 관한 판단 기준

법 제7조 제1항 제6호는 비공개대상정보의 하나로 '당해 정보에 포함되어 있는 이름·주민등록번호 등에 의하여 특정인을 식별할 수 있는 개인에 관한 정보'(이하 '개인식별정보'라 한다)를 규정하면서, 같은 호 **단서 (다)목**으로 '공공기관이 작성하거나 취득한 정보로서 공개하는 것이 공익 또는 개인의 권리구제를 위하여 필요하다고 인정되는 정보'는 제외된다고 규정하고 있는바, **여기에서 '공개하는 것이 공익을 위하여 필요하다고 인정되는 정보'에 해당하는지 여부는 비공개에 의하여 보호되는 개인의 사생활 보호 등의 이익과 공개에 의하여 보호되는 국민의 알권리의 보장과 국정에 대한 국민의 참여 및 국정운영의 투명성 확보 등의 공익을 비교·교량하여 구체적 사안에 따라 개별적으로 판단하여야 한다**(위 대법원 2001두6425 판결 참조).

[4] 사안의 적용

공무원의 주민등록번호와 공무원이 **직무와 관련 없이 개인적인 자격으로 간담회·연찬회 등 행사에 참석하고 금품을 수령한 정보**는 공공기관의정보공개에관한법률 제7조 제1항 제6호 단서 (다)목에서 정한 '공개하는 것이 공익을 위하여 필요하다고 인정되는 정보'에 해당하지 않는다. **법인등이 거래하는 금융기관의 계좌번호에 관한 정보**는 법인등의 영업상 비밀에 관한 사항으로서 법인등의 이름과 결합하여 공개될 경우 당해 법인등의 영업상 지위가 위협받을 우려가 있다고 할 것이므로 법인등의 정당한 이익을 현저히 해할 우려가 있다고 인정되는 정보에 해당한다.

직무유기 혐의 고소사건 경위서 정보공개청구사건

270. 대법원 2012. 10. 11. 선고 2010두18758 판결【정보공개거부처분취소】[공2012하, 1828]

[1] 공공기관의 정보공개에 관한 법률 제9조 제1항 제5호에서 비공개대상정보로 규정하고 있는 '감사·감독·검사·시험·규제·입찰계약·기술개발·인사관리·의사결정과정 또는 내부검토과정에 있는 사항 등으로서 공개될 경우 업무의 공정한 수행에 현저한 지장을 초래한다고 인정할 만한 상당한 이유가 있는 정보'의 의미 및 이에 해당하는지 판단하는 기준

공공기관의 정보공개에 관한 법률(이하 '정보공개법'이라 한다) **제9조 제1항 제5호**에서
비공개대상정보로 규정하고 있는 '**감사**·감독·검사·시험·규제·입찰계약·기술개발·
인사관리·의사결정과정 또는 내부검토과정에 있는 사항 등으로서 공개될 경우 업무의
공정한 수행에 현저한 지장을 초래한다고 인정할 만한 상당한 이유가 있는 정보'란 정보
공개법 제1조의 정보공개제도의 목적 및 정보공개법 제9조 제1항 제5호에 따른 비공개대
상정보의 입법 취지에 비추어 볼 때, 공개될 경우 업무의 공정한 수행이 객관적으로 현저
하게 지장을 받을 것이라는 **고도의 개연성**이 존재하는 경우를 말하고, 이에 해당하는지
는 비공개함으로써 보호되는 업무수행의 공정성 등 이익과 공개로 보호되는 국민의 알권
리 보장과 국정에 대한 국민의 참여 및 국정운영의 투명성 확보 등 이익을 비교·교량하
여 구체적인 사안에 따라 신중하게 판단할 것이다. 그리고 그 판단을 할 때에는 공개청구
의 대상이 된 당해 정보의 내용뿐 아니라 그것을 공개함으로써 장래 동종 업무의 공정한
수행에 현저한 지장을 가져올지도 아울러 고려해야 한다.

[2] 사안의 적용

직무유기 혐의 고소사건에 대한 내부 감사과정에서 경찰관들에게서 받은 경위서를 공
개하라는 고소인의 정보공개신청에 대하여 관할 경찰서장이 공공기관의 정보공개에
관한 법률(이하 '정보공개법'이라 한다) 제9조 제1항 제5호 등의 사유를 들어 비공개결
정을 한 사안에서, 위 경위서는 고소사건을 조사하는 과정이 아니라 내부 감사과정에
서 제출받은 것인 점 등 위 경위서가 징구된 경위와 과정을 비롯하여 정보공개법 제9
조 제1항 제5호에 따른 비공개대상정보의 입법 취지 등을 종합할 때, 경위서가 공개될
경우 앞으로 동종 업무 수행에 현저한 지장을 가져올 개연성이 상당하다는 이유로, 경
위서가 공개될 경우 앞으로 내부 감사과정의 피조사자에게 어떤 영향을 미칠 수 있고,
그 때문에 업무수행에 어떤 변화가 초래될 수 있는지 등에 대한 고려 없이 위 경위서가
정보공개법 제9조 제1항 제5호의 비공개대상정보에 해당하지 않는다고 본 원심판결에
비공개대상정보에 관한 법리를 오해한 위법이 있다.

---

271. 대법원 2013. 01. 24. 선고 2010두18918 판결[정보공개거부처분취소]

**[1] 정보공개청구자가 특정한 것과 같은 정보를 공공기관이 보유·관리하고 있지
않은 경우, 해당 정보에 대한 공개거부처분에 대하여 취소를 구할 법률상 이익이
있는지 여부(원칙적 소극) 및 공개를 구하는 정보를 공공기관이 보유·관리하는 점
에 대한 증명책임의 소재**

★★공공기관의 정보공개에 관한 법률에서 말하는 공개대상 정보는 정보 그 자체가 아닌
정보공개법 제2조 제1호에서 예시하고 있는 매체 등에 기록된 사항을 의미하고, 공개대
상 정보는 원칙적으로 공개를 청구하는 자가 정보공개법 제10조 제1항 제2호에 따라 작
성한 정보공개청구서의 기재내용에 의하여 특정되며, 만일 ★**공개청구자가 특정한 바와**

같은 정보를 공공기관이 보유·관리하고 있지 않은 경우라면 특별한 사정이 없는 한 해당 정보에 대한 공개거부처분에 대하여는 취소를 구할 **법률상 이익이 없다.** 이와 관련하여 *공개청구자는 그가 공개를 구하는 정보를 공공기관이 보유·관리하고 있을 상당한 개연성이 있다는 점에 대하여 입증할 책임이 있으나, *공개를 구하는 정보를 공공기관이 한때 보유·관리하였으나 후에 그 정보가 담긴 문서들이 폐기되어 존재하지 않게 된 것이라면 그 정보를 더 이상 보유·관리하고 있지 않다는 점에 대한 증명책임은 공공기관에 있다.

[2] 국가정보원의 조직·소재지 및 정원에 관한 정보가 공공기관의 정보공개에 관한 법률 제9조 제1항 제1호에서 말하는 '다른 법률에 의하여 비공개 사항으로 규정된 정보'에 해당하는지 여부(원칙적 적극)

구 국가정보원법 제6조는 "국가정보원의 조직·소재지 및 정원은 국가안전보장을 위하여 필요한 경우에는 이를 공개하지 아니할 수 있다"고 규정하고 있다. 여기서 '국가안전보장'이란 국가의 존립, 헌법의 기본질서의 유지 등을 포함하는 개념으로서 국가의 독립, 영토의 보전, 헌법과 법률의 기능 및 헌법에 의하여 설치된 국가기관의 유지 등의 의미로 이해할 수 있는데, 국외 정보 및 국내 보안정보(대공, 대정부전복, 방첩, 대테러 및 국제범죄조직에 관한 정보)의 수집·작성 및 배포 등을 포함하는 국가정보원의 직무내용과 범위(제3조), 그 조직과 정원을 국가정보원장이 대통령의 승인을 받아 정하도록 하고 있는 점(제4조, 제5조 제2항), 정보활동의 비밀보장을 위하여 국가정보원에 대한 국회 정보위원회의 예산심의까지도 비공개로 하고 국회 정보위원회 위원으로 하여금 국가정보원의 예산 내역을 공개하거나 누설하지 못하도록 하고 있는 점(제12조 제5항) 등 구 국가정보원법상 관련 규정의 내용, 형식, 체계 등을 종합적으로 살펴보면, 국가정보원의 조직·소재지 및 정원에 관한 정보는 특별한 사정이 없는 한 국가안전보장을 위하여 비공개가 필요한 경우로서 구 국가정보원법 제6조에서 정한 비공개 사항에 해당하고, 결국 공공기관의 정보공개에 관한 법률 제9조 제1항 제1호에서 말하는 '다른 법률에 의하여 비공개 사항으로 규정된 정보'에도 해당한다고 보는 것이 타당하다.

272. 대법원 2013. 01. 16. 선고 2011두30687 판결[직권면직처분취소]

[1] 행정청이 침해적 행정처분을 하면서 당사자에게 구 행정절차법에서 정한 사전통지를 하거나 의견제출의 기회를 주지 않은 경우, 처분의 적법 여부(원칙적 소극)

구 행정절차법 제21조 제1항, 제4항, 제22조에 의하면, 행정청이 당사자에게 의무를 과하거나 권익을 제한하는 처분을 하는 경우에는 미리 처분하고자 하는 원인이 되는 사실과 처분의 내용 및 법적 근거, 이에 대하여 의견을 제출할 수 있다는 뜻과 의견을 제출하지 아니하는 경우의 처리방법 등의 사항을 당사자 등에게 통지해야 하고, 다른 법령 등에서 필수적으로 청문을 실시하거나 공청회를 개최하도록 규정하고 있지 아니한 경우에도 당사자 등에게 의견제출의 기회를 주어야 하되, '당해 처분의 성질상 의견청취가 현저히 곤란하거나 명백히 불필요하다고 인정될 만한 상당한 이유가 있는 경우' 등에는 처분의 사전통지나 의견청취를 아니 할 수 있도록 규정하고 있다. 따라서 행정청이 침해적 행정처분을 하면서 당사자에게 위와 같은 사전통지를 하거나 의견제출의 기회를 주지 않았다면, 사전통지를 하지 않거나 의견제출의 기회를 주지 않아도 되는 예외적인 경우에 해당하지 않는 한, 그 처분은 위법하여 취소를 면할 수 없다.

[2] 공무원 인사관계 법령에 의한 처분에 관한 사항에 대하여 행정절차법의 적용이 배제되는 범위 및 그 법리가 별정직 공무원에 대한 직권면직 처분에도 적용되는지 여부(적극)

구 행정절차법 제3조 제2항 제9호, 구 행정절차법 시행령제2조 제3호의 내용을 행정의 공정성, 투명성 및 신뢰성을 확보하고 국민의 권익을 보호함을 목적으로 하는 행정절차법의 입법 목적에 비추어 보면, 공무원 인사관계 법령에 의한 처분에 관한 사항이라 하더라도 전부에 대하여 행정절차법의 적용이 배제되는 것이 아니라, 성질상 행정절차를 거치기 곤란하거나 불필요하다고 인정되는 처분이나 행정절차에 준하는 절차를 거치도록 하고 있는 처분의 경우에만 행정절차법의 적용이 배제되는 것으로 보아야 하고, 이러한 법리는 '공무원 인사관계 법령에 의한 처분'에 해당하는 별정직 공무원에 대한 직권면직 처분의 경우에도 마찬가지로 적용된다.

273. 대법원 2013. 11. 14. 선고 2011두18571 판결[업무정지처분취소]

[1] 구 정보시스템의 효율적 도입 및 운영 등에 관한 법률 제13조 제2항에 따라 감리법인이 거짓으로 작성해서는 안 되는 감리보고서에 '감리결과 조치내역 확인보고서'가 포함되는지 여부(적극)

정보시스템 감리에 관한 구 정보시스템의 효율적 도입 및 운영 등에 관한 법률 제13조 제2항, 제16조 제1항 제7호, 제2조 제3호, 제11조 제4항, 제6항, 구 정보시스템의 효율적 도입 및 운영 등에 관한 법률 시행령 제12조 제1항, 구 정보시스템 감리기준 제12조 제4항, 제5항, 제7항 각 규정의 형식 및 내용과 아울러, ① 감리보고서 허위 작성에 대한 제재 규정은 전문성이 요구되는 정보시스템 분야의 업무수행에 대한 감리기능의 적정성을 확보하기 위한 데에 입법 취지가 있는 점, ② 감리종료 후 작성되는 감리보고서와 감리보고서에서 지적한 사항의 조치결과를 확인하는 확인보고서는 감리법인이 피감리인의 사업수행을 평가하여 발주청에 보고하는 문서로서 감리절차의 필수적 구성요소라는 점에서 본질적 차이가 없는 점, ③ '감리결과 조치내역 확인보고서'는 감리과정에서 밝혀진 문제점이 최종적으로 시정되었는지를 확인하고 사업의 완료 여부를 판단하는 기준이 되는 중요한 문서인 점, ④ '감리결과 조치내역 확인보고서'의 허위 기재에 대하여 제재를 가할 수 없다면, 정보시스템법이 위와 같은 제재규정을 두어 감리기능의 적정성을 확보하고자 하는 입법 취지를 실현하기 어려운 점 등을 종합해 보면, 정보시스템법 제13조 제2항에 따라 감리법인이 거짓으로 작성해서는 안 되는 감리보고서에는 '감리결과 조치 내역 확인보고서'도 포함된다고 보아야 한다.

[2] 행정절차법 제23조 제1항의 규정 취지 및 처분서에 처분의 근거와 이유가 구체적으로 명시되어 있지 않은 처분이라도 절차상 위법하지 않은 경우

행정절차법 제23조 제1항은 행정청이 처분을 하는 때에는 당사자에게 그 근거와 이유를 제시하도록 규정하고 있고, 이는 행정청의 자의적 결정을 배제하고 당사자로 하여금 행정구제절차에서 적절히 대처할 수 있도록 하는 데 그 취지가 있다. 따라서 처분서에 기재된 내용과 관계 법령 및 당해 처분에 이르기까지 전체적인 과정 등을 종합적으로 고려하여, 처분 당시 당사자가 어떠한 근거와 이유로 처분이 이루어진 것인지를 충분히 알 수 있어서 그에 불복하여 행정구제절차로 나아가는 데에 별다른 지장이 없었던 것으로 인정되는 경우에는 처분서에 처분의 근거와 이유가 구체적으로 명시되어 있지 않았다고 하더라도 그로 말미암아 그 처분이 위법한 것으로 된다고 할 수는 없다.

274. 대법원 2013. 03. 28. 선고 2012다102629 판결[임금]

지방소방공무원의 보수에 관한 법률관계가 공법상 법률관계인지 여부(적극) 및 지방소방공무원이 소속 지방자치단체를 상대로 초과근무수당의 지급을 구하는 소송을 제기하는 경우, 행정소송법상 당사자소송의 절차에 따라야 하는지 여부(적극)

지방자치단체와 그 소속 경력직 공무원인 지방소방공무원 사이의 관계, 즉 지방소방공무원의 근무관계는 사법상의 근로계약관계가 아닌 **공법상의 근무관계에 해당**하고, 그 근무관계의 주요한 내용 중 하나인 지방소방공무원의 보수에 관한 법률관계는 공법상의 법률관계라고 보아야 한다. 나아가 지방공무원법 제44조 제4항, 제45조 제1항이 지방공무원의 보수에 관하여 이른바 근무조건 법정주의를 채택하고 있고, 지방공무원 수당 등에 관한 규정 제15조 내지 제17조가 초과근무수당의 지급 대상, 시간당 지급 액수, 근무시간의 한도, 근무시간의 산정 방식에 관하여 구체적이고 직접적인 규정을 두고 있는 등 관계 법령의 내용, 형식 및 체제 등을 종합하여 보면, 지방소방공무원의 초과근무수당 지급청구권은 법령의 규정에 의하여 직접 그 존부나 범위가 정하여지고 법령에 규정된 수당의 지급요건에 해당하는 경우에는 곧바로 발생한다고 할 것이므로, **지방소방공무원이 자신이 소속된 지방자치단체를 상대로 초과근무수당의 지급을 구하는 청구에 관한 소송은 행정소송법 제3조 제2호에 규정된 당사자소송의 절차에 따라야 한다.**

제 5 절

(실력 UP) 출제가 예상되는 화제의 판결들을 공부해 두자

---

275. 대법원 2019. 5. 30. 선고 2016두49808 판결[명예전역선발취소무효확인]

[1] 행정절차법 제15조 제1항, 제24조 제1항, 공무원임용령 제6조 제3항, 공무원 인사기록·통계 및 인사사무 처리 규정 제26조 제1항의 규정에 따르면, 명예전역 선발을 취소하는 처분은 당사자의 의사에 반하여 예정되어 있던 전역을 취소하고 명예전역수당의 지급 결정 역시 취소하는 것으로서 임용에 준하는 처분으로 볼 수 있으므로, 행정절차법 제24조 제1항에 따라 문서로 해야 한다.

[2] 군인사법 제53조의2 제1항, 제4항, 제6항, 군인 명예전역수당지급 규정 제6조, 제12조와 국방 인사관리 훈령 제96조 제2항 제3호, 제99조 제1항 제1호, 제2항의 문언, 체계와 취지 등을 종합하면, 감사기관과 수사기관에서 비위 조사나 수사 중임을 사유로 한 명예전역 선발취소 결정은 특별한 사정이 없는 한 아직 명예전역이나 전역을 하지 않은 상태에 있는 명예전역 대상자가 그 처분 대상임을 전제한다고 보는 것이 타당하다.

---

276. 대법원 2018. 3. 13. 선고 2016두33339 판결[퇴교처분취소]

[1] 행정절차법 제12조 제1항 제3호, 제2항, 제11조 제4항 본문에 따르면, 당사자 등은 변호사를 대리인으로 선임할 수 있고, 대리인으로 선임된 변호사는 당사자 등을 위하여 행정절차에 관한 모든 행위를 할 수 있다고 규정되어 있다. 위와 같은 행정절차법령의 규정과 취지, 헌법상 법치국가원리와 적법절차원칙에 비추어 징계와 같은 불이익처분절차에서 징계심의대상자에게 변호사를 통한 방어권의 행사를 보장하는 것이 필요하고, 징계심의대상자가 선임한 변호사가 징계위원회에 출석하여 징계심의대상자를 위하여 필요한 의견을 진술하는 것은 방어권 행사의 본질적 내용에 해당하므로, 행정청은 특별한 사정이 없는 한 이를 거부할 수 없다.

[2] 행정절차법 제3조 제2항, 행정절차법 시행령 제2조 등 행정절차법령 관련 규정들의 내용을 행정의 공정성, 투명성 및 신뢰성을 확보하고 국민의 권익보호를 목적으로 하는 행정절차법의 입법 목적에 비추어 보면, 행정절차법의 적용이 제외되는 공무원 인사관계 법령에 의한 처분에 관한 사항이란 성질상 행정절차를 거치기 곤란하거나 불필요하다고 인정되는 처분이나 행정절차에 준하는 절차를 거치도록 하고 있는 처분에 관한 사항만을 말하는 것으로 보아야 한다. 이러한 법리는 '공무원 인사관계 법령에 의한 처분'에 해당하

는 육군3사관학교 생도에 대한 퇴학처분에도 마찬가지로 적용된다. 그리고 행정절차법 시행령 제2조 제8호는 '학교·연수원 등에서 교육·훈련의 목적을 달성하기 위하여 학생·연수생들을 대상으로 하는 사항'을 행정절차법의 적용이 제외되는 경우로 규정하고 있으나, 이는 교육과정과 내용의 구체적 결정, 과제의 부과, 성적의 평가, 공식적 징계에 이르지 아니한 질책·훈계 등과 같이 교육·훈련의 목적을 직접 달성하기 위하여 행하는 사항을 말하는 것으로 보아야 하고, 생도에 대한 퇴학처분과 같이 신분을 박탈하는 징계처분은 여기에 해당한다고 볼 수 없다.

[3] 육군3사관학교의 사관생도에 대한 징계절차에서 징계심의대상자가 대리인으로 선임한 변호사가 징계위원회 심의에 출석하여 진술하려고 하였음에도, 징계권자나 그 소속 직원이 변호사가 징계위원회의 심의에 출석하는 것을 막았다면 징계위원회 심의·의결의 절차적 정당성이 상실되어 그 징계의결에 따른 징계처분은 위법하여 원칙적으로 취소되어야 한다. 다만 징계심의대상자의 대리인이 관련된 행정절차나 소송절차에서 이미 실질적인 증거조사를 하고 의견을 진술하는 절차를 거쳐서 징계심의대상자의 방어권 행사에 실질적으로 지장이 초래되었다고 볼 수 없는 특별한 사정이 있는 경우에는, 징계권자가 징계심의대상자의 대리인에게 징계위원회에 출석하여 의견을 진술할 기회를 주지 아니하였더라도 그로 인하여 징계위원회 심의에 절차적 정당성이 상실되었다고 볼 수 없으므로 징계처분을 취소할 것은 아니다.

277. 헌재 2018. 5. 31. 2014헌마346[변호인접견불허처분 등 위헌확인]

가. 헌법 제12조 제4항 본문의 문언 및 헌법 제12조의 조문 체계, 변호인 조력권의 속성, 헌법이 신체의 자유를 보장하는 취지를 종합하여 보면 헌법 제12조 제4항 본문에 규정된 "구속"은 사법절차에서 이루어진 구속뿐 아니라, 행정절차에서 이루어진 구속까지 포함하는 개념이다. 따라서 헌법 제12조 제4항 본문에 규정된 변호인의 조력을 받을 권리는 행정절차에서 구속을 당한 사람에게도 즉시 보장된다.

종래 이와 견해를 달리하여 헌법 제12조 제4항 본문에 규정된 변호인의 조력을 받을 권리는 형사절차에서 피의자 또는 피고인의 방어권을 보장하기 위한 것으로서 출입국관리법상 보호 또는 강제퇴거의 절차에도 적용된다고 보기 어렵다고 판시한 우리 재판소 결정(헌재 2012. 8. 23. 2008헌마430)은, 이 결정 취지와 저촉되는 범위 안에서 변경한다.

나. 인천국제공항 송환대기실은 출입문이 철문으로 되어 있는 폐쇄된 공간이고, 인천국제공항 항공사운영협의회에 의해 출입이 통제되기 때문에 청구인은 송환대기실 밖 환승구역으로 나갈 수 없었으며, 공중전화 외에는 외부와의 소통 수단이 없었다. 청구인은 이 사건 변호인 접견신청 거부 당시 약 5개월 째 송환대기실에 수용되어 있었고, 적어도 난민인정심사불회부 결정 취소소송이 종료될 때까지는 임의로 송환대기실 밖으로 나갈 것

을 기대할 수 없었다. 청구인은 이 사건 변호인 접견신청 거부 당시 자신에 대한 송환대기실 수용을 해제해 달라는 취지의 인신보호청구의 소를 제기해 둔 상태였으므로 자신의 의사에 따라 송환대기실에 머무르고 있었다고 볼 수도 없다. 따라서 청구인은 이 사건 변호인 접견신청 거부 당시 헌법 제12조 제4항 본문에 규정된 "구속" 상태였다.

다. 이 사건 변호인 접견신청 거부는 현행법상 아무런 법률상 근거가 없이 청구인의 변호인의 조력을 받을 권리를 제한한 것이므로, 청구인의 변호인의 조력을 받을 권리를 침해한 것이다. 또한 청구인에게 변호인 접견신청을 허용한다고 하여 국가안전보장, 질서유지, 공공복리에 어떠한 장애가 생긴다고 보기는 어렵고, 필요한 최소한의 범위 내에서 접견 장소 등을 제한하는 방법을 취한다면 국가안전보장이나 환승구역의 질서유지 등에 별다른 지장을 주지 않으면서도 청구인의 변호인 접견권을 제대로 보장할 수 있다. 따라서 이 사건 변호인 접견신청 거부는 국가안전보장이나 질서유지, 공공복리를 위해 필요한 기본권 제한 조치로 볼 수도 없다.

재판관 김창종, 재판관 안창호의 별개의견

입국불허결정을 받은 외국인은 대한민국에 입국할 수 없을 뿐, 본국 또는 제3국으로 임의로 자진출국함으로써 언제든지 송환대기실 밖으로 나올 수 있었으므로, 입국불허결정을 받은 외국인에 대한 '이동의 자유'의 제한은 그의 의사에 좌우될 수 있다는 특수성이 있다.

국가의 안전보장, 질서유지 및 공공복리를 위해서는 입국불허결정을 받은 외국인의 '이동의 자유'를 제한할 필요성이 인정되고, 입국이 불허된 청구인이 임의로 자진출국할 수 있음에도 계속 대한민국에 입국하려고 하여 이를 통제하는 과정에서 불가피하게 청구인에 대한 '이동의 자유'의 제한이 있었던 것이므로, 그러한 자유의 제한이 청구인의 의사와 무관하다고는 볼 수 없다. 또한, 청구인이 이 사건 송환대기실에 5개월 이상 머무르게 된 것은 그가 난민인정심사 불회부 결정을 받고 그에 대한 취소의 소를 제기하며 다투는 과정에서 출입국항에 머무르는 기간이 길어졌기 때문이다.

이러한 점을 고려하면 청구인은 헌법에서 예정한 '구금' 상태에 놓여 있었다고 볼 수 없으므로, 헌법 제12조 제4항에 규정된 구속된 사람이 가지는 변호인의 조력을 받을 권리를 갖는다고 할 수 없다. 따라서 이 사건 변호인 접견신청 거부(이하 별개의견에서는 '이 사건 변호사 접견신청 거부'라고 한다)에 의하여 청구인의 헌법상 변호인의 조력을 받을 권리가 제한된다고 볼 수 없다.

송환대기실에 수용된 청구인이 수용의 당부를 다투기 위해 인신보호청구의 소를 제기하였으며, 그 소송과 관련하여 변호사의 조력을 원한다는 점을 고려하면, 이 사건에서 재판청구권은 인간의 권리인 신체의 자유를 실효적으로 보장하는 데 반드시 필요한 권리라고 볼 수 있어, 청구인이 외국인이라 하더라도 재판청구권의 주체가 된다고 봄이 타당하다.

출입국항에서 입국불허결정을 받아 송환대기실에 있는 사람과 변호사 사이의 접견교통권의 보장은 헌법상 보장되는 재판청구권의 한 내용으로 볼 수 있으므로, 이 사건 변호사 접견신청 거부는 재판청구권의 한 내용으로서 청구인의 변호사의 도움을 받을 권리를 제한한다. 이 사건 변호사 접견신청 거부는 아무런 법률상의 근거 없이 이루어졌고, 국가안전보장, 질서유지, 공공복리를 달성하기 위해 필요한 기본권 제한 조치로 볼 수도 없으므로, 청구인의 재판청구권을 침해한다.

278. 대법원 2017. 8. 29. 선고 2016두44186 판결[산업단지개발계획변경신청거부처분취소]

[1] 산업입지에 관한 법령은 산업단지에 적합한 시설을 설치하여 입주하려는 자와 토지소유자에게 산업단지 지정과 관련한 산업단지개발계획 입안과 관련한 권한을 인정하고, 산업단지 지정뿐만 아니라 변경과 관련해서도 이해관계인에 대한 절차적 권리를 보장하는 규정을 두고 있다. 또한 산업단지 안에는 다수의 기반시설 등 도시계획시설 등을 포함하고 있고, 국토의 계획 및 이용에 관한 법률의 해석상 도시계획시설부지 소유자에게는 그에 관한 도시·군관리계획의 변경 등을 요구할 수 있는 법규상 또는 조리상 신청권이 인정된다고 해석되고 있다. 헌법상 재산권 보장의 취지에 비추어 보면 토지의 소유자에게 위와 같은 절차적 권리와 신청권을 인정한 것은 정당하다고 볼 수 있다. 이러한 법리는 이미 산업단지 지정이 이루어진 상황에서 산업단지 안의 토지 소유자로서 종전 산업단지개발계획을 일부 변경하여 산업단지개발계획에 적합한 시설을 설치하여 입주하려는 자가 종전 계획의 변경을 요청하는 경우에도 그대로 적용될 수 있다.

그러므로 산업단지개발계획상 산업단지 안의 토지 소유자로서 산업단지개발계획에 적합한 시설을 설치하여 입주하려는 자는 산업단지지정권자 또는 그로부터 권한을 위임받은 기관에 대하여 산업단지개발계획의 변경을 요청할 수 있는 법규상 또는 조리상 신청권이 있고, 이러한 신청에 대한 거부행위는 항고소송의 대상이 되는 행정처분에 해당한다고 보아야 한다.

[2] 행정청이 문서에 의하여 처분을 한 경우 처분서의 문언이 불분명하다는 등의 특별한 사정이 없는 한, 문언에 따라 어떤 처분을 하였는지를 확정하여야 한다. 처분서의 문언만으로도 행정청이 어떤 처분을 하였는지가 분명한데도 처분 경위나 처분 이후의 상대방의 태도 등 다른 사정을 고려하여 처분서의 문언과는 달리 다른 처분까지 포함되어 있는 것으로 확대해석해서는 안 된다.

[3] 행정청은 처분을 하는 때에는 원칙적으로 당사자에게 근거와 이유를 제시하여야 한다(행정절차법 제23조 제1항). 당사자가 신청하는 허가 등을 거부하는 처분을 하면서 당사자가 그 근거를 알 수 있을 정도로 이유를 제시한 경우에는 처분의 근거와 이유를 구체

적으로 명시하지 않았더라도 그로 말미암아 그 처분이 위법하다고 볼 수는 없다. 이때 '이유를 제시한 경우'는 처분서에 기재된 내용과 관계 법령 및 당해 처분에 이르기까지의 전체적인 과정 등을 종합적으로 고려하여, 처분 당시 당사자가 어떠한 근거와 이유로 처분이 이루어진 것인지를 충분히 알 수 있어서 그에 불복하여 행정구제절차로 나아가는 데 별다른 지장이 없었다고 인정되는 경우를 뜻한다.

[4] 행정처분의 취소를 구하는 항고소송에서는 처분청이 당초 처분의 근거로 제시한 사유와 기본적 사실관계에서 동일성이 없는 별개의 사실을 들어 처분사유로 주장할 수 없다.

제 13 장

정보에 관한 법률

제 1 절

정보공개법

1. 공공기관의 정보공개에 관한 법률의 의의와 목적에 대해 알아보자

공공기관의 정보공개에 관한 법률(이하 **정보공개법**이라 함)은 **공공기관이 보유·관리**하는 정보에 대한 국민**의 공개청구** 및 공공기관의 **공개의무**에 관하여 필요한 사항을 정함으로써 국민의 **알권리**를 보장하고 국정에 대한 국민의 **참여**와 국정운영의 **투명성**을 확보함을 목적으로 한다. 행정절차법과 정보공개법은 **협**조적 법치국가와 **열린** 정부를 구현하는 중요한 법률로서의 역할을 한다.(☞)

> ☞ 최근 판례는 공공기관의 범위를 넓게 설정 ⇒ KBS도 O, 사립대학도 O
>
> ☞ 판례는 비공개의 **공**익, **프**라이버시 등 VS **알**권리, **참**여, **투**명성 등을 비교형량 ⇒ IF 공 프 〉 알 참 투 = 비공개로 판결, 공 프 〈 알 참 투 = 공개로 판결

2. 정보공개행위는 재량행위 인지 여부

정보공개법 제3조에 의하면 공공기관이 보유·관리하는 정보는 **공개가 원칙**이지만, 제9조에서 광범위하게 **비공개사유**를 공익목적을 위하여 규정하고 있어, 전체적으로 **재량행위**이다.

> ☞ 기출

cF〉 그러나 판례는 **공개방법**에 대하여는 국민이 원하는 대로 하여야하므로 선택할 자유가 없다고 판시

> ☞ 주의할 기출

3. 정보공개결정을 **거부**당하거나 **부작위**인 경우 어떻게 구제를 받을 수 있나

☞ 쟁송형태 기출

(1) 쟁송형태에 대해 배워두자

정보공개**거부처분취소소송**을 제기하여야 한다. 부작위라도 특이하게도 정보공개의 경우는 구 정보공개법 제11조 제5항에 따라 **20일 이상의 부작위**는 **비공개결정**으로 보아 **거부로 간주**하도록 되어 있었으므로 부작위위법확인소송이 아니라 **거부처분취소소송을 제기하여야** 적법하였다. 최근 **개정되어** 간주거부 규정이 삭제되었다.

☞ 개정 포인트

또한 이러한 거부처분에 대하여 **의무이행심판**(행정심판법 제4조 제3호)이나 **취소심판**(같은 법 제4조 제1호) 또는 **무효등확인심판**(같은 법 제4조 제2호)을 제기할 수 있다.

(2) **소의 적법성**은 어떻게 갖추어야 하나

⇒ 판례는 거부처분취소소송에 대하여 특수한 요건을 요구

☞ 대상적격 암기법
=(신+신+직)
+(원+대+본)
+(일+추+형+객)
☞ 신청권의 의미가 빈출

1) 대상적격

① **신**청의 내용이 행정소송법 제2조의 **공권력**일 것

행정청의 **정보공개결정**은 행정소송법 제2조의 공권력에 일단 해당한다.

② **법규상·조리상 신**청권이 있을 것(☜)

i) 정보공개에 대한 신청권

☞ 빈출

㉠ 정보공개법 **제5조**에서 **모든** 국민에게 정보공개를 청구할 신청권을 인정하고 있고, ㉡ **헌법상 인간의 존엄과 행복추구권, 표현의 자유** 등에 비추어 알권리에 대한 신청권이 인정될 수 있으며, ㉢ **청주시 정보공개조례**사건에서도 대법원은 **정보공개는 법률의 규정이 없더라도 청구할 수 있다고** 판시한 바 있어 **정보공개에 대한 신청권은 언제나 인정된다**고 보아야 한다.

ii) 신청권을 대상적격으로 보는 판례에 대한 평석

대법원은 행정청이 국민으로부터 어떤 신청을 받고도 그 신청에 따른 내용의 행위를 함이 없이 신청을 반려한 행위가 항고소송의 **대상**인 거부처분이 되기 위하여는 국민이 행정청에 대하여 그 신청에 따른 행정행위를 해줄 것을 요구할 수 있는 **법규상 또는 조리상의 권리**가 있어야 한다는 입장이다(대법원 1990. 9. 28. 선고 89누8101 판결).[1]

☞ 빈출

---

1 헌법재판소도 같은 입장이다. 헌재 1998. 5. 16. 98헌마121 참조.

이러한 판례에 대해 취소소송의 대상과 **원고적격의 구분을 무시**한 것일 뿐만 아니라,2 행정소송법상 부작위개념(제2조 제1항 제2호)과는 달리 하등 위법성을 전제로 하지 않은 거부처분의 개념을 부당하게 제한함으로써 국민의 권익구제의 길을 축소한다는 비판이 제기된다.3

결론적으로 **신청권을 대상적격으로 보는 판례의 입장이 타당하다.**(☞)

*** 참고로 이에 대한 논증으로서 판례의 입장과 그 비판에 대하여 검토하기 위하여는 대법원이 신청권의 의미를 어떻게 이해하고 있는지를 밝혀야 한다. 대법원은 <이른바 검사임용거부처분사건에서> **검사임용**신청에 대한 임용 여부에 관하여 어떠한 내용의 응답을 할 것인지는 임용권자의 **자유재량**에 속하지만 원고에게는 **재량권의 한계일탈이나 남용이 없는 적법한 응답을 요구할 권리(응답신청권)가 있으므로 거부처분이** 행정소송의 **대상**이 된다고 판시하였고(대법원 1991. 2. 12. 선고 90누5825 판결), 또한 거부처분의 처분성을 인정하기 위한 전제요건이 되는 신청권의 존부는 구체적 사건에서 신청인이 **누구인가를 고려하지 않고** 관계 법규의 해석에 의하여 **일반 국민**에게 그러한 **신청권을 인정하고 있는가를 살펴 추상적으로 결정**되는 것이고, 신청인이 그 신청에 따른 **단순한 응답을 받을 권리**(☞ 형식적 신청권)를 넘어서 신청의 **인용이라는 만족적 결과를 얻을 권리**(☞ 실질적 신청권)**를 의미하는 것은 아니라고** 판시하여(대법원 1996. 6. 11. 선고 95누12460 판결), 신청권은 **형식상의** 단순한 응답요구권의 의미로 이해하고 있음을 분명히 하였다. 이와 같이 신청권을 **형식적 의미로 이해**하고, 그것을 소송의 **대상**, 즉 **처분성 인정의 문제로 보는 대법원의 입장**은 타당하다.

▣ 원고적격설, 대상적격설, 본안설 등이 대립하나 다수설과 판례는 대상적격설임

▣ 빈출

▣ 빈출

▣ 빈출

> **[참고]** 신청권은 실질적 신청권과 형식적 신청권으로 구별할 수 있다. 일반적으로 실질적인 권리란 특정한 급부 또는 행위를 청구하는 것을 내용으로 하는 것을 의미한다. 그에 대하여 형식적 권리란 특정한 행정결정을 요구할 수 있는 것이 아니라 단지 하자 없는 적법한 결정을 요구할 수 있다는 의미로 파악해야 한다. 이러한 의미에서 **실질적 신청권이란 원고가 신청한 특정의 처분을 해 달라는 권리**를 말하며, **형식적 신청권이란 원고의 신청에 대한 단순한 응답요구권**(☞ 어떠한 처분을 요구해 볼 수 있는 자격을 의미)**을 말한다.**

▣ 기출

---

2 김남진·김연태, 행정법 Ⅰ, 763-764면.
3 홍준형, 행정구제법, 544면.

다만 처분을 공권력의 행사로서 신청인의 권리나 법적 이익에 영향을 미치는 행위로 이해하는 한,4 **신청의 대상이 처분에 해당한다면, 그에 대한 형식적 신청권은 항상 긍정된다**고 볼 수 있다. 따라서 신청의 대상이 처분에 해당하는지를 검토하는 이외에 별도로 형식적 신청권을 요구할 필요는 없다.

③ 그 거부가 국민의 권리·의무를 ㉐접적으로 제한할 것

정보공개신청거부에 의하여 국민의 권리·의무가 직접적으로 제한되므로 동 요건을 충족한다.

📀 주의할 빈출

따라서 판례가 판시하듯이 **정보공개거부처분취소소송은 정보공개를 거부당하였다는 것만으로도 적법하다.**

2) 원고적격

📀 기출

판례가 이른바 **<충주시 환경운동연합 사건에서>** 판시하듯이 **정보공개청구권은 자연인이나 법인은 물론 법인격없는 단체**에게도 인정된다. 또한 단체의 **설립목적과 무관하게 인정된다.**

3) 소의 이익

📀 최근 기출

행정청이 법령에 따라 정보를 **적법하게 폐기**한 경우에는 **소의 이익이 없다.** 그러나 광주교도소 재소자가 **교도소장**을 상대로 정보공개거부처분취소소송을 제기한 사건에서 **악의적인 정보폐기의 경우**에는 정보가 적법하게 존재하지 않는다는 것에 대하여 **행정청이 입증책임을 지도록 전환**함으로써 **소의 이익을 긍정**하고 있다.

(3) 소의 이유유무는 어떤 것들이 기준이 될까

정보공개결정이나 거부는 정보공개법 규정들과 공익관련성에 비중이 높음

---

4 행정소송법상의 처분개념이 규율 또는 법적 효과의 개념요소를 포함하고 있는지에 대하여 논란이 있으나(이에 대하여는 박정훈, 취소소송의 성질과 처분개념, 고시계, 2001. 9, 29면 이하 참조), 대법원은 행정소송의 대상이 되는 처분을 국민의 권리·의무에 영향을 미치는 행위라고 이해한다: "행정소송의 대상이 되는 행정청의 처분이라 함은 행정청의 공법상의 행위로서 특정사항에 대하여 법규에 의한 권리의 설정 또는 의무의 부담을 명하거나 기타 법률상 효과를 발생하게 하는 등 국민의 권리의무에 직접 관계가 있는 행위를 말한다"(대법원 1992. 2. 11. 선고 91누4126 판결. 같은 취지의 판례: 대법원 1992. 1. 17. 선고 91누1714 판결; 대법원 1994. 12. 9. 선고 94누8433 판결 등). 헌법재판소도 같은 입장이다(헌재 1998. 7. 16. 96헌마246). 취소소송을 형성소송으로 보고 이에 따라 취소판결 역시 일정한 행정작용의 법적 효력을 부인하는 성질을 갖는 형성판결로 이해한다면, 그 대상은 국민에 대하여 권리제한 또는 의무부과라는 법적 효과를 갖는 행정작용이어야 한다.

을 고려할 때 **재량**행위이다. 그런데 이에 대하여는 정보공개법 **제9조의 비공개
사유**에 해당하면 정보공개거부는 적법하게 될 것이다. 다만 **공개정보와 비공개
정보가 혼합**되어 있지만 **분리가능한** 경우에는 정보공개법 **제14조**의 규정에 의
하여 **부분공개**를 판시할 수 있다. (☞ 판례는 신청이 별도로 없더라도 부분공개판결
가능하다고 판시)

☞ 기출

4. 정보공개결정에 대하여 제3자가 정보공개결정취소소송을 제기하는 경우도 배우자

(1) 쟁송형태는 어떻게 될까

공개대상정보의 **전부 또는 일부가 제3자**(☞ 정보주체)**와 관련이 있다고 인
정되는** 때에는 공공기관은 공개 청구된 사실을 **제3자에게 지체 없이 통지하여
야 하며**(정보공개법 제9조 제3항), 이러한 사실을 통지받은 제3자는 통지받은 날부
터 **3일 이내**에 당해 공공기관에 **비공개요청을 할 수 있다**(같은 법 제21조 제1항).

☞ 쟁송형태 기출

이러한 비공개요청을 받은 공공기관이 당해 제3자의 의사에 반하여 공개하
고자 하는 경우에는 **공개사유를 명시**하여 **서면으로 통지하여야 하며**, 공개통지
를 받은 제3자는 당해 공공기관에 서면으로 **이의신청**을 하거나 **행정심판**(이의신
청절차를 **반드시 거칠 필요는 없다.** 같은 법 제21조 제2항, 제19조 제2항) 또는 **행정소
송**을 제기할 수 있다(같은 법 제21조 제2항).

☞ 기출

그런데 정보공개 여부의 결정에 대한 **청구인**의 이의신청기간은 **30일**로 규
정하면서 공개결정에 대한 **제3자**의 이의신청기간은 **7일**로 짧게 규정하고 있고
(정보공개법 제18조 제1항과 제21조 제2항), 공공기관은 공개를 결정한 날부터 **10일
이내**에 공개하여야 하며(같은 법 제11조 및 시행령 제12조), **이의신청**에는 집행정
지의 제도가 인정되지 **않는다**는 점에서 이의신청은 실효적인 제3자의 권리보호
수단이 되지 못한다. 반면에 **행정심판**을 청구하거나 **행정소송**을 제기하는 경우
에는 **집행정지신청**을 할 수 있다.

(2) 소의 적법성은 이때는 어떻게 갖추어야 할까

1) 원고적격(☞)

정보공개결정은 **상대방**에게는 수익적이지만 **제3자에게는 침익적이므로 제
3자효 행정행위**에 해당한다. 따라서 정보공개결정에 대한 **직접적 · 구체적 이익**
이 침해되는 **제3자**는 원고적격이 있지만, **간접적 · 사실적 · 경제적 이익에 불과**

☞ 주의할 기출
정보공개거부처분취소소송에
서는 법률상 이익을 요구하
지 않고 모든 국민에게 원고
적격인정 vs 정보공개결정취

한 제3자는 각하될 것이다. 이러한 점에서 **정보공개거부처분취소소소송이 언제나 적법한 것과 차이가** 있다.

2) 대상적격

정보공개결정은 **제3자효 행정행위**이므로 행정소송법 **제2조의 처분**에 해당하므로 대상적격을 충족한다.

(3) 소의 이유유무는 어떻게 심리할까

정보공개결정이나 거부는 정보공개법 규정들과 **공익관련성에 비중**이 높음을 고려할 때 **재량**행위이다. 그런데 이에 대하여는 정보공개법 **제9조의 비공개사유**에 해당하면 정보공개거부는 적법하게 될 것이다. 다만 공개정보와 비공개정보가 **혼합**되어 있지만 **분리가능**한 경우에는 정보공개법 **제14조의 규정**에 의하여 **부분공개**를 판시할 수 있다.

또한 정보공개결정을 발급할 때에는 정보공개법 제11조 제3항에 따라 공개대상정보의 전부 또는 일부가 제3자와 관련이 있다고 인정되는 때에는 반드시 그 사실을 제3자에게 지체없이 **사전통지하여야** 하며, 필요한 경우에는 그의 **의견을 청취할 수 있다.**

5. 정보공개거부처분취소소소송이나 정보공개결정취소소소송에서 **소의 이유유무에서 비공개정보 사유와 이에 대한 판단이 중요하다**

(1) 정보공개법 **제9조의 규정**은 이렇게 되어 있다

정보공개법은 비공개대상정보로 ① **다른 법령에 의한 비공개대상정보**(☞ **판례는 정보공개관련된 법령만 해당한다고 국한해서 판시**), ② **중대한 국가의 이익에 관한 정보**(☞ **판례는 국가안전정보라도 중대한 이익을 저해할 현저한 위험요구 ⇒ 보안관찰통계자료 사건에서 비공개로 판시**), ③ **국민의 생명·신체 및 재산의 보호에 관련된 정보**, ④ ※ **진행중인 재판에 관련된 정보와 공개될 경우 직무수행을 현저히 곤란하게** 하거나 형사피고인의 공정한 재판을 받을 권리를 침해할 만한 **정보**(☞ **4호는 수사 공소 재판 교정 정보로서 직무수행 현저하게 곤란하게 할 위험있는 정보**), ⑤ ※ **공개될 경우 업무의 공정한 수행이나 연구·개발에 현저한 지장을 초래할 만한 정보**(☞ **5호는 감사 감독 검사 시험 업무로서 직무수행 현저하게 곤란하게 할 위험있는 정보**), ⑥ ※ **개인의 사생활의 비밀 또는 자유를 침해할 우려가 있는**

정보(☞ 6호는 성명 주민번호 등으로서 프라이버시 침해 우려 정보 단. 다목에서 공익을 위한 정보는 공개), ⑦ ※ 영업상 비밀에 관한 정보(☞ 7호는 기업의 정당한 영업비밀 정보) 및 ⑧ 특정인에게 이익 또는 불이익을 줄 우려가 있는 정보 등을 열거하고 있다(제9조 제1항)(☞ 8호는 투기정보).

(2) 정보공개법 제9조에 대한 법원의 판단기준과 이익형량에 대해 알아보자

1) 정보공개법 제9조 제4호의 판단기준

4호는 수사 공소 재판 교정 정보로서 직무수행 현저하게 곤란하게 할 위험 있는 정보는 비공개사유라고 규정한다. 외환은행 론스타 정보공개사건에서 공개 판시하였다.

---

279. 대법원 2011. 11. 24. 선고 2009두19021 판결【정보공개거부처분취소】

공공기관의 정보공개에 관한 법률(이하 '정보공개법'이라 한다)의 입법 목적, 정보공개의 원칙, 비공개대상정보의 규정 형식과 취지 등을 고려하면, 법원 이외의 공공기관이 정보 공개법 제9조 제1항 제4호에서 정한 '진행 중인 재판에 관련된 정보'에 해당한다는 사유로 정보공개를 거부하기 위하여는 반드시 그 정보가 진행 중인 재판의 소송기록 자체에 포함된 내용일 필요는 없다. 그러나 **재판에 관련된 일체의 정보가 그에 해당하는 것은 아니고 진행 중인 재판의 심리 또는 재판결과에 구체적으로 영향을 미칠 위험이 있는 정보에 "한정"**된다고 보는 것이 타당하다.

---

2) 정보공개법 제9조 제5호의 판단기준

5호는 감사, 감독, 검사, 시험, 업무로서 직무수행 현저하게 곤란하게 할 위험있는 정보는 비공개사유라고 판시한다. 서울교대 교수의 수능정보공개 사건에서는 공개판결을 하였고, 학교실태정보 공개사건은 비공개판결을 하였다.

☞ 기출

---

280. 대법원 2011. 11. 24. 선고 2009두19021 판결【정보공개거부처분취소】

공공기관의 정보공개에 관한 법률 제9조 제1항 제5호는 **시험**에 관한 사항으로서 공개될 경우 업무의 공정한 수행에 **현저한 지장을 초래**한다고 인정할 만한 상당한 이유가 있는 정보는 공개하지 아니한다고 규정하고 있는바, 여기에서 규정하고 있는 '**공개될 경우 업무의 공정한 수행에 현저한 지장을 초래한다고 인정할 만한 상당한 이유가 있는 경우**' 란 공개될 경우 업무의 공정한 수행이 **객관적으로 현저하게 지장을 받을 것이라는 고도의 개연성**이 존재하는 경우를 의미한다.

---

3) 정보공개법 제9조 제6호의 판단기준

6호는 성명, 주민번호 등으로서 프라이버시 침해 우려 정보를 비공개사유로 규정한다. 단, 다목에서 공익을 위한 정보는 공개사유에 해당한다.

---

281. 대법원 2012. 6. 18. 선고 2011두2361 전원합의체 판결【정보공개청구거부 처분취소】

이러한 정보공개법의 개정 연혁, 내용 및 취지 등에 헌법상 보장되는 사생활의 비밀 및 자유의 내용을 보태어 보면, 정보공개법 제9조 제1항 제6호 본문의 규정에 따라 비공개대상이 되는 정보에는 구 정보공개법상 **이름·주민등록번호** 등 정보의 형식이나 유형을 기준으로 비공개대상정보에 해당하는지 여부를 판단하는 '**개인식별정보**'뿐만 아니라 그 외에 정보의 내용을 구체적으로 살펴 '**개인에 관한 사항의 공개로 인하여 개인의 내밀한 내용의 비밀 등이 알려지게 되고, 그 결과 인격적·정신적 내면생활에 지장을 초래하거나 자유로운 사생활을 영위할 수 없게 될 위험성이 있는 정보**'도 포함된다고 새겨야 한다. 따라서 불기소처분 기록 중 피의자신문조서 등에 기재된 피의자 등의 **인적사항 이외의 진술내용 역시 개인의 사생활의 비밀 또는 자유를 침해할 우려가 인정되는 경우 정보공개법 제9조 제1항 제6호 본문 소정의 비공개대상에 해당한다고 할 것이다.**

---

4) 정보공개법 제9조 제7호의 판단기준

7호는 기업의 정당한 영업비밀 정보를 비공개사유로 규정한다.

---

282. 대법원 2011. 11. 24. 선고 2009두19021 판결【정보공개거부처분취소】

공공기관의 정보공개에 관한 법률(이하 '정보공개법'이라 한다) 제9조 제1항 제7호에서 정한 '**법인 등의 경영·영업상 비밀**'은 '**타인에게 알려지지 아니함이 유리한 사업활동에 관한 일체의 정보**' 또는 '**사업활동에 관한 일체의 비밀사항**'을 의미하는 것이고 공개 여부는 공개를 거부할 만한 **정당한 이익**이 있는지에 따라 결정되어야 하는데, 그러한 정당한 이익이 있는지는 정보공개법의 입법 **취지에 비추어 엄격하게 판단해야** 한다.

기출

제 2 절

개인정보 보호법

4차 산업 발전관련하여 시사적이고 중대한 의미를 가진다. 유럽은 개인정보 보호에 엄격하여 사전동의의 원칙, 즉 옵트 인 원칙을 취한다. 미국은 완화하여 사후동의의 원칙, 즉 옵트 아웃을 원칙으로 한다. 세이프하버(Safe Harbor)에서 프라이버시쉴드(Privacy Shield)로 미국마저 기준을 유럽수준으로 상향조정하고 있다. 우리는 사전동의원칙으로 유럽식으로 입법하고 있었지만, 데이터3법의 제정과 개정으로 점차 완화해가고 있다.

1. 개인정보 보호법의 의의와 제정취지는 무엇일까

페이스 북 사건, 농협이나 홈플러스 고객정보유출사건, 현대카드 고객정보 유출사건 등등에서 보듯이 입법의 필요성이 커졌다.

개인정보 보호법(이하 개인정보법이라 함)은 **개인정보의 수집·유출·오용·남용**으로부터 **사생활의 비밀 등을 보호**함으로써 국민의 권리와 이익을 증진하고, 나아가 개인의 존엄과 가치를 구현하기 위하여 **개인정보 처리에 관한 사항을 규정함을 목적**으로 한다.

2. 개인정보보호의 원칙에 대하여 알아두자

(1) 비례의 원칙

개인정보처리자는 개인정보의 **처리 목적을 명확**하게 하여야 하고 그 **목적에 필요한 범위**에서 **최소한의 개인정보만을 적법**하고 **정당하게 수집**하고(개인정보법 제3조 제1항), 개인정보의 처리 **목적에 필요한 범위에서 적합하게 개인정보를 처리하여야 한다**(개인정보법 제3조 제2항). 개인정보처리자는 정보주체의 사생활 침해를 최소화하는 방법으로 개인정보를 처리하여야 한다(개인정보법 제3조 제6항).

(2) 목적 외 활용금지의 원칙 = 목적구속성의 원칙

개인정보처리자는 개인정보의 처리 **목적 외의 용도로 활용하여서는 아니된다**(개인정보법 제3조 제2항).

📝 출제 예상

(3) 정보처리의 **정확성, 완전성, 최신성의 원칙**

개인정보처리자는 개인정보의 처리 목적에 필요한 범위에서 **개인정보의 정확성, 완전성 및 최신성이 보장되도록** 하여야 한다(개인정보법 제3조 제3항).

(4) **개인정보안전관리의무 = 해킹방지**

개인정보처리자는 개인정보의 처리 방법 및 종류 등에 따라 정보주체의 권리가 침해받을 가능성과 그 위험 정도를 고려하여 개인정보를 **안전하게 관리하여야 한다**(개인정보법 제3조 제4항).

(5) 개인정보에 대한 **정보공개청구권과 권리보장의무**

개인정보처리자는 개인정보 처리방침 등 개인정보의 처리에 관한 사항을 **공개하여야** 하며, 열람청구권 등 **정보주체의 권리를 보장하여야** 한다(개인정보법 제3조 제5항).

(6) 개인정보처리자의 **책임제도**

개인정보처리자는 이 법 및 관계 법령에서 규정하고 있는 **책임과 의무를** 준수하고 실천함으로써 정보주체의 신뢰를 얻기 위하여 노력하여야 한다(개인정보법 제3조 제8항).

3. 정보주체의 권리에는 어떠한 것들이 있을까

헌법에서는 정보주체의 정보에 대한 이들 권리들을 정보청구권과 자기정보결정권이라 부른다.

개인정보 보호법 제4조에 따라 다음과 같은 권리를 가진다. ① 개인정보의 처리에 관한 정보를 **제공받을 권리** ② 개인정보의 처리에 관한 **동의 여부**, 동의 범위 등을 **선택**하고 **결정할 권리** ③ 개인정보의 **처리 여부를 확인**하고 개인정보에 대하여 **열람**(사본의 발급을 포함한다. 이하 같다)을 요구할 권리 ④ 개인정보의 처리 **정지, 정정·삭제** 및 **파기**를 요구할 권리 ⑤ 개인정보의 처리로 인하여 발생한 **피해를 신속하고 공정한 절차에 따라 구제**받을 권리

4. 개인정보보호와 관련된 **절차**에 대하여 알아보자

(1) **개인정보보호위원회**의 설치

개인정보 보호법 제7조에 따라 **개인정보 보호에 관한 사항을 심의·의결**

하기 위하여 **대통령** 소속으로 **개인정보 보호위원회**를 둔다. 보호위원회는 그 권한에 속하는 업무를 독립하여 수행한다. 보호위원회는 위원장 1명, 상임위원 1명을 포함한 15명 이내의 위원으로 구성하되, 상임위원은 정무직 공무원으로 임명한다.

🖙 기출

(2) 개인정보보호책임자의 지정

개인정보 보호법 제31조에 의하여 개인정보처리자는 개인정보의 처리에 관한 업무를 총괄해서 책임질 **개인정보 보호책임자**를 지정하여야 한다.

🖙 기출

(3) 개인정보영향평가

공공기관의 장은 대통령령으로 정하는 기준에 해당하는 개인정보파일의 운용으로 인하여 정보주체의 **개인정보 침해가 우려되는 경우**에는 그 위험요인의 분석과 개선 사항 도출을 위한 평가를 하고 그 결과를 **행정안전부장관에게 제출하여야 한다.** 이 경우 공공기관의 장은 영향**평가를 행정안전부장관이 지정하는 기관 중에서 의뢰**하여야 한다.

(4) 개인정보유출통지

개인정보처리자는 개인정보가 유출되었음을 알게 되었을 때에는 지체 없이 해당 정보주체에게 **방어에 필요한 다음의 사항들을 알려야 한다.** 개인정보보호법 제34조에 의하면 ① 유출된 **개인정보의 항목** ② 유출된 **시점과 그 경위** ③ 유출로 인하여 발생할 수 있는 **피해를 최소화**하기 위하여 정보주체가 할 수 있는 방법 등에 관한 정보 ④ 개인정보처리자의 **대응조치 및 피해 구제절차** ⑤ 정보주체에게 피해가 발생한 경우 신고 등을 접수할 수 있는 **담당부서 및 연락처** 등이다.

🖙 출제 예상

(5) 개인정보 정정 및 삭제

개인정보 보호법 제36조와 제37조에 의하여 자신의 개인정보를 열람한 정보주체는 개인정보처리자에게 그 개인정보의 **정정 또는 삭제 및 개인정보의 처리의 정지를 요구할 수 있다.** 다만, 다른 법령에서 그 개인정보가 수집 대상으로 명시되어 있는 경우에는 그 삭제를 요구할 수 없다.

🖙 기출

(6) 개인정보 분쟁조정위원회

개인정보 보호법 제40조에 따라 개인정보에 관한 분쟁의 조정(調停)을 위하여 **개인정보 분쟁조정위원회**(이하 "분쟁조정위원회"라 한다)를 둔다. 분쟁조정위원회는 위원장 1명을 포함한 20명 이내의 위원으로 구성하며, 그중 1명은 상임위원으로 한다.

5. 판 례

(1) 개인정보보호에 대한 헌법재판소의 **NEIS 판례**에 대하여 공부해보자

283. 개인정보수집 등 위헌확인(대법원 2005. 7. 21. 2003헌마282 · 425(병합) 전원재판부)

[1] 서울특별시 교육감 등이 졸업생의 성명, 생년월일 및 졸업일자 정보를 교육정보시스템(NEIS)에 보유하는 행위의 법률유보원칙 위배 여부(소극)

개인정보자기결정권을 제한함에 있어서는 개인정보의 수집·보관·이용 등의 주체, 목적, 대상 및 범위 등을 법률에 구체적으로 규정함으로써 그 법률적 근거를 보다 명확히 하는 것이 바람직하나, **개인정보의 종류와 성격, 정보처리의 방식과 내용 등에 따라 수권법률의 명확성 요구의 정도는 달라진다 할 것인바**, 피청구인 서울특별시 교육감과 교육인적자원부장관이 졸업생 관련 제 증명의 발급이라는 소관 민원업무를 효율적으로 수행함에 필요하다고 보아 개인의 인격에 밀접히 연관된 민감한 정보라고 보기 어려운 졸업생의 성명, 생년월일 및 졸업일자만을 교육정보시스템(NEIS)에 보유하는 행위에 대하여는 그 보유정보의 성격과 양(量), 정보보유 목적의 비침해성 등을 **종합할 때** 수권법률의 명확성이 특별히 강하게 요구된다고는 할 수 없으며, 따라서 "공공기관은 소관업무를 수행하기 위하여 **필요한 범위 안에서** 개인정보화일을 보유할 수 있다"고 규정하고 있는 공공기관의개인정보보호에관한법률 제5조와 같은 일반적 **수권조항에 근거하여** 피청구인들의 보유행위가 이루어졌다 하더라도 **법률유보원칙에 위배된다고 단정하기 어렵다.**

[2] 위 행위가 그 정보주체의 개인정보자기결정권을 침해하는지 여부(소극)

개인정보의 종류 및 성격, 수집목적, 이용형태, 정보처리방식 등에 따라 개인정보자기결정권의 제한이 인격권 또는 사생활의 자유에 미치는 영향이나 침해의 정도는 달라지므로 개인정보자기결정권의 제한이 정당한지 여부를 판단함에 있어서는 위와 같은 요소들과 추구하는 공익의 중요성을 헤아려야 하는바, 피청구인들이 졸업증명서 발급업무에 관한 민원인의 편의 도모, 행정효율성의 제고를 위하여 개인의 존엄과 인격권에 심대한 영향을 미칠 수 있는 민감한 정보라고 보기 어려운 성명, 생년월일, 졸업일자 정보만을 NEIS에 보유하고 있는 것은 목적의 달성에 **필요한 최소한의 정보만을 보유하는 것**이라 할 수 있고, 공공기관의개인정보보호에관한법률에 규정된 개인정보 보호를 위한 법규정들의 적용을 받을 뿐만 아니라 피청구인들이 보유목적을 벗어나 개인정보를 **무단 사용하였다**

는 점을 인정할 만한 자료가 없는 한 NEIS라는 자동화된 전산시스템으로 그 정보를 보유하고 있다는 점만으로 피청구인들의 적법한 보유행위 자체의 정당성마저 부인하기는 어렵다.

☞ 서울행정법원은 개인정보의 무단유출은 법률유보의 원칙에 위반하여 위법하다고 판시

(2) 변호사 **승소지수**(공개판결)와 **인맥지수**(비공개판결)에 대한 대법원 판례도 흥미롭다

284. 대법원 2011. 9. 2. 선고 2008다42430 전원합의체 판결【정보게시금지등】

[1] 정보주체의 동의 없이 개인정보를 공개함으로써 침해되는 인격적 법익과 정보주체의 동의 없이 자유롭게 개인정보를 공개하는 표현행위로서 보호받을 수 있는 법적 이익이 하나의 법률관계를 둘러싸고 충돌하는 경우, 그 행위의 위법성에 관한 판단 방법

정보주체의 동의 없이 개인정보를 공개함으로써 침해되는 인격적 법익과 정보주체의 동의 없이 자유롭게 개인정보를 공개하는 표현행위로서 보호받을 수 있는 법적 이익이 하나의 법률관계를 둘러싸고 충돌하는 경우에는, 개인이 공적인 존재인지 여부, 개인정보의 공공성 및 공익성, 개인정보 수집의 목적·절차·이용형태의 상당성, 개인정보 이용의 필요성, 개인정보 이용으로 인해 침해되는 이익의 성질 및 내용 등 여러 사정을 종합적으로 고려하여, 개인정보에 관한 인격권 보호에 의하여 얻을 수 있는 이익(비공개 이익)과 표현행위에 의하여 얻을 수 있는 이익(공개 이익)을 구체적으로 **비교 형량하여**, 어느 쪽 이익이 더욱 우월한 것으로 평가할 수 있는지에 따라 그 행위의 최종적인 위법성 유무를 판단하여야 한다.

[2] 변호사인맥지수

[다수의견]

변호사 정보 제공 웹사이트 운영자가 변호사들의 개인신상정보를 기반으로 변호사들의 인맥지수를 산출하여 공개하는 서비스를 제공한 사안에서, **인맥지수의 사적·인격적 성격**, 산출과정에서 왜곡 가능성, 인맥지수 이용으로 인한 변호사들의 이익 침해와 공적 폐해의 우려, 그에 반하여 이용으로 달성될 공적인 가치의 보호 필요성 정도 등을 종합적으로 고려하면, 운영자가 변호사들의 개인신상정보를 기반으로 한 인맥지수를 공개하는 표현행위에 의하여 얻을 수 있는 법적 이익이 이를 공개하지 않음으로써 보호받을 수 있는 변호사들의 인격적 법익에 비하여 우월하다고 볼 수 없어, 결국 운영자의 인맥지수 서비

스 제공행위는 **변호사들의 개인정보에 관한 인격권을 침해하는 위법한 것이다.**

[대법관 박시환, 대법관 김능환, 대법관 양창수, 대법관 박병대의 반대의견]

인맥지수 산출에 사용된 변호사들의 개인신상정보의 성격, 인맥지수 산출방법의 합리성 정도, 인맥지수 이용의 필요성과 그 이용으로 달성될 공적인 가치의 보호 필요성 정도, 이용으로 인한 변호사들의 이익 침해와 공적 폐해의 우려 정도 등을 종합적으로 고려하면, 변호사들의 개인신상정보를 기반으로 한 인맥지수 서비스 제공이 변호사들의 개인정보에 관한 인격적 이익을 침해하는 위법한 행위라고 평가하기는 어렵다.

[3] 변호사승소지수

변호사 정보 제공 웹사이트 운영자가 대법원 홈페이지에서 제공하는 '나의 사건검색' 서비스를 통해 수집한 사건정보를 이용하여 변호사들의 승소율이나 전문성 지수 등을 제공하는 서비스를 한 사안에서, 공적 존재인 변호사들의 지위, 사건정보의 공공성 및 공익성, 사건정보를 이용한 승소율이나 전문성 지수 등 산출 방법의 합리성 정도, 승소율이나 전문성 지수 등의 이용 필요성, 이용으로 인하여 변호사들 이익이 침해될 우려의 정도 등을 종합적으로 고려하면, 웹사이트 운영자가 사건정보를 이용하여 승소율이나 전문성 지수 등을 제공하는 서비스를 하는 행위는 그에 의하여 얻을 수 있는 법적 이익이 이를 공개하지 않음으로써 얻을 수 있는 정보주체의 인격적 법익에 비하여 우월한 것으로 보여 변호사들의 개인정보에 관한 **인격권을 침해하는 위법한 행위로 평가할 수 없다.**

제3절

(실력 UP) 출제가 예상되는 화제의 판결들을 공부해 두자

285. 대법원 2018. 4. 12. 선고 2014두5477 판결[정보공개거부처분취소청구의소]

[1] 구 공공기관의 정보공개에 관한 법률(이하 '정보공개법'이라 한다) 제10조 제1항 제2호는 정보의 공개를 청구하는 자는 정보공개청구서에 '공개를 청구하는 정보의 내용' 등을 기재하도록 규정하고 있다. 청구인이 이에 따라 청구대상정보를 기재할 때에는 사회일반인의 관점에서 청구대상정보의 내용과 범위를 확정할 수 있을 정도로 특정하여야 한다. 또한 정보비공개결정의 취소를 구하는 사건에서, 청구인이 공개를 청구한 정보의 내용 중 너무 포괄적이거나 막연하여 사회일반인의 관점에서 그 내용과 범위를 확정할 수 있을 정도로 특정되었다고 볼 수 없는 부분이 포함되어 있다면, 이를 심리하는 법원으로서는 마땅히 정보공개법 제20조 제2항의 규정에 따라 공공기관에 그가 보유·관리하고 있는 청구대상정보를 제출하도록 하여, 이를 비공개로 열람·심사하는 등의 방법으로 청

구대상정보의 내용과 범위를 특정시켜야 한다.

[2] 구 공공기관의 정보공개에 관한 법률(이하 '정보공개법'이라 한다) 제13조 제4항은 공공기관이 정보를 비공개하는 결정을 한 때에는 비공개이유를 구체적으로 명시하여 청구인에게 그 사실을 통지하여야 한다고 규정하고 있다. 정보공개법 제1조, 제3조, 제6조는 국민의 알 권리를 보장하고 국정에 대한 국민의 참여와 국정운영의 투명성을 확보하기 위하여 공공기관이 보유·관리하는 정보를 모든 국민에게 원칙적으로 공개하도록 하고 있다. 그러므로 국민으로부터 보유·관리하는 정보에 대한 공개를 요구받은 공공기관으로서는, 정보공개법 제9조 제1항 각호에서 정하고 있는 비공개사유에 해당하지 않는 한 이를 공개하여야 한다. 이를 거부하는 경우라 할지라도, 대상이 된 정보의 내용을 구체적으로 확인·검토하여, 어느 부분이 어떠한 법익 또는 기본권과 충돌되어 정보공개법 제9조 제1항 몇 호에서 정하고 있는 비공개사유에 해당하는지를 주장·증명하여야만 하고, 그에 이르지 아니한 채 개괄적인 사유만을 들어 공개를 거부하는 것은 허용되지 아니한다.

[3] 구 공공기관의 정보공개에 관한 법률(이하 '정보공개법'이라 한다)은 공공기관이 보유·관리하는 정보에 대한 국민의 공개청구 및 공공기관의 공개의무에 관하여 필요한 사항을 정함으로써 국민의 알 권리를 보장하고 국정에 대한 국민의 참여와 국정운영의 투명성을 확보함을 목적으로 한다. 이에 따라 공공기관이 보유·관리하는 모든 정보를 원칙적 공개대상으로 하면서, 다만 사업체인 법인 등의 사업활동에 관한 비밀의 유출을 방지하여 정당한 이익을 보호하고자 하는 취지에서, 정보공개법 제9조 제1항 제7호로 '법인·단체 또는 개인의 경영·영업상 비밀로서 공개될 경우 법인 등의 정당한 이익을 현저히 해할 우려가 있다고 인정되는 정보'를 비공개대상정보로 규정하고 있다. 이와 같은 정보공개법의 입법 목적 등을 고려하여 보면, 정보공개법 제9조 제1항 제7호에서 정한 '법인 등의 경영·영업상 비밀'은 '타인에게 알려지지 아니함이 유리한 사업활동에 관한 일체의 정보' 또는 '사업활동에 관한 일체의 비밀사항'을 의미하는 것이고, 그 공개 여부는 공개를 거부할 만한 정당한 이익이 있는지에 따라 결정되어야 한다. 이러한 정당한 이익이 있는지는 정보공개법의 입법 취지에 비추어 이를 엄격하게 판단하여야 한다.

286. 대법원 2016. 8. 17. 선고 2014다235080 판결[개인정보수집에 대한 사전동의 등]

[1] 인간의 존엄과 가치, 행복추구권을 규정한 헌법 제10조 제1문에서 도출되는 일반적 인격권 및 헌법 제17조의 사생활의 비밀과 자유에 의하여 보장되는 개인정보자기결정권은 자신에 관한 정보가 언제 누구에게 어느 범위까지 알려지고 또 이용되도록 할 것인지를 정보주체가 스스로 결정할 수 있는 권리이다. 개인정보자기결정권의 보호대상이 되는 개인정보는 개인의 신체, 신념, 사회적 지위, 신분 등과 같이 개인의 인격주체성을 특징

짓는 사항으로서 개인의 동일성을 식별할 수 있게 하는 일체의 정보이고, 반드시 개인의 내밀한 영역에 속하는 정보에 국한되지 아니하며 공적 생활에서 형성되었거나 이미 공개된 개인정보까지 포함한다. 또한 개인정보를 대상으로 한 조사·수집·보관·처리·이용 등의 행위는 모두 원칙적으로 개인정보자기결정권에 대한 제한에 해당한다.

[2] 개인정보자기결정권이라는 인격적 법익을 침해·제한한다고 주장되는 행위의 내용이 이미 정보주체의 의사에 따라 공개된 개인정보를 그의 별도의 동의 없이 영리 목적으로 수집·제공하였다는 것인 경우에는, 정보처리 행위로 침해될 수 있는 정보주체의 인격적 법익과 그 행위로 보호받을 수 있는 정보처리자 등의 법적 이익이 하나의 법률관계를 둘러싸고 충돌하게 된다. 이때는 정보주체가 공적인 존재인지, 개인정보의 공공성과 공익성, 원래 공개한 대상 범위, 개인정보 처리의 목적·절차·이용형태의 상당성과 필요성, 개인정보 처리로 침해될 수 있는 이익의 성질과 내용 등 여러 사정을 종합적으로 고려하여, 개인정보에 관한 인격권 보호에 의하여 얻을 수 있는 이익과 정보처리 행위로 얻을 수 있는 이익 즉 정보처리자의 '알 권리'와 이를 기반으로 한 정보수용자의 '알 권리'및 표현의 자유, 정보처리자의 영업의 자유, 사회 전체의 경제적 효율성 등의 가치를 구체적으로 비교 형량하여 어느 쪽 이익이 더 우월한 것으로 평가할 수 있는지에 따라 정보처리 행위의 최종적인 위법성 여부를 판단하여야 하고, 단지 정보처리자에게 영리 목적이 있었다는 사정만으로 곧바로 정보처리 행위를 위법하다고 할 수는 없다.

[3] 2011. 3. 29. 법률 제10465호로 제정되어 2011. 9. 30.부터 시행된 개인정보 보호법은 개인정보처리자의 개인정보 수집·이용(제15조)과 제3자 제공(제17조)에 원칙적으로 정보주체의 동의가 필요하다고 규정하면서도, 대상이 되는 개인정보를 공개된 것과 공개되지 아니한 것으로 나누어 달리 규율하고 있지는 아니하다. 정보주체가 직접 또는 제3자를 통하여 이미 공개한 개인정보는 공개 당시 정보주체가 자신의 개인정보에 대한 수집이나 제3자 제공 등의 처리에 대하여 일정한 범위 내에서 동의를 하였다고 할 것이다. 이와 같이 공개된 개인정보를 객관적으로 보아 정보주체가 동의한 범위 내에서 처리하는 것으로 평가할 수 있는 경우에도 동의의 범위가 외부에 표시되지 아니하였다는 이유만으로 또다시 정보주체의 별도의 동의를 받을 것을 요구한다면 이는 정보주체의 공개의사에도 부합하지 아니하거니와 정보주체나 개인정보처리자에게 무의미한 동의절차를 밟기 위한 비용만을 부담시키는 결과가 된다. 다른 한편 개인정보 보호법 제20조는 공개된 개인정보 등을 수집·처리하는 때에는 정보주체의 요구가 있으면 즉시 개인정보의 수집 출처, 개인정보의 처리 목적, 제37조에 따른 개인정보 처리의 정지를 요구할 권리가 있다는 사실을 정보주체에게 알리도록 규정하고 있으므로, 공개된 개인정보에 대한 정보주체의 개인정보자기결정권은 이러한 사후통제에 의하여 보호받게 된다. 따라서 이미 공개된 개인정보를 정보주체의 동의가 있었다고 객관적으로 인정되는 범위 내에서 수집·이용·제공 등 처리를 할 때는 정보주체의 별도의 동의는 불필요하다고 보아야 하고, 별도의 동의를 받지 아니하였다고 하여 개인정보 보호법 제15조나 제17조를 위반한 것으로 볼 수 없다.

그리고 정보주체의 동의가 있었다고 인정되는 범위 내인지는 공개된 개인정보의 성격, 공개의 형태와 대상 범위, 그로부터 추단되는 정보주체의 공개 의도 내지 목적뿐만 아니라, 정보처리자의 정보제공 등 처리의 형태와 정보제공으로 공개의 대상 범위가 원래의 것과 달라졌는지, 정보제공이 정보주체의 원래의 공개 목적과 상당한 관련성이 있는지 등을 검토하여 객관적으로 판단하여야 한다.

[4] 법률정보 제공 사이트를 운영하는 甲 주식회사가 공립대학교인 乙 대학교 법과대학 법학과 교수로 재직 중인 丙의 사진, 성명, 성별, 출생연도, 직업, 직장, 학력, 경력 등의 개인정보를 위 법학과 홈페이지 등을 통해 수집하여 위 사이트 내 '법조인'항목에서 유료로 제공한 사안에서, 甲 회사가 영리 목적으로 丙의 개인정보를 수집하여 제3자에게 제공하였더라도 그에 의하여 얻을 수 있는 법적 이익이 정보처리를 막음으로써 얻을 수 있는 정보주체의 인격적 법익에 비하여 우월하므로, 甲 회사의 행위를 丙의 개인정보자기결정권을 침해하는 위법한 행위로 평가할 수 없고, 甲 회사가 丙의 개인정보를 수집하여 제3자에게 제공한 행위는 丙의 동의가 있었다고 객관적으로 인정되는 범위 내이고, 甲 회사에 영리 목적이 있었다고 하여 달리 볼 수 없으므로, 甲회사가 丙의 별도의 동의를 받지 아니하였다고 하여 개인정보 보호법 제15조나 제17조를 위반하였다고 볼 수 없다.

287. 대법원 2016. 12. 15. 선고 2013두20882 판결[정보공개법의 적용배제요건 등]

[1] 구 공공기관의 정보공개에 관한 법률(이하 '정보공개법'이라고 한다) 제4조 제1항은 "정보의 공개에 관하여는 다른 법률에 특별한 규정이 있는 경우를 제외하고는 이 법이 정하는 바에 의한다."라고 규정하고 있다. 여기서 '정보공개에 관하여 다른 법률에 특별한 규정이 있는 경우'에 해당한다고 하여 정보공개법의 적용을 배제하기 위해서는, 특별한 규정이 '법률'이어야 하고, 나아가 내용이 정보공개의 대상 및 범위, 정보공개의 절차, 비공개대상정보 등에 관하여 정보공개법과 달리 규정하고 있는 것이어야 한다.

[2] 형사소송법 제59조의2의 내용·취지 등을 고려하면, 형사소송법 제59조의2는 형사재판확정기록의 공개 여부나 공개 범위, 불복절차 등에 대하여 구 공공기관의 정보공개에 관한 법률(이하 '정보공개법'이라고 한다)과 달리 규정하고 있는 것으로 정보공개법 제4조 제1항에서 정한 '정보의 공개에 관하여 다른 법률에 특별한 규정이 있는 경우'에 해당한다. 따라서 형사재판확정기록의 공개에 관하여는 정보공개법에 의한 공개청구가 허용되지 아니한다.

제 14 장

행정의 실효성 확보수단

제 1 절

행정의 실효성 확보수단은 다음과 같은 체계를 가진다

불법포장마차, 주가조작, 불법농성 등 불법적인 행위에 대해 공권력은 어떻게 대응할 것인가?

(1) 행정벌을 주는 것이 오래된 첫 번째 방법이다

행정법상 **의무를 위반**하는 경우에 첫번째로 **과거**의 의무위반에 대한 **제재**나 **벌**로써 행정벌을 부과하는 방식을 취해왔다. 전통적으로는 ① **행정형벌**(ex. **징역, 벌금**)을 부과하여 **전과자로 만들겠다**는 행정형벌의 **위하력**을 이용하였다가 행정의 **탈형벌화**와 전과자방지라는 차원에서 **최근에는** ② **과태료(= 행정질서벌)** 를 부과하는 것으로 **입법경향이 변**하고 있는 추세이다.

☞ 벌법과 체계 암기

☞ 빈출

(2) 강제집행을 하는 것 역시 전통적인 두 번째 방법이다

두 번째로는 **장래**에 의무이행이 된 상태를 강제적으로 만들기 위하여 강제집행을 활용해 왔다. 의무를 부과하는 **하명(예: 철거명령)**을 하고 **절차(계고, 통지)**를 밟은 뒤 **실행(권력적 사실행위)**을 하는 **강제집행**이 정상적인 방법이라면 급박한 상황에서 **하명이나 절차를 생략**하는 **즉시강제**가 행해지기도 한다. 그러나 급박하지 않은데도 대집행의 계고나 통지, 강제징수의 독촉 등을 생략하면 **절차하자로서 위법**하게 된다.

☞ 벌법과 체계 암기

☞ 빈출

이러한 강제집행의 경우에 **대체적인 작위의무**(예: **철거의무**)를 대상으로 **대집행**이 행하여지며 전통적으로 선호되어 온 방식이지만, 대집행은 실행에 따른 **비용납부의무를 국민에게** 지움으로써 과도한 수단으로서의 성질을 가지고 있다. 따라서 **비용을 국가나 지자체의 것으로** 돌리는 **직접강제**가 보다 경미하고, 금전적인 의무부과를 통해 **간접적으로 심리적인 압박**을 가하는 **이행강제금** 역시 대집행보다 경미하다. 따라서 대집행보다 **직접강제 활용론**이나 **이행강제금 활용론**이 보다 타당하다. 그럼에도 불구하고 직접강제나 이행강제금에 대한 법률이 충분하지 않아 활용할 수 없는 경우가 많아 **입법론**적으로 문제된다.

금전적인 의무위반에 대하여는 **강제징수**가 활용된다.

☞ 빈출(암기)

또한 행정목적의 수사를 통해 **자료나 정보를 수집**하기 위하여 **행정조사**가 활용되는데, 행정조사에는 권력적 사실행위인 **강제조사**(예: **세무조사 ⇒ 권력적 사실행위 = 합성행위 = 처분성 인정**)와 비권력적 사실행위인 **임의조사**(예: **호구조사 ⇒ 비권력적 사실행위 = 행정지도 = 형식적 행정행위**)로 나누어진다.

(3) 새로운 실효성 확보수단이 세 번째 방법으로 활용되기 시작하고 있다

세 번째로 위 두 가지의 전통적인 수단만으로는 현대 행정의 의무위반에 대처할 수 없어 새로운 실효성 확보수단이 등장하고 있는데, 법치주의적인 관점에서 신중을 요하는 방법들이다.

행정법상의 의무를 위반하더라도 불법수익을 누릴 수 있다면 의무위반을 택할 것이므로 이를 방지하기 위하여 **불법수익을 박탈**하는 제도로서(예: **주가조작**) **과징금**이 출현하게 된다. 이러한 과징금은 **본래 의미의 과징금**(타협의 대상이 되지 않는 것들이며, 불법수익박탈과 더불어 더 이상 그 행위를 못하게 함)과 **변형 과징금**(타협의 대상이 되는 것들로서 불법수익 일부박탈과 동시에 그 행위를 계속하게 함 — 예: **공해 산업**)으로 분류된다.

또한 행정법상 의무위반자에 대하여 전기나 수도 및 가스 등을 단절하는 **공급거부**도 출현하게 되고, 허가나 특허를 취소하거나 철회함으로써 **관허사업을 제한**하는 수단도 등장하게 되었고, 행정법상 의무위반자의 행위와 성명과 주소 등을 공개하는 **공표**도 등장하게 되었다.

(4) 실효성 확보수단의 한계를 넘지 않도록 주의하자

이러한 수단들도 법률의 규정이 있어야 하므로 **법률유보의 원칙**을 충족하

☞ 굵은 글자들은 최다 빈출 (암기)

☞ 빈출(암기)

☞ 세금, 과태료 등 각종 공과금은 일부취소가 가능하지만 과징금은 일부취소를 판례가 부정

☞ 빈출(암기)

☞ 새로운 세 가지 수단들이 가장 문제되는 점은 '부당결부금지의 원칙'

여야 하고, 실효성 확보수단들마다 **의무의 성질에 부합**하여야 하며, 헌법적 차원의 효력인 **행정법의 일반원칙**을 위반하지 말아야 한다.

행정형벌인 벌금과 행정질서벌인 과태료는 성질이 다르므로 일사부재리에 반하지 않는다. 또한 과징금은 불법수익을 박탈하는 제도이고 과태료는 행정법 위반에 대하여 금전적인 질서벌을 부과하는 제도로서 두 제도의 취지가 다르므로 일사부재리에 반하지 않는다.

그렇지만 지나치게 병과하는 것은 비례의 원칙에 위반될 수 있으므로 신중하게 처분을 행사하여야 한다.

주의할 점을 부기하면 **영업정지는 고의·과실이 불필요**하다. 그러나, **과태료(행정질서벌)와 벌금(행정형벌)은 이제는 둘 다 고의·과실 필요**하게 되었다. ☞ 기출

벌금이나 징역 등 형벌은 종업원의 잘못에 대하여 법인이나 법인대표도 형사처벌하는 **양벌규정은 〈위헌〉**이지만, **과태료나 영업정지는 양벌규정이 〈합헌〉**이다. 따라서 영업주에 대한 양벌규정에 의하여 형사제재를 가하는 것은 불가능하지만 행정제재는 가능하다.

---

288. 의정부지방법원 2010. 7. 8. 선고 2010노361 판결【청소년보호법위반】

청소년보호법 제54조 상의 양벌규정은 헌법재판소 2008헌가10 결정에 의하여 영업주가 고용한 종업원 등의 업무에 관한 범법행위에 대하여 영업주도 함께 처벌하는 청소년보호법 제54조 중 "개인의 대리인·사용인 기타 종업원이 그 개인의 업무에 관하여 제51조 제8호의 위반행위를 한 때에는 그 개인에 대하여도 해당 조의 벌금형을 과한다"는 형사처벌 부분은 책임주의에 반한다는 이유로 위헌결정을 받았으나, 제51조 제8호의 적용을 제외한 나머지 부분은 대해서는 아직 위 양벌규정이 효력을 지닌다.

라마다르네상스호텔성매매장소제공사건

289. 대법원 2012. 5. 10. 선고 2012두1297 판결【영업정지처분취소】

[1] 현실적 행위자가 아닌 법령상 책임자로 규정된 자에게 행정법규 위반에 대한 제재조치(예: 영업정지)를 부과할 수 있는지 여부(적극) 및 행정법규 위반자에게 고의나 과실이 없어도 제재조치를 부과할 수 있는지 여부(원칙적 적극)

행정법규 위반에 대하여 가하는 제재조치는 행정목적의 달성을 위하여 행정법규 위반이라는 객관적 사실에 착안하여 가하는 제재이므로 반드시 현실적인 행위자가 아니라도 법령상 책임자로 규정된 자에게 부과되고 특별한 사정이 없는 한 위반자에게 고의나

과실이 없더라도 부과할 수 있다(대법원 2000. 5. 26. 선고 98두5972 판결; 대법원 2003. 9. 2. 선고 2002두5177 판결 등 참조).

원고의 종업원 등이 이 사건 호텔의 객실을 성매매 장소로 제공한 사실 등 판시사실을 인정한 다음, 공중위생영업자인 원고가 이 사건 호텔 내에서 성매매가 이루어지는 것을 방지하여야 할 의무를 위반하였고 원고에게 그 의무위반을 탓할 수 없는 정당한 사유가 있다고 보기 어려우므로, 피고가 원고의 종업원 등의 구 성매매알선 등 행위의 처벌에 관한 법률 제19조 위반 행위를 이유로 원고에게 이 사건 처분을 한 것은 정당하고, 원고가 위헌이라고 주장하는 구 성매매알선법 제27조는 이 사건 처분에 적용된 법률조항이 아니다.

[2] 법규명령형식의 행정규칙과 재량의 남용

구 공중위생관리법 제11조 제2항의 위임에 따른 같은 법 시행규칙(2009. 9. 4. 보건복지 가족부령 제134호로 개정되기 전의 것, 이하 같다) 제19조 [별표 7]의 I. 일반기준 3.의 가.항은 '해당 위반사항에 관하여 검사로부터 기소유예의 처분을 받은 때'에는 '처분기준 일수의 2분의 1 범위 안에서' 영업정지처분을 경감할 수 있다고 규정하고 있다.

그리고 일반적으로 제재적 행정처분이 사회통념상 재량권의 범위를 일탈하였거나 남용하였는지의 여부는 처분사유로 된 위반행위의 내용과 당해 처분에 의하여 달성하려는 공익목적 및 이에 따르는 제반 사정 등을 객관적으로 심리하여 공익침해의 정도와 그 처분으로 인하여 개인이 입게 될 불이익을 비교교량하여 판단하여야 한다(대법원 1992. 6. 23. 선고 92누2851 판결 등 참조).

구 공중위생관리법 제11조의 규정 취지, 이 사건 호텔 객실을 성매매 장소로 제공한 방법과 경위에 비추어 의무위반의 정도가 가볍다고 보기 어려운 점, 이 사건 처분이 구 공중위생관리법 시행규칙 제19조 [별표 7]의 '행정처분기준'에 부합하는 점, 위 [별표 7]의 I. 3.의 가.항이 행정처분의 경감 여부를 행정청의 재량으로 규정하고 있는 점 등 판시 사정들을 종합하여 이 사건 처분이 재량권의 범위 또는 한계를 일탈하였거나 재량권을 남용하였다고 볼 수 없다.

 실력 다지기

🖋 주의할 기출

이 사건은 과태료 사건이 아님. **과태료**는 **질서위반행위규제법** 때문에 **고의나 과실이 필요하다**는 것이 최근 판례임

기출문제 및 예상문제를 정리해 두자

> 예제: 라마다 르네상스 호텔이 성매매 장소를 제공한 경우 고의나 과실이 없더라도 성매매처벌에 관한 법률에 근거한 처벌이 가능하고, 나아가 이 사건의 제재처분이 재량의 남용이라고 볼 수 없다. (○)

제 2 절

전통적인 실효성 확보수단

1. 강제집행

(1) 강제집행의 개념은 무엇일까

행정상의 강제집행이란 행정법상의 **의무**(원칙적으로 행정행위에 의하여 부과된 의무를 말한다)의 불이행이 있는 경우에 행정주체가 의무자의 **신체** 또는 **재산**에 **실력을 가함**으로써 **장래**에 향하여 그 **의무를 이행시키거나** 혹은 **이행이 있었던 것과 동일한 상태를 실현**하는 행정작용을 말한다.

중요 출제 개념

(2) 강제집행의 수단을 구체적으로 알아두자

> **행정기본법 제30조(행정상 강제)** ① 행정청은 행정목적을 달성하기 위하여 필요한 경우에는 법률로 정하는 바에 따라 필요한 최소한의 범위에서 다음 각 호의 어느 하나에 해당하는 조치를 할 수 있다.
>
> 1. 행정대집행: 의무자가 행정상 의무(법령등에서 직접 부과하거나 행정청이 법령등에 따라 부과한 의무를 말한다. 이하 이 절에서 같다)로서 타인이 대신하여 행할 수 있는 의무를 이행하지 아니하는 경우 법률로 정하는 다른 수단으로는 그 이행을 확보하기 곤란하고 그 불이행을 방치하면 공익을 크게 해칠 것으로 인정될 때에 행정청이 의무자가 하여야 할 행위를 스스로 하거나 제3자에게 하게 하고 그 비용을 의무자로부터 징수하는 것
> 2. 이행강제금의 부과: 의무자가 행정상 의무를 이행하지 아니하는 경우 행정청이 적절한 이행기간을 부여하고, 그 기한까지 행정상 의무를 이행하지 아니하면 금전급부의무를 부과하는 것

3. 직접강제: 의무자가 행정상 의무를 이행하지 아니하는 경우 행정청이 의무자의 신체나 재산에 실력을 행사하여 그 행정상 의무의 이행이 있었던 것과 같은 상태를 실현하는 것

4. 강제징수: 의무자가 행정상 의무 중 금전급부의무를 이행하지 아니하는 경우 행정청이 의무자의 재산에 실력을 행사하여 그 행정상 의무가 실현된 것과 같은 상태를 실현하는 것

5. 즉시강제: 현재의 급박한 행정상의 장해를 제거하기 위한 경우로서 다음 각 목의 어느 하나에 해당하는 경우에 행정청이 곧바로 국민의 신체 또는 재산에 실력을 행사하여 행정목적을 달성하는 것

가. 행정청이 미리 행정상 의무 이행을 명할 시간적 여유가 없는 경우

나. 그 성질상 행정상 의무의 이행을 명하는 것만으로는 행정목적 달성이 곤란한 경우

📌 빈출

행정상 **강제집행**의 수단으로서 **대집행, 이행강제금(집행벌), 직접강제** 및 행정상의 **강제징수** 등이 있으나, 우리나라에서는 일반적인 수단으로서 **대집행**과 행정상의 **강제징수**만이 인정되고 있으며 **직접강제와 이행강제금은 개별법에 근거가 있는 경우에만** 허용된다.

(3) 강제집행을 하려면 법적인 근거가 꼭 있어야 한다

📌 빈출

과거에는 행정주체에게 명령권을 부여하는 법은 동시에 그 의무이행을 강제하는 데에 대한 근거법이 된다고 보는 경향이 있었다. 그러나 **의무를 명하는 행위(예: 철거명령)**와 의무의 내용을 **강제적으로 실현하는 행위(예: 대집행, 직접강제 등)**는 성질 및 내용에 있어서 별개의 행정작용이므로 **각각 별도의 법적 근거가 있어야 한다**는 것이 오늘날의 국내외의 통설이다.

2. 대집행 ☑최다 빈출

(1) 대집행의 의의는 무엇일까

행정기본법 제30조(행정상 강제) ① 행정청은 행정목적을 달성하기 위하여 필요한 경우에는 법률로 정하는 바에 따라 필요한 최소한의 범위에서 다음 각 호의 어느 하나에 해당하는 조치를 할 수 있다.

1. 행정대집행: 의무자가 행정상 의무(법령등에서 직접 부과하거나 행정청이 법령등

에 따라 부과한 의무를 말한다. 이하 이 절에서 같다)로서 타인이 대신하여 행할 수 있는 의무를 이행하지 아니하는 경우 법률로 정하는 다른 수단으로는 그 이행을 확보하기 곤란하고 그 불이행을 방치하면 공익을 크게 해칠 것으로 인정될 때에 행정청이 의무자가 하여야 할 행위를 스스로 하거나 제3자에게 하게 하고 그 비용을 의무자로부터 징수하는 것

대집행이란 **대체적 작위의무**(only)에 대한 강제수단으로서 의무자가 대체적 작위의무를 이행하지 않은 경우에 행정청이 의무자가 할 일을 **스스로 행하거나** 또는 **제3자로 하여금** 이를 행하게 함으로써 의무의 이행이 있었던 것과 동일한 상태를 **실현**시킨 후 **그 비용을 의무자로부터 징수**하는 작용이다(행정대집행법 제2조). `빈출 개념`

(2) 대집행의 요건을 꼼꼼하게 단계별로 배워두자

1) 계고의 요건 1 — **부작위의무위반, 즉 금지의무 위반에 대한 대집행가부** ⇒ No `최다 빈출`

행정법상의 부작위의무를 위반한 경우는 **대체적 작위의무**(only) 위반을 전제로 한 대집행을 실행할 수 없다. 또한 영업정지를 받는 자에게는 영업금지의무 즉, 부작위의무가 발생하는데, 이는 대체적인 작위의무가 아니므로 곧바로 대집행할 수 없다. `기출`

판례 역시 "**하천유수인용허가**신청이 **불허**되었음을 이유로 하천유수인용행위를 **중단할 것(금지의무 = 부작위의무)**과 이를 불이행할 경우 행정대집행법에 의하여 **대집행하겠다**는 내용의 **계고처분**은 **대집행의 대상이 될 수 없는 부작위의무에 대한 것으로서 그 자체로 위법함이 명백하다**"(대법원 1998. 10. 2. 선고 96누5445 판결)라고 판시한 바 있다.

2) 계고의 요건 2 — **토지나 건물의 인도·명도의무 위반은 대집행 ×**

토지수용시 토지나 건물의 인도나 명도의무에 대하여 **토지보상법(공토법 또는 토상법) 제89조**에서 의무를 이행하지 않는 경우에 대비하여 **대집행을 할 수 있다고** ⟨규정⟩하고 있어 대집행의 근거가 될 수 있는지 문제된다. 긍정설은 동 규정을 문리해석하여 행정대집행법에 대한 특별법으로서 토지나 건물의 인도의무를 대체적인 작위의무로 전환시키는 전환규범으로서 법률유보를 충족시키는 규 `규정은 ○, 판례는 ×`

정으로 보고[1] 있다. 그러나 **부정설을 취하는 다수설과 판례**는 이와 달리 동 규정을 목적론적으로 **축소해석**하여 **성질상** 대집행을 허용하는 특별법이라고 볼 수 **없으므로 여전히** 철거민 병 등의 **토지나 건물 인도에 대하여 대집행을 할 수 없다고 본다**(동지: 대법원 2005. 8. 19. 선고 2004다2809 판결[종암제3구역주택재개발조합사건]).

📖 빈출

3) 계고의 요건 3 — 계고의 대상의 특정요구

계고를 함에 있어서는 이행하여야 할 행위와 그 의무불이행시 대집행할 행위의 내용과 범위가 **구체적으로 특정되어야 한다**. 다만, 그 **행위의 내용과 범위는 반드시 시정명령서나 대집행계고서에 의하여서만 특정되어야 하는 것은 아니고, 그 처분 전후에 송달된 문서나 기타 사정을 종합하여 이를 특정할 수 있으면 족하다**(대법원 1990. 1. 25. 선고 89누4543 판결 참조).

📖 기출

4) 계고의 요건 4 — 1장의 문서로 발급 가부

① 판 례

📖 기출

이에 대하여 판례는 한 장의 문서로써 설문처럼 **철거명령과 계고를 같이 하더라도** 스스로 철거할 수 있는 **상당한 기간이 주어진 이상은 적법하다**고 본다.

② 학 설

그러나 학설은 철거명령을 별도로 하고 계고를 하는 것이 국민에게 유리하며, 기한의 이익이 철거를 당하는 국민에게 있으므로 판례는 타당하지 않다고 비판한다.

③ 검 토

따라서 **판례에 의하면 행정청이 철거명령과 계고나 통지를 동시에 하는 것은 적법**하지만, 비판적인 학설에 의하면 행정청은 철거명령과 계고나 통지를 동시에 할 수 없으므로 위법하다. 철거에 대한 기한의 이익은 국민에게 있으므로 비판적인 학설의 입장이 타당하다고 생각한다.

5) 계고의 요건 5 — 공익을 현저히 저해할 우려와 판단여지

대집행법 제2조는 의무의 불이행을 방치함이 **심히 공익에 반할 것이라는 요건을 규정**하고 있다. 이러한 **불확정개념**과 관련하여 **판단여지설**과 재량설의 대립이 있으나, 요건규정에 불확정개념이 사용된 이상 판단여지설이 타당하며,

---

1 김동희 교수.

이 요건이 충족되는지 여부는 이익형량에 의하여 판단되어야 할 것이다. 행정청이 행정법의 **일반원칙에 위반**되거나 **사실을 오인**하여 잘못 대집행을 행하여야 할 공익이 있다고 판단하게 되면 판단여지의 **한계위반**이 될 것이다.

(3) 대집행의 효과는 어떤 것들이 문제되는지 배워두자

1) 대집행을 구성하는 처분들은 재량행위들이다

대집행의 요건이 충족되더라도 대집행할지 여부는 **기본권까지 고려하는 종합설**에 의할 때 **공익관련성에 비중**이 크므로 행정청에게 주어진 **재량행위**이다. 따라서 재량이라도 **비례**의 원칙에 반하거나 **신뢰**보호의 원칙 등에 위반하면 재량의 **일탈·남용**으로서 위법하게 된다.

2) 대집행에서 하자승계논의는 중요하다

위법한 선행처분인 **철거명령**이나 **계고**의 위법성을 후행 처분인 강제철거라는 실행행위나 비용납부명령 등에 승계시킬 수 있는지에 관한 논의로서, 특히 선행처분의 제소기간이 도과된 경우에 국민의 권리구제에 유리한 논리이다.

① 하자승계에 대한 논의의 전제가 요구된다

행정행위가 연속해야 하는데, 준법률행위적 행정행위인 계고와 통지를 거쳐 권력적 사실행위인 실행 이후 비용납부명령으로 이어지므로 일단 첫 번째 전제는 충족되고 있다. 다음으로 **선행행정행위는 위법**하고 **취소사유**이어야 하고(**당연무효인 경우에는 당연히 다툴 수 있고 승계도 되므로 논의할 필요가 없음**), 특히 취소소송에서는 **제소기간이 경과**하여야 한다. 그리고 **후행 행정행위는 적법**하고 **취소소송인 경우에는 제소기간 내**이어야 한다.

② 하자승계에 대한 접근방식에 따른 학설들은 서로 다른 논리적인 방법으로 생각한다

i) (전통적) **하자승계론**의 관점

선행행위와 후행행위가 **결합하여 하나의 효과를 완성하는 것인 경우**에는 선행행위의 하자가 후행행위에 승계되는 데 대하여, 선행행위와 후행행위가 서로 **독립**하여 **별개의** 효과를 발생하는 것인 경우에는 선행행위가 당연무효가 되지 않는 한 그 하자가 후행행위에 **승계되지 않는**다고 보는 견해이다.

ii) 선행행위의 후행행위에 대한 **구속력**의 관점

동일한 법적 효과를 추구하는 행정작용이 여러 단계를 거쳐서 행해지는 경

☞ 반드시 한 문제 출제

☞ 최근 기출

우에 선행행위는 후행행위에 대해 일정범위 안에서 구속력을 가지며, 그러한 구속력이 미치는 범위 내에서는 후행행위에 있어서 선행행위의 효과와 다른 주장을 할 수 없게 된다는 견해이다. 즉 선행행위의 위법성을 이유로 후행행위의 취소를 청구할 수 없게 된다고 한다.

다만, 그 구속력이 미치기 위하여는 ㉠ **사물적 한계**로서 연속되는 여러 행위들이 동일한 목적을 추구할 것, ㉡ **대인적 한계**로 수범자가 일치할 것, ㉢ **시간적 한계**로서 선행행위의 사실 및 법적 상태가 동일성을 유지할 것 등이 요구되며, 이러한 한계 내에서 구속력이 인정되더라도 ㉣ 추가적 요건으로서 **예측가능성과 수인가능성이** 충족되어야 한다. 즉 수범자가 선행행위의 구속력을 미리 예측할 수 있고, 수인할 수 있는 경우일 것을 필요로 한다고 본다.

③ **하자승계에 대한 판례들은 중요하다**

📌 최근 빈출

판례는 **하자승계론의 관점을 기본적 입장(대집행, 강제징수 사건 등)**으로 하나, 쟁송기간이 도과한 **개별공시지가(개별공시지가사건 ⇒ 개별공시지가나 표준공시지가는 개인에게 개별통지되지 않는 경우가 많음)** 결정의 위법을 이유로 하여 그에 기초하여 부과된 **양도소득세 부과처분**의 취소를 구한 사건에서, 개별공시지가 결정과 과세처분은 서로 독립하여 별개의 법률효과를 목적으로 하는 것이나, 개별공시지가 결정의 불가쟁력이나 구속력이 관계인에게 **수인한도를 넘는 가혹함을** 가져오며, 그 결과가 예측가능한 것이 아닌 경우에는 관계인은 과세처분의 취소를 구하는 행정소송에서 **선행처분인 개별공시지가 결정의 위법을 독립한 위법사유로 주장할 수 있다고** 판시하여 구체적 타당성 있는 해결을 모색하고 있다(대법원 1994. 1. 25. 선고 93누8542 판결).

④ **학설과 판례들을 검토해 보자**

하자승계론은 그 기준의 모호성과 이를 일관할 경우 **구체적 타당성이 없는 결과를** 초래할 수 있다는 점, **구속력이론(규준력이론)**은 **판결과 행정행위의 구조적 차이점을 무시하고 있다는** 점에서 비판을 받고 있다. 생각건대, 하자승계의 논의는 하자승계를 인정하여 후행행위를 다툴 수 있게 함으로써 침해되는 법적 안정성과 이를 허용하지 않음으로써 관계인이 입게 되는 재판청구권의 갈등관계를 적절히 **조화**하기 위한 것인 만큼 양자의 요청을 적절히 조화시키려는 판례의 입장에 찬성한다.

판례는 종전의 입장에 따른 고찰이 구체적 사안에 있어서 타당하지 못한 결과를 발생하기 때문에 이를 해결하기 위하여 보충적인 논거로서 예측가능성과 **수인가능성**을 적용하고 있는 것으로 평가할 수 있다.

⑤ **대집행의 경우에 하자승계여부에 대한 경우의 수를 따져보자**

i) **철거명령의** 위법성에 기해 **비용납부명령**을 다툴 수 있는지 여부

㉠ **철거명령의 위법성을 취소사유로 보는 경우**

☞ (×)
☞ 기출

철거명령은 실효성을 원상회복방식의 의무부과에 의해 유지하려는 데에 목적이 있음에 반해, 계고, 통지, 실행, 비용납부명령 등은 그 의무불이행시에 당해 의무를 대집행하고 그 비용을 징수하려는 수단에 불과하다. 즉 전자는 원상회복의무를 구체적으로 확정하는 것인데 대하여, 후자는 이미 확정된 행정법상 의무의 강제집행절차라는 점에서 양자는 행정목적을 달리한다.

그리고 철거명령이 개별통지되었다면 수인한도를 넘는다거나 예측할 수 없었다고 판단되지 않는다. 따라서 철거명령의 위법성을 이유로 계고, 통지, 실행, 비용납부명령 등을 다툴 수 없다.

㉡ **철거명령의 위법성을 무효사유로 보는 경우**

☞ (○)

철거명령이 당연무효인 경우에는 이러한 시정명령을 근거로 하여 행해진 대집행의 절차로서의 계고, 통지, 실행, 비용납부명령 등은 정당한 처분사유가 없는 것이므로 이들 대집행행위들도 위법한 처분이 된다고 할 것이다. 행정행위를 발령하는 데 필요한 전제조건이 구비되어 있지 않은 상태에서 이루어진 경우이기 때문이다.

그 효력에 대하여는 비용납부명령의 하자의 정도에 따라 당연무효 또는 취소할 수 있는 것으로 보는 견해[2]도 있었으나, 처분의 근거를 상실한 경우이므로 당연무효사유로 보는 것이 타당하다. 판례도 **"선행행위가 부존재하거나 무효인 경우에는** 그 하자는 **당연히** 후행행위에 **승계되어 후행행위도 무효가 된다"**(대법원 1996. 6. 28. 선고 96누4374 판결)고 판시하고 있다.

☞ 주의할 기출

ii) **계고처분의 위법성에 기해 통지, 실행, 비용납부명령 등의 효력을 다툴 수 있는지 여부**

㉠ **계고처분의 위법성을 취소사유로 보는 경우**

☞ (○)

대집행의 계고, 대집행영장에 의한 통지, 대집행의 실행, 대집행 비용의 납부명령 등은 타인이 대신하여 행할 수 있는 대체적 작위의무의 이행을 의무자의

---

2 김동희, 행정법 I (제9판), 319면.

비용 부담하에 확보하고자 하는, 동일한 행정목적을 달성하기 위하여 **단계적인 일련의 절차로 연속하여 행하여지는 것으로서, 서로 결합하여 하나의 법률효과를 발생**시키는 것이므로, 계고처분의 위법성을 주장하여 통지, 실행, 비용납부명령 등의 효력을 **다툴 수 있다.** 이는 **대집행이 완료되어 계고처분의 취소를 구할 법률상 이익이 없는 경우에도 마찬가지이다.** 판례도 같은 입장이다.

> **290. 대법원 1993. 11. 9. 선고 93누14271 판결**
>
> 대집행의 실행이 이미 사실행위로서 완료되어 계고처분의 취소를 구할 법률상 이익이 없게 되었으며, 또 대집행비용납부명령 자체에는 아무런 하자가 없다 하더라도, 후행처분인 대집행비용납부명령의 취소를 청구하는 소송에서 청구원인으로 선행처분인 계고처분이 위법한 것이기 때문에 그 계고처분을 전제로 행하여진 **대집행비용납부명령도 위법한** 것이라는 주장을 할 수 있다.

ⓛ **계고처분의 위법성을 무효사유로 보는 경우**

이 경우에는 통지, 실행, 비용납부명령 등이 처분의 근거를 상실하였으므로 당연무효이다. 그리고 **당연히 승계될 수도 있다.**

3) 대집행으로 인하여 피해를 당하는 경우 권리구제는 어떻게 될까

① **대집행의 실행이 완료되기 이전**[빈출]

대집행이 실행 완료되기 이전에는 **취소소송**을 제기하더라도 **소의 이익**에 문제가 없으므로 가능하다. 그리고 이에 대한 **집행정지**도 신청할 수 있을 것이나, 현행 행정소송법 제23조의 엄격한 요건 때문에 금전으로 회복할 수 없는 손해에 대한 주장과 소명을 신청인인 국민이 하여야 할 것이다. 또한 손해발생시 **국가배상청구소송**이나 **가해 공무원에** 대한, 손해배상청구소송(판례는 **고의나 중과실을 요구**)을 제기할 수 있으며, 일부 철거된 부분이 있다면 원상회복으로서 **결과제거청구권**을 **당사자소송**의 형태로 청구할 수 있다.

② **대집행의 실행이 완료되고 난 이후**[빈출]

그러나 대집행의 실행이 완료되고 난 이후에는 **원칙적으로 취소소송의 소의 이익이 없지만**, 예외적으로 침해**반복위험**이 있다거나, **가중적** 제재가 예정되어 있거나, 회복할 정당한 **경제적** 이익이 있거나 정당한 **사회적** 지위가 있는 경우에는 행정소송법 제12조 **제2문의 실효된 처분에 대한 취소소송이 가능하다.** 또한 손해발생시 **국가배상청구소송**이나 **가해 공무원에** 대한, 손해배상청구소송

(판례는 고의나 중과실을 요구)을 제기할 수 있으며, 원상회복으로서 **결과제거청구권을 당사자소송의** 형태로 청구할 수 있다.

3. 이행강제금

(1) 이행강제금의 의의는 어떻게 될까

> **행정기본법 제30조(행정상 강제)** ① 행정청은 행정목적을 달성하기 위하여 필요한 경우에는 법률로 정하는 바에 따라 필요한 최소한의 범위에서 다음 각 호의 어느 하나에 해당하는 조치를 할 수 있다.
>
> 2. 이행강제금의 부과: 의무자가 행정상 의무를 이행하지 아니하는 경우 행정청이 적절한 이행기간을 부여하고, 그 기한까지 행정상 의무를 이행하지 아니하면 금전급부의무를 부과하는 것

> **행정기본법 제31조(이행강제금의 부과)** ① 이행강제금 부과의 근거가 되는 법률에는 이행강제금에 관한 다음 각 호의 사항을 명확하게 규정하여야 한다. 다만, 제4호 또는 제5호를 규정할 경우 입법목적이나 입법취지를 훼손할 우려가 크다고 인정되는 경우로서 대통령령으로 정하는 경우는 제외한다.
>
> 1. 부과·징수 주체
> 2. 부과 요건
> 3. 부과 금액
> 4. 부과 금액 산정기준
> 5. 연간 부과 횟수나 횟수의 상한

일반적으로 **이행강제금(집행벌)은 부작위의무, 비대체적 작위의무** 등을 강제하기 위하여 일정 기한까지 이행하지 않으면 금전상의 불이익을 과한다는 뜻을 **미리 계고하여** 의무자에게 **심리적 압박**을 가함으로써 의무이행을 **간접적으로 강제하는** 수단인 것으로 이해되고 있다.

◉ 개념 빈출

과거에는 대체적 작위의무에는 대집행의 대상이 될 뿐 이행강제금의 대상이 될 수 없다고 보는 입장이 많았지만, **최근에는 헌법재판소와 유력설은 오히려 대집행보다 경미한 이행강제금을 활용할 수 있다고 보고 있다.**

◉ 기출

☞ 암기법 = 건 농 실 주

(2) 이행강제금은 법적 근거를 요구할까

이행강제금은 행정상 강제집행의 수단이므로 **당연히 법적 근거가 있어야 한다**. 현재 이행강제금에 대한 일반법은 없고, 단지 **건축법** 제80조, **농지법** 제62조, **부동산실권리자명의등기에 관한 법률** 제6조 및 제10조, **주차장법** 등의 **개별법**에서 극히 한정적으로 인정되고 있다. 따라서 법률에 근거가 없다면 이행강제금을 부과할 수 없다.

☞ 기출

(3) 이행강제금에 대한 **불복**은 어떻게 하면 될까

1) 통상적인 경우

☞ 주의할 오답 기출
☞ 이행강제금 불복은 비송재판, 그러나(건축법위반으로 인한) 이행강제금 불복은 행정소송

이행강제금 부과처분의 불복수단에 대하여 개별 법률에 **과태료불복수단인 비송재판**에 의하도록 하는 경우가 많다. 다만 종래 이행강제금 부과처분의 당부가 비송사건절차법에 의한 절차에 의하여 판단된다고 하여 그의 처분성까지 부정되는 것은 아니다.

☞ 기출

2) 건축법 위반의 경우

이행강제금 부과처분의 불복수단에 대하여 개별 법률에 규정이 있는 경우에는 그에 따르고, 개별 법률이 없는 경우에는 행정심판법과 행정소송법에 따라 쟁송을 제기하게 된다. 종래에 구건축법 제83조 제6항에서는 제82조 제3항, 제4항을 준용하여 비송사건절차법에 의한 재판을 받았으나, **현재에는 구 건축법 제83조 제6항이 삭제됨으로써 건축법 위반으로 인한 이행강제금 부과처분은 행정소송의 대상이 되는 것으로 보아야 할 것이다**. 비송재판으로 인하여 **원행정청이 피고로서 소송을 수행하지 못하게 되고**, 지방자치단체가 과태료를 부과하더라도 비송재판을 받으면 **국고로 귀속되는** 과태료 귀속의 모순이 일어나는 문제가 있으므로, 건축법의 경우처럼 일반 **행정쟁송절차로 환원하는 것이 입법론상 타당**하다.

☞ 오답 주의 기출

4. 직접강제

(1) 직접강제의 의의에 대하여 알아보자

> 행정기본법 제30조(행정상 강제) ① 행정청은 행정목적을 달성하기 위하여 필요한 경우에는 법률로 정하는 바에 따라 필요한 최소한의 범위에서 다음 각 호의 어느 하나

에 해당하는 조치를 할 수 있다.

3. 직접강제: 의무자가 행정상 의무를 이행하지 아니하는 경우 행정청이 의무자의 신체나 재산에 실력을 행사하여 그 행정상 의무의 이행이 있었던 것과 같은 상태를 실현하는 것

행정기본법 제32조(직접강제) ① 직접강제는 행정대집행이나 이행강제금 부과의 방법으로는 행정상 의무 이행을 확보할 수 없거나 그 실현이 불가능한 경우에 실시하여야 한다.

② 직접강제를 실시하기 위하여 현장에 파견되는 집행책임자는 그가 집행책임자임을 표시하는 증표를 보여 주어야 한다.

③ 직접강제의 계고 및 통지에 관하여는 제31조제3항 및 제4항을 준용한다.

직접강제란 행정상의 **의무의 불이행**이 있는 경우에 직접 의무자의 신체나 재산 또는 이 양자**에 실력을 가하여** 의무의 이행이 있었던 것과 같은 상태를 실현하는 강제집행의 수단이다. **직접강제도 권력적 사실행위로서 대집행이나 즉시강제와 동일하지만, 처음부터 하명이 없고 계고나 통지 등도 존재하지 않는 제도이며, 비용을 국가나 지방자치단체에서 부담한다는 점에서 차이가 있다.**

(2) 직접강제의 **법적 근거**가 필요할까

직접강제도 행정상 강제집행의 수단이므로 **법적 근거가 필요하다. 직접강제에 대한 일반법은 없고 출입국관리법** 제46조, **도로교통법** 제49조 제2항 등 **개별법에서** 인정하고 있다. 따라서 직접강제 역시 **법률의 근거가 없다면** 대집행보다도 경미한 수단임에도 불구하고 활용할 수 **없다.**

5. 즉시강제

(1) 행정상 **즉시강제**의 의의는 무엇일까

행정기본법 제30조(행정상 강제) ① 행정청은 행정목적을 달성하기 위하여 필요한 경우에는 법률로 정하는 바에 따라 필요한 최소한의 범위에서 다음 각 호의 어느 하나에 해당하는 조치를 할 수 있다.

5. 즉시강제: 현재의 급박한 행정상의 장해를 제거하기 위한 경우로서 다음 각 목의

> 어느 하나에 해당하는 경우에 행정청이 곧바로 국민의 신체 또는 재산에 실력을
> 행사하여 행정목적을 달성하는 것
> 가. 행정청이 미리 행정상 의무 이행을 명할 시간적 여유가 없는 경우
> 나. 그 성질상 행정상 의무의 이행을 명하는 것만으로는 행정목적 달성이 곤란한
> 　경우

> 행정기본법 제33조(즉시강제) ① 즉시강제는 다른 수단으로는 행정목적을 달성할 수
> 없는 경우에만 허용되며, 이 경우에도 최소한으로만 실시하여야 한다.
> ② 즉시강제를 실시하기 위하여 현장에 파견되는 집행책임자는 그가 집행책임자임을
> 표시하는 증표를 보여 주어야 하며, 즉시강제의 이유와 내용을 고지하여야 한다.

📌 개념 기출

　　　행정상 즉시강제란 목전에 급박한 위해를 제거할 필요가 있으나 미리 의무를
명할 **시간적 여유가 없을** 때, 또는 **성질상 의무를 명하여서는** 목적달성이 곤란
한 때에 즉시 국민의 신체 또는 재산에 실력을 가하여 행정상의 필요한 상태를

📌 사례 기출

실현하는 작용을 말한다. **대집행이나 직접강제와 마찬가지로 즉시강제도 권력적
사실행위이지만, 시간적으로 여유가 없거나 성질상의 이유로 하명이나 절차를 생
략하는 경우라는 점에서 차이가 있다. 예를 들면 무기사용**(최루탄, 물대포, 실탄발
사)**도 즉시강제에 해당한다.**

(2) **즉시강제의 법적 성질에** 대하여 알아두자

📌 성질 빈출

　　　이러한 즉시강제는 **권력적 사실행위**로서 **일원설**에 의하면 행정소송법 제2
조의 **그 밖에 이에 준하는 작용**이고 이원설에 의하면 행정소송법 제2조의 공권
력으로서 **처분성이 인정**된다. 또한 **순수사실행위와 수인하명이 불가분적으로
합성된** 것으로서 **전체적으로 취소소송의 대상이** 된다. **다만 소의 이익**이 있어
야 한다.

6. 강제징수

(1) **행정상 강제징수의 의의**에 대하여 알아보자

> 행정기본법 제30조(행정상 강제) ① 행정청은 행정목적을 달성하기 위하여 필요한 경
> 우에는 법률로 정하는 바에 따라 필요한 최소한의 범위에서 다음 각 호의 어느 하나

에 해당하는 조치를 할 수 있다.

4. 강제징수: 의무자가 행정상 의무 중 금전급부의무를 이행하지 아니하는 경우 행정청이 의무자의 재산에 실력을 행사하여 그 행정상 의무가 실현된 것과 같은 상태를 실현하는 것

행정상의 강제징수란 행정법상의 **금전급부의무의 불이행**이 있는 경우에 의무자의 재산에 실력을 가하여 의무의 이행이 있었던 것과 같은 **상태를 실현**하는 작용을 말한다. 작위·부작위 또는 수인의무를 강제하기 위한 수단인 대집행, 직접강제, 이행강제금과는 달리 강제징수는 **금전급부의 불이행**에 대한 강제수단이다. 행정상 강제징수에 관하여는 **국세징수법**이 사실상 **일반법적 지위**를 점하고 있다.

(2) 행정상 강제징수의 요건을 꼼꼼하게 배워두자

1) 절차 요건

① **이유부기 = 이유제시 = 이유기재**

과세처분은 **법적 근거와 구체적 사유**를 제시하여야 한다. **그렇지 않으면 과세처분은 위법하고 취소사유이다**. 그러나 강제징수와는 추구하는 목적과 효과가 다르므로 **과세처분의 하자**는 강제징수에 승계되지 않는다.

▶ 빈출

② **독 촉**

체납자에게 **독촉**을 하여야, 다음으로 **압류**와 **실행(매각)** 및 **청산**이 가능하다. 급박한 경우에는 독촉을 **생략**하는 즉시강제가 가능하지만, **긴급하지 않은데도 독촉을 생략하면 절차하자**로서 위법하게 된다.

▶ 빈출

③ **체납자에 대한 경매통지와 판례의 변화**

최근 판례는 과거와 달리 **판례를 변경하여 체납자에 대한 경매통지**를 하지 않으면 **절차하자**로서 위법하게 된다고 판시하고 있다.

▶ 최근 기출

 참고 판례

대법원 2008. 11. 20. 선고 2007두18154 전원합의체 판결【매각결정취소】

체납자 등에 대한 공매통지가 공매의 절차적 요건인지 여부(적극) 및 체납자 등에게 공매통지를 하지 않았거나 적법하지 않은 공매통지를 한 경우 그 공매처분이 위법한

지 여부(적극) 체납자는 국세징수법 제66조에 의하여 직접이든 간접이든 압류재산을 매수하지 못함에도, 국세징수법 68조가 압류재산을 공매할 때 공고와 별도로 체납자 등에게 공매통지를 하도록 한 이유는, 체납자 등에게 공매절차가 유효한 조세부과처분 및 압류처분에 근거하여 적법하게 이루어지는지 여부를 확인하고 이를 다툴 수 있는 기회를 주는 한편, 국세징수법이 정한 바에 따라 체납세액을 납부하고 공매절차를 중지 또는 취소시켜 소유권 또는 기타의 권리를 보존할 수 있는 기회를 갖도록 함으로써, 체납자 등이 감수하여야 하는 강제적인 재산권 상실에 대응한 절차적인 적법성을 확보하기 위한 것이다. 따라서 체납자 등에 대한 공매통지는 국가의 강제력에 의하여 진행되는 공매에서 체납자 등의 권리 내지 재산상의 이익을 보호하기 위하여 법률로 규정한 절차적 요건이라고 보아야 하며, 공매처분을 하면서 **체납자** 등에게 **공매통지를 하지 않았거나 공매통지를 하였더라도 그것이 적법하지 아니한 경우에는 절차상의 흠이 있어 그 공매처분은 위법하다.** 다만, 공매통지의 목적이나 취지 등에 비추어 보면, **체납자 등은** 자신에 대한 공매통지의 하자만을 공매처분의 위법사유로 주장할 수 있을 뿐 **다른 권리자에 대한 공매통지의 하자를 들어 공매처분의 위법사유로 주장하는 것은 허용되지 않는다.**

최근 판례 기출

2) 내용요건 — 특히 **법률유보**

강제징수 역시 **국세징수법**과 같은 **법률의 규정이 있어야** 한다.

(3) 강제징수의 효과에 대하여 알아두자

1) 위법성과 정도

강제징수는 위법한 경우 **중대명백설**에 따라 원칙적으로 **취소사유가** 된다.

빈출

2) 하자승계

과세처분과 강제징수는 목적이나 효과가 달라 하자가 승계되지 **않지만, 독촉과 압류 및 매각과 청산**은 강제징수라는 동일한 목적을 추구하고 있으므로 하자가 **승계된다.**

7. 행정조사

(1) 행정조사에 대한 일반론을 공부해두자

행정조사기본법 제2조(정의) 이 법에서 사용하는 용어의 정의는 다음과 같다.
1. "행정조사"란 행정기관이 정책을 결정하거나 직무를 수행하는 데 필요한 정보나

자료를 수집하기 위하여 현장조사·문서열람·시료채취 등을 하거나 조사대상자에게 보고요구·자료제출요구 및 출석·진술요구를 행하는 활동을 말한다.

2. "행정기관"이란 법령 및 조례·규칙(이하 "법령등"이라 한다)에 따라 행정권한이 있는 기관과 그 권한을 위임 또는 위탁받은 법인·단체 또는 그 기관이나 개인을 말한다.

3. "조사원"이란 행정조사업무를 수행하는 행정기관의 공무원·직원 또는 개인을 말한다.

4. "조사대상자"란 행정조사의 대상이 되는 법인·단체 또는 그 기관이나 개인을 말한다.

행정조사는 행정청이 **행정목적**으로 사람이나 물건에 대한 **수사나 조사를** 하는 행위를 말한다. 이에는 강제성이 따르는 **강제조사**와 임의성이 있는 **임의조사**로 나뉜다. 강제조사는 세무조사와 같이 강제성이 수반되므로 성질은 **권력적 사실행위**로 보아야 한다. 그러나 임의조사는 호구조사와 같이 임의성이 전제되므로 **비권력적인 사실**행위로 보아야 한다.

행정조사기본법 제5조(행정조사의 근거) 행정기관은 법령등에서 행정조사를 규정하고 있는 경우에 한하여 행정조사를 실시할 수 있다. 다만, 조사대상자의 자발적인 협조를 얻어 실시하는 행정조사의 경우에는 그러하지 아니하다.

(2) 행정조사의 특수한 논의로서 **위법한 조사**에 근거한 **행정행위**의 효력이 논의된다

행정조사기본법 제4조(행정조사의 기본원칙) ① 행정조사는 조사목적을 달성하는데 필요한 최소한의 범위 안에서 실시하여야 하며, 다른 목적 등을 위하여 조사권을 남용하여서는 아니 된다.
② 행정기관은 조사목적에 적합하도록 조사대상자를 선정하여 행정조사를 실시하여야 한다.
③ 행정기관은 유사하거나 동일한 사안에 대하여는 공동조사 등을 실시함으로써 행정조사가 중복되지 아니하도록 하여야 한다.
④ 행정조사는 법령등의 위반에 대한 처벌보다는 법령등을 준수하도록 유도하는 데 중점을 두어야 한다.

⑤ 다른 법률에 따르지 아니하고는 행정조사의 대상자 또는 행정조사의 내용을 공표하거나 직무상 알게 된 비밀을 누설하여서는 아니된다.

⑥ 행정기관은 행정조사를 통하여 알게 된 정보를 다른 법률에 따라 내부에서 이용하거나 다른 기관에 제공하는 경우를 제외하고는 원래의 조사목적 이외의 용도로 이용하거나 타인에게 제공하여서는 아니 된다.

대법원 1992. 3. 31. 선고 91다32053 전원합의체 판결【부당이득금】[공1992. 5. 15.(920), 1406]

1) 위법한 조사의 위법성이 이에 터잡은 행정행위에 승계되는지 여부(적극)

☞ 이는 행정행위의 하자승계문제가 아니라 독수독과의 원칙의 행정법영역에의 확장이라 보아야 함(류지태 교수). 긍정설의 홍정선 교수, 부정설의 박윤흔 교수, 절충설의 김남진 교수, 박균성 교수 등이 대립하나, **판례는 긍정설을 취한다.**

과세처분의 근거가 된 **확인서, 명세서, 자술서, 각서 등이 과세관청 내지 그 상급관청**이나 수사기관의 **일방적이고 억압적인 강요**로 작성자의 자유로운 의사에 반하여 별다른 합리적이고 타당한 근거도 없이 작성된 것이라면 이러한 자료들은 그 작성경위에 비추어 내용이 진정한 과세자료라고 볼 수 없으므로, 이러한 과세자료에 터잡은 **과세처분의 하자**는 **중대한 하자임은** 물론 위와 같은 과세자료의 성립과정에 직접 관여하여 그 경위를 잘 아는 과세관청에 대한 관계에 있어서 **객관적으로 명백한 하자라고** 할 것이다.

2) 위법한 조사에 터 잡은 과세처분의 경우 부당이득반환청구권의 성립 여부(적극)

과세처분이 부존재하거나 당연무효인 경우에 이 과세처분에 의하여 납세의무자가 납부하거나 징수당한 오납금은 국가가 법률상 원인 없이 취득한 부당이득에 해당하고, 이러한 오납금에 대한 납세의무자의 **부당이득반환청구권은 처음부터 법률상 원인이 없이 납부 또는 징수된 것이므로 납부 또는 징수시에 발생하여 확정된다.**

8. 행정벌

(1) 행정벌의 의의에 대해 알아보자

　행정벌이란 행정법상의 의무위반에 대하여 일반통치권에 근거하여 과하는 제재로서의 벌을 말한다. 행정벌은 직접적으로는 **과거의 의무위반**에 대하여 **제재**를 가함으로써 행정법규의 실효성을 확보함을 목적으로 하는 것인데, 간접적으로는 이를 통해 의무자에게 심리적 압박을 가하여 의무자의 행정법상의 의무의 이행을 확보하는 기능을 아울러 가진다.

(2) 행정벌을 부과하려면 근거가 필요하다

　행정벌은 **죄형법정주의**의 원칙상 **반드시 법률에 근거가** 있어야 한다. 다만 법률이 처벌의 대상인 행위의 **기준**, 행정벌의 **최고한도** 등을 **구체적으로 정하여 위임**한 경우에는 행정입법으로써도 그 근거를 **규정할 수 있으며**, 지방자치단체는 **조례**로써 **천만원 이하의 과태료**의 벌칙을 정할 수 있다(지방자치법 제27조).　　　📖 기출

(3) 행정벌을 종류별로 검토해 보자

1) 행정형벌

　행정형벌은 행정법상 의무를 위반하는 경우에 징역이나 벌금 등 형법상의 제재를 가하는 수단을 의미한다. 이러한 행정형벌은 **전과자를 양산**하는 단점이 있는 반면에, **고의·과실**이 있어야만 하고 **책임능력**이 요구되어 **책임주의가 적용**되어 처벌이 어려우며, **형사소송법에 의한 절차보호를 철저**하게 받는 측면이 있다. 그러나 행정법상 의무위반에 대하여 형벌을 부과하는 것은 행정법의 **탈형벌화**라는 관점에서 바람직하지 않으므로 **입법추세는 행정형벌에서 행정질서벌화로** 변화하고 있다.　　　📖 빈출

2) 행정질서벌

　행정질서벌은 행정법상 의무위반에 대하여 **과태료를 부과**하는 것으로 그치는 수단을 의미한다. 행정질서벌은 **질서위반행위규제법**이 제정되기 **이전에는 고의·과실이 없어도** 과태료를 부과할 수 있도록 되어 있고 엄격한 형사소송법이 아니라 **간이한** 행정절차법만 적용되므로 **처벌이 지나치게 용이하다는 단점이 있었다.** 또한 대부분의 과태료의 경우 **비송사건절차법**이 적용되어 있는데,　　　📖 최근 개정 빈출 포인트

과태료를 부과한 원행정청이 **피고로서 행정소송을 수행할 수 없**으며, 지자체에서 과태료를 부과하더라도 이의를 제기하여 **비송재판**을 받게 되면 **과태료는 국고로 귀속**되어 **과태료귀속의 모순**도 발생한다.

📀 최근 개정 규정 기출 　　　그러나 **질서위반행위규제법이 제정**되어 **고의 · 과실이 없으면 과태료를 부과할 수 없**으며, **정당한 사유**가 있거나 **책임무능력자**인 경우에는 **과태료를 부과할 수 없도록** 하고 있다. 다만 **원인에 있어서 자유로운 행위**의 경우에는 부과할 수 있도록 하고 있다. 따라서 과태료에 의한 처벌이 지나치게 용이한 것은 **극복이 되었다**. 하지만, 지방법원에서 비송사건절차법에 의하여 **비송재판으로 과태료 재판을 하도록** 되어 있으므로 여전히 비송재판의 **문제점들은 잔존**하고 있어 문제가 있다.

📀 최근 변경 판례 기출 　　　**최근 판례도 변경되어 고의 · 과실을 요구한다고 판시하고 있다**(대법원 2011. 7. 14.자 2011 마364 결정).

　　　결국, 질서위반행위규제법이 제정되어 과태료에도 책임주의가 적용되게 되었지만, 비송재판을 하는 문제점은 여전히 남아 있다.

> ***** 질서위반행위규제법 제28조(준용규정)** 「**비송사건절차법**」 제2조부터 제4조까지, 제6조, 제7조, 제10조(인증과 감정을 제외한다) 및 제24조부터 제26조까지의 규정은 **이법에 따른 과태료 재판**(이하 "**과태료 재판**"이라 한다)에 **준용한다.**

제 3 절

새로운 실효성 확보수단

(1) 의의 및 문제점에 대하여 알아보자

　　　전통적인 행정법상의 의무이행확보수단인 **행정강제**와 **행정벌만**으로는 현대행정의 실효성을 확보하기에 불충분하다. 사회가 복잡 · 다양해짐에 따라 새로운 의무이행확보수단이 등장하고 있는데, 예를 들면 **과징금, 공급거부, 공표제도, 관허사업의 제한** 등이 그에 해당한다.

　　　엄격히 말하면 이들은 행정상의 의무의 불이행이 있는 경우, 그 법정의 의무를 그대로 강제이행시키는 수단이 아니라, 과거의 잘못에 대한 행정상의 제재의 성격을 가지며, 간접적으로 행정법상의 의무를 이행시키는 기능을 수행한다고 할 수 있다.

(2) 과징금은 최근 매우 중요하게 활용된다

개념 빈출

1) 과징금의 의의

> **행정기본법 제28조(과징금의 기준)** ① 행정청은 법령등에 따른 의무를 위반한 자에 대하여 법률로 정하는 바에 따라 그 위반행위에 대한 제재로서 과징금을 부과할 수 있다.
> ② 과징금의 근거가 되는 법률에는 과징금에 관한 다음 각 호의 사항을 명확하게 규정하여야 한다.
> 1. 부과·징수 주체
> 2. 부과 사유
> 3. 상한액
> 4. 가산금을 징수하려는 경우 그 사항
> 5. 과징금 또는 가산금 체납 시 강제징수를 하려는 경우 그 사항

> **행정기본법 제29조(과징금의 납부기한 연기 및 분할 납부)** 과징금은 한꺼번에 납부하는 것을 원칙으로 한다. 다만, 행정청은 과징금을 부과받은 자가 다음 각 호의 어느 하나에 해당하는 사유로 과징금 전액을 한꺼번에 내기 어렵다고 인정될 때에는 그 납부기한을 연기하거나 분할 납부하게 할 수 있으며, 이 경우 필요하다고 인정하면 담보를 제공하게 할 수 있다.
> 1. 재해 등으로 재산에 현저한 손실을 입은 경우
> 2. 사업 여건의 악화로 사업이 중대한 위기에 처한 경우
> 3. 과징금을 한꺼번에 내면 자금 사정에 현저한 어려움이 예상되는 경우
> 4. 그 밖에 제1호부터 제3호까지에 준하는 경우로서 대통령령으로 정하는 사유가 있는 경우

과징금은 행정법상 의무를 위반한 경우에 이로 인한 **불법수익을 박탈함**으로써 실효성을 확보하려는 새로운 수단이다.

2) 과징금의 유형을 알아두자

유형 기출

본래 의미의 과징금은 행정법상 의무위반으로 인한 불법수익을 전면적으로 박탈하고 그러한 의무위반을 바탕으로 한 **영업을 다시는 하지 못하도록** 하는

타협의 여지가 없고 다시는 그 일을 하지 못하게 하

면 본래 의미의 과징금 vs 타협의 여지가 있고 계속 그 일을 하게 하면 변형 과징금

유형인 반면에, **변형 과징금**은 불법수익의 일부만 박탈하고 그 영업을 **계속하게 허용**하는 유형이다.

3) 과징금부과처분은 재량행위이다

🔾 기출

판례는 행정청의 과징금부과처분을 **재량행위**로 보고 있다.

---

291. 대법원 2009. 06. 23. 선고 2007두18062 판결[시정명령등취소]

[1] 서울특별시의사회가 진단서 등 의료기관 증명서의 발급수수료를 현행보다 2배 수준으로 인상하기로 의결하고 이를 소속 회원들에게 시행하도록 한 행위에 대하여 공정거래위원회가 과징금 납부를 명령한 사안에서, 그 행위가 경쟁질서의 저해 정도가 매우 강하고 다수 소비자에게 직접 피해가 발생할 우려가 있는 가격담합행위의 일종으로서 독점규제 및 공정거래에 관한 법률이 특히 금지하고자 하는 행위유형에 속하는 점 등에 비추어, 이를 과징금부과 세부기준 등에 관한 고시에 정한 '중대한' 위반행위로 보아 30%의 과징금 부과기준율을 적용하여 과징금을 산정한 것이, 재량권의 한계를 일탈하거나 남용한 것이 아니다.

판례에 따르면 제재적 행정처분인 청소년보호법상의 과징금부과처분이 사회통념상 재량권의 범위를 일탈하거나 남용한 경우에는 위법하다.

---

292. 대법원 2001. 7. 27. 선고 99두9490 판결[과징금부과처분취소]

🔾 기출

청소년유해매체물로 결정·고시된 만화인 사실을 모르고 있던 도서대여업자가 그 고시일로부터 8일 후에 청소년에게 그 만화를 대여한 것을 사유로 그 도서대여업자에게 금 700만 원의 과징금이 부과된 경우, 그 도서대여업자에게 청소년유해매체물인 만화를 청소년에게 대여하여서는 아니된다는 금지의무의 해태를 탓하기는 가혹하다는 이유로 그 과징금부과처분은 재량권을 일탈·남용한 것으로서 위법하다.

---

4) 과징금부과처분은 일부취소가 되지 않는다

🔾 난이도 높은 최근 기출

판례는 과태료나 벌금, 과세처분 등 금전처분에 대하여는 일부취소를 용이하게 인정하지만, 과징금에 대하여는 일부취소를 부정한다.

---

293. 대법원 2009. 06. 23. 선고 2007두18062 판결[시정명령등취소]

[2] 처분을 할 것인지 여부와 처분의 정도에 관하여 재량이 인정되는 과징금 납부명령에

대하여 그 명령이 재량권을 일탈하였을 경우, 법원으로서는 재량권의 일탈 여부만 판단
할 수 있을 뿐이지 재량권의 범위 내에서 어느 정도가 적정한 것인지에 관하여는 판단할
수 없어 그 전부를 취소할 수밖에 없고, 법원이 적정하다고 인정하는 부분을 초과한 부분
만 취소할 수는 없다.

🔖 오답 주의 기출 판례

(3) 가산세와 가산금은 어떻게 다를까

불성실한 세금신고를 하는 불성실한 신고자에 대한 수단이 **가산세**이고,
세금을 이행기한 내에 **납부하지 못하는 자**에 대한 **지연이자 또는 제재의 성격**
을 가지는 수단이 **가산금**이다.

(4) 공급거부를 하기도 한다

1) 의 의

공급거부란 행정법상의 의무를 위반하거나 불이행한 자에 대하여 일정한
행정상의 서비스나 재화(예컨대 **전기, 수도, 가스 등)의 공급을 거부하는 행정조치**
를 말한다.

2) 법적 근거

공급거부는 국민의 권익에 중대한 영향을 미치는 것이므로 **법적 근거를 요**
함은 물론이다. 공급거부에 관하여 규정하고 있는 대표적인 법률은 **건축법 제69**
조 제2항이었으나, 동 규정의 **위헌성**에 대한 의문제기로 인해 개정 건축법에서
는 **삭제되었다.**

3) 공급거부의 한계

공급거부는 **법률의 근거**가 있어야만 한다.
또한 공급거부는 의무위반 또는 불이행과 공급거부 사이에 실질적인 관련
이 있는 경우에만 허용되며(즉 행정권한의 **부당결부금지의 원칙**을 준수하여야 하며),
비례성의 원칙에 위반되어서는 안 된다.

🔖 기출

(5) 관허사업 제한을 하는 것은 문제가 없을까

1) 의 의

행정법상의 **의무이행**을 확보하기 위하여 그 의무자에게 주어진 **인·허가를**
취소·철회·정지하거나 의무위반과 직접 관련이 없는 **인·허가를 제한**하는 것
을 말한다. 그 예로는 **조세체납자에 대한 관허사업의 제한** 등을 들 수 있다.

2) 부당결부금지의 원칙 위반 금지

기출

인·허가의 제한, 기존의 인·허가의 취소·정지는 국민의 의무위반 또는 불이행과 실질적인 **관련성이 없어 부당결부금지의** 원칙에 위배되므로 인정될 수 없다.

(6) 법 위반사실의 **공표가** 최근 활용된다

1) 의의 및 성질에 대하여 알아보자

공표란 행정법상의 의무위반 또는 의무불이행이 있는 경우에 그의 성명, 위반사실 등을 일반에게 공개하여 명예 또는 신용의 침해를 위협함으로써 행정법상의 의무이행을 간접적으로 강제하는 수단을 말하는 바, **고액·상습세금체납자의 명단공개, 식품위생법 위반 영업자의 영업정보공표 및 위반건축물표지의 설치** 등이 그 예이다.

공표는 일정한 사실을 국민에게 알리는 **사실행위**에 지나지 않으며 그 자체로서는 아무런 법적 효과를 발생하지 않는다. 그러나 오늘날 의무위반자의 명단공개는 그들의 **명예와 신용**에 유형·무형의 불이익을 가져다줌으로써 상당히 실효성 있는 의무이행확보수단으로 기능할 수 있을 것이다.

2) 법적 근거가 **필요할까**

공표 그 자체는 직접으로 아무런 법적 효과도 발생하지 아니하고 단지 일정한 사실을 국민에게 알리는 사실행위에 지나지 않으나, 현실적으로 행정상 제재 내지 의무이행확보수단으로서 중요한 기능을 수행하며, 나아가 상대방의 인격권 등의 기본권을 침해할 우려가 있다는 점에서 원칙적으로 **법적 근거가 있어야 할 것이다.**[3]

---

3 김남진·김연태, 행정법 Ⅰ, 533-534면.

제 4 절

중요 판례의 동향을 더 알아보고 출제에 대비해 보자

고의·과실 없는 과태료 부과처분 사건

294. 대법원 2011. 7. 14.자 2011마364 결정【국토의계획및이용에관한법률위반 이의】[공2011하, 1632]

[1] 과태료 부과대상 질서위반행위를 한 자가 자신의 책임 없는 사유로 위반행위에 이르렀다고 주장하는 경우, 법원이 취하여야 할 조치

질서위반행위규제법은 과태료의 부과대상인 질서위반행위에 대하여도 책임주의 원칙을 채택하여 제7조에서 "**고의 또는 과실이 없는 질서위반행위는 과태료를 부과하지 아니한다**"고 규정하고 있으므로, 질서위반행위를 한 자가 자신의 책임 없는 사유로 위반행위에 이르렀다고 주장하는 경우 법원으로서는 그 내용을 살펴 행위자에게 **고의나 과실이 있는지를 따져보아야 한다.**

[2] 사안의 적용

원심은 제1심결정의 이유를 인용하여 재항고인이 2005. 10. 10. 화성시장으로부터 화성시 서신면 백미리 산 4 임야 17,355㎡ 중 990/17,355 지분에 관하여 주거용으로 토지거래허가를 받았음에도 불구하고 이를 허가받은 목적대로 이용하지 않은 채 방치한 사실을 인정한 다음, 재항고인이 자신은 토지거래허가를 받은 직후 주거용 건물을 신축하려고 하였으나 토지거래허가 당시 도로사용승낙을 하여 주었던 인근 토지 소유자가 태도를 바꿔 차량의 출입을 방해함으로써 착공에 이르지 못하였을 뿐이므로 그에 대한 책임이 없다는 취지로 한 주장에 대하여는 과태료 처분을 면할 적법한 항변사유가 되지 않는다고 보아 이를 배척하였다.

그러나 2007. 12. 21. 법률 제8725호로 제정되어 2008. 6. 22. 시행된 **질서위반행위규제법**은 그 부칙 제4항 본문에서 "이 법은 특별한 규정이 있는 경우를 제외하고는 이 법 시행 전에 발생한 사항에 대하여도 적용한다"라고 규정하고 있어서 재항고인의 위반사실에도 위 법률이 적용되는데, 위 법률은 과태료의 부과대상인 질서위반행위에 대하여도 책임주의 원칙을 채택하여 **제7조에서 "고의 또는 과실이 없는 질서위반행위는 과태료를 부과하지 아니한다**"라고 규정하고 있으므로, 질서위반행위를 한 자가 자신의 책임 없는 사유로 위반행위에 이르렀다고 주장하는 경우 **법원으로서는 그 내용을 살펴 행위자에게 고의나 과실이 인정되는지 여부를 따져보아야 한다.**

그렇다면 이 사건에서 재항고인의 주장은 제3자의 방해로 토지를 이용할 수 없었을 뿐 의도적으로 허가목적에 따른 이용을 회피한 것이 아니라는 취지로서 위 법률 제7조에 따라 고의나 과실을 부인하는 것으로 이해될 여지가 있음에도, 원심이 위와 같은 재항고인의 주장은 과태료의 부과에 아무런 장애가 되지 않는다고 보아 이에 관한 심리와 판단에 나아가지 아니한 채 재항고인의 항고를 기각한 데에는 질서위반행위규제법 제7조의 의미나 적용에 관한 법리를 오해하여 **재판에 영향을 미친 잘못이 있다고 할 것이다.**

그러므로 원심결정을 파기하고, 사건을 다시 심리·판단하도록 원심법원에 환송하기로 하여 관여 대법관의 일치된 의견으로 주문과 같이 결정한다.

이행강제금(= 집행벌)과 법령의 개정

295. 대법원 2012. 3. 29. 선고 2011두27919 판결【이행강제금부과처분취소청구
  의소】[공2012상, 704]

[1] 법률이 전부 개정된 경우 종전 법률 부칙의 경과규정도 모두 실효되는지 여부 (원칙적 적극) 및 예외적으로 종전 경과규정의 효력이 존속하는 경우

1) 법률을 개정하면서 종전 법률 부칙의 경과규정을 개정하거나 삭제하는 명시적인 조치가 없다면 개정 법률에 다시 경과규정을 두지 않았다고 하여도 부칙의 경과규정이 당연히 실효되는 것은 아니다.

2) 그러나 개정 법률이 전부 개정인 경우에는 기존 법률을 폐지하고 새로운 법률을 제정하는 것과 마찬가지이어서 종전의 본칙은 물론 부칙 규정도 모두 소멸하는 것으로 보아야 하므로 종전 법률 부칙의 경과규정도 모두 실효되는 것이 원칙이다.

3) 다만 전부 개정된 법률에서 종전 법률 부칙의 경과규정을 계속 적용한다는 별도 규정을 두거나, 그러한 규정을 두지 않았다고 하더라도 종전 경과규정의 입법 경위 및 취지, 전부 개정된 법령의 입법 취지 및 전반적 체계, 종전 경과규정이 실효된다고 볼 경우 법률상 공백상태가 발생하는지, 그 밖의 제반 사정 등을 종합적으로 고려하여 종전 경과규정이 실효되지 않고 계속 적용된다고 보아야 할 만한 특별한 사정이 있는 경우에 한하여 효력이 존속한다.

[2] 행정청이 1991. 5. 31. 법률 제4381호로 전부 개정된 구 건축법 시행 이전에 건축된 건축물에 대하여 2008. 3. 21. 법률 제8941호로 전부 개정된 현행 건축법 시행 이후 시정명령을 하고, 건축물의 소유자 등이 시정명령에 응하지 않은 경우, 현행 건축법에 따라 이행강제금을 부과할 수 있는지 여부(적극)

이행강제금 제도는 건축법이나 건축법에 따른 명령이나 처분을 위반한 건축물(이하 '위

반 건축물'이라 한다)의 **방치를 막고자** 행정청이 **시정조치**를 명하였음에도 건축주 등이 **이를 이행하지 아니한 경우**에 행정명령의 **실효성을 확보**하기 위하여 **시정명령 이행 시 까지 지속해서 부과함으로써** 건축물의 안전과 기능, 미관을 높여 **공공복리의 증진을 도모하는 데 입법 취지**가 있다.

그리고 위반 건축물의 소유자 등이 위반행위자가 아니더라도 행정청은 그에 대하여 시정 명령을 할 수 있는 점, 건축법의 전부 개정으로 개정 건축법(1991. 5. 31. 법률 제4381호 로 전부 개정된 것) 부칙 제6조가 실효되더라도 시정명령을 위반한 때의 건축법령에 따 른 처분을 할 수 있으므로 법률상 공백상태가 발생한다고 볼 수도 없는 점 등 제반 사정 을 종합적으로 고려하면, 기존의 위반 건축물에 관한 경과규정인 개정 건축법 부칙 제6조 가 실효되지 않고 계속 적용된다고 보아야 할 특별한 사정이 없어 **그 경과규정은 건축법 전부 개정으로 실효되었다.** 따라서 위반 건축물이 개정 건축법 시행 **이전에 건축된 것 일지라도** 행정청이 2008. 3. 21. 법률 제8941호로 전부 개정된 건축법(이하 '현행 건축 법'이라 한다) 시행 **이후에 시정명령을** 하고, 건축물의 소유자 등이 시정명령에 응하지 않은 경우에는 **행정청은 현행 건축법에 따라 이행강제금을 부과할 수 있다.**

세무조사(⇒ 권력적 사실행위 = 합성행위 = 순수사실행위 + 수인하명 = 처분성 = 기 타 그밖에 처분에 준하는 작용)의 법적 성질과 세무조사결정의 법적 성질 (처분 = 공권력 = 행정행위)과 취소소송 가부

296. 대법원 2011. 3. 10. 선고 2009두23617, 23624 판결【세무조사결정처분취 소 · 종합소득세등부과처분취소】[공2011상, 760]

[1] 행정청의 어떤 행위가 항고소송의 대상이 될 수 있는지를 결정하는 기준

행정청의 어떤 행위가 항고소송의 대상이 될 수 있는지의 문제는 추상적 · 일반적으로 결 정할 수 없고, 구체적인 경우 행정처분은 행정청이 공권력의 주체로서 행하는 구체적 사 실에 관한 법집행으로서 **국민의 권리의무에 직접적으로 영향을 미치는 행위**라는 점을 염두에 두고, **관련 법령의 내용과 취지, 그 행위의 주체 · 내용 · 형식 · 절차, 그 행위와 상대방 등 이해관계인이 입는 불이익과의 실질적 견련성, 그리고 법치행정의 원리와 당해 행위에 관련한 행정청 및 이해관계인의 태도 등을 참작하여 개별적으로 결정하여 야 한다.**(대법원 1992. 1. 17. 선고 91누1714 판결; 대법원 2010. 11. 18. 선고 2008두167 전원합의체 판결 등 참조).

[2] 세무조사결정이 항고소송의 대상이 되는 행정처분에 해당하는지 여부(적극)

1. 부과처분을 위한 과세관청의 질문조사권이 행해지는 세무조사결정이 있는 경우 납 세의무자는 세무공무원의 **과세자료 수집을 위한 질문에 대답하고 검사를 수인하여야 할 법적 의무**를 부담하게 되는 점, 세무조사는 기본적으로 적정하고 공평한 과세의 실현

을 위하여 필요한 최소한의 범위 안에서 행하여져야 하고, 더욱이 **동일한 세목 및 과세기간에 대한 재조사**는 납세자의 **영업의 자유 등 권익을 심각하게 침해할 뿐만 아니라 과세관청에 의한 자의적인 세무조사의 위험**마저 있으므로 조세공평의 원칙에 현저히 반하는 예외적인 경우를 제외하고는 금지될 필요가 있는 점, 납세의무자로 하여금 **개개의 과태료 처분에 대하여 불복하거나 조사 종료 후의 과세처분에 대하여만 다툴 수 있도록 하는 것보다는 그에 앞서 세무조사결정에 대하여 다툼으로써 분쟁을 조기에 근본적으로 해결할 수 있는 점** 등을 종합하면, 세무조사결정은 납세의무자의 권리·의무에 직접 영향을 미치는 공권력의 행사에 따른 행정작용으로서 항고소송의 대상이 된다.

2. 구 **국세기본법**(2010. 1. 1. 법률 제9911호로 개정되기 전의 것) 제81조의4 제1항은 "세무공무원은 **적정하고 공평한 과세의 실현**을 위하여 **필요한 최소한의 범위** 안에서 세무조사를 행하여야 하며, **다른 목적 등을 위하여 조사권을 남용하여서는 아니된다**"고 규정하고, 제81조의7 제1항은 "세무공무원은 국세에 관한 조사를 위하여 당해 장부·서류 기타 물건 등을 조사하는 경우에는 조사를 받을 납세자에게 **조사개시 10일 전에 조사대상 세목, 조사기간 및 조사사유 기타 대통령령이 정하는 사항을 통지**하여야 한다. 다만 범칙사건에 대한 조사 또는 사전통지의 경우 증거인멸 등으로 조사목적을 달성할 수 없다고 인정되는 경우에는 그러하지 아니하다"고 규정하고 있다.

한편 소득세법 등 개별 세법에서는 세무공무원에게 납세의무자 등에 대하여 직무수행상 필요한 경우 **질문**을 하고, **해당 장부, 서류 기타 물건을 조사하거나 제출을 명할 수 있는** 권한을 인정하고 있고(소득세법 제170조, 법인세법 제122조, 부가가치세법 제35조), 조세범처벌법 제17조에 의하면 **세법의 질문조사권 규정에 따른 세무공무원의 질문에 대하여 거짓으로 진술하거나 그 직무집행을 거부 또는 기피한 자는 과태료**에 처해지게 된다.

이와 같이 부과처분을 위한 과세관청의 질문조사권이 행해지는 세무**조사결정**이 있는 경우 납세의무자는 세무공무원의 과세자료 수집을 위한 **질문에 대답하고 검사를 수인하여야 할 법적 의무**를 부담하게 되는 점, 세무조사는 기본적으로 적정하고 공평한 과세의 실현을 위하여 필요한 **최소한의 범위 안**에서 행하여져야 하고, 더욱이 **동일한 세목 및 과세기간에 대한 재조사**는 납세자의 영업의 자유 등 권익을 심각하게 침해할 뿐만 아니라 과세관청에 의한 자의적인 세무조사의 위험마저 있으므로 조세공평의 원칙에 현저히 반하는 예외적인 경우를 제외하고는 금지될 필요가 있는 점(대법원 2010. 12. 23. 선고 2008두10461 판결 등 참조), 납세의무자로 하여금 개개의 과태료 처분에 대하여 불복하거나 조사 종료 후의 과세처분에 대하여만 다툴 수 있도록 하는 것보다는 그에 앞서 세무조사결정에 대하여 다툼으로써 **분쟁을 조기에 근본적으로 해결할 수 있는 점** 등을 종합하면, 세무조사결정은 **납세의무자의 권리·의무에 직접 영향을 미치는 공권력의 행사에 따른 행정작용으로서 항고소송의 대상이 된다**고 할 것이다.

3. 그럼에도 불구하고 원심이 이 사건 세무조사결정 자체는 상대방 또는 관계자들의 법률상 지위에 직접적으로 법률적 변동을 일으키지 아니하는 행위로서 항고소송의 대상이 되는 행정처분에 해당하지 않는 것으로 보아야 한다고 판단하여 **이 부분 소를 각하한 것은 항고소송의 대상이 되는 행정처분에 관한 법리를 오해하여 판결에 영향을 미친 위법이 있다**고 할 것이다. 이 점을 지적하는 상고이유의 주장은 이유 있다.

서울광장 촛불집회시위용 천막 대집행 가부

297. 대법원 2010. 11. 11. 선고 2009도11523 판결【특수공무집행방해】[공2010하, 2290]

[1] 행정대집행의 특례규정인 도로법 제65조 제1항의 취지 및 그 적용 범위

도로법 제65조 제1항은 "관리청은 반복적, 상습적으로 도로를 불법 점용하는 경우나 신속하게 실시할 필요가 있어서 행정대집행법 제3조 제1항과 제2항에 따른 절차에 의하면 그 목적을 달성하기 곤란한 경우에는 그 절차를 거치지 아니하고 적치물을 제거하는 등 필요한 조치를 취할 수 있다"고 규정하고 있는바, 위 규정의 취지는 **교통사고의 예방과 도로교통의 원활한 소통을 목적으로 도로 관리청으로 하여금 반복·상습적인 도로의 불법점용과 같은 행위에 대하여 보다 적극적이고 신속하게 대처할 수 있도록 하기 위하여,** 행정대집행법 제3조 제1항 및 제2항에서 정한 **대집행 계고나 대집행영장의 통지 절차를 생략할 수 있도록 하는** 행정대집행의 특례를 인정하는 데에 있다. 따라서 위 규정은 **일반인의 교통을 위하여 제공되는 도로로서 도로법 제8조에 열거된 도로를 불법 점용하는 경우 등에 적용될 뿐 도로법상 도로가 아닌 장소의 경우에까지 적용된다고 할 수 없고,** 토지대장상 지목이 도로로 되어 있다고 하여 반드시 도로법의 적용을 받는 도로라고 할 수는 없다.

[2] 사안의 적용

도심광장으로서 '서울특별시 서울광장의 사용 및 관리에 관한 조례'에 의하여 관리되고 있는 '서울광장'에서, 서울시청 및 중구청 공무원들이 행정대집행법이 정한 계고 및 대집행영장에 의한 통지절차를 거치지 아니한 채 위 광장에 무단설치된 천막의 철거대집행에 착수하였고, 이에 피고인들을 비롯한 '광우병위험 미국산 쇠고기 전면 수입을 반대하는 국민대책회의' 소속 단체 회원들이 몸싸움을 하거나 천막을 붙잡고 이를 방해한 사안에서, 위 서울광장은 비록 공부상 지목이 도로로 되어 있으나 도로법 제65조 제1항 소정의 행정대집행의 특례규정이 적용되는 도로법상 도로라고 할 수 없으므로 위 철거대집행은 구체적 직무집행에 관한 법률상 요건과 방식을 갖추지 못한 것으로서 적법성이 결여되었고 따라서 피고인들이 위 공무원들에 대항하여 폭행·협박을 가하였더라도 특수공무집행방해죄는 성립되지 않아 무죄이다.

☞ 선결문제(= 구성요건적 효력)의 유형 중 위법성 판단 유형(국 + 시 + 공 + 직: 국가배상, 시정명령위반죄, 공무집행방해죄, 직무유기죄)은 처분에 대한 심사긍정설이 다수설과 판례

☞ 선결문제(= 구성요건적 효력)의 유형 중 효력부인 유형(부 + 면: 부당이득반환 + 무면허죄)은 처분에 대한 심사부정설이 다수설과 판례

비대체적 작위의무에 대한 대집행가부

298. 대법원 2011. 4. 28. 선고 2007도7514 판결【특수공무집행방해 · 지방공무원법위반】[공2011상, 1076]

[1] 적법성이 결여된 직무행위를 하는 공무원에게 대항하여 폭행이나 협박을 가한 경우, 공무집행방해죄가 성립하는지 여부(소극)

형법 제136조가 정하는 공무집행방해죄는 공무원의 직무집행이 적법한 경우에 한하여 성립하는 것으로, 이러한 적법성이 결여된 직무행위를 하는 공무원에게 대항하여 폭행이나 협박을 가하였더라도 이를 공무집행방해죄로 다스릴 수는 없다. 이때 '적법한 공무집행'이란 그 행위가 공무원의 추상적 권한에 속할 뿐 아니라 구체적 직무집행에 관한 법률상 요건과 방식을 갖춘 경우를 가리킨다.

[2] 구 공유재산 및 물품 관리법 제83조가 '대체적 작위의무'가 아닌 의무에 대하여도 대집행을 허용하는 취지인지 여부(소극)

구 공유재산 및 물품 관리법(2010. 2. 4. 법률 제10006호로 개정되기 전의 것) 제83조는 "정당한 사유 없이 공유재산을 점유하거나 이에 시설물을 설치한 때에는 행정대집행법 제3조 내지 제6조의 규정을 준용하여 철거 그 밖의 필요한 조치를 할 수 있다"라고 정하고 있는데, 위 규정은 대집행에 관한 개별적인 근거 규정을 마련함과 동시에 행정대집행법상의 대집행 요건 및 절차에 관한 일부 규정만을 준용한다는 취지에 그치는 것이고, **대체적 작위의무에 속하지 아니하여 원칙적으로 대집행의 대상이 될 수 없는 다른 종류의 의무에 대하여서까지 강제집행을 허용하는 취지는 아니다.**

[3] 사안의 적용

법외 단체인 전국공무원노동조합의 지부가 당초 공무원 직장협의회의 운영에 이용되던 군 청사시설인 사무실을 임의로 사용하자, **지방자치단체장이 자진폐쇄 요청 후 행정대집행법에 따라 행정대집행을 하였는데, 전체적으로 대집행의 대상이 되는 대체적 작위의무인 철거의무를 대상으로 한 것으로 적법한 공무집행에 해당한다고 볼 수 있고,** 피고인들과 위 지부 소속 공무원들이 위 집행을 행하던 공무원들에게 대항하여 폭행 등 행위를 한 사안에서, 피고인들에게 특수공무집행방해죄를 인정한 원심판단의 결론은 정당하다. 또한 피고인 갑과 전국공무원노동조합 지부 소속 공무원들이 '가사정리'를 사유로 연가를 내면서까지 **지방자치단체의 적법한 행정대집행을 저지한 사안에서,** 위 행위가 구 지방공무원법 제58조 제1항에서 금지하는 '노동운동 기타 공무 이외의 일을 위한 집단행위'에 해당한다는 이유로, 피고인 갑에게 같은 법 위반죄를 인정한 원심판단의 결론은 정당하다.

장례식장 사용중지의무가 대집행의 대상인지 여부

299. 대법원 2005. 9. 28. 선고 2005두7464 판결【장례예식장사용중지계고처분취소】[미간행]

행정대집행법 제2조는 '행정청의 명령에 의한 행위로서 타인이 대신하여 행할 수 있는 행위를 의무자가 이행하지 아니하는 경우'에 대집행할 수 있도록 규정하고 있는데, 이 사건 용도위반 부분을 장례식장으로 사용하는 것이 관계 법령에 위반한 것이라는 이유로 **장례식장의 사용을 중지할 것**과 이를 불이행할 경우 행정대집행법에 의하여 대집행하겠다는 내용의 이 사건 처분은, 이 사건 처분에 따른 '**장례식장 사용중지 의무**'가 원고 이외의 '**타인이 대신**'할 수도 없고, 타인이 대신하여 '**행할 수 있는 행위**'라고도 할 수 없는 **비대체적 부작위 의무**에 대한 것이므로, 그 자체로 위법함이 명백하다고 할 것인데도, 원심은 그 판시와 같은 이유를 들어 이 사건 처분이 적법하다고 판단하고 말았으니, 거기에는 대집행계고처분의 요건에 관한 법리를 오해한 위법이 있다고 할 것이다.

> 📲 행정법상 부작위의무(=금지의무) 위반하였다고 하여 곧바로 대집행할 수 없음. 반드시 철거명령을 내려서 철거의무(⊂대체적 작위의무)를 만든 뒤에만 비로소 대집행 가능

위법한 행정조사에 의하여 획득된 자료를 바탕으로 한 행정행위의 효력

300. 대법원 1992. 3. 31. 선고 91다32053 전원합의체 판결【부당이득금】[공1992. 5. 15.(920), 1406]

[1] 위법한 조사의 위법성이 이에 터잡은 행정행위에 승계되는지 여부[적극]

☞ 이는 행정행위의 하자승계문제가 아니라 독수독과의 원칙의 행정법영역에의 확장이라 보아야 함(류지태 교수). 긍정설의 홍정선 교수, 부정설의 박윤흔 교수, 절충설의 김남진 교수, 박균성 교수 등이 대립하나, 판례는 긍정설을 취한다.

과세처분의 근거가 된 확인서, 명세서, 자술서, 각서 등이 과세관청 내지 그 상급관청이나 수사기관의 일방적이고 억압적인 강요로 작성자의 자유로운 의사에 반하여 별다른 합리적이고 타당한 근거도 없이 작성된 것이라면 이러한 자료들은 그 작성경위에 비추어 내용이 진정한 과세자료라고 볼 수 없으므로, **이러한 과세자료에 터잡은 과세처분의 하자는 중대한 하자임은 물론** 위와 같은 과세자료의 성립과정에 직접 관여하여 그 경위를 잘 아는 과세관청에 대한 관계에 있어서 **객관적으로 명백한 하자**라고 할 것이다.

[2] 위법한 조사에 터잡은 과세처분의 경우 부당이득반환청구권의 성립여부(적극)

과세처분이 부존재하거나 당연무효인 경우에 이 과세처분에 의하여 납세의무자가 납부하거나 징수당한 오납금은 국가가 법률상 원인 없이 취득한 부당이득에 해당하고, **이러한 오납금에 대한 납세의무자의 부당이득반환청구권은 처음부터 법률상 원인이 없이 납부 또는 징수된 것이므로 납부 또는 징수시에 발생하여 확정된다.**

공매통지의 적법절차여부와 하자치유

301. 대법원 2008. 11. 20. 선고 2007두18154 전원합의체 판결【매각결정취소】
[집56(2)특, 317; 공2008하, 1799]

- 체납자 등에 대한 공매통지가 공매의 절차적 요건인지 여부(적극) 및 체납자 등에게 공매통지를 하지 않았거나 적법하지 않은 공매통지를 한 경우 그 공매처분이 위법한지 여부(적극)

체납자는 국세징수법 제66조에 의하여 직접이든 간접이든 압류재산을 매수하지 못함에도, 국세징수법 68조가 압류재산을 공매할 때 공고와 별도로 체납자 등에게 공매통지를 하도록 한 이유는, 체납자 등에게 공매절차가 유효한 조세부과처분 및 압류처분에 근거하여 적법하게 이루어지는지 여부를 확인하고 이를 다툴 수 있는 기회를 주는 한편, 국세징수법이 정한 바에 따라 <u>체납세액을 납부하고 공매절차를 중지 또는 취소시켜 소유권 또는 기타의 권리를 보존할 수 있는 기회</u>를 갖도록 함으로써, 체납자 등이 감수하여야 하는 <u>강제적인 재산권 상실에 대응한 절차적인 적법성을 확보</u>하기 위한 것이다. 따라서 체납자 등에 대한 공매통지는 국가의 강제력에 의하여 진행되는 공매에서 체납자 등의 권리 내지 재산상의 이익을 보호하기 위하여 **법률로 규정한 절차적 요건**이라고 보아야 하며, **공매처분을 하면서 체납자 등에게 공매통지를 하지 않았거나 공매통지를 하였더라도 그것이 적법하지 아니한 경우에는 절차상의 흠이 있어 그 공매처분은 위법하다.** 다만, 공매통지의 목적이나 취지 등에 비추어 보면, 체납자 등은 **자신에 대한 공매통지의 하자만을** 공매처분의 위법사유로 주장할 수 있을 뿐 **다른 권리자에 대한 공매통지의 하자를 들어 공매처분의 위법사유로 주장하는 것은 허용되지 않는다.**

📌 체납자 본인이나 동거하는 가족, 사무원 등에게 통지되지 않은 이상 통지는 없었다고 보아야 한다고 판시하고 있다.

📌 경매통지는 처분성이 없지만, 강제경매의 적법절차라고 판시

302. 비교판례: 대법원 2013. 06. 28. 선고 2011두18304 판결[부동산강제공매결정취소]

갑이 자신이 소유한 부동산에 대한 종합토지세 등을 납부하지 않자 관할 행정청이 위 부동산을 압류한 후 한국자산관리공사에 공매를 의뢰하였고, 한국자산관리공사가 공매절차를 진행하여 을에게 매각하는 결정을 한 사안에서, **공매대행사실의 통지는** 세무서장이 아닌 한국자산관리공사가 공매를 대행하게 된다는 사실을 체납자와 이해관계인에게 알려주는 데 불과한 점 등에 비추어, 관할 행정청이 갑 또는 그 임차인에게 **공매대행사실을** 통지하지 않았다고 하더라도 그 후 **공매통지서가** 적법하게 송달되고 매수인이 매수대금을 납부하여 소유권이전등기까지 마쳤으므로 위와 같은 사정만으로 위 처분이 위법하게 된다고 볼 수 없고, 국세징수 관계 법령상 공매예고통지에 관한 규정이 없고 공매예고통지는 공매사실 자체를 체납자에게 알려주는 것에 불과하므로 공매예고통지가 없었다는 이유만으로 위 처분이 위법하게 되는 것은 아니다.

제 5 절

(실력 UP) 출제가 예상되는 화제의 판결들을 공부해 두자

303. 대법원 2019. 4. 11. 선고 2018두42955 판결[기타이행강제금부과처분취소]

[1] 농지법은 농지 처분명령에 대한 이행강제금 부과처분에 불복하는 자가 그 처분을 고지받은 날부터 30일 이내에 부과권자에게 이의를 제기할 수 있고, 이의를 받은 부과권자는 지체 없이 관할 법원에 그 사실을 통보하여야 하며, 그 통보를 받은 관할 법원은 비송사건절차법에 따른 과태료 재판에 준하여 재판을 하도록 정하고 있다(제62조 제1항, 제6항, 제7항). 따라서 농지법 제62조 제1항에 따른 이행강제금 부과처분에 불복하는 경우에는 비송사건절차법에 따른 재판절차가 적용되어야 하고, 행정소송법상 항고소송의 대상은 될 수 없다. 농지법 제62조 제6항, 제7항이 위와 같이 이행강제금 부과처분에 대한 불복절차를 분명하게 규정하고 있으므로, 이와 다른 불복절차를 허용할 수는 없다. 설령 관할청이 이행강제금 부과처분을 하면서 재결청에 행정심판을 청구하거나 관할 행정법원에 행정소송을 할 수 있다고 잘못 안내하거나 관할 행정심판위원회가 각하재결이 아닌 기각재결을 하면서 관할 법원에 행정소송을 할 수 있다고 잘못 안내하였다고 하더라도, 그러한 잘못된 안내로 행정법원의 항고소송 재판관할이 생긴다고 볼 수도 없다.

[2] 농지법 제2조 제1호는 농지에 관한 정의 규정인데, 원칙적 형태는 "전·답, 과수원, 그 밖에 법적 지목을 불문하고 실제로 농작물 경작지 또는 다년생식물 재배지로 이용되는 토지"이다[(가)목 전단]. 따라서 어떤 토지가 이 규정에서 말하는 '농지'인지는 공부상의 지목과 관계없이 토지의 사실상 현상에 따라 판단하여야 한다. 그런데 농지법은 농지전용허가 등을 받지 않고 농지를 전용하거나 다른 용도로 사용한 경우 관할청이 그 행위를 한 자에게 기간을 정하여 원상회복을 명할 수 있고, 그가 원상회복명령을 이행하지 않으면 관할청이 대집행으로 원상회복을 할 수 있도록 정함으로써(제42조 제1항, 제2항), 농지가 불법 전용된 경우에는 농지로 원상회복되어야 함을 분명히 하고 있다. 농지법상 '농지'였던 토지가 현실적으로 다른 용도로 이용되고 있더라도 그 토지가 농지전용허가 등을 받지 않고 불법 전용된 것이어서 농지로 원상회복되어야 하는 것이라면 그 변경 상태는 일시적인 것이고 여전히 '농지'에 해당한다.

304. 대법원 2018. 1. 25. 선고 2015두35116 판결[가설건축물존치기간연장신고 반려처분취소등]

[1] 가설건축물은 건축법상 '건축물'이 아니므로 건축허가나 건축신고 없이 설치할 수 있는 것이 원칙이지만 일정한 가설건축물에 대하여는 건축물에 준하여 위험을 통제하여야 할 필요가 있으므로 신고 대상으로 규율하고 있다. 이러한 신고제도의 취지에 비추어 보면, 가설건축물 존치기간을 연장하려는 건축주 등이 법령에 규정되어 있는 제반 서류와 요건을 갖추어 행정청에 연장신고를 한 때에는 행정청은 원칙적으로 이를 수리하여 신고 필증을 교부하여야 하고, 법령에서 정한 요건 이외의 사유를 들어 수리를 거부할 수는 없다. 따라서 행정청으로서는 법령에서 요구하고 있지도 아니한 '대지사용승낙서' 등의 서류가 제출되지 아니하였거나, 대지소유권자의 사용승낙이 없다는 등의 사유를 들어 가설건축물 존치기간 연장신고의 수리를 거부하여서는 아니 된다.

[2] 건축법상의 이행강제금은 시정명령의 불이행이라는 과거의 위반행위에 대한 제재가 아니라, 의무자에게 시정명령을 받은 의무의 이행을 명하고 그 이행기간 안에 의무를 이행하지 않으면 이행강제금이 부과된다는 사실을 고지함으로써 의무자에게 심리적 압박을 주어 의무의 이행을 간접적으로 강제하는 행정상의 간접강제 수단에 해당한다. 이러한 이행강제금의 본질상 시정명령을 받은 의무자가 이행강제금이 부과되기 전에 그 의무를 이행한 경우에는 비록 시정명령에서 정한 기간을 지나서 이행한 경우라도 이행강제금을 부과할 수 없다.

나아가 시정명령을 받은 의무자가 그 시정명령의 취지에 부합하는 의무를 이행하기 위한 정당한 방법으로 행정청에 신청 또는 신고를 하였으나 행정청이 위법하게 이를 거부 또는 반려함으로써 결국 그 처분이 취소되기에 이르렀다면, 특별한 사정이 없는 한 그 시정명령의 불이행을 이유로 이행강제금을 부과할 수는 없다고 보는 것이 위와 같은 이행강제금 제도의 취지에 부합한다.

305. 대법원 2018. 10. 25. 선고 2018두44302 판결[의료기관개설신고불수리처분취소]

[1] 정신건강증진 및 정신질환자 복지서비스 지원에 관한 법률 제19조 제1항은 "정신의료기관의 개설은 의료법에 따른다. 이 경우 의료법 제36조에도 불구하고 정신의료기관의 시설·장비의 기준과 의료인 등 종사자의 수·자격에 관하여 필요한 사항은 정신의료기관의 규모 등을 고려하여 보건복지부령으로 따로 정한다."라고 규정하고 있다. 위 후단 규정의 위임에 따라, 같은 법 시행규칙 [별표 3], [별표 4]는 정신의료기관에 관하여 시설·장비의 기준과 의료인 등 종사자의 수·자격 기준을 구체적으로 규정하고 있다.

한편 의료법은 의료기관의 개설 주체가 의원·치과의원·한의원 또는 조산원을 개설하려고 하는 경우에는 시장·군수·구청장에게 신고하도록 규정하고 있지만(제33조 제3항), 종합병원·병원·치과병원·한방병원 또는 요양병원을 개설하려고 하는 경우에는 시·도지사의 허가를 받도록 규정하고 있다(제33조 제4항). 이와 같이 의료법이 의료기관의 종류에 따라 허가제와 신고제를 구분하여 규정하고 있는 취지는, 신고 대상인 의원급 의료기관 개설의 경우 행정청이 법령에서 정하고 있는 요건 이외의 사유를 들어 신고 수리를 반려하는 것을 원칙적으로 배제함으로써 개설 주체가 신속하게 해당 의료기관을 개설할 수 있도록 하기 위함이다.

앞서 본 관련 법령의 내용과 이러한 신고제의 취지를 종합하면, 정신과의원을 개설하려는 자가 법령에 규정되어 있는 요건을 갖추어 개설신고를 한 때에, 행정청은 원칙적으로 이를 수리하여 신고필증을 교부하여야 하고, 법령에서 정한 요건 이외의 사유를 들어 의원급 의료기관 개설신고의 수리를 거부할 수는 없다.

[2] 헌법상 평등원칙은 본질적으로 같은 것을 자의적으로 다르게 취급함을 금지하는 것으로서, 일체의 차별적 대우를 부정하는 절대적 평등을 뜻하는 것이 아니라 입법을 하고 법을 적용할 때에 합리적인 근거가 없는 차별을 하여서는 아니 된다는 상대적 평등을 뜻하므로, 합리적 근거가 있는 차별 또는 불평등은 평등의 원칙에 반하지 아니한다. 또한 헌법상 기본권 보호의무란 기본권적 법익을 기본권 주체인 사인에 의한 위법한 침해 또는 침해의 위험으로부터 보호하여야 하는 국가의 의무를 말하며, 주로 사인인 제3자에 의한 개인의 생명이나 신체의 훼손에서 문제 되는 것이다.

이러한 법리에 비추어 살펴보면, 관련 법령이 정신병원 등의 개설에 관하여는 허가제로, 정신과의원 개설에 관하여는 신고제로 각 규정하고 있는 것은 각 의료기관의 개설 목적 및 규모 등 차이를 반영한 합리적 차별로서 평등의 원칙에 반한다고 볼 수 없다. 또한 신고제 규정으로 사인인 제3자에 의한 개인의 생명이나 신체 훼손의 위험성이 증가한다고 할 수 없어 기본권 보호의무에 위반된다고 볼 수도 없다.

306. 대법원 2018. 6. 19. 선고 2016두1240 판결[증여세부과처분취소]

[1] 세무조사의 성질과 효과, 중복세무조사를 원칙적으로 금지하는 취지, 증여세의 과세대상 등을 고려하면, 증여세에 대한 후속 세무조사가 조사의 목적과 실시 경위, 질문조사의 대상과 방법 및 내용, 조사를 통하여 획득한 자료 등에 비추어 종전 세무조사와 실질적으로 같은 과세요건사실에 대한 것에 불과할 경우에는, 구 국세기본법 제81조의4 제2항에 따라 금지되는 재조사에 해당하는 것으로 보아야 한다.

[2] 구 국세기본법 시행령 제63조의2 제2호 전단에서 말하는 각종 과세자료란 세무조사

권을 남용하거나 자의적으로 행사할 우려가 없는 과세관청 외의 기관이 직무상 목적을 위하여 작성하거나 취득하여 과세관청에 제공한 자료로서 국세의 부과·징수와 납세의 관리에 필요한 자료를 의미하고, 이러한 자료에는 과세관청이 종전 세무조사에서 작성하거나 취득한 과세자료는 포함되지 않는다.

[3] 지방국세청이 甲 주식회사에 대하여 세무조사를 실시한 결과 甲 회사의 주주명부가 허위로 조작된 것이 아니라고 보았고, 이에 따라 과세관청이 甲 회사의 대주주 겸 회장 乙의 아들 丙 등에 대한 주식의 증여에 대하여 부과제척기간이 경과하였다는 이유로 증여세를 부과하지 않았는데, 그 후 지방국세청이 감사원의 '감사결과 처분요구'에 따라 甲 회사에 대하여 세무조사를 재차 실시한 결과 위 주주명부가 허위로 작성된 것이라고 보았고, 이에 과세관청이 丙 등에게 증여세(가산세 포함) 부과처분을 한 사안에서, 후속 세무조사는 조사의 목적과 실시 경위, 질문조사의 대상과 방법 및 내용, 조사를 통하여 획득한 자료 등에 비추어 종전 세무조사와 실질적으로 같은 증여 사실에 대한 것이라고 보이므로 후속 세무조사의 명목이나 형식만을 내세워 이를 종전 세무조사 후에 이루어진 별개의 증여 사실에 대한 세무조사라고 할 수 없고, 나아가 '감사결과 처분요구'는 새로운 진술이나 자료를 기초로 한 것이 아니라 과세관청이 종전 세무조사에서 이미 작성하거나 취득한 자료를 토대로 하면서도 사실관계 인정 여부에 대한 판단 등만을 달리하여 이루어진 것인 만큼, 이를 두고 구 국세기본법 시행령 제63조의2 제2호에서 재조사 허용사유의 하나로 규정하고 있는 '각종 과세자료의 처리를 위한 재조사'에서의 '각종 과세자료'에 해당한다고 볼 수 없는데도, 이와 달리 본 원심판단에 법리오해의 위법이 있다.

307. 대법원 2017. 4. 27. 선고 2016두33360 판결[과징금납부명령취소청구]

[1] 구 독점규제 및 공정거래에 관한 법률 시행령 제9조 제1항, 제61조 제1항 [별표 2] 제2호 (가)목 3. 가. 본문의 내용 및 문언에 의하면, '입찰담합 및 이와 유사한 행위'에서는 '계약금액'에 100분의 10을 곱한 금액이 과징금의 상한이 될 뿐만 아니라, 위 '계약금액'은 과징금의 기본 산정기준이 된다고 보아야 하고, 이는 입찰담합에 의하여 낙찰을 받고 계약을 체결한 사업자뿐만 아니라 낙찰자 또는 낙찰예정자를 미리 정하는 내용의 담합에 참여하였으나 낙찰을 받지 못한 사업자에 대하여도 마찬가지로 적용된다.

[2] 독점규제 및 공정거래에 관한 법률(이하 '공정거래법'이라 한다) 제22조, 제55조의3 제1항, 제5항, 구 독점규제 및 공정거래에 관한 법률 시행령(2012. 6. 19. 대통령령 제238 64호로 개정되기 전의 것, 이하 '공정거래법 시행령'이라 한다) 제9조 제1항, 제61조 제1항 [별표 2] 제2호 (가)목 3. 가.의 전반적인 체계와 내용, 취지 및 목적, 연혁 등에 의하여 인정되는 다음과 같은 사정, 공정거래법 제22조 등의 수범자는 포괄적인 공정거래법 준수의무가 있는 경제주체인 '사업자'이므로 법률에서 요구되는 예측가능성의 정도도 완화될 필요가 있고, 해당 사업자로서는 '입찰담합 행위와 관련이 있는 이익'의 범위 내에서

공정거래법 제22조에서 정한 과징금 상한의 지표인 매출액의 범위가 정해질 것으로 예측할 수 있는 점, 과징금의 상한과 부과기준은 위법행위의 효과적인 억제라는 과징금 제도의 목적상 일정한 내적 연관성을 가질 수밖에 없을 뿐만 아니라 공정거래법 제55조의3 제1항은 과징금을 부과할 때 위반행위의 내용 및 정도 등을 참작하여 부과기준을 정하도록 정하고 있으므로, 해당 사업자로서는 '입찰담합 행위와 관련이 있는 이익'에 해당하는 계약금액을 과징금의 기본 산정기준의 기초로 삼는 것도 예측할 수 있는 점, 입찰담합 등의 구조적 특수성에 비추어 낙찰자 또는 낙찰예정자를 미리 정하는 내용의 담합에 참여하였으나 낙찰을 받지 못한 사업자(이하 '참여자'라 한다)가 해당 공구를 낙찰 받는 이익을 얻는 것은 아니지만, 담합으로 인한 경제적인 이익이 없다고 할 수 없고, 참여자에 대하여 계약금액을 과징금의 기본 산정기준의 기초로 삼을 경우 참여자가 실제 취득한 경제적인 이익과 과징금의 기본 산정기준인 계약금액 사이에 차이가 발생할 가능성이 있더라도, 이로 인하여 발생할 수 있는 실제 취득한 이득과 부과된 과징금 액수 사이의 불균형 문제는 과징금 부과처분의 재량권 일탈·남용 여부에 대한 사법심사를 통하여 통제될 수 있는 점 등을 종합하면, 공정거래법 시행령의 위 각 규정이 참여자에 대한 과징금의 기본 산정기준을 위반행위의 대상이 된 입찰의 규모를 반영하는 '계약금액'에 기초하여 산정하도록 정했더라도, 모법의 위임 범위를 벗어나 수범자에게 불리하게 과징금의 기본 산정기준을 변경하는 것으로 볼 수는 없다.

[3] 사업자들이 수 개의 입찰방식 거래와 관련하여 각자가 참가할 입찰부문을 크게 나누는 등으로 상품이나 용역의 거래를 제한하는 합의(이하 '거래제한 합의'라 한다)를 한 경우, 그러한 거래제한 합의가 있다는 사정만으로 곧바로 관련된 모든 입찰방식 거래의 '계약금액' 합계액을 기준으로 기본 과징금을 산정할 수 있는 것은 아니고, 다만 위와 같은 거래제한 합의를 실행하기 위하여 개별입찰에 관한 입찰담합에까지 나아간 경우에, 구 독점규제 및 공정거래에 관한 법률 시행령(2012. 6. 19. 대통령령 제23864호로 개정되기 전의 것) 제9조 제1항 단서, 제61조 제1항 [별표 2]에 따라 각 사업자가 입찰담합의 당사자로 가담한 각 개별입찰에서의 계약금액을 기초로 하여 과징금을 산정할 수 있을 뿐이다.

[4] 독점규제 및 공정거래에 관한 법률(이하 '공정거래법'이라 한다) 제22조에 의한 과징금은 법 위반행위에 따르는 불법적인 경제적 이익을 박탈하기 위한 부당이득환수의 성격과 함께 위법행위에 대한 제재로서의 성격을 가지는 것이고, 공정거래법 제55조의3 제1항은 과징금을 부과하는 경우 위반행위의 내용과 정도, 기간과 횟수 외에 위반행위로 인하여 취득한 이익의 규모 등도 아울러 참작하도록 규정하고 있으므로, 입찰담합에 의한 부당한 공동행위에 대하여 부과되는 과징금의 액수는 해당 입찰담합의 구체적 태양 등에 기하여 판단되는 위법성의 정도뿐만 아니라 그로 인한 이득액의 규모와도 상호 균형을 이룰 것이 요구되고, 이러한 균형을 상실할 경우에는 비례의 원칙에 위배되어 재량권의 일탈·남용에 해당할 수 있다.

308. 대법원 2016. 7. 21. 선고 2013도850 전원합의체 판결

[1] [다수의견]

의료법 제2조 제1항, 제2항 제1호, 제2호, 제3호, 제5조, 제27조 제1항 본문, 제87조 제1항이 의사, 치과의사 및 한의사가 각자 면허를 받아 면허된 것 이외의 의료행위를 할 수 없도록 규정한 취지는, 각 의료인의 고유한 담당 영역을 정하여 전문화를 꾀하고 독자적인 발전을 촉진함으로써 국민이 보다 나은 의료 혜택을 누리게 하는 한편, 의사, 치과의사 및 한의사가 각자의 영역에서 체계적인 교육을 받고 국가로부터 관련 의료에 관한 전문지식과 기술을 검증받은 범위를 벗어난 의료행위를 할 경우 사람의 생명·신체나 일반 공중위생에 발생할 수 있는 위험을 방지함으로써 궁극적으로 국민의 건강을 보호하고 증진하기 위한 데 있다. 이러한 취지에서 의료법은 의료기관의 개설(제33조), 진료과목의 설치·운영(제43조), 전문의 자격 인정 및 전문과목의 표시(제77조)등에 관한 여러 규정에서 의사·치과의사·한의사의 세 가지 직역이 각각 구분되는 것을 전제로 규율하면서 각 직역의 의료인이 '면허된 것 이외의 의료행위'를 할 경우 형사처벌까지 받도록 규정하고 있으나, 막상 각 의료인에게 '면허된 의료행위'의 내용이 무엇인지, 어떠한 기준에 의하여 구분하는지 등에 관하여는 구체적인 규정을 두고 있지 아니하다. 즉 의료법은 의료인을 의사·치과의사·한의사 등 종별로 엄격히 구분하고 각각의 면허가 일정한 한계를 가짐을 전제로 면허된 것 이외의 의료행위를 금지·처벌하는 것을 기본적 체계로 하고 있으나, 각각의 업무 영역이 어떤 것이고 면허의 범위 안에 포섭되는 의료행위가 구체적으로 어디까지인지에 관하여는 아무런 규정을 두고 있지 아니하다. 이는 의료행위의 종류가 극히 다양하고 그 개념도 의학의 발달과 사회의 발전, 의료서비스 수요자의 인식과 요구에 수반하여 얼마든지 변화될 수 있는 것임을 감안하여, 법률로 일의적으로 규정하는 경직된 형태보다는 시대적 상황에 맞는 합리적인 법 해석에 맡기는 유연한 형태가 더 적절하다는 입법 의지에 기인한다. 의사나 치과의사의 의료행위가 '면허된 것 이외의 의료행위'에 해당하는지는 구체적 사안에 따라 의사와 치과의사의 면허를 구분한 의료법의 입법 목적, 해당 의료행위에 관련된 법령의 규정 및 취지, 해당 의료행위의 기초가 되는 학문적 원리, 해당 의료행위의 경위·목적·태양, 의과대학 등의 교육과정이나 국가시험 등을 통하여 해당 의료행위의 전문성을 확보할 수 있는지 등을 종합적으로 고려하여 사회통념에 비추어 합리적으로 판단하여야 한다. 전통적인 관념이나 문언적 의미에 따르면, '치과'는 '이(치아)와 그 지지 조직 및 입 안의 생리·병리·치료 기술 등을 연구하는 의학 분야', '치과의사'는 '입 안 및 치아의 질병이나 손상을 예방하고 치료하는 것을 직업으로 하는 사람'으로 정의함이 일반적이다. 그러나 치과의사의 의료행위와 의사의 의료행위가 이러한 전통적 관념이나 문언적 의미만으로 구분될 수 있는 것은 아닐뿐더러, 의료행위의 개념은 고정 불변인 것이 아니라 의료기술의 발전과 시대 상황의 변화, 의료서비스에 대한 수요자의 인식과 필요에 따라 달라질 수 있는 가변적인 것이기도 하고, 의약품과 의료기술 등의 변화·발전양상을 반영하여 전통적인 치과진료 영역을 넘어서 치과의사에게 허용되는 의료행위의 영역이 생겨날 수도 있다. 따라서 앞서 든 '면허된 것 이외의 의료행위' 해당 여부에 관한 판단기준에 이러한 관점을 더하여 치과의사의 면허된 것 이외의 의료행위에 해당하여 의료법 위반으로 처벌대상이 되는지 살펴볼 필요가 있다.

[대법관 김용덕, 대법관 김신의 반대의견]

의료법 제2조 제1항, 제2항 제1호, 제2호, 제3호, 제5조는 의사와 치과의사, 의학과 치의학, 보건과 구강보건을 서로 구별하여 의사와 치과의사의 면허를 명확하게 나누어 별도로 정하고 있고, 나아가 의사의 임무를 일반적으로 '의료와 보건지도'로 정한 것과 달리 치과의사의 임무를 '치과 의료'와 '구강 보건지도'라는 특수한 범위를 설정하여 제한하고 있다. 이는 의료법이 '한방(韓方)'인지 여부에 따라 의사와 한의사 임무에서 차이를 두어 특정한 의료행위의 기초가 되는 학문적 원리를 면허 범위의 주요한 구별기준으로 제시하면서, 의사·치과의사와 한의사 사이에 치료 부위나 대상에 대하여 아무런 구분이나 차이를 두고 있지 않은 것과는 대조된다. 이처럼 의사와 치과의사의 면허 및 그 범위를 준별한 취지는, 의학적 기초 원리와 방법론에서 의학과 치의학이 질적으로 다르지 않음을 전제로 하는 한편, 치아 치료와 같이 치과의사의 고유한 담당 영역을 별개로 인정함으로써 이에 해당하는 의료행위는 치과의사만 전담하도록 하려는 데 있다. 또한 구강 보건지도에 관한 사항을 의사의 임무 영역에서 분리하여 치과의사에게 전담시켜 이를 활성화하는 한편 전문화가 이루어질 수 있도록 유도한 것 역시 같은 취지이다. 위와 같은 의료법의 문언·체계·취지 등에 비추어 보면, 의사와 치과의사의 면허 및 그 대상인 의료 영역을 최소한의 문언적 표지를 두어 구분한 것은, 개념 정의의 포괄성과 불확정성을 고려하면서도 양자 사이의 한계는 명확하게 구별하기 위한 것으로서 의료법의 근본적인 결단에 해당한다. 따라서 이러한 면허 범위의 한계는 이러한 구분을 정한 의료법 문언에 기초한 기준에 따라 명확하게 구별될 수 있도록 규범적으로 해석되어야 한다. 그렇게 해석하지 아니하면 의사와 치과의사가 할 수 있는 각 의료행위의 구분이 불분명하게 되어 혼란을 초래하고 예측가능성을 해치게 되므로 죄형법정주의 정신에 반하게 되는 결과를 낳게 된다. 치과의사 면허 범위를 확정하는 전제가 되는 의료행위는 치아와 구강, 위턱뼈, 아래턱뼈, 그리고 턱뼈를 덮고 있는 안면조직 등 씹는 기능을 담당하는 치아 및 그와 관련된 인접 조직기관 등에 대한 치과적 예방·진단·치료·재활과 구강보건(이하 이를 통칭하여 '치과적 치료'라 한다)을 목적으로 하는 의료행위를 뜻한다고 해석된다. 그리고 치과적 치료를 목적으로 하는 의료행위라면, 목적이 직접적인 경우뿐 아니라 간접적인 경우에도 이를 치과의사 면허 범위에 포함할 수 있다. 예컨대 치아와 구강에 대한 치과치료가 안면 부위의 조직에도 영향을 미친다면, 그 부분에 대하여 치과의사가 시술할 수 있는 경우도 있다. 그렇지만 그 경우에도 치과적 치료 목적이라는 범위 내에서 제한적으로 허용되는 것에 불과하고, 치과적 치료 목적을 벗어나 시술이 이루어진다면 이는 치과의사의 면허 범위를 벗어난 것으로 보아야 한다.

[2] 치과의사인 피고인이 보톡스 시술법을 이용하여 환자의 눈가와 미간의 주름 치료를

함으로써 면허된 것 이외의 의료행위를 하였다고 하여 의료법 위반으로 기소된 사안에서, 의료법 등 관련 법령이 구강악안면외과를 치과 영역으로 인정하고 치과의사 국가시험과목으로 규정하고 있는데, 구강악안면외과의 진료영역에 문언적 의미나 사회통념상 치과 의료행위로 여겨지는 '치아와 구강, 턱뼈 그리고 턱뼈를 둘러싼 안면부'에 대한 치료는 물론 정형외과나 성형외과의 영역과 중첩되는 안면부 골절상 치료나 악교정수술 등도 포함되고, 여기에 관련 규정의 개정 연혁과 관련 학회의 설립 경위, 국민건강보험공단의 요양급여 지급 결과 등을 더하여 보면 치아, 구강 그리고 턱과 관련되지 아니한 안면부에 대한 의료행위라 하여 모두 치과 의료행위의 대상에서 배제된다고 보기 어려운 점, 의학과 치의학은 의료행위의 기초가 되는 학문적 원리가 다르지 아니하고, 각각의 대학 교육과정 및 수련과정도 공통되는 부분이 적지 않게 존재하며, 대부분의 치과대학이나 치의학전문대학원에서 보톡스 시술에 대하여 교육하고 있고, 치과 의료 현장에서 보톡스 시술이 활용되고 있으며, 시술 부위가 안면부라도 치과대학이나 치의학전문대학원에서는 치아, 혀, 턱뼈, 침샘, 안면의 상당 부분을 형성하는 저작근육과 이에 관련된 주위 조직 등 악안면에 대한 진단 및 처치에 관하여 중점적으로 교육하고 있으므로, 보톡스 시술이 의사만의 업무영역에 전속하는 것이라고 단정할 수 없는 점 등을 종합하면, 환자의 안면부인 눈가와 미간에 보톡스를 시술한 피고인의 행위가 치과의사에게 면허된 것 이외의 의료행위라고 볼 수 없고, 시술이 미용목적이라 하여 달리 볼 것은 아니다.

제 15 장

국가배상법

제 1 절

국가배상법의 법적 성질은 무엇일까

(1) 학설은 대립한다

1) 공법설

이 견해는 공법적 **원인**으로 인한 손해배상을 규율하는 국가배상법은 사경제작용을 규율하는 민법과는 근본적으로 성격을 달리하므로, 민법과 국가배상법상 사이에는 일반법과 특별법의 관계가 성립될 수 없다고 본다. 즉 **공법과 사법의 이원적 체계**를 인정하는 이상, 공법적 원인에 의해 발생한 손해에 대한 배상을 규율하는 국가배상법은 성질상 공법이라는 것이다.

2) 사법설

이 견해는 국가배상청구권은 공법에 특유한 책임이론이 아니라 **일반불법행위이론의 한 유형**에 지나지 않고, 그 배상청구권은 원인행위 자체의 법률효과라기보다는 **손해**에 대하여 법이 부여한 법률효과라 할 수 있으며, **국가배상법(제8조)이 민법의 특별법**적 성격을 가진다는 점을 명문화하고 있다는 등의 이유로 같은 법이 사법적 성질을 가진다고 주장한다.

(2) 판례는 민사소송으로 다투어야 한다고 판시한다

"공무원의 직무상 불법행위로 손해를 받은 국민이 국가 또는 공공단체에 배상을 청구하는 경우 국가 또는 공공단체에 대하여 그의 불법행위를 이유로 손해배상을 구함은 국가배상법이 정한 바에 따른다 하여도 이 역시 민사상의 손해배상책임을 특별법인 국가배상법에 정한 데 불과하다"(대법원 1972. 10. 10. 선고 69다701 판결)고 판시하여 사법설을 취하고 있다. 판례는 국가배상청구소송을 민사소송으로 판시하고 있다.

(3) 검토해 보자

국가배상법은 공법적 원인에 의하여 발생한 손해에 대한 국가 등의 배상책임을 규정한 법으로서 공법으로 보아야 할 것이다. 따라서 국가배상에 관한 소송은 공법상의 당사자소송이 된다.

제 2 절

국가배상청구권의 성립 요건

(1) 국가배상법 제2조 제1항 본문 전단 청구권의 성립요건

> **국가배상법 제2조(배상책임)** ① ☞ **제1항 본문 전단책임** — 국가나 지방자치단체는 <**공무원 또는 공무를 위탁받은 사인**(= 공무수탁사인)이 직무를 집행하면서 고의 또는 과실로 법령을 위반하여 타인에게 **손해를 입히는 때에는**> **이 법에 따라**(= 국가배상법은 민법의 특별법) 그 **손해를 배상하여야 한다.** ☞ 이는 대주어와 대서술어 + 소주어와 소서술어의 문장구조를 가지고 있다.

1) 전단책임의 요건을 꼼꼼하게 공부해 두자

국가배상책임이 성립하기 위하여는 ① ㉠무원 또는 ㉠무수탁사인의 가해행위, ② 가해행위의 ㉰무집행성, ③ ㉢의 또는 과실에 기한 가해행위, ④ 가해행위의 ㉤법성('법령에 위반하여'), ⑤ 타인에 대한 ㉥해의 발생, ⑥ 공무원의 가해행위와 손해발생간의 상당㉦과관계 등이 충족되어야 한다(국가배상법 제2조 제

1항 본문). 나아가 판례는 **법**률상 이익까지 국가배상요건으로 요구한다.

다만 국가배상법 제2조 제1항 본문 전단 청구권의 성립**요건을 충족**하는지 판단함에 있어서는 국민의 **권리구제**를 위하여 **완화**하여 해석하거나 동 요건에 대한 **입증책임을 전환**하거나 **완화**해 주는 것이 필요하다.

가) 국가나 지자체 소속의 공무원 또는 공무수탁사인이 행위해야 한다

그런 관점에서 공무원의 개념은 **조직법상 엄격하게 국한**되는 것이 아니라 **널리 공무를 위탁받아 실질적으로 공무에 종사하고 있는 자도 포함**된다(대법원 1970. 11. 24. 선고 70다2253 판결).

국가배상법은 2009년 법개정을 통해 '공무를 위탁받은 사인'의 국가배상책임을 명시적으로 인정하고 있다(국가배상법 제2조 제1항). 도로교통법 제5조 제1항은 「도로를 통행하는 보행자와 차마의 운전자는 … 대통령령이 정하는 국가**경찰공무원 및 자치경찰공무원을 보조하는 사람의 신호나 지시**를 따라야 한다」고 규정하고 있으며, 같은 법 시행령 제6조 제1호에서 '대통령령이 정하는 국가경찰공무원 및 자치경찰공무원을 **보조하는 사람**'에 '교통안전 봉사활동에 종사하**는 모범운전자**'를 포함시키고 있다.

참고 판례

> **대법원 2001. 1. 5. 선고 98다39060 판결[이른바 교통할아버지 사건]**
>
> 지방자치단체가 '교통할아버지 봉사활동' 계획을 수립한 다음 관할 동장으로 하여금 **'교통할아버지'** 봉사원을 선정하게 하여 그들에게 활동시간과 장소까지 지정해 주면서 그 활동시간에 비례한 수당을 지급하고 그 활동에 필요한 모자, 완장 등 물품을 공급함으로써, 지방자치단체의 복지행정업무에 해당하는 **어린이 보호, 교통안내, 거리질서 확립 등의 공무를 위탁**하여 이를 집행하게 하였다고 보아, '교통할아버지'로 선정된 노인은 '교통할아버지' 활동을 하는 범위 내에서는 국가배상법 제2조에 규정된 지방자치단체의 '공무원'이라고 봄이 상당하다.

나) 직무수행 도중이어야 한다

고유한 직무수행 도중뿐만 아니라 직무수행의 **외형**을 갖추거나 **실질**을 구비하고 있으면 동 요건을 충족한다고 보는 것이 다수설과 판례의 태도이다(**외형이론**).

▶ 빈출

▶ 기출

▶ 기출

▶ 기출 사례
따라서 판례에 의하면 귀대 중의 사고, 얼차려 중의 사고, 휴식 도중의 사고들도 모두 직무수행 도중으로 인정한다

다) 고의 또는 과실이 있어야 한다

국가배상청구소송이 취소소송과 다른 판결이 나올 수 있는 이유가 되는 요건이다. 고의는 위법에 대한 **인식**(Know)과 **인용** (Will)을 의미한다. 과실은 **주의의무위반**(Mistake)을 의미한다.

라) 위법성이 있어야 한다

① 법령에 위반하여 의미

법질서위반만을 의미한다고 보는 **일원설**과 법익침해도 함께 고려한다는 **이원설**은 최근 행정법의 일반원칙을 모두 고려하고 있어 **실질적인 차이가 별로 없다.**

② 국가배상법의 위법성의 개념에 대해서는 다툼이 있다

i) 학 설

㉠ 결과불법설

이 견해는 국가배상책임 성립요건으로서의 위법성을 **가해행위의 결과인 손해의 불법**을 의미하는 것으로 본다. 이에 따라 위법성 판단은 국민이 받은 손해가 **결과적으로 수인**되어야 할 것인가의 여부가 기준이 된다.

이 견해에 의하면 취소소송의 소송물(☞ 재판의 주제)로서의 위법성과 국가배상책임 성립요건으로서의 위법성은 **다른 개념**이 되므로 취소소송의 본안판결의 **기판력**이 국가배상청구소송에 **미치지 않는다.**

㉡ 행위위법설

ⓐ 협의의 행위위법설　이 견해는 국가배상책임 성립요건으로서의 위법성을 취소소송의 소송물로서의 위법성과 마찬가지로 **행위 자체의 법위반**으로 파악한다. 즉 국가배상법상의 위법을 **엄격한 의미의 법령 위반**으로 보는 견해이다. ☞ 과거 한때의 다수설과 판례이었음.

이 견해에 의하면 **양자는 같은 개념**이므로 취소소송판결의 **기판력**이 인용판결이든 기각판결이든 불문하고 국가배상청구소송에 **미치게 된다.**

ⓑ 광의의 행위위법설　이 견해는 국가배상법상의 위법을 **엄격한 의미의 법령** 위반뿐만 아니라 명문의 **규정이 없더라도 인권존중, 신의성실, 사회질서 등의 원칙 위반도 포함**한다.

이 견해에 의하면 국가배상책임요건으로서의 위법 개념이 취소소송의 소송물로서의 위법보다 넓은 개념이므로 취소소송의 **인용**판결의 기판력만이 국가배상청구소송에 **미치고**, 취소소송의 **기각**판결의 기판력은 국가배상청구소송에 **미**

치지 않는다.

ⓒ 상대적 위법성설 ★★

국가배상법상의 위법 개념을 **행위 자체의 위법**뿐만 아니라 **피침해이익의 성격과 침해의 정도** 및 **가해행위의 태양** 등을 **종합적으로 고려하여** 행위가 **객관적으로 정당성을 결한 경우**를 의미한다고 보는 견해이다.

이 견해에 의하면 양 소송의 목적·역할이 **다르기** 때문에 양자의 **위법성의 범위를 다르게** 보게 되므로, 취소소송의 본안판결의 **기판력**이 후소인 국가배상청구소송에 **미치지 않는다**고 보게 될 것이다.

ⓓ 직무의무위반설

국가배상법상의 위법을 **공무원의 직무의무의 위반**으로 보는 견해이다. 취소소송에서의 위법성은 행정작용의 측면에서만 위법 여부를 판단하지만 국가배상책임에서는 행정작용과 행정작용을 한 **자와의 유기적 관련성 속에서 위법 여부를 판단**한다는 것이다.

☞ 행위가 아니라 행위자에 대한 비난가능성. 즉 책임의 관점에서 위법성을 파악

이 견해에 의하면 취소소송의 소송물로서의 위법성과 국가배상청구소송의 위법성은 그 판단의 지평을 달리하는 것으로 **기각판결이든 인용판결이든 불문하고 전소판결의 기판력이 후소에 미치지 않게 된다.**

ii) 판례는 어떤 입장인지 알아보자

대법원은 "**어떠한 행정처분이 후에 항고소송에서 취소되었다고 할지라도 그 기판력에 의하여 당해 행정처분이 곧바로 공무원의 고의 또는 과실로 인한 것으로서 불법행위를 구성한다고 단정할 수는 없는 것이고**, 그 행정처분의 담당공무원이 **보통 일반의 공무원을 표준**으로 하여 볼 때 **객관적 주의의무**를 결하여 그 행정처분이 **객관적 정당성**을 상실하였다고 인정될 정도에 이른 경우에 국가배상법 제2조 소정의 국가배상책임의 **요건을 충족**하였다고 봄이 상당할 것이며, 이때에 **객관적 정당성**을 상실하였는지 여부는 **피침해이익의 종류 및 성질, 침해행위가 되는 행정처분의 태양 및 그 원인, 행정처분의 발동에 대한 피해자측의 관여의 유무, 정도 및 손해의 정도 등 제반 사정을 종합**하여 손해의 전보책임을 **국가 또는 지방자치단체에게 부담시켜야 할 실질적인 이유가 있는지 여부**에 의하여 판단하여야 한다"(대법원 2000. 5. 12. 선고 99다70600 판결)고 판

시하였는 바, **객관적 정당성**을 상실한 것이 국가배상법상의 위법을 의미하는 것으로 보고 있다. 즉 대법원은 위 견해 중 **상대적 위법성설**의 입장을 취하고 있는 것으로 해석될 수 있다.

iii) 검토해 보자

취소소송에서의 위법성 판단은 당해 행정처분의 법적합성으로 귀결된다. 그러나 국가배상책임 성립요건으로서의 위법성 판단은 행정처분의 법적합성(객관적 위법성)뿐만 아니라 법에 부합하지 않는 처분으로 법익을 침해(결과불법)한 공무원의 직무의무위반에까지 이른다. 다시 말해 전자는 행정작용의 측면에서만 위법 여부를 판단하지만 후자는 행정작용과 처분을 한 자와의 유기적 관련성 속에서 위법 여부를 판단하는 것이다. 이것은 전자가 처분의 전체 법질서에 대한 객관적 정합성을 무게중심으로 하는 반면, 후자는 불법한 처분의 국가에 대한 주관적 책임귀속을 무게중심으로 하는 데서 연유한다고 본다.

[관련 문제] 따라서 취소소송의 소송물로서의 위법성은 '당해 행정처분의 법적합성'으로, 국가배상책임성립요건으로서의 위법성은 '법에 부합하지 않는 당해 행정처분으로 인해 법익을 침해한 공무원의 직무의무위반'으로 개념 정의할 수 있다. 이와 같이 양자는 위법 개념을 달리하므로 취소소송에서의 판결의 기판력은 인용판결이든 기각판결이든 불문하고 국가배상청구소송에 미치지 않는다.

③ 부작위의 경우는 어떻게 국가배상책임을 물을 수 있을까

부작위가 위법하려면 법규상 또는 조리상 작위의무가 인정되어야 한다. 그런데 조리상 작위의무에 대하여 긍정하는 입장과 부정하는 입장이 대립한다. 생각건대, 국가의 기본권보호의무가 있다는 점과 국민의 권리구제를 위하여 긍정하는 입장이 타당하다. 판례도 최근 조리상 작위의무를 **긍정**하는 판시를 하고 있다.

[판 례] 법령에 명시적인 작위의무규정이 없는 경우 조리상 부작위로 인한 국가배상책임 성립가부와 성립요건

309. 대법원 2005. 6. 10. 선고 2002다53995 판결【손해배상(기)】

공무원의 부작위로 인한 국가배상책임을 인정하기 위하여는 공무원의 작위로 인한 국가배상책임을 인정하는 경우와 마찬가지로 '공무원이 그 직무를 집행함에 당하여 고의 또는

과실로 법령에 위반하여 타인에게 손해를 가한 때'라고 하는 국가배상법 제2조 제1항의 요건이 충족되어야 할 것인바, 여기서 '법령에 위반하여'라고 하는 것이 **엄격하게 형식적 의미의 법령에 명시적으로 공무원의 작위의무가 규정되어 있는데도 이를 위반하는 경우만을 의미하는 것은 아니고**, 국민의 생명, 신체, 재산 등에 대하여 절박하고 중대한 위험상태가 발생하였거나 발생할 우려가 있어서 국민의 생명, 신체, 재산 등을 보호하는 것을 본래적 사명으로 하는 국가가 초법규적·일차적으로 그 위험 배제에 나서지 아니하면 국민의 생명, 신체, 재산 등을 보호할 수 없는 경우에는 형식적 의미의 법령에 근거가 없더라도 국가나 관련 공무원에 대하여 그러한 위험을 배제할 작위의무를 인정할 수 있을 것이다. 그러나 그와 같은 절박하고 중대한 위험상태가 발생하였거나 발생할 우려가 있는 경우가 아닌 한, 원칙적으로 공무원이 관련 법령대로만 직무를 수행하였다면 그와 같은 공무원의 부작위를 가지고 '고의 또는 과실로 법령에 위반'하였다고 할 수는 없을 것이므로, 공무원의 부작위로 인한 국가배상책임을 인정할 것인지 여부가 문제되는 경우에 **관련 공무원에 대하여 작위의무를 명하는 법령의 규정이 없다면 공무원의 부작위로 인하여 침해된 국민의 법익 또는 국민에게 발생한 손해가 어느 정도 심각하고 절박한 것인지, 관련 공무원이 그와 같은 결과를 예견하여 그 결과를 회피하기 위한 조치를 취할 수 있는 가능성이 있는지 등을 종합적으로 고려하여 판단하여야** 한다.

> ☞ 빈출 판례 지문

마) 손해가 발생해야 한다

손해3분설에 따라 ㉥극적 손해, ㉪극적 손해, ㉮자료가 모두 인정된다. 이러한 점에서 손실보상청구권이나 희생보상청구권의 경우 **위자료**가 인정되지 않는 것과 차이가 있다.

> ☞ 기출

바) 인과관계를 요구한다

㉞당인과관계가 있어야 한다.

> ☞ 기출

2) ㉫률상 이익도 요건으로 요구하는가 — 사익보호성을 요구하는지 여부

학설은 국가배상법 제2조에 의한 국가배상청구소송에서 추가적으로 사익보호성을 요구하는지에 대하여 부정설과 긍정설로 대립한다. 부정설은 규정이 없으며, 이는 취소소송의 원고적격에 불과하다고 한다. 그러나 긍정설은 국가배상범위의 합리적인 한정을 위하여 국가배상법 제2조의 요건에 포함하는 포함해석을 하여야 한다고 한다. 다만, 긍정설은 사익보호성을 어떠한 요건에 포함시킬 것인가와 관련하여 직무설, 위법성설, 손해설, 인과관계설 등이 대립한다. 판례는 **요건긍정설**의 입장에 있으면서 **인과관계**의 문제로 보는 판시를 한 바 있다.

> ☞ 최근 판례 기출

[판 례] 국가배상청구시 법률상 이익요건 여부

> ### 310. 대법원 1993. 2. 12. 선고 91다43466 판결【손해배상(기)】
>
> 가. 공무원에게 부과된 직무상 의무의 내용이 단순히 공공 일반의 이익을 위한 것이거나 행정기관 내부의 질서를 규율하기 위한 것이 아니고 **전적으로 또는 부수적으로 사회구성원 개인의 안전과 이익을 보호하기 위하여 설정된 것이라면**, 공무원이 그와 같은 직무상 의무를 위반함으로 인하여 피해자가 입은 손해에 대하여는 상당인과관계가 인정되는 범위 내에서 국가가 배상책임을 지는 것이고, 이때 **상당**인과관계의 유무를 판단함에 있어서는 일반적인 결과발생의 개연성은 물론 직무상 의무를 부과하는 법령 기타 행동규범의 목적이나 가해행위의 태양 및 피해의 정도 등을 종합적으로 고려하여야 할 것이다.
>
> 나. **선박안전법이나 유선및도선업법의 각 규정은 공공의 안전 외에 일반인의 인명과 재화의 안전보장도 그 목적으로 하는 것이라고 할 것이므로** 국가 소속 선박검사관이나 시 소속 공무원들이 직무상 의무를 위반하여 시설이 불량한 선박에 대하여 선박중간검사에 합격하였다 하여 선박검사증서를 발급하고, 해당 법규에 규정된 조치를 취함이 없이 계속 운항하게 함으로써 화재사고가 발생한 것이라면, 화재사고와 공무원들의 직무상 의무위반행위와의 사이에는 **상당인과관계가 있다.**

☞ 빈출

☞ 기출

(2) 국가배상법 제2조 제1항 본문 후단 청구권의 성립요건

☞ **관용차로 인신사고를** 일으킨 때에는

> 제2조(배상책임) ① ☞ 국가배상법 제2조 제1항 본문 **후단책임** ─ 국가나 지방자치단체는 <자동차손해배상 보장법에 따라 손해배상의 책임이 있을 때에는(☜)> 이 법에 따라 그 손해를 배상하여야 한다.

1) 국가배상법 제2조 제1항 본문 후단을 해석해 보자[1]

가) 해석의 가능성

① 국가배상법 제2조 제1항 본문 후단의 주체를 '국가 또는 지방자치단체'로 보아, 같은 규정은 '국가등'에게 자배법상의 책임이 인정되는 경우를 대상으로 하는 것이고, 단지 그 청구절차를 국가배상법에 의한 절차에 따르도록 하는 것으로 해석할 수 있다.

② 국가배상법 제2조 제1항 본문 후단의 주체를 '공무원'으로 보아 '공무원'이 자배법상의 손해배상책임이 있는 경우 국가가 국가배상책임을 지는 것을 규

---

1 이하의 내용은 류지태, 국가배상법과 자동차손해배상보장법의 관계, 고시연구, 2001. 10, 28 - 36면 참조.

정했다고 해석할 수도 있다.

③ 국가배상법 제2조 제1항 본문 후단의 주체를 공무원으로 보고 직무집행 관련성을 후단에까지 요한다고 해석할 수도 있다. 즉 '공무원이 직무집행에 당하여' 자배법상의 책임이 있는 경우 국가가 책임을 지는 것으로 보는 것이다.

나) 검 토

국가배상법 제2조 제1항 본문 후단은 1980년의 법개정에서 비롯된 것인데, 그 입법취지는 개정 전과는 달리 자동차손해배상보장법에 의하여 국가가 손해배상책임이 있을 때에도 국가배상법의 적용을 받도록 하게 함에 있다고 한다. 이렇게 볼 때 해석 ①이 입법자의 의사에 부합한다고 할 것이다. 따라서 **국가배상법 제2조 제1항 본문 후단은 국가가 자배법상 책임의 주체일 때, 국가배상법상의 절차에 따라 국가에 손해배상을 청구하도록 한 것으로 보아야 한다.**   ☞ 기출

2) 자동차손해배상법상 손해배상책임의 요건과 범위를 요구한다

① 자기를 위하여 자동차를 운행할 것, ② 다른 사람의 인체에 대하여 손해가 발생할 것, ③ 인체의 손해가 자동차의 운행으로 생길 것, ④ 면책사유가 없을 것 등의 요건이 필요하다(자배법 제3조 참조).

자배법상 손해배상책임은 인적 손해에 한하여 책임보험금을 그 한도로 하여 손해를 전보하는 것이므로(제5조 참조), 물적 손해 및 책임보험금을 넘어서는 인적 손해에 대하여는 원래의 청구권 근거규범, 즉 민법이나 국가배상법에 의해야 한다. 따라서 자동차사고로 인한 국가 등의 인적 손해 배상책임의 성립에 대하여는 자배법이 우선 적용되고, 물적 손해 및 책임보험금을 넘어서는 인적 손해에 대하여는 국가배상법이 적용된다는 결론에 이르게 된다. 그런데 이러한 관용차로 인한 인적 손해에 대하여는 국가배상법 제2조 제1항 후단이 특별법으로서 적용되게 된다. 따라서 **관용차에 의한 인적 손해에 대하여는 자동차손해배상보장법상의 책임에 해당하는 금액을 국가배상청구절차로 청구하게 된다.**   ☞ 기출

 참고 판례

대법원 1992. 2. 25. 선고 91다12356 판결

공무원이 그 직무를 집행하기 위하여 국가 또는 지방자치단체 소유의 관용차를 운행하는 경우, 그 자동차에 대한 운행지배나 운행이익은 그 공무원이 소속한 국가 또는

기출

지방자치단체에 귀속된다고 할 것이고, 그 공무원 자신이 개인적으로 그 자동차에 대한 운행지배나 운행이익을 가지는 것이라고는 볼 수 없으므로, 그 공무원이 자기를 위하여 관용차를 운행하는 자로서 같은 법조 소정의 손해배상책임의 주체가 될 수는 없다.

3) 유형별로 검토해 두자

가) 관용차로 직무수행 도중에 인신사고가 난 경우에는 어떻게 될까

기출

피해자는 관용차로 인한 인신사고라는 점에서 국가에게 국가배상법 제2조 제1항 **본문 후단의 청구권을 행사할 수도 있고,** 직무수행 도중의 사고라는 점에서 국가에게 국가배상법 제2조 제1항 **본문 전단의 청구권을 행사할 수도 있을 것이다.** 본문 전단의 청구권과 후단의 청구권은 입법취지상 대등하므로 **청구권경합관계에 있고, 다만 후단의 경우에는 무과실책임이므로 전단의 경우보다 유리하다.**

가해 공무원은 운전행위를 한 자이므로 피해자는 가해 공무원에 대하여 민법 제750조상의 손해배상청구권을 행사할 수 있다. 다만 고의나 중과실을 필요로 한다는 것이 전원합의체 판결의 다수의견이지만, 자기책임설을 취하는 별개의견처럼 언제나 가능하다고 보는 것이 타당하다.

나) 관용차로 개인용무 도중에 인신사고가 난 경우에는 어떻게 될까

피해자는 관용차로 인한 인신사고라는 점에서 국가에게 국가배상법 제2조 제1항 본문 후단의 청구권을 행사할 수도 있지만, 개인 용무 도중의 사고라는 점에서 국가에게 국가배상법 제2조 제1항 본문 전단의 청구권을 행사할 수는 없다.

가해 공무원은 운전행위를 한 자이므로 피해자는 가해 공무원에 대하여 민법 제750조상의 손해배상청구권을 행사할 수 있다. 다만 고의나 중과실을 필요로 한다는 것이 전원합의체 판결의 다수의견이지만, 자기책임설을 취하는 별개의견처럼 언제나 가능하다고 보는 것이 타당하다.

다) 공무원 개인용차로 직무수행 도중에 인신사고가 난 경우에는 어떻게 될까

이때 공무원인 자기소유 차량에 대한 운행지배와 운행이익이 있으므로 자동차손해배상보장법상의 무과실 책임을 지게 된다.

피해자는 국가에 대하여는 직무수행 도중의 사고이므로 국가배상법 제2조

제1항 본문 전단의 청구를 할 수 있다. 그러나 관용차가 아니므로 후단의 청구를 할 수는 없다.

라) 공무원 개인용차로 개인용무 도중에 인신사고가 난 경우에는 어떻게 될까

이때 공무원인 자기소유 차량에 대한 운행지배와 운행이익이 있으므로 자동차손해배상보장법상의 무과실 책임을 지게 된다.

피해자는 국가에 대하여는 직무수행 도중의 사고가 아니므로 국가배상법 제2조 제1항 본문 전단의 청구를 할 수 없다. 그리고 관용차가 아니므로 후단의 청구도 할 수 없다.

(3) 국가배상법 제2조 제1항 단서에 의한 청구권배제규범 – 이중배상금지되는 사람들과 경우들이 있다

☞ **국가배상법 제2조 제1항 단서** — 다만, **군인 · 군무원 · 경찰공무원** 또는 **예비군대원**이 **전투 · 훈련 등 직무 집행과 관련하여** (☞ 판례는 일반직무수행도중의 사상이라도 이중배상금지 적용) **전사 · 순직**하거나 **공상**을 입은 경우에 본인이나 그 유족이 다른 법령에 따라 재해보상금 · 유족연금 · 상이연금 등의 **보상을 지급받을 수 있을 때에는** 이 법 및 「민법」에 따른 **손해배상을 청구할 수 없다.** ◐ 최다 빈출

국가배상법 제2조 제1항 단서는 군인, 경찰공무원, 향토예비군대원 등이 전투 · 훈련 기타 직무집행과 관련하여 순직하거나 공상을 입은 경우에 적용된다.

이에 대해 판례는 "국가배상법 제2조 제1항 단서에서 말하는 순직에 해당하는 여부는 피해를 입은 군인 등이 그 직무수행과 관련하여 피해를 입게 되었는지 여부에 따라 가려져야 할 것이고 가해자인 군대 상급자의 구타행위나 소위 얼차려 행위 등이 그 징계권 또는 훈계권의 한계를 넘어 불법행위를 구성하는지 여부는 순직 여부를 판단하는 데에 직접적인 관계가 없다"(대법원 1991. 8. 13. 선고 90다16108 판결)고 판시한 바 있다. 이에 따르면 공수훈련 도중 과중한 훈련에 지친 탓으로 익사한 경우도 순직에 해당하는 것으로 보아야 할 것이다.

국가배상법 제2조 제1항 단서가 적용되기 위한 또 하나의 요건으로서는 순직을 한 본인의 유족이 다른 법령의 규정에 의하여 재해보상금 · 유족연금 · 상이연금 등의 보상을 지급받을 수 있어야 한다.

이러한 이중배상금지규정은 헌법재판소의 **합헌판결**에도 불구하고 헌법상 비례의 원칙과 평등 원칙 및 재산권보장규정 등에 반하므로 입법상 삭제가 바람 ◐ 기출

직하다.

　　　그런데 **일반직무수행 도중**에 이들 특수 공무원이 사망 또는 공상을 입은 경우에도 이중배상금지규정이 적용되는가에 대하여 부정하는 입장과 긍정하는 입장의 대립이 있어 왔는데, 최근 판례는 **긍정**하는 입장으로 판시하고 있다.

[최신 판례]

311. 대법원 2005. 6. 10. 선고 2002다53995 판결【이른바 대구시 국도낙석사건 ― 손해배상(기)】

경찰공무원이 낙석사고 현장 주변 교통정리를 위하여 사고현장 부근으로 이동하던 중 대형 낙석이 순찰차를 덮쳐 사망하자, 도로를 관리하는 지방자치단체가 국가배상법 제2조 제1항 단서에 따른 면책을 주장한 사안에서, 경찰공무원 등이 '전투·훈련 등 직무집행과 관련하여' 순직 등을 한 경우 같은 법 및 민법에 의한 손해배상책임을 청구할 수 없다고 정한 국가배상법 제2조 제1항 단서의 면책조항은 구 국가배상법(2005. 7. 13. 법률 제7584호로 개정되기 전의 것) 제2조 제1항 단서의 면책조항과 마찬가지로 전투·훈련 또는 이에 준하는 직무집행뿐만 아니라 '일반 직무집행'에 관하여도 국가나 지방자치단체의 배상책임을 제한하는 것이라고 해석하여, 위 면책 주장을 받아들인 원심판단은 정당하다.

국가배상법 제2조 제1항 단서(이하 '이 사건 면책조항'이라고 한다)에 의하여 피고가 같은 법 및 민법에 의한 손해배상책임에서 면제된다는 피고의 주장에 대하여, 원심은 헌법 제29조 제2항의 규정, 구 국가배상법(2005. 7. 13. 법률 제7584호로 개정되기 전의 것) 제2조 제1항 단서(이하 '종전 면책조항'이라고 한다)의 규정 및 그 합헌 여부나 의미에 대한 대법원과 헌법재판소의 판단(특히 대법원 2001. 2. 15. 선고 96다42420 판결 등은 전투·훈련 또는 이에 준하는 직무집행뿐만 아니라 일반의 직무집행에 관하여도 종전 면책조항의 적용을 긍정하였다), 종전 면책조항의 이 사건 면책조항으로의 개정 경과, 그리고 '국가유공자 등 예우 및 지원에 관한 법률' 제9조에 의하여 소외인의 부모인 원고들에게 지급되는 보훈급여금의 내용 등을 살펴본 다음, ① 종전 면책조항에 대하여 대법원과 헌법재판소가 헌법 제29조 제2항과 실질적으로 내용을 같이하는 규정이라고 해석하여 왔는데, 이 사건 면책조항은 "전투·훈련 등 직무집행"이라고 규정하여 헌법 제29조 제2항과 동일한 표현으로 개정이 이루어졌으므로 그 개정에도 불구하고 그 실질적 내용은 동일한 것으로 보이는 점, ② 이 사건 면책조항이 종전의 '전투·훈련 기타'에서 '전투·훈련 등'으로 개정되었는데 통상적으로 '기타'와 '등'은 같은 의미로 이해되고 이 경우에 다르게 볼 특수한 사정이 엿보이지 않는 점, ③ 위 개정 과정에서 국가 등의 면책을 종전보다 제한하려는 내용의 당초 개정안이 헌법의 규정에 반한다는 등의 이유로 이 사건 면책조항으로 수정이 이루어져 국회를 통과한 점, ④ 이 사건 면책조항은 군인연금법이나 '국가유공자 등 예우에 관한 법률' 등의 특별법에 의한 보상을 지급받을 수 있는 경우에 한하여 국가나 지방자치단체의 배상책임을 제한하는데, '국가유공자 등 예우에 관한 법률'에 의한 보훈급여금 등은 사회보장적 성격을 가질 뿐만 아니라 국가를 위한 공헌이나 희생에 대한 응분의 예우를 베푸는 것으로서, 불법행위로 인한 손해를 전보하는 데 목적이 있는 손해배상제도와는 그 취지나 목적을 달리하지만, 실질적으로는 사고를 당한 피해자 또는 유족의 금전적 손실을 메꾼다는 점에서 배상과 유사한 기능을 수행하는 측면이 있음을 부인할 수 없다는 사정 등을 고려하면 이 사건 면책조항이 국민의 기본권을 과도하게 침해한다고도 할 수 없다는 점 등을 종합하여, 이 사건 면책조항은 종전 면책조항과 마찬가지로 전투·훈련 또는 이에 준하는 직무집행뿐만 아니라 일반 직무집행에 관하여도 국가나 지방자치단체의 배상책임을 제한하는 것이라고 해석하는 것은 정당하다.

(4) 공동불법행위의 경우에는 어떻게 될까

종래의 대법원은 민간인운전자와 공무원의 공동불법행위로 가해행위가 피해자인 특수공무원에게 발생된 경우에도 이중배상금지 규정이 적용되므로, 전액 배상을 한 민간인운전자와 보험회사는 국가에 대하여 구상청구를 할 수 없다고 보았다.

그러나 **헌법재판소**는 이러한 경우까지 이중배상금지규정이 적용되는 것은 헌법 제11조의 평등의 원칙에 반하고, 헌법 제37조 제2항의 비례의 원칙에 반하여 헌법 제23조의 재산권을 침해하므로 이러한 경우에는 위헌이라고 **한정위헌**판결을 내림으로써, **구상청구할 수 있다**고 하였다. 그러나 **최근 대법원**은 전원합의체판결을 통하여 공무원과의 공동불법행위의 경우 **대외적인 책임은 대내적인 책임비율로 감축**된다고 판시하면서, **구상청구를 부정**하였다. 이러한 대법원 판시는 헌법재판소 판결의 기속력에 위반되므로, 헌법재판소의 입장을 지지한다.

☞ 헌재와 대법원의 입장 차이?

제 3 절

국가배상법 제5조 청구권의 성립요건

국가배상법 제5조 책임 — 제5조(공공시설 등의 하자로 인한 책임)
① 도로·하천, 그 밖의 **공공의 영조물(☞)**의 설치나 관리에 **하자(☞)**가 있기 때문에

☞ 빈출 조문

☞ 공적 시설물로 보정해석

타인에게 손해를 발생하게 하였을 때에는 국가나 지방자치단체는 그 손해를 배상하여야 한다. 이 경우 **제2조 제1항 단서**, 제3조 및 제3조의2를 준용한다.

② 제1항을 적용할 때 손해의 원인에 대하여 책임을 질 자가 따로 있으면 국가나 지방자치단체는 그 자에게 **구상할 수 있다.**

판례는 주로 **객관설을 취하면서도 주관적 사정도 고려**하기 시작

(1) 국가배상법 제5조로 배상책임을 물으려면 다음의 일반적 요건이 필요하다

1) 공공의 영조물이어야 한다는 규정은 이렇게 해석해야 한다

국가배상법 제5조의 영조물은 공적 목적을 달성하기 위한 인적·물적 시설의 종합체를 의미하는 **본래적 의미의 영조물이 아니라,** 행정주체가 직접 공적 목적을 달성하기 위하여 제공한 유체물, 즉 **공물을 의미한다고** 본다.

인공공물(도로, 상하수도, 관공청사, 교량 등)과 자연공물(하천, 호소 등), 동산(소방자동차, 총기 등) 및 동물(경찰견 등) 등이 이에 포함된다. 그러나 국·공유재산 중 행정목적에 직접 제공되지 않은 **일반재산은 제외**된다.

사례 기출

2) 설치 또는 관리의 하자가 있어야 한다

가) 설치·관리의 하자의 의의

이는 영조물이 통상적으로 갖추어야 할 안전성을 결여한 것을 말한다. 설치상의 하자는 영조물의 설계·건조상의 하자를 말하고, 관리상의 하자는 설치 후의 유지·수선·보관 등에 있어서 불완전한 점이 있어서 안정성을 결여하게 된 것을 의미한다.

기출

> **[참고]** 대법원은 영조물이 그 용도에 따라 갖추어야 할 안전성을 갖추지 못한 상태, 즉 타인에게 위해를 끼칠 위험성이 있는 상태라 함은 당해 영조물을 구성하는 물적 시설 그 자체에 있는 물리적·외형적 흠결이나 불비로 인하여 그 이용자에게 위해를 끼칠 위험성이 있는 경우뿐만 아니라, 그 영조물이 공공의 목적에 이용됨에 있어 그 이용상태 및 정도가 일정한 한도를 초과하여 제3자에게 사회통념상 수인할 것이 기대되는 한도를 넘는 피해를 입히는 경우까지 포함된다고 보아, 김포공항에서 발생하는 소음 등으로 인근 주민들이 입은 피해는 사회통념상 수인한도를 넘는 것으로서 김포공항의 설치·관리에 하자가 있다고 판시한 바 있다(대법원 2005. 1. 27. 선고 2003다49566 판결).

나) 설치·관리의 하자의 판단기준에 대해서는 다툼이 치열하다

i) 문제점

설치·관리의 하자의 의미와 관련하여 견해가 대립되고 있는데, 이는 통상적으로 갖추어야 할 안전성을 결여하였는지를 판단함에 있어서 설치·관리자의 귀책사유가 고려되어야 하는지 여부에 관한 다툼이다.

ii) 학 설

㉠ **객**관설   하자의 유무는 영조물이 객관적으로 안전성을 결여하였는지 여부에 의하여 판단해야 하므로, 그것이 설치·관리자의 의무의 위반으로 생긴 것인지는 요구되지 않는다고 보는 견해이다. 이때 하자의 존부는 당해 영조물의 구조, 용법, 장소적 환경 및 이용상황 등의 여러 사정을 종합적으로 고려하여 구체적, 개별적으로 판단하게 된다고 한다(사회적, 기능적 하자). 우리나라의 다수설의 입장이다.

㉡ **주**관설(의무위반설)[2]   주관설은 영조물의 설치·관리상의 하자를 설치·관리상의 주의의무위반 내지 안전확보의무위반으로 보는 견해이다. 국가배상법 제5조에 의한 책임을 무과실책임이 아니라, 관리자의 주관적 귀책사유가 있어야 한다는 점에서 과실책임 내지 완화된 과실책임으로 파악하는 견해가 여기에 해당될 것이다.

㉢ **절**충설   이 설은 하자 유무를 판단함에 있어서 영조물 자체의 객관적 하자뿐만 아니라 관리자의 의무위반이란 주관적 요소도 아울러 고려해야 한다는 견해이다.

㉣ **안**전의무위반설 또는 위법, 무과실책임설[3]   국가배상법 제5조에 의한 책임을 (교통)안전의무를 위반함으로써 발생한 손해에 대한 행정주체의 위법, 무과실책임으로 보는 입장이다.

iii) 판례에 대하여 알아보자

판례는 **종래에 객관설을 취하여 왔으나, 최근에는 주관적인 요소를 고려한 판례도 등장**하고 있다.

📖 암기법
= 객+주+절+안

📖 최다 빈출

---

2 김동희, 행정법 Ⅰ, 577면.
3 정하중, 국가배상법 제5조의 영조물의 설치·관리에 있어서 하자의 의미와 배상책임의 성격, 행정판례연구 Ⅲ, 1996, 215면.

참고 판례 ─ 객관설을 명백하게 취한 판례 - 도로결빙사건

국가배상법 제5조 소정의 영조물의 설치·관리상의 하자라 함은 영조물의 설치 및 관리에 불완전한 점이 있어 이 때문에 영조물 자체가 통상 갖추어야 할 안전성을 갖추지 못한 상태에 있는 것을 말하는 것이다. 지방자치단체가 관리하는 도로 지하에 매설되어 있는 상수도관에 균열이 생겨 그 틈으로 새어 나온 물이 도로 위까지 유출되어 노면이 결빙되었다면 도로로서의 안전성에 결함이 있는 상태로서 설치·관리상의 하자가 있다. 국가배상법 제5조 소정의 영조물의 설치·관리상의 하자로 인한 책임은 무과실책임이고 나아가 민법 제758조 소정의 공작물의 점유자의 책임과는 달리 면책사유도 규정되어 있지 않으므로, 국가 또는 지방자치단체는 영조물의 설치·관리상의 하자로 인하여 타인에게 손해를 가한 경우에 그 손해의 방지에 필요한 주의를 해태하지 아니하였다 하여 면책을 주장할 수 없다(대법원 1994. 11. 22. 선고 94다32924 판결).

 참고 판례 ─ 주관적 요소를 고려한 판례 - 가변기 오작동 사건

국가배상법 제5조 제1항 소정의 영조물의 설치 또는 관리의 하자라 함은 영조물이 그 용도에 따라 통상 갖추어야 할 안전성을 갖추지 못한 상태에 있음을 말하는 것으로서, 영조물이 완전무결한 상태에 있지 아니하고 그 기능상 어떠한 결함이 있다는 것만으로 영조물의 설치 또는 관리에 하자가 있다고 할 수 없는 것이고, 위와 같은 안전성의 구비 여부를 판단함에 있어서는 당해 영조물의 용도, 그 설치장소의 현황 및 이용 상황 등 제반 사정을 종합적으로 고려하여 설치 관리자가 그 영조물의 위험성에 비례하여 사회통념상 일반적으로 요구되는 정도의 방호조치의무를 다하였는지 여부를 그 기준으로 삼아야 할 것이며, 객관적으로 보아 시간적·장소적으로 영조물의 기능상 결함으로 인한 손해발생의 예견가능성과 회피가능성이 없는 경우 즉 그 영조물의 결함이 영조물의 설치관리자의 관리행위가 미칠 수 없는 상황 아래에 있는 경우에는 영조물의 설치관리상의 하자를 인정할 수 없다(대법원 2000. 2. 25. 선고 99다54004 판결).

다만, 주관적인 요소를 **고려한 판례를 이해함에 있어서는 견해가 갈린다.** 판례의 경향을 위법·무과실책임설의 입장을 취한 것으로 이해하는 견해,[4] 하자를 판단함에 있어서 관리자가 방호조치의무를 다하였는지 여부를 기준으로 한

---

4 정하중, 국가배상법 제5조의 영조물의 설치·관리에 있어서 하자의 의미와 배상책임의 성격, 행정판례연구 Ⅲ, 1996, 215면.

다는 점에서 의무위반설의 입장을 취하고 있는 것으로 보는 견해5 및 **객관설의 입장을 포기하지 않으면서 예측가능성, 결과회피가능성의 결여를 설치·관리상의 하자에 대한 면책사유로 인정한 것이라고 이해하는 견해**6 등이 있다. 마지막 입장에서는 설치·관리상의 하자를 부정하기 위해서는 입증책임이 국가, 지자체에게 전환된다고 보게 된다.

iv) 검토해 보자

생각건대, 영조물의 하자로 인한 국가 등의 배상책임의 인정에 있어서 중요하게 검토되어야 할 것은, '피해자 구제'와 '국가의 배상책임의 적정한 한정'이라는 관점을 어떻게 조화시킬 것인가 하는 점이다.

국가배상법 제5조는 공공의 영조물의 이용으로부터 발생한 손해에 대하여 영조물의 설치·관리상의 하자가 있는 이상 설치·관리자의 과실을 불문하고 널리 국가 등의 배상책임을 인정하려는 데 의의가 있다.

국가배상법 제5조의 배상책임을 과실책임의 구조하에 이해하려는 주관설은 고의 또는 과실을 요건으로 하는 같은 법 제2조와 달리 단순히 영조물의 설치·관리의 하자를 그 요건으로 하고 있는 법의 명문규정에 반하는 것이다. 또한 (객관화된) 주관적 안전확보의무를 요구하는 것은 피해자 구제의 범위가 제한되는 문제점이 있다. 따라서 관리자의 과실유무와 관계없이 배상책임을 인정하고, 피해자 구제의 폭을 넓힐 수 있다는 측면에서 객관설이 타당하고 바람직하다고 볼 수 있다. 다만, 국가의 배상책임의 범위가 무한정으로 확대되는 것을 적정한 범위에서 한정하기 위하여 구체적인 사안에서 면책사유를 인정하여 공물의 관리주체의 책임범위를 조정하는 것으로 구체적 타당성을 꾀하여야 할 것으로 본다.

다) 하자의 입증책임은 누구에게

하자의 입증책임은 원칙적으로 원고인 **피해자**에게 있다. 그러나 피해자 구제의 관점에서 피해자가 영조물로 인하여 손해가 발생하였음을 입증하면 하자가 있는 것으로 일응 추정된다는 **일응 추정의 법리**가 적용되는 것으로 보아야 할 것이다.

---

5 김동희, 행정법 I, 554—558면.
6 홍준형, 국가배상법 제5조에 의한 배상책임의 성질과 영조물 설치·관리상의 하자, 판례월보, 1997. 8, 29면.

3) 타인에게 손해가 발생할 것이 필요하다

설치·관리의 하자로 인하여 타인, 즉 영조물의 관리청 이외의 자에게 재산적·정신적 손해가 발생하여야 하며, 그 하자와 손해발생 사이에는 **상당**인과관계가 있어야 한다.

4) 소극적 요건으로서 면책사유가 있다

가) 문제점

공공의 영조물의 관리자는 '설치·관리상의 하자'로 볼 수 없는 사고에 대하여는 책임을 지지 않는다고 하는 '**불가항력**'이 면책사유로 주장되고 있다.

불가항력의 이해 여하에 따라서는 국가배상법 제5조가 장식적 조문으로 형해화할 위험성이 있다. 따라서 '불가항력'을 어떻게 이해하여야 할 것인가는 중요한 문제이다.

나) 집중호우의 경우는 어떠할까

i) 문제의 소재

기상예측을 벗어나는 이례적인 집중호우가 빈번히 발생하는 우리나라의 경우 이로 인해 영조물이 훼손되고 그로 말미암아 손해가 발생하여도 그것은 불가항력으로서 국가 등의 배상책임이 인정되지 않는다고 볼 것인지가 특히 문제된다.

ii) 학 설

이례적인 집중호우에 의하여 훼손된 영조물이 그 당시의 과학기술수준에 상응한 안전성을 갖추었다면, 그 손해 발생은 불가항력에 의한 것이라고 한다. 다만, 폭우 등 재해가 과거 경험의 범위 내에 속한다면, 국가 등은 그에 대처할 시설을 했어야 할 의무를 진다고 한다.[7]

iii) 판 례

대법원은 ① 산비탈 부분이 약 **308.5㎜의 집중호우**에 견디지 못하고 도로 위로 무너져 내려 차량의 통행을 방해함으로써 사고가 난 사건에서 "이 사건 사고는 피고의 위 도로의 설치 또는 관리상의 하자로 인하여 일어난 것으로 보아야 한다. 매년 비가 많이 오는 장마철을 겪고 있는 우리나라와 같은 기후의 여건하에서 위와 같은 집중호우가 내렸다고 하여 전혀 예측할 수 없는 천재지변이

최다 빈출

---

7 김남진·김연태, 행정법 Ⅰ, 591-592면.

라고 **보기 어렵다**"(대법원 1993. 6. 8. 선고 93다11678 판결)고 판시하고, ② 집중호우로 제방도로가 유실되면서 그 곳을 걸어가던 보행자가 강물에 휩쓸려 익사한 사건에서 "사고 당일의 집중호우가 **50년 빈도의 최대강우량**에 해당한다는 사실만으로 불가항력에 기인한 것으로 **볼 수 없다**"(대법원 2000. 5. 26. 선고 99다 53247 판결)고 판시한 바 있다.

☞ 빈출

다) 예산부족의 사정은 고려될까

i) 문제점

공물의 관리상 필요한 예산부족의 문제가 국가배상책임을 면책시키는 사유가 될 수 있는지 문제된다.

ii) 학 설

일반적으로 공물의 관리상 필요한 예산부족의 문제는 국가배상책임을 면책시키는 사유에서는 제외되는 것으로 이해한다. 그러나 일부 견해는 도로나 교량 등의 경우와는 달리 하천 등 자연공물의 안전한 유지, 관리에 있어 사회통념상 기대가능성이 없는 정도의 막대한 예산이 소요되는 경우에도 이 원칙이 그대로 적용될 것인지에 관하여 의문을 표시하면서, 이러한 경우에는 국가 등의 배상책임이 부인되는 것으로 보아야 할 것이라고 한다.[8]

iii) 판 례

대법원은 "영조물 설치의 하자라 함은 영조물의 축조에 불완전한 점이 있어 이 때문에 영조물 자체가 통상 갖추어야 할 완전성을 갖추지 못한 상태에 있음을 말한다고 할 것인 바, 그 하자 유무는 객관적 견지에서 본 안전성의 문제이고 그 설치자의 재정사정이나 영조물의 사용목적에 의한 사정은 안전성을 요구하는 데 대한 정도 문제로서 **참작사유**에는 해당할지언정 안전성을 결정지을 **절대적 요건**에는 **해당하지 아니한다** 할 것이다"라고 판시하였다(대법원 1967. 2. 21. 선고 66다1723 판결).

☞ 빈출
예산은 참작 사유 ○,
고려사유 ✕

[참고] 제2조와 제5조의 관계

> 국가배상법 제2조와 제5조의 관계에 대하여 제5조만 적용된다는 법조경합설에도 불구하고, 제2조와 제5조의 청구가 모두 가능하다는 **청구권경합설**이 다수설과 판례이다.

☞ 기출

---

8 김동희, 행정법 Ⅰ, 560 – 561면.

제 4 절

가해 공무원에 대한 민사상의 손해배상청구권 행사 가부

📌 빈출 조문

> 국가배상법 제2조 제2항 — ② 제1항 본문의 경우에 공무원에게 **고의 또는 중대한 과실**이 있으면 국가나 지방자치단체는 그 **공무원에게 구상(求償)**할 수 있다.

(1) 문제점이 무엇일까

가해공무원의 외부적 책임 인정문제가 국가배상책임의 성질 논의와 관련된 것인지가 문제된다. 만일 논리적 연관성이 없는 입법정책적 문제라면 국가배상법 제2조의 입법취지를 살펴보아야 할 것이며, 또한 동조의 입법취지를 밝혀내기 위해서는 국가배상청구권을 규정하고 있는 헌법 제29조의 취지를 고찰해야 할 것이다. 이에 따라 가해공무원의 외부적 책임문제를 해결할 수 있는 실마리가 보이게 된다.

(2) 국가배상책임의 성질과 선택적 청구와의 논리적 연관성이 있을까

1) 국가배상책임의 성질을 알아보자

가) 견해가 대립한다[9]

① 자기책임설

국가 등이 지는 배상책임은 공무원의 책임을 대신하여 지는 것이 아니고, 그의 기관인 공무원의 행위라는 형식을 통하여 직접 자기의 책임으로 부담하는 것이라고 보는 견해이다. 우리의 실정법규정(헌법 제29조 제1항, 국가배상법 제2조 등)이 대위책임제를 취하는 독일의 그것과 다르다는 점, 구상권의 인정문제는 정책적 측면에서 인정되는 것이므로, 이를 기준으로 배상책임의 성질을 논하는 것은 옳지 않다는 점 등을 논거로 한다.

② 대위책임설

공무원의 위법한 직무행위로 인한 손해배상책임은 원칙적으로 공무원이 져야 하나, 국가 등이 가해자인 공무원을 대신하여 배상책임을 지는 데 불과하다

---

9 이에 대하여는 김남진·김연태, 행정법 Ⅰ, 576－578면 참조.

고 보는 견해이다. 공무원의 위법한 직무행위는 국가의 행위로 볼 수 없는 공무원 자신의 행위이기 때문에 그러한 행위의 효과는 국가에 귀속시킬 수 없다는 점, 배상능력이 충분한 국가 등을 배상책임자로 하는 것이 피해자에게도 유리하다는 점, 행정의 원활한 수행에 대한 배려, 공무원에 대한 경고 및 응징 기능 등을 논거로 한다.

③ **절충설**

공무원의 **고의·중과실**에 대한 국가의 배상책임은 **대위책임**이나, **경과실**에 대한 국가의 배상책임은 **자기책임**의 성질을 가진다고 보는 견해이다. 공무원의 경과실의 직무행위는 기관행위로서 국가 등에 귀속시킬 수 있으나, 고의나 중과실의 직무행위는 기관행위로 볼 수 없다는 점, 국가배상법 제2조 제2항은 경과실의 경우에 국가의 공무원에 대한 구상권을 인정하지 않고 있다는 점을 논거로 제시하고 있다.

나) 검토해 보자

공무원의 위법한 직무행위로 인하여 발생한 손해에 대해 국가 등이 피해자에 대해 배상책임을 지는 것이 그 가해공무원을 갈음하는 것인가, 아니면 자기 행위에 대해 스스로 책임을 지는 것인가의 문제는 궁극적으로 국가의 배상책임의 본질에서 찾아야 할 것이다. 현실적으로 국가는 공무원을 통해서 활동하므로, 공무원의 가해행위로 인하여 발생한 손해에 대한 책임도 국가가 직접 지는 것으로 봄이 타당하다.

2) 국가배상책임의 성질과 선택적 청구와의 논리적 연관관계가 있을까

가) 논리적 연관성을 인정하는 견해에서 다시 다툼이 있다

① **학 설**[10]

i) 선택적 청구를 긍정하는 견해

자기책임설에 의할 경우 국가 등의 책임과 공무원 개인의 책임은 관계가 없으므로 양자가 양립할 수 있다는 견해이다. 그 밖에 선택적 청구를 긍정하는 견해는 헌법이 공무원 자신의 책임은 면제되지 아니한다(헌법 제29조 제1항 단서)라고 규정하고 있는 점, 국가배상법이 공무원에게 고의·중과실이 있는 경우에 구상할 수 있게 하고 있는 점, 공무원의 직접 책임을 부인하면 그 책임의식을

---

10 이에 대하여는 김남진·김연태, 행정법 I, 579–582면 참조.

박약하게 만든다는 점 등을 논거로 들고 있다.

ii) 선택적 청구를 부정하는 견해

대위책임설의 입장에서, 피해자는 국가 등에 대해서만 배상을 청구할 수 있고, 가해자인 공무원에 대해서는 직접 배상을 청구할 수 없다고 보는 견해이다. 그 밖에 선택적 청구를 부정하는 견해는 헌법 제29조 제1항 단서의 의미는 국가 등의 구상에 응하는 책임이라고 하는 점, 공무원 개인이 직접적으로 배상책임을 지게 되면 고의·중과실의 경우에만 구상권을 인정하는 것과 균형이 맞지 않는다는 점, 선택적 청구를 인정하면 공무원의 직무집행을 위축시킬 우려가 있다는 점 등을 논거로 들고 있다.

② 대법원 1996. 2. 15. 선고 95다38677 전원합의체 판결

전원합의체 판결의 **다수의견은 논리적인 연관성을 부정한** 반면, 별개의견은 자기책임설의 입장에서 논리적인 연관성을 긍정하고 있다고 볼 수 있고, 반대의견이나 반대보충의견은 대위책임설의 입장에서 논리적 연관성을 긍정하고 있다.

특히 반대보충의견은 "주권을 가진 국민 전체에 대한 봉사자로서 공공이익을 위하여 성실히 근무해야 할 공무원이 공무수행 중 국민에게 손해를 가한 경우, 국민의 봉사자인 공무원이 봉사대상이 되는 피해자인 국민과 직접 소송으로 그 시비와 손해액을 가리도록 그 갈등관계를 방치하는 것보다는 국가가 나서서 공무원을 대위하여 그 손해배상책임을 지고"라고 판시하여 대위책임설의 입장에서 선택적 청구를 부정하는 견해를 취하고 있다.

나) 검토해 보자

자기책임설의 입장에 서면서도 대외적으로 국가책임만 인정하는 견해가 있는 반면, 대위책임설의 입장에 서면서도 피해구제의 신속·확실성을 기한다는 취지에서 선택적 청구가 허용되어야 한다는 주장이 제기된다는 점을 감안해 보면 국가배상책임의 성질과 선택적 청구 간에 논리필연적 연관성이 있는 것으로 보이지는 않는다.

공무원의 직무상 불법행위로 야기된 배상의 부담을 어떻게 규정·분산시키느냐의 문제는 '책임의 본질'과는 관계없이 입법정책으로 정할 문제로 보아야 하는 것이다. 대법원은 1996. 2. 15. 선고 95다38677 전원합의체 판결에서 "공무원 개인의 책임범위를 정하는 문제는 피해자 구제뿐만 아니라 공무원의 위법행위

기출

에 대한 억제, 안정된 공무수행의 보장, 재정 안정 등 서로 상충되는 다양한 가치들을 조정하기 위하여 국가배상법상 어떠한 법적 장치를 마련할 것인가 하는 입법정책의 문제라고 할 것이다"고 판시하였다.

(3) 국가배상책임법규범을 헌법조화적으로 해석해 보자

1) 헌법 제29조 제1항 단서의 취지는 어떠할까

가) 다수의견[11]

헌법 제29조 제1항 단서는 공무원이 한 직무상 불법행위로 인하여 국가 등이 배상책임을 진다고 할지라도 그 때문에 공무원 자신의 민·형사책임이나 징계책임이 면제되지 아니한다는 원칙을 규정한 것이나, 그 조항 자체로 공무원 개인의 구체적인 손해배상책임의 범위까지 규정한 것으로 보기는 어렵다.

☞ 기출

나) 별개의견

헌법 제29조 제1항 단서의 공무원 개인책임은 그 본문과 연관하여 보면 직무상 불법행위를 한 그 공무원 개인의 불법행위 책임임이 분명하다. 여기에서의 불법행위의 개념은 법적인 일반개념으로서, 고의 또는 과실로 인한 위법행위로 타인에게 손해를 가한 것을 의미하고, 이때의 과실은 중과실과 경과실을 구별하지 않는다는 일반론에 의문을 제기할 여지가 없어 보인다.

다) 반대의견

헌법 제29조 제1항 단서의 규정은 직무상 불법행위를 한 공무원 개인의 손해배상책임이 면제되지 아니한다는 것을 규정한 것으로 볼 수는 없고, 이는 다만 직무상 불법행위를 한 공무원의 국가 또는 공공단체에 대한 내부적 책임 등이 면제되지 아니한다는 취지를 규정한 것으로 보아야 한다.

라) 검토해 보자

헌법 제29조 제1항 단서는 불법행위를 한 공무원의 개인책임에 관한 근거 규정으로서 민사책임뿐만 아니라 형사책임과 징계책임 등도 포함하여 규율하고 있다고 해석된다.

---

11 이하의 다수의견, 별개의견, 반대의견은 대법원 1996. 2. 15. 선고 95다38677 전원합의체 판결에서 발췌한 것임.

2) 국가배상법 제2조 제1항 본문 및 제2항의 입법취지에 대하여 알아보자

가) 다수의견

최다 빈출 판례 지문

공무원의 직무상 **경과실로** 인한 불법행위는 **통상 예기할 수 있는 흠**이 있는 것에 불과하므로, **여전히 국가 등의 기관의 행위로** 보아 그로 인한 손해배상책임도 전적으로 국가 등에만 귀속시켜 공무원의 공무집행의 안정성을 확보하고, 공무원의 **고의ㆍ중과실로** 인한 불법행위는 기관행위로서의 **품격을 상실**하여 공무원 **개인에게** 손해배상책임을 부담시키되, 그 행위의 객관적 **외형상** 공무원의 직무집행으로 보여질 때에는 피해자인 국민을 **두텁게** 보호하기 위하여 국가 등이 공무원 개인과 **중첩적으로** 배상책임을 부담하되 공무원 개인에게 **구상할** 수 있도록 함으로써 궁극적으로 그 책임이 공무원 **개인에게 귀속**되도록 하려는 것이다.

나) 별개의견

국가배상법 제2조 제2항은 국가 등과 공무원 사이의 대내적 구상관계만을 규정함으로써, 즉 경과실의 경우에는 공무원에 대한 구상책임을 면제하는 것만으로써 공무집행의 안정성을 확보하려는 것이고, 피해자인 국민과 공무원 사이의 대외적 책임관계를 규율하는 취지로 볼 수는 없다. 이는 국가배상법의 목적(제1조)이 국가 등의 손해배상책임과 그 배상절차, 즉 국가 등과 피해자인 국민 간의 관계를 규정하고 있는 점에 비추어 보아도 명백하다.

다) 반대의견

헌법 제29조 제1항 및 국가배상법 제2조 제1항이 공무원의 직무상 불법행위에 대하여 국가 등의 무조건적인 배상책임을 인정한 것은 피해자 구제에 만전을 기한다는 것에 그치는 것이 아니라, 더 나아가 국민 전체에 대한 봉사자인 공무원들로 하여금 보다 적극적이고 능동적으로 공무를 수행하게 하기 위하여 공무원 개인의 배상책임을 면제한다는 것에 초점이 있다.

라) 검토해보자

국가배상법 제2조 제1항 본문 및 제2항은 가해공무원의 내부적 구상책임에 대하여만 입법적 구체화를 하고 있는바, 이를 근거로 피해자에 대한 외부적 민사책임이 배제된다고 볼 수는 없다.

(4) 가해공무원의 외부적 책임에 대하여 종합적 해석을 해 보자

판례정리

📌 최다 빈출 판례

> 국가나 지방자치단체가 피해자가 배상을 하였더라도 충분하지 않은 경우에, **피해자가 가해 공무원에게 민사상의 배상책임을 청구할 수 있는지** 여부에 대하여 판례는 다음과 같이 판시한다. ⇒ ① 전원합의체 **다수의견**(= 법원의 공식입장 = 법정의견)은 가해 공무원에게 **고의나 중과실**이 있는 경우에만 가능하다고 판시 = **절충설**, ② **반대의견**(소수의견)은 언제나 청구할 수 없다고 판시 = **대위책임설**, ③ **별개의견**(다수의견과 결론은 같지만 논리가 별개인 의견)은 언제나 청구할 수 있다고 판시 = **자기책임설**

📌 암기법:
다절 + 별자 + 반대

1) 일반적인 경우

가) 다수의견으로서 대법원의 공식적인 입장은

공무원에게 <u>고의 또는 중과실이 있는 경우</u>에는 성질상 국가기관의 품격을 상실하여 공무원 개인의 책임으로 보아야 하지만 정책적인 면에서 피해자인 국민을 구제하기 위하여 자력이 풍부한 국가 등도 국가배상책임을 부담하고 공무원 개인도 불법행위로 인한 손해배상책임을 진다고 할 것이지만, 공무원에게 **경과실뿐인 경우**에는 성질상 국가기관의 품격을 유지하고 있어 국가만이 책임을 지고 공무원 개인은 손해배상책임을 부담하지 아니한다고 해석하는 것이 헌법 제29조 제1항 본문과 단서 및 국가배상법 제2조의 입법취지에 조화되는 올바른 해석이다.

📌 빈출 판례

나) 별개의견의 별개 논리는

공무원의 직무상 경과실로 인한 불법행위의 경우에도 공무원 개인의 피해자에 대한 손해배상책임은 면제되지 아니한다고 해석하는 것이, 우리 헌법의 관계 규정의 연혁에 비추어 **그 명문에 충실**한 것일 뿐만 아니라 헌법의 기본권보장 정신과 법치주의의 이념에도 부응하는 해석이다.

📌 논리 기출

다) 반대의견은

공무원이 직무상 불법행위를 한 경우에 **공무원의 사기진작과 국가 등의 자력이 풍부한 점을 고려하면** 국가 또는 공공단체만이 피해자에 대하여 국가배상법에 의한 손해배상책임을 부담할 뿐, 공무원 개인은 고의 또는 중과실이 있는 경우에도 피해자에 대하여 손해배상책임을 부담하지 않는 것으로 보아야 한다.

📌 논리 기출

[반대보충의견] 주권을 가진 국민 전체에 대한 봉사자로서 공공이익을 위하여 성실히 근무해야 할 공무원이 공무수행 중 국민에게 손해를 가한 경우, 국민의 봉사자인 공무원이 봉사 대상이 되는 피해자인 국민과 직접 소송으로 그 시비와 손해액을 가리도록 그 갈등관계를 방치하는 것보다는 국가가 나서서 공무원을 대위하여 그 손해배상책임을 지고, 국가가 다시 내부적으로 공무원의 직무상 의무의 불이행 내용에 따라 고의·중과실이 있는 경우에만 구상의 형태로 그 책임을 물어 공무원의 국민과 국가에 대한 성실의무와 직무상 의무의 이행을 제도적으로 확보하겠다는 것이, 헌법 제29조 제1항 단서와 국가배상법 제2조 제2항의 취지라고 해석함이 이를 가장 조화롭게 이해하는 길이 될 것이다.

라) 검토해보자

헌법 제29조 제1항 단서 소정의 '공무원의 책임'의 내용이 불명확한 가운데 국가배상법 제2조 제1항 및 제2항, 민법 제750조가 이를 구체화하고 있는 바, 국가배상법 소정의 조항에서는 국가 등의 배상책임과 공무원의 내부적 책임만을 규정하고 있을 뿐 가해공무원의 외부적 책임에 대하여는 규정한 바가 없으므로 가해공무원은 민법 제750조에 따라 과실의 경중을 불문하고 외부적 책임을 지게 된다.

[여론] 가해공무원의 외부적 책임을 인정할 경우 국가와 가해공무원은 부진정연대책임을 진다. 국가와 가해공무원을 공동피고로 하여 손해배상청구소송을 제기하는 경우 국가배상법을 사법으로 보면 양자는 부진정연대채무자로서 공통의 의무를 부담하므로 공동소송의 주관적 요건을 충족한다(민사소송법 제65조 전문). 또한 공동소송이 성립되기 위한 객관적 요건으로서 소의 객관적 병합요건이 충족되어야 하는데, 그 요건은 동종의 심리절차에 의할 것(같은 법 제253조), 공통의 관할권이 있을 것 등이다. 양자에 대한 소송 모두 민사소송이고 국가배상청구소송에 대한 전속관할법원이 없을 것이므로 위 요건들도 충족된다. 이 경우 공동소송의 형태는 통상공동소송이고, 청구의 병합형태는 단순병합이다. 반면에 국가배상법을 공법으로 보면 국가배상청구소송은 공법상 당사자소송이므로 국가배상청구소송이 계속된 법원에 가해공무원에 대한 손해배상청구소송을 병합 제기하여야 할 것이다(행정소송법 제44조 제2항, 제10조 제2항).

2) 피해자가 특수공무원인 경우에는 어떨까

대법원의 다수의견은 피해자가 헌법 제29조 제2항, 국가배상법 제2조 제1항 단서 소정의 공무원으로서 위 단서 조항에 의하여 법률에 정해진 보상 외에는 국가배상법에 의한 배상을 청구할 수 없는 경우에도 공무원의 외부적 책임을

기출

고의 또는 중과실이 있는 경우에 한정하여 인정하고 있다.[12] 그러나 일반적인 경우와 마찬가지로 피해자가 특수공무원인 경우에도 가해자의 과실의 경중과 관계없이 외부적 책임을 긍정하여야 할 것이다.

제 5 절

배상책임의 주체

(1) 국가배상법 제2조와 제5조 – 사무귀속자이면 배상책임을 져야 한다

국가배상책임은 권리·의무가 귀속하는 국가나 지자체가 져야 하므로 국가배상청구소송의 피고도 원칙적으로 **사무귀속자인 국가나 지자체**가 되어야 한다. ☞ 기출
그런데 기관위임사무의 경우 원칙적으로 그 사무귀속의 주체인 국가나 지자체가 손해배상책임을 져야 하지만 피해자는 그 위임관계를 자세히 알 수 없으므로 피고를 잘못 지정하여 그로 인한 불측의 손해를 보는 경우가 많아지게 되었던 바, 이러한 문제점을 해결하기 위하여 국가배상법 제6조에서 공무원의 선임·감독자와 공무원의 봉급·급여 기타의 비용부담자 모두가 손해배상의무가 있는 것으로 규정하게 되었다. 다만, 이 경우 비용부담자의 해석과 관련하여 견해가 대립된다.

☞ 국가배상법 제2조 제1항 본문 전단책임과 본문 후단책임의 관계 = 법조경합설(어느 하나 조문만 적용)이 아니라 **청구권경합설**(조문 둘 다 적용가능하고 선 ☞ 기출
택하여 청구할 수 있다고 봄)이 다수설과 판례 — 다만 무과실책임인 후단책임으로 가는 것이 피해자에게 유리

☞ 국가배상법 제2조와 제5조 책임의 관계 = 법조경합설이 아니라 **청구권
경합설**이 다수설과 판례의 태도이므로 조문 **둘 다 적용**가능하고 선택하여 청구 ☞ 기출
할 수 있다. 다만 무과실책임인 5조 책임으로 가는 것이 피해자에게 유리

☞ 다만, 국가배상법 제2조 제1항 **본문 후단책임**(관용차라는 공적 시설물)은 ☞ 출제 예상

---

12 이러한 다수의견에 대하여 내부적 구상책임에 관한 국가배상법 제2조 제2항 규정은 국가배상책임의 존재를 전제로 하는 것인 만큼, 국가배상책임을 인정하지 않는 이러한 경우에 대해서는 당해 규정은 직접적 또는 간접적 근거로 될 수 없다는 비판이 제기된다(류지태, 행정법사례연습, 427면 참조).

국가배상법 제5조 책임에 대한 특별법이므로 **후단책임만 적용된다**(법조경합설).

(2) 국가배상법 제6조 — 비용부담자

1) 국가배상법 제6조 제1항의 비용부담자로 배상책임을 물을 수도 있다

가) 학 설

① ㉠질적 비용부담자로 보는 견해

국가배상법 제6조 제1항의 비용부담자를 **궁극적으로 비용을 부담하는 실질적 비용부담자**로 파악하는 견해이나, 이러한 견해를 취하는 학설은 없는 것으로 보인다.

② ㉠식적 비용부담자로 보는 견해

국가배상법 제6조 제1항에서 말하는 비용부담자의 의미를 규정상 확연한 것은 아니나 **일응 대외적으로 비용을 지출하는 자**를 뜻한다고 해석하는 견해이다.

③ ㉠합설

이 견해는 피해자 보호의 견지에서 일정한 경우에는 국가배상법상의 비용부담자에 대외적으로 경비를 지출하는 형식적 비용부담자 외에 실질적 비용부담자를 **포함**시킬 수 있다는 견해이다.

나) 판례는 어떠한 입장인가

대법원은 "지방자치단체의 장이 기관위임된 국가행정사무를 처리하는 경우 그에 소요되는 경비의 **실질적·궁극적 부담자**는 국가라고 하더라도 당해 지방자치단체는 국가로부터 내부적으로 교부된 금원으로 그 사무에 필요한 경비를 **대외적으로 지출하는 자**이므로, 이러한 경우 지방자치단체는 국가배상법 제6조 제1항 소정의 비용부담자로서 공무원의 불법행위로 인한 같은 법에 의한 손해를 배상할 책임이 있다"(대법원 1994. 12. 9. 선고 94다38137 판결)고 하여, 비용부담자의 개념에 형식적 비용부담자를 **포함**시키는 해석을 한 바 있다.

다) 검토해 보자

국가배상법 제6조는 피해자가 그 사무의 귀속주체를 정확히 파악하여 그 사무의 귀속주체에게 배상을 청구할 것을 기대하기 힘든 소송현실에서 피해자의 권리구제의 길의 확대를 위하여 마련된 규정이다. 이러한 견지에서 **병합설**에 찬성한다.

📌 암기법
= 형+실+병

📌 기출: 병합설 취한 판례

[여론] 이러한 학설대립은 기관위임사무의 경우에는 결론에 있어서 별 차이가 없다. 실질적 비용부담자설을 취하지 않는 한(그러나 이 설을 취하는 학자는 없음), 형식적 비용부담자설이든 병합설이든 피해자는 국가와 지방자치단체를 모두 그 상대방으로 할 수 있는 것이다. 이에 반해 단체위임사무의 경우에는 형식적 비용부담자설을 취할 경우 사무귀속주체[13]이자 형식적 비용부담자인 지방자치단체만을 상대로 할 수 있게 되므로 병합설에 비하여 피해자 권리구제라는 측면에서 단점이 노출된다.

2) 국가배상법 제6조 제2항의 비용부담자에 대하여도 배상책임을 물을 수 있다

가) 학 설

① 사무귀속자설

국가배상법 제6조 제2항의 비용부담자를 사무귀속자로 보는 입장인데, 이는 위임에 따른 책임의 원리를 강조하기 때문이다. 따라서 국가가 지자체장에게 기관위임을 하였던 이유로, 피해자인 국민이 지방자치단체를 비용부담자로서 피고로 국가배상청구소소송을 제기하여 지자체가 배상을 한 경우에 사무귀속자인 국가에게 전액에 대한 구상을 청구할 수 있다고 보게 된다.

📖 암기법
= 사＋실＋기

② 실질적 비용부담설

비용부담자설은 법률의 규정에 따라 실질적으로 비용을 부담하는 자를 의미한다고 본다. 이는 법률의 규정에 의하여 국가와 지자체 사이에 구상액을 분배하는 것이야 말로 계산이 용이하게 되기 때문이라고 한다. 법률의 규정에서 전부나 일부의 비율이 정하여진 경우가 많다.

③ 기여도설 내지 개별검토설

국가와 지자체 사이에 **사고발생에 기여한 정도와 경위 등을 고려하여** 구체적으로 구상비율을 정하여야 한다는 입장이다. 구체적 타당성을 도모할 수 있고, 국가배상법 제6조 제1항과 제2항을 통합적으로 해석할 수 있게 된다고 한다.

나) 판례의 입장은 어떠할까

판례는 국가배상법 제6조 제1항에 대해서는 **병합설**을 취하면서 국가배상

📖 빈출

---

13 그러나 단체위임사무의 경우에 사무의 귀속주체를 위임자인 국가 또는 광역지방자치단체로 보는 견해도 있다. 홍정선, 행정법원론(하), 217면 참조.

법 제6조 제2항에 대해서는 **기여도설 내지 개별검토설**을 취하는 판시를 한 바 있다.

[판례] 광주시 국도사건

[1] 국가배상법 제6조 제1항의 비용부담자

원래 광역시가 점유·관리하던 일반국도 중 일부 구간의 포장공사를 건설교통부 국토관리청이 시행하고 이를 준공한 후 광역시에 이관하려 하였으나 서류의 미비 기타의 사유로 이관이 이루어지지 않고 있던 중 도로의 관리상의 하자로 인한 교통사고가 발생하였다면 **광역시와 국가가 함께 그 도로의 점유자 및 관리자로서 손해배상책임을 부담한다.**

[2] 국가배상법 제6조 제2항의 비용부담자

원래 광역시가 점유·관리하던 일반국도 중 일부 구간의 포장공사를 국가가 대행하여 광역시에 도로의 관리를 이관하기 전에 교통사고가 발생한 경우, 광역시는 그 도로의 점유자 및 관리자, 도로법 제56조, 제55조, 도로법시행령 제30조에 의한 도로관리비용 등의 부담자로서의 책임이 있고, 국가는 그 도로의 점유자 및 관리자, 관리사무귀속자, 포장공사비용 부담자로서의 책임이 있다고 할 것이며, 이와 같이 광역시와 국가 모두가 도로의 점유자 및 관리자, 비용부담자로서의 책임을 중첩적으로 지는 경우에는, **광역시와 국가 모두가 국가배상법 제6조 제2항 소정의 궁극적으로 손해를 배상할 책임이 있는 자라고 할 것이고, 결국 광역시와 국가의 내부적인 부담 부분은, 그 도로의 인계·인수 경위, 사고의 발생 경위, 광역시와 국가의 그 도로에 관한 분담비용 등 제반 사정을 종합하여 결정함이 상당하다**(대법원 1998. 7. 10. 선고 96다42819 판결【구상금】[공 1998. 8. 15.(64), 2061]).

다) 검토해보자

사무귀속자설이나 실질적 비용부담자설은 구체적 타당성을 도모할 수 없고, 국가배상법 제6조 제1항과 제2항을 통합적으로 해석하기 위해서는 기여도설 내지 개별검토설이 타당하다.

제 6 절

중요 판례의 동향을 더 알아보고 출제에 대비해 보자

국가유공자에게 은행대출보다 싼 제도 안내 부작위와 국가배상인정 여부 (부정)

312. 대법원 2012. 7. 26. 선고 2010다95666 판결【손해배상(기)】[공 2012하, 1486]

【판시사항】

[1] 관련 공무원에게 작위의무를 명하는 법령 규정이 없는 경우 공무원의 부작위로 인한 국가배상책임을 인정하기 위한 요건 및 그 판단 기준

공무원의 부작위로 인한 국가배상책임을 인정하기 위하여는 공무원의 작위로 인한 국가배상책임을 인정하는 경우와 마찬가지로 "공무원이 그 직무를 집행함에 당하여 고의 또는 과실로 법령에 위반하여 타인에게 손해를 가한 때"라고 하는 국가배상법 제2조 제1항의 요건이 충족되어야 할 것이다.

여기서 '**법령에 위반하여**'라고 함은 **엄격하게 형식적 의미의 법령에 명시적으로 공무원의 작위의무가 정하여져 있음에도 이를 위반하는 경우만을 의미하는 것은 아니고, 인권존중 · 권력남용금지 · 신의성실과 같이 공무원으로서 마땅히 지켜야 할 준칙이나 규범을 지키지 아니하고 위반한 경우를 포함하여 널리 그 행위가 객관적인 정당성을 결여하고 있는 경우도 포함한다.** (☞ **상대적 위법성설**) 따라서 국민의 생명 · 신체 · 재산 등에 대하여 **절박하고 중대한 위험상태가 발생하였거나** 발생할 상당한 우려가 있어서 국민의 생명 등을 보호하는 것을 본래적 사명으로 하는 국가가 **초법규적 · 일차적으로 그 위험의 배제에 나서지 아니하면** 국민의 생명 등을 보호할 수 없는 경우에는 **형식적 의미의 법령에 근거가 없더라도 국가나 관련 공무원에 대하여 그러한 위험을 배제할 작위의무를 인정할 수 있을 것이다.**

그러나 그와 같은 절박하고 중대한 위험상태가 발생하였거나 발생할 상당한 우려가 있는 경우가 아닌 한, 원칙적으로 공무원이 관련 법령에서 정하여진 대로 직무를 수행하였다면 그와 같은 공무원의 부작위를 가지고 '고의 또는 과실로 법령에 위반'하였다고 할 수는 없다. 따라서 공무원의 부작위로 인한 국가배상책임을 인정할 것인지 여부가 문제되는 경우에 관련 공무원에 대하여 작위의무를 명하는 법령의 규정이 없는 때라면 공무원의 부작위로 인하여 침해되는 국민의 법익 또는 국민에게 발생하는 손해가 어느 정도 심각하고 절박한 것인지, 관련 공무원이 그와 같은 결과를 예견하여 그 결과를 회피하기 위한 조치를 취할 수 있는 가능성이 있는지 등을 종합적으로 고려하여 판단하여야 한다.

[2] 사안의 적용

갑이 경주보훈지청에 국가유공자에 대한 주택구입대부제도에 관하여 전화로 문의하고 대부신청서까지 제출하였으나, 담당 공무원에게서 주택구입대부금 지급을 보증하는 지급보증서제도에 관한 안내를 받지 못하여 대부제도 이용을 포기하고 시중은행에서 대출을 받아 주택을 구입함으로써 결과적으로 더 많은 이자를 부담하게 되었다고 주장하며 국가를 상대로 정신적 손해의 배상을 구한 사안에서, 주택구입대부제도에 있어서 지급보증서를 교부하는 취지와 성격, 관련 법령 등의 규정 내용, 지급보증서제도를 안내받지 못함으로 인하여 침해된 갑의 법익 내지 갑이 입은 손해의 내용과 정도, 관련 공무원이 갑이 입은 손해를 예견하거나 그 결과를 회피하기 위한 조치를 취할 수 있는 가능성의 정도 등 여러 사정을 종합하여 볼 때, 담당 공무원이 갑에게 주택구입대부제도에 관한 전화상 문의에 응답하거나 대부신청서의 제출에 따른 대부금지급신청안내문을 통지하면서 지급보증서제도에 관하여 알려주지 아니한 조치가 객관적 정당성을 결여하여 현저하게 불합리한 것으로서 고의 또는 과실로 법령을 위반하였다고 볼 수 없음에도, 담당 공무원에게 지급보증서제도를 안내하거나 설명할 의무가 있음을 전제로 그 위반에 대한 국가배상책임을 인정한 원심판결에 법리오해의 위법이 있다.

대형 낙석으로 인한 경찰관 사망 사고와 일반 직무에 대한 이중배상금지규정 적용 여부

313. 대법원 2011. 3. 10. 선고 2010다85942 판결【손해배상(기)】[미간행]

[1] 국가배상법 제5조 요건 충족여부

경찰공무원인 소외인이 낙석사고가 일어난 지점 주변의 교통 정리를 위하여 순찰차를 운전하여 그 사고현장 부근으로 가다가 산에서 떨어진 소형 차량 크기의 낙석이 순찰차를 덮침으로써 사망하였는데, 그 판시의 사정에 비추어 그 사망은 지방자치단체인 피고의 이 사건 도로에 관한 설치·관리상의 하자로 인하여 발생하였다.

[2] 일반직무에 이중배상금지규정 적용 여부

경찰공무원이 낙석사고 현장 주변 교통정리를 위하여 사고현장 부근으로 이동하던 중 대형 낙석이 순찰차를 덮쳐 사망하자, 도로를 관리하는 지방자치단체가 국가배상법 제2조 제1항 단서에 따른 면책을 주장한 사안에서, 경찰공무원 등이 '전투·훈련 등 직무집행과 관련하여' 순직 등을 한 경우 같은 법 및 민법에 의한 손해배상책임을 청구할 수 없다고 정한 국가배상법 제2조 제1항 **단서의 면책조항**은 구 국가배상법(2005. 7. 13. 법률 제7584호로 개정되기 전의 것) 제2조 제1항 단서의 면책조항과 마찬가지로 **전투·훈련 또는 이에 준하는 직무집행뿐만 아니라 '일반 직무집행'에 관하여도 국가나 지방자치단체**

의 배상책임을 제한하는 것이라고 해석하여, 위 면책 주장을 받아들인 원심판단을 정당하다.

국가배상법(2005. 7. 13. 법률 제7584호로 개정된 것) 제2조 제1항 단서(이하 '이 사건 면책조항'이라고 한다)에 의하여 피고가 같은 법 및 민법에 의한 손해배상책임에서 면제된다는 피고의 주장에 대하여, 원심은 헌법 제29조 제2항의 규정, 구 국가배상법(2005. 7. 13. 법률 제7584호로 개정되기 전의 것) 제2조 제1항 단서(이하 '종전 면책조항'이라고 한다)의 규정 및 그 합헌 여부나 의미에 대한 대법원과 헌법재판소의 판단(특히 대법원 2001. 2. 15. 선고 96다42420 판결 등은 전투·훈련 또는 이에 준하는 직무집행뿐만 아니라 일반의 직무집행에 관하여도 종전 면책조항의 적용을 긍정하였다), 종전 면책조항의 이 사건 면책조항으로의 개정 경과, 그리고 '국가유공자 등 예우 및 지원에 관한 법률' 제9조에 의하여 소외인의 부모인 원고들에게 지급되는 보훈급여금의 내용 등을 살펴본 다음, ① 종전 면책조항에 대하여 대법원과 헌법재판소가 헌법 제29조 제2항과 실질적으로 내용을 같이하는 규정이라고 해석하여 왔는데, 이 사건 면책조항은 "전투·훈련 등 직무집행"이라고 규정하여 헌법 제29조 제2항과 동일한 표현으로 개정이 이루어졌으므로 그 개정에도 불구하고 그 실질적 내용은 동일한 것으로 보이는 점, ② 이 사건 면책조항이 종전의 '전투·훈련 기타'에서 '전투·훈련 등'으로 개정되었는데 통상적으로 '기타'와 '등'은 같은 의미로 이해되고 이 경우에 다르게 볼 특수한 사정이 엿보이지 않는 점, ③ 위 개정 과정에서 국가 등의 면책을 종전보다 제한하려는 내용의 당초 개정안이 헌법의 규정에 반한다는 등의 이유로 이 사건 면책조항으로 수정이 이루어져 국회를 통과한 점, ④ 이 사건 면책조항은 군인연금법이나 '국가유공자 등 예우에 관한 법률' 등의 특별법에 의한 보상을 지급받을 수 있는 경우에 한하여 국가나 지방자치단체의 배상책임을 제한하는데, '국가유공자 등 예우에 관한 법률'에 의한 보훈급여금 등은 사회보장적 성격을 가질 뿐만 아니라 국가를 위한 공헌이나 희생에 대한 응분의 예우를 베푸는 것으로서, 불법행위로 인한 손해를 전보하는 데 목적이 있는 손해배상제도와는 그 취지나 목적을 달리하지만, 실질적으로는 사고를 당한 피해자 또는 유족의 금전적 손실을 메꾼다는 점에서 배상과 유사한 기능을 수행하는 측면이 있음을 부인할 수 없다는 사정 등을 고려하면 이 사건 면책조항이 국민의 기본권을 과도하게 침해한다고도 할 수 없다는 점 등을 종합하여, 이 사건 면책조항은 종전 면책조항과 마찬가지로 전투·훈련 또는 이에 준하는 직무집행뿐만 아니라 일반 직무집행에 관하여도 국가나 지방자치단체의 배상책임을 제한하는 것이라고 해석하였다. 그리하여 원심은 피고의 위 면책 주장을 받아들여 원고들의 이 사건 청구를 기각하였다. 원심은 정당하다.

법령에 명시적인 작위의무규정이 없는 경우 조리상 부작위로 인한 국가배상책임성립가부

314. 대법원 2005. 6. 10. 선고 2002다53995 판결【손해배상(기)】[미간행]

[1] 조리상 부작위로 인한 국가배상책임의 성립요건

공무원의 부작위로 인한 국가배상책임을 인정하기 위하여는 공무원의 작위로 인한 국가배상책임을 인정하는 경우와 마찬가지로 '공무원이 그 직무를 집행함에 당하여 고의 또는 과실로 법령에 위반하여 타인에게 손해를 가한 때'라고 하는 국가배상법 제2조 제1항의 요건이 충족되어야 할 것인바, 여기서 '법령에 위반하여'라고 하는 것이 **엄격하게 형식적 의미의 법령에 명시적으로 공무원의 작위의무가 규정되어 있는데도 이를 위반하는 경우만을 의미하는 것은 아니고, 국민의 생명, 신체, 재산 등에 대하여 절박하고 중대한 위험상태가 발생하였거나 발생할 우려가 있어서 국민의 생명, 신체, 재산 등을 보호하는 것을 본래적 사명으로 하는 국가가 초법규적·일차적으로 그 위험 배제에 나서지 아니하면 국민의 생명, 신체, 재산 등을 보호할 수 없는 경우에는 형식적 의미의 법령에 근거가 없더라도 국가나 관련 공무원에 대하여 그러한 위험을 배제할 작위의무를 인정할 수 있을 것이다.** 그러나 그와 같은 절박하고 중대한 위험상태가 발생하였거나 발생할 우려가 있는 경우가 아닌 한, 원칙적으로 공무원이 관련 법령대로만 직무를 수행하였다면 그와 같은 공무원의 부작위를 가지고 '고의 또는 과실로 법령에 위반'하였다고 할 수는 없을 것이므로, 공무원의 부작위로 인한 국가배상책임을 인정할 것인지 여부가 문제되는 경우에 **관련 공무원에 대하여 작위의무를 명하는 법령의 규정이 없다면 공무원의 부작위로 인하여 침해된 국민의 법익 또는 국민에게 발생한 손해가 어느 정도 심각하고 절박한 것인지, 관련 공무원이 그와 같은 결과를 예견하여 그 결과를 회피하기 위한 조치를 취할 수 있는 가능성이 있는지 등을 종합적으로 고려하여 판단하여야** 한다.

[2] 사안의 적용

이 사건 토지가 하천사업에 편입되는 사정이 생겼다고 하여 이 사건 점용허가를 한 담당 공무원에 대하여 그와 같은 사정으로 인해 이 사건 점용허가가 취소될 수 있고 그로 인해 이 사건 토지에 신축한 비행장 등을 철거할 가능성이 있다는 사정을 원고에게 알려 주어 원고로 하여금 위 점용허가에 따른 비행장 설치 등으로 인한 손해를 입지 않게 할 주의의무가 있다고 할 수 없다.

법령해석이 확립되기 이전과 판결로 확립된 이후의 공무원의 법령적용의 과실

315. 대법원 2007. 5. 10. 선고 2005다31828 판결【부당이득금반환】[미간행]

[1] 하자 있는 행정처분이 당연무효로 되기 위한 요건 및 그 판단 기준

하자 있는 행정처분이 당연무효가 되기 위해서는 그 하자가 법규의 중요한 부분을 위반한 **중대한 것으로서 객관적으로 명백한** 것이어야 하며, 하자가 중대하고 명백한지 여부를 판별함에 있어서는 **그 법규의 목적, 의미, 기능 등을 목적론적으로 고찰함과 동시에 구체적 사안 자체의 특수성에 관하여도 합리적으로 고찰함을 요한다.** 행정청이 어느 법률관계나 사실관계에 대하여 어느 법률의 규정을 적용하여 행정처분을 한 경우에 그 법률관계나 사실관계에 대하여는 그 법률의 규정을 적용할 수 없다는 법리가 명백히 밝혀져 그 해석에 다툼의 여지가 없음에도 불구하고 행정청이 위 규정을 적용하여 처분을 한 때에는 그 하자가 중대하고도 명백하다고 할 것이나, 그 법률관계나 사실관계에 대하여 그 법률의 규정을 적용할 수 없다는 법리가 명백히 밝혀지지 아니하여 그 해석에 다툼의 여지가 있는 때에는 행정관청이 이를 잘못 해석하여 행정처분을 하였더라도 이는 그 처분 요건사실을 오인한 것에 불과하여 그 하자가 명백하다고 할 수 없는 것이다.

[2] 어떠한 행정처분이 후에 항고소송에서 취소된 경우 국가배상책임의 성립 요건과 그 판단 기준

어떠한 행정처분이 후에 항고소송에서 취소되었다고 할지라도 그 기판력에 의하여 당해 행정처분이 **곧바로 공무원의 고의 또는 과실로 인한 것으로서 불법행위를 구성한다고 단정할 수는 없는** 것이고, 그 행정처분의 담당공무원이 **보통 일반의 공무원을 표준으로 하여 볼 때 객관적 주의의무를** 결하여 그 행정처분이 객관적 정당성을 상실하였다고 인정될 정도에 이른 경우에 국가배상법 제2조 소정의 국가배상책임의 요건을 충족하였다고 봄이 상당할 것이며, 이때에 객관적 정당성을 상실하였는지 여부는 **피침해이익의 종류 및 성질, 침해행위가 되는 행정처분의 태양 및 그 원인, 행정처분의 발동에 대한 피해자측의 관여의 유무, 정도 및 손해의 정도 등 제반 사정을 종합**하여 손해의 전보책임을 국가 또는 지방자치단체에 부담시켜야 할 실질적인 이유가 있는지 여부에 의하여 판단하여야 한다.

[3] 사안의 적용

행정청이 관계 법령의 해석이 확립되기 전에 어느 한 견해를 취하여 업무를 처리한 것이 결과적으로 위법하게 되어 그 법령의 부당집행이라는 결과를 빚었다고 하더라도 처분 당시 그와 같은 처리방법 이상의 것을 성실한 평균적 공무원에게 기대하기 어려웠던 경우라면 특별한 사정이 없는 한 이를 두고 공무원의 과실로 인한 것이라고 볼 수는 없다 할 것이지만(대법원 1995. 10. 13. 선고 95다32747 판결; 2004. 6. 11. 선고 2002다31018 판결 등 참조), **대법원의 판단으로 관계 법령의 해석이 확립되고 이어 상급 행정기관**

내지 유관 행정부서로부터 시달된 업무지침이나 업무연락 등을 통하여 이를 충분히 인식할 수 있게 된 상태에서, 확립된 법령의 해석에 **어긋나는 견해를 고집하여 계속하여 위법한 행정처분을 하거나 이에 준하는 행위로 평가될 수 있는 불이익을 처분상대방에게 주게 된다면, 이는 그 공무원의 고의 또는 과실로 인한 것이 되어 그 손해를 배상할 책임이 있다.**

검사가 서류의 열람과 등사를 거부한 경우 국가배상

316. 대법원 2012. 11. 15. 선고 2011다48452 판결【손해배상(기)】[공 2012하, 2024]

[1] 검사는 공익의 대표자로서 실체적 진실에 입각한 국가 형벌권의 실현을 위하여 공소제기와 유지를 할 의무뿐만 아니라 그 과정에서 피고인의 정당한 이익을 옹호하여야 할 의무가 있다. 그리고 법원이 형사소송절차에서 피고인의 권리를 실질적으로 보장하기 위하여 마련되어 있는 형사소송법 등 관련 법령에 근거하여 검사에게 어떠한 조치를 이행할 것을 명하였고, 관련 법령의 해석상 그러한 법원의 결정에 따르는 것이 당연하고 그와 달리 해석될 여지가 없는 경우라면, 법에 기속되는 검사로서는 법원의 결정에 따라야 할 직무상 의무도 있다. 그런데도 그와 같은 상황에서 검사가 관련 법령의 해석에 관하여 대법원판례 등의 선례가 없다는 이유 등으로 법원의 결정에 어긋나는 행위를 하였다면 특별한 사정이 없는 한 당해 검사에게 직무상 의무를 위반한 과실이 있다고 보아야 한다.

[2] 갑 등이 을 지방검찰청 검사에게 수사서류의 열람·등사를 신청하였으나 거부당하자 법원에 형사소송법 제266조의4 제1항에 따라 수사서류의 열람·등사를 허용하도록 해줄 것을 신청하였고, 이에 대하여 법원은 신청이 이유있다고 인정하여 서류에 대한 열람·등사를 허용할 것을 명하는 결정을 하였는데도 검사가 일부 서류의 열람·등사를 거부한 사안에서, 법원이 검사의 열람·등사 거부처분에 정당한 사유가 없다고 판단하여 수사서류의 열람·등사를 허용하도록 명한 이상, 법에 기속되는 검사로서는 당연히 법원의 그러한 결정에 지체없이 따라야 하는데도 법원의 결정에 반하여 수사서류의 열람·등사를 거부하였다는 이유로, 열람·등사 거부 행위 당시 검사에게 국가배상법 제2조 제1항에서 정한 과실이 인정된다.

317. 대법원 2013. 11. 14. 선고 2011다27103 판결[손해배상등]

구 공익사업을 위한 토지 등의 취득 및 보상에 관한 법 제40조 제1항, 제62조, 제77조 제2항, 구 공익사업을 위한 토지 등의 취득 및 보상에 관한 법률 시행규칙 제48조 제1항, 제3항 제5호의 규정들을 종합하여 보면, 공익사업을 위한 공사는 손실보상금을 지급하거나 토지소유자 및 관계인의 승낙을 받지 않고는 미리 착공해서는 아니 되는 것으로, 이는 그 보상권리자가 수용대상에 대하여 가지는 법적 이익과 기존의 생활관계 등을 보호하고자 하는 것이고, 수용대상인 농지의 경작자 등에 대한 2년분의 영농손실보상은 그 농지의 수용으로 인하여 장래에 영농을 계속하지 못하게 되어 생기는 이익 상실 등에 대한 보상을 하기 위한 것이다. 따라서 사업시행자가 토지소유자 및 관계인에게 보상금을 지급하지 아니하고 그 승낙도 받지 아니한 채 미리 공사에 착수하여 영농을 계속할 수 없게 하였다면 이는 공익사업법상 사전보상의 원칙을 위반한 것으로서 위법하다 할 것이므로, 이 경우 사업시행자는 2년분의 영농손실보상금을 지급하는 것과 별도로, 공사의 사전 착공으로 인하여 토지소유자나 관계인이 영농을 할 수 없게 된 때부터 수용개시일까지 입은 손해에 대하여 이를 배상할 책임이 있다.

48호 국도 침수로 인한 방송조명장비 손해배상청구사건

318. 대법원 2012. 3. 15. 선고 2011다52727 판결【구상금】[공 2012상, 574]

[1] 국가배상법 제5조와 제2조 책임 성립여부(5조 긍정, 2조 부정)

원심 판결 이유에 의하면, 원심은 그 판시와 같은 사실을 인정한 다음, 이 사건 침수사고는 이 사건 도로공사의 시공자인 피고, 영남건설 주식회사, 충일건설 주식회사(이하 '피고 등'이라 한다)가 이 사건 절토공사구간에 대하여 이 사건 도로공사에 관한 특별시방서의 규정과 한국기술개발 주식회사의 감리내용에 따라 **집중호우로 인한 침수피해를 방지하기 위한 제반 시설을 설치하거나 배수로를 확보하여야 할 주의의무가 있음에도 기존의 우수관을 제거하면서 가배수로 등 배수시설을 설치하지 않은 채 방치하는 등의 시공상 과실**과 이 사건 절토공사구간의 도로를 설치·관리하는 원고가 집중호우로 인한 침수피해를 방지하기 위하여 이 사건 도로공사의 시공자인 피고 등을 통하여 집중호우로 인한 침수사고를 미연에 방지하여야 할 방호조치의무를 다하지 않은 영조물 설치·관리상의 하자가 경합하여 발생한 것이므로 원고와 피고 등은 이 사건 사고의 피해자인 소외인에 대하여 공동불법행위 책임을 부담한다고 판단하였다.

[2] 구상권자인 공동불법행위자 측에 과실이 없는 경우, 나머지 공동불법행위자들이 구상권자에게 부담하는 구상채무의 성질(=부진정연대채무)

그런 다음 원심은, 원고가 영조물 설치·관리상의 하자로 인하여 손해를 배상한 경우, 손해의 원인에 대하여 책임을 질 자가 따로 있으면 그 자에게 구상할 수 있는바(국가배상법 제5조 제2항), 만약 이 사건 침수사고 발생에 관하여 원고의 과실이 없고 피고 등이 전적으로 책임을 져야 하는 경우라면 원고의 배상액 전액을 피고 등에게 구상할 수 있을 것인데, 피해자 소외인이 원고와 피고 등을 상대로 손해배상을 청구한 사건인 서울고등법원 2005나105103호 사건에서 원고에게 손해배상책임이 인정된 근거는 원고가

'이 사건 도로공사의 시공자인 피고 등을 통하여' 집중호우로 인한 침수사고를 미연에 방지하여야 할 방호조치의무를 다하지 않은 영조물 설치·관리상의 하자인바, 이는 영조물의 관리주체로서 시공자인 피고 등의 과실로 인하여 발생한 하자에 관하여 피해자에게 배상책임을 진다는 취지일 뿐이므로, 위 영조물 설치·관리상의 하자가 인정된다는 점만으로는 원고와 피고 등 사이의 내부 구상관계에서 원고의 독자적인 과실이 인정되는 것은 아니고, 증거에 의하더라도 원고에게 이 사건 침수사고 발생에 관한 어떠한 과실이 있다고 보기 어려워, 이 사건 침수사고는 시공자인 피고 등의 과실에 의하여 발생하였다고 판단하였다.

기록에 비추어 살펴보면, 원심의 이러한 판단은 정당하고, 거기에 상고이유로 주장하는 바와 같은 영조물책임에 관한 법리오해나 채증법칙 위반 등의 위법이 없다.

공동불법행위자 중 1인에 대하여 구상의무를 부담하는 다른 공동불법행위자가 수인인 경우에는 특별한 사정이 없는 이상 그들의 구상권자에 대한 채무는 각자의 부담 부분에 따른 분할채무로 봄이 상당하지만, 구상권자인 공동불법행위자 측에 과실이 없는 경우, 즉 내부적인 부담 부분이 전혀 없는 경우에는 이와 달리 그에 대한 수인의 구상의무 사이의 관계를 부진정연대관계로 봄이 상당하다 할 것이다(대법원 2005. 10. 13. 선고 2003다24147 판결 참조).

같은 취지에서 원심이, 원고는 피고 등과의 내부관계에서 과실이 없어 내부적인 부담 부분이 없으므로 피고와 나머지 공동수급체 회사들의 원고에 대한 구상의무는 부진정연대채무의 관계에 있다는 이유로, 피고는 원고에게, 원고가 소외인에게 손해배상금으로 지급한 660,698,203원 및 이에 대한 지연손해금을 지급할 의무가 있다고 판단한 것은 위 법리에 따른 것으로서 정당하며, 거기에 상고이유에서 주장하는 바와 같은 법리오해 등의 잘못이 없다.

한강고수부지 축구장의 설치·관리상의 하자

319. 대법원 2008. 9. 25. 선고 2007다88903 판결【손해배상(기)】【미간행】

국가배상법 제5조 제1항 소정의 '영조물의 설치 또는 관리의 하자'의 의미 및 그 판단 기준

(1) 이론적 검토

국가배상법 제5조 제1항 소정의 '영조물의 설치 또는 관리의 하자'라 함은 영조물이 그 용도에 따라 통상 갖추어야 할 안전성을 갖추지 못한 상태에 있음을 말하는 것으로서, 영조물이 완전무결한 상태에 있지 아니하고 그 기능상 어떠한 결함이 있다는 것만으로 영조물의 설치 또는 관리에 하자가 있다고 할 수 없고, 위와 같은 안전성의 구비 여부는 당해 영조물의 용도, 그 설치장소의 현황 및 이용 상황 등 **제반 사정을 종합적으로 고려**하여 설치·관리자가 그 영조물의 위험성에 비례하여 **사회통념상 일반적으로 요구되는** 정도의 **방호조치의무**를 다하였는지 **여부를 그 기준으로 삼아** 판단하여야 하고, 다른 생활필수시설과의 관계나 그것을 설치하고 관리하는 주체의 재정적, 인적, 물적 제약 등을 고려하여 그것을 이용하는 자의 상식적이고 질서 있는 이용 방법을 기대한 상대적인 안전성을 갖추는 것으로 족하며, 객관적으로 보아 시간적·장소적으로 영조물의 기능상 결함으로 인한 손해발생의 **예견가능성과 회피가능성이 없는 경우** 즉 그 영조물의 결함이 영조물의 설치관리자의 관리행위가 미칠 수 없는 상황 아래에 있는 경우에는 **영조물의 설치·관리상의 하자를 인정할 수 없다**(대법원 2000. 2. 25. 선고 99다54004 판결; 대법원 2007. 10. 25. 선고 2005다62235 판결 등 참조).

(2) 사안의 적용

소외인의 사망을 초래한 이 사건 사고는 이 사건 축구장과 도로 사이에 이격거리를 두지 않았거나, 고수부지에서 허용되는 범위 내에서 이 사건 축구장과 도로 사이에 자연적, 인공적 안전시설을 설치하지 아니하여 발생한 것으로서 그 용도에 따라 통상 갖추어야 할 안정성을 갖추지 못한 상태, 즉 설치·관리상 하자가 있었다.

---

320. 대법원 2013. 04. 26. 선고 2011다14428 판결[손해배상(기)]

[1] **법령의 개정에서 입법자의 광범위한 재량이 인정되는 경우라 하더라도 구 법령의** 존속에 대한 당사자의 신뢰가 합리적이고도 정당하며 법령의 개정으로 야기되는 당사자의 손해가 극심하여 새로운 법령으로 달성하고자 하는 공익적 목적이 그러한 신뢰의 파괴를 정당화할 수 없다면 입법자는 **경과규정을 두는 등 당사자의 신뢰를 보호할 적절한 조치를 하여야 하며** 이와 같은 적절한 조치 없이 새 법령을 그대로 시행하거나 적용하는 것은 허용될 수 없는바, 이는 헌법의 기본원리인 법치주의 원리에서 도출되는 신뢰보호의 원칙에 위배되기 때문이다. 그러나 입법자가 이러한 신뢰보호 조치가 필요한지를 판단하기 위하여는 관련 당사자의 신뢰의 정도, 신뢰이익의 보호가치와 새 법령을 통해 실현하고자 하는 공익적 목적 등을 **종합적으로 비교·형량하여야 하는데**, 이러한 비교·형량에 관하여는 여러 견해가 있을 수 있으므로, 행정입법에 관여한 공무원이 입법 당시의 상황에서 다양한 요소를 고려하여 나름대로 합리적인 근거를 찾아 어느 하나의 견해에 따라 경과규정을 두는 등의 조치 없이 새 법령을 그대로 시행하거나 적용하였다면, 그와 같은 공무원의 판단이 나중에 대법원이 내린 판단과 같지 아니하여 결과적으로 시행령 등이 신뢰보호의 원칙 등에 위배되는 결과가 되었다고 하더라도, 이러한 경우에까지 국가배상법 제2조 제1항에서 정한 국가배상책임의 성립요건 공무원의 과실이 있다고 할 수는 없다.

[2] 2002. 3. 25. 대통령령 제17551호로 개정된 변리사법 시행령 제4조 제1항이 변리사

제1차 시험을 '절대평가제'에서 '상대평가제'로 변경함에 따라 2002. 5. 26. 상대평가제로 실시된 시험에서 불합격처분을 받았다가 그 후 위 시행령 부칙 중 위 조항을 공포 즉시 시행하도록 한 부분이 헌법에 위배되어 무효라는 대법원판결이 내려져 추가합격처분을 받은 갑 등이 국가배상책임을 물은 사안에서, 제반 사정에 비추어 위 시행령과 부칙의 입법에 관여한 공무원들은 입법 당시 상황에서 다양한 요소를 고려하여 나름대로 합리적인 근거를 찾아 어느 하나의 견해에 따라 위 시행령을 경과규정 등의 조치 없이 그대로 시행한 것이므로, 비록 대법원판결에서 위 시행령 부칙 중 위 조항을 즉시 시행하도록 한 부분이 헌법에 위배된다고 판단하여 결과적으로 부칙 제정행위가 위법한 것으로 되고 그에 따른 불합격처분 역시 위법하게 되어 위법한 법령의 제정 및 법령의 부당집행이라는 결과를 가져오게 되었더라도, 이러한 경우에까지 국가배상책임의 성립요건인 공무원의 과실이 있다고 단정할 수 없다.

☞ Before 판결 ⇒ 공무원의 나름대로 법적용해석 ⇒ 고의·과실 × ⇒ 국배 ×

☞ After 판결 ⇒ 공무원의 나름대로 법적용해석 ⇒ 고의·과실 ○ ⇒ 국배 ○

---

321. 대법원 2013. 07. 11. 선고 2013두2402 판결[국가유공자유족등록거부처분취소]

[1] 군복무 중 자살 등 자해행위로 인한 사망이 교육훈련 또는 직무수행과 상당인과관계가 인정되나 자해행위를 하게 된 데에 '불가피한 사유' 없이 본인의 고의 또는 과실이 경합된 경우, 그 유족을 구 국가유공자 등 예우 및 지원에 관한 법률 제73조의2에서 정한 지원대상자 유족으로 인정할 수 있는지 여부(적극)

자살 등 자해행위로 인한 사망의 경우에 자해에 이르게 된 경위 등에 비추어 교육훈련 또는 직무수행과 상당인과관계가 인정되면 그것만으로 언제나 국가유공자 및 그 유족 등으로 인정되는 것은 아니고 거기에 '불가피한 사유'없이 본인의 고의 또는 과실이 경합되었다는 등 구 국가유공자 등 예우 및 지원에 관한 법률 제73조의2가 정한 사유가 존재할 경우에는 지원대상자 및 그 유족 등으로 인정될 수 있을 뿐이라고 보아야 한다. 그러므로 자해행위 당시의 객관적 상황이나 행위자의 주관적 인식 등을 모두 고려해 보아도 합리적이고 이성적인 판단을 기대하기가 매우 어렵다고 할 정도는 아니어서 자해행위에 대한 회피가능성을 부정할 정도는 아니라면, 자해행위를 감행한 데에 '불가피한 사유'가 있다고까지 할 것은 아니므로 그 유족은 지원대상자 유족으로 인정될 수 있을 뿐 국가유공자 유족으로 인정될 수는 없다.

[2] 국가보훈처장이 국가유공자 등록신청에 대하여 단지 본인의 과실이 경합되어 있다는 등의 사유만이 문제가 됨에도 등록신청을 전부 배척하는 단순 거부처분을 한 경우, 그 처분은 전부 취소되어야 하는지 여부(적극) 및 그 처분 취소의 의미

국가보훈처장은 국가유공자 및 그 유족 등의 등록신청을 받으면 국가유공자 또는 지원대상자 및 그 유족 등으로 인정할 수 있는 요건을 확인한 후 그 지위를 정하는 결정을 하여야 한다. 따라서 처분청으로서는 국가유공자 등록신청에 대하여 단지 본인의 과실이 경합되어 있다는 등의 사유만이 문제가 된다면 등록신청 전체를 단순 배척할 것이 아니라 그 신청을 일부 받아들여 지원대상자로 등록하는 처분을 하여야 한다. 그럼에도 행정청이 등록신청을 전부 배척하는 단순 거부처분을 하였다면 이는 위법한 것이니 그 처분은 전부 취소될 수밖에 없다. 그런 점에서 자해행위로 인한 사망의 경우에 교육훈련 또는 직무수행과 사이에 상당인과관계가 인정되는 이상, 국가유공자에 해당하지 않는다고 하여 등록신청을 배척한 단순 거부처분은 그 자해행위를 하게 된 데에 불가피한 사유가 있었는지 여부 등과 상관없이 취소될 수밖에 없는 것이기는 하지만, 그렇다고 하여 그 처분의 취소가 곧바로 국가유공자로 인정되어야 한다는 것을 의미하는 것일 수는 없고, 불가피한 사유의 존부에 따라 국가유공자 또는 지원대상자로 인정될 수 있다는 것을 의미한다.

제 7 절

(실력 UP) 출제가 예상되는 화제의 판결들을 공부해 두자

322. 대법원 2017. 2. 15. 선고 2014다230535 판결[손해배상(기)] 〈한센병 환자의 국가배상청구 사건〉

[1] 환자는 헌법 제10조에서 규정한 개인의 인격권과 행복추구권에 의하여 생명과 신체의 기능을 어떻게 유지할 것인지에 대하여 스스로 결정하고 의료행위를 선택할 권리를 보유한다. 따라서 수술과 같이 신체를 침해하는 의료행위를 하는 경우 환자로부터 의료행위에 대한 동의 내지 승낙을 받아야 하고, 동의 등의 전제로서 질병의 증상, 치료방법의 내용 및 필요성, 발생이 예상되는 위험 등에 관하여 당시의 의료수준에 비추어 상당하다고 생각되는 사항을 설명하여 환자가 필요성이나 위험성을 충분히 비교해 보고 의료행위를 받을 것인지를 선택할 수 있도록 하여야 한다. 만일 의료행위 주체가 위와 같은 설명의무를 소홀히 하여 환자로 하여금 자기결정권을 실질적으로 행사할 수 없게 하였다면 그 자체만으로도 불법행위가 성립할 수 있다.

[2] 국가가 한센병 환자의 치료 및 격리수용을 위하여 운영·통제해 온 국립 소록도병원 등에 소속된 의사나 간호사 또는 의료보조원 등이 한센인들에게 시행한 정관절제수술과 임신중절수술은 신체에 대한 직접적인 침해행위로서 그에 관한 동의 내지 승낙을 받지 아니하였다면 헌법상 신체를 훼손당하지 아니할 권리와 태아의 생명권 등을 침해하는 행위이다. 또한 한센인들의 임신과 출산을 사실상 금지함으로써 자손을 낳고 단란한 가정을 이루어 행복을 추구할 권리는 물론이거니와 인간으로서의 존엄과 가치, 인격권 및 자기결정권, 내밀한 사생활의 비밀 등을 침해하거나 제한하는 행위임이 분명하다. 더욱이

위와 같은 침해행위가 정부의 정책에 따른 정당한 공권력의 행사라고 인정받으려면 법률에 그에 관한 명시적인 근거가 있어야 하고, 과잉금지의 원칙에 위배되지 아니하여야 하며, 침해행위의 상대방인 한센인들로부터 '사전에 이루어진 설명에 기한 동의(prior informed consent)'가 있어야 한다. 만일 국가가 위와 같은 요건을 갖추지 아니한 채 한센인들을 상대로 정관절제수술이나 임신중절수술을 시행하였다면 설령 이러한 조치가 정부의 보건정책이나 산아제한정책을 수행하기 위한 것이었다고 하더라도 이는 위법한 공권력의 행사로서 민사상 불법행위가 성립한다.

[3] 한센병을 앓은 적이 있는 甲 등이 국가가 한센병 환자의 치료 및 격리수용을 위하여 운영·통제해 온 국립 소록도병원 등에 입원해 있다가 위 병원 등에 소속된 의사 등으로부터 정관절제수술 또는 임신중절수술을 받았음을 이유로 국가를 상대로 손해배상을 구한 사안에서, 의사 등이 한센인인 甲 등에 대하여 시행한 정관절제수술과 임신중절수술은 법률상 근거가 없거나 적법 요건을 갖추었다고 볼 수 없는 점, 수술이 행해진 시점에서 의학적으로 밝혀진 한센병의 유전위험성과 전염위험성, 치료가능성 등을 고려해 볼 때 한센병 예방이라는 보건정책 목적을 고려하더라도 수단의 적정성이나 피해의 최소성을 인정하기 어려운 점, 甲 등이 수술에 동의 내지 승낙하였다 할지라도, 甲 등은 한센병이 유전되는지, 자녀에게 감염될 가능성이 어느 정도인지, 치료가 가능한지 등에 관하여 충분히 설명을 받지 못한 상태에서 한센인에 대한 사회적 편견과 차별, 열악한 사회·교육·경제적 여건 등으로 어쩔 수 없이 동의 내지 승낙한 것으로 보일 뿐 자유롭고 진정한 의사에 기한 것으로 볼 수 없는 점 등을 종합해 보면, 국가는 소속 의사 등이 행한 위와 같은 행위로 甲 등이 입은 손해에 대하여 국가배상책임을 부담한다.

[4] 소멸시효를 이유로 한 항변권의 행사도 민법의 대원칙인 신의성실의 원칙과 권리남용금지의 원칙의 지배를 받는 것이어서, 채무자가 시효완성 전에 채권자의 권리행사나 시효중단을 불가능 또는 현저히 곤란하게 하였거나, 그러한 조치가 불필요하다고 믿게 하는 행동을 하였거나, 객관적으로 채권자가 권리를 행사할 수 없는 장애사유가 있었거나, 또는 일단 시효완성 후에 채무자가 시효를 원용하지 아니할 것 같은 태도를 보여 권리자로 하여금 그와 같이 신뢰하게 하였거나, 채권자보호의 필요성이 크고 같은 조건의 다른 채권자가 채무의 변제를 수령하는 등의 사정이 있어 채무이행의 거절을 인정함이 현저히 부당하거나 불공평하게 되는 등의 특별한 사정이 있는 경우에는 채무자가 소멸시효의 완성을 주장하는 것이 신의성실의 원칙에 반하여 권리남용으로서 허용될 수 없다.

한편 채권자에게 위와 같은 장애사유가 있었던 경우에도 채권자는 장애사유가 소멸한 때로부터 상당한 기간 내에 권리를 행사하여야만 채무자의 소멸시효 항변을 저지할 수 있다. 여기에서 '상당한 기간' 내에 권리행사가 있었는지는 채권자와 채무자 사이의 관계, 손해배상청구권의 발생원인, 채권자의 권리행사가 지연된 사유 및 손해배상청구의 소를 제기하기까지의 경과 등 여러 사정을 종합적으로 고려하여 판단하여야 하나, 소멸시효 제도는 법적 안정성의 달성 및 증명 곤란의 구제 등을 이념으로 하는 것이므로 적용요건에 해당함에도 신의성실의 원칙을 들어 시효 완성의 효력을 부정하는 것은 매우 예외적인 제한에 그쳐야 한다. 따라서 권리행사의 '상당한 기간'은 특별한 사정이 없는 한 민법상 시효정지의 경우에 준하여 단기간으로 제한되어야 하고, 특히 불법행위로 인한 손해배상청구 사건에서는 매우 특수한 개별 사정이 있어 기간을 연장하여 인정하는 것이 부득이한 경우에도 민법 제766조 제1항이 규정한 단기소멸시효기간인 3년을 넘을 수는 없다.

323. 대법원 2017. 2. 3. 선고 2015두60075판결[보훈급여금지급정지처분등취소의소]

[1] 국가배상법 제2조 제1항 단서는 헌법 제29조 제2항에 근거를 둔 규정이고, 보훈보상대상자 지원에 관한 법률(이하 '보훈보상자법'이라 한다)이 정한 보상에 관한 규정은 국가배상법 제2조 제1항 단서가 정한 '다른 법령'에 해당하므로, 보훈보상자법에서 정한 보훈보상대상자 요건에 해당하여 보상금 등 보훈급여금을 지급받을 수 있는 경우는 보훈보상자법에 따라 '보상을 지급받을 수 있을 때'에 해당한다. 따라서 군인·군무원·경찰공무원 또는 향토예비군대원이 전투·훈련 등 직무집행과 관련하여 공상을 입는 등의 이유로 보훈보상자법이 정한 보훈보상대상자 요건에 해당하여 보상금 등 보훈급여금을 지급받을 수 있을 때에는 국가배상법 제2조 제1항 단서에 따라 국가를 상대로 국가배상을 청구할 수 없다.

[2] 전투·훈련 등 직무집행과 관련하여 공상을 입은 군인·군무원·경찰공무원 또는 향토예비군대원이 먼저 국가배상법에 따라 손해배상금을 지급받은 다음 보훈보상대상자 지원에 관한 법률(이하 '보훈보상자법'이라 한다)이 정한 보상금 등 보훈급여금의 지급을 청구하는 경우, 국가배상법 제2조 제1항 단서가 명시적으로 '다른 법령에 따라 보상을 지급받을 수 있을 때에는 국가배상법 등에 따른 손해배상을 청구할 수 없다'고 규정하고 있는 것과 달리 보훈보상자법은 국가배상법에 따른 손해배상금을 지급받은 자를 보상금 등 보훈급여금의 지급대상에서 제외하는 규정을 두고 있지 않은 점, 국가배상법 제2조 제1항 단서의 입법 취지 및 보훈보상자법이 정한 보상과 국가배상법이 정한 손해배상의 목적과 산정방식의 차이 등을 고려하면 국가배상법 제2조 제1항 단서가 보훈보상자법 등에 의한 보상을 받을 수 있는 경우 국가배상법에 따른 손해배상청구를 하지 못한다는 것을 넘어 국가배상법상 손해배상금을 받은 경우 보훈보상자법상 보상금 등 보훈급여금의 지급을 금지하는 것으로 해석하기는 어려운 점 등에 비추어, 국가보훈처장은 국가배상법에 따라 손해배상을 받았다는 사정을 들어 보상금 등 보훈급여금의 지급을 거부할 수 없다.

324. 대법원 2017. 2. 15. 선고 2015다23321 판결[손해배상(기)]

[1] 환경오염의 피해에 대한 책임에 관하여 구 환경정책기본법(2011. 7. 21. 법률 제10893호로 전부 개정되기 전의 것) 제31조 제1항은 "사업장 등에서 발생되는 환경오염 또는 환경훼손으로 인하여 피해가 발생한 때에는 당해 사업자는 그 피해를 배상하여야 한다."라고 정하고, 2011. 7. 21. 법률 제10893호로 개정된 환경정책기본법 제44조 제1항은 "환경오염 또는 환경훼손으로 피해가 발생한 경우에는 해당 환경오염 또는 환경훼손의 원인자가 그 피해를 배상하여야 한다."라고 정하고 있다.

위와 같이 환경정책기본법의 개정에 따라 환경오염 또는 환경훼손(이하 '환경오염'이라고 한다)으로 인한 책임이 인정되는 경우가 사업장 등에서 발생하는 것에 한정되지 않고 모든 환경오염으로 확대되었으며, 환경오염으로 인한 책임의 주체가 '사업자'에서 '원인자'로 바뀌었다. 여기에서 '사업자'는 피해의 원인인 오염물질을 배출할 당시 사업장 등을 운영하기 위하여 비용을 조달하고 이에 관한 의사결정을 하는 등으로 사업장 등을 사실상·경제상 지배하는 자를 의미하고, '원인자'는 자기의 행위 또는 사업활동을 위하여 자기의 영향을 받는 사람의 행위나 물건으로 환경오염을 야기한 자를 의미한다. 따라서 환경오염이 발생한 사업장의 사업자는 일반적으로 원인자에 포함된다.

사업장 등에서 발생하는 환경오염으로 피해가 발생한 때에는 사업자나 원인자는 환경정책기본법의 위 규정에 따라 귀책사유가 없더라도 피해를 배상하여야 한다. 이때 환경오염에는 소음·진동으로 사람의 건강이나 재산, 환경에 피해를 주는 것도 포함되므로 피해자의 손해에 대하여 사업자나 원인자는 귀책사유가 없더라도 특별한 사정이 없는 한 이를 배상할 의무가 있다.

[2] 철도를 설치하고 보존·관리하는 자는 설치 또는 보존·관리의 하자로 인하여 피해가 발생한 경우 민법 제758조 제1항에 따라 이를 배상할 의무가 있다. 공작물의 설치 또는 보존의 하자는 해당 공작물이 용도에 따라 갖추어야 할 안전성을 갖추지 못한 상태에 있다는 것을 의미한다. 여기에서 안전성을 갖추지 못한 상태, 즉 타인에게 위해를 끼칠 위험성이 있는 상태라 함은 해당 공작물을 구성하는 물적 시설 자체에 물리적·외형적 결함이 있거나 필요한 물적 시설이 갖추어져 있지 않아 이용자에게 위해를 끼칠 위험성이 있는 경우뿐만 아니라, 공작물을 본래의 목적 등으로 이용하는 과정에서 일정한 한도를 초과하여 제3자에게 사회통념상 일반적으로 참아내야 할 정도(이하 '참을 한도'라고 한다)를 넘는 피해를 입히는 경우까지 포함된다. 이 경우 참을 한도를 넘는 피해가 발생하였는지는 구체적으로 피해의 성질과 정도, 피해이익의 공공성, 가해행위의 종류와 태양, 가해행위의 공공성, 가해자의 방지조치 또는 손해 회피의 가능성, 공법상 규제기준의 위반 여부, 토지가 있는 지역의 특성과 용도, 토지이용의 선후 관계 등 모든 사정을 종합적으로 고려하여 판단하여야 한다.

[3] 철도소음·진동을 규제하는 행정법규에서 정하는 기준을 넘는 철도소음·진동이 있다고 하여 바로 사회통념상 일반적으로 참아내야 할 정도(이하 '참을 한도'라고 한다)를 넘는 위법한 침해행위가 있어 민사책임이 성립한다고 단정할 수 없다. 그러나 위와 같은 행정법규는 인근 주민의 건강이나 재산, 환경을 소음·진동으로부터 보호하는 데 주요한 목적이 있기 때문에 철도소음·진동이 위 기준을 넘는지는 참을 한도를 정하는 데 중요하게 고려해야 한다.

325. 대법원 2016. 5. 19. 선고 2009다66549 전원합의체 판결[토지환경오염책임 등]

[다수의견]

헌법 제35조 제1항, 구 환경정책기본법(2011. 7. 21. 법률 제10893호로 전부 개정되기 전의 것), 구 토양환경보전법(2011. 4. 5. 법률 제10551호로 개정되기 전의 것, 이하 같다) 및 구 폐기물관리법(2007. 1. 19. 법률 제8260호로 개정되기 전의 것)의 취지와 아울러 토양오염원인자의 피해배상의무 및 오염토양 정화의무, 폐기물 처리의무 등에 관한 관련 규정들과 법리에 비추어 보면, 토지의 소유자라 하더라도 토양오염물질을 토양에 누출·유출하거나 투기·방치함으로써 토양오염을 유발하였음에도 오염토양을 정화하지 않은 상태에서 오염토양이 포함된 토지를 거래에 제공함으로써 유통되게 하거나, 토지에 폐기물을 불법으로 매립하였음에도 처리하지 않은 상태에서 토지를 거래에 제공하는 등으로 유통되게 하였다면, 다른 특별한 사정이 없는 한 이는 거래의 상대방 및 토지를 전전 취득한 현재의 토지 소유자에 대한 위법행위로서 불법행위가 성립할 수 있다. 그리고 토지를 매수한 현재의 토지 소유자가 오염토양 또는 폐기물이 매립되어 있는 지하까지 토지를 개발·사용하게 된 경우 등과 같이 자신의 토지소유권을 완전하게 행사하기 위하여 오염토양 정화비용이나 폐기물 처리비용을 지출하였거나 지출해야만 하는 상황에 이르렀거나 구 토양환경보전법에 의하여 관할 행정관청으로부터 조치명령 등을 받음에 따라 마찬가지의 상황에 이르렀다면 위법행위로 인하여 오염토양 정화비용 또는 폐기물 처리비용의 지출이라는 손해의 결과가 현실적으로 발생하였으므로, 토양오염을 유발하거나 폐기물을 매립한 종전 토지 소유자는 오염토양 정화비용 또는 폐기물 처리비용 상당의 손해에 대하여 불법행위자로서 손해배상책임을 진다.

[대법관 박보영, 대법관 김창석, 대법관 김신, 대법관 조희대의 반대의견]

자신의 토지에 폐기물을 매립하거나 토양을 오염시켜 토지를 유통시킨 경우는 물론 타인의 토지에 그러한 행위를 하여 토지가 유통된 경우라 하더라도, 행위자가 폐기물을 매립한 자 또는 토양오염을 유발시킨 자라는 이유만으로 자신과 직접적인 거래관계가 없는 토지의 전전 매수인에 대한 관계에서 폐기물 처리비용이나 오염정화비용 상당의 손해에 관한 불법행위책임을 부담한다고 볼 수는 없다.

326. 대법원 2016. 8. 30. 선고 2015두60617 판결[국가배상의 요건]

[1] 갑 도지사가 도에서 설치·운영하는 을 지방의료원을 폐업하겠다는 결정을 발표하고 그에 따라 폐업을 위한 일련의 조치가 이루어진 후 을 지방의료원을 해산한다는 내용의 조례를 공포하고 을 지방의료원의 청산절차가 마쳐진 사안에서, 지방의료원의 설립·통합·해산은 지방자치단체의 조례로 결정할 사항이므로, 도가 설치·운영하는 을 지방의료원의 폐업·해산은 도의 조례로 결정할 사항인 점 등을 종합하면, 갑 도지사의 폐업결정은 행정청이 행하는 구체적 사실에 관한 법집행으로서의 공권력 행사로서 입원환자들과 소속 직원들의 권리·의무에 직접 영향을 미치는 것이므로 항고소송의 대상에 해당하지만, 폐업결정 후 을 지방의료원을 해산한다는 내용의 조례가 제정·시행되었고 조례가 무효라고 볼 사정도 없어 을 지방의료원을 폐업 전의 상태로 되돌리는 원상회복은 불가능하므로 법원이 폐업결정을 취소하더라도 단지 폐업결정이 위법함을 확인하는 의미밖에 없고, 폐업결정의 취소로 회복할 수 있는 다른 권리나 이익이 남아있다고 보기도 어려우므로, 갑 도지사의 폐업결정이 법적으로 권한 없는 자에 의하여 이루어진 것으로서 위법하더라도 취소를 구할 소의 이익을 인정하기 어렵다.

[2] 국가배상법 제2조 제1항 은 "국가나 지방자치단체는 공무원 또는 공무를 위탁받은 사인(이하 '공무원'이라고 한다)이 직무를 집행하면서 고의 또는 과실로 법령을 위반하여 타인에게 손해를 입히거나, 자동차손해배상 보장법에 따라 손해배상의 책임이 있을 때에는 이 법에 따라 그 손해를 배상하여야 한다."라고 규정하고 있다. 따라서 국가배상책임이 성립하기 위해서는 공무원의 직무집행이 위법하다는 점만으로는 부족하고, 그로 인해 타인의 권리·이익이 침해되어 구체적 손해가 발생하여야 한다.

327. 대법원 2016. 11. 10. 선고 2013다71098 판결[국가배상의 범위]

[1] 토지의 소유권은 정당한 이익이 있는 범위 내에서 토지의 상하에 미치고(민법 제212조), 토지의 상공으로 어느 정도까지 정당한 이익이 있는지는 구체적 사안에서 거래관념에 따라 판단하여야 한다. 항공기가 토지의 상공을 통과하여 비행하는 등으로 토지의 사용·수익에 대한 방해가 있음을 이유로 비행 금지 등 방해의 제거 및 예방을 청구하거나 손해배상을 청구하려면, 토지소유권이 미치는 범위 내의 상공에서 방해가 있어야 할 뿐 아니라 방해가 사회통념상 일반적으로 참을 한도를 넘는 것이어야 한다. 이때 방해가 참을 한도를 넘는지는 피해의 성질 및 정도, 피해이익의 내용, 항공기 운항의 공공성과 사회적 가치, 항공기의 비행고도와 비행시간 및 비행빈도 등 비행의 태양, 그 토지 상공을 피해서 비행하거나 피해를 줄일 수 있는 방지조치의 가능성, 공법적 규제기준의 위반 여부, 토지가 위치한 지역의 용도 및 이용 상황 등 관련 사정을 종합적으로 고려하여 판단하여야 한다. 한편 항공기의 비행으로 토지 소유자의 정당한 이익이 침해된다는 이유로 토지 상공을 통과하는 비행의 금지 등을 구하는 방지청구와 금전배상을 구하는 손해배상청구는 내용과 요건이 다

르므로, 참을 한도를 판단하는 데 고려할 요소와 중요도에도 차이가 있을 수 있다. 그중 특히 방지청구는 그것이 허용될 경우 소송당사자뿐 아니라 제3자의 이해관계에도 중대한 영향을 미칠 수 있으므로, 방해의 위법 여부를 판단할 때는 청구가 허용될 경우 토지 소유자가 받을 이익과 상대방 및 제3자가 받게 될 불이익 등을 비교·형량해 보아야 한다.

[2] 항공기가 토지의 상공을 통과하여 비행하는 등으로 토지의 사용·수익에 방해가 되어 손해배상책임이 인정되면, 소유자는 항공기의 비행 등으로 토지를 더 이상 본래의 용법대로 사용할 수 없게 됨으로 인하여 발생하게 된 재산적 손해와 공중 부분의 사용료 상당손해의 배상을 청구할 수 있다.

328. 대법원 2016. 4. 15. 선고 2013다20427 판결[경찰권발동부작위로 인한 국가배상]

경찰은 범죄의 예방, 진압 및 수사와 함께 국민의 생명, 신체 및 재산의 보호 기타 공공의 안녕과 질서유지를 직무로 하고 있고, 직무의 원활한 수행을 위하여 경찰관 직무집행법, 형사소송법 등 관계 법령에 의하여 여러 가지 권한이 부여되어 있으므로, 구체적인 직무를 수행하는 경찰관으로서는 제반 상황에 대응하여 자신에게 부여된 여러 가지 권한을 적절하게 행사하여 필요한 조치를 할 수 있고, 그러한 권한은 일반적으로 경찰관의 전문적 판단에 기한 합리적인 재량에 위임되어 있으나, 경찰관에게 권한을 부여한 취지와 목적에 비추어 볼 때 구체적인 사정에 따라 경찰관이 권한을 행사하여 필요한 조치를 하지 아니하는 것이 현저하게 불합리하다고 인정되는 경우에는 권한의 불행사는 직무상 의무를 위반한 것이 되어 위법하게 된다.

329. 대법원 2016. 8. 25. 선고 2014다225083 판결[소방공무원들의 부작위로 인한 국가배상]

[1] 구 소방시설 설치·유지 및 안전관리에 관한 법률 제20조 제6항 제3호, 제10조 제1항, 구 다중이용업소의 안전관리에 관한 특별법이하 '다중이용업소법'이라 한다)제11조, 제14조의 내용과 취지 등에 비추어보면, 방화관리자 내지 소방안전관리자(2011. 8. 2. 소방시설설치유지 및 안전관리에 관한 법률 개정 전의 명칭은 '방화관리자'였다. 이하 '소방안전관리자'라 한다)는 방화관리대상물 내지 소방안전관리대상물에 설치된 건축법 제49조에 따른 피난시설(이하 '피난시설'이라 한다)에 대하여 소방시설법 제10조 제1항에 따라 유지·관리할 의무를 부담하고, 이는 다중이용업소법 제11조 등이 다중이용업주에게 영업장에 설치된 피난시설에 대한 유지·관리의무를 부담하도록 규정하였더라도 마찬가지이다. 따라서 소방안전관리자는 피난시설 중 구 건축법 시행령(2014. 3. 24. 대통령령 제25273호로 개정되기 전의 것)제36조 제1호에 따라 설치된 옥외 피난계단에 대한 유지·관리의무를 부담하고, 이러한 의무에는 옥외 피난계단을 폐쇄하거나 훼손하는 행위

뿐만 아니라 용도에 장애를 주는 행위를 방지할 의무도 포함되므로 건물 내부에서 옥외 피난계단으로 직접 연결되는 통로나 비상구를 사실상 폐쇄·차단함으로써 옥외 피난계단 을 사용할 수 없게 하는 행위를 방지할 의무도 포함된다.

[2] 구 소방시설설치유지 및 안전관리에 관한 법률(2011. 8. 4. 법률 제11037호로 개정되기 전의 것, 이하 '구 소방시설법'이라 한다)제4조 제1항, 제5조, 구 다중이용업소의 안전관리 에 관한 특별법(2013. 3. 23. 법률 제11690호로 개정되기 전의 것, 이하 '다중이용업소법'이 라 한다)제9조 제2항은 전체로서의 공공 일반의 안전과 이익을 도모하기 위한 것일 뿐만 아니라 나아가 국민 개개인의 안전과 이익을 보장하기 위하여 둔 것이므로, 소방공무원이 구 소방시설법과 다중이용업소법 규정에 정하여진 직무상 의무를 게을리한 경우 의무 위 반이 직무에 충실한 보통 일반의 공무원을 표준으로 객관적 정당성을 상실하였다고 인정 될 정도에 이른 때는 국가배상법 제2조 제1항에 정한 위법의 요건을 충족하게 된다. 그리 고 소방공무원의 행정권한 행사가 관계 법률의 규정 형식상 소방공무원의 재량에 맡겨져 있더라도 소방공무원에게 그러한 권한을 부여한 취지와 목적에 비추어 볼 때 구체적인 상 황 아래에서 소방공무원이 권한을 행사하지 아니한 것이 현저하게 합리성을 잃어 사회적 타당성이 없는 경우에는 소방공무원의 직무상 의무를 위반한 것으로서 위법하게 된다.

[3] 공무원의 직무상 의무 위반으로 국가배상책임이 인정되기 위하여는 공무원의 직무상 의무 위반과 피해자가 입은 손해 사이에 상당인과관계가 인정되어야 한다. 이러한 상당 인과관계가 인정되는지를 판단할 때는 일반적인 결과 발생의 개연성은 물론 직무상 의무 를 부과하는 법령을 비롯한 행동규범의 목적이나 가해행위의 태양 및 피해의 정도 등을 종합적으로 고려하여야 한다.

[4] 주점에서 발생한 화재로 사망한 甲 등의 유족들이 乙 광역시를 상대로 손해배상을 구한 사안에서, 소방공무원들이 소방검사에서 비상구 중 1개가 폐쇄되고 그곳으로 대피 하도록 유도하는 피난구유도등, 피난안내도 등과 일치하지 아니하게 됨으로써 화재 시 피난에 혼란과 장애를 유발할 수 있는 상태임을 발견하지 못하여 업주들에 대한 시정명 령이나 행정지도, 소방안전교육 등 적절한 지도·감독을 하지 아니한 것은 구체적인 소방 검사 방법 등이 소방공무원의 재량에 맡겨져 있음을 감안하더라도 현저하게 합리성을 잃 어 사회적 타당성이 없는 경우에 해당하고, 다른 비상구 중 1개와 그 곳으로 연결된 통로 가 사실상 폐쇄된 사실을 발견하지 못한 것도 주점에 설치된 피난통로 등에 대한 전반적 인 점검을 소홀히 한 직무상 의무 위반의 연장선에 있어 위법성을 인정할 수 있고, 소방 공무원들이 업주들에 대하여 필요한 지도·감독을 제대로 수행하였더라면 화재 당시 손 님들에 대한 대피조치가 보다 신속히 이루어지고 피난통로 안내가 적절히 이루어지는 등 으로 甲 등이 대피할 수 있었을 것이고, 甲 등이 대피방향을 찾지 못하다가 복도를 따라 급속히 퍼진 유독가스와 연기로 인하여 단시간에 사망하게 되는 결과는 피할 수 있었을 것인 점 등 화재 당시의 구체적 상황과 甲 등의 사망 경위 등에 비추어 소방공무원들의 직무상 의무 위반과 甲 등의 사망 사이에 상당인과관계가 인정된다.

제 16 장

손실보상법

제 1 절

손실보상에 대한 법이론을 학습해 두자

헌법 제23조 제1항에서는 '**재산권을 보장**'하고 있다. 그러면서도 헌법 제23조 제2항에서는 재산권이라도 사회적인 제약이 있어서 공공복리에 적합하게 행사하여야 한다고 규정한다. 따라서 이러한 경우에는 재산권의 제약에 대하여 손실이 나더라도 보상이 되지 않는다. 이러한 성질을 '**재산권행사의 사회적 제약성**'이라고 한다.

그러나 헌법 제23조 제3항에서는 공공의 필요에 의하여 재산권을 침해(☞ '**공용침해**'라 함)하더라도 **수용**(☞완전한 소유권 박탈), **사용**(☞일정 시간동안 공용으로 강제사용), **제한**(☞ 일정 범위에 대하여 공용으로 강제 제한) 등의 공용침해 형태와 정도에 대하여는 반드시 법률로 근거를 두고(**법률유보**) 그 법률이나 다른 법률에서 **보상규정**도 함께 입법되어야 하도록 규정한다.

그 법률에서 공용침해 근거 규정과 금전보상 규정도 함께 두어야 한다고 보는 입장이 있는데, 이를 '**불가분조항긍정설**'이라고 한다.

이와 달리 공용침해 근거 규정과 보상에 대한 규정은 별도의 법률에서 각각 둘 수 있다는 입장이 있는데. 이를 '**불가분조항부정설**'이라고 한다. 이 입장에서는 금전보상에 국한하지 않고 토지매수청구제도 등 충분한 보상을 줄 수 있

☞ 핵심 보상이론 이해

☞ 보상학설 출제

는 것이라면 **다른 형태의 보상**도 인정한다.

재산권 **침해의 정도**에 따라 경계를 나누고 경계 이전의 침해정도는 보상하지 않으며, 경계를 넘어선 정도(☞ '**특별희생**'이라 함)만 보상하려는 입장이 있는데, 이를 '**경계이론**'이라고 한다. 경계이론에서의 보상은 **금전보상만** 의미한다.

☞ 경계이론과 분리이론 비교 출제

재산권에 대하여 보상이 필요 없는 영역(☞ '**내용규정**'이라 부름)과 보상이 필요한 영역(☞ '**수용규정**'이라 부름)이 **처음부터 분리**되어 입법이 되도록 헌법에서 요구하고 있고, 이에 따라 보상여부가 결정된다는 입장이 있다. 이를 '**분리이론**'이라고 한다. 다만, 분리이론는 내용규정이라도 '**비례의 원칙**'에 반하면 보상이 가능하다고 본다. 분리이론에서의 보상은 **금전보상에 국한하지 않는다.**

☞ 대법원과 헌재 비교 빈출

대법원은 그동안 **불가분조항긍정설과 경계이론**을 결합하여 판시해 왔다. 그러나 **헌법재판소**는 **불가분조항부정설과 분리이론**을 결합하여 판시해 오고 있다. 그 차이점은 **그린벨트** 내라도 비례의 원칙에 반하면 대법원과 달리 헌재는 보상을 인정한다.

제 2 절

개발제한 구역 내의 재산권 침해에 대한 손실보상이 가능할까

(1) 무엇이 문제일까

개발제한구역 내에서는 그 구역지정의 목적에 위배되는 건축물의 건축, 공작물의 설치, 토지의 형질변경, 토지의 분할 또는 도시계획사업의 시행을 할 수 없게 되는 제한을 받게 되는데(개발제한구역특별법 제12조 제1항), 이로 인해 그 구역 내의 주민의 재산권이 과도하게 제한되어 재산권(헌법 제23조)을 침해하는 것은 아닌지 여부가 문제된다. 그런데 종래에는 도시계획법(국토의 계획 및 이용에 관한 법률 부칙 제2조에 의하여 폐지됨) 제21조가 개발제한구역제도를 규율하고 있었으므로, 아래에서는 도시계획법 제21조를 중심으로 전개된 논의를 살펴본 후, 이에 대한 비판적 고찰을 통해 현행 개발제한구역제도의 위헌 여부를 탐색해 보기로 하겠다.

(2) 개발제한구역제도의 위헌성에 대한 대법원과 헌재의 태도가 대립한다

1) 대법원의 입장은 보상을 부정한다

종래 대법원은 "도시계획법 제21조의 규정에 의하여 개발제한구역 안에 있는 토지의 소유자는 재산상의 권리 행사에 많은 제한을 받게 되고 그 한도 내에서 일반 토지소유자에 비하여 불이익을 받게 됨은 명백하지만, '**도시의 무질서한 확산을 방지**하고 도시주변의 자연환경을 보전하여 도시민의 건전한 생활환경을 확보하기 위하여 또는 국방부장관의 요청이 있어 보안상 **도시의 개발을 제한할 필요가 있다고 인정**되는 때'(도시계획법 제21조 제1항)에 한하여 가하여지는 그와 같은 제한으로 인한 토지소유자의 불이익은 **공공의 복리를 위하여** 감수하지 아니하면 안 될 정도의 것이라고 인정되므로, 그에 대하여 **손실보상의 규정을 두지 아니하였다 하여 도시계획법 제21조의 규정을 헌법 제23조 제3항, 제11조 제1항 및 제37조 제2항에 위배되는 것으로 볼 수 없다**"(대법원 1990. 5. 8.자 89부2 결정)고 판시하여, **개발제한구역제도를 재산권의 사회적 제약의 범위에 속하는 것으로 파악**하였다.

기출

2) 헌법재판소의 입장은 예외적으로 인정한다 ― 구도시계획법 제21조 헌법불합치결정과 입법촉구결정

헌법재판소는 도시계획법 제21조에 의한 재산권의 제한은 개발제한구역으로 지정된 토지를 원칙적으로 지정 당시의 지목과 토지현황에 의한 이용방법에 따라 사용할 수 있는 한, 재산권에 내재하는 사회적 제약을 비례의 원칙에 합치하게 합헌적으로 구체화한 것이라고 할 것이나, **종래의 지목과 토지현황에 의한 이용방법에 따른 토지의 사용도 할 수 없거나 실질적으로 사용 · 수익을 전혀 할 수 없는 예외적인 경우에도 아무런 보상 없이 이를 감수하도록 하고 있는 한, 비례의 원칙 등에 위반되어 당해 토지소유자의 재산권을 과도하게 침해하는 것으로서 헌법에 위반된다**(헌재 1998. 12. 24. 89헌마214, 90헌바16, 97헌바78(병합))고 **판시한 바 있다.**

빈출

(3) 재산권 제한에 대해 일반적인 검토를 해 보자

1) 재산권 제한의 유형에는 어떠한 것들이 있을까

헌법은 제23조 제1항 제2문에서 「재산권의 내용과 한계는 법률로 정한다」고 하여 입법자에게 재산권의 구체적 내용을 형성할 권한을 부여하고 있으므로 입법자는 일반적·추상적 법률규정을 통하여 종래의 재산권의 범위를 제한할 수 있는 바, 이러한 제한입법에 있어서는 제23조 제2항 소정의 사회적 기속성의 한계를 준수하여야 한다(재산권의 사회적 제약).

한편, 제23조 제3항은 재산권의 사회적 기속성의 한계를 넘는 적법한 재산권 제한과 그에 대한 손실보상을 규정하고 있다(재산권의 공용침해).

2) 재산권의 사회적 제약과 공용침해의 구별기준에 대하여 경계이론과 분리이론이 대립한다

① **문제점**　이와 같이 우리 헌법은 재산권 제한의 유형으로 재산권의 사회적 제약과 공용침해를 규정하고 있는 바, 법률에 의한 재산권 제한이 이 중 어디에 해당하는 것인지가 문제된다. 이와 관련하여 독일 연방대법원이 발전시킨 경계이론과 연방헌법재판소의 분리이론을 살펴보기로 하겠다.

② **경계이론**　재산권의 사회적 제약과 공용침해는 별개의 엄격하게 분리된 제도가 아니라 재산권침해의 정도와 범위에 따라 경계지워지는 것으로 이해하는 견해이다. 즉 사회적 제약은 공용침해보다 재산권에 대한 침해가 적은 경우로서 보상 없이 감수해야 하는 반면, 공용침해는 재산권의 사회적 제약의 범주를 넘어서는 것으로서 보상을 필요로 하는 재산권에 대한 침해를 의미한다. 그러므로 이 이론에서는 양자 사이의 경계를 확정하는 일이 결정적으로 중요한 것인데, 그 기준으로는 형식적 기준설(개별행위설과 특별희생설)과 실질적 기준설(수인한도설, 보호가치설, 사적효용설, 목적위배설, 상황구속성설) 등이 제시되고 있다. 한편, 독일 기본법 제14조 제3항은 공용수용만을 규정하고 있으므로 여기에 해당하지 않으면서 재산권의 사회적 제약을 넘는 재산권 침해에 대한 보상문제는 수용유사 침해이론과 수용적 침해이론에 의해 해결하고 있다.

③ **분리이론**　이 견해에 의하면 재산권의 사회적 제약과 공용수용 제도를 명확하게 분리시켜 침해의 형태 및 목적을 기준으로 공용수용개념을 새롭게 규정한다. 그리하여 우선 형태를 기준으로 침해조치가 일반·추상적일 때에는 재산권의 사회적 제약으로 개별·구체적일 때에는 공용수용으로 본다. 다음으로 목적을 기준으로 재산권의 사회적 제약은 재산권자의 권리와 의무를 미래를 향해서 객관법적으로 규율하는 것이 목적이며, 공용수용은 침해를 통해서 재산권자의 법적 지위를 완전하게 또는 부분적으로 박탈하는 것이 목적이다. 이 견해가 특히 경계이론과 구분되는 점은 재산권의 사회적 제약의 경우에도 비례의 원

기출

기출

칙을 넘어서면 보상을 요한다는 것이다.

④ **검 토**

ⅰ) **각 이론에 대한 비판**   경계이론에 대하여는 재산권의 사회적 제약과 공용수용을 구별하기 위한 일반적 기준을 설정하기 어렵다는 비판이 제기된다. 그리고 분리이론의 경우에는 공용수용의 개념에서 제외되는 사회적 제약을 넘는 재산권침해의 문제를 해결하지 못하므로 이 경우에는 여전히 경계이론에 의해 해결할 수밖에 없고, 이 부분에 관한 한 경계이론에 대한 비판이 그대로 적용된다.

ⅱ) **사 견**   독일 기본법 제14조 제3항은 보상을 요하는 재산권 침해로서 공용수용만을 규정하고 있고, 또한 이러한 공용수용의 경우 반드시 보상규정을 두어야 한다(불가분조항). 그러나 우리 헌법 제23조 제3항은 보상을 요하는 재산권 침해로서 공용수용뿐만 아니라 공용사용 및 공용제한을 아울러 규정하고 있고, 이러한 재산권 침해 유형의 경우에 언제나 보상을 해야 하는 것이 아니라 그 보상 여부조차 입법자의 형성에 맡겨져 있다. 따라서 헌법 제23조의 규범구조를 분석함에 있어서는 이러한 재산권 규정의 차이를 반드시 고려하여야 한다.

생각건대, 헌법 제23조 제3항의 문언상 이를 불가분조항으로 보기는 어렵고, 오히려 보상 여부를 입법자의 형성에 맡기고 있는 이상 재산권 제한의 유형과 보상의 요부를 반드시 결합하여 헌법 제23조를 이해할 필요는 없다고 본다.

우선 재산권 제한의 유형을 검토해 보면, 경계이론은 앞에서 지적한 바와 같이 재산권의 사회적 제약과 공용침해를 구별할 수 있는 일반적 기준을 제시하기 어려운 반면, 분리이론은 명확한 구분기준을 제시한다는 점에서 분리이론을 양자의 구별기준으로 삼는 것이 타당하다고 본다. 이 경우 독일 기본법과는 달리 우리 헌법은 공용수용뿐만 아니라 공용사용 및 제한에 대하여도 규정하고 있으므로 공용수용이 아닌 재산권의 사회적 기속을 넘어서는 재산권 침해에 대하여 분리이론이 갖는 취약점을 극복할 수 있게 된다.

다음으로 보상의 문제를 검토해 보면, 재산권의 사회적 제약에 해당하는 경우에도 그 제한이 재산권의 본질내용을 침해하거나(제37조 제2항) 비례성의 원칙에 반하는 경우에는 제23조 제1항의 재산권 보장원칙에 반하므로, 입법자가 보상규정을 두지 않은 경우 그 제한규정은 위헌이 된다. 이 경우 재산권의 침해와 공익간의 비례성을 다시 회복하기 위한 방법은 헌법상 반드시 금전보상만을 해야 하는 것은 아니다. 입법자는 지정의 해제 또는 토지매수청구권제도와 같이 금전보상에 갈음하거나 기타 손실을 완화할 수 있는 제도를 보완하는 등 여러 가지 다른 방법을 사용할 수 있다. 즉 입법자에게는 헌법적으로 가혹한 부담의 조정이란 목적을 달성하기 위하여 이를 완화·조정할 수 있는 방법의 선택에 있어서는 광범위한 형성의 자유가 부여된다. 그리고 공용침해의 경우에 언제나 입법자가 보상규정을 두어야 하는 것이 아니라 그러한 공용침해로 인해 재산권의 본질내용이 침해되거나 비례성의 원칙에 반하는 경우에만 보상규정을 요한다고 본다. 이 경우에도 보상의 방법을 반드시 금전으로 해야 하는 것은 아니나 정당한 보상이어야 한다. 물론 공용침해의 경우에 이와 같이 보상을 요하지 않는 경우는 극히 드물 것이다.

⑤ **사안의 경우**　　개발제한구역을 지정하여 그 안에서는 건축물의 건축 등을 할 수 없도록 하고 있는 국토의 계획 및 이용에 관한 법률 제38조 및 개발제한구역특별법은 헌법 제23조 제1항, 제2항에 따라 토지재산권에 관한 권리와 의무를 일반·추상적으로 확정하는 규정으로서 재산권을 형성하는 규정인 동시에 공익적 요청에 따른 재산권의 사회적 제약을 구체화하는 규정이다. 다만, 재산권 제한유형의 구별기준에 관해 경계이론을 취할 경우에는 개발제한구역제도가 헌법 제23조 제3항에 근거한 것으로 볼 수도 있다. 그러므로 아래에서는 개발제한구역제도의 위헌성을 양자의 관점에서 각각 검토하기로 하겠다.

(4) 개발제한구역내의 재산권 침해에 대한 위헌성을 이론적으로 검토해 보자

1) 분리이론과 헌법재판소 — 헌법 제23조 제2항에 근거한 것으로 보는 경우

① **비례성의 원칙 위반 여부**　　개발제한구역제도는 도시의 무질서한 확산을 방지하고 도시주변의 자연환경을 보전하여 도시민의 건전한 생활환경을 확보하거나 보안상의 필요를 위한 것(국토의 계획 및 이용에 관한 법률 제3조 제1항 참조)으로 그 목적의 정당성은 인정된다(목적의 정당성). 그리고 이러한 목적을 달성하기 위하여 개발제한구역을 지정하는 것이 적합한 수단일 뿐 아니라(수단의 적합성) 국토의 계획 및 이용에 관한 법률에 따른 용도지역·용도지구지정에 의한 규제수단만으로 이러한 목적을 모두 달성하기는 어렵다는 점에서 침해의 최소성도 긍정된다(침해의 최소성).

문제는 법익균형성인데 이는 경우를 나누어서 살펴볼 필요가 있다. ㉠ 지정된 구역 내의 토지소유자에게 종래 상태에 따른 토지의 이용을 보장하면서 단지 개발행위만을 금지하는 경우에는 개발제한구역제도를 통하여 실현하려는 법익의 비중이 매우 크다는 것을 고려할 때, 토지소유자에게 과도하고 일방적인 부담을 부과하는 것이 아니라 토지소유자가 수인해야 하는 사회적 제약의 범위에 속한다고 판단된다. 따라서 개발제한구역제도의 근거법률 조항이 토지재산권의 제한을 통하여 실현하고자 하는 공익의 비중과 이 법률 조항에 의하여 발생하는 토지재산권의 침해의 정도를 전반적으로 비교형량할 때, 양자 사이에 적정한 비례관계가 성립한다고 보이므로 법익균형성의 요건 또한 충족되었다고 하겠다. ㉡ 구역지정으로 말미암아 예외적으로 토지를 종래의 목적으로도 사용할 수 없거나 또는 법률상으로 허용된 토지이용의 방법이 없기 때문에 실질적으로 토지의 사용·수익권이 폐지된 경우에는, 재산권의 사회적 기속성으로도 정당화될 수 없는 가혹한 부담을 토지소유자에게 부과하는 것이므로 이 경우에도 보상규정을 두지 않는다면 법익의 균형성에 반한다.

따라서 ㉡의 경우에는 보상규정이 있어야 재산권 제한이 비례성의 원칙에 반하지 않게 되므로 이러한 경우에 보상규정이 마련되어 있는지 여부를 살펴볼 필요가 있다.

② **보상규정의 존재 여부와 토지매수청구제도**   개발제한구역의 지정으로 인하여 개발제한구역 안의 토지를 종래의 용도로 사용할 수 없어 그 효용이 현저히 감소된 토지 또는 당해 토지의 사용 및 수익이 사실상 불가능한 토지의 소유자로서 ㉠ 개발제한구역의 지정 당시부터 당해 토지를 계속 소유한 자, ㉡ 토지의 사용·수익이 사실상 불가능하게 되기 전에 당해 토지를 취득하여 계속 소유한 자, ㉢ ㉠ 또는 ㉡의 자로부터 당해 토지를 상속받아 계속 소유한 자는 국토해양부장관에게 당해 토지의 매수를 청구할 수 있다(개발제한구역특별법 제17조). 따라서 개발제한구역지정으로 말미암아 예외적으로 토지를 종래의 목적으로도 사용할 수 없거나 또는 법률상으로 허용된 토지이용의 방법이 없기 때문에 실질적으로 토지의 사용·수익권이 폐지된 경우 보상규정으로써 같은 법 제17조를 규정함으로써 법익균형성을 회복하였다.

③ **중간결론**   **개발제한구역제도는 원칙적으로 합헌이고 예외적으로 보상을 요하는 경우에도 개발제한구역특별법이 보상규정을 두고 있으므로 국토의 계획 및 이용에 관한 법률 제38조 및 개발제한구역특별법은 합헌이다.**

📌 기출

📌 기출

2) 경계이론과 다수설 — 헌법 제23조 제3항에 근거한 것으로 보는 경우

① **문제점**　경계이론의 입장에서 개발제한구역제도를 헌법 제23조 제3항에 근거한 것으로 보는 경우에는 같은 항을 불가분조항으로 이해할 것인지가 위헌성 여부를 결정하는 관건이 된다.

② **불가분조항 부정설의 경우**　헌법 제23조 제3항을 불가분조항으로 보지 않으면 지정된 구역 내의 토지소유자에게 종래 상태에 따른 토지의 이용을 보장하면서 단지 개발행위만을 금지하는 경우에도 보상규정을 마련할 것인지 여부는 입법재량에 맡겨지는 것이기 때문에 그 위헌 여부는 다시 비례성의 원칙 위반 여부에 따라 판단해야 한다. 그런데 위에서 살펴본 바와 같이 이와 같은 경우에는 그 재산권 제한이 비례성의 원칙에 반하지 않는다. 따라서 보상규정을 두지 않더라도 합헌이다.

그리고 구역지정으로 말미암아 예외적으로 토지를 종래의 목적으로도 사용할 수 없거나 또는 법률상으로 허용된 토지이용의 방법이 없기 때문에 실질적으로 토지의 사용·수익권이 폐지된 경우에는 개발제한구역특별법이 매수청구권에 대하여 규율하고 있는 보상규정을 두고 있다.

결국 헌법 제23조 제3항을 불가분조항으로 보지 않는 경우에는 개발제한구역제도는 합헌이라는 결론에 이르게 된다.

③ **불가분조항 긍정설의 경우**

ⅰ) **문제점**　헌법 제23조 제3항을 불가분조항으로 본다면 지정된 구역 내의 토지소유자에게 종래 상태에 따른 토지의 이용을 보장하면서 단지 개발행위만을 금지하는 경우에는 개발제한구역특별법이 보상규정을 두고 있지 않아 그 위헌성이 문제된다. 이 문제는 보상규정 없이 재산권에 대한 공용침해가 있을 경우 손실보상청구가 가능한가라는 문제와 결부되어 논의된다.

ⅱ) **금전보상규정 흠결시 금전보상 방안에 대한 학설들은 다툼이 많다**

📌 기출

㉠ **입법자에 대한 직접효력설**(위헌무효설)　헌법상의 보상규정을 입법자로 하여금 국민의 재산권을 침해한 경우에 보상에 관한 규정도 두도록 구속하는 효력을 가진 것으로 보아 공용침해에 따르는 보상규정이 없는 법률은 위헌무효이고 그에 근거한 재산권 침해행위는 위법한 직무집행행위이므로 국가배상청구만이 가능하고 직접 헌법규정에 근거하여 손실보상을 청구할 수 없다는 견해이다.

㉡ **직접효력설**　헌법상의 보상규정을 국민에 대해 직접적 효력이 있는

규정으로 보아 만일 법률에 당연히 있어야 할 보상규정이 없는 경우에는 직접 헌법상의 보상규정에 근거하여 보상을 청구할 수 있다고 보는 견해이다.

ⓒ **유추적용설(간접효력설)**   **수용유사침해 및 수용적 침해의 법리를 전제로 공용침해에 따르는 보상규정이 없는 경우에 헌법 제23조 제1항, 제11조를 근거로 헌법 제23조 제3항 및 관계규정의 유추적용을 통하여 보상을 청구할 수 있다는 견해이다.**   ☞ 기출

대법원은 제외지 보상 청구사건에서 하천법상 **제내지 보상규정을 유추적용**하여 손실보상판결을 하면서 하천법상 제외지보상 만큼은 **공법상 당사자소송**에 해당한다고 판시하였다(대법원 2011. 8. 25. 선고 2011두2743 판결).   ☞ 빈출 문제

또한 서울고등법원은 **MBC 문화방송주식 강제증여 사건**에서 **수용유사침해 이론**을 들어 보상판결하였으나, 대법원은 이에 대한 판단을 **유보**하였다(대법원 1993. 10. 26. 선고 93다6409 판결).   ☞ 기출

iii) 검 토

㉠ 각 학설에 비판   위헌무효설에 대하여는 국가배상청구권 성립요건으로서의 고의 내지 과실 요건을 충족시키기 어렵다는 점에서, 직접효력설에 대하여는 당사자가 법원에 손실보상을 청구하였을 때 법원이 판단할 수 있는 구체적 기준이 없다는 점에서, 간접효력설에 대하여는 헌법 제23조 제3항은 문언상 보상 여부에 대하여도 입법자에게 유보하고 있다는 점에서 비판이 제기된다.

㉡ 사 견   생각건대, 헌법 제23조 제3항을 불가분조항으로 본다면 보상규정 없는 재산권의 공용침해의 근거규정은 위헌·무효가 될 것이다. 다만, 이 경우 손실보상청구가 가능한지 여부의 문제는 보상규정의 흠결 문제로서 법관이 그 흠결을 보충할 수 있는지 여부로 귀결된다. 그리고 법관의 흠결보충가능성은 권력분립원칙에 따른 입법권과 사법권의 긴장관계를 둘러싸고 벌어지는 문제로서, 권력분립원칙이 국민의 기본권을 실효적으로 보장하기 위한 법치국가원리의 제도적 기초로서 요구되는 수단이라면 법률상 흠결이 있을 경우 법관이 헌법상의 규정을 통해 그 흠결을 보충함으로써 국민의 기본권을 보장할 수 있는 경우에는 그것이 오히려 권력분립의 제도적 취지에 부합한다.

따라서 국가의 공권력 행사가 국민의 기본적 인권을 제대로 보장하지 못하여 그 본질내용을 훼손하는 정도에 이를 경우에는 법관에게 그 본질내용을 보장해 줄 수 있는 법발견 권한이 주어지는 것이므로 보상규정 없는 공용침해의 경

우에도 손실을 보상해 주지 않는 것이 재산권의 본질내용을 훼손하는 정도에 이르는 경우에는 법관이 헌법상의 재산권 보장(제23조 제1항), 기본권의 본질적 내용 보장취지(제37조 제2항)에 따라 손실보상청구권을 인정해 줄 수 있다고 본다.

이때 그 보상액수를 어떻게 산정할 것인가가 문제되는데, 평등원칙(제11조)에 따라 유사한 사안을 규율하고 있는 법률규정의 취지에 비추어 이를 결정해야 할 것이다.

④ **중간결론**　헌법 제23조 제3항을 불가분조항으로 보지 않는 경우에는 개발제한구역제도는 합헌이므로 제기한 위헌소원은 기각될 것이고, 이를 불가분조항으로 보는 경우에는 어떠한 경우에든 보상규정을 두어야 하는 바, 현행법상 지정된 구역 내의 토지소유자에게 종래 상태에 따른 토지의 이용을 보장하면서 단지 개발행위만을 금지하는 경우에는 보상규정을 두고 있지 않으므로 개발제한구역제도는 위헌이어서 위헌소원은 인용될 것이다. 다만, 위헌적 상태의 제거는 궁극적으로 입법자의 입법개선에 달려 있으므로 헌법불합치결정을 선고하는 것이 바람직할 것이다.

제 3 절

수용으로 인한 재산권 침해에 대한 손실보상은 어떠한 논리로 가능할까

경계이론의 경우 불가분조항긍정설과 부정설의 대립이 있고, **불가분조항긍정설**에서는 금전보상규정흠결 방안으로서 **유추적용설**, **위헌무효설**, **직접효력설** 등의 대립이 있게 된다. **불가분조항부정설**에서는 토지매수청구제도처럼 금전보상을 대체할 수 있는 제도라도 있어 **비례의 원칙**에 부합하면 위헌은 아니게 된다. **분리이론**에서는 불가분조항긍정설에서건 불가분조항부정설에 의해서건 금전보상에 국한하지 않으므로 **비례의 원칙**에 따라 위헌여부가 판단된다.

이해 묻는 기출

제 4 절

재산권에 대한 수용과 손실보상 문제

– 사업인정과 수용재결 및 이의재결, 수용재결취소소송이나 보상금증감청구 소송 등 단계별로 알아보자

⏣ 기출＋총론과 각론 결합 기출

1. 사업인정을 먼저 내리게 된다

사업인정이라 함은 공익사업을 토지 등을 수용 또는 사용할 사업으로 결정 하는 것으로서 공익사업의 시행자에게 그 후 일정한 절차를 거칠 것을 **조건으로 일정한 내용의 수용권을 설정하여 주는 형성행위**이므로, 해당 사업이 외형상 토지 등을 수용 또는 사용할 수 있는 사업에 해당한다고 하더라도 사업인정기관 으로서는 그 사업이 공용수용을 할 만한 **공익성이 있는지의 여부와 공익성이 있는 경우에도 그 사업의 내용과 방법에 관하여 사업인정에 관련된 자들의 이 익을 공익과 사익 사이에서는 물론, 공익 상호간 및 사익 상호간에도 정당하 게 비교·교량하여야 하고, 그 비교·교량은 비례의 원칙에 적합하도록 하여야 한다**(대법원 1995. 12. 5. 선고 95누4889 판결; 대법원 2005. 4. 29. 선고 2004두14670 판 결 등 참조).

⏣ 기출

⏣ 기출

그뿐만 아니라 해당 공익사업을 수행하여 공익을 실현할 의사나 능력이 없 는 자에게 타인의 재산권을 공권력적·강제적으로 박탈할 수 있는 수용권을 설 정하여 줄 수는 없으므로, 사업시행자에게 해당 공익사업을 **수행할 의사와 능 력 — 수용의사와 수용능력 — 이 있어야 한다는 것**도 사업인정의 한 요건이라 고 보아야 한다. 사정변경에 의하여 더 이상 사업인정 당시와 달리 수용의사 와 수용능력이 없는데도 수용재결을 하는 것은 비례의 원칙이나 평등의 원칙 에 위반되어 재량의 남용에 해당한다. 이는 최근 판례의 변화에 해당한다고 볼 수 있다(대법원 2011. 1. 27. 선고 2009두1051 판결【토지수용재결처분취소】[공 2011 상, 448]).

⏣ 최근 판례 변화 기출

이러한 사업인정은 사업시행자에게는 수익적이고 토지나 건물 소유자 및 경쟁업체에게는 침익적이므로 **제3자효 행정행위**에 해당한다.

⏣ 기출

📖 기출

또한 사업인정은 공익관련성에 비중이 크므로 **재량행위**이다.

📖 기출

이러한 사업인정은 이해관계인에 대한 **통지가 절차요건으로서 흠결시 취소사유이지만 수용재결과는 목적이 달라 하자가 승계되지 않는다.**

📖 기출

그러나 사업인정에 대한 <u>고시는 효력요건이므로 고시하지 않으면 무효이다.</u>

2. 협의를 거치게 된다

📖 기출

공법상 계약설과 사법상 계약설의 대립이 있으나. 대법원과 헌재는 **사법상 매매계약**과 동일하다고 보고 있다.

공익사업을 위한 토지 등의 취득 및 보상에 관한 법령(이하 '공익사업법령'이라고 한다)**에 의한 협의취득은 사법상의 법률행위이므로** 당사자 사이의 자유로운 의사에 따라 채무불이행책임이나 매매대금 과부족금에 대한 지급의무를 약정할 수 있다. 그리고 협의취득을 위한 매매계약을 해석함에 있어서도 처분문서 해석의 일반원칙으로 돌아와 매매계약서에 기재되어 있는 문언대로의 의사표시의 존재와 내용을 인정하여야 하고, 당사자 사이에 계약의 해석을 둘러싸고 이견이 있어 처분문서에 나타난 당사자의 의사해석이 문제되는 경우에는 그 문언의 내용, 그러한 약정이 이루어진 동기와 경위, 그 약정에 의하여 달성하려는 목적, 당사자의 진정한 의사 등을 종합적으로 고찰하여 논리와 경험칙에 따라 합리적으로 해석하여야 한다. 다만 공익사업법은 공익사업의 효율적인 수행을 통하여 공공복리의 증진과 재산권의 적정한 보호를 도모하는 것을 목적으로 하고 협의취득의 배후에는 수용에 의한 강제취득 방법이 남아 있어 토지 등의 소유자로서는 협의에 불응하면 바로 수용을 당하게 된다는 심리적 강박감이 자리 잡을 수밖에 없으며 협의취득 과정에는 여러 가지 공법적 규제가 있는 등 **공익적 특성을 고려하여야 한다**(대법원 2012. 2. 23. 선고 2010다91206 판결【토지보상금】).

3. 수용재결이 내려져 보상금액결정과 동시에 소유권을 박탈하게 된다

(1) 수용재결의 의의

📖 기출

사업인정이란 공익사업을 토지 등을 수용 또는 사용할 사업으로 결정하는 것으로서 공익사업의 시행자에게 그 후 일정한 절차를 거칠 것을 조건으로 일정한 내용의 수용권을 설정하여 주는 **조건부 형성행위**이다(대법원 2011. 01. 27. 선고 2009두1051 판결[토지수용재결처분취소]).

따라서 판례는 형성행위설과 확인행위설의 대립 중 **형성행위설**을 취하고 있다.

그리고 사업인정은 공익관련성에 비중이 보다 크므로 **재량행위**이다. ▶ 성질 기출

또한 사업인정은 사업시행자에게는 수익적이지만 토지소유자나 경쟁업체인 경원자들에게는 침익적이므로 **제3자효 행정행위**이다. 이러한 사업인정을 하기 위해서는 공익이 있어야 하므로 토지보상법 제4조의 공익사업에 해당하여야 하며, 나아가서 공익이 사익보다 우월하여야 한다.

그런데도 대법원이 과거 **워커힐 호텔 건설**이 공익사업에 해당하므로 사업인정이 **적법**하다고 판시한 것은 잘못된 판결이라고 학자들은 비판하고 있다(특히 김남진 교수). ▶ 기출

이러한 사업인정은 신중하게 공익과 사익을 **비교형량**하여 하여야 하므로 개별법에서 공익사업을 단순하게 의제하는 규정을 함부로 두는 것은 바람직하지 않다.

(2) 사업인정 후 수용의사와 수용능력이 없게 된 경우 수용재결은 재량남용 — 최신 판례의 입장

해당 사업이 외형상 토지 등을 수용 또는 사용할 수 있는 사업에 해당한다고 하더라도 사업인정기관으로서는 그 사업이 공용수용을 할 만한 **공익성**이 있는지의 여부와 공익성이 있는 경우에도 그 사업의 내용과 방법에 관하여 사업인정에 관련된 자들의 이익을 공익과 사익 사이에서는 물론, 공익 상호간 및 사익 상호간에도 정당하게 **비교·교량**하여야 하고, 그 비교·교량은 **비례의 원칙**에 적합하도록 하여야 한다. 그뿐만 아니라 해당 공익사업을 수행하여 공익을 실현할 의사나 능력이 없는 자에게 타인의 재산권을 공권력적·강제적으로 박탈할 수 있는 수용권을 설정하여 줄 수는 없으므로, 사업시행자에게 해당 공익사업을 **수행할 의사와 능력**이 있어야 한다는 것도 **사업인정의 한 요건**이라고 보아야 한다(대법원 2011. 01. 27. 선고 2009두1051 판결[토지수용재결처분취소]). ▶ 최신 판례 변화 기출

(3) 수용재결의 관할

수용재결의 관할은 **이원적**으로 규율된다. **사업시행자가 국가나 지자체**인 경우에는 **중앙토지수용위원회**가 수용재결을 담당하게 되지만 공무수탁사인인 **민간인 사업시행자인 경우**에는 **지방토지수용위원회**가 수용재결을 담당하게 된 ▶ 기출

다. 또한 사업이 두 개 이상의 시도에 걸친 **광역사업인** 경우에는 **중앙토지수용위원회**가 수용재결을 담당하나, **지역적** 사업인 경우에는 **지방토지수용위원회**가 수용재결을 담당하게 된다.

기출

이러한 **수용재결**은 행정심판인 이의재결의 대상이 되는 **원처분**이 된다.

4. 이의재결을 통해 수용이나 금액에 대한 불복수단이 강구될 수 있다

이의재결은 행정심판청구인의 심판청구인 이의제기에 의하여 중앙토지수용위원회가 심리와 의결을 행하여 내리는 행정심판의 재결이다. 이러한 이의재결은 행정행위로서 불가변력이 발생하며 법원의 판결에 유사한 행위이며, 행정심판위원회가 행하는 재량행위이다. 이러한 이의재결을 신청할 것인지는 임의적 전치주의가 적용되므로 필수적인 것은 아니다. **이의재결**을 통하여 **수용재결 자**

빈출

체에 대한 권리구제를 할 수도 있고, 수용은 유지하되 **보상금액만에 대한 권리구제**를 하는 것도 **가능**하다.

중앙토지수용위원회는 이의신청이 있는 경우 수용재결이 위법 또는 부당하다고 인정하는 때에는 그 **재결의 전부 또는 일부를 취소**하거나 **보상액을 변경**할 수 있다(토지보상법 제84조 제1항).

보상액이 증액된 경우 사업시행자는 재결의 취소 또는 변경의 재결서 정본을 받은 날부터 30일 이내에 보상금을 받을 자에게 그 증액된 보상금을 지급하여야 한다. 다만, ① 보상금을 받을 자가 그 수령을 거부하거나 보상금을 수령할 수 없는 때, ② 사업시행자의 과실없이 보상금을 받을 자를 알 수 없는 때, ③ 압류 또는 가압류에 의하여 보상금의 지급이 금지된 때(토지보상법 제40조 제2항 제1호·제2호 또는 제4호)에는 이를 공탁할 수 있다(같은 법 제84조 제2항).

5. 수용재결취소소송으로 수용 자체에 대해 불복할 수 있다

수용재결이 발급된 후 **이의재결을 거친 경우라도** 구 토지수용법과 달리 공익사업을 위한 토지 등의 취득 및 보상에 관한 법률의 개정 취지상 **원처분인 수용재결을 대상**으로 **수용재결취소소송**을 제기하여야 한다(토지보상법 제85조 제1항)(다수설 및 판례).

빈출

기출

따라서 원고는 토지 등 소유자이고 **피고는 원행정청인 수용재결을 발급한 토지수용위원회**가 될 것이다(행정소송법 제19조 단서).

공용수용은 헌법상의 재산권 보장의 요청상 불가피한 최소한에 그쳐야 한다는 헌법 제23조의 근본취지에 비추어 볼 때, 사업시행자가 사업인정을 받은 후 그 사업이 공용수용을 할 만한 공익성을 상실하거나 사업인정에 관련된 자들의 이익이 현저히 비례의 원칙에 어긋나게 된 경우 또는 사업시행자가 해당 **공익사업을 수행할 의사나 능력**을 상실하였음에도 여전히 그 사업인정에 기하여 수용권을 행사하는 것은 수용권의 공익 목적에 반하는 수용권의 남용에 해당하여 허용되지 않는다(대법원 2011. 01. 27. 선고 2009두1051 판결[토지수용재결처분취소]).

ᐸ 기출

따라서 사업인정 후 수용의사와 수용능력이 없게 사정변경되었음에도 불구하고 수용재결이 내려졌다면 수용재결취소소송을 통해 수용재결이 제거되어야 한다.

6. 보상금증감청구소송을 통해 금액에 대한 불복만을 할 수도 있다

(1) 법률의 규정

공익사업을 위한 토지 등의 취득 및 보상에 관한 법률 제85조 제2항에 의하여 수용 자체는 유지하되 **보상금액에 대하여만** 증액을 다투거나 감액을 다투거나 **보상금증감청구소송**을 통하여 **가능**하다. 예컨대 토지소유자는 수용재결에 대하여 불복이 있는 때에는 재결서를 받은 날부터 60일 이내에, 이의신청을 거친 때에는 이의신청에 대한 재결서를 받은 날부터 30일 이내에 **사업시행자**를 피고로 하여 **보상금증액청구소송**을 제기할 수 있다(토지보상법 제85조 제2항).

ᐸ 빈출

(2) 보상금증감청구소송의 성질

종래 토지수용법은 보상금증감청구소송을 제기하는 자가 토지소유자 또는 관계인인 경우에는 재결청 외에 기업자를, 기업자인 경우에는 재결청 외에 토지소유자 또는 관계인을 각각 피고로 하여 소송을 제기하여야 한다고 규정하고 있어 보상금증감청구소송의 법적 성질을 둘러싸고 논란이 있었다. 그러나 현행 토지보상법은 당해 소송의 당사자를 보상금채권관계의 실질적 당사자인 **토지소유자와 사업시행자**로 하도록 단일하게 규정함으로써 외형상 당사자소송의 성격을 가지면서도 실질상 재결의 일부를 다툰다는 점에서 **형식적 당사자소송**으로 이해된다.

ᐸ 기출

(3) 보상금증감청구소송의 대상과 원처분주의

> **[참고]** 이의신청을 거쳐 취소소송을 제기하는 경우 종래 그 소송의 대상을 둘러싸고 논란이 있었던 바(판례는 이의재결을 취소소송의 대상으로 봄), 보상금증감청구소송을 형식적 당사자소송으로 볼 경우에는 실질상 재결의 일부를 다투는 것이기 때문에 소송대상과 관련하여 수용재결의 일부를 다투는 것인지, 이의재결의 일부를 다투는 것인지 여부가 문제될 수 있다.
>
> 생각건대, 토지보상법 제85조 제1항 제1문이 사업시행자·토지수용자 또는 관계인은 토지수용위원회의 재결(수용재결)에 대하여 불복이 있는 때에 … 이의신청을 거친 때에는 이의신청에 대한 재결서를 받은 날부터 30일 이내에 행정소송을 제기할 수 있다고 규정하여 문리상 수용재결을 그 대상으로 한다고 해석함이 옳다고 본다.

이때도 토지보상법 제85조 제1항과 제2항이 연결되어 있으므로 법률의 규정상 **원처분주의**가 적용된다고 보아야 한다. 보상금증액청구소송의 원고는 토지소유자이고 피고는 반대당사자인 사업시행자가 되고, 반대로 보상금감액청구소송의 원고는 사업시행자이고 피고는 반대당사자인 토지 등 소유자이다. 구 토지수용법에서는 토지수용위원회도 공동으로 소송에서 당사자가 되어야 하는 필요적 공동소송이었지만, 토지수용위원회는 토지수용과 보상금결정을 일종의 대리행위로서 수행하는 것으로서 토지소유권이나 보상금의 당사자가 아니므로 소송의 당사자만이 원피고가 되는 것이 타당하므로 토지소유자와 사업시행자만이 당사자가 되는 단일소송으로 토지보상법이 개정되었다. 이는 타당한 개정이다.

(4) 적정보상액에 대한 입증책임은 누가 져야 할까

종래 토지수용법하에서 적정보상액의 입증책임은 재결청에 있다고 보는 것이 판례의 입장이었는 바, 현행법하에서는 재결청이 피고로 되지 않기 때문에 이러한 판례의 입장을 유지할 수는 없을 것으로 보인다. 따라서 민사소송의 일반적인 입증책임의 분배원칙에 따라 보상금청구권의 권리발생요건사실인 손실보상액의 부적정으로 인한 수용재결의 위법성은 토지소유자가 입증하여야 할 것으로 본다.

참고 판례

> 수용대상토지에 대한 손실보상액이 적정가액이라는 점은 처분청이 입증하여야 할 것
> 이고, 처분청이 손실보상액을 적정하다고 하기 위하여는 수용대상토지에 대한 보상액
> 산정요인들을 특정, 명시하고 그 산정요인들을 어떠한 방법으로 참작하였는지를 알
> 수 있도록 구체적으로 명시하여서, 보상액평가에 관한 원칙의 선택이 적법함을 입증
> 하여야 할 것이다(대법원 1990. 7. 10. 선고 89누3953 판결).

☞ 기출

제 5 절

환매청구소송과 공익사업변환제도에 대한 논의

1. 환매권의 의의와 성질

(1) 환매권의 의의에 대하여 알아보자

환매권이란 공용수용의 목적물인 토지 등이 당해 공익사업에 불필요하게
되었거나 그것이 현실적으로 수용의 전제가 된 공익사업에 공용되지 아니하는
경우에 원래의 피수용자가 일정한 요건하에 다시 매수하여 소유권을 회복할 수
있는 권리를 말한다. 공용수용은 특정한 공익사업을 위하여 개인의 재산을 강제
적으로 취득하는 것이므로, 수용목적물이 당해 공익사업을 위하여 불필요하게
된 경우에는 원래의 피수용자에게 그 소유권을 회복시켜 주는 것이 공평의 원
칙, 피수용자의 감정의 존중 및 재산권의 존속보장의 사상에 부합하는 것이다.

환매권은 형성권이므로 환매의 의사표시를 함으로써 매매계약이 성립하게
된다. 그리고 매매계약의 법률효과로서 환매권자는 사업시행자에 대하여 소유권
이전등기청구권을 갖게 된다.

(2) 환매권의 성질에 대하여는 다툼이 있다

1) 학 설

① 공권설

이 견해는 환매제도는 공법적 수단에 의하여 상실된 권리를 회복하는 제도
로서, 환매권은 공권력 주체에 대하여 가지는 공법상 권리라는 견해이다.

② 사권설

환매권은 피수용자가 자기의 이익을 위하여 일방적으로 행사함으로써 환매의 효과가 생기는 형성권으로서 기업자의 동의를 요하지 않고, 이 권리는 공용수용의 결과로 발생하기는 하나 기업자에 의한 공용수용의 해제처분을 요하지 않고 직접 매매의 효과를 발생하는 것이므로 사법상의 권리로 보아야 한다는 견해이다.

2) 대법원은 사권으로 본다

"징발재산정리에관한특별조치법 제20조 소정의 환매권은 일종의 형성권으로서 그 존속기간은 제척기간으로 보아야 할 것이며, 위 환매권은 재판상이든 재판외이든 그 기간 내에 행사하면 이로써 매매의 효력이 생기고, 위 매매는 같은 제1항에 적힌 환매권자와 국가간의 사법상의 매매라 할 것이다"(대법원 1992. 4. 24. 선고 92다4673 판결)라고 판시하여 **사권설**을 취하고 있다.

기출

3) 헌법재판소도 사권으로 본다

헌법재판소는 "사업시행자가 환매권의 행사를 부인하는 어떤 의사표시를 하였다 하더라도, 그것은 사법관계의 다툼을 둘러싸고 상대방의 주장을 부인하는 데 그치고, 헌법재판소법상의 공권력의 행사로 볼 수는 없다"(헌재 1994. 2. 24, 92헌마283)고 하여 **사권설**을 취하고 있다.

기출

4) 결 론

환매권 행사에 의하여 발생하는 매매계약관계의 경우 사업시행자가 공권력의 담당자로서 참가하고 있다고 보기는 어려우며, 더욱이 강제력을 가지고 활동한다고 볼 수는 없다. 게다가 이러한 법률관계는 환매권자의 사익의 실현을 목적으로 한다. 따라서 환매권에 의하여 발생하는 매매계약관계는 사법관계이며, 이러한 법률관계의 발생원인이 되는 환매권 역시 사권일 수밖에 없다.

2. 토지보상법상 환매권 취득요건에 대하여 정리해 두자

(1) 환매권자는 누가 될 수 있을까

토지보상법상의 환매권자는 **토지의 협의취득일 또는 수용의 개시일 당시의 토지소유자 또는 그 포괄승계인**이다(같은 법 제91조 제1항). 여기서 포괄승계인은 자연인인 상속인과 합병 후의 존속법인 또는 신설법인을 의미한다.

(2) 환매요건에는 무엇이 있을까

1) 협의취득일 또는 수용의 개시일부터 10년 이내에 당해 사업의 폐지·변경 그 밖의 사유로 인하여 취득한 토지의 전부 또는 일부가 필요없게 된 경우(토지보상법 제91조 제1항)

☞ 10년 이내 전부 또는 일부 불필요 유형
이는 10년 이내 부분은 헌재로부터 헌법불합치결정과 적용중지를 선고 받았음

여기서 '**협의취득일 또는 수용의 개시일부터 10년 이내**'라 함은 그 기간 내에 환매권을 행사하여야 한다는 제척기간을 정한 것이 아니라, **소정기간 내에 공익사업의 폐지, 변경 등으로 인하여 수용한 토지의 전부 또는 일부의 필요가 소멸한 때**를 말한다.

또한 '**필요없게 된 경우**'라 함은 환매하려고 할 당시에 단순히 사업에 제공되지 않는 데에 그치지 않고, 사업에 제공할 필요가 없어진 경우를 뜻하는 바, 사업시행자의 주관적인 의사와는 관계없이 수용이 목적이 된 구체적인 특정의 공익사업이 폐지되거나 변경되는 등의 사유로 인하여 당해 토지가 더 이상 그 공익사업에 직접 이용될 필요가 없어졌다고 볼만한 **객관적인 사정이 발생한 경우**를 의미한다.

☞ 기출

판례는 객관적인 사정이 발생한 여부를 판별하는 기준으로서 당해 사업의 목적과 내용, 수용의 경위와 범위, 당해 토지와 사업과의 관계, 용도 등 제반 사정에 비추어 합리적으로 판단하여야 한다고 하였다(대법원 1994. 8. 12. 선고 93다50550 판결).

☞ 기출

2) 토지의 협의취득일 또는 수용의 개시일부터 5년 이내에 취득한 토지의 전부를 당해 사업에 이용하지 아니한 때(같은 법 제91조 제2항)

☞ 5년 이내 전부 불사용 유형

여기서 '당해 사업에 이용하지 아니한 때'란 사업에 사용할 필요가 없어진 것은 아니나 사실상 사업에 사용되지 아니한 경우를 의미한다. 토지보상법 제91조 제2항은 사업이 폐지, 변경된 것은 아니나 단순히 그 실시가 지연되어 사업에 제공되지 않은 경우에도 환매권 행사가 가능하도록 규정하고 있다.

(3) 환매권은 언제까지 행사해야 할까

환매권은 토지보상법 제91조 제1항의 경우에는 **당해 토지의 전부 또는 일부가 필요없게 된 때부터 1년 내지 협의취득일 또는 수용의 개시일부터 10년 이내에 환매권을 행사하여야 하고**, 같은 조 제2항의 경우에는 협의취득일 또는 수용의 개시일부터 6년 이내에 환매권을 행사하여야 한다. 그리고 환매권은 소유권자를 위한 제도이므로 양 제척기간 모두 도과해야 비로소 소멸한다.

☞ 조문 기출

3. 환매권 행사의 제한사유 유무 – "공익사업의 변환"으로 환매권행사를 막을 수 있다

(1) 공익사업 변환의 취지는 무엇일까

특별한 공익사업의 전부 또는 일부가 폐지, 변경됨으로써 그 공익사업을 위하여 취득한 토지의 전부 또는 일부가 필요없게 되었다면, 가사 그 토지가 새로운 공익사업을 위하여 필요하다고 하더라도 일단 환매권을 행사하는 환매권자에게 되돌려 주었다가 다시 협의취득하거나 수용하는 절차를 밟아야 하는 것이 원칙이나, 토지보상법 제91조 제6항은 당초 공익사업이 공익성의 정도가 높은 다른 공익사업으로 변경되고 다른 공익사업을 위하여 그 토지를 계속 이용할 필요가 있는 경우 환매권의 행사를 인정한 다음 **다시 협의취득이나 수용 등의 방법으로 그 토지를 취득하는 번거로운 절차를 되풀이하지 않기 위하여** 제한된 범위 내에서 공익사업의 변환을 인정하여 환매권의 행사를 제한하고 있다.

(2) 공익사업 변환의 요건이 필요하다

1) 일반적 요건은 무엇일까

사업인정을 받은 공익사업이 같은 법 제4조 제1호 내지 제5호에 규정된 다른 공익사업으로 변경되어야 한다. 이 경우 당해 토지에 대한 환매요건에 관한 기간은 당해 공익사업의 변경을 관보에 고시한 날부터 기산한다.

2) 사업시행 주체의 동일성이 필요한지 여부가 다투어진다

① 판 례

판례는 "이른바 공익사업의 변환이 국가, 지방자치단체 또는 정부투자기관이 사업인정을 받아 토지를 협의취득 또는 수용한 경우에 한하여 그것도 사업인정을 받은 공익사업이 공익성의 정도가 높은 토지수용법 제3조 제1호 내지 제4호(현행법: 토지보상법 제4조 제1호 내지 제5호)에 규정된 다른 공익사업으로 변경된 경우에만 허용되도록 규정하고 있는 토지수용법 제71조 제7항 등 관계법령의 내용이나 그 입법이유 등으로 미루어 볼 때, 같은 법 제71조 제7항 소정의 **공익사업의 변환이 … 국가, 지방자치단체 또는 정부투자기관 등 기업자(또는 사업시행자)가 동일한 경우에만 허용되는 것으로 해석되지 아니한다**"(대법원 1994. 1. 25. 선고 93다1176 판결)고 **판시하여 사업주체의 동일성을 요구하지 않고 있다.**

② **검 토**

토지보상법 제91조 제6항의 규정의 문언상 공익사업의 변환을 사업시행자가 동일한 경우로 명백하게 한정하고 있지 않다는 점, 수용에서 중요한 것은 사업의 공익성이지 그 주체가 아니라는 점 등에 비추어 대법원의 해석이 타당한 것으로 보인다.

제 6 절

중요 판례의 동향을 더 알아보고 출제에 대비해 보자

헌법 제23조 제3항의 정당한 보상

330. 대법원 2010. 4. 29. 선고 2009두17360 판결【손실보상금】[공 2010상, 1033]

인근유사토지 보상사례의 가격이 개발이익을 포함하고 있어 정상적인 것이 아닌 경우라도 이를 수용대상토지의 보상액 산정에서 참작할 수 있는지 여부(한정 적극)

수용대상토지의 보상액을 산정하면서 인근유사토지의 보상사례가 있고 그 가격이 정상적인 것으로서 적정한 보상액 평가에 영향을 미칠 수 있는 것임이 입증된 경우에는 이를 참작할 수 있고, 여기서 '정상적인 가격'이란 개발이익이 포함되지 아니하고 투기적인 거래로 형성되지 아니한 가격을 말한다. 그러나 그 보상사례의 가격이 개발이익을 포함하고 있어 정상적인 것이 아닌 경우라도 그 개발이익을 배제하여 정상적인 가격으로 보정할 수 있는 합리적인 방법이 있다면 그러한 방법에 의하여 보정한 보상사례의 가격은 수용대상토지의 보상액을 산정하면서 이를 참작할 수 있다.

골프연습장 사업인정 후 사정변경되어 수용능력과 수용의사가 없어진 경우 수용재결 신청 거부 가부

331. 대법원 2011. 1. 27. 선고 2009두1051 판결【토지수용재결처분취소】[공 2011상, 448]

[1] 사업인정기관이 공익사업을 위한 토지 등의 취득 및 보상에 관한 법률상의 사업인정을 하기 위한 요건

사업인정이란 공익사업을 토지 등을 수용 또는 사용할 사업으로 결정하는 것으로서 공익사업의 시행자에게 그 후 일정한 절차를 거칠 것을 조건으로 일정한 내용의 수용권을 설정하여 주는 형성행위이므로, 해당 사업이 외형상 토지 등을 수용 또는 사용할 수 있는 사업에 해당한다고 하더라도 사업인정기관으로서는 그 사업이 공용수용을 할 만한 공익성이 있는지의 여부와 공익성이 있는 경우에도 그 사업의 내용과 방법에 관하여 사업인정에 관련된 자들의 이익을 공익과 사익 사이에서는 물론, 공익 상호간 및 사익 상호간에도 정당하게 비교·교량하여야 하고, 그 비교·교량은 비례의 원칙에 적합하도록 하여야 한다. 그뿐만 아니라 해당 공익사업을 수행하여 공익을 실현할 의사나 능력이 없는 자에게 타인의 재산권을 공권력적·강제적으로 박탈할 수 있는 수용권을 설정하여 줄 수는 없으므로, 사업시행자에게 해당 공익사업을 수행할 의사와 능력이 있어야 한다는 것도 사업인정의 한 요건이라고 보아야 한다.

[2] 사안의 적용

공용수용은 헌법상의 재산권 보장의 요청상 불가피한 최소한에 그쳐야 한다는 헌법 제23조의 근본취지에 비추어 볼 때, 사업시행자가 사업인정을 받은 후 그 사업이 공용수용을 할 만한 공익성을 상실하거나 사업인정에 관련된 자들의 이익이 현저히 비례의 원칙에 어긋나게 된 경우 또는 사업시행자가 해당 공익사업을 수행할 의사나 능력을 상실하였음에도 여전히 그 사업인정에 기하여 수용권을 행사하는 것은 수용권의 공익목적에 반하는 수용권의 남용에 해당하여 허용되지 않는다.

헌법 제23조는 "① 모든 국민의 재산권은 보장된다. 그 내용과 한계는 법률로 정한다. ② 재산권의 행사는 공공복리에 적합하도록 하여야 한다. ③ 공공필요에 의한 재산권의 수용·사용 또는 제한 및 그에 대한 보상은 법률로써 하되, 정당한 보상을 지급하여야 한다"라고 규정하고 있다. 이 규정의 근본취지는 우리 헌법이 사유재산제도의 보장이라는 기조 위에서 원칙적으로 모든 국민의 구체적 재산권의 자유로운 이용·수익·처분을 보장하면서 공공필요에 의한 재산권의 수용·사용 또는 제한은 헌법이 규정하는 요건을 갖춘 경우에만 예외적으로 허용한다는 것으로 해석된다. 이와 같은 우리 헌법의 재산권 보장에 관한 규정의 근본취지에 비추어 볼 때, 공공필요에 의한 재산권의 공권력적, 강제적 박탈을 의미하는 공용수용은 헌법상의 재산권 보장의 요청상 불가피한 최소한에 그쳐야 한다.

한편, 산업입지 및 개발에 관한 법률 부칙(1993. 8. 5. 법률 제4574호) 제3조 제2항은 수용·사용할 토지 등의 세목 등이 고시된 때에는 이를 구 토지수용법(2002. 2. 4. 법률 제6656호 공익사업을 위한 토지 등의 취득 및 보상에 관한 법률 부칙 제2조로 폐지)에 의한 사업인정 및 그 고시로 보도록 규정하고 있는바, 사업인정이라 함은 공익사업을 토지 등을 수용 또는 사용할 사업으로 결정하는 것으로서 공익사업의 시행자에게 그 후 일정한 절차를 거칠 것을 조건으로 일정한 내용의 수용권을 설정하여 주는 형성행위이므로, 해당 사업이 외형상 토지 등을 수용 또는 사용할 수 있는 사업에 해당한다고 하더라도 사업인정기관으로서는 그 사업이 공용수용을 할 만한 공익성이 있는지의 여부와 공익성이 있는 경우에도 그 사업의 내용과 방법에 관하여 사업인정에 관련된 자들의 이익을 공익과 사익 사이에서는 물론, 공익 상호간 및 사익 상호간에도 정당하게 비교·교량하여야 하고, 그 비교·교량은 비례의 원칙에 적합하도록 하여야 한다(대법원 1995. 12. 5. 선고 95누4889 판결; 대법원 2005. 4. 29. 선고 2004두14670 판결 등 참조). 그뿐만 아니라 해당 공익사업을 수행하여 공익을 실현할 의사나 능력이 없는 자에게 타인의 재산권을 공권력적·강제적으로 박탈할 수 있는 수용권을 설정하여 줄 수는 없으므로, 사업시행자에게 해당 공익사업을 수행할 의사와 능력이 있어야 한다는 것도 사업인정의 한 요건이라고 보아야 한다.

그리고 앞서 본 바와 같이 공용수용은 헌법상의 재산권 보장의 요청상 불가피한 최소한에 그쳐야 한다는 헌법 제23조의 근본취지에 비추어 볼 때, 사업시행자가 사업인정을 받은 후 그 사업이 공용수용을 할 만한 공익성을 상실하거나 사업인정에 관련된 자들의 이익이 현저히 비례의 원칙에 어긋나게 된 경우 또는 사업시행자가 해당 공익사업을 수행할 의사나 능력을 상실하였음에도 여전히 그 사업인정에 기하여 수용권을 행사하는 것은 수용권의 공익 목적에 반하는 수용권의 남용에 해당하여 허용되지 않는다고 할 것이다.

앞서 본 법리와 사실관계에 비추어 보면, 소외 1은 사업인정을 받은 이후 재정상황이 더욱 악화되어 이 사건 수용재결 당시 이미 이 사건 사업을 수행할 능력을 상실한 상태에 있었다고 볼 여지가 있고, 그렇다면 소외 1이 이 사건 각 토지에 관한 수용재결을 신청하여 그 재결을 받은 것은 수용권의 남용에 해당한다고 볼 여지가 있다.

생활보상과 이주대책이 되는 주거용 건물

332. 대법원 2009. 2. 26. 선고 2007두13340 판결【이주대책대상자제외처분취소】[공 2009상, 381]

[1] 공익사업을 위한 토지 등의 취득 및 보상에 관한 법률 시행령 제40조 제3항 제2호의 '공익사업을 위한 관계 법령에 의한 고시 등이 있은 날' 당시 주거용 건물이 아니었던 건물이 그 후 주거용으로 용도 변경된 경우, 이주대책대상이 되는 주거용 건축물인지 여부(소극)

공익사업을 위한 토지 등의 취득 및 보상에 관한 법률 제78조 제1항, 공익사업을 위한 토지 등의 취득 및 보상에 관한 법률 시행령 제40조 제3항 제2호 규정의 문언, 내용 및 입법 취지 등을 종합하여 보면, 위 법 제78조 제1항에 정한 이주대책의 대상이 되는 주거용 건축물이란 위 시행령 제40조 제3항 제2호의 '공익사업을 위한 관계 법령에 의한 고시 등이 있은 날' 당시 건축물의 용도가 주거용인 건물을 의미한다고 해석되므로, 그 당시 주거용 건물이 아니었던 건물이 그 이후에 주거용으로 용도 변경된 경우에는 건축 허가를 받았는지 여부에 상관없이 수용재결 내지 협의계약 체결 당시 주거용으로 사용된 건물이라 할지라도 이주대책대상이 되는 주거용 건축물이 될 수 없다.

[2] 공익사업을 위한 토지 등의 취득 및 보상에 관한 법률 시행령 제40조 제3항 제2호의 '공익사업을 위한 관계 법령에 의한 고시 등이 있는 날'에 주민 등에 대한 공람공고일도 포함되는지 여부(한정 적극)

이주대책기준일이 되는 공익사업을 위한 토지 등의 취득 및 보상에 관한 법률 시행령 제40조 제3항 제2호의 '공익사업을 위한 관계 법령에 의한 고시 등이 있는 날'에는 토지수용 절차에 공익사업을 위한 토지 등의 취득 및 보상에 관한 법률을 준용하도록 한 관계 법률에서 사업인정의 고시 외에 주민 등에 대한 공람공고를 예정하고 있는 경우에는 사업인정의 고시일뿐만 아니라 공람공고일도 포함될 수 있다.

[3] 사안의 적용

군인아파트의 관리실 용도로 신축되어 택지개발예정지구지정 공람공고일 당시까지도 관리실로 사용하다가 그 후에 주거용으로 개조한 건물은 이주대책대상이 되는 주거용 건축물에 해당하지 않는다.

토지보상법상 사업폐지 보상청구소송의 관할과 관할 위반시 법원의 처리

333. 대법원 2012. 10. 11. 선고 2010다23210 판결【손실보상금】[공 2012하, 1803]

【판시사항】

구 공익사업을 위한 토지 등의 취득 및 보상에 관한 법률 제79조 제2항 등에 따른 사업폐지 등에 대한 보상청구권에 관한 쟁송형태(=행정소송) 및 공익사업으로 인한 사업폐지 등으로 손실을 입은 자가 위 법률에 따른 보상을 받기 위해서 재결절차를 거쳐야 하는지 여부(적극)

【판결요지】

구 공익사업을 위한 토지 등의 취득 및 보상에 관한 법률(2007. 10. 17. 법률 제8665호로 개정되기 전의 것, 이하 '구 공익사업법'이라고 한다) 제79조 제2항, 공익사업을 위한 토지 등의 취득 및 보상에 관한 법률 시행규칙 제57조에 따른 **사업폐지 등에 대한 보상청구권은 공익사업의 시행 등 적법한 공권력의 행사에 의한 재산상 특별한 희생에 대하여 전체적인 공평부담의 견지에서 공익사업의 주체가 손해를 보상하여 주는 손실보상의 일종으로 공법상 권리임이 분명하므로 그에 관한 쟁송은 민사소송이 아닌 행정소송 절차에 의하여야** 한다.

또한 위 규정들과 구 공익사업법 제26조, 제28조, 제30조, 제34조, 제50조, 제61조, 제83조 내지 제85조의 규정 내용·체계 및 입법 취지 등을 종합하여 보면, 공익사업으로 인한 사업폐지 등으로 손실을 입게 된 자는 구 공익사업법 제34조, 제50조 등에 규정된 재결절차를 거친 다음 재결에 대하여 불복이 있는 때에 비로소 구 공익사업법 제83조 내지 제85조에 따라 권리구제를 받을 수 있다고 보아야 한다.

원심판결이 인용한 제1심판결 이유와 기록에 의하면, 원고는 도시개발법에 따라 천안시(이하 생략) 일대에서 도시개발사업을 추진하다가 위 사업구역과 상당 부분 중첩되는 구역이 이 사건 공익사업인 천안신월 국민임대주택단지 예정지구로 지정·고시됨으로써 위 도시개발사업을 폐지할 수밖에 없게 되었고, 그에 따라 원고가 도시개발사업을 추진하기 위하여 지출한 비용에 대한 보상을 공익사업법 시행규칙 제57조에 기하여 이 사건 소로써 구하고 있음을 알 수 있으므로, 앞서 본 바와 같이 이 사건 소는 행정소송에 해당한다.

그럼에도 불구하고, 제1심 및 원심이 원고의 이 사건 청구가 민사소송의 대상임을 전제로 하여 민사소송절차에 의하여 심리·판단한 것에는 사업폐지 등에 대한 보상청구권의 법적 성질 및 그 소송형태에 관한 법리를 오해한 위법이 있다.

한편 이 사건 사업폐지 등에 대한 보상청구가 재결을 거쳤는지 여부에 관하여는 제1심 및 원심에서 심리된 바가 없으므로 이 사건 소가 재결을 거치지 아니하여 부적법하게 되어 각하될 것이 명백한 경우에 해당한다고 보기는 어려우므로, 이 사건은 관할법원으로 이송함이 타당하다(대법원 1997. 5. 30. 선고 95다28960 판결; 대법원 2009. 9. 17. 선고 2007다2428 전원합의체 판결 등 참조).

환매대금이 부족한 경우 환매청구소송가부

334. 대법원 2012. 8. 30. 선고 2011다74109 판결【소유권이전등기】[공 2012하, 1597]

[1] 공익사업을 위한 토지 등의 취득 및 보상에 관한 법률 제91조에서 정한 환매권 행사 시 환매기간 내 환매대금 상당의 지급 또는 공탁이 선이행의무인지 여부(적극)

공익사업을 위한 토지 등의 취득 및 보상에 관한 법률 제91조에 의한 환매는 환매기간 내에 환매의 요건이 발생하면 환매권자가 지급 받은 보상금에 상당한 금액을 사업시행자에게 미리 지급하고 일방적으로 의사표시를 함으로써 사업시행자의 의사와 관계없이 환매가 성립한다.

따라서 환매기간 내에 환매대금 상당을 지급하거나 공탁하지 아니한 경우에는 환매로 인한 소유권이전등기 청구를 할 수 없다.

[2] 환매대상인 토지 부분의 정확한 위치와 면적을 특정하기 어려운 사정이 있는 경우 환매기간 만료 전 지급하거나 공탁한 환매대금이 나중에 법원의 감정 등으로 특정된 토지 부분의 환매대금에 다소 미치지 못하더라도 환매기간 경과 후 추가로 부족한 환

매대금을 지급하거나 공탁할 수 있는지 여부(한정 적극) 및 환매권자가 명백한 계산 착오 등으로 환매대금의 아주 적은 일부를 환매기간 만료 전에 지급하거나 공탁하지 못한 경우에도 마찬가지인지 여부(적극)

협의취득 또는 수용된 토지 중 일부가 필요 없게 되어 그 부분에 대한 환매권을 행사하는 경우와 같이 환매대상 토지 부분의 정확한 위치와 면적을 특정하기 어려운 특별한 사정이 있는 경우에는, 비록 환매기간 만료 전에 사업시행자에게 미리 지급하거나 공탁한 환매대금이 나중에 법원의 감정 등을 통하여 특정된 토지 부분에 대한 환매대금에 다소 미치지 못한다고 하더라도 그 환매대상인 토지 부분의 동일성이 인정된다면 환매기간 경과 후에도 추가로 부족한 환매대금을 지급하거나 공탁할 수 있다고 보아야 한다. 그리고 이러한 법리는 환매권자가 명백한 계산 착오 등으로 환매대금의 아주 적은 일부를 환매기간 만료 전에 지급하거나 공탁하지 못한 경우에도 적용된다고 봄이 신의칙상 타당하다.

[3] 환매권자가 미리 지급하거나 공탁한 환매대금이 환매를 청구한 토지 부분 전체에 대한 환매대금에는 부족하더라도 실제 환매대상이 될 수 있는 토지 부분 대금으로는 충분한 경우, 환매대상이 되는 부분에 대하여 환매권 행사의 효력이 있는지 여부(적극)

환매권자가 미리 지급하거나 공탁한 환매대금이 환매권자가 환매를 청구한 토지 부분 전체에 대한 환매대금에는 부족하더라도 실제 환매대상이 될 수 있는 토지 부분의 대금으로는 충분한 경우에는 그 부분에 대한 환매대금은 미리 지급된 것으로 보아야지, 환매를 청구한 전체 토지와 대비하여 금액이 부족하다는 이유만으로 환매대상이 되는 부분에 대한 환매권의 행사마저 효력이 없다고 볼 것은 아니다.

[4] 사안의 적용

합병 전 한국토지공사 갑에게서 수용한 토지 중 일부가 사업에 이용할 필요가 없게 되었음을 이유로 갑이 환매기간 내에 최초 수용재결 금액을 기준으로 그 면적 비율에 상응하는 환매대금을 공탁한 후 환매를 요청하였고, 그 후 제1심법원의 감정 결과에 따라 환매대상 토지의 위치와 면적을 특정하여 증가한 토지 면적에 대한 환매대금을 추가로 공탁한 사안에서, 원심으로서는 갑이 이의재결 금액이 아닌 수용재결 금액만을 공탁한 이유가 무엇인지 등을 지적하여 갑에게 변론할 기회를 주었어야 하고, 갑이 환매 요청을 한 토지 중 일부에 대해서만 환매요건이 충족될 경우 공탁한 금액이 환매요건을 충족하는 일부에 대한 환매대금을 초과하는 이상 해당 부분에 대해서는 환매청구를 인용하여야 하므로 갑의 공탁금액이 전체 환매대금에 모자라더라도 토지 중 환매요건을 충족하는 부분이 있는지, 그에 대한 환매대금 이상이 공탁되어 있는지 등에 관하여 심리하였어야 함에도, 그와 같은 필요한 조치를 취하지 않은 채 갑이 공탁한 환매대금이 이의재결 금액을 기준으로 계산하면 부족하다는 점만을 이유로 갑의 청구를 배척한 원심판결에 법리오해 등의 위법이 있다.

수용재결 신청 없이 곧바로 손실보상청구가부와 이러한 경우 소의 병합가부

335. 대법원 2011. 9. 29. 선고 2009두10963 판결【영업권보상】[공 2011하, 2238]

[1] 수용재결 신청 없이 곧바로 손실보상청구가부

구 공익사업을 위한 토지 등의 취득 및 보상에 관한 법률(2007. 10. 17. 법률 제8665호로 개정되기 전의 것, 이하 '구 공익사업법'이라 한다) 제77조 제1항, 제4항, 구 공익사업을 위한 토지 등의 취득 및 보상에 관한 법률 시행규칙(2007. 4. 12. 건설교통부령 제556호로 개정되기 전의 것) 제45조, 제46조, 제47조와 구 공익사업법 제26조, 제28조, 제30조, 제34조, 제50조, 제61조, 제83조 내지 제85조의 규정 내용 및 입법 취지 등을 종합하여 보면, **공익사업으로 인하여 영업을 폐지하거나 휴업하는 자가 사업시행자에게서 구 공익사업법 제77조 제1항에 따라 영업손실에 대한 보상을 받기 위해서는 구 공익사업법 제34조, 제50조 등에 규정된 재결절차를 거친 다음 재결에 대하여 불복이 있는 때에 비로소 구 공익사업법 제83조 내지 제85조에 따라 권리구제를 받을 수 있을 뿐, 이러한 재결절차를 거치지 않은 채 곧바로 사업시행자를 상대로 손실보상을 청구하는 것은 허용되지 않는다고 보는 것이 타당하다.**

[2] 이때 소의 병합 가부

행정소송법 제44조, 제10조에 의한 관련청구소송 병합은 본래의 당사자소송이 적법할 것을 요건으로 하는 것이어서 본래의 당사자소송이 부적법하여 각하되면 그에 병합된 관련청구소송도 소송요건을 흠결하여 부적합하므로 각하되어야 한다.

[3] 사안의 적용

택지개발사업지구 내 비닐하우스에서 화훼소매업을 하던 갑과 을이 재결절차를 거치지 않고 사업시행자를 상대로 주된 청구인 영업손실보상금 청구에 생활대책대상자 선정 관련청구소송을 병합하여 제기한 사안에서, 영업손실보상금청구의 소가 재결절차를 거치지 않아 부적법하여 각하되는 이상, 이에 병합된 생활대책대상자 선정 관련청구소송 역시 소송요건을 흠결하여 부적법하므로 각하되어야 한다.

수용되기 전에 협의불성립의 의미 — 손실보상대상제외범위 다툼 포함 여부(적극)

336. 대법원 2011. 7. 14. 선고 2011두2309 판결【보상제외처분취소등】[공 2011하, 1642]

[1] 토지보상법의 수용재결 요건인 협의불성립에 대한 취지해석

공익사업을 위한 토지 등의 취득 및 보상에 관한 법률(이하 '공익사업법'이라 한다) 제30조 제1항은 재결신청을 청구할 수 있는 경우를 사업시행자와 토지소유자 및 관계인 사이에 '협의가 성립하지 아니한 때'로 정하고 있을 뿐 손실보상대상에 관한 이견으로 협의가 성립하지 아니한 경우를 제외하는 등 **그 사유를 제한하고 있지 않은 점**, 위 조항이 토지소유자 등에게 재결신청청구권을 부여한 취지는 공익사업에 필요한 토지 등을 수용에 의하여 취득하거나 사용할 때 손실보상에 관한 **법률관계를 조속히 확정함으로써 공익사업을 효율적으로 수행하고 토지소유자 등의 재산권을 적정하게 보호하기 위한 것**인데, 손실보상대상에 관한 이견으로 손실보상협의가 성립하지 아니한 경우에도 재결을 통해 손실보상에 관한 법률관계를 조속히 확정할 필요가 있는 점 등에 비추어 볼 때, '협의가 성립되지 아니한 때'에는 사업시행자가 토지소유자 등과 공익사업법 제26조에서 정한 **협의절차를 거쳤으나 보상액 등에 관하여 협의가 성립하지 아니한 경우는 물론 토지소유자 등이 손실보상대상에 해당한다고 주장하며 보상을 요구하는데도 사업시행자가 손실보상대상에 해당하지 아니한다며 보상대상에서 이를 제외한 채 협의를 하지 않아 결국 협의가 성립하지 않은 경우도 포함된다**고 보아야 한다.

[2] 사안의 적용

아산~천안 간 도로건설 사업구역에 포함된 토지의 소유자가 토지상의 지장물에 대하여 재결신청을 청구하였으나, 그중 일부에 대해서는 사업시행자가 손실보상대상에 해당하지 않아 재결신청대상이 아니라는 이유로 수용재결 신청을 거부하면서 보상협의를 하지 않은 사안에서, 사업시행자가 수용재결 신청을 거부하거나 보상협의를 하지 않으면서도 아무런 조치를 취하지 않은 것은 공익사업을 위한 토지 등의 취득 및 보상에 관한 법률에서 정한 재결신청청구 제도의 취지에 반하여 위법하다.

조계종 봉은사 소유 제외지 및 제방부지 금전보상규정 흠결한 수용시 대법원의 입장: 유추적용설

337. 대법원 2011. 8. 25. 선고 2011두2743 판결【손실보상금】[공 2011하, 1945]

법률 제2292호 하천법 개정법률 제2조 제1항 제2호 (나)목 및 (다)목, 제3조에 의하면, 제방부지 및 제외지는 법률 규정에 의하여 당연히 하천구역이 되어 국유로 되는데도, 하천편입토지 보상 등에 관한 특별조치법(이하 '특별조치법'이라 한다)은 법률 제2292호 하천법 개정법률 시행일(1971. 7. 20.)부터 법률 제3782호 하천법 중 개정법률의 시행일(1984. 12. 31.) 전에 국유로 된 제방부지 및 제외지에 대하여는 명시적인 보상규정을 두고 있지 않다. 그러나 제방부지 및 제외지가 유수지와 더불어 하천구역이 되어 국유로 되는 이상 그로 인하여 소유자가 입은 손실은 보상되어야 하고 보상방법을 유수지에 관한 것과 달리할 아무런 합리적인 이유가 없으므로, 법률 제2292호 하천법 개정법률 시행일부터 법률 제3782호 **하천법 중 개정법률 시행일 전에 국유로 된 제방부지 및 제외지에 대하여도 특별조치법 제2조를 유추적용하여 소유자에게 손실을 보상하여야 한다고 보는 것이 타당하다.**

수용재결과 이의재결 및 원처분주의

338. 대법원 2010. 1. 28. 선고 2008두1504 판결【수용재결취소등】[공 2010상, 428]

토지소유자 등이 수용재결에 불복하여 이의신청을 거친 후 취소소송을 제기하는 경우 피고적격(= 수용재결을 한 토지수용위원회) 및 소송대상(= 수용재결)

공익사업을 위한 토지 등의 취득 및 보상에 관한 법률 제85조 제1항 전문의 문언 내용과 같은 법 제83조, 제85조가 중앙토지수용위원회에 대한 이의신청을 임의적 절차로 규정하고 있는 점, 행정소송법 제19조 단서가 행정심판에 대한 재결은 재결 자체에 고유한 위법이 있음을 이유로 하는 경우에 한하여 취소소송의 대상으로 삼을 수 있도록 규정하고 있는 점 등을 종합하여 보면, 수용재결에 불복하여 취소소송을 제기하는 때에는 이의신청을 거친 경우에도 수용재결을 한 중앙토지수용위원회 또는 지방토지수용위원회를 피고로 하여 수용재결의 취소를 구하여야 하고, 다만 이의신청에 대한 재결 자체에 고유한 위법이 있음을 이유로 하는 경우에는 그 이의재결을 한 중앙토지수용위원회를 피고로 하여 이의재결의 취소를 구할 수 있다고 보아야 한다.

☞ 보상규정이 없어도 유추적용하여 보상하기로 판례 변경

☞ 제외지보상은 다른 손실보상과 달리 민사소송이 아니라 당사자소송으로 관할 판시

생활보상으로서 세입자에 대한 주거이전비

339. 대법원 2010. 11. 11. 선고 2010두5332 판결【주거이전비등】[공 2010하, 2274]

[1] 도시 및 주거환경정비법상 주택재개발사업에서 주거용 건축물의 세입자에 대한 주거이전비 보상대상자의 결정 기준

공익사업을 위한 토지 등의 취득 및 보상에 관한 법률 제78조 제5항, 같은 법 시행규칙 제54조 제2항 본문, 구 도시 및 주거환경정비법(2008. 3. 28. 법률 제9047호로 개정되기 전의 것) 제4조 제1항, 제2항, 같은 법 시행령 제11조 제1항의 각 규정 내용, 형식 및 입법 경위, **주거이전비는 당해 공익사업시행지구 안에 거주하는 세입자들의 조기이주를 장려하여 사업추진을 원활하게 하려는 정책적인 목적과 주거이전으로 인하여 특별한 어려움을 겪게 될 세입자들을 대상으로 하는 사회보장적인 차원에서 지급하는 성격의 것인 점** 등을 종합하면, 구 도시 및 주거환경정비법상 주거용 건축물의 세입자에 대한 주거이전비의 보상은 정비계획이 외부에 공표됨으로써 주민 등이 정비사업이 시행될 예정임을 알 수 있게 된 때인 **정비계획에 관한 공람공고일 당시 해당 정비구역 안에서 3월 이상 거주한 자를 대상으로 한다.**

[2] 공익사업을 위한 토지 등의 취득 및 보상에 관한 법률 제78조 제5항 등에 따른 이사비의 보상대상자

공익사업을 위한 토지 등의 취득 및 보상에 관한 법률 제78조 제5항, 같은 법 시행규칙 제55조 제2항의 각 규정 및 공익사업의 추진을 원활하게 함과 아울러 주거를 이전하게 되는 거주자들을 보호하려는 이사비(가재도구 등 동산의 운반에 필요한 비용을 말한다) 제도의 취지에 비추어 보면, 이사비 보상대상자는 공익사업시행지구에 편입되는 주거용 건축물의 거주자로서 공익사업의 시행으로 인하여 이주하게 되는 자로 보는 것이 타당하다.

340. 대법원 2013. 08. 23. 선고 2012두24900 판결[이주자택지공급대상제외처분취소]

관할 행정청으로부터 건축허가를 받아 택지개발사업구역 안에 있는 토지 위에 주택을 신축하였으나 사용승인을 받지 않은 주택의 소유자 갑이 사업 시행자인 한국토지주택공사에 이주자택지 공급대상자 선정신청을 하였는데 위 주택이 사용승인을 받지 않았다는 이유로 한국토지주택공사가 이주자택지 공급대상자 제외 통보를 한 사안에서, 공공사업의 시행에 따라 생활의 근거를 상실하게 되는 이주자들에 대하여는 가급적 이주대책의 혜택을 받을 수 있도록 하는 것이 공익사업을 위한 토지 등의 취득 및 보상에 관한 법률이 규정하고 있는 이주대책 제도의 취지에 부합하는 점, 구 공익사업을 위한 토지 등의 취득 및 보상에 관한 법률 시행령 제40조 제3항 제1호는 무허가건축물 또는 무신고건축물의 경우를 이주대책대상에서 제외하고 있을 뿐 사용승인을 받지 않은 건축물에 대하여는 아무런 규정을 두고 있지 않은 점, 건축법은 무허가건축물 또는 무신고건축물과 사용승인을 받지 않은 건축물을 요건과 효과 등에서 구별하고 있고, 허가와 사용승인은 법적 성질이 다른 점 등의 사정을 고려하여 볼 때, 건축허가를 받아 건축되었으나 사용승인을 받지 못한 건축물의 소유자는 그 건축물이 건축허가와 전혀 다르게 건축되어 실질적으로는 건축허가를 받은 것으로 볼 수 없는 경우가 아니라면 구 공익사업법 시행령 제40조 제3항 제1호에서 정한 무허가건축물의 소유자에 해당하지 않으므로 갑을 이주대책대상자에서 제외한 위 처분이 위법하다.

341. 대법원 2013. 08. 22. 선고 2012다3517 판결[부당이득반환]

공익사업을 위한 토지 등의 취득 및 보상에 관한 법률에 의한 보상합의는 공공기관이 사경제주체로서 행하는 사법상 계약의 실질을 가지는 것으로서, 당사자 간의 합의로 같은 법 소정의 손실보상의 기준에 의하지 아니한 손실보상금을 정할 수 있으며, 이와 같이 같은 법이 정하는 기준에 따르지 아니하고 손실보상액에 관한 합의를 하였다고 하더라도 그 합의가 착오 등을 이유로 적법하게 취소되지 않는 한 유효하다. 따라서 공익사업법에 의한 보상을 하면서 손실보상금에 관한 당사자 간의 합의가 성립하면 그 합의 내용대로 구속력이 있고, 손실보상금에 관한 합의 내용이 공익사업법에서 정하는 손실보상 기준에 맞지 않는다고 하더라도 합의가 적법하게 취소되는 등의 특별한 사정이 없는 한 추가로 공익사업법상 기준에 따른 손실보상금 청구를 할 수는 없다.

342. 대법원 2013. 06. 14. 선고 2010다9658 판결[손실보상금등]

[1] 면허를 받아 도선사업을 영위하던 갑 농협협동조합이 연륙교 건설 때문에 항로권을 상실하였다며 연륙교 건설사업을 시행한 지방자치단체를 상대로 구 공공용지의 취득 및 손실보상에 관한 특례법 시행규칙 제23조, 제23조의6 등을 유추적용하여 손실보상할 것을 구한 사안에서, 항로권은 구 공공용지의 취득 및 손실보상에 관한 특례법 등 관계 법령에서 간접손실의 대상으로 규정하고 있지 않고, 항로권의 간접손실에 대해 유추적용할 만한 규정도 찾아볼 수 없으므로, 위 항로권은 도선사업의 영업권 범위에 포함하여 손실보상 여부를 논할 수 있을 뿐 이를 손실보상의 대상이 되는 별도의 권리라고 할 수 없다.

[2] 구 공공용지의 취득 및 손실보상에 관한 특례법 시행규칙 제23조의5는 "공공사업 시행지구 밖에서 관계 법령에 의하여 면허 또는 허가 등을 받거나 신고를 하고 영업을 하고 있는 자가 공공사업의 시행으로 인하여 그 배후지의 3분의 2 이상이 상실되어 영업을 할 수 없는 경우에는 제24조 및 제25조의 규정에 의하여 그 손실액을 평가하여 보상한다"고 규정하고 있다. 여기서 '배후지'란 '당해 영업의 고객이 소재하는 지역'을 의미한다고 풀이되고, 공공사업 시행지구 밖에서 영업을 영위하여 오던 사업자에게 공공사업의 시행 후에도 당해 영업의 고객이 소재하는 지역이 그대로 남아 있는 상태에서 그 고객이 공공사업의 시행으로 설치된 시설 등을 이용하고 사업자가 제공하는 시설이나 용역 등은 이용하지 않게 되었다는 사정은 여기서 말하는 '배후지의 상실'에 해당한다고 볼 수 없다.

[3] 손실보상은 공공사업의 시행과 같이 적법한 공권력의 행사로 가하여진 재산상의 특별한 희생에 대하여 전체적인 공평부담의 견지에서 인정되는 것이므로, 공공사업의 시행으로 손해를 입었다고 주장하는 자가 보상을 받을 권리를 가졌는지는 해당 공공사업의 시행 당시를 기준으로 판단하여야 한다.

제 7 절

(실력 UP) 출제가 예상되는 화제의 판결들을 공부해 두자

343. 대법원 2019. 11. 28. 선고 2018두227 판결[보상금]

[1] 모든 국민의 재산권은 보장되고, 공공필요에 의한 재산권의 수용 등에 대하여는 정당한 보상을 지급하여야 하는 것이 헌법의 대원칙이고(헌법 제23조), 법률도 그런 취지에서 공익사업의 시행 결과 공익사업의 시행이 공익사업시행지구 밖에 미치는 간접손실 등에 대한 보상의 기준 등에 관하여 상세한 규정을 마련해 두거나 하위법령에 세부사항을 정하도록 위임하고 있다.

이러한 공익사업시행지구 밖의 영업손실은 공익사업의 시행과 동시에 발생하는 경우도 있지만, 공익사업에 따른 공공시설의 설치공사 또는 설치된 공공시설의 가동·운영으로 발생하는 경우도 있어 그 발생원인과 발생시점이 다양하므로, 공익사업시행지구 밖의 영업자가 발생한 영업상 손실의 내용을 구체적으로 특정하여 주장하지 않으면 사업시행자로서는 영업손실보상금 지급의무의 존부와 범위를 구체적으로 알기 어려운 특성이 있다. 공익사업을 위한 토지 등의 취득 및 보상에 관한 법률 제79조 제2항에 따른 손실보상의 기한을 공사완료일부터 1년 이내로 제한하면서도 영업자의 청구에 따라 보상이 이루어지도록 규정한 것[공익사업을 위한 토지 등의 취득 및 보상에 관한 법률 시행규칙(이하 '시행규칙'이라 한다) 제64조 제1항]이나 손실보상의 요건으로서 공익사업시행지구 밖에서 발생하는 영업손실의 발생원인에 관하여 별다른 제한 없이 '그 밖의 부득이한 사유'라는 추상적인 일반조항을 규정한 것(시행규칙 제64조 제1항 제2호)은 간접손실로서 영업손실의 이러한 특성을 고려한 결과이다.

위와 같은 공익사업시행지구 밖 영업손실보상의 특성과 헌법이 정한 '정당한 보상의 원칙'에 비추어 보면, 공익사업시행지구 밖 영업손실보상의 요건인 '공익사업의 시행으로 인한 그 밖의 부득이한 사유로 일정 기간 동안 휴업이 불가피한 경우'란 공익사업의 시행 또는 시행 당시 발생한 사유로 휴업이 불가피한 경우만을 의미하는 것이 아니라 공익사업의 시행 결과, 즉 그 공익사업의 시행으로 설치되는 시설의 형태·구조·사용 등에 기인하여 휴업이 불가피한 경우도 포함된다고 해석함이 타당하다.

[2] 공익사업을 위한 토지 등의 취득 및 보상에 관한 법률(이하 '토지보상법'이라 한다) 제79조 제2항(그 밖의 토지에 관한 비용보상 등)에 따른 손실보상과 환경정책기본법 제44조 제1항(환경오염의 피해에 대한 무과실책임)에 따른 손해배상은 근거 규정과 요건·효과를 달리하는 것으로서, 각 요건이 충족되면 성립하는 별개의 청구권이다. 다만 손실

보상청구권에는 이미 '손해 전보'라는 요소가 포함되어 있어 실질적으로 같은 내용의 손해에 관하여 양자의 청구권을 동시에 행사할 수 있다고 본다면 이중배상의 문제가 발생하므로, 실질적으로 같은 내용의 손해에 관하여 양자의 청구권이 동시에 성립하더라도 영업자는 어느 하나만을 선택적으로 행사할 수 있을 뿐이고, 양자의 청구권을 동시에 행사할 수는 없다. 또한 '해당 사업의 공사완료일로부터 1년'이라는 손실보상 청구기간(토지보상법 제79조 제5항, 제73조 제2항)이 도과하여 손실보상청구권을 더 이상 행사할 수 없는 경우에도 손해배상의 요건이 충족되는 이상 여전히 손해배상청구는 가능하다.

[3] 공익사업을 위한 토지 등의 취득 및 보상에 관한 법률(이하 '토지보상법'이라 한다) 제26조, 제28조, 제30조, 제34조, 제50조, 제61조, 제79조, 제80조, 제83조 내지 제85조의 규정 내용과 입법 취지 등을 종합하면, 공익사업으로 인하여 공익사업시행지구 밖에서 영업을 휴업하는 자가 사업시행자로부터 공익사업을 위한 토지 등의 취득 및 보상에 관한 법률 시행규칙 제47조 제1항에 따라 영업손실에 대한 보상을 받기 위해서는, 토지보상법 제34조, 제50조 등에 규정된 재결절차를 거친 다음 그 재결에 대하여 불복이 있는 때에 비로소 토지보상법 제83조 내지 제85조에 따라 권리구제를 받을 수 있을 뿐이다. 이러한 재결절차를 거치지 않은 채 곧바로 사업시행자를 상대로 손실보상을 청구하는 것은 허용되지 않는다.

[4] 어떤 보상항목이 공익사업을 위한 토지 등의 취득 및 보상에 관한 법령상 손실보상대상에 해당함에도 관할 토지수용위원회가 사실을 오인하거나 법리를 오해함으로써 손실보상대상에 해당하지 않는다고 잘못된 내용의 재결을 한 경우에는, 피보상자는 관할 토지수용위원회를 상대로 그 재결에 대한 취소소송을 제기할 것이 아니라, 사업시행자를 상대로 공익사업을 위한 토지 등의 취득 및 보상에 관한 법률 제85조 제2항에 따른 보상금증감소송을 제기하여야 한다.

344. 대법원 2018. 1. 25. 선고 2017두61799 판결[보상금증액]

[1] 공익사업을 위한 토지 등의 취득 및 보상에 관한 법률과 그 시행규칙의 관련 규정에 의하면, 공법상 제한을 받는 토지에 대한 보상액을 산정할 때에 해당 공법상 제한이 구 도시계획법 등에 따른 용도지역·지구·구역(이하 '용도지역 등'이라고 한다)의 지정 또는 변경과 같이 그 자체로 제한목적이 달성되는 일반적 계획제한으로서 구체적 도시계획사업과 직접 관련되지 아니한 경우에는 그러한 제한을 받는 상태 그대로 평가하여야 한다. 반면 도로·공원 등 특정 도시계획시설의 설치를 위한 계획결정과 같이 구체적 사업이 따르는 개별적 계획제한이거나, 일반적 계획제한에 해당하는 용도지역 등의 지정 또는 변경에 따른 제한이더라도 그 용도지역 등의 지정 또는 변경이 특정 공익사업의 시행을 위한 것일 때에는, 그 공익사업의 시행을 직접 목적으로 하는 제한으로 보아 그 제한을 받지 아니하는 상태를 상정하여 평가하여야 한다.

[2] 어느 수용대상 토지에 관하여 특정 시점에서 용도지역·지구·구역(이하 '용도지역 등'이라고 한다)을 지정 또는 변경하지 않은 것이 특정 공익사업의 시행을 위한 것일 경우 이는 해당 공익사업의 시행을 직접 목적으로 하는 제한이라고 보아 용도지역 등의 지정 또는 변경이 이루어진 상태를 상정하여 토지가격을 평가하여야 한다. 여기에서 특정 공익사업의 시행을 위하여 용도지역 등을 지정 또는 변경하지 않았다고 볼 수 있으려면, 토지가 특정 공익사업에 제공된다는 사정을 배제할 경우 용도지역 등을 지정 또는 변경하지 않은 행위가 계획재량권의 일탈·남용에 해당함이 객관적으로 명백하여야만 한다.

[3] 2개 이상의 토지 등에 대한 감정평가는 개별평가를 원칙으로 하되, 예외적으로 2개 이상의 토지 등에 거래상 일체성 또는 용도상 불가분의 관계가 인정되는 경우에 일괄평가가 허용된다. 여기에서 '용도상 불가분의 관계'에 있다는 것은 일단의 토지로 이용되고 있는 상황이 사회적·경제적·행정적 측면에서 합리적이고 그 토지의 가치 형성적 측면에서도 타당하다고 인정되는 관계에 있는 경우를 뜻한다.

345. 대법원 2018. 5. 15. 선고 2017두41221 판결[손실보상금증액등]

[1] 하나의 재결에서 피보상자별로 여러 가지의 토지, 물건, 권리 또는 영업(이처럼 손실보상 대상에 해당하는지, 나아가 그 보상금액이 얼마인지를 심리·판단하는 기초 단위를 이하 '보상항목'이라고 한다)의 손실에 관하여 심리·판단이 이루어졌을 때, 피보상자 또는 사업시행자가 반드시 재결 전부에 관하여 불복하여야 하는 것은 아니며, 여러 보상항목들 중 일부에 관해서만 불복하는 경우에는 그 부분에 관해서만 개별적으로 불복의 사유를 주장하여 행정소송을 제기할 수 있다. 이러한 보상금 증감 소송에서 법원의 심판범위는 하나의 재결 내에서 소송당사자가 구체적으로 불복신청을 한 보상항목들로 제한된다.

법원이 구체적인 불복신청이 있는 보상항목들에 관해서 감정을 실시하는 등 심리한 결과, 재결에서 정한 보상금액이 일부 보상항목의 경우 과소하고 다른 보상항목의 경우 과다한 것으로 판명되었다면, 법원은 보상항목 상호 간의 유용을 허용하여 항목별로 과다 부분과 과소 부분을 합산하여 보상금의 합계액을 정당한 보상금으로 결정할 수 있다.

[2] 피보상자가 당초 여러 보상항목들에 관해 불복하여 보상금 증액 청구소송을 제기하였으나, 그중 일부 보상항목에 관해 법원에서 실시한 감정 결과 그 평가액이 재결에서 정한 보상금액보다 적게 나온 경우에는, 피보상자는 해당 보상항목에 관해 불복신청이 이유 없음을 자인하는 진술을 하거나 단순히 불복신청을 철회함으로써 해당 보상항목을 법원의 심판범위에서 제외하여 달라는 소송상 의사표시를 할 수 있다.

한편 사업시행자가 특정 보상항목에 관해 보상금 감액을 청구하는 권리는 공익사업을 위한 토지 등의 취득 및 보상에 관한 법률 제85조 제1항 제1문에서 정한 제소기간 내에 보상금 감액 청구소송을 제기하는 방식으로 행사함이 원칙이다. 그런데 사업시행자에 대한 위 제소기간이 지나기 전에 피보상자가 이미 위 보상항목을 포함한 여러 보상항목에 관해 불복하여 보상금 증액 청구소송을 제기한 경우에는, 사업시행자로서는 보상항목 유용 법리에 따라 위 소송에서 과다 부분과 과소 부분을 합산하는 방식으로 위 보상항목에 대한 정당한 보상금액이 얼마인지 판단 받을 수 있으므로, 굳이 중복하여 동일 보상항목에 관해 불복하는 보상금 감액 청구소송을 별도로 제기하는 대신 피보상자가 제기한 보상금 증액 청구소송을 통해 자신의 감액청구권을 실현하는 것이 합리적이라고 생각할 수도 있다.

이와 같이 보상금 증감 청구소송에서 보상항목 유용을 허용하는 취지와 피보상자의 보상금 증액 청구소송을 통해 감액청구권을 실현하려는 기대에서 별도의 보상금 감액 청구소송을 제기하지 않았다가 그 제소기간이 지난 후에 특정 보상항목을 심판범위에서 제외해 달라는 피보상자의 일방적 의사표시에 의해 사업시행자가 입게 되는 불이익 등을 고려하면, 사업시행자가 위와 같은 사유로 그에 대한 제소기간 내에 별도의 보상금 감액 청구소송을 제기하지 않았는데, 피보상자가 법원에서 실시한 감정평가액이 재결절차의 그것보다 적게 나오자 그 보상항목을 법원의 심판범위에서 제외하여 달라는 소송상 의사표시를 하는 경우에는, 사업시행자는 그에 대응하여 법원이 피보상자에게 불리하게 나온 보상항목들에 관한 법원의 감정 결과가 정당하다고 인정하는 경우 이를 적용하여 과다하게 산정된 금액을 보상금액에서 공제하는 등으로 과다 부분과 과소 부분을 합산하여 당초 불복신청된 보상항목들 전부에 관하여 정당한 보상금액을 산정하여 달라는 소송상 의사표시를 할 수 있다고 봄이 타당하다.

이러한 법리는 정반대의 상황, 다시 말해 사업시행자가 여러 보상항목들에 관해 불복하여 보상금 감액 청구소송을 제기하였다가 그중 일부 보상항목에 관해 법원 감정 결과가 불리하게 나오자 해당 보상항목에 관한 불복신청을 철회하는 경우에도 마찬가지로 적용될 수 있다.

---

346. 대법원 2017. 4. 13. 선고 2016두64241 판결[수용재결무효확인]

[1] 공익사업을 위한 토지 등의 취득 및 보상에 관한 법률(이하 '토지보상법'이라 한다)은 사업시행자로 하여금 우선 협의취득 절차를 거치도록 하고, 협의가 성립되지 않거나 협의를 할 수 없을 때에 수용재결취득 절차를 밟도록 예정하고 있기는 하다. 그렇지만 일단 토지수용위원회가 수용재결을 하였더라도 사업시행자로서는 수용 또는 사용의 개시일까지 토지수용위원회가 재결한 보상금을 지급 또는 공탁하지 아니함으로써 재결의 효력을 상실시킬 수 있는 점, 토지소유자 등은 수용재결에 대하여 이의를 신청하거나 행정소송을 제기하여 보상금의 적정 여부를 다툴 수 있는데, 그 절차에서 사업시행자와 보상금액

에 관하여 임의로 합의할 수 있는 점, 공익사업의 효율적인 수행을 통하여 공공복리를 증진시키고, 재산권을 적정하게 보호하려는 토지보상법의 입법 목적(제1조)에 비추어 보더라도 수용재결이 있은 후에 사법상 계약의 실질을 가지는 협의취득 절차를 금지해야 할 별다른 필요성을 찾기 어려운 점 등을 종합해 보면, 토지수용위원회의 수용재결이 있은 후라고 하더라도 토지소유자 등과 사업시행자가 다시 협의하여 토지 등의 취득이나 사용 및 그에 대한 보상에 관하여 임의로 계약을 체결할 수 있다고 보아야 한다.

[2] 중앙토지수용위원회가 지방국토관리청장이 시행하는 공익사업을 위하여 甲 소유의 토지에 대하여 수용재결을 한 후, 甲과 사업시행자가 '공공용지의 취득협의서'를 작성하고 협의취득을 원인으로 소유권이전등기를 마쳤는데, 甲이 '사업시행자가 수용개시일까지 수용재결보상금 전액을 지급·공탁하지 않아 수용재결이 실효되었다'고 주장하며 수용재결의 무효확인을 구하는 소송을 제기한 사안에서, 甲과 사업시행자가 수용재결이 있은 후 토지에 관하여 보상금액을 새로 정하여 취득협의서를 작성하였고, 이를 기초로 소유권이전등기까지 마친 점 등을 종합해 보면, 甲과 사업시행자가 수용재결과는 별도로 '토지의 소유권을 이전한다는 점과 그 대가인 보상금의 액수'를 합의하는 계약을 새로 체결하였다고 볼 여지가 충분하고, 만약 이러한 별도의 협의취득 절차에 따라 토지에 관하여 소유권이전등기가 마쳐진 것이라면 설령 甲이 수용재결의 무효확인 판결을 받더라도 토지의 소유권을 회복시키는 것이 불가능하고, 나아가 무효확인으로써 회복할 수 있는 다른 권리나 이익이 남아 있다고도 볼 수 없다.

제 17 장

행정심판법

제 1 절

행정심판은 무엇이고 어떠한 성격과 효력이 있을까

☞ 행정심판이란 **법원이 아니라** 행정심판위원회가 행정부 내부에서 행정청의 처분이 **위법**하거나 **부당**한지를 판단하는 것을 말한다. 법원판결이 위법만 판단하므로 **다르다.** 행정심판재결은 **행정절차**의 성격과 **판결유사**의 성격을 모두 가진다.

☞ 그래서 행정심판의 기본적인 성격은 행정청의 **처분**이자 **행정행위**이며, 다만 그 내용이 행정청의 처분이 **위법하거나 부당**한지를 판단하고 이에 대한 **재결**을 내린다는 것이다.

☞ 그러므로 행정심판은 **심판청구인의 청구**를 받아 처분의 위법 또는 부당을 **심리**하고 **의결**하며 이에 대하여 판결과 유사한 **재결**의 형태로 발급된다.

☞ 행정심판재결은 **처분**으로서의 성격을 지니고 있다는 점에서 **공정력**(국민에게 복종을 일단 요구하는 효력), **구성요건적 효력**(민형사법원이 처분이 위법한지 먼저 판단하고 이에 판단을 요건으로 삼아 민형사 판결을 내리도록 하는 효력 늑 선결문제), **불가쟁력**(처분이 있음을 안 날로부터 90일 등 일정한 시간이 지나면 더 이상 다툴 수 없는 효력), **불가변력**(행정심판 재결이 내려지면 행정심판위원회 스스로가 함부로 취소할 수 없는 효력) 등등이 인정된다.

기출

☞ 행정심판재결은 **판결과 유사한** 성격을 지니고 있다는 점에서 취소심판에서는 **형성력**(행정심판으로 위법하거나 부당한 법률관계를 변경하는 효력)과 **기속력**(재결이나 판결의 취지를 존중하도록 행정청에게 요구하는 효력), 무효확인심판과 의무이행심판은 **확인력과 기속력**이 발생한다.

주의할 빈출

☞ 행정심판은 과거 필요적 전치주의(행정심판을 거쳐야만 소송을 제기할 수 있다는 방식)에서 현재는 **임의적 전치주의**(행정심판을 거치지 않더라도 소송을 제기할 수 있다는 방식)으로 개정되었다. 다만 예외적으로 **과세처분**(심사청구 **또는** 심판청구 둘 중의 하나는 반드시 거쳐야 함), 공무원**징계**처분(**소청**을 반드시 거쳐야 함), 도로교통법상의 **면허정지나 면허취소**, 감사원의 **감사**, 노동위원회의 **구제처분** 등에 대하여는 반드시 행정심판을 거쳐야 함을 주의하여야 한다.

기출

☞ 이러한 행정심판제도는 **헌법** 제107조 제3항에서 **근거를 두고** 있다.

제 2 절

행정심판의 종류에는 어떤 것들이 있을까

1. 행정심판청구인은 **의무이행심판**(행정심판법 제4조 제3호)이나 **취소심판**(같은 법 제4조 제1호) 또는 **무효등확인심판**(같은 법 제4조 제2호)을 〈**행정청**〉을 피고로 〈**행정심판위원회**〉에 제기할 수 있다.

오답 주의 판례 빈출
법원은 의무이행소송도 부정되고 가처분도 부정됨 vs 행정심판은 의무이행심판이 가능하고 임시처분도 가능함

2. 또한 **의무이행심판**이나 **취소심판**, **무효확인심판**에 대하여는 **집행정지**를 신청할 수 있다. 집행정지로도 구제할 수 없는 경우에는 거부나 부작위에 대한 가처분에 해당하는 **임시처분**이 가능하다.

제 3 절

행정심판위원회

1. 행정심판위원회의 지위는 어떻게 보아야 하나

행정심판위원회는 행정심판의 청구를 <u>심리·의결</u> 및 <u>재결</u>을 행하는 **합의제 기관**이다.

☞ 기출

2. 행정심판위원회의 종류에는 무엇이 있는가

(1) ⟨☞ 유형1의 원칙적 유형⟩-**직근** 상급행정기관 소속하의 행정심판위원회(행정심판법 제6조 제4항)

☞ 기출

원칙적으로 행정청의 처분 또는 부작위에 대한 행정심판의 청구를 심리·재결하기 위하여 제2항부터 제4항까지의 규정에 따르는 외에는 **해당 행정청**의 **직근 상급행정기관** 소속으로 행정심판위원회를 둔다.

☞ 기출 포인트: 직근 상급기관이고 최고(위) 상급기관이 아님을 유의

(2) ⟨☞ 유형1의 예외적 유형⟩ **해당** 행정청 소속하의 행정심판위원회(행정심판법 제6조 제1항)

① **대통령 직속기관의 장**, ② **국회**사무총장·**법원**행정처장·**헌법재판소**사무처장 및 **중앙선거관리위원회**사무총장, ③ **그 밖에 소관 감독행정기관이 없는** 행정청 등의 처분 또는 부작위에 대한 심판청구를 심리·재결하기 위하여 **해당 행정청** 소속으로 행정심판위원회를 두도록 하고 있다.

☞ 기출

(3) ⟨☞ 유형2의 원칙적 유형⟩ **중앙행정심판위원회**(행정심판법 제6조 제2항)

중앙행정심판위원회, 국민고충처리위원회, 국가청렴위원회를 통합한 **국민권익위원회**에서 행정심판 관련 사무를 수행하는 내용으로 「부패방지 및 국민권익위원회의 설치와 운영에 관한 법률」이 제정됨에 따라 **국민권익위원회**에 중앙행정심판위원회를 두도록 하고 있다.

☞ 기출

중앙행정심판위원회는 ① **특별시장·광역시장·도지사·제주특별자치도지사**의 처분이나 부작위, 그 밖에 국무총리나 중앙행정기관이 직근 상급행정기관이나 소관 감독 행정기관에 해당하는 처분이나 부작위, ② **국가특별지방행정**

📝 예: 서울시장이나 장관의
처분에 대하여는 중앙행정심
판위원회가 관할

기관의 처분 또는 부작위, ③ **국무총리나 행정 각 부 장관**의 처분 또는 부작위
등의 처분에 대한 행정심판을 관장한다.

(4) 〈☞ 유형2의 예외적 유형〉 **지방행정심판위원회**(행정심판법 제6조 제3항)

📝 기출

📝 예: 동대문구청장의 처분
에 대하여는 서울시 행정심판
위원회가 관할

특별시장 · 광역시장 · 도지사 · 제주특별자치도지사에 소속된 각급 국가행
정기관 또는 그 관할구역안에 있는 자치행정기관의 처분 또는 부작위에 대한
심판청구를 심리 · 재결하기 위하여 각각 특별시장 · 광역시장 · 도지사 · 제주특별
자치도지사 소속으로 행정심판위원회를 둔다.

3. 행정심판위원회의 조직과 회의는 어떻게 될까

📝 기출

(1) 지방행정심판위원회는 위원장 1인을 포함한 **50인**(☞ 30인에서 50인으로
개정)이내의 위원으로 구성하나, 중앙행정심판위원회는 위원장을 1인을 포함한
70인(☞ 50인에서 70인으로 개정) **이내**의 위원으로 구성하되, 위원 중 상임위원은
4명 이내로 한다. 중앙행정심판위원회의 위원장은 **국민권익위원회의 부위원장
중 1명**이 되고(필요시 상임위원이 대행가능), 지방행정심판위원회의 위원장은 **해당
행정심판위원회가 소속된 행정청**이 된다.

📝 기출

(2) 행정심판위원회는 **상설기관이 아니며**, **입법론적**으로는 독립의 상설기
관으로 하는 것이 바람직하다는 견해가 유력하다. 이러한 행정심판위원회의 회
의의 구성은 **민간인 위원이 과반수 이상** 되어야 하며, **구성원 과반수의 출석과
출석위원 과반수의 찬성**으로 의결한다.

4. 행정심판위원도 제척 · 기피 · 회피된다

공정한 심리 · 의결을 위하여 법률의 규정상 당연히 물러나는 **제척**, 당사자
의 신청에 의해 재결청의 결정으로 물러나는 **기피**, 스스로 물러나는 **회피** 등의
제도가 인정된다(동법 제10조).

5. 행정심판위원회의 권한에는 무엇이 있을까

📝 기출

행정심판위원회는 심판청구사건을 심리 · 의결 및 재결하는 기관이 되었으
므로 심판청구사건의 ① **심리권**과 ② **의결권** ③ 종래 재결청이 가지던 **재결권**
등이 행정심판위원회가 모든 권한을 가지고 있다. 그 밖에 **증거조사권, 보정명
령권** 등 여러 가지 부수적인 권한도 있다.

제 4 절

행정심판의 재결의 심리범위를 알아보자

1. 행정심판위원회의 재결의 의의는 무엇일까

재결은 행정심판의 청구에 대하여 행정심판위원회가 심리·의결 내용에 따라 행하는 판단이다(행정심판법 제2조 제3호). 재결은 행정심판위원회의 의사표시로서 **확인행위·기속행위·준사법적 행위**의 성질을 가진다. ☞ 빈출

2. 재결에는 다음과 같은 요건이 있다

(1) 재결기간은 언제까지일까

재결은 행정심판위원회나 피청구인인 행정청이 심판청구서를 받은 날로부터 **60일 이내**에 하여야 한다. 이는 법적 안정성을 위한 것이며, 부득이한 사정이 있으면 위원장이 직권으로 **30일을 연장**할 수 있고, 재결기간이 **만료되기 전 7일전**까지 당사자 및 재결청에 이를 통지하여야 한다. ☞ 기출

(2) 재결의 방식은 어떻게 될까

재결은 **서면**으로 한다. 구두에 의한 재결은 **무효**이며, 재결서에는 불복고지에 관한 사항도 기재하여야 한다. 재결서에는 **이유를 기재**하여야 한다. ☞ 기출

(3) 재결의 범위는 어떠할까

1) **불고불리의 원칙의 적용을 받는다**

행정심판위원회는 심판청구의 대상이 되는 처분 또는 부작위 **이외의 사항에 대하여는 재결하지 못한다**(행정심판법 제47조 제1항). 이와 같이 **불고불리의 원칙**이 적용되는 것은 청구인의 이익을 고려한 것이며 **당사자주의**와 **처분권주의**가 적용되므로 타당한 입법이다. ☞ 빈출

2) **불이익변경금지의 원칙의 적용을 받는다**

① 의 의

행정심판위원회는 심판청구의 대상이 되는 처분보다 청구인에게 **불이익한** ☞ 빈출

재결을 하지 못한다(행정심판법 제47조 제2항).

　② **취　지**

불이익변경금지의 원칙은 **청구인의 이익을 고려**한 것이다. 행정심판에서 불이익변경을 허용한다면 행정심판을 통한 사인의 권리보호의 기회는 약화될 것이며, **행정심판이 활성화**되는 것을 저해할 우려가 있다.

　③ **문제점**

그러나 행정심판제도의 목적이 **사인의 권리보호**에만 있는 것이 아니라 **위법·부당한 행정행위를 통제**하는 데도 목적이 있으므로, 후자의 시각까지 고려한다면 청구인에게 불이익한 처분도 가능하도록 하여야 할 것이라는 **지적**이 유력하며 타당하다.

제 5 절

행정심판의 재결의 종류

1. 재결을 종류별로 개관해 보자

① 행정심판청구의 적법요건이 구비되지 못한 경우에는 **각하재결**을 한다. ② 행정심판청구요건은 구비하였으나 심판청구의 이유가 없는 경우에는 **기각재결**을 하며, 청구이유가 있는 경우에는 **인용재결**을 한다. ③ 다만, **기각**재결의 특수한 경우로서 **사정재결**이 가능하다.

2. 인용재결은 어떤 종류들이 있을까

(1) **취소재결**의 경우

취소심판의 청구가 이유가 있다고 인정할 때에는 행정심판위원회는 형성재결로서 스스로 **취소** 또는 **변경**하거나, 이행재결로서 처분청에게 **변경을 명할 수 있다**(동법 제43조 제3항). 따라서 취소심판의 인용재결에는 **취소재결·변경재결** 이외에도 **변경명령재결**이 가능하다. 행정소송과 달리 변경이란 **일부취소가 아니라** 처분내용의 **적극적인 변경**을 의미한다. 개정에 의해 **취소명령재결 삭제**되어 문리해석시 **불가능**하다. 다만 행정청의 권한존중을 위한 목적론적 해석상

📌 개정 법률 기출

가능하다는 입장도 있을 수 있다.

(2) 무효 등 확인재결의 경우

무효 등 확인심판의 청구가 이유 있다고 인정할 때에는 재결청은 처분의 효력 유무 또는 존재 여부를 확인한다(동법 제43조 제4항). 따라서 무효등확인재결에는 **유효확인재결 · 무효확인재결 · 존재확인**재결 · **부존재확인**재결이 있다.

(3) 의무이행재결의 경우

행정심판위원회는 의무이행심판의 청구가 이유가 있다고 인정할 때에는 신청에 따른 **처분**을 하거나 **할 것을 명**한다(동법 제43조 제5항). 따라서 의무이행재결에는 **처분재결**과 **처분명령재결**이 모두 가능하다. 처분재결은 **형성**재결의 성질을 가지며 처분명령재결은 **이행**재결의 성질을 가진다. `기출`

신청에 따른 처분은 **기속행위**인 경우에는 **신청대로의 처분**이지만, **재량행위**의 경우에는 **신청에 대한 하자없는 재량을 행사하는** 것을 의미한다. 실무상 **처분명령재결**이 **처분재결**보다 선호되지만, 이는 행정심판위원회의 **재량**에 해당한다. 유력설은 신속한 권리보호의 관점에서 행정심판위원회가 원처분에 대하여 충분한 심사를 할 수 있는 경우에는 처분재결을 활용하고, 그 밖의 경우에는 처분명령재결을 활용하는 것이 바람직하다는 **지적**을 하고 있다. `기출`

3. 사정재결에 대해서도 알아두자

(1) 사정재결의 의의

행정심판위원회는 **심판청구가 이유있다고 인정**하면 인용재결을 하는 것이 원칙이나, 이를 인용하는 것이 **현저히 공공복리에 적합**하지 아니하다고 인정하는 때에는 위원회의 의결에 의하여 그 심판청구를 **기각**하는 재결을 할 수 있다. `기출`

(2) 사정재결을 인정하는 이유는 무엇일까

이러한 사정재결은 **공익과 사익을 조절**하기 위한 제도로서 **법치주의의 예외**에 해당하는 성격을 가진다. `기출`

(3) 사정재결은 **위법 · 부당을 명시**해야 한다

행정심판위원회가 사정재결을 하고자 할 때, 행정심판위원회는 **재결의 주문**에서 그 처분 또는 부작위가 **위법 또는 부당함을 명시하여야 한다**(동법 제44 `기출`

조 제1항 후단). 사정재결을 하더라도 여전히 행정행위는 위법·부당하며, 후일 청구인이 원처분의 위법·부당을 다시 주장할 필요가 있을 때 유용하다는 실익이 있다.

(4) 구제방법명령과 이에 대한 불복방법은

☞ 기출

사정재결을 함에 있어서는 공익을 우선하지만 사익에 대한 고려를 하여야 하므로 **손해배상명령 같은 상당한 구제방법**을 취하거나(**직접구제처분**), 피청구인인 행정청에게 **상당한 구제방법을 취할 것을 명**할 수 있다(**구제명령**)(행정심판법 제44조 제2항).

심판청구인은 이러한 **사정재결을 대상으로 다툴 수도 있다.**

(5) 사정재결의 적용범위는 어떻게 될까

☞ 빈출

이러한 사정재결은 **취소심판**과 **의무이행심판**의 경우에만 인정되고 명문규정상 **무효확인심판**의 경우에는 **적용되지 아니한다는 것이 다수설의 입장이다**(동법 제44조 제3항). 그러나 무효확인심판의 경우에도 긍정하는 반대견해도 유력하다.

(6) 비판론도 있다

그러나 이러한 사정재결은 ① 공익을 위해 권리보호를 도외시할 우려가 있고, ② 법원과 달리 중립적이거나 독립적이지 못한 재결청이 사정재결을 하는 것은 구조적으로 객관성을 잃을 우려가 있다는 등의 이유로 사정재결에 대하여 비판적인 시각으로 바라보는 입장들이 유력하며 타당하다. 따라서 이러한 사정재결의 인정은 **엄격하게 예외적으로만 하여야 할** 것이다.

제 6 절

행정심판 인용재결의 효력에는 무엇이 있을까

1. 행정행위로서의 효력도 있다

　　재결도 행정행위의 일종이므로 내용상 **구속력·공정력·구성요건적 효력·**
불가쟁력과 불가변력이 발생한다. 그러나 **명령재결**이 아닌 **형성재결**의 경우, 재
결청으로부터 재결을 통보받은 **처분청이 행하는 재결결과의 통보는 사실행위**
에 **불과하다.**

◉ 빈출

2. 형성력도 가진다

　　취소·변경재결은 형성력을 가지므로 ① **처분시에 소급**하여 행정행위의 효
력의 소멸·변경을 가져온다. ② 또한 당사자들에게 뿐만 아니라 **제3자에 대하**
여 효력이 발생한다.

◉ 빈출

3. 기속력은 매우 중요한 효력이다

◉ 최다 빈출
◉ 인용시 기속력
＝반＋재＋결

(1) 기속력의 의의는 어떻게 될까

　　인용재결은 **피청구인인 행정청과 그 밖의 관계 행정청**을 기속하는바(동법
제49조 제1항), 이러한 재결의 효력을 기속력이라 한다. 여기서 기속이란 피청구
인인 행정청과 관계 행정청이 **재결의 취지를 존중**한다는 것을 의미한다.

◉ 핵심 개념

(2) 🔵복금지효 때문에 잘못을 반복할 수 없게 된다

　　소극적인 관점에서 재결의 기속력은 행정청은 재결에 반하여 **동일한 상황**
하에서 **동일한 처분을 반복할 수 없는** 부작위의무가 발행한다. 이러한 반복금
지의무에 위반되는지 여부는 **기본적 사실관계의 동일성의 유무를 기준으로** 판
단하게 되는 바, **별개의 사실**을 들어 재차 반복하더라도 기속력에 **반하는 것은**
아니라는 것이 다수설과 판례이다. 판결의 기속력에 관한 것이지만, 판례는 아
람마트가 농협구판장 옆에 건축허가신청을 하였으나 진해시장이 이를 거부한
사건에서 이와 같이 판시한 바 있다(대법원 2003. 4. 25. 선고 2002두3201 판결[건축
불허가처분취소]).

◉ 최다 빈출

(3) ㉛처분의무 때문에 제대로 된 처분을 다시 해야 한다

1) 이행재결에 대해서는 행정청은 이렇게 다시 처분해야 한다

<u>적극적인</u> 관점에서의 재결의 기속력은 당사자의 신청을 거부하거나 부작위로 방치한 처분의 이행을 명하는 재결이 있는 경우에 행정청은 지체없이 그 **재결의 취지에 따라 다시 이전의 신청에 대한 처분**을 하여야 한다(동법 제49조 제2항).

<u>**기속행위**의 경우에는 **신청된 대로의 처분**을, **재량행위**의 경우에는 **신청에 대한 하자없는 처분**을, **재량이 0으로 수축**되는 경우에는 **기속행위와 마찬가지로 신청에 대한 처분**</u>을 하여야 한다.

◉ 빈출

2) 행정청이 말을 듣지 않으면 시정명령과 직접처분을 내릴 수도 있고 간접강제도 내릴 수 있다

◉ 빈출

① 당해 행정청이 재처분의무를 이행하지 아니하는 때에는 행정심판위원회는 당사자의 신청에 따라 기간을 정하여 서면으로 **시정명령**을 내리고, 그 기간 내에 이행하지 아니하는 경우에는 **당해 처분을 직접 할 수 있다**(동법 제50조). 이는 취소판결의 기속력을 담보하는 수단이 **간접강제에 불과한 행정소송의 경우와 구별**되며(행정소송법 **제34조**), 이는 행정소송과 달리 **권력분립**이라는 어려움이 없기 때문에 국민의 권익보호 내지 행정심판에 대한 신뢰제고를 위하여 적극적인 형태의 재결의 기속력 담보수단이 인정되기 때문이다.

◉ 최근 기출

② 그러나 **정보를 당해 행정청이 독점**하는 경우에는 **간접강제가 더욱 실효적이라는 견해가 유력**하며 **행정심판법을 개정하여 재결의 기속력 담보수단으로서 간접강제를 '추가'**하게 되었다.

◉ 개정 포인트

③ 또한 **행정심판위원회가 직접처분을** 한 경우에는 그 사실을 당해 행정청에게 통보하여야 하며, 그 **통보를 받은 행정청**은 행정심판위원회가 행한 처분을 **당해 행정청이 행한 처분으로 보아 관계 법령에 따라 관리·감독 등 필요한 조치를 하여야 한다**.

3) 인용이유가 절차위반인 경우에는 어떻게 해야 할까

◉ 빈출

신청에 따른 처분이 **절차의 위법 또는 부당을 이유로** 재결로써 취소된 경우에도 재결의 취지에 따라 다시 처분을 하여야 한다(동법 제49조 제3항). 절차위반의 경우를 별도로 규정한 이유는 **절차적 요건이 중요**하다는 것을 강조하는 입법취지인 것으로 보인다.

(4) **결**과제거의무도 있다

취소·무효의 확인재결이 있게 되면 행정청은 위법·부당으로 명시된 처분에 의하여 야기된 사실적인 위법하고 부당한 상태까지 제거할 의무가 있다.

4. 관련문제

(1) **법령 등을 개선할 수도 있다**

중앙행정심판위원회는 심판청구를 심리·의결함에 있어서 처분의 근거나 되는 법령이 위법하거나 현저하게 불합리하다고 인정하는 때에는 이에 대하여 **적절한 시정조치를 권고할** 수 있으며(동법 제59조), 이에 대하여 관계 행정청은 **정당한 사유가 없는 한 이에 따라야 한다**. ☞ 주의

(2) **취소·변경 등을 공고하여야 한다**

법령의 규정에 의하여 공고하거나 고시된 처분이 재결로써 취소 또는 변경된 때에는 처분을 행한 행정청은 지체 없이 그 처분이 취소 또는 변경되었음을 **공고하거나 고시**하여야 한다(동법 제49조 제4항).

(3) **이해관계인에게 통지하여야 한다**

법령의 규정에 의하여 처분의 상대방 이외의 이해관계인에게 통지된 처분이 재결로써 취소 또는 변경된 때에는 처분을 행한 행정청은 **지체없이 그 이해관계인에게 그 처분이 취소 또는 변경되었음을 통지하여야 한다**(동법 제49조 제5항). ☞ 기출

제 7 절

고지제도

1. 고지제도의 의의에 대하여 알아보자

(1) 고지제도의 개념은 어떻게 될까

행정청이 처분을 서면으로 하거나 또는 이해관계인으로부터 요구가 있는

경우에 그 상대방이나 이해관계인에게 처분에 관하여 **행정심판을 제기할 수 있는**지 여부, 제기하는 경우의 **관할 행정심판위원회**, **청구기간** 등을 알려야 하는 것을 의미한다(행정심판법 제58조).

이러한 고지제도에는 **직권고지와 신청고지** 두 종류가 있으며, 불복고지라고도 한다.

(2) 고지제도는 왜 필요할까

이러한 고지제도는 ① 행정청에게는 행정의 민주화와 **신중**한 행정 및 합리적인 행정을 가능하도록 하며, ② 국민에게는 **방어권의 보호**에 기여하는 기능을 가지고 있다. 행정의 행위형식이 다양하고, 행정조직과 행정구제절차가 복잡하므로 이러한 고지제도의 필요성은 더욱 중요해진다.

(3) 고지의 법적 성질은 어떤 것일까

① **고지**는 국민에게 일정한 사실을 알리는 **사실행위에 불과**하며, 권리 · 의무에 직접적인 영향을 미치지 아니하므로 **준법률행위적 행정행위로서의 통지라고 볼 수는 없다.**

② 고지제도에 관한 행정심판법의 규정의 성질과 관련하여 이는 **훈시규정**이라는 견해가 있지만, 고지의무위반에 대하여 일정한 절차상의 제재가 행정청에게 가해지므로 **강행규정으로** 보는 다수설이 타당하다.

③ 그러나 고지제도의 효과에서 상론하겠지만, 이러한 **고지의무위반이 행**정행위를 위법하게 만드는 것은 아니다.

(4) 고지를 배제할 수 있는 경우는

판례는 국세기본법처럼 **개별법상 행정심판법의 적용을 배제**하는 경우 **불복고지마저 배제된다고** 보는 경우가 있다. 그러나 고지제도는 성질상 행정절차법의 규정사항이므로 이러한 판례는 **문제가 있다는 지적**이 유력하다.

2. 고지제도의 법적 근거를 알아보자

(1) 다른 나라들의 입법례는

① 행정**절차법**에서 규정하는 오스트리아나 스위스의 입법례, ② **행정심판법에**서 규정하는 일본의 입법례, ③ **행정법원법**에서 규정하는 독일의 입법례 등이 있다. 그러나 이를 행정절차법에서 통일적으로 규정하는 것이 바람직하다

는 유력설이 있다.[1]

(2) 우리나라의 경우는

고지제도는 **행정심판법**과 **행정절차법** 및 **공공기관의 정보공개법에서** 규정되어 있으며, 내용상으로 행정심판법상의 고지제도 규정이 일반법으로서의 역할을 하고 있다. 그러나 산재되어 있는 고지제도에 관한 규정을 **행정절차법에서 단일의 규정으로 입법하자는 견해**가 전술한 바와 같이 타당하다고 생각한다.

3. 직권고지

(1) 직권고지의 의의에 대하여 알아보자

행정청이 처분을 **서면으로** 하는 경우에 그 **상대방**에게 **처분에 관하여** 행정심판을 제기할 수 있는지 여부, 제기하는 경우의 **심판청구절차** 및 **청구기간을** 알려야 하는 것을 말한다(행정심판법 제58조 제1항).

(2) 직권고지의 요건은 어떻게 될까

1) 주체와 상대방은

직권고지의 주체는 국가나 지자체의 **행정청**이며, 상대방은 당해 **처분의 상대방을** 의미한다. 따라서 **제3자는 신청고지를 요구**할 수 있지만, 의무적인 직권고지의 대상자가 아니다.

2) 직권고지의 대상이 되는 처분의 종류는

직권고지의 대상이 되는 처분은 **서면에 의한 처분**이고, 구두에 의한 처분은 포함되지 아니한다.

3) 직권고지의 내용에는 무엇이 있을가

이러한 직권고지의 내용으로는 행정심판제기가부, 심판청구의 필요성 여부, 심판청구절차, 심판청구기간 등 각종 **불복여부** 및 **불복사항과 불복방법** 등이다.

☞ 기출

4) 직권고지의 방법과 시기에 대하여 알아보자

직권고지의 방법은 **문서로** 하여야 하며, 직권고지는 **서면처분을 발급함과 동시**에 이루어져야 한다. 다만 **상당한 기간 내에 사후고지가 있는 경우에는 불고지의 하자는 치유될 수 있다.**

☞ 기출

---

1 홍정선 교수.

4. 신청고지

(1) 신청고지의 의의는 무엇일까

행정청이 상대방이나 이해관계인으로부터 행정심판대상인 처분인지 여부와 구체적인 관할 행정심판위원회 및 청구기간 등을 **알려줄 것을 요구받은 경우 이를 지체 없이 알려주어야** 하는 것을 신청고지라고 한다(행정심판법 제58조 제2항).

(2) 신청고지의 요건에 대하여 알아두자

1) 신청권자는 누구일까

신청고지는 처분의 **상대방과 법률상 이익이 침해된 제3자**도 모두 해당된다. 다만 상대방은 직권고지를 받지 못하였거나 구두에 의한 처분의 경우에 의미가 있을 것이다.

2) 신청고지의 대상인 처분은 어떠한 종류일까

서면에 의한 처분에 한하지 않으므로 **서면처분과 구두처분**이 모두 해당된다는 점에서 직권고지와 차이가 있다.

3) 신청고지의 내용에는 무엇이 있을까

기출

고지의 내용은 ① **심판대상 여부**, ② **관할 행정**심판위원회 및 ③ **청구기간 등 불복여부와 불복사항 및 불복 방법**이다.

4) 신청고지의 방법과 시기를 알아보자

이러한 신청고지의 방법은 **제한이 없으며**, 다만 서면으로 요구받은 경우에만 서면으로 고지하면 된다. 시기는 **요구받은 후 지체 없이** 고지하여야 한다.

5. 고지의무위반의 효과는 어떠할까

(1) 처분을 위법하게 만들지는 않는다

고지의무를 이행하지 아니한 불고지나 잘 못 이행한 오고지의 경우 **행정청에게 불이익하게 작용할 뿐, 처분을 위법하게 만들지는 않는다**는 것이 다수설과 판례의 입장이다. **중앙선 침범으로 마주오던 승용차를 충격하여 사고를 낸 시내버스사건**에서 판례는 마찬가지로 판시하고 있다(대법원 1987. 11. 24. 선고 87누529 판결[차량면허취소처분취소사건]). 이는 고지의무위반의 효과는 불고지나 오고지라는 의사 그 자체의 흠결에서 나오는 것이 아니라, 행정심판법이 **고지제도**

최다 빈출

의 실효성 확보를 위하여 특별히 부여한 것이기 때문이다.

(2) 관할 행정심판위원회를 잘못 선택한 경우에는

불고지나 오고지로 인하여 청구인이 심판청구서를 다른 행정청에게 제출한 때에는 **지체없이 정당한 권한이 있는 행정심판위원회에게 송부하여야** 한다(행정심판법 제23조 제2항). 그리고 이를 **지체없이 청구인에게 통지**하여야 한다(제23조 제3항). 그리고 심판청구기간의 계산은 국민에게 유리하도록 **다른 행정심판위원회에게 잘못 제출된 때를 기준으로** 한다(행정심판법 제23조 제4항).

☞ 빈출

(3) 청구기간을 도과한 경우에는

1) 행정청이 심판청구기간을 법정의 기간보다 긴 기간으로 **잘못 알린 오고지의 경우에는 그 잘못 알린 기간 내에 심판청구가 있으면 적법한 것으로 본다**(동법 제27조 제5항).

☞ 빈출

2) 행정기관이 심판청구기간을 알리지 아니한 **불고지의 경우에는 처분이 있은 날로부터 180일 이내**에 행정심판을 제기할 수 있다(동법 제27조 제6항).

(4) 행정심판**전치**가 불필요하다고 잘못 알린 경우에는

행정소송법은 처분을 행한 행정청이 행정심판을 거칠 필요가 없다고 잘못 알린 오고지의 경우에는 **행정심판을 제기함이 없이 행정소송을 제기할 수 있다**(행정소송법 제18조 제3항 4호).

☞ 빈출

제 8 절

중요 판례의 동향을 더 알아보고 출제에 대비해 보자

행정심판청구기간과 제소기간 도과여부
347. 대법원 2011. 11. 24. 선고 2011두18786 판결【과징금부과처분취소】[공 2012상, 68]
[1] 행정심판청구기간 도과 후 제소 행정소송법 제18조 제1항, 제20조 제1항, 구 행정심판법(2010. 1. 25. 법률 제9968호로 전

부 개정되기 전의 것) 제18조 제1항을 종합해 보면, 행정처분이 있음을 알고 처분에 대하여 곧바로 취소소송을 제기하는 방법을 선택한 때에는 처분이 있음을 안 날부터 90일 이내에 취소소송을 제기하여야 하고, 행정심판을 청구하는 방법을 선택한 때에는 처분이 있음을 안 날부터 90일 이내에 행정심판을 청구하고 행정심판의 재결서를 송달받은 날부터 90일 이내에 취소소송을 제기하여야 한다. 따라서 **처분이 있음을 안 날부터 90일 이내에 행정심판을 청구**하지도 않고 **취소소송을 제기**하지도 않은 경우에는 그 후 제기된 **취소소송은 제소기간을 경과한 것으로서 부적법**하고, 처분이 있음을 안 날부터 90일을 넘겨 청구한 부적법한 행정심판청구에 대한 **재결이 있은** 후 재결서를 송달받은 날부터 90일 이내에 원래의 처분에 대하여 **취소소송을 제기**하였다고 하여 **취소소송이 다시 제소기간을 준수한 것으로 되는 것은 아니다.**

[2] 사안의 적용

국민건강보험공단이 2009. 9. 2. 국민건강보험법 제85조의2 제1항에 따라 갑에게 과징금을 부과하는 처분을 하여 2009. 9. 7. 갑의 동료가 이를 수령하였는데, 갑이 그때부터 90일을 넘겨 국무총리행정심판위원회에 행정심판을 청구하여 청구기간 경과를 이유로 각하재결을 받았고, 그 후 재결서를 송달받은 때부터 90일 이내에 원처분에 대하여 취소소송을 제기한 사안에서, 행정심판은 갑이 처분이 있음을 안 날부터 90일을 넘겨 청구한 것으로서 부적법하고, 행정심판의 재결이 있은 후에 비로소 제기된 과징금 부과처분에 대한 취소소송 또한 제소기간이 경과한 후에 제기된 것으로서 부적법하다는 이유로 이를 각하한 원심판결은 정당하다.

제 18 장

행정소송법1 ─ 행정소송의 형태

제 1 절

행정소송을 공부하기 전에 기초용어와 기초개념을 다시 확인해 두자

☞ **행정주체**(= 국가, 지방자치단체, 공법상 법인, 공무수탁사인)

☞ **행정기관** = 공무원 등 행정주체를 위하여 행위하는 구성원이나 구성기구

☞ **행정청** = 관공서의 장 등 행정기관을 대표하여 그 명의를 사용하고 권한을 행사할 수 있는 행정기관

☞ **행정작용** = 행정청이 공익을 위하여 국민에 대하여 행하는 다양한 작용

⇒ **행정작용의 종류** = 행정행위(= 권력적 단독행위 = 처분 = 공권력) + 행정지도(= 권유, 가이드, 지도 = 비권력적 사실행위 = 비권사) + 권력적 사실행위(= 순수사실행위 + 수인하명 = 합성행위 = 권사) + 행정입법(법규명령 + 행정규칙) + 행정계획 + 확약(장래에 허가 등 발급 약속행위) + 공법상 계약

☞ **행정구제** = 원상태로의 복귀(행정심판 + 행정소송) + 금전회복(국가배상 + 손실보상)

☞ **행정의 위법성 관련 개념** = 적법(정당 + 부당) + 위법(취소 + 무효)

⇒ 실익: 행정심판은 부당과 위법 구제 vs 행정소송은 위법만 구제

☞ **주의점 >** 행정심판은 법원이 아니라 행정심판위원회가 행함 ⇒ 행정심

▣ 합격의 초석이 되는 기초를 확인(빈출, 오답, 포인트들)

▣ 기출

판은 재결 vs 행정소송은 판결

☞ 행정작용이 **처분**인 경우에는 **항고소송**으로 가고 특히 그 중에서도 **취소소송**으로 대부분 간다. 행정작용이 **처분이 아닌 경우(행정지도, 공법상 계약)**에는 **당사자소송**으로 간다.

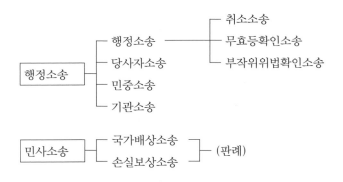

☞ **우리 행정소송법의 특징은 항고소송 중심주의와 취소소송 중심주의를 취한다는 것이다.**

☞ 행정소송 중 항고소송과 당사자소송은 **주관적 소송**이고, 민중소송과 기관소송은 **객관적 소송**이다. 주관적 소송은 피해를 입은 국민에 대한 권리구제에 주안점이 있지만, 객관적 소송은 권리구제와는 무관하고 위법성만 다투는 소송이다.

> **행정소송법제3조(행정소송의 종류)** **행정소송**은 다음의 네가지로 구분한다.
> 1. **항**고소송: 행정청의 처분등이나 부작위에 대하여 제기하는 소송
> 2. **당**사자소송: 행정청의 처분등을 원인으로 하는 법률관계에 관한 소송 그 밖에 공법상의 법률관계에 관한 소송으로서 그 법률관계의 한쪽 당사자를 피고로 하는 소송
> 3. **민**중소송: 국가 또는 공공단체의 기관이 법률에 위반되는 행위를 한 때에 직접 자기의 법률상 이익과 관계없이 그 시정을 구하기 위하여 제기하는 소송
> 4. **기**관소송: 국가 또는 공공단체의 기관상호간에 있어서의 권한의 존부 또는 그 행사에 관한 다툼이 있을 때에 이에 대하여 제기하는 소송. 다만, 헌법재판소법 제2조의 규정에 의하여 헌법재판소의 관장사항으로 되는 소송은 제외한다.

> 제4조(항고소송) 항고소송은 다음과 같이 구분한다.
> 1. **취소소송**: 행정청의 위법한 처분등을 취소 또는 변경하는 소송
> 2. **무효등 확인소송**: 행정청의 처분등의 효력 유무 또는 존재여부를 확인하는 소송
> 3. **부작위위법확인소송**: 행정청의 부작위가 위법하다는 것을 확인하는 소송

☛ 빈출 조문

제 2 절

본안소송의 종류를 공부하자

1. 항고소송은 처분에 대한 행정소송이다 ☆

행정청의 **처분** 등이나 **부작위**에 대하여 제기하는 소송을 말한다. 우리 행정소송법은 피해자의 권리구제를 위하여 제기하는 **주관소송** 중에서 '**항고소송 중심주의**'로 입법되어 있고 **당사자소송**은 상대적으로 입법이 미비하고 실무적으로도 활성화되어 있지 못하다.

☛ 빈출

(1) **취소소송이 항고소송 중에서 가장 중요하다** ☆

1) 본래의 취소소송에 대하여 배워두자

가) 취소소송의 의의는 무엇인가

행정청의 위법한 **처분등**을 **취소** 또는 **변경**하는 소송을 의미한다. 행정행위가 위법한 경우 중대명백하지 못한 경우가 대부분이므로 **원칙적으로 취소사유**이어서 '**취소소송 중심주의**'로 입법되어 있고 실무도 운용되고 있다. 그러나 취소소송은 **소송요건이 엄격**하다.

☛ 빈출

나) 취소소송의 4유형론을 배워두자

이렇게 소송을 네 가지로 유형화하여 검토하는 것은 원고적격과 대상적격의 소송요건 검토와 관련하여 유익한 분류라고 생각된다.[1]

① 행정의 상대방에 대한 기본권을 침해하는 행정행위가 발급되는 유형은 **소송의 1유형**으로서 **상대방의 방어소송**이라고 한다. 소송의 **1유형**은 행정청이 **상대방**에게 침익적 행정행위를 발급하는 경우에 상대방이 방어하기 위해 제기

☛ 실력 향상을 위한 핵심 이해

---

1 박정훈, 행정소송의 구조와 기능, 박영사, 2006, 67면 이하.

하는 소송이인 것이다. 첫 번째 유형에서는 **원고적격인정이 용이**한 것이 특징이다.

② 상대방의 신청에 대한 **거부나 부작위**를 다투는 유형은 소송**의 2유형**으로서 **상대방의 요구소송**이라고 한다. 소송의 2유형은 허가 등을 신청한 **상대방**이 거부나 부작위를 당한 것에 대하여 상대방이 제기하는 소송인 것이다. 두 번째 소송유형에서는 **법규상·조리상 신청권**이 인정되어야 재판의 **대상**이 되는 거부나 부작위가 되는 것이 특징이다.

③ 상대방에 대한 수익적 행정행위가 제3자에게는 침익적이 되어 제3자가 **제3자효 행정행위**를 방어하기 위하여 다투는 유형은 **소송의 3유형**으로서 **제3자의 방어소송**이라고 한다. 소송의 3유형은 제3자효 행정행위의 **제3자**가 다투는 소송이다. 소송의 4유형은 행정개입을 신청했지만 거부나 부작위당한 **제3자**가 제기하는 소송인 것이다. **제3자효 행정행위**는 행정청이 발급한 행정행위(= 공권력 = 처분)가 **상대방**에게는 수익적이지만 **제3자에게는** 침익적인 효과가 동시에 나타나거나 또는 그 반대로 나타나는 것을 의미한다. 세 번째 유형에서는 **제3자에게 법률상 이익이 있는지 원고적격에 대한 상세한 검토**가 필요하다.

④ 상대방이 제3자의 기본권을 침해하는 행위를 하는 경우 제3자가 행정청에게 **행정개입을 신청하였지만 거부나 부작위** 당하여 이를 다투는 유형은 소송**의 4유형**으로서 **제3자의 요구소송**이라고 한다. 네 번째 유형에서는 **행정개입을** 청구하기 위하여는 행정개입이 **기속행위**이거나 **재량이 0이나 1로 수축**되어야 한다.

2) 무효선언을 구하는 의미의 취소소송도 있다

☞ 행정청의 처분이 무효사유임에도 불구하고 취소소송을 제기한 경우에 법원으로서는 **취소소송**으로 취급할 수밖에 없다. 법원은 당사자주의 원칙 때문에 적극적으로 재판에 개입할 수 없기 때문이다. 취소소송처럼 **제소기간과 행정심판전치주의** 적용을 받게 된다.

(2) 무효등 확인소송은 예외적으로 활용된다

행정청의 처분등의 **효력 유무** 또는 **존재여부를 확인하는** 소송이다. 행정행위가 위법하더라도 중대명백한 예외적인 경우에만 무효사유가 있게 되므로 **무효확인소송은 예외**적이다. 종래의 부존재확인소송을 무효확인소송에 함께 규정하고 있다.

☞ 소송의 종류는 확인의 소, 형성의 소, 이행의 소로 분류된다. 취소소송은 형성의 소에 해당하고, 무효확인소송은 확인의 소에 해당한다. 확인의 소는 이행의 소나 형성의 소가 가능하면 허용되지 않는다고 보았었다.

다만 **무효확인소송**은 **판례가 변경**되어 **확인의 소의 보충성 요건을 더 이상 요구하지 않게** 되었다. 따라서 부당이득반환청구소송 같은 이행소송이 가능하더라도 금전처분 무효확인소송을 청구하는 방식을 선택할 수 있게 되었다. **전원합의체 판결의 다수의견**은 행정소송법 **제38조**에서 **제30조 제2항의 재처분의무에 관한 판결의 기속력**을 준용하고 있어 판결이유에 **반환취지를 판시하면 반환을 명하는 것**이나 다를 바 없어 효과적인 구제수단이 될 수 있으며, 일본 **입법례와 달리** 우리는 확인의 소의 보충성 요건을 규정하고 있지 않으므로 **확인의 소의 보충성 요건**은 **불필**요하다고 한다. 다만 **당사자소송이나 민사소송**에서는 **여전히** 확인의 소의 보충성 요건이 **필요하다.**

고☞ 판례 변경 빈출 포인트

(3) 부작위위법확인소송은 처분을 해주지 않는 경우에 활용된다

행정청의 **부작위가 위법하다는 것을 확인하는 소송**이다. 그런데 다수설과 판례는 신청에 대하여 검토하고 처분하는 과정만 있으면 족하므로 부작위 유무가 부작위위법확인소송의 소송물(= 재판의 주제)이라고 보는 **절차적 심리설**로 운영하고 있어 **인용**판결이 있더라도 **거부처분이 발급되는 것만으로도 판결의 취지를 존중**하는 것이 되어 효과적인 권리구제와는 거리가 멀다. 따라서 부작위위법확인소송도 거부처분취소소송처럼 실질적인 부작위의 위법성 사유를 모두 검토하자는 **실체적 심리설**이 타당하다. 실체적 심리설에 의하면 인용 판결시 기속력은 기속행위는 신청대로 처분의무가 있게 되고 재량행위는 신청에 대한 하자 없는 재량행사의무가 인정되게 되므로 효과적인 권리구제가 되게 된다. 궁극적으로는 **의무이행소송**(현재는 존재하지 않아서 문제임)을 **입법하여 해결함이 바람직하다.**

고☞ 기출

고☞ 기출

2. 당사자소송은 공법상 법률관계에 대한 행정소송이다

(1) 공법상 법률관계에 대한 권리의무분쟁은 당사자소송으로 해결한다

☞ if 행정청의 행정작용 ⇒ if 처분 = 공권력 = 행정행위 = 권력적 단독행위 = 국민의 권리나 의무를 권력적이고 직접적으로 제한하거나 영향을 미치

고☞ 최다 빈출

는 행위 ⇒ then 행정소송 중에서도 항고소송(취소소송, 무효 등 확인소송, 부작위위법확인소송)으로 항의할 수 있다. + 가구제 중에서 집행정지만 가능하고 가처분은 부정된다.

☞ if 행정청의 행정작용 ⇒ if **처분이 아닌 경우** 예: 행정지도(각종 권유나 조언), 공법상 계약 ⇒ then 행정소송 중에서도 당사자소송으로 다툼 + 가구제 중에서 가처분이 가능, 그러나 처분이 아니므로 집행정지는 부정된다.

(2) 실질적 당사자소송

실질적 당사자소송은 행정청의 **처분 등을 원인으로 하는 법률관계에 관한 소송**과 그 밖에 공법상의 법률관계에 관한 소송인데, 그 법률관계의 **한쪽 당사자를 피고로 하고 항고소송과 달리 행정청을 피고로 하지 않는다.**

(☞ 항고소송은 **행정청이 피고**가 되고, 당사자소송은 **국가나 지방자치단체**가 피고가 된다.)

☞ 국가배상소송에 대하여 다수설은 처분 등을 원인으로 하는 법률관계에 관한 당사자소송으로 보지만, **판례는 민사소송으로 보고** 있음을 주의하여야 한다.

형식적 당사자소송은 **보상금증감청구소송**처럼 처분 자체를 다투지는 않고 **처분의 내용이 되는 권리의무관계를 다투는 소송**을 의미한다.

☞ 형식적 당사자소송은 겉으로는 금전보상금액에 대한 권리의무를 다투는 것처럼 보이지만 실질은 수용처분 같은 처분의 내용에 대한 불만을 다투는 소송이다. 따라서 형식적 당사자소송은 항고소송과 실질적 당사자소송의 중간형태이다. 그런데 다수설과 판례는 형식적 당사자소송도 항고소송이 아니라 **당사자소송의 일종으로 취급**한다.

(3) 형식적 당사자소송

형식적 당사자소송은 **법률에 규정이 없는 한 함부로 인정하는 것은 취소소송을 잠탈하게 되므로 함부로 인정할 수 없으므로 법률에 규정이 있어야 한다.**

3. 민중소송은 법률에 규정이 있는 경우에만 사용할 수 있다

국가 또는 공공단체의 기관이 법률에 위반되는 행위를 한 때에 **직접 자기의 법률상 이익과 관계없이 그 시정을 구하기 위하여 국민이 단체로 제기**하는 소송이다. 민중소송은 행정소송법 제45조의 **민중소송법정주의**에 따라 **법률이 정한 경우에 법률에 정한 자에 한하여** 제기할 수 있으므로 규정이 없는 경우는 각하된다.

    ☞ 기출> 행정청이 바닷가 마을에 발전소건축허가를 내 준 경우에 인근 주민 1인이 피해자로서 취소소송을 제기하면 항고소송이지만, 마을 사람들이 집단적으로 소송을 제기하면 **민중소송이** 된다.

4. 기관소송은 법률의 규정이 있는 경우에만 사용된다

    국가 또는 공공단체의 **기관 상호간**에 있어서의 권한의 존부 또는 그 행사에 관한 다툼이 있을 때에 이에 대하여 제기하는 소송이다. 다만, **헌법재판소법 제2조**의 규정에 의하여 헌법재판소의 관장사항으로 되는 **권한쟁의**는 헌법재판소법이 **특별법**이므로 제외한다. 따라서 지방자치법상 **지방자치단체장, 지방의 회, 감독청** 등 사이의 소송에 국한되게 된다. **감독청과의 소송도 기관소송으로 보는 광의설**[2]**이 판례**의 입장으로서 타당하나, 이러한 경우는 특수소송에 불과하고 기관소송이 아니라는 협의설이 있다.[3]   ☞ 기출

    기관소송도 행정소송법 **제45조의 기관소송법정주의**에 따라 **법률이 정한 경우에 법률에 정한 자에 한하여** 제기할 수 있으므로 규정이 없는 경우는 **각하** 된다.   ☞ 기출

제 3 절

임시로 보전소송을 제기할 수도 있다

    보전소송은 항고소송이나 당사자소송 등 **본안소송의 시간이 오래 소모되어 잠정적**으로 일단 취하게 되는 법원의 권리구제 제도를 의미한다. ☞ 보전소송은 가구제라고도 하며, 이에는 처분 등의 집행을 잠시 멈추는 집행정지와 임시로 적극적인 지위나 권리를 보전시켜주시는 가처분이 있다.

---

2 김남진 교수 등.
3 홍정선 교수 등.

(1) **집행정지**를 배워두자

1) 집행정지의 의의는 무엇일까

취소소송이나 무효확인소송이 제기되었으나 **본안판결이 나기 전에 집행이 되어 회복하기 어려운 손해**를 입을 수 있는 **긴급한** 경우에 법원이 **신청**이나 직권에 의하여 **처분을 정지하는 결정**을 의미한다(행정소송법 제23조).

우리 행정소송법은 행정심판이나 행정소송을 제기하여도 처분이 정지되지 않는 '**집행부정지의 원칙**'을 취하고 있다. 궁극적으로는 **독일처럼 집행정지의 원칙**을 취하는 것이 입법론으로 요구된다.

📌 기출

📌 빈출 조문

> **행정소송법 제23조(집행정지)** ① 취소소송의 제기는 처분등의 효력이나 그 집행 또는 절차의 속행에 **영향을 주지 아니한다.**
> ② 취소소송이 제기된 경우에 처분등이나 그 집행 또는 절차의 속행으로 인하여 생길 **회복하기 어려운 손해**를 예방하기 위하여 **긴급한 필요**가 있다고 인정할 때에는 본안이 계속되고 있는 법원은 당사자의 신청 또는 직권에 의하여 처분등의 효력이나 그 집행 또는 절차의 속행의 전부 또는 일부의 정지(이하 "집행정지"라 한다)를 결정할 수 있다. 다만, 처분의 효력정지는 처분등의 집행 또는 절차의 속행을 정지함으로써 목적을 달성할 수 있는 경우에는 허용되지 아니한다.
> ③ 집행정지는 공공복리에 중대한 영향을 미칠 우려가 있을 때에는 허용되지 아니한다.
> ④ 제2항의 규정에 의한 집행정지의 결정을 신청함에 있어서는 그 이유에 대한 소명이 있어야 한다.
> ⑤ 제2항의 규정에 의한 집행정지의 결정 또는 기각의 결정에 대하여는 즉시항고할 수 있다. 이 경우 집행정지의 결정에 대한 즉시항고에는 결정의 집행을 정지하는 효력이 없다.
> ⑥ 제30조제1항의 규정은 제2항의 규정에 의한 집행정지의 결정에 이를 준용한다.

2) 집행정지의 요건을 알아보자

가) 일반적 요건을 꼼꼼하게 챙겨두자

📌 암기법:
계 + 처 + 거 X + 손 + 긴 + 공 + 본

집행정지 신청이 인용되기 위해서는 적극적 요건으로

① 적법한 본안소송(☞ 처분에 대한 행정소송이므로 항고소송 예: 취소소송, 무효 등 확인소송 but 처분이 없는 것이 부작위이므로 부작위위법확인소송은 집행정지 안 됨)의 **계**속,

② ㉓분등의 존재(☞ 판례는 처분들은 되지만 ㉑부처분이나 부작위는 집행정지 부정),

　　　　　　　　　　　　　　　　　　　　　　　　　　　　📌 집행정지요건 최다 빈출

③ 회복하기 어려운 ㉔해예방의 필요,

④ ㉘급한 필요 등이 있어야 하고,

소극적 요건으로

⑤ 집행정지가 ㉢공복리에 중대한 영향을 미칠 우려가 없어야 한다.4(☞ 후술하듯이 ㉤안청구의 이유 없음이 명백하지 아니할 것)

이때 회복하기 어려운 손해는 **사회통념상 ㉤전보상이나 원상회복이 불가능하다고 인정되는 손해를 의미하는** 바, 이는 **금전보상이 불능**인 경우뿐만 아니라 금전보상으로는 사회관념상 행정처분을 받은 당사자가 **참고 견딜 수 없거나 또는 참고 견디기가 현저히 곤란한 경우**(☞ ㉢인불가능)의 유형·무형의 손해를 말한다(대결 2004. 5. 17.자 2004무6 결정). 기업체의 경우는 **수인불가능**이란 단순히 **막대한 금전상의 손해로는 부족**하고 ㉢대한 경영상의 위기를 요구한다(판례).

　　　　　　　　　　　　　　　　　　　　　　　　　　　　📌 빈출

　　　　　　　　　　　　　　　　　　　　　　　　　　　　📌 암기법:
　　　　　　　　　　　　　　　　　　　　　　　　　　　　금x + 수 + 중
　　　　　　　　　　　　　　　　　　　　　　　　　　　　📌 기출

긴급한 필요는 집행정지의 필요성이 **절박**하다는 것, 환언하면 회복하기 어려운 손해의 발생이 절박하여 본안판결을 **기다릴 여유가 없음**을 의미한다.

공공복리에 중대한 영향을 미치는지 여부는 집행정지가 공공에 미치는 영향과 처분의 집행이 신청인에게 가하는 손해를 **비교형량**하여 결정할 일이다.

　　　　　　　　　　　　　　　　　　　　　　　　　　　　📌 기출

나아가서 **본안청구의 이유없음이 명백하지 않을 것**을 대법원은 **요구**하고 있다. 즉 대법원은 "행정처분의 효력정지를 구하는 신청사건에 있어서는 행정처분 자체의 적법 여부는 원칙적으로는 판단할 것이 아니고 그 행정처분의 효력이나 집행을 정지할 것인가에 대한 행정소송법 제23조 제2항 소정의 요건의 존부만이 판단의 대상이 되나, 본안청구가 이유 없음이 **명백할 때에는** 행정처분의 효력정지나 집행정지를 **명할 수 없다**"(대법원 1992. 6. 8.자 92두14 결정; 대법원 1994. 10. 11.자 94두23 결정)고 판시하여 본안의 이유유무는 집행정지의 요건이 될 수 없다고 보면서도 이유 없음이 **명백한 경우에는** 이를 **고려하여 판단하여야 한다는 태도**를 취하고 있다.

　　　　　　　　　　　　　　　　　　　　　　　　　　　　📌 기출

---

4 대법원은 **본안의 이유유무**는 집행정지의 요건이 **될 수 없다**고 보면서도 **이유 없음이 명백한 경우에는** 이를 **고려하여 판단하여야 한다는 태도를 취하고 있다**(대법원 1992. 6. 8.자 92두14 결정).

나) 거부처분의 집행정지를 받아줄지 다툼이 있다

① 부정설

행정처분의 집행정지는 행정처분이 없었던 것과 같은 상태를 만드는 것을 의미하며, 그 이상으로 행정청에게 처분을 명하는 등 적극적인 상태를 만드는 것은 그 내용이 될 수 없으므로 **거부처분은 집행정지의 대상이 될 수 없다**는 것이 일반적인 견해이다.

집행정지 역시 법원의 사법적인 판결유사행위에 속하므로 **기속력이 행정청에게 발생하나 행정소송법 제23조 제6항에서 행정소송법 제30조 제1항만 준용하고 있고 제2항은 준용하고 있지 않아 반복금지효만 발생하고 신청의 내용에 대한 재처분의무는 발생하지 않는 특징**이 있다. 따라서 다수설과 판례는 거부에 대한 집행정지를 구하는 것은 실익이 없다고 한다.

② 예외적 긍정설

거부처분의 집행정지에 의하여 거분처분이 행하여지지 아니한 상태로 복귀됨에 따라 신청인에게 어떠한 법적 이익이 있다고 인정되는 경우가 있을 수 있고, 그러한 경우에는 **예외적으로 집행정지신청의 이익이 있다는 견해이다.**[5]

③ 판례는 거부에 대해서는 집행정지를 받아주지 않는다

📧 빈출

국립대학의 불합격처분에 관하여 당해 처분을 **집행정지**하더라도 이로 인하여 소관 행정청에 입학을 명하는 것이 되는 것이 아니고 또 당연히 입학이 되는 것도 아니므로, 집행정지의 대상이 **되지 않는다고 판시한 바 있다**(대법원 1963. 6. 26.자 62두9 결정).

④ 검토해보자

생각건대, 거부처분의 집행정지에 의하여 거부처분이 행하여지지 아니한 상태로 복귀함에 따라 신청인에게 어떠한 법적 이익이 있다고 인정되는 경우에는 예외적으로 집행정지신청을 인정하여야 할 것이다. 즉 이익형량상 사익이 공익보다 큰 경우에는 인정하는 절충설이 타당하다.

(2) 가처분은 처분에 대해서는 인정되지 않는다

1) 가처분의 의의를 알아보자

가처분이란 **급부를 목적으로 하는 청구권의 집행을 보전하거나**(☞ **급부가처**

---

5 박균성, 행정법론(상), 1179 – 1180면.

분) 다툼이 있는 법률관계에 관하여 잠정적으로 **임시의 지위**를 보전하는 것이다 (☞ **지**위가처분)(민사집행법 제300조). **법원이 일종의 잠정적인 이행을 명령**하는 것이다. 행정소송법 **제8조 제2항에 의하여 민사집행법 제300조상의 가처분을 준용할 수 있을 것인가**에 대하여 긍정설과 부정설 및 절충설의 대립이 있다. **다수설과 판례는**(☞ 처분에 대하여 다투는) **항고소송에서는 부정**한다. ☞ **결국 처분에 대한 보전소송은 집행정지만 되고 가처분은 부정**된다. 그러나 처분이 아닌 경우에는 보전소송으로서 가처분이 가능하다.

2) 인정여부에 대해 다툼이 있다

가) 소극설

① 법원이 행정처분에 대한 가처분을 하는 것은 사법권의 범위를 벗어나 **권력분립원칙에 반한다**는 점, ② 행정소송법상의 **집행정지규정**(제23조 제2항)은 민사집행법상의 가처분에 대한 **특별**규정이라는 점, ③ 본안소송으로서 **의무이행소송이나 예방적 부작위소송** 등이 인정되고 있지 **않다**는 점을 근거로 행정소송상 가처분을 허용할 수 없다는 견해이다.

나) 적극설

① 위법한 행정작용으로부터 국민의 권익구제를 목적으로 함과 동시에 법치행정의 확보를 도모하려는 사법의 본질에 반하지 않는다는 점, ② 행정소송법은 가처분에 관하여 아무런 규정도 두고 있지 않으므로 행정소송법 제8조 제2항에 의하여 민사집행법상의 가처분규정을 준용할 수 있다는 점을 근거로 행정소송상 가처분을 긍정하는 견해이다.

다) 절충설

그러나 절충설에서는 집행정지로 활용이 불가능한 경우는 필요하다고 보지만 결국 본안소송에서 이행소송이 부정되므로 가구제에서 본안소송보다 더 큰 권리구제가 불가능하므로 받아줄 수 없다고 보게 된다(가구제의 부수성).

라) 판례는 처분에 대해서는 가처분을 부정한다

"행정소송법 제14조(**현행 제8조 제2항**)가 동법에 특별한 규정이 없는 사항은 **민사소송법**(현행 민사집행법, 이하 같다)**이 정하는 바에 의한다**고 하였어도 **무제한으로 적용한다는 뜻이 아니고 그 성질이 허용되는 한도에서만** 민사소송법의 규정에 의한다는 뜻으로 해석할 것인 바(☞ 처분에 대한), **항고소송에 대하여는 민사소송법 중 가처분에 관한 규정이 적용된다고 인정할 수 없다**"(대법원 1961.

☞ 기출

11. 20. 고지 4292행항2 결정; 대법원 1980. 12. 22.자 80두5 결정)고 판시하여, 소극설의 입장을 취하고 있다.

마) 검토해보자

행정소송법이 보전처분으로서 집행정지제도를 인정하고 있기 때문에, 동제도를 통해 목적을 달성할 수 있는 한 민사집행법상의 보전조치에 관한 규정이 적용될 여지는 없다고 봄이 타당하다. 그러나 이러한 보전처분으로써는 목적을 달성할 수 없는 경우에는 가처분제도를 활용하여 행정처분에 따르는 불이익을 잠정적이나마 배제할 필요가 있다고 본다.

제 4 절

무명항고소송 등 이름이 법에 규정되지 않은 소송에 대한 입법론

(1) 의무이행소송을 인정할 것인가

1) 의무이행소송의 의의에 대하여 알아보자

의무이행소송이란 일정한 행정행위를 청구하였는데 **거부**된 경우 또는 **아무런 응답이** 없는 경우에, (☞법원이) 행정청에 대하여 그 **거부된 또는 방치된 행정행위를 행**(☞하도록 명령하는 판결을 행)**하여 줄 것을 구**하는 내용의 행정소송을 말한다.

2) 의무이행소송의 인정여부는 다툼이 있다

☞ 학설논거 가끔씩 출제

가) 학 설

① 적극설

권력분립주의의 참뜻은 권력 상호간의 견제와 균형을 도모함으로써 권력의 남용을 막고 개인의 권리를 보장하려는 데 있다는 점, 행정소송법 제1조가 「… 공권력의 행사 또는 불행사 등으로 인한 국민의 권리 또는 이익의 침해를 구제하고 …」라고 명시하고 있는 점에 비추어 행정소송법 제4조 제1호의 '변경'을 적극적인 변경의 의미로 해석하는 견해이다.

② **제한적 허용설**

의무이행소송을 원칙적으로 부정하면서도 ㉠ 행정청에게 제1차적 판단권을 행사하게 할 필요가 없을 정도로 처분요건이 일의적으로 정하여져 있고, ㉡ 사전에 구제하지 않으면 회복할 수 없는 손해가 있으며, ㉢ 다른 구제방법이 없는 경우에만 의무이행소송이 인정된다는 견해이다.

③ **소극설**

권력분립원칙에 입각하여 행정에 대한 **제1차적 판단권은 행정권**에게 귀속시켜야 한다는 입장에서 의무이행소송은 허용되지 않는다고 보거나, 또는 의무이행소송이 국민의 권리보호를 위하여 필요하며 권력분립원칙과도 모순되는 것은 아니나, 현행 행정소송법이 행정심판법과는 달리 **부작위위법확인소송만을 인정**하였으므로 **의무이행소송은 부인**될 수밖에 없으며, 행정소송법 **제4조 제1호의 '변경'은 소극적 변경, 즉 일부취소**를 의미하는 것으로 보는 견해이다.

나) 판례는 의무이행소송을 인정하지 않는다

"**행정청에 대하여 행정상의 처분의 이행을 구하는 청구**는 특별한 규정이 없는 한 행정소송의 **대상이 될 수 없다**"(대법원 1990. 10. 23. 선고 90누5467 판결)고 판시하여, 소극설을 따르고 있다.

📌 빈출

3) 검토해보자

생각건대, 헌법상 기본권을 보장하기 위한 이념적 기초로서의 법치국가원리, 이러한 이념을 관철하기 위한 헌법 제27조 제1항 소정의 재판청구권, 이를 행정소송의 영역에서 구체화한 행정소송법 제1조의 취지에 비추어 공백없는 권리구제가 요구되므로 행정소송법 제4조는 행정소송의 주된 유형을 예시적으로 열거한 규정으로 이해된다.

그러나 현행 행정소송법이 의무이행소송을 받아들이지 않고 소극적이고도 우회적인 부작위위법확인소송을 제도화하면서 그 실효성확보를 위한 간접강제제도(제38조, 제34조)를 강구함으로써, 의무이행소송이 채택된 것과 다름없는 효과를 거두고자 하고 있다는 점에 비추어 적극설은 입법자의 의사에 반하는 해석이라 할 것이다.

한편, 제한적 허용설에 대하여는 원칙과 예외를 나누는 실정법의 해석상 근거를 찾을 수 없다는 점6에서 부당하다고 본다. 따라서 소극설에 찬성한다. 그러

---

6 류지태·박종수, 행정법신론, 645면.

므로 의무이행소송을 제기하면 각하판결이 내려져야 할 것이다.

(2) 예방적 부작위소송을 인정할 것인가

1) 예방적 부작위소송의 의의에 대하여 알아보자

예방적 부작위소송은 **장래 행정청이 일정한 처분을 할 것이 명백한 경우에 행정청이 그 처분을 하지 않을 것을 구하는 소송**을 말한다.

🔊 학설논거 가끔씩 출제

2) 인정 여부에 대해서는 다툼이 있다

가) 소극설

예방적 부작위소송은 행정청이 법집행작용으로서의 일정한 처분을 하기 전에 당해 권한의 행사를 사전에 차단하는 것으로서 **권력분립의 원칙과 행정청의 제1차적 판단권의 존중**이라는 관점에서 허용될 수 없다는 견해이다.[7] 소극설은 또한 **행정소송법 제4조의 항고소송유형의 규정은 제한적**으로 이해되어야 한다는 점을 논거로 든다.

나) 제한적 허용설

예방적 부작위소송은 공권력에 의한 침해가 절박한 경우에 문제되는 것으로, 단순히 현상악화를 방지하고자 하는 공권력 행사에 대한 소극적 방어행위라고 볼 수 있기 때문에, 적극적 의무이행소송에 대하여는 부정적인 학자들도 예방적 부작위소송에 대하여는 긍정적인 입장을 취하고 있다. 다만 권력분립원칙 및 행정청의 제1차적 판단권의 존중이라는 관점에서 일정한 제한적 요건 하에 인정된다는 것이 다수설이다.[8] 즉 ① 처분이 행해질 개연성이 있고 절박하며, ② 처분요건이 일의적으로 정해져 있으며, ③ 미리 구제하지 않으면 회복할 수 없는 손해가 발생할 우려가 있으며, ④ 다른 구제수단이 없는 경우에만 인정된다고 한다.

다) 판례는 예방적 부작위소송을 인정하지 않는다

🔊 빈출

신축건물의 준공처분을 하여서는 아니 된다는 내용의 부작위를 구하는 원고의 예비적 청구는 행정소송에서 허용되지 아니하는 것이므로 부적법하다

---

7 다만 예방적 부작위소송에 대하여 부정적인 입장을 가진 학자도 현행법의 해석상 허용할 수 없다는 논거를 들고 있을 뿐, 권리구제의 공백을 메우기 위하여 그러한 소송유형의 도입의 필요성에 대하여는 인정하고 있다(류지태 · 박종수, 행정법신론, 645–646면 참조).

8 김남진 · 김연태, 행정법 Ⅰ, 718–719면; 김철용, 행정법 Ⅰ, 630–631면; 김동희, 행정법 Ⅰ, 677면 참조.

(대법원 1987. 3. 24. 선고 86누1182 판결)고 판시하여 소극적 입장을 취하고 있다.

라) 검토해보자

구체적 처분에 대한 권리구제는 항상 사후적이어야 하는 것은 아니다. 취소소송의 제기 및 집행정지의 신청 등 처분이 행해지고 난 후 사후적인 권리구제수단으로는 방지할 수 없는 회복하기 어려운 손해의 발생이 예상되는 경우에는 국민의 재판청구권을 보장하고 있는 헌법의 취지에 비추어 예외적으로 예방적인 권리구제수단이 인정되어야 할 것이다. 또한 행정소송법 제4조에 규정되어 있는 소송유형을 반드시 제한적으로 새겨야 할 이유는 없는 것이다.

제 19 장

행정소송법2 — 행정소송의 요건

행정소송의 소송요건은 소의 적법성 심사를 받기 위한 것이다. 행정소송의 요건을 구비하지 못하는 경우, 법원은 각하판결을 내리는 것이 원칙이다.

소송요건으로서 원고적격과 피고적격 등 당사자적격, 대상적격, 소의 이익, 제소기간, 행정심판전치주의 등을 판단한다. 대상적격과 관련하여 특히 이해해 두어야 할 것이 있다. 행정행위의 법적 성질에 대하여 소의 적법성에서는 처분성을 판단하고 소의 이유유무에서는 재량행위인지 여부나 허가인지 여부 등을 판단한다.

제 1 절

당사자적격에 대하여 알아두자

먼저 행정소송법상 **원고적격**과 **공권**의 변화에 대하여 알아보기로 한다. 앞에서 한 논의를 다시 정리해 두고 넘어가야 할 것이다. ★★★★

1. 행정소송법 제12조 제1문의 법률상 이익에 대한 논의에서 출발한다

> 행정소송법 제12조(원고적격) 제1문(원고적격) - 취소소송은 처분등의 취소를 구할 **법률상 이익**이 있는 자가 제기할 수 있다.

📣 최다 빈출 조문

(1) 법률상 이익과 공권이란

1) 법률상 이익에 대한 행정소송법 제12조 제1문

행정소송법 제12조는 「취소소송은 처분 등의 취소를 구할 **법률상 이익**이 있는 자가 제기할 수 있다」고 하여 원고적격으로서 법률상 이익을 요구하고 있는바, 법률상 이익이라는 용어는 그 의미가 명확하지 않아 이에 대한 해석을 요한다. **법률상 이익**은 공권이라고도 하며 행정소송에서 원고의 자격인 원고적격을 가지게 된다. 그러나 **반사적 이익**은 원고적격을 가질 수 없어서 **각하**판결을 받게 된다.

◉ 기출

2) 공권의 요소들은 무엇일까

◉ 공권 = 강+사+소

원래 독일의 뷜러(Bühler)는 공권이 되기 위해서는 ① **강행규정성**, ② **사익보호성**, ③ **소구관철력** 등 3요소를 갖춘 이익이어야 한다고 하였다.[1] 강행규정성은 법률의 규정상 행정청에게 국민의 이익을 보호하도록 강행규정으로 규정되어 있어야 한다는 것이다.

강행규정성의 의미는 기속행위에 대하여는 신청대로 처분해야 하므로 특정 행위의무가 행정청에게 주어지지만, 재량행위에 대하여는 신청에 대한 하자 없는 재량행사를 하는 것이다.

사익보호성은 법률의 규정의 취지를 해석할 때 국민의 사적인 이익들도 보호하도록 규정되어 있어야 한다. 소구관철력은 소송을 통해 권리구제를 관철할 수 있는 힘을 말하는 것으로서 법상의 힘이나 의사력, 또는 재판을 통한 관철가능성 등으로도 용어를 사용하기도 한다.

◉ 최근 기출

그러나 **소구관철력**은 로마시대와 달리 이제는 국민들에게 재판청구권으로 모두 인정되므로 더 이상 요구되지 않는다는 것이 이요소론이 다수설의 입장이다.[2] 뷜러의 공권의 3요소 중 강행규정성과 사익보호성은 여전히 공권의 필수요소로 보지만, **소구관철력 내지 의사력은 헌법 제27조의 재판청구권에 의하여 모든 국민에게 당연히 보장됨으로써 별도 필요가 없다고 보는 것이 다수설**의 입장인 것이다. 공권의 성립요건 가운데 '의사력(법상의 힘)의 존재'를 요구하는 것은 오늘날은 과거의 입장이 되었다.

1　김남진 · 김연태, 행정법 Ⅰ, 제23판, 107면.
2　김남진 · 김연태, 행정법 Ⅰ, 제23판, 108면.

그렇지만, 처분에 대한 의무이행소송의 형태 등 모든 경우에 소구관철력이 인정되고 있는 것은 아니기에 여전히 필요하다는 **신삼요소론**도 존재한다.[3]

오늘날 공권은 사익보호성을 넓게 해석하거나 헌법상 기본권 등을 고려하는 식으로 해서 점차 '**공권의 확대화 경향**'을 걷고 있다.

3) 법률상 이익과 공권의 관계

판례는 권리보다 법률상 이익이 더 넓다고 파악하여 **양자를 구별**하는 입장이다. 그러나 다수설은 권리를 확대해석하여 법률상 이익과 같다고 파악하는 입장이다. 이에 대해 상세한 논의는 다음에서 원고적격에 대한 학설과 판례를 통해 논의해보기로 한다.

☞ 최근 기출

실력 다지기

> ☞ **담배소매업**은 법률에서 **거리제한 규정**을 두고 있으면서 기존 업자를 법률로 보호하고 있다. 따라서 공권 또는 **법률상 이익**이 인정되어 원고적격이 긍정된다.
> ☞ 주의할 점은 빌딩 내부에 있는 **구내 담배소매업**은 이러한 거리제한이 없어서 기존 업자가 법으로 보호를 받지 못하고 **반사적 이익**에 불과하여 **각하** 판결을 받게 된다.

☞ 최근 기출

(2) 원고적격에 대한 학설을 공부하자[4]

1) ㉠리구제설

이 학설은 취소소송의 기능을 위법한 처분에 의하여 침해된 **실체법상의 권리**보호에 있다고 보아, 위법한 처분 등으로 인하여 권리를 침해당한 자**만이** 제소할 수 있는 원고적격을 갖는다고 본다.

☞ 법률상 이익
권＋법＋보＋적

2) ㉡률상 보호이익설(법이 보호하는 이익구제설)★★★

이 학설은 취소소송을 **고유한**(또는 고전적인) **의미의 권리**인 법률에서 직접적 규정이 있는 자의 이익의 보호수단에 국한하지 않는다.

따라서 **관계 법률이 개인을 위하여 보호하고 있는 이익**, 즉 법률의 규정의

☞ 최다 빈출

---

3 류지태, 행정법신론, 제12판, 109－110면.
4 이에 대하여는 김남진·김연태, 행정법 Ⅰ, 731－732면.

취지를 고려할 때 보호될 수 있다고 보여지는 이익을 구제하기 위한 수단으로 본다. 이에 의하면 법률상 이익이란 **법률상 보호된** 이익을 의미하게 된다(다수설·판례). 법률상 보호이익설은 결국 법률의 취지를 해석하는 이론으로 발전하게 된다. 따라서 '**보호규범이론**'(Protected by the Law Theory)이 등장하게 되고 다수설과 판례가 이를 활용해서 원고의 범위와 자격을 판단하게 된다.

3) ⓑ호가치 이익구제설

이 설은 소송을 권리 또는 실체법상의 보호이익을 보장하기 위한 수단으로 **보지 않고**, 법률을 해석·적용하여 구체적인 **분쟁을 해결**하는 절차로 본다. 따라서 법률상 이익의 유무를 반드시 **실정법의 규정에 의하는 것이 아니라**, 위법한 처분 등에 의하여 침해된 이익이 재판상 보호할 가치가 있는지 여부에 의하여 판단하게 된다. 그리하여 침해된 이익이 법률상 보호되는 이익이건 사실상의 이익이건 **실질적으로 보호할 가치 있는 이익이면 널리** 원고적격을 인정하게 된다.

4) ⓐ법성 보장설

이 설은 취소소송의 **적법성보장** 내지 **행정통제기능**을 중시한다. 이에 의하면 원고적격을 판정함에 있어서 원고의 주장이익의 성질을 그 기준으로 하지 않고, 당해 처분의 성질상 당해 처분을 **다툴 가장 적합한 이해관계를 가지는 자**에게 원고적격을 인정해야 하는 것이 된다.

(3) 원고적격에 대한 판례의 기본적인 입장은 무엇일까

"행정소송은 행정청의 행정처분이 취소됨으로 인하여 **법률상 직접**적이고 **구체적인 이익**을 가지게 되는 사람**만이** 제기할 이익이 있고 **사실상**이며 **간접적**인 관계를 가지는데 지나지 않는 사람은 이를 제기할 이익이 **없다**고 할 것이다"(대법원 1993. 7. 27. 선고 93누138 판결)라고 판시하여 **법률상 보호이익설**을 취하고 있다고 보여진다.

판례는 **개별적·직접적·구체적** 이익이면 법률상 이익이 인정되어 원고적격을 인정한다고 본다. 반면에 판례는 **간접적·사실적·경제적** 이익에 불과하면 법률상 이익을 부정하고 반사적 이익으로 보아 원고적격을 부정하여 각하판결을 내린다.

(4) 검토해 보자

　적법성 보장설은 취소소송의 기능을 **객관적**으로 봄으로써, 취소소송에 대하여 **주관적 입장**을 견지하고 있는 현행 행정소송법하에서는 타당할 수 없다.

　보호할 가치 있는 이익구제설은 우리가 실체법과 쟁송법을 구별하는 법체계를 가지고 있는 이상 **실체법**이 보호하지 않는 이익을 쟁송법으로 보호할 수 없다는 점에서 문제가 있다.

　권리구제설은 실체법상 권리가 침해된 경우에만 원고적격을 인정함으로써 원고적격의 인정범위가 **좁다**는 비판이 가해진다. 그러나 **권리의 개념을 넓게** 인정하여, **좁은 의미의 권리** 이외에 **공권개념의 확대**와 **실체법상의 보호이익의 확장**을 통해 **실체법에 의하여 보호되고 있는 이익**도 권리에 포함시키는 경우에는 **권리구제설과 법이 보호하는 이익구제설은 결국 같은** 내용의 학설이라고 할 수 있다.

　판례는 권리보다 법률상 이익이 더 넓다고 파악하여 양자를 구별하는 입장이다. 그러나 다수설은 권리를 확대해석하여 법률상 이익과 같다고 파악하는 입장이다.

　결론적으로 권리구제설은 원고의 범위가 지나치게 좁고, 보호가치이익설은 법률의 규정을 무시할 수 있게 되고, 적법성보장설은 우리 행정소송법의 주관적 쟁송체계와 맞지 않으므로 취할 수 없어, 법률상 보호이익설이 타당하다.

 실력 다지기

> 행정소송법 제12조 제1문의 법률상 이익에 대하여는 다음의 네 가지 학설이 대립한다. **권리구제설**, **법률상 보호이익설**, **보호가치이익설**, **적법성보장설** 등 네 가지가 대립한다. 다수설과 판례는 법률에서 보호할 **취지**가 담겨있는지로 **해석**하여 판단하므로 **법률상 보호이익설** 내지는 **법률상 보호가치이익설**을 취한다.

2. **보호규범이론**(법률상 이익의 판단 근거규범) 과 '**법률**'의 범위

(1) **보호규범이론이 왜 필요할까**

　보호규범이론은 법률의 취지가 사익도 보호하는지 규범의 취지를 해석하는 이론을 말한다. 법률의 취지가 사익도 보호하는 취지로 해석되면 공권으로 주장하여 원고가 될 수 있다. 이러한 보호규범이론은 독일연방행정법원에 의하여 정립된 내용이다.[5] **보호규범이론**은 **주관적 쟁송체계**(☞ 주관적으로 피해를 입은 국민이 권리구제를 받기 위해 제기하는 소송체계)의 가장 큰 특징으로서 **법률상 보호이익설**을 취할 때 요구되며, 다수설과 판례의 태도인데, 우리 법원은 **보호규범이론**을 잘 운영해 오고 있다는 것이 독일학파의 평가이다. 그러나 소수설인 **프랑스 학파**의 평가는 보호규범이론을 중심으로 한 주관적 쟁송체계를 개정하여 **객관적 쟁송체계로 운영하자고** 한다.

🖱 기출

행정소송법 제12조 제1문에서 법률상 이익에 대한 학설 중 법률상 보호이익설을 취하는 다수설과 판례를 따른다면, 사익도 보호하는 법률이 있는지와 관련하여 어디까지 찾아볼 수 있는지 법률의 범위에 관한 논의가 있다.

이때 행정소송법 제12조의 '**법률상 이익**'의 문언해석에 대하여 법이 보호하는 이익구제설에 따라 이를 법률상 보호되는 이익이라고 볼 경우, 그 판단 근거인 법률의 범위를 어떻게 이해하는가에 의하여 법률상 보호되는 이익의 인정 여부가 달라질 수 있다.

(2) 법률상 이익의 해석기준에 대한 입장들을 알아보자

1) 학 설

🖱 암기법
= 당+관+기

법률상 이익의 범위와 관련하여 ① 당해 법률만을 대상으로 하는 **당**해 법률설, ② **관**련 법률까지 고려하는 **관련 법률설**, ③ **기**본권까지 고려하는 기본권고려설 등이 대립한다.

심지어 법률상 이익은 ① 당해 처분의 직접적인 **근거**가 되는 실체법규에 의하여 보호되는 이익, ② 처분의 근거가 되는 내용에 대한 **실체 법규** 및 **절차 법규**에 의하여 보호되는 이익, ③ 처분의 근거가 되는 법률의 **전체 취지에** 비추어 보호되는 이익, ④ 처분의 **근거법률 이외에 다른 법률에서 보호하는 이익,** ⑤ **처분의 근거법률과 다른 법률 또는 헌법**의 규정까지 보는 입장, ⑥ 이들 이외에도 관습법 및 조리 등 법체계 전체에 비추어 보호되는 이익 등으로 해석하는 견해들로도 나눌 수 있다.

---

5 류지태 · 박종수, 행정법신론, 제15판, 100면.

2) 판 례

대법원은 관련 법률설을 주로 취하고 있고, 헌법재판소는 기본권고려설을 취하고 있다고 볼 수 있다. 이에 대하여 상세하게 검토해보기로 한다.

📌 빈출

 실력 다지기

> 참고로 헌법은 법률에 대하여 **효력이 우위**이지만, 법률은 헌법에 대하여 **적용의 우위**를 가지고 있다. 따라서 공권을 판단하거나 행정행위의 성질 등에 대한 판단시 **법률을 우선 검토**하여야 한다.

① 대법원

대법원은 "당해 처분의 **근거 법규** 및 **관련 법규**에 의하여 **보호**되는 직접적이고 구체적인 이익"을 법률상 이익이라고 보면서, 종전에 비해 **관계 법률의 취지를 목적론적**으로 새김으로써 **원고적격을 너그럽게 인정**함으로써 **공권의 확대화 경향**을 보이고 있다(대법원 1975. 5. 13. 선고 73누96·97 판결; 대법원 1983. 7. 12. 선고 83누59 판결).

📌 빈출 판례 지문

판례는 처분의 직접적 근거규정이나 당해 법률이 아니더라도 관련 법률의 규정에서 사익보호성이 인정된다면 법률상 이익을 인정하여 원고적격이 긍정될 수 있다고 본다. 따라서 판례는 행정청의 시설설치허가에 대하여 이웃주민들이 다툰 사안에서 **수도법에서 사익보호성이 없더라도 매장 및 묘지에 관한 법률**에 서 **사익보호성이 인정**된다면 법률상 이익이 인정되어 원고적격을 인정받을 수 있다고 판시하고 있다.

📌 기출

> 348. 대법원 1995. 09. 26. 선고 94누14544 판결[상수원보호구역변경처분등취소]
>
> 상수원보호구역 설정의 근거가 되는 수도법 제5조 제1항 및 동 시행령 제7조 제1항이 보호하고자 하는 것은 상수원의 확보와 수질보전일 뿐이고, 그 상수원에서 급수를 받고 있는 지역주민들이 가지는 상수원의 오염을 막아 양질의 급수를 받을 이익은 직접적이고 구체적으로는 보호하고 있지 않음이 명백하여 위 지역주민들이 가지는 이익은 상수원의 확보와 수질보호라는 공공의 이익이 달성됨에 따라 반사적으로 얻게 되는 이익에 불과하므로 지역주민들에 불과한 원고들에게는 위 상수원보호구역변경처분의 취소를 구할 법률상의 이익이 없다.

그러나 도시계획법 제12조 제3항의 위임에 따라 제정된 도시계획시설기준에관한규칙 제125조 제1항이 화장장의 구조 및 설치에 관하여는 매장및묘지등에관한법률이 정하는 바에 의한다고 규정하고 있어, **도시계획의 내용이 화장장의 설치에 관한 것일 때에는 도시계획법 제12조 뿐만 아니라 매장및묘지등에관한법률 및 같은법시행령 역시 그 근거 법률이 된다고 보아야 할 것이므로,** 같은법시행령 제4조 제2호가 공설화장장은 20호 이상의 인가가 밀집한 지역, 학교 또는 공중이 수시 집합하는 시설 또는 장소로부터 1,000m 이상 떨어진 곳에 설치하도록 제한을 가하고, 같은법시행령 제9조가 국민보건상 위해를 끼칠 우려가 있는 지역, 도시계획법 제17조의 규정에 의한 주거지역, 상업지역, 공업지역 및 녹지지역 안의 풍치지구 등에의 공설화장장 설치를 금지함에 의하여 **보호되는 부근 주민들의 이익은 위 도시계획결정처분의 근거 법률에 의하여 보호되는 법률상 이익이다.**

⬛ 최근 기출

처분의 **근거 법규**에는 ① 처분의 **직접적 근거 법규**(☞ 당해 처분의 근거 법규)는 물론, ② **다른 법규를 인용함**으로 인하여 근거 법규가 된 경우(☞ **인용법규**)까지를 **포함하며,** ③ 당해 처분의 행정목적을 달성하기 위한 **일련의 단계적인 관련 처분들의 근거 법규**('**관련 법규**'(☞ **단계법규**))들까지도 법률상 이익의 해석을 위해 **고려하고 있다.**

 중요 판례 더 알아보기 — 보호규범이론을 적용

당해 처분의 **근거 법규** 및 **관련 법규**에 의하여 보호되는 법률상 이익이라 함은
① 당해 처분의 근거 법규(근거 법규가 다른 법규를 **인용함**으로 인하여 근거 법규가 된 경우까지를 아울러 포함한다)의 명문 규정에 의하여 보호받는 법률상 이익,
② 당해 처분의 근거 법규에 의하여 보호되지는 아니하나 당해 처분의 행정목적을 달성하기 위한 일련의 **단계**적인 관련 처분들의 근거 법규(이하 '관련 법규'라 한다)에 의하여 명시적으로 보호받는 법률상 이익,
③ 당해 처분의 근거 법규 또는 관련 법규에서 명시적으로 당해 이익을 보호하는 명문의 **규정이 없더라도 근거 법규 및 관련 법규의 합리적 해석상** 그 법규에서 행정청을 제약하는 이유가 순수한 공익의 보호만이 아닌 **개별적·직접적·구체적 이익을 보호하는 취지가 포함되어 있다고 해석되는 경우까지를 말한다.**[6]

⬛ 기출

⬛ 오답 주의 빈출

다만, 아직까지 주류적인 대법원의 태도는 처분의 **근거 법규** 및 **관련 법규**

---

6 대법원 2004. 8. 16. 선고 2003두2175 판결.

이외에 **관습법, 법질서 전체의 취지 및 헌법상 기본권규정**은 법률상 이익의 해석을 위해 고려하고 있지 않는 것으로 보인다.

새만금사건에서 대법원은 원고적격에 관한 중요한 판시사항들을 판시하고 있다. **제3자라도 법률상 이익이 인정되어** 원고적격이 인정될 수 있지만, **환경권만으로는 원고적격을 인정할 수 없다고** 판시하였다. 새만금사건에서 대법원은 **평가지역내의 주민은 법률상 이익이 사실상 추정**되어 원고적격이 용이하게 인정된다고 보았다. 그러면서 대법원은 **평가지역 외의 주민**에 대하여는 원고적격을 **부정하던 입장을 변경**하여 환경상 이익에 대한 침해 또는 침해우려가 있다는 것을 **입증하면 원고적격을 인정받을 수 있다고** 판시하였다. 즉, 판례에 따르면 환경영향평가대상지역 **밖의 주민**이라 할지라도 수인한도를 넘는 환경피해를 받거나 받을 우려가 있는 경우에는 환경상 이익에 대한 침해나 우려를 **입증함**으로써 공유수면매립면허처분을 **다툴 수 있다.**

📖 빈출 판례

 중요 판례 더 알아보기

---

39. 대법원 2006. 3. 16. 선고 2006두330 전원합의체 판결[새만금간척특허정부 조치계획철회사건]

[1] ① 행정처분의 직접 상대방이 아닌 제3자라 하더라도 당해 행정처분으로 인하여 법률상 보호되는 이익을 침해당한 경우에는 그 처분의 무효확인을 구하는 행정소송을 제기하여 그 당부의 판단을 받을 자격이 있다 할 것이며, ② 여기에서 말하는 법률상 보호되는 이익이라 함은 당해 처분의 근거 법규 및 관련 법규에 의하여 보호되는 개별적·직접적·구체적 이익이 있는 경우를 말하고, ③ 공익보호의 결과로 국민 일반이 공통적으로 가지는 일반적·간접적·추상적 이익이 생기는 경우에는 법률상 보호되는 이익이 있다고 할 수 없다.

📖 빈출 판례 지문

[2] 공유수면매립면허처분과 농지개량사업 시행인가처분의 근거 법규 또는 관련 법규가 되는 구 공유수면매립법, 구 농촌근대화촉진법, 구 환경보전법, 구 환경보전법 시행령, 구 환경정책기본법, 구 환경정책기본법 시행령의 각 관련 규정의 취지는, 공유수면매립과 농지개량사업시행으로 인하여 직접적이고 중대한 환경피해를 입으리라고 예상되는 ④ 환경영향평가 대상지역 **안의 주민들**이 전과 비교하여 수인한도를 넘는 환경침해를 받지 아니하고 쾌적한 환경에서 생활할 수 있는 개별적 이익까지도 이를 보호하려는 데에 있다고 할 것이므로, 위 주민들이 공유수면매립면허처분 등과 관련하여 갖고 있는 위와 같은 환경상의 이익은 주민 개개인에 대하여 개별적으로 보호되

📖 빈출 판례

는 직접적·구체적 이익으로서 그들에 대하여는 특단의 사정이 없는 한 환경상의 이익에 대한 침해 또는 침해우려가 있는 것으로 **사실상 추정**되어 공유수면매립면허처분 등의 무효확인을 구할 원고적격이 인정된다. 한편, ⑤ 환경영향평가 대상지역 **밖의 주민**이라 할지라도 공유수면매립면허처분 등으로 인하여 그 처분 전과 비교하여 수인한도를 넘는 환경피해를 받거나 받을 우려가 있는 경우에는, 공유수면매립면허처분 등으로 인하여 환경상 이익에 대한 침해 또는 침해우려가 있다는 것을 **입증함**으로써 그 처분 등의 무효확인을 구할 원고적격을 인정받을 수 있다.

[3] ⑥ 헌법 제35조 제1항에서 정하고 있는 환경권에 관한 규정만으로는 그 권리의 주체·대상·내용·행사방법 등이 구체적으로 정립되어 있다고 볼 수 없고, 환경정책기본법 제6조도 그 규정 내용 등에 비추어 국민에게 구체적인 권리를 부여한 것으로 볼 수 없다는 이유로, 환경영향평가 대상지역 밖에 거주하는 주민에게 헌법상의 환경권 또는 환경정책기본법에 근거하여 공유수면매립면허처분과 농지개량사업 시행인가처분의 무효확인을 구할 원고적격이 없다.

📌 기출

대법원은 제주도 수산동굴을 개발하는 사건에서 비록 환경영향평가지역 내의 주민으로서 법률상 이익이 추정된다고 하더라도 **단순히 건물이나 토지를 소유할 뿐인 경우에는 법률상 이익에 대한 추정이 부정**되어 원고적격이 인정될 수 없다고 판시하였다.

📌 출제 예상

349. 대법원 2009. 9. 24. 선고 2009두2825 판결[제주도수산동굴개발사업시행승인처분취소]

환경상 이익에 대한 침해 또는 침해 우려가 있는 것으로 사실상 추정되어 원고적격이 인정되는 사람에는 환경상 침해를 받으리라고 예상되는 영향권 내의 주민들을 비롯하여 그 영향권 내에서 농작물을 경작하는 등 현실적으로 환경상 이익을 향유하는 사람도 포함된다. 그러나 단지 그 영향권 내의 건물·토지를 소유하거나 환경상 이익을 일시적으로 향유하는 데 그치는 사람은 포함되지 않는다.

📌 최근 오답 주의 기출

그러나 **예외적**으로 대법원이라고 하더라도 접견교통권이 침해되는 경우처럼 기본권까지 고려하여 원고적격을 **인정한 경우도 있음**을 주의하여야 한다.[7] 다만, 최근 대법원은 **관련 법률에 규정이 없더라도 본질이 유사하다면 유**

---

7 대법원 1996. 6. 3. 자 96모18 결정; 대법원 2003. 1. 10. 선고 2002다56628 판결.

추적용을 할 수 있다고 보아 원고적격의 범위를 **넓히는 판시**를 최근에 하고 있
다. 대법원은 **납골당에** 의한 주변 이익 침해라는 유사성이 있으므로 다른 납골
당에 대한 주민보호규정을 **유추적용**하여 종교단체가 설립한 납골당 주변 주민
의 원고적격을 인정하였다.

최근 판례 기출

빈출

 중요 판례 더 알아보기

종교단체 납골당 신고수리의 성질과 원고적격에 대한 보호규범이론의 활용과 발전

**40. 대법원 2011. 9. 8. 선고 2009두6766 판결【납골당설치신고수리처분이행통
지취소】**

**[1] 납골당설치 신고가 '수리를 요하는 신고'인지 여부(적극) 및 수리행위에 신고
필증 교부 등 행위가 필요한지 여부(소극)**

장사 등에 관한 법률과 시행규칙을 종합하면, 납골당설치 신고는 이른바 '수리를 요하
는 신고'라 할 것이므로, 납골당설치 신고가 구 장사법 관련 규정의 모든 요건에 맞는
신고라 하더라도 신고인은 곧바로 납골당을 설치할 수는 없고, 이에 대한 행정청의
수리처분이 있어야만 신고한 대로 납골당을 설치할 수 있다. 한편 수리란 신고를 유
효한 것으로 판단하고 법령에 의하여 처리할 의사로 이를 수령하는 수동적 행위이므
로 수리행위에 신고필증 교부 등 행위가 꼭 필요한 것은 아니다.

최근 빈출 판례

[2] 관련 법률에 규정이 없는 경우 유추적용을 통한 사익보호성 인정여부(적극)

구 장사 등에 관한 법률(2007. 5. 25. 법률 제8489호로 전부 개정되기 전의 것) 제14
조 제3항, 구 장사 등에 관한 법률 시행령(2008. 5. 26. 대통령령 제20791호로 전부 개
정되기 전의 것) 제13조 제1항 [별표 3]에서 **납골묘, 납골탑, 가족 또는 종중·문중
납골당 등 사설납골시설의 설치장소에 제한을 둔** 것은, 이러한 사설납골시설을 인가
가 밀집한 지역 인근에 설치하지 못하게 함으로써 주민들의 쾌적한 주거, 경관, 보건
위생 등 생활환경상의 개별적 이익을 직접적·구체적으로 보호하려는 데 취지가 있으
므로, 이러한 **납골시설 설치장소에서 500m 내에 20호 이상의 인가가 밀집한 지역에
거주하는 주민들은** 납골당 설치에 대하여 환경상 이익 침해를 받거나 받을 우려가 있
는 것으로 **사실상 추정**된다.

다만 사설납골시설 중 **종교단체 및 재단법인이 설치하는 납골당에** 대하여는 그와
같은 설치 장소를 제한하는 규정을 명시적으로 두고 있지 않지만, 종교단체나 재단
법인이 설치한 납골당이라 하여 납골당으로서 **성질이 가족 또는 종중, 문중 납골당
과 다르다고 할 수 없고,** 인근 주민들이 납골당에 대하여 가지는 **쾌적한 주거, 경관,**

보건위생 등 생활환경상의 이익에 차이가 난다고 볼 수 없다. 따라서 납골당 설치장소에서 500m 내에 20호 이상의 인가가 밀집한 지역에 거주하는 주민들에게는 납골당이 **누구에 의하여 설치되는지를 따질 필요 없이** 납골당 설치에 대하여 환경 이익 침해 또는 침해 우려가 있는 것으로 **사실상 추정되어 원고적격이 인정된다고** 보는 것이 타당하다.

🔍 중요 판례 더 알아보기 — 자주 출제되는 중요한 판례

아주대 총장이 법률의 규정이 없음에도 법률상 이익이 있는지 여부

▣ 기출

41. 대법원 2011. 6. 24. 선고 2008두9317 판결【재임용거부처분취소처분취소】

교원지위 향상을 위한 특별법의 내용 및 원래 교원만이 위원회의 결정에 대하여 행정소송을 제기할 수 있도록 한 교원지위 향상을 위한 특별법 제10조 제3항이 헌법재판소의 **위헌결정에 따라 학교법인 및 사립학교 경영자뿐 아니라 소청심사의 피청구인이 된 학교의 장 등도** 행정소송을 제기할 수 있도록 현재와 같이 개정된 경위, 학교의 장은 학교법인의 위임 등을 받아 교원에 대한 징계처분, 인사발령 등 각종 업무를 수행하는 등 독자적 기능을 수행하고 있어 이러한 경우 하나의 활동단위로 특정될 수 있는 점까지 아울러 고려하여 보면, 위원회의 결정에 대하여 행정소송을 제기할 수 있는 자에는 교원지위법 제10조 제3항에서 명시하고 있는 교원, 사립학교법 제2조에 의한 **학교법인, 사립학교 경영자뿐 아니라 소청심사의 피청구인이 된 학교의 장도 포함된다**고 봄이 상당하다.

② 헌법재판소

▣ 기출

그러나 헌법재판소는 **병마개제조업자 지정을** 둘러싸고 다툼이 있던 사건에서 **헌법상의 기본권을 고려하여 법률상 이익의 유무를** 판단하고 있다.

〈중요한 헌재 결정 공부를 해 보자〉

350. 헌재 1998. 4. 30. 97헌마141 결정

행정처분의 직접 상대방이 아닌 제3자라도 당해 처분의 취소를 구할 법률상 이익이 있는 경우에는 행정소송을 제기할 수 있다.

이 사건에서 보건대, 설사 국세청장의 지정행위의 근거규범인 이 사건 조항들이 단지 공익만을 추구할 뿐 청구인 개인의 이익을 보호하려는 것이 아니라는 이유로 청구인에

게 취소소송을 제기할 **법률상 이익을 부정**한다고 하더라도, 청구인의 **기본권인 경쟁의 자유가 바로** 행정청의 지정행위의 취소를 구할 **법률상 이익이 된다 할 것이다.**

☞ 기출

주의할 것은 다수설과 헌재의 입장인 기본권고려설의 입장에서는 ① 자유권이나 ② 평등권은 기본권만으로도 원고적격이 인정될 가능성이 있지만, ③ 환경권이나 ④ 청구권만으로는 원고적격을 인정할 수 없다고 본다. 환경권이나 청구권은 헌법만으로는 안 되고 기본권을 구체화하는 별도의 법률의 규정이 있어야 한다.

3) 검토해보자 ─ 기본권 고려설

대법원이 처분의 근거법률에 직접적 근거규정 이외에 처분을 함에 있어서 적용되는 다른 실체법적 규정과 절차법적 규정을 포함시키는 것은 타당하다. 다만, 중요한 것은 이러한 규정을 해석함에 있어서 근거가 되는 법률 전체의 목적 및 각 규정의 취지를 고려하고, 관련규정의 체계적 고찰이 필요하다는 점이다. 또한 헌법의 기본권보장의 취지 및 객관적 가치질서를 포함하고 있는 헌법규정에 합치하도록 해석하여야 할 것이다. 더 나아가 헌법상 기본권규정이 직접 적용될 수 있다는 전제하에 그 헌법상의 기본권규정으로부터 직접 법률상 이익이 도출될 수 있을 것이다.

결론적으로 법률상 이익의 존재 여부는 처분의 근거법률뿐만 아니라 관련규정, 헌법상 기본권 및 기본원리를 고려하여 판단하여야 할 것이다.[8]

 실력 다지기

헌법은 법률에 대하여 **효력이 우위**이지만, 법률은 헌법에 대하여 **적용의 우위**를 가지고 있다. 따라서 공권을 판단하거나 행정행위의 성질 등에 대한 판단시 **법률을 우선 검토**하여야 한다.

---

8 김남진·김연태. 행정법Ⅰ, 법문사, 107면; 류지태, 행정법신론, 제12판, 109면.

◉ 최근 빈출 지문들 정리
  (꼭 암기)

[자주 출제되는 원고적격에 대한 요점들을 비교해서 공부해두자]

	대법원	헌 재
보호규범이론	관련법률설 원칙 예외적으로 **기본권고려**9	기본권 고려설10
최근의 변화	직접 근거 법률뿐만 아니라 **관련 법률까지** 고려하면서, 관련 법률에 규정이 없어서 **유사한 규정이 있으면 유추적용해서 인정**11	
기본권만으로 원고적격인정여부	**자유권과 평등권은 인정, 환경권과 청구권은 부정** ☜ 자유권과 평등권은 헌법규정만으로도 원고적격인정가능 vs 환경권과 청구권은 헌법규정만으로는 안 되고 별도의 법률의 규정이 있어야 함	
평가지역 **내와 외의 주민**	평가지역 **내의 주민**은 **법률상 이익**이 사실상 **추정**됨 vs 평가지역 **외의 주민**은 부정해 오다가 최근 법률상 이익을 **입증하면 원고적격 인정**하는 것으로 변경 ☜ 새만금 사건	
평가지역 내의 주민이라도 원고적격이 **부정되는 경우**	**단순히 토지나 건물을 소유**하고 있을 뿐 주거의 자유나 영업의 자유를 직접 누리지 않는 경우 ☜ 제주도 수산동굴 사건	
각론적인 내용 ―도로에 대해 출제가 잘 되는 내용 정리―	**도로의 인접주민의 고양된 사용 인정(판례 변경)** ☜ 일반인들이 도로를 자유롭게 걸어 다니고 이용하는 것은 **공물의 보통사용**이다. 이는 **공물의 일반사용**이나 **공물의 자유사용**으로도 불리운다. **판례는 소극적인 공권은 인정**된다고 한다. 도로를 자유롭게 평등하게 사용할 권리는 인정된다. 그러나 **적극적으로** 지하철개설, 마을버스길 개통 등은 요구할 권리는 부정된다. ☜ 도로의 인접주민들이 도로에 접속하여 영업이나 주거에 이용하기 위하여 고도로 높은 이용을 하는 곳은 **공물의 고양된 사용**이다. 구청장의 허가나 특허가 필요가 없다. 그러나 **판례는 공권으로 인정하는 판례변경**을 하였다. ☜ 도로위에서 집회·시위 또는 일시적인 사용은 **공물의 허가사용이다. 그리고 기속행위**이다. ☜ 도로위에서 가판점, 백화점, 극장 등을 운영하거나 고정적이고 유형적이며 장기적인 사용은 **공물의 특허사용**이라고 한다. 그리고 **재량**행위이다.	☜도로의 특성은 공물이므로 특허사용과 허가사용 및 고양된 사용이나 보통사용 등이 병존 가능

---

9 김근태 전 의원의 변호사 접견교통권사건에서만 기본권을 고려하였다.
10 병마개 제조업자 사건에서 근거 법률에서 사익보호성이 부정되더라도 영업의 자유만으로도 경

실력 다지기

법률상 이익에 대하여 **법률상 보호이익설**을 취하는 것이 다수설과 판례이다. 그런데 다시 범위와 관련하여 법률은 **당해 법률설, 관련 법률설, 기본권 고려설** 등으로 대립한다. **대법원은 관련법률설을 취하면서** 유추적용을 통해 원고를 확장한다. **헌재는 기본권고려설**을 취해서 가장 넓게 본다. + 다만 대법원이 기본권을 고려한 판결도 예외적으로 내린 적도 있다.

☞ 기출

 실력 다지기

대법원은 보호규범이론에 관한 **관련법률설**을 취하면서도 종교단체가 설립·운영하는 납골당에 대한 주민보호규정이 흠결되어 있다고 하더라도 다른 사설납골당의 주민보호조항을 **유추적용**하여 원고적격을 **긍정**하는 판시를 함으로써 판례의 변화를 보이고 있다. 즉 **대법원은 관련법률설을 취하면서 유추적용을 통해 원고적격의 범위를 넓히고자** 하고 있다. 그러나 **다수설과 헌재는 기본권고려설을 취하므로** 주거의 자유와 평온, 재산권, 평등권 등으로 사익보호성을 용이하게 **인정하게 된다**. 다만 이때에도 환경권만으로는 원고적격이 인정될 수 없다.

☞ 기출

 실력 다지기 — 도로에 대한 출제부분

도로 등 공물의 사용관계에서 **일반인의 보통사용**은 반사적 이익이 아니라 **공권이라는 것이 다수설의 입장**이다. 도로에 대한 일반인의 보통사용은 적극적으로 도로개설을 요구할 수 없지만 **합리적 이유없는 차별적인 도로사용방해에 대하여는 자유권이나 평등권을 들어 다툴 수 있으므로** 소극적이지만 **공권으로 보아야** 한다는 것이 다수설의 입장이다. 최근 판례도 반사적 이익이 아니라 공권이라고 판시한다.

대법원은 종래에는 인접주민의 고양된 사용에 대하여 공권을 부정하고 원고적격을 부정하다가 2006. 12.판례를 통하여 **입장을 바꾸어** 다수설의 입장[12]과 마찬가지로 공

☞ 최근 기출

쟁자의 법률상 이익이 인정될 수 있다고 판시하고 있다.

11 종교단체가 설립한 **납골당**에 대해서는 주민보호규정이 없어도 유사한 납골당의 주민보호규정을 유추적용하고 있고, **아주대 총장**의 조교수 재임용거부에 대하여는 원고적격 규정이 없어도 학교법인이나 경영자의 원고적격 규정을 **유추적용하여 인정**하고 있다.

12 김남진·김연태, 행정법 Ⅱ, 제23판, 법문사, 423−424면; 이일세, 公物의 使用關係에 관한 研究:

권을 **긍정**하고 있다.

🖙 기출

　도로는 공물이므로 설사 도로의 특허사용이 있다고 하더라도 도로의 보통사용을 완전히 배제할 수 없으며 도로의 보통사용이나 다른 사용형태와 양립가능하다고 보는 것이 다수설과 판례이다.

🖙 기출

351. 대법원 2006. 12. 22. 선고 2004다68311, 68328 판결【점포명도·임대차 보증금반환】

[1] 인접주민의 고양된 사용권의 인정과 범위 및 한계

공물의 인접주민은 다른 일반인보다 인접공물의 일반사용에 있어 특별한 이해관계를 가지는 경우가 있고, 그러한 의미에서 다른 사람에게 인정되지 아니하는 이른바 고양된 일반사용권이 보장될 수 있으며, 이러한 고양된 일반사용권이 침해된 경우 다른 개인과의 관계에서 민법상으로도 보호될 수 있다.

3. 침해의 정도와 법률상 이익과 관련된 판례사례의 유형들

🖙 빈출

　대법원은 "행정소송은 행정청의 행정처분이 취소됨으로 인하여 법률상 **직접적이고 구체적인** 이익을 가지게 되는 사람만이 제기할 이익이 있고 **사실상**이며 **간접적인** 관계를 가지는데 지나지 않는 사람은 이를 제기할 이익이 없다고 할 것이다"(대법원 1993. 7. 27. 선고 93누138 판결)라고 판시하고 있다.

🖙 빈출

　대법원은 침해의 정도와 관련하여 ㉮별적·㉲접적·㉯체적 이익은 원고적격을 인정하지만, ㉯접적·㉴실적·㉢제적 이익에 불과한 경우를 반사적 이익이라 하고 원고적격이 없어 각하판결을 내리고 있다.

　행정의 상대방은 직접적 피해자로서 원고적격이 용이하게 인정된다.

(1) ㉓원자소송

　제3자 중 경원자는 경쟁적으로 인가나 허가 또는 특허를 원해서 신청을 다투는 수인의 신청자들을 경원자라고 하고, 이들간의 소송을 경원자소송이라고 한다. 경원자는 신청한 수인이 경쟁관계에 있어서 특정인에 대한 특허 및 인가

道路의 使用關係를 중심으로, 고려대학교 박사학위논문, 1991, 92면; 조규현, 공물의 인접주민이 공물에 대하여 가지는 고양된 일반사용권, 대법원판례해설 제63호, 2007; 전극수, 도로에 대한 고양된 일반사용, 토지공법연구, 제51집, 2010 등.

등이 다른 신청인에게 불이익을 초래하는 관계라고 하겠다. 경원자는 원고적격
이 인정되는 제3자라고 판시한다. ★★★

☞ 개념 기출

(2) 경업자소송

　　기존업자가 영업을 하고 있는데 행정청이 신규업자에게 특허 등을 발급
하는 경우, 이들간의 소송을 경업자소송이라고 한다. 경업자소송에서 **특허업에
대한 기존업자는 공권과 법률상 이익을 인정**받을 수 있으므로 원고적격을 인정
할 수 있다.★★ 그러나, **허가업에 대한 기존업자는 반사적 이익에 불과**하므로
원고적격이 부정된다.★★

☞ 최다 빈출

　　허가는 **행정청에 대한 관계에서는** 요건을 갖추어 허가를 요구할 수 있는
법률상 이익이 있지만, 경쟁자에 대한 관계에서는 다툴 수 없으므로 **반사적 이
익에 불과하다.** 즉 허가는 법률관계에서 양면성을 가진다. 그러나 **특허는 두 관
계에서 모두 법률**상 이익을 가진다는 점에서 차이가 있다.

☞ 오답 주의 빈출

실력 다지기

> 경원자소송과 경업자소송 두 가지 유형을 합쳐서 경쟁자소송이라고 이해해 두면 된다.

(3) 이웃소송

　　제3자 중 **이웃** 중에서는 법률상 이익이 인정되는 경우도 있고 반사적 이익
에 불과한 경우도 있어 구별이 어렵다. 행정청이 상대방에게 공장허가 등을 하
면 제3자인 이웃이 불이익을 입게 된다. 공장 바로 옆의 이웃들은 법률상 이익
인정되고 원고적격 인정되지만, 원거리에 사는 이웃들은 반사적 이익에 불과하
여 원고적격이 부정되는 경우가 많다.

　　판례는 **광업권설정허가처분**과 그에 따른 광산 개발로 인하여 재산상·환
경상 이익의 침해를 받거나 받을 우려가 있거나 예상되는 토지나 건축물의 소
유자와 점유자 또는 이해관계인 및 **주민들**은 원고적격을 **인정**받을 수 있다고
판시한다.

☞ 기출

> **352. 대법원 2008. 09. 11. 선고 2006두7577 판결[광업권설정허가처분취소등]**
>
> 광업권설정허가처분과 그에 따른 광산 개발로 인하여 재산상·환경상 이익의 침해를 받거나 받을 **우려가 있는** 토지나 건축물의 소유자와 점유자 또는 이해관계인 및 주민들은 그 처분 전과 비교하여 수인한도를 넘는 재산상·환경상 이익의 침해를 받거나 받을 우려가 있다는 것을 **증명함으로써 그 처분의 취소를 구할 원고적격을 인정받을 수 있다.**

 기출

(4) 반사적 이익

 빈출

제3자 중 **반사적 이익 유형**은 법에서 보호하지 않는 경우를 말한다. **음식점 등 허가업자간의 다툼과 관련하여 기존 허가업자는 반사적 이익**에 불과하다. 그러나 **기존 특허업자나 인가업자는 법률상 이익**이 인정됨을 주의하여야 한다.

📝 실력 다지기

 빈출

> ☞ 판례는 법률상 이익으로 개별적·직접적·구체적 이익이 침해되면 원고적격 인정
> ☞ 판례는 반사적 이익으로서 간접적·사실적·경제적 이익이 침해되면 원고적격 부정

 빈출

4. 피고로서의 적합한 소송수행 자격은 피고적격이라 한다

우리 행정소송법은 행정소송의 형태별로 피고적격을 다르게 규정하고 있다. 행정소송 중 **항고소송**에 대하여는 행정소송수행의 편의 때문에 처분에 대하여 가장 잘 알고 있는 **행정청**을 피고적격으로 규정하고 있다(행정소송법 제13조).

이에 반하여 행정소송 중 **당사자소송**에 대하여는 **행정주체인 국가나 지방자치단체**를 피고로 한다.

한편, **민중소송이나 기관소송**은 민중소송법정주의와 기관소송법정주의의 적용을 받아 **법률에서 규정하는 자**를 피고로 하고 있다(행정소송법 제45조).

 기출

이러한 피고적격을 잘못 선택하는 경우에는 행정소송을 **각하판결** 내리는 것이 원칙이다.

한편, **행정권한의 위임**이 있는 경우에는 행정권한의 이전이 있으므로 위임

 빈출

청이 아니라 **수임청**이 피고가 된다. 그러나, **대리**의 경우는 권한의 이전이 없으

므로 **피대리청**이 피고가 된다. 또한 **내부위임**의 경우에도 행정권한의 이전이 없으므로 **위임청**이 피고가 되어야 하나, 판례는 내부수임청이 자신의 명의로 처분을 한 경우 **현실적인 처분청인 내부수임청**이 피고가 된다고 하여 국민의 편의를 도모하고 있다.

따라서 성업공사가 한 그 공매처분에 대한 취소 등의 항고소송을 제기함에 있어서는 수임청으로서 실제로 공매를 행한 성업공사를 피고로 하여야 한다. 세무서장의 위임에 의하여 성업공사가 한 공매처분에 대하여 피고 지정을 잘못하여 피고적격이 없는 세무서장을 상대로 그 공매처분의 취소를 구하는 소송이 제기된 경우, 법원으로서는 석명권을 행사하여 피고를 성업공사로 경정하게 하여 소송을 진행하여야 한다.

📌 기출

---

353. 대법원 1997. 02. 28. 선고 96누1757 판결[공매처분취소]

[1] 성업공사가 체납압류된 재산을 공매하는 것은 세무서장의 공매권한 위임에 의한 것으로 보아야 할 것이므로, 성업공사가 한 그 공매처분에 대한 취소 등의 항고소송을 제기함에 있어서는 **수임청으로서 실제로 공매를 행한 성업공사를 피고로** 하여야 하고, 위임청인 세무서장은 피고적격이 없다.

[2] 세무서장의 위임에 의하여 성업공사가 한 공매처분에 대하여 피고 지정을 잘못하여 피고적격이 없는 세무서장을 상대로 그 공매처분의 취소를 구하는 소송이 제기된 경우, 법원으로서는 **석명권을 행사하여 피고를 성업공사로 경정하게 하여** 소송을 진행하여야 한다.

📌 빈출

제 2 절

항고소송의 대상을 의미하는 대상적격*****

1. 행정청의 처분에 대한 이론적 검토를 해보자

행정소송법 등 조문의 규정을 먼저 살펴보자.

📖 빈출 조문

> **행정소송법 제2조(정의)** ① 이 법에서 사용하는 용어의 정의는 다음과 같다.
> 1. "처분등"이라 함은 행정청이 행하는 구체적 사실에 관한 법집행으로서의 **공권력**의 행사 또는 **그 거부**와 **그 밖에 이에 준하는 행정작용**(이하 "處分"이라 한다) 및 행정심판에 대한 재결을 말한다.

> **행정절차법 제2조(정의)** 이 법에서 사용하는 용어의 뜻은 다음과 같다.
> 2. "처분"이란 행정청이 행하는 구체적 사실에 관한 법 집행으로서의 공권력의 행사 또는 그 거부와 그 밖에 이에 준하는 행정작용(行政作用)을 말한다.

> **행정심판법 제2조(정의)** 이 법에서 사용하는 용어의 뜻은 다음과 같다.
> 1. "처분"이란 행정청이 행하는 구체적 사실에 관한 법집행으로서의 공권력의 행사 또는 그 거부, 그 밖에 이에 준하는 행정작용을 말한다.

> **행정기본법 제2조(정의)** 이 법에서 사용하는 용어의 뜻은 다음과 같다.
> 4. "처분"이란 행정청이 구체적 사실에 관하여 행하는 법 집행으로서 공권력의 행사 또는 그 거부와 그 밖에 이에 준하는 행정작용을 말한다.

이처럼 행정소송법 조문에서는 **처분**이라고 되어 있지만, 법이론에서는 처분 대신에 **행정행위**라고 보통 논의한다.

그리고 행정청의 처분인지 아닌지에 따라 권리구제수단이 다르게 된다. 행정청의 **처분**이면 행정소송 중 **항고소송**으로 다투어야 한다.

> **행정소송법 제19조(취소소송의 대상) 취소소송**은 **처분등을 대상**으로 한다. 다만, 재
> 결취소소송의 경우에는 **재결 자체에 고유한 위법이 있음**을 이유로 하는 경우에 한
> 한다.

◉ 최다 빈출 조문

　항고소송 중 취소소송이 가장 많이 활용된다. 행정청의 처분이 아닌 경우에
는 항고소송을 청구해도 **각하판결**을 받게 된다. 이때에는 행정소송 중 당사자소
송으로 가거나, 아니면 민사소송 등 다른 방법을 취해야 한다. 항고소송의 대상
이 될 수 있는 자격은 처분이어야 하는 것이다. 그런데, 취소소송 등 항고소송과
관련하여 특히 이해해 두어야 할 것이 있다. 행정행위의 법적 성질에 대하여 소
의 적법성에서는 처분성을 판단하고 소의 이유유무에서는 재량행위인지 여부나
허가인지 여부 등을 판단한다. 취소소송에 대한 재판을 할 때 처분에 대한 판단
이 이렇게나 중요하다.

◉ 기출

　그런데 법이론에서는 처분이라는 용어대신 행정행위라고 주로 사용한다.
행정소송법 등 법조문이나 법원의 판결에서는 처분이라는 용어를 주로 사용한
다. 양자가 같은 것인지에 대하여 다음과 같은 이론적인 논의가 깊이 있게 다루
어지고 있다. 아마도 행정법이론 중에서 가장 심오하고 깊이 있는 내용이 아닐
까 한다. 독자들이 이 부분을 잘 공부해 두면 행정법을 실력 있게 이해할 수 있
게 될 것이다.

기초 이해하기 — 판례의 입장 정리

법조문이나 이론서 및 판례에서는 용어들을 다양하게 사용하고 있어서 그 개념을 이
해하는데 종종 혼동을 초래하기도 한다. 학설상의 논란이 있지만 처음 이론을 배우는
사람들은 일단 판례의 입장에 따라서 개념을 정리해 두는 것이 좋을 것이다. 행정법
은 용어상의 표현이 달라도 동일한 의미를 가지고 있는 것들이 많으며, 반면에 용어
가 동일해도 다른 의미를 가지고 있는 것들도 많아서 주의를 요구한다.

법조문이나 이론서 및 판례에서 처분이라고 하는 것들은 다양하게 사용되고 있다. 그
런데, 행정법을 처음 배우는 사람들은 **판례처럼 일단 처분＝공권력＝행정행위＝권력
적 단독행위＝행정청이 국민의 권리 · 의무를 직접 제한하거나 영향을 주는 행위**라
고 생각하면 될 것이다. 이렇게 모두 동일하게 파악하는 입장을 일원설이라고 한다.

◉ 빈출

결국 판례는 처분과 행정행위 등을 동의어로 파악한다. 즉 성질이 동일하다고 본다는

> 점을 염두에 두자. 그리고 판례에 따라 처분이 되려면 행정청이 발급하는 행위로서
> 국민의 권리·의무에 직접적인 영향을 가할 수 있는 권력적인 단독행위의 성질을 가
> 져야 한다.

(1) 처분개념의 분석과 일원설 및 이원설 등이 대립한다

⬦ 빈출 조문

　　행정소송법은 **항고소송의 대상**인 '**처분등**'을 **행정청**이 행하는 **구체적 사실에 관한 법집행**으로서의 **공권력**의 행사 또는 **그**(the) **거부**와 그 밖에 **이**(this)**에 준하는 행정작용** 및 **행정심판에 대한 재결**(for example)이라고 정의내리고 있다 (제2조 제1항 제1호).13

　　① 구청장 등 원행정청의 처분의 모습은 공권력, 그 거부, 그 밖에 이에 준하는 작용 중의 하나에 해당한다. 철거명령이나 영업정지 같은 경우가 **공권력**의 예로 발급된 것이다.

　　② 그리고 국민이 허가를 신청했지만 행정청이 허가를 거부하는 경우가 **그 거부**의 예이다.

　　③ 무기를 사용해서 시위대를 해산시키거나 강제철거를 통해서 노점상이나 철거민들의 건물을 부수거나 하는 행위는 권력적 사실행위이지만 **처분에 준하는 작용**으로 볼 수 있다.

　　이를 통틀어서 원행정청의 **원처분**이라고 정식으로 부르기도 하지만, 간단하게 처분이라고 부른다. 이에 대하여 행정심판위원회로 가서 행정심판을 청구하여 재결을 받은 경우는 행정심판위원회가 원처분이 위법하거나 부당한지 판단을 내리는 처분을 발급한다. 행정심판위원회는 법원이 아니므로 **재결**이라고 부른다.

　　주의할 것은 행정심판위원회의 재결 역시 처분의 한 종류에 불과하다는 것이다. 행정심판위원회가 이렇게 내리는 결정을 **재결처분**이라 한다.

---

13 행정소송법 제2조 제1항 제1호는 '처분등'에서 행정심판의 재결을 제외한 것이 처분이라고 하는 바, 아래의 논의에서도 행정심판의 재결은 제외하기로 한다.

실력 다지기

> 원행정청의 원처분과 행정심판위원회의 재결처분이 모두 있는 경우 원칙적으로 원처분을 취소소송의 대상으로 한다. 이러한 행정소송방식에 대한 입법주의를 **원처분주의**라고 한다. 이는 행정소송법 제19조 단서에서 규정되어 있다.

📌 빈출

행정소송법상의 처분개념을 학문상의 행정행위의 개념과 동일한 것으로 볼 것인지에 대하여 양자를 같은 것으로 보는 **일원설**(판례와 김연태 교수 등 유력설)과 다른 것으로 보아 더 넓은 것으로 보는 **이원설**(다수설)이 주장된다. 이원설 중에서도 ① 법적 작용들만 처분개념에 들어갈 수 있다고 보는 다수설적인 이원설과 ② 행정지도와 같은 비권력적 사실행위들도 모두 들어갈 수 있다고 보는 소수설적인 이원설로 나누어진다.

📌 최근 기출

행정소송법 제2조의 규정에서 '행정청이 행하는 구체적 사실에 관한 법집행으로서의 공권력의 행사 또는 그 거부와 그 밖에 이에 준하는 행정작용'이라는 처분의 개념표지와 '행정청이 행하는 직접적 외부효를 갖는 개별사안의 고권적 규율'이라는 행정행위의 개념표지를 면밀히 비교분석해 보면, '행정청이 행하는'은 '행정청'에, '구체적 사실에 관한'은 '개별사안'에, '법집행으로서의 공권력의 행사 또는 그 거부'는 '고권성'(여기서 '법집행'은 공법집행을 의미할 것인 바, '고권성'은 공법규정의 집행으로 공권력의 행사 또는 거부가 행해진 경우를 의미한다)에 각각 대응됨을 알 수 있다.

결국 행정행위와 처분의 일치성 여부에 대한 논쟁은 '**규율성**'과 '**직접적 외부효**'라는 행정행위의 개념표지가 처분을 개념정의하고 있는 행정소송법 제2조 제1항 제1호에는 규정되어 있지 않고, 아울러 처분에는 '그 밖에 이에 준하는 행정작용'이 추가적으로 규정되어 있기 때문에 발생하는 것임을 간파할 수 있다.

그런데 처분의 개념표지에 대한 문언을 살펴보면 이는 다시 크게 두 가지의 행정작용으로 나눠질 수 있다. 즉 '행정청이 행하는 구체적 사실에 관한 법집행으로서의 공권력의 행사 또는 그 거부'와 '그 밖에 이에 준하는 행정작용'이다.

따라서 행정행위와 처분의 일치성 여부에 대한 문제는 전자의 경우에는 '규율성'과 '직접적 외부효'가 포함되는 것인지 여부로, 후자의 경우에는 강학상의 행정행위와 어떤 개념적 외연의 차이가 존재하는 것인지 여부로 귀결된다.

따라서 처분개념 **일원설이 타당**하며, 이에 의하여 행정소송법 제2조의 처분 등을 판단하면 다음과 같이 설명될 수 있다.

1) 행정소송법 제2조 제1항 제1호 전단 소정의 행정작용의 의미

위에서 살펴본 바와 같이 '행정청이 행하는 구체적 사실에 관한 법집행으로서의 **공권력의 행사 또는 그** (the) **거부**'(= 행정행위의 거부)의 각 개념표지는 강학상의 **행정행위**의 각 개념표지에 대응되므로, 결국 행정소송법 제2조 제1호 전단의 행정작용은 강학상의 **행정행위**에 해당한다.

행정소송법 제2조의 공권력은 철거명령 등과 같은 행정행위를 의미한다. 행정소송법 제2조의 그 거부는 행정행위를 거부하는 것이다. 이때 판례는 그 거부가 취소소송의 대상적격으로 인정되기 위해서는 **법규상·조리상 신청권**(신청자격)이 있는 자의 허가 등 신청에 대한 거부일 것을 요구한다고 판시한다. 이때의 신청권은 **일반적**(여러 사람들)**·추상적**(반복적 여러 사건)**으로 결정되는 것이지, 실제 권리를 의미하는 것이 아니다.** 그러므로 처분을 요구할 자격은 대부분의 국민에게 인정된다.

기출

2) 행정소송법 제2조 제1항 제1호 후단 소정의 행정작용의 의미

위에서 살펴본 바와 같이 '행정청이 행하는 구체적 사실에 관한 법집행으로서의 공권력 또는 그 거부=행정행위'로 보면 '**그 밖에 이**(this)**에 준하는 행정작용**'은 결국 '그 밖에 **행정행위에 준**하는 행정작용'으로 해석할 수 있을 것이므로 이는 행정행위보다는 개념의 외연이 넓다고 할 수 있다.

'그 밖에 이에 준하는 행정작용'의 구체적인 의미와 관련하여서는 특히 '법집행으로서의 공권력의 행사'(고권성)라는 요소가 '그 밖에 이에 준하는 행정작용'에서도 개념적 구성요소로 포함되는 것인지 여부가 문제된다.

생각건대, 행정소송은 항고소송과 당사자소송으로 대별되는 바, 항고소송 중 취소소송은 권력적 성질을 갖는 행위의 효력을 배제하기 위한 소송으로 이해하고, 비권력적 성질을 갖는 행정작용에 대한 다툼은 당사자소송으로 해결하고자 하는 것이 입법자의 의도라고 해석된다. 이렇게 볼 때 '그 밖에 이에 준하는 행정작용'에는 '법집행으로서의 공권력의 행사'의 요소가 포함되는 것으로 해석하여야 할 것이다.

이러한 해석론에 따르면 '그 밖에 이에 준하는 행정작용'으로서는 '법집행으로의 공권력의 행사'로서의 성질은 갖지만 **전형적인 행정행위에는 해당하지 않**

는 행정작용들을 말한다. 즉 처분의 문서형식으로는 발급되는 것은 아니지만 처분과 동일한 효력을 가지면서 국민의 권리·의무에 대하여 직접적인 영향을 주는 것을 의미한다.

그 밖에 이에 준하는 작용은 행정행위에 준하는 행위들로서 **예컨대** ① **권력적 사실행위**(무기사용, 강제철거), ② **처분적 법령**, ③ **부담**(일정한 의무를 부과하는 부관) 등 행정행위와 다를 바 없은 효과를 가지는 각종 작용들이 그에 해당하게 된다. 그러나 **행정지도**는 이에 해당하지 않게 된다. ☞ 최다 빈출

권력적 사실행위의 예들을 찾아보면, **무기사용, 강제철거, 강제격리, 강제수거, 세무조사**(강제조사) 등을 들 수 있다. 이들의 성질은 순수사실행위와 수인하명의 **합성행위**로 분석할 수 있다. 그러므로 문서로 내려진 처분과 다를 바 없이 강제적인 행위의 성질을 지닌다. ☞ 빈출

그러나 **비권력적 사실행위**의 예들을 찾아보면 **행정지도, 호구조사**(임의조사) 등을 들 수 있다. 이들의 성질은 강제성이 없고 임의성만 있으므로 처분과 성질이 다르다. 따라서 처분성이 있는 것들과는 구별되어야 한다. ☞ 빈출

기초 이해하기

① **일원설(독일학파)**에서는 행정행위는 행정소송법 제2조의 공권력으로 보고, 권력적 사실행위는 그밖에 행정행위에 준하는 작용으로 보아 취소소송의 대상으로 인정한다. 그러나 행정지도와 같은 비권력적 사실행위는 행정소송법 제2조에 해당하지 않으므로 취소소송의 대상이 되지 않는다고 한다.

② **다수설적인 이원설(독일학파)**에서는 행정소송법 제2조의 공권력 안에 행정행위와 권력적 사실행위 등 법적인 작용이 포함된다고 본다. 다수설은 행정행위보다 처분 등이 더 크다는 이원설의 입장인 것이다. 그러나 행정지도와 같은 비권력적 사실행위는 행정소송법 제2조에 해당하지 않으므로 취소소송의 대상이 되지 않는다고 한다.

③ **소수설적인 이원설(프랑스학파)**에서는 행정소송법 제2조에는 행정행위와 권력적 사실행위는 물론 비권력적 사실행위들도 모두 포함되므로 취소소송의 대상으로 모두 인정할 수 있다고 한다.

결론적으로 일원설과 다수설적인 이원설에서는 행정행위나 권력적 사실행위 등 법적 작용만 취소소송의 대상이 되는 처분이라고 본다. 그러나 소수설적인 이원설에서는 비권력적 사실행위도 취소소송의 대상이 되는 처분이라고 본다. **판례는 일원설**의 태도이다.

기초 이해하기

> 판례는 1원설에 입각해서 **공권력**과 **행정행위**를 동일하다고 보고 있고, 그 거부는 **행정행위의** 거부로 보고, 그 밖에 **이에** 준하는 작용으로서는 **행정행위**와 동일하게 볼 수 있는 **권력적 사실행위**나 **처분적 법령** 등을 인정하고 있다.
>
> 판례에 따른 이해를 정리하면 다음과 같다
>
> 처분 = 공권력 = 행정행위 = 권력적 단독행위 = 국민의 권리의무에 직접(권력적) 영향을 미치는 행위 = 판례의 입장(일원설)

(2) 처분의 개념표지에 '**규율성**'과 '**직접적 외부효**'의 포함 여부와 형식적 행정행위의 인정여부에 대하여 알아보자

법률행위가 처분으로 인정받기 위해서는 ① **규율성**(= 권리·의무에 대한 의사표시) ② **외부성**(= 국민에 대한 의사표시) ③ **직접성**(= 권리·의무에 대하여 권력적이고 강제적으로 영향을 미치는 성질) 등 세 가지를 요구한다.[14]

처분의 개념표지에 '**규율성**'과 '**직접적 외부효**'를 포함시킬 수 있을 것인지 여부가 매우 중요하다. 이는 취소소송체계의 내부원소에 대한 해명을 통해 해결되어야 할 문제라고 본다. 왜냐하면 일정한 체계는 자기준거적 재생산활동을 통해 그 기능을 유지하려 하는 것이므로 체계 안의 다른 원소들이 지향하는 의미를 알 수 있다면 문제가 되는 원소 역시 그 재생산의 내부순환 구조 속에서 동일한 의미를 지향하도록 함으로써 복잡성 감축전략이 성공적으로 이루어질 수 있기 때문이다.

따라서 **행정지도처럼 행정행위처럼 보이지만 실질적으로 처분개념의 당연한 요소인 규율성과 직접적 외부효를 가지지 못하는 '형식적 행정행위'의** 개념은 처분개념으로서는 부정하는 것이 타당하다.

처분이나 **권력적 사실행위** 등은 처분으로서의 성질을 가지므로 권리구제는 **행정소송** 중 **항고소송**에 의하여 이루어진다. 항고소송에는 다시 취소소송, 무효확인소송, 부작위위법확인소송 등이 있다. 우리는 취소소송 중심주의로 법

---

14 성봉근, 공공갈등해소를 위한 취소소송의 역할과 판례의 방향 — 행정기본법의 제정방향과 처분성 요건의 완화가능성 —, 토지공법연구 제87집, 2019. 8, 488면 이하.

률의 규정과 재판실무가 운영되고 있다. **행정지도는 형식적 행정행위**이자 **비권력적 사실행위**에 속한다. 행정지도는 처분도 아니고, 그 밖에 이에 준하는 작용도 아니다. 행정지도는 행정행위와 성질이 정반대된다.

행정행위와 행정지도 양자의 차이는 권리구제의 형태가 다르게 나타나게 한다. **처분** 등은 **항**고소송(취소소송, 무효 등 확인소송, 부작위위법확인소송) 으로 다투지만, 행정지도 등은 **당**사자소송으로 다투어야 한다. 　　기출

행정지도는 처분으로서의 성질을 가지지 못하므로 권리구제는 **행정소송 중 당사자소송**에 의하여 이루어진다. 그러나 실제로 당사자소송은 별로 잘 활용되지 못하고 있다. 　　기출

국고(국가의 창고)관계에서 **물건을 사고팔거나 임대**하는 행위는 **공법관계가 아니면서 처분성도 없으므로** 권리구제는 **민사소송**에 의하여 이루어지게 된다.

(3) 취소소송의 성격과 기능에 대해 형성소송설*과 확인소송설이 대립한다

취소소송의 성격과 기능에 대하여 형성소송설과 확인소송설이 대립하고 있지만, 다수설과 판례의 입장은 **형성소송**으로 본다. 　　기출

그 이유를 분석해 보기로 한다.

첫째, 행정소송법체계의 내부원소들이 지향하는 의미를 탐색해 보면 첫째, **행정소송법은 취소소송의 경우에는 사정판결을 허용**하고 있는 데 반해(제28조), **무효확인소송의 경우에는 사정판결을 허용하고 있지 않다**(제38조 제1항에서 제28조를 준용하고 있지 않음). 이는 위법성이 취소사유인 경우에는 일단 처분이 유효하나 취소판결을 받으면 효력이 부인되고 사정판결을 받으면 효력은 부인되지 않지만 처분의 위법성만을 확인하는 것이며, 위법성이 무효사유인 경우에는 처음부터 처분의 효력이 없기 때문에 사정판결이라는 관념을 생각할 수 없어 무효확인소송의 경우에는 사정판결제도를 두지 않은 것으로 해석할 수 있기 때문이다. 　　기출

둘째, 형성의 소에 대한 청구기각판결은 단지 형성소권의 부존재를 확정하는 확인판결에 그치나 청구인용의 판결, 즉 형성판결은 그것이 형식적으로 확정되면 형성소권의 존재에 대해 기판력이 발생하는 동시에 법률관계를 발생·변경·소멸시키는 형성력이 생기는바,[15] 제29조 제1항 소정의 대세효는 이러한 형

---

15 이시윤, 신민사소송법, 189–190면; 회사관계소송에서의 형성의 소의 경우에도 청구인용판결만

성의 소의 일반적 성질에 부합하는 것이다. 이러한 논의를 종합해 보면 취소소송은 형성소송으로 판단된다. 이에 따라 **취소판결은 일정한 행정작용의 법적 효력을 소급해서 부인**하는 성질을 갖는 **형성판결**로 이해되므로, 그 대상인 처분 역시 국민에 대하여 권리제한 또는 의무부과라는 법적 효과를 갖는, 다시 말해 **직접적 외부효와 규율성**을 갖는 행정작용이라는 결론에 이르게 된다.

(4) 판례의 추가 요건은 국민의 권리·의무에 직접적인 제한(영향)을 가하는 것이다

1) 판례의 입장

판례는 국민의 권리·의무에 직접적인 영향을 가하는지 여부로 판단하고 있다. 판례는 항고소송의 대상적격으로서 처분성의 요건에 대하여 '국민의 권리의무를 직접 제한하는지 여부'라는 요건을 별도로 추가하여 사용하고 있는 것이다. 따라서 **항고소송의 대상**이 되는 **행정처분**이라 함은 원칙적으로 행정청의 **공법상 행위**로써 특정 사항에 대하여 법규에 의한 **권리의 설정 또는 의무의 부담**을 명하거나 기타 법률상 효과를 발생하게 하는 등으로 일반 국민의 **권리의무에 직접** 영향을 미치는 행위를 가리킨다.

이에 대하여 형식적 행정행위까지 인정하는 이원설에서는 판례를 근본적으로 비판하게 된다. 그러나 일원설이나 다수설적인 이원설에서는 이러한 판례의 요건 설정에 결론적으로 찬성하게 된다.

다만 행정소송법 제2조에 규정되어 있지 않는 이러한 요건을 판례가 설정하는 것은 권력분립의 원칙에 반한다는 비판도 있으나, **판례의 요건은 처분개념의 당연한 요소인 규율성과 직접적 외부효를 판시한 것이므로 타당하다고 할 것이다.**

판례에 따르면 처분인지 여부는 법률이나 법규명령 또는 행정규칙 등에 규정되어 있는지와 상관없이 국민의 권리·의무에 대하여 여부에 따라 판단한다. 대법원은 비록 불문경고가 행정규칙에 규정되어 있지만 공무원에게는 내부법으로서 법규성이 있으므로 공무원에게는 권리의무를 직접적으로 제한하는 것에 해당하여 처분성이 인정된다는 취지의 판시를 하고 있다.

이 대세효가 있다(상법 제190조, 제328조, 제376조, 제380조(논란 있음), 제381조, 제430조, 제446조).

354. 대법원 2002. 7. 26. 선고 2001두3532 판결[견책처분취소]

[1] 항고소송의 대상이 되는 행정처분이라 함은 원칙적으로 행정청의 공법상 행위로서 특정 사항에 대하여 법규에 의한 권리의 설정 또는 의무의 부담을 명하거나 기타 법률상 효과를 발생하게 하는 등으로 일반 국민의 권리 의무에 직접 영향을 미치는 행위를 가리키는 것이지만, 어떠한 처분의 근거나 법적인 효과가 행정규칙에 규정되어 있다고 하더라도, 그 처분이 행정규칙의 내부적 구속력에 의하여 상대방에게 권리의 설정 또는 의무의 부담을 명하거나 기타 법적인 효과를 발생하게 하는 등으로 그 상대방의 권리 의무에 직접 영향을 미치는 행위라면, 이 경우에도 항고소송의 대상이 되는 행정처분에 해당한다.

[2] 행정규칙에 의한 '불문경고조치'가 비록 법률상의 징계처분은 아니지만 위 처분을 받지 아니하였다면 차후 다른 징계처분이나 경고를 받게 될 경우 징계감경사유로 사용될 수 있었던 표창공적의 사용가능성을 소멸시키는 효과와 1년 동안 인사기록카드에 등재됨으로써 그 동안은 장관표창이나 도지사표창 대상자에서 제외시키는 효과 등이 있다는 이유로 항고소송의 대상이 되는 행정처분에 해당한다.

☞ 최근 기출

영업정지와 같은 대인적 처분은 국민의 권리·의무에 대하여 직접적인 제한을 초래하므로 처분성이 인정된다는 것이 쉽게 이해될 수 있다. 그러나 **교통신호등 설치**, 주차금지나 횡단보도설치, 일방통행표지 등 사물에 대한 규율이 사람의 권리·의무를 규율하는 모습으로 나타나는 경우를 물적 행정행위라고 하는데, 역시 처분성을 인정하는 것이 다수설과 판례의 태도이다. 독일에서 오랜 논쟁 끝에 '일반처분'의 내용으로서 '물적 행정행위'가 포함되도록 독일 행정절차법에서 최종 규정되어 입법적으로 행정행위의 하나로 인정되도록 되었다.

☞ 최근 기출
☞ 빈출

'**물적 행정행위**'[16]의 경우를 보더라도 사물의 법적 상태에 대한 직접적인 영향을 통해 결국 국민의 권리의무에 직접적인 영향을 준다고 넓게 이해할 수 있다.[17]

영업정지처럼 특정인에 대한 개별 행정행위가 처분이라는 것도 쉽게 이해될 수 있다. 하지만 집회시위허가나 집회시위허가금지처럼 다수인에 대한 일반

---

16 김남진·김연태, 행정법 Ⅰ, 법문사, 제23판, 2019, 207면에서는 이를 소개하고 있다. 동지의 취지로서 류지태·박종수, 행정법신론, 제15판, 박영사, 2011, 166면; 박균성, 행정법강의, 제15판, 박영사, 2019, 201면; 다만 이원설 중에서도 쟁송법상 처분개념을 넓게 보는 것이 옳지만 형식적 행정행위는 제한적으로 인정하여야 한다는 절충적인 입장도 있다. 박균성, 행정법강의, 제15판, 박영사, 2019, 708−709면.

17 성봉근, 공공갈등해소를 위한 취소소송의 역할과 판례의 방향 — 행정기본법의 제정방향과 처분성 요건의 완화가능성 —, 토지공법연구 제87집, 2019. 8, 491면.

처분도 행정행위로서 처분성이 인정된다. 판례에 의하면 청소년보호법에 따른 **청소년유해매체물 결정·고시**의 법적 성격은 **일반처분**이다. 청소년보호법에 따른 청소년유해매체물 결정·고시의 법적 효력은 정보통신윤리위원회가 특정 인터넷 웹사이트를 청소년유해매체물로 결정하고 청소년보호위원회가 효력발생시기를 명시하여 고시함으로써 그 명시된 시점에 다수의 국민들에게 효력이 발생한다.

> **355. 대법원 2007. 06. 14. 선고 2004두619 판결[청소년유해매체물결정및고시처분무효확인]**
>
> 청소년보호법에 따른 청소년유해매체물 결정 및 고시처분은 당해 유해매체물의 소유자 등 특정인만을 대상으로 한 행정처분이 아니라 일반 불특정 다수인을 상대방으로 하여 일률적으로 표시의무, 포장의무, 청소년에 대한 판매·대여 등의 금지의무 등 각종 의무를 발생시키는 행정처분으로서, 정보통신윤리위원회가 특정 인터넷 웹사이트를 청소년유해매체물로 결정하고 청소년보호위원회가 효력발생시기를 명시하여 고시함으로써 그 명시된 시점에 효력이 발생하였다고 봄이 상당하고, 정보통신윤리위원회와 청소년보호위원회가 위 처분이 있었음을 위 웹사이트 운영자에게 제대로 통지하지 아니하였다고 하여 그 효력 자체가 발생하지 아니한 것으로 볼 수는 없다.

눈이 쌓일 때마다 눈을 제거하라는 명령은 반복적 처분으로서 역시 처분이자 행정행위로 인정된다.

2) 판례에 대한 평가 및 요건완화론의 제시

이러한 판례의 태도는 행정행위의 성질을 가지는지 여부에 따라 처분을 판단하려는 것으로서 타당하다. 그렇지만, 이러한 행정행위의 성질을 가지는 작용들이 현대에는 새롭게 많이 등장하고 있다. 이러한 유형들은 전형적인 처분의 이름을 가지고 있지 않을 뿐이다. 따라서 처분개념의 요소인 규율성, 직접성, 외부성 등의 요건을 충족한다면 완화하여 **행정행위의 성질**을 가지고 있다고 보는 것이 타당하다. 이를 통하여 우리 행정소송실무에서 잘 발전해 온 취소소송제도를 활용하여 국민의 권리구제와 공공갈등 해소 등에 크게 기여할 수 있다.

행정행위의 요건을 충족하지 못하는 사실행위 등에 대하여도 처분개념으로 확대하여 취소소송의 대상적격의 범위를 넓히려는 입장[18]과는 논리의 구조가 다

---

18 박정훈, 행정소송의 구조와 기능, 박영사, 2007, 173면.

르다. 처분의 요건을 요구하되, 현대 행정법에서 국민의 권리의무에 직접적인 영향을 줄 수 있는 다양하고 애매한 행위들에 대하여 규율성과 직접적 외부효 등 처분의 요건을 다소 완화하여 취소소송의 대상적격으로 포섭하고자 하는 논리이기 때문이다. 법원의 태도에 대한 근본적인 변화를 가져오기 보다는 기존의 입장에 대하여 탄력성과 변화가능성을 요구하기 위한 논리인 것이다.[19]

 실력 다지기[20]

> 행정행위의 변화가능성에 대하여 짚어보아야 할 점이 있다. 이와 관련하여 슈미트-아스만(Schmidt-Aßmann)은 행정행위는 행정작용의 '안정성을 제공하는 기능'(Stabilisierungsleistung des verwaltungsakt)을 여전히 부담하고 있지만, 그렇다고 하여 행정행위의 안정성이 행정행위의 '변화가능성'(Veränderung)이나 '탄력성'(Flexibilität)을 박탈하는 것은 아니라고 지적하고 있다.[21]
>
> 이는 행정행위의 개별적 요소들에 대하여 자세히 분석해 보면 명확하게 드러난다. 행정청의 행위라고 하는 것도 이제는 고유한 의미의 행정청뿐만 아니라 공무수탁사인이나 공법상 법인 등 원래는 행정청이 아닌 경우에도 행정청의 행위로 파악되기도 한다. 개별적 규율성이라는 요소도 일반처분[22]이나 반복적 처분 등에서 보듯이 고전적인 의미로 국한되지 않는다.
>
> 그렇다면 판례에서 처분성에 대하여 갈등하고 가장 고민하게 되는 규율성이나 직접적 외부성 역시 마찬가지로 '완화해서' 해석하는 것이 얼마든지 가능하다. 분쟁조정결정이나 매립지귀속결정, 환지처분 등 다양한 행정작용들이 법원에 의하여 처분성을 부정당하여 왔지만, 실질적으로는 국민의 권리의무에 대하여 매우 직접적이고 밀접한

19 성봉근, 공공갈등해소를 위한 취소소송의 역할과 판례의 방향 ― 행정기본법의 제정방향과 처분성 요건의 완화가능성 ―, 토지공법연구 제87집, 2019.8, 492-493면 이하.

20 이상의 논의에 대하여 상세한 것은 성봉근, 공공갈등해소를 위한 취소소송의 역할과 판례의 방향 ― 행정기본법의 제정방향과 처분성 요건의 완화가능성 ―, 토지공법연구 제87집, 2019. 8, 489-493면.

21 Schmidt-Aßmann, Verwaltungsrechtliche Dogmatik ― Eine Zwischenbilanz zu entwicklung, Reform und Künftigen Aufgaben, Mohl Siebeck, 2013, S. 70; 성봉근, 공공갈등해소를 위한 취소소송의 역할과 판례의 방향 ― 행정기본법의 제정방향과 처분성 요건의 완화가능성 ―, 토지공법연구 제87집, 2019. 8, 490면에서 재인용.

22 김남진 · 김연태, 행정법 Ⅰ, 법문사, 제23판, 2019, 207면에서는 독일은 행정절차법에서 처분의 일종으로 명문의 규정을 두어 처분의 한 종류로 인정함을 소개하고 있다. 동지로서 류지태 · 박종수, 행정법신론, 제15판, 박영사, 2011, 165면; 정하중, 행정법개론, 법문사, 제13판, 2019, 159면.

영향을 주는 속성을 가지고 있다. '물적 행정행위'[23]의 경우를 보더라도 사물의 법적 상태에 대한 직접적인 영향을 통해 결국 국민의 권리의무에 직접적인 영향을 준다고 넓게 이해할 수 있다.

마우러(Maurer)와 발트호프(Waldhoff)가 지적하듯이 이 규율성은 '이중적인 의미'(doppeldeutig)를 가지고 있다. 우리 법원이 처분성에 대하여 지나치게 좁게 파악하는 것은 이러한 이중적인 의미를 충분하게 고려하지 못하고 있으며, 고전적인 형태의 개념에 집착하고 있기 때문이라고 할 것이다.

마우러와 발트호프는 '규율성'은 한편으로는 행정행위의 발급에서 보듯이 '행위'(die Tätigkeit) 자체에 대한 것이고, 다른 한편으로는 '행위의 효과 내지는 결과'(das Produkt dieser Tätigkeit)를 의미한다고 지적한다.[24]

참고로 독일 행정절차법에서는 제35조 제2문에서 행정행위의 개념을 규정하면서 물건에 대한 공법상의 특성과 관련되는 것도 일반처분(Allgemineverfügung)의 일종으로 규정하여 처분에 해당함을 법문으로 명확하게 규정하고 있다.[25]

우리 판례는 처분의 개념 요소 중 규율성과 외부효 등의 기준들이 이렇게 탄력성과 변화가능성, 유연성 등을 가지고 있음을 종종 간과할 위험에 빠질 수 있음을 주의하여야 한다. 공공갈등해소를 위하여 공공갈등을 조정하는 행위들에 대하여 물적 행정행위이자 일반처분이 될 수 있는 가능성을 열어두고 취소소송 법정으로 안내할 수 있도록 노력해야 한다.[26]

📖 출제 예상

대법원 2015. 9. 24. 선고 2014추613 판결의 판시에 의하면 **분쟁조정결정의 처분성**을 아예 **부정**하여 취소소송의 대상으로 될 수 없다고 단정적으로 판시하

---

23 김남진·김연태, 행정법 Ⅰ, 법문사, 제23판, 2019, 207면에서는 독일에서 오랜 논쟁 끝에 일반처분의 내용으로서 물적 행정행위가 포함되도록 독일 행정절차법에서 최종 규정되어 입법적으로 행정행위의 하나로 인정되도록 되었음을 소개하고 있다. 동지의 취지로서 류지태·박종수, 행정법신론, 제15판, 박영사, 2011, 166면; 박균성, 행정법강의, 제15판, 박영사, 2019, 201면; 다만 이원설 중에서도 쟁송법상 처분개념을 넓게 보는 것이 옳지만 형식적 행정행위는 제한적으로 인정하여야 한다는 절충적인 입장도 있다. 박균성, 행정법강의, 제15판, 박영사, 2019, 708─709면.
24 Maurer/Waldhoff, Allgemeines Verwaltungsrecht, 19. Aufl., Verlag C.H. Beck, 2017, S. 208.
25 Jiekow, Verwaltungsverfahrensgesetz, Kommentare, 3., überarbeitete Auflage, Kohlhammer, 2013, S.234; Bauer/Heckmann/Ruge/Schallbruch/Schulz, Verwaltungsverfahrensgesetz und E─Goverment, Kommentar, 2.Auflage, Kommunal und schul verlag, 2014, S. 387.
26 이상의 논의에 대하여 상세한 것은 성봉근, 공공갈등해소를 위한 취소소송의 역할과 판례의 방향 ─ 행정기본법의 제정방향과 처분성 요건의 완화가능성 ─, 토지공법연구 제87집, 2019. 8, 489─493면.

였다. 대상 판례는 공공갈등의 해소를 위한 분쟁조정결정에 대하여 항고소송을 통한 해결의 가능성을 아예 원천적으로 차단하고 있는 단점이 있다.

---

356. 대법원 2015. 9. 24. 선고 2014추613 판결

지방자치법 규정의 내용과 체계, 분쟁조정결정의 법적 성격 및 분쟁조정결정과 이행명령 사이의 관계 등에 비추어 보면, 행정자치부장관 등의 분쟁조정결정에 대하여는 그 후속의 이행명령을 기다려 대법원에 이행명령을 다투는 소를 제기한 후 그 사건에서 이행의무의 존부와 관련하여 분쟁조정결정의 위법까지 함께 다투는 것이 가능할 뿐, 별도로 분쟁조정결정 자체의 취소를 구하는 소송을 대법원에 제기하는 것은 지방자치법상 허용되지 아니한다고 보아야 한다. 나아가 분쟁조정결정은 그 상대방이나 내용 등에 비추어 행정소송법상 항고소송의 대상이 되는 처분에 해당한다고 보기 어려우므로, 통상의 항고소송을 통한 불복의 여지도 없다.

▶ 출제 예상

비교대상이 되고 있는 대법원 2013. 11. 14. 선고 2010추73 판결에 의하면 처분에 준하는 작용으로 보려고 하여 긍정적인 모습을 가지면서도 항고소송이 아니라 기관소송으로 해결하려고 하였다. 그러나 행정소송법 제45조의 기관소송 법정주의 때문에 소송을 통한 분쟁해결의 가능성이 매우 협소하고 대법원 단심으로밖에는 소송의 길이 마련되어 있지 않다.

▶ 출제 예상

---

357. 대법원 2013. 11. 14. 선고 2010추73 판결

지방자치단체의 구역에 관하여 지방자치법은, 「공유수면 관리 및 매립에 관한 법률」(이하 '공유수면관리법'이라 한다)에 따른 매립지가 속할 지방자치단체는 안전행정부장관이 결정한다고 규정하면서(제4조 제3항), 관계 지방자치단체의 장은 그 결정에 이의가 있으면 결과를 통보받은 날로부터 15일 이내에 대법원에 소송을 제기할 수 있다고 규정하고 있다(제4조 제8항).

다만 매립지가 속할 지방자치단체를 정하는 결정에 대하여 대법원에 소송을 제기할 수 있는 주체는 관계 지방자치단체의 장일 뿐 지방자치단체가 아니다.

▶ 출제 예상

☞ 판례평석> 법원은 소의 적법성에 대해서는 처분에 대한 구체적인 언급을 하고 있지 않다. 그러나 본안에서는 다음과 같이 처분에 준하는 것으로 보아 처분의 위법성에 대한 법리를 활용하여 판결하고 있다. 법원이 보다 처분에 대한 구체적인 법리를 소의 적법성 단계에서부터 고민하고 판시하였어야 할 것이다. 앞으로 법원의 판례의 변화를 기대한다.[27]

---

27 성봉근, 공공갈등해소를 위한 취소소송의 역할과 판례의 방향 — 행정기본법의 제정방향과 처분

판례에 의하면 서울특별시의 **"철거민에 대한 시영아파트 특별분양개선지침"**은 행정규칙에 불과하고 시영아파트에 대한 분양불허 의사표시가 행정처분이 **아니다.**

> **358. 대법원 1993. 05. 11. 선고 93누2247 판결[아파트분양권리부여불가처분취소]**
>
> 서울특별시의 "철거민에 대한 시영아파트 특별분양개선지침"은 서울특별시 내부에 있어서의 행정지침에 불과하고 지침 소정의 사람에게 공법상의 분양신청권이 부여되는 것이 아니라 할 것이므로 서울특별시의 시영아파트에 대한 분양불허의 의사표시는 항고소송의 대상이 되는 행정처분으로 볼 수 없다.

(5) 행정소송법 개정 논의가 있다

프랑스학파에서는 처분 등의 개념에 **법규명령**과 **행정행위** 및 **사실행위**까지 모두 포함하자는 주장을 하기도 하는 바 이를 **처분개념 확장론**이라 할 수 있다.

반면에 **독일학파**에서는 현행 행정소송법처럼 **행정행위의 성질을 가진 것만 행정소송법 제2조의 처분 등으로 인정**하여 **항고소송으로 해결**하자고 하며 **행정행위의 성질을 가지지 않는 것**은 **다양한 쟁송형태로 해결**한다. 이러한 입장은 다수설의 입장을 차지하고 있는데, **다양한 쟁송형태론**으로 부르기도 하고 **처분개념 축소론**이라고 부르기도 한다. 처분개념 축소론은 행정행위만으로 처분개념이 축소되도록 유지되어야 한다는 이론으로서, 법규명령이나 행정규칙, 비권력적 사실행위 등까지 처분개념을 확장할 수 없다는 입장이다.

이러한 다수설의 입장을 잘 이해해 둘 필요가 있다.

생각건대, **행정행위는 항고소송**으로, **법규명령은 구체적 규범통제와 헌법소원**으로, **사실행위는 당사자소송이나 민사소송**으로 다양하게 해결할 수 있으므로 행정소송법 **제2조의 처분 등의 개념**은 행정행위를 중심으로 파악하는 것이 앞으로도 행정소송법 개정과 관련하여 바람직하다. 즉, **처분개념축소론과 다양한 쟁송형태론으로 입법의 태도를 유지하는 것이 타당하다.** 다만, 최근의 개정안에서는 이에 대한 **판단을 유보**하고 있다.

 기초 이해하기

> **대상적격 축소론**이 행정행위로 취소소송의 대상을 **유지**하자는 입장으로서 다수설의
> 입장이고, 이는 **다양한 쟁송형태론**으로 연결된다. 대상적격 확대론은 소수설인 프랑
> 스 학파의 주장이다.

(6) 관련문제 — 권력적 사실행위의 경우 **합성행위**로서의 분석을 해 보면

　　권력적 사실행위는 법적 규율로서의 수인의무를 부과하는 요소(수인하명)와　　　🔰 빈출
물리적 집행행위가 **결합된** 것으로서 전형적인 행정행위에는 해당하지 않으나
이에 준하는 행정작용인 것이다.

　　참고로 이 경우 전자가 취소소송의 대상이 될 수 있으며 이것이 취소되었
음에도 여전히 위법한 사실행위가 계속되고 있는 경우에는 그 사실행위의 제거
를 청구하는 공법상 당사자소송으로서의 이행소송의 제기가 가능할 것인 바, 취
소소송과 당사자소송을 병합하여 제기하는(행정소송법 제10조 제2항 후단, 제1항 제
1호) 것이 심리의 중복·재판의 저촉을 피할 수 있고, 나아가 국민의 권리구제를
위하여 분쟁을 신속히 처리할 수 있다.

(7) 처분에 해당하는 것과 처분이 아닌 것들을 구별해 두자

　　국유잡종재산 대부행위의 법적 성질은 사법상 계약이며 그 대부료 납부고　　　🔰 기출
지의 법적 성질은 사법상 이행청구이지 **처분이라고 볼 수 없다.**

> ### 359. 대법원 2000. 02. 11. 선고 99다61675 판결[부당이득금]
>
> 국유재산법 제31조, 제32조 제3항, 산림법 제75조 제1항의 규정 등에 의하여 국유잡종재
> 산에 관한 관리 처분의 권한을 위임받은 기관이 국유잡종재산을 대부하는 행위는 국가가
> 사경제 주체로서 상대방과 대등한 위치에서 행하는 사법상의 계약이고, 행정청이 공권력
> 의 주체로서 상대방의 의사 여하에 불구하고 일방적으로 행하는 행정처분이라고 볼 수
> 없으며, 국유잡종재산에 관한 대부료의 납부고지 역시 사법상의 이행청구에 해당하고, 이
> 를 행정처분이라고 할 수 없다.

기출문제 및 예상문제를 정리해 두자

[처분성 유무] ★★★★★

※ 결국 처분이면 항고소송(취소소송, 무효등확인소송, 부작위위법확인소송)
처분이 아니라 행정지도나 공법상 계약이면 당사자소송으로 권리구제의 방법이
달라지므로 처분인지 여부에 대한 구별은 매우 중요하다.

기출문제 및 예상문제를 정리해 두자

① 집회시위금지와 같은 **일반처분**은 다수인들의 **권리와 의무를 직접적으로 제한**하
는 것이므로 행정행위에 해당한다.
② 교통신호 등, 주차금지표지 등 물적 행정행위도 행정행위에 해당한다.
판례는 횡단보도 설치에 의하여 **다수의 보행자들과 다수의 운전자들의 권리·의무**
를 직접적으로 제한하게 되므로 **처분성 있다고 보았다.**
③ 특정인에 대하여 반복적인 조치를 취하도록 하는 처분도 행정행위에 해당한다.
④ 그러나 일반적·추상적인 규범은 입법행위이므로 처분이 아니다.

기출문제 및 예상문제를 정리해 두자

병역법상 **신체 등급 판정**은 행정청이라고 볼 수 없는 **군의관**이 하도록 되어 있으
며, 그 자체만으로 권리의무가 정하여지는 것이 아니라 그에 따라 **지방병무청장**이
병역처분을 함으로써 비로소 병역의무의 종류가 정하여지는 **것이므로** 항고소송의
대상이 되는 **행정처분이라 보기 어렵다.**

360. 대법원 1993. 08. 27. 선고 93누3356 판결[신체등위1급판정취소]

병역법상 신체등위판정은 행정청이라고 볼 수 없는 **군의관**이 하도록 되어 있으며, 그
자체만으로 바로 **병역법상의 권리의무가 정하여지는 것이 아니라** 그에 따라 **지방병무
청장이 병역처분**을 함으로써 비로소 **병역의무**의 종류가 정하여지는 것이므로 **항고소송**
의 대상이 되는 **행정처분이라 보기 어렵다.**

실력 다지기

원자력법상 **부지사전승인**은 원자력발전소 **건설허가**에 앞서서 내리는 **예비결정**이자 부분에 대한 **부분승인**으로서 **처분성을 인정**하였다.

☞ 원전건설허가 = **처분**, 재량행위, 특허, 종국결정

☞ 원전 부지사전승인 = **처분**, 재량행위, 예비결정

대법원 판결에 의하면 영광 **원자력 발전소에 대한 부지사전승인 취소소송에서 제 3자인 이웃주민들의 원고적격이 인정**되고, 부지사전승인의 처분성도 긍정되지만, 종 국결정인 원자력발전소 건설허가 이후에는 예비결정인 부지사전승인에 대한 취소소 송은 소의 이익이 없어 각하된다.[28]

📍 기출

 중요 판례 더 알아보기

42. 대법원 1998. 9. 4. 선고 97누19588 판결[부지사전승인처분취소]

[1] 원자로 및 관계 시설의 <u>부지사전승인처분</u>은 원자로 등의 건설허가 전에 그 원자 로 등 건설예정지로 계획중인 부지가 원자력법의 관계 규정에 비추어 적법성을 구비 한 것인지 여부를 심사하여 행하는 <u>사전적 부분 건설허가처분의 성격</u>을 가지고 있는 것이므로, 원자력법 제12조 제2호, 제3호로 규정한 원자로 및 관계 시설의 허가기준에 관한 사항은 건설허가처분의 기준이 됨은 물론 부지사전승인처분의 기준으로도 된다.

[2] 원자력법 제12조 제2호의 취지는 원자로 등 건설사업이 방사성물질 및 그에 의하 여 오염된 물질에 의한 인체·물체·공공의 재해를 발생시키지 아니하는 방법으로 시 행되도록 함으로써 방사성물질 등에 의한 생명·건강상의 위해를 받지 아니할 이익을 일반적 공익으로서 보호하려는 데 그치는 것이 아니라 <u>방사성물질에 의하여 보다 직 접적이고 중대한 피해를 입으리라고 예상되는 지역 내의 주민들의 위와 같은 이익을 직접적·구체적 이익으로서도 보호하려는 데에 있다 할 것이므로, 위와 같은 지역 내 의 주민들에게는 방사성물질 등에 의한 생명·신체의 안전침해를 이유로 부지사전승 인처분의 취소를 구할 원고적격이 있다.</u>

📍 기출

[3] 원자로 및 관계 시설의 부지사전승인처분은 그 자체로서 건설부지를 확정하고 사 전공사를 허용하는 법률효과를 지닌 독립한 행정처분이기는 하지만, 건설허가 전에 신청자의 편의를 위하여 미리 그 건설허가의 일부 요건을 심사하여 행하는 사전적 부

---

28 저자가 판례의 요지를 편집하여 정리하였음.

분 건설허가처분의 성격을 갖고 있는 것이어서 나중에 건설허가처분이 있게 되면 그 건설허가처분에 흡수되어 독립된 존재가치를 상실함으로써 그 건설허가처분만이 쟁송의 대상이 되는 것이므로, 부지사전승인처분의 취소를 구하는 소는 소의 이익을 잃게 되고, 따라서 부지사전승인처분의 위법성은 나중에 내려진 건설허가처분의 취소를 구하는 소송에서 이를 다투면 된다.

판례평석〉 이 판례에 대하여는 **다단계 행정행위의 구속력을 부정하는 것이어서 판례를 비판하는 다수학자들이 많으며,** 이에 의하면 종국결정이 나더라도 예비결정을 다툴 소의 이익이 있다고 할 것이다. 따라서 다단계 행정행위의 **예비결정이나 종국결정이 만일 위법하다거나 하는 특별한 사정이 있으면 종국결정을 발급해서는 안 되고, 만일 종국결정을 하였다면 이를 취소하여야 한다.**

 실력 다지기

도시기본계획은 **내부적인 행정계획에 불과**하여 도시계획결정과 달리 **처분성이 없고,** **어업우선순위결정**은 단순한 **확약에 불과**하여 **처분성이 역시 없고,** 금융감독위원회의 파산신청도 법원이 이에 구속되는 것이 아니므로 **처분성이 없다고** 판시하고 있다.
☞ **어업우선순위결정**은 **확약**이고 **처분성**이 없으며 **신뢰보호원칙**의 선행조치에는 해당한다.
☞ **어업권면허**는 **처분**이고 **재량행위**이며 **특허**에 해당

 실력 다지기

「금융산업의구조개선에관한법률」 및 구 「**상호저축은행법**」상 금융감독위원회의 파산신청 자체는 처분성이 없다.

361. 대법원 2006. 7. 28. 선고 2004두13219 판결【영업인가취소등처분취소】

구 금융산업의 구조개선에 관한 법률 제16조 제1항 및 구 상호저축은행법 제24조의13에 의하여 **금융감독위원회**는 부실금융기관에 대하여 **파산을 신청할 수 있는** 권한을 보유하고 있는바, 위 파산신청은 그 성격이 법원에 대한 재판상 청구로서 그 자체가 국민의 권리·의무에 어떤 영향을 미치는 것이 아닐 뿐만 아니라, 위 파산신청으로 인하여 당해 부실금융기관이 파산절차 내에서 여러 가지 법률상 불이익을 입는다 할지라도 **파산법원**

이 관할하는 파산절차 내에서 그 신청의 적법 여부 등을 다투어야 할 것이므로, 위와 같은 금융감독위원회의 파산신청은 행정소송법상 **취소소송의 대상이 되는 행정처분이라 할 수 없다.**

실력 다지기 — 가행정행위

가행정행위는 **잠정적인 처분**이라는 특징을 가지고 있다. 공무원에 대한 투서가 들어 왔지만 사실이 확정되기 전에 **잠정적으로 직무를 수행**하지 못하게 **직위해제**를 하는 것은 가행정행위의 예이다.

실력 다지기 — 다단계행정행위와 확약의 구별

방산물자지정취소의 처분성 등은 **다단계행정행위**이다. 절반 정도의 요건을 검토한 뒤 방산물자지정처분이라는 **예비결정**을 내린다. 예비결정을 받은 업체 중에서 나머지 요건을 검토하여 방산업체지정처분이라는 **종국결정**을 내리게 된다.

이와 같은 **다단계행정행위**는 폐기물처리업체에 대한 적정통보를 **예비결정**으로 한 뒤, 최종적인 단계에서 예비결정받은 업체들 중에서 폐기물처리업허가(특허, 재량)처분을 **종국결정**으로 내리는 경우에서도 볼 수 있다.

또 다른 **다단계행정행위**의 경우로는 원자력발전소 부지사전승인처분을 **예비결정**으로 발급한 뒤, 최종 단계에서 원자력발전소건설허가라는 **종국결정**을 발급하는 예를 들 수 있다.

그러나 어업우선순위결정, 내허가, 내특허 등 확약은 처분이 아니다.

☞ 출제 예상

실력 다지기

예비결정이나 가행정행위는 처분성을 인정하는 것과 달리 확약의 처분성은 부정하는 것이 판례이고, 확약의 처분성도 긍정하는 것이 다수설의 입장이다.

☞ 최다 빈출

〈기출문제 및 예상문제를 도표로 정리해 두자〉

처분성 ×	처분성 ○
행정지도	횡단보도설치, ☞ 일방통행표지, 속도제한표지, 교통신호등 = 물적 행정행위 = 일반처분 ∴ 처분성 인정

☞ 최다 빈출 지문들 총정리 (암기)

확약 — 예: 어업우선순위결정	개별공시지가, 표준공시지가결정
법령	처분적 법령 — 두밀분교조례(무효확인소송), 한미약품약가인하고시(취소소송)
	과거사정리위원회의 **동아일보**에 대한 진실규명결정
	세무(재)조사결정
민원사무처리법상 **이의신청결과통보**	세무조사(∵권력적 사실행위)
임용결격으로 인한 **당연퇴직통보**	무기사용(∵권력적 사실행위)
	강제철거(∵권력적 사실행위)
☞ **정년퇴임통보**도 처분성이 없음	☞ 대학조교수 기간만료통지 = 재임용거부처분이므로 처분성 인정
공법상 **계약**(무용단원, 합창단원, 연구소 연구원, 공중보건의 등에 대한 **해임통보**) ☞ 당사자소송으로 구제	☞ 임용직 공무원에 대한 **해임통보**는 처분성 인정 ☞ 항고소송으로 구제
☞ 민주화보상심의위원회의 보상결정이나 거부는 처분성이 없음	**광주**민주화보상심의위원회의 보상결정이나 보상거부
한국마사회의 조교사와 기수 **해임**	건축신고수리거부(∵이행강제금, 사용중지와 사용금지, 영업허가거부, 벌금 등 국민의 권리·의무 직접 제한)
국민건강보험공단의 **직원해임**	건축허가거부
4대강 유역사업 마스터 플랜	건축착공신고수리거부(∵비록 인허가의제규정이 없지만, 이행강제금, 사용중지와 사용금지, 영업허가거부, 벌금 등 국민의 권리·의무 직접 제한)
무허가건축대장 기재나 거부(∵ 여전히 무허가건물임)	주민등록신고수리거부
원주시 혁신도시 입지선정	폐기물처리업 적정통보
	원자력발전소 부지사전승인
	토지대장 직권말소[29]
	건축대장기재나 변경기재 거부
	여권발급거부

---

29 대법원 2013. 10. 24. 선고 2011두13286 판결[토지대장말소처분취소].
　　토지대장은 토지에 대한 공법상의 규제, 개발부담금의 부과대상, 지방세의 과세대상, 공시지가의 산정, 손실보상가액의 산정 등 **토지행정의 기초자료**로서 공법상의 **법률관계**에 영향을 미칠 뿐만 아니라, **토지에 관한 소유권보존등기** 또는 소유권이전등기를 신청하려면 이를 등기소에 제출해야 하는 점 등을 종합해 보면, 토지대장은 토지의 소유권을 제대로 행사하기 위한 전제요건으로서 토지 소유자의 **실체적 권리관계**에 밀접하게 관련되어 있으므로, 이러한 **토지대장을 직권으로 말소한 행위**는 국민의 **권리관계**에 영향을 미치는 것으로서 항고소송의 대상이 되는 **행정처분**에 해당한다.

2. 행정청의 처분이어야만 항고소송의 대상이 된다

행정소송법 **제2조의 처분 등**에 해당되어야 취소소송의 대상이 된다고 행정소송법 **제19조 본문**에 규정되어 있다. 따라서 행정소송법 제2조의 처분 등에 해당하기 위한 분석과 이론적 검토가 필요하다.

(1) 처분의 개념을 분석해 보자

1) 문제점이 무엇일까

행정소송법은 **항고소송의 대상**인 '**처분등**'을 **행정청이 행**하는 구체적 사실에 관한 **법집행**으로서의 **공권력**의 행사 또는 **그** (the) **거부**와 **그 밖에 이**(this)**에 준하는**(효력이 equal) **행정작용** 및 행정심판에 대한 **재결**(for example)이라고 정의내리고 있다(제2조 제1항 제1호).[30] 행정소송법상의 처분개념을 학문상의 행정행위의 개념과 동일한 것으로 볼 것인지에 대하여 양자를 같은 것으로 보는 **일원설**과 다른 것으로 보는 **이원설**이 주장된다. 일원설은 판례의 태도이고, 이원설은 다수설의 태도이다.

'행정청이 행하는 구체적 사실에 관한 법집행으로서의 공권력의 행사 또는 그 거부와 그 밖에 이에 준하는 행정작용'이라는 처분의 개념표지와 '행정청이 행하는 직접적 외부효를 갖는 개별사안의 고권적 규율'이라는 행정행위의 개념표지를 면밀히 비교분석해 보면, '행정청이 행하는'은 '행정청'에, '구체적 사실에 관한'은 '개별사안'에, '법집행으로서의 공권력의 행사 또는 그 거부'는 '고권성' (여기서 '법집행'은 공법집행을 의미할 것인 바, '고권성'은 공법규정의 집행으로 공권력의 행사 또는 거부가 행해진 경우를 의미한다)에 각각 대응됨을 알 수 있다. 결국 행정행위와 처분의 일치성 여부에 대한 논쟁은 '**규율성**'과 '**직접적 외부효**'라는 행정행위의 개념표지가 처분을 개념정의하고 있는 행정소송법 제2조 제1항 제1호에는 규정되어 있지 않고, 아울러 처분에는 '그 밖에 이에 준하는 행정작용'이 추가적으로 규정되어 있기 때문에 발생하는 것임을 간파할 수 있다.

---

30 행정소송법 제2조 제1항 제1호는 '처분등'에서 행정심판의 재결을 제외한 것이 처분이라고 하는 바, 아래의 논의에서도 행정심판의 재결은 제외하기로 한다.

▶ 항고소송의 대상이 되는 행위로서의 자격을 구비하였는가의 문제

▶ 논의의 실익 ⇒ IF 처분 O ⇒ then 항고소송의 대상 O ⇒ 기각 또는 인용판결 vs IF 처분 X ⇒ then 당사자소송의 대상 O ⇒ ∴ 항고소송의 대상 X ⇒ 각하판결
결론적으로 행정구제의 열쇠는 행정청의 행위가 처분인가 또는 처분이 아닌가에 있음

▶ 기출

▶ 규율성 = 권리와 의무에 대한 의사표시.
직접성 = 권력적이고 강제적인 성질.
외부효 = 국민에 대한 의사표시

📖 예제〉철거명령은 처분 ○
영업허가거부는 처분 ○
공무원의 해임은 처분 ○ ⇒
국민의 직업선택의 자유와
공무담임권을 규율하므로 외
부성 ○
공무원에 대한 청소명령은
처분 x ⇒ ∵ 외부성이 없음
공무원에 대한 복사명령은
처분 x ⇒ ∵ 외부성이 없음
강제철거나 무기사용도 처분
○ ⇒ 그 밖에 이에 준하는 작
용에 해당
행정지도는 처분 x ⇒ 직접성
(강제성)이 없음

☞ 규율성 + 직접성 + 외부성 = 행정청이 국민에 대하여 권리·의무를 직접
제한하는(영향을 주는) 행위 = 처분 = 공권력 = 행정행위

> ☞ 판례에 따라 행정행위(= 공권력)은 아니지만 이와 마찬가지로 국민의 권리·의무
> 를 직접 제한하는 행위 = 그 밖에 이에 준하는 작용 = ① **권력적 사실행위**(무기사용,
> 강제철거, 강제격리, 강제수거, 강제조사) + ② **처분적 법령**(형식은 법령이지만 내용
> 이 처분인 경우) + ③ **부담**(처분에 부가하는 관련조건들인 부관 중에서도 의무를 부
> 가하는 부관)
>
> ☞ 판례는 **행정지도**는 그 밖에 이에 준하는 작용으로도, 공권력으로도 인정하지 않음
> ⇒ 행정지도는 취소소송의 대상 X ⇒ 당사자소송 ○

3. 처분에 대한 구체적인 검토가 필요한 경우들을 심화해서 공부해두자★★★

1) 거부가 항고소송의 대상이 되려면 세 가지 요건을 갖추어야 한다★★★

📖 최다 빈출

📖 기출

최근 판례에 따른다면 거부가 재판의 대상이 되기 위해서는 다음의 세 가
지를 요구한다. 첫째, ① **신청의 내용**이 행정소송법 제2조의 공권력의 행사를
의미한다. 둘째, ② **법규상 조리상 신청권이** 있어야 한다. 판례는 거부처분에
대해 **검사임용거부처분사건** 등에서 "항고소송의 **대상**이 되기 위해서는 국민이
그 신청에 따른 행정행위를 요구할 수 있는 **법규상 또는 조리상의 신청권이 있
어야 한다**"고 한다. 그러나 이러한 판례의 입장에 대하여 다수설은 판례의 거부
행위의 처분성판단을 신청권 유무로 기준을 삼고 있는 것은 행정소송법 제2조
제2항 제1호의 의미와는 거리가 멀 뿐만 아니라, **원고적격의** 문제를 **대상적격**
의 문제로 다루고 있다고 비판하고 있는 데 반해, 유력설은 판례는 **형식적** 신청
권의 의미로 파악하고 있으므로 타당하다고 한다. 또 다른 유력설은 **본안의** 문
제라고 비판하기도 한다. 생각건대, 이때의 신청권은 **일반적이고 추상적인** 신청
권으로서 자격이 있는 **모든 국민에게 객관적으로** 열려 있는 것이므로 판례에
찬성하는 유력설이 타당하다. 또한 마지막으로 ③ <u>그 **거부가 국민의 권리와 의
무를 직접적으로 제한하는 것**</u>이어야 한다. 따라서 일반적으로 **공적 장부 기재
의 거부는 처분성이 없다**고 보아왔지만, **최근 판례가 지목변경신청거부나 건
축대장기재거부는 처분성이 있다**고 판시하고 있듯이 이러한 경우는 처분성이
있다고 할 것이다.

📖 판례는 허가나 특허 등에
대한 신청거부는 대부분 재
판의 대상 이라고 봄

📖 판례에 의하면 공적 장부
기재 거부가 재판의 대상이
○ 라고 본 경우 (처분 ○) –
(암기법: 토 지 건 건 토 토
○) = (**토지분할신청거부**, **지
목변경신청거부**, **건축대장기
재거부**, **건축물용도변경기재
거부**, **토지대장기재거부**, **토
지대장기재변경거부**)

2) 권력적 사실행위도 항고소송의 대상이 된다 ★★★

이원설은 권력적 사실행위를 **공권력**의 행사에 해당하는 것으로 보나, **일원설**은 그 밖에 이에 준하는 행정작용으로 보고 있다. 행정소송법 제2조의 공권력은 행정행위만을 의미하므로 일원설에 따라 권력적 사실행위는 그 밖에 이에 준하는 작용으로 보는 것이 타당하다.

또한 권력적 사실행위는 법적 규율로서의 **수인의무를 부과하는 요소**(수인하명)와 **물리적 집행행위**가 **결합된** 것으로서 전형적인 행정행위에는 해당하지 않으나 **이에 준하는** 행정작용인 것이다. 이 경우 전자가 취소소송의 대상이 될 수 있으며 이것이 취소되었음에도 여전히 위법한 사실행위가 계속되고 있는 경우에는 그 사실행위의 제거를 청구하는 공법상 당사자소송으로서의 이행소송의 제기가 가능할 것인 바, 취소소송과 당사자소송을 병합하여 제기하는(행정소송법 제10조 제2항 후단, 제1항 제1호) 것이 심리의 중복·재판의 저촉을 피할 수 있고, 나아가 국민의 권리구제를 위하여 분쟁을 신속히 처리할 수 있다.

3) 처분적 법령도 항고소송의 대상이 된다

형식은 법령이지만 실질이 **특정인**에 대한 규율이거나 **특정사건**에 대한 규율이어서 **행정행위**의 성질을 가지고 있는 경우를 **처분적 법령**이라 한다. 이는 행정행위에 준하는 작용으로 보아 처분성을 인정하여 항고소송의 대상으로 삼을 수 있다. 판례도 **두밀분교를 폐교하라는 두밀분교 조례 사건**을 **무효확인소송의 대상**이 된다고 하거나 **한미약품 등 특정제약회사**들에 대한 **약가인하고시**가 **취소소송의 대상**이 된다고 판시하고 있다. 판례는 실질설의 입장에 따라 행정소송의 대상적격 인정하는 판시를 위 두 사건의 경우에 하고 있다. 다만, 이에 대해서는 법원이 항고소송을 받아들이지 않는 경우에 대비하여 **헌법소원도 함께 인정하는 견해**가 타당하다고 보여진다.

4. 원처분주의와 재결소송 — 원처분 취소소송이 원칙이고 재결취소소송은 예외이다 ★★★★

(1) 재결소송의 의의에 대하여 알아두자

1) 행정청의 원행정행위에 대하여 **행정심판위원회**가 재결을 내렸으나, 이에 불복하여 법원에 행정소송을 제기하되 원행정행위가 아니라 **재결**을 **대상**으

📱 판례에 의하면 공적 장부 기재거부가 재판의 대상 X 라고 본 경우 (처분 X)= (암기법: 등 무 X)= (**등**기부 신청거부나 기재거부 또는 변경거부, **무**허가건축물대장기재거부)

📱 기출

📱 권력적 사실행위의 예: 무기사용, 강제철거, 강제수거, 강제격리, 단수조치, 불심검문에서 신체수색, 세무조사 등

📱 ≠ 비권력적 사실행위의 예: 행정지도

📱 기출

로 하는 경우를 **재결소송**이라 한다.

2) **원행정행위**와 **재결** 모두 행정소송법 제2조의 처분 등에 해당하므로 행정소송의 대상적격을 둘 중에서 선정하여야 하는 것은 **입법정책**의 문제에 해당한다.

(2) 원처분주의와 재결주의가 대립한다

1) 원처분주의의 의미를 알아두자 ★★

행정소송법 **제19조 단서**는 원처분주의를 입법정책으로 채택하고 있다. 즉 행정청의 **원행정행위를** 소송의 대상으로 삼는 것을 **원칙**으로 하고, 행정심판위원회의 재결은 **예외적으로 재결고유의 위법**이 있는 **경우에만** 소송의 대상으로 삼을 수 있도록 하고 있다. 이는 법원이 행정심판위원회의 심리와 의결 내용에 **구속되지 않음**을 의미하며, 행정심판이 법원만큼 **권리구제에 효과적이지도 않고 충분한 심리를 하지도 않는 경우**에 국민의 재판청구권의 실효적인 보장과 법치행정의 원칙을 위하여 **타당하다.**

2) 재결주의의 입장은 어떠한가

행정심판위원회의 행정심판에서 **충분한 권리구제**가 이루어지고, 행정심판에서 충분하고 **철저한 심리**가 행하여진다면 법원은 심리의 중복과 재판의 능률을 위하여 행정심판위원회가 심리하여 내린 재결을 대상으로 재판하게 된다.

3) 검토해보자

우리의 경우는 아직 재결주의를 취하기 위한 **두 가지 전제인 충분한 심리와 실질적인 권리구제가 충족되고 있지 않으므로** 행정소송법 **제19조 단서**에서 **원처분주의**를 채택하고 있다. 전술한 바와 같이 원처분주의가 현 상태에서는 국민의 실질적인 재판청구권의 보장을 위하여 타당하다.

다만, **개별법에서 재결주의에 따르도록 규정하고 있는 경우**에는 재결소송을 제기하여야 한다.

(3) 원처분주의하에서 예외적으로 재결소송이 가능하기도 하다

1) 언제 재결을 대상으로 하는 취소소송을 인정할 필요가 있을까

재결로 인하여 비로소 불이익을 받게 되는 경우 재결을 제거하지 않으면 권리구제가 불가능한 경우들이 있으므로 권리보호를 위하여 재결소송이 인정된다.

📖 빈출

📖 재결주의에 따라 재결소송제기하여야 하는 예외적인 경우들 = 감사원의 변상판정, 노동위원회의 재심판정, 특허심판위원회의 심결 = 암기법: 감 노 특
(교육위원회의 징계처분이나 토지수용위원회의 수용보상재결은 원처분주의)
※ 주의해서 구별해야 구별하여야 할 포인트 = 행정심판은

2) 재결고유의 위법 사유가 있어야 하는데, 어디까지 인정될까

① 주체·절차·형식국한설

행정심판위원회가 행한 재결이 주체, 절차, 형식 면에서 고유한 위법이 있는 경우에 국한되고, 내용상의 하자는 행정청이 행한 행정행위에 대한 재결상의 하자라기보다는 행정심판단계에서 행하여진 최초의 하자이므로 배제하여야 한다고 한다.

② 내용포함설 ★★

행정심판위원회가 행한 재결에 내용상의 새로운 침해가 있는 경우에도 재결고유의 위법으로 볼 수 있다고 보며, **다수설과 판례의 입장이다. 내용을 제외할 합리적 이유가 없으므로** 내용포함설이 타당하다.

3) 재결고유의 하자에 대한 판례를 유형화해서 공부해 두자

① 주체상의 고유한 위법이 있는 경우도 가능하다

권한이 없는 기관이 재결하거나 행정심판위원회의 **구성원에 결격**자가 있다거나 **정족수 흠결** 등의 사유가 있는 경우이다.

② 절차상의 고유한 위법이 있는 경우도 가능하다

행정심판위원회의 **의결 없이** 재결을 하였거나, 기타 행정심판법상의 **심판절차**를 준수하지 않은 경우를 말한다.

③ 형식상의 고유한 위법이 있는 경우에도 가능하다

행정심판을 서면에 의하지 아니하고 **구두**로 한 재결의 경우를 예로 들 수 있다.

④ 내용상의 고유한 위법이 있는 경우에도 가능하다

처분이 아닌데도 인용재결을 하거나, **처분인데도 각하재결**을 한 경우, **인용재결에 의하여 새로운 침해가 발생한 경우** 등을 예로 들 수 있다. 예컨대, 행정청의 **보령제약에 대한 정로환 제조허가**에 대하여 동성제약이 행정심판을 제기하여 인용재결이 난 경우 보령제약은 원처분에 없는 재결 고유의 위법이 있으므로 행정심판 인용재결에 대하여 취소소송을 **제기할 수 있다**(대법원 1998. 4. 24. 선고 97누17131 판결). 또한 반대로 **보령제약에 대한 공장설립허가가 거부**되었지만 보령제약이 행정심판을 통하여 인용재결을 받는다면 **이웃주민**들은 인용재결에 대하여 고유의 위법을 들어 취소소송을 제기할 수 **있다**. 또한 행정심판법 제47조 제1항상 재결의 신청의 대상이 된 범위가 아닌 경우에는 재결할 수 없도록

임의적 전치주의이지만 예외적으로 필요적 전치주의 ⇒ 예외적으로 행정심판을 반드시 거쳐야 하는 경우 = 공무원 징계, 도로교통법 위반사건, 과세처분, 노동위원회 결정, 감사원 판정

기출

유형과 사례를 기출

기출

되어 있는 '**불고불리의 원칙**'에 **위반**하거나, 행정심판법 제47조 제2항상 원처분보다 불리한 재결을 할 수 없도록 되어 있는 '**불이익변경금지**'의 **원칙**에 **위반되는 경우**에는 재결고유의 위법이 있다.

　　그러나 **기각재결**의 경우는 **원처분을 그대로 유지**하는 것이지 **재결 고유의 위법이 있는 것은 아니므로 부정된다**. 사정재결의 경우 공공복리를 위하여 기각재결을 내리는 것이 필요하다는 판단 부분이 재결고유의 위법이 인정될 수 있으므로 재결취소의 소를 제기할 수 있다.

(4) 원처분주의인지 재결주의인지 쟁점이 되는 특수한 유형들을 공부해 두자

1) 교육위원회의 경우는 원처분주의에 의한다 ★★★

　　교육위원회의 경우는 **원처분주의가 적용**된다. 따라서 <u>유리한 수정재결이</u> 내려진 경우는 재결고유의 위법이 없으므로 '<u>유리하게 감축된 원처분</u>'을 대상적격으로 하고 '<u>원행정청</u>'을 피고로 하여 취소소송을 제기하여야 한다. 예컨대, 국공립 교장이 국공립 교사가 **학기말** 감사의 표시로 학부모에게서 **3만원의 촌지**를 받은 것을 이유로 **해임처분**을 하였는데, 이에 행정의 상대방인 교사가 행정심판을 제기하여 **6개월의 정직처분**으로 유리하게 수정재결이 난 경우, 작량감경만 있을 뿐 **재결고유의 위법이 있다고 볼 수 없**으므로 '<u>6월의 정직처분으로 유리하게 감축된 해임처분</u>'을 **대상적격**으로 하고 '**국공립 교장**'을 **피고**로 하여 행정소송을 제기하여야 한다. 다만, **사립학교**의 경우는 **행정심판에 의한 재결이 최초의 행정행위**이므로 **재결**을 대상적격으로 하고 **행정심판위원회**를 피고로 하여 소송을 제기하면 될 것이다.

　　불리한 수정재결이 내려진 경우에는 내용상의 새로운 침해가 추가되었을 뿐만 아니라 행정심판법 제47조 제2항의 **불이익변경금지의 원칙에도 위반**되어 재결고유의 위법이 있으므로 '**불리하게 변경된 재결처분**'을 대상적격으로 하고 '**행정심판위원회**'를 피고로 하여 취소소송을 제기하여야 한다. 예컨대, 국공립 교장이 앞의 사례에서 **6월의 정직**처분을 발급하였지만 **행정심판위원회가 해임을 재결**한 경우 '<u>해임</u>'을 대상적격으로 하여 '**행정심판위원회**'를 피고로 하여 취소소송을 제기하여야 한다. 다만, **사립학교**의 경우에는 역시 **행정심판에 의한 재결이 최초의 행정행위**이므로 **재결**을 대상적격으로 하고 행정심판위원회를 피고로 하여 소송을 제기하면 될 것이다.

2) 토지수용위원회의 경우는 원처분주의에 의한다 ★★

토지수용의 경우도 **원처분주의**로 개정되었다. **지방토**지수용위원회나 **중앙토**지수용위원회가 원처분인 **수용재결**을 발급한 뒤, **중앙토**지수용위원회에서 **이의재**결을 내린 경우 **구법과 달리** 토지보상법(공익사업을 위한 토지 등의 취득 및 보상에 관한 법률) **제85조 제1항의 토지수용취소소송**이나 **제85조 제2항의 보상금증감청구소송은 원처분주의로 개정**되었다고 보는 것이 다수설이다. 따라서 토지수용재결을 대상으로 취소소송을 제기할 수 없고 중앙토지수용위원회의 이의재결을 대상으로만 다툴 수 있다고 한 구법하의 판례는 더 이상 유지될 수 없을 것이다. 이는 재결주의를 취하기 위한 두 가지 전제인 충분한 심리와 실질적인 권리구제가 이루어지지 못하고 있는 이상 국민의 재판청구권의 보장을 위하여 바람직하다. **최근 판례도 수용재결이 대상이 된다**고 과거와 달리 판시하고 있다.

📌 빈출

3) 감사원의 경우는 재결주의에 의한다

감사원의 경우는 **재결주의**에 대한 특별한 규정이 적용된다. **감사원의 변상판정처분**이 내려진 이후 **감사원에서 행정심판인 재심의판정**이 행하여졌다면 재결에 해당하는 **재심의판정**을 대상적격으로 **감사원**을 피고로 하여 행정소송을 제기하여야 한다.

📌 최근 기출

4) 중앙노동위원회의 경우는 재결주의에 의한다 ★★

중앙노동위원회의 경우도 **재결주의**가 적용되는 특별한 규정의 적용을 받게 된다. 중앙노동위원회의 재심처분도 노동위원회법상 재결주의의 예에 해당한다. 따라서 당사자가 **지방노동위원회의 처분** 이후 **중앙노동위원회의 재심**이 내려졌다면 중노위위원장을 피고로 하여 재심판정취소의 소를 제기하여야 한다.

📌 오답 주의 최근 기출

5) 특허심판원의 경우는 재결주의에 의한다

특허심판원의 경우도 **재결주의**가 적용된다. **특허출원에 대한 심사관의 거절사정**이 내려진 이후 **특허심판원에서 심결**을 행정심판으로서 내렸다면 그 심결을 대상으로 하여 **특허법원**에 심결취소소송을 제기하여야 한다.

(5) 원처분주의에 위반되면 재결소송은 기각판결을 내리게 된다 ★★★

대상적격을 잘못 선정하였으므로 각하하여야 한다는 각하설도 있지만, 재결고유의 위법유무를 주체, 절차, 형식, 내용 면에서 심리하여야 하므로 **재결고유의 위법이 없다**고 하여 <u>기각설</u>을 취하는 것이 다수설과 **판례**의 입장으로서

📌 오답 주의 빈출

타당하다.

(6) 결 론

재결주의의 두 전제인 충분한 심리와 실질적인 권리구제가 이루어지지 못하고 있는 현 상황에서는 **원처분주의가 입법정책적으로 타당**하다. 따라서 함부로 개별법에 의하여 재결주의를 채택하는 것은 삼가야 할 것이다.

제3절

소의 이익이 있어야 한다★★★

(1) 재판할 필요를 의미하는 소의 이익의 의의에 대하여 알아보자

소의 이익은 **재판을 통한 권리보호의 필요**를 의미하며, **소권의 남용을 방지**하고 **소송경제**를 도모하기 위한 소송요건이다. 그러나 지나치게 이를 강조할 경우에는 **국민의 재판청구권**을 침해할 가능성이 있으므로 **조화**로운 시각이 필요하다.

(2) 행정소송법 제12조 제2문의 실효된 처분에 대한 취소소송이 가능할까

> **행정소송법 제12조 제2문(소의 이익)** — 처분등의 효과가 기간의 경과, 처분등의 집행 그 밖의 사유로 인하여 소멸된 뒤에도 그 처분등의 취소로 인하여 회복되는 **법률상 이익**이 있는 자의 경우에는 또한 같다.

1) 입법상 과오 여부에 관한 학설 다툼이 있다

이에 대해 ① **입법상 과오설** *을 취하는 다수설은 원고적격과 구별되는데도 동일하게 **법률상 이익이라는 용어를 사용하는 것은 잘못**이라고 비판하지만, ② 입법상 비과오설(미흡설)은 12조 1문은 처분효력 유지중의 원고적격이고 2문은 처분 효력 소멸 후의 원고적격이며, 협의의 소의 이익은 학설과 판례에 맡겨져 있을 뿐이므로 과오라고 볼 수는 없다고 본다.

📖 실효처분의 예: 2월 영업정지를 받았는데 2개월이 경과된 경우
📖 빈출 조문
📖 행정소송법 제12조 제2문 = 실효된 처분이라도 법률상 이익이 있으면 취소소송 가능하다고 규정

📖 기출

2) 12조 2문의 취소소송의 성질과 법률상 이익의 의미에 대하여도 다툼이 있다

이를 ① **계속적 확인소송에서의 위법확인의 정당한 이익**★으로 보는 견해는 12조 2문의 취지상 효력소멸 이후에도 취소소송을 통한 보호의 현실적 필요성 유무에 따라 개별적으로 판단하여야 한다고 보나, ② 우리나라에서는 존재하지 않는 소송의 형태이므로 권리보호의 필요로만 보아야 한다는 반대설이 있다. 설문의 경우 해임처분이 있은 이후에는 직위해제는 실효되어 취소할 대상이 존재하지 않으므로 확인을 하는 의미밖에 없게 되고, 따라서 제12조 제2문의 "법률상 이익"은 독일행정소송법(제113조 제1항 제4문)과 같이 "위법확인의 정당한 이익"으로 보는 것이 바람직하다.

제12조 제1문의 **통상적인 취소소송**은 규율성 있는 행정작용이 위법한 경우 그 법적 효과로서의 규율성을 소급적으로 배제한다는 점에서 **형성소송**이다. 따라서 처분의 효력이 소멸한 경우에는 그와 같이 배제할 법적 효과가 없게 된다. 따라서 제2문 소정의 소송은 형성소송으로 이해하기는 어렵다. 이러한 점에서 행정소송법 **제12조 제2문 소정의 소송**은 처분의 효력이 소멸되어 취소소송을 제기할 수 없는 경우에 보충적으로 인정되는 독일 행정법원법상의 계속적 확인소송에 대응되는 소송유형이다.

3) 12조 2문의 회복되는 법률상 이익의 범위에 대하여도 다툼이 있다★★★ ☑빈출
가) 학설의 다툼이 있다

행정소송법 제12조 제2문의 '법률상 이익'의 해석과 관련하여 ① **명예·신용 등은 법률상 이익의 내포가 되지 않는 것**으로 새기는 견해(☞ 재산적 이익국한설), ② **명예·신용 등의 인격적 이익, 보수청구와 같은 재산적 이익 및 불이익제거와 같은 사회적 이익도 인정될 수 있다**는 견해(☞ 비재산적 이익포함설), ③ 독일 행정법원법 제113조 제1항이 규정하는 **처분의 위법확인에 대한 정당한 이익**으로 보아 **법률상 이익보다 넓은 것**으로서 원고의 **경제적·정치적·사회적·문화적 이익**까지 포함하는 것으로 보는 견해 ★등이 주장되고 있다. 가장 넓게 소의 이익을 인정하는 **정치·경제·사회·문화적 이익포함설이 타당하다**(☞정경사문이익포함설).

나) 판례의 입장을 배워두자★

판례는 행정소송법 제12조의 '법률상 이익'을 전문의 그것(원고적격)과 후문

📱 기출

📱 계속적 확인소송 = 이미 효력이 소멸되어 끝난 처분에 대하여 계속적으로 위법의 확인을 구하는 소송

📱 기출

의 그것(소의 이익)을 구별하지 않고 모두 '당해 처분의 근거법률에 의해 보호되는 직접적이고 구체적인 이익'이라고 해석하고, 간접적이거나 사실적, 경제적 이해관계를 가지는 데 불과한 것은 포함되지 않는다고 <u>표현하고 있다.</u>

그러나 전술한 바와 같이 ☞ <u>그러나 판례는 소의 이익에 있어서의 법률상</u> <u>이익을</u> 원고적격에서보다 더 넓게 직접적이고 구체적인 이익을 파악하고 있다.

📣 주의할 기출

(3) 소의 이익이 없는 원칙적인 경우들이 있다

📣 최다 빈출

📣 암기법
간 이 부 소 실(간이 부었소.
실없이 소송하게)

오기나 오산의 경우 정정신청과 같은 **간**이한 방법이 있는 경우, 현역병 입영처분을 당한 자가 자진해서 입대하기를 원하는 경우처럼 **이론적인 의미만** 있는 경우, 타인을 괴롭히기 위한 목적에서만 소송하듯이 **부당목적으로** 소송하는 경우, 중간퇴직금을 수령하고서 더 이상 제소하지 않겠다는 합의를 한 뒤 상당 기간 경과한 경우처럼 <u>소권이 실효</u>되는 경우, 그리고 사안처럼 처분이 기간의 경과, 목적물의 멸실, 사람의 사망, 목적의 달성 등에 의하여 <u>의사표시나 처분이</u> <u>실효</u>되는 경우 등을 들 수 있다.

(4) 실효된 처분의 경우에도 소의 이익이 있는 예외적인 경우를 배워두자 ★★★

최근 판례가 이러한 **예외적인 경우들을 확장하고 있는 경향**을 보이고 있는데, 이는 국민의 재판청구권의 보장을 위하여 바람직하다고 할 것이다.

📣 암기법
= 경+사+반+가

📣 판례 변경

📣 최다 빈출

① ㉮**중적 제재가 예정된** 경우에 특히 대법원은 그 **근거법령의 성질이 법규명령인지 여부와는 무관**하게 실효된 처분에 대한 취소소송에서 소의 이익을 긍정할 수 있다고 판시하여 **변경전 판례와 다른 모습을 보**이고 있다.

변경된 위 판례의 공식입장인 '다수'의견은 환경영향평가법 **시행규칙** 별표에서 부실한 평가에 대한 가중적 제재기준을 정하고 있는 경우 전원합의체 판결은 시행규칙에 가중적 제재가 규정된 경우 이는 행정규칙에 불과하더라도 가중적 제재의 **근거 규정의 성질과 무관**하게 실효된 처분의 취소소송의 소의 이익을 **인정**할 수 있다는 입장이다. 논거는 신속하고 효과적인 국민의 재판청구권의 보장과 현실적인 직업의 자유에 대한 위험이 존재하기 때문이라고 한다.

중요 판례 더 알아보기

*** 가중적 제재가 시행규칙에 예정된 경우 실효처분의 소의 이익

43. 대법원 2006. 6. 22. 선고 2003두1684 전원합의체 판결[다수의견]【영업정
   지처분취소】

📨 빈출

[1] 제재적 행정처분이 그 처분에서 정한 제재기간의 경과로 인하여 그 효과가 소
멸되었으나, 부령인 시행규칙 또는 지방자치단체의 규칙(이하 이들을 '규칙'이라고 한
다)의 형식으로 정한 처분기준에서 제재적 행정처분(이하 '선행처분'이라고 한다)을
받은 것을 가중사유나 전제요건으로 삼아 장래의 제재적 행정처분(이하 '후행처분'이
라고 한다)을 하도록 정하고 있는 경우, 제재적 행정처분의 가중사유나 전제요건에 관
한 규정이 법령이 아니라 규칙의 형식으로 되어 있다고 하더라도, 그러한 규칙이 법
령에 근거를 두고 있는 이상 **그 법적 성질이 대외적·일반적 구속력을 갖는 법규명
령인지 여부와는 상관없이**, 관할 행정청이나 담당공무원은 이를 준수할 의무가 있으
므로 이들이 그 규칙에 정해진 바에 따라 행정작용을 할 것이 당연히 예견되고, 그 결
과 행정작용의 상대방인 국민으로서는 그 규칙의 영향을 받을 수밖에 없다. 따라서
그러한 규칙이 정한 바에 따라 선행처분을 받은 상대방이 **그 처분의 존재로 인하여
장래에 받을 불이익, 즉 후행처분의 위험은 구체적이고 현실적인 것**이므로, 상대방
에게는 선행처분의 취소소송을 통하여 그 불이익을 제거할 필요가 있다. 또한, 나중에
후행처분에 대한 취소소송에서 선행처분의 사실관계나 위법 등을 다툴 수 있는 여지
가 남아 있다고 하더라도, 이러한 사정은 후행처분이 이루어지기 전에 이를 방지하기
위하여 직접 선행처분의 위법을 다투는 취소소송을 제기할 필요성을 부정할 이유가
되지 못한다. 그러한 쟁송방법을 막는 것은 여러 가지 불합리한 결과를 초래하여 권
리구제의 실효성을 저해할 수 있기 때문이다. 오히려 앞서 본 바와 같이 행정청으로
서는 선행처분이 적법함을 전제로 후행처분을 할 것이 당연히 예견되므로, 이러한 선
행처분으로 인한 불이익을 선행처분 자체에 대한 소송에서 **사전에 제거할 수 있도록
해 주는 것이 상대방의 법률상 지위에 대한 불안을 해소하는 데 가장 유효적절한
수단이 된다**고 할 것이고, 또한 그 소송을 통하여 선행처분의 사실관계 및 위법 여부
가 **조속히 확정됨으로써 이와 관련된 장래의 행정작용의 적법성을 보장함과 동시에
국민생활의 안정을 도모**할 수 있다. 이상의 여러 사정과 아울러, **국민의 재판청구권
을 보장한 헌법 제27조 제1항의 취지와 행정처분으로 인한 권익침해를 효과적으로
구제하려는 행정소송법의 목적 등에 비추어** 행정처분의 존재로 인하여 국민의 권익
이 실제로 침해되고 있는 경우는 물론이고 권익침해의 구체적·현실적 위험이 있는
경우에도 이를 구제하는 소송이 허용되어야 한다는 요청을 고려하면, 규칙이 정한 바

에 따라 선행처분을 가중사유 또는 전제요건으로 하는 후행처분을 받을 우려가 현실적으로 존재하는 경우에는, 선행처분을 받은 상대방은 비록 그 처분에서 정한 제재기간이 경과하였다 하더라도 그 처분의 취소소송을 통하여 그러한 불이익을 제거할 권리보호의 필요성이 충분히 인정된다고 할 것이므로, 선행처분의 취소를 구할 (행정소송법 제12조 제2문상의) 법률상 이익이 있다고 보아야 한다.

[2] 환경영향평가대행업무 정지처분을 받은 환경영향평가대행업자가 업무정지처분기간 중 환경영향평가대행계약을 신규로 체결하고 그 대행업무를 한 사안에서, '환경·교통·재해 등에 관한 영향평가법 시행규칙' 제10조 [별표 2] 2. 개별기준 (11)에서 환경영향평가대행업자가 업무정지처분기간 중 신규계약에 의하여 환경영향평가대행업무를 한 경우 1차 위반시 업무정지 6월을, 2차 위반시 등록취소를 각 명하는 것으로 규정하고 있으므로, **업무정지처분기간 경과 후에도 위 시행규칙의 규정에 따른 후행처분을 받지 않기 위하여 위 업무정지처분의 취소를 구할 (행정소송법 제12조 제2문상의) 법률상 이익이 있다.**

한편 위 판결에서 '별개'의견은 법규명령으로 파악하는 이론적 기초하에서 행정소송법 제1조 제2문의 소의 이익을 긍정할 수 있다고 판시하여 학설의 지지를 받고 있다. 별개의견은 다수의견과 결론이 동일하나 논거가 별개로 구성되는 의견을 말한다. 이와 달리 반대의견은 판례의 다수의견과 결론이 다른 의견을 말한다.

[대법관 이강국의 별개의견]
다수의견은, 제재적 행정처분의 기준을 정한 부령인 시행규칙의 법적 성질에 대하여는 구체적인 논급을 하지 않은 채, 시행규칙에서 선행처분을 받은 것을 가중사유나 전제요건으로 하여 장래 후행처분을 하도록 규정하고 있는 경우, 선행처분의 상대방이 그 처분의 존재로 인하여 장래에 받을 불이익은 구체적이고 현실적이라는 이유로, 선행처분에서 정한 제재기간이 경과한 후에도 그 처분의 취소를 구할 법률상 이익이 있다고 보고 있는바, 다수의견이 위와 같은 경우 선행처분의 취소를 구할 법률상 이익을 긍정하는 **결론에는 찬성하지만, 그 이유에 있어서는 부령인 제재적 처분기준의 법규성을 인정하는 이론적 기초 위에서 그 법률상 이익을 긍정하는 것이 법리적으로는 더욱 합당하다고 생각한다.** 상위법령의 위임에 따라 제재적 처분기준을 정한 부령인 시행규칙은 헌법 제95조에서 규정하고 있는 위임명령에 해당하고, 그 내용도 실질적으로 국민의 권리의무에 직접 영향을 미치는 사항에 관한 것이므로, 단순히 행정기관 내부의 사무처리준칙에 지나지 않는 것이 아니라 대외적으로 국민이나 법원을 구속하는 법규명령에 해당한다고 보아야 한다.

② 또한 억울하게 공장등록이 말소된 후 공장을 자진 철거하였다고 하더라도 **세제상의 혜택** 등 정당한 ㉓**제적 이익**이 있는 경우나 지방의회의원과 KBS 사장이 소송도중 임기가 만료되었다고 하더라도 **봉급 및 퇴직금이나 연금** 등을 받을 수 있는 경우와 같은 경제적 이익만으로도 실효된 처분에 대한 취소소송의 경우에는 소의 이익을 긍정할 수 있다고 보았다. ◉ 빈출

③ 그리고 경기학원 이사장에 대한 해임처분 후 소송 도중 임기가 만료되었더라도 민법 제691조의 긴급사무처리권에 기하여 수임인으로서 업무를 계속 수행할 가능성이 있어 회복할 수 있는 정당한 ㉕**회적 지위**가 있는 경우에도 소의 이익을 긍정하고 있다. ◉ 빈출

④ 헌법재판소 판례이지만 유치장 화장실의 구조가 인권을 침해할 위험성이 ㉕복되는 경우에도 소의 이익을 긍정하고 있다. ◉ 빈출

제 4 절

제소기간 안에 취소소송을 제기하여야 한다

(1) 제소기간의 의의에 대하여 알아두자

1) 제소기간의 개념은

제소기간이란 처분의 **상대방인 국민**이나 **제3자 등**이 원고로서 항고소송 등을 제기할 수 있는 **시간적 간격**을 의미한다. 제소기간은 소의 적법성에 관한 **소송요건**으로서 법원의 **직권조사사항**에 해당하며, 제소기간 도과시 법원은 **부적법 각하 판결**을 내리게 된다.

2) 왜 이러한 제소기간을 요구하는지 취지는

이러한 제소기간을 행정소송법 제20조에서 규정한 이유는 행정청과 국민을 둘러싼 법률관계의 **조속한 확정**을 통해 **법적 안정성을 추구하기** 위해서이다. 그러나 지나치게 단기간의 제소기간의 헌법 제27조에서 보장된 국민의 **재판청구권을 침해**할 수 있으므로 문제이다. 이러한 공익과 사익에 대한 이익형량이 문제이다.

(2) 처분이 있음을 **안 날로부터 90일** 이내이어야 한다

① 취소소송은 처분이 있음을 **안 날로부터 90일** 이내에 제기하여야 한다(행정소송법 제20조 제1항). 처분이 있음을 안 날이란 **개별통지** 또는 **공고 기타의 방법**에 의하여 **당해 처분이 있었다는 사실을 현실적으로 안 날을** 의미한다.

판례에 의하면 이해관계인이 고시가 있었음을 알았는지 여부에 관계없이 관보에 고시됨으로써 효력이 발생하고, 그가 위 결정을 통지받지 못하였다는 것이 제소기간을 준수하지 못한 것에 대한 정당한 사유가 될 수 없다고 판시한다.

> ### 362. 대법원 2007. 06. 14. 선고 2004두619 판결[청소년유해매체물결정및고시 처분무효확인]
>
> 인터넷 웹사이트에 대하여 구 청소년보호법에 따른 청소년유해매체물 결정·고시처분을 한 사안에서, 위 결정은 이해관계인이 고시가 있었음을 알았는지 여부에 관계없이 관보에 고시됨으로써 효력이 발생하고, 그가 위 결정을 통지받지 못하였다는 것이 제소기간을 준수하지 못한 것에 대한 정당한 사유가 될 수 없다.

> ### 363. 대법원 2001. 07. 27. 선고 99두9490 판결[과징금부과처분취소]
>
> 통상 고시 또는 공고에 의하여 행정처분을 하는 경우에는 그 처분의 상대방이 불특정 다수인이고 그 처분의 효력이 불특정 다수인에게 일률적으로 적용되는 것이므로, 행정처분에 이해관계를 갖는 자가 **고시 또는 공고가 있었다는 사실을 현실적으로 알았는지 여부에 관계없이 고시가 효력을 발생하는 날에 행정처분이 있음을 알았다고 보아야 한다.**

그러나 **행정심판을 거친 경우**에는 **재결서의 정본을 송달한 날로부터 기산**한다.

② **무효** 등 확인소송의 경우에는 **제소기간이 인정되지 아니한다.**

③ **부작위위법확인소송**의 경우에는 **제소기간에 대한 준용규정이 있으므**로 신청 후 상당한 기간이 경과한 때로부터 제소기간의 기산을 해야 한다는 견해와 **성질상 처분이 없는 것이 부작위이므로 제소기간에 제한이 없다는 견해**가 대립한다. 국민의 권리구제상 후자가 다수설과 판례의 입장으로서 타당하나 법적 안정성을 위하여 제소기간에 대한 입법적 보완이 이루어져야 한다는 입장이 유력하다.

(3) 또는 처분이 있은 날로부터 1년이어야 한다

위와 마찬가지로 처분이 있은 날로부터 1년을 경과하는 경우에도 취소소송을 제기하지 못하는데, 이때 있은 날이란 처분이 상대방에게 **도달되어 효력이 발생한 날**을 의미한다. 역시 **행정심판을 거친 경우에는 재결이 있은 날로부터** 1년이다.

☞ 기출

(4) 양자의 관계는 90일 또는 1년 중 어느 하나라도 지나면 안 되는 관계이다

처분이 있음을 안 날과 처분이 있은 날 중 **어느 하나의 기간 만이라도** 경과하면 제소기간은 종료한다. 즉 양자 모두가 경과하여야 하는 것은 아니다. 이는 **조속한 법률관계의 안정**을 위한 목적이다.

☞ 기출

(5) 불변기간이 원칙이지만 예외도 있다.

처분이 있음을 안 날로부터 **90일의 기간은 불변기간**으로 한다. 따라서 법원은 함부로 이 기간을 늘이거나 줄일 수 없다. 그러나 **정당한 사유가 있으면** 처분이 있음을 안 날로부터 **1년**이 경과하였다고 하더라도 제소할 수 있다(행정소송법 제20조 제2항 단서).

☞ 기출

이때 정당한 사유라는 불확정개념은 지연된 제소를 허용하는 것이 **사회통념상** 상당하다고 할 수 있는가에 의하여 판단하여야 한다.

특히 행정행위의 상대방과 달리 **제3자**는 처분의 직권고지를 받을 수 없고 단지 신청고지만을 받을 수 있으므로 처분이 있었음을 알 수 없었던 경우가 많으므로 특별한 사정이 없는 한 **정당한 사유가 있는 때에 해당한다**고 보는 것이 다수설과 **판례**의 입장이다.

제 5 절

행정심판전치주의는 필수적인 것은 아니다

(1) 행정심판전치주의의 의의에 대하여 알아보자

1) 행정심판전치주의의 개념은

행정심판전치주의란 국민이 **행정소송을 통한 권리구제를 받기 이전에** 먼

저 행정심판의 제기를 통해 처분의 시정을 구하는 것을 의미한다. 구법상 필요

적 행정심판전치주의였으나, 현행 행정소송법은 **임의적 전치주의로 개정**되었다.

2) 행정심판전치의 취지와 문제점은

행정청에 대하여는 **자기통제**의 의미가 있고, 법원에게는 **부담을 경감**하도록 하고, 국민에게는 **권리구제**의 취지가 있다. 그러나 행정심판은 **자기사건에 대하여 자신이 심판관**이 되는 것이므로 **자연적 정의에 반**하고, 실제상 행정심판의 **인용률은 지극히 저조**하였으며, 심판제기기간이 짧은 경우에는 기간의 경과로 **소송의 제기에 지장을 초래**할 수 있다는 문제점이 있다. 이러한 문제점이 **임의적 전치주의로 개정**된 배경으로 보인다.

3) 행정심판전치의 법적 근거는

헌법 **제107조 제3항**에 근거하고 있으며, 이에 따라 **행정소송법 제18조**가 규정되어 있다.

4) 행정심판에 해당된다고 볼 수 있는 여러 경우가 있다

행정심판법에 따른 행정심판 이외에 **특별법상 심판**을 포함한다. 예컨대, 국세기본법상 **이의신청, 심사청구, 심판청구** 등이나 국가공무원법상 **소청** 등이 이에 해당한다.

(2) **임의적 행정심판전치주의가 원칙**이다

1) 내 용

현행 행정소송법 제18조는 취소소송은 행정심판을 **거치지 않고** 제기할 수 있다고 규정하고 있다.

2) 문제점

그러나 **개별법률**에서 **예외적으로 필요적 행정심판전치주의를 규정**하는 경우들이 등장하는데, 이에는 위에서 논의한 문제점들로 인하여 그 도입에는 **신중**을 기하여야 한다.

(3) **필요적 행정심판전치주의는 예외적**이다

1) 내 용

행정소송법 제18조의 규정에도 불구하고 **개별법**에서 명문의 규정으로 필요

적 행정심판전치를 규정하는 경우에는 행정심판을 반드시 거쳐야 한다.

2) 성질(직권조사사항)

따라서 이 경우에는 취소소송이 적법하기 위한 소의 적법성 요건으로서, 그 구비 여부는 법원의 **직권조사사항이다.** 행정심판을 거치지 않는 경우 취소소송 은 부적법하여 **각하**된다.

☞ 기출

3) 예 외

가) 심판제기는 하되 재결을 요하지 않는 경우를 정리해두자

☞ 기출

① 행정심판청구가 있은 날로부터 ⑥⑩일이 지나도 재결이 없는 경우, ② ㉮ 급한 필요가 있는 경우, ③ ㉡령의 규정상의 사유가 있는 경우, ④ 그 밖의 ㉣ 당한 사유가 있는 때에는 재결을 기다리지 않고 소송을 제기할 수 있다(행정소송 법 제18조 제3항).

☞ 60, 긴, 법, 정

나) 심판제기조차 요하지 않는 경우를 정리해두자

☞ 오, 관, 변, 동

① ㉢종의 사건에 관하여 이미 행정심판의 기각결정이 있는 경우, ② 서로 내용상 ㉤련되는 처분 또는 같은 목적을 위하여 단계적으로 진행되는 처분 중 어느 하나가 이미 행정심판의 재결을 거친 경우, ③ 사실심 변론종결 후 소송의 대상인 처분을 ㉥경하여 당해 변경된 처분에 관하여 소를 제기하는 경우, ④ 처 분청이 행정심판을 거칠 필요가 없다고 ㉦고지 하는 경우 등을 들 수 있다(행정 소송법 제18조 제3항).

(4) 적용범위는 주의해서 정리해 두자

① 행정심판전치주의는 **취소소송**과 **부작위위법확인소송**의 경우에는 인정 되지만, **무효등 확인소송**의 경우에는 제소기간과 마찬가지로 이를 **요하지 않** 는다. 당사자소송의 경우에도 요구되지 않는다. 그러나 **무효선언을 구하는 의** 미의 취소소송의 경우에는 제소기간과 행정심판전치주의의 요건을 갖추어야 한다는 것이 다수설과 판례의 입장이다.

☞ 빈출

② 법률의 규정상 행정심판이 **두개 이상인 경우** 원칙적으로 어느 하나만 거치면 되는 것으로 해석된다. **국세기본법상 심사청구와 심판청구**는 어느 하나 만 거치면 되도록 되어 있다.

☞ 기출

③ 행정심판의 대상인 처분과 행정소송의 대상인 처분의 내용이 동일하여 야 하는데, 이는 청구의 취지나 이유가 **기본적인 점에서 일치**하면 족하다.

☞ 기출

제6절

중요 판례의 동향을 더 알아보고 출제에 대비해 보자

충북리무진에 대한 단축연장인가 취소소송과 법령보충적 행정규칙 및 재량의 일
탈·남용 기준

**364. 대법원 2010. 6. 10. 선고 2009두10512 판결【여객자동차운송사업계획변경
인가처분취소】[공 2010하, 1374]**

**[1] 수익적 행정처분의 근거가 되는 법률이 해당 업자들 사이의 과다경쟁으로 인한
경영의 불합리를 방지하는 목적도 가지고 있는 경우, 기존업자가 경업자에 대한 면
허나 인·허가 등의 수익적 행정처분의 취소를 구할 원고적격이 있는지 여부(적극)**

면허나 인·허가 등의 수익적 행정처분의 근거가 되는 법률이 해당 업자들 사이의 과당
경쟁으로 인한 경영의 불합리를 방지하는 것도 그 목적으로 하고 있는 경우, 다른 업자
에 대한 면허나 인·허가 등의 수익적 행정처분에 대하여 미리 같은 종류의 면허나 인·
허가 등의 처분을 받아 영업을 하고 있는 기존의 업자는 경업자에 대하여 이루어진 면허
나 인·허가 등 행정처분의 상대방이 아니라 하더라도 당해 행정처분의 취소를 구할 원
고적격이 있다.

**[2] 기존의 시외버스운송사업자인 을 회사에 다른 시외버스운송사업자 갑 회사에
대한 시외버스운송사업계획변경인가 처분의 취소를 구할 법률상 이익이 있다고 한
사례**

갑 회사의 시외버스운송사업과 을 회사의 시외버스운송사업이 다 같이 운행계통을 정하
여 여객을 운송하는 노선여객자동차 운송사업에 속하고, 갑 회사에 대한 시외버스운송사
업계획변경인가 처분으로 기존의 시외버스운송사업자인 을 회사의 노선 및 운행계통과
갑 회사의 노선 및 운행계통이 일부 같고, 기점 혹은 종점이 같거나 인근에 위치한 을
회사의 수익감소가 예상되므로, 기존의 시외버스운송사업자인 을 회사에 위 처분의 취소
를 구할 법률상의 이익이 있다.

[3] 사안의 적용

노선버스운송사업계획변경 중 기존노선 및 운행계통의 중간 어느 지점에서 다른 방향으
로 연장하는 형태의 '단축연장'의 경우, 구 여객자동차 운수사업법 시행규칙(2008. 3. 14.
국토해양부령 제4호로 개정되기 전의 것) 제31조 제2항 제2호에서 정한 연장거리 제한의
기준이 되는 기존운행계통은 '기존 노선 및 운행계통 중 폐지 또는 단축하고 남은 거리'가

아니라 '폐지 또는 단축하기 전의 기존 노선 및 운행계통 총 거리(기존 노선 총 거리)'로 보아야 하므로, 행정청이 변경되는 노선의 연장거리가 기존 노선 총 거리의 약 45.2%로서 위 시행규칙 제31조 제2항 제2호에서 요구하고 있는 기존 운행계통의 50%를 넘지 않는 시외버스운송사업계획변경을 인가한 처분은 적법하다.

고시 · 공고에 의한 처분의 방식과 제소기간

365. 대법원 2007. 6. 14. 선고 2004두619 판결【청소년유해매체물결정및고시처분무효확인】

구 청소년보호법에 따른 청소년유해매체물 결정 및 고시처분은 당해 유해매체물의 소유자 등 특정인만을 대상으로 한 행정처분이 아니라 일반 불특정 다수인을 상대방으로 하여 일률적으로 표시의무, 포장의무, 청소년에 대한 판매 · 대여 등의 금지의무 등 각종 의무를 발생시키는 행정처분(**일반처분**)으로서, **정보통신윤리위원회가 특정 인터넷 웹사이트를 청소년유해매체물로 결정하고 청소년보호위원회가 효력발생시기를 명시하여 고시함으로써 그 명시된 시점에 효력이 발생하였다고 봄이** 상당하다.

인터넷 웹사이트에 대하여 구 청소년보호법에 따른 청소년유해매체물 결정 · 고시처분을 한 사안에서, 위 결정은 이해관계인이 고시가 있었음을 알았는지 여부에 관계없이 관보에 고시됨으로써 효력이 발생하고, 그가 위 결정을 통지받지 못하였다는 것이 제소기간을 준수하지 못한 것에 대한 정당한 사유가 될 수 없다.

감액경정처분의 대상적격과 제소기간 및 제소기간 도과 후 오고지를 이유로 제소가부

366. 대법원 2012. 9. 27. 선고 2011두27247 판결【부당이득금부과처분취소】[공 2012하, 1751]

[1] 행정청이 산업재해보상보험법에 의한 보험급여 수급자에 대하여 부당이득 징수결정을 한 후 그 하자를 이유로 징수금 액수를 감액하는 경우, 징수의무자에게 감액처분의 취소를 구할 소의 이익이 있는지 여부(소극) 및 감액처분으로도 아직 취소되지 않고 남은 부분을 다투고자 하는 경우 항고소송의 대상과 제소기간 준수 여부의 판단 기준이 되는 처분(=당초 처분)

행정청이 산업재해보상보험법에 의한 보험급여 수급자에 대하여 부당이득 징수결정을 한 후 그 징수결정의 하자를 이유로 징수금 액수를 감액하는 경우에 그 감액처분은 감액된 징수금 부분에 관하여만 법적 효과가 미치는 것으로서 당초 징수결정과 별개 독립의 징수금 결정처분이 아니라 그 실질은 당초 징수결정의 변경이고, 그에 의하여 징수금의 일부취소라는 징수의무자에게 유리한 결과를 가져오는 처분이므로 징수의무자에게는 그 취소를 구할 소의 이익이 없다. **이에 따라 감액처분으로도 아직 취소되지 않고 남아 있는 부분이 위법하다 하여 다투고자 하는 경우, 감액처분을 항고소송의 대상으로 할 수는 없고, 당초 징수결정 중 감액처분에 의하여 취소되지 않고 남은 부분을 항고소송의 대상으로 할 수 있을 뿐이며, 그 결과 제소기간의 준수 여부도 감액처분이 아닌 당초 처분을 기준으로 판단하여야 한다**(대법원 1998. 5. 26. 선고 98두3211 판결 등 참조). ☞ 그러나 이는 당해 행정청의 경정처분의 제소기간에 관한 것이다. 행정심판위원회의 수정재결은 행정소송법 제20조 제1항에 따라 국민에게 유리하게 재결서 정본송달일로부터 기산하여야 한다.

[2] 행정소송법 제20조 제1항의 취지 및 이미 제소기간이 지나 불가쟁력이 발생한 후에 행정청이 행정심판청구를 할 수 있다고 잘못 알린 경우, 그 안내에 따라 청구된 행정심판 재결서 정본을 송달받은 날부터 다시 취소소송의 제소기간이 기산되는지 여부(소극)

한편 행정소송법 제20조 제1항은 '취소소송은 처분 등이 있음을 안 날부터 90일 이내에 제기하여야 하나 행정청이 행정심판청구를 할 수 있다고 잘못 알린 경우에 행정심판청구가 있은 때의 기간은 재결서의 정본을 송달받은 날부터 기산한다'고 규정하고 있는데, 위 규정의 취지는 불가쟁력이 발생하지 않아 적법하게 불복청구를 할 수 있었던 처분 상대방에 대하여 행정청이 법령상 행정심판청구가 허용되지 않음에도 행정심판청구를 할 수 있다고 잘못 알린 경우에 있어서, 그 잘못된 안내를 신뢰하여 부적법한 행정심판을 거치느라 본래의 제소기간 내에 취소소송을 제기하지 못한 자를 구제하려는 데에 있다고 할 것이다.

이와 달리 이미 제소기간이 도과함으로써 불가쟁력이 발생하여 불복청구를 할 수 없었던 경우라면 그 이후에 행정청이 행정심판청구를 할 수 있다고 잘못 알렸다 하더라도 그로 인하여 처분 상대방이 적법한 제소기간 내에 취소소송을 제기할 수 있는 기회를 상실하게 된 것은 아니므로 이러한 경우에 있어서 그 잘못된 안내에 따라 청구된 행정심판 재결서 정본을 송달받은 날부터 다시 취소소송의 제소기간이 기산되는 것은 아니다. 불가쟁력이 발생하여 더 이상 불복청구를 할 수 없는 처분에 대하여 행정청의 잘못된 안내가 있었다고 하여 처분 상대방의 불복청구의 권리가 새로이 생겨나거나 부활한다고 볼 수는 없기 때문이다.

규정도 없고 행정심판피청구인인 아주대 총장의 재임용거부취소인용재결의 원고
적격 가부

367. 대법원 2011. 6. 24. 선고 2008두9317 판결【재임용거부처분취소처분취소】
　　[공 2011하, 1477]

**[1] 교원소청심사위원회 결정에 대하여 학교의 장도 행정소송을 제기할 수 있는지
여부(적극)**

교원지위 향상을 위한 특별법 제10조 제3항, 대학교원 기간임용제 탈락자 구제를 위한
특별법 제10조 제2항, 사립학교법 제53조의2 제1항, 제2항 규정들의 내용 및 원래 교원
만이 교원소청심사위원회의 결정에 대하여 행정소송을 제기할 수 있도록 한 구 교원지위
향상을 위한 특별법(2007. 5. 11. 법률 제8414호로 개정되기 전의 것) 제10조 제3항이 헌
법재판소의 위헌결정(헌법재판소 2006. 2. 23. 선고 2005헌가7, 2005헌마1163 전원재판
부 결정)에 따라 학교법인 및 사립학교 경영자뿐 아니라 (취지상) 소청심사의 피청구인
이 된 학교의 장 등도 행정소송을 제기할 수 있도록 (취지의 해석이 가능해 질 수 있도
록) 현재와 같이 개정된 경위, 학교의 장은 학교법인의 위임 등을 받아 교원에 대한 징계
처분, 인사발령 등 각종 업무를 수행하는 등 독자적 기능을 수행하고 있어 이러한 경우
하나의 활동단위로 특정될 수 있는 점까지 아울러 고려하여 보면, 교원소청심사위원회의
결정에 대하여 행정소송을 제기할 수 있는 자에는 교원지위 향상을 위한 특별법 제10조
제3항에서 명시하고 있는 교원, 사립학교법 제2조에 의한 학교법인, 사립학교 경영자뿐
아니라 소청심사의 피청구인이 된 학교의 장도 포함된다고 보는 것이 타당하다. ☞ 대법
원이 원고적격에 대하여 관련법률설을 취하면서 유추적용에 의해 원고적격을 확장하고
있다.

[2] 사안의 적용

사립대학교 총장이 소속 대학교 교원의 임용권을 위임받아 전임강사 갑에 대하여 재임용
기간의 경과를 이유로 당연면직의 통지를 하였고, 이에 갑이 총장을 피청구인으로 재임
용 거부처분 취소 청구를 하여 교원소청심사위원회가 재임용 거부처분을 취소한다는 결
정처분을 한 사안에서, 대학교 총장이 교원소청심사위원회를 상대로 결정처분의 취소를
구하는 행정소송을 제기할 당사자능력 및 당사자적격이 있다.

한국마사회의 조교사 및 기수 면허부여 및 취소의 처분성 유무(김연태 교수 논문발표 대상판결)

368. 대법원 2008. 1. 31. 선고 2005두8269 판결【해고무효등확인청구】[공 2008 상, 320]

[1] 행정소송의 대상이 되는 행정처분의 의미

행정소송의 대상이 되는 행정처분이란 행정청 또는 그 소속기관이나 법령에 의하여 **행정권한의 위임 또는 위탁을 받은 공공단체 등이** 국민의 권리·의무에 관계되는 사항에 관하여 직접 효력을 미치는 공권력의 발동으로서 하는 공법상의 행위를 말하며, 그것이 상대방의 권리를 제한하는 행위라 하더라도 **행정청 또는 그 소속기관이나 권한을 위임받은 공공단체 등의 행위가 아닌 한 이를 행정처분이라고 할 수 없다.**

[2] 한국마사회의 조교사 및 기수 면허 부여 또는 취소가 행정처분인지 여부(소극)

한국마사회가 조교사 또는 기수의 면허를 부여하거나 취소하는 것은 경마를 독점적으로 개최할 수 있는 지위에서 우수한 능력을 갖추었다고 인정되는 사람에게 경마에서의 일정한 기능과 역할을 수행할 수 있는 자격을 부여하거나 이를 박탈하는 것에 지나지 아니하므로, 이는 국가 기타 행정기관으로부터 위탁받은 행정권한의 행사가 아니라 일반 사법상의 법률관계에서 이루어지는 단체 내부에서의 징계 내지 제재처분이다.

[3] 징계권 남용의 판단 기준

취업규칙이나 상벌규정에서 징계사유를 규정하면서 동일한 사유에 대하여 여러 등급의 징계가 가능한 것으로 규정한 경우에 그중 어떤 징계처분을 선택할 것인지는 징계권자의 재량에 속한다고 할 것이지만, **이러한 재량은 징계권자의 자의적이고 편의적인 재량이 아니며 징계사유와 징계처분 사이에 사회통념상 상당하다고 인정되는 균형의 존재가 요구**되므로 경미한 징계사유에 대하여 가혹한 제재를 과하는 것은 징계권 남용으로서 무효라고 하여야 할 것인바, 이와 같은 징계권 남용의 판단 기준은 한국마사회가 그로부터 면허를 받은 조교사 또는 기수에 대하여 면허 취소·정지 등의 제재를 과하는 경우에도 마찬가지로 적용된다.

[4] 근로자에 대한 해고 등 징계처분이 사후에 법원에 의하여 무효로 판정되었더라도, 불법행위책임을 구성하는 고의·과실이 없다고 보아야 할 경우

사용자의 근로자에 대한 징계의 양정이 결과적으로 재량권을 일탈·남용한 것이라고 인정되어 징계처분이 무효라고 판단된다 하더라도 **그것이 법률전문가가 아닌 징계위원들의 징계 경중에 관한 관련 법령의 해석 잘못에 불과한 경우에는 그 징계의 양정을 잘못한 징계위원들에게 불법행위책임을 물을 수 있는 과실이 없으며**, 또 근로자에 대한 해고 등 불이익처분을 할 당시의 객관적인 사정이나 근로자의 비위행위 등의 정도, 불이익처분을 하게 된 경위 등에 비추어 사용자가 그 비위행위 등이 취업규칙이나 단체협약에 정한 근로자에 대한 불이익처분 사유에 해당한다고 판단한 것이 무리가 아니었다고 인정되고 아울러 소정의 적법한 절차 등을 거쳐서 당해 불이익처분을 한 것이라면, 사용자로서는 근로자에 대하여 불이익처분을 하면서 기울여야 할 주의의무를 다한 것으로 보아야하므로, 비록 당해 불이익처분이 사후 법원에 의하여 무효라고 판단되었다 하더라도 거기에 불법행위책임을 물을 만한 고의·과실이 없다. 이러한 법리는 근로자에 대한 해고 등 불이익처분과 그 구조가 유사한 기수 및 조교사 면허 취소가 불법행위에 해당하는지 여부를 판단할 때도 마찬가지이다.

혁신도시입지선정의 처분성 여부

369. 대법원 2007. 11. 15. 선고 2007두10198 판결【혁신도시최종입지확정처분취소】〈혁신도시 입지선정 사건〉[공 2007하, 1935]

【판시사항】

정부의 수도권 소재 공공기관의 지방이전시책을 추진하는 과정에서 도지사가 도내 특정시를 공공기관이 이전할 혁신도시 최종입지로 선정한 행위는 항고소송의 대상이 되는 행정처분이 아니라고 본 사례

【판결요지】

정부의 수도권 소재 공공기관의 지방이전시책을 추진하는 과정에서 도지사가 도 내 특정시를 공공기관이 이전할 혁신도시 최종입지로 선정한 행위는 항고소송의 대상이 되는 행정처분이 아니라고 본 사례

항고소송의 대상이 되는 행정처분은 행정청의 공법상 행위로서 특정사항에 대하여 법규에 의한 권리의 설정 또는 의무의 부담을 명하거나, 기타 법률상 효과를 발생하게 하는 등 국민의 권리의무에 직접 관계가 있는 행위를 가리키는 것이고, 상대방 또는 기타 관계자들의 법률상 지위에 직접적인 영향을 미치지 않는 행위는 항고소송의 대상이 되는 행정처분이 아니다(대법원 2002. 5. 17. 선고 2001두10578 판결 등 참조).

원심은, 정부가 국가균형발전 특별법(이하 '법'이라고 한다) 제18조와 법시행령 제15조에 근거를 두고 수도권에 있는 공공기관의 지방이전시책을 추진하면서 피고를 포함한 11개 시·도지사와 '공공기관 지방이전 기본협약'을 체결하고, '혁신도시 입지선정지침'(이하 '이 사건 지침'이라고 한다)을 마련하여 협약에 참가한 시·도지사에게 통보한 사실, 피고는 이 사건 지침에 따라 혁신도시입지선정위원회(이하 '위원회'라고 한다)를 구성하여 위원회로 하여금 강원도 내 10개 시·군에 대한 평가를 하게 하였는데, 그 결과 원주시가 최고점수를 받자 건설교통부로부터 협의회신을 받은 후 2006. 1. 16. 원주시 반곡동 일원 105만 평을 혁신도시 최종입지로 선정하였음을 공표한 사실을 인정한 다음, 법과 법시행

령 및 이 사건 지침에는 공공기관의 지방이전을 위한 정부 등의 조치와 공공기관이 이전할 혁신도시 입지선정을 위한 사항 등을 규정하고 있을 뿐 혁신도시입지 후보지에 관련된 지역 주민 등의 권리의무에 직접 영향을 미치는 규정을 두고 있지 않으므로, 피고가 원주시를 혁신도시 최종입지로 선정한 행위는 항고소송의 대상이 되는 행정처분으로 볼 수 없다고 판단하였다.

민주화운동 보상거부에 대한 쟁송형태에 관한 전원합의체 판결의 다수의견과 반대의견의 대립

370. 대법원 2008. 4. 17. 선고 2005두16185 전원합의체 판결【민주화운동관련자불인정처분취소】[집 56(1)특, 350; 공 2008상, 691]

쟁점: '민주화운동관련자 명예회복 및 보상 심의위원회'의 보상금 등의 지급 대상자에 관한 결정이 행정처분인지 여부(적극) 및 '민주화운동관련자 명예회복 및 보상 등에 관한 법률'에 따른 보상금 등의 지급을 구하는 소송의 형태(=취소소송)

[다수의견]

(가) '민주화운동관련자 명예회복 및 보상 등에 관한 법률' 제2조 제1호, 제2호 본문, 제4조, 제10조, 제11조, 제13조 규정들의 취지와 내용에 비추어 보면, 같은 법 제2조 제2호 각 목은 민주화운동과 관련한 피해 유형을 추상적으로 규정한 것에 불과하여 제2조 제1호에서 정의하고 있는 민주화운동의 내용을 함께 고려하더라도 그 규정들만으로는 바로 법상의 보상금 등의 지급 대상자가 확정된다고 볼 수 없고, '민주화운동관련자 명예회복 및 보상 심의위원회'에서 심의·결정을 받아야만 비로소 보상금 등의 지급 대상자로 확정될 수 있다. 따라서 그와 같은 심의위원회의 결정은 국민의 권리의무에 직접 영향을 미치는 행정처분에 해당하므로, 관련자 등으로서 보상금 등을 지급받고자 하는 신청에 대하여 심의위원회가 관련자 해당 요건의 전부 또는 일부를 인정하지 아니하여 보상금 등의 지급을 기각하는 결정을 한 경우에는 신청인은 심의위원회를 상대로 그 결정의 취소를 구하는 소송을 제기하여 보상금 등의 지급대상자가 될 수 있다.

(나) '민주화운동관련자 명예회복 및 보상 등에 관한 법률' 제17조는 보상금 등의 지급에 관한 소송의 형태를 규정하고 있지 않지만, 위 규정 전단에서 말하는 보상금 등의 지급에 관한 소송은 '민주화운동관련자 명예회복 및 보상 심의위원회'의 보상금 등의 지급신청에 관하여 전부 또는 일부를 기각하는 결정에 대한 불복을 구하는 소송이므로 취소소송을 의미한다고 보아야 하며, 후단에서 보상금 등의 지급신청을 한 날부터 90일을 경과한 때에는 그 결정을 거치지 않고 위 소송을 제기할 수 있도록 한 것은 관련자 등에 대한 신속한 권리구제를 위하여 위 기간 내에 보상금 등의 지급 여부 등에 대한 결정을 받지 못한 때에는 지급 거부 결정이 있는 것으로 보아 곧바로 법원에 심의위원회를 상대로 그에 대

한 취소소송을 제기할 수 있다고 규정한 취지라고 해석될 뿐, 위 규정이 보상금 등의 지급에 관한 처분의 취소소송을 제한하거나 또는 심의위원회에 의하여 관련자 등으로 결정되지 아니한 신청인에게 국가를 상대로 보상금 등의 지급을 구하는 이행소송을 직접 제기할 수 있도록 허용하는 취지라고 풀이할 수는 없다.

[대법관 김황식, 김지형, 이홍훈의 반대의견]

'민주화운동관련자 명예회복 및 보상 등에 관한 법률' 제17조의 규정은 입법자가 결정전치주의에 관하여 특별한 의미를 부여하고 있는 것으로, 심의위원회의 결정과 같은 사전심사를 거치거나 사전심사를 위한 일정한 기간이 지난 후에는 곧바로 당사자소송의 형태로 권리구제를 받을 수 있도록 하려는 데 그 진정한 뜻이 있는 것이다. 또한, 소송경제나 분쟁의 신속한 해결을 도모한다는 측면에서도 당사자소송에 의하는 것이 국민의 권익침해 해소에 가장 유효하고 적절한 수단이다. 따라서 보상금 등의 지급신청을 한 사람이 심의위원회의 보상금 등의 지급에 관한 결정을 다투고자 하는 경우에는 곧바로 보상금 등의 지급을 구하는 소송을 제기하여야 하고, 관련자 등이 갖게 되는 보상금 등에 관한 권리는 위 법이 특별히 인정하고 있는 공법상 권리이므로 그 보상금 등의 지급에 관한 소송은 행정소송법 제3조 제2호에 정한 국가를 상대로 하는 당사자소송에 의하여야 한다.

> ☞ 광주민주화 운동 보상은 당사자소송
>
> ☞ 법이 개정되어 보상자로 인정하는 처분을 받아야 함 ⇒ 민주화 운동 보상은 처분에 대한 취소소송

지경부장관에 대한 기업이전보조금신청권 부정과 거부처분취소소송사례

371. 대법원 2011. 9. 29. 선고 2010두26339 판결【지원금지급신청반려처분취소】[공 2011하, 2241]

- 거부가 재판의 대상이 되기 위한 요건으로서 신청권 유무

수도권 소재 갑 주식회사가 본사와 공장을 광주광역시로 이전하는 계획하에 광주광역시장에게 구 '지방자치단체의 지방이전기업유치에 대한 국가의 재정자금지원기준'(2010. 1. 4. 지식경제부 고시 제2009-335호로 개정되기 전의 것) 제7조에 따라 입지보조금 등 지급을 신청하였고 이에 따라 광주광역시장이 지식경제부장관에게 지급신청을 하였는데, 이후 지식경제부장관이 광주광역시장에게 갑 회사가 지원대상요건을 충족하지 못한다는 이유로 반려하자 광주광역시장이 다시 갑 회사에 같은 이유로 반려한 사안에서, 국가균형발전 특별법 제19조 제1항, 제3항, 국가균형발전 특별법 시행령 제17조 제2항, 제3항 등 관련 규정들의 형식 및 내용에 의하면, **지식경제부장관에 대한 국가 보조금 지급신청권은 해당 지방자치단체장에게 있고, 지방이전기업은 해당 지방자치단체장에게 국가 보조금 지급신청을 할 수 있을 뿐 지식경제부장관에게 국가 보조금 지급을 요구할 법규상 또는 조리상 신청권이 있다고 볼 수 없다는 이유로, 지식경제부장관의 반려회신은 항고소송 대상이 되는 행정처분에 해당하지 않고, 광주광역시장의 반려처분은 항고소송 대상이 되는 행정처분에 해당한다.**

지적공부등록사항신청거부처분취소소송 대상적격 여부와 모델로서 2010. 11. 건축신고 전원합의체 판결을 취한 판시

372. 대법원 2011. 8. 25. 선고 2011두3371 판결【지적공부등록사항정정반려처분취소】[공 2011하, 1947]

[1] 소의 적법성과 대상적격

평택~시흥 간 고속도로 건설공사 사업시행자인 한국도로공사가 고속도로 건설공사에 편입되는 토지들의 지적공부에 등록된 면적과 실제 측량 면적이 일치하지 않는 것을 발견하고 구 지적법(2009. 6. 9. 법률 제9774호 측량·수로조사 및 지적에 관한 법률 부칙 제2조 제2호로 폐지, 이하 '구 지적법'이라 한다) 제24조 제1항, 제28조 제1호에 따라 토지소유자들을 대위하여 **토지면적등록 정정신청을 하였으나 화성시장이 이를 반려한 사안에서, 반려처분은 공공사업의 원활한 수행을 위하여 부여된 사업시행자의 관계 법령상 권리 또는 이익에 영향을 미치는 공권력의 행사 또는 그 거부에 해당하는 것으로서 항고소송 대상이 되는 행정처분에 해당한다고 본 원심판단은 정당하다.**

[2] 본안판단

평택~시흥 간 고속도로 건설공사 사업시행자인 한국도로공사가 고속도로 건설공사에 편입되는 토지들의 지적공부에 등록된 면적과 실제 측량 면적이 일치하지 않는 것을 발견하고 구 지적법(2009. 6. 9. 법률 제9774호 측량·수로조사 및 지적에 관한 법률 부칙 제2조 제2호로 폐지, 이하 '구 지적법'이라 한다) 제24조 제1항, 제28조 제1호에 따라 토지소유자들을 대위하여 토지면적등록 정정신청을 하였으나 화성시장이 토지소유자 승낙서 및 확정판결서 정본이 누락되어 있다는 이유로 이를 반려한 사안에서, 구 지적법 제28조 제1호는 공공사업 사업시행자의 대위신청에 따른 등록사항 정정 시 토지소유자 승낙서나 이에 준하는 확정판결서 정본 제출을 요구하고 있지 않은 점, 공공사업 사업시행자가 토지소유자의 지적등록 정정신청을 대위할 수 있도록 한 취지는 토지소유자가 이를 임의로 이행하지 않는 경우에도 공공사업의 원활한 진행이 가능하도록 하는 데 있는 점, 구 지적법 제24조 제3항에 의한 등록사항 정정 시 인접 토지소유자 승낙서 또는 이에 대항할 수 있는 확정판결서 정본이 요구되는 경우는 정정으로 인하여 인접 토지의 경계가 변경되는 경우로 한정되는 점 등에 비추어 보면, **토지소유자 승낙서 또는 이에 준하는 확정판결서 정본이 제출되지 않았다는 이유로 위 신청을 거부할 수 없으므로, 반려처분이 위법하다고 본 원심판단은 정당하다.**

증액경정처분 사례

373. 대법원 2012. 11. 29. 선고 2010두7796 판결【법인세부과처분취소】[공 2013
     상, 77]

【판결요지】

[1] 자산유동화에 관한 법률에 의한 유동화전문회사인 갑 유한회사 등이 을 자산관리회
사에 지급한 컨설팅 용역비를 손금산입하여 법인세 과세표준을 신고하였다가 위 용역비
가 가공경비임이 밝혀지자, 이를 손금불산입함과 아울러 기타소득으로 소득처분한 후 사
원에게 추가 배당하는 결의를 하고 추가 배당금을 해당 사업연도 소득금액에서 공제하는
소득공제신청을 하였으나, 과세관청이 추가 배당결의에 따른 소득공제신청을 불인정한
후 법인세를 증액경정처분한 사안에서, 비록 갑 회사 등이 컨설팅 용역비를 손금불산입
하면서 사내유보로 소득처분하지 아니하고 기타소득(사외유출)으로 소득처분하였다고
하더라도, 갑 회사 등이 을 회사 등에 컨설팅 용역비 상당액에 대한 손해배상청구권 등의
권리를 가지고 있었고 결국 이를 회수한 이상, 컨설팅 용역비의 손금불산입으로 인한 소
득금액 증가분은 갑 회사 등에게 유보되어 있어 그에 대한 추가 배당결의는 적법하고,
그 배당금은 구 법인세법(2005. 12. 31. 법률 제7838호로 개정되기 전의 것) 제51조의2
제1항에 의하여 갑 회사 등의 해당 사업연도 소득금액에서 공제되어야 한다는 이유로,
과세관청의 위 증액경정처분은 위법하다고 본 원심판단을 수긍한 사례.

[2] 당초의 조세부과처분에 대하여 적법한 취소소송이 계속 중에 동일한 과세목적물에
대하여 당초의 부과처분을 증액 변경하는 경정결정 또는 재경정결정이 있는 경우에 당초
부과처분에 존재하고 있다고 주장되는 취소사유(실체상의 위법성)가 경정결정 또는 재경
정결정에도 마찬가지로 존재하고 있어 당초 부과처분이 위법하다고 판단되면 경정결정
또는 재경정결정도 위법하다고 하지 않을 수 없는 경우 **원고는 경정결정 또는 재경정결
정에 대하여 따로 전심절차를 거칠 필요 없이 청구취지를 변경하여 경정결정 또는 재
경정결정의 취소를 구할 수 있고, 이러한 경우 당초의 소송이 적법한 제소기간 내에
제기된 것이라면 경정결정 또는 재경정결정에 대한 청구취지변경의 제소기간 준수 여
부는 따로 따질 필요가 없다.**

사치와 무능을 이유로 한 KBS 사장 해임결정 사례

374. 대법원 2012. 2. 23. 선고 2011두5001 판결【해임처분무효】[공 2012상, 523]

**[1] 해임처분 무효확인 또는 취소소송 계속 중 임기가 만료되어 해임처분의 무효확
인 또는 취소로 지위를 회복할 수 없는데도 해임처분의 무효확인 또는 취소를 구
할 법률상 이익이 있는 경우 및 해임권자와 보수지급의무자가 다른 경우에도 동일**

한 법리가 적용되는지 여부(적극)

해임처분 무효확인 또는 취소소송 계속 중 임기가 만료되어 해임처분의 무효확인 또는 취소로 지위를 회복할 수는 없다고 할지라도, **그 무효확인 또는 취소로 해임처분일부터 임기만료일까지 기간에 대한 보수 지급을 구할 수 있는 경우에(회복할 수 있는 경제적 이익)**는 해임처분의 무효확인 또는 취소를 구할 법률상 이익이 있다. 해임권자와 보수지급의무자가 다른 경우에도 마찬가지이다.

[2] 대통령에게 한국방송공사 사장 해임권한이 있는지 여부(적극)

한국방송공사의 설치·운영에 관한 사항을 정하고 있는 방송법은 제50조 제2항에서 "사장은 이사회의 제청으로 대통령이 임명한다"고 규정하고 있는데, 한국방송공사 사장에 대한 해임에 관하여는 명시적 규정을 두고 있지 않다. 그러나 감사원은 한국방송공사에 대한 외부감사를 실시하고(방송법 제63조 제3항), 임용권자 또는 임용제청권자에게 임원 등의 해임을 요구할 수 있는데(감사원법 제32조 제9항) 이는 대통령에게 한국방송공사 사장 해임권한이 있음을 전제로 한 것으로 볼 수 있는 점, 방송법 제정으로 폐지된 구 한국방송공사법(2000. 1. 12. 법률 제6139호 방송법 부칙 제2조 제3호로 폐지) 제15조 제1항은 대통령이 한국방송공사 사장을 '임면'하도록 규정되어 있었고, 방송법 제정으로 대통령의 해임권을 제한하기 위해 '임명'이라는 용어를 사용하였다면 해임 제한에 관한 규정을 따로 두어 이를 명확히 할 수 있었을 텐데도 방송법에 한국방송공사 사장의 해임 제한 등 신분보장에 관한 규정이 없는 점 등에 비추어, 방송법에서 '임면' 대신 '임명'이라는 용어를 사용한 입법 취지가 대통령의 해임권을 배제하기 위한 것으로 보기 어려운 점 등 방송법의 입법 경과와 연혁, 다른 법률과의 관계, 입법 형식 등을 종합하면, 한국방송공사 사장의 임명권자인 대통령에게 해임권한도 있다고 보는 것이 타당하다.

[3] 해임에 대한 법률유보

감사원이 한국방송공사에 대한 감사를 실시한 결과 사장 갑에게 부실 경영 등 문책사유가 있다는 이유로 한국방송공사 이사회에 갑에 대한 해임제청을 요구하였고, 이사회가 대통령에게 갑의 사장직 해임을 제청함에 따라 대통령이 갑을 한국방송공사 사장직에서 해임한 사안에서, 감사원법 제32조 제9항, 방송법 제44조, 제51조 제1항 등을 해임사유에 관한 근거 법령으로 볼 수 있다.

[4] 사안의 적용 — 대통령의 해임처분에 재량권 일탈·남용의 하자가 존재한다고 하더라도 그것이 중대·명백하지 않고, 행정절차법을 위반한 위법이 있으나 절차나 처분형식의 하자가 중대하고 명백하다고 볼 수 없어 당연무효가 아닌 취소 사유에 해당한다고 본 원심판단을 정당하다고 한 사례

감사원이 한국방송공사에 대한 감사를 실시한 결과 사장 갑에게 부실 경영 등 문책사유가 있다는 이유로 한국방송공사 이사회에 갑에 대한 해임제청을 요구하였고, 이사회가 임시이사회를 개최하여 감사원 해임제청요구에 따른 문책사유와 방송의 공정성 훼손 등의 사유를 들어 갑에 대한 해임제청을 결의하고 대통령에게 갑의 사장직 해임을 제청함에 따라 대통령이 갑을 한국방송공사 사장직에서 해임한 사안에서, **갑에게 한국방송공사의 적자구조 만성화에 대한 경영상 책임이 인정되는 데다 대통령이 감사원의 한국방송공사에 대한 감사에 따른 해임제청 요구 및 한국방송공사 이사회의 해임제청결의에 따라 해임처분을 하게 된 것인 점 등에 비추어 대통령에게 주어진 한국방송공사 사장 해임에 관한 재량권 일탈·남용의 하자가 존재한다고 하더라도 그것이 중대·명백하지 않아 당연무효 사유에 해당하지 않는다.**

또한 해임처분 과정에서 갑이 처분 내용을 사전에 통지받거나 그에 대한 의견제출 기회 등을 받지 못했고 해임처분 시 법적 근거 및 구체적 해임 사유를 제시받지 못하였으므로 해임처분이 행정절차법에 위배되어 위법하지만, 절차나 처분형식의 하자가 중대하고 명백하다고 볼 수 없어 역시 당연무효가 아닌 취소 사유에 해당한다.

수도권매립지관리공사의 제재처분에 대한 집행정지 기각 결정의 이유

375. 대법원 2010. 11. 26.자 2010무137 결정【부정당업자제재처분효력정지】[공 2011상, 56]

[1] 본안청구의 이유없음이 명백하지 아니할 것이 집행정지요건인지 여부(긍정)

정처분의 효력정지나 집행정지를 구하는 신청사건에서는 행정처분 자체의 적법 여부는 원칙적으로 판단의 대상이 아니고, 그 행정처분의 효력이나 집행을 정지할 것인가에 관한 행정소송법 제23조 제2항에서 정한 요건의 존부만이 판단의 대상이 되는 것이다. 다만, 집행정지는 행정처분의 집행부정지원칙의 예외로서 인정되는 것이고, 또 본안에서 원고가 승소할 수 있는 가능성을 전제로 한 권리보호수단이라는 점에 비추어 보면, 집행정지사건 자체에 의하여도 신청인의 본안청구가 적법한 것이어야 한다는 것을 집행정지의 요건에 포함시키는 것이 옳다.

[2] 행정소송의 대상이 되는 행정처분의 의의

정소송의 대상이 되는 행정처분은, 행정청 또는 그 소속기관이나 법령에 의하여 행정권한의 위임 또는 위탁을 받은 공공기관이 국민의 권리의무에 관계되는 사항에 관하여 공권력을 발동하여 행하는 공법상의 행위를 말하며, 그것이 상대방의 권리를 제한하는 행위라 하더라도 행정청 또는 그 소속기관이나 권한을 위임받은 공공기관의 행위가 아닌 한 이를 행정처분이라고 할 수 없다.

[3] 사안의 적용

수도권매립지관리공사가 갑에게 입찰참가자격을 제한하는 내용의 부정당업자제재처분을 하자, 갑이 제재처분의 무효확인 또는 취소를 구하는 행정소송을 제기하면서 제재처분의 효력정지신청을 한 사안에서, 수도권매립지관리공사는 행정소송법에서 정한 행정청 또는 그 소속기관이거나 그로부터 제재처분의 권한을 위임받은 공공기관에 해당하지 않으므로, 수도권매립지관리공사가 한 위 제재처분은 행정소송의 대상이 되는 행정처분이 아니라 단지 갑을 자신이 시행하는 입찰에 참가시키지 않겠다는 뜻의 사법상의 효력을 가지는 통지에 불과하므로, 갑이 수도권매립지관리공사를 상대로 하여 제기한 위 효력정지신청은 부적법함에도 그 신청을 받아들인 원심결정은 집행정지의 요건에 관한 법리를 오해한 위법이 있다.

376. 대법원 2013. 07. 25. 선고 2011두1214 판결[불이익처분원상회복등요구처분취소]

갑이 국민권익위원회에 부패방지 및 국민권익위원회의 설치와 운영에 관한 법률에 따른 신고와 신분보장조치를 요구하였고, 국민권익위원회가 갑의 소속기관 장인 을 시·도선거관리위원회 위원장에게 '갑에 대한 중징계요구를 취소하고 향후 신고로 인한 신분상 불이익처분 및 근무조건상의 차별을 하지 말 것을 요구'하는 내용의 조치요구를 한 사안에서, 국가기관 일방의 조치요구에 불응한 상대방 국가기관에 국민권익위원회법상의 제재규정과 같은 중대한 불이익을 직접적으로 규정한 다른 법령의 사례를 찾아보기 어려운 점, 그럼에도 을이 국민권익위원회의 조치요구를 다툴 별다른 방법이 없는 점 등에 비추어 보면, 처분성이 인정되는 위 조치요구에 불복하고자 하는 을로서는 조치요구의 취소를 구하는 항고소송을 제기하는 것이 유효·적절한 수단이므로 비록 을이 국가기관이더라도 당사자능력 및 원고적격을 가진다고 보는 것이 타당하고, 을이 위 조치요구 후 갑을 파면하였다고 하더라도 조치요구가 곧바로 실효된다고 할 수 없고 을은 여전히 조치요구를 따라야 할 의무를 부담하므로 을에게는 위 조치요구의 취소를 구할 법률상 이익도 있다.

377. 대법원 2013. 02. 28. 선고 2012두22904 판결[고용보험료부과처분무효확인및취소]

[1] 항고소송은 원칙적으로 소송의 대상인 행정처분 등을 외부적으로 그의 명의로 행한 행정청을 피고로 하여야 하는 것으로서, 그 행정처분을 하게 된 연유가 상급행정청이나 타행정청의 지시나 통보에 의한 것이라 하여 다르지 않고, 권한의 위임이나 위탁을 받아 수임행정청이 자신의 명의로 한 처분에 관하여도 마찬가지이다. 그리고 위와 같은 지시나 통보, 권한의 위임이나 위탁은 행정기관 내부의 문제일 뿐 국민의 권리의무에 직접 영향을 미치는 것이 아니어서 항고소송의 대상이 되는 행정처분에 해당하지 않는다.

[2] 근로복지공단이 갑 지방자치단체에 고용보험료 부과처분을 하자, 갑 지방자치단체가

구 고용보험 및 산업재해보상보험의 보험료징수 등에 관한 법률 제4조 등에 따라 국민건강보험공단을 상대로 위 처분의 무효확인 및 취소를 구한 사안에서, 근로복지공단이 갑 지방자치단체에 대하여 고용보험료를 부과·고지하는 처분을 한 후, 국민건강보험공단이 위 법 제4조에 따라 종전 근로복지공단이 수행하던 보험료의 고지 및 수납 등의 업무를 수행하게 되었고, 위 법 부칙 제5조가 '위 법 시행 전에 종전의 규정에 따른 근로복지공단의 행위는 국민건강보험공단의 행위로 본다'고 규정하고 있어, 갑 지방자치단체에 대한 근로복지공단의 고용보험료 부과처분에 관계되는 권한 중 적어도 보험료의 고지에 관한 업무는 국민건강보험공단이 그 명의로 고용노동부장관의 위탁을 받아서 한 것으로 보아야 하므로, 위 처분의 무효확인 및 취소 소송의 피고는 국민건강보험공단이 되어야 함에도, 이와 달리 위 처분의 주체는 여전히 근로복지공단이라고 본 원심판결에 고용보험료 부과고지권자와 항고소송의 피고적격에 관한 법리를 오해한 위법이 있다.

378. 대법원 2013. 02. 28. 선고 2010두2289 판결[환지처분취소]

[1] 구 토지구획정리사업법 제61조에 의한 환지처분은 사업시행자가 환지계획구역의 전부에 대하여 구획정리사업에 관한 공사를 완료한 후 환지계획에 따라 환지교부 등을 하는 처분으로서, 일단 공고되어 효력을 발생하게 된 이후에는 환지 전체의 절차를 처음부터 다시 밟지 않는 한 그 일부만을 따로 떼어 환지처분을 변경할 길이 없으므로, 환지확정처분의 일부에 대하여 취소나 무효확인을 구할 법률상 이익은 없다.

[2] 항소심법원이 위헌법률심판제청신청에 대하여 판결 선고와 동시에 위 신청을 기각하는 결정을 하였다고 하더라도 이로써 헌법재판소의 재판을 받을 권리를 침해한 것으로 볼 수는 없다.

379. 대법원 2013. 02. 14. 선고 2011두25005 판결[소득세부과처분취소]

당초의 과세처분에 존재하고 있다고 주장되는 위법사유가 증액경정처분에도 존재하고 있는 경우, 증액경정처분에 대한 별도의 전심절차 없이 증액경정처분의 취소를 구할 수 있는지 여부(적극)

및 증액경정처분의 취소를 구하는 소송의 제소기간 준수 여부의 판단 기준

당초의 과세처분에 존재하고 있다고 주장되는 위법사유가 증액경정처분에도 마찬가지로 존재하고 있어 당초의 과세처분이 위법하다고 판단되면 증액경정처분도 위법하다고 하지 않을 수 없는 경우라면, 당초의 과세처분에 대한 전심절차의 진행 중에 증액경정처분이 이루어졌음에도 불구하고 그대로 전심절차를 진행한 납세자의 행위 속에는 달리 특별한 사정이 없는 한 당초의 과세처분에 대한 심사청구 또는 심판청구를 통하여 당초의 과세처분을 흡수하고 있는 증액경정처분의 취소를 구하는 의사가 묵시적으로 포함되어 있다고 봄이 타당하다. 따라서 이러한 경우에는 설령 납세자가 당초의 과세처분에 대한 전심절차에서 청구의 취지나 이유를 변경하지 아니하였다고 하더라도 증액경정처분에 대한 **별도의 전심절차를 거칠 필요 없이** 당초 제기한 심사청구 또는 심판청구에 대한 결정의 통지를 받은 날부터 90일 이내에 증액경정처분의 취소를 구하는 행정소송을 제기할 수 있다고 할 것이다. 그리고 납세자가 이와 같은 과정을 거쳐 행정소송을 제기하면서 당초의 과세처분의 취소를 구하는 것으로 청구취지를 기재하였다 하더라도, 이는 잘못된 판단에 따라 소송의 대상에 관한 청구취지를 잘못 기재한 것이라 할 것이고, 그 제소에 이른 경위나 증액경정처분의 성질 등에 비추어 납세자의 진정한 의사는 증액경정처분에 흡수됨으로써 이미 독립된 존재가치를 상실한 당초의 과세처분이 아니라 증액경정처분 자체의 취소를 구하는 데에 있다고 보아야 할 것이다. 따라서 납세자는 그 소송계속 중에 청구취지를 변경하는 형식으로 증액경정처분의 취소를 구하는 것으로 청구취지를 바로잡을 수 있는 것이고, 이때 제소기간의 준수 여부는 형식적인 청구취지의 변경 시가 아니라 증액경정처분에 대한 불복의 의사가 담긴 **당초의 소 제기 시**를 기준으로 판단하여야 한다.

380. 대법원 2013. 01. 31. 선고 2011두11112 판결[조합설립추진위원회설립승인무효확인]

구 도시 및 주거환경정비법상 조합설립추진위원회 구성승인처분을 다투는 소송 계속 중 조합설립인가처분이 이루어진 경우 조합설립추진위원회 구성승인처분에 대하여 취소 또는 무효확인을 구할 법률상 이익이 있는지 여부(소극)

구 도시 및 주거환경정비법 제13조 제1항, 제2항, 제14조 제1항, 제15조 제4항, 제5항 등 관계 법령의 내용, 형식, 체제 등에 비추어 보면, 조합설립추진위원회 구성승인처분은 조합의 설립을 위한 주체인 추진위원회의 구성행위를 보충하여 그 효력을 부여하는 처분으로서 조합설립이라는 종국적 목적을 달성하기 위한 중간단계의 처분에 해당하지만, 그 법률요건이나 효과가 조합설립인가처분의 그것과는 다른 독립적인 처분이기 때문에, 추진위원회 구성승인처분에 대한 취소 또는 무효확인 판결의 확정만으로는 이미 조합설립인가를 받은 조합에 의한 정비사업의 진행을 저지할 수 없다. 따라서 추진위원회 구성승인처분을 다투는 소송 계속 중에 조합설립인가처분이 이루어진 경우에는, 추진위원회 구성승인처분에 위법이 존재하여 조합설립인가 신청행위가 무효라는 점 등을 들어 직접 조합설립인가처분을 다툼으로써 정비사업의 진행을 저지하여야 하고, 이와는 별도로 추진위원회 구성승인처분에 대하여 취소 또는 무효확인을 구할 법률상의 이익은 없다고 보아야 한다.

381. 대법원 2013. 01. 16. 선고 2010두22856 판결[과거사진실규명결정취소]

진실·화해를 위한 과거사정리 기본법 제26조에 따른 진실·화해를 위한 과거사정리위원회의 진실규명결정이 항고소송의 대상이 되는 행정처분인지 여부(적극)

진실·화해를 위한 과거사정리 기본법과 구 과거사 관련 권고사항 처리에 관한 규정의 목적, 내용 및 취지를 바탕으로, 피해자 등에게 명문으로 진실규명 신청권, 진실규명결정 통지 수령권 및 진실규명결정에 대한 이의신청권 등이 부여된 점, 진실규명결정이 이루어지면 그 결정에서 규명된 진실에 따라 국가가 피해자 등에 대하여 피해 및 명예회복 조치를 취할 법률상 의무를 부담하게 되는 점, 진실·화해를 위한 과거사정리위원회가 위와 같은 법률상 의무를 부담하는 국가에 대하여 피해자 등의 피해 및 명예 회복을 위한 조치로 권고한 사항에 대한 이행의 실효성이 법적·제도적으로 확보되고 있는 점 등 여러 사정을 종합하여 보면, **법이 규정하는 진실규명결정은 국민의 권리의무에 직접적으로 영향을 미치는 행위로서 항고소송의 대상이 되는 행정처분이라고 보는 것이 타당하다.**

382. 대법원 2013. 11. 28. 선고 2011두30199 판결[관리처분계획취소]

사업시행계획 인가처분의 유효를 전제로 한 일련의 후속행위가 이루어진 경우, 당초 사업시행계획을 실질적으로 변경하는 내용으로 새로운 사업시행계획을 수립하여 시장·군수로부터 인가를 받았다고 하여 당초 사업시행계획의 무효확인을 구할 소의 이익이 소멸하는지 여부(소극) 및 그 소의 이익이 존재하는지 판단하는 기준

사업시행계획의 경우 그 인가처분의 유효를 전제로 분양공고 및 분양신청 절차, 분양신청을 하지 않은 조합원에 대한 수용절차, 관리처분계획의 수립 및 그에 대한 인가 등 후속 행위가 있었다면, 당초 사업시행계획이 무효로 확인되거나 취소될 경우 그것이 유효하게 존재하는 것을 전제로 이루어진 위와 같은 일련의 후속 행위 역시 소급하여 효력을 상실하게 되므로, 당초 사업시행계획을 실질적으로 변경하는 내용으로 새로운 사업시행계획이 수립되어 시장·군수로부터 인가를 받았다는 사정만으로 일률적으로 당초 사업시행계획의 무효확인을 구할 소의 이익이 소멸된다고 볼 수는 없고, 위와 같은 후속 행위로 토지 등 소유자의 권리·의무에 영향을 미칠 정도의 공법상의 법률관계를 형성시키는 외관이 만들어졌는지 또는 존속되고 있는지 등을 개별적으로 따져 보아야 한다.

383. 대법원 2013. 09. 12. 선고 2011두33044 판결[이사선임처분취소]

관할청이 구 사립학교법 제25조의3에 따라 하는 정식이사 선임 처분에 관하여 '상당한 재산을 출연한 자'와 '학교 발전에 기여한 자'가 법률상 보호되는 이익을 가지는지 여부(적극) 및 '상당한 재산을 출연한 자'와 '학교 발전에 기여한 자'의 의미

구 사립학교법 제25조의3은 정식이사 선임에 관하여 상당한 재산을 출연한 자 및 학교 발전에 기여한 자의 개별적·구체적인 이익을 보호하려는 취지가 포함되어 있는 것으로 보이고, 상당한 재산출연자 등은 관할청이 정식이사를 선임하는 처분에 관하여 법률상 보호되는 이익을 가진다고 보는 것이 타당하다. 그리고 여기서 상당한 재산출연자 등은 학교법인의 자주성과 설립목적을 대표할 수 있어야 하므로, 그중에서 상당한 재산을 출연한 자는 사립학교법령의 규정들에 비추어 볼 때에 학교법인의 기본재산액의 3분의 1 이상에 해당하는 재산을 출연하거나 기부한 자로 보아야 하고, 그 밖에 재산의 출연 내지 증식을 통하여 학교 발전에 기여한 자는 학교법인의 수익용 기본재산의 10% 이상에 상당하는 금액의 재산을 출연한 자로서 위와 같은 상당한 재산 출연에 견줄 수 있을 정도로 학교법인의 기본재산 형성 내지 운영 재원 마련에 기여하였음이 뚜렷한 자로 해석되어야 한다.

384. 대법원 2013. 05. 09. 선고 2010두28748 판결[자동차등록직권말소처분취소]

[1] 갑이 자신 명의로 이전등록된 자동차의 등록을 직권말소한 처분에 대한 취소소송 계속 중에 위 자동차에 관하여 종전과 다른 번호로 을과 공동소유로 신규등록을 한 사안에서, 위 직권말소 처분의 취소를 구할 소의 이익이 있다고 본 원심판단을 정당하다.

갑이 자신 명의로 이전등록된 자동차의 등록을 직권말소한 처분에 대한 취소소송 계속 중에 위 자동차에 관하여 종전과 다른 번호로 을과 공동소유로 다시 신규등록을 한 사안에서, 신규등록의 내용이 종전 자동차등록번호와 다른 등록번호를 부여받고 소유자도 갑과 을의 공동소유로 등재되는 등 갑이 주장하는 당초 소유관계와 소유권 변동내용을 반영하지 못한 채 공시하고 있고, 정당하게 이전등록을 마쳤다가 직권말소 처분에 의하여 말소된 을 소유지분에 관하여 다시 이전등록을 마쳐야 하며 이를 위하여 별도로 취득세 및 등록세를 납부하여야 하는 불이익도 입고 있으므로, 위 직권말소 처분의 취소를 구할 소의 이익이 있다.

[2] 구 자동차관리법 제13조 제3항 제4호에 따른 직권말소 처분이 재량행위인지 여부(적극) 및 그 처분이 재량권의 범위를 일탈하거나 남용한 것인지를 판단하는 기준

구 자동차관리법 제13조 제3항 제4호가 사위 기타 부정한 방법으로 등록을 마친 경우 제재적 효과가 발생하는 직권말소 처분을 할 수 있도록 규정한 목적은, 자동차를 효율적으로 관리하고 자동차의 성능 및 안전을 확보함으로써 공공의 복리를 증진하기 위함이고 (법 제1조), 위 규정에 따른 직권말소 처분은 그 규정형식 등에 비추어 볼 때 행정청에게 재량권이 부여되어 있는 재량행위에 속한다. 다만 이러한 재량을 행사함에 있어서 재량권 행사의 한계를 벗어나면 이는 위법하다고 할 것인데, 그 직권말소 처분이 재량권의 범위를 일탈하거나 남용한 것인지는 위와 같은 입법 목적을 토대로 등록과정에서 사용된 사위 기타 부정한 방법의 내용 및 태양, 직권말소 처분에 의하여 달성하려는 공익목적, 자동차등록을 말소함으로써 초래되는 사익 침해의 정도 등 구체적·개별적 사정을 모두 고려하여 판단하여야 한다.

[3] 갑이 오빠 을과 어머니 병의 공동명의로 신규등록되어 있던 자동차에 관하여 병이 사망함에 따라 증여를 원인으로 이전등록을 하는 과정에서 병의 사망 후 발급받은 인감증명서를 제출하였는데, 관할 구청장이 위 자동차에 대하여 구 자동차관리법 제13조 제3항 제4호에 따라 직권으로 말소등록을 한 사안에서, 위 직권말소 처분은 위법하다.

갑이 오빠 을과 어머니 병의 공동명의로 신규등록되어 있던 자동차에 관하여 병이 사망함에 따라 증여를 원인으로 이전등록을 하는 과정에서 병의 사망 후 발급받은 인감증명서를 제출하였는데, 관할 구청장이 위 자동차에 대하여 구 자동차관리법 제13조 제3항 제4호에 따라 직권으로 말소등록을 한 사안에서, 위 이전등록 중 갑이 위 자동차의 신규등록 당시 공동소유자 중 1인이었던 망 병으로부터 그 소유지분을 이전받은 부분은 등록과정에서 망 병의 사망 후 발급받은 인감증명서를 사용한 것이어서 법 제13조 제3항 제4호에서 정한 '사위 기타 부정한 방법으로 등록된 경우'에 해당하지만, 신규등록 당시 다른 공동소유자인 을 소유지분에 관하여는 증여를 원인으로 하여 적법하게 이전등록을 마쳤고, 갑이 망 병의 상속인 중 1인이었던 점 등을 고려하면, 위와 같은 정도의 사위 기타 부정한 방법을 사용하였다는 사정만으로 당초의 신규등록까지 포함하여 자동차의 등록을 직권으로 말소시킬 정도의 위법사유가 있다고 보기 어려우므로, 직권말소 처분은 위법하다.

제 7 절

(실력 UP) 출제가 예상되는 화제의 판결들을 공부해 두자

385. 대법원 2019. 8. 9. 선고 2019두38656 판결[장해등급결정처분취소(취소소송 제소기간의 기산점인 '처분 등이 있음을 안 날'과 '처분 등이 있은 날'의 의미가 문제된 사건)]

[1] 상대방 있는 행정처분은 특별한 규정이 없는 한 의사표시에 관한 일반법리에 따라 상대방에게 고지되어야 효력이 발생하고, 상대방 있는 행정처분이 상대방에게 고지되지 아니한 경우에는 상대방이 다른 경로를 통해 행정처분의 내용을 알게 되었다고 하더라도

행정처분의 효력이 발생한다고 볼 수 없다.

[2] 취소소송의 제소기간 기산점으로 행정소송법 제20조 제1항이 정한 '처분 등이 있음을 안 날'은 유효한 행정처분이 있음을 안 날을, 같은 조 제2항이 정한 '처분 등이 있은 날'은 그 행정처분의 효력이 발생한 날을 각 의미한다. 이러한 법리는 행정심판의 청구기간에 관해서도 마찬가지로 적용된다.

[3] 구 공무원연금법 제80조에 의하면, 급여에 관한 결정 등에 관하여 이의가 있는 자는 급여에 관한 결정 등이 있었던 날부터 180일, 그 사실을 안 날부터 90일 이내에 '공무원연금급여 재심위원회'에 심사를 청구할 수 있을 뿐이고(제1항, 제2항), 행정심판법에 따른 행정심판을 청구할 수는 없다(제4항). 이와 같은 공무원연금급여 재심위원회에 대한 심사청구 제도의 입법 취지와 심사청구기간, 행정심판법에 따른 일반행정심판의 적용 배제, 구 공무원연금법 제80조 제3항의 위임에 따라 구 공무원연금법 시행령(2018. 9. 18. 대통령령 제29181호로 전부 개정되기 전의 것) 제84조 내지 제95조의2에서 정한 공무원연금급여 재심위원회의 조직, 운영, 심사절차에 관한 사항 등을 종합하면, 구 공무원연금법상 공무원연금급여 재심위원회에 대한 심사청구 제도는 사안의 전문성과 특수성을 살리기 위하여 특히 필요하여 행정심판법에 따른 일반행정심판을 갈음하는 특별한 행정불복절차(행정심판법 제4조 제1항), 즉 특별행정심판에 해당한다.

---

386. 대법원 2018. 7. 12. 선고 2017두65821 판결[교원소청심사위원회결정취소]

[1] 교원소청심사위원회가 한 결정의 취소를 구하는 소송에서 그 결정의 적부는 결정이 이루어진 시점을 기준으로 판단하여야 하지만, 그렇다고 하여 소청심사 단계에서 이미 주장된 사유만을 행정소송의 판단대상으로 삼을 것은 아니다. 따라서 소청심사 결정 후에 생긴 사유가 아닌 이상 소청심사 단계에서 주장하지 아니한 사유도 행정소송에서 주장할 수 있고, 법원도 이에 대하여 심리·판단할 수 있다.

[2] 교원소청심사위원회의 결정은 학교법인 등에 대하여 기속력을 가지고 이는 그 결정의 주문에 포함된 사항뿐 아니라 그 전제가 된 요건사실의 인정과 판단, 즉 불리한 처분 등의 구체적 위법사유에 관한 판단에까지 미친다. 따라서 교원소청심사위원회가 사립학교 교원의 소청심사청구를 인용하여 불리한 처분 등을 취소한 데 대하여 행정소송이 제기되지 아니하거나 그에 대하여 학교법인 등이 제기한 행정소송에서 법원이 교원소청심사위원회 결정의 취소를 구하는 청구를 기각하여 그 결정이 그대로 확정되면, 결정의 주문과 그 전제가 되는 이유에 관한 판단만이 학교법인 등을 기속하게 되고, 설령 판결 이유에서 교원소청심사위원회의 결정과 달리 판단된 부분이 있더라도 이는 기속력을 가질 수 없다. 그러므로 사립학교 교원이 어떠한 불리한 처분을 받아 교원소청심사위원회에 소청심사청구를 하였고, 이에 대하여 교원소청심사위원회가 그 사유 자체가 인정되지 않

는다는 이유로 양정의 당부에 대해서는 나아가 판단하지 않은 채 처분을 취소하는 결정을 한 경우, 그에 대하여 학교법인 등이 제기한 행정소송 절차에서 심리한 결과 처분사유중 일부 사유는 인정된다고 판단되면 법원으로서는 교원소청심사위원회의 결정을 취소하여야 한다. 법원이 교원소청심사위원회 결정의 결론이 타당하다고 하여 학교법인 등의청구를 기각하게 되면 결국 행정소송의 대상이 된 교원소청심사위원회의 결정이 유효한것으로 확정되어 학교법인 등이 이에 기속되므로, 그 결정의 잘못을 바로잡을 길이 없게되고 학교법인 등도 해당 교원에 대하여 적절한 재처분을 할 수 없게 되기 때문이다.

[3] 교원소청심사위원회가 학교법인 등이 교원에 대하여 불리한 처분을 한 근거인 내부규칙이 위법하여 효력이 없다는 이유로 학교법인 등의 처분을 취소하는 결정을 하였고그에 대하여 학교법인 등이 제기한 행정소송 절차에서 심리한 결과 내부규칙은 적법하지만 교원이 그 내부규칙을 위반하였다고 볼 증거가 없다고 판단한 경우에는, 비록 교원소청심사위원회가 내린 결정의 전제가 되는 이유와 판결 이유가 다르다고 하더라도 법원은교원소청심사위원회의 결정을 취소할 필요 없이 학교법인 등의 청구를 기각할 수 있다고보아야 한다. 왜냐하면 교원의 내부규칙 위반사실이 인정되지 않는 이상 학교법인 등이해당 교원에 대하여 다시 불리한 처분을 하지 못하게 되더라도 이것이 교원소청심사위원회 결정의 기속력으로 인한 부당한 결과라고 볼 수 없기 때문이다.

그리고 행정소송의 대상이 된 교원소청심사위원회의 결정이 유효한 것으로 확정되어 학교법인 등이 이에 기속되더라도 그 기속력은 당해 사건에 관하여 미칠 뿐 다른 사건에미치지 않으므로, 학교법인 등은 다른 사건에서 문제가 된 내부규칙을 적용할 수 있기때문에 법원으로서는 이를 이유로 취소할 필요도 없다.

387. 대법원 2018. 9. 13. 선고 2017두38560 판결[부당비행정지구제재심판정 취소]

[1] 헌법상 기본권은 제1차적으로 개인의 자유로운 영역을 공권력의 침해로부터 보호하기 위한 방어적 권리이지만 다른 한편으로 헌법의 기본적인 결단인 객관적인 가치질서를구체화한 것으로서, 사법(私法)을 포함한 모든 법 영역에 그 영향을 미치는 것이므로 사인 간의 사적인 법률관계도 헌법상의 기본권 규정에 적합하게 규율되어야 한다. 다만 기본권 규정은 성질상 사법관계에 직접 적용될 수 있는 예외적인 것을 제외하고는 관련 법규범 또는 사법상의 일반원칙을 규정한 민법 제2조, 제103조 등의 내용을 형성하고 그해석기준이 되어 간접적으로 사법관계에 효력을 미치게 된다.

[2] 헌법 제15조는 "모든 국민은 직업선택의 자유를 가진다."라고 규정하여 직업선택의자유를 보장하고 있고, 이 규정에 의하여 보장되는 자유에는 선택한 직업에 종사하면서그 활동의 내용·태양 등에 관하여도 원칙적으로 자유로이 결정할 수 있는 직업활동의

자유도 포함된다. 아울러 헌법 제15조 제1항, 제23조 제1항, 제119조 제1항의 취지를 기업 활동의 측면에서 보면, 모든 기업은 그가 선택한 사업 또는 영업을 자유롭게 경영하고 이를 위한 의사를 결정할 자유를 가지며 이는 헌법에 의하여 보장되고 있다.

[3] 헌법 제10조는 "모든 국민은 인간으로서의 존엄과 가치를 가지며, 행복을 추구할 권리를 가진다."라고 규정한다. 이러한 행복추구권에서 파생되는 일반적 행동자유권은 모든 행위를 하거나 하지 않을 자유를 내용으로 하고, 그 보호 영역에는 개인의 생활방식과 취미에 관한 사항도 포함된다. 이에 따라 헌법 제32조 제3항 역시 '근로조건'의 기준이 '인간의 존엄성'을 보장하도록 법률로 정한다고 규정하고 있고, 제33조 제1항은 근로자의 근로조건 향상을 위하여 근로 3권을 인정하고 있다. 이러한 조항들은 기업의 경영에 관한 의사결정의 자유가 무제한적인 것이 아니라 그 의사결정과 관계되는 또 다른 기본권 주체인 근로자와의 관계 속에서 그 존엄성을 인정하는 방향으로 조화롭게 조정되어야 함을 당연히 전제하고 있다. 헌법 제119조 제2항이 국가로 하여금 경제주체 간의 조화를 통한 경제의 민주화를 위하여 경제에 관한 규제와 조정을 할 수 있도록 규정한 취지 역시 이와 궤를 같이한다.

[4] 기업의 경영에 관한 의사결정의 자유 등 영업의 자유와 근로자들이 누리는 일반적 행동자유권 등이 '근로조건' 설정을 둘러싸고 충돌하는 경우에는, 근로조건과 인간의 존엄성 보장 사이의 헌법적 관련성을 염두에 두고 구체적인 사안에서의 사정을 종합적으로 고려한 이익형량과 함께 기본권들 사이의 실제적인 조화를 꾀하는 해석 등을 통하여 이를 해결하여야 하고, 그 결과에 따라 정해지는 두 기본권 행사의 한계 등을 감안하여 두 기본권의 침해 여부를 살피면서 근로조건의 최종적인 효력 유무 판단과 관련한 법령 조항을 해석·적용하여야 한다.

[5] 국내외 항공운송업을 영위하는 甲 주식회사가 턱수염을 기르고 근무하던 소속 기장 乙에게 '수염을 길러서는 안 된다'고 정한 취업규칙인 '임직원 근무복장 및 용모규정' 제5조 제1항 제2호를 위반하였다는 이유로 비행업무를 일시 정지시킨 데 대하여, 乙이 부당한 인사처분에 해당한다며 노동위원회에 구제신청을 하였고 중앙노동위원회가 위 비행정지가 부당한 처분임을 인정하는 판정을 하자, 甲 회사가 중앙노동위원회위원장을 상대로 재심판정의 취소를 구한 사안에서, 위 취업규칙 조항은 항공운송업을 영위하는 사기업으로서 항공사에 대한 고객의 신뢰와 만족도 향상, 직원들의 책임의식 고취와 근무기강 확립 등을 위하여 소속 직원들의 용모와 복장들을 제한할 수 있는 甲 회사의 영업의 자유와 乙의 일반적 행동자유권이 충돌하는 결과를 가져오는데, 위 취업규칙 조항이 두 기본권에 대한 이익형량이나 조화로운 조정 없이 영업의 자유와 관련한 필요성과 합리성의 범위를 넘어 일률적으로 소속 직원들의 일반적 행동자유권을 전면적으로 제한하고 있는 것은 기본권 충돌에 관한 형량과 기본권의 상호조화 측면에서 문제가 있는 점, 오늘날 개인 용모의 다양성에 대한 사회 인식의 변화 등을 고려할 때 甲 회사 소속 직원들이 수염을 기른다고 하여 반드시 고객에게 부정적인 인식과 영향을 끼친다고 단정하기 어려

운 점, 더욱이 기장의 업무 범위에 항공기에 탑승하는 고객들과 직접적으로 대면하여 서비스를 제공하는 것이 당연히 포함되어 있다고 볼 수 없으며, 乙이 자신의 일반적 행동자유권을 지키기 위해서 선택할 수 있는 대안으로는 甲 회사에서 퇴사하는 것 외에는 다른 선택이 존재하지 않는데도 수염을 일률적·전면적으로 기르지 못하도록 강제하는 것은 합리적이라고 볼 수 없는 점 등에 비추어 보면, 甲 회사가 헌법상 영업의 자유 등에 근거하여 제정한 위 취업규칙 조항은 乙의 헌법상 일반적 행동자유권을 침해하므로 근로기준법 제96조 제1항, 민법 제103조 등에 따라서 무효이다.

388. 대법원 2017. 2. 15. 선고 2016두52545 판결[교원소청심사위원회결정취소]

[1] 교원의 임기에 관한 사립학교법 제53조의2 제3항 1문은 학문의 자유와 교원의 신분보장을 위하여 반드시 준수해야 할 강행규정이다. 따라서 그 규정의 위임에 따른 정관에서 정한 바와 달리 조교수의 임기를 단축하는 약정은 효력이 없다.

[2] 사립학교법의 관련 규정에 따르면, 사립대학 교원이 대학교원 기간임용제에 따라 임용되어 임용기간이 만료되는 경우에 교원으로서의 능력과 자질에 관하여 합리적인 기준에 따라 공정한 심사를 받아 위 기준에 부합하면 특별한 사정이 없는 한 재임용되리라는 기대를 하고 재임용 여부에 관하여 합리적인 기준에 따라 공정한 심사를 요구할 권리를 가지고 있다. 임용권자가 재임용신청을 한 교원에게 재임용을 거부한 경우에, 재임용거부의 객관적 사유, 즉 재임용심사기준에 미달한다는 사유가 전혀 없거나 사유가 있더라도 교원으로서의 능력과 자질을 검증하여 적격성 여부를 심사하기 위한 재임용심사에서 허용될 수 있는 정도의 재량권을 일탈·남용한 결과 합리적인 기준에 기초한 공정한 심사를 하지 않은 것으로 인정되어 사법상의 효력 자체를 부정하는 것이 사회통념상 타당하다고 인정된다면 재임용거부결정은 무효이다.

[3] 헌법 제31조 제6항, 사립학교법 제56조 제1항, 교육공무원법 제43조 제2항, 제53조 제3항, 제57조 제3항, 구 교원지위향상을 위한 특별법(2016. 2. 3. 법률 제13936호 교원의 지위 향상 및 교육활동 보호를 위한 특별법으로 개정되기 전의 것) 제6조 제1항, 국가공무원법 제70조 제1항 제3호, 제3항, 지방공무원법 제62조 제1항 제1호 (나)목, 제3항 등에 비추어 보면, 사립대학이 학급·학과를 폐지하고 그에 따라 폐직(廢職)·과원(過員)이 되었음을 이유로 교원을 직권면직할 경우에, 학교법인 산하 다른 사립학교나 해당 학교의 다른 학과 등으로 교원을 전직발령이나 배치전환을 함으로써 면직을 회피하거나 면직 대상자를 최소화할 여지가 있으면 국가공무원법 제70조 제3항, 지방공무원법 제62조 제3항을 유추하여 임용형태·업무실적·직무수행능력·징계처분사실 등을 고려한 면직기준을 정하고 그 기준에 의한 심사결과에 따라 면직 여부를 결정하여야 함이 원칙이지만, 사립대학 사정상 전직발령이나 배치전환 등에 의한 교원의 면직회피 가능성이 전혀 없으면 그와 같은 심사절차를 밟지 않고 바로 직권면직을 할 수 있다.

[4] 대학교원 기간임용제에 따라 임용된 사립대학 교원에게 사립학교법에서 정한 면직사유가 발생한 경우 곧바로 면직처분을 하지 않고 임용기간의 만료를 기다려 재임용을 거부하는 형식으로 임용계약을 종료시켰다고 하더라도, 이러한 처분이 교원에게 불리하다고 볼 수 없는 이상 임용기간 만료 당시 재임용거부의 사유가 없다거나 학교법인이 재량권을 일탈·남용하여 사회통념상 부당한 방법으로 재임용을 거부한 것이라고 말할 수 없다.

389. 대법원 2016. 6. 10. 선고 2013두1638 판결[소의 이익 등]

[1] 행정처분의 위법을 이유로 무효확인 또는 취소 판결을 받더라도 처분에 의하여 발생한 위법상태를 원상으로 회복시키는 것이 불가능한 경우, 무효확인 또는 취소를 구할 법률상 이익이 있는지 여부(원칙적 소극) 및 예외적으로 법률상 이익이 인정되는 경우

행정처분의 무효확인 또는 취소를 구하는 소에서, 비록 행정처분의 위법을 이유로 무효확인 또는 취소 판결을 받더라도 처분에 의하여 발생한 위법상태를 원상으로 회복시키는 것이 불가능한 경우에는 원칙적으로 무효확인 또는 취소를 구할 법률상 이익이 없고, 다만 원상회복이 불가능하더라도 무효확인 또는 취소로써 회복할 수 있는 다른 권리나 이익이 남아 있는 경우 예외적으로 법률상 이익이 인정될 수 있을 뿐이다.

[2] 갑 주식회사가 제주특별자치도개발공사와 먹는샘물에 관하여 협약기간 자동연장조항이 포함된 판매협약을 체결하였는데, 제주특별자치도지사가 개발공사 설치조례를 개정·공포하면서 '먹는샘물 민간위탁 사업자의 선정은 일반입찰에 의한다'는 규정을 신설하고, '종전 먹는샘물 국내판매 사업자는 2012. 3. 14.까지 이 조례에 따른 먹는샘물 국내판매 사업자로 본다'는 내용의 부칙조항을 둠에 따라 개발공사가 협약 해지 통지를 하자, 갑 회사가 부칙조항의 무효확인을 구한 사안에서, 무효확인을 구할 법률상 이익이 없다고 한 사례

갑 주식회사가 제주특별자치도개발공사(이하 '개발공사'라 한다)와 먹는샘물에 관하여 협약기간 자동연장조항이 포함된 판매협약을 체결하였는데, 제주특별자치도지사가 개발공사 설치조례를 개정·공포하면서 '먹는샘물 민간위탁 사업자의 선정은 일반입찰에 의한다'는 규정을 신설하고, '종전 먹는샘물 국내판매 사업자는 2012. 3. 14.까지 이 조례에 따른 먹는샘물 국내판매 사업자로 본다'는 내용의 부칙조항을 둠에 따라 개발공사가 협약 해지 통지를 하자, 갑 회사가 부칙조항의 무효확인을 구한 사안에서, 협약기간 자동연장조항에 따라 협약기간이 일정 시점 이후까지 자동연장되었다고 보기 어렵다는 등의 사유로 갑 회사가 먹는샘물 판매사업자의 지위를 상실하였다면 지위 상실의 원인이 부칙조항에 의한 것이라고 보기 어려워 부칙조항의 무효확인 판결을 받더라도 판매사업자의 지위를 회복할 수 없으므로, 무효확인을 구할 법률상 이익이 없다.

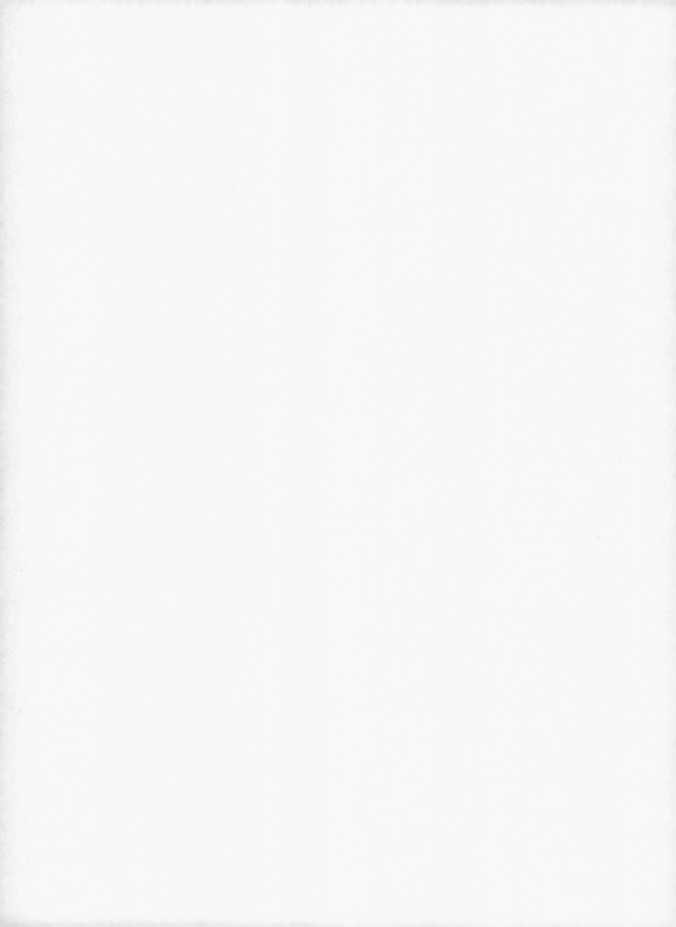